UNDERSTANDING MOVIES

루이스 자네티 저   **박만준 · 진기행** 역

제**13**판

영화의 이해

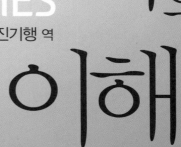

K-books

영화의 이해

▶Understanding **MOVIES**

-제13판-

영화의 이해 _ 제13판

저자	루이스자네티 Louis Giannetti
역자	박만준 · 진기행
펴낸이	한헌주
펴낸곳	도서출판 K-books
등록	1995년 11월 9일 제300-1995-138호
주소	서울특별시 서대문구 독립문로 21-9
전화	738-7035(대표)
FAX	722-4678
e-mail	kmsp@korea.com
홈페이지	http://www.kmsp.co.kr
초판발행	2008년 12월 26일
전면수정판	2010년 3월 20일
제12판	2012년 2월 20일
제13판	2017년 9월 15일(1쇄)
	2023년 3월 1일(5쇄)
값	43,000원
ISBN	978-89-420-0873-5

*잘못된 책은 교환해 드립니다
*무단 전재와 복제를 금합니다

차 례

01

02

03

04

05

06

07

08

09

10

11

12

역자 서문

1890년대 중반, 영화가 이 세상에 처음으로 탄생한 이후 지금까지 수많은 영화가 만들어져왔고 또 수많은 관객이 영화를 보아왔지만, '영화란 무엇인가?'라는 물음에 아직 우리는 쉽게 답하지 못하고 머 뭇거리는 경우가 많다. 그 이유는 영화가 본질적으로 '오락'인가 아니면 '예술'인가에 대한 일치된 의견 을 이끌어내지 못하기 때문은 아닌가 생각된다. 그래서 우리는 물음의 방식을 바꾸어볼 필요가 있다. 즉, '누가' 그리고 '왜' 영화를 만들고 보는가라고. 그러면 영화를 만드는 사람이나 보는 사람들 각자 나 름의 답을 찾을 수 있을 것이다. 우리는 '나는 왜 이 영화를 만드는가? 혹은 보는가?'를 물으면서 자신 과 영화에 대한 사색을 하고, 이로부터 자연과 세계에 대한 새롭고 다양한 인식을 얻을 것이다. 이러한 자각과 사색이 우리의 영화보기를 한층 더 깊고 넓게 하고 그로 인해 영화보기의 즐거움을 배가시킬 것이다. 또한 이런 관객의 자각이 영화를 단순히 상업적인 돈벌이 수단으로 전락시키고 관객을 무의식 적 호명의 대상으로 삼으려는 거대한 자본의 눈에 보이지 않는 전략으로부터 벗어나, 나만의 영화보기 전략을 세워나갈 수 있는 길을 열어 줄 수 있을 것이라고 믿는다.

이 책은 '영화란 무엇인가?'에 대한 답을 주려는 것이 아니라, '영화란 어떻게 만들어지는가?'를 설 명하려는 것이며, 이를 통해 '나는 어떻게 영화를 감상 혹은 제작할 수 있는가?'에 대한 이해를 돕고자 한다. 물론 영화를 어떻게 만들어야 하는지 혹은 보아야 하는지에 대한 정답은 없다. 다만 이 책은 영 화 만들기 혹은 영화보기에 대한 가이드북 정도의 역할을 하려는 것이지, 누구나 따라야할 경전의 역 할을 하려는 것이 아니다. 더 나아가 이 책을 통해 우리는 '영화보기'를 '영화읽기'로 전화시키고, 결국 다시 '영화보기'로 되돌아오는데 도움을 얻고자 한다. '영화읽기'는 어쩌면 '영화보기'를 어렵게 하고 방 해할 수도 있지만, 영화를 뜯어보고 구성을 분석하고 내용을 따져 읽다보면 어느새 새롭게 '영화보기' 를 즐기고 있음을 스스로 느낄 수 있다. 또한 이 책은 우리에게, 마치 즉각적이며 감각적이고 짜릿한 맛을 내는 패스트푸드와 같은 영화가 주는 즐거움도 있지만, 오랜 지혜와 정성과 손맛이 녹아 있어서 계속 먹어도 질리지 않고 맛있으면서 건강에도 좋은 전통음식과 같은 영화가 주는 즐거움도 있음을 이 야기해 주고 있다.

　　역자들은 이미 2008년에 10판을, 2012년에 12판을 번역한 바 있고, 이번에 2014년에 새로 나온 13판을 번역 출간하게 되었다. 이 책과 인연을 맺은 지 벌써 10년이 되었다. 이번 판은 12판과 비교하여 상당한 변화가 있다. 우선 눈에 띄는 것은 이 책의 가장 큰 장점인 고전영화와 최신영화를 아우르는 6백편에 이르는 영화해설부분의 변화인데, 85편 정도의 영화가 새로 바뀌거나 보완되었다. 심지어 한국영화 '아저씨'(감독: 이정범, 2010)도 소개되고 있다. 그리고 본문 내용도 꽤 여러 곳이 새롭게 고쳐졌다.

　　이번 13판을 번역하면서도 이전과 마찬가지로 몇 가지 원칙을 가지고 번역을 하였다.

　　첫째, 영화 제목은 우리나라에 개봉되거나 출시된 경우에는 그 제목을 우선 따르기로 하였다. 그래야 독자들이 영화를 쉽게 찾아볼 수 있을 것이기 때문이다. 여러 제목으로 출시된 경우에는 가장 최근에 출시된 것을 우선하였으며, 미출시된 경우에는 씨네21 홈페이지(www.cine21.com)에 수록된 제목을 따랐으며, 거기에도 없는 경우에는 원제목을 번역하거나 원어를 한글발음으로 읽어서 붙였다.

　　둘째, 인명의 경우에는 역시 씨네21 홈페이지에 수록된 번역을 따랐으며, 거기에 없는 경우에는 일반적인 발음방식을 따랐다.

　　셋째, 영화 용어들은 '영화용어해설집'(이승구 · 이용관 엮음, 집문당, 2000)과 '영화사전'(김광철 · 장병원 엮음, media2.0, 2004)을 우선 참고하였으며, 특별한 경우에는 역자들의 독자적인 판단에 따랐다. 예컨대 'scene'의 경우 일반적으로 '신'으로 번역하지만 우리말 '신'은 여러 가지 의미를 가지고 있어서 혼란을 초래할 수 있기에 '씬'이나 '장면'으로 번역하였다. 'sequence'도 때에 따라서 '장면' 혹은 '시퀀스'로 옮겼다.

　　새 판을 번역하면서 역시 오역이나 실수가 있지 않을까 걱정이 앞선다. 이는 앞으로 계속하여 수정해 나갈 것이다. 이 책을 번역 출판하는데 있어서 먼저 어려운 여건에서도 흔쾌히 출판해 주신 경문사 한현주 사장님과 수고해 주신 편집부 여러분께 고마운 마음을 전해드린다. 그리고 무엇보다도 오랜 동안 본 역서에 보내주신 독자 여러분의 많은 관심과 격려에 깊이 감사드린다.

2017년 9월

박만준, 진기행 씀

저자 서문

발견을 위한 항해의 진정한 의미는 새로운 대륙을 찾아내는 데 있는 것이 아니라 새로운 안목을 갖는 데 있다.

– 마르셀 프루스트Marcel Proust, 소설가 · 미술평론가 –

시네리터러시 cineliteracy(영화를 읽고, 쓰고, 만들 수 있는 능력을 중심으로 하는 영화교육)는 미국의 교육에서 오랫동안 지연되고 있는데, 이는 꼭 대학수준의 교육에서만 그런 것이 아니다. 넬슨 미디어 리서치 Nelson Media Research에 따르면, 보통 미국가정에서는 하루에 대략 5.2시간 정도 텔레비전을 시청하는 편이다. 움직이는 영상을 지켜보는 시간이 그만큼 많다는 것이다. 하지만 대개 우리는 아무런 비판 없이 수동적으로 바라보면서 그 영상의 흐름에 우리 자신을 내맡겨버린다. 그것들이 우리에게 어떤 작용을 하는지, 또 우리의 가치관에는 어떤 영향을 미치는지에 관해서는 전혀 따져보지도 않는다. 이 책의 내용은 텔레비전과 영화의 커뮤니케이션이 어떻게 이루어지는지를 이해하고, 또 텔레비전과 영화가 사용하는 언어시스템의 복잡한 네트워크를 이해하는 데 도움이 될 것이다. 나의 목적은 관객에게 움직이는 영상에 대해 어떻게 반응해야 하는지를 가르치려고 하는 것이 아니라, 사람들이 지금처럼 반응하는 이유를 몇 가지 제시하고자 한다.

이 13판에서도 나는 이전에 나온 판들과 똑같이 책의 편제를 유지하며, 사실주의–형식주의라는 이분법에 입각해 각 장의 내용을 구성하고 있다. 각 장에 영화감독이 의미를 전달하기 위해 사용하는 다양한 언어시스템과 테크닉의 영역들을 나누어놓았다. 물론 각 장들이 남김없이 속속들이 밝히고 있다는 말은 아니다. 그것들은 본질적으로 시작일 따름이다. 장의 구성은 영화의 가장 정밀하고 특수한 측면에서부터 가장 추상적이고 포괄적인 측면으로 나아간다. 각 장들이 엄격하게 서로 의존해 있는 것은 아니며, 차례대로 읽지 않아도 무방하다. 이처럼 느슨하게 구성하다 보니 불가피하게 어느 정도 겹치는 부분이 있겠지만 최소한으로 줄이려고 애썼다. 전문적인 용어에 관해서는 이 책 말미의 용어해설에 명확한 설명이 나온다.

각 장은 최근 그 분야에서 이루어진 발전을 반영하기 위해 최신의 것으로 보완했다. 또한 나는 새로운 사진과 설명도 많이 추가했는데, 대부분 최근 개봉된 영화에서 가져온 것들이다. 영상들은 대부분 컬러로 되어 있다.

마지막 장인 "종합편: '시민 케인'은 앞 장들의 주요 개념들을 요약 정리하여 이를 한 영화에 적용시켜 본 것이다. 이 장은 또한 학기말 리포트의 개괄적인 모델이 될 수도 있을 것이다. VCR과 DVD로 말미암아 영화를 훨씬 더 체계적으로 분석할 수 있게 되었다. 왜냐하면 카세트나 디스크에 담긴 영화는 여러 번 반복적으로 볼 수 있기 때문이다. '시민 케인'은 이상적인 선택이다. '시민 케인'은 사실상 영화라는 매체에서 가능한 모든 테크닉을 포함하고 있으며, 더욱이 영화 역사상 비평가들로부터 가장 찬사를 받은 영화 중 하나이고, 또 학생들 사이에서도 아주 인기 있는 영화이기 때문이다.

13판의 새로운 점

「영화의 이해」의 이 13판은 영화의 언어에 대한 유익한 통찰을 제공하고 어떻게 의미가 관객에게 전달되는가를 규정하기 위해 이전에 나온 판들 중에 성공적인 것, 즉 시각적으로 호감이 가는 것과 이해하기 쉬운 프레젠테이션을 기반으로 한 것이다. 새로운 판의 중요한 변화들은 다음과 같다.

• '디지털 혁명'이라는 새로운 절이 생겼다. 디지털 혁명은 영화의 촬영 방식과 편집 방식뿐만 아니라 극장에서 영화를 보여주는 방식을 완전히 바꾸어놓았다. 100년을 이어온 셀룰로이드 기술 celluloid technology은 이제 컴퓨터/텔레비전 기술로 바뀌고 있다. 컴퓨터/텔레비전 기술은 화학적이고 기계적인 것이 아니라 전자적 electronic이다. 과거의 까다롭고 무거운 틀(릴 reel)은 영화를 컴퓨터로 전송하는 컴퓨터 하드드라이브로 대체되었다.

• 3-D 영화제작에 관한 새로운 소재, 그리고 '아바타 Avatar'와 '휴고 Hugo' 같은 영화의 흥행의 대성공은 오늘날 영화업계에 혁명을 가져왔다. 미국의 경우는 특히 그렇다.

• 수백 개의 사진이 새로 소개되고 있으며, 그 중 70퍼센트 이상이 총천연색이다.

• 이야기 구성이나 영화에 있어서 여성 관련 주제를 보다 폭넓게 다루고 있다.

• 영화문화 film culture에 기여하는 수많은 웹사이트들, 특히 흥행동향과 흥행기록에 관한 통계를 제공하는 웹사이트들을 소개하고 있다.

• '내 여자친구의 결혼식 Bridesmaids', '뉴 문 The Twilight Saga', '어벤져스 The Avengers'와 같은 대형 흥행작뿐만 아니라 필리핀, 차드(아프리카 중북부의 공화국), 루마니아, 뉴질랜드 등에서 제작된 거의 알려지지 않은 영화들을 포함한 다수의 새로운 영화들을 예로 들고 있다.

오하이오, 클리브랜드에서
루이스 자네티

영화 리스트

Chapter 1

1–1a   MASTER AND COMMANDER: THE FAR SIDE OF THE WORLD (U.S.A., 2003), directed by Peter Weir.

1–1b   GOLD DIGGERS OF 1933 (U.S.A., 1934), choreographed by Busby Berkeley, directed by Mervyn LeRoy.

1–3   HEARTS & MINDS (U.S.A., 1975), directed by Peter Davis.

1–4   PARADISE NOW (Palestinian Territories, 2005), with Kais Nashef and Ali Suliman, directed by Hany Abu-Assad.

1–5   MR. DEEDS GOES TO TOWN (U.S.A., 1936), with Gary Cooper, directed by Frank Capra.

1–6   THE SEVENTH SEAL (Sweden, 1957), with Bengt Ekerot and Max von Sydow, cinematography by Gunnar Fischer, directed by Ingmar Bergman.

1–7   ALLURES (U.S.A., 1961), directed by Jordan Belson.

1–8a   RAGING BULL (U.S.A., 1980), with Robert De Niro, directed by Martin Scorsese.

1–8b   CONSTANTINE (U.S.A., 2005), with Keanu Reeves, directed by Francis Lawrence.

1–9a   THE POLAR EXPRESS (U.S.A., 2004), directed by Robert Zemeckis.

1–9b   MARY SHELLEY'S FRANKENSTEIN (U.S.A., 1994), with Robert De Niro and Kenneth Branagh, directed by Branagh.

1–10   JUNO (U.S.A./Canada, 2007), with Ellen Page and Michael Cera, directed by Jason Reitman.

1–11a   BLOOD & CHOCOLATE (U.S.A., 2006), directed by Katja von Garnier.

1–11b   WAR OF THE WORLDS (U.S.A., 2005), with Tom Cruise, directed by Steven Spielberg.

1–12a   BONNIE AND CLYDE (U.S.A., 1967), with Faye Dunaway and Warren Beatty, directed by Arthur Penn.

1–12b   THE LIVES OF OTHERS (Germany, 2006), with Sebastian Koch and Martina Gedeck, directed by Florian Henckel von Donnersmark.

1–13a   THE TEXAS CHAINSAW MASSACRE: THE BEGINNING (U.S.A., 2006), with R. Lee Ermey, directed by Jonathan Liebesman.

1–13b   BATMAN BEGINS (U.S.A., 2005), with Christian Bale, directed by Christopher Nolan.

1–14   HOW GREEN WAS MY VALLEY (U.S.A., 1941), cinematography by Arthur Miller, directed by John Ford.

1–15a   12 ANGRY MEN (U.S.A., 1957), with (standing, left to right) E. G. Marshall, Henry Fonda, and Lee J. Cobb, directed by Sidney Lumet.

1–15b   INCEPTION (U.S.A., 2010), directed by Christopher Nolan.

1–16a   RED (France/Poland/Switzerland, 1994), with Irene Jacob and Jean-Louis Trintignant, cinematography by Piotr Sobocinski, directed by Krzysztof Kieslowski.

1–16b   MR. BROOKS (U.S.A., 2007), with Kevin Costner, directed by Bruce A. Evans.

1–16c   **CRIES & WHISPERS** (Sweden, 1972), with Liv Ullmann, directed by Ingmar Bergman.

1–17a   **DOUBLE INDEMNITY** (U.S.A., 1944), with Barbara Stanwyck and Fred MacMurray, directed by Billy Wilder.

1–17b   **KISS KISS BANG BANG** (U.S.A., 2005), with Robert Downey Jr. and Val Kilmer, written and directed by Shane Black.

1–18   **THE RETURN OF THE JEDI SPECIAL EDITION** (U.S.A., 1997), directed by Richard Marquand.

1–19   **COACH CARTER** (U.S.A., 2005), with Samuel L. Jackson, directed by Thomas Carter.

1–20a   **BRAVEHEART** (U.S.A., 1995), with Sophie Marceau and Mel Gibson, directed by Gibson.

1–20b   **THE BEST YEARS OF OUR LIVES** (U.S.A., 1946), with Harold Russell, Teresa Wright, Dana Andrews, Myrna Loy, Hoagy Carmichael, and Fredric March, directed by William Wyler.

1–21a   **AMERICAN BEAUTY** (U.S.A., 1999), with Kevin Spacey and Mena Suvari, directed by Sam Mendes.

1–21b   **SAVAGE NIGHTS** (France, 1993), with Cyril Collard and Romane Bohringer, directed by Collard.

1–22a   **THE AGE OF INNOCENCE** (U.S.A., 1993), with Michelle Pfeiffer and Daniel Day-Lewis, directed by Martin Scorsese.

1–22b   **THE GODFATHER** (U.S.A., 1972), with Marlon Brando, directed by Francis Ford Coppola.

1–22c   **LIFE IS BEAUTIFUL** (Italy, 1998), with Roberto Benigni, directed by Benigni.

1–22d   **LETTERS FROM IWO JIMA** (U.S.A., 2006), with Ken Watanabe, directed by Clint Eastwood.

1–23a   **FOUR WEDDINGS AND A FUNERAL** (Britain, 1994), with Andie MacDowell and Hugh Grant, directed by Mike Newell.

1–23b   **DARK VICTORY** (U.S.A., 1939), with Bette Davis and George Brent, directed by Edmund Goulding.

1–24   **STARMAN** (U.S.A., 1984), with Karen Allen and Jeff Bridges, directed by John Carpenter.

1–25a   **ALIENS** (U.S.A., 1986), with Sigourney Weaver and Carrie Henn, directed by James Cameron.

1–25b   **BIUTIFUL** (Spain, 2010), with Javier Bardem, directed by Alejandro González Iñárritu.

1–26a   **RUNNING SCARED** (U.S.A./Canada/Germany, 2006), with Paul Walker, directed by Wayne Kramer.

1–26b   **CINDERELLA MAN** (U.S.A., 2005), with Russell Crowe and Renée Zellweger, directed by Ron Howard.

1–26c   **DARK BLUE** (U.S.A., 2003), with Michael Michele and Ving Rhames, directed by Ron Shelton.

1–26d   **SCHINDLER'S LIST** (U.S.A., 1993), with Liam Neeson (outstretched arms), directed by Steven Spielberg.

1–26e   **RUMBLE IN THE BRONX** (U.S.A., 1996), with Jackie Chan, directed by Stanley Tong.

1–26f   **A CINDERELLA STORY** (U.S.A., 2004), with Hilary Duff and Chad Michael Murray, directed by Mark Rosman.

1–27   **THE BATTLE OF ALGIERS** (Italy/Algeria, 1967), directed by Gillo Pontecorvo.

1–28a   **THE GREEN WAVE** (Germany/Iran, 2011), directed by Ali Samadi Ahadi.

1–28b   **AVATAR** (U.S.A., 2009), written and directed by James Cameron.

1–29   **THE MATRIX** (U.S.A., 1999), with Keanu Reeves and Hugo Weaving, written and directed by Andy and Larry Wachowski.

1–30a   **MULTIPLICITY** (U.S.A., 1996), with Michael Keaton, Michael Keaton, Michael Keaton, and Michael Keaton, directed by Harold Ramis.

Chapter 2

2–10a   **GREED** (U.S.A., 1924), with Gibson Gowland and Jean Hersholt, directed by Erich von Stroheim.

2–10b   **DREAMGIRLS** (U.S.A., 2006), with Anika Noni Rose, Beyoncé Knowles, and Jennifer Hudson, directed by Bill Condon.

2–11a   **CUCHERA** (Philippines, 2011), with Maria Isabel Lopez, directed by Joseph Israel Laban.

2–11b   **THE END OF AUGUST AT THE HOTEL OZONE** (Czechoslovakia, 1969), directed by Jan Schmidt.

2–12a   **MYSTIC RIVER** (U.S.A., 2003), with Sean Penn, directed by Clint Eastwood.

2–12b   **WORLD TRADE CENTER** (U.S.A., 2006), directed by Oliver Stone.

2–13a   **OF GODS AND MEN** (France, 2010), directed by Xavier Beauvois.

2–13b   **CRY WOLF** (U.S.A., 2005), directed by Jeff Wadlow.

2–14a   **MACBETH** (U.S.A./Britain, 1971), with Francesca Annis and Jon Finch, directed by Roman Polanski.

2–14b   **MACBETH** (U.S.A., 1948), with Peggy Webber, directed by Orson Welles.

2–15   **THE DECLINE OF THE AMERICAN EMPIRE** (Canada, 1986), with Louise Portal, Dominique Michel, Dorothée Berryman, and Geneviève Rioux, directed by Denys Arcand.

2–16   **RUSH HOUR 3** (U.S.A., 2007), with Chris Tucker and Jackie Chan, directed by Brett Ratner.

2–17   **SUPERMAN** (U.S.A./Britain, 1978), with Glenn Ford (seated), directed by Richard Donner.

2–18   **HUGO** (U.S.A., 2011), with Asa Butterfield, directed by Martin Scorsese.

2–19a   **THE GRADUATE** (U.S.A., 1967), with Anne Bancroft and Dustin Hoffman, directed by Mike Nichols.

2–19b   **THE GRIFTERS** (U.S.A., 1990), with John Cusack and Anjelica Huston, directed by Stephen Frears.

2–20a   **MICHAEL CLAYTON** (U.S.A., 2007), with George Clooney and Tom Wilkinson, directed by Tony Gilroy.

2–20b   **A HISTORY OF VIOLENCE** (U.S.A., 2005), with Ashton Holmes and Viggo Mortensen, directed by David Cronenberg.

2–21   **THE 400 BLOWS** (France, 1959), with Jean-Pierre Léaud, directed by François Truffaut.

2–22a & b **BROKEN FLOWERS** (U.S.A., 2005), with Bill Murray and Sharon Stone, written and directed by Jim Jarmusch.

2–23   **BIBLIOTHÈQUE PASCAL** (Hungary/Germany, 2010), directed by Szabolcs Hajdu.

2–24a   **THE BLUE ANGEL** (Germany, 1930), with Marlene Dietrich, directed by Josef von Sternberg.

2–24b   **THX 1138** (U.S.A., 1971), directed by George Lucas.

2–25   **GRAND ILLUSION** (France, 1937), with Erich von Stroheim, Pierre Fresnay, and Jean Gabin, written and directed by Jean Renoir.

2–26a   **SONS OF THE DESERT** (U.S.A., 1933), with Stan Laurel and Oliver Hardy, directed by William Seiter.

2–26b   **THE MANCHURIAN CANDIDATE** (U.S.A., 2005), with Liev Schreiber and Meryl Streep, directed by Jonathan Demme.

2–26c   **GEORGE A. ROMERO'S LAND OF THE DEAD** (U.S.A., 2005), with Eugene A. Clark, written and directed by George A. Romero.

2–26d   **THE ARTIST** (France/Belgium, 2011), with Jean Dujardin and Bérénice Bejo, directed by Michel Hazanavicius.

2–27   **THE GIRL WITH THE DRAGON TATTOO** (U.S.A., 2011), with Rooney Mara and Daniel Craig, directed by David Fincher.

2–28   **ALL OR NOTHING** (Britain, 2002), with Timothy Spall, directed by Mike Leigh.

Chapter 3

3–5b　**THE AVENGERS** (U.S.A., 2012), with Robert Downey Jr., written and directed by Joss Whedon.

3–6a　**X2: X-MEN UNITED** (U.S.A., 2003), with Hugh Jackman (flying aloft), directed by Bryan Singer.

3–6b　**THE NINTH GATE** (France/Spain/U.S.A., 2000), with Johnny Depp, directed by Roman Polanski.

3–6c　**RUN LOLA RUN** (Germany, 1998), with Franka Potente, directed by Tom Tykwer.

3–7　**RED EYE** (U.S.A., 2005), with Rachel McAdams and Cillian Murphy, directed by Wes Craven.

3–8a　**THE STUNT MAN** (U.S.A., 1980), directed by Richard Rush.

3–8b　**THE WILD CHILD** (France, 1969), with Jean-Pierre Cargol, directed by François Truffaut.

3–9　**HAMLET** (U.S.A./Britain/Italy, 1990), with Glenn Close and Mel Gibson, directed by Franco Zeffirelli.

3–10　**FOLLOW THE FLEET** (U.S.A., 1936), with Fred Astaire and Ginger Rogers, choreography by Astaire and Hermes Pan, directed by Mark Sandrich.

3–11　**TWO TARS** (U.S.A., 1928), with Oliver Hardy and Stan Laurel, directed by James Parrott.

3–12a　**FRANTIC** (U.S.A., 1988), with Harrison Ford, directed by Roman Polanski.

3–12b　**THE MAN FROM NOWHERE** (South Korea, 2010), directed by Jeong-Beom Lee.

3–13　**YOJIMBO** (Japan, 1961), directed by Akira Kurosawa.

3–14　**THE FRENCH CONNECTION** (U.S.A., 1971), directed by William Friedkin.

3–15a & b　**THE HUNTED** (U.S.A., 2002), with Tommy Lee Jones and Benicio Del Toro, directed by William Friedkin.

3–16　**HOME BY CHRISTMAS** (New Zealand, 2010), directed by Gaylene Preston.

3–17　**FORREST GUMP** (U.S.A., 1994), with Tom Hanks, directed by Robert Zemeckis.

3–18　**CABARET** (U.S.A., 1972), with Joel Grey, choreographed and directed by Bob Fosse.

3–19　**CROUCHING TIGER, HIDDEN DRAGON** (Hong Kong/Taiwan/U.S.A., 2000), with Michelle Yeoh, choreography by Yuen Wo Ping, directed by Ang Lee.

3–20　**SINGIN' IN THE RAIN** (U.S.A., 1952), with Cyd Charisse and Gene Kelly, choreographed by Kelly, directed by Kelly and Stanley Donen.

3–21　**GONE WITH THE WIND** (U.S.A., 1939), with Vivien Leigh, directed by Victor Fleming.

3–22a　**STRICTLY BALLROOM** (Australia, 1992), with Paul Mercurio and Tara Morice, directed by Baz Lurhmann.

3–22b　**TAKE THE LEAD** (U.S.A., 2006), with Antonio Banderas, directed by Liz Friedlander.

3–22c　**VANITY FAIR** (Britain, 2004), with Jonathan Rhys Meyers and Reese Witherspoon, directed by Mira Nair.

3–23a　**BORN ON THE FOURTH OF JULY** (U.S.A., 1989), with Tom Cruise, directed by Oliver Stone.

3–23b　**AMISTAD** (U.S.A., 1997), with Djimon Hounsou, directed by Steven Spielberg.

3–24　**GANGS OF NEW YORK** (U.S.A., 2001), with Daniel Day-Lewis and Leonardo DiCaprio, directed by Martin Scorsese.

3–25　**FLYBOYS** (U.S.A., 2006), directed by Tony Bill.

3–26a　**PERSEPOLIS** (France/U.S.A., 2007), directed by Marjane Satrapi and Vincent Paronnaud.

Chapter 4

4–12a & b **POSSESSION** (U.S.A., 2002), with Gwyneth Paltrow and Aaron Eckhart (a), and Jennifer Ehle and Jeremy Northam (b), directed by Neil LaBute.

4–12c **THE NIGHT OF THE SHOOTING STARS** (Italy, 1982), directed by Paolo and Vittorio Taviani.

4–13a & b **L'AVVENTURA** (Italy, 1960), with Monica Vitti, directed by Michelangelo Antonioni.

4–14 **THE LAST PICTURE SHOW** (U.S.A., 1971), with Cybill Shepherd and Ellen Burstyn, directed by Peter Bogdanovich.

4–15a **THE 4TH MAN** (Holland, 1984), with Jeroen Krabbé, directed by Paul Verhoeven.

4–15b **ROYAL WEDDING** (U.S.A., 1951), with Fred Astaire, directed by Stanley Donen.

4–16a, b, c **WOMEN ON THE VERGE OF A NERVOUS BREAKDOWN** (Spain, 1988), with Carmen Maura, directed by Pedro Almodóvar.

4–17a & b **FLASHDANCE** (U.S.A., 1983), with Jennifer Beals, directed by Adrian Lyne.

4–17c **THE BRAVE ONE** (U.S.A., 2007), with Jodie Foster, directed by Neil Jordan.

4–18a **WEST SIDE STORY** (U.S.A., 1961), directed by Robert Wise and Jerome Robbins.

4–18b **THE PHANTOM OF THE OPERA** (U.S.A., 2004), with Emmy Rossum and Gerard Butler, directed by Joel Schumacher.

4–19a **DEAD MEN DON'T WEAR PLAID** (U.S.A., 1982), with Steve Martin and Carl Reiner (bald pate), directed by Reiner.

4–19b **CLOVERFIELD** (U.S.A., 2008), with Lizzy Caplan and Michael Stahl-David, directed by Matt Reeves.

4–20 **LIFEBOAT** (U.S.A., 1944), directed by Alfred Hitchcock.

4–21a **MOULIN ROUGE** (U.S.A., 2001), with Nicole Kidman and Ewan McGregor, directed by Baz Luhrmann.

4–21b **THE BOURNE SUPREMACY** (U.S.A., 2004), with Matt Damon and Franka Potente, directed by Paul Greengrass.

4–22 **REAR WINDOW** (U.S.A., 1954), directed by Alfred Hitchcock.

4–23 **POTEMKIN** (Soviet Union, 1925), directed by Sergei Eisenstein.

4–24 **HIGH NOON** (U.S.A., 1952), with Gary Cooper and Lloyd Bridges, directed by Fred Zinnemann.

4–25 **DOG DAY AFTERNOON** (U.S.A., 1975), with Al Pacino, directed by Sidney Lumet.

4–26 **NO COUNTRY FOR OLD MEN** (U.S.A., 2007), with Javier Bardem, written and directed by Joel and Ethan Coen.

4–27a **THE SORROW AND THE PITY** (France/Switzerland/ W. Germany, 1970), directed by Marcel Ophüls.

4–27b **LOOKING FOR RICHARD** (U.S.A., 1996), with Al Pacino, directed by Pacino.

4–28 **SAFETY LAST** (U.S.A., 1923), with Harold Lloyd, directed by Fred Newmeyer and Sam Taylor.

4–29 **UTAMARO AND HIS FIVE WOMEN** (Japan, 1955), directed by Kenji Mizoguchi.

4–30 **CLERKS** (U.S.A., 1994), with Jeff Anderson and Brian O'Halloran, written, edited, and directed by Kevin Smith.

4–31 **AMÉLIE** (France, 2001), with Audrey Tautou, directed by Jean-Pierre Jeunet.

4–32 **STRANGER THAN PARADISE** (U.S.A., 1984), directed by Jim Jarmusch.

4–33 **THE STRAIGHT STORY** (U.S.A., 1999), with Richard Farnsworth, directed by David Lynch.

5–18a **SLEEPLESS IN SEATTLE** (U.S.A., 1993), with Meg Ryan, Ross Malinger, and Tom Hanks, written and directed by Nora Ephron.

5–18b **4 MONTHS, 3 WEEKS AND 2 DAYS** (Romania, 2007), with Anamaria Marinca and Laura Vasiliu, written and directed by Cristian Mungiu.

5–19 **LA VIE EN ROSE** (France/Britain/Czech Republic, 2007), with Marion Cotillard, directed by Olivier Dahan.

5–20 **A STAR IS BORN** (U.S.A., 1954), with Judy Garland, directed by George Cukor.

5–21 **THE BAND WAGON** (U.S.A., 1953), with Fred Astaire, Nanette Fabray, and Jack Buchanan, music by Howard Dietz and Arthur Schwartz, directed by Vincente Minnelli.

5–22 **SWEENEY TODD: THE DEMON BARBER OF FLEET STREET** (U.S.A., 2007), with Johnny Depp, directed by Tim Burton.

5–23 **NEW YORK, NEW YORK** (U.S.A., 1977), with Liza Minnelli and Robert De Niro, music by John Kander and Fred Ebb, directed by Martin Scorsese.

5–24 **RAY** (U.S.A., 2004), with Jamie Foxx, directed by Taylor Hackford.

5–25a **XALA** (Senegal, 1975), directed by Ousmane Sembene.

5–25b **J. EDGAR** (U.S.A., 2011), with Armie Hammer, Leonardo DiCaprio, and Judi Dench, directed by Clint Eastwood.

5–26a **BULL DURHAM** (U.S.A., 1988), with Susan Sarandon and Kevin Costner, written and directed by Ron Shelton.

5–26b **THE IRON LADY** (Britain/France, 2011), with Meryl Streep, directed by Phyllida Lloyd.

5–27 **MCCABE & MRS. MILLER** (U.S.A., 1970), with Julie Christie and Warren Beatty, directed by Robert Altman.

5–28 **ALL SCREWED UP** (Italy, 1973), directed by Lina Wertmüller.

5–29a **TRAINSPOTTING** (Britain, 1996), with Ewan McGregor, directed by Danny Boyle.

5–29b **TROY** (U.S.A., 2004), with Brad Pitt, directed by Wolfgang Petersen.

5–30a **SUNSET BOULEVARD** (U.S.A., 1950), with Gloria Swanson, directed by Billy Wilder.

5–30b **THE USUAL SUSPECTS** (U.S.A., 1995), with Kevin Pollak, Stephen Baldwin, Benicio Del Toro, Gabriel Byrne, and Kevin Spacey, directed by Bryan Singer.

5–31 **BADLANDS** (U.S.A., 1973), with Sissy Spacek, written and directed by Terrence Malick.

5–32 **MADAGASCAR** (U.S.A., 2005), with Melman the Giraffe (voiced by David Schwimmer), Marty the Zebra (Chris Rock), Alex the Lion (Ben Stiller), and Gloria the Hippo (Jada Pinkett Smith), directed by Eric Darnell and Tom McGrath.

5–33 **MILLION DOLLAR BABY** (U.S.A., 2004), with Clint Eastwood and Hilary Swank, directed by Eastwood.

5–34 **OVER THE HEDGE** (U.S.A., 2006), with Wanda Sykes, directed by Tim Johnson and Karey Kirkpatrick.

5–35 **RESERVOIR DOGS** (U.S.A., 1992), with Steve Buscemi and Harvey Keitel, written and directed by Quentin Tarantino.

Chapter 6

6–1 **UNFAITHFUL** (U.S.A., 2002), with Diane Lane and Olivier Martinez, directed by Adrian Lyne.

6–2a **SHANGHAI EXPRESS** (U.S.A., 1932), with Marlene Dietrich, directed by Josef von Sternberg.

6–20   **BARBER SHOP** (U.S.A., 2002), with Ice Cube, directed by Tim Story.

6–21   **THE WEDDING CRASHERS** (U.S.A., 2005), with Vince Vaughn and Owen Wilson, directed by David Dobkin.

6–22a   **VERTIGO** (U.S.A., 1958), with James Stewart and Kim Novak, directed by Alfred Hitchcock.

6–22b   **MY WEEK WITH MARILYN** (Britain/U.S.A., 2011), with Michelle Williams, directed by Simon Curtis.

6–23   **AGUIRRE, THE WRATH OF GOD** (West Germany, 1972), with Klaus Kinski, directed by Werner Herzog.

6–24   **THE SEDUCTION OF MIMI** (Italy, 1972), with Elena Fiore and Giancarlo Giannini, directed by Lina Wertmüller.

6–25   **THE ROCKY HORROR PICTURE SHOW** (Britain, 1975), with Tim Curry, directed by Jim Sharman.

6–26a   **JARHEAD** (U.S.A., 2005), with Jake Gyllenhaal, directed by Sam Mendes.

6–26b   **HAMLET** (Britain, 1996), with Kenneth Branagh, directed by Branagh.

6–27   **SECRETS & LIES** (Britain, 1996), with Brenda Blethyn, written and directed by Mike Leigh.

6–28a   **SLUMDOG MILLIONAIRE** (Britain, 2008), with Dev Patel and Freida Pinto, directed by Danny Boyle.

6–28b   **THE NUN'S STORY** (U.S.A., 1959), with Audrey Hepburn and Peter Finch, directed by Fred Zinnemann.

6–29a   **YANKEE DOODLE DANDY** (U.S.A., 1942), with James Cagney, directed by Michael Curtiz.

6–29b   **BELLE DE JOUR** (France/Italy, 1967), with Catherine Deneuve, directed by Luis Buñuel.

6–30   **TWO WOMEN** (Italy, 1960), with Sophia Loren, directed by Vittorio De Sica.

6–31   **THE END OF SUMMER** (Japan, 1961), directed by Yasujiro Ozu.

6–32a   **GIGI** (U.S.A., 1958), with Maurice Chevalier, Leslie Caron, and Louis Jourdan, directed by Vincente Minnelli.

6–32b   **NORTH COUNTRY** (U.S.A., 2005), with Richard Jenkins, Charlize Theron, and Sissy Spacek, directed by Niki Caro.

6–33a   **BICYCLE THIEVES** (Italy, 1948), with Lamberto Maggiorani and Enzo Staiola, directed by Vittorio De Sica.

6–33b   **AMERICAN GANGSTER** (U.S.A., 2007), with Denzel Washington, directed by Ridley Scott.

6–34a   **ROMEO AND JULIET** (U.S.A., 1936), with Leslie Howard and Norma Shearer, directed by George Cukor.

6–34b   **ROMEO AND JULIET** (Britain/Italy, 1968), with Leonard Whiting and Olivia Hussey, directed by Franco Zeffirelli.

6–35a   **THE UPSIDE OF ANGER** (U.S.A., 2004), with Joan Allen and Kevin Costner, written and directed by Mike Binder.

6–35b   **MARGIN CALL** (U.S.A., 2011), directed by J. C. Chandor.

6–36a   **THE CRYING GAME** (Ireland/Britain, 1992), with Jaye Davidson and Stephen Rea, written and directed by Neil Jordan.

6–36b   **IF I WANT TO WHISTLE, I WHISTLE** (Romania/Sweden, 2010), with George Pistereanu, directed by Florin Serban.

6–37   **ERIN BROCKOVICH** (U.S.A., 2000), with Julia Roberts, directed by Steven Soderbergh.

Chapter 7

7–1a   **AUTUMN SONATA** (Sweden, 1978), with Ingrid Bergman and Liv Ullmann, written and directed by Ingmar Bergman.

7–1b   **BOOTY CALL** (U.S.A., 1997), with Jamie Foxx and Tommy Davidson, director by Jeff Pollack.

7–2a   **FANTASTIC VOYAGE** (U.S.A., 1966), art direction by Jack Martin Smith and Dale Hennesy, special effects by Art Cruickshank, directed by Richard Fleischer.

7–2b   **THE RELIC** (U.S.A., 1996), with Penelope Ann Miller, directed by Peter Hyams.

7–2c   **THE LORD OF THE RINGS: THE FELLOWSHIP OF THE RING** (U.S.A., 2001), directed by Peter Jackson.

7–2d   **ROMEO MUST DIE** (U.S.A., 2000), with Russell Wong and Jet Li, directed by Andrzej Bartkowiak.

7–3a   **DONA FLOR AND HER TWO HUSBANDS** (Brazil, 1977), with José Wilker, Sonia Braga, and Mauro Mendonça, directed by Bruno Baretto.

7–3b   **INDIANA JONES AND THE KINGDOM OF THE CRYSTAL SKULL** (U.S.A., 2008), with Cate Blanchett and Harrison Ford, directed by Steven Spielberg.

7–4a   **PICKPOCKET** (France, 1959), directed by Robert Bresson.

7–4b & c **MARTIN LAWRENCE LIVE: RUNTELDAT** (U.S.A., 2002), directed by David Raynr.

7–5a   **SINGIN' IN THE RAIN** (U.S.A., 1952), with Gene Kelly, directed by Kelly and Stanley Donen.

7–5b   **ALL ABOUT EVE** (U.S.A., 1950), with Bette Davis, Marilyn Monroe, and George Sanders, written and directed by Joseph L. Mankiewicz.

7–6   **MAGNUM FORCE** (U.S.A., 1973), with Clint Eastwood and Adele Yoshioka, directed by Ted Post.

7–7   **THE CLAIM** (Britain/Canada, 2000), with Peter Mullan, directed by Michael Winterbottom.

7–8a   **WAR HORSE** (U.S.A., 2011), directed by Steven Spielberg.

7–8b   **THE DEAD** (U.S.A., 1987), with Anjelica Huston, directed by John Huston.

7–9   **TOOTSIE** (U.S.A., 1982), with Dustin Hoffman, directed by Sydney Pollack.

7–10a   **SHAME** (Sweden, 1968), with Liv Ullmann and Max Von Sydow, written and directed by Ingmar Bergman.

7–10b   **THE LITTLE FOXES** (U.S.A., 1941), with Dan Duryea and Carl Benton Reid, directed by William Wyler.

7–10c   **BLUE VALENTINE** (U.S.A., 2010), with Michelle Williams and Ryan Gosling, directed by Derek Cianfrance.

7–11a   **A STREETCAR NAMED DESIRE** (U.S.A., 1951), with Vivien Leigh and Marlon Brando, directed by Elia Kazan.

7–11b   **DRIVING MISS DAISY** (U.S.A., 1989), with Dan Aykroyd, Jessica Tandy, and Morgan Freeman, directed by Bruce Beresford.

7–12a   **IN THE LAND OF BLOOD AND HONEY** (U.S.A., 2010), with Zana Marjanović and Goran Kostić, written and directed by Angelina Jolie.

7–12b   **IKIRU (TO LIVE)** (Japan, 1952), directed by Akira Kurosawa.

7–13   **TALK TO HER** (Spain, 2002), written and directed by Pedro Almodóvar.

7–14a   **THE UNTOUCHABLES** (U.S.A., 1987), with Charles Martin Smith, Kevin Costner, Sean Connery, and Andy Garcia, directed by Brian De Palma.

7–14b   **THE FIGHTER** (U.S.A., 2010), with Christian Bale and Mark Wahlberg, directed by David O. Russell.

7–14c   EDWARD SCISSORHANDS (U.S.A., 1990), with Johnny Depp, directed by Tim Burton.

7–15   THE SANDS OF IWO JIMA (U.S.A., 1949), with John Wayne (front and center), directed by Allan Dwan.

7–16   THE CABINET OF DR. CALIGARI (Germany, 1920), with Conrad Veidt and Werner Krauss, production design by Hermann Warm, Walter Röhrig, and Walter Reimann, directed by Robert Wiene.

7–17a   SIEGFRIED (Germany, 1924), with Paul Richter, directed by Fritz Lang.

7–17b   SLEEPY HOLLOW (U.S.A., 1999), with Johnny Depp, Christina Ricci, and Marc Pickering, directed by Tim Burton.

7–18   BARTON FINK (U.S.A., 1991), with John Turturro and Jon Polito, written and directed by Joel and Ethan Coen.

7–19a   SAVING PRIVATE RYAN (U.S.A., 1998), with Tom Hanks, directed by Steven Spielberg.

7–19b   PLATOON (U.S.A., 1986), with Tom Berenger, directed by Oliver Stone.

7–19c   BLACK HAWK DOWN (U.S.A., 2001), with Tom Guiry, directed by Ridley Scott.

7–20a   GRAND HOTEL (U.S.A., 1932), with Greta Garbo, art direction by Cedric Gibbons, gowns by Adrian, directed by Edmund Goulding.

7–20b   LITTLE CAESAR (U.S.A., 1930), with Edward G. Robinson, art direction by Anton Grot, directed by Mervyn LeRoy.

7–20c   HOW GREEN WAS MY VALLEY (U.S.A., 1941), art direction by Nathan Juran and Richard Day, directed by John Ford.

7–21   AMARCORD (Italy, 1974), art direction and costumes by Danilo Donati, cinematography by Giuseppe Rotunno, directed by Federico Fellini.

7–22   BEOWULF (U.S.A., 2007), with Ray Winstone, directed by Robert Zemeckis.

7–23   NO MAN'S LAND (Bosnia, 2001), with Branko Djurić and Rene Bitorajac, written and directed by Danis Tanović.

7–24   BLADE RUNNER (U.S.A., 1982), with Harrison Ford, directed by Ridley Scott.

7–25a   THE LEOPARD (Italy, 1963), art direction by Mario Garbuglia, costumes by Piero Tosi, directed by Luchino Visconti.

7–25b   CURSE OF THE GOLDEN FLOWER (China/Hong Kong, 2006), with Chow Yun Fat, directed by Zhang Yimou.

7–26a   BATMAN FOREVER (U.S.A., 1995), with Val Kilmer and Chris O'Donnell, directed by Joel Schumacher.

7–26b   THE DARK KNIGHT (U.S.A., 2008), with Heath Ledger, directed by Christopher Nolan.

7–27   PAN'S LABYRINTH (Mexico, 2007), with Doug Jones, written and directed by Guillermo del Toro.

7–28   THE SEVEN YEAR ITCH (U.S.A., 1955), with Marilyn Monroe, directed by Billy Wilder.

7–29a   TROUBLE IN PARADISE (U.S.A., 1932), with Kay Francis, gowns by Travis Banton, directed by Ernst Lubitsch.

7–29b   DESIRE (U.S.A., 1936), with Marlene Dietrich, costumes by Travis Banton, directed by Frank Borzage.

7–29c   DINNER AT EIGHT (U.S.A., 1933), with Jean Harlow, costumes by Adrian, directed by George Cukor.

7–29d   A PLACE IN THE SUN (U.S.A., 1951), with Elizabeth Taylor and Montgomery Clift, gown by Edith Head, directed by George Stevens.

7–29e   GONE WITH THE WIND (U.S.A., 1939), with Vivian Leigh, costumes by Walter Plunckett, directed by Victor Fleming.

Chapter 8

8–15   **LATE SPRING** (Japan, 1949), with Setsuko Hara and Chishu Ryu, directed by Yasujiro Ozu.

8–16   **CITY OF GOD** (Brazil, 2003), with Alexandre Rodrigues, directed by Fernando Meirelles.

8–17   **THE TREE OF LIFE** (U.S.A., 2011), with Jessica Chastain and Brad Pitt, written and directed by Terrence Malick.

8–18   **THE DISCREET CHARM OF THE BOURGEOISIE** (France, 1972), directed by Luis Buñuel.

8–19a   **MON ONCLE D'AMERIQUE** (France, 1980), with Gérard Depardieu, directed by Alain Resnais.

8–19b   **MELANCHOLIA** (Denmark/Sweden/France/Germany, 2011), with Kirsten Dunst, written and directed by Lars von Trier.

8–20   **JFK** (U.S.A., 1991), with Kevin Costner, written and directed by Oliver Stone.

8–21a   **THE ROUNDUP** (France/Germany/Hungary, 2010), directed by Rose Bosch.

8–21b   **WELCOME TO SARAJEVO** (Britain/U.S.A., 1997), with Stephen Dillane and Woody Harrelson, directed by Michael Winterbottom.

8–22a   **LAW AND ORDER** (U.S.A., 1969), directed by Frederick Wiseman.

8–22b   **HARLAN COUNTY, U.S.A.** (U.S.A., 1977), directed by Barbara Kopple.

8–23   **MARCH OF THE PENGUINS** (France, 2005), directed by Luc Jacquet.

8–24   **RAZOR BLADES** (U.S.A., 1968), directed by Paul Sharits.

8–25a   **IT HAPPENED ONE NIGHT** (U.S.A., 1934), with Clark Gable and Claudette Colbert, written by Robert Riskin, directed by Frank Capra.

8–25b   **NIGHT WATCH** (Russia, 2006), with Dima Martynov, written and directed by Timur Bekmambetov.

8–26a   **WINDTALKERS** (U.S.A., 2002), directed by John Woo.

8–26b   **THREE KINGS** (U.S.A., 1999), with George Clooney, Mark Wahlberg, Ice Cube, and Spike Jonze, written and directed by David O. Russell.

8–27a   **UNFORGIVEN** (U.S.A., 1992), with Clint Eastwood, directed by Eastwood.

8–27b   **THE PEOPLE VS. LARRY FLYNT** (U.S.A., 1996), with Woody Harrelson and Courtney Love, directed by Milos Forman.

8–27c   **FARGO** (U.S.A., 1996), with Frances McDormand, written and directed by Joel and Ethan Coen.

8–28a   **NICHOLAS NICKLEBY** (Britain, 2002), with Jamie Bell and Charlie Hunnam, adapted and directed by Douglas McGrath.

8–28b   **BEVERLY HILLS COP** (U.S.A, 1984), with Eddie Murphy, directed by Martin Brest.

8–29a   **ROCKY** (U.S.A., 1976), with Sylvester Stallone, directed by John Avildsen.

8–29b   **TROPIC THUNDER** (U.S.A., 2008), with Ben Stiller and Robert Downey Jr., directed by Stiller.

8–30a   **INVASION OF THE BODY SNATCHERS** (U.S.A., 1956), directed by Don Siegel.

8–30b   **THE WOMAN IN THE WINDOW** (U.S.A., 1944), with Joan Bennett and Edward G. Robinson, directed by Fritz Lang.

8–31a   **E.T.: THE EXTRA-TERRESTRIAL** (U.S.A., 1982), with Henry Thomas and E.T., directed by Steven Spielberg.

8–31b   **TRANSFORMERS** (U.S.A., 2007), directed by Michael Bay.

8–31c   **THE DARK KNIGHT RISES** (U.S.A./Britain, 2012), with Christian Bale, directed by Christopher Nolan.

Chapter 9

Iñárritu.

9–11   **NORTH BY NORTHWEST** (U.S.A., 1959), with Cary Grant, screenplay by Ernest Lehman, directed by Alfred Hitchcock.

9–12   **STRANGER THAN FICTION** (U.S.A., 2006), with Will Ferrell, directed by Marc Forster.

9–13   **DAY FOR NIGHT** (France, 1973), with Jean-Pierre Léaud and François Truffaut, directed by Truffaut.

9–14a   **LANTANA** (Australia, 2002), with Rachel Blake, directed by Ray Lawrence.

9–14b, c, d BLACK SWAN (U.S.A., 2010), with Natalie Portman, directed by Darren Aronofsky.

9–15   **THE SEVEN SAMURAI** (Japan, 1954), directed by Akira Kurosawa.

9–16   **PSYCHO** (U.S.A., 1960), directed by Alfred Hitchcock.

9–17   **STRAWBERRY AND CHOCOLATE** (Cuba, 1994), with Jorge Perugorría and Vladimir Cruz, directed by Tomás Gutiérrez Alea (with Juan Carlos Tabío).

9–18a   **HOT SHOTS! PART DEUX** (U.S.A., 1993), with Charlie Sheen and Valeria Golino, directed by Jim Abrahams.

9–18b   **INGLORIOUS BASTERDS** (U.S.A., 2009), with Eli Roth and Brad Pitt, written and directed by Quentin Tarantino.

9–19a   **FLAGS OF OUR FATHERS** (U.S.A., 2006), directed by Clint Eastwood.

9–19b   **NOTES ON A SCANDAL** (Britain/U.S.A., 2006), with Cate Blanchett and Judi Dench, directed by Richard Eyre.

9–20   **NASHVILLE** (U.S.A., 1975), directed by Robert Altman.

9–21a   **SHALLOW HAL** (U.S.A., 2001), with Gwyneth Paltrow and Jack Black, directed by Bobby and Peter Farrelly.

9–21b   **MIDNIGHT IN PARIS** (U.S.A./Spain, 2011), with Marion Cotillard and Owen Wilson, written and directed by Woody Allen.

9–22a   **THEY SHOOT HORSES, DON'T THEY?** (U.S.A./1969), with Bonnie Bedelia, Bruce Dern, Jane Fonda, and Red Buttons, directed by Sydney Pollack.

9–22b   **ROAD TO PERDITION** (U.S.A., 2002), with Tom Hanks and Tyler Hoechlin, directed by Sam Mendes.

9–23a   **THRONE OF BLOOD** (Japan, 1957), based on Shakespeare's Macbeth, directed by Akira Kurosawa.

9–23b   **BRIDE & PREJUDICE** (U.S.A./Britain, 2004), with Aishwarya Rai, directed by Gurinda Chadha.

9–24   **HARRY POTTER AND THE SORCERER'S STONE** (U.S.A./Britain, 2001), with Daniel Radcliffe and Rupert Grint, directed by Chris Columbus.

9–25   **LONG DAY'S JOURNEY INTO NIGHT** (U.S.A., 1962), with Katharine Hepburn and Dean Stockwell, Ralph Richardson, Jason Robards, Jr., directed by Sidney Lumet.

9–26   **SIDEWAYS** (U.S.A., 2004), with Virginia Madsen, Paul Giamatti, Thomas Haden Church, and Sandra Oh, directed by Alexander Payne.

Chapter 10

10–1a   **TALLADEGA NIGHTS: THE BALLAD OF RICKY BOBBY** (U.S.A., 2006), with John C. Reilly and Will Ferrell, directed by Adam McKay.

10–1b   **RENDITION** (U.S.A., 2007), with Yigal Naor and Omar Metwally, directed by Gavin Hood.

10–2a   **FAHRENHEIT 9/11** (U.S.A., 2004), with Michael Moore, directed by Moore.

10–2b THE PASSION OF THE CHRIST (U.S.A., 2004), with Jim Caviezel, directed by Mel Gibson.

10–3a THE SEARCHERS (U.S.A., 1956), with John Wayne, directed by John Ford.

10–3b TO KILL A MOCKINGBIRD (U.S.A., 1962), with Gregory Peck and Mary Badham, directed by Robert Mulligan.

10–4 STORY OF WOMEN (France, 1988), with Isabelle Huppert, directed by Claude Chabrol.

10–6 OCTOBER (Soviet Union, 1928), directed by Sergei Eisenstein.

10–7 THE HUMAN CONDITION—NO GREATER LOVE (Japan, 1959), with Tatsuya Nakadai, directed by Masaki Kobayashi.

10–8 HIGH HOPES (Britain, 1988), with Ruth Sheen, Edna Doré, and Philip Davis, directed by Mike Leigh.

10–9 CINEMA PARADISO (Italy, 1988), with Philippe Noiret and Salvatore Cascio, directed by Giuseppe Tornatore.

10–10 IT'S A WONDERFUL LIFE (U.S.A., 1946), with James Stewart and Donna Reed (both on the left), directed by Frank Capra.

10–11 THE VIRGIN SPRING (Sweden, 1959), with Max von Sydow, written and directed by Ingmar Bergman.

10–12 TRIUMPH OF THE WILL (Germany, 1935), directed by Leni Riefenstahl.

10–13a HENRY V (Britain, 1989), with Kenneth Branagh, directed by Branagh.

10–13b DANCES WITH WOLVES (U.S.A., 1990), with Kevin Costner, directed by Costner.

10–14 PIXOTE (Brazil, 1981), with Fernando Ramos da Silva, directed by Hector Babenco.

10–15 THE GRAPES OF WRATH (U.S.A., 1940), with Jane Darwell and Henry Fonda, directed by John Ford.

10–16a LATE AUTUMN (Japan, 1960), with Setsuko Hara, directed by Yasujiro Ozu.

10–16b DEAD MAN WALKING (U.S.A., 1995), with Sean Penn and Susan Sarandon, directed by Tim Robbins.

10–17 CHICAGO (U.S.A., 2002), with Catherine Zeta-Jones, Richard Gere, and Renée Zellweger, guns by Smith & Wesson, directed by Rob Marshall.

10–18a THE ORIGINAL KINGS OF COMEDY (U.S.A., 2000), with Bernie Mac, Cedric the Entertainer, D. L. Hughley, and Steve Harvey, directed by Spike Lee.

10–18b HAROLD & KUMAR GO TO WHITE CASTLE (U.S.A./Canada, 2004), with John Cho and Kal Penn, directed by Danny Leiner.

10–18c A BETTER LIFE (U.S.A., 2011), with José Julián and Demián Bichir, directed by Chris Weitz.

10–18d FIDDLER ON THE ROOF (U.S.A., 1971), directed by Norman Jewison.

10–19 THE CHANT OF JIMMIE BLACKSMITH (Australia, 1978), with Tommy Lewis, Jack Thompson, and Julie Dawson, directed by Fred Schepisi.

10–20a BOYZ N THE HOOD (U.S.A., 1991), with Cuba Gooding, Jr., Larry Fishburne, and Ice Cube, written and directed by John Singleton.

10–20b BREAKING AWAY (U.S.A., 1979), with Dennis Christopher, directed by Peter Yates.

10–21a SHOW BOAT (U.S.A., 1936), with Paul Robeson and Hattie McDaniel, directed by James Whale.

10–21b TILL THE CLOUDS ROLL BY (U.S.A., 1946), with Lena Horne, directed by Richard Whorf.

10–22a SEVEN BEAUTIES (Italy, 1976), with Giancarlo Giannini and Elena Fiore, directed by Lina Wertmüller.

10–22b OCTOPUSSY (Britain, 1983), with Roger Moore, directed by John Glen.

10–22c THE HURT LOCKER (U.S.A., 2009), with Jeremy Renner, directed by Kathryn Bigelow

10–22d **THE HUNGER GAMES** (U.S.A., 2012), with Jennifer Lawrence, directed by Gary Ross.

10–23a **RAISE THE RED LANTERN** (China/Hong Kong, 1991), with Gong Li, written and directed by Zhang Yimou.

10–23b **WATER** (Canada/India, 2005), with Sarala Kariyawasam (left), directed by Deepa Mehta.

10–23c **THE WHITE BALLOON** (Iran, 1995), with Aida Mohammadkhani, directed by Jafar Panahi.

10–24a **LATE CHRYSANTHEMUMS** (Japan, 1954), with Haruko Sugimura and Ken Uehara, directed by Mikio Naruse.

10–24b **MARIA FULL OF GRACE** (Colombia, 2004), with Catalina Sandino Moreno, written and directed by Joshua Marston.

10–25a **THELMA & LOUISE** (U.S.A., 1991), with Susan Sarandon and Geena Davis, directed by Ridley Scott.

10–25b **OSAMA** (Afghanistan, 2003), with Marina Golbahari, written and directed by Siddiq Barmak.

10–26a & b **DESERT FLOWER** (Britain/Germany/Austria, 2009), directed by Sherry Hormann.

10–26c **VANITY FAIR** (Britain, 2004), with Resse Witherspoon, directed by Mira Nair.

10–27a **A FOREIGN AFFAIR** (U.S.A., 1948), with Marlene Dietrich, directed by Billy Wilder.

10–27b **PILLOW TALK** (U.S.A., 1959), with Doris Day and Rock Hudson, directed by Michael Gordon.

10–27c **BROKEBACK MOUNTAIN** (U.S.A., 2005), with Jake Gyllenhaal and Heath Ledger, directed by Ang Lee.

10–28 **THE LORD OF THE RINGS: THE FELLOWSHIP OF THE RING** (U.S.A., 2002), with Ian McKellen and Elijah Wood, directed by Peter Jackson.

10–29a **THE KIDS ARE ALL RIGHT** (U.S.A., 2010), with Annette Bening, Julianne Moore, Josh Hutcherson, Mark Ruffalo and Mia Wasikowska, directed by Lisa Cholodenko.

10–29b **ALL ABOUT MY MOTHER** (Spain, 1999), with Marisa Paredes, Penélope Cruz, Cecilia Roth, Candela Peña, Rosa María Sardá, and Antonia San Juan, written and directed by Almodóvar.

10–30a **MIDNIGHT COWBOY** (U.S.A., 1969), with Jon Voight and Dustin Hoffman, directed by John Schlesinger.

10–30b **THE ADVENTURES OF PRISCILLA, QUEEN OF THE DESERT** (Australia, 1994), with Guy Pearce, Terence Stamp, and Hugo Weaving, written and directed by Stephan Elliott.

10–31 **CINDERELLA MAN** (U.S.A., 2000), with Russell Crowe, directed by Ron Howard.

10–32a **THE ORION** (Iran, 2010), directed by Zamani Esmati.

10–32b **ATONEMENT** (Britain, 2007), with James McAvoy and Keira Knightley, directed by Joe Wright.

10–33a **BRINGING UP BABY** (U.S.A., 1938), with Cary Grant and Katharine Hepburn, directed by Howard Hawks.

10–33b **HOW TO LOSE A GUY IN 10 DAYS** (U.S.A., 2003), with Kate Hudson and Matthew McConaughey, directed by Donald Petrie.

10–34 **THE DESCENDANTS** (U.S.A., 2011), with George Clooney and Shailene Woodley, directed by Alexander Payne.

Chapter 11

11–1a **THE MALTESE FALCON** (U.S.A., 1941), with Humphrey Bogart, Peter Lorre, Mary Astor, and Sydney Greenstreet, directed by John Huston.

11–1b   **ON THE WATERFRONT** (U.S.A., 1954), with Eva Marie Saint and Marlon Brando, directed by Elia Kazan.

11–1c   **LAST TANGO IN PARIS** (Italy/France, 1972), with Maria Schneider and Marlon Brando, directed by Bernardo Bertolucci.

11–1d   **BLADES OF GLORY** (U.S.A., 2007), with Jon Heder and Will Ferrell, directed by Josh Gordon and Will Speck.

11–2a   **A SCREAMING MAN** (France/Belgium/Chad, 2010), written and directed by Mahamat-Saleh Haroun.

11–2b   **OPEN CITY** (Italy, 1945), with Marcello Pagliero, directed by Roberto Rossellini.

11–3a   **UMBERTO D** (Italy, 1952), with Carlo Battisti, directed by Vittorio De Sica.

11–3b   **THE RULES OF THE GAME** (France, 1939), directed by Jean Renoir.

11–3c   **PATHER PANCHALI** (The Song of the Road) (India, 1955), with Kanu Bannerjee, directed by Satyajit Ray.

11–4a   **THE TREE OF THE WOODEN CLOGS** (Italy, 1978), directed by Ermanno Olmi.

11–4b   **TASTE OF CHERRY** (Iran, 1998), with Homayoun Ershadi, written and directed by Abbas Kiarostami.

11–5a   **ITALIAN FOR BEGINNERS** (Denmark, 2002), written and directed by Lone Scherfig.

11–5b   **JARHEAD** (U.S.A., 2005), directed by Sam Mendes.

11–6   **UGETSU** (Japan, 1953), with Masayuki Mori and Machiko Kyo, directed by Kenji Mizoguchi.

11–7a   **THE WIZARD OF OZ** (U.S.A., 1939), with Judy Garland and Ray Bolger, directed by Victor Fleming.

11–7b   **THE LORD OF THE RINGS: THE FELLOWSHIP OF THE RING** (U.S.A., 2001), directed by Peter Jackson.

11–8a   **ALIEN** (U.S.A., 1979), with John Hurt, directed by Ridley Scott.

11–8b   **ADAPTATION** (U.S.A., 2002), with Nicolas Cage and Nicolas Cage, directed by Spike Jonze.

11–9a   **THE SERVANT** (Britain, 1963), with Dirk Bogarde (foreground), directed by Joseph Losey.

11–9b   **MONA LISA** (Britain, 1986), with Cathy Tyson, Michael Caine, and Bob Hoskins, directed by Neil Jordan.

11–10a   **HARRY POTTER AND THE DEATHLY HALLOWS: PART 2** (U.S.A./Britain, 2011), with Daniel Radcliffe and Ralph Fiennes, directed by David Yates.

11–10b   **BLUE VELVET** (U.S.A., 1986), with Kyle MacLachlan and Isabella Rossellini, written and directed by David Lynch.

11–11   **LOVE ON THE RUN** (France, 1979), **STOLEN KISSES** (France, 1968), **LOVE AT TWENTY** (France, 1962), **400 BLOWS** (France, 1959), with Jean-Pierre Léaud as Antoine Doniel.

11–12   **THE DEPARTED** (U.S.A., 2006), with Leonardo DiCaprio and Matt Damon, directed by Martin Scorcese.

11–13a   **MILDRED PIERCE** (U.S.A., 1945), with Joan Crawford, directed by Michael Curtiz.

11–13b   **PRIMARY COLORS** (U.S.A., 1998), with John Travolta, directed by Mike Nichols.

11–14a   **HIGHER GROUND** (U.S.A., 2011), with Vera Farmiga, directed by Vera Farmiga.

11–14b   **THE OPPOSITE OF SEX** (U.S.A., 1997), with Martin Donovan and Lisa Kudrow, written and directed by Don Roos.

11–14c   **NAPOLEON DYNAMITE** (U.S.A., 2004), with John Gries, Jon Heder, and Aaron Ruell, written and directed by Jared Hess.

11–15   **LEGALLY BLONDE 2: RED, WHITE & BLONDE** (U.S.A., 2003), with Bob Newhart and Reese Witherspoon, directed by Charles Herman-Wurmfeld.

11–16a **MAMA GÓGÓ** (Iceland/Norway/Sweden/Germany/Britain, 2010), with Kristbjorg Kjeld, written and directed by Fridrik Thor Fridriksson.

11–16b **UNDERTOW** (Peru, 2009), with Manolo Cardona and Cristian Mercado, directed by Javier Fuentes-León.

11–16c **SEVEN DAYS IN HEAVEN** (Taiwan, 2010), with Pong-Fong Wu, directed by Yulin Wang and Essay Liu.

11–16d **DRIVE** (U.S.A., 2011), with Ryan Gosling, directed by Nicholas Winding Refn.

11–17a **INDEPENDENCE DAY** (U.S.A., 1996), directed by Roland Emmerich.

11–17b **THE SQUID AND THE WHALE** (U.S.A., 2005), with Jeff Daniels and Laura Linney, written and directed by Noah Baumbach.

11–17c **THE TWILIGHT SAGA: BREAKING DAWN—PART 2** (U.S.A., 2012), with Robert Pattinson and Kristen Stewart, directed by Bill Condon.

11–18 **BLONDE VENUS** (U.S.A., 1932), with Marlene Dietrich, directed by Josef von Sternberg.

11–19a **TROY** (U.S.A., 2004), directed by Wolfgang Petersen.

11–19b **THE BANK** (U.S.A., 1915), with Charles Chaplin, directed by Chaplin.

11–20 **TENDER MERCIES** (U.S.A., 1983), with Robert Duvall and Allan Hubbard, directed by Bruce Beresford.

11–21 **AN AUTUMN AFTERNOON** (Japan, 1962), with Shima Iwashita and Chishu Ryu, directed by Yasujiro Ozu.

11–22a **SHORT CUTS** (U.S.A., 1993), with Lily Tomlin and Tom Waits, directed by Robert Altman.

11–22b **THE GODFATHER PART II** (U.S.A., 1974), with Giuseppe Sillato and Robert De Niro, directed by Francis Ford Coppola.

11–23 **MEDIUM COOL** (U.S.A., 1969), with Peter Bonerz and Robert Forster, directed by Haskell Wexler.

11–24a **THE PASSION OF THE CHRIST** (U.S.A., 2004), with Jim Caviezel, directed by Mel Gibson.

11–24b **SUPERMAN RETURNS** (U.S.A., 2006), with Brandon Routh, directed by Bryan Singer.

11–25a **COLLATERAL** (U.S.A., 2004), with Tom Cruise and Jamie Foxx, directed by Michael Mann.

11–25b **KING KONG** (U.S.A., 2005), with Naomi Watts and friend, directed by Peter Jackson.

Chapter 12

12–1–12–24 **CITIZEN KANE** (U.S.A., 1941), cinematographer Gregg Toland and director Orson Welles.

12–26 **THE MAGNIFICENT AMBERSONS** (U.S.A., 1942), with Dolores Costello, Agnes Moorehead, Joseph Cotten, and Ray Collins, directed by Orson Welles.

12–27 **OTHELLO** (Morocco, 1952), with Orson Welles and Suzanne Cloutier, directed by Welles.

12–28 **TOUCH OF EVIL** (U.S.A., 1958), with Orson Welles, directed by Welles.

12–29 **THE TRIAL** (France/Italy/West Germany, 1962), with Anthony Perkins, directed by Welles.

12–30 **THE IMMORTAL STORY** (France, 1968), with Orson Welles, directed by Welles.

린 R. 존스 Lynn R. Jones(1939-1970)를 추모하며

그를 도려내어 작은 별들로 만드세요.
그러면 그는 하늘의 얼굴을 아주 멋지게 꾸밀 것이고

세상 모든 것은 밤과 사랑에 빠질 것이며
결코 요란한 태양을 우러러보지 않을 것이요.

— 윌리엄 셰익스피어 William Shakespeare —

인셉션 Inception (미국, 2010)

(Warner Bros.)

인간은 그들이 만든 영상에 자신의 역사, 신념,
마음가짐, 욕망과 꿈을 새겨 넣는다.

— 로버트 휴즈 Robert Hughes, 미술 평론가

학습 목표(Learning Objectives)

- 영화의 세 가지 타입과 영화의 세 가지 주요 스타일의 차이를 알아보고, 스타일이 어떻게 스토리 전개에 영향을 미치게 되는지를 살펴본다.

- 영화 쇼트의 여섯 가지 기본적인 범주와 그것들의 용도를 정리한다.

- 영화의 기본적인 다섯 가지 앵글과 그 각각의 선택에서 관객이 얻는 문맥상의 정보를 기술한다.

- 조명의 여러 가지 타입과 그 각각이 갖는 상징적 의미를 개관한다.

- 영화의 극적 효과를 상징적으로 높이기 위해 감독은 의도적으로 색을 어떻게 사용하는가를 설명한다.

- 렌즈와 필터 그리고 필름이 쇼트에서 어떻게 특정한 요소를 강화하고 그 외의 요소들을 약화시키게 되는가를 알아본다.

- 디지털 기술이 영화 제작이나 편집, 현상, 배급에 끼친 변화를 살펴본다.

- 영화 제작에서 영화촬영 기사의 역할을 살펴보고, 영화촬영 기사가 촬영의 다양한 요소들을 어떻게 강화할 수 있는지를 알아본다.

사실주의와 형식주의

1900년 이전부터 이미 영화는 두 가지 주요한 방향으로 발전하기 시작했다. 그것은 곧 사실주의와 형식주의이다. 1890년대 중반에 프랑스의 뤼미에르 형제 Lumiére brothers가 일상적인 일들을 다룬 단편영화를 만들어 관객들을 즐겁게 했다. '열차의 도착 The Arrival of a Train'(4-4a)과 같은 영화들은 관객을 매혹시켰는데, 정확히 그 이유는 영화가 마치 그들이 실생활에서 본 사건들을 실감나게 그대로 옮겨놓은 것처럼 보였기 때문이다. 거의 같은 시기에 조르주 멜리에스 Georges Méliès는 순수한 상상의 사건들을 다룬 여러 편의 판타지 영화를 만들었다. '달세계 여행 A Trip to the Moon'(4-4b)과 같은 영화는 전형적으로 기발한 내러티브와 트릭 촬영을 혼합시킨 작품이다. 여러 가지 면에서 뤼미에르 형제는 영화의 사실주의적 전통의 창시자로, 그리고 멜리에스는 형식주의적 전통의 창시자로 평가될 수 있다.

사실주의 Realism와 형식주의 Formalism는 절대적인 개념이라기보다는 일반적인 개념이다. 어느 한 극단의 경향을 나타내기 위해 사용할 경우에는 이 명칭이 유용하게 쓰일 수 있지만, 그것은 어디까지나 명칭일 뿐이다. 스타일에 있어서 전적으로 형식주의적인 영화는 드물고, 또한 완전히 사실주의적인 영화는 더욱 드물다. 또한 사실주의와 현실세계 사이에는 중요한 차이가 있는데도 그 차이가 자주 간과되고 있다. 사실주의는 특수한 하나의 스타일인 데 반해, 물리적인 현실세계는 사실주의적 영화이든 형식주의적 영화이든 모든 영화의 소재가 된다. 사실 영화감독이라면 누구나 영화소재를 찍을 만한 촬영장소로 찾아가지만, 그들이 이 소재를 가지고 무엇을 하는가? 그들이 어떻게 그 소재를 조형하고 조작하는가? 하는 것은 스타일상의 강조점이 어디에 있느냐에 따라 결정된다.

대체로 사실주의적인 영화는 왜곡을 최소화하여 현실세계가 드러나는 모습을 그대로 재현하고자 한다. 대상과 사건을 촬영할 때, 영화감독은 삶 자체의 풍요로움을 보여주려고 애를 쓴다. 사실주의 영화감독과 형식주의 영화감독은 모두 혼란스럽고 불규칙적인 현실세계로부터 반드시 특정한 디테일을 선택하고, 그것을 강조해야만 한다. 그러나 사실주의적 영화에서 선택의 기준은 그다지 명확하지 않다. 요컨대 사실주의 감독은 그들의 영화세계가 조작되지 않은 실제세계의 객관적인 거울이라는 환상을 고수하려고 한다. 반면에 형식주의적 감독은 그런 허세를 부리지 않는다. 그들은 소재를 의도적으로 양식화하고 왜곡하기 때문에, 어느 누구도 조작된 대상이나 사건의 이미지를 현실로 착각하지 않는다. 이런 양식화는 그것이 쇼의 일부임을 스스로 환기시킨다.

사실주의적인 영화에서 관객은 그 스타일을 거의 눈치 챌 수 없다. 감독은 자신을 내세우지 않고 또 그의 모습을 잘 드러내지도 않는다. 이런 영화감독들은 영상을 어떻게 조작할 것인가 보다는 오히려 무엇을 보여줄 것인가에 더 많은 관심을 갖는다. 카메라 사용은 보수적이다. 본질적으로 그것은 가능한 한 해설을 줄이고 실제 대상의 겉모습을 있는 그대로 재현하는 기록 장치이다. 일부 사실주의자는 그 나름의 형식미 beauty of form를 가지고 소재를 미화하지 않고, 생생한 모습의 영상을 추구한다. '영상이 지나치게 아름다우면, 그것은 잘못된 것이다.'라는 말은 암묵적인 전제이다. 가장 역점을 두는 것은 소박함, 자연스러움, 직접성이다. 그렇다고 해서 사실주의 영화에는 예술적 기교가 없다는 말은 아니다. 왜냐하면 훌륭한 사실주의 영화일수록 그 예술적 재능을 숨기는 기술이 뛰어나기 때문이다.

형식주의적인 영화는 스타일 면에서 화려하다. 형식주의적인 감독들은 현실에 대한 주관적 경험을 표현하는 데 관심을 기울일 뿐, 다른 사람들이 그것을 어떻게 보느냐에 대해서는 관심이 없다. 형식주의자는 종종 표현주의자 Expressionist로 불린다. 왜냐하면 그들에게 자기표현은 적어도 소재 그 자체만큼 중요하기 때문이다. 표현주의자들은 종종 정신적이고 심리적인 진실에 관심을 기울이는데, 그들은 이를 물질세계의 표면을 왜곡시킴으로써 가장 잘 전달할 수 있다고 여긴다. 카메라는 소재를 설명하는 도구로서, 또 객관적인 특성보다는 본질적인 특성을 강조하는 수단으로 사용된다. 형식주의적인 영화에서는 현실에 대한 고도의 조작과 양식화가 이루어진다.

사실주의자들은 대체로 그들의 주된 관심은 형식이나 테크닉이 아니라 오히려 내용이라고 주장한다. 소재가 항상 가장 중요하고, 내용에 집중하지 못하게 하는 것은 어떤 것이든 의문의 눈초리를 보낸다. 가장 극단적인 형식의 사실주의적 영화는 실제 사건과 사람을 촬영하는 데 역점을 두는 다큐멘터리를 지향하는 편이다(1-3). 반면에 형식주의적인 영화는 테크닉과 표현성을 강조하는 경향이 있다. 이런 스타일로 영화를 제작한 가장 극단적인 예는 아방가르드 영화(1-7)에서 찾아볼 수 있다. 이와 같은 영화 중에는 완전히 추상적인 것도 있는데, 순수한 형식(즉, 비재현적인 색, 선, 형태)이 내용의 전부다. 대부분의 극영화는 양극단 사이 어디쯤에 위치하고 있으며, 관습적인 비평가들은 이런 영화를 고전적 영화 classical cinema(1-5)라 부른다.

1-1a

'마스터 앤드 커맨더: 위대한 정복자 *Master And Commander: The Far Side Of The World*' (미국, 2003), 감독: 피터 위어 Peter Weir. *(Twentieth Century Fox)*

▶ 사실주의와 형식주의. 영화평론가와 이론가들은 하나의 체험을 실제로 보이고 들리는 대로 포착하는 모든 예술 가운데서도 영화가 가장 사실적이라고 주장해 왔다. 이를테면 나폴레옹 전쟁 때 바다에서 벌인 격렬한 전쟁을 재현하는 이 스릴 넘치는 장면이 바로 그런 것이다. 연극연출가는 이 폭풍우를 양식화된 조명과 무대 뒤편의 음향효과를 사용하여 상징적으로 나타내야만 할 것이다. 소설가는 언어로 재현하고, 또 화가는 평면의 캔버스 위에 물감으로 그림으로써 재현해야 할 것이다. 그러나 영화감독은 실제로 우리를 위험한 지경에 빠뜨리지 않고서도 가장 무섭고 고통스러운 체험의 현장으로 (우리 대신) 카메라를 밀어 넣음으로써 이런 사건을 아주 실감나게 재현할 수 있다. 한마디로 영화의 사실주의는 다른 어떤 예술매체나 표현양식보다도 한층 더 "현장에 있는" 듯한 느낌을 준다. 관객은 어떤 위험에도 직면하지 않으면서 스릴을 체험할 수 있다. 이미 1910년에 러시아의 위대한 문호 레오 톨스토이 Leo Tolstoy는 이 신선하고 새로운 예술 형식이 19세기 문학적 사실주의의 화려한 성취를 능가할 것임을 알고 있었다. "회전식 손잡이가 달린 이 작고 멋들어지고 기묘한 고안물은 우리의 삶-그리고 작가들의 삶-에 획기적인 변혁을 가져올 것이다. 이것은 낡은 방식의 문학에 대해서도 직접적인 타격을 가할 것이다. 이 신속한 장면전환, 이 감정과 체험의 혼합-이것은 우리에게 익숙한 따분하고 장황한 글쓰기보다 훨씬 더 좋다. 그것은 우리의 삶과 더 가깝다."

'1933년의 황금광들'은 우리에게 전혀 다른 유형의 경험을 제공한다. 버스비 버클리의 안무는 실제세계와는 거리가 먼, 기교의 승리다. 우울하고 지친 관객들은 이처럼 분명하게 일상적인 현실에서 벗어난 영화에 떼를 지어 모여든다. 그들은 자신들의 현실적인 삶의 문제들을 상기시키지 않는 마법과 마술을 원한다. 버클리의 스타일은 모든 안무가들 중에서도 가장 형식주의적이다. 그는 카메라를 프로시니엄 아치 proscenium arch의 좁은 영역으로부터 해방시켜서, 머리 위로 높이 치솟기도 하고, 심지어 댄서들 사이에서 빙글빙글 돌기도 하며, 또 뮤지컬 전체에 걸쳐 유리한 위치에서 다양한 쇼트들을 병치시키기도 했다. 이 버즈 아이 쇼트 bird's-eye shot처럼, 그는 일반적으로 잘 쓰이지 않는 앵글로 그의 댄서들을 촬영하는 경우가 많았다. 가끔 그는 숙련된 댄서들을 기용하는 것에 조금도 구애받지 않고, 변화무쌍한 형태를 보여주는 만화경 속의 거울조각처럼, 주로 반(半) 추상적인 시각적 단위로서 기용되는 미모의 젊은 여성들에게 임시로 유니폼을 입혀 기용하는 쪽을 선호하기도 했다. 관객들은 거기에 매혹되었다.

1-1b

'**1933년의 황금광들** *Gold Diggers Of 1933* '
(미국, 1934),
안무: 버스비 버클리 Busby Berkeley,
감독: 머빈 르로이 Mervyn LeRoy,
(Warner Bros.)

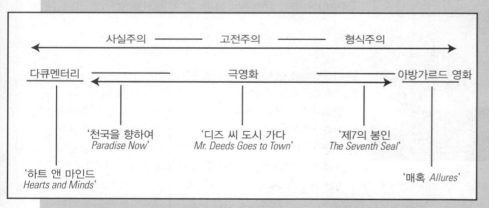

1-2

**영화의 스타일과 타입
의 분류표**

▶ 영화평론가와 학자들은 다양한 기준에 따라 영화를 분류한다. 가장 일반적인 두 가지 분류방법은 스타일과 타입 type으로 나누는 것이다. 세 가지 주요한 스타일–사실주의, 고전주의, 형식주의–은 완벽한 범주라기보다는 가능성을 가진 연속적인 스펙트럼으로 간주되어야 할 것이다. 마찬가지로 영화의 세 가지 타입–다큐멘터리, 극영화, 아방가르드 영화 Avant-Garde도 편의상 나눈 용어일 뿐이다. 왜냐하면 그것들이 서로 겹치는 경우가 허다하기 때문이다. '천국을 향하여'(1-4) 같은 사실주의적 영화는 거의 다큐멘터리에 가깝다. '제7의 봉인'(1-6) 같은 형식주의적인 영화는 아방가르드 영화의 전통적인 영역을 연상시키는 독자적인 특질을 가지고 있다. 대부분의 극영화, 특히 미국에서 만들어진 극영화는 고전적 패러다임을 따르는 경향이 있다. 고전적 영화는 사실주의와 형식주의 중 어느 한쪽 스타일로 기우는 편이지만, 그 어느 한쪽의 극단을 피하는 중간적 스타일로 간주될 수 있다.

1-3

'하트 앤 마인드 *Hearts & Minds* ' (미국, 1975),
감독: **피터 데이비스** Peter Davis.

▶ 다큐멘터리 영상의 정서적 충격은 보통 그것의 아름다움 보다는 진실성에서 나온다. 베트남에 대한 미국의 유린행위에 대한 데이비스의 고발은 주로 텔레비전 뉴스릴 필름으로 이루어져 있다. 이 사진은 불의의 폭격으로 어린이들이 마을에서 도망치는 것을 보여주고 있는데, 그들의 옷은 네이팜탄에 완전히 타버리고 없다. "그들은 먼저 만족할 만큼 폭격한 후에 그것을 촬영했다."고 한 베트남인은 증언했다. 결과적으로 대다수의 미국인을 반전으로 돌아서게 만들었던 것은 바로 이런 영상이었다. 페르난도 솔라나스 Fernando Solanas와 옥타비오 게티노 Octavio Gettino와 같은 제3세계 영화 감독은 다음과 같이 지적하고 있다. "어떤 상황에 대한 진실을 기록하거나 증거를 제시하거나 허위임을 밝히거나 깊이 파헤치는 모든 영상은 하나의 영화영상이나 순수한 예술적 사실 이상의 어떤 것이며, 그 체제가 받아들이기 힘든 것이 된다." 역설적으로 말해서, 미국을 제외한 어떤 국가도 자국을 비난하는 화면을 공중파로 방영하지는 않을 것이다. 그런 영상은 정부에 의해 통제되거나 적어도 조정된다. 헌법 제1조에서 표현의 자유를 보장하는 국가는 미국밖에 없다. *(BBS Productions/Rainbow Releasing)*

1-4

'천국을 향하여 *Paradise Now* ' (팔레스타인 지구, 2005),
출연: **카이스 나시프** Kais Nashep, **알리 슐리만** Ali Suliman,
감독: **하니 아부 아사드** Hany Abu-Assad.

▶ 대부분의 사실주의 영화가 그렇듯이 이 영화의 모토는 곧 다음이다. 즉 "이것은 실제로 있는 그대로이다." 영상들이 일상의 현실과 거의 일치하고 있다. 이러한 특징은 반드시 영화의 내적 세계와 영화감독이 탐구하려고 선택한 외적 환경 간의 비교를 나타낸다. 사실주의 영화는 사회의 하층계급을 다루고, 종종 도덕적 문제들을 탐구한다. 하지만 이러한 예술가들은 소재가 스스로 말하게 하는 편을 선호하지 소재를 억지로 강제하려고 하지 않는다. 사실주의는 특별한 사건들에 초점을 맞추기보다는 오히려 삶의 기본적인 경험을 강조하는 경향이 있다. 사실주의는 우리가 타인의 인간성을 느끼게 만드는 데 탁월한 스타일이다. 일상적으로 지각되는 현실의 질감을 포착하기 위해서 종종 형식미가 희생되기도 한다. 사실적 영상은 종종 그 디자인에서 비조작적이고 무계획적인 느낌이 든다. 그것들은 종종 친근한 스냅사진 같은 성격을 전달하는데, 사람들은 눈치 채지 못한다. 일반적으로 이야기 소재는 느슨하게 구성되고, 또한 줄거리의 전개에 필수적이지는 않지만 신빙성을 높이기 위해서 많은 디테일을 포함하고 있다. '천국을 향하여'는 어릴 때부터 친구인 두 자동차 정비공의 마지막 시간을 다루고 있다. 이들은 스스로 자폭하기로 자원했는데, 이슬람 세계에서는 흔히 이들을 순교자로 불렀다. 이들은 이스라엘 내의 목표물에 잠입하기 전에 가슴에 폭탄 띠를 둘렀다. 연대를 위해서이긴 해도 그들은 자신들의 임무에 대해 회의가 없진 않았으며, 그들 자신에 대한 근심이 끊이지 않는다. 자폭하고 난 뒤 어떤 일이 벌어질까 하고 물었을 때 그들의 안내자는 "당신들은 두 천사를 만나게 될 것이다"고 말한다. "정말 그럴까요?"라며 근심어린 두 사람이 물었다. "틀림없다"고 그 안내자는 대답했다. *(Lumen Films/Luma Prods/Eurimages)*

형식과 내용이라는 용어조차 생각만큼 그렇게 명확하게 구분되지 않는 경우가 더러 있다. 영화감독이자 작가인 블라디미르 닐센 Vladimir Nilsen이 지적했듯이, "사진이란 현실의 완벽하고 전체적인 반영이 결코 아니며, 사진의 영상은 촬영된 대상의 전체 물질적인 속성들 가운데 단지 하나 혹은 둘 정도를 선택하여 재현한 것이다." 쇼트의 형식—소재가 촬영되는 방식—이 그 소재의 진정한 내용이지, 그 소재가 현실 속에서 지각되는 그대로가 반드시 그 소재의 내용은 아니다. 커뮤니케이션 이론가 마샬 맥루한 Marshall McLuhan은 한 매체의 내용이 실제로는 또 다른 매체가 된다고 강조했다. 예컨대 사과(맛)를 먹고 있는 사람의 사진(시각적 영상)에는 두 가지 다른 매체가 포함되어 있다. 그것들은 각기 다른 방식으로 정보—내용—를 전달하고 있다. 사과를 먹고 있는 그 사람의 사진을 말로 표현하는 것은 이미 또 다른 매체(언어)와 연관을 맺는 것이며, 이는 또 다른 방식으로 정보를 전달하는 것이다. 이들 셋 다 표면상으로는 동일한 내용을 가지고 있지만, 각 경우마다 정확한 정보는 그 매체에 의해 결정된다.

유명한 프랑스의 비평가 앙드레 바쟁 André Bazin이 강조했듯이, "영화가 이야기하고자 하는 것을 보다 더 잘 이해하는 한 가지 방법은 그 영화가 어떻게 말해지고 있는가를 아는 것이다." 미국의 비평가 허만 웨인버그 Herman G. Weinberg는 이 문제를 다음과 같이 간결하게 표현했다. "스토리가 서술되는 방식은 그 스토리의 한 부분이다. 당신은 동일한 하나의 스토리를 잘 표현할 수도 혹은 잘못 표현할 수도 있다. 또한 당신은 그것을 한층 더 잘 표현할 수도 있고, 또 훨씬 더 훌륭하게 표현할 수도 있다. 그것은 누가 그 스토리를 이야기하고 있느냐에 달려 있다."

사실주의와 사실주의적이라는 말은 현실에서나 영화에서나 상당히 부담스러운 용어들이다. 우리는 이 용어들을 여러 가지 다양한 아이디어들을 표현하기 위하여 사용한다. 예컨대, 사람들은 종종 '분노의 주먹 *Raging Bull*'에 나오는 권투시합 장면의 '사실성'을 높이 평가한다. 그들의 진정한 속뜻은 그 장면들이 힘이 있고 격렬하고 생생하다는 것이다. 이러한 특성은 스타일로서 사실주의에 거의 빚진 것이 없다. 사실 권투시합 장면은 극도로 양식화되어 있다. 그 영상들은 종종 서정적인 크레인 쇼트, 영상과 함께 나오는 기분 나쁜 소리의 음향효과(쉿쉿 하는 소리와 정글의 비명 같은), 영상과 음향의 스타카토 편집 staccato editing과 함께 꿈결 같은 슬로모션으로 촬영되었다. 사실 이 영화의 소재는 1940년대 미국 미들급 챔피언 잭 라 모타의 짧은 권투인생의 실화에 기초하고 있다. 하지만 이러한 전기적인 소재를 다루는 스타일의 방식은 무척 주관적이다(1-8a). 이와 정반대로, '콘스탄틴 *Contantine*'(1-8b)의 특수효과는 불가사의할 정도로 사실적이어서, 실상을 잘 모르면 사실이라고 단정할지도 모른다.

형식과 내용은 대체로 상대적인 용어로 쓰인다. 이 용어들은 더욱 철저한 고찰을 위하여 영화의 특정한 측면을 일시적으로 분리시키는 데 유용하다. 물론 이러한 분리는 인위적이기는 하지만, 이런 테크닉은 전반적으로 예술작품에 대한 더욱더 세밀한 통찰을 가능하게 해준다.

1-5

'디즈 씨 도시 가다 *Mr. Deeds Goes To Town* ' (미국, 1936),
출연: 게리 쿠퍼 Gary Cooper(튜바를 들고 있는 남자),
감독: 프랭크 카프라 Frank Capra.

▶ 고전적 영화는 사실주의와 형식주의의 양극단은 피하면서 적어도 겉으로 보기에는 약간 그럴듯하게 양식화된 표현을 선호한다. 이런 형식의 영화는 순조롭게 진행되는 것이 대부분이지만, 스타일 자체는 거의 관심을 끌지 못한다. 그 영상들은 진정성이나 단순한 형식미에 대한 요구보다는 스토리나 등장인물과의 연관성에 의해 결정된다. 이 영화가 암시하고 있는 이상은 곧 다음이다. 즉, 스타일은 기능은 하면서도 눈에 드러나지 않아야 한다. 영상의 회화적 요소들은 연기하는 등장인물을 표현하기 위해 쓰인다. 고전적 영화는 스토리 위주이다. 내러티브의 흐름이 산만해지거나 작가의 참견으로 스토리가 끊어지는 것은 거의 허용하지 않는다. 스토리의 오락적 가치가 가장 중시되고, 종종 대중적 장르의 관습에 걸맞게 스토리가 다듬어지기도 한다. 등장인물은 무명배우보다는 스타가 맡는 경우가 많으며, 가끔은 스타 개인의 매력을 돋보이게 하는 쪽으로 배역이 주어지기도 한다. 인간이라는 소재가 고전적 영화에서는 가장 중요하다. 등장인물은 대체로 매력적이고 다소 낭만적인 면도 있다. 관객으로 하여금 등장인물의 가치관이나 목적에 동조하도록 만든다. *(Columbia Pictures)*

1-6

'제7의 봉인 *The Seventh Seal*'
(스웨덴, 1957),
출연: **막스 폰 시도우** Max von Sydow,
벤그트 에케로트 Bengt Ekerot,
촬영: **군나르 피셔** Gunnar Fischer,
감독: **잉마르 베리만** Ingmar Bergman.

▶ 형식주의적인 영화는 대개 감독의 영화이다. 관객은 감독의 개성을 알고 있는 경우가 많다. 내러티브의 소재는 고도로 조작되고, 시각적 표현은 양식화되어 있다. 스토리는 감독의 개인적인 집념의 전달수단으로 이용되고 있다. 형식주의자들은 그들의 영상이 얼마나 사실적인가에 대해서는 거의 관심이 없으며, 오히려 영화의 아름다움이나 힘에 관심을 둔다. 가장 인위적인 장르들—뮤지컬, SF, 판타지 영화—은 일반적으로 형식주의적인 영화로 분류된다. 형식주의적인 영화는 대개 터무니없는 인물이나 사건들—이를테면 이 사진처럼 중세기사와 죽음을 상징하는 사람과의 목숨을 건 체스시합과 같은 사건—을 다루는 데 탁월하다. 이런 스타일의 영화는 이념들—정치적·종교적·철학적 이념들—을 다루는 데도 뛰어나다. 그리고 이는 종종 선동적인 예술가들이 선택하는 매체이기도 하다. 그것의 짜임새는 아주 상징적이다. 감정은 이 사진 쇼트와 같이 극적인 하이 콘트라스트 조명과 같은 형식들을 통해 표현된다. 영화의 뛰어난 스타일리스트들은 대부분 형식주의자이다. *(Svensk Filmindustri)*

▶ 아방가르드 영화에서 소재는 추상성과 형식미 그 자체를 강조하기 위해서 억압되는 경우가 자주 있다. 많은 아방가르드 예술가들이 그렇듯이, 벨슨도 화가로 출발했다가 영화의 시간적이고 동적인 차원 때문에 영화에 빠지고 말았다. 벨슨은 "절대 영화 absolute film"—인식할 수 있는 소재로부터 분리된 순수 형식의 그래픽 영화—를 옹호했던 한스 리히터 Hans Richter와 같은 유럽 아방가르드 예술가들로부터 깊은 영향을 받았다. 벨슨의 작품은 주로 동양종교에 바탕을 둔 철학적 개념들로부터 영감을 얻었다. 가령 이 영상은 양식화된 안구를 상징할 수도 있고, 또 우주에 대한 티베트 불교의 상징인 만다라 디자인으로 보일 수도 있다. 그러나 그것은 본질적으로 사적인 출처에서 나온 것이며 영화 그 자체에 명확하게 표현되는 경우는 드물다. 벨슨 영화의 진정한 내용은 곧 형식이다. 살아 있는 듯한 animated 그의 영상들은 거의 기하학적 형태이고, 디졸브되거나 대비되는 빛의 원형이며, 역동적인 소용돌이이다. 그의 패턴들은 확장하거나 응결하거나 명멸하면서, 모양을 바꾸거나 다시 폭발할 경우에만 다른 형태로 찢어진다. 이것은 비타협적인 자기표현—개인적이고, 종종 근접하기 어려울 때도 있는, 혁신적인—의 영화이다. *(Jordan Belson)*

1-7 '매혹 *Allures* ' (미국, 1961),
감독: **조던 벨슨** Jordan Belson.

1-8a

'분노의 주먹/성난 황소 *Raging Bull*'
(미국, 1980),
출연: 로버트 드 니로 Robert De Niro,
감독: 마틴 스콜세지 Martin Scorsese,
(*United Artists*)

1-8b

'콘스탄틴 *Constantine*'
(미국, 2005),
출연: 키아누 리브스 Keanu Reaves,
감독: 프란시스 로렌스 Francis
Lawrence, (*Warner Bros,*)

▶ 사실주의와 형식주의라는 것은 소재의 본질적인 성격을 묘사하는 용어라기보다는 오히려 스타일의 용어로 가장 많이 사용된다. 가령 '분노의 주먹'의 스토리가 실제 사건에 바탕을 두고 있을지라도, 영화 속의 권투경기는 양식화되어 있다. 이 사진에서 심한 상처를 입은 잭 리 모타는 마치 링 로프의 십자가에 못 박혀 고통당하는 전사처럼 보인다. 소프트 포커스가 지금 링에 있다는 그 자신의 의식을 제거해 버리는 동안, 카메라는 서정적인 슬로모션으로 그를 향해 부유한다.

반면에 '콘스탄틴'에서는 특수효과가 너무나 사실적이어서, 관객으로 하여금 불가능이 가능으로 된다는 것을 믿게 만든다. 장편 만화 '헬블레이저 Hellblazer'를 기초로 한 이 영화에는 초자연적인 사건의 장면들이 많이 나온다. 예컨대 이 에피소드에서 주인공은 로스앤젤레스 바로 밑에 있는 지옥으로 여행하는데, 지옥은 악마와 천사가 거주하는 곳이다. 한마디로 환상적인 재료를 사실주의적인 스타일로 표현하는 것이 충분히 가능하다는 것이다. 이와 마찬가지로 현재의 현실세계에 근거한 재료를 표현주의적인 스타일로 표현하는 것도 가능하다.

쇼트

쇼트는 스크린의 프레임 안에 포함된 소재의 양에 따라 정해진다. 하지만 실제로는 쇼트의 명칭은 대단히 가변적이다. 어떤 감독에게는 미디엄 쇼트 medium shot인 것이 다른 감독에게는 클로즈업 close-up으로 간주될 수 있다. 게다가 쇼트가 길면 길수록 그 명칭은 더 불명확해진다. 일반적으로 쇼트는 인물이 어느 정도 보이는가에 따라 결정된다. 쇼트가 반드시 카메라와 촬영 대상 간의 거리에 따라 결정되는 것은 아니다. 왜냐하면 어떤 경우에 특정한 렌즈는 거리를 왜곡하기 때문이다. 예컨

1-9a

'**폴라 익스프레스** *The Polar Express*'
(미국, 2004).
감독: 로버트 저메키스 Robert Zemeckis.

▶ 이 이동하는 익스트림 롱 쇼트에서 카메라는 공중에서 소용돌이치는데, 마치 힘없는 기차가 칙칙폭폭 연기를 내뿜으며 힘겹게 가파른 산꼭대기로 올라가는 것 같다. 이 정도 거리의 쇼트는 인간 존재를 우주 공간 속의 아주 작은 점으로 축소시킨다. *(Castle Rock Ent./Warner Bros.)*

1-9b

'**프랑켄슈타인** *Mary Shelley's Frankenstein*'
(미국, 1994).
출연: 로버트 드 니로(담요를 쓰고 있다.),
케네스 브래너 Kenneth Branagh.
감독: 케네스 브래너.

▶ 롱 쇼트는 대형극장의 무대영역과 거의 같은 크기의 공간을 포착한다. 등장인물들이 전경에 위치하지 않는다면 세팅이 그들을 지배할 수 있다. 롱 쇼트의 조명은 비용이 많이 들고 시간도 많이 소요되며, 노동의 강도도 높다. 이 쇼트처럼 딥 포커스로 찍으면 특히 그렇다. 이 실험실은 음울하고 무시무시하게 보이기도 해야 하지만, 관객이 뒤편 세트를 깊숙이 들여다 볼 수 있을 정도로 투명해야 한다. 어떻게 조명이 층을 이루면서, 그늘과 그리고 마치 고발하는 듯이 위에서 내리비치는 빛줄기로 강조하고 있는지를 주목해 보라. 일을 복잡하게 얽히게 하기 위해서, 감독이 클로즈 쇼트로 커트할 때마다 커트 사이의 이행이 순조롭고 자연스럽게 보이도록 조명을 그에 맞게 조정해야 한다. 영화 세트를 방문해 본 적이 있는 사람은 누구나 사람들이 거의 항상 기다리고 있다는 사실을 알고 있다. 일반적으로 촬영감독(D.P.)이 조명이 최종적으로 준비되어 이제 장면을 촬영할 수 있다고 알릴 때까지 사람들은 기다린다.

(Tri-Star/American Zoetrope. Photo: David Appleby)

대, 망원렌즈는 스크린에 클로즈업을 보여줄 수 있지만, 그런 쇼트에서 카메라는 대체로 소재로부터 상당히 먼 거리에 있다.

비록 영화에 여러 가지 다양한 종류의 쇼트가 있지만, 대부분 여섯 가지 기본적인 범주에 해당한다. (1) 익스트림 롱 쇼트 extreme long shot, (2) 롱 쇼트 long shot, (3) 풀 쇼트 full shot, (4) 미디엄 쇼트, (5) 클로즈업, (6) 익스트림 클로즈업 extreme close-up. 딥 포커스 쇼트 deep-focus shot는 보통 롱 쇼트의 변형이다(1-9b).

익스트림 롱 쇼트는 아주 먼 거리에서 촬영된 것이며, 때로는 그 거리가 400m 이상일 때도 있다. 이것은 거의 언제나 야외 촬영 쇼트이며, 촬영현장의 많은 것들을 보여준다. 또한 익스트림 롱 쇼트는 클로즈 쇼트가 나타내는 내용의 공간적인 틀로서 구실을 하며, 이런 이유로 때로는 설정 쇼트 establishing shots로 불리기도 한다. 사람을 익스트림 롱 쇼트로 찍으면, 스크린에는 보통 작은 점으로 나타날 뿐이다(1-9a). 이런 쇼트를 가장 효과적으로 사용한 예는 촬영현장이 중요한 역할을 하는 서사적 영화, 즉 서부영화나 전쟁영화, 사무라이영화, 역사영화 등에서 쉽게 찾아볼 수 있다.

롱 쇼트(1-9b)는 필시 영화에서 가장 복잡한 쇼트일 것이며, 용어 자체도 가장 애매하다. 보통 롱 쇼트의 거리는 연극에서 관객과 무대 사이의 거리와 거의 일치한다. 이 범주 중에 피사체와 가장 거리가 가까운 것이 풀 쇼트인데, 이는 머리가 프레임의 거의 꼭대기에 그리고 발은 밑바닥 부분에 거의 닿을 정도로 몸 전체가 프레임에 가까스로 들어가는 것이다.

미디엄 쇼트는 인물의 무릎이나 허리 위를 찍는다. 이는 일종의 기능적인 쇼트로서, 상황 설명의 씬을 찍을 때, 움직임이나 대화를 전달할 때 유용하다. 미디엄 쇼트에는 몇 가지 변형이 있다. 투 쇼

1-10

'주노 Juno' (미국/캐나다, 2007),
출연: 에렌 페이지 Ellen Page,
마이클 세라 Michael Cera,
감독: 제이슨 라이트맨 Jason Reitman.

▶ 무엇보다도 미디엄 쇼트는 커플 쇼트이며, 로맨틱하거나 아니면 그 반대의 분위기다. 일반적으로 투 쇼트는 단일 초점이라기보다는 분할된 초점을 가지고 있다. 두 개로 분할된 초점의 구성은 보통 평등을 강조하며, 두 사람이 동일 공간을 친밀하게 공유하고 있다. 미디엄 투 쇼트는 로맨틱 코미디, 러브 스토리, 버디 영화 buddy films 같은 장르에서 가장 널리 쓰인다. *(Fox Searchlight. Photo: Doane Gregory)*

트 two-shot는 두 인물을 담는다(1–10). 쓰리 쇼트 three-shot는 세 인물을 담는다. 배경에 다른 인물이 없다면, 세 사람 이상의 쇼트는 대개 풀 쇼트가 된다. 오버 더 숄더 쇼트 over-the-shoulder shot는 보통 두 인물을 담는데, 한 사람은 카메라와 등지고 있고 다른 한 사람은 카메라와 마주하고 있다.

클로즈업은 배경을 보여줄 경우에도 극히 일부를 보여주고, 비교적 작은 대상—이를테면 사람의 얼굴—을 집중적으로 보여준다(1–11a). 클로즈업은 대상의 크기를 확대하기 때문에, 일의 중요성을 부각시키거나 종종 상징적인 의미를 암시하기도 한다. 익스트림 클로즈업은 이 쇼트의 한 변형이다. 따라서 익스트림 클로즈업은 전체 얼굴 대신에 사람의 눈이나 입만 보여줄 때도 있다(1–11b).

딥 포커스 쇼트는 대개 롱 쇼트이며, 초점거리가 다양하고 깊은 심도로 촬영된 것이다(1–9b). 이 쇼트는 촬영할 때 광각렌즈 wide-angle lens가 필요하기 때문에 때로는 광각 쇼트라고도 한다. 이런 타입의 쇼트는 가까운 거리, 중간 거리, 먼 거리에 있는 대상을 동시에 포착하면서도 그들 모두에게 선명한 초점을 맞출 수 있다. 딥 포커스 쇼트에서 대상들은 일련의 평면에 세심하게 배치된다. 이렇듯 층층이 배치하는 테크닉을 사용함으로써 감독은 관객의 시선을 하나의 거리에서 다른 거리로 이끌 수 있다. 일반적으로 시선은 가까운 거리에서 중간 거리, 그리고 먼 거리 순으로 옮겨간다.

1–11a

'블러드 앤 쵸콜렛 *Blood & Chocolate*' (미국, 2006),
감독: 카챠 본 가르니에 Katja von Garnier.

▶ 클로즈업은 영상이 우리 얼굴 앞으로 밀어닥치는 것처럼 보이게 한다. 이빨을 드러내고 으르렁거리는 이 늑대처럼 소재가 금방이라도 우리를 공격할 것처럼 보일 때는 특히 그렇다. 물론 그 영상이 매혹적인 소재를 담고 있다면 그 효과는 훨씬 더 매력적이고 유혹적일 것이다.

(MGM/Lakeshore/Berrick Filmproduktions)

1–11b

'우주전쟁 *War of the World*' (미국, 2005),
출연: 톰 크루즈 Tom Cruise,
감독: 스티븐 스필버그 Steven Spielberg.

▶ 쇼트가 가까울수록 감동은 더 강해진다. 예를 들면, 이 익스트림 클로즈업에서 겁에 질린 주인공은 마치 덫에 걸린 짐승처럼 궁지에 몰려 있다. 배경에 있는 흐릿하게 울렁거리는 붉은 빛은 용암이 영상 표면으로 분출하는 것처럼 보이는데, 이는 곧 용암처럼 녹아내리는 주인공의 감정적 분출을 나타내는 적절한 상징이다.

(DreamWorks/Paramount. Photo: Andrew Cooper)

앵글

대상이 촬영되는 앵글은 소재에 대한 감독의 해설이나 주석으로서 역할을 할 경우가 자주 있다. 앵글이 평범하면 감정의 특색을 섬세하게 잘 표현해 주는 형식으로 쓰일 수 있다. 앵글이 극단적이면 영상의 중요한 의미를 표현할 수 있다. 앵글은 촬영되는 피사체에 의해 결정되는 것이 아니라 카메라의 위치에 따라 달라진다. 하이 앵글 high angle로 촬영한 인물의 영상은 동일 인물을 로우 앵글 low angle로 촬영한 영상과 실제로 정반대의 해석을 가능하게 한다. 두 영상에서 소재는 동일하지만, 두 영상의 정보가 우리에서 분명하게 보여주는 것은 형식이 내용이고 내용이 형식이라는 사실이다.

사실주의적인 감독은 극단적인 앵글을 피하는 경향이 있다. 사실주의적인 감독이 찍은 장면들은 대부분 지면에서 대략 150~160cm의 높이, 즉 눈높이에서 촬영한 것이며, 이는 실제로 관찰자가 어떤 장면을 볼 때와 거의 같은 높이이다. 보통 사실주의적인 감독은 대상을 가장 명확하게 볼 수 있는 곳에서 포착하려고 한다. 아이 레벨 쇼트 Eye-level shot는 본질적으로 극적이지 못하다. 왜냐하면 이는 대체로 정상적이기 때문이다. 실제로 모든 감독들이 경우에 따라 아이 레벨 쇼트를 사용하고 있으며, 일상적인 해설 장면에서는 특히 그렇다.

형식주의적인 감독들은 언제나 대상의 가장 명확한 영상에 관심을 기울이기보다는 대상의 본질적인 특성을 가장 잘 포착하는 영상에 관심을 가진다. 극단적인 앵글은 왜곡을 수반한다. 하지만 감독

1-12a

'보니 앤 클라이드 Bonnie And Clyde'
(미국, 1967),
**출연: 페이 더너웨이 Faye Dunaway,
워렌 비티 Warren Beatty,
감독: 아서 펜 Arthur Penn.**

▶ 하이 앵글은 인물들을 무력하고 덫에 걸린 듯이 보이게 하는 경향이 있다. 앵글이 높으면 높을수록 더 운명적인 분위기를 암시하는 편이다. 카메라의 앵글은 쇼트의 배경을 보면 추정할 수 있다. 하이 앵글은 보통 지면이나 마룻바닥을 보여주고, 로우 앵글은 하늘이나 천정을 보여준다. 우리는 빛을 안전과 연관시켜 생각하는 경향이 있기 때문에, 하이 키 조명은 일반적으로 위협적이지 않고 안정감을 준다. 하지만 항상 그런 것은 아니다. 어둠 속에는 위험이 도사리고 있다는 것을 우리는 사회적으로 교육받아 왔다. 따라서 이 장면의 경우처럼 환한 대낮에 충격적인 공격이 벌어지면, 전혀 예상하지 못한 일이기 때문에 그 효과는 두 배가 된다. *(Warner Bros. Seven Arts/Tatira-Hiller)*

1-12b

'타인의 삶 *The Lives Of Others* ' (독일, 2006),
출연: 세바스티안 코치 Sebastian Koch,
마르티나 게덱 Martina Gedeck,
감독: 플로리안 헨켈 폰 도너스마르크 Florian
Henckel von Donnersmark.

▶ 버즈 아이 앵글은 카메라를 직접 소재 위에 아래로 내려다보게
설치한다. 오스카상 수상작인 이 영화는 1980년대에 공산국가인
동독에서 착수된다. 한 감시전문가가 극작가(코치)와 그의 여배우
의 이적행위에 대한 증거를 수집하기 위해 이들을 몰래 조사한다.
이 앵글이 그것이 지닌 숙명적인 함축으로써 어떻게 인물들을 연
약하게 만들면서 위로부터 압도적으로 마치 견본 곤충처럼 꼼짝
못하게 붙잡고 있는 것과 같이 보이게 하는지를 눈여겨보라.
(*Creado Film/BR/Arte/Wiedemann & Berg Filmproduktion*)

들은 대체로 대상의 표면적인 사실성을 왜곡시킴으로써 더 큰 진실—상징적인 진실—을 얻을 수 있다
고 여긴다.

관객은 카메라 렌즈와 자신을 동일시하는 경향이 있다는 것을 사실주의적인 감독이든 형식주의적
인 감독이든 양쪽 모두 잘 알고 있다. 사실주의적인 감독은 관객이 카메라의 존재를 완전히 잊어버
리기를 바란다. 형식주의적인 감독은 관객에게 끊임없이 카메라의 존재를 환기시킨다.

영화에는 다섯 가지 기본적인 앵글이 있다. (1) 버즈 아이 뷰 bird's-eye view, (2) 하이 앵글(부감)
high angle, (3) 아이 레벨 쇼트 eye-level shot, (4) 로우 앵글(앙각) low angle, (5) 사각 앵글 oblique angle
등이 그것이다. 쇼트의 호칭과 마찬가지로 앵글에도 여러 가지 중간단계의 앵글이 있다. 예컨대, 로
우 앵글과 익스트림 로우 앵글 사이에는 상당한 차이가 있을 수 있다. 물론 그 차이는 보통 정도의
문제이다. 일반적으로 말하자면, 앵글이 극단적일수록 촬영되고 있는 소재의 견지에서 보면 더 혼란
스럽고 이채롭게 된다.

버즈 아이 뷰는 필시 모든 앵글 가운데서도 가장 갈피를 잡기 힘든 앵글일 것이다. 왜냐하면 이는
바로 머리 위에서 장면을 촬영하는 것이기 때문이다(1-12b). 우리는 이런 시각에서 사건을 보는 경

1-13a

'텍사스 전기톱 연쇄살인사건 *The Texas Chainsaw Massacre : Beginning* ' (미국, 2006),
출연: 알 리 이메이 R. Lee Ermey,
감독: 조나단 리브스만 Jonathan Liebesman.

▶ 로우 앵글은 인물을 위협적이고 강하게 보이게 할 수 있다. 왜냐하면 카메라-그리고 관객-위로 우뚝 선 거인처럼 무시무시한 모습을 드러내기 때문이다. 관객은 최대한 연약한 위치-그 힘에 눌려 지면에 꼼짝 못하고 있는 위치-로 위축된다. 이 쇼트에서 위협적인 느낌은 구성상의 닫힌 형식과 창백한 색깔, 음흉한 역광조명, 그늘진 인물의 얼굴 등을 통해 강화된다. 이 영상은 마치 '출구 없음'을 표방하는 것 같다.
(New Line. Photo: Van Redin)

1-13b

'배트맨 비긴즈 *Batman Begins* '
(미국, 2005),
출연: 크리스찬 베일 Christian Bale,
감독: 크리스토퍼 놀란 Christopher Nolan.

▶ '배트맨 비긴즈'에 나오는 이 사진은 다층 건물의 1층에서 찍은 익스트림 로우 앵글 쇼트이다. 배트맨이 검은 날개의 신이 하늘에서 하강하는 것처럼 위에서 내려온다. 익스트림 앵글이 대개 그렇듯이, 쇼트의 내용은 거의 추상적인 디자인으로 변형되며, 우리로 하여금 불가피하게 우리 자신의 공간 감각을 조정하게 만든다.
(Warner Bros./DC Comics. Photo: David James)

우가 드물기 때문에, 이와 같은 쇼트에서 피사체는 첫눈에 알아보기 힘든 추상적인 것으로 보일 수 있다. 그렇기 때문에 영화감독들은 이런 타입의 카메라 설정을 피하는 경향이 있다. 그러나 어떤 맥락에서는 이러한 앵글이 아주 뛰어난 표현력을 발휘할 수도 있다. 사실 버즈 아이 쇼트는 관객으로 하여금 전지전능한 신처럼 장면 위를 날아다닐 수 있게 한다. 촬영된 인물들은 개미처럼 작고 보잘 것 없어 보인다.

　보통 하이 앵글 쇼트는 그다지 극단적이지 않기 때문에 크게 혼란스럽지는 않다. 카메라는 크레인 crane 위에 설치되거나 혹은 저절로 높이 솟아오른 위치에 설치된다. 하지만 관객에게 전지전능하다는 느낌을 주지는 못한다. 하이 앵글은 관객에게 대체적인 개관의 느낌을 제공하지만, 그것이 꼭 운명이나 숙명을 암시하지는 않는다. 하이 앵글은 촬영된 대상의 높이를 축소시키며, 배경은 보통 지면이나 마룻바닥이 된다. 움직임의 속도는 떨어진다.

따라서 이 앵글은 속도감을 전달하는 데는 효과적이지 못하고 오히려 따분한 느낌을 나타내고자 할 때 유용하다. 세팅이나 배경의 중요성은 높아진다. 그 때문에 무대가 사람들을 집어삼켜버릴 듯한 경우가 종종 있다. 하이 앵글에서는 피사체의 중요성이 감소된다. 인물이 위에서 촬영되어 별로 악의가 있을 것 같지도 않고 대수롭잖게 보인다. 이 앵글은 또한 등장인물의 자기비하의 감정을 전달하는 데도 효과적이다.

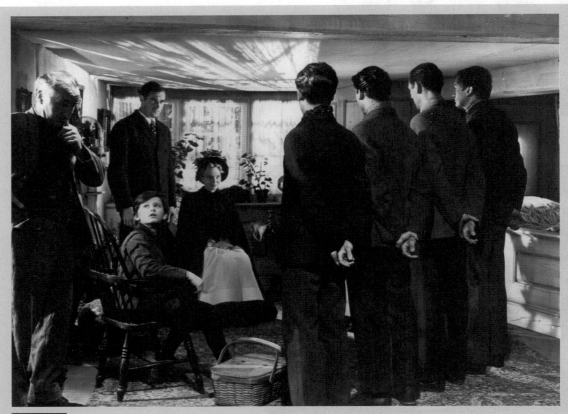

1-14

'나의 계곡은 푸르렀다/꿈속의 낙원 *How Green Was My Valley*' (미국, 1941).
촬영: 아서 밀러 Arthur Miller, **감독: 존 포드** John Ford.

▶ 서정주의 Lyricism란 모호한 용어이기는 하지만 감정의 농도와 풍부한 감성적 표현을 강조하는 데는 없어서는 안될 중요한 용어이다. 하프처럼 생긴 현악기의 일종인 리라 lyre에서 파생된 서정주의는 주로 음악이나 시와 연관하여 자주 쓰인다. 영화에서 서정주의 역시 충만한 열정을 암시한다. 서정적 특성은 소재로부터 독립적일 수 있지만, 서정주의는 그 장면의 서정적인 내용을 양식화하여 구체적으로 표현하는 것이 최상이다. 존 포트 감독은 빅 스튜디오 시기의 최고의 거장 감독 중 하나였으며, 시각에 호소하는 일류 서정시인이었다. 그는 자신의 영화 속에 공공연하게 감정이 드러나는 것을 싫어했다. 그는 형식을 통하여 느낌을 전달하기를 좋아했다. 이 사진처럼, 양식화된 조명효과와 형식적인 구도는 변함없이 강렬한 감정을 잘 나타내고 있다. "말이 아니라 영상이 스토리를 풀어가야 한다."고 포드 감독은 주장했다. *(20th Century Fox)*

1–15a

'12명의 성난 사람들 12 Angry Man'
(미국, 1957),
출연: (서 있는 사람, 왼쪽으로부터
오른쪽으로) 마샬 E. G. Marshall,
헨리 폰다 Henry Fonda, 리 J. 콥 Lee J.
Cobb, 감독: 시드니 루멧 Sidney Lumet.

▶ 시드니 루멧 감독은 언제나 테크닉이 어떻게 내용을 만들어가는지를 정확히 아는 감독이었다. 테크닉은 내용의 하녀가 되어야 한다고 그는 주장한다. 이 영화의 대부분은 배심원실 한편의 제한된 공간에서 이루어진다. 거기서 12명의 남성 배심원들이 살인사건의 유죄 여부를 결정하려고 한다. "영화가 전개되면서, 나는 그 방이 점점 더 작게 보이기를 원했다."고 루멧은 말했다. 배심원들 사이의 갈등이 점점 더 강렬해질 때, 루멧은 카메라 렌즈를 점점 더 멀리 이동시킴으로써 함정의 느낌을 강화했다. 이러한 그의 전략은 앵글의 변화와 더불어 이루어졌다.

"나는 이 영화의 1/3을 눈높이보다 높은 위치에서 찍고, 그 다음 카메라 위치를 낮추어 눈높이에서 1/3을 찍고, 그리고 마지막 1/3은 눈높이 아래에서 찍었다. 이런 식으로 마지막 무렵에 천장이 모습을 드러내기 시작했다. 벽들이 더 가까워졌을 뿐 아니라 천장도 그랬다. 증가하는 밀실공포증의 느낌이 영화 막바지의 긴장을 한껏 고조시켰다."

또한 다음을 참조하라. Sidney Lumet, *Making Movies*(New York: Vintage Books, 1996). 이 책은 상업적 및 예술적 문제를 비롯해, 고예산영화가 실제로 어떻게 만들어지는지에 관하여 실천적인 관점에서 논한 가장 훌륭한 저작 중 하나이다. *(United Artists)*

1–15b

'인셉션 Inception' (미국, 2010),
감독: 크리스토퍼 놀란 Christopher Nolan.

▶ 사각 앵글은 종종 "더치 틸트 Dutch tilt" 쇼트라 불리기도 하는데, 카메라를 오른쪽이나 혹은 왼쪽으로 기울여서 소재를 촬영한다. 위험한 산업스파이의 세계를 다룬 이 영화에서는 꿈과 현실이 걷잡을 수 없을 정도로 뒤얽혀 있으며, 이와 같은 틸트 쇼트 tilt shot로 적절히 포착되고 있다. 주인공(레오나르도 디카프리오)이 강조하듯이, "우리가 꿈속에 있을 때는 꿈이 현실이다. 우리가 무언가 정말로 이상하다고 느끼는 것은 깨어 있을 때뿐이다." *(Warner Bros.)*

지나치게 조작적이고 주관적인 판단에 의존한다는 이유로 일부 감독들은 극단적인 앵글을 회피한다. 일본의 거장 오즈 야스지로 Yasujiro Ozu 감독의 영화를 보면, 카메라는 보통 바닥 위 120cm 높이에 있는데, 이는 관객이 일본식으로 앉아서 사건을 바라보는 위치와 같다. 오즈 감독은 등장인물들을 평등하게 대우한다. 그의 이런 접근방식으로 말미암아 관객들은 등장인물을 저자세로 보거나 감상적으로 보려는 뜻을 아예 단념한다. 오즈 영화에서는 대체로 등장인물들이 평범한 사람들로서 예의바르고 성실하다. 그러나 오즈는 그들이 스스로 자신을 드러내게 한다. 그는 가치판단이 앵글의 사용을 통하여 드러난다고 믿었으며, 그리고 그는 자신의 카메라를 중립적으로 냉정하게 유지했다. 아이 레벨 쇼트는 관객에게 어떤 부류의 등장인물이 등장하는지 스스로 판단하게 한다.

로우 앵글은 하이 앵글과 상반되는 효과를 발휘한다. 로우 앵글은 더 높아 보이도록하기 때문에 수직성을 나타내는 데 유용하다. 키가 작은 배우를 크게 보이도록 할 때 이 앵글은 더 실용적이다. 움직임의 속도는 더 빨라 보이고, 폭력 장면에서는 특히 그러하며, 로우 앵글은 그 혼란스러운 느낌을 잘 포착한다. 로우 앵글에서는 대체로 주변 환경은 최소화되고, 종종 하늘이나 천정이 유일한 배경이 된다. 심리적인 면에서 로우 앵글은 피사체의 중요성을 강조한다. 인물은 관객 위에서 위협적으로 불쑥 나타나, 관객으로 하여금 불안하고 지배당하는 느낌을 갖게 만든다. 밑에서 촬영된 인물은 공포와 경외심을 갖게 한다(1–13a). 이런 이유로 로우 앵글은 선전영화나 영웅주의를 묘사하는 장면에 자주 쓰인다.

사각 앵글은 카메라가 옆으로 기울어지는 것을 의미한다(1–15b). 영상이 영사되면, 영상의 수평선이 기울어지게 된다. 사각 앵글로 촬영된 인물은 마치 한쪽으로 넘어지는 것처럼 보인다. 이 앵글은 때때로–가령 술 취한 사람의 비틀거리는 상태를 나타내기 위해–'시점 쇼트 point-of-view shots'로 쓰이기도 한다. 심리적인 면에서 사각앵글은 긴장, 변화, 임박한 움직임을 암시한다. 장면의 본래 수평선과 수직선은 불안정한 사선으로 변한다. 관객을 어리둥절하게 만들기 때문에 사각 앵글이 자주 쓰이지는 않는다. 하지만 폭력을 묘사하는 장면에서 사각 앵글은 이 장면의 시각적 불안감을 정확히 포착하는 데는 효과적일 수 있다.

명암

일반적으로 영화의 조명과 촬영의 질을 조정하고 관리하는 책임을 맡고 있는 것은 촬영기사 cinematographer (촬영감독 Director of Photography 혹은 D.P.라고도 한다)이다. 보통 촬영기사는 감독의 일반적인 지시나 특별한 지시를 따른다. 대체로 영화에서 조명이 임기응변으로 이루어지는 경우는 거의 없다. 왜냐하면 조명은 그 위치가 정확해야 사용할 수 있기 때문이다. 초점과 강도에 대한 선택의 여지가 아주 많은 스포트라이트 spotlights를 사용함으로써, 감독은 촬영된 영상의 어떤 영역으로든 관객의 시선을 인도할 수 있다. 움직이는 영상의 조명은 정적일 경우가 거의 없다. 왜냐하면 카

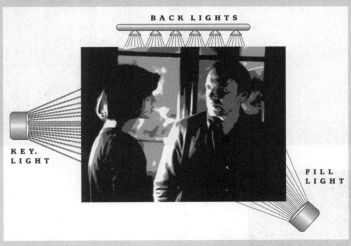

1-16a

'레드 *Red*' (프랑스/폴란드/스위스, 1994),
출연: 이렌느 야곱 Irene Jacob,
장 루이 트랭티냥 Jean-Louis Trintignant,
촬영감독: 피오트르 소보신스키 Piotr
Sobocinski,
감독: 크쥐시토프 키에슬로프스키 Krzysztof
Kieslowski.

▶ 할리우드 빅 스튜디오 시절에 촬영기사들은 삼점조명 three-point lighting의 테크닉을 개발했는데, 이는 지금도 전 세계적으로 널리 쓰이고 있다. 삼점조명에서는 키 라이트(주광) key light가 조명의 주된 광원이다. 이 조명은 영상의 극적 대비를 만들어내는데, 이는 보통 빛과 그림자의 가장 강제적인 대비로 이루어져 있기 때문에 관객의 시선을 가장 먼저 끈다. 일반적으로 극적 대비는 또한 가장 극적인 관심의 영역이기도 한데, 심리적으로 혹은 물리적으로 그 쇼트 내 연기의 초점이 된다. 필 라이트(보조광) fill light는 키 라이트보다 덜 강하고, 거친 주광원을 부드럽게 만드는 보조광원이며, 극적 대비영역 이외에 그림자로 가려진 지엽적인 것들을 보조적으로 드러낸다. 백 라이트(역광) backlights는 전경의 인물을 배경으로부터 분리시키고, 영상의 삼차원적인 깊이에 대한 환영 illusion을 강조한다. 삼점조명방식은 이 영상처럼 로우 키 조명으로써 최고의 표현력을 발휘하는 편이다. 반면에 쇼트가 하이 키 조명으로 뒤덮이게 되면, 세 가지 광원이 똑같이 영상의 표면에 분포되고, 따라서 촬영의 분위기가 훨씬 온화해진다. *(CAB/Fr3/Mk2/Zespol Filmowy "Tor")*

메라나 피사체가 아주 조금만 움직여도 조명을 바꾸어야 하기 때문이다. 영화가 완성되는 데 그렇게 오랜 시간이 걸리는 가장 주된 원인은 새로운 쇼트 하나마다 대단히 복잡한 조명이 필요하기 때문이다. 촬영기사는 촬영이 계속되는 동안에도 모든 움직임을 고려해야만 한다. 색깔과 형태, 그리고 질감이 달라질 때마다 반사하거나 흡수하는 빛의 양이 달라진다. 영상이 심도 깊게 촬영될 경우에는 한층 더 복잡한 문제가 생긴다. 왜냐하면 조명 역시 심도가 깊어야 하기 때문이다.

조명에는 여러 가지 스타일이 있다. 조명 스타일은 보통 조명 키 key라 불리는데, 이는 영화의 테마와 분위기뿐만 아니라 영화 장르와도 맞물려 있다. 예컨대 코미디와 뮤지컬은 밝고 심지어 화려하고 눈에 띄는 그림자가 거의 없는 하이 키(명조) high key 조명을 주로 쓴다. 비극과 멜로드라마는 보통 거친 빛줄기와 극적인 어둠이 대비를 이루는 하이 콘트라스트 high contrast 조명을 사용한다. 미스터리, 스릴러, 갱스터 영화

1-16b

'미스터 브룩스 *Mr. Brooks*' (미국, 2007),
출연: 케빈 코스트너 Kevin Costner,
감독: 브루스 A. 에반스 Bruce A. Evans.

▶ 광원은 인물에 대한 관객의 반응을 근본적으로 바꿀 수 있다. 예를 들면, 이 영상의 약한 조명은 케빈 코스트너가 미남임에도 불구하고 음흉하고 섬뜩한 효과를 만들어내고 있다. 여기서 그는 미남으로 보이지 않으며 아주 소름이 끼친다.
(MGM/Relativity/Element. Photo: Ben Glass)

1-16c

'외침과 속삭임 *Cries and Whispers*'
(스웨덴, 1972),
출연: 리브 울만 Liv Ullmann,
감독: 잉마르 베리만 Ingmar Bergman.

▶ 측면 조명 side lighting은 인물의 인간성이 분열되어 있음을 상징적으로 나타내는 유용한 기술이다. 그녀 얼굴의 절반은 어둠에 나머지 절반은 빛에 잠겨있다.
(Svenska Filminstitutet/Cinematograph AB)

1-17a

'이중 배상 *Double Indemnity*' (미국, 1944),
출연: 바바라 스탠윅 Babara Stanwyck,
프레드 맥머레이 Fred MacMurray,
감독: 빌리 와일더 Billy Wilder.

▶ 필름 누아르 film noir(말 그대로 검은 영화 black cinema)
는 주로 빛—혹은 빛의 결여—의 견지에서 정의되는 스타
일이다. 이 스타일은 1940년대와 1950년대 초기 미국의 다
양한 영화 장르의 전형이 되고 있다. 누아르는 밤과 그림자
의 세계이다. 영화의 배경은 거의 예외 없이 도시이다. 이
스타일은 어두컴컴한 거리나 어둑한 칵테일 라운지에 소용
돌이치는 담배연기의 이미지, 그리고 창틀, 얇은 옷, 유리

잔, 거울 등과 같은 허무의 상징들에 대한 영상에 자주 쓰인다. 뒷골목, 터널, 지하철, 엘리베이터, 기차처럼 위태로
운 함정의 모티프도 풍부하다. 싸구려 셋방, 부두, 버스 터미널, 역 구내처럼 덧없이 흘러가는 장소가 종종 그 배경
이 되기도 한다. 네온불빛의 거리, 진흙이 묻어있는 자동차 앞 유리, 외딴 방의 창문으로 흘러나오는 빛줄기들 같
이, 그 영상들은 감각적인 질감이 풍부하다. 등장인물들은 화려한 격자무늬 창살이나 쇠창살, 표류하는 안개와 연
기 뒤에 갇혀 있다. 시각적 디자인은 거친 조명의 대비, 톱날처럼 날카로운 형태, 더러운 지표면을 강조한다. 필름
누아르의 톤은 운명적이고 편집증적이다. 그것은 인간조건의 어두운 측면을 강조하는 염세주의로 가득 차 있다. 주
제는 폭력, 욕망, 탐욕, 배신 그리고 부패를 벗어나지 않는 것이 특징이다. *(Paramount Pictures)*

1-17b

'키스 키스 뱅 뱅 *Kiss Kiss
Bang Bang*' (미국, 2005),
출연: 로버트 다우니 주니어
Robert Downey Jr.,
발 킬머 Val Kilmer,
각본 및 감독: 세인 블랙
Shane Black.

▶ 필름 누아르는 수정적인 뒤틀림이 종종 있긴 하지만 아직까지도 여전히 사랑을 받고 있다. 예컨대 '키스 키스 뱅
뱅'은 필수적인 누아르 조명 스타일, 범죄와 사기가 판을 치는 로스앤젤레스의 상황, 비관적인 보이스 오버 내레이
션, 조심스럽게 처리해야 할 우발적인 시체 등을 담고 있다. 수정적인 앵글은 무자비하고 거칠며 일명 "게이 페리"
로 불리는 사립탐정 페리 반 슈라이크(킬머), 그리고 게이―관객은 그것을 알아맞혔다―를 포함한 영화의 블랙 코미
디다. *(Warner Bros.)*

1-18

'스타워즈–제다이의 귀환 *The Return of the Jedi Special Edition*'
(미국, 1997).
감독: 리차드 마퀀드 Richard Marquand.

▶ 하이 콘트라스트 조명은 아주 연극적이며, 소재에 긴장감과 시각적인 고뇌의 감정을 불어넣는다. 이 결투 시퀀스는 어둠을 관통하는 날카로운 칼날의 빛으로 말미암아 훨씬 다이내믹하게 묘사되고 있다. 하이 콘트라스트 조명은 범죄영화, 멜로드라마, 스릴러, 미스터리 등과 같은 장르에 전형적이다. 이 영화에서 빛의 결핍은 미지의 것, 믿을 수 없는 겉모습, 악 그 자체를 상징한다. *(Lucasfilm/20th Century Fox)*

1-19

'코치 카터 *Coach Carter*' (미국, 2005).
출연: 사무엘 L. 잭슨 Samuel L. Jackson
(농구공을 잡고 있다).
감독: 토마스 카터 Thomas Carter.

▶ 성격 묘사로서의 조명. 이 영화는 켄 카터 Ken Carter의 실화에 기초하고 있다. 그는 뛰어난 고등학교 농구 코치였으며, 무질서하고 제멋대로인 학생들을 승리팀으로 끌어올렸다. 코치 뒤편의 조명은 마치 그가 신의 은총을 받고 있는 것처럼 그에게 '정신적인' 아우라를 안겨주고 있다. *(Paramount Pictures. Photo: Tracy Bennett)*

는 음영이 늘어나고 빛이 괴어있는 듯한 분위기의 로우 키(암조) low key 조명을 주로 사용한다(1-16a & b). 각 조명 키는 단지 어림잡은 구별일 뿐이며, 어떤 영상은 여러 가지 조명 스타일들을 결합시킨 것–예컨대, 전경은 약간 하이 콘트라스트 요소를 갖춘 로우 키 배경–이다. 스튜디오 내에서 촬영한 영화는 대체로 더 양식화되고 연극적인 반면, 야외촬영은 훨씬 자연스러운 조명 스타일인 자연조명을 사용하는 편이다.

빛과 어둠은 인류가 출현한 이래 줄곧 상징적인 의미를 가져 왔다. 성서에는 빛과 어둠에 대한 상징이 아주 풍부하다. 렘브란트 Rembrandt와 카라바조 Caravaggio도 역시 심리적인 목적을 위해 명암대비를 사용했다. 일반적으로 예술가들은 공포, 악, 미지의 것을 암시하기 위해 어둠을 이용해 왔다.

1-20a

'브레이브하트 *Braveheart*' (미국, 1995),
출연: 소피 마르소 Sophie Marceau,
멜 깁슨 Mel Gibson, 감독: 멜 깁슨.
(Icon Prods./The Laaa Co./B.H.Finance)

▶ 예술사가들은 종종 "회화적 painterly" 스타일과 "리니어 linear" 스타일을 구분하는데, 그것들은 촬영예술에도 유용하다. 회화적 스타일은 윤곽이 뚜렷하지 않고, 심미적이고, 낭만적이며, 클로드 모네 Claude Monet의 인상주의 풍경화와 피에르 오그스트 르느와르 Pierre Auguste Renoir의 육감적인 인물화가 가장 전형적이다. 반면에 리니어 스타일은 정확한 그림, 아주 명확한 윤곽을 강조하고, 색이나 질감보다 선을 우선시한다. 회화의 영역에서 리니어 스타일은 산드로 보티첼리 Sandro Botticelli와 프랑스 고전주의 작가 장 오그스트 도미니크 앵그르 Jean-Auguste-Dominique Ingre가 대표적이다.

영화도 또한 회화적 스타일이나 혹은 리니어 스타일로 촬영될 수 있으며, 이는 조명과 렌즈, 필터에 따라 좌우된다. '브레이브하트'에 나오는 이 쇼트는 르느와르가 그랬다고 해도 좋을 것이다. 촬영기사 존 톨 John Toll은 소프트 포커스 렌즈 soft focus lenses와 따뜻하고 "자연스러운" 백라이팅 조명을 사용하여, (인물들 머리 주변에 후광효과를 만들어내면서) 아주 낭만적이고 서정적인 분위기를 연출하고 있다. 제2차 세계대전 후 와일러 감독의 걸작 '우리 생애 최고의 해'는 거장 그레그 톨랜드 Gregg Toland가 촬영을 맡았다. 이 영화의 리니어 스타일은 간결하고 꾸밈이 없으며, 매우 날카로운 딥 포커스로 촬영했다. 이것은 그 시대에 어울리는 스타일이었다. 전후의 시기는 환멸의 시대였으며, 과거를 냉정하게 재평가하는 시대, 감상적인 환상이라고는 찾아보기 힘든 시대였다. 분명히 하이키 촬영은 깔끔하지만, 이는 또한 단순하고 무미건조하며, 진지한 소재에 복종하는 눈에 보이지 않는 하인과 같다.

1-20b

'우리 생애 최고의 해 *The Best Years of Our Lives*' (미국, 1946),
출연: 해롤드 러셀 Harold Russell, 테레사 라이트 Teresa Wright, 다나 앤드류스 Dana Andrews, 마이르나 로이 Myrna Loy, 호기 카마이클 Hoagy Carmichael(서 있는 사람), 프레드릭 마치 Fredric March, 감독: 윌리엄 와일러 William Wyler.

(Goldwyn/RKO)

보통 빛은 안전, 미덕, 진실, 즐거움을 나타낸다. 이와 같은 상징적인 연상의 관습 때문에, 어떤 영화 감독은 의도적으로 빛과 어둠에 대한 통념을 완전히 뒤집어 놓는다(1-12a). 히치콕의 영화들은 안전에 대한 관객의 피상적인 느낌을 폭로함으로써 관객에게 충격을 주려고 한다. 그는 그의 영화에 나오는 가장 폭력적인 장면들을 대부분 화려한 조명으로 연출했다.

조명은 사실주의적으로 혹은 표현주의적으로 사용될 수 있다. 사실주의적인 감독은 기존 조명 available lighting을 선호하며, 최소한 옥외 씬에서는 그런 편이다. 하지만 옥외 촬영에서도 대부분의 감독들은 램프나 반사판을 사용하는데, 이는 자연광을 증가시키거나 맑은 날의 태양광에 의한 극심한 명암 대비를 부드럽게 하기 위해서이다. 어떤 감독들은 특수렌즈나 고감도 필름으로 전혀 인공조명 없이 촬영하기도 한다. 기존 조명은 영화영상을 다큐멘터리처럼 보이게 하며, 꾸밈이 없이 현실을 예리하게 묘사한 것처럼 만들고 인공적인 조형미는 없는 편이다. 실내에서 촬영할 경우, 사실주의적인 감독은 창문이나 램프와 같은 분명한 광원이 있는 영상을 선호한다. 혹은 인공적이지 않고 강한 명암 대비도 없는, 방산하는 빛의 조명을 자주 사용하기도 한다. 한마디로 사실주의적인 감독은 영화의 맥락에 맞지 않는 별난 조명은 사용하지 않는다.

형식주의적인 감독은 정말 빛을 적게 사용한다. 그들은 빛의 상징적 함축에 의해 좌우되며, 종종 자연광의 유형을 고의로 왜곡시킴으로써 이러한 상징적 함축의 특성을 강조하고자 한다. 아래로부터 조명을 받은 얼굴은 거의 언제나 사악해 보이며, 심지어 그 배우가 아무런 표정을 짓지 않는데도 그러하다. 이와 마찬가지로 광원 앞에 놓인 장애물은 공포감을 줄 수 있다. 왜냐하면 그것이 사람들의 안전에 대한 느낌을 위협하는 경향이 있기 때문이다. 반면에, 어떤 맥락에서는, 특히 옥외에서 촬영할 때 실루엣효과는 부드럽고 낭만적일 수 있다.

얼굴이 명확히 위로부터 조명을 받으면, 천사의 후광과 같은 효과가 나타나게 된다. 그러나 이런 타입의 "숭고한" 조명은 상투적인 느낌을 주기 십상이다. 일종의 실루엣처럼 윤곽만 보이게 하는 백 라이팅 Backlighting은 부드럽고 우아하다. 러브 씬은 연인들에게 낭만적인 아우라를 주기 위해 머리 주위에 후광효과가 나도록 촬영되는 경우가 자주 있다(1-20a). 백 라이팅은 밝은 금발을 돋보이게 할 때 사용하면 특히 효과적이다.

스포트라이트를 사용함으로써 영상은 빛과 어둠의 강한 명암 대비를 이룰 수 있다. 이러한 영상의 표면은 손상되고 찢겨진 것처럼 보인다. 형식주의적인 감독은 주제와 심리적인 목적을 위하여 이와 같은 강한 명암 대비를 사용한다(1-18).

의도적으로 지나치게 많은 양의 빛을 카메라 렌즈로 들어오게 함으로써 감독은 영상을 과다노출 할 수 있는데, 그럼으로써 화면 전체에 빛의 홍수와도 같은 효과를 만들어낸다. 노출과다는 악몽과 판타지 장면에 가장 효과적으로 사용되어 왔다. 때로는 이런 테크닉이 아주 눈부신 명성이나 정서적인 과장의 느낌을 나타낼 수도 있다.

컬러

　영화에서 색은 1940년대까지만 해도 상업적으로 널리 보급되지는 않았다. 하지만 그 이전부터 색상에 대한 많은 실험이 있었다. 예컨대, 멜리에스의 영화 중 몇 작품은 화가들이 분담하여 필름의 미세한 부분을 하나하나 직접 손으로 색칠을 한 것이었다. '국가의 탄생 *The Birth of a Nation*'(1915)의 원본은 색다른 분위기를 나타내기 위해 다양한 색조의 원료로 색칠을 했다. 이를테면 애틀랜타의 불타는 장면은 붉은 색조였으며, 야간 씬은 푸른 색조, 옥외의 러브씬은 연노랑 색조였다.

　영화의 정교한 색조는 1930년대에 개발되었지만, 수년 동안 주로 문제가 되었던 것은 색이 모든 것을 겉치레하는 경향이 있다는 것이었다. 만약 색깔이 뮤지컬이나 화려한 역사이야기에서 아름다운 느낌을 높여준다면, 그 효과는 대체로 적절할 것이다. 따라서 초창기 컬러영화의 걸작들은 대개 인공적이거나 이국적인 배경이 많았다. 사실적인 드라마에는 색이 적절하지 않은 것으로 여겨졌다. 초창기에 컬러처리는 요란하고 화려함을 강조하는 편이었고, 종종 의상과 분장 그리고 장식의 조화로운 색조구성을 위해 전문가의 조언을 구하기도 했다.

　더 나아가 각각의 컬러처리는 기본색상—보통 붉은색, 푸른색, 노란색—을 전문적으로 다룬 반면에, 나머지 색들은 다소 왜곡되었다. 1950년대에 들어서서 비로소 이런 문제들이 해결되었다. 그러나 오늘날 컬러처리가 엄청나게 정확함에도 불구하고, 사람의 눈이 지닌 섬세한 색조 지각능력에 비하면 아직도 상대적으로 불완전한 근사치에 머물고 있다.

　영화에서 색은 잠재의식적 요소가 되는 경향이 있다. 컬러는 지적이기보다는 정서적 호소력이 강하고 표현적이며 분위기를 자아낸다. 심리학자들은 다음과 같은 사실을 발견했다. 즉, 대체로 사람들은 작품구도의 선들은 적극적으로 해석하려고 하는 반면에, 대상보다는 오히려 분위기를 나타내는 색깔에 대해서는 수동적으로 받아들이려는 경향이 있다. 선은 명사와 관련이 있으며, 색은 형용사를 연상시킨다. 가끔 선은 남성적인 것으로, 색은 여성적인 것으로 간주되기도 한다. 선과 색은 모두 의미를 나타내지만, 나타내는 방식은 다소 차이가 있다.

　초창기부터 시각예술가들은 색을 상징적인 목적으로 사용해 왔다. 색의 상징성은 거의 문화적으로 습득되는데, 그럼에도 색이 지닌 함축적 의미는 사회가 달라도 놀라울 정도로 유사하다. 일반적으로 차가운 색(푸른색, 초록색, 보라색)은 정숙, 냉정, 평온을 암시하는 경향이 있다. 또한 차가운 색의 영상은 움츠러드는 느낌을 준다. 따뜻한 색(붉은색, 노란색, 오렌지색)은 공격성, 폭력성, 흥분상태를 나타낸다. 따뜻한 색의 영상은 앞으로 나오는 듯한 느낌을 준다.

　컬러영화에서 흑백촬영은 가끔 상징적인 목적으로 쓰인다. 어떤 감독은 흑백으로 촬영한 전체 에피소드와 컬러로 촬영한 전체 시퀀스를 번갈아 보여준다. 이 테크닉의 문제점은 그 상징성이 너무 겉핥기식이라는 것이다. 갑작스런 흑백 시퀀스는 가장 예술적인 티를 내면서도 너무나 뻔한 의미를 나타낸다. 그저 지나치게 많은 색을 사용하지 않기만 해도, 다시 말해서 흑백이 더욱 두드러지기만 해도, 더 효과적인 변형이 된다. 파시스트 치하의 이탈리아를 배경으로 한 데 시카Vittorio De Sica의 '핀지 콘티니스의 정원 *The Garden of the Finzi-Continis*'을 보면, 영화의 초반부는 어른거리는 황금색,

▶ 붉은색은 주로 섹스와 관련된 색이지만, 붉은색이 매혹적인 느낌을 주는지 아니면 혐오감을 주는지(그리고 섹스가 매혹적인지 아니면 불쾌한지)는 극의 맥락이 좌우한다. 이 영화에서 결혼생활에 만족하지 못하는 주인공(스페이시)은 딸의 친구인 철없는 10대 소녀에 대한 판타지를 꿈꾸면서 지옥 같은 지루한 일상으로부터 탈피하고자 한다. 그는 붉은 장미꽃 잎으로 덮인 그녀의 누드를 종종 상상한다. 여기서 붉은 장미꽃 잎은 그의 남성성을 일깨우는 불타는 성적 욕망의 상징이다.
(DreamWorks/Jinks/Cohen. Photo: Lorey Sebastian)

1-21a

'아메리칸 뷰티 *American Beauty*' (미국, 1999).
출연: 케빈 스페이시 Kevin Spacey, 미나 수바리 Mena Suvari, 감독: 샘 멘데스 Sam Mendes.

1-21b

'새비지 나이트 *Savage Nights*'
(프랑스, 1993).
출연: 시릴 콜라르 Cyril Collard,
로만느 보랑제 Romane Bohringer,
감독: 시릴 콜라르.

▶ 그러나 또한 빨간색은 위험을 나타내는 색깔이고, 폭력의 색깔, 피의 색깔이기도 하다. 피는 에이즈의 전조인 HIV의 주요 전달자이다. 이 영화는 보랑제를 비롯해 두 명의 애인과 무방비 상태에서 섹스를 하는 HIV 양성반응자인 양성애자(콜라르)의 가피학적인 sadomasochistic 변태적 행위를 다루고 있다. 아마 그녀는 색맹일 것이다.
(Banfilm/La Sept Cinema/SNC)

1-22a

'순수의 시대 *The Age of Innocence*'
(미국, 1993), 출연: 미셸 파이퍼 Michelle Pfeiffer,
다니엘 데이-루이스 Daniel Day-Lewis,
감독: 마틴 스콜세지 Martin Scorsese.

▶ 밝은 색은 명랑한 느낌을 주는 편이며, 따라서 감독들은 종종 밝은 색을 줄인다. 소재가 엄숙하거나 냉혹하면 특히 그렇다. 이디스 워튼 Edith Wharton의 위대한 미국소설에 기초한 이 영화는 1870년대 뉴욕 상류사회의 금지된 사랑을 다루고 있다. 이 영화의 영상들은 빛바랜 사진처럼 암갈색으로 탈색되어 있다. 이 영화의 색깔은 고상하게 절제되고, 방정하며, 거의 억압되어 있으며, 이는 그 사회 자체의 보수적 가치를 반영하는 것이다.

(Columbia Pictures. Photo: Philip Caruso)

1-22b

'대부 *The Godfather*'
(미국, 1972),
출연: 말론 브란도 Marlon Brando (붉은 장미를 달고 있는 사람), 감독: 프란시스 포드 코폴라 Francis Ford Coppola.

▶ '대부'는 위대한 고든 윌리스 Gordon Willis가 촬영했으며, 그는 로우 키 조명의 마술로 이름이 나 있다. 이 영화의 색깔은 억제되어 있을 뿐 아니라, 바람기 없는 어두운 방안의 색조는 질식할 듯하다. 이 암흑가의 세계에서는 어쩌다가 우발적인 한 줄기 색깔만이 허용될 따름이다. 이를테면 자극적일 정도로 붉은 장미, 슬며시 블라인더를 통과하는 연한 황색빛, 선명한 톤의 몇 가지 얼룩덜룩한 반점들이 그런 것이다. 나머지는 전부 어둠이다.

(Paramount Pictures)

1-22c

'인생은 아름다워 Life is Beautiful' (이탈리아, 1998),
출연: 로베르토 베니니 Roberto Benigni,
감독: 로베르토 베니니.

▶ 이 영화는 슬랩스틱 코미디로 시작되고, 색상은 따뜻하고 밝으며, 전형적인 지중해 분위기를 배경으로 하고 있다. 그러나 나치의 유대인 대학살이 남부로 확산되면서, 우리의 영웅 이탈리아계 유태인(베니니)은 체포되어, 철도로(사진) 독일 강제수용소로 이송되었다. 색깔은 희미해지기 시작한다. 일단 죽음의 수용소 안에서는, 사실상 모든 색이 영상에서 빠져 나간다. 오직 몇 가지 빛바랜 피부 톤의 명멸하는 빛만이 가끔씩 이 수용소와 죄수들의 잿빛 창백함을 강조할 따름이다. (Melampo Cinematografica/Cecchi Gori. Photo: Sergio Strizzi)

1-22c

'이오지마에서 온 편지 Letters from Iwo Jima' (미국, 2006),
출연: 와타나베 켄 Ken Watanabe, 감독: 클린트 이스트우드 Clint Eastwood.

▶ 클린트 이스트우드의 영화 '아버지의 깃발 Flags of our Fathers'(9-19a 참조)과 짝을 이루고 있는 이 영화도 역시 세계2차대전이 거의 끝나갈 무렵 일본의 작은 섬에서 벌어지는 36일 간의 잔인한 전투에 초점을 맞추고 있다. 7천 명이 넘는 미군이 이 전투에서 전사했지만, 2만 명이 넘는 일본군은 사실상 전멸했다. 와타나베는 냉정한 성격의 장군 역을 맡고 있는데, 지원군이 없다면 그의 군대는 전멸하게 되리라는 것을 잘 알고 있다. 컬러가 어떻게 영상으로부터 빠져나가는지를 눈여겨보라. 보통 때는 강렬한 햇살을 표방하는 선홍빛으로 빛나는 두 일장기가 핏빛으로 물든 그들의 운명처럼, 영광스러웠던 시절의 창백한 잔재처럼 보인다.   (Warner Bros. Photo: Merie W. Wallace)

'네 번의 결혼식과 한 번의 장례식 *Four We- ddings and a Funeral* ' (영국, 1994),
출연: 앤디 맥도웰 Andie MacDowell, 휴 그랜트 Hugh Grant, 감독: 마이크 뉴웰 Mike Newell.

▶ 이 로맨틱 코미디는 촉촉하고 감상적인 분위기를 피하기 위해서 모든 노력을 다한다. 그러므로 차가운 런던의 폭우 속에서 결국 사랑이 승리하는 이 불가사의한 마지막 장면은 떨림과 전율 그리고 쌀쌀함을 동반한 푸른색이다.
(Polygram/Channel 4/Working Title. Photo: Stephen Morley)

'다크 빅토리 *Dark Victory* ' (미국, 1939),
출연: 베티 데이비스 Bette Davis, 조지 브렌트 George Brent,
감독: 에드먼드 굴딩 Edmund Goulding.
(컬러화: 터너 엔터테인먼트 Turner Entertainment)

▶ "나에게 지금 진실을 말해주시오. 당신은 이 옷의 색깔이 너무 푸르다고 생각하십니까? 그렇게 푸르지는 않지요?"
(Warner Bros.)

붉은색, 그리고 아주 다양한 농도의 녹색을 사용하여 아주 화려하다. 정치적 억압이 점점 가혹해지자, 이런 색들은 거의 알아채기 힘들 정도로 조금씩 씻겨나가기 시작하여, 영화가 끝날 무렵에는 흰색, 검은색 그리고 청회색이 지배적이다. '인생은 아름다워 *Life Is Beautiful*'에서도 이와 같은 테크닉이 사용되고 있다(1-22c).

1980년대에 들어, 새로운 컴퓨터기술이 개발되어 흑백영화를 "컬러"로 바꿀 수 있게 되었는데, 이는 대부분의 영화예술가들과 비평가로부터 격렬한 저항을 초래했다. 시대극, 뮤지컬, 그리고 그 외 가벼운 오락물 같은 일부 장르의 영화들은 이처럼 컬러로 바꾸어도 심각한 손상을 입지 않았다.

1-24

'스타맨 *Starman* ' (미국, 1984),
출연: 카렌 알렌 Karen Allen, 제프 브리
지스 Jeff Bridges, 감독: 존 카펜터 John
Carpenter.

▶ 한 영화의 모든 쇼트가 동일한 스타일로 촬영되는 것은 아니다. 이 공상영화의 초반부는 대체로 꾸밈이 없는 기능적인 스타일로 촬영되었다. 지구인인 주인공(알렌)이 매력적이고 건강한 외계인(브리지스)과 사랑에 빠진 이후로는 촬영 스타일이 점점 낭만적으로 된다. 도시의 불빛은 희미하게 반짝이는 소프트—포커스 soft-focus 촬영으로 영묘한 분위기를 자아내게 된다. 감미롭게 떨어지는 눈송이는 마법적인 그 순간을 한층 돋보이게 한다. 이들은 그냥 연인이 아니라, 영혼의 동반자다. (Columbia Pictures)

1-25a

'에일리언 *Aliens*' (미국, 1986),
출연: 시고니 위버 Sigourney Weaver,
캐리 헨 Carrie Henn, 감독: 제임스 카메론 James
Cameron.

▶ 이 공상과학영화의 미래적인 세팅은 몇 가지 초자연적인 요소를 담고 있기는 하지만, 아주 사실적으로 색깔을 사용하고 있다. '에일리언'은 차갑고 딱딱한 표면, 헤비메탈 테크놀로지, 푸른 형광색의 테스토스테론 testosterone적 세계이다. 이 세계는 어린이나 순한 생명체가 있을 만한 곳이 못 된다. 이 영화의 색깔은 근본적으로 억제되어 있고, 대개 군복 색깔이거나 칙칙한 흙색이다. 한 가지 더 있다면 경보와 응급을 알리는 빨간색 필터가 있을 뿐이다. (Twentieth Century-Fox)

1-25b '비우티풀 *Biutiful* ' (스페인, 2010), 출연: 하비에르 바르뎀 Javier Bardem,
감독: 알레한드로 곤잘레스 이냐리투 Alejandro Gonzalez Inarritu.

▶ 심리적 범죄 드라마인 이 영화에서 청색 필터는 햇살이 내리쬐는 스페인 바르셀로나의 배경 분위기를 누그러
트리기 위해 사용되고 있다. 주인공(바르뎀)은 두 아이를 부양하는 한 부모 single parent이자 하층계급의 범죄자이
다. 의사는 그가 말기 암을 앓고 있으며 생명이 얼마 남지 않았다는 것을 방금 알려주었다. 그는 그의 주변을 의식
하지 못할 정도로 깊은 생각에 잠긴 채 엄청난 고립감에 젖어든다. 청색 필터, 닫힌 형식, 선택적 초점 등이 이 점
을 어떻게 강조하는지를 보라. *(Ikiru films)*

하지만 필름 누아르의 조명 스타일과 뛰어난 딥 포커스로 찍은 '시민 케인 *Citizen Kane*'처럼, 정성들
여 촬영된 흑백영화에 이처럼 컬러 처리를 하는 것은 끔찍한 일이다(제12장 "종합분석: 시민 케인"
참조).

컬러로 바꾸는 것은 또한 일부 쇼트의 구도상의 균형을 깨트리면서, 새로운 극적 대비를 만들어낸
다. 가령 '다크 빅토리 *Dark Victory*'(1-23b)에 나오는 일부 쇼트의 경우, 지배적인 요소는 브렌트의
푸른 정장인데, 이는 극의 맥락에는 중요한 것이 아니다. 본래의 흑백 버전에서는 데이비스가 지배
적인 요소이고, 그녀의 검은 의상은 그녀의 윤곽을 뚜렷하게 해주는 흰 벽난로와 대비를 이룬다. 시
각적인 극적 대비를 흐트러뜨리면 이런 씬의 극적 효과는 약화되어 버린다. 관객은 브렌트의 정장이
중요한 것임에 틀림이 없다는 생각을 버리지 않는다. 그렇긴 하지만, 그것은 오직 컴퓨터로 컬러를
바꾸었을 때만 그렇다.

렌즈, 필터 그리고 필름

카메라의 렌즈는 사람의 눈에 비하면 미숙한 기계에 불과하기 때문에, 영화의 영상에서 가장 충격적인 효과를 얻으려면 경우에 따라서는 촬영과정 자체를 왜곡시켜야 한다. 특히, 크기와 거리에 관해서 카메라 렌즈는 지능적으로 조정하는 것이 아니라 사물을 있는 그대로 기록할 뿐이다. 가령 카메라 렌즈 가까이 있는 것은 그것이 어떤 것이든 멀리 있는 것보다 크게 보인다. 그러므로 커피잔이 렌즈 앞에 있고 사람은 롱 쇼트 거리에 있다면, 커피잔이 사람을 완전히 가려버릴 수도 있다.

사실주의적인 감독들은 왜곡을 최소화하기 위하여 정상적인 표준렌즈를 사용하는 경향이 있다. 이런 렌즈가 찍은 피사체는 사람의 눈으로 보는 것과 거의 같다. 형식주의적인 감독들은 일정한 특성을 강조하고 그 외의 특성들을 억제하기 위해 렌즈와 필터를 자주 사용하는 편이다. 이를테면 구름의 모양도 어떤 렌즈와 필터를 사용하느냐에 따라 위협적으로 과장되게 보일 수도 있고 혹은 부드럽게 퍼져 보일 수도 있다. 형상과 색 그리고 조명의 밝기는 특수한 광학조절 장치를 통해 완전히 바꿀 수도 있다. 렌즈의 종류는 엄청나게 다양하지만, 주로 세 가지로 나눌 수 있다. 즉, 표준(왜곡하지 않는)렌즈, 망원렌즈, 그리고 광각렌즈가 그것이다.

망원렌즈 telephoto lens는 아주 먼 거리에서 대상을 클로즈업할 때 자주 쓰인다. 가령 표준렌즈로 클로즈업 영상을 찍기 위해 사자에게 가까이 다가가려고 하는 촬영기사는 없을 것이다(1-11a). 이런 경우에 망원렌즈를 사용하면 필요한 클로즈업도 만들어내고 또 촬영기사도 안전하게 보호할 수 있다. 또한 망원렌즈는 촬영기사가 신중하게 작업할 수 있도록 한다. 예컨대, 복잡한 도심에서 야외촬영을 할 때 행인들은 무비 카메라를 바라볼 경우가 있다. 하지만 망원렌즈를 쓰면 촬영기사는 트럭 같은 곳에 숨어서 앞 유리나 옆 창문을 통해 클로즈 쇼트를 찍을 수 있다. 사실 망원렌즈는 망원경과 같은 역할을 하며, 초점거리가 길기 때문에 롱 렌즈로 불리기도 한다.

망원렌즈는 몇 가지 부수적인 효과를 만들어 내기도 한다. 이를테면 일부 감독들이 가끔 상징적인 용도로 망원렌즈를 사용하는 것이 그런 경우이다. 대부분의 롱 렌즈는 한 지점에서만 정확하게 초점이 맞다. 그 지점의 앞이나 뒤에 놓인 대상은 초점이 흐리거나 초점을 벗어나는데, 특히 이는 형식주의적인 감독들이 사용하는 표현기법이다(1-26a). 렌즈의 초점거리가 길면 길수록, 거리에 대해서는 더 민감해진다. 가령 렌즈의 초점거리가 극단적으로 길면, 선택된 초점에서 약간만 벗어나도 초점 밖으로 나갈 수 있다. 이처럼 배경, 전경 혹은 둘 다를 의도적으로 흐리게 함으로써 어떤 놀라운 분위기와 사진효과를 얻을 수 있다.

롱 렌즈의 초점거리는 보통 촬영 중에 조정될 수 있기 때문에, 감독은 초점면을 중립화시킴으로써 한 시퀀스 안에서 관객의 시선을 다양한 거리로 인도할 수 있다. 이런 테크닉을 이동 초점 rack focusing 혹은 선택적 초점 selective focusing이라고 한다. '졸업 *The Graduate*'이라는 작품에서 마이크 니콜스 Mike Nichols 감독은 관객에게 젊은 여주인공을 먼저 보여주고, 그 다음 그녀가 초점에서 멀어지면서, 조금 떨어져 출입구에 서 있는 그녀의 어머니를 보여주는데, 이 경우에는 커트 대신에 미세한 초점변화를 활용하고 있다. 이처럼 초점을 변화시키는 테크닉은 인과관계를 암시하고, 그녀의 남

1-26
'인물분리의 여섯 가지 단계'
▶ 이 여섯 가지 쇼트에 사용된 각각의 렌즈를 살펴보면 인물과 배경의 관계를 알 수 있다.

1-26a
'러닝 스케어드 *Running Scared* '
(미국/캐나다/독일, 2006),
출연: 폴 워커 Paul Walker, 감독: 웨인 크라머 Wayne Kramer.

▶ 어떤 망원렌즈는 너무나 정밀해서 불과 몇 인치의 심도에 불과한 아주 미세한 연기에만 정확히 초점을 맞출 수 있다. 권총과 워커의 손이 어느 정도 흐릿하게 되는지를 주목해 보라. 그래서 그의 뒤편의 배경도 흐릿해진다. 그의 인생에서 결정적인 순간이 벌어지는 동안 관객의 시선은 불가피하게 배우의 얼굴을 주목하게 된다.
(New Line. Photo: John Clifford)

1-26b
'신데렐라 맨 *Cinderella Man* '
(미국, 2005),
출연: 러셀 크로우 Russell Crowe, 리네 젤위거 Renée Zellweger, 감독: 론 하워드 Ron Howard.

▶ 망원렌즈는 스크린의 서정적 잠재성을 높이기 위해 사용되는 경우가 많다. 이 쇼트에서 흐릿한 배경은 이 배우들에게 일어나고 있는 주요 관심사와는 아무런 관련이 없어 보인다. 사실상 망원 렌즈는 그것의 완전한 희생을 말없이 선언하고 있는 것이다.
(Miramax/Universal. Photo: George Kraychyk)

1-26c
'다크 블루 *Dark Blue* '
(미국, 2003),
출연: 마이클 미쉘 Michael Michele, 빙 라메스 Ving Rhames, 감독: 론 쉘톤 Ron Shelton.

▶ 한 고위급 경찰 간부가 그의 연인인 부하 여경관과의 불륜 관계를 청산해야만 한다. 렌즈는 우리가 그의 감정에 초점을 맞추게 하는 반면에 그녀는 연초점으로 희미해지면서 우리의 주의에서 벗어나 있다. 만일 쉘톤 감독이 그녀의 심정을 강조하고 싶었다면, 라메스를 연초점 soft focus으로, 그리고 그녀를 선명한 초점으로 잡았을 것이다. 만일 감독이 그들의 감정 상태를 똑같이 강조하고 싶었다면, 광각렌즈를 사용하여 두 인물을 모두 선명한 초점으로 표현했을 것이다.
(United Artists. Photo: Robert Zuckerman)

1-26d

'쉰들러 리스트 Schindler's List'
(미국, 1993), 출연: 리암 니슨 Liam Neeson(팔을 벌리고 있는 사람), 감독: 스티븐 스필버그 Steven Spielberg.

▶ 딥 포커스 촬영이 필요할 때면 언제나 광각렌즈가 사용된다. 배경의 깊숙한 심도에 있는 대상들뿐만 아니라 렌즈에서 불과 몇 미터 떨어진 대상들도 동일한 포커스로 포착하면서 시각적 면들의 내적 연관성을 강화한다. 이 영화는 나치 대학살 기간에 수백 명의 유태인의 생명을 구해준 독일사업가(니슨)를 다루고 있다. 딥 포커스가 시각적 모티프의 반복을 무한히 허용해 주기 때문에, 스필버그는 유태인이 전 유럽에서 똑같은 방식으로 감시를 받아왔지만 그들의 운명은 쉰들러의 유태인들처럼 운이 좋지는 않았음을 암시할 수 있었다.
(Universal Pictures)

1-26e

'홍번구 Rumble in the Bronx' (미국, 1996)의 홍보사진,
출연: 성룡 Jackie Chan, 감독: 당계례 Stanley Tong.

▶ 극단적인 광각렌즈는 심도 면들 사이의 거리를 과장하며, 유익한 상징의 테크닉이다. 광각렌즈가 왜곡함으로써, 성룡의 주먹이 거의 그의 머리만큼이나 크고, 그의 발은 마치 다른 곳에 서 있는 것처럼 보인다.
(Golden Harvest/Maple Ridge/New Line)

1-26f

'신데렐라 스토리 A Cinderella Story'
(미국, 2004), 출연: 힐러리 더프 Hillary Duff, 채드 마이클 머레이 Chad Michael Murray, 감독: 마크 로스맨 Mark Rosman.

▶ 배경에 있는 불들을 잘 살펴보라. 기민하게 선택된 필터가 저 불들을 흐릿하게 보이게 한다. 이 두 사람이 서로 좋아하고 있다는 것을 알기 위해 꼭 두 사람의 대화내용을 들어볼 필요가 있겠는가? 그 영화는 로맨틱코미디라는 이야기를 꼭 들어야 알겠는가? 필터로 촬영된 그 자체가 이에 대해 모든 것을 말해주고 있다.
(Warner Bros. Photo: Ron Batzdorff)

자친구의 정부가 바로 자신의 어머니임을 여주인공이 갑자기 깨닫게 된다는 것을 보여준다. '프렌치 커넥션 *The French Connection*'에서 윌리엄 프리드킨 William Friedkin은 감시당하고 있는 범죄자를 보여주는 시퀀스에서 선택적 초점의 테크닉을 사용했다. 범죄자 주위의 도시 군중들은 구별하기 힘들 정도로 흐릿한 반면에, 범죄자에게는 계속 정확하게 초점이 잡혀 있다. 그 시퀀스의 전략상 중요한 시점에, 프리드킨은 그 범죄자로부터 군중 속에서 그를 미행하고 있는 끈질긴 형사에게로 초점을 이동시킨다.

또한 롱 렌즈는 영상을 평평하게 만들며, 심도를 나타내는 면들 사이의 거리감을 감소시킨다. 망원렌즈로 촬영하면 몇 미터 떨어져 서 있는 두 사람이 불과 몇 센티 떨어져 있는 것처럼 보인다. 더 긴 롱 렌즈를 사용하면, 떨어져 있는 면들이 지나치게 압축되어 마치 영상이 추상적인 패턴의 평평한 표면처럼 보일 수 있다. 이런 쇼트에서는 어떤 것이 카메라와 가까워지든 아니면 멀어지든 그 움직이는 대상은 전혀 움직이지 않는 것처럼 보인다.

쇼트 렌즈 short lenses로 불리기도 하는 광각렌즈 wide-angle는 초점거리는 짧고 시야는 넓다. 이 렌즈는 딥 포커스 쇼트에 사용되는데, 그 이유는 사실상 모든 거리에서도 정확한 초점을 유지하기 때문이다. 쇼트 렌즈에서의 왜곡은 선과 공간 모두에서 일어난다. 앵글이 넓어지면 넓어질수록, 선과 형상은 더 많이 휘어진다. 영상의 가장자리는 특히 그렇다. 다양한 심도의 면들 사이의 거리가 이런 렌즈로 말미암아 과장될 수 있다. 가령 한 걸음 정도 떨어져 있는 두 사람이 광각렌즈 영상에서는 자동차의 사이드 백미러처럼 몇 미터나 떨어져 있는 것으로 보일 수 있다.

쇼트 렌즈로 촬영하면, 카메라를 향해 오거나 카메라로부터 멀어져 가는 움직임이 과장되게 된다. 보통의 두세 걸음이 초인간적인 크기의 걸음걸이로 보일 수 있다. 이는 어떤 인물의 힘이나 권세, 잔인성을 감독이 강조하고자 할 때 쓸 수 있는 효과적인 테크닉이다. 어안(魚眼)렌즈 fish-eye lens는 가장 극단적인 광각렌즈의 변형이다. 이는 스크린의 측면 부분이 마치 수정구슬을 통해 보듯이 구면에 반사되어 비치는 것처럼 보일 정도로 영상을 왜곡시킨다.

렌즈와 필터는 순수하게 미용상의 목적—배우를 더 크게, 더 날씬하게, 더 젊게, 혹은 더 늙어 보이게 하기 위해—을 위해 사용될 수 있다. 요제프 폰 슈테른베르크 Josef von Sternberg는 가끔 영상에 엷고 낭만적인 분위기를 내기 위해 반투명 실크 스타킹으로 렌즈를 씌우기도 했다. 심지어 상당히 나이가 든 몇몇 매력적인 여배우들조차도 계약서 말미에 클로즈업으로 촬영할 때에는 반드시 아름답게 보이도록 하는 연초점 렌즈만을 사용해야 한다는 요구조항을 명기했다. 이러한 광학적 수정기구는 얼굴의 잔주름과 피부의 점을 없애 준다.

렌즈보다 필터의 종류는 훨씬 더 많다. 어떤 필터는 빛을 모아 마치 영상에 다이아몬드처럼 광채를 띠도록 그 빛을 굴절시킨다. 많은 필터들은 특정한 색을 억제하거나 강조하기 위해 사용된다. 컬러 필터는 야외 씬에 특히 효과적이다. 로버트 알트먼 Robert Altman의 '맥케이브와 밀러 부인 *McCabe and Mrs. Miller*'(빌모스 지그몬드 Vilmos Zsigmond 촬영)은 야외 씬에서 주로 녹색과 청색 필터를 사용하고, 실내 씬에서는 노란색과 오렌지색 필터를 사용했다. 이런 필터들은 겨울 배경의 극심한 추위와 낡은 건물 내 방들의 공동체적 온기를 강조하고 있다.

필름은 수많은 종류가 있지만 대체로 두 가지 기본적인 범주, 즉 고감도 필름 fast stock과 저감도 필름 slow stock에 속한다. 고감도 필름은 빛에 매우 민감하며, 경우에 따라서는 야외 촬영장에서 자연광 이외의 다른 조명 없이도 영상을 찍을 수 있다. 심지어 야간 시퀀스에서도 가능하다(1-27). 저감도 필름은 비교적 빛에 둔감한 편이며, 고감도 필름보다 거의 열배 정도 더 많은 조명이 필요하다. 전통적으로 저감도 필름은 색상을 손상시키지 않고 선명하게 포착할 수 있다.

고감도 필름은 보통 다큐멘터리 영화에 사용된다. 왜냐하면 이 필름은 빛에 매우 민감하여 사건이 실제로 일어나고 있는 동안 그에 대한 영상들을 재현할 수 있기 때문이다. 다큐멘터리 감독은 번거롭게 조명을 설치하지 않고서도 인물과 배경을 촬영할 수 있다. 빛에 민감한 이러한 성질 때문에, 고감도 필름은 선이 흐릿해지거나 색채가 손상되어 입자가 거칠어진 영상을 만들어 낸다. 흑백 필름에서는 명암이 뚜렷하게 대비되고, 회색이 만들어내는 수많은 변이효과를 잃을 수 있다.

일반적으로 이와 같은 기술적 고려사항들은 이 책에서 다루지 않지만, 필름의 선택이 영화에서 심리적으로나 미학적으로 상당한 차이를 만들어낼 수 있다. 1960년대 초부터, 많은 극영화 감독들이 다큐멘터리적인 긴박감이 느껴지는 영상을 위해 고감도 필름으로 교체하고 있다(1-27).

1-27

'알제리 전투 *The Battle of Algiers* '
(이탈리아/알제리아, 1967).
감독: 질로 폰테코르보 Gillo Pontecorvo.

▶고감도 필름은 빛에 아주 민감하며, 세트나 야외 촬영장에 있는 자연조명 외의 다른 추가 조명 없이도 영상을 녹화할 수 있다. 이 고감도 필름은 명암의 거친 콘트라스트, 디테일의 부재, 그리고 선적 linear이라기보다는 회화적으로 보일 수 있는 굵은 영상의 입자들을 만들어내는 경향이 있다. 프랑스의 식민지배로부터 벗어나려는 알제리의 핏빛 해방 전쟁에 대한 폰테코르보의 가혹한 이야기처럼, 고감도 필름은 사실적이고 다큐멘터리 같은 극영화에 특히 효과적이다. 이 영화를 본 최초의 관객들 중 많은 사람들은 이 영화를 고문 장면들로 채워져 있는 실제 사건의 다큐멘터리 편집물이라고 생각했다. 이 영화에 나오는 흐릿한 이미지들과 카메라의 흔들림은 사실주의적인 감동을 자아내고 있다. 이 영화는 완전히 재창조된 것이며, 다큐멘터리 필름은 일 인치도 없다.

(Casbah Film/Igor Film)

디지털 혁명

　　지난 10년 동안 디지털 기술은 영화 촬영이나 편집 방식, 배급 방식, 그리고 관객에게 영화를 보여주는 방식에서도 근본적인 변화를 가져왔다. 1980년대에 처음 선을 보이고 1990년대를 거치면서 개선된 디지털 기술은 모든 면에서 100년 이상 영화산업을 지배해 온 셀룰로이드 기술 celluloid technology을 대신하게 됐다.

　　영화는 화학적 매체이자 기계적 매체이다. 다시 말해서 영화가 감광유제를 발라놓은 필름에 기록되는 것은 화학적 과정이며, 그 다음 이동 기어들로 이루어진 기계적인 영사기로 영화가 관객에게 전달된다. 디지털 영화는 텔레비전 및 컴퓨터 기술과 결합하며, 근본적으로 그 본성이 전자적이다. 영상을 필름에 담아두는 것이 아니라 메모리 카드나 하드 드라이브에 저장한다.

　　디지털 영상은 셀룰로이드에 비해 선명도나 해상도가 훨씬 높다. 디지털 영상은 "화소 pixel"(picture elements의 줄임말)로 구성되어 있으며 텔레비전 모니터에서는 미세한 점들로 보인다. 픽셀이 융합하여 통일적인 효과를 만들어내고 있는 그 영상으로부터 물러나면 시청자의 눈에는 다소 인상파 그림의 점들처럼 보인다. 영상을 만들어내는 화소가 많을수록 그 영상은 일그러짐이 최소화되고 더욱 더 촬영 소재와 닮게 된다.

1-28a

'그린 웨이브 *The Green Wave*'
(독일/이란, 2011).
감독: 알리 사마디 아하디 Ali Samadi Ahadi.

▶ 디지털 기술은 민주주의의 발전에 지대한 영향을 미쳐왔다. 이란 태생의 국외거주자가 감독을 맡은 이 영화는 다큐멘터리 영상과 그림 그리고 애니메이션을 결합시키고 있다. 그것은 2009년 "녹색혁명" 동안 억압적인 이란 정권에 대한 아주 강력한 고발이다. 평화적인 시위자들을 향한 공권력의 만행을 담은 장면들은 평범한 시민들이 아이폰으로 찍은 것들이며, 인터넷을 통해 전 세계에 알려졌다. 이와 같은 기술이 "아랍의 봄 Arab Spring" 시기에 결코 무너지지 않을 것 같았던 이집트, 튀니지, 리비아의 독재자들을 실각시키는 산파 역할을 했다. 윌리엄 J. 돕슨William J. Dobson이 강조했듯이, "오늘날 전 세계의 독재자들은 그들이 저지른 악행을 덮으려는 어떤 희망도 가질 수 없다." 유튜브, 페이스북, 트위터, 아이폰 등이 이러한 정권들이 얼마나 흉포한지를 전 세계에 알리기 때문이다. William J. Dobson, *The Dictator's Learning Curve: Inside the Global Battle for Democracy*(Doubleday, 2012)를 참조하라. *(Dreamer Joint Venture)*

1-28b '아바타 *Avatar* '(미국, 2009),
각본 및 감독: 제임스 카메론 James Cameron.

▶ 일부 농담하기를 좋아하는 사람들은 '아바타'를 '늑대와 춤을 Dances with Wolves'이 공중에서 이루어지고 있는 것으로 치부해 버리지만, 카메론의 멋진 SF쇼는 관객을 매혹시켰다. 사실 이 영화는 그 스토리의 측면에서는 크게 새로운 것이 없지만 그 기술적 기교는 정말 놀랍다. 이 영화는 3-D뿐만 아니라 CGI와 모션 캡처 motion capture 기술을 폭넓게 이용하고 있다. 3-D는 판도라 Pandora 행성의 천상의 숲들과 이국적인 생물들과 더불어 행성의 기이한 분위기를 통해 유동적인 감각을 만들어내는 데 특히 효과적이다. 이 시퀀스는 숨이 멎을 정도로 우아하여 거의 서정시와 같다. 새들이 상상의 동식물들을 사이로 등장인물들—그리고 우리—을 실어 나를 때 소용돌이치면서 급 강하하는 모습은 심장이 마구 뛰는 대단한 경험이다. 3-D인 경우는 특히 그렇다. 이 영화는 일반 버전과 전통적인 3-D 버전으로 상영되었는데, 아이맥스 대형 스크린이 있는 IMAX 극장에서 3-D로 보면 정말 장관이다. IMAX 극장에서 3-D로 보면 관객은 완전히 마법의 세계에 들어간 기분이다. 이 영화는 역대 최고 수익을 올렸으며, 3-D를 진지한 영화 예술가들이 주목할 만한 기술로서 확고한 지위를 굳히게 했다.   *(20th Century Fox)*

영화평론가 리처드 콜리스Richard Corliss가 지적했듯이, 사실 상업적으로 가장 성공한 영화를 총수익으로 서열을 정하는 것은 그다지 정확하지 않다. 입장권의 가격이 해마다 완전히 달라지기 때문이다. 예를 들어 오늘날 입장권은 평균 7.83달러이지만 1997년에는 4.59달러였고 1975년에는 2.03달러였다. 콜리스의 말대로 판매된 입장권의 수가 훨씬 신뢰할 수 있는 기준이다. 박스오피스모조 닷컴 Boxofficemojo.com에 따르면, 이러한 수치를 이용한 미국 내 박스 오피스의 톱 10은 다음과 같다.

1. '바람과 함께 사라지다 *Gone with Wind*'(1939) 2억2백만   2. '스타워즈 *Star Wars*'(1977) 1억7천8백십만
3. '사운드 오브 뮤직 *The Sound of Music*'(1965) 1억4천2백4십만
4. '이티 E.T.: *The Extra-Terrestrial*'(1982) 1억4천8백십만   5. '십계 *The Ten Commandments*'(1956) 1억2천4백십만
6. '타이타닉 *Titanic*'(1997) 1억2천8백3십만   7. '죠스 *Jaws*'(1975) 1억2천8백십만
8. '닥터 지바고 *Doctor Zhivago*'(1965) 1억2천4백십만   9. '엑소시스트 *The Exorcist*'(1973) 1억1천십만
10. '백설공주와 일곱 난장이 *Snow White and the Seven Dwarfs*'(1937) 1억9백만.
아바타는 9천7백3십만 장의 입장권이 팔림으로써 14위를 차지했다.

화소는 대개 이차원적 바둑판모양으로 배열되어 있다. 영상의 선예도(鮮銳度)와 해상도는 영상에 담긴 화소의 수에 따라 달라진다. 일반적인 비디오 스크린에는 시각 정보에 대한 약 480 스캔 라인(scan line, 走査線)이 있다. 고화질 비디오(영화에서 주로 쓰인다)에는 영상의 선명도와 해상도를 더 높이기 위해 1080 스캔 라인까지 있다. 사양이 높은 컴퓨터에는 스크린 라인 screen line 마다 2000 화소까지 있을 수 있다. 따라서 영상이 아주 선명하다. 디지털 비디오도 비록 컴퓨터로 처리되긴 하지만 딥 포커스 deep focus로 촬영하는 경향이 있다. 실제로 영화처럼 보이도록 만들기 위해 심지어 디지털 영상에 입자를 늘릴 수 있는 소프트웨어 어플리케이션이 있다. (역주: 일반적으로 고감도 필름을 사용하면 입자가 줄고, 저감도 필름을 사용할수록 입자가 많아서 영상이 선명하게 표현된다.)

이와 같은 화소들은 컴퓨터로 쉽게 처리될 수 있기 때문에 디지털 기술은 영화에 특수효과의 혁명을 가져왔다. 과거에는 기술적인 결함 때문에 전체 씬을 다시 촬영하는 경우가 많았다. 예를 들어 특정 시대를 배경으로 하는 영화에 오늘날의 자동차나 전화선이 나왔다면 그 씬은 편집되거나 다시 촬영할 수밖에 없었다. 지금은 이런 사항들이 디지털 방식으로 제거될 수 있다. 그러므로 경우에 따라서는 마이크를 프레임 안에 들여놓을 수도 있다. 심지어 배우 얼굴의 땀도 특수효과 기술자들이 지울 수 있다.

1-29 '매트릭스 *The Matrix*' (미국, 1999).
출연: 키아누 리브스 Keanu Reeves, **휴고 위빙** Hugo Weaving, **각본 및 감독: 앤디 워쇼스키** Andy Wachowski, **래리 워쇼스키** Larry Wachowski.

▶ 기술적인 공로로 네 개의 아카데미상을 수상한 공상과학영화 3부작(1999~2003) 가운데 제1부인 '매트릭스'는 홍콩의 무술감독 원화평 Woo-ping Yuen이 안무를 맡았다. 특수효과는 존 가에타 John Gaeta가 지휘하고 감독했다. 이 3부작은 마치 사람들이 공중에 떠올라 정지하고, 벽 위를 달리고, 슬로 모션으로 움직이고, 공중에서 결투를 하는 것처럼 아주 위험하고 도전적인 갖가지 묘기를 선보인다. 어떤 씬에서는 카메라가 그 주변을 도는 동안 전투가 일시 정지되기도 한다. 특수효과 팀은 또한 "총알 피하기 bullet time"라는 테크닉을 고안했는데, 이런 테크닉을 사용하여 인물들은 슈퍼 슬로 모션 진공상태에서 총알을 교묘하게 피한다. '매트릭스' 3부작은 만화책, 홍콩 쿵푸영화, 서부 액션영화, 동양의 신비주의 영화, 동화, 비디오 게임, 일본 애니메이션, 사이버펑크, 컴퓨터 게임, '블레이드 러너 Blade Runner'와 같은 전통적인 공상과학영화로부터 실로 엄청난 영향을 받았다.   *(Warner Bros.)*

10분마다 재적재해야만 하는 덩치 큰 카트리지를 갖춘 과거의 다루기 힘든 35mm 대형 필름 카메라에 비하면 디지털 비디오카메라는 이동이나 휴대가 훨씬 쉽다. 휴대가 간편한 이러한 이동성으로 말미암아 촬영기사는 훨씬 융통성을 가질 수 있으며, 이동 카메라 쇼트의 경우는 특히 그렇다. 또한 디지털 카메라는 기존의 필름 카메라에 비해 훨씬 적은 양의 빛을 필요로 한다. 마이클 만Michael Mann이 '콜래트럴 Collateral'을 촬영할 때 고화질 비디오 카메라를 사용했다. 왜냐하면 이 영화는 거의 밤에만 촬영했기 때문이다(11-25a 참조). 그의 촬영기사는 아주 예리한 영상을 정확히 포착하기 위해 더 이상 별도의 조명이 필요하지 않았다. 기존의 필름 카메라로 이와 같은 영상을 어느 정도 선명하게 포착하려면 많은 시간과 많은 노력이 필요했다.

1-30a

'멀티플리시티 *Multiplicity* ' (미국, 1996),
출연: (왼쪽에서 오른쪽으로) 마이클 키튼 Michael Keaton, 마이클 키튼, 마이클 키튼, 마이클 키튼, 감독: 해롤드 래미스 Harold Ramis.

▶ 미국영화는 언제나 영화 테크놀로지, 특히 특수효과의 영역에서 첨단을 달려 왔다. 컴퓨터로 만든 영상들은 영화감독에게 아주 사실적인 판타지세계를 만들어낼 수 있도록 해주었다. 가령 이 영화에서 키튼은 아내도 잃고 직업도 잃은 남자 역을 맡고 있는데, 역할을 효과적으로 수행하기 위해 자신을 복제해야만 한다. 컴퓨터 아티스트 댄 메드센 Dan Madsen은 영화 속의 현실세계를 만들어냈는데, 외부의 물리적 세계에 그에 상응하는 세계는 존재하지 않는다. 평론가 스티븐 프린스 Stephen Prince가 지적했듯이, 컴퓨터로 만드는 영상기술의 진보로 말미암아 영화이론에서 형식주의와 사실주의의 전통적인 구별이 근본적으로 무너지게 되었다. 다음을 참조하라. Stephen Prince, "True Lies: Perceptual Realism, Digital Images, and Film Theory", in *Film Quarterly*(Spring, 1996). *(Columbia Pictures)*

1-30b

영화 '킹콩 *King Kong* ' (미국, 2005) 홍보 사진, 여배우 나오미 왓츠와 피터 잭슨 감독이 무대 뒤편에 서 있다.

▶ 나오미 왓츠의 가장 중요한 조연자, 즉 25피트의 키에 8천 파운드의 몸무게를 가진 나이 든 수컷 고릴라는 존재하지 않았다. 그는 특수효과로 만들어진 것이었지만 거의 사람과 마찬가지로 살아있는 것처럼 보인다. 콩은 컴퓨터와 블루 스크린 blue screen기술에 의해 탄생하고 웨타 디지털 회사 Weta Digital, Ltd.에 의해 제작되었다. 시각효과 감독 조 레터리 Joe Letteri는 이렇게 설명했다. 즉 "우리는 감정 상태에 기초한 하나의 시스템을 창조했다. 그것은 우리가 모든 얼굴 근육들을 묘사하고 인간의 얼굴 조직과 고릴라의 얼굴 조직이 유사하다는 것을 이해한 데서 비롯되었다. 우리가 할 수 있는 일은 실감나는 표정을 만들어내기 위해 근육들이 어떻게 서로 움직이는가를 지켜보는 것이다." 그 결과는 환상적일 뿐 아니라 놀랍도록 실감난다—(11-25b)를 보라. *(Universal Studios)*

디지털 비디오는 값도 싸다. 소니, 파나소닉, 니콘, 캐논 등과 같은 회사들이 고화질 비디오 촬영 카메라를 1만 달러 이하의 가격으로 다양하게 내놓고 있다. 시청하기 전에 반드시 화학적 처리 과정을 거쳐야만 하는 필름과는 달리 비디오는 촬영 후 곧바로 텔레비전 모니터에서 시청할 수 있다. 그리고 셀룰로이드와 달리 디지털 비디오는 또한 영상의 질을 손상시키지 않고 복사할 수 있다. 영화의 복사본 하나하나는 모두 정확히 원본과 같다.

디지털 비디오는 '슬럼독 밀리어네어 *Slumdog Millionaire*'가 2009년 아카데미 촬영상을 수상했을 때 진가를 인정받았다. 그것은 고화질 비디오로 촬영되었다. '아바타 *Avatar*'도 그렇게 촬영되었다. 사실상 많은 할리우드 감독들이 빠른 속도로 전통적인 셀룰로이드를 디지털 비디오로 대체하고 있다. 흔히 그 선택이 세대 간의 문제가 되고 있다. 스필버그 감독이 필름으로 촬영하는 것을 좋아하는 것은 필름 쪽이 한층 더 수월하기 때문이다. 젊은 데이빗 핀처 David Fincher는 디지털 비디오가 훨씬 편안하다.

디지털 비디오는 영화 제작자의 여러 가지 비용을 절약하게 만든다. 예를 들면, '라이언 일병 구하기 *Saving Private Ryan*'의 노르망디 침공에서 스필버그는 컴퓨터 시뮬레이션 된 수많은 선박들과 전쟁 장비들은 말할 것도 없고 4백 명의 엑스트라를 병사로 사용했지만 CGI는 수천 명으로 늘였다. 복잡한 분장도 디지털 방식으로 해결했다. 손으로 분장하는 장시간의 지루한 과정 대신에 디지털 기술이 동일한 효과를 컴퓨터로 만들어낸다. '벤자민 버튼의 시간은 거꾸로 간다 *The Curious Case of Benjamin Button*'에서 브래드 피트 Brad Pitt와 케이트 블란쳇 Cate Blanchett이 연기한 등장인물들의 나이는 실제로 배우들에게 적용된 것이 아니라 완성된 영상에서 컴퓨터로 만들어진 것이었다.

간단히 말해서, 디지털 기술은 영화제작 비용을 엄청나게 절감했다. 전통적인 영화 기술을 사용하면 영화 한 편당 수백만 달러가 소요되지만 오늘날 저예산 영화 low budget film는 1만 달러 미만으로도 제작될 수 있다. 사야할 필름도 없고, 현상 processing도 없고, 음화 편집 negative cutting도 없다. 컴퓨터로 만든 영상들은 미래의 용도를 위해 보관되기도 한다. 이를테면 그것은 나중에 새로운 의상으로, 혹은 새로운 배경이나 전경으로 바꾸어 쓸 수도 있고, '반지의 제왕 *The Lord of the Rings*' 3부작에 나오는 환상적인 풍경처럼 전혀 다른 분위기로 변형될 수도 있다. 사실상 경우에 따라서는 실제 세트를 만들지 않을 수도 있다. 왜냐하면 그 세트의 영상들이 컴퓨터로 만들어질 수 있기 때문이다. 수작업으로 시간 소모가 큰 셀룰로이드 영상들로 되어 있는 전통적인 애니메이션은 컴퓨터 작업으로 대체되고 있다. 컴퓨터로 제작되는 영상들은 수작업이 아닌 디지털 기술로 만들어진다. CGI가 애니메이션의 새로운 "얼굴"을 만들어낸 셈이다. '슈렉 *Shrek*'이나 '토이 스토리 *Toy Story*'의 스트림 처리된 영상들처럼, 그 모습이 더 디테일하지는 않지만, 조각처럼 한층 더 입체감이 있고 조형적이다.

또한 디지털편집은 전통적인 방식에 비해 훨씬 쉽다. 오늘날 편집자들은 실제의 필름을 손질하거나 편집하지 않고 단지 버튼 하나로 편집을 끝낸다.

더욱이 CGI 기술은 영화배급이나 상영에 있어서도 훨씬 경비를 절약하게 만들 것이다. 오늘날 필름 인화가격은 개당 2천 달러가 넘는다. 주류 미국영화는 한 번에 2천 스크린을 보여주는데, 인화 비용만도 4백만 달러가 든다. 오늘날 선두를 달리는 미국의 3대 극장 체인-에이엠씨 AMC, 리걸 Regal, 시네마크 Cinemark-는 이미 극장을 디지털 상영으로 바꾸었다. 전미극장주협회 National Association of Theater Owners의 회장 존 피디언 John Fithian이 말했듯이, 2013년 말 무렵에는 미국의 주요 영화

'스타 워즈 Star Wars' (미국, 1977), 각본 및 감독: 조지 루카스 George Lucas.

▶ 조지 루카스가 운영하는 회사인 인더스트리얼 라이트 앤 매직 Industrial Light & Magic은 특수효과 영역에서 여전히 가장 거대하고 도전적인 개척자이다. 이 회사의 20주년 기념작 '스타 워즈 3부작 특별판 Special Edition, Star Wars Trilogy'은 디지털로 재록되었다. 예를 들어, 그의 예산이 한계가 있었고, 오리지널영화에서는 특수효과가 비교적 단순했기 때문에, 우주공항 모스 아이슬리 Mos Eisley는 부득이하게 크지도 않고 소박할 수밖에 없었다(a). 재록된 버전(b)에서, 모스 아이슬리는 훨씬 더 거대하고 요란하다. 특수효과 팀은 새로운 가공생물과 인물들을 첨가하여 오리지널보다 한층 더 위험하고 요란한 세트를 만들어냈다. 또한 파멜라 그린텐캄프 Pamela Glintenkamp가 풍부한 사례로 설명하고 있는 다음을 참조하라. Pamela Glintenkamp, *Industrial Light & Magic: The Art of Innovation*(Abrams Books, 2011). 이 책은 '해리 포터 Harry Potter' 영화들, '타이타닉', '트랜스포머 Transformers', '아이언 맨 Iron Man'을 비롯해 지난 35년을 다루고 있다. *(Lucasfilm/20th Century Fox)*

'스타 워즈 특별판 *Star Wars Special Edition*' (미국, 1997)

1-31c

'스타워즈 에피소드 2 – 클론의 습격 *Star Wars: Episode II Attack of the Clones* **'** (미국, 2002),
각본 및 감독: 조지 루카스 George Lucas.

▶ 루카스 감독이 '클론의 습격'을 만들었을 무렵 그는 완전히 디지털에 빠져 있었다. 그는 신기술에 대한 열광적인 옹호자였으며, 머지않아 영화는 쓸모없게 될 것이라고 믿었다. 그는 이렇게 말했다. "영화가 나온 지 약 백 년이 되었다. 그리고 여러분들이 무엇을 하든지, 여러분들은 많은 장비들을 통해 셀룰로이드를 이어나가려고 할 것이다. 그것은 수년간 한층 더 세련되어 가겠지만, 지금 당장에 비해 결코 크게 나아지는 않을 것이다. 디지털로써 우리는 매체의 맨 밑바닥에 있다. 이것은 늘 그렇듯이 좋지 않다. 이것은 1895년과 같다. 25년, 30년 내에 깜짝놀랄 일이 일어날 것이다." 루카스 감독은 220시간의 디지털 테이프를 위해 약 1만6천 달러를 썼다. 만일 그것이 기존의 영화 필름이었다면 그 경비는 약 1백6십만 달러였을 것이다. 디지털 테이프는 무척 싸기 때문에 루카스 감독은 보도용으로 아주 많은 여분의 영상을 마음대로 촬영할 수 있었다. 다음을 참조하라. Michael Rubin, *Droidmaker: George Lucas and the Digital Revolution*(Gainsville, FL: Triad Books, 2006). Stephen Prince, "The Emergence of Film Artifacts: Cinema and Cinematography in the Digital Era," in *Film Quarterly*(Spring, 2004). *(Lucasfilm/20th Century Fox)*

사에서 새 영화의 셀룰로이드 프린트는 더 이상 사용할 수 없을 것이다. 미국영화협회 Motion Picture Association of America에 따르면, 미국의 4만 개 극장 스크린 중에 2만 개가 이미 디지털 상영으로 바뀌었다.

전통적인 방식으로 영화를 무거운 틀(릴 reel)에 감아서 버스나 비행기, 혹은 기차를 이용해 수천 달러의 비용을 들여 운송하는 것이 아니라, 앞으로는 불과 몇 달러면 가벼운 디스크를 극장으로 보낼 수 있게 될 것이다. 또한 영화를 하드 드라이브로 극장에 보내거나, 또는 인터넷이나 위성망을 이용하여 전송할 수도 있다. 더욱이 이러한 영화는 전통적인 셀룰로이드 상영시의 긁힌 자국이나 떨림, 깜박거림이 전혀 없이 아주 깨끗하게 시청할 수 있다.

다른 한편 영화는 여전히 영사될 때 명도상의 경계가 있다. 전국 대부분의 극장에서 디지털 상영은 35mm 필름 상영에 비해 약간 어둑한 편이다. 3-D 안경을 착용할 경우 특히 그렇다.

아직도 디지털 기술은 비교적 새로운 수단이기 때문에 오늘날 대부분의 영화들은 여전히 보관을 위하여 셀룰로이드로 복사되고 있다. 결국 전통적인 영화 기술은 100년 이상 영화를 지켜오고 있는 셈이며, 여전히 영화제작자들은 디지털 영화가 얼마 동안 성공할 수 있을지 확신을 갖지 못하고 있다.

촬영기사

영화는 공동사업이며, 수많은 예술가, 기술자, 사업가의 노력이 함께 모인 결과물이다. 이들 각각의 기여는 영화마다 다르기 때문에, 한 영화에서 누가 무엇에 대해 책임이 있느냐를 결정하는 것은 쉬운 일이 아니다. 세련된 관객이라면 일반적으로 훌륭한 영화에서 가장 영향력을 발휘하는 예술가는 감독이라는 사실에 대해 별로 이견이 없을 것이다. 주요 공동작업자들—배우, 작가, 촬영기사—은 전체를 통일시켜 나가는 감독의 섬세한 감각에 따라 역할을 수행한다. 그러나 감독의 이러한 주도적 행위는 의무에 따른 행위이다. 다른 공동작업자들의 개성이 뚜렷하게 드러나는 영화들도 많이 있다. 이를테면 유명한 스타나, 감독이 망쳐놓은 필름을 맥락이 통하도록 손질하는 솜씨 있는 편집자들이 바로 그런 경우이다.

감독이 영화의 시각적 스타일로 비평가들로부터 찬사를 받을 때, 가끔 촬영기사들이 냉소적으로 비웃는 경우가 있다. 심지어 어떤 감독은 뷰파인더를 들여다보는 것조차 하지 않으면서, 촬영기사에게 구도나 앵글, 렌즈의 선택 등을 맡겨버린다. 감독이 이러한 중요한 형식적 요소들을 무시해 버린다면, 이는 영상을 멋지게 표현할 수 있는 기회가 있는데도 그것을 내팽개치는 것이며, 이런 감독은 시각적인 가치보다는 극적인 가치에 관심이 더 많다. 다시 말해서 영상 그 자체의 촬영상의 특성보다는 대본이나 연기에 더 관심이 있는 연극 연출자와 같은 역할을 하고 있는 것이나 다름없다.

1-32

20세기 폭스사의 마릴린 먼로 Marilyn Monroe
홍보사진 (1953)

▶ 촬영기사들은 종종 카메라가 어떤 사람은 "좋아하고" 어떤 사람은 "좋아하지 않는다."고 말한다. 심지어 카메라가 좋아하지 않는 사람이 실물은 잘 생긴 사람일 경우도 있다. 마릴린 먼로처럼 사진발을 잘 받는 배우들은 카메라 앞에서 불편해 하는 경우가 거의 없다. 이런 배우들은 카메라를 갖고 놀다시피 하며, 우리의 시선을 유혹한다. 촬영기사 리처드 에이브돈 Richard Avedon은 마릴린에 대해 이렇게 말했다. "그녀는 촬영을 이해했다. 또한 그녀는 훌륭한 사진을 만들어내는 것이 무엇인지— 테크닉이 아니라 내용이라는 것—도 이해하고 있었다. 그녀는 카메라로부터 떨어져 있을 때보다 카메라 앞에 있을 때가 더 편안했다." 심지어 필립 홀스맨 Philippe Halsman은 벌어진 그녀의 입과 노골적으로 유혹하는 듯 벌어진 옷깃을 가리키며 이렇게 말했다. "그녀는 마치 카메라가 인간인 것처럼 유혹하려고 했을 것이다. … 카메라 렌즈는 단순히 유리로 된 눈이 아니라 수백만 남성의 눈의 상징이라는 것을 알고 있었다. 그래서 카메라는 그녀에게 강한 자극을 주는 존재였다."

(20th Century Fox. Photo: Gene Kornman)

1-33

'이민 *The Emigrants* '
(스웨덴, 1972),
출연: 리브 울만 Liv Ullmann,
막스 폰 시도우 Max von Sydow,
촬영 및 감독: 얀 트로엘 Jan Troell.

▶ 만일 우리가 이런 장면을 실생활 속에서 본다면, 대체로 우리는 필시 마차 안에 있는 사람들을 주목할 것이다. 그러나 현실 세계와 영화의 사실주의 사이에는 엄청난 차이가 있다. 사실주의는 하나의 예술양식이다. 혼란스러운 현실세계에서 소재를 선택할 때 사실주의적인 감독은 반드시 어떤 디테일은 제거하고, 다른 요소들은 시각적인 중요성에 따라 계층적으로 구성하면서 부각시킨다. 가령 이 쇼트의 전경에 있는 돌담은 사람들보다 많은 공간을 차지하고 있다. 시각적으로 이것은 돌이 사람보다 더 중요하다는 것을 암시한다. 단단한 돌담은 불화와 배척—극적 맥락에 어울리는 개념들—을 상징한다. 만일 돌담이 주제와 무관하다면, 트로엘은 이 돌담을 없애버리고 풍부한 현실세계에서 극의 맥락에 훨씬 더 잘 어울리는 디테일을 선택했을 것이다.　　　*(Svensk Filmindustri)*

　　이에 반하여 영화의 영상효과가 거의 감독의 영상기술에서 비롯된 경우인데도 그 예술성에 대해 촬영기사가 칭찬을 받는 경우도 더러 있다. 히치콕은 영화를 찍을 때 대부분의 쇼트에서 프레임을 하나하나 그려주었는데, 이런 테크닉을 스토리보딩 storyboarding이라고 불렀다. 히치콕의 촬영기사는 그가 그려준 정확한 스케치에 따라서 프레임을 구성했다. 따라서 히치콕이 뷰파인더를 들여다보지 않는다고 하더라도, 이는 촬영기사가 당연히 그의 지시에 따르고 있을 것임을 염두에 두고 있다는 뜻이다.

　　촬영기사의 역할을 한두 마디로 압축할 수는 없다. 영화마다, 그리고 감독에 따라서 그들의 역할이 매우 다양하기 때문이다. 실제로 촬영할 때, 사실상 모든 촬영기사들은 촬영 스타일이 영화의 스토리, 주제, 그리고 분위기에 맞추어야 한다는 점에 동의한다. 윌리엄 다니엘스 William Daniels는 엠지엠 MGM에서 매혹적인 촬영기사로서 명성을 날렸으며, 한동안 '그레타 가르보 Greta Garbo의 전속 카메라맨'으로 알려지기도 했다. 하지만 다니엘스는 에리히 폰 슈트로하임 Erich von Stroheim 감독의 매우 거친 사실주의적 영화 '탐욕 *Greed*'의 촬영을 담당하기도 하였으며, 사실상 세미다큐멘터리 영화나 다름이 없는 줄스 다신 Jules Dassin의 '벌거벗은 도시 *Naked City*'의 촬영을 맡아 아카데미상을 받기도 했다.

　　빅 스튜디오 시절의 촬영기사들은 대부분 영화의 미학적 요소들이 극대화되어야 한다고 믿었으며, 아름다운 사람을 담은 아름다운 영상이 그 목표였다. 오늘날 이런 견해는 완고하고 교조적인 것으로 간주된다. 이런 테크닉이 극의 소재에 어울리는 것으로 여겨지면 때로는 영상이 거칠어지기까지 한다. 예컨대, 빌모스 지그몬드 Vilmos Zsigmond는 '서바이벌 게임 *Deliverance*'을 촬영하면서, 험

1-34a

'엘비스 황혼에 지다 *This is Elvis* ' (미국, 1981).
출연: 엘비스 프레슬리 Elvis Presley, 감독: 말콤 레오 Malcolm Leo와 그 외 사람들.

▶ 다큐멘터리는 종종 분주하게 서두르면서 촬영한다. 카메라맨들은 보통 조명장치를 할 기회를 갖지 못하지만, 거의 전적으로 통제할 수 없는 상황에서나마 그들이 할 수 있는 최상의 영상을 포착해야만 한다. 많은 다큐멘터리는 가장 간편하게 휴대할 수 있는 핸드헬드 카메라와 보통 이동이 가능한 조명만을 사용하는 고감도 필름을 사용하여 촬영된 것이다. 영상은 보통은 무시해도 좋은(혹은 현존하지 않는) 그것의 형식적인 아름다움 때문에 평가받는 것이 아니라, 그 진실성과 자연스러움 때문에 평가를 받는다. 이러한 영상들은 날조된 것이 아니기 때문에 관객에게 오히려 더 강한 친밀감을 느낄 수 있는 특별한 계기를 마련해 준다. 그것들은 사실 그대로이다. 또한 전문적인 촬영기사들에 의한 기사들 articles에 대해서는 www.cinematography.net를 보라.   *(Warner Bros.)*

악한 숲의 배경이 너무 아름답게 보이는 것이 싫었다. 왜냐하면 다윈의 진화론을 다루는 영화주제와 아름다운 영상은 너무나 어울리지 않았기 때문이다. 그는 테니슨 Tennyson이 묘사한 '치열한 생존경쟁 속에 있는 자연 nature red in tooth and claw'을 포착하고 싶었다. 따라서 지그몬드는 밝고 푸른 하늘이 나오지 않게 하려고 흐린 날에 촬영했다. 또한 그는 물에 비친 모습도 피했다. 물에 비친 모습들은 자연을 밝고 감미로운 것으로 보이게 하는 경향이 있기 때문이다. 촬영기사 라즐로 코박스 Laszlo Kovacs는 "오로지 구도의 구성 그 자체를 위해서 구도를 아름답게 꾸미지는 말라."고 주장했다. 항상 내용이 형식을 결정한다. 형식은 내용을 구현하는 것이어야 한다.

고든 윌리스 Gordon Willis가 말했듯이, "종종 당신이 보지 못하는 것이 보는 것보다 더 효과적이다." 로우 키 조명 스타일의 전문가인 윌리스는 미국의 촬영기사들 중에서 가장 존경받는 인물임에 틀림이 없다. 그는 프랜시스 포드 코폴라 Francis Ford Coppola의 '대부 *The Godfather*' 3편을 모두 촬영했는데, 전통적인 비평가들은 대체로 너무 어둡다는 평가를 내렸다. 그러나 윌리스가 겨냥한 것은 사실주의적인 것이 아니라 시적인 것이었다. 대부분의 실내 씬들은 악과 비밀의 분위기를 암시하기 위해 아주 어둡게 했다. 전통적인 관습은 반드시 배우의 눈이 언제나 보이도록 하는 것인데, 그러나 여기에서 윌리스는 만일 우리가 최소한 "사업"을 지휘하는 동안만이라도 마피아 두목(말론 블란도)의 눈을 볼 수 없다면 그는 훨씬 더 사악하게 보일 것으로 생각했다(1-22b).

1-34b

'트래픽 *Traffic*' (미국, 2000),
감독: 스티븐 소더버거 Steven Soderbergh.

▶ 이 영화는 마치 다큐멘터리처럼 촬영되었다. 소더버거 감독은 손수 핸드 헬드 카메라를 다루었으며, 대체로 자연광을 사용하고, 마치 그 자신이 텔레비전 카메라맨인 것처럼 신속하게 촬영했다. 다중적인 내러티브는 관객에게 여러 가지 관점으로 사건을 보도록 한다. 이를테면 연방 대법원 판사(마이클 더글라스 Michael Douglas)는 단지 그의 딸(에리카 크리스텐슨 Erika Christensen)이 마약중독자라는 사실을 밝혀내기 위해서 (상) 마약거래에 대해 조사하라는 명령을 받는다. 멕시코의 마약거물이 수감되고, 임신한 그의 편협한 아내(캐서린 제타 존스 Catherine Zeta-Jones)가 약고 타락한 변호사(데니스 쿼이드 Dennis Quaid)의 도움을 받으며(중) 이 사업을 이어간다. 법무부 마약단속국의 법집행관들(루이스 구즈만 Luis Guzman, 돈 치들 Don Cheadle)은 마약 불법거래상 간부(화면에 보이지 않는 미구엘 페러 Miguel Ferrer)인 밀고자를 조사하고 있다(하). 각 스토리는 별개의 "표정"—색, 여과, 채도, 대비 등의 조합—을 지니고 있으며, 따라서 관객은 현재 어떤 스토리가 스크린에 전개되고 있는지를 알 수 있다. 소더버거 감독은 이렇게 말했다. 즉, "처음부터 나는 관객 여러분들이 이 영화를 마치 여러분들의 눈앞에서 벌어지고 있는 일처럼 느끼기를 원했다. 다시 말해서 이 영화는 능숙하고 세련된 느낌을 주지 않는 특정한 미학을 요구한다. 자연스럽게 포착된 것처럼 보이는 것과 연출되어 꾸며진 것처럼 보이는 것은 분명한 차이가 있다. 나는 그것이 의식적으로 덥수룩하거나 너절하게 되는 것을 원하지 않았다. 오히려 나는 내가 찾아다닌 것과 비슷한 느낌을 주는 것을 원했으며, 나는 그것이 실제 일어난 사건처럼 찾아다녔다." 또한 다음을 참조하라. Stephen H. Burum(edt.), *American Cinematographer Manual*(Hollywood: American Society of Cinematographers, 2007).
(Bedford Falls/IEG/USA Films/Compulsion. Photo: Bob Marshak)

어두운 조명을 선호한 윌리스는 현대영화에 엄청난 영향을 미쳤다. 불행히도, 오늘날 많은 영화감독들은 소재와 상관없이 로우 키 조명을 본질적으로 더 "진지하고" "예술적"인 것으로 간주한다. 이처럼 필요 이상으로 어두운 영화들은 VCR이나 DVD 포맷으로 텔레비전 화면에서 볼 때 분간하기 힘들 정도로 모호할 경우가 많다. 각 매체에 필요한 조명 강도가 다르기 때문에 신중한 영화감독들은 영화를 비디오로 바꿀 때 종종 직접 감독하기도 한다. 일반적으로 비디오나 DVD에서 로우 키 영상의 조명은 밝아야 한다.

1-35a

'뮤리엘의 웨딩 *Muriel's Wedding*' (호주, 1995),
출연: 토니 콜렛 Toni Collette(꽃을 안고 있는 사람), 감독: P.J. 호건 P. J. Hogan. *(Ciby 2000)*

1-35b

'솔저 *Soldier*' (미국, 1998),
출연: 제이슨 스콧 리 Jason Scott Lee,
커트 러셀 Kurt Russell, 촬영: 데이빗 테터살 David Tattersall, 감독: 폴 앤더슨 Paul Anderson. *(Morgan Creek)*

▶영화 촬영술은 아주 중요하지만, 일반적으로 그것이 영화를 만들거나 망칠 수는 없다. 다만 촬영술은 영화를 좀더 좋게 하거나 나쁘게 만들 뿐이다. 예를 들면, 저예산영화인 '뮤리엘의 웨딩'은 대개 자연광을 사용하는 야외촬영장에서 촬영했다. 촬영은 적절하지만 그 이상은 아니다. 가령 이 쇼트에서 주인공(콜렛)은 키 라이트 key light를 받고 있지만, 배경이 너무 분주하고, 영상의 심도 층들이 무차별적이고 산만한 흐릿함으로 압축되어 버린다. 그럼에도 이 영화는 세계적으로 히트를 쳤고, 비평가들로부터 널리 찬사를 받았다. 이는 콜렛의 사랑스러운 연기와 재미있는 대본 그리고 호건 Hogan의 열정적인 연출 덕분이었다. 활기 없는 촬영술에 대해 불평하는 사람은 아무도 없었다.

반면에 '솔저'의 촬영술은 황홀할 정도로 대담하고, 극적이고, 질감이 풍부하다. 빛에 반짝이는 비(비가 조명을 받지 않았다면 스크린에서 비를 볼 수 없을 것이다)가 어떻게 꿈과 같은 수조 분위기의 배경을 만들어내는지를 주목하라. 양식화된 조명은 남자들의 몸통 곡선을 부각시키면서 그들의 조각과 같은 몸매의 에로티시즘을 강조한다. 이 쇼트를 잡는 데만 해도 아주 많은 시간이 걸려야만 했다. 그러나 이 영화는 대중과 비평가 양쪽 모두로부터 외면을 당했다. 한마디로 멋지게 촬영된 영화라고 해서 모두 위대한 것은 아니다. 또 위대한 영화라고 해서 모두 멋지게 촬영된 것도 아니다. 그들 중 다수—특히, 사실주의적인 영화들—는 소박하고 직접적이다. 사실주의자

들은 종종 관객이 촬영에 주목하지 않기를 원한다. 그들은 어떻게 촬영되고 있는가가 아니라, 무엇이 촬영되고 있는가에 주목하기를 원한다.

이상적인 종합은 '천국의 나날들'에서 찾아볼 수 있을 것이다. 인간의 약점과 타락에 대한 맬릭 감독의 설득력 있는 알레고리는 검소하고 시적인 표현으로 묘사되었다. 배우들 또한 일급연기자들이고, 가난한 사람들을 연기하면서 그들의 운명적인 취약성에 연기자 자신의 체취를 담아내고 있다. 이 영화는 네스터 알멘드로스Nestor Almendros가 촬영했으며, 그는 이 영화의 촬영으로 오스카상을 수상했다. 스토리는 20세기 초 한적한 텍사스의 밀 재배지역을 배경으로 하고 있다. 맬릭 감독은 풍요로운 에덴동산, 즉 잃어버린 낙원을 암시하는 세트를 원했다. 알멘드로스는 거의 영화 전체가 "매직 아워 magic hour"에 촬영될 수 있었다고 말했다. "매직 아워"라는 말은 황혼, 다시 말해서 태양이 밤에게 이 세상을 넘겨주기 직전, 대략 낮의 마지막 시간을 나타내기 위해 촬영기사들이 사용하는 용어이다. 이 짧은 시간이 지나가는 동안, 그림자는 부드럽고 길게 늘어지고, 사람들은 머리 위가 아니라 측면에서 빛을 받으면서 금빛 후광으로 둘러싸여 있으며, 풍경 전체가 밝은 홍조를 띠고 있다. 당연히 하루에 한 시간씩 촬영하는 것은 비용도 많이 들고 시간소비도 많다. 그러나 그들은 그들이 원했던 것을 얻었다. 이를테면 밀의 줄기를 우적우적 씹어 먹는 메뚜기의 클로즈업에 초점을 맞추든, 아니면 시골의 일몰풍경을 담은 익스트림 롱 쇼트에 집중하든 간에, 그 영상들은 그 서정성에 열광하는 듯한 모습이다. 관객은 등장인물들이 달콤한 안식과 생의 젖줄인 이 땅을 떠나야만 할 때, 비통한 상실감을 느낀다.

1-35c
'천국의 나날들 *Days of Heaven*'
(미국, 1978),
각본 및 감독: 테렌스 맬릭 Terrence Malick. *(Paramount Pictures)*

어떤 영화감독들은 카메라기술에 대해 완전히 무지하거나 전적으로 그 일을 촬영기사에게 맡겨버린다. 또 일부 영화감독들은 카메라의 예술에 대해 아주 해박하다. 예를 들면, '12명의 성난 사람들 *12 Angry Men*', '전당포 *The Pawnbroker*', '뜨거운 오후 *Dog Day Afternoon*', '형사 서피코 *Serpico*'와 같은 사실주의적인 영화의 감독으로 널리 알려진 시드니 루멧 Sidney Lumet은 언제나 그 자신이 '렌즈 차트 lens chart' 혹은 '렌즈 플롯 lens plot'이라 부른 것을 만들었다. 가령 그의 작품 '도시의 왕자 *Prince of the City*'에서, 스토리는 경찰의 부패에 대한 정보를 수집하는 형사 서피코와 같은 비밀수사관을 다루고 있다. 이 영화에서 루멧은 "표준" 렌즈를 사용하지 않고, 오로지 극단적인 망원렌즈와 광각렌즈만을 사용했다. 왜냐하면 그는 불신과 편집증적인 분위기를 만들어내고 싶었기 때문이다. 그는 왜곡되고 위태로운 분위기의 공간을 원했다. 설사 표면상으로는 영화의 스타일이 대담하고 사실적이라고 하더라도, "렌즈가 그 스토리를 풀어간다."는 것이 루멧의 설명이었다.

훌륭한 영화들 중에도 촬영의 기능은 뛰어나지만 별 특징이 없는 작품이 더러 있다. 사실주의적인 감독들은 밖으로 잘 드러나지 않는 스타일을 특히 좋아하는 편이다. 예컨대, 루이스 브뉘엘 Luis Buñuel의 작품들은 대개 촬영에서만큼은 "전문적"이라는 평가를 들을 수 있다. 브뉘엘은 가끔 형식적 아름다움을 조롱하기도 했는데, 그럴 때를 제외하고는 형식적 아름다움에 대해 거의 관심이 없었다. 채플린 영화의 대부분을 촬영한 롤리 타서로 Rollie Totheroh는 단지 카메라를 설치했을 뿐이고, 나머지는 배우 채플린에게 맡겨버렸다. 촬영의 측면에서 말하면, 그의 영화에서 기억할 만한 쇼트는 거의 없다. 그 영상을 칭찬하게 만드는 것은 채플린 연기의 천재성이다. 이 촬영상의 소박함―어떤 사람은 이를 촬영의 빈곤으로 간주한다―은 채플린이 화면에 나타나지 않는 몇 안 되는 씬에서 특히 눈에 띈다.

하지만 촬영이 최대의 관심거리이거나 미학적 특성인 영화들이 훨씬 더 많다. 프리츠 랑 Fritz Lang의 '단 하나뿐인 삶 *You Only Live Once*'과 같은 위대한 작품들이 나오기 위해, 레온 샴로이 Leon Shamroy는 '백설공주와 세 꼭두각시 *Snow White and the Three Stooges*'와 같은 엄청난 촬영상의 실패를 겪어야 했다. 리 가메스 Lee Garmes는 시각적으로 화려한 폰 슈테른베르크 von Sternberg의 영화를 여러 편 촬영했지만, '마이 프렌드 이르마 고즈 웨스트 *My Friend Irma Goes West*'와 같은 형편없는 영화도 촬영해야만 했다.

이 장에서 우리는 영화촬영의 예술과 테크놀로지에 관련된 시각적 영상들에 대해 자세하게 살펴보았다. 그러나 카메라는 촬영할 소재들―사물, 사람, 세팅―이 반드시 있어야 한다. 감독은 이 소재들을 조작하여 수많은 사상과 감정들을 공간적으로 전달할 수 있다. 이처럼 대상들을 공간에 배치하는 것을 감독의 미장센 mise en scène이라고 부르는데, 이것이 다음 장의 주제이다.

▮▶ 참고문헌

American Cinematographer, a monthly journal of contemporary cinema production, is published by the ASC Holding Corporation in Hollywood.

Bizony, Piers, *Digital Domain: The Leading Edge of Visual Effects* (New York: Billboard Books, 2001).

Copjec, Joan, ed., *Shades of Noir* (London and New York: Routledge, 1994). Essays on the origins and persistence of film noir.

Keating, Patrick, *Hollywood Lighting from the Silent Era to Film Noir* (New York: Columbia University Press, 2010).

Lobrutto, Vincent, ed., *Principal Photography: Interviews with Feature Film Cinematographers* (Westport, CT: Praeger, 1999). Includes interviews with Conrad Hall, Gordon Willis, Allen Daviau, and many others.

Malkiewicz, Kris, *Film Lighting* (New York: Simon & Schuster, 1992). Includes interviews with such cinematographers as John Alonzo, Cabel Deschanel, Vilmos Zsigmond, and others.

McClean, Shilo T., *Digital Storytelling: The Narrative Power of Visual Effects in Film* (Cambridge: The M.I.T. Press, 2007). The evolution of F/X up to the digital age.

McKernan, Brian, *Digital Cinema: The Revolution in Cinematography, Post-Production, and Distribution* (New York: McGraw-Hill, 2005). The most up-to-date discussion.

Pinteau, Pascal, *Special Effects: An Oral History* (New York: Harry N. Abrams, 2004). A huge book, discussing special effects from the dawn of cinema to the present day. Includes interviews with 38 special effects artists and over a thousand color photos.

Rickitt, Richard, *Special Effects: The History and Technique* (New York: Billboard Books, 2007). A readable history.

휴고 Hugo (미국, 2011)

(Warner Bros.)

옛 거장들이 그들의 캔버스를 구성했던 것처럼, 똑같이 효과와 표현에 몰두하면서 영상을 구성해야만 한다.

– 마르셀 카르네 Marcel Carné, 영화감독

학습 목표(Learning Objectives)

■ 스크린의 두 가지 주요 가로 세로 비율을 알아보고, 감독들이 그것들을 향상시키고 극복하기 위해 어떻게 마스크나 다른 기술을 사용하는지를 살펴본다.

■ 사람의 눈이 구도를 지각하는 방식과 주제가 되는 아이디어를 강조하기 위해 프레임의 디자인과 지형이 사용되는 방식을 분석한다.

■ 세 가지 시각적 차원이 어떻게 씬의 깊이를 시사하고 또 어떻게 이러한 영토의 활용이 커뮤니케이션의 수단으로서 역할을 하는가를 기술한다.

■ 배우가 촬영될 수 있는 다섯 가지 기본적인 위치를 도식화하고, 서로 다른 그 각각의 심리적 함의를 기술한다.

■ 영화와 문화의 네 가지 주요 공간적 패턴을 설명하고, 등장인물들 간의 간격이 그들 관계의 성격을 설정하기 위해 어떻게 사용되는가를 기술한다.

■ 왜 열린 형식과 닫힌 형식이 실재에 관한 구별되는 두 가지 태도로서 역할을 하는지를 예를 들어 설명하고, 그 각각이 가장 효과적으로 드러나는 상황들을 열거한다.

미장센 mise en scène(meez on sen으로 발음되며, 두 번째 음절은 비음화하여 발음된다)은 본래 "무대 배치"를 의미하는 프랑스의 연극용어였다. 이 말은 일정한 상연공간인 무대 안에 연극연출을 위한 모든 시각적 요소를 배치하는 것을 말한다. 이러한 상연공간은 마치 회화의 프레임처럼 무대를 둘러싸고 있는 프로시니엄 아치 proscenium arch에 의해 결정된다. 물론 상연공간이 훨씬 유동적일 수도 있으며, 심지어 객석까지 확장되는 경우도 있다. 무대의 범위나 한계가 어떻든 간에 그것의 미장센은 언제나 3차원적이다. 사물과 사람이 너비와 높이와 깊이가 있는 실제 공간에 배치되기 때문이다. 이러한 공간은 또한 연극연출가가 무대 위에 아무리 다른 "세상"을 보여주려고 애를 쓰더라도 관객이 앉아 있는 객석과 이어져 있는 동일공간이다.

영화에서 미장센은 훨씬 복잡하며, 연극과 회화의 시각적 관습이 혼합되어 있다. 연극연출가와 마찬가지로 영화감독도 일정한 3차원적 공간 안에 사물과 사람을 배치한다. 그러나 이렇게 배치된 것을 촬영하게 되면, 그것은 실제 사물의 2차원적 영상으로 바뀌어 버린다. 3-D 영화에서는 "3차원 세상"이 훨씬 실제처럼 보이게 하지만 그 역시 실재의 영상이다. 영화의 "세계"에서 공간은 관객이 앉아 있는 공간과 동일하지 않다. 오로지 영상만이 미술관의 그림처럼 동일한 물리적 공간에 존재할 따름이다. 영화의 미장센은 회화의 예술과 닮았다. 하나의 프레임으로 둘러싸인 평면 위에 형식의 패턴과 형상의 이미지가 표현되기 때문이다. 그러나 영화의 미장센은 더 나아가 끊임없이 변화하는 시각적 소재의 구성과 편성에 있어서 유동적이다.

프레임

모든 영상은 스크린이라는 프레임에 갇혀 있으며, 그것이 어두운 객석의 현실세계로부터 분리시키는 영화세계의 경계이다. 화가나 스틸 사진작가와는 달리, 영화감독은 프레임의 구성을 완결된 자족적 표현이 아니라고 생각한다. 연극과 마찬가지로 영화는 공간예술이자 시간예술이다. 그러므로 시각적인 요소들은 끊임없이 움직이는 상태에 있다. 구도는 해체되어 그 경계가 다시 정해지고, 눈앞에서 다시 조립된다. 영화에서 한 프레임의 영상은 필요에 따라 인위적으로 움직임을 정지시킨 것일 뿐, 결코 그 자체의 시간적 및 동적 맥락에서 분리시키려고 했던 것은 아니다. 비평을 목적으로 스틸 프레임을 따로 분석할 필요가 있을 경우가 가끔 있지만, 관객은 그 극적 맥락을 참작해서 보아야만 한다.

영화의 영상에서 프레임은 구성과 구도의 토대로서 역할을 한다. 그러나 화가나 스틸 사진작가와 달리, 영화감독은 프레임을 구도에 맞추는 것이 아니라, 오히려 구도를 일률적인 크기의 프레임에 맞춘다. 프레임의 수평과 수직의 비율—가로 세로 비로 알려져 있다—은 영화의 처음부터 끝까지 일정하다. 스크린의 가로 세로 비가 다양해지기 시작한 것은, 특히 1950년대 초반 와이드 스크린이 도입된 이후부터이다. 그 이전에는 대부분의 영화가 1.33:1의 비율로 촬영되었으며, 심지어 무성영화

▶미장센은 복합적이고 분석적인 용어이며, 서로 다른 네 가지 형식 요소를 포함하고 있다. (1) 연기의 연출, (2) 물리적인 세팅과 장식, (3) 이런 재료들이 프레임화되는 방식, (4) 이것들이 촬영되는 방식. 미장센의 기술은 촬영의 기술과 불가분의 관계가 있다. 예컨대, 이 쇼트에서 스토리의 내용은 단순하다. 다시 말해서 등장인물들은 대화를 나누면서 서로를 알게 되고 매력을 느끼게 된다. 고든 윌리스 Gordon Willis의 감미로운 로우 키 조명이 세팅의 아름다움─뉴욕 현대미술관의 조각공원─과 어우러져 아주 낭만적인 분위기의 풍경을 연출하고 있다.

(United Artists. Photo: Brian Hamill)

2-1 '맨하탄 *Manhattan*' (미국, 1979),
출연: 우디 앨런 Woody Allen, **다이앤 키튼** Diane Keaton,
감독: 우디 앨런.

시대에도 영화감독들은 줄기차게 다양한 크기의 스크린을 실험하고 있었다(2-6a).

오늘날 대부분의 영화는 두 가지 가로 세로 비율 중 하나로 영사된다. 하나는 1.85:1(표준)이고, 다른 하나는 2.35:1(와이드스크린)이다. 어떤 영화는 본래 와이드스크린으로 촬영되었지만, 일단 상업적인 목적으로 상영이 끝나면 관습적인 비율의 크기로 잘리게 된다. 텔레비전 스크린에 맞게 축소된 영화에서는 이런 일이 다반사다. 텔레비전은 가로 세로 비율이 1.33:1이며, 이는 1950년대 이전의 스크린과 같은 비율이다. 풍부한 상상력으로 와이드 스크린을 이용한 영화일수록 이처럼 스크린의 가로 세로 비율이 손상되면 더 많은 상처를 입게 된다. 일반적으로 프레임의 가장자리를 잘라버리면 최소한 영상의 3분의 1은 사라지고 만다. 그러므로 시각적으로 터무니없는 결과를 가져올 수 있다. 이를테면 프레임의 가장자리에 있는 화자가 "수정된" 구도에서는 완전히 사라져 버리거나, 혹은 배우가 시각적으로 아예 드러나지 않는 것에 대해 공포에 질린 반응을 보일 수도 있다. 가로 세로 비율이 축소되면 와이드스크린의 영화일지라도 어떤 것들은 그 구도가 어색하고 빈약해 보일 수 있다. 오늘날 텔레비전은 가로 세로 비율이 더 넓어졌지만 극장의 와이드스크린만큼은 되지 못한다.

전통적인 시각예술의 영역에서는 프레임의 크기가 소재의 성질에 따라 좌우된다. 그래서 마천루의 그림은 형태상으로 수직적일 가능성이 높으며, 그에 따라 프레임이 짜일 것이다. 광활하게 펼쳐진 풍경은 그 공간구성이 수평적일 가능성이 높다. 그러나 영화에서 프레임의 비율은 표준화되어 있으며, 촬영되는 소재의 성질에 따라 반드시 좌우되는 것은 아니다. 그렇다고 해서 영화의 영상들이 모두 비체계적이라는 뜻은 아니다. 왜냐하면 이런 점에서 영화감독은 소네트 형식의 시가 안겨주는

▶영화감독들은 언제나 프레임화되는 영상의 견지에서 생각한다. 일부 감독들은 휴대용 뷰파인더(사진)를 가지고 다니거나, 혹은 그냥 그의 손이나 손가락으로 미리 프레임에 맞춰본다. 그렇게 함으로써 배우들이 쇼트 안에 정확하게 배치되는지를 확인하기 위해 아무렇게나 뻗어나가는 소재에 프레임의 경계를 포개볼 수 있다. *(Lucasfilm/Paramount Pictures)*

2-2a
스티븐 스필버거 감독의 홍보 사진, '인디아나 존스 4−크리스탈 해골의 왕국 *Indiana Jones and the Kingdom of the Crystal Skull*' (미국, 2008)을 위해 로우 앵글 쇼트를 설정하고 있다.

▶히치콕은 언제나 자신을 형식주의자로 생각했으며, 그가 원하는 효과를 놀라울 정도로 정확하게 계산하였다. 그는 조작되지 않은 현실세계란 부조리와 무의미로 충만해 있다고 생각했다. "나는 세트의 지형을 따르는 것이 아니라, 스크린의 지형을 따른다."고 그는 말했다. 배우들을 둘러싼 공간은 쇼트에서 쇼트로 편성되고 조직되어야 한다. "나는 화가가 화폭을 채우듯, 채워야 할 하얀 스크린에 대해서만 생각한다. 내가 카메라맨을 위해 대강의 구도를 그려주는 것은 바로 그 때문이다." 이 사진에서 미장센은 극적 맥락이 요구하는 품위 있는 외양을 저버리지 않으면서도 여주인공이 함정에 빠졌다는 느낌을 완벽하게 보여주고 있다. 이런 경우에 대사는 철저하게 중립적일 수 있다. 심리적인 긴장감은 카메라의 위치와 등장인물의 공간배치방식을 통해서 전달되기 때문이다. *(RKO)*

2-2b
'오명 *Notorious*' (미국, 1946).
출연: 잉그리드 버그만 Ingrid Bergman, 클로드 레인스 Claude Rains, 레오폴딘 콘스탄틴 Leopoldine Konstantine,
감독: 앨프리드 히치콕 Alfred Hitchcock.

바로 그 테크닉의 묘미 때문에 오히려 그 엄격한 형식을 선택하는 소네트 시인에 비유될 수 있기 때문이다. 소네트 형식의 시를 읽을 때의 즐거움은 14행의 복잡한 리듬으로 되어 있는 형식과 소재의 내용 사이의 긴장에서 비롯된 것이다. 테크닉과 소재가 이런 식으로 융합될 때 심미적인 즐거움이 고양된다. 똑같은 원리가 영화의 프레임에도 적용될 수 있다.

'더블 다운 *The Good Thief*' (미국, 2003).
출연: 닉 놀테 Nick Nolte(중앙), 제라드 다몬 Gerard Darmon, 각본 및 감독: 닐 조던 Neil Jordan.

▶ 카메라 위치를 어디로 해야 할까? 아마 이것은 씬을 촬영하기 전에 영화감독이 결정해야 할 가장 중요한 물음일 것이다. '더블 다운'(2-3a)에 나오는 이 쇼트의 본래의 프레임이 두 사람의 갱 단원이 절도를 모의할 때 어떻게 음모의 분위기를 시사하는지를 눈여겨보라. 이 장면은 거의 텅빈 교회 안에서 일어나는데, 중요하지 않은 엑스트라가 건물 내의 몇 안 되는 타자들 중 한 사람으로서 왼편에 있다. (닐 조던의 '모나라자 *Mona Lisa*'에 불미스런 인물이 다른 불미스런 인물을 교회 안에서 만난다. 왜냐하면 "그것은 인적이 드문 장소이기 때문이다.") 만일 이 쇼트가 (2-3b)처럼 다르게 프레임된다면, 영상은 한층 더 중립적인 것으로 되고, 단지 두 사람은 그냥 우연히 프레임 밖을 바라보는 것이 될 것이다. 음모의 숨겨진 의미는 완전히 사라진다. 물론 실제에 있어서는 대부분의 감독들이 그렇듯이 조던도 다른 일이 없다고 하더라도 그 장면에 몇 가지 시각적 다양성을 제공하기 위해 그의 쇼트에 변화를 주게 된다. 그러나 가장 표현이 풍부하고 계시적인 카메라의 위치가 바로 (2-3a)이다.

(Fox Searching Pictures. Photo: David Appleby)

'더블 다운'(잘린 사진)

2-3c

'네버랜드를 찾아서 *Finding Neverland* '
(미국/영국, 2004),
출연: 조니 뎁 Johnny Depp, 프레디 하이모어 Freddie
Highmore, 감독: 마크 포스터 Marc Forster.

▶ 의미로서의 공간. 이 두 쇼트의 차이는 미세하지만 부정하기 어려운 의미를 지닌다. 제임스 M. 배리 James M. Barrie('피터 팬 *Peter Pan*'을 쓴 동화작가)의 이야기를 다룬 이 영화는 유별난 스코틀랜드 사람이 인근 공원에서 놀고 있는 어린 네 동생들, 특히 하이모어 역인 가난하고 섬세한 소년에게 마음이 끌렸던 시기에 초점을 맞추고 있다. 그 때가 바로 1900년이다. 한층 더 냉소적이고 의심이 많은 오늘날의 세계에서 우리는 즉각 그 사람을 어린이 성추행범으로 의심할 것이다. 외부 세계를 거의 배제시키는 꽉 찬 프레임 안에 두 사람을 가두고 있는 잘린 미디엄 쇼트(2-3d) 때문에 이러한 추론이 가능해진다. 하지만 포스터의 본래 플레임(2-3c)을 보면 쇼트는 한층 느슨하고 훨씬 순결해 보인다. 왜냐하면 외부 세계가 두 인물보다 훨씬 많은 공간을 차지하기 때문이다. 두 사람은 훨씬 공적이고 (더 안전한) 환경 속에 있다. (Miramax Films/Film Colony)

2-3d

'네버랜드를 찾아서'(잘린 사진)

2-4a

'아라비아의 로렌스 *Lawrence of Arabia*'
(영국, 1962).
출연: 피터 오툴 Peter O'Toole, **오마 샤리프** Omar
Sharif, **감독: 데이비드 린** David Lean.

▶ 와이드 스크린의 가로 세로 비는 비디오 포맷으로 바뀔 때 큰 문제가 되기도 한다. 몇 가지 해결방법이 있긴 하지만, 거기에도 모두 결점이 있다. 가장 세련되지 못한 해결책은 단순히 영화영상의 가장자리를 잘라버리고, 가운데가 주요한 초점일 가능성이 높을 것이라고 가정하면서 중앙에 집중하는 것이다. 이 쇼트는 두 인물의 얼굴만 담겨 있으며 중앙의 그들 머리 말고는 아무것도 없다. 한마디로 답답할 정도로 꽉 차 있다. 두 번째 해결책은 "팬 앤 스캔 pan and scan"이라는 방식인데, 텔레비전 카메라가—마치 거친 바다 위에서 벌어지는 테니스 경기를 지켜보는 것처럼—어떤 사람이나 혹은 그 상대방을 각자가 말을 할 때 패닝하면서 그 씬을 스캔하는 방식이다. 이와 비슷한 방식이 인물들을 각각 커트해서 씬을 재편집하는 것인데, 이는 결국 그 인물들을 그들 나름의 분리된 독립공간으로 고립시키는 것이 된다. 그러나 이 쇼트의 본질은 관객에게 두 인물을 동시에 보여줄 것을 요구한다. 극적인 상황은 인물들의 섬세한 상호작용으로 이루어지는데, 편집을 하면 이러한 상호작용은 사라져 버릴 것이다. 네 번째 해결책은 "우체통에 넣기 letter-boxing"라고 하는데, 단순히 영화 전체 영상을 보여주지만 텔레비전 스크린의 꼭대기와 밑바닥을 지워버리는 것이다. 많은 사람이 이 방식을 싫어하며, 스크린의 거의 절반이 공백으로 되어 버리면 안 그래도 작아진 스크린이 더 작아진다고 불평을 늘어놓는다. *(Columbia Pictures)*

2-4b

'신혼은 즐거워 *The Honeymooners*' (1955).
출연: 재키 글리슨 Jackie Gleason, **아트 카니** Art
Carney, **제작:** CBS 텔레비전.

▶ 비디오와 텔레비전은 사실상 다른 매체이다. 비디오는 대개 영화나 연극 같은 다른 매체를 전달하는 방식이다. 달리 말한다면, 비디오는 어쩔 수 없이 본래의 예술형식을 축소시킬 수밖에 없는 간접적인 기록이다. 그러나 비디오로 영화나 연극을 보는 것이 전혀 보지 않는 것보다는 낫다. 한편 텔레비전 방송은 1950년 이전의 영화 스크린과 비슷한 가로 세로 비를 비롯해 그 나름의 원칙을 발전시켜 왔다. 이 코믹한 스케치가 얼마나 빈틈없이 프레임화되어 있는지를 보라. 텔레비전 카메라는 대체로 미디엄 쇼트를 유지하고, 연기자들은 그들의 움직임을 몇 제곱미터 범위로 제한한다. 큰 영화 스크린에 맞게 확대시키면, 배우들이 뛰어난 연기를 하더라도 이러한 영상들은 필시 갑갑하게 느껴지고 시각적으로도 조잡해 보일 것이다. 오늘날 평면 스크린 TV의 특징은 수정된 와이드스크린의 가로 세로 비로 되어 있다.
(Jackie Gleason Entertainment/CBS)

영화 프레임의 크기가 일정하면, 특히 수직적 구도에서는 감당하기 어려운 문제가 뒤따른다. 스크린의 형태가 주로 수평적이지만 반드시 높이에 대한 느낌이 전달되어야 하기 때문이다. 이 문제를 극복하는 한 가지 방법은 마스킹 masking을 이용하는 것이다. 그리피스 D. W. Griffith는 1916년에 제작한 '인톨러런스 Intolerance'에서 흑색 마스크를 사용하여 영상의 일부를 차단했다. 이는 결과적으로 객석의 어둠과 스크린의 어두운 부분을 연결시켜 주었다. 벽에서 급히 떨어지는 병사를 강조하기 위하여 스크린의 측면이 차단되었다. 어떤 촬영현장의 아득한 수평선을 강조하기 위하여 그리피스는 영상의 아랫부분 1/3을 차단함으로써 와이드스크린과도 같은 효과를 이끌어냈다. 이 영화에는 사선, 원형, 타원형을 비롯한 여러 가지 종류의 마스크가 사용되었다.

▶ 누가 프레임의 어디에 위치하느냐는 중요한 정보의 원천이다. 이 공간적 언어는 우리가 씬 안에서 실제로 무슨 일이 벌어지고 있는가를 이해하는 중요한 방법이 되는 경우가 자주 있다. 예를 들면, '모래와 안개의 집'(2-5a)에 나오는 보다 가깝고 디테일한 쇼트에서 두 인물은 아주 격앙된 대화를 나누고 있는 것처럼 보인다. 경찰은 말하고 시민은 경청하고 있다. 이 영화의 실제 쇼트(2-5b)에서는 그 권력관계가 한층 더 선명하다. 마구 뻐기는 태도의 경찰이 이주한 아버지를 완전히 벽 쪽으로 밀어붙일 때, 하찮은 존재로 약간 흐릿하게 나타나는 그의 어린 아들은 너무나 겁에 질려 어떻게 아버지를 도와야 할지 감이 잡히지 않은 채로 지켜보고 있다. 어떻게 경찰이 스크린의 중앙을 차지하는 반면에 노인은 완전히 영상의 구석으로 밀리고 있는지를 주목하라. 이 쇼트의 미장센은 영상이 어떻게 의미를 만들어내는지를 보여주는 훌륭한 예이다.
(Dreamworks. Photo: Bruce Brimelin)

2-5a & b

'모래와 안개의 집 *House of Sand and Fog*'
(미국, 2003),
출연: 벤 킹슬리 Ben Kingsley, 론 에달드 Ron Eldard, 조나단 아도트 Jonathan Ahdout, **감독:** 바딤 피얼먼 Vadim Perelman.

2-6a

'나폴레옹 *Napoleon*' (프랑스, 1927),
감독: 아벨 강스 Abel Gance.

▶ '나폴레옹'은 무성영화 시절의 가장 유명한 와이드 스크린 실험이다. 세개의 프레임이 이어진 이 영화의 시퀀스들—이를테면 이탈리아로 가는 프랑스 군대의 행진(사진)—은 강스가 "폴리비전 Polyvision"이라 불렸던 방식으로 촬영되었다. 그 과정은 160도의 전경을 촬영하기 위해 세 대의 카메라가 보조를 맞추어 조화롭게 움직였으며, 전통적인 가로 세로 비보다 무려 세 배가 더 넓었다.　　*(SGF/Pathé)*

2-6b

'더 독 *Unleashed*' (프랑스/미국/영국, 2005),
출연: 이연걸 Jet Li(중앙), **무술 지도: 원화평** Yuan Wo Ping, **감독: 루이스 리터리어** Louis Letterrier.

▶ 와이드 스크린은 춤곡이나 혹은 이 영화의 쿵푸 격투 시퀀스처럼 정교한 안무 동작을 요구하는 씬에서 특히 효과적이다. 액션 씬은 대개 산산이 부서지는 느낌과 통제하기 어려운 사건들을 나타내기 위해 순간전환으로 편집된다. 이런 씬들이 느슨하게 천천히 촬영이 이루어지고 액션이 프레임의 틀 안에 제한적으로 조정되어 버리면, 주인공은 매우 절제된 상황에서 상대방을 마치 귀찮은 파리 쫓듯이 가볍게 치는 듯한 인상을 줄 것이다.　　*(Rogue Pictures)*

　　무성영화 시절에는 아이리스 iris(피사체를 향해 열거나 닫을 수 있는 원형 혹은 타원형의 마스크)가 다소 과도하게 사용되었다. 그러나 거장의 손에서 아이리스는 효과적이고 극적인 표현방식일 수 있다. '야생의 아이 *The Wild Child*'에서 프랑수아 트뤼포 François Truffaut는 소년의 높은 집중력을 나타내기 위해 아이리스를 사용했다. 소년 앞에 있는 사물에 직접적으로 초점을 맞추는 동안 주변의 어둠은 소년이 사회적 환경으로부터 어떻게 차단되어 있는가를 보여주는 메타포가 된다.

2-6c

'리틀 칠드런 *Little Children*' (미국, 2006),
출연: 케이트 윈슬렛 Kate Winslet(맨오른쪽),
감독: 토드 필드 Todd Field.

▶ 와이드 스크린은 또한 보다 미묘하고 심리적인 느낌을 전달하기 위해 사용되기도 한다. 예를 들면, '리틀 칠드런'에서 주인공(윈슬렛)은 그녀의 아이를 근처 공원에서 놀게 하는 소외당한 권태로운 가정주부이다. 소심하고 고독한 그녀는 사물을 중심에서 보지 않고 모서리에서 느끼고 생각한다. 다른 어머니들이 살짝 초점을 벗어나 프레임의 외곽에 있는 그녀의 사적 세계와 얼마나 크게 동떨어져 있는가를 주목하라.
(New Line)

프레임은 몇 가지 미학적 장치로서 역할을 하기도 한다. 감수성이 뛰어난 감독은 프레임에 담기는 것 못지않게 프레임 밖에 있는 것에 대해서도 관심을 기울인다. 프레임은 소재를 선택하여 그 범위를 정하고, 무의미하거나 무관한 것들을 삭제하여 현실세계의 한 부분만을 관객에게 보여준다. 쇼트에 담기는 여러 가지 소재들은 프레임에 의해 통일된다. 사실상 프레임이 소재들에 질서를 부여하는 셈이다. 그러므로 프레임은 결국 분리시키는 장치이며, 이로 말미암아 감독은 광범위한 맥락에서는 간과하기 쉬운 것들에 대해 각별한 주의를 기울이게 된다.

영화의 프레임은 다른 울타리 형태의 메타포로서 역할을 할 수도 있다. 어떤 감독은 프레임을 엿보는 것을 나타내기 위해 사용한다. 예컨대, 히치콕 Hitchcock의 많은 작품에서 프레임은 일종의 창문과도 같은 역할을 하는데, 이를 통해서 관객은 등장인물의 내밀한 삶의 구석을 들여다보고 싶은 충동을 만족시킬 수 있다. 실제로 '싸이코 *Psycho*'와 '이창 *Rear Window*'에서는 정확하게 이 들여다보는 테크닉이 사용되고 있다.

프레임 내의 어떤 부분은 상징적인 아이디어를 나타낼 수 있다. 사물이나 배우를 프레임 내 특별한 곳에 배치함으로써, 영화감독은 그 사물이나 배우에 관한 자신의 진술을 근본적으로 변경시킬 수 있다. 프레임 내의 배치는 어떻게 형식이 실제로 내용이 되는가를 보여주는 또 다른 예이다. 프레임의 중요한 부분들—중앙, 꼭대기, 밑바닥, 가장자리—은 제각기 이처럼 상징적인 목적을 위해 쓰일 수 있다.

(a)

2-7

'2001 스페이스 오디세이 *2001: A Space Odyssey*'
(미국/영국, 1968).
감독: 스탠리 큐브릭 Stanley Kubrick.

▶ 와이드 스크린은 촬영현장의 광대함을 포착하는 데 아주
적합하다. 만약 이 영상을 텔레비전의 가로 세로 비율로 자
른다면(b), 무한한 우주공간의 느낌은 거의 사라지고 말 것이
다. 관객은 대개 영상을 왼쪽에서 오른쪽으로 훑어보는 경향
이 있기 때문에, 큐브릭 감독이 구성한 구도(a)에서 우주인은
끝없는 우주공간으로 빠져 들어갈 듯이 아슬아슬해 보인다.
그러나 이 구도를 거꾸로 세우면(c), 우주
인은 우주선 안으로 안전하게 귀환하고
있는 것처럼 보인다. *(MGM)*

(b)

(c)

스크린의 중앙은 일반적으로 가장 중요한 시각적 요소가 차지하게 되어 있다. 대부분의 사람들이
무의식적으로 이 부분을 핵심적인 관심영역으로 여긴다. 우리가 친구의 스냅사진을 찍을 때, 친구의
모습을 뷰파인더 영역의 중앙에 둔다. 어릴 때부터 우리는 그림은 반드시 균형이 맞아야 하고 중앙
이 초점 구실을 한다고 배웠다. 그래서 중앙이 일종의 기준이 된다. 다시 말해서 우리는 중요한 시각
적 요소는 중앙에 놓일 것으로 기대하게 된다. 바로 이러한 기대 때문에 중앙에 있는 대상은 시각적
으로 극적이지 못한 경향이 있다.

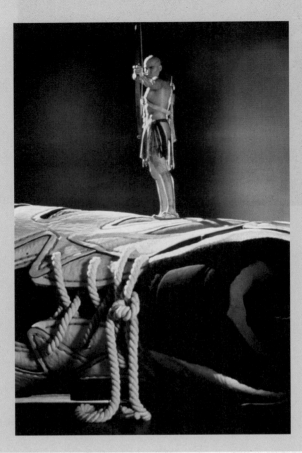

2-8

'리틀 인디언 _The Indian in the Cupboard_'
(미국, 1995),
출연: 라이트풋 Litefoot, **감독: 프랭크 오즈** Frank Oz.

▶ 일반적으로 연극의 미장센은 사람의 몸집에 비례하여 결정된다. 영화의 미장센은 미술과 같은 특수효과 덕분으로 손쉽게 미시적으로 축소될 수도 있고 또 우주적 스케일로 확대될 수도 있다(2-7). 예컨대, 이 쇼트에서 미장센은 불과 몇 인치의 공간을 묘사하고 있다. 그 스케일은 사람의 몸집이 아닌 테니스화에 의해 결정되고 있으며, 테니스화 위에 3인치 키의 인물이 서 있다.
(Paramount Pictures/Columbia Pictures)

2-9

'당신은 당신이 가장 매력적이라고 생각하지만 _You Think You're the Prettiest . . . (But You're the Sluttiest)_' (칠레, 2009),
출연: 프란시스코 브레이스웨이트 Francisco Braithwaite, **각본 및 감독: 체 산도발** Che Sandoval.

▶ 이 영상은 무엇이 잘못되었는가? 한 가지는 인물이 구도의 중앙에 있지 않다는 것이다. 이 영상은 불균형하다. 오른쪽의 텅 빈 공간이 프레임의 3분의 2를 차지하고 있다. 이것은 "나쁜" 구도가 어떻게 좋은 구도가 되는지를 보여주는 훌륭한 사례이다. 이것이 좋은 구도인 까닭은 한마디로 "외롭기 짝이 없는" 등장인물의 감정을 잘 보여주고 있기 때문이다. 오른쪽의 텅 빈 공간은 그가 여자친구를 갈망하고 있다는 것을 상징한다. 19세의 주인공은 많은 고통―특히 조루와 심각한 호색성―에 시달리고 있다. 마음이 통하는 친구―아니면 최소한 동침할 사람이라도―를 찾아서 산티아고의 거리를 방황하

면서 그는 그들의 소외감과 외로움을 달래기 위해 어떤 사물이나 어떤 사람을 찾고 있는 여러 부류의 또 다른 배고픈 방랑자들과 마주친다. _(Cherofilm)_

2-10a

'탐욕 *Greed*' (미국, 1924).
출연: 깁슨 골랜드 Gibson Gowland(왼쪽),
진 허숄트 Jean Hersholt, 감독: 에리히 폰 슈트
로하임 Erich von Stroheim.

▶ 감독이 안정성과 조화를 강조하고 싶을 때
는 주로 아주 대칭적인 디자인이 사용된다. 예
를 들어, 이 사진에서 무게 중심이 철저하게 균
형을 이루고 있는 디자인은 대칭적인(일시적
인) 구도의 특징을 강화시켜주고 있다. 시각적
요소들이 일련의 쌍을 이루어 깔끔하게 병치되어 있으며, 맥주로 가득 채워진 두 개의 잔이 초점을 형성하고 있다.
한 곳에서 만나는 두 개의 벽돌벽, 두 개의 창문, 각각의 창문으로 보이는 두 인물, 두 남자 위쪽의 사진 그리고 그
들 아래에서 쉬고 있는 개의 모습과 마찬가지로, 두 주요 인물은 서로 균형을 이루고 있다. *(MGM)*

▶ 빅3법칙 The Rule of Three은 실내장식과 풍경화 그리고 사실상 모든 시
각 예술에서 찾아볼 수 있는 디자인 개념이다. 세 사람의 집단 단위는 한
사람(고유성이나 특이성을 강조) 혹은 두 사람(같은 비중의 한 쌍을 강조)
보다 시각적으로 훨씬 흥미롭다. 대충 모타운 사운드 Motown 슈프림스
Superemes의 실화에 기초하고 있는 이 뮤지컬은 셋 중 가장 음악적인 재
능이 있고 트리오의 리더인 허드슨 역의 인물이 결과적으로 어떻게 허드
슨에 비해 더 날씬하고 매력적인 놀즈 역의 인물을 위해 밀려나게 되는
가를 극화하고 있다. 중앙을 차지하고 있는 놀즈의 위치가 어떻게 그녀
를 그룹의 중심인물로 부각시키는가를 주목하라.

(Dreamworks. Photo: David James)

2-10b

'드림걸즈 *Dreamgirls*' (미국, 2006).
출연: 애니카 노니 로즈 Anika Noni Rose,
비욘세 놀즈 Byonce Knowles, 제니퍼 허드슨
Jennifer Hudson, 감독: 빌 콘돈 Bill Condon.

이처럼 중앙을 우선시하는 배치는 주로 소재가 본질적으로 강제적인 성격을 띨 경우에 애용된다. 사실주의 영화감독들은 중앙배치를 선호한다. 왜냐하면 이는 형식적인 면에서 가장 자연스러운 방식의 프레이밍이기 때문이다. 관객으로 하여금 중심에서 벗어난 주변의 시각적 요소에 한눈팔지 않고 그 소재에만 집중하도록 한다. 형식주의 감독들도 일반적인 해설 쇼트에서는 스크린의 중앙을 이용한다.

프레임의 꼭대기 부분은 힘, 권위, 포부와 열망을 다루는 아이디어를 나타낼 수 있다. 이 위치에 있는 인물은 아래쪽에 있는 모든 시각적 요소들을 통제하고 압도하는 것처럼 보인다. 그렇기 때문에 권위적인 인물은 이런 식으로 촬영되는 경우가 많다. 이러한 위력은 사물―궁전, 산 정상―에 대해서도 적용할 수 있다. 만일 매력적이지 못한 인물이 스크린의 위쪽에 있으면 그 인물은 위협적이

2–11a

'쿠체라 *Cuchera*' (필리핀, 2011).
출연: 마리아 이사벨 로페즈 Maria Isabel Lopez,
감독: 조셉 이스라엘 라반 Joseph Israel Laban.

(On Cam/One Big Fight)

▶ 주제 면에서나 구도에 있어서나 결코 멋진 영화는 아니다. 실화에 근거한 영화 '쿠체라'는 필리핀의 마약 거래에 대한 아주 상세한 기록이다. 주인공(로페즈)은 이전에는 매춘부였으나 마약 밀수범이 되었다. 그녀의 세계는 배신과 폭력, 강간, 살인이 난무하는 위험한 세계이다. 이 쇼트의 미장센은 고립되고, 외롭고, 희망이 없는 그녀의 삶에 대한 시각적 유사물이다. 카메라의 하이 앵글은 속수무책인 그녀의 처지를 돋보이게 한다. 오른쪽의 어두운 벽과 왼쪽의 개수대가 "출구 없음 No Exit"을 뜻하는 영상 안에 그녀를 감금하고 있다. 마찬가지로 '오존호텔에서의 8월 말'에 나오는 이 쇼트는 성인 등장인물 뒤에서 찍은 것인데, 그가 겁먹은 젊은이에 대한 관객의 시선을 거의 가리고 있다. 이러한 구도는 회화영역이나 연극에서는 찾아보기 힘들 것이다. 왜냐하면 회화나 연극에서 프레임은 본질적으로 소재를 공평하게 둘러싸고 있고 시각적으로 닫힌 공간을 보여주기 때문이다. 영화에서 프레임은(일시적으로) 다른 구도로 곧 전환될 진실의 정지된 한 순간을 관객에게 보여준다.

2–11b

'오존호텔에서의 8월 말 *The End of August at the Hotel Ozone*' (체코슬로바키아, 1969).
감독: 얀 슈미트 Jan Schmidt.

(Ceskoslovensky armadni film)

2-12a

'미스틱 리버 Mystic River'
(미국, 2003),
**출연: 숀 펜 Sean Penn, 감독: 클린트
이스트우드 Clint Eastwood.**

▶ 이 쇼트의 모든 구성 요소는 갇힌 느낌을 주고 있다. 펜 역의 인물이 그의 딸의 몸을 숲속에서 찾았다는 것을 알아차리고 딸에게로 가려고 미친 듯이 날뛰고 있다. 그러나 혹시 그가 시체 주변에 있을지도 모를 증거를 훼손하게 될까봐 경찰들이 그를 제지하려고 이중으로 그를 둘러싸고 있다. 이 액션은 꽉 차게 프레임되고, 카메라의 위치는 약간 하이 앵글로서 갇혀 있는 느낌을 한층 더 강화하고 있다.
(Warner Bros. Photo: Merie W. Wallace)

고 위험스러운 인물로 보일 수도 있고, 또 프레임 내의 다른 인물들에 비해 우수한 인물로 보일 수도 있다. 그러나 이러한 일반화는 다른 인물들이 이 지배적인 인물보다 작거나 비슷할 경우에만 들어맞는다.

프레임의 꼭대기 부분이 언제나 이와 같은 상징적인 방식으로 쓰이는 것은 아니다. 어떤 경우에는 이 부분이 단순히 어떤 대상을 가장 눈에 잘 띄게 하는 위치일 뿐이다. 예를 들어, 어떤 인물의 미디엄 쇼트에서 논리적으로는 그 사람의 머리가 스크린의 꼭대기 부분에 근접해 있지만 이런 식의 프레임이 꼭 상징적인 의미를 갖는 것은 아니다. 미디엄 쇼트에서 관객은 꼭대기 부분에 머리가 나타나길 기대하므로, 그것은 다만 논리적인 위치일 뿐이다. 미장센은 본질적으로 롱 쇼트와 익스트림 롱 쇼트의 예술이다. 소재가 클로즈 쇼트로 상세하게 묘사되면 시각적 요소에 관해 감독이 선택할 수 있는 여지가 거의 없기 때문이다.

프레임의 밑바닥 부분은 꼭대기 부분과 정반대의 의미—복종, 허약성, 무력함—를 나타내는 경향이 있다. 이 위치에 있는 사물과 인물은 프레임 밖으로 완전히 사라져 버릴 듯이 아슬아슬한 상황에 처해 있는 것처럼 보인다. 그렇기 때문에 이 부분은 상징적으로 위험을 암시하기 위해 쓰이는 경우가 많다. 프레임 안에 두 사람 이상이 있고 그들이 비슷한 크기일 때, 스크린 위쪽에 있는 사람이 밑바닥 부분에 있는 사람을 지배하거나 통제하는 경향이 있다.

프레임의 좌우 가장자리 부분은 스크린의 중앙에서 가장 멀리 떨어진 곳이기 때문에 무의미하고 하찮은 것을 보여주는 경향이 있다. 가장자리에 있는 사물과 사람은 말 그대로 프레임 바깥의 어둠과 근접해 있다. 대다수 감독들이 이 어둠을 전통적으로 빛의 결핍—미지의 것, 보이지 않는 것, 두려운 것—을 연상시키는 상징적인 아이디어들을 암시하기 위하여 사용한다. 어떤 경우에는 이 프레임 바깥의 어둠이 망각이나 심지어 죽음을 상징하기도 한다. 익명이나 무명의 인물로 지내고 싶은 사람

2-12b

'월드 트레이드 센터 *World Trade Center*'
(미국, 2006)의 광고 포스터.
감독: 올리버 스톤 Oliver Stone.

▶ 포스터나 그 외의 홍보 자료들은 탁월한 예술적 기교를 동원하여 디자인될 수 있다. 이 포스터의 인상적인 디자인은 정형화된 두 기둥으로서, 2001년 9월 11일 회교 광신자들에 의해 폭격당하기 전 세계무역센터의 전통적인 양식의 쌍둥이 타워를 재현하고 있다. 타워 중간에 겨우 알아볼 수 있는 두 사람, 사건 직후 첫 번째로 달려온 뉴욕 경찰과 소방관을 상징한다. 그들 중 많은 사람들이 붕괴된 건물 잔해 속에 갇혀 있는 무고한 희생자들을 구출하려다가 생명을 잃었다. 이 포스터는 두 건물이 붕괴하기 전 이 건물들의 모더니즘적 건축의 아주 웅장한 위풍―미국의 무역과 산업의 상징―을 일깨워주고 있다. *(Paramount Pictures)*

을 다루는 영화라면, 감독은 가끔은 의도적으로 그를 중앙에서 벗어난, 별로 의미가 없는 스크린의 가장자리에 배치하기도 한다(2-6c).

끝으로 어떤 경우에는 감독이 가장 중요한 시각적 요소를 완전히 프레임 바깥에 배치하기도 한다. 특히, 등장인물이 어둠, 신비 혹은 죽음과 관련되어 있을 때, 이 테크닉은 아주 효과적일 수 있다. 왜냐하면 관객은 비가시적인 것일수록 더욱 두려워하기 때문이다. 가령 로만 폴란스키 Roman Polanski 감독의 '유령 작가 The Ghost Writer'에서 우리는 어떤 인물이 증거가 될 만한 원고를 들고 번화한 거리를 걸어가는 것을 확인할 수 있다. 그가 길을 가로질러 프레임을 떠나고 있지만 여전히 카메라는 그가 이전에는 있었지만 지금은 비어 있는 그 공간에 머물고 있다. 갑자기 우리는 자동차의 둔탁한 소리를 듣게 되고, 이어서 우리는 공중으로 날렸다가 서서히 떨어지는 원고의 페이지들을 보게 된다. 우리는 그 자신의 이익을 위해 지나치게 많은 것을 알고 있는 그 인물에게 무슨 일이 벌어졌다는 것을 단지 짐작할 뿐이다. 왜 우리에게 보여주지 않느냐고 의문을 품을 것이다. 암살장면을 외화면에 둠으로써, 폴란스키 감독은 이 중요한 정보를 밝히지 않고 미스터리하고 편집증적인 분위기를 빈틈없이 지켜나가고 있다.

상징적인 목적을 위해 사용될 수 있는 서로 다른 두 가지 외화면 영역이 있다. 하나는 세트 뒤편의 공간이고, 다른 하나는 카메라 앞의 공간이다. 닫힌 문 뒤편에서 일어나고 있는 일을 관객에게 보여주지 않음으로써 영화감독은 관객의 호기심을 자극하면서 심적 동요를 불러일으키는 효과를 이끌어낸다. 왜냐하면 관객은 그 공백을 생생한 상상으로 메워보려는 습관이 있기 때문이다. 히치콕의

'오명 *Notorious*'에 나오는 마지막 쇼트가 훌륭한 본보기이다. 주인공은 약에 취한 여주인공을 부축하고 한 무리의 나치 첩보원들을 지나 대기하고 있는 자동차로 간다. 무척 동정심이 많은 악인(크로드 레인스 Claude Rains)은 자기 동료들이 의문을 품지 않기를 기대하면서 두 사람을 호위한다. 딥 포커스 롱 쇼트에서 관객은 전경의 세 주요 인물을 보는 한편, 나치 첩보원들은 배경 위쪽의 열린 집 문 근처에 계속 머물면서 세 사람을 쳐다보며 수상하게 여기고 있다. 주인공은 고의적으로 그 악인이 차 안으로 못 들어오게 잠가버리고, 이어서 프레임 밖으로 추방당하여 악인은 아무런 설명도 없이 팽개쳐져 있다. 그의 동료들이 그의 이름을 부르고, 그는 최악의 사태를 염려하면서 어쩔 수 없이 집으로 되돌아간다. 그는 계단을 올라가서 그를 의심하는 나치 첩보원들과 함께 다시 집으로 들어가고, 그들은 그들 뒤편의 문을 닫는다. 히치콕은 문 뒤에서 일어나는 일을 절대로 보여주지 않는다.

카메라 앞의 공간도 또한 이런 식의 불안과 동요의 효과를 창출해낼 수 있다. 가령 존 휴스톤 John Huston의 '말타의 매 *The Maltese Falcon*'에서 관객은 살인자를 보지도 못한 채 살인 장면을 목격한다. 권총이 카메라 바로 앞에서 프레임 안으로 들어올 때 피살자는 미디엄 쇼트로 촬영된다. 관객은 영화가 끝날 무렵에 가서야 비로소 프레임 밖의 살인자가 누군지 알게 된다.

영화 보기는 1890년대의 활동사진을 보여주는 응접실의 아주 작은 개별적인 피프홀 peephole(들여다보는 작은 구멍)로부터 시작하여 빅 스튜디오 황금기에는 영화관의 대중적인 대형 스크린에 이르고, 1950년대에는 64피트로 늘어난 거대한 시네라마 Cinerama 및 시네마스코프 Cinemascope 스크린에 이르는 하나의 순환의 역사였다. 오늘날 우리는 휴대폰과 노트북, 태블릿 등의 아주 작은 스크린으로 다시 원점으로 돌아와 버렸다. 애플 Apple은 2008년에 휴대폰으로 이용할 수 있는 영화 임대 사업을 했으며, 넷플릭스 Netflix는 2010년에 스마트폰 앱을 선보였다.

최근 퓨리서치센터 Pew Research Center가 실시한 인터넷 여론조사에 따르면, 청소년들(18-29세)은 온라인 영화의 대량 소비자들이며, 그들 중 약 62퍼센트는 이와 같은 아주 작은 스크린으로 영화와 텔레비전을 시청한다. 결과적으로 수많은 시각적 요소들을 놓칠 것이 분명하다. 오늘날의 영화들이 더 가까이 다가가는 근접촬영을 많이 사용하는 까닭은 멀리서 잡은 롱쇼트일수록 작은 스크린으로 스캔하기가 힘들기 때문이다. '7인의 사무라이 *The Seven Samurai*'와 '아바타' 같은 서사 영화들이 작은 크기로 축소되면, 이와 같은 아주 작은 장치들로는 시청하려고 노력할만한 가치도 거의 없게 된다.

구도와 디자인

촬영 가능한 영화의 소재가 3차원 세계에 존재하긴 하지만, 영화감독이 직면하는 주된 문제 중의 하나는 화가의 문제와 아주 흡사하다. 양쪽 모두 평평한 직사각형 표면 위에 여러 가지 형태와 색깔, 선 그리고 구조 등을 어떻게 배열할 것인가의 문제에 직면하기 때문이다. 고전적인 영화에서 이러한 배열은 대개 균형과 조화의 견지에서 이루어진다. 균형을 이루고 싶은 욕망은 두 다리로 균형을 이루고 있는 사람이나 땅 위에 균형 있게 세워진 대부분의 구조물에 비유할 수 있다. 본능적으로 우리는 무슨 일을 하려고 할 때 대체로 균형이 기준이 된다고 생각한다.

그러나 영화에서는 이러한 규칙에 대한 몇 가지 중요한 예외가 있다. 시각예술가가 불균형의 상태를 강조하고 싶을 때, 고전적인 구도의 표준이 되는 관습들을 대부분 고의적으로 저버리게 된다. 영화에서 극적 맥락은 보통 구도 내의 결정적인 요소이다. 피상적으로는 나쁜 구도인 것이 영화의 심리적 맥락에 따라 실제로는 아주 효과적일 수도 있다(2-13b). 많은 영화들이 신경증적인 인물이나 뒤죽박죽인 사건을 다루고 있다. 이럴 경우 감독은 고전적인 구도의 관습들을 완전히 무시할 수도 있다. 인물을 영상의 중앙에 두지 않고, 그 프레임의 가장자리에 두고 촬영함으로써 오히려 그 인물의 정신적인 부조화를 상징적으로 전달할 수 있다. 이런 방식으로 영화감독은 시각적 균형에 얽매이지 않고, 심리적으로 극적 맥락에 한층 더 적합한 이미지를 관객에게 보여준다.

이런 문제에 관한 고정된 규칙이란 있을 수 없다. 버스터 키튼 Buster Keaton 같은 고전적인 감독은 대체로 균형이 잡힌 구도를 좋아한다. 고전적인 전통에서 벗어나 있는 영화감독들은 비대칭적이거나 불안정한 구도를 선호하는 경향이 있다. 영화에서는 동일한 생각이나 감정을 전달하기 위해 사용할 수 있는 다양한 테크닉이 있다. 시각적인 방식을 좋아하는 영화감독들도 있고, 대사를 선호하는 영화감독들이 있으며, 또 편집과 연기를 선호하는 영화감독들도 있다. 궁극적으로 말해서, 제대로 작동하는 것이라면 어떤 방식이든 좋다(2-14a & b).

사람의 눈은 자동적으로 구도에 담긴 형식적인 요소들을 전체적으로 조화시켜 보려고 한다. 눈은 구도에 담긴 일곱 혹은 여덟 가지의 많은 주요 구성요소들을 동시에 인지할 수 있다. 그러나 대부분의 경우에 눈은 영상의 표면 위를 마구잡이로 두리번거리는 것이 아니라, 시퀀스 속의 특수한 영역으로 쏠린다. 감독은 시각적으로 두드러지는 대비, 즉 극적 대비 dominant contrast를 사용하여 이렇게 되도록 한다. 극적 대비는 무시할 수 없을 정도로 뚜렷한 대비를 이루고 있기 때문에 직접적으로 우리의 시선을 끄는 영상의 영역을 말한다. 그것은 영상 안의 다른 요소로부터 동떨어진 듯이 유달리 눈에 띄는 부분이다. 흑백영화에서 극적 대비는 대체로 명암의 병치를 통해 이루어진다. 예를 들어, 만일 감독이 관객에게 배우의 얼굴보다 손을 먼저 보도록 하고 싶다면, 손의 조명을 얼굴의 조명보다 강하게 하고, 얼굴의 조명을 한층 약하게 해야 할 것이다. 천연색 영화에서는 어떤 색깔을 다른 색에 비해 두드러지게 눈에 띄게 함으로써 극적 대비를 이룰 수도 있다.

극적 대비를 먼저 보고 난 후에 관객의 시선은 보조적 대비 subsidiary contrast를 훑어보게 되는데, 이 보조적 대비는 감독이 극적 대비의 효과를 보완하기 위해 배치해 둔 것이다. 그 다음에도 관객의

'신과 인간 *Of Gods And Men*'
(프랑스, 2010),
감독: 자비에 보브와 Xavier Beauvios.

▶ 질서와 혼돈. 영화감독이 미장센을 만들 때 산만한 것과 단정한 것 중 어느 것을 선택하느냐 하는 것은 소재의 성질에 달려 있다. 이 쇼트에서 구도의 시각적 무게는 균형과 조화의 느낌을 시사하고 있다. 배경은 알제리에 있는 트라피스트회 수도원의 1996년이다. 수도승들은 대체로 그들의 도움이 필요할 때마다 인근의 이슬람교도 마을들을 보살피면서 평온하고 소박한 삶을 살고 있다. 수도승들과 마을 주민들은 서로의 종교적 신념을 존중했으며, 이는 수년 동안 그래 왔다. 바깥 세계에서는 알제리 정부와 이슬람 극단주의자들 간의 내전으로 소란했다. 이들 테러 조직들 중 일부가 수도승들을 위협하면서 마을을 떠나라고 말한다. 이 난감한 상황을 논의하면서 한 수도승은 17세기 프랑스의 철학자인 파스칼의 다음 말을 인용한다. "인간들은 종교적 신념에 따라 행동할 때만큼 그토록 철저하게 그리고 기꺼이 사악한 짓을 한 적이 없다." 이 장면을 보면 그들은 투표를 하여 잔류 여부를 결정하고 있다. 각자는 그렇게 행동하는 그 나름의 이유를 가지고 있다. 어찌하여 이 영상이 레오나르도 다 빈치의 〈최후의 만찬〉을 떠올리게 하는지를 주목하라. 이내 수도승들 중 일곱 명이 납치된다. 1주일 후 그들은 살해당한 채 발견된다. 한 평론가는 〈백조의 호수〉에 나오는 차이코프스키의 황홀한 음악을 들으면서 수도승들이 포도주를 나눠 마시는 최후의 만찬 장면을 칭찬했다. 칸느영화제 대상을 받은 이 영화는 또한 웹사이트 메타크리틱 닷컴 metacritic.com으로부터 100점 만점에 86점을 받았다. 이 웹사이트의 점수는 가장 존경받는 비평가들의 비평을 바탕으로 부여한 점수를 합산한 것이었다.

(Why Not Productions/Armada Films/France 3 Cinema)

'크라이 울프 *Cry Wolf*'
(미국, 2005),
감독: 제프 워드로우 Jeff Wadlow.

▶ 한편 '크라이 울프'에서 피비린내 나는 폭력은 의도적으로 비스듬하게 구성되어 있다. 치명적인 상처를 입은 피해자가 화면 밖 어둠 속으로 천천히 미끄러져 내려가고 있다. 살인자의 몸은 또한 일부만 눈에 보이면서, 프레임의 왼쪽 아래 코너를 꽉 채우고 있다. 씬은 전체적으로 화사한 청색으로 물들어 있다. 이 쇼트는 험악하고 부조화스럽다. 정확한 포인트는 다음이다. 즉 무질서와 혼돈은 시각적으로 평온하거나 조화롭지 못하다.

(Rogue Pictures)

2-14a

'맥베스 Macbeth' (미국/영국, 1971),
출연: 프란체스카 애니스 Francesca Annis,
존 핀치 Jon Finch, 감독: 로만 폴란스키 Roman
Polanski.

▶ 대체로 우리는 영화의 이미지를 시각의 결절점
eye stop에 따라 구성되는 시퀀스 속에서 살펴본다.
제일 먼저 시선은 시각적으로 두드러지게 대비되는
극적 대비를 향해 이끌려 간다. 그것이 눈에 잘 띄기
때문에 가장 우리의 직접적인 시선을 끄는 것이다.
그 다음으로 우리의 시선은 그 프레임 안에서 부차
적인 관심거리가 될 만한 곳으로 옮겨 간다. 가령 이
사진에서 눈은 먼저 맥베스 부인의 얼굴을 향하게
된다. 그녀의 얼굴이 아주 대조적인 조명을 받으면서
주변의 어둠에 둘러싸여 있기 때문이다. 그 다음에
우리는 그녀와 그녀의 남편 사이에 밝게 비치고 있
는 "빈" 공간을 본다. 세 번째로 관심이 가는 부분은
훨씬 조명이 약한 맥베스의 생각에 잠긴 얼굴이다. 이 사진의 시각적 관심은 영화의 극적 맥락과 일치
한다. 왜냐하면 맥베스 부인은 서서히 정신착란에 빠지면서 정신적으로 그녀의 남편으로부터 멀어져,
고립되는 느낌을 갖기 때문이다. *(Caliban/Playboy)*

2-14a

'맥베스 Macbeth' (미국, 1948),
출연: 페기 웨버 Peggy Webber, 감독: 오슨 웰즈 Orson Welles. Polanski.

▶ 사실주의자와 형식주의자는 같은 문제
를 다른 방식으로, 다른 시각적 테크닉을
가지고 해결한다. 폴란스키는 맥베스 부인
의 광기를 비교적 사실주의적인 방식으로
전달하면서, 연기와 섬세한 조명효과를 강
조한다. 이 경우 웰즈는 훨씬 형식주의적인
접근방식을 취하면서, 그녀의 내면적인 상
태를 전달하기 위해 구체적인 상관물을 이
용하는데, 마치 철창의 날카로운 칼날이 웨
버의 몸을 뚫고 들어갈 듯이 보인다. 철창
은 유달리 사실적인 것도 아니고 심지어
특별한 기능이 있는 것도 아니다. 다시 말
해서 웰즈는 그것을 그녀의 내면적인 고통
을 나타내는 상징적인 비유로 이용하고 있
다. *(Republic/Mercury)*

시선은 시각적 구성물에서 거의 눈을 떼지 않는다. 심지어 회화나 스틸 사진을 볼 때도 마찬가지이다. 관객은 어떤 곳을 먼저 보고 나서 그 다음 흥미가 좀 덜한 곳을 본다. 이 모든 것은 우연이 아니다. 왜냐하면 시각예술가는 의도적으로 특정한 시퀀스가 이어지도록 영상을 구성하기 때문이다. 어떤 영화예술가들은 이 과정에 대해 자의식을 가지고 있는데, 다른 이들은 본능적으로 그렇게 한다. 한마디로 영화 속의 움직임은 실제로 움직이는 사물과 사람에게만 한정되는 것이 아니다.

대체로 극적 대비의 시각적 관심은 그 영상의 극적인 관심에 상응한다. 그러나 영화는 시간적인 맥락과 극적 맥락을 지니고 있기 때문에, 일부 미학자들이 본질적 관심사 intrinsic interest라고 일컫는, 이른바 움직임 그 자체가 종종 극적 대비가 되기도 한다. 본질적 관심사는 다만 관객이 스토리의 맥락을 통해 어떤 대상이 시각적으로 드러나는 것보다 극적으로 더 중요하다는 것을 알게 된다는 것을 의미할 뿐이다. 그러므로 권총이라는 것이 단지 영상표면의 작은 부분을 차지할 뿐이지만, 그 권총이 극적으로 중요하다는 사실을 관객이 안다면, 시각적으로는 사소해 보임에도 불구하고 그것은 그 화면에서 지배적인 성격을 띠게 될 것이다.

영상 안의 다른 요소들이 정적이면 움직임은 거의 언제나 자동적으로 극적 대비가 된다. 심지어 삼류 감독조차도 움직임을 이용해 관객의 시선을 유도할 수 있으며, 그리고 나태한 영화감독은 오로지 움직임을 관객의 주의를 사로잡는 수단으로 여길 뿐 그가 다루는 영상의 풍요로운 가능성을 도외시한다. 반면에 대부분의 감독들은 그들의 극적 대비에 변화를 주어, 어떤 경우에는 움직임을 강조하고, 또 어떤 경우에는 움직임을 단지 보조적 대비로만 사용할 것이다. 움직임의 중요성은 사용되는 쇼트의 종류에 따라 달라진다. 롱 쇼트에서 움직임은 덜 산란한 편이지만 가까운 거리에서는 아주 뚜렷하게 눈에 띈다.

관객이 천천히 영상을 탐색할 시간적인 여유가 없다면, 여덟 혹은 아홉 가지 이상의 주요 구성요소가 있을 경우 시각적 혼란을 초래할 수 있다. 만일 이러한 시각적 혼란이 어떤 영상—예컨대, 전쟁 씬의 경우처럼—의 고의적인 의도라면, 감독은 이러한 효과를 이끌어내기 위하여 종종 그 구도에 지나치게 많은 것을 넣게 될 것이다. 일반적으로 눈은 다양한 요소를 질서 정연한 패턴으로 통일시키려고 애를 쓴다. 예를 들면, 심지어 복잡한 디자인에서도 눈은 유사한 형태나 색깔, 구조 등을 연결하려고 한다. 형식적 요소의 반복은 경험의 반복을 암시할 수 있다. 이러한 여러 가지 관계와 맥락들이 시각적 리듬을 이루어, 눈이 총체적인 균형을 지각하기 위하여 디자인의 표면을 뛰어 넘어가도록 만든다. 시각예술가는 종종 구성요소를 무게에 견주어 말한다. 대부분의 경우, 특히 고전적인 영화에서 예술가는 영상의 표면에 그 무게를 조화롭게 배분한다. 철저하게 대칭적인 디자인—극영화에서는 거의 찾아볼 수 없다—에서는 시각적인 무게가 구도의 중앙을 기준으로 고르게 분포된다. 그러나 구도는 대개 비대칭이기 때문에, 어떤 요소의 무게는 다른 요소와 더불어 균형을 이룬다. 예를 들면, 어떤 형상이 어떤 색의 무게를 중화시킨다.

심리학자와 미술이론가들이 발견했듯이, 구도에는 본질적으로 무게가 무거운 곳이 있다. 예컨대, 독일의 미술사학자인 하인리히 뵐플린 Heinrich Wölfflin이 지적한 바와 같이, 다른 모든 구성요소의 비중이 동일한 그림을 볼 때 우리는 왼쪽에서 오른쪽으로 살펴보는 경향이 있다. 특히, 고전적인 구도에서는 오른쪽의 본질적인 무게를 중화시키기 위하여 종종 영상의 왼쪽을 더 무겁게 한다.

구도의 윗부분은 아래보다 더 무겁다. 그렇기 때문에 마천루, 원주, 오벨리스크 등은 위로 갈수록

2-15

'미 제국의 몰락 *The Decline of the American
Empire*' (캐나다, 1986),
출연: (왼쪽 위부터 시계방향으로) 루이스 포르탈 Louise
Portal, 도미니크 미쉘 Dominique Michel, 도로시 베르망
Dorothe Berryman, 주느비에브 리오 Genevive Rioux,
감독: 드니 아르캉 Denys Arcand.

▶ 남자들이 일생 동안 아파트에서 멋진 요리를 준비
하는 동안 한 무리의 여자들이 헬스클럽에서 운동하
고 얘기하며 즐겁게 웃고 있다. 이 쇼트에서 원형 디
자인은 여자들 간의 우정어린 분위기를 강화시켜 준
다. 이 쇼트의 디자인은 그들이 공유한 경험과 상호
연관성을 구체적으로 표현한다. 말 그대로 친구들의
편안한 모임이다.
(Malofilm/NFB/Corporation Image M & M)

점점 가늘어진다. 그렇게 하지 않으면 꼭대기가 무거워 보일 것이다. 무게중심이 낮으면 대부분의
비중이 스크린의 아래쪽에 있게 되어 한층 더 영상이 균형 있게 보일 것이다. 풍경화는 구도의 중간
지점에서 수평적으로 분할하는 경우는 거의 없다. 그렇게 하면 마치 하늘이 땅을 누르고 있는 것처
럼 보일 것이다. 에이젠슈테인이나 포드와 같은 서사적 영화감독들은 바로 이러한 테크닉을 사용하
여 그들 나름대로 불안정 구도의 효과를 만들어냈다. 이를테면 그들은 하늘이 그 고유의 무게로 지
배하도록 내버려 둔 것이다. 그 땅과 그 땅의 거주자들은 하늘의 무게에 압도당하고 있는 것처럼 보
인다.

고립된 인물과 사물은 함께 모여 있는 것보다 더 무거운 편이다. 어떤 경우에는 하나의 대상이―
단지 고립되어 있다는 이유 때문에―동일한 대상의 다른 무리 전체와 균형을 이루기도 한다. 영화에
서 대체로 주인공은 적대적인 무리로부터 떨어져 있는데, 수적인 차이에도 불구하고 양자는 대등해
보인다. 이런 효과는 '요짐보 *Yojimbo*'에 나오는 유명한 쇼트처럼 고립된 주인공의 시각적 무게를 통
해서 전달된다(3-13).

2-16

'러시 아워 *Rush Hour 3* ' (미국, 2007),
출연: 크리스 터커 Chris Tucker,
성룡 Jackie Chan,
감독: 브렛 레트너 Brett Ratner.

▶ 평행은 디자인의 일반적인 원리이며 유사성, 통일성, 상호 강화 등을 함축한다. '러시 아워'에 나오는 대부분의 코미디는 의외의 차이에도 불구하고 시원찮은 이 두 경찰은 놀라울 정도로 닮은 데가 있다는 사실에서 비롯된다. 이 쇼트에 제목을 붙인다면, '천생연분'이라 할 수 있다. *(New Line)*

2-17

'슈퍼맨 *Superman*' (미국/영국, 1978),
출연: 글렌 포드 Glenn Ford(앉은사람),
감독: 리처드 도너 Richard Donner.

▶ 프레임의 중간에서 윗부분은 아래보다 본질적으로 무거운 편이기 때문에, 감독들은 보통 지평선을 구도의 중간보다 훨씬 위쪽에 유지한다. 그들은 또한 대부분의 시각적 비중을 스크린의 아래쪽에 둔다. 그러나 영화감독이 등장인물의 허약성을 강조하고 싶으면, 종종 지평선을 낮추고 또 경우에 따라서는 가장 무거운 시각적 요소를 그 인물 위에 두기도 한다. 가령 이 위트 있는 쇼트를 보면, 어린 클라크 켄트 Clark Kent의 부모는 그들의 양아들이 보여주는 초인간적인 힘에 깜짝 놀란다. 그리고 시각적으로 아주 위태롭다.   *(Warner Bros.)*

2-18

'휴고 *Hugo*' (미국, 2011).
출연: 아사 버터필드 Asa Butterfield,
감독: 마틴 스콜세지 Martin Scorsese.

▶ 수많은 영화 평론가들이 오랫동안 3-D를 주로 청소년 관객의 구미에 맞도록 설계된 장치로 간주해 왔다. 스콜세지와 같은 세계적인 영화감독이 '휴고'에서 3-D기술을 채택했을 때, 이들 평론가들 중 대다수가 그들의 선입관을 재고했다. 사실 이 영화가 탄생한 기원이 청소년-스콜세지 감독의 어린 딸 프란체스카-이었다. 그의 딸이 그의 영화가 대부분 폭력적이고 욕설이 난무하는 것이어서 볼 수 있는 영화가 하나도 없다고 아버지에게 불평을 늘어놓았던 것이다. 스콜세지 감독은 딸의 소망을 들어주기 위해 PG(13세 이하 보호자 동반 지정영화) 가족영화를 만들도록 하겠다고 말했다. 그의 딸은 아버지가 3-D 어린이 영화를 만들어주기를 바랐다. 이리하여 영화 '휴고'가 나왔다. 엄청나게 돈이 많이 든(1억7천만 달러의 예산) 이 영화는 특수효과의 예술적 기교를 황홀하게 발휘하고 있으며, 대부분 1930년대 몽파르나스에 있는 파리 기차역에서 벌어지는 장면들이다. 한때 지독한 영화광이었던 스콜세지 감독은 또한 뤼미에르 형제의 영화('열차의 도착', 4-4a 참조), 그리고 특히 조지 멜리스의 작품들(가장 유명한 영화는 '달세계 여행 *A Trip to the Moon*', 4-4b 참조)을 높이 평가하고 좋아했다. 이 장면에서는 어린 주인공이 커다란 시계의 바늘에 위태롭게 매달려 있는데, 영화 '마침내 안전 *Safety Last*'(4-28 참조)에 나오는 해롤드 로이드 Harold Lloyd의 유명한 장면을 참조한 것이다. 그러므로 스콜세지는 그것을 두 가지 방법으로 다루고 있는 셈이다. 그는 PG 가족영화를 만들었을 뿐 아니라 감독이 가지고 있는 두 가지 열정, 즉 영화 문화와 영화 보존을 옹호하는 작품을 만들었다. 그리고 물론 3-D 효과는 장관이다. *(Paramount Pictures/GK Films)*

특정한 선은 운동방향을 나타낸다는 사실이 심리학적인 실험을 통하여 밝혀졌다. 비록 수직적인 선과 수평적인 선이 시각적으로 정지한 것처럼 보일지라도, 움직임이 감지되면 수평적인 선은 왼쪽에서 오른쪽으로, 수직적인 선은 아래에서 위로 움직이는 경향이 있다. 대각선이나 사선은 보다 역동적이고 훨씬 가변적인 느낌을 준다. 이러한 심리적인 현상은 시각예술가에게 중요하다. 영화감독에겐 특히 그렇다. 왜냐하면 극적 맥락이 명확한 감정표현에 언제나 도움이 되는 것은 아니기 때문이다. 가령 감독이 조용한 맥락의 흐름 속에서 어떤 인물의 내면적인 흥분상태를 관객에게 보여주고 싶으면, 이를 역동적으로 선을 이용함으로써 전달될 수 있다. 이를테면 행동에 있어서는 극적인 것이 전혀 없는데도 불구하고 영상을 팽팽한 사선으로 구성함으로써 그 인물의 내면적인 불안과 동요를 나타낼 수 있는 것이다. 가장 인상적인 영화의 효과 가운데 어떤 것은 이처럼 영상의 구성요소와 그 극적인 맥락 사이의 긴장을 통해서 달성될 수 있다(2-21).

시각적 구도에는 대개 골격이 되는 구조가 그 밑바닥을 이루고 있다. 오랜 세월에 걸쳐 예술가들은 S형태와 X형태, 삼각디자인과 원형을 특히 선호해 왔다. 이런 디자인들이 자주 사용되는 까닭은 일반적으로 그것들이 본질적으로 아름다운 것으로 간주되고 있다는 단순한 이유에서이다. 시각예술가는 또한 상징적인 개념을 강조하기 위해 특정한 구성형식을 사용하기도 한다. 예컨대, 이원적 구도 binary structure는 병행을 강조하는데, 사실상 모든 2인 쇼트 two shot가 한 쌍이나 두 가지 대상이 같은 공간에 있다는 것을 암시할 것이다(2-31). 삼원적 Triadic 구도는 세 가지 주요 요소 간의 역동적인 상호작용을 강조한다(2-10b). 원형구도는 안전, 둘러싸인 모습, 여성적인 원리를 암시할 수 있다(2-15).

최소한 최고수준의 영화에서는 대체로 디자인이 주제와 불가분의 관계에 있다. 예를 들어, '줄 앤 짐 Jules and Jim'에서 트뤼포는 줄기차게 삼각구도를 사용했다. 왜냐하면 이 영화는 그들의 관계가 끊임없이 변하면서도 언제나 서로 연결되어 있는 세 인물을 다루기 때문이다. 이 경우에 영상의 형식은 영화의 내용인 삼각관계의 사랑을 상징적으로 표현하고 있다. 이러한 삼각구도는 시각적인 요소를 활성화시키고, 그들의 불균형상태를 유지하면서, 변화할 수밖에 없도록 한다. 일반적으로 3, 5, 7 단위로 이루어진 디자인은 이런 효과를 이끌어내는 경향이 있다. 2, 4, 6단위로 구성된 디자인은 보다 정적이고 안정되고 균형을 이룬다(2-10a).

영토 공간

지금까지 우리는 주로 2차원적 평면 위의 패턴의 구성과 관련된 미장센의 예술에 관심을 기울였다. 그러나 영화영상은 대개 부피와 깊이의 환영을 다루기 때문에 영화감독은 시각적 요소를 구성하면서 이상과 같은 공간적 고려사항들을 반드시 염두에 두어야 한다. 형태, 선, 색깔, 구조 등을 즐겁고 만족스럽게 배열하는 것도 중요하지만, 또한 영화영상은 반드시 스토리를 시간적으로 풀어가야만 하며, 그 스토리는 일반적으로 인간과 그리고 인간의 문제와 관련되어 있다. 더욱이 영화에 있어서 형식은 보통 음악의 음표와 달리 순수하지 않다. 영화의 형식은 현실세계의 대상에 특수하게 적용될 따름이다.

일반적으로 감독들은 그들의 영상에서 부피를 강조하는데, 정확히 그 이유는 그들의 구도에서 추상적이고 평면적인 모습을 피하고 싶기 때문이다. 대체로 감독들은 전면(전경), 중간면(중경), 후면(원경)이라는 세 가지 시각적인 면 위에 구성한다. 이러한 테크닉은 깊이의 느낌을 나타낼 뿐 아니라, 또한 영상을 지배하는 힘의 차이를 근본적으로 바꾸어놓을 수도 있으며, 이는 미세하거나 두드러지거나 하는 특성을 부여하는 규정작용으로서 역할을 한다. 예를 들어, 인물은 구도의 중경에 위치하는 경우가 많다. 전경에 있는 것은 모두 어떤 방식으로든 그 인물에 대해 말을 하려고 할 것이다(2-21). 예를 들어, 잎 무늬 장식은 자연스러움과 자연과의 융화를 암시할 것이다. 전경의 엷은 커튼은 신비로움, 에로티시즘, 여성다움을 상징한다. 엇빗금무늬의 창틀은 자아분열을 암시할 수 있다. 이외에도 전경의 특징을 나타낼 수 있는 수많은 방식들을 감독과 카메라맨은 생각해 낼 수 있다. 똑같은 원칙이 원경에도 적용된다. 비록 후면에 놓이는 대상들이 중간면과 전면에 놓인 것에 주도권을 빼앗기는 경향이 있긴 하지만.

영화감독이 결정해야 할 사항 중에 가장 기본적이면서도 중요한 것이 촬영되는 소재에 대해 어떤 쇼트를 사용해야 하는가이다. 다시 말해서 얼마나 많은 디테일이 프레임 안에 들어가야 하는가? 카메라는 얼마나 피사체에 근접할 것인가? 이는 관객이 피사체에 얼마나 근접해야 하는가를 달리 말한 것이다. 왜냐하면 관객의 눈은 카메라의 렌즈와 동일시되는 경향이 있기 때문이다. 이것들은 작은 문제가 아니다. 프레임을 차지하는 공간의 양은 근본적으로 촬영되는 소재에 대한 관객의 반응에 영향을 미칠 수 있기 때문이다(2-3). 주어진 소재를 가지고 감독은 다양한 쇼트를 사용할 수 있으며, 각 쇼트는 일정한 양의 주변공간을 포함하거나 배제한다. 그러나 하나의 쇼트에서 어느 정도의 공간이 꼭 맞을까? 어느 정도가 지나치게 많은 것이고, 어느 정도가 지나치게 적은 것일까?

공간은 커뮤니케이션의 수단이며, 특정 공간 내의 사물이나 사람에 대한 우리의 반응방식은 예술뿐 아니라 삶에 있어서도 정보의 끊임없는 원천이 된다. 사실상 어떤 사회적 상황에서도 우리는 공간의 사용과 그 공간을 차지한 사람들과 관련된 신호를 주고받는다. 대체로 우리는 공간이라는 매체에 대해 특별히 의식하지는 않지만, 공간에 관한 특정한 사회적 관습들이 무너지고 있다는 느낌이 들면 그 순간 우리는 반사적으로 경계를 하게 된다. 예를 들어, 사람들이 영화관에 들어가면 서로 적절한 간격으로 앉는 습관이 있다. 그러나 어느 정도가 적절한가? 그리고 누가 혹은 무엇이 그것을 결정하는가? 거의 텅 비다시피한 극장에서 누군가가 우리 옆자리에 앉을 때 왜 우리는 압박감을 느끼는가? 결국 그 좌석은 우리 것이 아니고, 상대방은 자신이 원하는 자리에 앉으려고 돈을 지불했다. 이런 상황에서 불안을 느끼는 것은 피해망상인가, 아니면 정상적이고 본능적인 반응인가?

수많은 심리학자와 인류학자들—콘라드 로렌츠 Konrad Lorenz, 로버트 소머즈 Robert Sommers, 에드워드 홀 Edward T. Hall을 비롯해—은 이러한 문제나 이와 유관한 문제들을 탐구해 왔다. 이들의 연구결과는 영화에서 공간이 어떻게 사용되는가와 관련하여 특히 의미가 있다. 예컨대, 로렌츠는 그의 저서 『공격성에 관하여 On Aggression』에서 인간을 포함한 대부분의 동물들이 얼마나 영토적인가를 다루고 있다. 다시 말해서 그들은 일정한 공간을 자기 것으로 주장하면서 그것을 외부자로부터 지킨다. 이 영토는 자신의 안전을 위한 사적인 터전이며, 마치 동물 자신의 확장된 유기체처럼 간주된다. 일정한 공간에 생물들이 너무 빽빽하게 몰려 있으면 스트레스, 긴장, 불안 등을 초래할 수 있다. 대체로 영토에 대한 이러한 요구가 침해당하면, 그로 말미암아 공격적이고 폭력적인 행동을 불러일으킬 수 있으며, 때로는 그 영토에 대한 지배권을 놓고 싸움이 벌어지기도 한다.

영토에는 힘의 공간적인 위계질서가 있다. 다시 말해서 한 공동체에서 가장 지배적인 생물이 말 그대로 더 많은 공간을 차지하고, 반면에 지배의 힘이 약한 것들은 함께 무리를 이루고 있다. 한 생물이 차지하는 공간의 크기는 대체로 그 주어진 영토에서 누리는 지배의 힘에 비례한다. 이러한 공간의 원리는 인간 사회에서도 수없이 찾아볼 수 있다. 예컨대, 교실은 보통 교사가 교육하는 영역과 학생들이 앉아 있는 영역으로 나누어져 있지만, 권위의 존재인 교사에게 할당된 공간의 몫이 피교육자인 학생 개개인에게 할당된 공간보다 훨씬 크다. 사실상 사람이 사용하는 영토라면 그 종류가 어

2-19a

'졸업 *The Graduate*' (미국, 1967),
출연: 앤 밴크로프트 Anne Bancroft,
더스틴 호프만 Dustin Hoffman,
감독: 마이크 니콜스 Mike Nichols.

▶ 전경에 적대적인 요소(밴크로프트)가 우리 편 사이에 나타나게 되면 관객은 불안하거나 분리된 느낌을 가질 수 있다. 이 씬에서 우리 편 주인공인 대학 졸업생 벤자민 브래독은 위협을 느끼고 있다. 부모의 친구인 연상의 여인이 그를 유혹하려고 한다―이것은 그의 생각이다. 그가 확신하고 있는 것은 아니다. 그의 덫에 걸린 듯한 느낌과 내면적 동요는 더듬거리거나 당혹스러운 말투보다는 오히려 미장센을 통해서 전달된다. 앞에는 반나체인 그녀의 몸이 가로막고 있고, 그리고 뒤에는 또한 창들이 사실상 그를 가두고 있다―영화의 프레임이라는 울타리 안에 있는 울타리(방) 안의 울타리(3중의 울타리)이다.   *(Embassy/Laurence Turman)*

2-19b

'그리프터스 *The Grifters*' (미국, 1990),
출연: 존 쿠색 John Cusack, 안젤리카 휴스턴 Angelica Huston, 감독: 스티븐 프리어스 Stephen Frears.

▶ 모든 쇼트는 이데올로기적인 단위세포로, 그리고 그것의 미장센은 인물들의 권력관계에 대한 도식적인 삽화로 보일 수 있다. 프레임 내 인물들의 위치는 미학적 선택 이상의 의미를 지닌다. 그것은 영토의 심오한 의미를 지니고 있다. 이 영화에서 주인공(쿠색)은 그의 어머니(휴스톤)와 풀리지 않는 오이디푸스적 갈등을 겪고 있다. 그들은 주도권을 잡기 위해 끊임없이 투쟁한다. 미장센은 누가 더 강한가를 보여준다. 아주 밝은 들판에서는 더 어두운 쪽이 지배한다. 프레임의 오른쪽이 더 무겁다―더 지배적이다. 서 있는 인물은 앉아 있는 인물보다 높고 우월하다. 프레임의 꼭대기(휴스톤의 영역)는 중앙과 밑바닥 부분을 지배한다. 그녀는 킬러이다.

(Cineplex Odeon)

2-20a

'마이클 클레이튼 *Michael Clayton*'
(미국 2007),
출연: 조지 클루니 George Clooney,
톰 윌킨슨 Tom Wilkinson,
감독: 토니 길로이 Tony Gilroy

▶클루니가 맡은 역은 법인 법률회사의 잘나가는 변호사이자 일명 "해결사"로서 그의 동료 윌킨슨을 "구출하기" 위해 파견된다. 노인은 조울증을 앓고 있으며 약물 투여를 거부한다. 결국 그는 그가 연루된 유죄 소식으로 말미암아 회사가 무너질 것을 염려하여 미친 행동을 시작한다. 이 씬에서 그는 협력을 거부하는가 하면, 가능한 한 그의 독한 동료로부터 공간적 거리를 두고 신경질적으로 왔다갔다 한다. 그 공간은 곧 완충적인 안전지대를 상징한다.

(Castle Rock/Section Eight/Mirage/Clayton Prods)

2-20b

'폭력의 역사 *A History of Violenc*'
(미국, 2005),
출연: 애쉬튼 홈즈 Ashton Holmes, 비고 모텐슨 Viggo Mortensen, 감독: 데이빗 크로넨버그 David Cronenberg.

▶10대 아들이 아버지—그가 칭찬하고, 존경하고, 사랑하는 남자—와 맞서 있다. 아버지가 그가 아닌 다른 어떤 사람인 체하면서 가족과 공동체를 속이고 있기 때문이다. 이 대면의 상황은 영토적이면서 동시에 강경한 항의이다. 왜냐하면 젊은이가 아버지에게 그의 과거에 대한 진실을 말하도록 재촉하면서 아버지의 사적 공간을 침범하고 있기 때문이다.

(New Line. Photo: Takashi Seida)

2-21
'400번의 구타 *The 400 Blows*'
(프랑스, 1959),
출연: 장 피에르 레오 Jean-Pierre
Laud, 감독: 프랑수아 트뤼포
François Truffaut.

▶ 주인공과 카메라 사이의 공간은 보통 장애물이 없기 때문에 관객은 힘들이지 않고 주인공을 볼 수 있다. 하지만 때로는 영화감독이 극적인 혹은 심리적인 점을 강조하기 위해 고의로 관객의 시선을 가리기도 한다. '400번의 구타'의 무모한 젊은 주인공은 항상 터프하게 행동하려고 하는데, 보통 그것은 다음을 의미한다. 즉, 냉정하라, 그리고 남에게 눈물을 보이지 마라. 극의 맥락이나 등장인물의 특성 때문에 영화감독이 감정을 공공연하게 표현하지 못하는 경우가 있는데, 이런 때는 그것들이 종종 순수하게 시각적 수단만으로 전달될 수 있다. 이 영화에서 소년의 초조와 긴장은 여러 가지 형식적 테크닉을 통해 전달되고 있다. 그의 내면적 불안은 철망의 사선을 통해 전달된다. 자신이 잡혔다는 느낌은 꽉 찬 프레임(양 측면, 꼭대기, 밑바닥)과 얕은 초점(배경), 철망이라는 장애물 자체(전경)를 통해 암시되고 있다. *(Sédif Productions/Les Films Du Carosse. Photo: Andre Dino)*

떤 것이든 그 공간의 구조는 한눈에 알아볼 수 있는 권력적인 성격을 드러내고 있다. 우리 자신을 우리가 아무리 평등주의자로 생각하고 싶어도, 대체로 우리는 이러한 공간적 관습에 길들어 있다. 예를 들어, 어떤 저명한 인물이 혼잡한 방으로 들어서면, 대부분의 사람들은 반사적으로 그 사람을 위하여 길을 터준다. 사실 그들은 자신들이 차지하고 있는 것보다 훨씬 많은 공간을 그에게 제공하고 있다.

그러나 이 모든 것이 영화와 어떤 관계가 있는가? 아주 깊은 관계가 있다. 왜냐하면 영화에서는 공간이 커뮤니케이션의 주요 수단 중 하나이기 때문이다. 사람들이 공간에 배열되는 방식을 통해서 그들의 사회적 및 심리적 관계에 관하여 많은 것을 관객에게 말해줄 수 있다. 영화에서는―그 영화가 권력 상실이라든가 혹은 비천한 신분의 인물을 다루는 작품이 아니라면―지배적 인물은 거의 언제나 다른 사람보다 더 많은 공간을 차지한다. 영화에서 한 인물이 차지하는 공간의 크기는 그 인물이 누리는 현실적인 사회적 권세와 필연적인 연관이 있다. 일반적으로 왕과 같은 권위적인 인물은 농민들보다 훨씬 큰 공간을 차지한다. 그러나 그것이 주로 농민에 관한 영화라면, 농민이 공간을 지배하게 될 것이다. 한마디로 공간의 지배는 영화의 맥락에 따라 달라진다. 반드시 현실세계와 같은 것은 아니다.

(a)

(b)

2-22a & b

'브로큰 플라워 *Broken Flowers* '
(미국, 2005),
출연: 빌 머레이 Bill Murray, 샤론 스톤 Sharon Stone,
각본 및 감독: 짐 자무시 Jim Jarmusch.

▶ 프레임은 일시적으로 영상의 심리적 영토를 규정한다. 이 잘린 사진(2-22a)에서 머레이 역의 인물은 사랑을 나누면서 더없이 행복한 밤을 보내고 깨어난 것처럼 보인다. 하지만 이 영화의 전체 이미지(b)에서 그는 마른침을 삼키며 덤비는 동침한 여인 때문에 대단히 심각한 위험에 처해 있는 것처럼 보인다. 그녀는 공간의 3분의 2를 차지하고 있으며, 그녀의 손은 마치 벌어진 턱뼈—정신과 의사들이 이빨 달린 질 vagina dentata의 욕망 증후군을 가리키는 현상—처럼 그의 얼굴을 감싸고 있다. '브로큰 플라워'는 깐느 국제영화제에서 대상을 수상했다.
(Focus Features. Photo: David Lee)

▶ 분리와 소외. 인물들을 통일된 공간에 늘어세우는 방식으로 그들의 관계를 말해주거나 혹은 이 경우처럼 그들이 아무런 관계가 없다고 말하는 수가 있다. 전경의 네 인물들이 어떻게 그들이 기대고 있는 콘크리트 기둥들에 의해 분리되어 그들의 소외를 강조하는가를 주목하라. '파스칼 도서관'은 박식한 고객들이 특히 잔 다르크 Joan of Arc, 피노키오 Pinocchio, 로리타 Lolita, 그리고 데스데모나 Desdemona(역주: 셰익스피어의 '오델로'에 나오는 오델로의 젊은 아내)와 함께 그들의 격정적인 성적 판타지를 실연하는 타락한 사창굴에서 대부분의 일들이 일어난다. 이 영화는 마찬가지로 성적 욕망을 충족시키는 사창가를 배경으로 한 장 즈네 Jean Genet의 프랑스의 고전 희곡 '발코니 *The Balcony*'로부터 도움을 받았다.   *(Film Partners)*

2-23

'파스칼 도서관 *Bibliothèque Pascal*'
(헝가리/독일, 2010),
감독: 사볼치 하이두 Szabolcs Hajdu.

2-24a

'푸른 천사 *The Blue Angel*' (독일, 1930),
출연: 마를렌 디트리히 Marlene Dietrich,
감독: 조셉 본 스턴버그 Joseph von Sternberg.

▶ 구조의 밀도는 영상 안에 있는 시각적 디테일의 양을 가리킨다. 영화감독이 그 영상 속에 얼마나 많은 양의 정보를 채워 넣는가? 그리고 왜? 대부분의 영화는 소재를 비추는 조명의 양에 따라 적절하게 조직된다. 어떤 영상은 황량한 반면에 어떤 영상은 아주 조밀하게 짜여 있다. 밀도의 정도는 종종 영화 속에 담긴 삶의 질에 대한 상징적 비유이기도 하다. '푸른 천사'의 값싼 카바레 세트는 혼란스럽고 잔뜩 채워져 있으며, 담배연기가 진동하고 야한 장신구가 어지럽게 흩어져 있다. 공기는 거의 숨이 막힐 지경이다. 'THX 1138'의 황량한 미래 세계는 불모이고 공허하다. *(UFA. Photo: Karl Ewald)*

2-24b

'*THX 1138*' (미국, 1971),
출연: 로버트 듀발 Robert Duvall,
도널드 플리젠스 Donald Pleas ence,
감독: 조지 루카스 George Lucas.
(American Zoetrope/Warner Bros.)

2-25

'위대한 환상 *Grand Illusion*'
(프랑스, 1938),
출연: (가운데서 오른쪽으로) 에리히 폰 슈트로하임 Erish von Stroheim, **피에르 프레스니** Pierre Fresany, **장 가뱅** Jean Gabin,
감독: 장 르누아르 Jean Renoir.

▶ 극적 문맥의 상징적 중요성에 따라 프레임이 꽉 차거나 느슨한 프레임이 된다. 프레임 자체가 본질적인 의미를 갖는 것은 아니다. 가령 제1차 세계대전을 다룬 르누아르의 이 걸작영화에서 볼 수 있듯이, 꽉 찬 프레임은 사실상 상징적인 감옥이나 다름없으며, 함정과 감금 그리고 투옥 등을 다루는 영화에서 유용한 테크닉이 된다. (*Réalisation d'art cinématographique*)

비록 쇼트가 지속되는 동안에만 존재하는 일시적인 것이긴 하지만, 영화의 프레임 역시 일종의 영토이다. 프레임의 공간을 나누는 방식은 영화감독의 주된 수단들 중 하나이며, 영화감독은 공간적인 관습들을 이용해 인간관계를 규정하고 조종하고 또한 수정할 수 있다. 더 나아가서 일단 관계가 설정되고 나면, 감독은 단지 카메라 설정만 바꾸어도 다른 소재로 계속 나아갈 수 있다. 달리 말하면, 영화감독은 시종일관 변함없는 씬의 공간영역에 갇혀 있는 것이 아니다. 미장센의 전문가는 단 하나의 쇼트로도─인물들 사이의 공간, 영상 내 여러 면의 깊이, 본질적으로 무게가 있는 프레임의 영역, 인물과 카메라가 마주보고 있는 방향 등을 이용함으로써─달라지는 심리적 및 사회적 뉘앙스를 표현할 수 있다.

2-26

▶완전 정면자세는 가장 친밀한 연출형태이다. 이 자세는 가장 접근이 편하고, 직접적이며, 또 명료하다. 그리고 특히 배우들이 카메라 쪽으로 움직이면, 종종 가장 공격적이기도 하다.

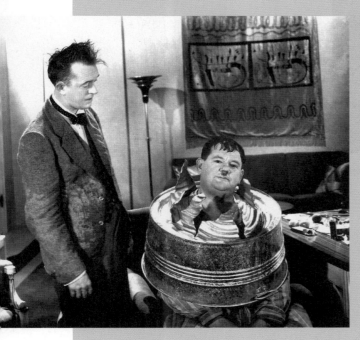

2-26a

'사막의 아들 Sons of Desert' (미국, 1933), 출연: 스탠 로렐 Stan Laurel, 올리버 하디 Oliver Hardy, 감독: 윌리엄 세이터 William Seiter.

▶배우들은 결코 카메라를 보지 않지만, 특히 코미디 배우들 중에는 몇 가지 예외가 있었다. 오늘날의 에디 머피 Eddie Murphy처럼, 올리버 하디는 이런 테크닉에 있어서 최고전문가였다. 스탠이 정말로 바보 같은 짓을 할 때마다(이로 말미암아 그의 파트너의 체면이 말이 아닌데), 올리는 그의 격분을 억누르려고 애쓰면서 뛰어난 동지인 관객의 동정을 호소하며 카메라를 향해—관객을 향해—몸을 돌린다. 오직 관객만이 그의 인내의 깊이를 실감할 수 있을 따름이다. 평소처럼 완전히 얼이 빠진 스탠리 Stanley는 1/4 정도 몸을 돌린 자세로 전혀 다른 일에 정신을 빼앗긴 채, 궁지로 몰아넣는 올리의 모면하기 어려운 비난에 대비해 스스로를 방어할 방도를 궁리하고 있다.　*(Hal Roach/MGM)*

2-26b

'맨츄리안 캔디데이트 The Manchurian Candidate' (미국, 2005), 출연: 리브 슈라이버 Liev Schreiber, 메릴 스트립 Meryl Streep, 감독: 조나단 드미 Jonathan Demme.

▶이 완전 정면자세는 특히 클로즈업으로 관객에게 등장인물들의 자세한 모습을 보여 주고 있다. 다시 말해서 관객은 그들의 얼굴을 마치 영혼의 풍경화처럼 바라볼 수 있다. 예를 들면, 이 쇼트에서 노련하고 탁월한 처리 능력을 가진 어머니가 걱정스러운 아들을 아직도 통제해 나갈 수 있을지 자신이 없다. 아들은 그에 대한 어머니의 통제를 차단하려고 애쓰고 있다.

(Paramount Pictures. Photo: Ken Regan)

2-26c

'랜드 오브 데드 *George A. Romero's Land of the Dead*' (미국, 2005), 출연: 유진 A. 클라크 Eugene A. Clark(전면 중앙), 각본 및 감독: 조지 로메로 George A. Romero.

▶ 완전 정면자세는 또한 대치하거나 대결하려는 듯한 느낌을 줄 수도 있다. 왜냐하면 인물들이 주춤거리지 않고 곧장 정면으로 관객에게 등장하기 때문이다. 좀비들이 살아있는 자의 도시를 공격하면서 카메라를 향하여—관객을 향하여—움직일 때, 진화하는 좀비들의 험상궂은 무리에게 어떤 자세가 더 어울릴까? 영혼이 없는 이 존재들은 어쩔 수 없이 인간 먹이를 사냥하면서 보스(클라크)의 지휘하에 맹공격을 한다. *(Universal Pictures. Photo: Michael Gibson)*

2-26d

'아티스트 *The Artist*' (프랑스/벨기에, 2011), 출연: 장 뒤자르댕 Jean Dujardin, 베레니스 베조 Bérénice Bejo, 감독: 미셸 아자나비슈스 Michel Hazanavicius.

▶ 이 쇼트의 경우처럼 등장인물들이 상냥하고 호감이 갈 때는 완전 정면자세 full front가 가장 매혹적이다. 등장인물들이 우리를 향해 활짝 웃으면서 매혹적인 제스처를 보인다. 스토리 줄거리는 '사랑은 비를 타고 *Singin' in the Rain*'와 '스타탄생 *A Star is Born*'의 영향을 많이 받았다. 이 영화의 특이한 점은 대부분의 출연진이 프랑스 배우이고 흑백 무성영화라는 점이다. 더 특이한 것은 최우수 작품상, 최우수 감독상, 뒤자르댕의 남우주연상을 비롯해 5개 부문에 걸쳐 미국의 오스카상을 수상했다는 점이다. *(La Classe Americane/France 3)*

2-27

'밀레니엄: 여자를 증오한 남자들 *The Girl with the Dragon Tattoo*' (미국, 2011).
출연: 루니 마라 Rooney Mara,
대니엘 크레이그 Daniel Craig,
감독: 데이빗 핀처 David Fincher.

▶측면자세는 등장인물이 서로 얼굴을 마주보고 있거나 혹은 프레임 밖의 왼쪽이나 오른쪽을 보고 있을 때 그들 모르게 포착한 모습이다. 관객으로 하여금 아무런 방해 없이 자유롭게 지켜보고 분석할 수 있게 해준다. 옆모습은 완전 정면이나 1/4 정도 몸을 돌린 자세보다는 덜 친밀하며, 또한 감정적인 유대도 훨씬 덜한 편이다. 관객은 인물들로부터 간격을 두면서 중립적인 관점에서 바라본다. *(Columbia Pictures/MGM/Scott Rudin)*

　배우는 다섯 가지 기본적인 자세 중 어느 것으로도 촬영될 수 있는데, 그것들이 전달하는 심리적 기조는 각기 다르다. (1) 완전 정면자세 full front-카메라를 마주보는 자세, (2) 1/4 정도 몸을 돌린 자세 the quarter turn, (3) 측면자세 profile-looking off frame left or right, (4) 3/4 정도 몸을 돌린 자세 the three-quarter turn, (5) 카메라와 등진 자세 back to camera. 관객은 카메라 렌즈와 동일시하기 때문에 카메라와 대면하는 배우의 자세에 따라 다양한 관객의 반응이 나타날 것이다. 관객이 배우의 얼굴을 많이 보면 볼수록, 관객에게만 허용되는 그 특유의 친밀감은 더 커진다. 관객이 볼 수 있는 것이 적으면 적을수록, 배우는 더 신비스럽고 다가가기 어려운 존재로 보일 것이다.

　완전 정면자세가 가장 친밀하다. 인물은 관객 쪽으로 보고 있으며, 함께 가담할 것을 요청한다. 대부분의 경우 배우들은 카메라를 무시한다. 이는 곧 관객을 무시하는 것이다. 하지만 관객의 특권적인 위치로 말미암아 배우들의 방어막을 걷어내고, 그들의 약점이나 취약성이 노출되는 것을 관객은 관찰할 수 있다. 등장인물이 카메라에게 말을 걸면서 관객의 존재를 의식하는 경우는 아주 드물

2-28

'올 오어 낫싱 *All or Nothing*' (영국, 2002),
출연: 티모시 스폴 Timothy Spall(오른쪽 끝, 3/4 정도 몸을
돌린 자세), 감독: 마이크 리 Mike Leigh.

▶ 3/4 정도 몸을 돌린 자세는 사실상 카메라를 거부하는
것이나 다름없다. 그리고 이는 곧 좀더 많이 보려고 하는
관객의 욕망에 협력하지 않겠다는 거절이기도 하다. 이러
한 연출타입은 관객으로 하여금 마치 자신이 인물들의 사
적인 삶을 훔쳐보기 좋아하는 사람인 것처럼 느끼게 만드
는 경향이 있는데, 그 인물들은 오히려 관객이 멀리 가버리
기를 원하는 듯이 보인다. 가족이 저녁을 먹는 이 씬에서,
배우들의 보디랭귀지와 마이크 리 감독의 미장센은 심각한
소외의 느낌을 잘 표현해 주고 있다. 인물들은 각자 자신만의 분리된 공간 안에 갇힌 것처럼 보인다. 그들은 생매
장된 것 같다. *(Thin Man/Les Films Alain Sarde. Photo: Simon Mein)*

2-29

'붉은 사막 *Red Desert*'
(이태리, 1964),
출연: 카를로 치오네티 Carlo Chionetti,
모니카 비티 Monica Vitti, 리처드 해
리스 Richard Harris(등을 보이고 있
는 인물), 감독: 미켈란젤로 안토니오니
Michelangelo Antonioni.

▶ 인물들이 카메라와 등지고 있으면, 그
들은 관객을 노골적으로 거부하거나 혹은
관객의 존재를 전혀 알아채지 못하는 것
처럼 보인다. 관객은 그들의 표정을 직접
보고 분석하고 싶어 하지만, 그러한 특권
이 관객에게 허용되지 않는다. 그 인물은
계속 수수께끼로 남는다. 안토니오니는 미
장센의 탁월한 전문가 중 한 사람이며, 최
소한의 대화로 복잡한 상호관계를 표현한
다. 이 영화의 주인공(비티)은 신경쇠약에서 회복되려는 시점에 있다. 그녀는 아직도 불안하고 두려워하고 있으며,
심지어 자신의 남편(치오네티)에게도 그렇다. 붉은 페인트로 심하게 얼룩진 벽이 어떻게 피를 흘리는 듯한 효과를
암시하는지를 주목하라. *(Film Duemila/Federiz)*

지만, 이럴 경우 친밀감은 아주 커진다. 왜냐하면 결과적으로 관객은 그 인물이 선택한 절친한 친구가 되는 것에 동의하는 것이 되기 때문이다. 이런 테크닉을 가장 멋지게 사용한 전문가 중 한 사람이 바로 올리버 하디 Oliver Hardy였는데, 서서히 타오르는 그의 분노는 관객에게 직접 동정과 이해를 겨냥하고 있었다(2-26a).

　1/4 정도 몸을 돌리고 있는 자세를 좋아하지 않는 영화감독은 별로 없다. 왜냐하면 아주 자상하면서도 친근한 느낌을 주면서도 완전 정면자세보다는 정서적인 연대감이 덜하기 때문이다. 측면자세는 친근감이 훨씬 덜하다. 인물은 자신을 지켜보고 있다는 것을 눈치 채지 못한 것처럼 보이며, 자신의 생각에 잠겨 있다(2-27). 3/4 정도 몸을 돌리고 있는 자세는 훨씬 개성이 드러나지 않고 익명적이다. 이 자세는 인물의 비우호적이거나 반사회적인 감정을 전달하는 데 유용하다. 왜냐하면 결과적으로 그 인물은 관객의 관심을 거부하면서 부분적으로 관객과 등을 돌리고 있기 때문이다(2-28).

> **2-30**　'헛소동 *Much Ado About Nothing*'(영국, 1993)의 홍보사진,
> **출연:** 마이클 키튼 Michael Keaton, 키아누 리브스 Keanu Reeves, 로버트 숀 레오나드 Robert Sean Leonard, 케이트 베킨세일 Kate Beckinsale, 엠마 톰슨 Emma Thompson, 케네스 브래너 Kenneth Branagh, 덴젤 워싱턴 Denzel Washington, **감독:** 케네스 브래너 Kenneth Branagh.
>
> ▶ 홍보사진은 카메라를 직접 쳐다보는 배우들을 보여주는 경우가 많으며, 관객을 그들의 세계로 초대하여 그들의 친근한 미소로 유혹한다. 물론 영화 자체가 진행되는 동안에 배우는 거의 카메라를 쳐다보지 않는다. 그들이 애써 관객의 존재를 무시하면서도 관객에게는 훔쳐보는 것을 그냥 허용하고 있을 뿐이다. *(Renaissance Films)*

'허슬 & 플로우 Hustle & Flow'
(미국, 2005),
출연: 타린 매닝 Taryn Manning,
테렌스 하워드 Terrence Howard,
감독: 크레이그 브로워 Craig Brewer.
(MTV Film/New Deal Productions/Crunk.
Photo: Alan Spearman)

▶ 2-31 a, b, c, d. 이 사진들은 모두 남자와 여자의 대화 장면을 그리고 있지만, 연출의 접근양식은 각기 다르고, 완전히 다른 기조를 나타내고 있다. '허슬 & 플로우'의 접근범위는 에로틱한 에너지로 충만해 있다. 두 사람은 말 그대로 살과 살이 맞닿아 있다. '가든 스테이트'에서 두 사람은 서로에 대해 강한 매력을 느끼고 있지만, 보다 조심스럽게 사적 거리를 유지하면서 둘 다 상대방의 공간을 존중하고 있다. '어웨이 프롬 허'에서 결혼한지 오래된 남편과 아내(그녀는 알츠하이머에 걸렸다)의 사회적 거리는 그녀가 남편으로부터 점점 멀어지고 있다는 것과 그리고 사랑하는 여인을 잃어버리는 남편의 고뇌를 나타낸다. '자브리스키 포인트'의 인물들은 겨우 말을 건넬 정도이다. 그들 사이의 공적 거리는 상당한 의심과 유보를 함축하고 있다. 심리적으로 그들은 몇 킬로미터 떨어져 있다. 이 쇼트들은 각각 비슷한 소재를 담고 있지만, 그것들이 각각 담고 있는 실제 내용은 그 형식에 의해 결정되고 있다. 여기서는 그것이 배우들 간의 거리에 의해 결정되고 있다.

'가든 스테이트 Garden State'
(미국, 2004),
출연: 나탈리 포트만 Natarie Portman,
잭 브라프 Zach Braff,
각본 및 감독: 잭 브라프.
(Jersey Films/Double Feature/Large's A. Photo:
K. C. Bailey)

2-31c

'어웨이 프롬 허 *Away from Her*'
(카나다, 2007).
출연: 줄리 크리스티 Julie Christie,
고든 핀센트 Gordon Pinsent,
감독: 사라 폴리 Sarah Polley.
(Film Farm/Foundry Films/Pulling Focus Pictures)

2-31d

'자브리스키 포인트 *Zabriskie Point*'
(미국, 1970).
출연: 다리아 핼프린 Daria Halprin,
로드 테일러 Rod Taylor, 감독: 미켈란젤로
안토니오니 Michelangelo Antonioni.
(MGM)

　　어떤 인물이 카메라와 등지고 있으면, 관객은 다만 내면적으로 무슨 일이 벌어지고 있는지 짐작만
할 수 있을 뿐이다. 이 자세는 세상으로부터 소외된 인물을 나타내기 위해 자주 쓰인다. 은폐와 미스
터리의 느낌을 전달하는 데 유용하다. 관객은 더 많은 것을 보고 싶어 한다(2-29).

　　프레임의 영토 내 열린 공간의 크기는 상징적인 목적으로 사용될 수도 있다. 일반적으로 말하
면, 쇼트가 가까이서 찍힌 것일수록 촬영되는 인물들은 더 갇힌 것처럼 보인다. 이런 쇼트를 보통
꽉 찬 프레임이라고 말한다. 이와 반대로 멀리서 느슨하게 찍은 쇼트는 자유로움을 나타내는 경향
이 있다. 감옥을 다룬 영화들은 꽉 찬 프레임의 클로즈업과 미디엄 쇼트를 자주 사용한다. 왜냐하면
이런 프레임은 그 자체가 일종의 상징적인 감옥의 기능을 하기 때문이다. 가령 '사형수 탈옥하다 *A
Condemned Man Escapes*'에서 로베르 브레송 Robert Bresson 감독은 수갑을 찬 주인공의 손을 클로즈업
으로 보여주면서 영화를 시작한다. 영화의 처음부터 끝까지 감옥에 갇힌 죄수는 정교하게 탈출을 준
비하고, 브레송은 참기 어려운 주인공의 폐소공포증을 강조하기 위하여 계속 꽉 찬 프레임을 유지한

다. 영화 막바지에 주인공은 드디어 자유의 공간인 감옥의 벽 바깥의 어둠 속으로 사라지게 되는데, 이때가 되어서야 비로소 이러한 공간적인 긴장감이 해소된다. 성공적인 그의 탈출은 느슨한 프레임의 롱 쇼트—이 영화에서 유일한 롱 쇼트—로 촬영되는데, 이 또한 그의 정신적인 해방을 상징한다. 이런 종류의 프레이밍과 공간적 메타포는 감금을 주제로 다루는 영화에서는 흔하다. 그 주제는 르누아르의 '위대한 환상 *Grand Illusion*'(2-25)의 경우처럼 직접적일 수도 있고, '졸업 *The Graduate*'의 경우처럼 심리적일 수도 있다(2-19a).

세트에 있는 대상들과 선들은 완전히 중립적이지만, 감독은 종종 이들을 이용하여 갇힌 느낌을 나타낼 수 있다. 이럴 경우, 이 실제 사물들의 형식적인 특성들은 최소한 스크린의 평면 위에서만은 인물을 둘러싸고 있는 것처럼 보이는 경향이 있다(2-36a 참조).

프레임 안의 영토는 상당히 심리적으로 복잡한 내용으로 조종될 수 있다. 예를 들어, 등장인물이 프레임을 떠날 때 카메라는 다시 무게의 균형을 바로잡기 위하여 약간 패닝함으로써 구도 내의 갑작스러운 공백을 조정할 수 있다. 혹은 카메라가 움직이지 않을 수도 있는데, 그렇게 되면 그 인물이 차지했던 빈 공간은 상징적으로 상실의 느낌을 나타내게 된다. 두 인물 사이의 적대감과 의혹은 두 사람을 구도의 가장자리에 두어 그들 사이의 거리를 최대한으로 하거나(2-31d), 어떤 인물의 힘을 다른 인물의 영토, 즉 일시적으로 프레임의 테두리에 의해 규정되는 그 영토로 끼어들게 함으로써 전달될 수 있다.

접근 양식

인류학자 에드워드 홀 Edward T. Hall이 그의 저서 『숨겨진 차원 *The Hidden Dimension*』과 『침묵의 언어 *The Silent Language*』에서 설명했듯이, 공간적 관습은 문화에 따라 차이가 있다. 홀은 접근양식—특정 공간에서 이루어지는 생명체들의 상호관계—이 외적 요인의 영향을 받을 수 있다는 것을 발견하였다. 기호, 소음의 수준, 조명 밝기의 정도, 이 모든 것이 개인들 사이의 공간을 변화시키는 경향이 있다. 앵글로색슨과 북유럽 문화권의 사람들은 기후가 따뜻한 곳에 사는 사람들보다 더 많은 공간을 사용하는 경향이 있다. 소음, 위험, 빛의 결핍은 사람들로 하여금 함께 모여 움직이게 한다. 이러한 문화적 요인과 전후관계를 고려하여, 홀은 사람들이 공간을 사용하는 방식을 다음과 같이 네 가지 주요 접근양식으로 구분했다. (1) 친밀한 거리, (2) 사적인 거리, (3) 사회적인 거리, (4) 공적인 거리 등이다.

친밀한 거리는 피부가 맞닿는 곳에서 45cm 정도 떨어진 거리를 말한다. 이는 육체적인 관계—사랑, 위로, 개인들 간의 다정함—가 이루어질 수 있는 거리이다. 낯선 사람이 이 정도의 거리로 다가오면 침입이나 침범으로 간주될 것이다. 대체로 사람들은 자신들이 잘 알지 못하는 사람이 그들의 공간을 침입하면 의혹과 적의를 가지고 반응할 것이다. 많은 문화권에서, 공적인 장소에서 친밀한 거리를 취하는 것은 좋지 않은 것으로 간주된다.

사적인 거리는 대략 45cm에서 1.2m 사이의 거리이다. 말 그대로 한쪽 팔 가량의 거리이기 때문에, 필요하면 육체적으로 접촉할 수도 있다. 이런 거리는 연인들이나 가족보다는 친구나 잘 아는 사람들 사이의 거리이다. 사적인 거리는 개인 간의 사생활을 보장하지만, 친밀한 거리가 거의 언제나 그런 것처럼 반드시 배타성을 나타내지는 않는다.

사회적인 거리는 1.2m에서 3.6m 사이의 거리이다. 이것은 공적인 사무나 평상적인 사교모임에서 설정되는 거리이다. 이것은 대부분의 경우 편안한 거리이지만, 사적인 거리보다는 다소 공적이다. 보통 이 거리는 세 사람 이상이 모여 있을 때 필요하다. 사교적인 자리에서 두 사람이 친밀한 거리나 사적인 거리를 유지한다면 버릇없게 보일 것이다. 이런 행동은 거만하게 보일 여지가 많다. 공적인 거리는 3.6m에서 7.5m 이상 떨어진 거리이다. 이것은 공적이고 사심이 없는 거리이다. 이런 거리에서 사적인 감정을 드러내는 것은 버릇없어 보인다. 공적으로 주요 인사들은 일반적으로 이런 공적인 거리에서 모습을 나타내며, 상당한 공간이 있기 때문에 자신들의 의사를 사람들에게 정확히 전달하기 위해서는 제스처를 과장하고 목소리를 높여야만 한다.

대체로 사람들은 본능적으로 접근양식을 조정한다. 낯선 사람이 우연히 우리로부터 45cm 정도의 거리에 서 있을 때, 보통 우리는 마음속으로 "이 사람이 나의 친밀한 공간을 침입하고 있다."고 여기지는 않는다. 시시비비를 따질 만한 분위기가 아니라면, 그런 상황에서 무의식적으로 우리는 몇 걸음 물러설 것이다. 분명히 사회적 관계는 접근양식에서 결정적인 요인이 된다. 예를 들어, 복잡한 지하철에서는 사실상 모든 사람이 친밀한 거리 안에 있지만, 신체적으로 접촉하고 있는 옆 사람들에게 말을 걸지 않음으로써 일반적으로 공적인 태도를 유지한다.

사람들이 실생활에서 어떤 방식으로 공간적 관습을 따르고 있는가를 눈여겨 본 사람이라면, 접근양식이 아주 분명하게 눈에 띌 것이다. 그러나 영화에서는 이러한 접근양식들이 또한 쇼트 및 쇼트의 거리와도 연관되어 있다. 쇼트가 언제나 카메라와 촬영되는 대상 사이의 실제 거리에 의해서 결정되는 것은 아닐지라도, 심리적인 효과라는 측면에서 보면 쇼트가 물리적인 거리를 암시하는 경향이 있다.

보통 영화감독들은 한 씬의 연기를 전달하기 위해 어떤 종류의 쇼트를 사용할 것인가에 관하여 수많은 선택지를 가지고 있다. 감독의 선택을 결정하는 것─보통 의식적이기보다는 본능적이지만─은 여러 가지 접근양식의 정서적 효과이다. 각 접근양식마다 그에 상응하는 적절한 카메라 거리가 있다. 가령 친밀한 거리는 클로즈 쇼트와 익스트림 클로즈 쇼트에 비유할 수 있다. 사적인 거리는 대략 미디엄 클로즈 쇼트에 해당한다. 사회적인 거리는 미디엄 쇼트와 풀 쇼트에 상응한다. 그리고 공적인 거리는 대충 롱 쇼트와 익스트림 롱 쇼트에 해당된다. 관객의 눈은 카메라 렌즈와 동일하기 때문에, 사실상 관객은 소재와 마주한 카메라의 범위 안에 위치하고 있는 셈이다. 가령 어떤 인물의 클로즈업이 관객에게 제시되면, 어떤 의미에서 관객은 그 인물과 친밀한 관계인 것처럼 느낀다. 경우에 따라서 이런 테크닉은 관객을 그 인물과 밀접한 유대를 맺게 할 수도 있는데, 그리하여 관객으로 하여금 불가피하게 그 인물에 대해 걱정하고 그 인물의 문제에 관여하게 만든다. 만일 인물이 악당이면, 클로즈업은 관객의 내면에 혐오의 감정을 불러일으킬 것이다. 사실상 위협적인 인물은 그 자체만으로도 관객의 공간을 침입하는 것처럼 보이게 마련이다.

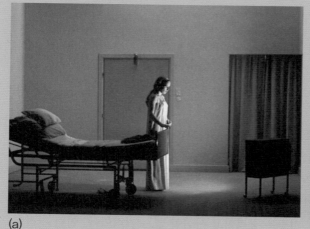
(a)

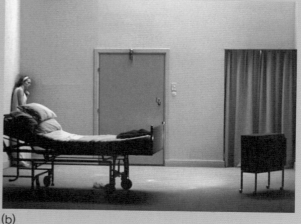
(b)

(c)

(d)

2-32

'페르소나 *Persona*'
(스웨덴, 1966).
출연: 리브 울만 Liv Ullmann,
감독: 잉마르 베리만 Ingmar Bergman.

▶ 대화가 전혀 없는 이 씬에서 처음부터 끝까지, 베리만은 자신의 생각을 전달하기 위하여 공간을 활용한다. 그 공간은 프레임 안의 공간이면서 동시에 카메라(관객)와 대상 사이에 함축된 거리이기도 하다. 등장인물은 텔레비전 뉴스를 보면서 병실 안에 있다(a). 갑자기 그녀는 베트남에서 전쟁에 항의하기 위하여 분신하는 승려의 끔찍한 장면을 본다. 그녀는 방의 구석에 물러나 있다(b). 이때 베리만은 더 가까운 쇼트로 커트하여(c), 관객과의 감정적인 유대를 강하게 한다. 그녀가 반응하는 공포의 절정이 익스트림 클로즈업으로 전달되고(d), 관객은 어쩔 수 없이 그녀와 아주 친밀한 거리가 된다.   (Svensk Filmindustri)

일반적으로 카메라와 피사체 사이의 거리가 멀면 멀수록 감정적인 면에서 관객은 더 중립적으로 된다. 공적 거리는 분리와 이탈을 조장하는 경향이 있다. 이와 반대로 관객이 인물과 가까우면 가까울수록 관객은 그 인물과 친밀하다는 느낌을 더 갖게 되고, 따라서 관객의 심정적인 유대도 더 커진다. "코미디에는 롱 쇼트, 비극에는 클로즈업"이란 말이 채플린 Chaplin의 가장 유명한 언명 중 하나였다. 이런 접근의 원리는 정상적이다. 왜냐하면 관객이 어떤 액션—가령 바나나 껍질 때문에 넘어지는 사람—과 가까이 있을 때는 그 사람의 안전이 염려가 되어 전혀 우습지가 않기 때문이다. 그러나 관객이 동일 사건을 훨씬 더 멀리서 보면, 대체로 웃음을 자아내게 될 것이다. 채플린이 클로즈업을 거의 사용하지 않은 것은 바로 이런 이유 때문이었다. 채플린이 롱 쇼트에 머물러 있기만 하면, 그의 익살과 엉뚱한 짓을 보고 관객은 즐거워하는 편이다. 그러나 정서적 효과가 아주 큰 씬에서 채플린이 클로즈 쇼트를 요청하기도 했는데, 그 효과는 종종 관객을 망연자실하게 만들었다. 관객은 자신이 웃고 있던 상황이 더 이상 웃을 만한 상황이 아니라는 것을 갑자기 깨닫게 된다.

채플린의 클로즈업의 위력에 대한 가장 유명한 예는 '시티 라이트 *City Lights*'의 결말부분일 것이다. 채플린이 사랑에 빠진 상대는 무척이나 가난한 꽃 파는 장님여인이다. 그녀는 그를 괴벽스러운 백만장자라고 믿고 있다. 허영심에서 그는 그녀가 이런 환상에 계속 젖어 있도록 내버려 둔다. 쉬지 않고 엄청난 막노동을 함으로써ㅡ사랑이 그로 하여금 이런 노동을 하게 했다ㅡ그는 그녀의 시력을 소생시키기 위한 수술비용을 그럭저럭 마련하게 된다. 그러나 그녀가 그 돈에 대하여 고맙다는 인사를 하기도 전에 그는 감옥으로 끌려간다. 마지막 씬은 대여섯 달 후의 일이다. 그 젊은 여인은 이제 앞을 볼 수 있고 아담한 꽃 가게도 가지고 있다. 찰리는 감옥에서 석방되어, 기운 없이 부스스한 옷차림으로 우연히 그녀의 가게 앞을 지나간다. 찰리가 뭔가 생각에 잠기는 듯한 표정으로 자신을 바라보고 있는 것을 보고, 그녀는 점원에게 자기가 새롭게 한 남자의 사랑을 얻게 된 게 분명하다고 농담을 한다. 동정심에서 그녀는 가게 밖으로 나가 그에게 한 송이 꽃과 약간의 돈을 쥐어준다. 그 순간 그녀는 그 손의 감촉으로 그를 알아본다. 그녀는 도저히 자신의 눈을 믿을 수가 없다. 그녀는 말문이 막혀 그저 "당신이?"라고 말을 더듬거릴 뿐이다. 번갈아가며 일련의 클로즈업을 보여주는 사이에, 두 사람의 당혹스러운 감정은 참기 어려울 정도로 이어진다(2-33b). 분명히 그는 그녀가 낭만적으로 그리던 판타지의 주인공은 아니다. 그는 그녀가 실망할 것을 생각하니 마음이 괴롭다. 마침내 그녀를 응시하는 그의 표정에는 이 절망적이고 충격적인 감정이 꾸밈없이 그대로 드러난다. 영화는 숭고하리만큼 지극히 가련한 영상으로 끝을 맺는다.

쇼트의 선택은 일반적으로 실질적인 사항들을 고려하여 결정된다. 보통 감독은 씬의 극적인 액션을 가장 확실하게 전달하는 쇼트를 선택한다. 만일 특정한 접근거리의 정서적 효과와 무슨 일이 벌어지고 있는지를 얼마나 정확하게 전달하는가의 문제 사이에 갈등이 생긴다면, 대부분의 감독들은 후자를 선택할 것이며, 정서적 효과는 다른 수단을 통해 해결할 것이다. 그러나 쇼트의 선택이 반드시 기능적인 면을 고려하여 결정되지 않는 경우도 많이 있다.

3-D 영화의 인기는 새로운 차원의 영토 공간을 가져왔다. 즉, 3-D는 전통적인 2차원적 환상의 깊이보다 영상의 깊이를 훨씬 더 실감나게 만들었다. 레이 존 Ray Zone이 그의 저서 『입체 영화와 3-D 영화의 기원: 1838-1953 *Stereoscopic Cinema and the Origins of 3-D Film: 1838-1953*』에서 지적했듯이, 사실상 3차원적 상상의 개념은 단지 정지 영상에 대한 것이긴 하지만 19세기 초를 떠올리게 한다.

1920년대에 이미 단편 영화들이 있었지만 1950년대가 되어서야 '브와나 데블 *Bwana Devil*'(1952), '하우스 오브 왁스 *House of Wax*'(1953)와 같은 영화들이 나오고 3-D 영화가 영화관에서 인기를 얻게 되었다. 이것들은 둘 다 청소년을 겨냥한 장르영화였다. 그 무렵 히치콕 감독이 스릴러물인 '다이얼 M을 돌려라 *Dial M for Murder*'(1954)를 제작했는데, 이미 3-D 영화가 퇴색하기 시작한 시기였으며, 이 영화는 오히려 "일반" 버전으로 널리 상영되었다. 덜 노골적인 포르노물인 '승무원 *The Stewardesses*'(1969)이 성인용으로 재상영되었지만 포르노 상품으로서 그 인기는 금방 식어버렸다.

2-33a

'황금광 시대 *The Gold Rush*' (미국, 1925),
출연: 찰리 채플린 Charles Chaplin,
조지아 헤일 Georgia Hale, 감독: 채플린.

▶ 이 두 씬은 모두 찰리가 외경심을 갖고 있는
여인에게 퇴짜를 맞을까봐 두려워하는 모습을
보여주고 있다. '황금광 시대'에 나오는 씬은 주
로 희극적이다. 떠돌이 채플린은 헐렁한 바지의
벨트를 줄로 매고 있지만, 그것이 개를 매어두는
끈이라는 사실을 모르고 있다. 살롱의 여자와 춤
추고 있을 때, 그 줄의 다른 한쪽 끝에 있는 개가
난리를 치는 바람에 바닥에 넘어진다. 카메라는
이런 액션으로부터 비교적 멀리 떨어져 있기 때
문에, 관객은 좀더 객관적으로 관망하는 편이며,
체면을 지키려는 그의 부질없는 짓들을 보고 웃
음을 참지 못한다. 다른 한편, '시티라이트'에 나
오는 이 유명한 마지막 쇼트는 전혀 웃음을 자아
내지 않으며, 오히려 아주 강한 감정적
반응을 불러일으킨다. 카메라가 가까
운 거리에 있다는 것은 곧 관객이 그
상황에 가까이 있다는 것을 의미하기
때문이다. 카메라와 피사체의 거리가
가까울수록 관객으로 하여금 주인공의
감정에 한층 더 공감하게 만든다. 이처
럼 가까운 거리에서는 관객은 결코 주
인공의 감정을 무시할 수가 없다. 이
사나이는 지금 고뇌하고 있다.

(United Artists/Charles Chaplin Prods.)

2-33b

'시티 라이트 *City Light*' (미국, 1931),
출연: 찰리 채플린, 감독: 채플린.

1980년대 초에 영화제작사 아이맥스는 3-D 영화를 매우 효과적으로 상영할 수 있는 65mm 포맷
의 대형 화면을 사용했다. 물론 모든 3-D 영화는 영상을 제대로 보기 위해 특수 안경을 필요로 한
다. 이러한 안경은 분리되어 있는 오른쪽 눈과 왼쪽 눈을 하나로 모아 흐린 두 영상을 심도 있는 하
나의 영상으로 바꾸고, 우리 눈이 실제 세계에서 자연스럽게 보는 것을 시뮬레이션 한다. 영화계에
서는 모든 사람이 3-D를 강하게 지지하는 것은 아니다. 유명한 음향기술자인 월터 머치 Walter Murch

는 "어둡고, 대수롭지 않은, 현란하고, 두통을 유발하고, 소외감을 느끼게 하고, 비용이 많이 드는" 기술로 간주했다.

하지만 미국에서 제일 큰 3-D 전환 스튜디오인 레전드 3-D 회사 Legend 3-D Corporation의 설립자, 베리 샌드류 Barry Sandrew의 생각은 다르다. 즉, "극장이라는 환경에서 3차원의 깊이를 경험하는 것은 '사방의 벽'을 허물어 버리거나 관객을 스크린상의 액션으로부터 분리시키는 효과가 있으며, 또 그것을 더욱 더 사적인 경험이 되게 한다."는 것이다. 또한 샌드류는 다음과 같은 믿음을 가지고 있다. 즉, 감독은 기억을 불러일으키고 감정을 고조시키기 위해 깊이에 대한 지각을 활용함으로써 스토리텔링을 향상시키기 위해 오늘날 우리가 가지고 있는 양눈의 초점거리에 대한 지식을 이용할 수 있으며, 우리의 생존 본능이나 취약성을 여러 모로 활용할 수 있다. 그리고 "이 모든 것은 스크린상의 액션을 관객 개개인의 사적 공간으로 옮겨 놓는다."

영화 제작—특히 미국의—에 있어서는 흥행수입이 제일 우선이고, 3-D 영화가 벌어들이는 현금수입은 영화계를 깜짝 놀라게 한다. 흥행 기록을 편찬하는 웹사이트인 넘버즈 닷컴 numbers.com에 따르면, 흥행 수입 상위 10개 영화 가운데 6개가 '아바타' 이후 상영된 3-D 영화들이며, 역사상 최고 수익을 올린 영화는 전 세계에서 2,782,275,172달러의 수익을 거두었다(1-28b).

3-D 영화는 우리 생활의 일부이다. 《스크린 다이제스트 *Screen Digest*》에 따르면, 전 세계 스크린의 4분의 1이 3-D 상영이 가능하다. 현재 전 세계에 3-D 스크린은 3만개다. 더욱이 제임스 카메론 James Cameron과 마틴 스콜세지(2-18) 같은 세계적 명성을 가진 영화감독들이 3-D로 성공적인 영화를 만들었으며, 3-D 기술은 더 이상 몰락을 걱정하지 않는다. 이 훌륭한 예술가들과 다른 여러 사람들이 3-D를 아이들을 상대로 잠시 유행하는 장난감 정도로 생각한 비평가들의 입을 완전히 다물게 만들었다.

프랑스의 위대한 영화평론가 앙드레 바쟁 André Bazin은 영화의 진화 과정에는 영화를 보다 더 사실적으로 만들려는 뚜렷한 경향성이 있었다고 말했다. 음향과 색, 와이드스크린 등은 모두 영화를 더욱 더 실감나게 만들었다. 만일 바쟁이 오늘날 살아있다면, 그 역시 3-D를 영화를 현실세계에 대한 우리의 감각에 더 가까이 다가가도록 하는 기술로 간주할 것임에 틀림없다.

열린 형식과 닫힌 형식

열린 형식과 닫힌 형식이라는 개념은 일반적으로 미술사가와 비평가들이 사용하지만, 이 개념들은 영화분석에도 쓰일 수 있다. 대부분의 이론체계가 그렇듯이, 이 개념들도 절대적 의미보다는 상대적 의미로 사용하는 것이 최선이다. 완벽하게 열린 형식이거나 닫힌 형식인 영화는 없다. 다만 어느 한쪽으로 좀 치우친 영화가 있을 뿐이다. 다른 비평적 개념들과 마찬가지로, 이 개념들도 실제로 영화에 담긴 내용을 이해하는 데 유용하거나 적절할 경우에만 적용되어야 할 것이다.

열린 형식과 닫힌 형식은 현실세계에 대한 전혀 다른 두 가지 태도이다. 제각기 그 나름의 스타일 및 테크닉상의 특성을 지니고 있다. 두 개념은 앞 장에서 규정한 적이 있는 사실주의와 형식주의라는 개념과도 어느 정도 관련이 있다. 일반적으로 사실주의적 영화감독들은 열린 형식을 사용하는 경향이 있는 반면에, 형식주의자들은 닫힌 형식을 선호하는 편이다. 열린 형식은 스타일 면에서 퇴행적인 반면에, 닫힌 형식은 대체로 자의식적이고 화려한 편이다.

디자인의 견지에서 보면, 열린 형식은 형식을 따지지 않는 자연스러운 구도를 강조한다. 흔히 이런 영상들은 뚜렷한 구조가 없어 보이고, 무작위적인 조직형태를 나타낸다. 사물과 인물은 일부러 정돈된 것이라기보다는 있는 그대로 보여주는 것처럼 보인다(2-35). 닫힌 형식은 훨씬 더 스타일이 많이 가미된 디자인을 강조한다. 이런 영상들은 외견상 사실주의를 표방할 수 있을지라도, 열린 형식의 전형적인 특징인 우연히 발견된 광경은 찾아보기 힘들다. 사물과 인물은 프레임 안에 더욱 정확하게 배치되고, 무게의 균형이 정밀하게 계산된다.

2-34

'소펠 부인 *Soffel*' (미국, 1984),
출연: **다이앤 키튼** Diane Keaton (가운데),
감독: **질리안 암스트롱** Gillian Armstrong.

▶ 시대극은 연극무대처럼 보이기도 하고 또 학구적인 분위기를 나타내 보이는 경향이 있다. 게다가 역사적 디테일이 맵시 있게 표현되고 인물들이 엄격하게 통제된 세트에서 자세를 취할 경우에는 특히 그렇다. 암스트롱은 바쁘게 허둥지둥 찍은 다큐멘터리와 거의 비슷하게 많은 씬을 열린 형식으로 연출함으로써 이런 함정을 피해갔다. 어떻게 주인공(키튼)과 그녀의 아이들이 왼쪽에 있는 시시한 엑스트라 때문에 가려지는가를 주목해 보라. 보다 격식을 갖춘 영상이었다면 프레임 오른쪽에 어질러진 것과 같은 "산만한 것들"은 무시하고 주인공들을 전경으로 데려왔을 것이다. 암스트롱은 그녀 나름의 미장센에서 "잘 정돈된" 풍경을 의도적으로 회피함으로써 한층 더 사실적이고 자연스러운 효과를 이끌어낼 수 있었다. *(MGM)*

2-35

'핀지 콘티니스의 정원 *The Garden of the Finzi-Continis*' (이탈리아, 1970),
출연: 도미니끄 산다 Dominique Sanda(가운데),
감독: 비토리오 데 시카 Vittorio De Sica.

▶ 사실주의적인 감독은 열린 형식을 더 선호하는 편이다. 열린 형식은 거대한 외부 현실세계의 단편들을 나타내는 경향이 있다. 디자인과 구도는 일반적으로 형식을 탈피한다. 다큐멘터리 영화의 미학에 영향을 받은 열린 형식의 영상은 인위적으로 배치되었다기보다는 있는 그대로 발견된 것처럼 보인다. 친숙하고 즉흥적으로 보이기 위해서는 지나친 균형과 계산된 대칭적 구도는 피해야 한다. 열린 형식의 스틸 사진들은 그림 같이 아름답거나 기교가 뚜렷하게 드러나는 경우는 거의 없다. 오히려 그것들은 진실과 사실의 고정된 한 순간—시간의 흐름에서 떼어낸 스냅 사진—을 보여준다. 이 씬은 이탈리아의 유태인들을 나찌 독일로 축출하는 사건을 다루고 있다. 그들의 삶은 한순간에 혼돈에 빠지고 말았다.

(Documento Film/CCC-Filmkunst)

(a)

2-36a & b

'웨더 맨 *The Weather Man*' (미국, 2005),
출연: 마이클 케인 Michael Caine,
니콜라스 케이지 Nicolas Cage,
감독: 고어 버빈스키 Gore Verbinski.

(b)

▶ 한층 디테일한 미디움 쇼트(2-36b)는 그것이 꽉 찬 프레임이면서 덜 제한적인 것처럼 보인다. 본래의 프레임(2-36a)은 더 느슨하지만 형식은 닫혀 있다. 이는 시각적으로 감금의 느낌을 강조하는 문간 프레임 덕분이다. 영화감독은 포위, 감금, 신체적 자유의 결핍 등을 나타내기 위해 자주 문간이나 창문을 이용한다.

(Paramount Pictures. Photo: Melinda Sue Gordon)

열린 형식은 분명히 간단한 테크닉을 강조한다. 왜냐하면 자의식이 없는 이런 방식을 사용하더라도 영화감독은 현실세계의 직접적이고, 익숙하고, 친밀한 양상들을 강조할 수 있기 때문이다. 가끔 이런 영상들은 단지 일부만 통제된 상황에서 촬영되기도 하고, 또 이런 우연적인 조건들로 말미암아 엄격하게 통제된 상황에서는 포착하기 힘든 자연스럽고 직접적인 느낌을 이끌어낼 수 있다.

닫힌 형식은 낯선 것을 더 강조하는 것처럼 보인다. 닫힌 형식의 영상은 구조상의 대조와 강력한 시각적 효과가 풍부하다. 왜냐하면 미장센이 한층 더 정밀하게 통제되고 양식화되기 때문에, 닫힌 형식의 영상에는 의도적인 인위성이 담기는 경우가 많기 때문이다. 그래서 시각적으로 사실 같지 않고 엉뚱하다는 느낌을 가질 때가 많다. 또한 닫힌 형식은 훨씬 더 많은 시각적인 정보로 가득 차 있다. 다시 말해서 형식의 풍부함이 피상적인 사실주의가 고려하는 사항보다 우선한다. 만일 갈등이 생긴다면, 열린 형식에서는 형식의 아름다움이 진실을 위해 희생되는 반면에, 닫힌 형식에서는 형식적인 아름다움을 위해 진실이 희생된다.

열린 형식의 구도와 닫힌 형식의 구도는 프레임을 이용하는 것이 다르다. 열린 형식의 영상에서는 프레임이 덜 강조되거나 경시되는 경향이 있다. 프레임은 하나의 창문이나 일시적인 마스킹을 나타내며, 더 중요한 정보는 구도의 가장자리 바깥에 있다는 것을 암시한다. 이런 쇼트에서 공간은 연속적이며, 그 연속성이 프레임 밖으로 뻗어 있음을 강조하기 위하여 감독은 카메라를 종종 촬영현장을 가로질러 패닝하기를 좋아한다. 겉으로 보기에 이런 쇼트는 부적절하거나 부족한 느낌을 준다. 다시 말해서 풍부한 소재를 담기에는 그 영역이 너무 좁다. 에드가 드가 Edgar Degas(그는 주로 열린 형식을 선호했다)의 회화에서 자주 볼 수 있듯이, 구도의 형식적인 한계를 초월해 있는 소재의 연속성을 강화하기 위하여 사물과 심지어 인물까지도 하찮은 스냅사진처럼 임의로 프레임에 의해 잘려 나간다.

2-37a '브레이브 원 *The Brave One*' (미국, 2007),
출연: 조디 포스터 Jodie Foster, 감독: 닐 조던 Neil Jordan.

▶ 왜 이 쇼트는 위협적인가? 가장 큰 이유는 약간 높은 하이 앵글과 닫힌 형식 때문인데, 포스터가 맡은 인물을 프레임의 가장자리에서 모든 탈출 수단을 봉쇄하고 있는 문신을 한 두 폭력배 사이에 가두고 있다. 닫힌 형식에서 프레임은 모든 형식적 요소들이 정확히 균형을 이루고 있는 자족적인 축소모형과 같은 세계이다. 비록 더 많은 정보가 프레임 밖에 있을지라도(두 팔이 붙어있는 신체들처럼), 주어진 쇼트가 계속되는 동안 이 정보는 시각적으로 드러나지 않는다. 닫힌 형식은 감금이나 함정을 다루는 씬에 자주 사용된다. (Warner Bros.)

2-37b

'환영합니다(환대 歡待) *Hospitalité*'
(일본, 2010),
감독: 후카다 코지 Koji Fukada.

▶ 한 사람이 그 사람과 다른 사람들 사이의 관계에 대한 많은 것을 말해주고 있다. 이 사진에서 어린 소녀는 그녀의 부모에 대해 전혀 무관심하며, 마찬가지로 그녀의 부모도 소녀를 의식하지 않고 있다. 그들은 서로 가까운 거리에 있지만, 심리적으로는 전혀 다른 세상에 있다. 이 쇼트의 간단한 연기가 대사 내용보다 더 많은 것을 말해줄 뿐 아니라 훨씬 미묘한 것까지 말해준다. *(Atom-X)*

    닫힌 형식에 있어서 쇼트는 필요한 정보가 모두 신중하게 프레임의 제한된 영역 안에 구성되는 일종의 축소모형의 무대를 상징한다. 공간은 연속적이기보다는 닫혀 있고 자족적인 것처럼 보인다. 개별적인 쇼트는 시공간적 맥락으로부터 동떨어져 있는데, 최소한 개별적인 쇼트의 이런 형식적인 특성의 견지에서 본다면 프레임 밖의 요소들은 아무 관련이 없다.

    주로 열린 형식으로 만들어진 영화의 스틸 사진이 썩 좋아 보이지 않는 까닭이 바로 여기에 있다. 그런 사진에는 아주 인상적이거나 이목을 끌만한 것이 없다. 영화에 대해 쓴 책에서는 닫힌 형식의 사진들을 선호하는 경향이 있다. 왜냐하면 대개 그것들은 더욱 눈에 띄게 아름다울수록 더 짜임새가 있기 때문이다. 반면에 열린 형식의 영상미는 훨씬 파악하기 어렵다. 그것은 일부러 포즈를 취하지 않은 진기한 표정이나 우발적인 사실의 한순간을 아주 기적적으로 잡아낸 스냅 사진과도 같은 것이다.

    열린 형식의 영화에서는 극적인 액션이 대체로 카메라를 리드한다. 가령 '트래픽 Traffic'이라는 영화에서 스티븐 소더버거 Steven Soderbergh는 카메라의 유동성을 강조했는데, 겉으로 보기에 배우들이 카메라를 마음대로 배치할 수 있는 것처럼 그들이 원하는 곳이면 어디든지 충실하게 따라간다(1-34b). 이런 영화는 우연적인 것이 시각적 효과를 결정하는 데 중요한 역할을 한다는 사실을 보여주고 있다. 두말할 필요도 없이, 중요한 것은 세트 위에서 무슨 일이 벌어지고 있느냐가 아니라 스크린에서 어떤 일이 벌어지고 있는 것처럼 "보이느냐" 하는 점이다. 사실 열린 형식의 영화가 보여주는 가장 자연스러운 효과들 중 많은 것들이 엄청난 노고와 조작 끝에 이루어진 것이다.

2-38

'풀 메탈 자켓 *Full Metal Jacket*'
(영국/미국, 1987).
감독: 스탠리 큐브릭 Stanley Kubrick.

(a)

▶ 영화감독은 개별적인 각 쇼트에서 어떤 느낌이나 생각을 강조하느냐에 따라 같은 씬 안에서조차 열린 형식을 닫힌 형식으로 바꿀 수 있다. 가령 이 쇼트들은 둘 다 베트남의 휴 Hue라는 도시에서 벌어진 전투 씬이다. (a)에서, 등장인물들은 포화를 받고 있고 상처 입은 병사의 머리는 프레임 안에서조차 보이지 않는다. 이 형식은 적절하게 열려 있다. 프레임은 관련된 정보를 모두 담기에는 그 영역이 너무 좁기 때문에 일시적으로 마스킹 장치로서 역할을 한다. 열린 형식에서 프레임은 종종 임의적으로 인물들을 커트하는 것처럼 보인다. 이는 마치 카메라기자가 예술적 형식을 가미할 수 없는 황급한 상황에서 찍은 뉴스릴 푸티지처럼 액션이 스크린 밖으로 이어지고 있음을 나타낸다. (b)의 경우는 닫힌 형식이며, 네 명의 병사가 부상당한 동료에게 달려가서, 외부세계로부터 보호해 주는 완충장치 역할을 하고 있다. 열린 형식과 닫힌 형식은 그 자체로는 의미가 없지만, 극적인 맥락에 따라 유의미한 것이 된다. 경우에 따라서는 닫힌 형식이 감금을 암시하는 때도 있고(2-37a), 또 (2-38b)의 경우처럼, 닫힌 형식이 안전과 동료애를 암시하기도 한다.   (Warner Bros.)

(b)

이와는 달리 닫힌 형식의 영화에서는 카메라가 종종 극적인 액션을 앞질러 나간다. 사물과 배우는 미리 설정된 카메라 위치의 제한된 영역 안에 시각적으로 갇혀 있다. 미리 결정된 선행적 설정은 숙명이나 결정론을 함축하는 경향이 있다. 왜냐하면 결과적으로는 카메라가 사전에 무슨 일이 일어날지 알고 있는 것처럼 보이기 때문이다. 히치콕 Hitchcock의 작품들 가운데 어떤 영화에서는 인물이 구도의 가장자리에 있고, 카메라가 불리한 위치에 있는 것처럼 보인다. 다시 말해서 카메라가 액션이 벌어지고 있는 곳으로부터 너무 멀리 떨어져 있다. 그래서 그 인물은 카메라가 대기하고 있던 곳으로 되돌아가려고 마음을 먹는다. 이런 설정이 사용될 경우, 관객도 또한 액션을 예상하거나 기대한다. 본능적으로 관객은 쇼트의 시각적인 빈 공간을 어떤 사물이나 사람이 채워주기를 바란다. 철학적으로 열린 형식은 선택의 자유, 즉 인물에게 열려 있는 다양한 선택지를 암시한다. 이와 반대로 닫힌 형식은 운명이나 헛된 노력을 암시한다. 다시 말해서 인물들이 중요한 결정을 하는 것이 아니라, 카메라가 먼저 선택하는 것처럼 보인다.

열린 형식과 닫힌 형식은 이러한 테크닉이 소재와 적절하게 어울리는 영화에 아주 효과적이다. 감옥을 다루는 영화가 주로 열린 형식을 사용한다면 정서적인 공감을 얻기 힘들 것이다. 대체로 영화는 특수한 극적 맥락에 따라 열린 형식과 닫힌 형식을 모두 사용한다. 가령 르누아르의 '위대한 환상'은 교도소 씬에서는 닫힌 형식을 사용하고, 두 명의 수감자가 탈주한 후에는 열린 형식을 사용한다.

주어진 쇼트의 체계적인 미장센 분석을 하려면 다음의 열다섯 가지 요소를 염두에 두어야 한다.

1. **극적 대비** 가장 먼저 관객의 시선을 끄는 곳은 어디인가? 그 이유는 무엇인가?
2. **조명 키** 하이 키인가? 로우 키인가? 하이 콘트라스트인가? 이것들의 어떤 혼합인가?
3. **쇼트와 카메라 근접도** 어떤 타입의 쇼트인가? 카메라가 액션으로부터 얼마나 떨어져 있는가?
4. **앵글** 관객(그리고 카메라)은 대상을 올려다보는가 내려다보는가? 아니면 카메라가 중립적(아이레벨)인가?
5. **색상값** 지배적인 색상은 무엇인가? 대조적으로 돋보이는 것이 있는가? 색깔의 상징성이 있는가?
6. **렌즈/필터/생필름** 촬영된 소재에 대한 왜곡이나 해설은 어느 정도인가?
7. **보조적 대비** 극적 대비 다음으로 시선이 주로 멈추는 곳은 어디인가?
8. **밀도** 영상에 얼마나 많은 시각 정보가 담겨 있는가? 그 질감은 강한가, 온건한가, 아니면 아주 섬세한가?
9. **구도** 이차원적인 공간이 어떻게 분할되고 구성되는가? 기본적인 디자인은 무엇인가?
10. **형식** 열린 형식인가 혹은 닫힌 형식인가? 영상은 씬과 같은 단편을 임의로 분리시키는 창문 역할을 하는가? 아니면 프로시니엄 무대처럼, 시각적 요소들이 세심하게 배열되고 균형 있게 되어 있는가?
11. **프레이밍** 꽉 차 있는가 아니면 느슨한가? 인물들이 움직일 공간이 없는가, 아니면 무리 없이 자유롭게 움직일 수 있는가?
12. **깊이** 영상이 구성되는 면은 몇 개나 되는가? 원경이나 전경이 중경에 어떤 식으로든 말을 걸고 있는가?

13. **인물배치** 인물들이 프레임화된 공간의 어떤 부분을 차지하고 있는가? 중앙? 꼭대기? 밑
    바닥? 가장자리? 그 이유는 무엇인가?
14. **연출자세** 인물들은 어떤 방식으로 카메라와 마주보고 있는가?
15. **인물접근도** 인물들 사이에 어느 정도의 공간이 있는가?

'에이프릴의 특별한 만찬 *Pieces of April*'
(미국, 2003),
출연: 케이티 홈즈 Katie Holmes,
각본 및 감독 : 피터 헤지스 Peter Hedges.

▶ 영화감독은 매 쇼트마다 그들의 원경을 신중하게 선택한다. 왜냐하면 원경은 무엇이 그들 앞에 있는지를 말해주기 때문이다. 이상하고 문제가 많은 가정의 엉뚱하고 아무짝에도 쓸모 없는 딸(홈즈)이 여기서는 그녀 뒤편에 있는 것, 즉 쓰레기에 의해 규정되고 있다. 그녀가 남자친구와 함께 세들어 사는 황폐한 뉴욕 인근의 값싼 로우어 이스트 사이드 아파트는 아무리 관대하게 표현을 해도 마음에 내키지 않는 것(이를테면, 어머니는 그것을 증오할 것이다)이다.
(Well Done Prods./InDigEnt. Photo: Teddy Maki)

'나이트메어 *A Nightmare on Elm Street*'
(미국, 2006),
출연: 헤더 랑겐캠프 Heather Langenkamp,
로버트 잉글런드 Robert Englund,
감독: 웨스 크레이븐 Wes Craven.

▶ 또한 원경에는 이루 말할 수 없는 위험이 숨어 있기도 한다. 예를 들면, 이 쇼트에서 완전히 정면의 위치에 앉아 있는 젊은 여인은 그녀가 배후의 치명적인 위험에 처해 있다는 것을 깨닫지 못 하고 있다. 연쇄 살인범인 악명 높은 프레디 크루거 Freddy Krueger가 눈치 채지 못한 그의 먹이를 덮치려고 발걸음을 옮기고 있다.   (New Line)

이 시각원리들은 적절하게 수정하면 어떤 영상분석에도 적용될 수 있다. 물론 관객이 실제로 영화를 보는 동안에는 대부분 각 쇼트마다 미장센의 이 열다섯 가지 요소를 모두 탐색할 시간도, 또 그러고 싶은 마음도 없을 것이다. 그럼에도 이 원리들을 스틸 사진에 적용함으로써, 관객은 자신의 시선이 좀더 비평적인 안목으로 영화영상을 읽어낼 수 있도록 훈련시킬 수 있다.

예를 들어, 영화 '엠 M'에 나오는 이 영상(2-40)은 어떻게 형식(미장센)이 실제로 내용이 되는가를 보여주는 좋은 본보기이다. 이 쇼트는 영화가 거의 끝날 무렵에 나온다. 정신병자인 유아살인범(로레)은 암흑가 사람들에게 쫓기고 있다. 이 "정상적인" 범죄자들은 그를 버려진 창고로 데려간다. 그곳에서 그들은 그 정신병자의 극악한 범죄에 대해 재판하고 처형하려고 한다. 이럼으로써 경찰을 그들로부터 따돌리려는 것이었다. 이 씬에서 살인범은 증인(가운데)과 마주보고 있는데, 그 증인은 유죄를 입증할 만한 증거물-풍선-을 쥐고 있다. 이 쇼트의 구성요소는 다음과 같다.

2-40

'엠 M' (독일, 1931),
출연: 페터 로레 Peter Lorre(맨 오른쪽), **감독:** 프리츠 랑 Fritz Lang.
(Nero Film)

1. **극적 대비** 풍선. 프레임에서 가장 밝은 물체이다. 사진을 거꾸로 놓고 추상적인 형태의 패턴으로 바꾸면 극적 대비를 훨씬 뚜렷하게 드러난다.
2. **조명 키** 음울한 로우키. 풍선과 네 명의 주요 인물에 하이 콘트라스트 스포트라이트를 비춘다.
3. **쇼트와 카메라 근접도** 이 쇼트는 풀 쇼트보다 약간 더 멀다. 카메라의 접근범위는 사회적인 거리이고 극적 대비보다 약 3m가량 떨어져 있다.
4. **앵글** 약간 높다. 숙명의 분위기를 암시한다.
5. **색상값** 이 영화는 흑백이다.
6. **렌즈/필터/생필름** 색다른 필터가 없는 표준 렌즈가 사용되었다. 표준 저감도 필름
7. **보조적 대비** 살인범, 증인 그리고 왼쪽 위의 두 범죄자의 모습들
8. **밀도** 이 쇼트는 밀도가 높다. 그림자가 많은 조명을 고려하면 특히 그렇다. 벽돌담의 질감, 의상의 주름 그리고 배우들의 풍부한 표정들과 같은 디테일이 강조되고 있다.
9. **구도** 영상은 대충 세 영역—왼쪽, 가운데, 오른쪽—으로 나누어지고, 불안과 긴장을 암시한다.
10. **형식** 한정적으로 닫혀 있다. 프레임은 제한적인 감방을 상징하며, 죄수들에게 출구는 없다.
11. **프레이밍** 꽉 차 있다. 즉, 살인범은 위협적인 고발자들과 같은 영토에 갇혀 있다.
12. **깊이** 영상은 세 가지 심도의 면으로 구성되어 있다. 전경의 두 인물과 중경 계단 위의 두 인물, 그리고 원경의 벽돌담.
13. **인물배치** 고발자들과 풍선은 살인범의 위쪽에서 출구를 봉쇄하고 있는 반면에, 살인범은 오른쪽 끝 가장자리에서 아래쪽으로 위축되어 있으며, 프레임 바깥쪽의 상징적인 암흑 속으로 거의 추락할 듯하다.
14. **연출자세** 고발자들은 1/4 정도 몸을 돌린 자세로 서서, 주인공보다 관객과 더 친밀하다는 것을 암시하고 있으며, 측면자세의 주인공은 그 자신의 공포 이외에는 아무것도 깨닫지 못한다.
15. **인물접근도** 살인범과 직접적인 관련이 있는 전경의 등장인물들 사이는 사적 거리이다. 그리고 이중적인 위협이 되고 있는 계단 위 사람들 사이는 친밀한 거리이다. 두 조 사이의 거리는 사회적인 거리이다.

실제로 주어진 쇼트에 대한 완전한 미장센 분석은 훨씬 더 복잡하다. 보통 의상과 세트 분석뿐만 아니라 도상학적인 요소들도 모두 미장센의 일부로 간주된다. 그러나 이 요소들은 6장과 7장에서 각각 논의될 것이기 때문에, 여기서는 이 열다섯 가지 특성으로만 한정한다.

1장과 2장에서 우리는 영화에서 가장 중요한 의미의 원천—시각적 영상—을 살펴보았다. 그러나 말할 필요도 없이 영화는 시간적이며, 정보를 전달하는 여러 가지 다른 방식들을 가지고 있다. 촬영과 미장센은 수많은 언어체계들 중 두 가지에 불과하다.

영화감독은 말 그대로 의미를 전달하는 수백 가지 방법을 가지고 있다. 화가나 스틸 사진작가처럼, 영화감독은 시각적으로 극적 대비를 강조할 수 있다. 가령 폭력을 묘사하는 씬에서 감독은 사선

이나 지그재그 선들, 공격적인 색상, 클로즈업, 극단적 앵글, 조명의 강한 대조, 균형이 맞지 않은 구도, 거대한 형상 등을 사용할 수 있다. 대부분의 다른 시각예술가들과는 달리, 영화감독은 피사체나 카메라 혹은 양자 모두의 움직임을 통해서 폭력을 나타낼 수도 있다. 또한 영화감독은 편집을 통해서 서로 다른 시각의 주마등 같은 폭발이 이루어지도록 쇼트를 다른 쇼트와 충돌시킴으로써 폭력을 나타낼 수도 있다. 더 나아가 사운드 트랙을 사용하여 큰 소리의 대화나 빠른 대화, 강한 음향효과, 귀에 거슬리는 음악으로 폭력을 전달할 수도 있다. 어떤 효과를 내는 데에는 너무나도 많은 방법들이 있기 때문에, 영화감독은 무엇을 강조하느냐에 따라 때로는 영상을, 때로는 움직임을, 또 때로는 사운드를 강조할 것이다. 때로는, 특히 클라이맥스 씬에서는 이 세 가지가 모두 동시에 사용되기도 한다.

▐▶ 참고문헌

Arnheim, Rudolf, *Art and Visual Perception: A Psychology of the Creative Eye* (Berkeley: University of California Press, 1954). Primarily about paintings and drawings.

Bordwell, David, *Figures Traced in Light: On Cinematic Staging* (Berkeley: University of California Press, 2005). A generously illustrated scholarly study of mise en scène principles.

Braudy, Leo, *The World in a Frame* (Garden City, NY: Doubleday, 1976). Filled with intelligent insights.

Dondis, Donis A., *A Primer of Visual Literacy* (Cambridge, MA, and London, England: The M.I.T. Press, 1974). Primarily on design and composition.

Dyer, Richard, *The Matter of Images* (London and New York: Routledge, 1993). The ideological implications of images.

Gibbs, John, *Mise-en-Scène* (London and New York: Wallflower Press, 2002). A scholarly study.

Gombrich, E. H., *Art and Illusion*: A Study in the Psychology of Pictorial Representation (Princeton: Princeton University Press, 1972). Scholarly study, mostly about paintings.

Nilsen, Vladimir, *The Cinema As a Graphic Art* (New York: Hill and Wang, 1959). How reality is shaped by form, with major emphasis on classical composition.

Salt, Barry, *Film Style and Technology: A History and Analysis*, second edition (London: Starword, 1992). Scholarly study.

Sommers, Robert, *Personal Space* (Englewood Cliffs, NJ: Prentice-Hall, 1969). How individuals use and abuse space.

▶▶▏3. 움직임

어벤져스 The Avengers (미국, 2012)

학습 목표(Learning Objectives)

- 움직임과 움직이는 예술의 세 가지 주요한 유형을 기술하고, 각각의 유형이 양식화를 통해 어떻게 영향을 받을 수 있는지를 설명한다.

- 움직임이 슬랩스틱 코미디, 액션 영화, 댄스 영화, 애니메이션, 뮤지컬 등의 장르에서 사용되는 방식들을 예를 들어 설명한다.

- 댄스 시퀀스와 액션 장면의 연출에 나타나는 운동의 풍부함을 비교한다.

- 스크린에서 이루어지는 운동의 심리학을 설명하고, 그것이 어떻게 쇼트의 깊이, 카메라의 움직임과 카메라 렌즈 등에 근거한 정서적 반응을 만들어낼 수 있는지를 설명한다.

- 움직이는 카메라의 7가지 기본적인 쇼트와 그 각각이 함축한 서로 다른 심리학적 의미를 알아본다.

- 영화의 5가지 기본적인 움직임의 조작이 어떻게 다른가를 살펴본다.

(Warner Bros.)

문을 열거나 손을 벌리거나 눈을 뜨는 동작이
스크린에서는 열차의 충돌만큼이나
스릴 넘치는 클라이맥스를 초래할 수 있다.

— 리처드 다이어 맥캔 Richard Dyer MacCann, 영화학자

"movies", "motion pictures", "moving pictures" —이것들은 모두 영화를 가리키는 말들인데, 한결같이 영화예술에서는 움직임이 가장 중요하다는 것을 암시하고 있다. 시네마 cinema는 동적인 kinetic, 운동감각 kinesthesia, 안무 choregraphy—이것들은 대개 춤의 예술과 관련된 용어들이다—라는 말들처럼, 이른바 "움직임"을 나타내는 그리스어에서 유래한 말이다. 그런데 이상하게도 영화관객이나 비평가들이 움직임 그 자체를 커뮤니케이션의 한 가지 수단으로, 다시 말해서 하나의 언어 시스템으로 여기는 경우는 극히 드물다. 영상과 마찬가지로 움직임도 전체 주제의 맥락에서 보아야 한다. 우리는 다만 전체적인 의미맥락에서 "무슨 일이 일어나는가"를 기억하는 경향이 있다. 만일 우리가 발레의 한 시퀀스를 이처럼 막연한 말로 표현한다면, 이런 이야기는 전문적인 춤 애호가에게는 매우 소박하고 초보적인 것으로 들릴 것이다. 하지만 영화의 시퀀스—그것이 춤 못지않게, 혹은 그보다 더 복잡할 수도 있다—가 그 풍부한 움직임이나 역동적인 아름다움 때문에 높이 평가받는 경우는 거의 없다.

역동성

영상과 마찬가지로 움직임도 엄밀하고 구체적일 수도 있고, 또 양식화되고 서정적일 수도 있다. 동적인 예술—팬터마임 pantomime, 발레, 현대무용—에서 우리는 사실적인 것에서부터 형식적으로 추상적인 것에 이르기까지 아주 다양한 움직임을 만나게 된다. 이러한 스타일의 범위는 영화에서도 찾아볼 수 있다.

예컨대, 브루스 윌리스 Bruce Willis 같은 자연주의적인 배우는 실제생활에서와 똑같이 사실적인 몸짓만을 사용했다. 윌리스는 그의 영화에서 너무나 소박하게 움직이기 때문에 전혀 연기하는 것처럼 보이지 않는다. 팬터마임 배우들은 훨씬 더 양식화된 몸짓을 보여준다. 가령 채플린은 몸짓을 발레하듯이 훨씬 상징적으로 사용했다. 으스대는 걸음걸이와 빙빙 돌리는 지팡이는 그의 거만하고 오만한 태도를 상징하는 것이었다.

뮤지컬에서 연기자들의 움직임은 한층 더 양식화되어 있다. 춤은 있는 그대로 받아들여야 하는 경우가 거의 없다. 춤이란 우리가 특정한 감정이나 생각의 상징적 표현으로 받아들이는 양식화된 관습이다. 예를 들어, '사랑은 비를 타고 Singin in the Rain'에서 진 켈리 Gene Kelly는 폭우 속에서도 세련된 스텝의 춤을 보여준다. 그는 가로등 기둥을 빙빙 돌며, 즐거운 백치처럼 웅덩이 물을 튀기면서 쏟아지는 빗속으로 넋을 잃고 뛰어다닌다. 어떤 무엇도 그의 사랑의 환희를 식히지는 못한다. 이 시퀀스에서는 폭넓은 감정이 표현되고 있는데, 그 하나하나 움직임의 변화는 그의 연인에 대한 감정을 상징하고 있다. 그녀로 말미암아 그는 환상에 잠기기도 하고, 어린애처럼 되기도 하고, 에로틱한 느낌을 갖기도 하고, 과감하고 저돌적이기도 하고, 멍하게 실성한 것처럼 되기도 하고, 끝내는 기쁨에 겨워 어쩔 줄 모르게 된다. 어떤 액션 장르에서는 격투장면이 이와 같은 방식으로 양식화되어 있다. 예를 들어, 사무라이와 쿵푸 영화는 종종 정교하게 구성된 시퀀스를 보여준다(3-4, 3-19).

3-1a

'촬영기사 빌리 비처 *Billy Bitzer*'의 홍보사진
1908년경, 그의 유명한 "바이오그래프 카메라 Biograph camera"와 함께 움직이는 기차 앞에 비처가 앉아 있다.

▶ 영화가 막 시작할 무렵부터 그리피스 같은 혁신적인 영화예술가들은 이 사진에서 볼 수 있듯이 거대한 녹화기기들을 다양한 이동장비에 설치하고 카메라를 액션 쪽으로 이동시키거나 액션과 나란히 둠으로써 역동적인 영상을 만들어내려고 했다. 그리피스의 촬영감독이었던 빌리 비처는 영화계에서 최초의 위대한 촬영기사로 평가되고 있다. *(Epoch)*

3-1b

'배트맨 비긴즈 *Batman Begins*' (미국, 2005), 출연: 크리스찬 베일 Christian Bale, 감독: 크리스토퍼 놀런 Christopher Noran.

▶ 오늘날 헐리우드 영화에서 움직임은 여전히 가장 강력한 영향력을 발휘하고 있다. 감독들은 몇 가지 기술을 동시에 사용함으로써 그들의 액션 신을 역동적으로 보이게 하는 경우가 자주 있다. 예를 들면, 이 쇼트에서 배트맨은 저돌적인 동작으로 씩씩하게 카메라를 향해 돌진한다. 그를 둘러싸고 수백 마리의 새들이 파닥거리며 이리저리 공중을 날아다니고 있다. 금방이라도 무시무시한 자연의 힘이 터져 나올 것 같다. 이러한 역동적인 소용돌이와 함께 움직이는 카메라는 신속하게 배후로 움직이면서 이 회오리 현상을 프레임에 담으려고 애쓴다. 이것이야말로 말 그대로 움직이는 move 영화 movie이다. *(Warner Bros./DC Comics)*

▶ 움직임은 거의 언제나 영상의 극적 대비이다. 심지어 그 동작이 이 쇼트의 전경의 모습처럼 초점이 맞지 않는 무정형의 인물에 의해 이루어지는 것일지라도 그렇다. 그의 크기 그 자체만으로도 으스스한 움직임들 못지않게 현관에 정지해 있는 작은 형상들을 지배한다.
(Rogue Pictures. Photo: Romeo Tirone)

▶ 정지와 운동—서로 다른 두 세계관. '풍월'에 나오는 이 영상은 얼어붙은 듯한 정적인 세계를 보여주는데, 여성은 모름지기 복종하고 말이 없고 정적이기를 바란다. '애니 기븐 선데이 *Any Given Sunday*'에서 보여주는 프로 풋볼의 세계는 숨이 가쁠 정도로 역동적이며, 빠르게 움직이는 카메라가 등장인물(대부분 남성)에게 초점을 맞추기 힘들 정도이다.

3-3

안무가의 역할은 느낌과 생각을 움직임으로 표현하는 데 있으며, 때로는 꿈 같고 초현실적이고(a), 때로는 아주 서정적이며(b), 또 경우에 따라서는 아주 활기차고 정력적이다(c).

3-3a

'오클라호마 *Oklahoma*' (미국, 1955),
안무: 아그네스 드 밀 Agnes de Mille,
감독: 프레드 진네만 Fred Zinnemann.

▶ 연극무대 안무가로 출발했지만, 아그네스 드 밀은 긴 발레 시퀀스를 도입함으로써 미국 뮤지컬에 혁명적인 변화를 불러일으켰다. 종종 이런 발레는 스토리를 전개하고 인물묘사를 심화시켰다. 1943년의 랜드마크인 로저스 Rodgers와 해머스타인 Hammerstein의 뮤지컬에서 보인 그녀의 안무를 그대로 옮겨놓은 이 유명한 "꿈의 발레"는 여주인공의 열망을 반영하고 있다. 많은 꿈들과 마찬가지로, 이 꿈은 구체적인 현실의 디테일과 상징적인 양식들과 결합되어 익숙하기도 하고 낯설기도 한 초현실적 공간으로 옮겨간다. 아그네스 드 밀은 영화 안무에, 특히 진 켈리의 작품에 지대한 영향을 미쳤다.   *(Magna)*

3-3b

'파리의 아메리카인 *An American in Paris*' (미국, 1951),
출연: 진 켈리 Gene Kelly, 레슬리 캐론 Leslie Caron, 안무: 진 켈리, 음악: 조지 거쉬인 George Gershwin, 감독: 빈센트 미넬리 Vincent Minnelli.

▶ 켈리는 아주 다양한 춤 스타일—탭 댄스, 볼룸 댄스, 모던 댄스, 발레—을 보여주었다. 그는 잘 발달한 근육질과 체조선수 같은 스타일에 최고의 기량을 보였으며, 남성적인 율동과 멋진 도약을 강조했다. 하지만 그는 또한 무덤덤한 스타일에도 매력을 느꼈으며, 거기에다 으스대는 독특한 걸음걸이를 가미했다. 그는 종종 그의 영화에 긴 발레 시퀀스를 끼워 넣었는데, 그것은 주로 꿈같은 시퀀스이거나 판타지였다. 켈리의 춤은 섹시하며, 골반의 움직임이나 팽팽한 허리, 몸의 꼬임, 마루 위에서 회전하는 것을 강조한다. 그는 대개 자신의 잘 발달된 근육질의 신체를 강조하기 위해 꼭 맞는 옷을 입었다. 그는 또한 잘난 체하는 씽긋 웃음이나 혹은 황홀한 미소로써 안무의 형식성을 꿰뚫어보고 파괴하는 것이 자신의 개성이라고 말했다.   *(MGM)*

3-3c

'7인의 신부 Seven Brides for Seven Brothers' (미국, 1954),
출연: 자크 당부와즈 Jacques D'Amboise(공중에 떠 있는 사람), 안무: 마이클 키드 Michael Kidd, 감독: 스탠리 도넌 Stanley Donen.

▶ 버스비 버클리 Busby Berkely, 진 켈리 Gene Kelly, 밥 포시 Bob Fosse 같은 뛰어난 영화 안무가들과는 달리, 다재다능한 마이클 키드는 그 자신의 고유한 스타일은 갖지 않았다. 그는 다양한 형식으로 그의 매혹적인 능력을 발휘했다. 예를 들어, 이 고전적인 뮤지컬에서 그의 안무는 운동경기 같고 남성적인 힘을 불러일으킨다. 또한 키드는 마치 황홀한 유령처럼 뉴욕 센트럴 파크를 서정적으로 활주하는 프레드 아스테어 Fred Astaire, 시드 차리스 Cyd Charisse와 함께 '밴드 왜곤 The Band Wagon'에 나오는 낭만적이고 우아한 "댄싱 인 더 다크 Dancing in the Dark"의 안무를 맡기도 했다. 그것은 영화 역사상 전대미문의 위대한 춤이었다. 1997년 마이클 키드는 영화 안무에 일생을 바친 공로로 아카데미상을 수상했다. *(MGM)*

발레와 마임은 훨씬 더 추상적이고 양식화되어 있다. 마르셀 마르소 Marcel Marceau 같은 뛰어난 마임 배우는 느낌이나 생각을 그대로 표현하는 것(이것이 팬터마임의 본래 영역에 한층 더 가깝다)에는 별로 관심이 없었다. 오히려 그는 버려도 될 만한 것들은 다 추려내고 느낌과 생각의 핵심만을 표현하려고 심혈을 기울였다. 몸통을 뒤틀어 고목나무를 나타내고, 굽은 팔꿈치는 그 고목나무의 구부러진 가지를, 여러 손가락의 작은 움직임들은 흔들리는 나뭇잎들을 나타내고 있다. 발레에서 움직임들은 너무나 양식화되어 있어서, 대체로 내러티브의 전후 맥락을 보면 그 움직임이 무엇을 표현하고자 하는지 최소한 짐작 정도는 할 수 있겠지만, 언제나 그 움직임의 취지를 정확히 파악할 수 있는 것은 아니다. 그러나 이와 같은 추상적인 수준에서도 움직임들은 정당화시키려 하는 특성을 갖게 마련이다. 추상적인 움직임들은 서정적이다. 다시 말해서 우리는 느낌이나 생각을 표현하는 그 움직임의 상징적 기능보다는 움직임 그 자체의 아름다움에 반응한다.

춤에서는 움직임이 안무의 범위를 벗어나지 않는 공간, 즉 3차원의 무대에 한정되어 있다. 영화에서는 프레임이 이와 비슷한 기능을 한다. 하지만 각 세트의 배치가 바뀜에 따라 영화의 무대는 다시 설정된다. 프레임의 다양한 부분과 관련된 본래의 의미들은 특정한 움직임의 의미와 밀접한 연관을 맺는다. 예컨대 수직적인 움직임으로 올라가는 동작은 비상하여 자유를 얻는 것처럼 보인다. 왜냐하면 이런 동작은 구성의 틀을 넘어 위로 움직이려는 눈의 자연적인 성향에 들어맞기 때문이다. 이처럼 위로 올라가는 움직임은 종종 포부, 환희, 권력, 권위—이 개념들은 프레임의 상위부분과 연결된다—를 암시하기도 한다. 아래로 내려가는 움직임은 정반대의 개념들, 즉 비애, 죽음, 무의미, 불경기, 허약함 등을 암시한다.

(a)

(b)

(c)

(d)

3-4

'용쟁호투 *Enter the Dragon*' (홍콩, 1973).
출연: 이소룡 Bruce Lee(검은 바지).
감독: 로버트 클라우스 Robert Clouse.

▶ 싸움이나 칼싸움, 동양의 호신술 같은 무술은 상당히 우아한 동작으로 안무될 수 있다. 전설적인 인물인 이소룡이 연출하는 쿵푸 시퀀스들은 특히 양식화되어 있으며, 거의 곡예댄스와 같다.
(Concord/Golden Harvest/Warner Bros.)

눈은 그림을 왼쪽에서 오른쪽으로 읽어가는 경향이 있기 때문에, 이런 방향으로 나아가는 물체의 움직임은 심리적으로 자연스러워 보인다. 반면에 오른쪽에서 왼쪽으로 나아가는 움직임은 왠지 모르게 부자연스럽고 불편한 느낌을 주는 경우가 많다. 예리한 영화감독은 극적인 아이디어를 부각시키기 위해 이런 심리적 현상을 이용한다.

움직임은 카메라를 향해 나아갈 수도 있고 또 카메라에서 멀어질 수도 있다. 관객은 카메라의 렌즈를 자신의 눈과 동일시하기 때문에, 이러한 움직임은 마치 등장인물이 자신을 향해 다가오거나 혹은 멀어져 가는 듯한 효과를 가져온다. 만일 그 인물이 악당이라면, 카메라를 향해 걸어오는 그의 동작은 공격적이고 악의적이며 위협적인 느낌을 갖게 한다. 왜냐하면 결과적으로 그 악당이 관객의 공간으로 침입하는 것이나 다름없기 때문이다. 만일 그 인물이 매력적이라면, 카메라를 향해 오는 그의 움직임은 다정하게 호감을 느낄 것이며, 때로는 유혹하는 것처럼 보이기도 할 것이다. 어느 경우

3-5a

'쉘 위 댄스? Shall We Dance?' (일본, 1997),
출연: 야쿠쇼 코지 Koji Yakusyo,
감독: 수오 마사유키 Masayuki Suo.

▶ 메타포로서 춤. 이 매력적인 상류사회 코미디는 사교댄스에 빠져 있는 42살의 회계사를 다루고 있다. 이런 취미생활을 이상하게 여기는 일본에서 사교댄스는 완전히 생소한 개념이었다. 사회적 통합을 맹목적으로 숭상하는 사회에서는 어떤 개인주의적인 행위도 웃음거리나 조롱거리가 되기 십상이다. "모난 돌이 정 맞는다."는 것은 일본 아이들이라면 아주 어렸을 때부터 배우는 속담이다. 성인이 되어서도 그들은 유별나게 보일까봐 상당히 신경을 쓴다. 그럼에도 불구하고 우리의 기가 막힌 주인공은 댄스교습을 받기로 결심한다. 그는 부끄러워서 심지어 그의 아내에게조차도 말을 하지 않는다. 더욱이 그들은 비록 확실히 예의바르긴 하지만, 별로 말이 없다. 그는 "서구의" 별난 행동을 모방하는 데 대해 뭔가 전체하는 점이 있다는 것을 느끼고, 우아해지고 싶어 하는 것에 대해 뭔가 남자답지 못한 점이 있다는 것을 느낀다. 대부분의 일본사람들은 다른 사람 앞에서 이상한 스텝을 밟는 것은 괴팍한 짓이라고 생각한다. 하지만 그의 단조로운 일상은 자극과 로맨스가 없다. 사실상 그는 그의 가족에게 이방인이나 다름없다. 그리고 어쩌면―단 한 번만이라도―그는 군중 속으로 뛰쳐나오고 싶을지도 모른다. 이 쇼트는 그의 이중적인 삶을 보여주고 있다. 즉, 책상 위에서 그는 성실한 회계사이지만, 책상 아래서 그는 댄스 스텝을 연습하고 있다. 중국과 일본 영화에 관한 논문집인 다음을 참조하라. *Cinematic Landscapes*, ed. by Linda C. Ehrlich and David Desser(Austin: University of Texas Press, 1994). *(Altamira/NTV)*

3-5b

'어벤져스 The Avengers' (미국, 2012),
출연: 로버트 다우니 주니어 Robert Downey Jr., 각본 및 감독: 조스 웨돈 Joss Whedon.

▶ 액션―모험 영화는 움직임과 스피드를 특히 강조하는 장르들 가운데서도 가장 역동적이다. '어벤져스'는 여러 주인공을 내세우면서 점차 스릴을 고조시킨다. 주인공은 아이언 맨 , 인크레더블 헐크 Incredible Hulk, 토르 Thor, 캡틴 아메리카 Captain America, 호크아이 Hawkeye, 블랙 위도우 Black Widow와 같은 마블 코믹스의 슈퍼 히어로들이다. 아일랜드 출신의 극작가인 사무엘 베케트 Samuel Beckett는 언젠가 현대 예술가의 과제는 "엉망인 상황을 수습하는 형식을 발견하는 데 있다"는 유명한 말을 남겼다. 작가 겸 감독인 조스 웨돈은 '그랜드 호텔 공식 Grand Hotel formula'(8-7a 참조. 역주: 한정된 무대를 설정하여 거기서 파생하는 인간생활의 양상을 입체적인 드라마로 엮어가는 기법)을 약간 수정함으로써 굉장히 성공적인 이 액션―모험 판타지에 적합한 형식을 찾아보려고 애썼다. 물론 우주 충돌과 폭발이라는 이 모든 특수효과를 만들어내기 위해 엄청난 비용(2억2천만 달러)이 들었다. 하지만 관객들은 열광적인 반응을 보였다. 영화평론가 데이빗 에델스타인 David Edelstein이 예측한 대로 마블 코믹스의 팬들은 "다양한 환희를 맛볼 것이다." 이 영화는 150억 달러의 수익을 올렸으며, 역사상 최고 수익을 올린 영화들 중 하나이다.

(Paramount Pictures/TM & © 2012 Marvel & Subs. www.marvel.com. Courtesy of Marvel Studios)

3-6a

'**엑스맨 2** *X2: X-men United*' (미국, 2003),
출연: 휴 잭맨 Hugh Jack− man(공중에 떠 있는
사람), 감독: 브라이언 싱어 Bryan Singer.

▶ 영화에서 움직임은 미장센과 밀접한 연관이 있
다. 대부분 영상의 꼭대기는 힘과 통제를, 밑바탕
은 취약성을 연상시킨다. 스탠 리 Stan Lee의 만화
책 등장인물들에 기반한 SF 판타지에 나오는 이
쇼트에서 울버린(잭맨)은 영재학교가 포위공격을
받을 때 무척 분노한다. 그는 최고로 유리한 위치
인 위에서 아래로 공격하고 있다.

(20th Century Fox/Marvel. Photo: Nels Israelson)

3-6b

'**나인스 게이트** *The Ninth Gate*'
(프랑스/스페인/미국, 2000),
출연: 조니 뎁 Johnny Depp,
감독: 로만 폴란스키 Roman Polanski.

▶ 움직임은 또한 카메라 렌즈에 좌우된다. 예를
들어, 정지된 이 사진에서라도 엄청난 속도감을
주목해 보라. 광각렌즈는 거리감을 과장하며, 보
통의 걸음걸이를 거인의 걸음걸이처럼 보이게
만든다.

(Canal+/Orly Films/FT1. Photo: Peter Mountain)

3-6c, d

'롤라 런 *Run Lola Run*'
(독일, 1998).
출연: **프랭카 포텐테** Franka Potente,
감독: **톰 티크베어** Tom Tykwer.

▶움직임에 대한 관객의 감정적 반응은 3-6c의 경우처럼 그것이 카메라를 향한 쇼트의 심도에서 연출되느냐, 혹은 프레임의 측면으로 비스듬하게(3-6d) 오른쪽에서 왼쪽으로(또는 그 반대로) 달리고 있는 주인공의 필사적인 모습을 촬영하느냐에 따라 크게 영향을 받는다. 심도에서 포착되는 움직임은 더 느려 보이고 훨씬 더 기력이 꺾인 것처럼 보인다. 왜냐하면 카메라가 참을성 있게 기다리고 있는 곳에서 멀리 떨어진 그 씬의 후미에서 달려오려면 오랜 시간이 걸리기 때문이다. 측면으로 비스듬하게 나아가는 움직임은 한층 더 결의에 차 있고 힘차 보인다. 왜냐하면 프레임의 한쪽에서 다른 쪽으로 옮겨 가는 데는 불과 몇 초밖에 걸리지 않기 때문이다. 그녀는 쏜살같이 카메라를 지나간다.
(*Arte/WDR/X-Filme. Photo: Bernd Spauke*)

3-7a, b, c

'나이트 플라이트 *Red Eye*' (미국, 2005),
출연: 레이첼 맥아덤즈 Rachel McAdams,
킬리언 머피 Cillian Murphy,
감독: 웨스 크레이븐 Wes Craven.

(a)

(b)

(c)

▶ 격정적인 상황을 작은 공간 안에 제한하는 것은 거의 언제나 스릴이 넘친다. 왜냐하면 등장인물들이 더 이상 숨을 곳이 없기 때문이다. '나이트 플라이트'의 촬영은 대체로 제트 여객기에서 이루어진다. 이 여객기에서 교활한 괴한(머피)이 젊은 여자(맥아덤즈)에게 그녀가 말한 대로 하지 않으면 그녀의 아버지를 살해하겠다고 위협한다. 크레이븐 감독이 그의 비디오 모니터에 화면을 정리하는 동안 얼마나 두 배우가 꼼짝 못하고 갇혀 있는가를 주목하라(3-7a). 여주인공이 휴게실에 몰래 메시지를 남기려고 할 때, 그 괴한은 좁은 복도를 가로막으면서 그녀를 꼼짝 못하게 한다(3-7b). 그의 음모를 저지하려는 그녀의 노력에 격분하여 그는 결국 한층 더 구체적으로 위협하면서 그녀의 공간을 침식해 들어간다(3-7c). 이것들과 같은 갇힌 신에서 움직임은 본래 닫힌 쇼트와 편집을 통해 표현되는데, 이는 다른 점에서 보면 정적으로 보이는 공간에 활력을 불어넣는다. *(DreamWorks)*

이든 관객을 향한 움직임은 강력하고 단정적이며, 움직이고 있는 인물 쪽에서는 자신감을 나타내는 것이 된다(3-31).

카메라에서 멀어지는 움직임은 정반대의 의미를 함축하는 경향이 있다. 움직임의 효력은 떨어지고, 그 인물이 관객으로부터 멀어지면서 점점 더 소원해지는 것처럼 느껴진다. 악당들이 이런 식으로 물러가면 관객은 안도감을 느끼게 된다. 왜냐하면 그리하여 악당들과 관객 사이에 더욱더 안전거리가 확보되기 때문이다. 어떤 맥락에서 보면 이런 움직임은 허약하고 겁에 질리고 소심한 것처럼 보일 수도 있다. 대부분의 영화는 카메라가 현장에서 후퇴하든 아니면 등장인물이 카메라로부터 후퇴하든 후퇴하는 방식으로 끝난다.

스크린에서 측면의 움직임과 심도의 움직임—카메라를 향하거나 카메라로부터 멀어지는 움직임—사이에는 상당한 심리적 차이가 있다. 대본은 어떤 인물에게 단지 이곳에서 저곳으로 움직이라고 요구할 뿐이지만, 감독이 선택하는 촬영방식에 따라 그 움직임의 심리적 함축은 달라진다. 일반적으로 말해서, 어떤 인물이 오른쪽에서 왼쪽으로(혹은 반대로) 움직이면 그 인물은 결단력 있고 유능한 인물로 보일 것이다. 카메라가 익스트림 롱 쇼트 extreme long shot가 아니라면, 이러한 움직임은 반드시 짧은 시간에—단지 몇 초간 지속되는 쇼트로—촬영된다. 측면으로 나아가는 움직임은 스피드와 능률을 강조하는 편이기 때문에 액션영화에 자주 사용된다(3-6d).

한편 어떤 인물이 씬의 심도 안이나 바깥으로 움직일 때 그 효과는 느림의 효과일 경우가 많다. 카메라가 가까운 거리에 있지 않거나 혹은 초광각 렌즈가 사용되지 않는다면, 카메라를 향하거나 혹은 카메라에서 멀어지는 움직임은 측면으로 나아가는 움직임보다 오래 촬영해야 한다. 망원렌즈를 사용하면 이런 움직임은 절망적으로 녹초가 된 것처럼 보일 수 있다. 더욱이 심도의 움직임이 연속적으로 장시간 촬영으로 찍히면 관객은 그 움직임의 결말을 미리 예상해버림으로써 그 인물이 목적지에 도달하기까지 기다리는 동안 지루한 느낌이 증폭된다. 특히, 인물의 구체적인 목표가 명확할 경우—예컨대, 긴 복도의 길이—에 관객이 불가피하게 그 전체 움직임을 지켜봐야 한다면 대체로 지겨움을 느끼게 될 것이다(4-13).

고전적인 영화감독들은 대체로 연기를 각기 다른 여러 가지 위치에서 촬영하기 때문에 움직임이 개시되어 끝날 때까지 시간과 공간을 압축한다. 고전적인 영화감독들은 또한 움직임을 대각선으로 연출하여 그 동작을 보다 역동적인 리듬으로 만들어낸다. 움직임이 촬영되는 거리와 앵글이 그 움직임의 의미를 대부분 결정한다. 일반적으로 멀고 높은 곳에서 찍은 쇼트일수록 움직임을 느리게 보이게 하는 경향이 있다. 만일 움직임을 가까이서 낮은 앵글로 잡으면 보다 강하고 속도감 있게 보인다. 감독은 동일한 피사체—예컨대, 달리고 있는 사람—를 서로 다른 두 가지 위치에서 촬영하여 정반대의 의미를 창조할 수 있다. 만일 그 사람을 하이 앵글에서 익스트림 롱 쇼트로 촬영하면 그는 무력하고 무능해 보일 것이다. 만일 그를 로우 앵글에서 미디엄 쇼트로 촬영하면 그는 에너지가 넘치는 정력가로 보일 것이다. 각각의 설정에서 피사체가 완전히 동일할지라도 각 쇼트의 진정한 내용은 바로 그 쇼트의 형식에 있다.

심지어 (더욱 더 잘 알아야 하는) 영화비평가들조차도 이러한 지각작용의 차이를 무시하는 경우가 많으며, 움직임을 단지 스토리와 전체 물리적 행위의 측면에서만 고려할 뿐이다. 그 결과 무엇이 "본질적으로 영화적인가"를 두고 소박하기 짝이 없는 수많은 이론들이 나왔다. 그들은 실제 생활에서 터무니없어 보이는 움직임이 많을수록 더 영화적이라고 주장한다. 서사적 사건이나 야외촬영이 친근하고 제한된, 실내촬영의 소재보다 근본적으로 영화라는 매체에 더 잘 어울리는 것으로 본다. 이런 관점은 영화의 움직임에 대한 오해 때문에 생겨난 것이다. 사실 어떤 영화의 특징을 묘사하기 위해 서사적이라든가 심리적이라는 용어를 사용할 수는 있다. 하지만 이와 같은 일반적인 차원에서조차도 본질적으로 영화적인 주제에 대한 논의는 대개 조잡하기 짝이 없다. 비록 우리가 톨스토이의 『전쟁과 평화』는 서사적이고 도스토예프스키의 『죄와 벌』은 심리적인 소설이라고 말할 수 있을지 모르나, 지각 있는 사람이라면 어느 누구도 전자가 후자보다 본질적으로 더 소설적이라고 주장하지는 않을 것이다. 이와 비슷한 말이지만, 단순하고 고지식한 관객만이 미켈란젤로의 시스틴 성당의 벽화가 베르메르 Vermeer가 그린 가정생활과 집안 풍경의 그림보다 본질적으로 훨씬 더 시각적이라고 주장할 것이다. 그것들은 차이가 있지만, 그렇다고 해서 반드시 더 좋거나 더 나쁘다고 할 수는 없으며, 어떤 본질적인 특성 때문에 차이가 나는 것도 아니다. 간단히 말해서 서사적인 예술작품에도 좋은 작품과 나쁜 작품이 있고, 심리적인 작품에도 좋은 작품과 나쁜 작품이 있다. 중요한 것은 소재 그 자체가 아니라 그것을 어떻게 다루는가이다.

영화에서 움직임은 민감한 문제이다. 왜냐하면 그것은 필연적으로 그것이 쓰이는 쇼트의 종류에 따라 좌우될 수밖에 없기 때문이다. 영화의 클로즈업은 익스트림 롱 쇼트로 찍은 가장 넓은 풍경 못지않게 많은 움직임을 전달할 수 있다. 사실 스크린의 표면을 감싸고 있는 영역에 국한해서 본다면, 낙하산을 타고 50피트를 내려오는 장면을 익스트림 롱 쇼트로 찍은 것보다 눈물이 흐르고 있는 사람의 얼굴을 보여주는 클로즈업에 실제로 더 많은 움직임이 담겨 있다(3-8).

3-8a

'스턴트 맨 *The Stunt Man*' (미국, 1980),
감독: 리처드 러쉬 Richard Rush.
(20th Century Fox)

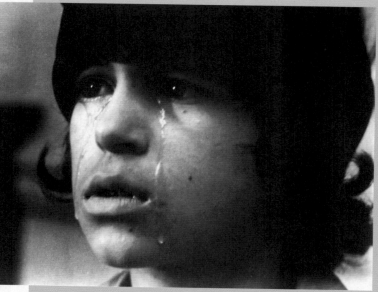

3-8b

'야생의 아이 *The Wild Child*' (프랑스, 1969),
출연: 장 피에르 카골 Jean-Pierre Cargol,
감독: 프랑수아 트뤼포 François Truffaut.
(Les Films Du Carosse/Les Productions Artistes Associés)

▶ 춤이나 연극무대에서 움직임과는 달리, 영화의 움직임은 언제나 상대적이다. 익스트림 롱 쇼트에서는 전체적인 큰 움직임만이 인식될 것이지만, 눈의 깜박거림은 클로즈업에서 오히려 우리의 시선을 끌 수 있다. 예를 들어, 이 사진들에서 보면 흘러내리는 소년의 눈물이 하늘에서 떨어지는 조종사의 추락보다 훨씬 더 스크린의 공간을 가득 채우고 있다.

　　서사영화와 심리적인 영화는 서로 다른 방식으로 움직임을 사용하여 서로 다른 쇼트를 강조한다. 서사영화는 서사적인 효과를 내기 위해 보통 롱 쇼트에 의존하는 반면에, 심리적인 영화는 주로 클로즈 쇼트를 사용하는 편이다. 서사영화는 통쾌하고 웅장한 느낌에 주안점을 두고, 심리적인 영화는 깊이와 디테일에 관심을 기울인다. 서사영화는 사건을 강조하는 경우가 많지만 심리적인 영화는 사건의 함축적 의미를 강조한다. 서사영화는 행위작용 action을 강조하고 심리적인 영화는 행위의 반응 reaction을 강조한다.

　　두 사람의 영화감독이 동일한 스토리를 접하더라도 전혀 다른 작품이 나올 수 있다. '햄릿 *Hamlet*' 이 좋은 본보기다. 셰익스피어의 희곡을 영화화한 로렌스 올리비에 Laurence Olivier의 작품은 본질적으로 서사적이며 롱 쇼트를 강조한다. 프랑코 제피렐리 Franco Zeffirelli의 영화는 주로 심리적인 탐구이며, 클로즈 쇼트와 미디엄 쇼트가 주로 쓰인다. 올리비에의 영화는 세팅을 강조한다. 특히, 음침한 엘시노어 성에 대한 롱 쇼트가 많다. 그 대부분은 이러한 분위기의 환경과 햄릿의 상호작용으로 이루어진다. 관객은 영화 첫머리에서 이 영화가 "결단력이 없는 한 남자"에 관한 스토리라는 것을 알아차린다.

　　롱 쇼트는 이러한 해석을 시각적으로 강조하기 위해 쓰인다. 그 중 대부분은 느슨한 프레임으로 되어 있는데, 이는 햄릿(올리비에 역)의 움직임과 활동이 상당히 자유롭다는 것을 암시한다. 그러나 그는 이런 자유를 거부하고 오히려 결단력 없이 무기력하게 침침한 한쪽 구석에 웅크리고 있는 것을 좋아한다. 그가 운신할 때는 대체로 먼 거리에서 그 동작을 포착함으로써 주인공이 자신이 처한 환경과의 관계에서 무기력하다는 것을 강조한다.

　　제피렐리의 '햄릿'(멜 깁슨 주연)은 주로 팽팽한 프레임의 클로즈 쇼트와 미디엄 쇼트로 촬영되었다(3-9). 결단력 없는 올리비에의 햄릿과는 달리, 깁슨의 햄릿은 충동적이고 저돌적이며, 생각보다는 행동이 앞서는 인물이다. 한정된 클로즈 쇼트에 갇혀 번민하고 괴로워하는 주인공은 사실상 프레임의 가장자리를 빠져나와 망각의 영역으로 접어든다. 그가 저돌적으로 장소를 옮겨갈 때는 이동이 쉬운 핸드 헬드 카메라도 거의 그를 따라잡기 힘들 정도이다. 물론 동일한 움직임을 롱 쇼트로 촬영했다면 그의 동작은 훨씬 정상적인 모습으로 보일 것이다.

3-9

'햄릿 *The Hamlet*'
(미국/영국/이탈리아, 1990),
출연: 글렌 클로즈 Glenn Close, **멜 깁슨** Mel Gibson, **감독: 프랑코 제피렐리** Franco Zeffirelli.

▶ 이 사진의 경우처럼 카메라가 액션과 가까이 있을 때는 작은 몸짓까지도 확대되어 아주 역동적인 동작으로 보인다. 셰익스피어 비극의 주인공에 대한 깁슨의 연기는 변덕스럽고 아주 정열적이다. 같은 작품을 영화화한 로렌스 올리비에의 1948년의 영화에 나오는 우유부단하고 사색을 즐기는 햄릿과는 큰 차이가 있다. *(Warner Bros.)*

3-10

'폴로우 더 플릿 *Follow the Fleet*'
(미국, 1936).
출연: 프레드 아스테어 Fred Astaire,
진저 로저스 Ginger Rogers,
안무: 프레드 아스테어, 헤르메스 판
Hermes Pan,
감독: 마크 샌드리치 Mark Sandrich.

▶ 아스테어의 춤 스타일은 쿨─우아하고, 유쾌하고, 쉬운─의 축약판이다. 그는 제롬 로빈스 Jerome Robbins, 조지 발란쉰 George Balanchine 같은 안무가와 루돌프 누레예프 Rudolf Nureyev 같은 댄서에게 영향을 미쳤다. 누레예프는 아스테어를 "미국 역사상 가장 위대한 댄서"라고 말했다. 발란쉰은 아스테어가 20세기 가장 위대한 댄서라고 생각했다. 그의 활동영역은 무척 넓었으며, 위트와 빠른 탭 댄스, 경쾌하고 낭만적인 사교춤 스타일, 그리고 만년에는 가볍고 서정적인 모던 댄스까지 두루 섭렵하고 있었다. 그는 그의 춤에 대한 예술적인 관리를 고집했다. 완벽주의자인 그는 또한 제작에 들어가기 전에 6주 동안의 리허설을 강조하기도 했다. RKO사의 아홉 편의 뮤지컬에서 그와 헤르메스 판이 안무를 맡았으며, 대체로 제작 직전에 오는 진저 로저스에게 스텝 지도를 했다. 화가 난 어떤 페미니스트는 하이힐을 신고 단 며칠간의 리허설을 하고도 로저스는 아스테어가 한 대로 모든 것을 해냈지만 그저 따라 하는 것일 뿐이었다는 점을 지적했다. 그녀는 더 많은 명성을 받을 만했다. 카메라는 본질적으로 기능적이다. 다시 말해서 그것은 장시간 촬영으로 춤추는 사람의 움직임을 풀 쇼트로 포착하면서, 그 움직임에 따라 가능한 한 자연스럽게 흘려 찍거나 경사지게 한다. 그들의 춤은 실은 러브 씬이다. 그는 그의 여인에게 움직임으로 구애한다. 사실 그들은 스크린에서 키스하는 경우는 거의 없다. 그녀는 대체로 말로 하는 그의 접근과 구애에 대해 저항하며 쌀쌀맞게 대한다. 하지만 음악이 시작되면 그들의 몸은 리듬의 흐름에 따라 물결치듯 동요하며, 마침내 그녀는 무아지경이 되어 그녀의 몸이 움직여가는 그 운명에 완전히 자신을 맡겨버린다. *(RKO)*

3-11

'두 선원 *Two Tars*' (미국, 1928),
출연: 스탠 로렐 Stan Laurel,
올리버 하디 Oliver Hardy,
감독: 제임스 패롯 James Parrott.

▶ 대부분의 슬랩스틱 코미디언들이 그렇듯이, 로렐과 하디의 코미디는 전형적으로 동적이다. 작은 몸짓을 엄청난 야단법석으로 부풀리는 데는 이들을 따를 자가 없다. 이들의 코미디는 복수의 형식과 적대감의 점진적인 고조로 가득 차 있으며, 눈덩이처럼 커지다가 결국은 전부가 파괴되는 결과가 된다. 로렐과 하디는 이러한 스토리 형식을 사용하여 멋진 작품들을 만들어냈다. *(Hal Roach/MGM)*

3-12a

'실종자 *Frantic*' (미국, 1988),
출연: 해리슨 포드 Harrison Ford,
감독: 로만 폴란스키 Roman Polanski.

▶ 영화감독들은 아직 일어나지 않은 행위를 예상할 수 있도록 네거티브 스페이스 Negative Space를 자주 이용한다. 예를 들어, 이 사진을 보면 암시적인 카메라가 마치 오른쪽의 빈 공간을 어떤 무엇이 채워주기를 기다리는 것처럼 보인다. 방심하고 있는 주인공은 머지않아 질주하는 자동차가 그에게로 달려와 거의 자신을 들이받을 뻔하게 되리라는 사실을 알지 못한다. 하지만 관객은 폴란스키 감독의 프레이밍을 통해 어떤 일이 벌어지리라는 것을 이미 짐작하고 있다. 이와 같은 암시적인 설정은 스릴러물에서 특히 흔하다. 관객에게는 다음 행동이 준비되고 있다는 일종의 경고이다. 자연과 마찬가지로 예술도 빈 공백을 무척 싫어한다. *(Warner Bros.)*

3-12b

'**아저씨** *The Man from Nowhere*' (한국, 2010).
감독: 이정범 Jeong-Beom Lee.

▶ 예측적 배치는 숙명의 의미를 암시할 수 있다. 즉, 카메라가 마치 등장인물에게 계단을 올라오도록 청하는 것처럼 보인다. 왜냐하면 그가 운명적인 공간을 다 오를 때까지 카메라가 기다리고 있기 때문이다. 하이 앵글 위치의 카메라와 영상의 닫힌 형식은 둘 다 운명을 기다린다는 느낌을 강화하고 있다. *(Opus Pictures)*

　연극에서 이러한 두 가지 해석이 이루어지려면 반드시 수단을 달리해야 할 것이다. 비록 연극이 부분적으로 시각매체이기는 하지만 프레임의 크기(세트의 범위나 혹은 프로시니엄 아치)는 그 연극이 진행되는 동안 변함이 없다. 한마디로 연극은 롱 쇼트에 제한되어 있으며, 이상과 같은 움직임의 조작은 사실상 불가능하다.

　만일 클로즈 쇼트에 지나치게 많은 움직임이 담긴다면 스크린에서 그 효과는 과장되어 비정상적으로 보일 것이다. 이런 이유로 감독들은 비교적 정적인 씬에서 클로즈 쇼트를 사용하는 편이다. 예컨대 몸짓을 하며 대화하고 있는 두 사람의 생동적인 모습은 미디엄 쇼트로 찍어야 그 움직임이 정

3-13

'요짐보 Yojimbo' (일본, 1961),
감독: 구로자와 아키라 Akira Kurosawa.

▶ 구로자와의 영화는 상징을 나타내는 동적 테크닉이 풍부하다. 그는 종종 정적인 시각요소들을 작지만 역동적인 소용돌이의 움직임과 병치시킴으로써 극적인 긴장감을 이끌어낸다. 가령 이 씬에서 수적으로 크게 열세인 주인공(미후네 도시로 Toshiro Mifune)은 불량한 폭력배집단과 싸울 태세를 하고 있다. 정적인 시각에서 보면, 사무라이 주인공은 양옆의 벽과 그를 막고 있는 폭력배들의 벽에 갇혀 있는 것처럼 보인다. 그러나 주인공을 둘러싸고 매서운 바람이 소용돌이치고 있는데(이 쇼트의 극적 대비), 이는 주인공의 분노와 육체적인 힘을 상징한다. *(Toho Company)*

3-14

'프렌치 커넥션 *The French Connection*' (미국, 1971),
감독: 윌리엄 프리드킨 William Friedkin.

▶밖으로 팽창해 나가거나 햇살모양으로 확산되는 움직임의 효과
는 대체로 환희나 공포 같은 폭발적인 감정과 결부되어 있다. 그러
나 이 쇼트에서 상징은 더 복잡하다. 이 씬은 격렬한 추격 시퀀스의
클라이맥스에 나오는 장면인데, 주인공(진 핵크만 Gene Hackman, 총
을 들고 있다)이 잔인한 살인자를 사살함으로써 마침내 승리를 거둔
다. 그가 다시 한 번 끈덕진 형사를 벗어나기 직전의 순간이다. 스크
린에서 이 역동적인 폭발은 총알이 피살자의 몸을 관통하는 것뿐만
아니라, 굴욕적이고도 위험한 추격 끝에 주인공이 환희에 찬 클라이
맥스를 맞이한다는 것을 상징한다. 동적으로 표현되는 '죽음의 엑스
터시'는 또한 추적 시퀀스 내내 고조시켰던 관객의 극적 긴장을 해
소시켜 주기도 한다. 결국 관객으로 하여금 주인공이 느끼는 살인의
즐거움을 함께 느끼도록 부추기고 있는 셈이다.   *(20th Century Fox)*

적으로 보이지 않을 것이다.

거의 언제나 그렇듯이 진부한 테크닉들은 2류 감독임을 나타내는 표지나 다름없다. 어떤 느낌이나 감정들−이를테면 기쁨, 사랑, 증오−은 너무나 일반적이기 때문에 진지한 예술가들은 끊임없이 새로운 표현방식, 즉 통속적이고 익숙한 것을 신선하고 예기치 못한 것으로 바꿀 수 있는 방법을 탐색하고 있다. 예컨대, 죽음의 씬은 영화에서 흔하다. 죽음의 씬이 자주 나오기 때문에 진부하게 표현될 경우가 자주 있다. 물론 죽음이란 일반적인 관심사이며, 어느 정도의 독창성과 상상력을 가미한다면 관객들을 감동시킬 수 있다.

식상하고 케케묵은 것을 피하는 한 가지 방법은 역동적인 상징으로 감정을 전달하는 것이다. 안무가와 마찬가지로, 영화감독도 특정한 유형의 움직임에 담긴 의미를 탐구해야 한다. 소위 추상적인 움직임이라고 하는 것도 생각과 느낌을 암시하는 경향이 있다. 예컨대 어떤 움직임은 유연하고 부드러운 느낌을 주는 반면에, 또 어떤 움직임은 거칠고 공격적인 느낌을 준다. 곡선을 그리거나 동요하는 움직임은 대체로 우아하고 여성적이다. 곧고 직선적인 움직임은 강렬하고 자극적이며 강인한 느낌을 준다. 더욱이 안무가와는 달리, 영화감독은 움직이는 사람이 없어도 이러한 상징적인 움직임들을 이용할 수 있다.

만일 춤을 추는 사람이 사랑하는 사람을 잃은 슬픔을 전달하려고 한다면, 그 움직임은 필시 안으로 움츠려들면서 느리고 무겁고 하향적인 움직임을 강조해야 할 것이다. 영화감독은 이와 동일한 운동원리를 사용하지만 전혀 다른 정황이나 환경에서 사용할 수 있다. 가령 월터 랭 Walter Lang의 '왕과 나 *The King and I*'에서 관객은 심각한 병을 앓고 있는 왕(율 브리너 Yul Brynner)의 손의 클로즈업이 천천히 프레임 바닥으로 미끄러져 마침내 프레임 가장자리 아래 어둠 속으로 사라지는 것을 보고 그가 세상을 떠났음을 알게 된다.

에이젠슈테인 Eisenstein의 '낡은 것과 새로운 것 *Old and New*'('제너럴 라인 *General Line*'으로도 알려져 있다)을 보면 소중한 씨받이용 수컷 소가 죽는다. 그리고 그 죽음으로 그 소를 구입한 농가에는 심각한 타격을 입는다. 이런 결과는 같은 성격의 동적 상징을 강조하는 두 가지 병행하는 쇼트를 통해서 표현되고 있다. 먼저 에이젠슈테인은 죽어가는 소의 눈이 천천히 감기는 것을 익스트림 클로즈업으로 관객에게 보여준다. 소의 눈이 감기는 슬픈 모습이 클로즈업 쇼트를 통해 몇 배로 확대된다. 그 다음 에이젠슈테인은 지평선을 넘어가는 태양의 쇼트를 보여주는데, 해가 지면서 그 빛줄기가 서서히 사라져간다. 소의 죽음이 사소한 일로 보일지 모르나, 열심히 일하면서 살아가는 농촌사람들에게는 엄청나게 중요한 일이다. 더 나은 미래에 대한 그들의 희망이 바로 그 소와 함께 사라지고 말았다.

물론 영화에서는 흐름이 생명이다. '낡은 것과 새로운 것'에 나오는 상징이 한층 더 사실적인 영화에 나온다면 필시 과장되고 가식적으로 보일 것이다. 그러나 동일한 동적 원리가 거의 모든 종류의 맥락에 쓰일 수 있다. 가령 멜 깁슨 Mel Gibson의 '브레이브하트 *Braveheart*'에서 저항군의 지도자(깁슨 역)의 교수형은 아래로 움직이는 하향적인 움직임을 다각적으로 이용하고 있다. 사형 집형인의 도끼가 그의 목을 겨냥할 때, 관객은 눈물이 얼굴에 천천히 흘러내리는 이사벨 공주의 클로즈업

장면을 본다. 도끼가 그의 목을 치는 순간 관객은 그의 손에서 땅으로 떨어지는 손수건(죽은 아내가 사랑의 징표로 남긴 유품)의 슬로 모션 장면을 본다. 이는 그가 삶의 굴레에서 해방되는 시적 상징이다.

찰스 비더 Charles Vidor의 '숨어 사는 여인들 *Ladies in Retirement*'을 보면, 이와 같은 동적 원리가 전혀 다른 맥락에서 사용되고 있다. 가난한 가정부(아이다 루피노 Ida Lupino)는 지진아인 자신의 두 자매가 정신병원에 격리수용되는 것을 막기 위해서 나이 든 주인에게 경제적인 도움을 청한다. 주인은 그녀의 청을 거절한다. 주인은 부자의 정부 노릇으로 재산을 모은 이기적이고 허영에 가득 찬 여인이다. 절망에 빠진 가정부는 최후 수단으로 늙은 주인을 죽이고 그녀의 외딴 집을 마음씨 착한 동생들의 피난처로 사용하기로 결심한다. 살인 씬 그 자체는 동적 상징을 통해 전달된다. 관객은 지나치게 몸치장을 한 귀부인이 피아노 반주에 맞춰 노래하고 있는 것을 볼 수 있다. 뒤에서 그녀를 목졸라 죽이려고 작정한 가정부는 그녀가 노래하고 있는 사이에 살금살금 천천히 다가간다. 하지만 실제로 목을 조르는 장면은 보여주지 않고, 비더는 부인의 목걸이의 진주가 하나씩 마루에 떨어지는 것을 미디엄 클로즈 쇼트로 보여준다. 꼼짝하지 않는 노부인의 발 근처에 갑자기 진주목걸이가 통째로 떨어져 흩어진다. 떨어지는 진주의 상징은 전후 맥락에 잘 어울린다. 왜냐하면 진주는 부인의 필요 이상의 재산뿐만 아니라 그녀의 허영과 이기심을 나타내기 때문이다. 떨어지는 진주 한 알 한 알은 우아하게 아로새긴 핏방울을 상징한다. 계속 떨어져 나머지 진주목걸이의 줄이 마루에 떨어지면 그녀의 생명은 소진되어 가련한 부인은 세상을 떠난다. 살인을 이런 동적 상징을 통해 전달함으로써, 비더는 관객으로 하여금 잔인한 살해장면을 보지 못하게 했는데, 그 잔인한 광경을 보았다면 아마 가정부에 대한 관객의 동정심은 사라졌을 것이다.

이런 경우에 영화감독들—랑 Lang, 에이젠슈테인, 깁슨, 비더—은 비슷한 문제, 즉 어떻게 죽음의 씬을 생생하게 독창적으로 표현할 것인가의 문제에 부딪쳤다. 감독들은 제각기 유사한 움직임들, 즉 느리고 위축되고 하향적인 움직임을 이용해 그 문제를 해결했다. 그리고 이런 움직임은 춤추는 사람이 실제 무대 위에서 사용하는 움직임과 동일하다.

동적 상징은 그 외 여러 가지 생각과 느낌을 나타내기 위해 사용될 수도 있다. 예를 들어, 엑스터시와 기쁨은 팽창하는 움직임을 통해 표현되는 경우가 많으며, 공포는 다양한 형태의 망설임이나 떨리는 움직임으로 표현된다. 에로티시즘은 물결이 치는 듯한 움직임을 이용해 전달될 수 있다. 가령 구로자와의 '라쇼몽'에서, 여인의 도발적인 성적 매력은 그녀의 실크 면사포의 물결 같은 움직임을 통해 암시되고 있다. 그 움직임이 너무나도 우아하고 애간장을 태우는 바람에 주인공(미후네 도시로)은 그녀의 에로틱한 유혹에 도무지 저항할 길이 없다. 일본 관객들은 대개 영화에서 노골적인 성 묘사는 감칠맛이 없다고 생각한다. 그래서 일본영화에는 심지어 키스 장면도 잘 나오지 않는다. 성적인 느낌은 이 영화처럼 상징적인 방식으로 표현되는 경우가 많다.

모든 예술 형식에는 반역자들이 존재하며, 영화도 예외가 아니다. 움직임을 영화예술의 기초라고 간주하는 것은 거의 보편적이기 때문에 정지개념으로 실험하는 감독들이 많았다. 사실 이런 감독들은 의도적으로 영화의 본성에 어긋나는 방향에서 작업을 했으며, 꼭 필요한 움직임 외는 모두 버린다. 브레송 Bresson, 오즈 Ozu, 드레이어 Dreyer 같은 감독들은 움직임을 최소화하는 인물로 평가

되고 있다. 왜냐하면 움직임을 다루는 이들의 테크닉이 무척 엄격하고 제한되어 있기 때문이다. 한 영상에 실제로 모든 것이 움직이지 않는 것처럼 보일 때는 아주 작은 움직임일지라도 엄청난 의미를 지닐 수 있다. 대부분의 경우 이러한 정지는 상징적인 목적을 위해 이용된다. 가령 안토니오니 Antonioni의 영화에서 볼 수 있듯이, 움직임이 없다는 것은 정신적 혹은 심리적 마비상태를 암시할 수도 있다.

움직임의 제한에 대한 가장 흥미로운 실험 중 하나는 주인공(라이언 레이놀즈 Ryan Reynolds)을 대담하게 매장된 관 속에 가두어둔 영화 '베리드 Buried'에서 찾아볼 수 있다. 레이놀즈는 전쟁으로 피폐해진 이라크에서 일하는 하청업자이다. 그는 납치를 당했으며, 몸값을 요구하기 위한 인질로 잡혀 있다. 그에게는 영화의 상영시간인 대략 90분 동안의 산소가 남아 있다. 휴대폰으로 구조를 요청하고, 관 속에 무엇—다른 무엇보다도 뱀—이 있는지를 보기 위해 라이터를 사용하면서, 주인공은 시간과 생사를 건 투쟁을 벌이고 있다. 그가 전화한 사람들은 모두 응답도 없고 이야기도 없다. 로드리고 코르테즈 Rodrigo Cortés 감독은 사실상 영화감독이 이용할 수 있는 통상적인 수단들은 아무것도 사용하지 않고 긴장감을 조성하고 있다. 전체 액션이 실시간으로 관 속에서 벌어진다. 그것은 실로 미니멀리즘 minimalism의 승리이다.

카메라 이동

1920년대 이전에 감독들은 촬영되는 피사체의 움직임을 제한하는 경향이 있었다. 한 쇼트를 찍을 동안 카메라를 이동시키면서 프레임 속의 움직이는 인물을 계속 따라잡는 감독은 상대적으로 적었다. 1920년대에 무르나우 F. W. Murnau, 뒤퐁 E. A Dupont 같은 독일감독들은 쇼트 안에서도 카메라를 이동시켰는데, 이는 물리적 이유 때문이기도 했지만 또한 심리적 및 주제적인 이유 때문이기도 했다. 이러한 독일감독들의 실험은 후배 영화감독들이 이전에는 불가능한 것으로 여겼던 미묘하고 민감한 점을 이동카메라를 사용하여 전달할 수 있게 만들었다. 실은 편집—다시 말해서 쇼트 사이에 카메라를 이동시키는 것—이 더 신속하고, 비용도 덜 들고, 덜 혼란스럽다. 하지만 편집에 의한 커팅 또한 이동하는 카메라의 유연한 서정성에 비하면 갑작스럽고, 불연속적이며, 예측하기 힘들다.

카메라 이동이 안고 있는 커다란 문제점은 시간이 걸린다는 점이다. 이런 테크닉을 광범위하게 활용하는 영화는 천천히 움직이는 것처럼 보이는 경향이 있다. 왜냐하면 한 장면이 끝나고 다음 장면이 시작되는 움직임이 스트레이트 커트 straight cut보다 많은 시간이 걸리기 때문이다. 감독은 카메라 이동이 시간을 소비할 만큼 그 영화에 가치가 있는지, 그리고 그 이동이 그에 따른 부차적인 기술적, 재정적인 애로를 장담할 수 있는지를 결정해야만 한다. 감독이 카메라의 이동을 결정했다면 어떻게 이동시킬 것인가를 결정해야만 한다. 카메라를 이동하는 차에 탑재할 것인가, 아니면 고정된 삼각대

3-15a&b

'헌티드 *The Hunted*' (미국, 2002),
출연: 토미 리 존스 Tommy Lee Jones,
베네치오 델 토로 Benicio Del Toro,
감독: 윌리엄 프리드킨 William Friedkin.

(a)

▶ 더 가깝고 더 꽉 찬 프레임일수록 움직임이 더 우위를 차지한다. 더 멀고 더 느슨한 프레임일수록 움직임의 역할은 줄어드는 편이다. 움직임의 역할과 그 중요성은 대체로 카메라와 그 동작 간의 거리에 비례한다. 프레이밍에서는 아주 작은 변화일지라도 관객의 반응을 불러일으킬 수 있다. 여기 소개하는 두 쇼트는 미묘한 차이를 함축하고 있다. 한층 느슨한 프레임의 미디엄-풀 쇼트(a)에서 델 토로는 미장센의 좌측 중앙을 지배하고 있는 존스에 의해 압도당하고 있다. 델 토로는 스크린 오른편으로 밀려나고 있다. 존스가 상대를 압도하고 있다는 것이 그의 움직임이 허용되는 공간의 크기를 통해 강조되고 있다. 프레임 내 시각적 요소의 통제는 존스가 (일시적으로) 델 토로를 통제하고 있다는 것에 대한 공간적 메타포이다. 훨씬 더 꽉찬 프레임의 미디엄 쇼트(b)에서는 델 토로가 주도권을 회복했다. 그는 프레임 내 거의 3분의 2의 공간을 지배하고 있으며, 존스는 스크린의 왼쪽 아래 구석에 몰려 있다. 관객은 프레임의 제한된 영역 안에서 그 인물이 지배할 수 있는 움직임이 얼마나 많은가를 봄으로써 이들 쇼트에서 어느 쪽이 승자인가를 알 수 있다.

(Alphaville/Lakeshore/Paramount Pictures. Photo: Andrew Cooper)

(b)

3-16

'홈 바이 크리스마스 *Home By Christmas*'
(뉴질랜드, 2010),
감독: 게일린 프레스턴 Gaylene Preston.

▶ 움직임이 언제나 자동적으로 주도적인 것은 아니다. 가령 이 장면에서, 결혼한 젊은 부부는 제2차 세계대전이 끝나면서 재결합하게 되었다. 남편이 포로수용소에서 집으로 돌아왔다. 조연배우들이 손을 흔들며 축하하면서 환호하는 가운데 부부는 마치 무시무시한 폭풍 속의 생존자처럼 꼭 들러붙어 있고, 주변의 인물들이 무심하게 흘러가는 인파 속으로 희미하게 사라지는 동안 거의 움직임이 없다. 두 사람에게 중요한 것은 지금 여기서 서로 안고 있다는 사실이다. 이 세상의 나머지는 아득히 멀리 있는 듯이 보인다.

(Gaylene Preston Productions)

3-17

'포레스트 검프 Forrest Gump' (미국, 1994),
출연: 톰 행크스 Tom Hanks,
감독: 로버트 저메키스 Robert Zemeckis.

▶ 이 쇼트와 같은 후진하는 달리 쇼트는 전통적인 트래블링 쇼트에 비해 훨씬 불안정하다. 우리가 달리에 실은 카메라를 장면 안에서 이동시킬 때 보통 어떤 지리적 목적지를 우리 앞쪽에 둔다. 그러나 이와 반대로 카메라가 프레임 안에서 달리고 있는 주인공을 따라잡으면서 뒤편으로 물러나게 되면 우리는 최종목적지나 황급하게 달려가야 하는 절박한 이유를 눈치 챌 수가 없다. *(Paramount Pictures)*

축에서 돌리기만 할 것인가? 카메라 이동에는 여러 가지 유형이 있으며, 그것들은 각기 다른 의미를 지니고 있다. 어떤 것은 노골적이고, 어떤 것은 잘 드러나지 않는다. 기본적으로 일곱 가지 카메라 이동 쇼트가 있다. (1) 팬 pans, (2) 틸트 tilts, (3) 달리 쇼트 dolly shots, (4) 핸드 헬드 쇼트 handheld shots, (5) 크래인 쇼트 crane shots, (6) 줌 렌즈 쇼트 zoom shots, (7) 공중 쇼트 aerial shots 등이다.

패닝 쇼트 panning shot—씬을 수평으로 훑어가는 카메라 이동—는 정지된 축에서 촬영되며, 카메라는 삼각대 위에 설치되어 있다. 이런 쇼트는 시간이 걸린다. 영상을 선명하게 녹화하기 위해서는 보통 카메라의 움직임이 부드럽고 느려야만 하기 때문이다. 물론 팬 쇼트도 부자연스러운 면이 있다. 왜냐하면 사람의 눈이 장면을 상하 좌우로 훑어 나갈 때, 한 곳에서 다른 곳으로 뛰어 넘으면서 그 사이의 것들은 스쳐 지나 버리기 때문이다. 팬 쇼트의 가장 일반적인 용법은 피사체를 프레임 안에 두는 것이다. 어떤 인물이 한 위치에서 다른 위치로 이동하면, 카메라는 그 인물을 구도의 중심에 두기 위해서 수평으로 이동한다. 관객이 촬영현장의 광대함을 경험할 수 있는 서사영화에서는 익스트림 롱 쇼트로 찍은 팬 쇼트가 특히 효과적이다. 그러나 팬 쇼트는 미디엄 쇼트나 클로즈 쇼트에서도 이에 못지않게 효과적이다. 예를 들어, 흔히 말하는 반응 쇼트 reaction shot는 중심인물(보통 화자)에서부터 구경꾼이나 청자의 반응을 포착하기 위하여 카메라를 이동시킨다. 이 경우 팬 쇼트는 두 피사체의 인과관계를 유지시키는 효과적인 방법임과 동시에 그들의 결속과 유대를 강조하는 데도 효과적이다.

스위시 팬 swish pan(플래시 팬 flash pan, 또는 짚 팬 zip pan이라고도 한다)은 이 테크닉의 변형이며, 쇼트 간의 이행을 위해 커트 대용으로 쓰이는 경우가 많다. 스위시 팬이란 카메라를 아주 빠른 속도로 돌려서 흐릿한 영상만이 찍히는 것이다(3-2b). 비록 그것들이 실제로는 커트들보다 많은 시간이 걸리기는 하지만, 스위시 팬은 한 장면을 다른 장면과 연결시켜 커트보다 훨씬 더 동시적인 느낌을 안겨줄 수 있다. 이런 이유 때문에 플래시 팬은 다른 장소의 사건들을 연결시키기 위해 자주 사용된다. 만일 이렇게 연결시키지 않으면 이 사건들은 전혀 동떨어진 것으로 보일 것이다.

팬 쇼트는 공간의 통일성과 그 공간 안에 있는 사람과 사물의 연관성을 강조한다. 정확히 관객은 동일공간에 있는 사람들의 실질적인 연속성을 강조하는 패닝 쇼트를 기대하기 때문에, 이런 쇼트들은 그 본래의 사실적인 모습이 손상되면 관객을 놀라게 할 수도 있다. 가령 로버트 벤튼 Robert Benton의 '마음의 고향 *Places in the Heart*'에서, 영화의 마지막 쇼트는 산 자의 세계를 죽은 자의 세계와 연결시킨다. 이 영화는 1930년대 어려웠던 경제공황 시절에 텍사스의 작은 마을사람들을 하나로 결속시켜 주었던 소박한 기독교적 가치를 찬양하고 있다. 마지막 쇼트는 교회에서 이루어진다. 카메라가 집회장면을 천천히 팬하기 시작하면서 신도들의 좌석을 한 줄 한 줄 하향적 움직임으로 쓸 듯이 지나간다. 살아남은 인물들 가운데 관객이 죽었다고 알고 있는 사람도 더러 있었다. 그 중에는 나란히 앉아서 예배하고 있는 살인자와 그 희생자도 포함되어 있다. 영화의 나머지 부분은 사실적으로 묘사되어 있지만, 이 마지막 쇼트는 상징적인 차원으로 변하면서 공동체의 통일정신은 산 자나 죽은 자나 모두 포괄한다는 점을 암시한다.

3-18

'카바레 *Cabaret*' (미국, 1972),
출연: 조엘 그레이 Joel Grey,
안무와 감독: 밥 포시 Bob Fosse.

▶ 댄서 출신인 포시는 당대의 가장 앞서가는 연극 안무가이자 감독이었으며, 그는 자신의 브로드웨이 뮤지컬 작품으로 수많은 토니상을 수상했다. 또한 그는 영화로서는 그의 최고걸작인 이 고전적 뮤지컬을 비롯해 여러 영화를 감독했다. 포시의 작품에 나오는 댄서들은 우아하거나 서정적인 경우는 거의 없다. 오히려 그들은 어깨를 심하게 움직이고 등을 구부리거나 혹은 골반을 떠밀며 파고든다. 포시는 또한 야하고 좀 이상한 옷차림을 좋아했고, 그 역시 대개 모자를 썼으며, 그의 댄서들과 같은 차림을 하고 있었다. 그는 또한 안무가들 가운데 가장 재치가 있었으며, 그의 댄서들은 만화 주인공들처럼 세게 휘저으며 거드름을 피우고 그들의 손가락을 일제히 깨물거나 혹은 그들의 무릎을 쳐다보거나 남몰래 그들의 발가락을 가리키기도 한다. 그는 종종 손동작을 끼워 넣었는데, 그럼으로써 이런 부속물들이 그들의 마음을 담고 있는 듯이 보였고, 댄서들의 나머지 신체의 감정을 희화화했다. 더욱이 포시의 댄스음악은 섹시하다. 다시 말해서 그의 댄스음악은 진 켈리의 안무처럼 건전하고 발랄한 성적 매력을 안겨주는 것이 아니라, 훨씬 관능적이고 저속하고 부도덕하다. 그의 원숙한 스타일은 특유하게 영화적이며, 무대의 안무를 단순히 객관적으로 녹화하는 데 그치는 것이 아니다. 예컨대 '카바레'에서 그는 뮤지컬 쇼트에 드라마틱한 액션 쇼트를 삽입하기도 하고, 또 드라마틱한 액션 쇼트에 뮤지컬 쇼트를 삽입하기도 한다. 어떤 뮤지컬 부분에서는 실제 극장무대의 공간에서는 있을 수 없는 안무를 만들어내기 위해 충돌하는 쇼트를 한꺼번에 보여주기도 한다.   *(ABC/Allied Artists)*

틸트 쇼트는 정지된 수평축을 중심으로 수직적으로 움직이는 것이다. 팬에 적용되는 동일한 원리들 가운데 많은 것이 틸트에도 적용된다. 틸트는 피사체를 프레임 안에 유지하기 위해 쓰일 수도 있고, 공간적 및 심리적인 상호관계를 강조하기 위해 쓰일 수도 있으며, 동시성을 암시하기 위해, 그리고 인과관계를 강조하기 위해 쓰일 수도 있다. 팬과 마찬가지로 틸트도 역시 시점 쇼트 point-of-view shots에서 주관적으로 사용될 수도 있다. 예컨대 카메라는 인물이 풍경을 올려다보거나 아니면 내려다보는 것처럼 꾸밀 수 있다. 틸트는 일종의 앵글변화이기 때문에, 인물의 내면적인 심리변화를 암시할 때 자주 사용된다. 눈높이의 카메라가 틸트 다운하는 경우, 촬영되는 인물은 갑자기 훨씬 허약해 보인다.

달리 쇼트는 종종 트러킹 쇼트 trucking shots 혹은 트래킹 쇼트 tracking shots로 불리기도 하는데, 이는 이동식 카메라대(달리)에서 찍는다. 이동식 카메라대는 연기가 촬영되는 동안 말 그대로 움직이고 있는 사람이나 사물과 함께 이동하거나 드나든다. 카메라대가 더욱 유연하게 이동할 수 있도록 가끔 촬영장에 궤도가 설치되기도 한다. 그래서 트래킹 쇼트라는 말이 나왔다. 만약 이러한 쇼트가 꽤 긴 거리를 찍는 것이라면, 카메라가 드나드는 동안 궤도가 설치되거나 제거되어야 한다. 오늘날에는 이동장치로 카메라를 움직이면 달리 쇼트라 불린다. 카메라가 자동차나 기차에 탑재될 수도 있고 심지어 자전거 위에 설치할 수도 있다.

트래킹은 씬을 드나드는 움직임의 느낌을 포착하는 시점 쇼트에 유용한 테크닉이다. 카메라 이동은 3차원의 공간을 강화한다. 다시 말해서 그것은 관객을 공간 안으로 인도하는 것처럼 보인다. 만일 영화감독이 배우 움직임의 목적지를 강조하고자 한다면, 감독은 그 움직임의 시작과 끝을 보여주는 스트레이트 커트를 쓸 가능성이 높다. 만일 움직임의 경험 그 자체가 중요하다면, 감독은 달리를 사용할 가능성이 높다. 그러므로 어떤 인물이 무엇을 찾고 있다면, 시간이 걸리는 시점 달리 point-of-view dolly가 그 찾고 있는 행위의 서스펜스를 연장시키는 데 도움이 된다. 이와 마찬가지로, 리버스 달리 reverse dolly(후진 달리)와 풀 백 달리 pull-back dolly는 알려지지 않은 것을 드러냄으로써 관객을 놀라게 하는 데 효과적인 테크닉이다(3-17, 3-21). 카메라를 뒤로 움직임으로써 깜짝 놀랄 만한 것을 폭로하거나, 이전에는 프레임 밖에 있던 것을 보여준다.

트래블링 쇼트의 일반적인 기능은 대사와 아이러니한 대조를 제공하기 위한 것이다. 잭 클레이튼 Jack Clayton의 '여자가 사랑할 때 The Pumpkin Eater'를 보면, 마음이 산란해진 아내(앤 밴크로프트 Anne Bancroft)가 전남편의 집으로 돌아가 그곳에서 불륜의 관계를 가진다. 두 사람이 침대에 누워 있을 때, 그녀는 전남편에게 이혼 때문에 혼란스럽지 않았는지, 또 자기를 그리워했는지 아닌지를 묻는다. 그는 그녀에게 혼란스럽지 않았다고 확실히 말한다. 그러나 그들의 목소리가 사운드 트랙에서 계속되는 동안, 카메라는 거실을 빠져나가 그의 전 아내의 사진, 기념물, 아내가 남긴 물건 등을 보여줌으로써 그의 말이 모순임을 드러낸다. 이 쇼트는 등장인물들을 무시한 채 감독과 관객 사이에 이루어지는 일종의 직접적인 커뮤니케이션이라고 할 수 있다. 이런 테크닉은 작가의 고의적인 개입이다(또한 3-24 참조). 등장인물을 회의와 아이러니의 눈길로 보는 영화감독들이 이런 테크닉을 선호하는데, 이를테면 루비치 Lubitsch와 히치콕 Hitchcock이 바로 그런 감독이다.

달리 쇼트의 가장 일반적인 용법 가운데 하나는 사실 그대로의 드러냄보다는 오히려 심리적인 드러냄을 강조하기 위한 것이다. 어떤 인물을 천천히 따라감으로써 영화감독은 점점 중요한 어떤 것으

3-19

'와호장룡 *Croughing Tiger, Hidden Dragon*'
(홍콩/타이완/미국, 2000),
출연: 양자경 Michelle Yeoh,
안무: 원화평 Yuen Wo Ping, 감독: 이안 Ang Lee.

▶ 액션영화와 모험영화는 가장 역동적인 장르이며 특히 육체적인 움직임의 특징을 강조한다. 이런 장르를 주도한 것은 미국이지만, 홍콩 무술영화의 영향이 엄청나게 컸다. 세계적으로 가장 뛰어난 무술안무가인 원화평('매트릭스 3부작 The Matrix Trilogy'과 '킬 빌 Kill Bill'의 안무로 널리 알려져 있다)은 안무에 특수효과를 자주 이용했으며, 액션 시퀀스에 꿈같은 초현실적인 요소를 가미했다. 그의 스타일은 홍콩 무술, 곡예, 특수효과, 중국 경극, 할리우드 뮤지컬을 혼합시킨 것이다. 그의 작품에 나오는 무사/댄서는 종종 도약하면서, 날아오르거나 공중에서 공격하거나 큰 나무를 타고 올라가기도 하고, 또 멋진 새처럼 지붕 위를 날아다닌다. 진 켈리와 마찬가지로, 원화평도 종종 카메라의 움직임을 그의 안무와 결합시킨다. 그는 또한 액션 시퀀스에 즐겨 여성을 기용하며, 에로틱한 요소를 곡예와 융합시키기도 한다. 홍콩 액션장르를 다루고 있는 다음을 참조하라. David Bordwell, *Planet Hong Kong*(Cambridge: Havard University Press, 2000).   *(Columbia Pictures. Photo: Chan Kam Chuen)*

3-20

'사랑은 비를 타고 *Singin' in the Rain*' (미국, 1952),
출연: 진 켈리 Gene Kelly,
시드 차리스 Cyd Charisse,
안무: 진 켈리,
감독: 진 켈리, 스탠리 도넌 Stanley Donen.

▶ 키가 크고 우아하고 멋진 시드 차리스는 1950년대 MGM사의 뮤지컬 전성기 때 가장 뛰어난 여성댄서였다. 탭보다는 발레훈련을 받은 그녀는 보통 이 꿈결 같은 발레 시퀀스의 경우처럼 고전음악에 최고의 기량을 발휘했다. 하지만 그녀는 또한 이 영화처럼, 그리고 '언제나 맑음 It's Always Fair Weather'과 '밴드 웨곤 The Band Wagon'의 경우처럼 정열적인 음악에 맞춰 뜨거운 에로티시즘을 보여주기도 했다. 연극의 안무는 언제나 고정된 위치에서 바라본다. 영화의 안무는 훨씬 복잡하다. 영화에서 카메라는 댄서와 마찬가지로 안무지도를 받을 수 있다. 켈리의 안무는 종종 서정적인 크레인 쇼트를 특징적으로 보여주는데, 이때 소용돌이치는 카메라의 움직임은 사실상 3인조 춤으로 이루어진 댄서들의 움직임에 의해 꿈결처럼 강조되고 있다.   *(MGM)*

3-21

'바람과 함께 사라지다 *Gone Wild the Wind*'
(미국, 1939).
출연: 비비안 리 Vivien Leigh(왼쪽, 끓는 가마솥 앞),
감독: 빅터 플레밍 Victor Fleming.

▶ 풀 백 달리 혹은 크레인 쇼트는 처음에는 피사체를 가까이서 보여주고, 그 다음 물러나면서 보다 폭넓은 관계를 드러낸다. 이처럼 가까이서 본 것과 멀리서 본 것의 대비는 우습고 쇼킹하기도 하고, 또 몹시 아이러니하게 보일 수도 있다. 이 유명한 씬에서, 카메라는 여주인공(비비안 리)의 클로즈 쇼트로 출발한다. 그 다음 천천히 뒤로 물러나면서 수백 명의 병사들의 상처 입은 몸을 보여주고, 마침내 멀리서 잡은 높은 깃대 앞의 롱 쇼트에서 멈춘다. 누더기가 된 남부동맹 깃발이 갈가리 찢어진 조각처럼 바람에 날리고 있다. 이 쇼트는 상실과 황폐를 서사적인 느낌으로 전달하고 있다. *(Selznick/MGM)*

로 접근해 간다. 관객에게 일종의 신호로서 역할을 하는 그 움직임은 결과적으로 관객에게 머지않아 중요한 것을 보게 될 것임을 암시하고 있다. 클로즈업으로의 커트는 발견의 신속성을 강조하는 경향이 있지만, 느린 달리 쇼트는 보다 점진적으로 드러낼 것임을 암시한다. 예를 들어, 클리브 도너 Clive Donner의 '관리인 *The Caretaker*'('손님 *The Guest*'으로도 알려져 있다)에서는 이 테크닉이 여러 번 사용되고 있다. 해롤드 핀터 Harold Pinter의 희곡을 기초로 한 이 영화는 두 형제와 이들이 서로 반감을 품게 하려고 애쓰는 떠돌이 노인을 다루고 있다. 핀터의 대본에서는 흔히 그렇듯이, 대화는 애매하고 등장인물을 이해하는 데도 별로 도움을 주지 못한다. 형제는 여러 면에서 차이가 있다. 믹크(앨런 베이츠 Alan Bates)는 물질주의적이고 공격적이다. 에스턴(로버트 쇼 Robert Shaw)은 점잖고 수줍음이 많다. 형제가 중대한 대사를 말할 때는 카메라가 먼 거리에서 클로즈업으로 천천히 이동하며 촬영한다. 그 대사는 언어상으로 우리에게 아무런 정보도 주지 않는다. 하지만 대사를 달리 쇼트의 함축적 의미와 병치시킴으로써 관객이 드디어 두 형제를 이해하게 되었구나 하는 느낌을 갖도록 도와준다.

3-22a

'댄싱 히어로 *Strictly Ballroom*' (호주, 1992),
출연: 폴 메르쿠리오 Paul Mercurio,
타라 모리스 Tara Morice,
감독: 바즈 루어만 Baz Lurhmann.
(M & A/AFFC/Beyond Films)

3-22b

'테이크 더 리드 *Take the Lead*' (미국, 2006),
출연: 안토니오 반데라스 Antonio Banderas,
감독: 리즈 프리들랜더 Liz Friedlander.
(New Line. Photo: Kerry Hayes)

▶ 마이클 말론 Michael Malone이 지적했듯이, "춤은 성적 관계가 가장 노골적으로 드러나는 행동이다. 영화가 성을 상징하기 위해 춤을 이용하는 이유가 그 때문이며, 또한 연인들이라면 필수적으로 갖추어야만 하는 요인이자 에로틱한 세련미를 제공해주는 숙련된 춤이 변함없이 영화의 실마리가 되는 이유도 바로 여기에 있다." 그 스타일이 '댄싱 히어로'의 경우처럼 신체가 서로 밀착하는 뜨거운 플라멩코풍이든지, 아니면 '테이크 더 리드'의 경우처럼 섹시하고 약동적인 라틴 아메리카 스타일이든지, 아니면 '베니티 페어'의 경우처럼 신체적 접촉뿐 아니라 경박한 웃음이나 열정적인 눈길까지도 허용하는 1820년대 영국의 춤이든지 간에, 에로티시즘은 사실상 커플 중심으로 이루어지는 모든 춤의 기초이다. 각 영화마다 남성이 집요하고도 매혹적인 움직임으로 그의 파트너에게 구애하고 있다. 다음을 참조하라. Michael Malone, *Heroes of Eros: Male Sexuality in the Movies*(New York: E. P. Dutton, 1979).

3-22c

'베니티 페어 *Vanity Fair*' (영국, 2004),
출연: 조나단 리스 마이어스 Johathan Rhys Meyers,
리즈 위더스푼 Reese Witherspoon,
감독: 미라 네이어 Mira Nair.
(Focus Features/Mirabai Films)

프레임 안에 움직임이 많지 않으면, 고정된 카메라는 질서 있고 안정된 느낌을 안겨주는 편이다. 이동하는 카메라는 그 자체의 불안정성으로 말미암아 생동하고 유동적인 느낌을 만들어내며, 또 때로는 무질서하다는 느낌을 만들어내기도 한다. 오슨 웰스는 '오델로 *Othello*'에서 오델로의 활기찬 에너지를 암시하기 위하여 이동카메라를 이용했다. 영화 앞부분에서 대담한 성격의 무어인(오델로)은 종종 트래블링 쇼트로 촬영된다. 성벽 씬에서 그와 이아고는 군인답게 활기차게 걸어가고, 카메라도 똑같이 보조를 맞추며 그들과 함께 이동한다. 이아고가 오델로에게 의문스러운 점을 이야기할 때 카메라는 천천히 속도를 줄이다 멈추게 된다. 오델로가 편견에 빠졌을 때는 대체로 고정된 카메라 위치에서 촬영된다. 그의 활기찬 에너지는 고갈될 뿐 아니라 정신적 마비가 그의 영혼을 음습한다. 영화의 마지막 쇼트에서 그는 거의 움직이지 않는다. 심지어 움직임이 없는 정적인 프레임 안에서도 그의 움직임은 보이지 않는다. 이러한 마비의 모티프는 오델로가 자살할 때 마무리된다.

카메라가 말 그대로 하나의 인물을 따를 때, 관객은 그 도중에 카메라가 뭔가를 발견하게 될 것으로 추정한다. 여행이란 모름지기 목적지가 있게 마련이다. 그러나 트래블링 쇼트는 있는 그대로이기보다는 오히려 상징적일 경우가 많다. 가령 페데리코 펠리니 Federico Fellini의 '8 1/2'에서 이동카메라는 다양한 주제적 아이디어를 암시하기 위해 사용된다. 주인공 귀도 Guido(마르첼로 마스트로얀니 Marcello Mastroianni)는 이상야릇한 요양온천 부근에서 영화를 만들어 보려고 시도하는 영화감독이다. 그가 향하는 곳마다 그는 추억과 환상, 그리고 상상보다 훨씬 환상적인 현실세계를 만난다. 그러나 우유부단한 성격 때문에 그는 갈피를 못 잡는다. 이 흘러넘칠 만큼 많은 소재들 중에서 영화소재가 될 만한 것이 있다면 도대체 그는 무엇을 선택할까? 그는 그 모두를 사용할 수는 없다. 왜냐하면 너무나 방대해서 영화소재로 부적절하기 때문이다. 영화의 처음부터 끝까지 카메라는 쉼 없이 헤매다니고, 환상적인 곳을 배회하면서 여러 가지 얼굴과 사물의 짜임새, 외형 등에 대한 이미지들을 마지못해 저장해 간다. 귀도는 이 모든 것을 받아들이지만, 그는 그것들을 그들의 맥락에서 분리시켜 유의미한 예술적 구조로 만들어낼 수가 없다. 그의 상상 속에서 일어나는 마지막 씬이 성공적으로 마무리되기까지.

핸드 헬드 쇼트는 일반적으로 덜 서정적이고, 이동식 촬영장비에서 찍은 쇼트보다는 훨씬 두드러진다. 보통 촬영기사가 어깨에 메고 다니는 핸드 헬드 카메라는 1950년대에 제대로 된 제품이 나왔으며, 이때부터 카메라기사들이 훨씬 유연하고 신속하게 씬을 드나들며 이동할 수 있게 되었다. 본래는 어떤 장소이든 촬영할 수 있도록 하기 위해 다큐멘터리 감독들이 이용했던 것인데, 핸드 헬드 카메라는 많은 극영화 감독들에게 빠른 속도로 보급되었다. 핸드 헬드 카메라가 찍은 쇼트는 변화가 많고 거칠다. 카메라의 흔들림도 무시하기 힘들다. 특히, 그 쇼트가 가까이서 찍은 것이라면, 스크린에서는 그 흔들림이 훨씬 크게 드러나기 때문이다.

크레인 쇼트는 본래 공중의 달리 쇼트이다. 크레인은 일종의 기계팔이며 팔 길이는 6m 이상인 경우가 많다. 이 크레인은 전화회사가 전선을 수리할 때 사용하는 크레인과 여러모로 닮았다. 크레인은 촬영기사와 카메라를 싣고 씬을 드나들 수 있다. 사실 그것은 어떤 방향으로도 이동할 수 있다. 위로, 아래로, 대각선으로, 안으로, 밖으로 이동할 수도 있고, 또 여러 방향을 연속적으로 움직일 수도 있다.

스테디캠 steadicam은 카메라 안정장치이며 1970년대에 완성되었다. 스테디캠은 촬영기사에게 상

'7월 4일생 *Born On The Fourth of July*' (미국, 1989),
출연: 톰 크루즈 Tom Cruise,
감독: 올리버 스톤 Oliver Stone.

▶ 다른 예술과 마찬가지로 영화에서도 보통은 영화의 소재가 테크닉을 결정한다. 이 씬은 베트남전쟁 때 벌어진 반전 시위운동을 보여주고 있다. 이 씬은 의도적으로 거칠게 찍은 쇼트이며, 흔들리는 핸드 헬드로 찍은 쇼트이고 단편적으로 편집된 것이며, 혼란 속에서 포착된 뉴스 릴 필름처럼 보이는 열린 형식의 비대칭적인 구도이다. 안정되고 미학적으로 균형이 잡힌 쇼트였다면 훨씬 더 아름다웠겠지만, 그런 구도는 소재의 본질과는 전혀 어울리지 않았을 것이다. *(Universal Pictures)*

3-23b

'아미스타드 *Amistad*' (미국, 1997),
출연: 디몬 하운수 Djimon Hounsou(중앙),
감독: 스티븐 스필버그 Steven Spielberg.

▶ 역동적인 스펙트럼의 반대편 끝에는 정지, 즉 움직임이 없다. 예컨대 유명한 1839년의 노예 반란을 재현한 이 영화처럼, 자유의 근원적인 결핍은 노예제도였다. *(Dreamworks)*

3-24

'갱스 오브 뉴욕 *Gangs of New York*'
(미국, 2001),

출연: 다니엘 데이 루이스 Daniel Day-Lewis,
레오나르도 디카프리오 Leonardo Dicaprio,
감독: 마틴 스콜세지 Martin Scorsese.

▶ 마틴 스콜세지는 단순한 커팅 대신 트래블링 쇼트를 사용함으로써 그의 촬영 스케줄을 엉망으로 만드는 경우가 종종 있다. 쇼트들을 분리시키는 편집은 더 빠르고, 더 쉽고, 비용도 덜 든다. 그렇다면 카메라를 조금이라도 움직이는 이유가 무엇인가? 어떤 경우에는 감독이 미묘한 연상의 과정을 나타내기 위해 일련의 이미지들을 연결시키고자 한다. 가령 남북전쟁을 배경으로 하는 이 시대극에는 선창가에서 돈벌이를 하는 두 주인공이 등장한다. 하나의 연속적인 쇼트에서 카메라는 팬하면서 아일랜드 이주민들이 배에서 내리는 장면을 보여준다. 그들은 배에서 내리자마자 전쟁터로 가기 위해 서명하고(그럼으로써 자동으로 미국 시민권을 획득한다), 곧바로 가까이에 정박해 있는 병력수송선으로 옮겨 탄다. 물론 배의 화물도 함께 실린다. 카메라의 움직임이 정치적인 언명을 진술하고 있다.

(Miramax /Dimension Films. Photo: Mario Tursi)

하좌우의 흔들림 없이 자연스럽게 세트나 촬영장을 통과할 수 있게 하였다. 스테디캠으로 말미암아 영화감독들은 카메라의 움직임이 상당히 제한될 수 있는 크레인이나 달리 같은 고가장비를 꼭 구입할 필요가 없게 되었다. 또한 트랙이나 수동식 달리, 그리고 다양한 형태의 크레인 같은 낡고 성가신 장비들을 가동시키는 인력들도 줄일 수가 있었다. 1970년대에 스테디캠을 가장 인상적으로 사용한 것은 아마 공포물의 고전이라 할 수 있는 큐브릭 Kubrick의 '샤이닝 *Shinning*'일 것이다. 이 영화에서 카메라는 어린 소년이 무서워하며 텅 빈 호텔복도를 따라 갈 때 그 소년의 세발자전거를 따라갈 수 있었다.

　줌 렌즈는 보통 카메라가 실제로 움직이지 않아도 화면에서 그 효과는 아주 빠른 트래킹 쇼트나 크레인 쇼트와 거의 비슷하다. 줌은 여러 렌즈를 결합시킨 것이며, 연속적으로 변하면서 카메라가 가까운 와이드 앵글 거리에서부터 매우 먼 망원촬영의 위치까지(또한 그 반대로) 거의 동시적으로

3-25

'라파예트 *Flyboys*' (미국, 2006).
감독: 토니 빌 Tony Bill.

▶ 제1회 아카데미 작품상을 수상한 '날개 *Wings*'(1927)를 비롯한 대부분의 항공 영화는 조종사들이 감독을 맡아 왔다. '날개'는 제1차세계대전 때 라파예트 비행단 Lafayette Flying Corps 소속의 베테랑 조종사인 윌리엄 웰먼 William Wellman이 감독을 맡았다. 토니 빌은 14세 때부터 비행기를 조종했으며, '라파예트'에 나오는 공중 장면은 장관이다. 이 영화는 1916년을 기점으로 제1차세계대전 때 그 유명한 프랑스 비행대에 자원하여 입대한 미국 병사에 초점을 맞추고 있다. 공중에서 벌어지는 전투(사진)는 서정적일 뿐 아니라 가슴이 두근거리고 설렌다. 이 장면은 영화촬영기사 헨리 브라함 Henry Braham이 찍었다. 그는 그가 본 것을 이렇게 말했다. "사람들은 본래 잔가지로 만든 광주리 안에서 아무런 통제 없이 자유롭게 비행하고 있었다. 이 영화에는 직접 체험과 인간의 나약함이라는 강점이 있는데, 이는 관객들이 현대의 액션이나 전쟁영화에서는 결코 만날 수 없는 것들이다." *(Electric/Skydance)*

옮겨갈 수 있게 해준다. 줌의 효과는 씬 안으로 갑자기 뛰어드는 듯한 놀라운 느낌이나, 혹은 씬 바깥으로 뛰쳐나오는 듯한 충격적인 느낌을 줄 수도 있다. 달리 쇼트나 크레인 쇼트 대신 줌 쇼트를 사용하는 데는 여러 가지 이유가 있다. 줌 쇼트는 어떤 이동장비보다도 신속하게 씬을 드나들 수 있다. 경제적인 관점에서 보더라도, 줌 쇼트는 어떤 이동장비도 요구하지 않으므로 달리 쇼트나 크레인 쇼트보다 비용이 적게 든다. 복잡한 곳에서 줌 렌즈는 호기심 많은 행인들의 시선을 피해 멀리서 촬영할 수 있는 이점이 있다.

줌 쇼트와 실제 카메라로 이동하면서 찍은 쇼트 사이에는 어떤 심리적인 차이가 있다. 달리 쇼트와 크레인 쇼트는 관객에게 세트로 들어가거나 세트에서 물러나는 느낌을 준다. 카메라가 3차원의 공간을 통과하면 가구와 사람들이 스크린 측면으로 흘러가는 것처럼 보인다. 줌 렌즈는 사람들을 축소시키고 공간을 팽팽하게 만든다. 영상의 가장자리가 전면적으로 아주 사라져 버린다. 별안간 확대되는 효과가 나타난다. 관객은 씬 안으로 들어가고 있는 듯한 느낌보다는 오히려 씬의 작은 일부분이 자신 쪽으로 들이닥치는 듯한 느낌을 갖는다. 아주 짧은 시간 동안 지속되는 동안에는 이런 차이가 별로 중요하지 않지만, 보다 긴 쇼트에서는 그 심리적인 차이가 뚜렷할 수도 있다.

보통 헬리콥터에서 찍는 공중 쇼트는 실은 크레인 쇼트의 변형이다. 크레인과 마찬가지로, 사실상 헬리콥터도 어느 방향으로든 이동할 수 있다. 크레인이 제 구실을 할 수 없을 때—보통 야외 촬영장에서—공중 쇼트가 그 효과를 대신할 수 있다. 물론 이런 쇼트는 아주 현란하게 보일 수도 있으며, 또한 그 때문에 가끔 자유로운 해방감을 나타내기 위해 쓰일 수 있다(3-25).

움직임의 기계적 조작

영화에서 움직임은 있는 그대로의 현상이 아니라 하나의 시각적인 착시현상이다. 오늘날 카메라는 초당 24프레임으로 움직임을 녹화한다. 다시 말해서 매초마다 24장의 스틸사진이 촬영된다는 말이다. 그 필름이 동일한 속도로 영사될 때, 이 스틸사진들은 사람의 눈을 통해 순간적으로 뒤섞여서 움직이고 있는 것 같은 착시현상이 생겨난다. 이런 현상을 "잔상 persistence of vision"이라 한다. 단순히 카메라 그리고/혹은 영사기의 속도조절장치를 조절하는 것만으로도 영화감독은 움직임이나 스크린을 조작할 수 있다. 이와 같은 조작에는 기본적으로 다섯 가지가 있다. 즉, (1) 애니메이션 animation, (2) 패스트 모션 fast motion, (3) 슬로 모션 slow motion, (4) 역동작 reverse motion, (5) 정지화면 freeze frame 등이다.

애니메이션과 라이브 액션 영화(實演 영화) 사이에는 두 가지 근본적인 차이가 있다. 애니메이션 시퀀스에서는 초당 24프레임의 속도로 연속적으로 촬영되는 것이 아니라 각 프레임이 개별적으로 촬영된다. 또 다른 차이는 애니메이션이라는 말 자체가 함축하고 있듯이 애니메이션은 대개 스스로 움직이는 피사체를 촬영하지 않는다. 촬영되는 것은 일반적으로 그림이거나 정적인 사물이다. 그러므로 애니메이션 영화에서는 수많은 프레임이 하나하나 따로 촬영된다. 각 프레임은 이웃하는 프레임과 다르지만 그 차이는 극히 미세할 뿐이다. 이러한 일련의 프레임이 초당 24프레임으로 영사되면 그림이나 사물이 움직이고 있는 듯한 착시현상이 생겨나고, 결국 살아 있는 것처럼 보이게 된다.

애니메이션 영화에 관한 일반적인 오해는 그것들을 주로 어린이들의 오락물로 만들어진 것으로 보는 것이다. 그 이유는 아마 오랫동안 이 분야를 월트디즈니가 지배해 왔기 때문일 것이다. 사실 이 장르의 전체 범위는 라이브 액션 극영화 못지않게 넓다. 디즈니의 작품들과 체코인 이지 트른카 Jiří Trnka의 인형극 영화는 아이와 어른 양쪽 모두에게 인기를 얻고 있다. 이들 영화 가운데 몇 편은 파울 클레 Paul Klee의 회화 못지않게 세련되어 있다. 심지어 미성년자 관람불가의 애니메이션 영화도 있는데, 가장 대표적인 것이 랄프 박쉬 Ralph Bakshi의 '고양이 프리츠 *Fritz the Cat*'와 '교통체증 *Heavy Traffic*'이다. 페르낭 레제 Fernand Léger가 감독한 '기계적 발레 *Ballet Méchanique*'(프랑스, 1924)는 초기 만화영화였다. 입체파 화가로 널리 알려진 레제는 그 당시 아방가르드 영화에 손을 대기도 했다. 이 단편영화에서 그는 도자기, 접시, 기계 톱니바퀴 같은 일상적인 사물들을 안무하고 생기를 불어넣음으로써 괄목할 만한 수많은 동적 효과를 이끌어낸다. 그것은 스톱 모션 stop-motion 애니메이션 때문에 익살맞게 약동하고 있다.

애니메이션 영화에 관한 또 다른 일반적인 오해는 그것이 라이브 액션 영화보다 단순하다고 보는 것이다. 그 반대인 경우가 훨씬 더 많다. 왜냐하면 영화시간 1초마다 보통 24장의 개별적인 그림이 촬영되어야만 하기 때문이다. 그러므로 평균 90분짜리 영화에 129,600장 이상의 그림이 있어야만 한다. 더욱이 어떤 애니메이터(動畫 제작자)는 투명한 플라스틱 판지(셀즈 cels라 부른다)를 사용하는데, 심도에 대한 환상을 만들어내기 위해 그것들을 겹친다. 어떤 싱글 프레임은 3겹 내지 4겹의 셀즈로 이루어져 있다. 대체로 애니메이션 영화는 영화에 필요한 모든 그림을 그려야 하는 엄청난 어

3-26a

'**페르세폴리스** *Persepolis*'
(프랑스/미국, 2007).
감독: 마르얀 사트라피 Marjane Satrapi,
빈센트 파르노드 Vincent Paronnaud.

▶ 심지어 오늘날에도 수많은 영화 관람객들
이 에니메이션 영화를 어린이 장르라고 간주
하지만, 사실상 심각한 소재들이 현대 만화
영화 제작자들에 의해 탐구되는 경우가 자주
있다. 예를 들면 이 영화는 마르얀 사트라피
Marjane Satrapi의 베스트 셀러 시리즈 만화
소설에 기초하고 있는데, 이 소설은 테헤란
에서 성장한 중산층 이란 소녀에 초점을 맞
추고 있다. 그녀는 억압적이고 청교도적인
이슬람교의 혁명을 경험했으며, 그 이후 혹
독한 이란−이라크 전쟁도 겪었다. 그녀는 마침내 비엔나와 파리로 옮겨가 그곳에서 수많은 반−이슬람적 적대 감정
을 접하게 된다. 서구의 남자친구가 그녀를 버렸을 때 그와의 비통한 연애사건도 슬프게 끝이 난다. "나는 혁명과
전쟁에서 살아남았지만, 하나의 평범한 러브 스토리가 거의 나를 죽음의 상태로 만들었다."고 그녀는 고백한다. 이
영화는 흑백영화이며, 단순한 스타일의 그림이 특징이다. 사트라피 감독은 그녀가 현대 컴퓨터 애니메이션보다는
오히려 독일의 표현주의와 이탈리아의 네오리얼리즘의 영향을 받았다고 주장했다. 이 영화는 깐느 영화제에서 심
사위원 대상을 수상했으며, 그리고 미국에서 오스카상의 장편애니메이션작품상 후보에 올랐다.
(247 Films/Diaphana Films/France 3 Cinéma)

3-26b

'**그린 웨이브** *The Green
Wave*' (독일/이란, 2011).
감독: 알리 사마디 아하디 Ali
Samadi Ahadi.

▶ '그린 웨이브'는 이란 감독의 작
품이며, 다큐멘터리 영상과 애니메
이션을 결합시키고 있다. 이 영화
는 그의 조국의 억압적인 정치체
제와, 어떻게 신정주의적(神政主
義的) 정부가 모든 반대세력을 억
압하는지를 다루고 있다. 선량한
아야톨라(ayatollah, 이란 회교 시아
파의 종교 지도자)들조차도 그들
주민들에 대한 고문과 살해를 인정했다─물론 모든 것을 신의 이름으로. 월트 디즈니 Walt Disney사의 위안을 주는
주장과는 판이하다. *(Arte/WDR)*

려움 때문에 길이가 짧다. 물론 오늘날 많은 애니메이션 영화는 전적으로 컴퓨터작업으로 만들어진다(3-27 참조).

기술적으로 애니메이션은 라이브 액션 영화 못지않게 복잡할 수 있다. 동일한 테크닉들이 양쪽 모두에 사용될 수 있다. 트래블링 쇼트, 줌, 앵글, 다양한 렌즈, 편집, 디졸브 같은 테크닉들이 바로 그런 것들이다. 유일한 차이는 애니메이터들이 이런 요소들을 그려서 영상화한다는 것뿐이다. 더욱이 애니메이터들은 화가의 테크닉을 거의 대부분 사용할 수 있다. 즉, 여러 가지 다른 종류의 물감, 펜, 연필, 파스텔, 엷은 칠, 아크릴 등이 있다.

애니메이션과 라이브 액션 영화를 결합시킨 가장 성공적인 예들 중 하나는 로버트 저메키스 Robert Zemeckis 감독의 '누가 로저 래빗을 모함했나 Who Framed Roger Rabbit'이다. 리처드 윌리엄스 Richard Williams가 이 프로젝트의 애니메이션 감독이었으며, 320명의 애니메이터가 참여했다. 거의 200만 장에 가까운 그림으로 영화가 만들어졌다. 어떤 싱글 프레임은 무척 복잡해서 24장의 그림을 필요로 했다. 만화 인물과 실제 디테일의 통합은 놀라운 일이다. 만화 토끼가 진짜 커피잔으로 마시고 목구멍에서 물 내려가는 소리가 난다. 만화 인물의 그림자도 세트에 그대로 나타난다. 살아 있는 사람들과 부딪혀 넘어뜨리기도 한다.

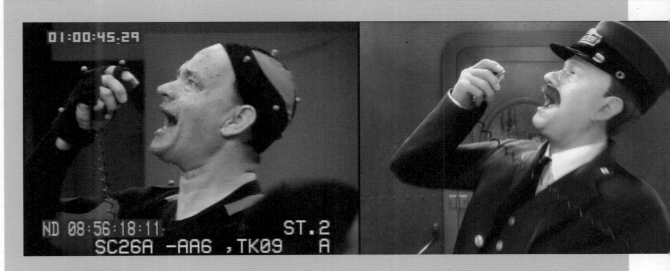

3-27a

'폴라 익스프레스 The Polar Express'
(미국, 2004),
성우: 톰 행크스 Tom Hanks,
감독: 로버트 저메키스 Robert Zemeckis.

▶ 로버트 저메키스는 애니메이션 분야에서 현대적 선구자이다. '누가 로저 래빗을 모함했나 Who Framed Roger Rabbit'에서 그는 연극배우와 애니메이션 등장인물을 스타일상으로 분리시키지 않고 동일한 프레임에서 결합시킨다. '폴라 익스프레스'에서 그는 '퍼포먼스 캡처 performance capture'라 불리는 기술을 사용했다. 행크스(이 영화에서 6가지 역을 맡는다)와 같은 연극배우는 글래스 비드 glass bead를 장착하고 있었기 때문에 그의 몸짓과 얼굴 표정이 컴퓨터로 전달될 수 있다. 그 다음 컴퓨터는 그 이미지를 실제이면서 동시에 만화처럼 보이는 인물을 만들어낸다.
(Castle Rock Entertainment)

3-27b

'베오울프 *Beowulf*' (미국, 2007),
출연: 안젤리나 졸리 Angelina Jolie,
레이 윈스톤 Ray Winstone,
감독: 로버트 저메키스.

▶ '베오울프'를 제작할 즈음에 저메키스는 퍼포먼스 캡처 기술을 신중하게 개선해 나갔다. 이 영화의 특징은 이미지가 한층 더 사실적이고 덜 만화 같지만 여전히 별세계처럼 신비하게 양식화되고 있다는 점이다. 450명이 넘는 그래픽 디자이너들이 영화의 눈부신 CGI 효과를 위해 힘을 모은다. 이 영화는 8세기 고대 영국의 영웅적인 모험담을 각색한 것이다. 이 영화의 버전은 원작 못지않게 격렬하고 야만적이지만 그렌델의 어머니 역을 맡은 안젤리나 졸리의 감미로운 성적 매력 때문에 훨씬 더 에로틱하다. 그녀는 시에 나타나는 냉담한 성격묘사보다도 훨씬 위험한 악한이다. 이 영화는 전 세계에서 1억9천6백만 달러의 총수익을 올렸다.   *(Paramount Pictures and Shangri-La)*

패스트 모션은 사건을 초당 24프레임보다 더 느리게 촬영함으로써 이루어진다. 보통 촬영된 피사체는 정상적인 속도로 움직인다. 그러나 느리게 촬영된 시퀀스가 초당 24프레임으로 영사되면, 일종의 가속효과가 나타나게 된다. 이 테크닉은 어떤 씬의 본래 속도를 증가시키려고 할 때 종종 사용된다. 가령 질주하는 말을 보여주는 씬이나 카메라를 지나치며 빠른 속도로 달리는 자동차 씬이 그런 경우이다. 초기 무성영화의 코미디물들은 카메라와 영사기가 초당 24프레임의 기준으로 규격화되기 전에 촬영되었다. 따라서 그 속도감은 오늘날의 영사기 속도로 보면 지나치게 과장한 것이 된다. 그러나 초당 16 내지 20프레임으로도 초창기 감독들 가운데 일부는 코믹한 효과를 내기 위하여 패스트 모션을 활용했다.

3-28a

'유령신부 *Tim Burton's Corpse Bride*' (미국, 2005).
감독: 마이크 존슨 Mike Johnson.
팀 버튼 Tim Burton.

▶ 많은 영화해설자들이 현대 애니메이션 상황을 전 세계에 걸쳐 넓은 영역의 스타일과 테크닉에 의해 둘러싸인 황금기라고 말해 왔다. 팀 버튼의 독특한 애니메이션 스타일은 꼭두각시와 무대에 생명을 불어넣기 위해 스톱—액션 테크닉을 사용한다. '유령신부'는 축소모형 세트 안에 있는 불과 50cm 정도의 등장인물들이 주연하고 있다. 스톱—액션 애니메이션은 19세기 후반 멜리에스 Méliès시절을 떠올리게 하는 테크닉이다. *(Warner Bros.)*

3-28b

'치킨 런 *Chicken Run*' (영국, 2000).
감독: 닉 파크 Nick Park, **피터 로드** Peter Lord.

▶ 칼라 스펙트럼에서뿐만 아니라 그 세련된 대본과 재치 있는 대사에 있어서도 무한한 신비로움을 안겨주는 점토 애니메이션 우화인 '치킨 런'은 처음부터 끝까지 원색을 찾아보기 어렵다. 길게 늘어진 그림자들과 조각의 측광을 보라. 그 이미지는 마치 "매직 아워 magic hour"에 촬영된 것처럼 보인다. 물론 스튜디오 안에서는 어떤 시간도 매직 아워일 수 있다. *(Dreamworks/Pathé/Aardmaan Animation)*

프랑스의 미학자 앙리 베르그송 Henri Bergson에 따르면, 사람들이 유연하고 자연스럽게 행동하지 않고 기계적으로 행동할 때 코미디가 만들어진다. 기계와 달리 사람들은 이성적으로 생각하고 느끼고 행동할 수 있다. 인간의 지적능력은 적응능력을 통해 평가된다. 행동이 기계적이고 융통성이 없을 때 우리는 그것을 우습게 여긴다. 기계적인 행동의 한 가지 양상은 속도이다. 사람의 움직임을 영화에서 속도를 높이면 사람이 아닌 것처럼 우습게 보인다. 속도를 높이면 인간다운 모습이 사라지기 때문에 패스트 모션으로 품위 있는 태도를 나타내기는 힘들다.

3-29

'**슈렉 Shrek**' (미국, 2001).
특수효과: 퍼시픽 데이터 이미지 Pacific Data Images,
감독: 앤드류 아담슨 Andrew Adamson, **비키 젠슨**
Vicky Jenson.

▶ 최고의 애니메이션 작품에 수여되는 제1회 장편만화영화부문 오스카상을 수상한 '슈렉'은 컴퓨터 애니메이션과 강화된(즉, 컴퓨터로 강화된) 리얼리티를 결합시키고 있다. 마법과 같은 특수효과가 조각 같은 인상적인 원형의 인물들을 만들어냈으며, 마치 3차원의 공간 속에 있는 것처럼 보인다. 가공의 동물들(에디 머피 Eddie Murphy와 마이크 마이어스 Mike Myers의 목소리)이 거의 실제처럼 보인다. (Dreamworks)

3-30

'**톰 존스 Tom Jones**' (영국, 1963).
출연: 조지 쿠퍼 George Cooper,
앨버트 피니 Albert Finney,
조이스 레드맨 Joyce Redman,
감독: 토니 리처드슨 Tony Richardson.

▶ 리처드슨은 이 영화에서 등장인물들—특히, 성적 충동이 그의 판단을 종종 압도해 버리는 호색적인 주인공(피니)—의 기계적인 행위를 강조하고 싶을 때 패스트 모션을 사용한다. 이 유명한 업튼 여관의 난동(사진)에서, 톰은 성질 급한 피츠페트릭 씨의 소란 때문에 그의 한밤의 정사를 망쳐놓게 된다. 이 시퀀스는 그 희극성을 부각시키기 위해 패스트 모션으로 촬영되었다. 술에 취한 피츠패트릭은 수세에 몰린 주인공에게 팔을 휘두르고 겁에 질린 그의 정부는 살려달라고 비명을 지른다. 그래서 톰이 진정으로 사랑하는 단 한 사람의 여인인 소피 웨스턴을 비롯해 여관의 투숙객들이 모두 잠에서 깬다. (Woodfall)

3-31a

'위다웃 리밋 *Without Limits*'
(미국, 1998),
출연: 빌리 크루덥 Billy Crudup,
감독: 로버트 타운 Robert Towne.

▶슬로 모션은 운동경기를 다룬 영화에서 자주 사용된다. 이 테크닉은 운동선수 움직임의 발레 같은 우아함을 천천히 오래 볼 수 있도록 시간을 연장시켜 준다. 다른 경우는 이 사진처럼, 슬로 모션은 운동선수가 결승선을 눈앞에 두고 돌진할 때 그의 몸 근육마다 드러나는 애타는 긴장감을 부각시켜 주고 있다.

3-31b

'라스트 모히칸 *The Last of the Mohicans*' (미국, 1992),
출연: 다니엘 데이 루이스 Daniel Day-Lewis,
감독: 마이클 만 Michael Mann.

▶물론 슬로 모션은 시간을 연장한다. 때로는 이 쇼트의 경우처럼 참기 어려울 정도로 시간을 연장한다. 주인공이 사랑하는 여인을 구출하기 위해 달려가다가 인디언 복병의 기습공격을 받는다. 양손에 무기가 있고, 공격적인 정면 위치에서 촬영되었으며, 전경과 원경은 별로 의미가 없는 듯 흐리다. 호크아이(데이 루이스)의 관심은 완전히 그의 적들에게 쏠려 있지만, 슬로 모션 촬영은―마치 고뇌하는 시간이 끝없이 이어질 듯이―그를 뒤로 잡아끄는 것처럼 보인다.

(20th Century Fox/Morgan Creek. Photo: Frank Connor)

3-31c

'영광의 깃발 *Glory*' (미국, 1989),
출연: 매튜 브로데릭 Matthew Broderick(왼쪽),
감독: 에드워드 즈윅 Edward Zwick.

▶ 춤 같은 격렬함. 일본의 거장 구로자와 아키라 감독은 특히 전투 씬에서 그 격렬함을 전달하기 위해서 종종 슬로 모션을 사용했다. 즈윅도 역시 이 테크닉을 사용했는데, 그는 역설적으로 그 유명한 남북전쟁의 잔인성과 유혈의 참사에 대한 씬을 찢겨진 수족과 사방으로 튀어오르는 파편으로 이루어진 매혹적인 발레와 같이 변환시켜 놓았다. 즈윅은 또한 '라스트 사무라이 *The Last Samurai*'(2003)의 수많은 전투 씬에서도 슬로 모션을 사용했다.   *(Tri Star)*

리처드슨 Richardson의 '톰 존스 *Tom Jones*'에서 업톤 여관의 난동은 우스꽝스럽다. 패스트 모션이 모든 등장인물이 어떤 행동을 보일지 기계적으로 예측할 수 있도록 해주기 때문이다. 톰은 워터즈 부인의 침대에서 급히 달아나고, 피츠패트릭 씨는 느닷없이 화를 내고, 웨스턴은 자기 딸을 필사적으로 구하려고 하고, 하인들은 살려달라고 비명을 지른다(3-30).

슬로 모션 시퀀스는 사건을 초당 24프레임 이상의 빠르기로 촬영하여 그 필름을 표준속도로 영사함으로써 이루어진다. 슬로 모션은 움직임을 의례화하고 진지하게 만드는 경향이 있다. 아주 평범한 행위일지라도 슬로 모션에서는 우아하고 품위 있게 안무한 것처럼 보인다. 빠른 속도가 코미디 본연의 리듬이라면 느리고 위엄 있는 움직임은 비극에 어울리는 편이다. '전당포 *The Pawnbroker*'에서 시드니 루멧 Sidney Lumet은 플래시백 시퀀스에서 슬로 모션을 사용하여, 그의 가족과 더불어 목가적인 시골에 나가 있는 젊은 시절의 주인공을 보여주고 있다. 이 씬은 서정적이고 딴 세상 같다. 너무나 완벽하여 견디기 힘들 정도이다.

3-32

'헤어 *Hair*' (미국, 1979),
안무: 트와일라 타프 Twyla Tharp,
감독: 밀로스 포먼 Milos Forman.

▶ 슬로 모션은 움직임을 미묘하게 만들어, 마치 꿈을 꾸는 듯한 색다른 매력을 느끼게 한다. 이 뮤지컬에서는 처음부터 끝까지 춤추는 사람들의 통일성보다는 개성을 강조하기 위하여 춤을 출 때 슬로 모션이 사용되고 있다. 트와일라 타프의 안무는 1960년대 일부 히피족의 자유분방한 생활방식을 다룬 이 영화의 스토리에 딱 들어맞는다. 춤추는 사람들은 자유롭고 즉흥적이면서도 각자 자기 몫을 다하고 있다. 마치 하나의 쇠사슬에서 매달려 흔들거리는 고리들 같다. *(united Artists)*

난폭하고 격렬한 씬이 슬로 모션으로 촬영되면, 역설적으로 그 효과는 오히려 아름답다. '와일드 번치 The Wild Bunch'에서 페킨파 Peckinpah 감독은 소름끼치는 공포—살이 찢어지고 피가 튀고 말이 비틀거리는 등 무한할 정도로 다양한 모습의—씬을 촬영할 때 슬로 모션을 사용했다. 이처럼 역겨운 씬들을 심미적으로 다룸으로써 페킨파는 왜 인간들이 무익하기 짝이 없어 보이는 폭력적인 삶에 그토록 빠져 있는가를 보여주려고 한다. 폭력이 거의 미학적인 신조로 되어 있으며, 이는 헤밍웨이의 소설에서 묘사되고 있는 것과 흡사하다. 페킨파의 작품들에서 슬로 모션의 폭력은 사실상 트레이드 마크가 되다시피 했다(4-37).

역동작 reverse motion은 단순히 필름을 역으로 돌리면서 액션을 촬영하는 것이다. 스크린에 영사되면 사건이 소급하여 되돌아간다. 멜리에스 Méliès 이후 역동작은 개그 수준을 넘어 크게 진전을 보지 못했다. '여자를 유혹하는 요령 The Knack'에서 리처드 레스터 Richard Lester는 달걀이 그 껍질 속으로 되돌아갈 때 깜짝 웃음을 자아내기 위해 코믹한 편성으로 재촬영하면서 역동작을 사용하였다. 역동작을—슬로 모션과 결합시켜—가장 인상적으로 사용한 것 중의 하나가 바로 장 콕토 Jean Cocteau 의 '오르페우스 Orpheus'이다. 주인공 오르페우스는 잃어버린 아내를 되찾기 위하여 지옥으로 간다. 그는 지옥에서 심각한 실책을 범하고서 자신의 과오를 바로잡기 위해 처음 결심했던 시점으로 되돌아가기를 소망한다. 신기하게도 그는 바로 관객의 눈앞에서 과거로 잽싸게 되돌아가게 되고, 이전의 시퀀스가 소급하여 전개되면서 마침내 그 운명적인 결단이 이루어졌던 그 시간과 장소에 이르게 된다. 이 시퀀스에서 슬로 모션은 어떻게 영화에서 공간이 시간화되고 시간이 공간화될 수 있는가를 보여주는 좋은 본보기이다.

정지화면 freeze frame은 스크린 위의 모든 움직임을 일시적으로 중지시키는 것이다. 하나의 영상을 선택하여, 동작의 정지를 암시하기 위하여 필요한 만큼 많은 프레임으로 그 영상을 리프린트한다. 정지 쇼트로 시퀀스를 중단시킴으로써 감독은—이를테면 관객에게 재미와 즐거움을 안겨주기 위해—한 영상에 집중적인 관심을 기울일 수 있다. 이따금 이런 영상은 몇 분의 1초에 지나지 않는 쏜살같은 짧은 순간일 경우가 있다. 트뤼포의 '400번의 구타 The 400 Blows'의 마지막 쇼트가 바로 그런 경우이다. '톰 존스'에서 리처드슨은 스크린 밖의 해설자가 관객에게 왜 톰이 그의 이야기가 끝날 때까지 교수형을 당해서는 안 되는가를 관객에게 세련되게 설명하는 동안 교수형 밧줄에 매달린 톰의 쇼트를 정지시켜 놓고 있다.

다른 경우를 보면, 정지화면이 주제의 목적을 위하여 사용되기도 한다. 리처드슨의 '장거리 주자의 고독 The Loneliness of the Long Distance Runner'의 마지막 영상은 영화가 끝나가는 막바지에서도 주인공의 상태는 변함이 없다는 것을 강조하기 위하여 정지 처리된다. 사실상 정지된 영상은 변화를 허용하지 않기 때문에, 정지화면은 시간을 다루기 위한 이상적인 메타포이다.

예를 들어, 서부극 '진정한 용기 True Grit'의 거의 끝부분에서 헨리 해서웨이 Henry Hathaway 감독은 말을 탄 주인공(존 웨인 John Wayne)이 담장을 뛰어넘는 쇼트를 정지처리했다. 말이 뛰어오른 최고의 도약지점에서 쇼트를 고정시킴으로써, 해서웨이는 시간을 초월한 웅대한 위풍의 메타포를 만들어낸다. 그 이미지는 영원불멸의 영웅적인 기수의 상을 상징하는 것이었다. 물론 움직임이 하나도 없다는 것은 종종 죽음을 연상시키며, 해서웨이의 정지화면도 역시 이런 관념을 함축하고 있다. 한층 더 선명한 죽음의 메타포는 서부극 '내일을 향해 쏴라 Butch Cassidy and the Sundance Kid'의 끝부분에서 찾아볼 수 있을 것이다. 두 주인공(폴 뉴먼 Paul Newman과 로버트 레드포드 Robert Redford)이 사살당하기 직전의 정지된 장면이 바로 그것이다. 정지화면은 죽음을 넘어서는 궁극적인 승리를 상징한다.

이러한 기계적인 조작은 대부분 멜리에스가 발견한 것들이다. 그 후 여러 해 동안 상업적인 영화감독들은 대개 이러한 테크닉들을 거의 무시해 왔는데, 1950년대 후반 프랑스 뉴 웨이브 감독들이 그 테크닉들을 되살렸다. 그 이후로 이 테크닉들은 영화감독이라면 누구나 갖추어야 할 예술적 보고가 되었다.

영화를 볼 때 관객은 다음과 같은 물음을 던지면서 따져보아야 한다. 왜 감독이 한 씬에서 카메라를 이동시키는가? 혹은 왜 카메라가 이동하지 않는가? 감독이 카메라를 그 행위에 가까이 유지하고 있는가? 그리하여 그 동작을 강조하고 있는가? 아니면 감독이 롱 쇼트, 하이 앵글, 느린 속도의 액

3-33

'비리디아나 Viridiana'
(멕시코/스페인, 1961),
감독: 루이스 브뉘엘 Luis Buuel.

▶ 레오나르도 다 빈치의 '최후의 만찬 Last Supper'을 정지화면으로 패러디한 이 유명한 장면은 브뉘엘이 교회와 감상적 자유주의, 그리고 중산층의 도덕성에 대해 신랄하게 공격하고 있는 한 예이다. 그의 냉소적인 위트는 종종 쇼킹하고 불경스럽기까지 하다. 예컨대, 이 정지화면은 거지들이 술에 취해 주연을 벌이고 있는 장면인데, 그들은 헨델의 '메시아 Messiah'를 들으며 단체사진의 포즈를 취하고 있다. 몸을 가누지 못할 정도로 만취한 한 여인이 사진을 찍는데, 카메라는 아랑곳없이 외설스러운 동작을 취하고 있다. 난잡하기 짝이 없는 그 몸짓이 '사도들'을 주체할 수 없는 웃음으로 몰아간다. 비록 기독교 신자는 아니지만, 브뉘엘은 이 신성모독적인 조크에 분노의 감정을 불어넣을 수 있었다. 그는 언젠가 이렇게 탄식조로 말한 적이 있다. "아직까지 내가 무신론자인 것에 감사한다."   *(Film 59/Alatriste/UNINCI)*

션을 활용하여 움직임의 의미를 가볍게 하는가? 씬 안의 움직임이 자연스러운가 아니면 양식화되어 있는가? 있는 그대로인가 아니면 상징적인가? 카메라 움직임이 부드러운가 아니면 급변하는가? 서정적인가 아니면 특정한 성향이 없는 편인가? 패스트 모션, 슬로 모션, 정지화면, 애니메이션 같은 기계적 조작의 상징적 의미는 무엇인가?

영화에서의 움직임은 단지 "무슨 일이 일어나고 있는가"에 관한 문제만은 아니다. 감독은 움직임을 전달하는 여러 가지 방법을 가지고 있으며, 오로지 능력만으로 뛰어난 감독이냐 아니냐를 나눈다면, 그것은 무슨 일이 벌어지고 있느냐의 문제가 아니라 어떻게 벌어지고 있느냐의 문제이다. 다시 말해서 일정한 극의 맥락에서 움직임이 얼마나 암시적이고 공감을 불러일으키는가, 혹은 그 움직임의 형식이 얼마나 효과적으로 그 자체의 내용을 잘 표현하고 있는가의 문제이다.

▐▶ 참고문헌

Bacher, Lutz, *The Mobile Mise en Scène* (New York: Arno Press, 1978). Primarily on lengthy takes and camera movements.

Bordwell, David, Janet Staiger, and Kristin Thompson, *The Classical Hollywood Cinema: Film Style and Mode of Production to 1960* (New York: Columbia University Press, 1985). A fine scholarly study.

Frank, Rudy E., *The Greatest Tap Dance Stars and Their Stories 1900–1955* (New York: Da Capo Press, 1990). A discussion of tap dancing in its golden age, including such major figures as the Nicholas Brothers, Fred Astaire, Gene Kelly, Hermes Pan, and Ann Miller.

Giannetti, Louis D., "The Aesthetic of the Mobile Camera," in *Godard and Others: Essays on Film Form* (Cranbury, NJ: Fairleigh Dickinson University Press, 1975). Symbolism and the moving camera.

Grenville, Bruce, ed., *Krazy! The Delirious World of Anime + Comics + Video Games + Art* (Berkeley: University of California Press, 2008). A collection of essays.

Halas, John, and Roger Manvell, *Design in Motion* (New York: Focal Press, 1962). Movement and mise en scène.

Jacobs, Lewis, et al., "Movement," in *The Movies as Medium*, Lewis Jacobs, ed. (New York: Farrar, Straus & Giroux, 1970). A collection of essays.

Knight, Arthur, "The Street Films: Murnau and the Moving Camera," in *The Liveliest Art*, rev. ed. (New York: Mentor, 1979). The German school of the 1920s.

Stanley, Robert Henry, *Making Sense of Movies: Filmmaking in the Hollywood Style* (New York: McGraw-Hill College, 2003). A well-illustrated discussion of mainstream Hollywood cinema.

Stephenson, Ralph, *The Animated Film* (San Diego, CA: A. S. Barnes, 1973). Historical survey.

4. 편집

웨스트 사이드 스토리 West Side Story
(미국, 1961)

(Mirisch 7 Arts/United Artists)

영화예술의 토대는 편집이다.

– 푸도프킨 V. I. Pudovkin, 영화감독 및 영화비평가

학습 목표(Learning Objectives)

- "연속 편집"이라는 편집 기술의 과정과 관습을 설명한다.

- 편집 스타일의 다섯 가지 유형을, 그것들이 얼마나 작위적으로 혹은 해석적으로 장면들을 편집하는지 대비시켜 본다.

- 고전적 편집의 여러 가지 구성요소를 기술하고, 그리피스가 그것들을 그의 영화 '국가의 탄생 The Birth of a Nation'에서 어떻게 사용하고 있는가를 설명한다.

- "180도 법칙"의 예를 들고, 그것의 편집 가이드라인으로서의 용도를 설명한다.

- 영화의 미장센과 매끄러운 스토리 전개를 돕기 위한 다양한 기능들을 창안하기 위해 편집이 어떻게 활용되고 있는가를 보여준다.

- 주제적 편집 시퀀스나 몽타주의 구성을 살펴보고, 어떻게 그것들이 소비에트의 형식주의적 전통에 적합한지를 보여준다.

- 앙드레 바쟁의 사실주의적 영화미학을 개관하고, 또한 정서적 충격이 어떻게 쇼트들의 병치가 아니라 공간의 통일을 통해 만들어지는가를 개관한다.

- 서정적 편집의 한 예로서 샘 페킨파의 '와일드 번치 The Wild Bunch'에 나오는 시퀀스를 평가한다.

지금까지 우리는 영화의 기본적인 구성단위라고 해야 할 싱글 쇼트와 관련하여 영화의 커뮤니케이션을 다루어 왔다. 그러나 트래블링 쇼트와 장시간 촬영 lengthy takes을 제외한다면, 영화 속의 쇼트들은 주로 다른 쇼트와 병치되어 편집된 시퀀스로 구성될 때 유의미하게 된다. 물리적으로 본다면, 편집은 단순히 필름의 한 조각(쇼트)을 다른 조각과 연결시키는 것일 뿐이다. 가장 기계적인 차원에서 본다면, 편집은 불필요한 시간과 공간을 제거하는 것이다. 관념들의 연상작용을 통해서, 편집은 쇼트와 다른 쇼트를, 씬과 다른 씬을 연결한다. 지금은 이처럼 단순해 보이지만, 편집관습은 비평가 테리 램세이 Terry Ramsaye가 말했듯이 영화의 "신택스 syntax"이며, 영화의 문법적 언어이다. 언어의 신택스가 그렇듯이 편집의 신택스는 반드시 배워 습득해야 한다. 그것은 태어날 때부터 가지고 있는 능력이 아니다.

연속성

영화가 나온 지 얼마 안 된 1890년대 후반에는 영화가 짧았으며, 싱글 테이크 single take에 롱 쇼트로 촬영된 간단한 사건들로 구성되어 있었다. 쇼트와 사건의 지속시간은 같았다. 이내 영화감독들은 스토리를 말하기 시작했다. 그것은 간단하지만, 하나의 싱글 쇼트 이상을 필요로 한다. 학자들은 프랑스, 영국 그리고 미국 영화감독들의 내러티브 발전과정을 규명해 왔다.

`4-1a`
'디어 헌터 *The Deer Hunter*'
(미국, 1978),
감독: 마이클 치미노 Michael Cimino.

▶ 편집은 예술이자 기술이다. 다른 모든 예술과 마찬가지로, 편집은 종종 기계적인 구조나 구성을 무시하고 그 나름의 고유한 생명력을 갖는 경우가 자주 있다. 예를 들면, 세 시간짜리 이 영화에 대한 관객의 반응을 알아보기 위해 비공개 시사회가 열렸을 때, 대부분의 관객들은 열광적인 반응을 보였지만, 영화 첫머리에 한 시간 동안 이어지는 결혼식 시퀀스는 짧게 줄였으면 하는 느낌이었다. 영화 플롯의 측면에서 보면 이 시퀀스에서 일어날 만한 일이 별로 없다. 그것의 목적은 일차적으로 서정성이다. 공동체를 한데 묶어주는 사회적 의식으로서 정다운 결혼식을 겨냥하고 있다. 이 시퀀스의 스토리 내용은 불과 몇 분의 상영시간으로 압축될 수도 있었다. 그런데 그것이 제작자들의 의도였던 것은 분명하다. 결혼식 시퀀스를 줄여서 관객들에게 보여주었더니 부정적인 반응이 나왔다. 치미노 감독과 편집자 피터 지너 Peter Zinner는 잘려나간 결혼식 장면들을 다시 복구했다. 이 긴 결혼식 시퀀스는 꼭 영화의 스토리 내용 때문이 아니라 경험적으로 쓸모가 있어 필요한 것이다. 이 결혼식 시퀀스는 영화에 도덕적인 균형을 유지시켜 주고 있다. 이 시퀀스가 보여주는 것이 공동체적인 결속인데, 이 이후 이 영화에서 등장인물들이 쟁취하려고 노력하는 것이 바로 이러한 공동체적 결속이다. *(EMI/Columbia/Warne Bros.)*

4-1b

'조디악 *Zodiac*' (미국, 2007),
출연: 로버트 다우니 주니어 Robert Downey Jr.,
제이크 질렌할 Jake Gyllenhaal,
감독: 데이빗 핀처 David Fincher.
(*Paramount Pictures/Warner Bros.*)

▶ 사람들은 종종 영화를 '빠르다' 혹은 '느리다'고 말한다. 일반적으로 영화의 속도는 소재에 의해 결정된다—스릴러는 섬세한 심리적 탐구보다는 빠른 속도로 편집될 가능성이 높다. 하지만 때로는 편집 속도가 감독의 기질에 의해 결정되기도 한다. 예를 들면, '조디악'과 '미션 임파서블'은 둘 다 스릴러이다. 하지만 '조디악'은 역사적으로 샌프란시스코 연쇄 살인마에 기초한 핀처의 사례 연구이다. 사람들은 핀처의 대부분의 다른 작품들('에이리언3 *Alien3*', '파이트 클럽 *The fight Club*', '벤자민 버튼의 시간은 거꾸로 간다 *The Curious Case of Benjamin Button*')과 마찬가지로, 그 살인마를 느리고 침착한 속도로 움직이는 것으로 파악하려고 노력한다. 다른 한편 '미션 임파서블 3'은 액션 영화가 대체로 그렇듯이 굉장히 빠른 속도로 움직인다. 보통 헐리우드 영화가 1000 쇼트를 담는데, 액션 스릴러는 평균 2000 쇼트를 웃도는 경향이 있다. 전형적인 영화의 쇼트는 길이가 평균 5~8초이지만 스릴러의 쇼트는 평균 2~3초 정도이다. 많은 감독들이 믿고 있듯이, 오늘날 관객들—비디오 게임이나 텔레비전 리모콘, 그리고 액션 영화에 대한 한결같은 식성에 물들어 있다—은 짧은 순간의 쇼트들의 격정적인 클라이맥스로 치닫지 않는 영화는 외면한다.

4-1c

'미션 임파서블 3 *Mission: Impossible*' (미국, 2006),
출연: 톰 크루즈 Tom Cruise, 미셸 모나한 Michelle Monaghan,
감독: J. J. 아브람스 J. J. Abrams.
(*Paramount Pictures. Photo: Mark Fellman*)

4-2

'세설(細雪) *The Makioka Sisters*'
(일본, 1985).
감독: 이치가와 곤 Kon Ichikawa.

▶ 하나의 씬이 어떻게 편집되느냐 하는 것은 극히 주관적이며, 누가 편집을 하느냐, 편집하는 사람이 무엇을 강조하려고 하느냐에 달려 있다. 예를 들어, 집안싸움을 다루는 이 영화에서 이 씬은 학대받는 아내(키시 케이코 Keiko Kishi, 오른편 아래)와 학대하는 그녀의 남편(사키코 타이노스케 Teinosuke Sachiko, 가운데 왼편)을 비스듬히 경사지게 배치하고 있다. 그녀의 자매들과 매부가 방 뒤편에서 바라보고 있다. 그러나 또 다른 편집자라면 네 인물 가운데 다른 누군가에게 초점을 맞추었을 것이다. 더 자주 인물들의 반응에 따라 편집된 그 시퀀스에서는 인물들을 보다 더 두드러지게 부각시킴으로써 주로 인물들의 시각에서 그 씬을 전달할 수 있을 것이다. 간단히 말해서 그 시퀀스가 어떤 방식으로 함께 편집되느냐에 따라, 그리고 누가 가장 좋은 쇼트를 차지하느냐에 따라 각각 다른 여섯 가지 스토리가 전개될 수 있다. *(Tobo Eizo Co.)*

20세기 초가 되면 이미 영화감독들이 오늘날 우리가 연속 편집이라고 부르는 편집의 기능적 스타일을 고안해냈다. 비록 설명이나 해설 씬에 쓰이는 테크닉이기는 하지만, 오늘날 대부분의 극영화에서도 이런 유형의 편집이 사용되고 있다. 본래 이 스타일의 편집은 일종의 압축하여 전달하는 방법으로, 오랜 관습에 따른 것이다. 연속적으로 편집하는 것은 말 그대로 사건의 전모를 보여주지 않고도 어떤 사건의 이동이나 유동성을 유지시키려고 하는 것이다.

가령 한 여자가 일을 마치고 집으로 가는 연속적인 쇼트는 45분이 걸릴지도 모른다. 연속 편집은 다섯 개의 짧은 쇼트로 행위를 압축하고, 각 쇼트는 다음 쇼트를 연상시킨다. (1) 그녀는 사무실 문을 닫고 복도로 나온다. (2) 그녀가 사무실이 있는 건물을 떠난다. (3) 그녀는 자동차에 올라 시동을 건다. (4) 그녀는 차를 몰고 고속도로를 달린다. (5) 그녀의 자동차는 집 앞 진입로로 들어간다. 총 45분간의 행위가 영화시간으로는 10초에 불과할지도 모르지만, 중요한 핵심이 생략된 것은 없다. 이것이 자연스러운 압축이다.

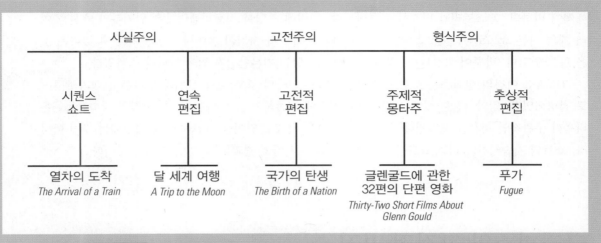

사실주의		고전주의	형식주의	
시퀀스 쇼트	연속 편집	고전적 편집	주제적 몽타주	추상적 편집
열차의 도착 The Arrival of a Train	달 세계 여행 A Trip to the Moon	국가의 탄생 The Birth of a Nation	글렌굴드에 관한 32편의 단편 영화 Thirty-Two Short Films About Glenn Gould	푸가 Fugue

4-3 ▶ 편집 스타일은 그 편집이 얼마나 작위적이냐 혹은 얼마나 해석적이냐에 따라 분류될 수 있다. 조작이 거의 없는 편집 스타일은 편집을 하나도 하지 않은 시퀀스 쇼트에서 찾아볼 수 있다. 연속 편집은 다만 완결된 행위의 시간과 공간을 압축할 따름이다. 고전적 편집은 어떤 디테일을 다른 디테일보다 강조하면서 그 행위를 해석하고 설명한다. 주제적 몽타주는 논제를 다루며, 쇼트들은 비교적 주관적인 방식으로 연결된다. 추상적 편집은 순수하게 형식주의적인 편집 스타일이며, 소재를 알아보기 힘들 정도로 벗어나 있다.

이 행위를 논리적으로 또 연속적으로 유지하려면, 이상과 같이 편집된 시퀀스에 헷갈리게 하는 단절이 없어야 한다. 종종 혼란을 막기 위하여 스크린상의 모든 움직임이 같은 방향으로 실행되기도 한다. 이를테면 그 여자가 어떤 쇼트에서는 오른쪽에서 왼쪽으로 움직이고 또 다른 쇼트에서는 왼쪽에서 오른쪽으로 움직인다면, 관객은 그녀가 사무실로 돌아가고 있다고 생각할지도 모른다. 인과관계가 분명히 밝혀져야 한다. 만일 그녀가 브레이크를 세차게 밟는다면, 감독은 관객에게 무엇 때문에 운전자가 그렇게 갑자기 차를 정지시켰는가에 대한 쇼트를 제시하는 것이 일반적이다.

실제 시간과 공간의 연속성은 위와 같은 편집유형을 통해 가능한 한 무리 없이 분절화되어야 한다. 관객이 연속되는 행위를 잘 알아볼 수 없다면 편집의 진행방향이 갈피를 제대로 잡지 못한 것일 수 있다. 그래서 점프 컷 jump-cut이라는 용어가 나왔는데, 이는 편집의 진행방향이 시간과 공간의 측면에서 갈피를 잡지 못하고 있다는 것을 의미한다. 이럴 때 편집의 추이를 자연스럽게 하기 위해서 일반적으로 영화감독은 스토리를 시작할 때나 혹은 내러티브 안에서 어떤 새로운 씬이 시작될 때 설정 쇼트 establishing shots를 이용한다.

일단 장소가 정해지면, 영화감독은 보다 더 가까이 그 행위의 쇼트로 커트해 들어갈 수 있다. 만일 그 사건이 상당히 많은 커트를 필요로 하면, 영화감독은 재설정 쇼트 reestablishing shot—오프닝 롱 쇼트로 돌아가는 것—로 되돌아가서 커트할 수도 있다. 이렇게 하다 보니, 관객은 더 가까운 쇼트들의 공간적인 맥락을 떠올릴 수 있게 된다. 이 다양한 쇼트들 "중간에서" 시간과 공간은 아주 자연스럽게 늘어나거나 줄어들 수 있다.

미국의 그리피스가 영화감독의 길을 들어선 1908년경의 영화는 이미 연속 편집이라는 테크닉 덕분에 스토리의 전개방식을 익히 알고 있었다. 그러나 문학이나 연극과 같은 한층 세련된 내러티브

매체에 비하면 그 스토리가 단순하고 투박했다. 그럼에도 영화 스토리텔러들은 벌써부터 액션을 여러 개의 다른 쇼트로 세분함으로써 그 쇼트들의 수에 따라 사건이 늘어나거나 줄어들 수 있다는 것을 알고 있었다. 바꾸어 말한다면, 영화를 구성하고 있는 기본단위가 씬이 아니라 쇼트였다.

그리피스 이전의 영화들은 보통 정지된 롱 쇼트—연극의 경우 대략 무대와 가까운 관객의 위치—로 촬영되었다. 영화시간은 실제 사건의 지속시간에 의존하지 않기 때문에, 이 시절의 영화감독들은 더욱더 주관적인 시간을 도입했다. 주관적인 시간은 실제로 일어난 사건에 의해 결정되는 것이 아니라, 쇼트의 지속시간(그리고 쇼트들 사이에 암시되는 시간의 경과)에 따라 결정되는 것이다.

그리피스와 고전적 편집

편집 신택스 editing syntax의 기본적인 요소는 그리피스가 이 분야에 입문했을 때 이미 자리가 잡혀 있었지만, 그 요소들을 힘과 섬세함을 갖춘 언어로 만든 것은 바로 그리피스였다. 영화학자들은 이 언어를 고전적 편집이라 불렀다. 그리피스를 영화의 아버지라고 불렀는데, 그가 이전의 사람들이 발명한 많은 테크닉들을 통합하고 확장시켜서, 단순한 트릭의 수준을 넘어 예술의 영역으로 진입한 최초의 인물이기 때문이다. 그의 유명한 서사시적 작품 '국가의 탄생'이 나온 해인 1915년에 이미 고전적 편집은 대단한 세련미와 표현력을 갖춘 편집 스타일이었다. 그리피스는 편집 개념 속에서 관념의 연합이라는 원리를 포착하여, 그것을 다양하게 확장시켜 나갔다.

고전적 편집은 단순히 물리적인 이유 때문이라기보다는 오히려 극적인 강도나 정서적인 강조를 위한 편집이다. 그리피스는 씬 내의 클로즈업을 통해 생각지도 못한 극적 효과를 얻게 되었다. 클로즈업 수법은 일찍부터 사용되어 왔지만, 그것을 단지 물리적 요인에 그치지 않고 심리적인 이유로 사용한 것은 그리피스가 처음이었다. 관객들은 이제 배우 얼굴의 극히 미세한 부분까지도 볼 수 있게 되었다. 배우들에게 더 이상 팔을 휘두르거나 머리를 쥐어뜯으라고 할 필요가 없었다. 눈살을 조금만 찌푸려도 그 섬세한 변화가 대부분 전달될 수 있었다.

액션을 조각난 일련의 쇼트들로 쪼갬으로써, 그리피스는 디테일에 대한 한층 더 섬세한 감각을 가지게 되었을 뿐 아니라, 관객의 반응을 훨씬 더 잘 통제할 수 있게 되었다. 세심하게 선택하여 병치시키는 롱 쇼트, 미디엄 쇼트, 클로즈 쇼트를 통해 그는 한 씬 내에서 관객의 시점을 쉴 새 없이 변화시켜 나간다. 이를테면 여기서는 늘리고, 저기서는 배제하고, 강조하고, 통합하고, 연결시키고, 대조시키고, 병행시키는 등등. 그 가능성은 엄청나다. 실제 현장의 시공간적 연속성이 근본적으로 바뀌었다. 그것은 주관적인 연속성—연결된 쇼트들에 함축된 관념의 연합—으로 대체되었다.

아주 세련된 형식의 고전적 편집은 심리적으로 연결된 일련의 쇼트들—실제의 시공간과 꼭 분리될 필요가 없는 쇼트들—을 보여준다(4-14). 가령 어떤 방안에 네 명의 인물이 앉아 있을 경우, 감독은 대화를 나누고 있는 첫 번째 화자로부터 두 번째 화자로 커트할 수 있으며, 그 다음 듣는 사람들

4-4a

'열차의 도착 *The Arrival of a Train*'
(프랑스, 1895)
감독: 루이 뤼미에르 Louis Lumire,
오귀스트 뤼미에르 Auguste Lumire.

▶ 뤼미에르 형제는 다큐멘터리 영화운동의 대부로 간주될 만한 인물들이었다. 그들의 짧은 악뛰알리떼 actualités(그들이 스스로 붙인 이름)는 대부분 싱글 테이크로 이루어진 소박한 다큐멘터리 쇼트이다. 이 초기 뉴스릴은 여러 개의 다른 시퀀스를 포함하는 경우가 많지만, 시퀀스 내에서 커팅이 많은 경우는 거의 없다. 그래서 이를 시퀀스 쇼트 sequence shot(다시 말해서 커트 없이, 연속된 테이크로 찍은 복잡한 액션)라 한다. 이 시절의 관객은 활동사진이라는 신기한 신제품에 너무나 놀랐기 때문에 이것만으로도 그들의 관심을 끌기에 충분했다. 다음을 참조하라. Bill Nichols, *Representing Reality: Issues and Concepts in Documentary*(Bloomington: Indiana university Press, 1991). *(Lumière)*

4-4b

'달세계 여행 *A Trip to the Moon*' (프랑스, 1902),
감독: 조르주 멜리에스 Goerges Mlis.

▶ 1900년경 미국과 영국 그리고 프랑스에서 영화감독들은 스토리의 전개를 시작했다. 그들의 내러티브는 소박했지만 내러티브를 완성하기 위해서는 한 쇼트 이상의 쇼트들이 필요했다. 멜리에스는 연속 편집 스타일을 고안한 최초의 인물이었다. 내러티브 조각들은 페이드 아웃 fade-out으로 연결된다. 그런 다음 이어지는 씬은 페이드 인 fade-in 되는데, 보통은 동일인물이지만 장소와 시간은 다르다. 멜리에스는 이 영화를 "배열된 씬들 Arranged scenes"이라고 선전했다. *(Georges Méliès/Star-Film)*

중 한 사람의 반응 쇼트로 커트하고, 그 다음 처음 화자들의 투 쇼트로, 그리고 마지막으로 네 번째 사람의 클로즈업으로 커트할 수 있다. 이 쇼트들의 시퀀스는 일종의 심리적 인과관계 패턴을 묘사하고 있다.

　다시 말해서, 이러한 쇼트의 분할은 엄밀한 필연성보다는 극을 바탕으로 할 때 정당화될 수 있다. 이 씬은 카메라를 롱 쇼트 거리에 두고 하나의 싱글 쇼트로 다만 기능적으로 촬영될 수도 있었다. 이런 타입의 카메라 배치 setup를 흔히 마스터 쇼트 master shot 또는 시퀀스 쇼트 seqence shot라고 한다. 고전적 편집은 이보다 더 뉘앙스가 풍부하고, 더욱더 작위적이다. 고전적 편집은 공간적 통일성을 해체하고, 그 구성요소들을 분석하며, 일련의 디테일에 우리의 시선을 집중시킨다. 행위는 있는 그대로이기보다는 정신적이고 정서적이다.

　미국의 스튜디오 시스템의 황금기—대략 1930년대와 1940년대—에는 감독들이 마스터 쇼트 촬영 테크닉을 채택하도록 강요당하는 경우가 많았다. 이는 커팅 없이 롱 쇼트로 전체 씬을 촬영하는 방식이다. 이런 테이크는 모든 극적 변수를 포함하며, 따라서 그 씬의 기본적 혹은 "마스터 master"쇼트

4-5

'국가의 탄생 *The Birth Of A Nation*' (미국, 1915),
감독: 그리피스 D. W. Griffith.

▶영화에 대한 그리피스의 가장 위대한 재능은 고전적 편집에 있었다. 그리고 이는 여전히 전 세계 대부분 극영화의 특징이다. 고전적 편집은 영화감독에게 그들의 내러티브에 억양을 조절할 수 있게 할 뿐만 아니라, 나아가 뉘앙스와 강조를 부여할 수 있게 한다. 또한 그것은 시간을 주관화한다. 예를 들어, 이 영화의 유명한 마지막 몇 분간의 구출장면에서 그리피스는 네 개의 서로 다른 집단을 교차편집 cross- cut으로 처리한다. 짧은 쇼트들이 속도감을 보여주고 있는데도 불구하고, 실제로 이 시퀀스의 시간은 늘어났다. 그리피스는 약 20분간의 영화시간을 위해 255개의 쇼트를 사용했다.　*(Epoch)*

4-6

'글렌 굴드에 관한 32편의 단편영화 *Thirty-Two Short Films About Glenn Gould*' (캐나다, 1994),
출연: 콤 피오르 Colm Feore.
감독: 프랑소와즈 지라드 François Girard.

▶ 이 영화는 다큐멘터리와 극영화 그리고 아방가르드 영화의 여러 요소들을 겸비하고 있다. 편집 스타일은 근본적으로 주관적이다. 이 영화는 20세기 뛰어난 음악가들 중 한 사람으로 평가되는, 말 많고 별난 캐나다의 피아니스트 고(故) 글렌 굴드에 대한 다큐멘터리 영화이다. 물론 변덕스럽고 망상에 사로잡힌 예술가역을 맡은 콤 피오르의 빛나는 연기로 재창조된 씬들도 많이 있다. 이 영화의 구조는 직선적이고 단순한 내러티브가 아니라, 대충 요한 세바스찬 바흐 Johann Sebastian Bach의 '골드베르크 변주곡 *Goldberg Variations*'(굴드의 가장 기념비적인 연주 중 하나)의 서른두 편을 기초로 한 일련의 단편들이다. 이 영화는 직선적인 스토리라기보다는 관념들을 중심으로 구성되어 있으며, 바로 이러한 이유 때문에 영화의 편집 스타일이 주제적 몽타주이다.
(CBC/Rhombus)

4-7

'푸가 *Fugue*' (독일, 1920),
감독: 한스 리히터 Hans Richter.

▶ 아방가르드 영화에서, 소재는 종종 은폐되거나 혹은 주로 추상적인 자료로 활용된다. 쇼트들 사이의 연속성은 스토리와 무관하며, 오히려 순수하게 주관적이거나 혹은 형식적인 고려에 의해 결정된다. 그 당시 유럽의 수많은 추상예술가들과 함께, 리히터는 "절대영화 absolute film"의 옹호자였다. 절대영화는 오로지 비재현적 형식과 디자인으로 이루어져 있다. 그것은 마치 불규칙하게 움직이고 춤추는듯한 추상미술과 같다.
(Hans Richter)

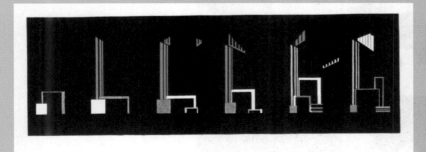

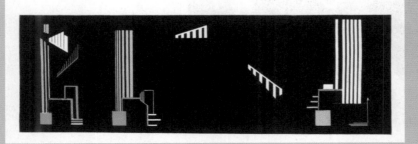

(a)

4-8

'팻 시티 *Fat City*' (미국, 1972),
감독: 존 휴스톤 John Huston.

▶ 고전적 편집은 극적인 강조를 위해 필요
하며, 그렇게 하지 않으면 간과하기 쉬운 디
테일을 부각시킨다. 가령 휴스톤의 이 영화
에서 보여주는 권투시합 씬에서, 전체 경기
모습은 (a)처럼 한 장면으로 묘사될 수 있지
만, 이렇게 묘사되면 아마 관객들의 흥미를
불러일으키지는 못할 것이다. 휴스톤은 주
인공 복서(스테이시 키치 Stacy Keach)(b),
그의 매니저(수건을 걸치고 있는 니콜라스
코로산토 Nicholas Colosanto)(c) 그리고 관람
석에 있는 친구 두 명(제프 브리지스 Jeff
Bridges, 캔디 클라크 Candy Clark)(d) 사이에
일어나는 심리적 작용과 반작용에 따라 쇼
트를 쪼개고 있다. *(Columbia Pictures)*

(b)

(c)

(d)

로서 역할을 한다. 그 다음 행위는 그 씬에서 주인공을 카메라가 미디엄 쇼트 또는 클로즈업으로 포착하면서 여러 번 반복된다. 이 모든 필름이 한데 모아졌을 때, 편집자는 스토리의 연속성을 구성하면서 수많은 선택을 한다. 종종 어떤 쇼트들의 시퀀스가 적합한지에 대해 의견이 분분하기도 한다. 보통 스튜디오 감독은 가편집—즉, 감독의 소재에 대한 해석을 나타내는 쇼트들의 시퀀스—이 허용되었다. 스튜디오 시스템에서는 스튜디오가 보통 최종편집 final cut의 권한을 갖는다. 대다수 감독들이 마스터 쇼트 테크닉을 싫어했는데, 그 주된 이유는 간섭하려는 제작자가 활용 가능한 대부분의 필름을 가지고 전혀 다른 콘티를 구성할 수도 있었기 때문이다.

마스터 쇼트는 여전히 많은 감독들에 의해 사용되고 있다. 마스터 쇼트가 없으면, 편집자들이 종종 적절한 쇼트들—자연스럽게 커트하는 데 쓰일 수 있는 쇼트들—에 대해 불평을 늘어놓기 때문이다. 복잡한 전투 씬들에서 종종 감독들은 커버 쇼트 cover shot—다른 쇼트들을 커팅할 수 없을 때 한 시퀀스를 재구축하기 위해 사용될 수 있는 일반적인 쇼트—를 많이 찍어두기도 한다. '국가의 탄생'에서 그리피스는 많은 전투 씬들을 촬영하기 위해 여러 대의 카메라를 사용했으며, 구로자와 감독도 '7인의 사무라이 *The Seven Samurai*' 중 일부 시퀀스에서 이런 테크닉을 사용했다.

그리피스와 다른 고전적 영화감독들은 다양한 편집관습을 개발했는데, 이를 통해 그들은 편집을 "눈에 띄지 않게" 할 수 있다고 생각하거나, 아니면 최소한 편집 자체에 주의를 기울이게 하지는 않을 것으로 판단했다. 이런 테크닉들 중 하나가 바로 아이라인 매치 eyeline match, 즉 시선일치이다. 관객이 볼 때 인물 A는 프레임 밖 왼쪽을 바라보고 있다. 인물 B의 쇼트—A의 시점으로부터—로 커트한다. 관객은 B가 A의 왼편에 있다고 생각한다. 인과관계이다.

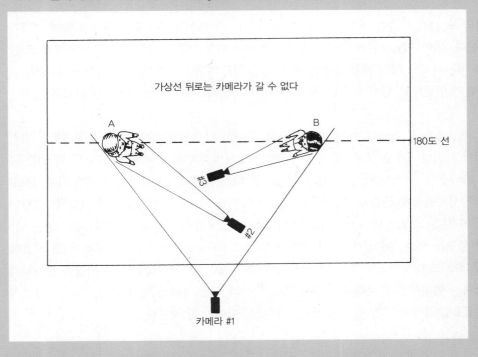

4-9a

'180도 법칙의 버즈 아이 뷰 *Bird's-eye view of the 180° rule.*'

가상선 뒤로는 카메라가 갈 수 없다

A   B   180도 선

#3

#2

카메라 #1

4-9b

'록키 발보아 Rocky Balboa'
(미국, 2006).
출연: 실베스터 스탤론 Sylvester
Stallone, **각본 및 감독:** 스탤론.

▶ 영화가 처음부터 끝까지 동일한 속도로 편집되는 경우는 드물다. 주어진 씬의 커팅 리듬은 그 씬의 톤 tone에 의해 결정된다. 이 사진에서 60세가량의 왕년의 권투선수가 묵상의 분위기에 젖어 있으며, 편집은 적절하게 늘어진다. 권투 씬은 훨씬 열광적인 속도로 편집되며, 선수들의 스피드와 격렬함을 반영한다.
(Revolution/MGM/Columbia Pictures. Photo: John Bramley)

고전적 편집의 또 다른 관습은 매칭 액션 matching action, 즉 행위일치이다. 인물 A가 앉아 있다가 일어나기 시작한다. 일어나는 행위와 일어나서 떠나게 되는 인물 A의 또 다른 쇼트로 커트한다. 인물의 동작이 계속 이루어지고 있기 때문에 눈에 띄지 않을 정도의 부드러운 연결로 커트를 숨겨서, 그 행위가 자연스럽게 진행되고 있는 것처럼 하려는 아이디어이다. 움직임의 연속성이 편집의 흔적을 가려주고 있다.

빅 스튜디오 시절에는 꼭 지켜야 할 이유가 전혀 없었지만, 여전히 영화감독들은 소위 180도 법칙이라는 것을 지키고 있다. (예를 들면, 존 포드는 180도 법칙의 위반을 즐겨했다. 그는 거의 모든 규칙을 위반하며 좋아했다.) 이런 관습은 편집과 미장센을 다 포함한다. 그 목적은 연기가 이루어지고 있는 공간을 고정시킴으로써 관객의 혼란과 혼동을 막기 위한 것이다. 장면 중앙에 가상적인 "행위축 axis of action"의 선을 그리고 버즈 아이 앵글 bird's-eye angle에서 바라보도록 하자(4-9). 인물 A는 왼편에 있고, 인물 B는 오른편에 있다. 만일 감독이 투 쇼트 two shot를 원한다면, 카메라 1을 사용할 것이다. 만일 우리가 그 다음에 A의 클로즈업으로 간다면(카메라 2), 카메라는 같은 배경을 유지하기 위해서—관객에게는 연속성을 유지하기 위해서—180도 선의 같은 쪽에 있어야 한다. 이와 마찬가지로 인물 B의 클로즈업(카메라 3)은 행위 축과 같은 쪽에서 찍어야 할 것이다.

4-10a

'멋진 인생 *It's a Wonderful Life*'
(미국, 1946),
출연: 제임스 스튜어트 James Stewart,
감독: 프랭크 카프라 Frank Capra.

▶ 카프라는 고전적 편집의 대가였다. 그의 편집은 빠르고 경쾌하고 한결같다. 그러나 그는 결코 그의 탁월한 편집 기량을 그 자체의 목적만을 위해서 발휘한 것은 아니다. 다른 모든 테크닉과 마찬가지로 편집도 액션 중인 인물들에게 요구되는 것—고전적 편집의 기본원칙—이 무엇인가를 우선적으로 고려해야 한다. 이 씬과 다른 여러 씬에서, 카프라는 그 액션에 대한 관객의 반응을 이끌어낼 만한 "반응하는 등장인물 reactive charater"을 끼운다. 이런 인물은 어떤 상황에 대해 보통사람들이 보여주는 평범한 반응을 대변한다. 가령 이 씬에서, 카프라의 매력적이고 환상적인 안목은 기발한 착상을 보여준다. 고독한 주인공(스튜어트)은 그를 보호하는 천사(헨리 트래버스 Henry Travers, 왼쪽)가 자신이 왜 뛰어난 천사가 아닌가(자신이 왜 여전히 날개를 찾아야만 했는지)에 대해 설명하는 것을 듣고 있다. 옆에 있는 사람(톰 패든 Tom Fadden, 가운데)은 우연히 이 이야기를 듣고, 이들의 대화 때문에 완전히 겁에 질린 표정이다. 카프라는 천사가 이상한 말을 할 때마다 이 인물의 반응을 커팅함으로써 그 씬의 희극성을 부각시킬 수 있게 된다.　*(RKO)*

▶ 가장 기본적인 편집 행위 가운데 하나가 쇼트/역 쇼트라는 테크닉이다. 이러한 커팅 양식은 일반적으로 씬이 원인/결과로 정확히 나누어질 때 사용된다. 예를 들면, '우리 사랑해도 되나요?'에 나오는 이 쇼트는 동일한 공간 안일지라도 프레임 밖에서 일어나는 일에 대한 반응임에 틀림없다. 심지어 두 사람 사이의 대화도 쇼트/역 쇼트 테크닉을 사용할 수 있다. 만일 감독이 인물들 간의 조화로운 관계를 원한다면, 그들은 동일한 공간을 공유하는 통일된 투 쇼트에 나타날 가능성이 높다. 그러나 인물들이 갈등 속에 있거나 혹은 갈등의 정도가 심각하다면 감독은 그들의 분리를 강조하기 위해 인물들을 서로서로 떼어놓을 가능성이 높다.

(20th Century Fox)

4-10b

'우리 사랑해도 되나요? *The Family Stone*'
(미국, 2005),
출연: 레이첼 맥아덤즈 Rachel McAdams,
다이안 키튼 Diane Keaton,
각본 및 감독: 토머스 베주커 Thomas Bezucha.

역 앵글 쇼트 reverse angle shot—대화 시퀀스를 위해 많이 쓰임—에서 감독은 쇼트마다 인물의 위치를 고정시키려고 애쓴다. 만일 첫 번째 쇼트에서 인물 A가 왼편에 있고 인물 B가 오른편에 있다면, 그들은 인물 B의 어깨너머에서 포착하는 역 앵글에도 그런 식으로 있어야 한다. 보통 역 앵글은 정확히 180도 반대편은 아니지만 한결같이 우리는 그런 것으로 받아들이는 편이다.

심지어 오늘날에도, 관객을 혼란스럽게 하는 것이 감독의 고의적인 의도가 아니라면 가상적인 축의 선 뒤편에서 카메라를 잡는 경우는 거의 없다. 싸움장면이 계속되거나 그 외 난잡한 충돌이 벌어지고 있는 상황에서는, 종종 감독들이 관객이 긴장하고 갈피를 못 잡고 들뜬 기분이 되길 바라기도 한다. 그렇게 하려면 고의적으로 180도 법칙을 위반해야 한다.

그리피스는 또한 추적의 관습—오늘날에도 아주 흔하다—을 완성시켰다. 그의 영화들 중 대다수가 추적과 최후 순간의 구출 시퀀스로 끝난다. 이런 시퀀스는 대개 평행편집 parallel editing—한 장면의 쇼트들과 다른 장소의 쇼트들을 교대로 연결하는 것—이 특징이다. 두 개의(혹은 서너 개의) 장면 사이를 오락가락하는 교차편집을 통해서, 그리피스는 동시에 존재하는 시간이라는 개념을 전달할 수 있었다. 한 예로 '국가의 탄생' 거의 막바지에서 그리피스는 네 개의 집단 사이에서 교차편집으로 처리한다. 그는 이처럼 분리된 장면들의 쇼트들을 병치시키고, 시퀀스가 그것의 클라이맥스에 가까이 다가갈수록 쇼트의 지속시간을 줄임으로써 서스펜스를 증대시킬 수 있었다. 시퀀스 자체는 영화시간으로 20분간 지속되지만, 교차편집의 심리적 효과(각 쇼트들은 평균 약 5초)는 속도와 긴장감을 안겨준다. 일반적으로 한 씬에서 컷의 수가 많으면 많을수록 그에 대한 속도감도 그만큼 증가한다. 이런 시퀀스 동안 단조로움을 막기 위해서 그리피스는 카메라 위치를 여러 차례 바꾸었다. 이를테면 익스트림 롱 쇼트, 롱 쇼트, 클로즈 쇼트, 다양한 앵글, 조명 대조, 심지어 (트럭에 탑재된) 이동카메라까지 동원되었다.

한 시퀀스의 연속성이 그런대로 논리적이라면 공간의 분할은 큰 어려움이 없다. 하지만 시간의 문제는 한층 복잡하다. 영화에서 시간의 처리는 공간의 처리보다 훨씬 주관적이다. 영화는 몇 년의 세월을 두 시간의 상영시간으로 압축할 수 있다. 또한 영화는 몇 초의 시간을 몇 분으로 늘릴 수 있다. 대부분의 영화는 시간을 압축한다. 영화시간과 실제시간을 일치시키려고 한 것은 극소수에 불과하다. 가장 널리 알려진 예가 아마 아녜스 바르다 Agnès Varda의 '다섯 시부터 일곱 시까지의 클레오 *Cleo from Five to Seven*'와 프레드 진네만 Fred Zinnemann의 '하이 눈 *High Noon*'(4-24)일 것이다. 둘 다 90분의 시간을 다루고 있고, 영화 상영시간도 거의 같다. 심지어 이런 영화조차도 해설하는 오프닝 시퀀스에서 시간을 단축시키고 클라이맥스 씬에서 시간을 늘리는 속임수를 쓴다. 실제로 시간은 일종의 불확실한 상태로 존재한다. 다시 말해서 관객이 영화에 몰입해 있는 동안만큼은 영화가 말하는 시간이 곧 시간이다. 따라서 문제는 관객의 몰입이다.

가장 기계적인 차원에서 본다면, 영화의 시간은 필름에 담긴 쇼트의 물리적 길이에 따라 결정된다. 이 길이는 일반적으로 그 영상의 주제가 얼마나 복잡하느냐에 따라 좌우된다. 보통 롱 쇼트일수록 클로즈업에 비해 많은 양의 시각적 정보가 조밀하게 담기며, 따라서 스크린상의 길이도 더 길어질 필요가 있다. 초기 영화이론가인 레이먼드 스포티스우드 Raymond Spottiswoode는 하나의 커팅은 반드시 "내용 곡선 content curve"의 정점에서 이루어져야 한다고 주장했다. 다시 말해서 한 쇼트에서 관객이 가장 많은 정보를 소화할 수 있는 지점에서 커팅이 이루어져야 한다는 것이다. 내용 곡선의

4-11a & b

'펄프 픽션 *Pulp Fiction*' (미국, 1994),
출연: 존 트라볼타 John Travolta,
우마 서먼 Uma Thurman,
각본 및 감독: 쿠엔틴 타란티노 Quentin Tarantino.

▶ 왜 일부 영화감독들은 커팅을 하는 반면에, 하나의 싱글 쇼트 내에 모든 변수들을 포함시킴으로써 커팅 자체를 회피하는 감독들이 있는 것일까? 또 일부 감독들은 여전히 분리된 쇼트들 사이에서 커팅하기보다는 액션에 따라 카메라를 이동시켜 가며 찍는 것을 좋아한다. 이런 차이가 일반 관객들에게는 중요하지 않게 보일지 모르지만, 진지한 영화 예술가들은 이 세 가지 테크닉들이 각각 서로 다른 심리적 기조를 나타낸다는 것을 잘 알고 있다. 이 심리적 기조는 자신들의 반응을 분석적으로 설명할 수는 없을지 모르지만 일반 관객들조차도 그에 대해 반응을 나타내는 것이다.

'펄프 픽션'에 나오는 이 씬은 한정된 공간인 레스토랑 부스에서 벌어지는 장면이다. 논리적으로는 티란티노가 한 곳에 카메라를 배치하여 서로 마주보고 있는 두 인물의 옆에서 그 씬을 찍을 수 있었다. 하지만 극의 흐름으로 보아 다른 전략이 필요하다. 트라볼타는 마약 밀매자이자 청부 살인자 역(a)을 맡고 있는데, 자신의 갱단 두목이 그가 시외로 빠져나갈 동안 자신의 아내(b)를 레스토랑 안에 붙잡고 있으라는 부탁을 받았다. 그녀의 별나고 예측하기 힘든 행동을 세심하게 주목하면서, 또 사소한 실수가 그의 일생을 망칠 수도 있다는 것을 명심하면서, 트라볼타는 냉담함으로 그녀의 흥미를 끌면서도 그녀와 "일정한 거리를 유지한다." 전통적인 쇼트/역 쇼트 테크닉으로 두 인물을 각기 독립된 공간에 계속 유지시킴으로써 타란티노는 그들의 심리적 거리를 강조하고 있다. 편집이 두 사람의 거리를 유지시키고 있는 것이다.   *(Miramax/Buena Vista; 4-11b: Photo: Linda R. Chen)*

4-11c
'글래디에이터 *Gladiator*' (미국, 2000).
출연: 러셀 크로 Russell Crowe, 감독: 리들리 스콧 Ridley Scott.
(Dream Works/Universal Pictures. Photo: Jaap Buitendijk)

▶ '글래디에이터'에 나오는 이 쇼트는 연출이 한층 사실적인데, 호감이 가는 주인공(크로)이 굶주린 호랑이와 그를 죽이려고 결심한 적대적인 거인과 경기장 안에 같이 갇혀 있다. 영화 그 자체에서는, 리들리 스콧이 서스펜스를 포착하기 위해서 극적 변수들인 셋 모두를 커팅하지만, 가장 큰 위기는 셋 모두 비교적 한정된 공간 안에서 싸움을 끝내야만 하는 바로 이와 같은 쇼트를 통해서 전달된다.

스콜세지는 최고의 편집자이자 또한 이동카메라의 전문가이다. 그는 종종 액션을 일련의 분리된 쇼트들로 나누기보다는 액션과 함께 움직이기를 좋아한다. 그 이유가 무엇일까? 대체로 이동카메라는 한층 더 유연하고 더욱더 서정적이기 때문이다(또한 값도 훨씬 싸고 시간도 절약된다.). 예를 들면, '좋은 친구들'에 나오는 이 결혼식 댄스 장면에서 스콜세지는 카메라를 춤추는 사람들과 함께 빙빙 돌아다니게 함으로써 부부의 행복감을 전달하고 있다. 이와 같은 자연스러운 감정분출은 시각적인 재료를 불안정하게 하고, 액션에 에너지가 끓어오르게 하여 그 역동적인 힘이 최고수준에 도달하게 한다. 카메라가 황홀해 하는 것처럼 보인다.

4-12
'좋은 친구들 *Good Fellas*'
(미국, 1990).
출연: 로레인 브라코 Lorraine Bracco,
레이 리오타 Ray Liotta.
감독: 마틴 스콜세지 Martin Scorsese.
(Warner Bros.)

4-12 a & b

'포제션 *Possession* '(미국, 2002).
출연: 기네스 팰트로우 Gwyneth Paltrow,
아론 에크하트 Aaron Eckhart(a),
제니퍼 엘 Jennifer Ehle,
제레미 노담 Jeremy Northam(b),
감독: 닐 라부티 Neil LaBute.

▶ 그리피스가 성취한 것이 많지만 주제적 편집의 도입도 그 중 하나이다. 주제적 편집이란 시간과 공간의 연속성을 유지하지 않으면서 쇼트들을 연결하지만, 그것들의 주제적 관계를 바탕으로 서로 다른 시간과 장소를 연결하는 것이다. 이것은 여전히 현대 영화감독들이 지닌 무기의 일부가 되는 테크닉이다. 예를 들면, '포제션'에서 두 시간 간격—현대와 빅토리아 여왕 시대—은 영화 전편에 걸쳐 간격편집되고 있다. 미국인 학자(에크하트)와 영국인 학자(기네스 팔트로우)가 19세기 낭만적인 시인(노담)과 그의 숨겨진 애인(엘)의 연애 사건의 미스터리를 밝혀보려고 시도한다. 라부티는 두 쌍의 남녀와 두 시간 간격을 대비하면서—때로는 아이러니하게—그려나가기 위해 두 이야기를 간격편집하고 있다. 이 영화는 널리 알려진 A. S. 바이어트 Byatt의 영국 소설에 기초하고 있다.

(USA Films/Warner Bros./Gramercy Films. Photo: David Appleby)

정점을 지나친 다음에 커팅을 하면 지루하고 시간을 질질 끄는 느낌을 준다. 정점 이전에 커팅을 하면 관객에게 시각적인 정보를 소화할 수 있는 시간을 충분히 주지 못한다. 미장센이 복잡한 영상은 미장센이 단순한 것보다 소화하는 데 훨씬 많은 시간이 필요하다. 그러나 일단 한 영상이 설정되면, 그 시퀀스 동안 동일한 영상으로 되돌아가는 쇼트는 상당히 짧을 수 있는데, 그 이유는 그것이 상기시켜 주는 역할을 하기 때문이다.

그러나 편집에서 시간을 민감하게 잘 처리한다는 것은 대체로 직관의 문제이지 기계적으로 법칙에 따라 하는 것이 아니다(4-1a). 뛰어난 감독들은 대부분 자신의 작품을 스스로 편집하거나 최소한 편집자들과 긴밀하게 협력하면서 작업하였다. 그러므로 편집이라는 예술은 영화의 성공에 아주 중요하다. 아주 훌륭하게 편집된 시퀀스들은 분위기뿐만 아니라 소재에 의해서도 좌우된다. 예컨대, 그리피스는 대체로 러브 씬을 서정적인 롱 테이크로 편집하고, 상대적으로 카메라 위치를 거의 고정시켰다. 그의 추격 씬이나 전투 씬들은 짧은 쇼트들을 함께 끼우는 식으로 구성되어 있었다. 러브 씬에서는 사실상 실제의 시간을 압축하는 반면에, 짧게 커트된 시퀀스들은 오히려 그 시간을 늘리는 역설적인 편집기술을 구사하고 있는 것이다.

영화에서 리듬에 관한 고정된 규칙은 없다. 어떤 편집자는 음악의 리듬에 따라 커팅을 한다(5-12 참조). 이를테면 킹 비더 King Vidor의 '대행진 *The Big Parade*'의 여러 행군 시퀀스에서 볼 수 있듯이, 군인들의 행군은 군악의 박자에 따라 편집될 수 있다. 이런 테크닉은 또한 미국의 아방가르드 영화감독들이 흔히 쓰던 기법이기도 하다. 그들은 록 뮤직을 특색으로 하거나 또는 수학적이거나 구조적인 공식에 따라 커팅한다. 어떤 경우에는 감독이 내용 곡선의 절정 이전에 커팅을 하는데, 특히 긴장감이 아주 고조되는 시퀀스일 경우에 그렇다. 히치콕 Hitchcock은 관객들에게 쇼트가 담고 있는 의미를 모두 소화할 수 있는 충분한 시간적인 여유를 주지 않음으로써 관객들의 애를 태운다. 이와 달리, 안토니오니 Antonioni는 보통 내용 곡선의 절정이 한참 지난 후에 커팅을 한다. 예컨대, '밤 *La Notte*'이라는 영화에서 리듬은 지루하고 심지어 단조롭기까지 하다. 다시 말해서 감독이 의도적으로 등장인물의 권태와 병행해서 관객에게도 권태로운 느낌을 갖게 하려는 것이다. 안토니오니 감독의 등장인물들은 보통 사람을 지치게 한다(4-13 참조).

재치와 요령은 또 다른 편집 원리인데, 그것이 너무나 맥락에 좌우되기 때문에 일반화하기가 무척 어렵다. 실생활 속에서든 아니면 영화를 보는 중이든 간에 그것을 명확히 우리에게 지적해 줄 수 있는 사람은 없을 것 같다. 개인적인 재치나 요령과 마찬가지로, 감독의 재치나 요령도 자제력과 취향의 문제이며, 또 다른 사람들의 지적 능력을 소중히 여기는 마음의 문제이다. 통속적인 감독들은 종종 정서적으로 불필요한 쇼트들을 보여주면서, 절대로 관객은 이런 점을 놓쳐서는 안 된다고 열을 올린다.

편집부분에서 그리피스의 가장 급진적인 실험들은 1916년의 서사시적 작품인 '인톨러런스 *Intolerance*'에서 찾아볼 수 있다. 이 영화는 주제적 몽타주 thematic montage에 대한 아이디어를 탐색한 첫 번째 극영화였다. 이 영화와 테크닉은 둘 다 1920년대의 영화감독들에게, 특히 구소련 감독들에게 막대한 영향을 미쳤다. 주제적 몽타주는 시간과 공간의 연속성은 상관하지 않고 관념들의 결합을 강조한다.

'인톨러런스'는 편협과 박해라는 단일한 주제로 되어 있다. 그리피스는 하나의 스토리를 이야기하

4-12c

'로렌조의 밤 *The Night of the Shooting Stars*'
(이탈리아, 1982).
감독: 파올로 타비아니 Paolo Taviani, 비토리오 타비아니 Vittorio Taviani.

▶ 편집을 통해서 영화감독들은 한 인물이 생각하고 있거나 상상하는 것을 표현하는 판타지 인서트 fantasy inserts를 사용함으로써 현재 시간의 흐름을 중단시킬 수 있다. 예를 들어, 이 영화는 제2차 세계대전 중 파시스트 통치의 마지막 며칠 동안 어느 이탈리아 마을사람들의 삶을 다루고 있다. 그리고 그때는 미군이 머지않아 그들의 마을을 해방시키게 될 시점이었다. 이 이야기는 그 당시 겨우 6살밖에 안 되는 여자아이를 통해 서술된다. 이 장면에서 관객은 파시스트 암살단원의 죽음을 보지만(그는 파르티잔들에 의해 총살당한다), 이는 실제의 사건이 아니라 6살 먹은 아이의 상상이다. 다시 말해서 파르티잔들은 파시스트에게 분노의 창을 던지는 갑옷 입은 검투사들이며, 마치 비열하고 야비한 짐승처럼 그에게 형벌을 가한다. *(RAI)*

기보다는 네 가지 이야기를 삽입한다. 하나는 고대 바빌론에서 일어나는 이야기이다. 두 번째는 예수가 십자가에 못 박히는 것을 다루는 이야기이다. 세 번째는 16세기 프랑스에서 일어난 가톨릭 왕당파의 위그노 대학살을 다룬 이야기이다. 마지막 네 번째 이야기는 1916년에 미국에서 일어난 노사 갈등을 다룬 것이다.

이 네 가지 이야기를 분리시키지 않고 평행하는 방식으로 전개하고 있다. 한 시대의 씬들이 다른 시대의 씬들과 간격편집 intercutting되고 있다. 영화 끝부분에서 그리피스는 첫 번째와 마지막 이야기에 나오는 긴장감 넘치는 추격 시퀀스, 프랑스 이야기에 나오는 잔인한 살인 씬 그리고 예수 처형에 나오는 느리고 비극적인 클라이맥스를 크게 다루고 있다. 마지막 시퀀스는 말 그대로 수백 개의 쇼트로 되어 있는데, 수천 년의 간격이 있고 또 수만 킬로미터 떨어져 있는 이미지들을 병치시키고 있다. 시대도 다르고 장소도 다른 이 모든 이미지들이 "편협 intolerance"이라는 중심 주제로 모아지고 있다. 이와 같은 연속성은 더 이상 물리적인 것도 아니고 더욱이 심리적인 것도 아니다. 오히려 그것은 개념적이고 주제적인 것이다.

4-13 a & b

'정사 *L'Avventura*' (이탈리아, 1960), **출연: 모니카 비티** Monica Vitti, **감독: 미켈란젤로 안토니오니** Michelangelo Antonioni.

▶심리적 영화들은 영상의 심도 내외의 움직임을 이용하는 경우가 많다. 특히, 권태나 궁핍의 느낌을 창조하기 위해 그렇게 한다. 이런 종류의 쇼트들은 이런 특성들을 강화해주는 예측적 카메라 배치 anticipatory setups를 필요로 한다. 왜냐하면 관객은 등장인물의 동작이 마무리되기 훨씬 이전에 이미 그 움직임의 목적지를 알고 있기 때문이다. 이 경우에, 여자 주인공이 호텔 복도에서 자기 연인을 찾고 있다는 것은 그녀의 연애가 허사임을 암시한다. 끊임없이 이어지는 방문과 비품들 그리고 복도는 다른 무엇보다도 그녀가 현재 경험하고 있는 좌절의 반복을 의미한다. 이와 같은 쇼트들에 담긴 의미는 대개 그 지속시간에 있다. 공간이 시간을 나타내기 위해 이용된다. 말할 필요도 없이, 안토니오니의 영화들은 영화역사상 가장 느린 속도의 영화이다. 관객이 한 쇼트의 시각적 정보를 모두 소화하고 난 한참 뒤에도 스크린에는 여전히 그 쇼트가 계속되고 있다. 이 영화가 깐느 영화제에서 처음 상영되었을 때 적대적인 비평가 관객들은 연신 스크린을 쳐다보며 "커트! 커트!"라고 고함을 질러댔다. 쇼트들은 너무 길고, 속도는 너무 느려서 관객들은 감독이 편집에 무척 서툰 인물일 것으로 추정했다. 그러나 대다수 안토니오니의 작품들이 그렇듯이, '정사'도 정신의 침식을 다룬 것이며, 영화의 느린 리듬은 바로 이 주제와 유기적으로 연결되어 있다.

(Societé Cinématographique Lyre/Cino del Duca/P.C.E.)

　'인톨러런스'는 상업적으로 성공하지는 못했지만 그 영향은 대단했다. 구소련의 영화감독들은 그리피스의 영화에 대해 감탄을 금치 못했으며, 그들 자신의 몽타주이론의 기초를 이 영화에 나오는 그리피스의 실행방법에 두었다. 수많은 영화감독들이 시간을 주관적으로 처리할 때 그리피스의 실험에서 도움을 얻었다. 가령 '전당포 The Pawnbroker'란 작품에서 시드니 루멧 Sidney Lumet은 시간의 순서대로 연결하기보다는 주제에 따라 나란히 병렬적으로 펼쳐나가는 편집기술을 이용했다. 그는 일종의 잠재의식적인 편집을 사용하는데, 이런 식으로 편집하면 어떤 쇼트들은 스크린에서 불과 1초의 몇 분의 1 정도밖에 되지 않는다. 주인공은 25년 전에 나치의 강제수용소에서 살아남은 중년의 유태인이다. 그가 사랑했던 사람들은 모두 거기서 살해당했다. 그는 이러한 과거 경험에 대한 기억을 억누르려고 노력하지만, 자기도 모르게 그 기억이 떠오른다. 루멧 감독은 현재 진행되고 있는 씬 도중에 그 기억을 나타내는 쇼트들 중 불과 몇 프레임만을 간격편집함으로써 이러한 심리적 과정을 표현한다. 현재 시제의 사건이 주인공이 겪은 과거의 유사한 경험에 대한 기억을 촉발시킨다. 과거가 현재와 맞서 있을 때, 플래시백 시퀀스가 결국 주도적인 흐름이 되고 현재가 잠시 정지되는 동안, 명멸하는 기억의 쇼트들은 길게 이어진다. 그러나 극소수 예외가 있긴 하지만, 이러한 비정통적인 편집은 1960년대 초까지만 해도 널리 확산되지는 않았다.

　영화감독은 과거의 쇼트뿐만이 아니라 미래의 쇼트로써도 현재를 중단시킬 수 있다. 시드니 폴락 Sydney Pollack의 '그들은 말을 쏘았다 They Shoot Horses, Don't They?'를 보면, 법정 씬의 짧은 플래시 포워드 flash-forwards가 현재 시제의 스토리 도처에 끼어 있다. 플래시 포워드는 예정된 미래를 암시한다. 이를테면 스토리 속의 독특한 댄스 콘테스트처럼 미래가 조작되고, 개인의 노력은 자기기만과 동일시 된다.

　그리피스는 또한 판타지 인서트를 사용함으로써 시간과 공간을 재구성한다. 예컨대, '인톨러런스'에서 한 젊은 여인은 부정한 남자친구를 살인하기 직전에 자신이 경찰에 체포되는 장면을 상상한다. 플래시백, 플래시 포워드 그리고 판타지로 커트 어웨이 cutaways(두 쇼트 사이에 위치하면서 주요 동작의 흐름과는 직접적인 관련이 없는 장면을 편집하는 것: 역자주)하는 것 등을 통해서 영화감독은 아이디어를 시간순서보다는 주제적으로 전개시켜 나갈 수 있게 되고, 주관적인 성격의 시간을 자유자재로 탐구할 수 있게 된다. 영화가 가지고 있는 이러한 시간의 유연성으로 말미암아 평범한 세속적 주제가 영화에서는 이상적인 소재가 될 수 있다.

　포크너 Faulkner와 프루스트 Proust, 그리고 그 외 여러 소설가들이 그랬듯이, 영화감독들도 기계적으로 측정되는 시간의 독재를 제압하는 데 성공했다. 시간을 재구성할 때 나타나는 가장 복잡한 경우 중 하나를 대니 보일 Danny Boyle 감독의 '슬럼독 밀리어네어 Slumdog Millionaire'라는 영화에서 찾아볼 수 있다. 이 영화는 '누가 백만장자가 되고 싶은가'라는 텔레비전 퀴즈쇼에 참가한 빈민가 출신의 한 청년이 살고 있는 인도 뭄베이에서 출발한다. 청년은 정규 교육을 제대로 받지 못했지만 놀랍게도 그는 질문이 주어질 때마다 정답을 제시한다. 경찰을 비롯한 많은 사람들이 그가 앞서 해답들을 제시한 것은 속임수라고 생각한다. 하지만 그는 다른 방식으로 안다. 그가 답을 제시할 때마다 보일 감독은 어렸을 때의 중요한 경험을 하나씩 떠올린다. 이 퀴즈 게임의 문제들은 이 영화를 구성하는 등뼈 구실을 하고 있으며, 청년이 정답을 알게 된 이유를 설명해 주는 묵시적 플래시백을 유발하고 있다.

(a)

4-14

'**마지막 영화관** *The Last Picture Show*' (미국, 1971),
출연: **엘렌 버스틴** Ellen Burstyn, **시빌 셰퍼드** Cybill Shepherd,
감독: **피터 보그다노비치** Peter Bogdanovich.

▶ 아주 섬세한 형식을 통해서 고전적 편집은 심지어 제한된 행위까지도 의미의 단위를 더 작게 세분화할 수 있다. 프랑수아 트뤼포 감독이 언제가 말했듯이, 배우들이 진실을 말하는 영화보다 거짓말을 하는 영화가 훨씬 더 많은 쇼트를 필요로 한다. 예를 들어, 젊은 딸이 엄마에게 자신은 엄마가 젊은 남자와 사랑에 빠졌다고 생각한다고 말할 경우, 그 엄마는 딸에게 다소 감정적 위협을 느낄 정도의 경고를 하면서 반발한다. 이 씬이 두 여성이 동일한 프레임 안에 있는 하나의 카메라 위치에서 촬영되어야 할 이유는 전혀 없다. 본질적으로 이것은 보그다노비치 감독이 동일한 씬을 어떻게 처리하고 있는가를 보여준다(a). 그러나 만일 엄마가 위선적인 거짓말을 하고 있다면 딸은 나이든 엄마가 젊은 남자와 사랑에 빠졌을지도 모른다고 의심을 가질 것이고, 감독은 관객이 등장인물로부터 얻지 못하는 정서적인 정보를 관객에게 제공하기 위하여 이 씬을 다섯 혹은 여섯(b~g) 쇼트로 나눌 수밖에 없을 것이다.

(Columbia Pictures)

(b)

(c)

(d)

(e)

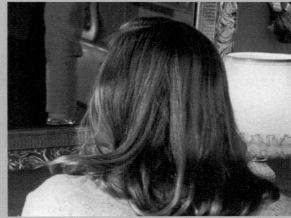

(f)

(g)

4-15a

'포스 맨 The 4th Man' (네덜란드, 1984).
출연: 제로엔 크라베 Jeroen Krabb,
감독: 폴 버호벤 Paul Verhoeven.

▶ 편집은 행위를 순식간에 현실에서 판타지로 바꿀 수 있다. 이런 변화에는 일종의 암시—예컨대, 전혀 다른 차원의 의식을 암시하는 무시무시한 음악이나 혹은 잔물결을 일으키는 영상—가 따르게 마련이다. 그렇지 않을 때는 의도적으로 관객을 갈피를 못 잡게 하여 그 변화를 알아차리기 힘들게 한다. 이 영화의 주인공인 소설가는 종종 현실과 판타지를 혼동한다. 이 씬에서 그는 숙취로 몹시 괴로워하면서 면도를 하려고 한다. 그의 룸메이트는 음악을 연주하고 있는데, 그렇지 않아도 비틀거리는 주인공을 더 정신없게 만든다. 화가 난 그는 룸메이트에게로 가서 그를 목 졸라 죽인다. 잠시 후 관객은 주인공이 다시 면도를 하고 있고 룸메이트는 여전히 음악연주를 하고 있는 것을 보게 된다. 목 졸라 죽인 것은 주인공의 생생한 상상 속에서만 일어났던 것이다. 사건의 추이나 변화에 대한 어떤 암시도 없이 이런 일이 일어났기 때문에, 관객 역시 주인공처럼 현실과 판타지를 혼동하게 된다. 이것이 이 영화의 주제이며, 작가에게는 창작과정의 시발점이다. *(VNF/Rob Houwer Prod.)*

4-15b

'황제의 결혼 Royal Wedding' (미국, 1951).
출연: 프레드 아스테어 Fred Astaire,
감독: 스탠리 도넌 Stanley Donen.

▶ 심지어 헐리우드 스튜디오 시스템의 전성기에도, 고전적 편집의 우세가 사실상 확고할 때는 하나의 커팅으로 액션을 중단시킬 수 없는 경우들이 있었다. 예컨대, 이 유명한 댄스 시퀀스에서, 아스테어는 호텔방 바닥에서 탭 댄스를 추기 시작하여, 그 다음—커트 없이—벽을 두드리고, 마치 지구중력을 무시한 듯 천정을 발로 두드린다. 어떻게 그럴 수가 있을까? 호텔방이 천천히 회전하기 시작할 때마다 아스테어가 하나의 연속동작으로 조심스럽게 새로운 "바닥"으로 옮겨가고 그에 맞춰 카메라가 돌아갈 수 있도록 회전하는 세트와 카메라가 일치시켜졌다. 도넌 감독이 분리된 쇼트들로 커팅을 했다면, 이 시퀀스는 그 매혹적이고도 기묘한 느낌을 대부분 상실하고 말았을 것이다. *(MGM)*

4-16a, b, c

'신경쇠약 직전의 여자 *Women on the Verge of a Nervous Breakdown*'
(스페인, 1988),
출연: 카르멘 마우라 Carmen Maura,
감독: 페드로 알모도바르 Pedro Almodôvar.

▶ 각각의 편집된 필름은 다른 정보를 보여주고, 또 정서적 효과를 높인다. 4-6a 쇼트는 인물 뒤편에서 찍은 것이며, 미스터리한 분위기를 연출하고 있다. 어떻게 프레임의 3분의 2가 비어있는가를 주목하라. 시각 예술가들은 영상의 공백을 만들어내기 위해 종종 이와 같은 "네거티브 스페이스 negative space"를 이용하는데, 그것은 보이지 않는 어떤 무엇의 의미나 말하지 않고 남겨둔 어떤 것을 가리킨다. 이 경우에는 임신한 주인공(마우라)이 애인한테 실연을 당했다―더욱이 전화 자동응답기의 메시지를 통해서. 그 남자는 형편없는 인간이지만 무슨 이유 때문인지 자신도 모르게 그녀는 여전히 그를 사랑하고 있다. 그가 떠남으로써 그녀의 삶에는 고통스럽고 공허한 빈자리가 남았다. 4-16b는 그녀를 정면에서 찍은 미디엄 쇼트이며, 미스터리가 다소 풀리고 관객에게 좀 더 가까이 다가오게 된다. 마지막으로 4-16c는 그녀의 얼굴을 클로즈업으로 보여주고 있으며, 관객은 그녀의 고통을 가까이서 확인할 수 있다.
(El Deseo/Laurenfilm)

4-17a & b

'플래쉬댄스 *Flashdance* ' (미국, 1983).
출연: 제니퍼 빌즈 Jennifer Beals,
감독: 에드리안 라인 Adrian Lyne.

▶ 편집은 종종 속임수—노출시키기보다는 감추기 위한 장치—로 이용되기도 한다. 예를 들어, 이 영화에 나오는 춤들은 대역이 연기를 하는 것이지만, 그 전문댄서의 정체는 조명기술과 세심한 카메라의 거리를 통해서 교묘하게 감춰져 있다. 이렇게 찍은 댄스 쇼트들은 제니퍼 빌즈를 아주 가까이서 찍은 쇼트들과 간격편집되는데, 이때 제니퍼 빌즈는 똑같은 의상을 입고 같은 음악에 맞춰 움직인다. 음악이 연속성을 제공하고 있기 때문에, 이 간격편집 쇼트는 빌즈가 처음부터 끝까지 출연하고 있다는, 이른바 연속적인 움직임의 환영을 만들어내고 있는 것이다. 이러한 편집 테크닉은 칼싸움, 위험한 스턴트 장면 그리고 그 밖의 전문적이고 특수한 기술이 필요한 여러 가지 활동들에 대한 씬들에서 흔히 쓰인다.   *(Paramount Pictures)*

4-17c

'브레이브 원 *The Brave One*' (미국, 2007),
출연: **조디 포스터** Jodie Foster, **감독: 닐 조던** Neil Jordan.

▶ "우리는 편집을 통해 그것을 구출할 수 있다." 씬을 커트하지 않은 형태로 연출하는 방식에 대해 만족하지 못 하는 영화감독들이 흔히 하는 말이다. 배우이자 감독인 조디 포스터는 이렇게 말했다. 즉 "씬을 고치기 위해 당신이 편집실에서 할 수 있는 것은 엄청나다." 배우의 부진한 연기는 신속한 커팅을 통해 활기를 불어넣을 수 있다. 포스터가 지적했듯이, "당신은 분명히 반응 쇼트들을 간격편집함으로써 연기를 고칠 수 있다." "그리고 당신은 시퀀스를 다른 위치로 이동하거나 혹은 심지어 속도를 억제하는 씬들을 빼냄으로써 영화의 구조를 고칠 수 있다."

물론 이러한 융통성은 그렇지 않았더라면 좋은 영화를 망칠 수도 있다. 수많은 제작사들, 특히 할리우드에서는 영화사가 영화의 마지막 편집을 통제하려고 하며, 오히려 영화의 속도를 올리고 제품을 깔끔하게 두 시간짜리로 줄인다. 이것이 DVD와 비디오 판에 '감독의 편집' 버전이 엄청나게 많은 이유이다. 이러한 재편집 버전들은 감독이 본래 무엇을 담고 싶었는지를 나타내는 것이지, 큰 돈을 가진 사람들의 생각(가끔은 그들이 옳다)이 한층 더 상업적이라는 것을 나타내는 것이 아니다.

두 번이나 아카데미 여우주연상을 수상한 조디 포스터는 두 아이를 가진 미혼모이기도 하다. 그녀는 아주 지혜롭게 자신의 생애를 관리해 왔으며, 천부적인 아역 배우로 출발하여 그녀가 소유한 영화제작사의 제작자이자 감독이 된다. *(Warner Bros.)*

4-18a

'웨스트 사이드 스토리 *West Side Story*'
(미국, 1961).
감독: 로버트 와이즈 Robert Wise,
제롬 로빈스 Jerome Robbins.

▶ 뮤지컬은 근본적으로 형식주의적 스타일로 편집되는 경우가 많다. 다시 말해서 정식 극영화의 편집 관습을 지키지 않는다는 말이다. '웨스트 사이드 스토리'의 편집은 아주 추상적이다. 레너드 번스타인 Leonard Bernstein의 음악과 제롬 로빈스가 안무를 맡은 댄스는 모두 스토리의 흐름보다는 최대한의 미학적 효과를 고려해 편집되었다. 결코 쇼트들을 주제의 연상원리에 따라 연결시키지 않았다. 오히려 쇼트들은 마치 뮤직비디오에 나오는 쇼트들처럼 서정적이고 동적인 아름다움을 우선적으로 고려해 병치되었다.   *(Mirisch-7 Arts/United Artists)*

　그리피스는 초기의 소박한 편집기술을 광범위하고 다양한 기능을 갖춘 편집예술로 발전시켰다. 그 기능들은 이를테면 장소전환, 시간의 추이, 쇼트 변형, 심리적 및 신체적 디테일 강조, 개관 overviews, 상징적 인서트, 병행과 대조, 연상, 시점이동, 동시성, 모티프의 반복 등이다.

　또한 그리피스의 편집방법은 더욱 경제적이었다. 유관한 쇼트들은 영화 속에서 그것들이 차지하는 위치(혹은 "시간"과 "장소")에 개의치 않고 촬영 스케줄에 따라 한꺼번에 묶어 처리할 수 있었다. 특히 몇 년 후 스타들의 출연료가 아주 높았을 때, 감독들은 영화의 흐름과는 관계없이 그 스타가 나오는 시퀀스를 몰아서 찍을 수 있었다. 비용이 덜 드는 디테일들(익스트림 롱 쇼트, 조연배우들, 사물의 클로즈업 등등)은 편리한 시간에 여유를 가지고 찍을 수 있었다. 나중에 그 쇼트들은 편집실에서 편집자에 의해 적절한 시퀀스로 정리되고 배열될 것이다.

4-18b

'오페라의 유령 *The Phantom of the Opera*' (미국, 2004),
출연: 에미 로섬 Emmy Rossum, 제라드 버틀러 Gerad Butler,
감독: 조엘 슈마허 Joel Schumacher.

▶ 앤드류 로이드 웨버 Andrew Lloyd Webber의 유명한 스테이지 뮤지컬은 탁월한
해롤드 프린스 Harold Prince가 감독을 맡았으며, 그는 수많은 브로드웨이 토니상을
수상했다. 이 연극은 시적이고 스릴 넘치는 다양한 씬들의 특징을 잘 그려내고 있
다. 이는 정확히 말해서 무대라는 물리적 한계 때문에 가능할 수 있었다. 다시 말해
서 공간은 종종 있는 그대로보다는 오히려 상징적인 경우가 더 있다. 슈마허는
영화 버전에서 수많은 편집을 하지만, 영화는 단 하나의 무대 공간에 의해 한계가
정해지는 것이 아니며, 따라서 영화 뮤지컬은 유혹적이면서 동시에 무섭기도 한 매
혹적인 꿈처럼 관객에게 물흐르듯이 매끄럽게 각색된 연기를 제공한다.

(Really Useful Films/Warner Bros. Photo: Alex Balley)

소비에트 몽타주와 형식주의 전통

그리피스는 실용적인 예술가였으며, 생각과 감정을 가장 효과적으로 전달할 수 있는 방식에 대해 관심이 많았다. 1920년대 구소련의 영화감독들은 그의 연상원리를 더욱 발전시켜, 주제적 편집 혹은 그들이 이름붙인 "몽타주 montage"(불어의 monter, 즉 모으다 assemble에서 유래) 편집을 위한 이론적 전제를 확립했다. 푸도프킨은 자신이 구성적 편집 constructive editing이라 부른 것에 대해 처음으로 중요한 이론적 논문을 썼다. 그가 서술하고 있는 내용은 대부분 그리피스가 실행한 작업들에 대한 설명이지만, 그는 (그가 칭찬을 아끼지 않는) 그 미국인과 몇 가지 점에서는 의견이 달랐다. 푸도프킨은 그리피스의 클로즈업 사용이 너무 제한적이라고 주장했다. 단순히 클로즈업이 많은 의미를 전달하는 롱 쇼트를 설명해주는 역할로 사용되고 있다는 것이다. 실질적으로 클로즈업은 단지 흐름을 중지시키거나 방해하는 데 그칠 뿐 그 자체가 전달하는 의미는 아무것도 없다. 푸도프킨의 주장

4-19a

'죽은 자는 격자무늬의 옷을 입을 수 없다
Dead Men Don't Wear Plaid **'**
(미국, 1982),
출연: 스티브 마틴 Steve Martin,
칼 라이너(대머리) Carl Reiner,
감독: 칼 라이너.

▶ 코믹한 편집. 라이너 감독이 나치에 관한 영화들과 1940년대 느와르 영화들을 코믹하게 패러디한 이 영화는 편집의 놀라운 묘기를 보여주는 걸작이다. 주인공 마틴과 연관된 이 바보같은 스파이 플롯은 1940년대의 '이중 배상 *Double Indemnity*', '서스피션 *Suspicion*', '뇌물 *The Bribe*', '과거로부터 *Out of Past*' 그리고 '살인 전화 *Sorry, Wrong Number*' 등에 나오는 영화장면들과 간격편집된 것이다. 푸도프킨과 쿨레쇼프는 이를 완벽하게 이해했을 것이다.

(Universal Pictures)

4-19b

'클로버필드 Cloverfield'
(미국, 2008),
출연: 리지 캐플란 Lizzy Caplan,
마이클 스탈-데이빗 Michael Stahl-
David, **감독: 맷 리브스** Matt Reeves.

▶ 이 SF 공포영화 거의 전편을 통해 리브스 감독은 다음과 같은 푸도프킨의 핵심적인 아이디어들 중 하나를 검증하고 있다. 즉 편집은 쇼트/역 쇼트 양식(또한 쇼트/카운터쇼트로 불리기도 하는 테크닉)으로 교차 편집함으로써 실제의 사건들을 공상적인 사건과 결합시킬 수 있다.

공포에 질린 이 뉴욕 시민들은 도시 지하철도로 피난하면서 치명적인 괴물을 피해 달아나고 있다. 괴물과 사람들 사이를 왔다갔다 커팅함으로써 감독은 긴장감을 고조시키고 있다. 단지 드물게만-일반적으로는 절정에서-대립하는 두 힘이 동일한 쇼트에 나타난다.
(Paramount Pictures)

4-20

'구명선 Lifeboat' (미국, 1943),
출연: 탈룰라 뱅크헤드 Tallulah
Bankhead(가운데),
감독: 앨프리드 히치콕 Alfred Hitchcock.

▶ 히치콕은 푸도프킨을 가장 분명하게 옹호한 사람들 가운데 하나이다. 그는 "영화는 곧 형식"이라고 주장했다. "영화는 신선하고 새롭게 다듬어진 영화 나름의 언어로 말해야만 한다. 영화가 연기된 한

씬을 소재의 한 토막으로 다루지 못한다면, 영화는 자기 나름의 언어로 말을 할 수가 없어서 표현적인 시각적 패턴으로 만들어지기도 전에 파괴되어버리고 만다." 음악에서 하나하나의 음표가 모여 멜로디를 만들어내듯이, 단편적인 쇼트들을 한데 모은 것을 그는 "순수 영화 pure cinema"라고 불렀다. 이 영화에서, 그는 전적으로 하나의 작은 보트를 타고 바다를 표류하는 아홉 명의 인물들에게 몰두하고 있다. 달리 말하면, 이 사진 하나가 이 영화에 나오는 모든 쇼트의 소재가 된다. 형식주의자들은 예술성은 소재 자체에 있는 것이 아니라, 어떻게 그것들 가운데 취사선택해서 유의미하게 재구성하느냐에 달려 있다고 주장한다.   *(20th Century Fox)*

에 따르면, 각 쇼트는 새로운 점을 만들어내야 한다. 쇼트들의 병치를 통해서 새로운 의미가 창조될 수 있다. 더욱이 의미는 병치 속에 있는 것이지, 쇼트 그 자체만으로는 아무런 의미가 없다.

구소련의 영화감독들은 파블로프의 심리학이론으로부터 깊은 영향을 받았으며, 관념연합에 대한 그의 실험은 푸도프킨의 스승인 레프 쿨레쇼프 Lev Kuleshov의 편집실험을 위한 기초를 마련해 주었다. 쿨레쇼프는 영화 속의 관념들은 통일된 액션을 만들어내기 위해서 단편적인 디테일을 한데 연결시킴으로써 생겨난다고 믿었다. 이 디테일들은 현실에서는 전혀 무관한 것일 수 있다. 예를 들어, 그는 모스크바 붉은광장의 쇼트를 미국 백악관의 쇼트와 연결시키고, 계단을 올라가는 두 남자의 클로즈업과 악수하는 두 손의 클로즈업을 연결시켰다. 연속적인 씬으로 상영되면, 연결된 쇼트들은 두 남자가 같은 시간에 같은 장소에 있다는 것을 나타낸다.

▶ 이 시기의 뮤지컬은 격렬하게 폭발하는 순간적인 쇼트로 편집되어 있다. 이 씬에서 루어만의 편집 스타일은 빅 스튜디오 시절 버스비 버클리 Busby Berkely(1–1b)의 변화무쌍한 안무스타일로 거슬러 올라가고 있다. 둘 다 뮤지컬을 연기자나 음악을 위해서만이 아니라 뮤지컬 그 자체를 위해서 만들었다. 주로 뮤직비디오나 광고에나 나올 만한, 빈번하게 바뀌는 이런 종류의 새로운 커팅을 좋아할 사람은 아무도 없다. 영화비평가이자 감독인 피터 보그다노비치 Peter Bogdanovich는 대부분의 몽타주 스타일의 편집에 대해 별로 흥미가 없다. 그는 이렇게 말한다. "배우들이 좋고, 씬이 좋아, 관객들이 그들을 볼 수 있고 그들의 말을 들을 수 있는데, 왜 빌어먹을 커팅이냐? 이유가 뭐냐? 커팅할 이유가 없다면, 모든 커팅은 개입이고 방해이다. 오늘날 모든 씬은 수없이 많은 개입과 방해를 받는다. 그것이 바로 커팅, 커팅, 커팅, 커팅이다."   (20th Century Fox)

4–21a

'물랑루즈 *Moulin Rouge*'
(미국, 2001).
출연: 니콜 키드먼 Nicole Kidman,
이완 맥그리거 Ewan McGregor,
감독: 바즈 루어만 Baz Lurhmann.

4-21b

'본 슈프리머시 The Bourne Supremacy'
(미국, 2004),
출연 : 맷 데이먼 Matt Damon,
프란카 포텐테 Franka Potente,
감독: 폴 그린그래스 Paul Greengrass.

▶다른 한편, 과민한 편집 스타일이 소재에 완벽하게 어울릴 때가 있다. '본 슈프리머시'에서 데이먼 역의 인물은 기억상실증에 걸려 있다. 그는 무기와 자기방어에 매우 능숙하지만, 누가 친구인지, 혹은 더 중요한 것은 누가 적인지 확신할 수가 없다. 떨리는 편집 스타일은 간헐적으로 떠오르는 그의 기억의 파편들을 외면화하고 있다는 것을 의미하며, 그럼으로써 그의 편집증을 더 강하게 드러낸다. 왜냐하면 그는 이러한 기억의 파편들을 조리 있게 이해할 수 없기 때문이다.
(Universal Pictures)

쿨레쇼프는 또 다른 유명한 실험을 하기도 했는데, 그것은 영화에서 비직업적인 배우를 기용하기 위한 이론적인 기초를 마련하려는 것이었다. 쿨레쇼프와 그의 많은 동료들은 전통적인 연기기술이 영화에서는 전혀 필요하지 않다고 믿었다. 먼저 그는 무표정한 배우의 얼굴을 클로즈업으로 찍는다. 이를 수프 접시의 클로즈업과 병치시킨다. 그 다음 그 배우의 클로즈업을 여자의 시체가 들어 있는 관의 쇼트와 연결시킨다. 마지막으로 그는 무표정한 배우와 어린 소녀가 놀고 있는 쇼트와 연결시킨다. 이러한 조합이 관객에게 보여졌을 때, 관객은 배고픔과 깊은 슬픔, 아버지로서 긍지를 묘사하는 배우의 표정에 탄성을 지른다. 각 경우마다 의미는 하나의 쇼트 단독이 아니라 두 쇼트의 병치를 통해서 전달되었다. 배우들은 사물들과 사물들을 병치시킬 때 소재로 활용되었다. 이런 점에서 볼 때, 감독이 대상물을 적절하게 연결시키고 나서야 비로소 관객의 정서적 의미가 생겨날 수 있다 (4-22).

4-22a, b, c, d

'이창 *Rear Window*'(미국, 1954)에 나오는 "편집된 시퀀스"
감독: 앨프리드 히치콕 Alfred Hitchcock.

▶ 히치콕의 이 스릴러 영화는 다리가 부러져 자기 아파트에 꼼짝하지 못하고 틀어박혀 있는 사진기자(제임스 스튜어트 James Stewart, 4-22b)가 주인공이다. 무료함을 견디다 못해 그는 자기 아파트 바로 뒤편의 아파트에 살고 있는 이웃사람들의 사는 모습을 관찰하기 시작한다. 상류사회 출신인 그의 애인(그레이스 켈리 Grace Kelly, 4-22a)은 결혼하기를 원하고, 왜 결혼이 그의 일 때문에 늦추어지는지 영문을 모른다. 하지만 그는 계속 그녀를 기다리게 하면서, 그의 이웃들의 온갖 문제들을 사색하고 골몰하다 그의 무료한 시간을 다 보낸다. 이웃집의 창문 하나하나가 곧 스튜어트 자신이 안고 있는 문제들 가운데 한 토막이다. 그것들은 사랑과 직업 그리고 결혼에 집중되어 있는 그의 야망과 욕망이 투영된 것들이다. 각 창은 주인공에게 각기 다른 옵션을 제시한다. 한 이웃은 거의 절망적일 정도로 외로운 여인이다. 다른 아파트는 몸집이 큰 신혼부부가 살고 있다. 세 번째 아파트에는 친구 없이 사는 독신 남자음악가가 살고 있다. 대충 되는 대로 사는 댄서는 또 다른 아파트에 살고 있다. 또 다른 조용한 아파트에는 아이가 없는 부부가 살고 있고, 그들은 자신들의 삶의 공백을 메우려고 그 집 강아지에게 눈물겹도록 아양을 떤다. 가장 불길한 아파트는

(a)

(b)

골치 아픈 중년남자(레이몬드 버 Raymond Burr, 4–22c)인데, 그는 그의 아내에게 사육당하다가 결국 그녀를 살해한다. 몰래 조사하고 있는 주인공의 쇼트들로부터 이웃 창문들의 쇼트들로 커팅함으로써, 히치콕은 스튜어트의 마음속을 스쳐지나가는 생각들을 극화한다. 관객을 감동시키는 것은 소재 자체가 아니고, 심지어 배우의 연기도 아니다. 관객을 감동시키는 것은 편집 스타일이다. 새로운 개념을 만들어내기 위해서 영화와 무관한 조각들을 함께 편집한 푸도프킨과 쿨레쇼프의 초기 실험들처럼, 속임수를 쓴 이 "편집된 시퀀스"는 완전히 멋대로 찍은 광고사진들처럼 구성되어 있으며, 일종의 연상편집인 것처럼 보인다. 이런 편집 테크닉은 일종의 성격묘사의 형식이다. 배우들은 가끔 히치콕 감독은 연기를 못하게 한다고 불평을 터트리기도 했다. 그러나 히치콕은 사람들은 언제나 그가 생각하거나 느끼는 것을 그대로 표현하는 것은 아니라고 믿었고, 따라서 감독은 불가피하게 편집을 통해서 이러한 아이디어를 전달할 수밖에 없다. 한마디로 배우는 성격묘사의 한 부분을 보여줄 뿐이다. 그 나머지는 히치콕이 주제에 맞게 연결시킨 쇼트들을 통해서 전달된다. 그리고 관객은 그 의미를 만들어낸다. *(Paramount Pictures)*

(c)

(d)

쿨레쇼프와 푸도프킨에 있어서는 하나의 시퀀스가 영화화되는 것이 아니다. 시퀀스는 어디까지나 구성의 대상이다. 그리피스보다 클로즈업을 훨씬 더 많이 사용하는 푸도프킨은 통일된 효과를 위해 분리되어 있는 수많은 쇼트들을 모두 병치시킴으로써 한 씬을 만들어 낸다. 그 씬의 환경이 영상의 원천이다. 롱 쇼트는 드물다. 그 대신 연속되는 클로즈업(종종 사물들)이 관객에게 의미연결을 위해 필요한 연결고리(연상)를 제공한다. 이러한 병치는 정서적·심리적 상태는 물론 심지어 추상적인 관념까지도 제시할 수 있다.

이 당시 구소련의 영화이론가들은 몇 가지 점에서 비판을 받았다. 이러한 테크닉은 현실적 시간과 장소의 연속성이 완전히 재구성되기 때문에 사실주의적인 씬 감각을 손상시킨다고 일부 비평가들은 불만을 늘어놓았다. 그러나 푸도프킨과 다른 구소련의 형식주의자들은 롱 쇼트로 포착되는 사실주의는 너무나 현실과 가까워서 그것은 영화적이라기보다는 오히려 연극적이라고 주장했다. 현실은 서로 무관하고 부적절한 것들로 충만해 있으며, 이런 현실에 대해 영화는 단지 그 겉모양만이 아닌 그 본질을 포착해야만 한다. 사물의 클로즈업, 질감, 상징 그리고 그 외 선택된 디테일들, 이것들을 병치시키지 않고서는 영화감독은 미분화된 채로 뒤엉켜 있는 실제 삶에 잠재해 있는 관념을 유의미하게 전달할 길이 없다.

일부 비평가들은 또한 이러한 조작적 스타일의 편집은 관객을 너무 많이 지도하며, 선택의 여지를 없애버린다고 생각한다. 관객은 수동적으로 편안하게 앉아서 스크린에 제시되는 관념연합의 필연적인 연쇄를 받아들일 수밖에 없다. 정치적인 고려가 개입되는 곳이 바로 여기이다. 왜냐하면 구소련은 영화를 정치선전과 결부시키는 경향이 있었기 때문이다. 선전영화는 아무리 예술적이라 하더라도 일반적으로 자유롭고 균형 잡힌 가치를 다루지는 않는다.

많은 소비에트 형식주의자들이 그랬듯이, 에이젠슈테인의 관심도 창조적 행위의 다양한 형식에 적용될 수 있다는 일반적인 원리를 탐구하는 데 있었다. 그는 이와 같은 예술의 원리가 모든 인간행위의 기본적인 본성과 그리고 궁극적으로는 우주 그 자체의 본성과 유기적으로 연결되어 있다고 믿었다. 고대 그리스 철학자 헤라클레이토스처럼 에이젠슈테인은 존재의 본질은 끊임없는 변화라고 생각했다. 그는 자연의 생성변화는 영원하며 변증법적―대립물의 갈등과 종합의 결과―이라고 믿었다. 자연에서 정지 혹은 통일로 보이는 것은 일시적인 현상일 뿐이다. 왜냐하면 만물은 다양한 생성의 과정 속에 있기 때문이다. 오직 에너지만이 영원하며, 끊임없이 다른 형식으로 이행하는 상태에 있다. 모든 대립물은 시간 속에서 스스로를 파괴해 가는 힘의 씨앗을 지니고 있으며, 이 대립물의 갈등이 운동과 변화의 모체라고 에이젠슈테인은 믿었다.

예술가의 역할은 모름지기 이러한 대립물의 역동적인 대립을 포착하여, 변증법적인 갈등을 예술의 소재로서 뿐만 아니라 예술의 기교와 형식을 통해 구체화시켜 나가는 일이다. 에이젠슈테인에 따르면, 갈등은 모든 예술에서 보편적이므로 모든 예술은 운동을 동경하게 마련이다. 잠재적인 면에서 보면, 뭐니 해도 영화가 가장 포괄적인 예술이다. 왜냐하면 회화와 사진의 시각적 갈등, 무용의 역동적인 대립, 음악에서 음의 갈등, 언어에서 말의 갈등, 소설과 연극에서 인물과 행위의 갈등을 통합하여 구체화할 수 있기 때문이다.

에이젠슈테인은 편집의 예술성을 특별히 강조했다. 쿨레쇼프와 푸도프킨과 마찬가지로 그는 몽타주가 영화예술의 기초라고 믿었다. 그는 씬의 각 쇼트는 불완전하며, 자기 충족적이고 독립적이기보다는 서로 돕고 의존한다는 그들의 의견에 동의했다. 에이젠슈테인은 기계적이고 비유기적으로 연결된 쇼트 개념을 비판했다. 그는 편집이 변증법적이어야만 한다는 믿음을 가지고 있었다. 두 쇼트(테제와 안티테제)의 갈등이 완전히 새로운 아이디어(종합)를 만들어낸다. 그러므로 영화용어상으로 말한다면, 쇼트 A와 쇼트 B의 갈등은 AB(쿨레쇼프와 푸도프킨)가 아니라 질적으로 새로운 요소 C(에이젠슈테인)이다. 쇼트들 사이의 이행은 푸도프킨이 말한 것처럼 부드럽고 자연스러운 것이 아니라 날카롭고 충격적이며, 때로는 격렬하기까지 하다. 에이젠슈테인에게 편집이란 정교한 연결이 아니라 거친 충돌이다. 부드럽고 자연스러운 이행은 기회의 상실이라고 그는 주장했다.

에이젠슈테인에게 편집은 거의 신비에 가까운 과정이었다. 그는 편집을 유기체 세포의 성장에 비유했다. 만일 각각의 쇼트를 성장하는 세포에 비유한다면, 영화의 커팅은 세포가 두 개로 나뉠 때 일어나는 세포분열과도 같다. 편집은 한 쇼트가 "폭발하는" 그 시점, 다시 말해서 한 쇼트의 긴장이 최대로 증대되었을 때 이루어진다. 영화에서 편집의 리듬은 내연엔진의 폭발과 같다고 에이젠슈테인은 주장했다. 역동적인 리듬의 명작들이라고 할 수 있는 그의 영화들은 이런 점에서는 거의 최면술에 가깝다. 이를테면 분량, 지속성, 모양, 디자인 그리고 조명의 강도에서 대조적인 쇼트들이 마치 강물의 급류에 휘말린 물체들이 어쩔 수 없는 그들의 운명 속으로 뛰어들 듯이 서로 충돌한다.

푸도프킨과 에이젠슈테인의 차이는 아카데믹한 것인 것처럼 보일지도 모른다. 그러나 사실상 두 사람의 접근방식은 아주 대조적인 결과를 가져왔다. 푸도프킨의 영화들은 본질적으로 고전의 전형이다. 그의 영화 쇼트는 부가적이며, 전반적인 감정효과가 스토리에 따라 이끌려가는 줄거리에 의해 유도되는 방향으로 기우는 경향이 있다. 에이젠슈테인의 영화에서 충격적인 영상들은 일련의 지적 공격과 방어를 표현하면서 이데올로기적 논쟁으로 기운다. 감독의 내러티브 구조도 또한 달랐다. 푸도프킨의 스토리들은 그리피스가 사용한 스토리들과 큰 차이가 없었다. 이와 달리 에이젠슈테인의 스토리들은 훨씬 더 느슨한 구조로 되어 있으며, 대개 이념을 탐색하기 위해 편리하게 쓰일 수 있는 일련의 다큐멘터리와도 같은 에피소드들이다.

푸도프킨은 감정을 표현하고 싶을 때, 그 감정을 현실 공간에서 찍은 물리적인 영상들―물리적인 상관물―로 전달했다. 따라서 고통스러운 고역의 감정은 진흙에 빠진 짐수레의 디테일들을 보여주는 일련의 쇼트들을 통해서 전달된다. 이를테면 수레바퀴의 클로즈업, 진흙, 바퀴를 다루는 손, 용을 쓰는 얼굴, 바퀴를 끌어당기는 팔의 근육들 등등이 바로 그 디테일들이다. 이와 달리 에이젠슈테인은 영화가 연속성과 문맥에서 완전히 해방되기를 원한다. 에이젠슈테인은 푸도프킨의 상관물들은 너무 사실주의에 묶여 있다고 생각했다.

에이젠슈테인은 영화가 문학처럼 유연해지고, 특히 시간과 장소에 개의치 말고 상징적인 비유를 만들 수 있기를 바랐다. 그는 영화는 주제면에서 관련이 있거나 은유적으로 유관한 이미지들을 담고 있어야 하며, 그것들이 현장에서 발견될 수 있는 것이든 아니든 상관하지 말아야 한다고 주장했다. 심지어 그의 첫 번째 장편영화인 '파업 Strike'(1925)에서 에이젠슈테인은 노동자들이 기관총에 의해 사살되는 쇼트에 황소가 도살되는 영상을 삽입한다. 그 황소들은 실제로 현장에 있는 것은 아니지만, 순전히 은유적인 목적으로 삽입되어 있다. '전함 포템킨 Potemkin'에 나오는 유명한 시퀀스는 돌로 만든 사자의 세 가지 쇼트를 연결시킨 것이다. 하나는 잠자고 있는 것이며, 두 번째는 일어나려는 순간이며, 세 번째는 일어서서 덤벼드는 모습이다. 에이젠슈테인은 이를 "다름 아닌 돌들이 포효한

4-23

'전함 포템킨' (구소련, 1925)에 나오는 오데사 항구의 계단 시퀀스,
감독: 세르게이 에이젠슈테인 Sergei Eisenstein. *(Goskino)*

(1)

(2)

(5)

(6)

(9)

(10)

(13)

(14)

(3)

(4)

(7)

(8)

(11)

(12)

(15)

(16)

다"는 은유를 구체적으로 표현하는 시퀀스라고 생각했다.

'포템킨'(일명 '전함 포템킨')에 나오는 오데사 항구의 계단 시퀀스는 무성영화에서 가장 높이 평가받는 편집 기술의 한 예이다(4–23). 이 시퀀스는 1905년 제정 러시아의 정예 코사크 군이 자행하는 양민 학살을 다루고 있다. 에이젠슈테인은 그 혼란 속에서 포착되는 다양한 사람들을 커팅하면서 시퀀스를 길게 늘인다. 한 어머니가 계단 꼭대기에서 아기를 유모차에 태우고 한가롭게 산책을 한다(1). 코사크 군이 무차별적으로 아래에 있는 사람들에게 총을 쏜다(2). 계단 위의 군중이 우왕좌왕한다(3). 어머니가 총에 맞은 그녀의 복부를 움켜쥔다(4). 관객은 그녀의 고통스러운 얼굴의 클로즈업을 본다(5). 울고 있는 어린아이가 탄 유모차가 덜컥거리며 계단 아래로 내려가기 시작한다(6). 군중 속의 한 낯선 청년이 달아나는 유모차를 깜짝 놀라 쳐다본다(7). 울고 있는 아이를 빠르게 클로즈업한다(8). 안경을 낀 한 주부가 쳐다보고 무척 놀란다(9). 땅바닥에 죽어 있는 어머니를 컷백한다(10). 한 코사크 병사가 다가오는 유모차를 향해 칼을 휘두를 때 청년이 절규한다(11). 유모차가 계단 아래로 질주하는 것을 신속히 커트한다(12). 코사크 병사가 그의 칼로 유모차를 베어버릴 태세를 취한다(13). 그의 광포한 모습을 클로즈업한다(14). 주부가 고통에 못 이겨 절규할 때 그녀는 눈에 총을 맞는다(15). 유모차와 아이가 격렬하게 뒤집어진다(16).

이것들은 상당히 긴 시퀀스에서 발췌한 몇 개의 쇼트에 불과하지만, 에이젠슈테인의 충돌 몽타주이론의 실제를 보여주는 가장 좋은 예이다. 감독은 클로즈업과 롱 쇼트, 수평과 수직, 밝음과 어둠, 하향운동과 상향운동, 정지된 카메라와 트래블링 쇼트, 긴 쇼트와 짧은 쇼트 등등을 병치시킨다. 이 시퀀스는 너무나 유명해서 수도 없이 패러디되곤 했다. 특히 두드러진 것이 '브라질 *Brazil*'에서의 테리 길리암 Terry Gilliam, '바나나 공화국 *Bananas*'에서의 우디 알렌 Woody Allen, '총알탄 사나이 3 *Naked Gun 33 1/3: The Final Insult*'에서의 피터 시걸 Peter Segal 등이다. 브라이언 드 팔마 Brian De Palma 도 또한 '언터처블 *The Untouchables*'에서 화려한 편집 기술을 발휘하면서 이 시퀀스에 대해 경의를 표했다.

대부분의 에이젠슈테인의 영화에서 연기는 상당히 거칠고 노골적이며, 그리고 그의 작품은 거의 전부가 고압적인 교훈주의에 시달린다. 정치적 치밀성은 결코 그의 강점들 중 하나가 아니다. (에이젠슈테인이 겨냥한 주된 관객은 교육을 받지 못한 시골뜨기들이었으며, 그들 중 대부분은 마르크스주의적 이데올로기를 잘 모르는 사람들이었다는 것을 명심하라.) 그럼에도 불구하고 '포템킨'에 나오는 오데사 항구의 계단 시퀀스는 그의 다른 작품들에 비해 훨씬 덜 구식이다. 그리고 그것은 그 본래의 힘을 대부분 그대로 유지하고 있다. 커팅이 너무나 신속하고 율동적으로 매혹적이어서 관객은 씬의 충돌, 그리고 그것의 서사적 흐름과 마음에 사무치는 인간애에 몰입하게 된다. 이 시퀀스는 유튜브 닷컴 YouTube.com에서 액세스할 수 있다.

앙드레 바쟁과 사실주의 전통

앙드레 바쟁 André Bazin은 다만 비평가이고 이론가였을 뿐 영화감독은 아니었다. 그는 오랫동안 프랑스의 영향력 있는 저널 『카이에 뒤 시네마 Cahiers du Cinéma』의 편집인이었으며, 이 저널은 푸도프킨이나 에이젠슈테인과 같은 형식주의자들과 첨예하게 대립적인 영화 미학을 내세우고 있었다. 바쟁은 독단주의에 오염되지 않았다. 그는 영화의 사실주의적 성격을 강조하면서도, 편집을 효과적으로 이용한 영화에 대해 칭찬을 아끼지 않았다. 그러나 자신의 저작들을 통해서 바쟁은 몽타주는 영화감독이 영화를 만들 때 사용할 있는 수많은 테크닉들 가운데 하나일 뿐이라고 주장했다. 더욱이 그는 많은 경우 편집이 사실상 씬의 효과를 파괴하고 있다고 믿었다(4-28).

바쟁의 사실주의적 미학은 다음과 같은 그의 신념, 즉 전통적인 예술들과는 달리 사진과 영화 그리고 텔레비전은 인간의 개입을 극소화함으로써 자동적으로 현실세계의 영상을 만들어내게 된다는 신념에 바탕을 두고 있다. 이러한 기술적 객관성이 관찰할 수 있는 물리적 세계와 움직이는 이미지를 결합시킨다. 소설가나 화가는 반드시 다른 매체를 통해서-언어와 물감을 통해서-현실세계를 재현함으로써만 현실세계를 표현한다. 이와 달리 영화감독의 영상은 본질적으로 실제 존재하는 것에 대한 객관적 기록이다. 바쟁은 다른 어떤 예술도 물리적인 세계를 표현하는 데 영화만큼 포괄적일 수 없다고 보았다. 사실주의라는 개념의 가장 기본적인 의미에서 본다면, 다른 어떤 예술도 영화만큼 사실주의적일 수 없다.

바쟁은 형식주의적 테크닉들-특히, 주제적 편집 thematic editing-을 사용할 때 뒤따르는 왜곡이 종종 현실의 복잡성을 침범한다고 믿었다. 몽타주는 실생활의 무한한 다양성에 단순한 이데올로기를 포개놓는 것에 불과하다. 형식주의자들은 지나치게 자기중심적이고 조작적인 경향이 짙다고 바쟁은 생각했다. 그들은 현실이 굉장히 복잡하다는 것을 인정하기보다는 현실에 대한 그들의 좁은 식견을 내세우는데 심혈을 기울인다. 바쟁은 채플린 Chaplin, 미조구치 Mizoguchi, 무르나우 Murnau 같은 뛰어난 영화감독들이 편집을 최소화함으로써 현실의 애매성을 지켜나갔다는 것을 지적한 최초의 인물이었다.

바쟁은 심지어 고전적 편집까지도 오염될 여지가 있다고 보았다. 고전적 편집은 하나의 통일된 씬을 함축적으로 정신적 과정에 상응하는 특정한 다수의 근접 쇼트로 분해한다. 그러나 이러한 테크닉은 관객에게 테크닉의 임의성은 의식하지 말고 쇼트 시퀀스를 따라가도록 조장한다. 바쟁이 지적했듯이, "관객을 위해서 편집한다는 편집자는 실생활에서 관객 스스로 해야 할 선택을 관객 대신 결정을 내린다. 편집자의 분석은 관객의 비위를 맞추고 있기 때문에 관객은 아무 생각 없이 그의 분석을 받아들이지만, 결과적으로는 자신의 특권을 박탈당하고 있는 것이다." 하나하나의 쇼트는 관객의 생각보다는 영화감독이 중요하다고 생각하는 것을 표현할 수밖에 없기 때문에 고전적 편집은 사건을 주관화한다고 바쟁은 생각했다.

바쟁이 좋아하는 감독들 중 한 사람인 미국의 윌리엄 와일러 William Wyler는 그의 많은 영화에서 편집을 최소한도로 줄이고 그 대신 딥 포커스 deep-focus 촬영과 장시간 촬영을 활용했다. 바쟁은 와

4-24

'하이 눈 *High Noon*' (미국, 1952),
출연: 게리 쿠퍼 Gary Cooper,
감독: 프레드 진네만 Fred Zinnemann.

▶ 거의 모든 영화들은 시간을 압축하며, 수개월 혹은 수년을 대체로 영화의 평균 길이인 약 2시간의 상영시간으로 응축한다. 진네만의 이 영화는 시간, 장소, 행위의 통일성에 아주 충실한 보기 드문 예이다. 왜냐하면 전체 스토리가 숨쉴 틈도 없이 84분간에 일어나고, 영화 상영시간도 같기 때문이다. (Stanley Kramer/UA)

4-25

'뜨거운 오후 *Dog Day Afternoon*' (미국, 1975),
출연: 알 파치노 Al Pacino,
감독: 시드니 루멧 Sidney Lumet.

▶ 사실주의 작품이라고 해서 모두 절제된 편집 스타일을 사용하는 것은 아니다. '전당포 The Pawnbroker', '형사 서피코 Serpico', '도시의 왕자 Prince of the City', '뜨거운 오후 Dog Day Afternoon'와 같이 루멧의 드라마는 대부분 실제사건을 토대로 하고 있고, 주로 도시 길거리에서 촬영되었다. 이들 작품이 모두 사실주의의 걸작으로 평가되고 있지만, 하나같이 등장인물과 격렬한 사건들이 지닌 아주 잡다하고 다양한 요소들을 연결시켜 나가는 불안하고 급변하는 스타일로 편집되어 있다. '뜨거운 오후'의 편집은 이 작업으로 오스카상 후보로 올랐던 유명한 데디 알렌 Dede Allen이 맡았다. 또한 무엇보다도 그녀는 5년의 경력 동안 '우리에게 내일은 없다 Bonnie And Clyde'와 '형사 서피코'의 편집도 맡았다. 영화제작 기술의 다른 영역들과는 달리 편집 부분에서 항상 여성들이 두드러진 편이었다. 《영화 편집자 편람 Motion Picture Editors Guide》에 따르면 활동 중인 7,300명 가운데 1,500명—약 21퍼센트—이 여성이다. 40년에 걸쳐 활동한 영국의 편집자 앤 V. 코티스 Anne V. Coates는 오스카상 편집 부분에 다섯 차례 후보로 올랐으며, '아라비아의 로렌스 Lawrence Of Arabia'로 오스카상을 수상했다. 아마 가장 유명한 편집자라 할 수 있는 델마 스쿤메이커 Thelma Schoonmaker는 일곱 차례 아카데미상 후보로 올랐으며, '분노의 주먹/성난 황소 Raging Bull'(1980) 이후 마틴 스콜세지 Martin Scorsese 감독의 모든 영화를 비롯해 거의 그와 함께 작업을 했다. 그녀는 '성난 황소', '에비에이터 The Aviator', '디파티드 The Departed' 등으로 세 차례 오스카상을 수상했다. (Warner Bros.)

4-26

'노인을 위한 나라는 없다 *No Country for Old Men*' (미국, 2007), 출연: 하비에르 바르뎀 Javier Bardem, 각본 및 감독: 조엘 코엔, 에단 코엔 Joel and Ethan Coen.

▶ 최우수 작품상, 최우수 감독상, 최우수 각본상을 비롯해 많은 오스카상을 수상했지만, 이 영화는 편집에서 크나큰 구멍이 나 있다. 절정의 씬이 보이지 않는다. 프랑스 학자들이 'scène à faire'라는 개념을 만들어냈다. 이는 대충 '의무적인 씬', 혹은 좀더 구어적으로 말한다면 '꼭 해야 할 씬'이다. 이 개념이 의미하는 것은 주인공과 그의 맞상대가 명확하게 충돌하는 결정적인 씬과 그리고 그들의 갈등이 어느 한 쪽을 위하여 해소된다는 것이다. 그러나 많은 관객들은 최종적으로 주인공(조쉬 브롤린 Josh Brolin의 역)에게 일어나는 일 때문에 당황스러웠다. 갑자기 그가 사라진다. 관객은 그가 죽었다고 추측한다(필시 바르뎀이 눈부신 연기를 보여준 그 악당에게 살해당했을 것으로 추측한다). 그러나 관객은 그가 죽는 것을 보지 않았기 때문에—혹은 정확히 그를 죽인 자가 누구인가 하는 문제 때문에—관객은 욕구 불만을 느끼면서 결말이 없는 그 네러티브 속에 머물게 된다. *(Paramount Pictures/Miramax)*

일러의 간결한 편집 스타일에 대해 이렇게 말했다. 즉, "그의 완벽한 투명성은 관객들이 확신을 갖는데 정말 큰 도움을 주었으며, 또 관객 스스로 관찰하고 선택하고 의견을 개진할 수 있도록 내버려 두었다." '작은 여우들 *The Little Foxes*', '우리 생애 최고의 해 *The Best Years of Our Lives*'(1-20b) 그리고 '사랑아 나는 통곡한다 *The Heiress*' 같은 영화에서, 바쟁은 와일러 감독이 비할 데 없는 중립성과 투명성을 이루어냈다고 믿었다. 와일러 감독은 예술성을 숨기려고 온갖 노력을 기울이기 때문에, 이러한 중립성을 예술성이 없는 것과 혼동하는 것은 고지식한 생각이라고 바쟁은 주장했다.

그를 따르는 일부 추종자들과는 달리, 바쟁은 소박한 사실주의 이론을 옹호한 것이 아니었다. 한 예로, 영화—모든 예술과 마찬가지로—는 어느 정도의 선택과 구성과 해석을 필요로 한다는 것을 정확히 알고 있었다. 한마디로 어느 정도의 왜곡은 불가피한 것이다. 그는 또한 영화감독의 가치관이 불가피하게 관객의 현실인식에 영향을 미친다는 것도 알고 있었다. 이러한 왜곡은 불가피할 뿐 아니

4-27a

'슬픔과 연민 *The Sorrow and Pity*'
(프랑스/스위스/ 구서독, 1970).
감독: 마르셀 오퓔스 Marcel Ophuls.

▶ 심지어 다큐멘터리영화의 세계에서도 편집 스타일은 초사실주의적인 것에서 초형식주의적인 것에 이르기까지 범위가 넓다. 시네마 베리테 다큐멘터리 감독들이 대개 그렇듯이, 마르셀 오퓔스도 편집을 무조건 최소화한다. 편집기술에 담긴 함축은 기만이다. 다시 말해서 매혹적인 미적 효과를 만들어내기 위해서 형식적 요소들을 조작하는 것이다. 많은 다큐멘터리 감독은 한 씬의 편집에 의한 분석이 그 씬의 모양을 만들고 심미적으로 꾸민다—그것의 사실성과 진정성을 절충시킨다—고 믿는다. 비록 사실에 기초해 있을지라도 선별된 쇼트들의 시퀀스는 어떤 사건을 기반으로 한 사람의 진실을 주어진 자료로 추정하고, 그렇게 하는 가운데 거기에 하나의 이데올로기를 불어넣는다. 반면에 편집되지 않는 표현은 진실의 다양성 multiplicity을 지켜 나간다. *(NDR/Télévision Rencontre)*

4-27b

'뉴욕 광시곡 *Looking for Richard*' (미국, 1996).
출연: 알 파치노 Al Pacino, 감독: 알 파치노.

▶ 이 다큐멘터리 영화의 편집 스타일은 주관적이고 개인적이다. 이 영화 자체는 거의 친밀감이 드는 일기와 같다. 이 일기는 자신이 최고의 찬사를 받았던 연극 역 가운데 하나인 셰익스피어의 매혹적인 악마의 제자 리처드 3세를 탐구하는 유명한 배우가 쓴 것이다. 파치노의 보이스 오버는 수많은 쇼트들을 연결시키고 있는데, 그 쇼트들에는 다른 배우들과의 인터뷰, 역사적인 유물들, 셰익스피어의 올드 글로브 극장 Old Globe Theatre에 대한 견해들, 리허설과 공연에 나오는 연기 씬들의 단편들 등이 포함되어 있다. 이 영화는 예술가이자 차분한 교사인 어떤 인물이 행하는 그야말로 멋진 강의/프레젠테이션과도 같은 것이다. *(20th Century Fox. Photo: Michael Halsband)*

앨버트 메이즐스 Albert Maysles가 지적했듯이, 다큐멘터리 감독은 대부분 이 두 극단 가운데 있다. "우리는 여기서 두 종류의 진실을 볼 수 있다. 하나는 화면에 찍힌 원래의 소재로서, 문학에서는 일기와 같은 형식에서 찾아볼 수 있는 종류의 진실이다. 이것은 직접적이고 아무도 간섭하지 않는다. 그 다음 원래의 소재를 좀더 의미 있고 일관성 있는 스토리텔링의 형식으로 뽑아내고 병치시킴으로써 생겨나는 또 다른 종류의 진실이 있다. 결국 이것은 원래의 자료 이상이라고 말할 수 있다. 보기에 따라서는 촬영을 맡은 사람과 편집을 맡은 사람은 (비록 같은 사람일지라도) 서로 갈등하고 있다. 왜냐하면 원래의 소재는 모양새가 갖춰지는 것을 원하지 않기 때문이다. 원래의 소재는 그 자체의 진실성을 지키고 싶어 한다. 한쪽에서는 만일 여기에 다른 형식을 부여하려고 시도하면 진실의 일부를 잃을 것이라고 말한다. 또 다른 쪽에서는 나에게 여기 형식을 부여하도록 해주지 않으면, 아무도 그것을 보려고 하지 않을 것이며, 원래 소재에 담긴 그 진실의 요소도 관객에게 어떤 영향도, 어떤 예술성도, 한마디로 아무것도 관객에게 안겨주지 못할 것이라고 말한다. 그래서 서로 갈등하는 이런 일들이 있게 되고, 바람직한 것은 그것들을 모두 취하면서 양쪽에서 최선책을 이끌어내는 것이다. 이는 거의 형식과 내용의 논증에서 비롯된 것이며, 내용 없는 형식이나 형식 없는 내용은 있을 수 없다."

라, 대부분의 경우 바람직하다. 바쟁이 볼 때 가장 우수한 영화는 예술가의 개인적 비전이 매체의 객관적 특성과 섬세하게 균형을 이루고 있는 작품들이다. 현실의 어떤 측면들은 예술적 일관성이나 통일성을 위해 희생될 수밖에 없지만, 그럴 경우에도 추상화나 인위성은 최소화되어야 한다는 것이 바쟁의 생각이었다. 소재들은 그들 스스로 말하도록 해주어야 한다. 바쟁의 사실주의는 비록 그 속에 뉴스영화 같은 감이 있긴 하지만, 단지 뉴스영화의 객관성만을 말하는 것은 아니다. 그는 현실이 영화에서 다소 강조되어야 하며, 감독은 일상적인 사람과 사건, 그리고 일상적인 장소의 시적 함축성을 드러내 보여주어야만 한다고 믿었다. 평범하고 일상적인 것을 시적으로 표현함으로써, 영화는 전적으로 물리적 세계의 객관적 기록인 것도 아니고, 또한 물리적 세계의 상징적 추상화도 아닌 것이 된다. 오히려 영화는 편하게 펼쳐놓은 꾸밈없는 삶의 모습과 인위적으로 재창조된 전통적 예술의 세계 사이에 독특한 중간자 위치를 차지하고 있다.

바쟁은 많은 논문에서 편집기술에 대해 공공연하게 혹은 암묵적으로 비판하거나 최소한 그 한계를 지적하기도 했다. 만일 한 씬의 본질이 분할, 분리 혹은 고립이라는 관념에 기초한다면, 편집은 이런 관념들을 전달하는 데 효과적인 테크닉이 될 수 있다. 그러나 만일 한 씬의 본질이 두 개 혹은 그 이상의 유관한 요소들의 현존을 동시에 요구한다면, 영화감독은 마땅히 현실적인 시간과 공간의 연속성을 지켜나가야 한다(4–28). 감독은 극적인 변수들을 모두 동일한 미장센에 포함시킴으로써–즉, 롱 쇼트, 장시간 촬영, 딥 포커스, 와이드 스크린 등을 이용함으로써–이 일을 해낼 수 있다. 영화감독은 또한 개별적 쇼트의 커팅보다는 오히려 패닝 panning, 크레이닝 craning, 틸팅 tilting, 트래킹 tracking 등을 사용함으로써 현실적 시공간의 연속성을 지켜나갈 수 있다.

4–28

‘마침내 안전 Safety Last’ (미국, 1923),
출연: 해롤드 로이드 Harold Lloyd,
감독: 프레드 뉴메이어 Fred Newmeyer,
샘 테일러 Sam Taylor.

▶ 푸도프킨을 노골적으로 반대하는 바쟁은 한 씬의 본질이 둘 혹은 그 이상의 요소들을 동시에 드러내는 데 있다면 편집이란 배제되어야 한다고 믿었다. 이런 씬들은 분리된 쇼트의 병치를 통해서가 아니라 공간의 통합을 통해서 감정효과를 얻고 있다. 예컨대, 이 유명한 씬에서, 스릴 있는 로이드의 코미디가 그 씬의 사실적인 표현으로 말미암아 더 코믹하고 스릴 넘치게 된다. 매달려 있는 주인공과 그 밑으로 보이는 도로가 같은 프레임 안에 있다. 둘 사이의 거리가 교묘한 카메라의 위치설정으로 과장되어 보이는데, 실제로는 그의 발밑으로 3층 쯤에 언제나 최소한 플랫폼이 놓여 있었다. "하지만 누가 3층에서 떨어지고 싶겠는가?" 로이드의 반문이었다.

(Hal Roach/Pathé Exchange. Photo: Gene Kornman)

4-29

'우타마로를 둘러싼 다섯 여인들 *Utamaro And His Five Women*' (일본, 1955), **감독: 미조구치 겐지** Kenji Mizoguchi.

▶바쟁과 그의 문하생들은 미조구치 영화의 열렬한 옹호자였다. 일본의 거장 감독인 그는 편집보다는 장시간 촬영을 선호했다. 대체로 그는 한 씬에 첨예한 심리적 변화가 있을 경우에만 이어지는 테이크 안으로 커팅을 한다. 이처럼 커팅을 아낌으로써 대개 관습에 따라 편집된 영화에서는 찾아보기 힘든 훨씬 극적인 효과와 감동을 얻을 수 있게 된다. *(Shochiku Eiga)*

존 휴스톤 John Huston의 '아프리카의 여왕 *The African Queen*'은 바쟁의 원리를 실증적으로 보여주는 쇼트가 들어 있다. 보트를 타고 강을 따라 큰 호수로 내려가려는데, 그만 두 주인공(험프리 보가트 Humphrey Bogart와 캐서린 헵번 Katharine Hepburn)은 강의 지류로 잘못 들어가게 된다. 그 지류는 갈수록 좁아져 작은 개울로 이어지고, 결국 갈대와 진흙더미 속으로 흘러들고 만다. 기진맥진한 두 사람은 질식할 것 같은 갈대 속에서 서서히 죽어 가는 자신들을 포기한 채 결국 보트 바닥에 누워 잠이 든다. 그때 카메라는 서서히 위로 움직이면서 갈대 위 호수가 있는 곳-불과 수백 미터 떨어진 곳-으로 옮겨간다. 이 씬의 이 안타까운 반전은 보트와 중간에 놓여 있는 갈대숲 그리고 호수, 이 셋의 물리적 근접성을 유지시켜 주는 카메라의 연속적인 운동을 통해서 전달되고 있다. 만일 휴스톤이 이 씬을 세 개의 쇼트로 따로따로 커팅했다면, 관객은 공간적인 상호 관련성을 이해하지 못했을 것이며, 따라서 이와 같은 반전을 놓쳐버렸을 것이다.

바쟁은 영화의 발전과정에 나타난 모든 기술적 혁신은 사실상 영화매체를 사실주의적 이상에 더 가까이 다가가게 했다고 주장했다. 이를테면 1920년대 후반의 사운드, 1930년대와 1940년대의 천연색과 딥 포커스, 1950년대의 와이드 스크린이 그런 것들이다. 한마디로 비평가나 이론가가 아니라 테크놀로지가 테크닉을 바꾸어 간다. 가령 1927년에 영화 '재즈 싱어 *The Jazz Singer*'가 토키 혁명을 알렸을 때, 사운드는 사실상 그리피스의 시대 이후 이룩된 영화편집의 모든 진보를 무색하게 만들었

4-30

'점원들 Clerks' (미국, 1994),
출연: 제프 앤더슨 Jeff Anderson,
브라이언 오할로런 Brian O'Halloran,
각본 및 편집 및 감독: 케빈 스미스 Kevin Smith.

▶이 위트 있는 저예산 작품처럼 때로는 경제성이 스타일을 좌우한다. 모든 사람들이 무료로 일을 했다. 스미스는 (한 시간당 5달러를 지불하고) 그가 낮에 일하는 동일한 편의점에서 촬영했다. 그는 수많은 씬에서 장시간 촬영을 활용했다. 배우들에게는 여러 페이지의 대사(재미있는 경우가 많다)를 암기하도록 했기 때문에 전체 씬이 커트 없이 촬영될 수 있었다. 그 이유가 무엇인가? 그렇게 함으로써 스미스는 새로운 커트마다 어디에 카메라를 둘 것인가와 같은 값비싼 선택이나 혹은 새로운 쇼트마다 조명을 어떻게 할 것인가 혹은 그 시퀀스를 제대로 커트하기 위해서 편집장비를 임대할 형편이 되는지 아닌지 등을 걱정할 필요가 없었기 때문이다. 이 영화에 든 최종비용은 겨우 2만 7천5백7십5달러였다. 이 경비는 그가 감당했다. 이 영화는 선댄스영화제와 깐느영화제에서 상을 받았다. *(Miramax/View Askew)*

다. 사운드가 도입되면서 영화는 감독이 원하든 원하지 않든 한층 더 사실주의적으로 편집될 수밖에 없었다. 마이크는 세트에 설치되고 사운드는 그 씬이 촬영되는 동안 녹음되어야 했다. 보통 마이크는 꽃병이나 벽에 부착된 촛대 등에 감추었다. 그러므로 최초에 나온 유성영화들의 경우 카메라뿐만 아니라 배우도 상당한 제약이 따르기 마련이었다. 만일 카메라와 배우가 마이크에서 너무 떨어지면 대사가 제대로 녹음될 수가 없었다.

이처럼 초기 토키 시절의 편집효과는 실패에 가까웠다. 동시녹음은 오히려 영상들을 고정시켜 전체 씬들이 커팅 없이 연결되게 했다. 이는 곧 "초기의" 시퀀스 쇼트로 되돌아가는 것이었다. 극적 가치의 대부분은 청각적이었다. 심지어 평범한 시퀀스들도 관객들을 매료시켰다. 가령 어떤 사람이 방으로 들어가면 카메라는 그 사실을 기록하고, 그 시퀀스가 극적으로 중요하든 중요하지 않든 수백만의 관객들은 문이 열리고 세차게 닫히는 소리에 스릴을 느꼈다. 비평가나 감독들은 비관적으로 생각했다. 녹화되는 것만 다를 뿐 무대 연극의 시대로 되돌아간 것이 분명하다는 것이었다. 나중에 이런 문제들이 해결되었는데, 이는 카메라를 비교적 쉽게 이동시킬 수 있게 해주는 방음용 카메라 덮개인 블림프 blimp의 개발과 촬영이 완료된 후 사운드 더빙의 실행을 통해서 이루어졌다(5장 참조).

그러나 사운드는 또한 몇 가지 독특한 이점을 안겨주었다. 사실 바쟁은 그것이 전반적으로 사실주의적인 매체로 진화해 가는 거대한 도약을 상징한다고 믿었다. 말로 표현되는 대사와 사운드 효과는 현실에 대한 느낌을 높여 주었다. 연기스타일이 더욱 세련되어진 것도 사운드 덕분이었다. 이제 더 이상 배우들은 목소리 대신 시각적으로 과장된 몸짓을 보여줄 필요가 없었다. 토키는 또한 감독들로 하여금 그들의 스토리를 훨씬 경제적으로 전개시킬 수 있게 해주었다. 무성영화의 시각적 정보로 점철된 자막들의 방해를 받지 않아도 되기 때문이다. 지루한 해설장면들도 또한 없앨 수 있었다. 관객들이 스토리의 전제에 관하여 알아 둘 필요가 있는 것은 단 몇 줄의 대사로 쉽게 전달될 수 있었다.

딥 포커스 촬영기법의 사용도 역시 편집작업에 변화와 수정을 가져왔다. 1930년대 이전까지 대체로 카메라는 한 번에 하나의 초점을 벗어나지 않고 촬영했다. 이와 같은 카메라는 사실상 어떤 거리에서든지 사물의 이미지를 선명하게 포착할 수 있었지만, 엄청난 수의 특수조명이 설치되지 않으면 카메라에서 같은 거리에 있지 않는 다른 화면의 요소들은 흐릿하고 초점이 맞지 않았다. 이때 편집을 정당화시키는 것은 오로지 기술적인 것, 즉 영상의 선명도뿐이었다.

딥 포커스 촬영의 미학적 특징은 심도 있는 구성을 가능하게 한다는 것이다. 다시 말해서 모든 장면들이 전혀 디테일에 대한 손상 없이 한 번의 설정으로 촬영될 수 있다. 왜냐하면 모든 거리가 스크린 위에서 동일한 선명도로 나타나기 때문이다. 딥 포커스는 실제의 시간과 공간의 연속성을 충실히 따를 때 가장 효과적이다. 이런 이유 때문에 이 테크닉을 영화적이라기보다는 연극적이라고 생각하는 경우가 더러 있다. 왜냐하면 그 효과가 주로 분절된 쇼트들의 병치보다는 공간적으로 통일된 미장센에 의해 이루어지기 때문이다.

4-31

'아멜리에 *Amélie*' (프랑스, 2001),
출연: 오드리 토투 Audrey Tautou,
감독: 장 피에르 주네 Jean-Pierre Jenuet.

▶한 영화에 커팅이 많을수록 그 템포도 그만큼 더 빨라지는 것처럼 보일 것이고, 그에 따라 훨씬 더 많은 에너지와 흥밋거리가 생겨나게 될 것이다. '아밀리에'는 관객을 숨쉴 겨를도 없이 만드는 묘하면서도 멋들어지게 꾸민 이야기와 같은데, 이 영화의 편집 스타일은 활기가 넘친다. 주인공(오드리 토투)은 파리의 수줍은 웨이트리스이고 그림 같은 몽마르트르 근처에 살고 있다. 영화의 풍부하고 화려한 톤은 대개 주네의 재치 있는 편집 덕분이지만, 특수효과도 일정한 기여를 하고 있다. 예를 들면, 아멜리에가 처음 운명적인 사랑을 만날 때, 그녀의 심장은 블라우스 아래서 눈에 띌 정도로 부풀어 오른다. 그녀의 심장이 터졌을 때, 그녀는 땅에 있는 웅덩이로 사라진다. 기묘한 메타포이다. *(UGC/Canal+)*

바쟁은 딥 포커스의 객관성과 미적 감각을 좋아했다. 한 쇼트 내의 디테일들이 클로즈업을 통해서 주어지는 특별한 주의 없이도 보다 균일하게 제시될 수 있다. 그러므로 바쟁과 같은 사실주의 비평가들은 관객이 사람과 사물의 관계를 이해하는 데 있어서 훨씬 더 창조적—덜 수동적—일 것이라고 생각했다. 통일된 공간은 또한 삶의 애매성을 간직한다. 관객은 정해진 결론으로 이끌려가는 것이 아니라, 어쩔 수 없이 스스로 평가하고 분류하고, 또 "별 관심거리가 되지 못한 것들"은 버리게 된다.

1945년 제2차 세계대전 직후에 네오리얼리즘 neorealism으로 불리는 영화운동이 이탈리아에서 일어나 점차 전 세계 영화감독들에게 영향을 미치게 되었다. 바쟁이 좋아한 두 영화감독, 즉 로베르토 로셀리니 Roberto Rossellini와 비토리오 데 시카 Vittorio De Sica가 선두에서 주도한 네오리얼리즘은 편집을 중요시하지 않았다. 이들은 딥 포커스, 롱 쇼트, 장시간 촬영을 선호하고, 그리고 클로즈업 사용을 엄격하게 제한하는 것을 좋아했다.

왜 편집을 중요시하지 않느냐는 질문을 받았을 때, 로셀리니는 이렇게 대답했다. "사물은 저기 있다. 왜 그것들을 조작하는가?" 이 말은 바쟁의 이론적 신조가 되다시피 했다. 그는 로셀리니의 다의적 해석에 대한 개방적인 태도와 이데올로기적 논제 때문에 현실을 축소시키려 하지 않은 점을 높이 평가했다. "당연히 네오리얼리즘은 정치적이든, 도덕적이든, 심리적이든, 논리적이든, 혹은 사회적이든, 등장인물과 그들의 행위에 대한 분석을 거부한다."고 바쟁은 주장했다. "분명히 네오리얼리즘은 현실을 이해할 수 없는 것이 아니라 전체로, 그것도 불가분한 하나로 본다."

▶ 이 영화에서 각 씬은 시퀀스 쇼트, 즉 커팅이 없는 장시간 촬영이다. "유치한" 것과는 아주 거리가 먼 이러한 시퀀스 쇼트 테크닉은 세련되고 엉뚱하면서도 이상야릇하고 우스꽝스러운 효과를 만들어 낸다. 이 씬에서, 미국에서 몇 년을 살았는데도 여전히 헝가리 말을 한다고 루리가 뚱뚱하고 솔직한 숙모(세실리아 스타크)를 몰아세우고 있는 동안에도 두 주인공(존 루리와 리처드 에드슨)은 굴라쉬 요리를 계속 먹는다. 이 씬의 코믹한 리듬은 연출을 통해서 강조된다. 이를테면 말다툼하는 친척들은 서로를 보기 위해 앞으로 몸을 숙일 수밖에 없는데, 손님은 중립적인 위치를 지키려고 애쓰지만 격렬하게 오가는 말싸움 때문에 그럴 수 없는 처지이다.

(Cinethesia/Grokenberger/ZDF)

4-32

'천국보다 낯선 *Stranger Than Paradise*' (미국, 1984). **감독: 짐 자무쉬 Jim Jarmusch.**

4-33

'스트레이트 스토리 The Straight Story'
(미국, 1999).
출연: 리처드 판스워드 Richard Farnsworth,
감독: 데이비드 린치 David Lynch.

▶ 미국 영화들은 보통 쇼트 사이에 어떤 "데드 스폿 dead spots"(한 장면이 지속되는 동안 동작이 발생하지 않는 부분, 혹은 촬영이 진행되는 동안 카메라의 시야에 포착되지 않는 무대상의 영역; 역자주)이나 느슨함이 없이 빠른 속도로 편집된다. '스트레이트 스토리'는 영 딴판이다. 실생활에서 일어나는 사건을 기반으로 한 이 영화는 로드무비이지만, 부릉부릉 엔진소리가 나는 일반자동차가 길거리를 질주하며 모퉁이를 돌 때 끽끽거리는 소리를 내는 것이 아니라, 선택된 차량은 66년식 잔디 깎는 기계 "존 디어"이다. 늙은 주인공(판스워드)은 이 차를 몰고 아이오와에서 오랫동안 소원했던 병든 형이 있는 위스콘신까지 간다. 이 영화는 고물이 다된 수송기관이 발동기 소리를 내며 전진해 가는 모습을 근사하게 묘사하기 위해서 아주 느리게 커팅 한다. 또한 다음을 참조하라. www.editorsguide.com 이 웹사이트는 《편집자 편람 Editors Guide》과 협력관계를 맺고 있는데, 이 잡지에는 편집의 실제에 관한 여러 가지 인터뷰와 논문들이 실려 있다.

(Les Films Alain Sarde/Canal+/Ch4/Ciby 2000)

시퀀스 쇼트는 관객의 내면에 (종종 무의식적으로) 불안감을 고조시키는 경향이 있다. 관객은 씬 중간에 어떤 변화가 일어나기를 기대한다. 그런 변화가 일어나지 않으면, 관객은 종종 안절부절 못하면서 무엇이 자신을 불안하게 하는지 깨닫지 못한다. 짐 자무쉬 Jim Jarmusch의 이상야릇한 코미디, '천국보다 낯선 Stranger Than Paradise'은 처음부터 끝까지 시퀀스 쇼트를 사용하고 있다(4-32). 카메라는 움직이지 않고 미리 결정된 자리에서 기다린다. 젊은 등장인물들은 씬에 들어와 자신들의 천박하고 우스꽝스러운 인생을 연기하다가, 침묵과 무기력한 표정과 두서없는 증상들을 지루할 정도로 늘어놓고 마무리한다. 마침내 그들은 떠나거나 그냥 거기에 앉아 있다. 카메라는 그들과 함께 앉아 있다. 페이드 아웃. 정말 이상하다.

4-34

'인게이지먼트 *A Very Long Engagement*'
(프랑스, 2004),
감독: 장-피에르 주네 Jean-Pierre Jeunet.

▶ 영화감독들은 대체로 1920년대에 사운드가 출현했을 때 불만을 품었던 것 못지않게 1950년대 와이드 스크린의 출현에 대해 불만을 품었다. 바쟁과 그 밖의 사실주의자들은 이 혁신을 몽타주의 왜곡된 효과를 벗어나는 또 다른 발걸음으로 받아들였다. 와이드 스크린은 넓이를 중시하고 심도를 경시하는 경향이 있지만, 바쟁은 시각적인 소재들을 수평적으로 표현하는 것이 훨씬 민주적일 수 있다고 믿었다. 사물과 카메라렌즈가 아주 가까이 있다는 점에서 시각적으로 중요한 것을 강조하는 딥 포커스보다도 왜곡이 덜하다는 것이다. 와이드 스크린은 제1차세계대전을 스릴넘치게 각색한 이 영화와 같은 서사적 사건을 묘사할 때 특히 효과적이다. *(Warner Bros. Photo: Bruno Calvo)*

4-35

'공포의 대저택 *The Innocents*'
(영국, 1961),
출연: 데보라 카 Deborah Kerr,
감독: 잭 클레이튼 Jack Clayton.

▶ 이 심리적 스릴러(헨리 제임스의 단편 '나사의 회전 *The Turn of the Screw*'을 바탕으로 하고 있다)에서 관객은 거의 처음부터 끝까지 유령이 "진짜"인지 아니면 단순히 무의식적으로 억압된 가정교사(데보라 카)의 히스테리컬한 환영인지 확신할 수가 없다. 왜냐하면 관객은 보통 그녀의 눈을 통해서 그 유령을 보기 때문이다. 다시 말해서 카메라는 그것을 믿을 수도 있고 혹은 믿지 않을 수도 있는 그녀의 시점을 나타낸다. 그러나 카메라를 객관적으로 사용할 경우, 이 사진처럼 가정교사와 유령이 분리된 쇼트로 나누는 커팅 없이 같은 공간에 있게 된다. 따라서 관객은 그 유령이 가정교사의 상상이 아니라 독립적으로 존재한다는 결론을 내린다. 유령은 실제이다.
(20th Century Fox)

4-36

'애니 홀 *Annie Hall*' (미국, 1977),
주연: 다이앤 키튼 Diane Keaton,
우디 앨런 Woody Allen,
편집: 랄프 로젠블룸 Ralph Rosenblum,
각본 및 감독: 우디 앨런.

▶ 한 영화의 편집을 평가하는 것은 아주 어려운 문제이다. 당신은 편집이 시작되기도 전에 필요한 것이 무엇인지를 알아두어야만 한다. 이를테면 먼저 그 촬영된 필름이 훌륭한지(무능한 편집자는 여전히 이를 엉망으로 만들 수 있다), 혹은 편집자가 자신에게 주어진 필름조각들 가운데 최소한 부끄럽지 않을 정도의 영화로 다듬기 위해서 쓸모없는 것들을 가려내야 하는지를 알아야만 하는 것이다. "장편영화들은 대체로 원래 촬영필름의 길이가 20시간에서 40시간 정도 된다."고 편집자 로젠블룸은 말한다. "촬영이 끝나면 미완성의 이 필름은 영화의 원료가 되는데, 이는 마치 대본이 이전에 원료였던 것과 꼭 같다. 이제 그것은 선별되고, 단단하게 조이고, 조절되고, 잘 다듬어져야 하며, 그리고 어떤 씬에서는 예술적인 기운을 불어넣어야 한다." '애니 홀'은 본래 우디 앨런이 앨비 싱어 Alvy Singer라는 인물과 그의 갖가지 낭만적이고 직업적인 관계들에 대한 스토리로서 생각했던 것이다. 애니 홀이라는 인물(다이앤 키튼)은 단지 여러 가지 줄거리 중 하나일 뿐이다. 그러나 앨런과 로젠블룸은 처음의 컨셉을 편집에 적용시킬 수 없다는 데 동의했다. 편집자는 촬영된 필름을 대부분 잘라버리고 앨비와 애니 홀의 주목할 만한 러브 스토리에 초점을 맞출 것을 제안했다. 그 결과 이 로맨틱 코미디는 최우수영화상, 최우수감독상, 최우수각본상, 여우주연상(키튼)을 비롯해 수많은 오스카상을 수상했다. 아이러니하게도 편집상은 받지 못했다. 다음을 참조하라. Ralph Roenblum(and Robert Karen), *When the Shooting Stops … The Cutting Begins*(New York: Viking, 1979). *(United Artists)*

마찬가지로 로드리고 가르시아 Rodrigo Garcia의 '나인 라이브스 Nine Lives'에서 감독은 모두 다 의미있는 관계에서 벗어나지 못하고 허둥대는 여러 여인들의 상황을 탐구한다. 각 스토리는 커트 없이 단 하나의 장면으로 촬영된다. 왜 이토록 어려운 테크닉을 사용하는 것일까? 다른 쇼트로의 편집은 언제쯤 더 빠르고, 더 싸고, 더 쉬워지는 것일까? 이 아홉 여인들은 제각기 덫에 걸려 그 목이 조이는 듯한 상황에서, 또 종종 스스로 자초한 일에서 헤어나지 못하고 있다. 관객은 그들을 연속적인 장면에 제한함으로써 잠재의식적으로 그들의 좌절과 인생의 난국을 벗어나지 못하는 그들의 무능을 감지한다. 일련의 분리된 컷들은 이러한 긴장을 대부분 가시게 할 것이다. 동일한 기술이 크리스 켄티스 Chris Kentis와 로라 라우 Laura Lau가 감독한 공상 공포 영화 '사일런트 스크림 Silent House'에 사용되고 있다. 겁에 질린 젊은 여성(엘리자베스 올슨 Elizabeth Olsen)이 유령이 있는—혹은 유령이 나올 것 같은—캄캄한 집안을 헤매고 있다. 영화 전체가 실시간(약 90분)으로 편집되지 않은 단 하나의 쇼트로 펼쳐지는 것처럼 보인다. 음향 효과가 종종 어두운 장면들의 공포 분위기를 자아낸다. 실제로 그녀가 겪고 있는 것이 사실인지 아니면 그녀의 상상의 산물인지 그녀는 관객에게 아무것도 말해주지 않는다.

대다수 기술혁신이 그랬듯이 와이드 스크린도 많은 비평가와 감독들로부터 즉각적인 반발을 불러일으켰다. 이 새로운 스크린의 모양이 클로즈업이나, 특히 사람 얼굴에 나타나는 놀라는 표정을 대부분 망쳐놓았다. 심지어 롱 쇼트의 경우에도 단지 채워넣기만 하려 해도 너무 공간이 많다고 불만을 늘어놓는 감독들도 있었다. 관객은 어디를 보아야 할지 몰랐기 때문에 극중 행위 전체에 동화되어 갈 수가 없었다. 일부 사람들이 주장하듯이, 와이드 스크린은 오로지 서사적 영화에 쓰이는 수평 구도에만 어울릴 뿐, 실내 씬이나 작은 물체를 위해서는 너무 넓었다. 그것은 장례행렬이나 기다란 뱀을 위해서만 쓸모가 있을 뿐이었다. 편집이 훨씬 더 줄어드는 것 아니냐고 형식주의자들은 불평을 터뜨렸다. 그들이 불평하는 이유는 모든 것이 스크린에 수평적으로 길게 배열되어 있다면 어떤 것도 커팅할 필요가 없지 않느냐는 것이었다.

처음으로 와이드 스크린을 가장 효과적으로 이용한 영화는 서부극과 화려한 역사물이었다(4-34). 그러나 머지않아 감독들은 훨씬 더 민감한 이 새로운 스크린을 사용하기 시작했다. 딥 포커스 촬영과 마찬가지로, 스크린의 넓이로 말미암아 감독들은 자신들의 미장센에 대해 더 많이 알게 되었다. 프레임 안에, 심지어 그 가장자리에도 한층 더 적절한 디테일이 들어가야 했다. 영화는 더욱 조밀하게 짜일 수 있었고, 또—최소한 잠재적으로는—예술적으로도 더 효과적일 수 있었다. 영화감독들은 사람의 얼굴 가운데 가장 표현력이 풍부한 부위가 눈과 입이라는 것을 알게 되었고, 그 결과 배우 얼굴의 위—아래를 잘라내는 클로즈업이 예상했던 것만큼 그리 나쁘지 않다는 것도 알게 되었다.

누구보다 먼저 사실주의 비평가들이 와이드 스크린의 장점을 다시 생각해본 것은 결코 놀랄 일이 아니다. 바쟁은 와이드 스크린의 사실성과 객관성을 좋아했다. 이제 편집의 왜곡된 효과를 벗어나는 또 다른 발걸음을 내딛게 되었다고 그는 강조했다. 딥 포커스와 더불어 와이드 스크린은 공간과 시간의 연속성을 유지시키는 데 도움을 주었다. 딥 포커스가 종종 다양한 심도로 촬영되었듯이, 이제 둘 혹은 그 이상의 사람들이 들어 있는 클로즈업 쇼트도 그 누구도 놓치지 않고 단 한 번의 설정으로 촬영할 수 있게 되었다.

사람과 사물의 관계도 더 이상 편집된 시퀀스처럼 분절되는 법이 없었다. 스크린의 범위 또한 더욱 사실적이다. 왜냐하면 와이드 스크린이 심지어 가장자리-영화에서 눈의 주변 시야에 해당하는 부분-까지도 관객을 실감나게 하기 때문이었다. 이렇듯 음향과 딥 포커스에 적용되었던 모든 장점이 이제는 와이드 스크린에 적용되었다. 이를테면 실제 시간과 공간에 대해 훨씬 더 충실해진 것, 그것의 디테일, 복잡성, 밀도, 그리고 그것의 보다 객관적인 표현, 한층 더 일관된 연속성, 그것의 증대된 모호성 그리고 관객의 창조적인 참여 장려 등이 그 장점들이다.

흥미롭게도 바쟁의 추종자들 가운데 몇 사람은 10년 후쯤 더욱더 화려한 편집 테크닉으로 되돌아간 것에 대해 책임이 있다. 1950년대에 고다르 Godard, 트뤼포 Truffaut, 샤브롤 Chabrol은 『카이에 뒤 시네마 *Cahiers du Cinéma*』지에 평론을 썼다. 1950년대 말 그들은 드디어 자신들의 영화제작에 착수했다. 누벨 바그 nouvelle vague, 혹은 영어권에서 뉴 웨이브 New wave로 불리는 이 운동은 이론과 실제에서 어느 쪽으로도 치우치지 않았다. 이 그룹에 속하면서도 아주 밀접하게 결합되어 있지 않은 사람들은 영화문화, 특히 미국의 영화문화에 대한 열렬한 호응으로 말미암아 뭉치게 되었다. 개인적인 취향에서는 다소 독단적이기는 하나 뉴 웨이브 계열의 비평가들은 이론적인 독단주의를 피하려는 경향을 보였다. 그들은 테크닉은 오로지 내용의 견지에서만 유의미한 것으로 믿었다. 사실 따지고 보면, 영화가 무엇을 말하는가 하는 것은 어떻게 그것을 말하는가와 불가분의 관계가 있다는 생각을 널리 퍼뜨린 것이 바로 뉴 웨이브 운동이었다. 편집 스타일은 유행, 기술적 한계 또는 독단적인 선언에 의해서가 아니라, 내용 그 자체의 핵심과 본질에 따라 결정되어야 한다고 그들은 주장했다.

감독이라면 누구나 피할 수 없는 문제가 바로 연기자들의 연기력이 발휘되는 단계에 대한 판단의 문제이다. 이것은 연기자가 얼마나 많은 테이크를 찍기를 원하는지에 영향을 미친다. 예를 들어 할리우드에 대형 스튜디오가 유행이던 시절에 프랭크 카프라 Frank Capra 감독이 선호한 여배우는 바바라 스탠윅 Barbara Stanwyck이었다. 그는 그녀가 첫 번째나 두 번째 테이크에서 최고의 기량을 발휘한다는 것을 일찍이 알아차리고 있었다. 그 이후에 그녀의 연기력은 서서히 사라지기 시작하고, 세 번째나 네 번째 테이크 이후로 힘을 발휘하는 경우는 거의 없었다. 프랭크 시나트라 Frank Sinatra를 감독할 때에도 카프라는 같은 문제에 직면했다. 그의 첫 번째나 두 번째 테이크는 언제나 최고였다. 만일 카프라가 이 이상의 장면을 되풀이하여 찍었다면 시나트라는 따분해 했을 것이고, 그의 연기는 형식적이고 맥이 빠졌을 것이다.

같은 시기에 윌리엄 와일러 William Wyler 감독은 영화계에서 "40-테이크 와일러 forty-take Wyler"로 유명했다. 많은 연기자들이 "한 번 더"라는 그 악명 높은 말에 진저리가 났다. '폭풍의 언덕 *Wuthering Heights*'을 촬영할 때 와일러는 로렌스 올리비에 Laurence Olivier에게 한 장면을 열여덟 번이나 반복하도록 했다. "맙소사! 도대체 뭘 원하시는 겁니까?"라고 실망한 배우가 고함을 질렀다. "당신이 더 잘하기를 바라는 것입니다."라고 와일러 감독은 웃으면서 씁쓸한 표정으로 대답했다. 스물 번째 테이크는 올리비에의 분노와 원망으로 물들었다. 그것이 바로 와일러가 원하는 것이었다. 그러고는 그는 다음 장면으로 넘어갔다. 이 일화가 시사하고 있듯이, 감독들은 연기를 통해 그들이 찾고 있는 것이 무엇인지 완전한 확신을 갖지 못하는 경우가 종종 있지만, 그것을 직접 눈으로 보면 그들이 찾고 있는 것이 무엇인지 알아본다.

오늘날 데이빗 핀처 David Fincher도 많은 테이크를 촬영하기 좋아하는 감독이다. '소셜 네트워크 *The Social Network*'의 오프닝 씬에서 카메라 위치를 아홉 번이나 바꾸면서 아흔아홉 번의 테이크를 찍고 나서야 그는 만족했다. 아론 소킨 Aaron Sorkin의 대본은 배우들에게 차례가 오면 주저하지 말고 빨리 대사를 구사하라고 요구했다. 말할 필요도 없이 배우들은 수없는 반복을 통해 자연스러움을 유지하도록 엄청나게 훈련을 받았다.

　　한편 한두 테이크 이상을 싫어하는 감독들도 많이 있다. 그들은 반복은 배우의 연기를 지나치게 손질하고 통제하여 오히려 배우의 자연스러움을 약화시킨다고 믿기 때문이다. 예를 들어, 존 포드 John Ford는 연기자들이 그들의 신선미를 손상시킬까봐 걱정이 되어 씬의 리허설조차 삼가했다. 어떤 씬에서 서투르게 연기한 배우가 포드 감독에게 좀 더 매끄럽게 연기하기 위해 다시 테이크를 찍으면 안 되느냐고 물었다. 포드는 "나는 서커스처럼 완벽한 것을 원하지 않는다."고 화를 내며 대답했다. 클린트 이스트우드 Clint Eastwood도 한 씬을 위해 한두 테이크를 찍기로 유명하다. '우리가 꿈꾸는 기적: 인빅터스 Invictus'를 촬영할 때 배우 맷 데이먼 Matt Damon이 다시 테이크를 찍으면 안 되느냐고 물었다. 이스트우드 감독은 "뭐라고? 여러 사람들의 시간을 낭비하고 싶은가요?"라고 대답했다.

　　샘 퍼킨파 Sam Peckinpah 감독의 '와일드 번치 The Wild Bunch'가 1969년에 상영되었을 때 한 비평가는 "유례가 없는 가장 폭력적인 영화"라고 말했다. 영화의 사회적 맥락은 미국 역사의 가장 혁명적인 시기들 중 하나였다. 다시 말해서 베트남전쟁은 급속도로 확대되어 가면서 끝이 보이지 않았다. 민권운동 Civil Rights Movement은 험악해져, 1968년에 암살당한 마틴 루터 킹 Martin Luther King 목사의 비폭력적 지도력으로는 더 이상 이끌어갈 수 없었고, 이제는 그것이 반체제 운동과 그것의 폭력적 경향을 지나치게 증가시켰다. 블랙 파워 Black Power의 지도자 스토클리 카마이클 Stokely Carmichael은 그의 군사적 행보가 비판받게 되자, "폭력은 애플파이 못지않게 미국적이다."고 응답했다. 젊은이들 사이에도, 특히 베트남전쟁을 강력하게 반대한 대학생들 사이에도 사회적 혁신이 있었으며, 그들은 모든 권위적 형식들에 대해 깊은 회의를 가졌다. 이들 역시 너무나 폭력적이고 파괴적이기 일쑤였다.

　　'와일드 번치'의 기술적 우수성이 이 영화를 빼어나게 만들었다. 이 영화의 마지막 총격전은 스펙터클하게 편집되었다. 페킨파 감독과 이 영화의 편집자 루 롬바도 Lou Lombardo는 이 총격전을 야만적이면서 동시에 서정적인 것으로 만들었다. 루시엔 발라드 Lucien Ballard의 촬영 덕분으로 영상은 지극히 아름답다. 제리 필딩 Jerry Fielding의 박력 있는 음악 역시 영화의 정서적 효과에 기여했다.

　　물론 서부영화에서 총격전은 언제나 이 장르의 전형적인 볼거리였지만, 그것들은 퍼킨파 영화의 강한 정서적 효과에는 결코 미치지 못했다. 대부분이 1913년 멕시코를 배경으로 하고 대다수 서부영화들보다 훨씬 뒤늦은 것이지만, 이 영화는 또한 사라진 옛 서부 Old West를 그리워하는 슬픈 애가(哀歌)일 뿐이다. 새로운 기술은 폭력과 전쟁을 이전보다 훨씬 격렬하게 만들었다.-자동차, 초창기 비행기, 현대의 자동 기관총의 전신인 개틀링 기관총

　　총격전의 극적 맥락은 포악한 멕시코 무법자들 대 파이크(윌리엄 홀덴 William Holden, 4-37d)가 이끄는 소규모의 은행 강도 집단과 연루되어 있으며, 리더인 파이크는 적어도 조직의 충성심과 결속력의 가치에 대한 신뢰를 가지고 있었다. 이 총격전에서 그의 동료는 어네스트 보그나인 Ernest Borgnine(4-37h), 워렌 오티스 Warren Oates(4-37n), 그리고 벤 존슨 Ben Johnson이다. 그들의 은행 강도 동료 중 하나(제이미 산체즈 Jaime Sanchez, 4-37e)가 멕시코 폭력배에게 잡혀가자 그들은 엄청난 수적 열세에도 불구하고 그를 구출하기로 결심한다. 그것은 자살행위나 다름없었으며, 모두 그것을 알고 있었다.

'와일드 번치 *The Wild Bunch*' (미국, 1969),
감독: 샘 퍼킨파 Sam Peckinpah. *(Waener Bros./Seven Arts)*

(a)

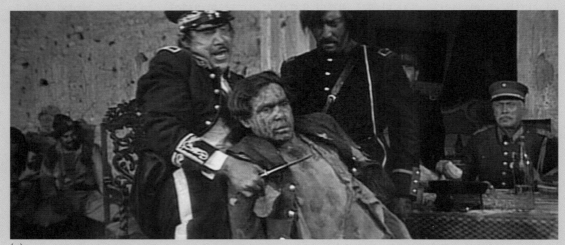

(c)

(e)

(b)

(d)

(f)

(g)

(i)

(k)

(h)

(j)

(l)

(m)

(o)

(q)

(n)

(p)

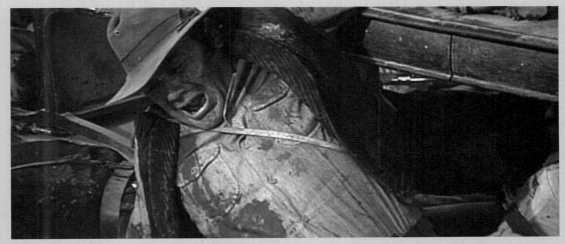

(r)

총격전은 멕시코인 마을에서 벌어지고, 두 집단의 치열한 전투로 전투원들뿐만 아니라 농부들도 죽었다. 폭력은 대부분 슬로 모션으로 연출되었으며, 발레를 하는 듯한 미적 효과를 자아낸다. 전투원들의 목과 복부에서 핏줄기가 분출하고 무고한 마을 주민들은 숨을 곳을 찾아 뛰어다닌다. 이 시퀀스의 편집은 그 서정적 표현으로 말미암아 이상하리만큼 아름다우며, 일시적으로 우리에게 저토록 끔찍하고 종말론적인 아름다움 속에서 사람들이 죽어가고 있다는 사실을 간과하게 만든다. 영화 상영 이후로 샘 퍼킨파 감독은 영화계에서 "블라디 샘 Bloody Sam"으로 통했다. 그 이후 수많은 영화 제작자들이 퍼킨파 스타일의 영향을 받았으며, 오우삼 John Woo, 마틴 스콜세지 Martin Scorsese, 쿠엔틴 타란티노 Quentin Tarantino 등은 특히 유명하다. 여기에 소개된 영상들은 한층 더 복합적인 시퀀스의 견본들에 불과하며, 유튜브에서 볼 수 있다.

영화에서의 다른 많은 언어체계들과 마찬가지로 현대 영화에서 편집은 디지털 기술의 출현으로 급격한 변화를 맞고 있다. 아비드 Avid, 라이트웍스 Lightworks, 파이널 컷 프로 Final Cut Pro와 같은 새로운 시스템을 가지고 오늘날의 편집자들은 경이적인 속도와 유연성으로 영화를 편집할 수 있다. 영화의 특정 장면을 컴퓨터의 하드 드라이브에 입력하면, 한 사람의 편집자가 수 일 혹은 심지어 수 주 동안 말 그대로 영화 필름조각들을 자르고 잇고 해야만 했던 것을, 오히려 편집자가 겨우 몇 분 안에 수많은 선택을 시도할 수 있게 되었다.

대부분의 기술이 그렇듯이 이 기술도 오용되어 왔다. 데이비드 린 David Lean의 '아라비아의 로렌스 *Lawrence of Arabia*' 뿐만 아니라 스티븐 소더버그 Steven Soderbergh의 '에린 브로코비치 *Erin Brockovich*'의 편집도 맡았던 앤 코티스 Anne Coates는 이 새로운 기술의 한계를 이렇게 지적했다. 즉 "나는 플래시 커팅 flash cutting(극적인 인상이나 충격효과를 주기위해 삽입되는 매우 짧은 화면: 역자 주)을 반대하지 않는다. 그것은 훌륭하고 대단할 수 있다. 하지만 관객이 무슨 일이 일어나는지 전혀 알 수 없는 수많은 커팅의 의미를 나는 이해할 수가 없다. 그것은 과도한 것이며, 그리고 이러한 기계들로 하는 것은 매우 쉬운 일이라고 나는 생각한다."

우리는 영화의 편집 스타일에 관해 다음과 같은 몇 가지 질문을 해야 한다. 얼마나 많은 커팅이 있으며 그 이유는? 쇼트들이 매우 단편적으로 분절되어 있는가 혹은 비교적 긴가? 각 장면에서 커팅 포인트는 무엇인가? 명백하게 하기 위해서? 자극하기 위해서? 서정적으로 표현하기 위해서? 서스펜스를 창조하기 위해서? 생각이나 감정을 심도 있게 탐색하기 위해서? 커팅이 조작적인가 아니면 관객이 스스로 해석하도록 내버려 두는가? 편집이 각 씬에 어떤 종류의 음악을 설정하는가? 영화감독의 개성이 커팅에 선명하게 나타나는가 아니면 쇼트들의 표현이 비교적 객관적이고 기능적인가? 영화의 주된 언어 시스템으로 편집이 이루어지고 있는가 혹은 영화예술가가 커팅을 비교적 하위기능으로 격하시키는가?

▌▶ 참고문헌

"The Art and Craft of Film Editing," *Cineaste* (Spring, 2009). A collection of essays on editing by Karen Pearlman, Kenneth Dancyger, Vincent LoBrutto, and others.

Christie, Ian, and Richard Taylor, eds., *Eisenstein Rediscovered* (New York and London: Routledge, 1993). A collection of scholarly essays on Eisenstein and his legacy.

Dancyger, Ken, *The Technique of Film and Video Editing: History, Theory, and Practice*, fourth edition (Boston: Focal Press, 1997). Comprehensive.

Fairservice, Don, *Film Editing: History*, Theory, and Practice (Manchester: Manchester University Press, 2001). Scholarly study.

Graham, Peter, ed., *The New Wave* (London: Secker & Warburg, 1968). A collection of essays by and about Bazin, Truffaut, Godard, and others.

LoBrutto, Vincent, ed., *Selected Takes*: Film Editors on Film Editing (New York: Praeger, 1991).

Murch, Walter, *In the Blink of an Eye: A Perspective on Film Editing* (Los Angeles: Silman-James, 1995). An insider's view.

Oldham, Gabriella, ed., *First Cut* (Berkeley: University of California Press, 1992). Interviews with twenty-three award-winning film editors.

Ondaatje, Michael, *The Conversations: Walter Murch and the Art of Editing Film* (New York: Knopf, 2002). A book-length discussion with the great editor of such films as *The Godfather* and *Apocalypse Now*.

Pearlman, Karen, *Cutting Rhythms* (Boston: Focal Press, 2009). A comprehensive study.

Rubin, Michael, *Nonlinear: A Guide to Digital Film and Video Editing* (Gainsville, FL: Triad Publishing Company, 1995). Technical emphasis.

▶▶I 5. 음향

철의 여인 The Iron Lady (영국/프랑스, 2011)

(Pathe)

학습 목표(Learning Objectives)

- 영화에 있어서 기술적 향상을 포함한 음향사용의 역사적 배경을 요약한다.

- 음향효과의 명시적 기능과 상징적 기능을 설명하고, 또 어떻게 침묵 혹은 정적 silence이 상황에 따라서는 음향 못지않게 효과적으로 사용될 수 있는가를 설명한다.

- 영화의 특정 의미나 분위기를 만들어내기 위해 전경음악이나 배경음악이 사용될 수 있는 여러 가지 방식들을 기술한다.

- 사실주의적인 뮤지컬과 형식주의적인 뮤지컬의 차이를 대조하고, 뮤지컬 다큐멘터리와 뮤지컬 전기(傳記)에 대한 예를 제시한다.

- 어떻게 배우가 특정한 단어를 다른 단어들보다 강조함으로써 문장의 의미를 바꿀 수 있는가를 예를 들어 보여줌으로써, 입으로 말하는 대사가 문자언어에 비해 훨씬 더 깊고 숨은 의미를 가지고 있다는 것을 보여준다.

- 영화에서 독백, 대화, 외화면 내레이션 off screen narration의 응용을 예를 들어 설명한다.

> 영화의 음향은 단순히 영상효과를 보태는 데 그치는 것이 아니라 그것을 두세 배 증폭시킨다.

– 구로자와 아키라 Akira Kurosawa, 영화감독

역사적 배경

1927년 '재즈 싱어 *The Jazz Singer*'라는 영화가 유성시대의 시작을 알렸을 때, 많은 비평가들은 음향이 영화예술에 대한 치명적인 타격이 될 것이라고 생각했다. 그러나 잠시 후퇴하는 기미가 있었을 뿐, 오늘날 음향은 영화에서 가장 풍부한 의미 원천의 자원들 중 하나이다. 사실상 무성시대라는 것은 없었다. 따지고 보면 1927년 이전의 모든 영화도 어떤 형식의 음악이든 반주가 들어 있었기 때문이다. 대도시 극장에서는 정식 오케스트라가 시각적인 배경의 분위기를 맞춰주었다. 소도시에서는 종종 피아노가 이를 대신하기도 했다. 대부분의 극장에서는 소리를 크게 울리게 하는 파이프가 달린 "마이티 울리처 Mighty Wurlitzer" 오르간이 기본적인 음악장비였다. 음악이 예술적인 이유뿐만 아니라 실용적인 목적을 위해서도 연주되었다. 왜냐하면 이러한 음악소리가 관객이 혼잡할 때, 특히 관객들이 극장으로 입장할 때 발생하는 소음을 상쇄시켜 주었기 때문이다.

초기 "백 퍼센트 토키"로 된 영화들은 대부분 시각적으로 단조롭고 지루했다. 그 당시 장비로써는 음향과 영상의 동시(동기)녹음이 불가피했다. 다시 말해서 마이크가 어떤 위치에 놓이게 되면 배우들은 그 마이크로부터 멀리 떨어질 수가 없었고, 그리고 편집은 최소한의 기능—주로 장면전환—에 국한되었다. 의미전달의 주요 원천은 대화였다. 영상은 단지 사운드트랙을 설명하는 데 그쳤다. 얼마 후 모험적인 감독들이 새로운 시도와 실험을 시작했다. 카메라를 방음 케이스 안에 둠으로써 카메라가 소음 없이 씬의 안팎으로 이동할 수 있게 했다. 얼마 안 있어 별개의 채널로 된 여러 개의 마이크가 세트에 설치되었다. 배우를 따라 이동하는 오버헤드 사운드 붐 마이크가 고안되어, 배우가 움직여 다니더라도 그 목소리는 항상 마이크의 작동범위를 벗어나지 않을 수 있게 되었다.

이처럼 기술이 향상했음에도 불구하고, 형식주의 감독들은 여전히 사실적인 음향(동시음향)의 사용을 꺼려했다. 에이젠슈테인은 특히 대화에 대해 세심한 주의를 기울였다. 그는 "아주 세련된 연극"의 공세로 영화가 어쩔 수 없이 연극의 초창기로 후퇴해 버릴지도 모른다고 예언했다. 그는 동시음향이 편집의 유연성을 파괴함으로써 영화예술의 생명을 말살하게 될 것으로 믿었다. 사실 동시음향은 훨씬 더 정확한 연속성을 요구하며, 대화 시퀀스에서는 특히 그렇다. 영상 하나하나마다 반드시 사실적인 음향을 제공하려고 했다면, 시공간을 뛰어넘는 에이젠슈테인의 은유적 편집도 그처럼 잘 들어맞지는 않았을 것이다. 히치콕이 지적했듯이, 가장 영화다운 시퀀스는 본질적으로 무성이다. 이를테면 추격장면은 그 장면의 연속성을 유지하기 위해 약간의 일반적인 음향효과만으로도 충분하다.

초기 유성영화 시절의 유능한 감독들은 대체로 비동시 음향을 좋아했다. 프랑스의 르네 클레르 René Clair 감독은 음향을 무차별적으로 사용할 것이 아니라 선별적으로 사용해야 한다고 믿었다. 그는 귀는 눈 못지않게 선별적이며, 음향은 영상과 똑같은 방식으로 편집될 수 있다고 믿었다. 심지어 대화장면까지 철저하게 동시녹음할 필요는 없다고 그는 믿었다. 대화는 카메라가 대비되는 정보를 자유롭게 탐색할 수 있도록 하는, 일종의 연속성의 장치로 작용할 수 있는데, 이는 히치콕과 에른스트 루비치 같은 아이러니스트들이 특히 선호했던 기법이다.

5-1

'재즈 싱어 *The Jazz Singer* ' (미국, 1927),
출연: 알 졸슨 Al Jolson,
감독: 앨런 크로스랜드 Alan Crosland.

▶ 이 영화가 나오기 전에 동시음향에 대한 수많은 실험이 있었지만, 관객들의 흥미나 감동을 불러일으키지는 못했다. 대단하게도, 워너브러더스는 뮤지컬이라는 새로운 장르로 음향의 장벽을 무너뜨렸다. 사실 이 영화조차도 대부분 무성이다. 다만 졸슨의 악보와 몇 마디 대화만이 동시음향 synch sound으로 되어 있을 뿐이다. 다음을 참조하라. *Beyond the Soundtrack: Representing Music in the Cinema,* edited. by Daniel Goldmark et al.(Berkeley: University of California Press, 2007). *(Warner Bros.)*

5-2

'스카페이스: 국가의 수치 *Scarface, Shame of a Nation* '
(미국, 1932),
출연: 폴 무니 Paul Muni (중앙),
감독: 하워드 혹스 Howard Hawks.

▶ 토키가 도입된 이후, 미국 영화들—언제나 세계에서 가장 빠른 축에 들었다—은 한층 더 빨라졌다. 하워드 혹스와 프랭크 카프라 Frank Capra와 같은 1930년대 거장들의 영화들은 대화의 속도를 보통 때보다 20~30% 빠르게 함으로써 속도를 강조했다. 숨이 막힐 정도의 이러한 긴장감은 대공황 시절에 무척 인기가 있었던 갱 영화에 특히 효과적이었다. 로버트 워쇼 Robert Warshow는 그의 대표적인 에세이, 「비극적인 영웅으로서 갱」에서 왜 갱이 관객들의 심금을 울렸는지, 또 왜 갱이 늘 관객들의 상상력을 사로잡고 있는지를 지적하고 있다. "갱은 도시의 언어를 사용하고 도시의 경험과 견문을 가지고 있는 도시의 남자이고, 나쁘고 불성실한 술수를 부리고, 대단히 모험적이고, 명찰이나 곤봉처럼 자기 인생을 자기 손에 쥐고 주무른다. …… 그 도시는 현실 속의 도시가 아니지만, 현실의 도시보다 훨씬 더 중요한 상상 속의 위험하고 슬픈 도시이며, 그것이 바로 모던한 세상이다." *(United Artists)*

▶ 세련미를 갖춘 독일 이민자 에른스트 루비치는 새로운 토키 장르인 뮤지컬에 손수 손을 대보려고 시도한 최초의 위대한 영화감독이었다. 이런 뮤지컬 형식의 작업을 하는 대부분의 예술가들과는 달리, 루비치는 단순히 인물에 기초한 노래들에 정교하게 짜맞추는 제작작업을 회피하는 편이었다. 가령 이 씬을 보면, 소름이 끼칠 정도로 무시무시한 오토 폰 사이벤하임 공작이 겁에 질린 그의 신부 지망자로부터 바람을 맞고 말았다. 그가 "잠시 짬을 내주세요."라고 노래하자, 즉흥적인 코러스를 제공하는 신부들이 가까이 와 그를 둘러싼다. 루비치는 촬영 중에 이루어지는 이러한 재편성을 즐겨했는데, 이는 곧 장르 관습의 인위성에 대한 악의 없는 풍자였다. 또한 다음을 참조하라. Scott Eyman, *Ernst Lubitsch: Laughter in Paradise*, New York: Simon& Schuster, 1993. (Paramount Pictures)

5-3

'몬테 카를로 *Monte Carlo* ' (미국, 1930).
출연: 클로드 앨리스터 Claud Allister,
감독: 에른스트 루비치 Ernst Lubitsch.

    클레르는 그의 이론을 예증하는 몇 편의 뮤지컬을 만들었다. 예를 들어, '백만장자 *Le Million*'(1931)에서는 음악과 노래가 대화를 대신하는 경우가 자주 있다. 언어는 아이러니컬하게도 비동시적인 음향과 병치된다. 많은 씬들이 음향이 없이 촬영되었다가, 나중에 몽타주 시퀀스가 완성될 때 더빙되었다. 이 매혹적인 뮤지컬들은 그 당시 대부분의 유성영화를 망쳐놓았던 무대의 제한조건에도 전혀 영향을 받지 않았다. 클레르 감독의 더빙기법은 그 시대에는 이른 감이 있었지만 결과적으로는 유성영화 제작에 중요한 길잡이가 되었다.

    또한 몇몇 미국 감독들은 이러한 초창기 음향에 관한 실험을 했다. 루비치는 풍부한 위트를 창출해 내기 위해 음향과 영상을 비동시적으로 활용했는가 하면, 또 종종 시니컬하게 병치시키기도 했다. 그의 뮤지컬 '몬테 카를로 *Monte carlo*'에 나오는 유명한 "푸른 지평선 너머 *Beyond the Blue Horizon*" 시퀀스는 그가 이 새로운 혼합매체에 능숙했다는 것을 보여준 좋은 예이다. 용기 있는 여자주인공(자네트 맥도널드 Jeanette Macdonald)이 그녀의 낙관적인 기대를 명랑하게 노래하는 동안, 루비치는 우리에게 기술적으로 대담하고 화려한 연주를 들려준다. 여자주인공의 운명을 재촉하는 듯이 달리는 기차의 쇼트들은 기차의 증기소리, 칙칙폭폭하는 소리, 기적소리와 함께 리드미컬한 분절음 속에 힘차게 돌아가는 바퀴의 클로즈업 쇼트가 삽입된다. 짓궂은 충동을 참기 힘들었는지 루비치는 오히려 기차가 시골 들판을 질주할 때 의기양양한 재현부에서 여자주인공의 노래와 조화롭게 잘 어울리는 농부들의 합창을 실었다. 이 시퀀스는 유쾌하면서도 아주 재미있다. 비평가 제럴드 마스트

5-4

'그녀가 그에게 잘못했어 *She Done Hime Wrong*' (미국, 1933).
출연: 매 웨스트 Mae West.
감독: 로웰 셔먼 Lowell Sherman.

▶ 사람의 생각을 나타낼 때 목소리의 톤은 말보다 소통 능력이 훨씬 더 뛰어나다. 세련된 영화관객들이 대부분 외국영화를 감상할 때 더빙보다 자막을 선호하는 것은 그 때문이다. 매 웨스트는 목소리의 톤을 통해서 성적인 풍자를 전달하는 전문가였다. 실제로 어느 정도였느냐 하면, 그녀의 각본에는 분명히 일상적인 대화로 되어 있는데 그것이 "음탕하게" 전달되지나 않을까 염려가 되어 검열관들은 영화가 제작되는 동안 내내 그녀의 씬을 모니터해야 한다고 고집하는 정도였다. 관객들은 매 웨스트의 오만과 톡톡 튀는 듯한 말투와 재치에 열광적인 반응을 보였다. 이 영화에서 그녀의 이런 끼는 최고조에 달했다. 쌀쌀맞고 도발적이며 냉소적이었다. 오프닝 씬에서, 그녀는 자신을 "길거리에 나돌아다녀 본 적이 있는 가장 멋진 여자들 중 하나"라고 뻔뻔스럽게 단언했다. 매 웨스트는 쇼걸 같은 부랑자나 여성을 지키고 보호하는 역할을 더 좋아했다. 이런 역할이 그녀에게 성적 위선을 풍자할 수 있는 기회를 마련해 준다는 것이었다. 그녀의 짤막한 재담은 전설적이다. 널리 알려진 것들 중 몇 가지 예를 들어본다면, "내 인생에서 중요한 것은 남자가 아니라, 내 남자들 속에서의 삶이다." 혹은 "내가 두 가지 악 사이에 낄 때마다 나는 내가 해본 적이 없는 쪽을 선택한다." 또는 "나는 백설공주였지만 정처 없는 떠돌이였다." 등이다. 또 이런 말도 했다. 즉 "내가 좋을 때는 아주 좋아요. 내가 나쁠 때는 더 좋아요." 어느 미남 청년이 키가 얼마냐는 질문에 "부인, 저는 6피트 7인치입니다." 라고 대답했다. 장난끼 심한 매 웨스트는 미소를 지으며 이렇게 말했다. "6피트에 대해서는 잊어버리고 7인치에 대해서만 얘기해 보죠." 매 웨스트의 "외설적인" 코믹 스타일—거의 말로 하는—은 검열자들의 분노에 불을 붙였으며, 이는 1934년의 청교도적인 제작규약을 예고하는 것이었다.   *(Paramount Pictures)*

5-5

'썸 오브 올 피어스 *The Sum Of All Fears*' (미국, 2002).
출연: 모건 프리먼 Morgan Freeman,
벤 애플렉 Ben Affleck,
감독: 필 알덴 로빈슨 Phil Alden Robinson.

▶ 대체로 음향의 볼륨은 그것을 동반하는 영상과 관련이 있을 수밖에 없다. 예를 들면, 이 사진에서 프리먼은 애플렉에게 은밀하게 속삭이고 있으며, 카메라는 의사소통의 친밀성을 유지하기 위해 적절하게 클로즈 투-쇼트 close two-shot로 움직인다.

(Paramount Pictures. Photo: Mark Feliman)

5-6

'메리 위도 *The Merry Widow*' (미국, 1925),
출연: 매 머레이 Mae Murray, 존 길버트 John Gilbert,
감독: 에리히 폰 슈트로하임 Erich von Stroheim.

▶ 토키는 후기 무성영화 시대의 가장 인기 있는 주연배우인 존 길버트를 포함하여 수많은 무성영화 스타의 직업을 빼앗아 버렸다. 길버트의 목소리는 음의 고저가 너무 높았다고들 했는데, 사실은 그렇지 않았다. 문제는 훨씬 복합적이었다. 무성영화 연기는 양식화되어 있었으며, 음향의 모자라는 부분을 보완하기 위해서는 시각적인 면에서 강조하거나 강화해야 했다. 무성영화의 기준에서 보더라도 길버트는 격렬한 감정연기로 유명했다. 이를테면 그의 제스처는 비현실적으로 과장되어 있었으며, 그의 열정은 그야말로 열광적이었다. 토키의 출현으로 고조된 사실주의는 이런 연기기술을 우스꽝스러울 정도로 과장된 것처럼 보이게 만들었다. 관객들은 예전의 우상을 보고 웃었다. 토키는 새로운 타입의 배우들과 더불어 새로운 시대를 예고했다. 클라크 게이블 Clark Gable과 같은 젊고 준수한 배우는 카메라 앞에서 더욱 편안하고 자연스러웠고, 그들의 연기 스타일은 토키의 새로운 사실주의에 한층 더 어울렸다. 또한 다음을 참조하라. Rick Altman, *Silent Film Sound*(New York: Columbia University Press, 2004). (MGM)

5-7a

'고요 *The Silence*' (이란, 1999),
각본 및 감독: 모흐센 마흐말바프 Mohsen Makhmalbaf.

▶ 따스한 온기를 지닌 이 이야기는 악기 조율사로 일하는 가난한 장님 소년(사진)의 내면세계를 다루고 있다. 소년은 끊임없이 아름다운 목소리의 매혹적인 유혹에 마음을 빼앗기거나 혹은 일상의 잡음 속에 떠다니는 음악적 요소에 대한 호기심을 버리지 않았다. 소년은 또한 베토벤의 5번 교향곡에 사로잡혀 있었다. 이 영화는 자신의 상상의 세계 속에 살아가면서 자기를 둘러싸고 있는 소리에 지극한 즐거움을 느끼는 소년의 능력을 서정적으로 그리고 있다. 살아있다는 것은 참 멋지다. (Makhmalbaf/MK2)

5-7b

'킹스 스피치 *The King's Speech*' (영국, 2010),
출연: 콜린 퍼스 Colin Firth,
감독: 탐 후퍼 Tom Hooper.

▶ 이 영화는 수줍음을 많이 타고 오랫동안 말을 더듬는 버릇을 가진 사람의 감동적인 이야기다. 그는 자부심이 부족하고 가족들도 그를 무척 당혹스러워 한다. 스토리가 심상치 않은 것은 이 말더듬이가 바로 현재 영국 여왕의 아버지인 조지 6세 영국 국왕이라는 사실이다. 앨버트 왕자(그의 가족은 "버티"라 부름)는 고압적인 그의 부친에 의해 패배자로 치부되고, 영리한 그의 형 때문에 놀림을 받는다. 그의 형인 에드워드는 미국인 이혼녀 월리스 심프슨 Wallis Simpson과 결혼하는 바람에 마침내 강제로 왕위에서 물러나기까지 아주 짧은 기간 동안 에드워드 8세 영국 국왕이었다. 그의 완고할 정도로 충실한 아내(헬레나 본햄 카터 Helena Bonham Carter)와 괴짜 자가 언어치료사(제프리 러쉬 Geoffrey Rush)의 도움으로 매사에 자신이 없고 정서적으로 상처가 많은 군주, 다시 말해서 지금은 공식적으로 조지 왕으로 알려진 그가 마침내 그의 언어장애를 극복하게 된다. 이 영화의 클라이맥스는 제 2차세계대전 직전에, 간단히 말해서 히틀러의 군대가 영국 군대를 거의 굴복시키기 전에 그의 국민들을 결집시키기 위해 어쩔 수 없이 해야만 했던 그의 라디오 연설이다. 영국의 가장 위대한 배우 중 하나인 콜린 퍼스는 사무칠 정도로 감동적인 버티 역의 연기로 아카데미상을 받을 만한 충분한 자격이 있었다. 이 쇼트에서 군주가 말을 더듬는 언어장애를 고쳐보려고 분투할 때 마이크가 어떻게 두려움에 떠는 그를 지배하는가를 주목하라. *(See-Saw Films/Weinstein)*

Gerald Mast는 이렇게 말했다. "에이젠슈테인의 '전함 포템킨 *Potemkin*'이 무성영화 시절 몽타주의 표본이었듯이, 음악과 자연의 음향, 구성, 편집 등이 잘 어우러진 이 시청각적 심포니는 복잡하면서도 완벽한 유성영화 몽타주의 표본이다."

음향으로 말미암아 사실주의는 더 고조되고, 연기 스타일은 불가피하게 더 자연스러워질 수밖에 없었다. 연기자들은 더 이상 대사의 부족한 점을 시각적으로만 보완할 필요가 없었다. 연극배우처럼 영화배우도 목소리로 의미의 가장 미묘한 뉘앙스까지 전달할 수 있다는 것을 깨닫게 되었다. 클로즈업은 영화배우에게 또 하나의 장점이었다. 가령, 숨을 죽여 아주 은밀하게 말을 해야 할 경우에도 영화배우들은 그런 행동을 아주 자연스럽게 할 수 있다. 영화배우들은 연극배우들처럼 무대 위에서 낮은 목소리로 속삭이는 것-이는 연극무대에서는 불가피한 관습이다-에 대해서 불평할 필요가 없는 것이다.

무성영화의 경우, 감독은 대사, 해설, 추상적인 개념 등과 같은 비서각적 정보를 전달하기 위해 반드시 자막을 사용해야만 했다. 어떤 영화에서는 이러한 방해가 섬세한 시각적 리듬을 망쳐놓고 말았다. 이와 다른 방식을 취한 감독들은 가능한 한 시각적으로 극화시킴으로써 자막을 피했다. 이로 말미암아 수많은 상투적인 시각적 표현이 생겨났다. 예를 들면, 이야기가 시작되는 앞머리에서 개를 발로 차는 것을 보여줌으로써 그 사람이 악인임을 나타낸다거나, 어떤 여성의 머리에 후광효과의 조명을 사용함으로써 그녀가 주인공임을 알아보게 하는 식이었다.

라디오 방송계 출신인 오슨 웰스 Orson Welles는 음향분야에서 빼놓을 수 없는 혁신가였다. '위대한 앰버슨가 *The Magnificent Ambersons*'(1942)에서 웰스는 한 인물의 대사가 다른 한 인물이나 혹은 여러 인물의 대사와 오버랩되게 하는 음향 몽타주기법을 선호했다. 이 기법의 효과는 거의 뮤지컬 수준이다. 왜냐하면 언어가 반드시 그것이 전달할 문자 그대로의 정보를 위해 이용되는 것이 아니라, 정서적인 음조로 편성되는 순수음향으로 이용되기 때문이다. 이런 식의 기법을 사용하는 가장 멋진 에피소드 중의 하나는 마지막 앰버슨 무도회에서 작별 씬이다. 이 씬은 표현주의적인 조명의 대조를 통해서 대부분의 등장인물을 실루엣 처리한 딥 포커스 쇼트로 되어 있다. 한 인물집단의 대화가 다른 집단의 대화와 완만하게 오버랩되면서, 다시 이는 또 다른 세 번째 집단의 대화와 오버랩된다. 말 자체는 비교적 단순함에도 불구하고 그 효과는 감동적이고 시적이다. 각 개인이나 커플의 특징이 음향의 질로 표현된다. 다시 말해서 젊은 사람들은 대개 큰 소리로 빠르게 말을 하고, 중년의 부부는 친밀하게 천천히 속삭인다. 다른 가족구성원들의 여러 가지 외침이나 큰 소리는 이러한 대화장면을 갑작스럽게 중단시킨다. 전체 씬은 시각적으로뿐만 아니라 청각적으로 편성된 것처럼 보인다. 실루엣으로 처리된 인물들은 우아한 차림의 유령처럼 프레임 안팎을 미끄러지듯이 드나들고, 그들의 말은 그림자 속을 떠다니며 굽이친다. 앰버슨가의 말다툼도 종종 비슷한 방식으로 녹음된다. 웰스의 배우들은 참을성 있게 큐를 기다리지 못한다. 실생활처럼 비난과 맞비난을 퍼붓는다. 때로는 별 상관도 없는 얼토당토 않는 격렬한 말로 분노와 불만을 폭발적으로 쏟아내기도 한다. 대체로 가족의 말다툼이라는 것이 그렇듯이, 말은 모두 하지만 듣는 사람은 절반에 불과하다.

음향효과

음향효과의 기능은 주로 분위기를 살리는 것이지만, 또한 영화 속에서 의미를 전달하는 확실한 자원임에 틀림없다. 영화의 음향은 구성된 경험이다. 다시 말해서 음향의 다양한 층들은 현실 속에서 사실적으로 녹음되기보다는 스튜디오 안에서 합성된다 mixed. 왜냐하면 대부분의 영화음향은 실제 촬영 중에 제시되지 않기 때문이다. 종종 이러한 음향은 그에 해당하는 스크린상의 화면과는 전혀 일치하지 않는다. 예컨대, '터미네이터 2'에서 칼날이 경호원의 머리를 관통하는 소리는 실제로는 개가 건빵을 물어뜯는 소리를 녹음한 것이다.

미국의 영화계에서는 음향효과는 대부분, 그리고 대화는 보통 50퍼센트 정도가 영화촬영이 끝난 뒤 스튜디오에서 녹화된다. 그렇다면 도대체 왜 라이브 음향을 꺼리는지 궁금할 것이다. 촬영장이나 야외촬영장에서 라이브로 녹화되는 대화와 음향은 배우와 음향기술자에게 가이드 역할을 하여 원래의 상황에 대한 "감각"을 얻을 수 있게 한다.

　할리우드 영화계에서는 음향효과 책임기술자를 후반작업 음향편집의 선구자인 잭 폴리 Jack Foley 의 이름을 따서 폴리 아티스트 Foley artist라 부른다. 폴리 아티스트는 영화에 필요한 여러 가지 소리 를 모두 수집한다. 그것들 중 대부분은 녹음되어 음향자료실에 보관되어 있다. 이를테면 천둥소리, 문이 삐걱거리는 소리, 울부짖는 듯한 바람소리 등이 그런 것들이다. 할리우드에서 가장 인기 있는 음향디자인이론으로 알려져 있는 것은 곧 구어체로 "개를 보고, 개를 들어라."이다. 다시 말해서, 개 가 스크린에 나타나면 관객은 전통적인 개의 소리를 듣는다는 것이다. 그때 음향조절기사는 각 소리 조각들의 상대적인 높낮이를 결정한다. 또한 그는 어떤 소리가 독립적인 스테레오 사운드 시스템의 어느 채널로 들어가야 할지를 결정한다. 극장에는 대체로 다섯 개의 별개의 스피커가 있다. 중앙, 좌 측 앞, 우측 앞, 좌측 뒤, 우측 뒤에 설치되어 있는 것이다. 1990년대에 완성된 돌비 음향 체계 Dolby sound system는 여섯 혹은 일곱 개의 많은 분리된 스피커를 가지고 있다.

　비평가들은 등장인물이 들을 수 있는 음향은 디제시스적인 것 diegetic인 반면에, 그들이 들을 수 없는 음향은 비디제시스적인 것 nondiegetic이라 말한다. 가장 선명한 차이는 영화의 음악을 통해서 예시된다. 만일 등장인물이 스테레오를 듣고 있다면, 그 음악은 디제시스적인 것이다. 만일 영상에 그 영화음악 score의 출처나 원천이 나오지 않는다면, 그것은 비디제시스적이다. 디제시스적인 음악 은 가끔 소스 뮤직 source music으로 알려져 있는 반면에, 비디제시스적인 음악은 흔히 작곡된 영화음 악을 가리킨다.

　영화관객은 보통 음향이 어떻게 그들에게 영향을 미치는지 의식적으로 알아차리고 있는 것이 아 니라, 오히려 음향기술자의 합성에 의해 끊임없이 조종당하고 있다. 예를 들어, 시대극인 영화 '퀴즈 쇼 Quiz Show'에서 주요 인물들이 그들의 명성을 누리는 동안에는 구식카메라의 섬광전구가 아무런 피해 없이 펑하고 터진다. 인물이 추락할 동안에는 이 동일한 섬광전구가 공격적으로 폭발하면서 두 렵고 압도적인 효과를 자아낸다. '싸이코'에서 여자주인공(자넷 리 Janet Leigh)은 폭우 속에서 차를 몰 고 간다. 사운드트랙에서 그녀의 자동차 와이퍼가 호우의 빗물을 맹렬하게 쓸어내리는 소리가 들린 다. 나중에 그녀가 모텔에서 샤워할 때 이와 동일한 음향이 되풀이된다. 물소리의 원천은 분명하지 만, 쓸어내리는 그 소리가—이성을 잃은 살인자가 칼을 휘두르며 목욕탕 안으로 뛰어들기까지는—어 디서 나오는지 출처가 드러나지 않는다.

　음향효과의 높이, 볼륨, 템포 등은 어떤 주어진 소리에 대한 우리의 반응에 강하게 영향을 미칠 수 있다. 높은 음조의 음향은 일반적으로 귀에 거슬리고 소리를 듣는 사람에게 긴장감을 갖게 만든 다. 특히 이런 형태의 소리가 지속되면 그 소리의 날카로움이 완전히 무기력하게 만들 수 있다. 이런 까닭에 높은 음향(음악을 포함해서)은 서스펜스 시퀀스, 특히 극의 클라이맥스나 바로 그 직전에 사 용되는 경우가 많다. 한편, 낮은 음향은 무겁고, 충만하며, 긴장이 덜하다. '7인의 사무라이 The Seven Samurai'에 나오는 남성 콧노래 코러스처럼, 종종 이러한 낮은 음향은 한 씬의 위엄이나 장엄성을 강 조하는 데 이용된다. 낮은 음향은 또한 근심이나 신비를 시사할 수도 있다. 종종 서스펜스 시퀀스는 이런 음향으로 시작하여 극의 절정에 다가갈수록 주파수를 점점 더 증가시킨다.

　음향의 볼륨도 거의 유사하게 작용한다. 큰 음향은 힘이 있고 강렬하며 위협적이다(5-8a). 조용 한 음향은 섬세하고 우유부단하며, 무기력한 느낌을 안겨주는 경우가 많다. 음향의 템포가 빠를수록

5-8a

'시계태엽 오렌지 A Clockwork Orange'
(미국, 1972),
출연: 말콤 맥도웰 Malcolm McDowell,
감독: 스탠리 큐브릭 Stanley Kubrick.

▶ 무기로서의 목소리. 말하는 것이라기보다는 오히려 고함치는 것과 같은 대화는 일종의 폭력일 수 있다. 이 영화 전편에 걸쳐, 고약한 성격의 주인공(맥도웰)은 쇠사슬에 메인 야생의 개처럼 상대방 사람들에게 고함치고 으르렁 거리면서, 그들의 신경을 곤두서게 하여 자신의 공격적인 태도에 진절머리가 나도록 만든다.   *(Warner Bros.)*

▶ 본 영화들 The Bourne films은 지금까지 나온 가장 역동적인 스릴러들에 속하며, 너무나 속도가 빨라서 수많은 관객들에게 숨이 막히고 심장이 박동치는 연속적인 자극과 흥분을 안겨준다. 프랜차이즈의 세 번째에 해당하는 이 영화는 터보차저가 달린 것처럼 무섭게 몰아치면서 런던에서 파리로, 모스크바로, 마드리드로, 탕헤르로, 뉴욕으로 넘나든다. 탁월한 편집은 음향의 노련한 이용과 조화를 이룬다. 이 영화는 오스카의 최고음향상과 최고음향편집상을 받았다. 이 삼부작의 다른 두 영화와 마찬가지로, '본 얼티메이텀'은 전세계적으로 대성공을 거두었으며, 또한 비평가들로부터도 열광적인 찬사를 받았다. *(Universal Pictures. Photo: Jasin Boland)*

5-8b

'본 얼티메이텀 The Bourne Ultimatum'
(미국, 2007),
출연: 맷 데이먼 Matt Damon,
조안 알렌 Joan Allen,
감독: 폴 그린그래스 Paul Greengrass.

5-9a

'**란 Ran**' (Chaos, 일본, 1985),
출연: 하란다 미에코 Mieko Haranda,
감독: 구로자와 아키라 Akira kurosawa.

▶ 구로자와는 사운드의 대가이다. 셰익스피어의 『리어왕』을 대략적으로 각색한 loose adaptation 이 작품에서, 원한을 품은 가에데 부인(사진)이라는 인물은 맥베스 부인을 메리 포핀스 Mary Poppins 처럼 보이게 한다. 그녀가 공격의 기회를 노리는 독사처럼 윤이 나는 마루를 조용히 지나갈 때 실크 가운이 쓸려가는 등골이 오싹하는 그 소리로 그녀의 특성을 묘사하고 있다.
(Herald Ace/Nippon Herald/ Greenwich Prods.)

5-9b

'**아르마딜로 Armadillo**' (덴마크, 2010),
감독: 야누스 메츠 페데르센 Janus Metz Pedersen.

▶ 아프가니스탄에 파병된 덴마크 병사들의 전투를 다룬 이 다큐멘터리에서, 대단히 충격적인 시각적 인상에 대한 청각적 대응물이라고 할 수 있는 전쟁의 소리(음향)는 귀를 먹먹하게 만든다. 덴마크의 젊은 병사들은 탈레반 반군의 심장부인 그 악명 높은 헬만드 지역에 주둔하고 있다. 정적이 감도는 무료한 일상이 지속되다가 갑자기 격렬한 폭발이 일어났다. 한 장면에서, 병사들이 우연히 배수로에 쭈그리고 앉아 있는 탈레반 전사들을 발견한다. 덴마크 병사들 중 하나가 수류탄을 배수로에 던지자 격렬한 폭발과 더불어 탈레반 전사들은 "무력화(無力化) 되었다." 이 다큐멘터리는 평화를 사랑하는 덴마크 안에서 격렬한 분노를 불러일으켰다. 병사들의 야만적인 행위가 일반 시민들을 격분하게 만들었던 것이다. 하지만 전시에는(실제로는 평화로운 때도 마찬가지다) 살아남는 것이 가장 중요한 자연의 법칙이다.
(Fridthjof Film)

5-10

'엑소시스트 *The Exocist*' (미국, 1973),
감독: 윌리엄 프리드킨 William Friedkin.

▶ 영화의 음향은 일반적으로 공간과 맞물려 있다. 심한 불일치를 보일 경우에 그 효과는 방향감각의 상실이나 심지어 공포분위기를 나타낼 수 있다. 이 영화에서는 악마가 어린 소녀(린다 블레어 Linda Blair)에게 붙었다. 어린 소녀의 몸에서 흘러나오는 소리가 크게 울려 퍼지면서 동굴효과를 만들어내고 있다. 이를테면 마치 몸속에 깃든 악마를 수용하기 위해 소녀의 작은 몸이 영적으로 수천 배 확대되는 것과 같은 효과를 만들어내고 있는 것이다. *(Warner Bros.)*

들는 사람의 긴장감은 더 커진다(5-2). 윌리엄 프리드킨 William Friedkin의 '프렌치 커넥션 *The French Connection*'의 추적 시퀀스에는 이러한 원리가 모두 능숙하게 활용되고 있다. 추적이 절정에 이를 즈음, 날카로운 자동차 바퀴소리와 폭주하는 기차의 충돌소리가 더 커지고 빨라지고 높아진다.

　외화면의 음향은 외화면의 공간에 작용한다. 말하자면 음향이 프레임의 경계를 넘어 영상을 확장시켜 나간다. 음향효과는 서스펜스 영화나 공포물에서 공포감을 불러일으킬 수 있다. 우리는 우리가 볼 수 없는 것에 대해 두려워하는 경향이 있으므로, 감독들은 가끔 공포분위기를 자아내기 위하여 외화면의 음향효과를 이용한다. 어두운 방에 문이 삐걱거리는 소리는 누가 몰래 문을 열고 들어오는 영상보다 한층 더 무서울 수 있다(5-11).

　음향효과는 또한 상징적 기능을 할 수도 있는데, 그것은 대개 극의 맥락에 따라 결정된다. 베리만 Bergman의 '산딸기 *Wild Strawberries*'에서 나이가 지긋한 교수인 주인공은 악몽에 시달린다. 이 초현실적인 시퀀스에는 교수의 생명이 곧 끝날 것임을 암시하는, 단적으로 그의 죽음을 상징하는 지속적인 심장 박동소리를 제외하면 사실상 아무 소리도 없다.

5-11

'디 아더스 *The Others*'
(스페인/미국, 2001),
출연: 니콜 키드먼 Nicole Kidman,
각본 및 감독: 알레한드로 아메나바르
Alejandro Amenábar.

▶ 유령이야기, 서스펜스 스릴러, 초자연적인 신비의 이야기와 같은 장르에서 외화면의 음향은 영상의 배후에 숨어서 공포감을 조성할 수 있다. 예를 들어, 이 무시무시한 심리학적 스릴러에서 아메나바르 감독은 영화의 대부분에서 공포의 원천을 외화면에 두고, 무서운 프레임 밖의 음향으로써 우리를 애타게 하면서, 어쩔 수 없이 우리로 하여금 외딴 빅토리아 시대풍의 대저택에서 자신의 두 아이를 보호하려고 애쓰는 겁에 질린 어머니(키드먼)와 인연을 맺게 만든다. '디 아더스'는 "도플러 효과 the Doppler effect"라 불리는 테크닉인 돌비 사운드가 어떻게 그것의 다양한 음원(音源)으로써 소리를 공간화하는지를 보여주는 좋은 예이다. 기괴한 소리들이 한 영상의 영역에서 다른 영상의 영역으로 약동하고 종종 극장 뒤편 스피커에까지 흘러가며, 관객들에게 등장인물과 마찬가지로 그들이 소리에 둘러싸여 있는 것과 같은 무서운 느낌을 안겨준다. 또한 다음을 참조하라. Gianluca Sergei, *The Dolby Era: Film Sound in Contemporary Hollywood*(Manchester, U. K. : Manchester University Press, 2004). (Miramax/Canal+/Sogecine. Photo: Teresa Isasi)

현실세계에서는 그냥 들리는 것 hearing과 귀를 기울여 듣는 것 listening은 상당한 차이가 있다. 우리의 정신은 자동적으로 무관하거나 부적절한 소리를 걸러낸다. 가령 소란한 도시에서 말을 할 경우에, 우리는 화자의 말에는 귀를 기울이지만, 자동차 소리는 거의 들리지 않는다. 마이크는 이처럼 선별하지 못한다. 대부분의 영화 사운드트랙은 이와 같은 불필요한 소음을 말끔하게 없애 버린다. 어떤 시퀀스에 사람들이 붐비는 도시라는 것을 알려주기 위해 도시의 소음이 들어가지만, 일단 이러한 상황이 설정되고 나면 관객에게 대화내용이 명확하게 들리도록 하기 위해서 불필요한 소리들은 줄이거나 때로는 아예 제거해 버리기도 한다.

그러나 1960년대 이후로 많은 감독들이 보다 더 사실주의를 중시한다는 명목으로 이와 같은 소란한 사운드트랙을 계속 유지했다. 장 뤽 고다르 Jean-Luc Godard처럼, 시네마 베리테 cinéma vérité—이는 자극적이거나 재생된 음향을 회피하는 경향이 있다—를 주장하는 다큐멘터리 일파의 영향을 받은 감독들은 심지어 중요한 대화내용이 촬영현장의 소리 때문에 일부가 들리지 않는 것조차도 감안했다. '남성/여성 Masculine-Feminine'에서 고다르의 음향사용은 특히 대담했다. 자연적인 소음—세트에서 녹음된 모든 자연적인 소음—에 대한 그의 고집은 "불협화음의 소음"에 대해 불평한 많은 비평가들을 당황하게 만들었다. 이 영화는 폭력과 사생활의 결여, 평화, 고요 등을 다룬다. 그 자신의 사운드트랙을 이용하는 것만으로도 고다르는 사실상 모든 씬에서 성가실 정도로 붙어다니는 이러한 주제들에 대한 분명한 논평의 요구를 피해갈 수 있었던 것이다.

영화의 마지막 씬이 가장 중요할 경우가 더러 있다. 마지막 씬이 지닌 그 특권적인 위치 때문에, 마지막 씬에서 감독은 앞의 씬들의 의미를 요약해서 보여줄 수 있다. 에르마노 올미 Ermanno Olmi의 '일 포스토 Il Posto'(이 영화는 '직업 The Job'이라는 제목으로, 또한 '트럼펫의 소리 The Sound of Trumpets'라는 제목으로도 알려져 있다)에서 감독은 아이러니한 음향효과로써 예상되는 "해피 엔딩"을 약화시키고 있다. 이 영화는 밀라노에 있는 거대하고 비인간적인 회사에서 낮은 수준의 사무직을 구하려고 열심히 노력하는 수줍은 성격의 노동계급 청년을 다룬다. 드디어 그는 고용되었으며, 그는 자신이 "생계를 위한" 안전한 직장을 갖게 된 데 대해 특히 기뻐한다. 올미는 더욱 이중적인 경향을 보인다. 이 영화의 마지막 씬은 깜짝 놀랄 정도의 권태로운 함정의 덫에 대한 영상을 보여준다. 청년의 민감한 얼굴이 클로즈업되어 등사인쇄기계의 단조로운 소리와 병치되면서, 그 딸깍거리는 소리가 점점 더 크게 들린다.

음향효과는 또한 내면의 감정을 표현할 수도 있다. 예를 들면, 로버트 레드포드 Robert Redford의 '보통 사람들 Ordinary People'에 나오는 매우 보수적인 어머니(메리 타일러 무어 Mary Tyler Moore)는 정서적으로 불안한 아들을 위해 프렌치토스트를 준비했다. 그것이 자신이 좋아하는 아침식사임에도 불구하고 아들은 너무 긴장한 나머지 먹지 못한다. 어머니에 대한 그의 이중적인 태도는 그의 중요한 문제 중 하나이다. 어머니의 배려에 대한 아들의 "이기적인" 무관심에 화가 난 그녀는 토스트가 담긴 그의 접시를 싱크대로 가져가서 음식물 쓰레기 분쇄기에 토스트를 넣어 버린다. 토스트가 부서지는 소리는 그녀의 분노와 감정적 동요를 상징하고 있다.

절대적인 정지와 마찬가지로, 유성영화에서 절대적인 정적은 그 자체가 주목거리가 되는 편이다. 어떤 의미로든 정적의 긴장이 이어지는 것은 무시무시한 공백, 즉 금방 무슨 일이 갑자기 일어날 듯한 느낌을 갖게 한다. 아서 펜 Arthur Penn은 '보니 앤 클라이드 Bonnie and Clyde'의 결말부분에서 이러한 현상을 이용했다. 두 연인은 친구(실제로는 밀고자임)의 차가 고장이 난 것처럼 보여 그를 돕기 위해 시골길에 멈춰선다. 서툰 동작으로 그 친구가 차 아래로 기어들어 간다. 긴 침묵이 흐른다. 두 연인은 곤혹스럽고 걱정스런 눈길을 주고받는다. 갑자기 사운드트랙은 자동소총의 요란한 굉음을 쏟아내고, 숲 속에 잠복해 있던 경찰에 의해 두 연인은 무자비하게 쓰러진다.

우리는 삶이 진행되고 있는 현장과 소리를 연결시키는 경향이 있기 때문에, 정지화면과 마찬가지로 유성영화에서 정적은 죽음의 상징으로 이용될 수 있다. '이키루 Ikiru'에서, 구로자와 감독은 늙은 주인공이 암으로 죽어 가고 있음을 의사를 통해 알려 준 후 이 기법을 효과적으로 이용한다. 죽음의 망령 때문에 얼이 빠진 노인은 거리에서 비틀거리며 걷고 있고, 사운드트랙은 전적으로 침묵한다. 그가 질주하는 자동차에 거의 치일 뻔했을 때, 사운드트랙은 갑자기 도시의 교통소음으로 와자지껄하다. 주인공은 다시 삶의 세계로 돌아온 것이다.

음악

음악은 아주 추상적인 예술이며 순수형식을 지향한다. 한 악구 musical phrase의 "주제"에 대해 말한다는 것은 불가능하다. 가사와 함께 할 때 비로소 음악은 구체적인 내용을 갖게 된다. 그 이유는 두말할 것도 없이 말은 특정한 지시물을 갖기 때문이다. 말과 음악은 둘 다 의미를 전달하지만, 전달하는 방식은 다르다. 음악은 가사가 있건 없건 간에 영화의 영상과 병치될 때 한층 더 명확하고 구체적일 수 있다. 사실 많은 음악가들이 특정한 사상과 감정에 음악적 톤을 고정시킴으로써 영화의 이미지가 음악으로부터 그 모호성을 빼앗아버리는 경향이 있다고 불평을 해왔다. 일부 음악애호가들은 폰키엘리 Ponchielli의 우아한 '시간의 춤 Dance of Hours'이 디즈니 Disney의 '판타지아 Fantasia'에서 가장 멋진 장면 중의 하나라고 해야 할, 우스꽝스럽게 춤추는 하마의 이미지를 떠올리게 한다고 안타까워 해왔다.

영화음악에 관한 이론들은 대단히 다양하다. 푸도프킨과 에이젠슈테인은 음악은 결코 단순한 부속물에 머물러서는 안 된다고 주장했다. 다시 말해서 음악은 그 자신의 본연의 모습을 지켜가야 한다는 것이다. 영화비평가 폴 로다 Paul Rotha는 심지어 음악이 경우에 따라서는 영상을 지배하는 것도 허용되어야 한다고 주장했다. 어떤 영화감독들은 순수하게 설명적인 음악 descriptive music을 고집하는데, 그 실례로 미키마우징 Mickeymousing을 들 수 있다(음악과 애니메이션에 관한 디즈니의 초기 실험 때문에 미키마우징이라 불렸다). 이런 타입의 영화음악은 음악을 말 그대로 영상과 동등하게 사용한다. 가령 어떤 인물이 살금살금 까치걸음으로 방에서 나올 경우, 하나하나의 걸음마다 그 서스펜스를 강조하는 음표가 붙는다.

영화감독은 음악을 효과적으로 사용하기 위해 반드시 기술적인 전문지식을 갖출 필요는 없다. 아론 코플랜드 Aaron Copland가 지적했듯이, 감독은 그 자신이 음악에서 극적으로 원하는 것이 무엇인지는 반드시 알아야 한다. 이 극적 요구를 음악적 표현으로 바꾸는 것은 작곡가의 소임이다. 감독과 작곡가는 다양한 방식으로 일을 한다. 대부분의 작곡가들은 아직 편집하지 않은 영화필름 rough cut을 보고 난 후에 작업을 시작한다. 다시 말해서 쇼트 사이의 느슨함을 탄탄하게 편집하기 이전 주요 장면을 보고 작업을 시작하는 것이다. 일부 작곡가는 영화가 음악을 제외하고 전체적으로 완성되기 전에는 작업을 시작하지 않는다. 한편 뮤지컬 영화감독은 대개 촬영에 들어가기 이전에 작곡가와 함께 일한다. 모든 노래는 보통 스튜디오에서 미리 녹음된다. 나중에 배우들은 춤을 추는 동안 이 녹음

5-12

'토요일 밤의 열기 *Saturday Night Fever*' (미국, 1977).
출연: 카렌 린 고니 Karen Lynn Gorney, **존 트라볼타** John Travolta.
감독: 존 바담 John Badham.

▶ 영화의 리듬이 배경음악을 통해서 창안되는 경우가 더러 있다. 이 유명한 댄스 뮤지컬에서 바담은 고동치는 비지스 Bee Gees의 디스코 가락인 '스테잉 얼라이브 Staying Alive'를 각색과 편집 리듬의 바탕으로 삼았다. "언제나 우리는 음악이 흐르고 있는 쇼트를 촬영하고 있기 때문에, 화면상으로 나타나는 모든 영화는 노래에 정확히 박자를 맞추게 되어 있다."고 바담은 설명했다. 이 영화는 1970년대 후반 서구를 휩쓴 디스코 춤의 열풍을 가져왔다.

(Paramount Pictures. Photo: Holly Bower)

에 맞추어 노래한다. 오프닝 크레디트와 함께 시작되는 음악은 영화의 전반적인 분위기나 정신을 시사하는 일종의 서곡이라고 할 수 있다. '톰 존스 *Tom Jones*'에 나오는 존 애디슨 John Addison의 서곡은 재치 있고 빠른 하프시코드 곡이다. 하프시코드 그 자체가 영화가 가리키는 시대인 18세기를 연상시킨다. 가끔 나오는 재즈풍의 악구는 익살맞은 20세기적 개관—영화 자체에서 발견되는 여러 세기의 혼합을 음악적으로 표현한 등가물—을 암시한다.

어떤 종류의 음악은 장소, 계급, 종족 등을 연상시킬 수도 있다. 가령 존 포드 John Ford의 서부 영화에는 '레드 강의 골짜기 *Red River Valley*'와 같은 짧은 민요나 '강가에 모이리 *Shall We Gather At the River*'와 같은 찬송가가 나오는데, 이것들은 19세기 후반 미국의 개척정신을 연상시킨다. 강한 향수를 담고 있는 이 노래들은 종종 서부 개척시대 악기—구슬픈 하모니카나 혹은 콘서티나 concertina—로 연주된다. 이와 마찬가지로, 많은 이탈리아 영화는 서정적이고 감정이 풍부한 멜로디가 특징인데, 이는 그 나라 오페라의 유산과 전통을 반영하고 있는 것이다. 이와 같은 종류의 영화음악을 작곡한 가장 위대한 작곡가는 니노 로타 Nino Rota였는데, 그는 제피렐리 Zeffirelli 감독의 '로미오와 줄리엣 *Romeo and Juliet*'과 코폴라 감독의 '대부 *The Godfather*' 시리즈와 같은 유명한 작품들뿐만 아니라 사실상 펠리니 Fellini의 모든 영화음악을 작곡했다.

음악은 어떤 징조의 예시로서 활용될 수도 있으며, 감독이 극의 맥락으로는 관객에게 사건의 흐름에 대비하도록 하지 못할 경우에는 특히 그렇다. 예를 든다면, 히치콕은 분명히 평범한 시퀀스인데 "불안한" 음악을 삽입하는 경우가 자주 있는데, 이는 곧 관객에게 대비하라는 경고이다. 이런 음악적

5-13

'지옥의 묵시록 _Apocalypse Now_' (미국, 1979).
감독: 프란시스 포드 코폴라 Francis Ford Coppola.

▶ 코폴라의 초현실주의적인 베트남 서사시라고 해야 할 이 작품에서 사운드 합성은 권위가 있고, 기괴한 반어적 표현으로 충만하다. 이 영화의 음향은 전설적인 월터 머치 Walter Murch에 의해 합성되었는데, 그가 편집과 음향편집 기술로 받은 다른 수 많은 상들 중 처음으로 오스카 최고음향상을 수상했다. '지옥의 묵시록'의 사운드트랙은 160개가 넘는 다른 트랙들을 종합한 것이다. 머치는 "사운드 디자이너 Sound Designer"라는 용어를 만들어 냈는데, 그 용어는 재미없고 평범한 "음향 합성가 Sound Mixer"보다는 더 정확하게 그의 직업을 설명해 준다. 이 시퀀스에서는 미국의 헬리콥터들이 거대한 기계의 신들처럼 공중을 맴돌며 빙빙 돌아다니면서 정글마을에 네이팜 폭탄을 투하하고 있는데, 사운드트랙에서는 바그너의 냉혹한 '발퀴레의 기행(騎行)'이 요란하게 울려퍼진다. 놀란 농부들은 허둥지둥 몸 숨길 곳을 찾아다니고, 미군들은 전투의 포연 속에서 파도타기를 위해 준비 중이다.
(Zoetrope/United Artists)

경고는 허위경보인 경우도 가끔 있고, 또 어떤 때는 깜짝 놀랄 절정의 경지를 폭발시키기도 한다. 이와 마찬가지로 배우들에게 표현을 억제하거나 중립적인 표현을 하도록 요구할 경우에는 음악을 통해서 그들의 내면적인-숨겨진-감정을 암시해 줄 수 있다. '싸이코'에서 버나드 허만의 음악은 이런 양면적인 기능을 하고 있다.

음악은 역설적인 대조를 제시해 줄 수도 있다. 한 씬의 지배적인 분위기가 대조적인 음악으로 말미암아 중화되어 버리거나 분위기가 역전되는 경우가 허다하다. '보니 앤 클라이드 *Bonnie and Clyde*'에서, 도둑질 씬들은 자주 활기찬 밴조음악이 나와, 이들 시퀀스에 명랑한 장난기를 부여하고 있다. (폴 토마스 앤더슨 Paul Thomas Anderson이 감독한) '펀치 드렁크 러브 *Punch-Drunk Love*'에서는 고요한 흐름 속에서 들뜬 감정을 전달하기 위해 존 브라이언 Jon Brion의 정신분열증적인 음악이 사용되고 있다. 신경이 과민한 주인공(아담 샌들러 Adam Sandler)은 그의 직업에 스트레스를 받고 있으며, 음악은 갖가지 팔딱거리고 윙윙거리는 소리와 신들린 듯이 광포해지는 기묘한 전자음향과 더불어 공격적이고 충격적으로 변한다. 그가 멋진 숙녀(에밀리 왓슨 Emily Watson)와 사랑에 빠졌을 때는 프랑스식의 서정적인 왈츠가 오케스트라 반주로 흐르고, 마치 센 강을 미끄러져 내려가는 보트처럼 낭만적

5-14a

'똑바로 살아라 *Do The Right Thing*'
(미국, 1989),
출연: 스파이크 리 Spike Lee,
대니 아이엘로 Danny Aiello,
각본 및 감독: 스파이크 리.

▶ 주로 브루클린의 아프리카계 미국 흑인 거주 지역을 배경으로 한 이 영화는 흑인집단과 이탈리아계 미국인 피자가게 주인(아이엘로) 사이의 긴장관계를 다루고 있다. 두 문화의 특징은 그들의 생활양식은 물론 그들의 음악을 통해서도 드러난다. 아프리카계 미국 흑인들은 소울과 가스펠 그리고 랩 음악을 듣는 반면에 이탈리아계 미국인들에게는 프랭크 시나트라의 발라드가 보다 전형적이다. 음악 가족 출신인 스파이크 리는 그의 영화 음악에 대해 아주 세심하게 공을 들였다. 그의 영화 음악은 대개 아주 훌륭하다.   *(Universal Pictures)*

5-14b

'스쿨 오브 락 School of Rock'
(미국, 2003),
출연: 잭 블랙 Jack Black,
각본 : 마이크 화이트 Mike White,
감독: 리처드 링클레이터 Richard Linklater.

▶ 부분적으로 로큰롤의 매력은 제도적 도덕과 부르주아적 준거에 대한 그것의 저항에 있다. 평판이 좋지 않은 듀이 핀 Dewey Finn을 보라. 그는 사람들이 동경하는 락 스타이자 때로는 부유한 사립학교 대리 교사이다. 그는 놀란 표정의 학생들에게 로큰놀이 너희들을 자유롭게 할 것이라고 가르친다. 즉 먼지나는 책들은 치워버리고 레이먼즈 Ramones와 레드 제프린 Led Zepplin, 그리고 더 후 The who의 신나는 음향을 들어보라고. 한 수줍은 비만 소녀가 락 뮤지션이 되기 위해 그의 구원의 부름을 잘 견뎌낼 때, 그는 이렇게 말한다. "너는 체중에 문제가 있니? 다른 사람도 체중의 문제를 안고 있다는 걸 알지 않니? 나! 하지만 내가 무대에 서서 노래를 부르기 시작하면 사람들은 나를 우러러 본다." (이것은 정확한 사실은 아니지만 효과적인 교육 테크닉이라는 것을 부정하기 힘들다.) 다른 많은 영화평론가들과 마찬가지로, 로저 에버트 Roger Ebert는 '스쿨 오브 락'에서 자유로움과 해방을 발견했다. "이것은 당신이 생기있고, 맵시있고, 예리하고, 재미있고, 제대로 된–그리고 크게 동요시키는–가족영화를 만들 수 있다는 것을 입증해 주는 영화이다." *(Paramount Pictures. Photo: Andrew Schwartz)*

이다. 그때 음악은 감칠맛 나고 경쾌하고 열광적이며, 대체로 샌들러와 왓슨이 거리를 따라 걷는 것과 같은 전혀 극적이지 않은 영상들을 동반한다.

인물의 특징을 음악적 모티프를 통해서 묘사할 수도 있다. 펠리니 감독의 '길 *La Strada*'에서 여자 주인공(줄리에타 마시나 Giulietta Masina)의 순수하고 애잔한 천진성이 그녀가 연주하는 트럼펫의 우수 어린 곡조로 나타난다. 이 주제는 니노 로타의 섬세한 영화음악으로 바뀌면서 다듬어져 그녀가 죽은 뒤에도 그녀의 정신적 영향력이 여전히 감지되고 있다는 것을 암시한다.

성격묘사는 음악에 가사를 붙이면 훨씬 더 분명해진다. 가령 피터 보그다노비치 Peter Bogdanovich 의 '마지막 영화관 The Last Picture Show'에서는 1950년대의 팝송 곡조가 특정 인물들과 연관하여 쓰이고 있다. 바람둥이 제이시(시빌 셰퍼드 Cybill Shepherd)는 '차디찬 마음 Cold, Cold Heart'과 연결되어 있다. 뒷에 걸린 그녀의 남자친구 듀엔(제프 브리지스 Jeff Bridges)은 '나 같은 바보 A Fool Such as I'로 그 인물됨을 나타낸다. 영화 '청춘 낙서 American Graffiti'도 팝송 가락을 비슷한 방식으로 사용하고 있다. 방금 말다툼을 한 젊은 두 연인이 '연기가 그대 눈에 들어가고 Smoke Gets in Your Eyes'라는 곡에 맞추어 양말만 신고 춤을 추는 모습을 보여준다. "하지만 이제 나의 사랑은 날아가버렸어요"라는 가사는 그녀에게 유달리 쓰라린 아픔으로 다가온다. 남자가 방금 그녀에게 대학에 가면 다른 사람들과 데이트를 해보고 싶다는 뜻을 말했기 때문이다. 영화가 끝날 무렵 남자는 결국 떠나지 않기로 결심하고 두 연인은 화해한다. 사운드트랙에서 '그대만이 Only You'라는 곡이 적절하게 조화를 이루면서, 그 달콤한 가사는 두 사람의 사랑이 운명적임을 강조한다.

스탠리 큐브릭은 영화음악의 이용에 있어서 대담하리만큼-물의를 일으킬 정도의-혁신적인 인물이다. '닥터 스트레인지러브 Dr. Strangelove'에서, 큐브릭은 베라 린 Vera Lynn의 제2차 세계대전 당시의 감상적인 곡조인 '우리 다시 만나리 We'll Meet Again'와 핵전쟁으로 인한 지구의 파멸을 담은 영상을 냉소적으로 병치시키고 있는데, 이는 제3차 세계대전 후에 우리는 다시 만나지 못할지도 모른다는 무서운 사실을 상기시키고 있는 것이다. 또 '2001 스페이스 오디세이'에서, 그는 광활하고 푸른 우주공간으로 미끄러져 가는 21세기 로케트의 영상을 슈트라우스 Strauss의 19세기 작품 '푸른 다뉴브 강의 왈츠 Blue Danube Waltz'의 음향과 병치시키고 있는데, 이는 목성 저편의 한층 더 발달한 기술문명 세계에 비하면 인간의 기술문명은 엄청나게 뒤진 것임을 가리키는 청각적인 전조이다. '시계태엽 오렌지'에서 큐브릭은 음악을 공간 간격을 조정하는 거리두기 장치 distancing device로 이용했는데, 특히 폭력 씬들에서 그랬다. 음악의 부조화가 다른 점에서 보면 악의에 찬 갱 싸움의 충격을 약화시키는 경우도 있다. 이를테면 '도둑까치 The Thieving Magpie'에 나오는 로시니 Rossini의 세련되고 재치 있는 서곡을 배경으로 벌어지는 갱 싸움이 바로 그런 경우이다. 잔인한 폭력과 강간 씬이 '싱잉 인 더 레인 Singin in the Rain'에 맞춘 기괴한 춤과 노래를 동반하고 있다.

영화음악이 때로는 말, 특히 대화를 강조하는 기능을 하기도 한다. 이런 종류의 음악에 대한 일반적인 전제는 단순히 그것이 서툰 대화나 빈약한 연기를 뒷받침해 주는 것에 불과하다고 생각한다. 떨리는 바이올린 곡이 나오는 수많은 평범한 러브 씬들이 필시 대다수 관객들에게 이런 종류의 음악 반주에 대한 편견을 갖게 했을 것이다. 그러나 일부 뛰어난 재능을 지닌 배우들은 이런 음악으로 이득을 보았다. 올리비에의 '햄릿 Hamlet'에서 작곡가 윌리엄 월튼 William Walton은 영화음악을 정성들여 정교하게 작곡했다. "살 것이냐 죽을 것이냐"의 독백부분에서, 음악은 올리비에 감독의 섬세하게 절제된 영상전달과 대조적으로 병치되면서 이 복잡한 감정의 독백에 또 다른 차원의 느낌을 부여해 주고 있다.

5-15

'알렉산더 네프스키 Alexander Nevsky'
(소련, 1938)의 시청각 악보,
음악: 세르게이 프로코피에프 Sergei Prokofiev,
감독: 세르게이 에이젠슈테인 Sergei Eisenstein.

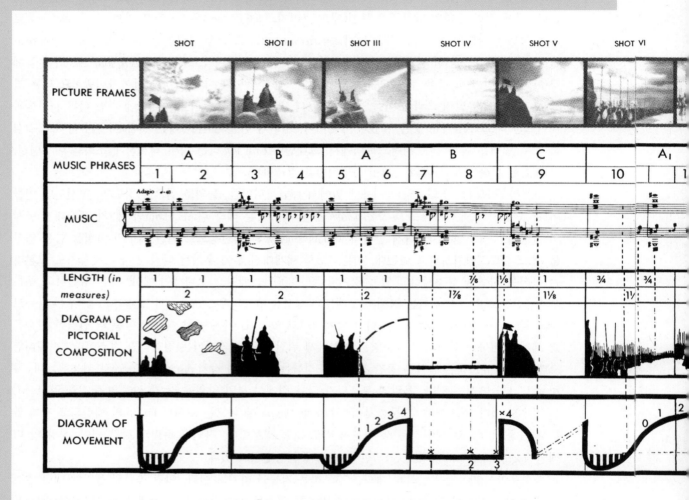

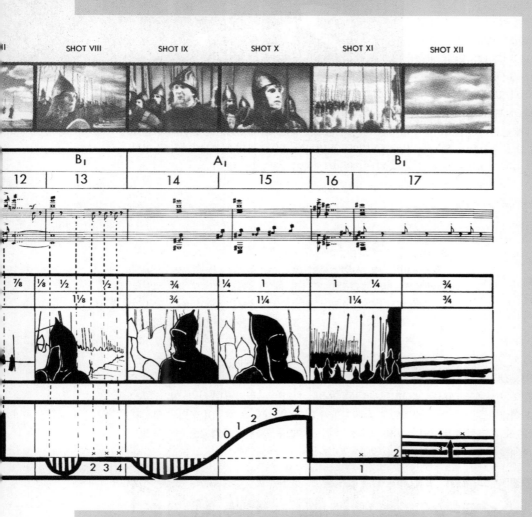

▶작곡가가 언제나 자신의 재능을 영화감독의 재능에 종속시킬 필요는 없다. 이 작품에서 뛰어난 소련의 두 예술가는 종속적이지 않고 같은 위치에서 손을 잡고 완전한 합동작업을 수행함으로써 연속적인 일련의 영상과 음악이 일치하여 조화를 이루게 했다. 프로코피에프는 순수한 "재현적" 요소(미키마우징 mickeymousing)를 피했다. 그 대신, 두 사람은 때로는 영상에, 또 때로는 음악에 먼저 집중하며 힘을 모았다. 그 결과는 에이젠슈테인이 말한, 이른바 "수직적 몽타주 vertical montage"라는 것이었는데, 이는 오선지 위의 음표를 왼쪽에서 오른쪽으로 움직여, 이를 역시 왼쪽에서 오른쪽으로 움직이는 영상의 움직임이나 주요 흐름과 평행이 되게 하는 것이었다. 그리하여 영상의 일련의 흐름이 왼쪽 아래로부터 오른쪽 위로 움직인다면 음표도 악보 위에서 비슷한 방향으로 움직인다. 화면구성의 흐름이 한결같지 않고 지그재그로 움직이면 음표도 역시 그에 대응하여 지그재그가 된다. 다음을 참조하라.

Sergei Eisenstein, "Form and Content: Practice", in *Film Sense*, New York: A Harvest Book, 1947.

5-16a

'피아니스트 *The Pianist*' (독일, 2002).
출연: 에드리언 보로디 Adrian Brody,
감독: 로만 폴란스키 Roman Polanski.

▶ 이 영화는 뛰어난 피아니스트이자 쇼팽—폴란드의 작곡가의 음악에 대한 탁월한 해석가인 블라디슬로프 스필만 Wladyslaw Szpilman의 일대기를 다룬 작품이다. 유태인인 스필만은 1940년대 나치의 유태인 대학살에서 살아남았다. 그는 나치의 체포망을 벗어나긴 했지만, 가족들과 떨어져 그 유명한 바르샤바 유대인 강제 거주지역에 숨어 지내면서 간신히 병고와 굶주림을 이겨낸다. 자신이 폴란드계 유태인인 로만 폴란스키 감독은 당시 어린아이에 불과했지만, 그 역시 나치의 죽음의 캠프를 빠져나와 그 실상을 전파하며 살았다. 여러 면에서 '피아니스트'는 그의 인간됨이 잘 드러나는 영화이다. 이 영화는 깐느영화제 최고상인 황금종려상을 수상했으며, 폴란스키 감독은 미국의 아카데미영화제에서 감독상을 수상했다. 에드리언 보로디는 그의 시적이고 내면적인 성찰적 연기로 최고의 배우에게 수여하는 오스카 남우주연상을 수상했다.

(Focus Features/Studio Canal. Photo: Guy Ferrandis)

5-16b

'힙합, 세상은 너의 것 *The Furious Force of Rhymes*' (미국/프랑스, 2010).
감독: 조슈아 애테시 라이틀 Joshua Atesh Litle.

▶ 힙합 Hip-hop(일명 rap music이라고도 한다)은 1970년대에 아프리카계 미국인들 사이에서 그리고 뉴욕 시의 라틴계 빈민가에서 출현했다. 매우 충격적이고 대개 4분의 4박자이며 또 일반적으로 분명한 멜로디 라인이 없는 힙합은 반항하는 젊은이들—그들의 경제적, 사회적, 정치적 권리박탈에 항의하는 젊은이들—의 감정적 배출구가 되었다. 가사는 조잡하고, 저속하고, 분노가 가득하며, 특히 여성들을 향한 분노로 가득 차 있다. 1980년대에 이 음악은 노골적으로 적개심을 드러내는 미국 랩 가수들과 결합하면서 다른 여러 나라로 번져갔다. 이 다큐멘터리는 미국, 프랑스, 독일, 이스라엘, 팔레스타인, 세네갈 등 6개국의 힙합 음악을 탐구하고 있다. 어느 나라에서든 난타하면서 운을 맞추는 가사는 폭력과 인종차별, 억압, 이스라엘 유대교도, 소외된 프랑스계 아랍인들, 동독의 스킨헤드족, 서아프리카 페미니스트들을 향하여 항의의 목소리를 높인다—이 열렬한 랩 가수들은 모두 그들의 분노와 소외를 표현하기 위해 힙합을 활용한다. 다음을 참조하라. George Nelson, *Hip Hop America,* revised edition(New York: Penguin Books, 2005).   (Arte/Furious Media)

5-17a

'**아마데우스** *Amadeus*' (미국, 1984),
출연: 톰 헐스 Tom Hulce(오른쪽),
음악: 볼프강 아마데우스 모차르트
Wolfgang Amadeus Mozart,
감독: 밀로스 포먼 Milos Forman.

▶ 이 영화는 볼프강 아마데우스 모차르트라는 촌스럽지만 호감이 가는 시골뜨기의 성격과 인간됨을 꽤 정확하게 그리고 있을 뿐 아니라, 거기다 흥미로운 종교적 역설까지 함께 탐구하고 있다. 왜 신은 불경한 모차르트에게는 천재성을 주는 반면에, 경건한 신의 종(모차르트의 라이벌, 안토니오 살리에리 Antonio Salierie)에게는 작곡가로서 모면할 길이 없는 자신의 평범한 재능을 깨닫게 하여 고통을 안겨 주는가? 아마데우스는 "신의 사랑"을 의미한다.

(Saul Zaentz Company)

5-17b

'**앙코르** *Walk The Line*' (미국, 2005),
출연: 호아킨 피닉스 Joaquin Phoenix,
리즈 위더스푼 Reese Witherspoon,
감독: 제임스 맨골드 James Mangold.

▶ 이 영화는 컨트리 뮤직의 전설인 조니 캐쉬 Johnny Cash(피닉스)의 전기 영화이자 또한 캐쉬와 그의 평생의 연인, 가수 준 카터 June Carter(위더스푼) 사이의 오랜 러브 스토리이기도 하다. 그녀는 그를 십년이 넘도록 가까이 오지 못하도록 했으며, 물론 그 대부분의 세월 동안 둘 다 다른 사람과 결혼생활을 했다. 주벽과 약물 중독이 그녀가 그를 꺼린 단 두 가지 이유였다. 그러나 마침내 사랑이 승리한다. 두 사람이 같이 노래할 때 더없이 마음이 통했다. 캐쉬는 끝내 관객들 앞에서 그녀에게 청혼했다. 지극히 남성적인 허세와 우발적으로 불쑥불쑥 드러나는 투박함의 기저에는 늘 불안해 하고, 예민하고, 몹시 가난한 한 남자가 있다. 그래서 그녀는 사랑에 매혹되어 그의 고뇌와 번민에 대한 순진한 동정심에 거의 굴복하다시피 한 것처럼 보인다. 그녀의 활기찬 남부사람의 감미로움 기저에는 강인하고, 재치있고, 절조있는 여성이 존재하며, 그녀의 기독교적 가치관과 품위는 허송세월을 보낸 그의 인생을 되찾도록 도와주는 성격상의 특징들이다. 놀랍게도 피닉스와 위더스푼은 둘 다 그들 자신의 노래를 불렀으며, 그들의 음향은 원작 못지않게 놀랍다.

(20th Century Fox. Photo: Suzzane Tenner)

5-18a

'시애틀의 잠 못 이루는 밤 Sleepless
In Seattle' (미국, 1993).
출연: 톰 행크스 Tom Hanks.
각본 및 감독: 노라 애프론 Nora Ephron.

▶애프론의 로맨틱 코미디는 전통과 현대를
매력적으로 결합시키고 있다. 이와 같은 이
중적인 시각은 사운드트랙의 노래를 통해 가
장 잘 보여준다. 그 중 대부분이 1940년대 클
래식 곡이지만, 노래는 요즘 가수들이 불렀
다. 예를 들면, '이른 아침의 짧은 시간에 In
the Wee Small Hours of the Morning'는 칼리 사
이몬 Carly Simon이 불렀고, '내가 사랑에 빠
질 때 When I Fall in love'는 셀린 디옹 Celline
Dion과 클라이브 그리핀 Clive Griffin이 달콤
한 듀엣으로 불렀다. 다른 곡들은 흘러간 유
명가수들이 불렀다. 이를테면, '세월이 흘러가듯이 As Time Goes By'는 지미 듀란트 Jimmy Durante가, '꿈결 같은 키
스 A Kiss to build a Dream On'는 비길 데 없는 루이 암스트롱 Louis Armstrong이, '황홀 Stardust'은 벨벳 같이 잔잔한
목소리의 냇 킹 콜 Nat King Cole이 저음의 목소리로 불렀다. 이 영화의 음악은 엄청난 베스트셀러 앨범이 되었다
(소니뮤직 제작). *(Tri-Star. Photo: Bruce McBroom)*

▶어떤 영화들—극소수—은 영화에 딱딱하고 쓸쓸한 효과를 제공하면서 완전히 음악 없이 진행된다. 이 영화는 대
학시절 룸메이트(마린차)의 도움으로 불법 낙태를 하려고 하는 한 젊은 여성(바실리우)에 관한 것이다. 배경은 모
든 형태의 산아제한을 금지한 차우세스쿠 정권 때의 공산주의적 경찰국가이다. 뮤지컬 사운드트랙이 없고, 또 사
진의 스타일이 평이하고 꾸밈이 없는데도 불구
하고, 이런 영화의 세상은 냉혹하고, 절망적이
고, 고압적이고, 조금도 마음이 끌리지 않는다.
학술적인 논문 모음집인 다음을 참조하라.
Alexander Leo Serban, et al., "New Romanticism",
Film Criticism(winter/spring, 2010).
(Mobra Films/Saga Film)

5-18b

'4개월 3주...그리고 2일 4 Months, 3
Weeks And 2 Days' (루마니아, 2007).
출연: 아나마리아 마린차 Anamaria Marinca,
로라 바실리우 Laura Vasiliu.
각본 및 감독: 크리스티안 문쥬 Cristian
Mungiu.

뮤지컬

가장 지속적으로 인기 있는 영화장르 중 하나가 뮤지컬영화이며, 그것의 주요 존재근거는 음악과 춤이다. 오페라나 발레와 마찬가지로, 뮤지컬영화의 내러티브적 요소는 대개 작곡된 악보에 근거하지만, 일부 뮤지컬은 예외적으로 드라마틱하게 꾸며지기도 한다. 뮤지컬도 사실주의적인 뮤지컬과 형식주의적인 뮤지컬로 나눌 수 있다. 사실주의적 뮤지컬은 대체로 백스테이지 스토리 backstage story(주로 배우들의 사생활과 같은 무대 뒤에서 일어난 이야기: 역자주)이며, 여기서 작곡된 악보는 극이 어떻게 전개되어갈지를 나타낸다. 이런 뮤지컬은 대개 "얘들아, 시골 춤곡을 연습하자."와 같은 짧은 대사로 노래나 춤의 근거를 밝히면서, 청중에게는 시골 춤곡을 들려준다. 몇몇 사실주의적 뮤지컬은 사실상 드라마이고 음악이 담겨 있을 따름이다. 예를 들어, 조지 쿠커 George Cukor의 '스타탄생 *A Star is Born*'을 보면 음악이 없어도 사건의 전말에는 별 무리가 없을 것이다. 다만 그 때문에 관객들이 주디 갈랜드 Judy Galland의 개성과 재능이 돋보이는 멋진 씬을 몇 가지 보지 못하는 아쉬움은 있지만(5-20). '뉴욕 뉴욕 *New York, New York*'(5-23)과 '레이 *Ray*'(5-24)도 또한 군데군데 음악이 들어간 드라마이다.

5-19

'라 비 앙 로즈 *La Vie En Rose*'
(프랑스/영국/체코 공화국, 2007),
출연: 마리옹 꼬띠아르 Marion Cotillard,
감독: 올리비에 다한 Olivier Dehan.

▶ 프랑스에서 다정하게 '작은 참새'로 불렸던 프랑스의 가수, 에디트 피아프 Edith Piaf의 전기인 이 영화는 사운드트랙에 피아프의 실제 녹음을 실었다. 꼬띠아르는 한결같이 그 노래들을 녹음에 맞춰 립 싱크를 한다. 키가 크고 멋진 여배우가 키가 작고 구부정하며 아름다움과는 거리가 먼 피아프라는 인물로 흡수되어 버린다. 피아프는 또한 격정적이고 변덕스러웠으며, 47세에 세상을 떠난 모르핀 중독에다 알콜 중독자였다. 꼬띠아르는 그녀의 연기로 아카데미 최고여우상을 수상했으며, 이는 외국어로 된 영화로서는 아주 드문 일이었다.   (Legend Films)

5-20

'스타탄생 *A Star Is Born*'(미국, 1954)에
나오는 주디 갈랜드 Judy Garland의 홍보사진
감독: 조지 쿠커 George Cukor.

▶ 대다수 뮤지컬 애호가들에게 주디 갈 랜드는 최고의 가수이다. 어린 소녀인데 도 그녀는 깊고 힘이 있는 성숙한 여성 의 목소리를 가졌으며, 애잔한 표현능력 은 실로 놀라웠다. 엠지엠사에서 아역스 타였을 때, 그녀는 노새처럼 일했다. 노 래를 녹음하고, 라디오에 출연하고, 대중 이벤트에 참석하는가 하면, 거기다가 한 해에 두세 편의 영화에 출연하면서, 하루 에 12시간 내지 14시간 일을 하는 경우도 허다했다. 그녀는 밝고 명랑하고 또 몹시 예민했다. 머지않아 일의 부담이 건강에 손상을 가져오기 시작했다. 10대에 그녀 는 엠지엠사에 다섯 의사를 두었다. 한 명은 그녀의 체중문제를 담당하고, 또 한 명은 수면문제를 담당했다. 그리고 또 한 명은 그녀의 정신건강을 담당했다. 정신 과 의사와 심리학자, 그리고 상담전문의 가 있었던 것이다. 그녀는 약물에 중독되 어 거칠고 불안정한 심리상태가 되어갔 다. 그녀는 키가 겨우 145cm에 불과한데 체중은 81.6kg으로 늘었다. 28세 때 그녀 는 회복불능의 약물중독으로 간주되었 고, 골치 아픈 존재가 되어 버렸다. 지나 치게 요구하고, 오만하고, 무책임하고, 전문성이 떨어진다는 것이었다. 일련의 컴백 시도가 있었고, 신경쇠약과 여러 차 례의 자살기도, 그리고 다섯 명의 남편이 있었으며, 컴백 시도가 늘어날수록 언제나 더 많은 약을 복용했다. 이런 양극단을 오가면서도 그녀는 역사상 가장 훌륭한 몇 편의 뮤 지컬을 만들었으며, 미국 팝송계에 수많은 불후의 명곡을 남겼다. 이 영화가 입증하듯이, 그녀는 천부적인 재능의 연극배우였으며, 이 영화가 그녀의 멋진 연기를 볼 수 있는 마지막 작품이었다. 그 뿐만 아니라 갈랜드는 매력적인 코미디언이었으며, 훌륭한 춤꾼이 었다. 뉴욕과 런던에서 열린 그녀의 원맨쇼는 전설적인 연기였으 며, 컬트 팬들에게 영감을 주었다. 그녀 일생의 마지막 시기인 1960년대에 그녀는 거의 막바지를 맞이하고 있었으며, 허약하고 여윈 몸은 40.8kg으로 줄었다. 1969년 그녀는 약물과용으로 런던 아파트에서 숨을 거두었다. 그녀의 나이 불과 마흔일곱이었다. 파 란만장한 삶 속에서도 그녀 곁에는 늘 세 아이가 있었으며, 심지어 순회공연 때도 함께 했다. 아이들은 언제나 그들의 어머니에 대해 애정 어린 미소로 말했다. 다음을 참조하라. Gerald Clarke, *Get Happy: The Life of Judy Garland*, New York: Random House, 2000. (Warner Bros.)

형식주의적인 뮤지컬영화는 사실주의적인 것처럼 꾸미거나 가장하지 않는다. 배우들은 그럴듯한 구실을 가지고 천천히 가락을 잡아가는 것이 아니라 씬 중간에 갑자기 노래나 춤을 보여준다. 이런 관습은 반드시 미학적 전제로 받아들여져야 하며, 그렇지 못할 경우 영화 전체가 관객에게 불합리하다는 인상을 주게 될 것이다. 이런 작품에서는 세트, 의상, 연기 등 모든 것이 강화되고 양식화된다. 빈센트 미넬리 Vincent Minnelli의 뮤지컬영화는 대부분 이런 유형이다. 이를테면 '세인트루이스에서 만나요 *Meet Me in St. Louis*', '밴드 웨곤 *The Band Wagon*'(5-21), '파리의 아메리카인 *An American in Paris*', '지지 *Gigi*' 등이 그것이다.

뮤지컬영화는 여러 나라에서 제작되었지만, 이 장르는 미국의 스튜디오 시스템과 밀접한 연관이 있기 때문에 미국이 이 장르를 주도해 왔다. 1930년대에 여러 메이저 스튜디오들은 각기 독특한 유형의 뮤지컬로 전문화했다. 알케이오 RKO는 프레드 아스테어 Fred Astaire, 진저 로저스 Ginger Rogers라는 매력적인 두 콤비를 내세워 '톱 햇 *Top Hat*', '쉘 위 댄스? *Shall We Dance?*', '폴로우 더 플릿 *Follow the Fleet*'과 같은 뮤지컬을 제작했으며, 이 모두 마크 샌드리치 Mark Sandrich 감독의 작품이었다. 파라마운트사는 루비치 감독의 '러브 퍼레이드 *The Love Parade*', '원 아워 위드 유 *One Hour With You*', '몬테카를로 *Monte Carlo*'(5-3)와 같은 세련된 "유럽풍"의 뮤지컬로 특성화했다. 워너브러더스사 Warner Brothers에서는 안무와 감독을 동시에 맡은 버스비 버클리 Busby Berkeley의 '1933년의 황금광들 *Gold Diggers of 1933*'과 '여인네들 *Dames*', 그리고 '풋라이트 퍼레이드 *Footlight Parade*'와 같은 노동계급의 쇼비즈니스 이야기로 관객을 즐겁게 했다. 버클리 나름의 고유한 스타일상의 특징은 그가 추상적인 기하학적 패턴과 만화경의 효과를 내기 위해 기발한 앵글로 찍은 무용수들의 사진을 좋아했다는 것이다(1-1b 참조).

5-21

'밴드 웨곤 *The Band Wagon*' (미국, 1953),
출연: 프레드 아스테어 Fred Astaire,
나네트 패브레이 Nanette Fabray,
잭 뷰캐넌 Jack Buchanon,
음악: 하워드 디츠 Howard Dietz,
아서 슈왈츠 arthur Schwartz,
감독: 빈센트 미넬리 Vincent Minnelli.

▶ 최고의 뮤지컬영화는 일반적으로 영화로 직접 제작된 것이지 연극을 각색한 것은 거의 없다. 이 매력적인 "세 쌍둥이 Triplets" 공연은 라이브극장에서 성공적으로 해내기가 어려울 것이다. 왜냐하면 세 명의 공연자가 그들의 무릎에 가짜 다리와 발을 끈으로 묶고, 그들의 진짜 다리는 그 뒤에 구부린 채로 노래하고 춤을 춰야 하기 때문이다. *(MGM)*

5-22

'스위니 토드: 어느 잔혹한 이발사 이야기 Sweeney Todd: The Demon Barber Of Fleet Street' (미국, 2007),
출연: 조니 뎁 Johnny Depp,
감독: 팀 버튼 Tim Burton.

▶ 대사가 없는 일부 뮤지컬은 거의 오페라나 다름없다. 스티븐 손드하임 Stephen Sondheim의 소름끼치는 명작, '스위니 토드'는 전부가 노래이며, 뎁과 나머지 배우들은 그들 자신의 노래를 부르고 있다. 손드하임의 난해한 영화음악의 기술적 도전을 감안한 대단한 성취이다. 직업적인 가수가 아닌 뎁은 그 스스로 노래를 할 수 있는 경우에 한해서만 그 역을 맡기로 동의했다. 그와 팀 버튼은 '가위손 Edward Scissorhands'을 비롯해 많은 영화에서 함께 작업을 해 왔다. 버튼은 이렇게 말했다. "조니는 탁월한 성격파 배우이자 주연 남자배우의 모습에 걸맞은 성격파 배우이다. 그는 불가피하게 그의 이미지보다는 오히려 등장인물 묘사나 남다른 일에 관심을 기울였다. 그는 모험을 즐겼다. 내가 그와 함께 일을 할 때마다 그는 뭔가 달랐다." 또한 그는 그의 세대의 가장 칭찬받는 배우들 가운데 한 사람이다.
(Dreamworks/Warner Bros. Photo: Leah Gallo)

5-23

'뉴욕 뉴욕 New York, New York' (미국, 1977),
출연: 리자 미넬리 Liza Minnelii, 로버트 드 니로 Robert De Niro, 음악: 존 캔더 John Kander,
프레드 에브 Fred Ebb,
감독: 마틴 스콜세지 Martin Scorsese.

▶ 수많은 평론가들이 지적했듯이, 가장 지속적인 장르는 수정주의적인 국면-그 장르의 본래 가치들을 대부분 회의적인 시선으로 요모조모 따지면서 조롱하는 국면-으로 진화해 가는 경향이 있다. 가령 빅 스튜디오 시절 대부분의 뮤지컬영화는 본질적으로 러브스토리였고, 강제적으로 남자가 여자를 쟁취하는 것으로 끝난다. 그러나 '카바레', '뉴욕, 뉴욕'과 같은 수정주의적인 뮤지컬영화는 연인들이 자기 일에 너무나 열중한 나머지 자기희생이라는 사랑의 의식에 따르지 않고 오히려 각자의 길을 가는 것으로 끝난다.
(United Artists)

5-24

'레이 *Ray*' (미국, 2004),
출연: 제이미 폭스 Jamie Foxx,
감독: 테일러 핵포드 Taylor Hackford.

▶ 이것은 진정한 뮤지컬이라기보다는 음악이 있는 전기 영화이다. 영화는 위대한 블루스 가수 레이 찰스 Ray Charles의 고난의 삶을 이야기하고 있다. 그는 장님이고 가난하게 태어났지만 역경을(또한 그 끔찍한 헤로인 중독까지도) 이겨내고 대단한 성공을 이루어나간다. 제이미 폭스는 자신도 훌륭한 가수이자 베스트 셀링 아티스트이지만, 영화음악을 녹음할 때 그는 그의 노래하는 장면들을 찰스의 실제 목소리에 맞춰 립 싱크했다. *(Universal Pictures. Photo: Nicola Goode)*

　　1940년대와 1950년대에는 엠지엠사가 뮤지컬을 지배했으며, 엠지엠사는 켈리 Kelly, 도넨 Donen, 미넬리와 같은 훌륭한 감독들과 계약을 체결했다. 이 번창한 스튜디오는 갈랜드, 켈리, 프랭크 시나트라 Frank Sinatra, 미키 루니 Mickey Rooney, 앤 밀러 Ann Miller, 베라 엘렌 Vera-ellen, 레슬리 캐론 Leslie Caron, 도널드 오코너 Donald O'connor, 시드 차리스 Cyd Charisse, 하워드 키일 Howard Keel, 마리오 란자 Mario Lanza, 캐서린 그레이슨 Kathryn Grayson 등을 비롯해 사실상 당시 뮤지컬계 유명인물들을 거의 독점하다시피 했다. 엠지엠사는 또한 아스테어, 판 Pan, 버클리를 포섭했으며, 이들은 마이클 키드 Michael Kidd, 밥 포시 Bob Fosse, 고워 챔피언 Gower Champion, 켈리 등과 함께 이 스튜디오의 거의 대부분의 안무를 담당했다.

　　음악과 드라마의 결합은 그 사례가 최소한 고대 그리스까지 거슬러 올라가지만, 표현의 범위로 따지면 영화를 능가하는 매체는 없다. 무대예술에는 '우드스탁 *Woodstock*' 또는 '지미 셸터 *Gimme Shelter*'와 같은 다큐멘터리 뮤지컬에 비길 만한 것이 없다. 뮤지컬영화는 디즈니가 만든 '밤비 *Bambi*'와 '덤보 *Dumbo*'와 같은 애니메이션 환타지의 형식을 취할 수 있다. 영화들 중에 '아마데우스 *Amadeus*'와 '라 비 앙 로즈 *La Vie en Rose*'와 같은 뮤지컬 전기영화는 흔하다. 전적으로 극장용으로 만들어진 유명한 뮤지컬영화를 든다면, '사랑은 비를 타고'와 '밴드 웨곤'이 있다. 그 밖에 '마이 페어 레이디 *My Fair Lady*', '헤어 *Hair*', '흡혈 식물 대소동 *Little Shop of Horrors*', '오페라의 유령 *The Phantom of the Opera*', '스위니 토드 *Sweeney Todd*'와 같은 작품은 무대공연용 뮤지컬을 느슨하게 각색한 것들이다.

음성언어

일반적으로 영화에서 언어는 문학작품의 경우만큼 복잡하지 않을 것으로 잘못 알고 있는데, 심지어 교양 있는 영화관객들조차도 이런 오해를 한다. 하지만 셰익스피어 작품을 성공적으로―언어와 시각적 아름다움 어느 한쪽도 크게 손상시키지 않고―영상으로 옮겼다는 사실은 이 같은 오해에 대한 명확한 반박이 될 수 있다. 사실 많은 유명한 영화들이 두드러지게 문학적인 것은 아니다. 이 말은 영화가 문학적으로 뛰어날 수 없다는 뜻이 아니라, 다만 자신들의 영화에서 다른 측면을 강조하고 싶어 하는 영화감독들도 더러 있다는 것을 말하고 있을 뿐이다.

어떤 점에서 보면, 영화의 언어가 문학에서보다 더 복잡할 수도 있다. 우선 영화의 언어는 연극 무대의 경우처럼 글로 쓰지 않고 말로 하며, 그리고 사람의 목소리는 차가운 활자언어보다 훨씬 더 많은 뉘앙스를 전달할 수 있다. 문자언어는 음성언어의 그 풍부한 함축성에 접근하기 어렵다. 그래서 문학적인 장점이 없는 단순한 예를 하나 들어 본다면, "나는 내일 그를 만나겠다 I will see him tomorrow"는 말의 의미는 분명히 문자로 된 글의 형식으로도 충분한 것처럼 보인다. 그러나 배우가 이 낱말들 중 어느 하나를 다른 말에 비해 강조해 버리면 문장의 의미는 완전히 달라질 수 있다. 여기 몇 가지 있을 법한 경우를 보자.

I will see him tomorrow (당신이나 혹은 다른 사람이 아닌 내가)

I *will* see him tomorrow (당신의 승락에 개의치 않음)

I will *see* him tomorrow (내가 할 일은 오로지 만나는 것임)

I will see *him* tomorrow (딴 사람이 아닌 바로 그를)

I will see him *tomorrow* (오늘이나 다른 날이 아니라 내일)

물론 소설가나 시인들이 이탤릭체로 특별한 낱말을 강조할 수 있다. 그러나 배우들과는 달리 작가들은 일반적으로 모든 문장에서 낱말을 강조하지는 않는다. 반면에 배우들은 각 문장마다 혹은 모든 문장에서 어떤 말을 강조해야 하는지, 또 어떤 말을 일부러 아무렇게나 말을 해야 하는지, 그리고 이와 같은 효과를 최대로 발휘하는 방법은 무엇인지를 습관적으로 세밀히 따지게 마련이다. 유능한 배우에게 문자언어는 음성언어의 복잡성에 비하면 단순한 청사진이나 아우트라인에 지나지 않는다. 탁월한 목소리를 가진 배우들―메릴 스트립 Meryl Streep이나 혹은 케네스 브래너 Kenneth Branagh―은 셰익스피어의 독백은 말할 것도 없고 위와 같은 짧은 문장에서도 열 혹은 열두 가지 의미를 이끌어 낼 수 있다.

철자화한 구두점도 마찬가지로 단순화된 스피치 리듬 speech rhythm에 가까운 것이다. 말의 중단이나 망설임, 얼버무림 등은 구두점을 통해서 다만 부분적으로 암시될 수 있을 뿐이다.

나는 내일―그를 만나 … 겠다.   I will … see him-tomorrow.

나는 내일―그를 만나겠다!   I will see him-tomorrow!

내일―그를 내가 … 만날 … 까?   I … will … see him-tomorrow?

5-25a

'할라 *Xala*' (세네갈, 1974),
감독: 우스만 셈벤 Ousmane Sembene.

▶ 예전에 프랑스 식민지였던 세네갈은 인구가 400만 명에 불과하지만, 검은 대륙 아프리카의 주목할 만한 영화들 가운데 대다수가 세네갈에서 제작되었으며, 그 가운데서도 셈벤 감독의 작품들이 특히 유명했다. '할라'(대체로 "무능력의 재앙"으로 번역됨)는 불어와 세네갈의 토속어인 월로프 Wolof 어로 되어 있다. 이 영화는 이전 식민지 백인 통치자들의 문화를 열렬히 수용하는 비굴한 민족지도자계층을 폭로한다. (예를 들면, 이 사치스러운 결혼식 피로연에서 프랑스풍으로 차려입은 상류계층의 인사들이 "주말 le weekend"의 영어식 표현에 대해 의아하게 여긴다.). 문화평론가 헤르난데즈 아레귀 hernandez Arregui는 다음과 같이 말했다. "문화가 두 나라 말을 사용하게 되는 것은 두 가지 언어를 사용해서가 아니라 두 가지 패턴의 문화적 사고를 결합하고 접합시켜 사용하기 때문이다. 하나는 민중의 언어로 민족적인 것이고, 다른 하나는 외세에 종속적인 계층의 언어로 이국적인 것이다. 상류계층이 미국이나 유럽을 찬미하는 표현은 그들의 종속에 대한 최고의 표현이다." 많은 제3세계의 예술가들과 마찬가지로, 셈벤은 진정한 창조적인 토속문화를 지지하는데, 이는 19세기에 에머슨 Emerson이 진정한 미국적 특색과 개성을 갖기 위해서는 영국모델을 미온적으로 모방하여 만들어내는 일을 그만둘 것을 미국 예술가들에게 요청한 것과 거의 같다. *(New Yorker Films/Films Domireew)*

5-25b

'J. 에드가 *J. Edgar*' (미국, 2011),
출연: 아미 하머 Armie Hammer,
레오나르도 디카프리오 Leonardo Dicaprio,
감독: 클린트 이스트우드 Clint Eastwood.

▶ 하위텍스트의 좋은 사례는 FBI의 J. 에드가 후버 국장(디카프리오)과 그의 부국장이자 오랜 동료인 클라이드 톨슨 Clyde Tolson(하머)의 관계에서 찾아볼 수 있다. 둘이 연인 사이라는 소문은 오래전부터 있었다. 왜냐하면 두 사람은 날마다 점심과 저녁을 같이 먹고 심지어 휴가도 같이 보냈기 때문이다. 하지만 영화는 부분적으로 위압적인 그의 어머니의 동성애혐오증 때문에 후버는 억압된 동성애자였음을 암시하고 있다. 한 장면에서 그의 어머니는 그에게, 아들을 향한 "여성적인 남자"보다는 죽은

아들을 원한다고 말한다. 이 사진이 암시하듯이, 평생토록 후버는 톨슨을 향한 성적 갈망과 그것을 허용하지 않는 그의 어머니에 대한 두려움 사이에 갇혀 있었다. *(Malpaso/Warner Bros.)*

5-26a

'19번째 남자 *Bull Durham*'
(미국, 1988)의 홍보사진,
출연: 수잔 서랜든 Susan Sarandon,
케빈 코스트너 Kevin Costner,
각본 및 감독: 론 셸튼 Ron Shelton.

▶ 남부 액센트는 미국의 언어 가운데서도 가장 서정적인 사투리이다. 필시 이는 미국의 가장 훌륭한 작가들 가운데 남부출신이 너무나 많기 때문일 것이다. 서랜든(노스캐롤라이나 태생이면서 한때 영어학 교수였다)이 주연을 맡은 이 영화는 언어적 상상력의 서정적 흐름이 너무나 돋보여 때로는 남성들로 하여금 놀라워서 말문을 닫게 만든다. *(Orion)*

5-26b

'철의 여인 *The Iron Lady*'
(영국/프랑스, 2011),
출연: 메릴 스트립 Meryl Streep,
감독: 필리다 로이드 Phyllida Lloyd.

▶ 유명한 인물을 연기할 때 배우들은 그 인물의 외모에 초점을 맞춘다. 연기자가 육체적으로 본래 인물을 얼마나 정확하게 닮을 수 있을까? 그런데 메릴 스트립은 특이한 면이 있다. 대체로 그녀는 그녀가 맡은 인물이 발음 sounds하는 방식부터 시작한다. (그녀의 외모는 대개 메이크업 전문가에게 맡겨둔다. 그녀의 메이크업 전문가는 스트립을 1980년대 영국 보수당 총리 마가렛 대처 Margaret Thatcher로 분장한 공로로 오스카상을 수상한 마크 콜리어 Mark Coulier와 J. 로이 헬런드 J. Roy Helland였다.) 스트립은 발성의 기교가 뛰어난 것으로 유명하다. 즉, 그녀는 다른 여러 나라 출신의 등장인물을 연기해 왔으며, 억양과 방언을 광범위하게 익혔다. 흥미롭게도 마가렛 대처는 그녀의 정치생활 초기에 보다 권위 있는 목소리로 바꾸기 위해 발성 코치 vocal coach를 고용했다. 권위 있는 목소리는 남성이 지배하는 영국의 정치계에서는 소중한 자산이었다. 스트립과 마찬가지로, 평소에 말하는 대처의 목소리는 다소 음조가 높은 편이고 소녀티가 났다. 대처의 코치는 그녀에게 목소리의 톤을 무게 있게 낮추어 유지하는 방법을 가르쳤다. 또한 대처는 장문의 문장을 끊지 않고 사용하는 테크닉, 그리고 더 무게 있게 목소리를 낮춤으로써 연설 말미에 핵심 단어를 강조하는 테크닉을 개발했다. 스트립은 그녀가 맡은 인물에 대해 "그녀는 쉬지 않고 말을 계속하고, 계속하고, 계속하는 능력을 가지고 있었으며, 그리고 잠깐만, 나는 아직 끝나지 않았어."라고 말했다. "그녀는 남은 평생 동안 힘겨루기 해야 할 취재기자들을 무시하는 그녀 나름의 한 가지 방식을 가지고 있었다."고 스트립이 농담삼아 말했다.   *(Pathe)*

이외에도 여러 가지가 있을 수 있다. 그러나 구두점에 해당하는 것들이 없는 온갖 의미들은 어떻게 포착할 수 있을까? 음성언어를 기록하기 위해 음성을 구분하는 일련의 광범위한 판독기호를 갖고 있는 전문 언어학자들까지도 이러한 상징들은 기껏해야 미묘한 인간의 목소리의 극히 일부만을 겨우 포착할 수 있는 원시적인 도구에 지나지 않는다는 것을 잘 알고 있다. 로렌스 올리비에 Laurence Olivier 같은 배우가 크게 이름을 떨칠 수 있었던 것은 음성언어의 미세한 변화—예컨대, 말 중간에 참지 못해 나오는 듯한 가벼운 미소, 어떤 낱말에 대해 갑자기 목소리를 낮추는 것, 말의 삼킴, 급격하게 고조되는 신경질적인 음성 등—를 포착해 내는 천재적인 재능 때문이었다.

정의상으로 공인된 사투리에서 완전히 벗어난 스피치 패턴들은 일반적으로 비표준적인 것으로 간주된다. 최소한 표준과 비표준을 신중하게 잘 구분해낼 수 있는 사람들에게는 그렇다. 사투리는 영화에서 풍부한 의미의 원천이 될 수 있다(이 문제에 있어서는 실생활에서도 마찬가지다). 사투리는 보통 주류계층이나 지도층이 아닌 사람들이 사용하기 때문에 그들은 파괴적이거나 전복적인 이데올로기를 전달하는 경향이 있다. 런던 토박이의 토속적인 사투리와 리버풀과 같은 영국 중부 산업도시의 건강한 사투리는 롤링 스톤즈 Rolling Stones와 비틀즈 같은 노동계급의 록 그룹에 의해 대중화되었다. 유럽의 여러 영화감독들도 방언의 풍부한 표현성을 이용했는데, 리나 베르트뮐러 Lina Wertmüller 감독이 특히 유명하다(5-28).

5-27

'맥케이브와 밀러 부인 *McCabe and Mrs. Miller*' (미국, 1970),
출연: 줄리 크리스티 Julie Christie,
워렌 비티 Warren Beatty,
감독: 로버트 알트먼 Robert Altman.

▶ "내가 추구하는 것은 본질적으로 하위 텍스트이다."라고 로버트 알트먼은 선언했다. "내가 알고자 하는 것은 그냥 말이 아니라 사람 사이에 일어나는 사건의 질이다. 말이 문제가 되지 않을 경우가 많다. 문제는 사람들이 실은 말 없이 서로 말을 하고 있다는 사실이다. 그런 대화들을 대부분 나는 들을 수가 없다. 나는 배우들이 하고 있는 일에 믿음을 가지고 있기 때문에 오히려 그 대화를 듣지 않는다. 나는 배우들이 그들이 연기하고 있는 인물에 대해 나보다 더 많이 알고 있다는 것을 알았다." *(Warner Bros.)*

5-28

'모두가 엉망이다 *All Screwed Up*'
(이탈리아, 1973),

감독: 리나 베르트뮬러 Lina Wertmüller.

▶ 베르트뮬러는 사투리의 이데올로기적 의미에 대해 무척 예민하다. 그녀가 제작한 코미디영화 가운데 대부분이 북부의 공인된 (투스칸어) 사투리와 대비하여 남부 노동자 계층의 토속적인 방언을 탐색한다. 그녀 작품의 등장인물들은 자주 거친 말로 욕을 하거나 자신들을 표현하며, 이는 종종 아주 재미있다. 이 코미디를 번역한다면 많은 것을 잃게 된다. 언어가 때로는 그 생명력을 잃어버리고, 풍미 없는 껍데기가 되어 버린다. 예를 든다면, "Piss off!(꺼져!)"가 "Go Away(저리 가)"로 번역되거나, 아니면 더 나쁘게 "Please Leave me alone(제발 나를 가만 둬)"로 번역이 된다. *(EIA)*

영화나 연극에서 언어는 음성으로 표현되기 때문에 텍스트의 낱말들을 하위 텍스트의 사상이나 감정과 병치시킬 수 있으며, 이런 점에서 영화와 연극은 문자언어보다 유리하다. 간단히 말해서 하위 텍스트란 영화나 연극 대본의 언어가 함축하는 의미이다. 가령 대본에 다음과 같은 대사가 있을 수 있다.

여자: 담배 피워도 될까요?
남자: 예, 물론이죠.(그녀의 담배에 불을 붙여준다.)
여자: 고맙습니다. 매우 친절하시군요.
남자: 천만에요.

앞에 쓰인 문장 그대로, 별로 흥미롭지는 않은 이 네 행은 무척 단순하고 감정적인 기복도 거의 없다. 그러나 극의 맥락에 따라서는 이 네 행은 외견상의 의미와 완전히 다른 독자적인 의미를 나타내기 위해 이용될 수 있다. 만일 여자가 남자와 바람을 피우고 있다면, 그녀는 이 대사를 능숙한 직업여성과는 아주 다르게 전달할 것이다. 만일 그들이 서로를 몹시 싫어한다면, 이 대사는 또 다른 의미를 갖게 될 것이다. 남자가 적대적인 여성과 시시덕거리고 있다면, 이 대사는 또 다르게 전달될 것이고 시사하는 의미도 달라질 것이다. 한마디로 한 구절의 의미는 배우들을 통해서 전달되는 것이지 언어 그 자체에 의해 전달되는 것이 아니다. 언어는 그저 위장된 모습으로 있을 따름이다(하위 텍스트의 개념에 대한 보다 상세한 논의는 제6장을 참조할 것).

음성언어로 의미를 전달하는 모든 대본은 하위 텍스트를 가지며, 심지어 문학적으로 아주 탁월한 대본도 그렇다. 고전적 텍스트에서 한 예를 든다면, 제피렐리 감독의 '로미오와 줄리엣 *Romeo and*

5-29a

'트레인스포팅 *Trainspotting*'
(영국, 1996),
출연: 이완 맥그리거 Ewan McGregor,
감독: 대니 보일 Danny Boyle.

▶ 음성언어에는 이데올로기가 배어 있다. 말을 들어보면 계급, 교육, 문화적 성향 등이 곧바로 드러난다. 대부분의 나라에서, 지방의 방언은 "공인된"(다시 말해서 지배계급의) 방언을 사용하는 사람들에 의해 비표준적인 것으로 간주된다. 특히 영국에서는 방언이 계급시스템과 밀접한 연관이 있다. 권력층 사람들은 동일한 "지배층" 방언을 사용하는데, 아직도 대부분의 지배계급인 브리튼 사람들이 다니는 상류 사립학교에서는 이 말을 가르친다. 이와 달리, 이 영화의 주인공들이 사용하는 노동계급의 스코틀랜드 방언은 분명히 그들을 권력과 명예의 자리 바같으로 내몰고 있다. 그들은 지위가 낮은 프롤레타리아이고, 아웃사이더이며, 신분이 낮다. 따라서 그들은 술과 약에 취하고 지루한 삶을 산다. *(Figment/Noel Gay/Channel 4)*

5-29b

'트로이 *Troy*' (미국, 2004),
출연: 브래드 피트 Brad Pitt,
감독: 볼프강 페터젠 Wolfgang Petersen.

▶ 고대 그리스에서는 사람들이 어떻게 말을 했을까? 호머의 일리아드 The Illiad를 충실하게 각색한 이 영화에서 그 유명한 그리스의 전사 아킬레스 역을 맡은 브래드 피트를 예를 들자면, 그의 "미주리주의 사투리를 중얼대는 것"과 같이 말하는 것이 아님은 분명하다. 이와 같은 고전 작품의 연기를 할 때, 영어를 말하는 배우들은 일반적으로 "대서양 연안국가들의" 사투리를 사용하는데, 이는 사실상 연극이나 영화 외에는 사용하지 않는 억양이다. 이것은 지역적인 억양을 포함하지 않는 영어 구사의 한 방편이다. 자음은 모두 맑고 선명하게 발음되며, 단어들이 절대로 불명료해서는 안 된다. "path"의 "a"나 혹은 "bath"의 "a"와 같은 모음의 소리는 북미에서의 flat의 "a"와 영국 제도에서의 broad의 "a" 사이의 중간으로 발음된다. 간단히 말해서, 현대의 미국이나 영국, 그리고 호주의 말과 닮은 어떤 발음도 신중하게 의도적으로 피한다. 특정한 지리적 장소와 연결되지 않은 한층 중립적인 발음을 위해서다. *(Warner Bros. Photo: Alex Balley)*

Juliet'을 꼽을 수 있는데, 여기서 머큐쇼(존 맥너리 John McEnery)는 자신의 말에 열중하는 재치 있고 유쾌한 친구로 나오는 것이 아니라 현실에 대해 불안을 느끼는 신경과민의 청년이다. 이러한 해석은 일부 전통주의자들을 당황스럽게 만들지만, 영화의 맥락에서 보면 로미오와 그의 가장 절친한 친구 사이의 애정 어린 결속을 강화하여, 영화 후반부에서 티볼트가 머큐쇼를 살해할 때 로미오의 충동적인(또 자기 파괴적인) 복수행위를 정당화시켜 준다.

현대 영화감독 중 일부는 그들이 진정으로 추구하는 것은 곧 하위 텍스트임을 천명하면서 그들의 언어를 고의로 중화시켜 버린다(5-27). 극작가이자 시나리오 작가인 고(故) 해롤드 핀터 Harold Pinter는 아마 하위 텍스트의 중요성을 강조한 작가들 가운데서도 가장 유명한 본보기일 것이다. '귀향 *The Homecoming*'에서, 정말 멋진 에로티시즘의 씬이 물 한 잔을 청하는 대사를 통해 전달되고 있다. 언어란 일종의 "방해음 cross-talk"이고 두려움과 근심을 감추는 한 방편일 경우가 많다고 핀터는 주장한다. 어떤 점에서 보면, 이 기법은 클로즈업이 무대 위의 배우보다 낱말 뒤의 의미를 더 정교하게 전달할 수 있는 영화에서는 훨씬 더 효과적일 수 있다.

5-30a

'선셋 대로 *Sunset Boulevard*' (미국, 1950),
출연: 글로리아 스완슨 Gloria Swanson,
감독: 빌리 와일더 Billy wilder.

▶ 보이스 오버 독백은 과거와 현재를 역설적으로 대조시키기 위해 사용되는 경우가 많다. 거의 필연적으로 이러한 대조는 운명이나 숙명을 암시한다. 이 영화는 죽은 사람(윌리엄 홀던 William Holden)을 통해 해설이 전개된다. 플래시백 영상들은 그가 어떻게 죽게 되었는가를 우리에게 보여준다. 즉, 한때 무성영화 스타였으나 지금은 속아서 은둔생활을 하고 있는 노마 데스몬드(스완슨)의 어리석음을 이용하여 자신의 죽음의 배경을 밝혀주고 있다. 영화가 거의 끝날 무렵, 그녀는 그에게 버림받은 충격에 지쳐 그를 쏜다. 그녀는 지금 그녀를 둘러싼 경찰과 기자들이 그녀의 컴백 공연을 촬영하려는 영화스탭들이라고 생각한다. 홀던의 마지막 보이스 오버 대사는 시적이고, 그 인물에 어울리지 않을 정도로 평온하다. "그래서 그들은 결국 이 카메라들의 방향을 바꾸고 있었다. 인생이라는 것이 묘하게도 자비로운 데가 있어서 노마 데스몬드를 불쌍히 여기고 있었다. 그녀가 그렇게 필사적으로 매달렸던 꿈이 그녀를 감싸주고 있었다." *(Paramount Pictures)*

5-30b

'유주얼 서스펙트 *The Usual Suspects*'
(미국, 1995).
출연: 케빈 폴락 Kevin Pollak,
스티븐 볼드윈 Stephen Baldwin,
베네치오 델 토로 Benicio Del Toro,
가브리엘 번 Gabriel Byrne,
케빈 스페이시 Kevin Spacey,
감독: 브라이언 싱어 Bryan Singer.

▶ 보이스 오버는 사회적으로 이야기되는 것과 개인적으로 생각하는 것을 대비시켜 관객에게 보여주려고 할 때 특히 효과적이다. 거의 언제나 사적인 보이스 오버는 진실을, 즉 상황에 대한 등장인물의 진실한 감정을 담고 있다. 특이한 심리학적 범죄 스릴러인 '유주얼 서스펙트'는 보이스 오버 해설자가 강박신경증의 거짓말쟁이이고 사기꾼이라는 점에서 특이하다. 그가 관객에게 이야기하는 것은 거의 전부가 허풍이다. 그리고 관객들은 최소한 자신들이 속았다는 것을 알아채고 놀라는 마지막 장면 이전까지는 그의 이야기에 말려든다.   *(Polygram/Spelling)*

그러나 이와 같은 것들은 영화가 문학에 비해 누릴 수 있는 언어의 이점 중 극히 일부에 지나지 않는다. 그리고 연극은 영화가 누리는 이러한 이점을 대부분 공유한다. 병치의 예술이라고 해야 할 영화는 또한 음성언어를 영상과 대비시킴으로써 언어의 의미를 확장시킬 수도 있다. 예를 들어, "나는 내일 그를 만나겠다."는 문장은 영상에 나오는 말하는 사람의 모습에 따라, 즉 미소를 짓거나 혹은 눈살을 찌푸리거나 아니면 굳은 결심을 보이느냐에 따라 의미가 달라진다. 온갖 종류의 병치가 가능하다. 저 문장은 결심에 찬 어투로 전달될 수도 있지만, 오히려 놀란 얼굴표정(혹은 눈이나 씰룩거리는 입의 모습)의 영상은 그 말이 표현하는 결심의 강세를 약화시키거나 심지어 지워버릴 수도 있다. 병치된 영상은 얼굴에 나타나는 반응을 포착하는 반응 쇼트 reaction shot가 될 수도 있으며, 그렇게 되면 듣는 사람에게 진술의 효과를 강조하게 된다. 혹은 카메라가 주요 대상을 촬영하여 말하는 사람과 말 그리고 대상 사이의 관계를 암시할 수도 있다. 만일 말하는 사람이 롱 쇼트로 촬영되

5-31

'황무지 *BadLands*' (미국, 1973),
출연: 시시 스페이섹 Sissy Spacek,
각본 및 감독: 테렌스 맬릭 Terrence Malick.

▶ 보이스 오버 내러티브 voice-over narrative라고 해서 모두 전지전능하게 완벽한 것은 아니다. 이 영화는 자신의 인생을 파멸시킨 것에 대해 전혀 알아차리지도 못하고 "진정한 로맨스"라는 상투적인 표현을 일삼는 따분하고 바보스러운 십대 소녀(스페이섹)에 의해 전개되고 있다. 코미디언 론 화이트 Ron White가 말했듯이, "바보에게는 치료약이 없다."
(Warner Bros.)

5-32

'마다가스카 *Madagascar*' (미국, 2005),
출연: 기린 멜먼 Melman the Giraffe(데이빗 쉼머 David Schwimmer의 목소리), 얼룩말 마티 Marty the Zebra(크리스 록 Chris Rock), 사자 알렉스 Alex the Lion(벤 스틸러 Ben Stiller), 하마 글로리아 Gloria the Hippo(제이다 핀켓 스미스 Jada Pinkett Smith),
감독: 에릭 다넬, Eric Darnell, 톰 맥그라스 Tom McGrath.

▶ 표면상으로는 어린이를 겨냥하는 주류 애니메이션 영화가 종종 성인들에게까지 흥미를 끄는 까닭은 부분적으로 그 등장인물들의 목소리 주인공들이 잘 알려진 할리우드 스타들이기 때문이다. 사실 제이다 핀켓 스미스 같은 배우들이 보이스 오버 역할을 할 수 있는 기회를 애타게 찾는 이유는 그들 스스로가 부모이고, 또 그들의 아이들이 그들이 하는 일에 대해 즐거워할 것으로 생각하기 때문이다. 세 아이의 어머니로서 그녀의 아이들이 볼 수 있는 영화를 만드는 것이 만화 영화를 하는 주된 이유였다. '마다가스카'는 뉴욕의 센트럴 파크 동물원에서 태어나 자란 네 친구들(사진)에 관한 것이다. 아늑한 굴과 규칙적인 식사, 그리고 아주 좋아하는 관객들이 있으면, 근심걱정 없이 한껏 즐기며 산다. 하지만 머지않아 이 천국에 문제가 생긴다. 얼룩말 마티(록)가 바깥세상 구경을 애타게 열망한다. 그는 탈출하고 그의 친구들이 허둥대며 뒤쫓았다. 몇 굽이 곡선 길을 돌고 돌아 그들은 마침내 마다가스카의 열대 지역에 이른다. 이제 뉴욕 태생의 이들은 진짜 야생 자연에서 살아남는 법을 배워야만 했다. 그들은 "집밖은 정글이다"라는 말의 진정한 의미를 알게 된다.
(Dreamworks)

면, 말하는 사람과 환경과의 병치도 또한 말의 의미를 변화시킨다. 같은 대사라도 클로즈업 상태에서 말을 하면 또 다른 의미를 강조할 수도 있다.

이러한 동시성의 이점은 다른 음향으로 확장된다. 음악과 음향효과는 말의 의미를 상당히 변화시킬 수 있다. 같은 문장이라도 반향실 echo chamber에서 말을 하면 친밀하게 작은 목소리로 속삭이는 것과는 전혀 다른 함축을 지니게 될 것이다. 만일 굉장한 우레소리가 그 문장의 발음과 동시에 일어난다면, 그 효과는 짹짹거리는 새 소리나 바람소리와는 다를 것이다. 영화도 역시 기계적인 매체이기 때문에, 그 문장은 음향을 녹음할 때 고의적인 수정을 통해 달라질 수 있기 때문이다. 한마디로 음성의 강조, 영상의 강조, 삽입되는 사운드트랙 등에 따라, 이 짧은 문장이 영화 속에서 각기 다른 여러 가지 의미를 지니게 되고, 그 중 어떤 것은 문자언어로서는 도저히 포착할 수 없을 것이다.

영화에는 말로 표현하는 두 가지 유형의 언어, 즉 독백과 대화가 있다. 독백은 다큐멘터리에 자주 나오는데, 이때 화면 밖의 해설자는 영상에 담겨 있는 사실적 정보를 관객에게 제공한다.

다큐멘터리 이론가들이 대체로 의견의 일치를 보이는 것은 곧 이러한 기법을 사용할 때의 기본원칙이 영상 안에 담긴 정보의 중복을 피해야 한다는 것이다. 해설은 스크린에 드러나지 않는 것을 제공해야 한다. 간단히 말해서, 관객은 두 가지 유형의 정보를 제공받고 있는데, 하나는 구체적인 것(영상)이고, 다른 하나는 추상적인 것(해설)이다. 시네마 베리테 cinéma vérité 양식의 다큐멘터리 작가들은 이 기법을 프랑스의 영화감독 장 루슈 Jean Rouch가 처음 개척한 방식, 즉 인터뷰를 포함시키는 데까지 확장시켰다. 그 결과 익명의 해설자 대신에 사운드트랙은 다큐멘터리의 주인공들—슬럼가 거주자나 학생들—의 실제 말을 전달하게 된다. 카메라는 사운드트랙이 연속성을 제공하는 동안 말하는 사람에게 초점을 맞추거나 다른 곳을 자유롭게 옮겨 다닐 수 있다.

5-33

'밀리언 달러 베이비 *Million Dollar Baby*' (미국, 2004),
출연: 클린트 이스트우드 Clint Eastwood, Hilary Swank, 감독: 클린트 이스트우드.

▶ 효과적인 대화라고 해서 언제나 문학적인 각본과 풍부하게 표현되는 언어의 결과는 아니다. 클린트 이스트우드의 영화를 보면 대체로 이야기는 아주 최소한도로 억제된다. 그가 무슨 생각을 하고 있는지를 관객에게 넌지시 보여줄 때 사실상 그는 최상의 연기를 하고 있는 것이다. 그의 얼굴은 그가 말하는 방식보다 훨씬 더 표현이 풍부하다. 왜냐하면 그는 말수가 적은데다 무미건조할 정도로 단조로운 톤으로 전달하기 때문이다. 이스트우드의 경우에는 말이 적은 편이 훨씬 더 낫다.

(*Warner Bros. Photo: Merie W. Wallace*)

독백은 픽션영화에도 사용되었다. 이 기법은 사건과 시간을 압축하는 데 특히 유용하다. 서술적 독백은 전지적 시점에서 영상과 아이러니한 대조를 이룰 수도 있다. 헨리 필딩 Henry Fielding의 18세기 영국의 유명한 소설을 각색한 '톰 존스 *Tom Jones*'에서, 존 오스본 John Osborne의 대본은 불가피하게 덜 수다스럽기는 하지만 필딩의 해설 못지않게 재치 있고 세련된 외화면의 해설을 담고 있다. 이 해설자는 스토리를 구성하면서, 관객에게 등장인물의 약력을 제공하고, 많은 에피소드를 필요한 장면전환과 연결시켜 주며, 그리고 구제불능인 주인공의 탈선행위에 대해서는 철학적인 해설을 내놓기도 한다.

외화면의 해설은 영화에 객관적인 느낌을 부여하는가 하면, 또 종종 운명론적인 분위기를 자아내는 경향이 있다. 빌리 와일더의 대다수 작품들은 플래시백으로 구성되어 있으며, 아이러니한 독백은 운명을 강조하고 있다. 다시 말해서 주요 관심사가 무슨 일이 일어났느냐가 아니라, 어떻게 그리고 왜 일어났느냐에 있다는 것이다(5-30a).

내적 독백 interior monolouge은 영화감독의 가장 소중한 수단들 중 하나이다. 왜냐하면 내적 독백은 등장인물이 무슨 생각을 하고 있는지를 전달할 수 있기 때문이다. 내적 독백은 소설이나 희곡을 각색할 때 자주 쓰인다. 올리비에 이전에 영화독백은 대부분 무대에서 하는 것처럼 전달되었다. 다시 말해서 카메라와 마이크가 배우가 말 그대로 그 자신에게 말하는 것을 녹음했다. 올리비에의 '햄릿 *Hamlet*'이 비로소 한층 영화다운 독백을 도입했다. "사느냐 아니면 죽느냐"라는 대사에서, 몇 구절은 말로 표현되는 것이 아니라 보이스 오버 voice-over 사운드트랙을 통해 "생각"을 전달한다. 결정적인 구절에서, 갑자기 올리비에가 거칠게 말을 토해낸다. 사운드트랙을 사용함으로써 개인적인 심사숙고와 공개적인 스피치가 새롭게 또 종종 더욱 미묘하게 강조되어 흥미롭게 결합될 수 있다.

연극대사와 영화대사의 주요한 차이는 밀도의 정도이다. 연극무대에서 불가피한 관습들 중 하나가 바로 명확한 표현을 위한 명료한 발음 articulation이다. 만일 등장인물을 괴롭히는 어떤 무엇이 있다면, 대개 관객들은 등장인물이 그 문제에 관해서 이야기할 것으로 여긴다. 연극은 청각적이면서 동시에 시각적 매체이지만, 일반적으로 음성언어가 지배적이다. 관객은 보기 전에 듣는 경향이 있다. 만일 연극에서 정보가 시각적으로 전달되고 있다면, 그것은 실제보다 과장될 수밖에 없다. 왜냐하면 대부분의 관객들은 무대에서 너무 멀리 떨어져 있어서 시각적 뉘앙스를 감지하기 어렵기 때문이다. 그러므로 명료한 발음의 관습은 이러한 시각적 손실을 보완하기 위해 불가피한 것이다. 예술적 관습들이 대개 그렇듯이, 연극무대의 대사는 대개 자연스럽거나 사실적이지 못하다. 흔히 사실주의적인 연극이라고 하는 것에서도 그렇다. 실생활에서는 사람들이 그렇게까지 정확하게 생각이나 감정을 명료하게 표현하지는 않는다. 영화에서는 명료한 발음의 관습이 덜한 편이다. 클로즈업을 통해서 아주 상세한 부분까지 보여줄 수 있기 때문에 말로 하는 설명은 불필요한 경우가 많다. 이처럼 공간적 유연성이 더 커진다는 것은 연극대사의 그 무거운 부담을 영화의 언어는 감당하지 않아도 된다는 것을 의미한다. 사실상 영상이 대부분의 의미를 전달하기 때문에 영화의 대사는 실생활의 경우와 마찬가지로 간소하고 사실적일 수 있다. 이를테면 '밀리언 달러 베이비 *Million Dollar Baby*'(5-33)처럼 순전히 이런 식의 대화로 된 영화가 바로 그런 경우이다.

영화대사가 반드시 자연스러운 말투를 따를 필요는 없다. 언어가 양식화되어 있을지라도 감독에게는 그것을 실감나게 할 수 있는 여러 가지 선택지가 있다. 올리비에와 같은 배우는 친밀한 스타일

5-34

'헷지 *Over The Hedge*' (미국, 2006)**의 홍보 사진**
출연: 완다 사이키스 Wanda Sykes and friend,
감독: 팀 존슨 Tim Johnson, 캐리 커크패트릭 Karey Kirkpatrick.

▶ 애니메이션 보이스오버 연기자들은 그들의 개성적인 목소리 때문에 선발되며, 이러한 목소리는 심지어 배우가 스크린에 나타나지 않는데도 다양한 의미를 전달할 수 있다. 완다 사이키스는 작가이자 배우이고 또 천부적인 스탠드업 코미디언 stand-up comedian이다. 그녀가 가장 잘 알려진 것은 아이러니하고 비꼬는 투의 위트와 독특한 목소리 때문이다. 프랑스의 위대한 영화감독 장 르누아르 Jean renoir는 이렇게 말한 적이 있었다. "모든 예술 창작의 목적은 인간에 대한 인식이며, 그리고 인간 존재의 인격을 전달하는 최상의 수단은 인간의 목소리가 아닌가?"   (*Dreamworks*)

5-35

'저수지의 개들 *Resevoir Dogs*' (미국, 1992),
출연: 스티브 부세미 Steve Buscemi, 하비 케이틀 Harvey Keitel, **각본 및 감독:** 쿠엔틴 타란티노 Quentin Tarantino.

▶ 이 양식화된 갱영화는 등장인물의 삶 못지않게 폭력적이고 거의 처음부터 끝까지 입버릇 사나운 말들을 퍼붓다시피 하고 있다. 사실은 욕설을 퍼붓는 것이 결과적으로는 기이하게도 코믹한 것이 되고, 이 영화의 이상야릇한 톤과 더불어 폭력성과 잔인성 그리고 블랙코미디의 비애가 함께 어우러진다. 이와 같은 경우에는 불온한 부분이 삭제된 대사는 오히려 미학적으로 불성실한 형식이 될 것이며, 전체적으로 이 영화의 거칠고 날카로운 사실주의와는 어울리지 않을 것이다.   (*Live Entertainment/Dog Eat Dog*)

의 전달방식을 강조하며, 때로는 심지어 속삭이듯이 낮은 목소리로 말한다. 셰익스피어 작품을 각색한 오슨 웰스의 영화들은 시각적인 화려함이 특징이다. '오델로 *Othello*'에서는 영상을 표현주의적으로 양식화함으로써 언어의 부자연스러움을 보완해 주고 있다. 일반적으로 말한다면, 대사가 비사실적이면 영상도 반드시 그에 상응하는 것이어야 한다. 언어와 영상 사이의 지나친 스타일상의 대조는 신경에 거슬리고, 심지어 희극적인 부조화를 초래하는 경우도 허다하다.

외국어영화는 더빙을 하거나 자막을 통해 원어로 상영된다. 번역의 두 가지 방식 모두 두드러진 결점을 가지고 있다. 더빙영화는 음향이 불분명하고 부실해지는 경우가 많으며, 또한 영화에 나오는 배우들보다 재능이 떨어지는 배우들이 더빙을 한다. 더빙영화에서, 특히 배우 입술의 움직임과 그 음향을 시간적으로 일치시키지 못하는 근접한 거리에서는 음향이 영상과 일치되기 어렵다. 심지어 2개 국어를 할 수 있는 배우가 직접 자신의 더빙을 한다고 해도 모국어로 말하지 않을 경우에는 뉘앙스가 약해진다. 예를 들어, 영어판 '두 여인 *Two Woman*'에서 소피아 로렌 Sophia Loren의 연기는 아주 훌륭하지만, 원래 이탈리아어판에서 보여준 그 멋진 대사의 음성 표현력은 찾아볼 길이 없다. 영어판에서 고급스럽고 부드러운 로렌의 음색은 촌스러운 농부인 그녀의 역할에는 뭔가 맞지 않다. 이와 마찬가지로, 매 웨스트 Mae West나 존 웨인 John Wayne처럼 아주 특이한 목소리가 독일어나 일본어로 더빙되면 이상스럽게 들릴 것이다. 한편, 관객의 집중력을 떨어뜨리고 많은 에너지를 빼앗는 자막영화보다는 오히려 더빙영화가 관객으로 하여금 영상에 집중할 수 있도록 해준다. 영화를 "읽고" 싶어하는 사람은 아무도 없다.

그러나 영화를 자주 보는 관객들은 방해가 되고 성가시더라도 자막영화를 선호한다. 애당초 일부 관객들은 대부분의 대사를 이해할 수 있을 정도로 외국어에 아주 능통하다(특히, 유럽에서는, 교육을 받은 사람이라면 사실상 누구나 두 가지 언어 혹은 경우에 따라서는 서너 개의 언어를 구사할 수 있다). 배우의 목소리 톤이 대사 자체보다 더 중요할 경우가 많으며, 자막영화는 관객에게 이러한 목소리의 뉘앙스를 들을 수 있게 해준다. 한마디로, 자막은 원래의 배우들이 말한 것을 직접 관객이 들을 수 있게 해준다. 그렇기 때문에 일부 제3자적인 전문가들(자막 번역가들:역자주)―아무리 숙련된 사람들이라 하더라도―의 결정은 관객이 불만스러워도 꾹 참는 고통을 감수할 수밖에 없다.

음향의 장점 때문에 영화예술가들은 음향을 피해갈 수가 없다. 르네 클레르가 오래 전에 예견했듯이, 음향은 감독에게 더 많은 시각적 자유를 갖게 하는 것이지 감독의 자유를 줄이는 것이 아니다. 왜냐하면 말은 어떤 사람의 계급, 지역, 직업, 편견 등을 보여줄 수 있기 때문에, 감독은 이를 시각적으로 설정하기 위해 시간을 낭비할 필요가 없기 때문이다. 몇 줄의 대사가 필요한 내용을 모두 전달할 수 있으며, 따라서 카메라는 자유롭게 다른 문제로 옮겨갈 수 있다. 음향이 영화에서 정보를 전달하는 가장 정확하고 경제적인 방식이라는 것을 보여주는 예는 무척 많다.

영화의 음향을 분석할 때, 우리는 이렇게 물어야 한다. 어떻게 음향이 각 씬에 편성되고 있는가? 음향이 왜곡되거나 재생된 것인가? 그 이유는 무엇인가? 음향이 편집되어 단순하게 되었는가 아니면 조밀하고 복잡해졌는가? 음향의 사용에 상징주의적인 면이 있는가? 영화에서 반복적인 모티프가 사용되고 있는가? 침묵은 어떻게 사용되고 있는가? 영화에 나오는 음악이 어떤 타입인가? 어떤 타입의 악기들이 사용되고 있는가? 악기의 수는 얼마나 되는가? 대형 오케스트라인가? 소규모 악단인가? 음악이 대사를 강조하기 위해 사용되는가, 아니면 단순히 액션 씬을 위해 이용되고 있는가? 아니면 둘 다 아닌가? 언어가 어떻게 사용되고 있는가? 대사가 간소하고 기능적인가? 아니면 "문학적" 이고 질감이 풍부한가? 모든 사람이 표준적인 방언을 사용하는가 아니면 지역적인 억양이 있는가? 대사가 계급과 연관이 있는가? 대사 이면에 흐르는 감정적 함축이라고 해야 할 하위 텍스트에 관해서는 어떤가? 등장인물들이 자신들이 원하는 것을 말하지 않을 경우 우리는 그들이 무엇을 원하는지 어떻게 알 수 있는가? 언어의 선택은 어떤가? 몽상적이거나 장식적인 말은? 욕설이나 거친 표현은? 보이스 오버 해설자는 있는가? 그 인물이 스토리를 풀어가는 해설자로 선택된 까닭은 무엇인가? 왜 다른 인물이 아닌가?

▶ 참고문헌

Altman, Rick, ed., *Sound Theory/Sound Practice* (London and New York: Routledge, 1992). A collection of scholarly essays.

Brophy, Philip, *100 Modern Soundtracks* (London: British Film Institute, 2004, distributed in the U.S. by University of California Press). A discussion of music and sound effects.

Brown, Royal S., *Overtones and Undertones: Reading Film Music* (Berkeley: University of California Press, 1994). Scholarly study of the aesthetics of film music.

Chion, Michel, *Audio-Vision*, edited and translated by Claudia Gorbman (New York: Columbia University Press, 1994). Aesthetic emphasis. Chion is a prominent French film theorist, with a specialty in sound.

Chion, Michel, *Film, A Sound Art*, translated by Claudia Gorbman (New York: Columbia University Press, 2009).

Eyman, Scott, *The Speed of Sound: Hollywood and the Talkie Revolution 1926–1930* (New York: Simon & Schuster, 1997). A lively account of the changeover to sound.

Kalinak, Kathryn, *Settling the Score* (Madison: University of Wisconsin Press, 1992). Music and the classical Hollywood cinema.

LoBrutto, Vincent, ed., *Sound-on-Film* (New York: Praeger, 1994). Interviews with creators of film sound.

Morgan, David, ed., *Knowing the Score* (New York: HarperEntertainment, 2000). A collection of interviews with leading film composers.

Weis, Elisabeth, and John Belton, eds., *Film Sound: Theory and Practice* (New York: Columbia University Press, 1985). A collection of scholarly articles.

헬프 The Help (미국., 2011)

(Dreamworks)

학습 목표(Learning Objectives)

- 영화 연기의 네 가지 범주와 영화에서 그 목적과 용도를 알아본다.

- 연극 연기와 영화 연기의 차이를 비교해 보고, 왜 이러한 차이가 영화를 "감독의 표현수단"이게 하는가를 확인한다.

- 영화 스타들의 황금기를 비롯해 미국의 스타시스템의 역사를 개관하고, 영화 스타가 되는 것에 따른 득과 실을 따져 본다.

- 성격파 배우와 연기파 배우의 차이점을 알아보고, 그 각각의 예를 든다.

- 시대와 국적에 따른 다양한 연기 스타일을 구분한다.

- 영화에서 캐스팅의 중요성을 기술하고, 어떤 배우들은 왜 이미지가 고정되어 있는 캐스팅 typecasting을 피하려고 하는가를 설명한다.

영화에서 배우는 반드시 생각을 해야 하며, 그것이 연기를 통해 얼굴에 나타나도록 해야 한다. 그 나머지 부분은 영화라는 매체가 갖는 객관적인 성질이 처리할 것이다. 연극에서 연기는 과장을 요구하지만, 영화에서 연기는 내면적인 생명력이 필요하다.

– 찰스 덜린 Charles Dullin, 연극배우, 영화배우

영화연기는 복합적이고 가변적인 예술이며, 네 가지 범주로 나눌 수 있다.

1. **엑스트라** Extras: 이 배우들은 주로 "수천 명이 운집한 것"과 같은 군중의 느낌을 주기 위해 기용된다. 이 유형의 배우들은 풍경이나 세트처럼 촬영재료로 활용된다.

2. **비직업적인 배우** Nonprofessional performers: 이 배우들은 아마추어 배우들인데, 이들은 대수롭지 않은 연기력 때문이 아니라 주어진 역할에 적합해 보이는 확실한 외모 때문에 선정된다.

3. **훈련받은 직업배우** trained professional: 이 배우들은 연극과 영화 연기자들로서 다양한 스타일로 다양한 역할을 연기할 수 있는 능력을 갖추고 있다. 대다수의 배우들이 이 범주에 해당한다.

4. **스타** star: 대중에게 널리 알려진 유명배우들이다. 사람들을 끌어당기는 스타의 힘은 영화나 연극에서 빼놓을 수 없는 매력 중 하나이다. 스타시스템은 미국 영화계에서 개발되고 미국영화를 통해 지배되어 왔다. 물론 이러한 스타시스템이 영화에만 해당하는 것은 아니다. 사실상 모든 공연예술-오페라, 춤, 연극무대, 텔레비전, 콘서트 음악-이 카리스마적인 연기자의 흥행인기를 이용해 왔다.

영화배우가 어떻게 분류되든, 영화배우라면 누구나 그들의 작품이 직접적으로든 비유적으로든 쇼트를 지시하고 평가하는 사람이 만들어내는 것이라는 사실을 인정한다. 당대의 가장 유명한 영화스타였던 찰리 채플린조차도 "영화연기는 분명히 감독의 매체"라는 것을 인정했다. 한마디로 영화배우는 궁극적으로는 감독의 도구이며, 영화감독의 생각과 정서를 전달하는 또 하나의 "언어시스템"이다.

연극 연기와 영화 연기

연극의 연기와 영화의 연기가 다른 것은 주로 두 매체의 시공간적 차이 때문이다(제7장 "드라마" 참조). 연기자의 입장에서 보면, 일반적으로 연극이 영화보다 훨씬 더 만족스러운 매체로 여겨지는데, 이는 일단 막이 오르면 배우가 그 진행을 주도적으로 이끌어가는 편이기 때문이다. 하지만 영화의 경우 언제나 그런 것은 아니다. 여배우 킴 스탠리 Kim Stanley는 그 차이를 아주 멋지게 표현하고 있다.

"영화 속에서 배우가 무엇을 하든, 결국 그것은 감독의 작품을 위한 작은 조각들에 불과하다. 그리고 감독에게는 그것이 멋있는 일이겠지만, 배우들에게는 하나의 역할이 어떻게 만들어지는가를 습득할 수 있는 기회조차 주어지지 않는다. 영화에서 예술가는 감독이다. 배우는 연극무대 위에서 창조의 기회를 훨씬 더 많이 갖는다."

심지어 각 매체마다 요구조건이 다르다. 관객에게 용모나 목소리가 명확하고 선명하게 전달되어

6-1

'언페이스풀 *Unfaithful*'
(미국, 2006),
출연: 다이앤 레인 Diane Lane, 올리비에 마르티네즈 Olivier Martinez, 감독: 애드리안 라인 Adrian Lyne.

▶연극에서 러브 씬은 대체로 말로 나타내며, 상당히 진한 사랑의 행위는 찾아보기 힘들다. 나체 노출은 극히 드물다. 보통 영화에서 러브 씬은 정반대다. 신체접촉을 강조하고 대화는 최소화한다. 대부분의 영화배우들은 누드 씬의 연기를 싫어한다. 누드연기는 대체로 수많은 기술진이 곁에서 지켜보는 가운데 이루어진다. 이처럼 낭만적이지 못한 공개장소에서도 배우들은 마치 그들이 비공개적인 장소에 있는 것처럼 연기해야만 한다. 더욱이 알몸 노출은 연극이든 영화에서든 산만하고 집중이 안 된다. 영국의 셰익스피어 작품을 연기하는 연극배우 이안 맥켈런 Ian Mckellen이 지적했듯이, 불가피하게 남녀가 옷을 벗어야 할 경우에, 보통 때는 은밀하게 숨겨졌던 부분에 시선이 가게 되고, 그 순간 그 씬에서 놓치고 있는 어떤 중요한 일이 있을 수도 있다. 만일 알몸 노출이 저렇듯 집중을 방해한다면, 그것은 애쓴 보람이 없다.   *(New Regency. Photo: Barry Wetcher)*

야 한다는 것은 연극배우에게는 필수적인 요건이다. 그래서 이상적인 연극배우는 반드시 유연하면서도 세련된 목소리를 가져야 한다. 심지어 주관적으로 말하자면, 배우의 목소리는 수천 석 규모의 극장에서도 잘 전달될 수 있을 만큼 충분한 성량을 가져야 할 것이다. 연극에서 의미전달의 주요 원천은 언어이므로 반드시 음성표현을 통하여 대화의 뉘앙스가 전달되어야 한다. 또 배우의 목소리는 다양하게 변할 수 있어야 한다. 어떤 단어에 강세를 주고 또 어떻게 강세를 줄 것인가, 서로 다른 유형의 대사를 어떻게 적절하게 표현할 것인가, 어디에서 얼마 동안 호흡을 가다듬을 것인가, 또한 한 행의 대사나 혹은 연속된 일련의 대사를 어느 정도로 빠르게(혹은 느리게) 할 것인가를 반드시 알아야 한다. 특히, 연극배우는 고도로 양식화되고 부자연스런 대사를 암송하고 있을 때라도 실감나게 해야만 한다. 멋진 연극공연에 대한 찬사는 대부분 배우에게 돌아간다. 하지만 공연이 재미없으면 그 대부분의 책임 역시 배우들의 몫이다. 공연이 재미없으면 관객은 배우에게 불만을 늘어놓기 때문이다.

연극에서는 영화에 비해 배우의 신체조건에 대한 요구가 덜 엄격한 편이다. 물론 연극배우도 시각적 대상임에는 틀림이 없으며, 객석의 뒷자리에서도 잘 보여야 한다. 그러므로 키가 큰 것이 유리하다. 키가 작은 배우들은 대형 무대에서 잘 보이지 않을 수가 있기 때문이다. 당연히 분장으로 여러

6-2a

'상하이 익스프레스 Shanghai Express'
(미국, 1932).
출연: 마를렌 디트리히 Marlene Dietrich,
감독: 요제프 폰 슈테른베르크 Josef Von
Sternberg.

▶ 마를렌 디트리히는 성형수술—오늘날에는 남자든 여자든 아주 흔하다—의 덕을 톡톡히 본 최초의 영화배우였다. 성형외과는 사업상의 결단이자 개인적인 결정이다. 왜냐하면 배우들은 실제 나이에 비해 여전히 몸매가 날씬하고 훨씬 더 젊어 보이게 하면 자신의 일을 오래 해나갈 수 있기 때문이다. 디트리히가 1930년에 독일에서 미국으로 처음 왔을 때, 그녀의 멘토인 요제프 폰 슈테른베르크 Josef von Sternberg 감독은 그녀에게 체중을 20파운드 줄이라고 했다. 또한 그는 약간 둥글납작한 그녀의 코를 윤곽이 뚜렷하게 수술하도록 주선했다. 안쪽 어금니를 몇 개 제거하고 나니 그녀의 높은 광대뼈가 두드러지게 된 것은 말할 것도 없고 움푹 들어간 매력적인 볼이 만들어졌다. 많은 전문가들이 아직도 이를 여성적 아름다움의 필수 요소라고 말한다. 디트리히는 또한 분장에서도 탁월했으며, 그녀의 모습을 더 이상 바꿀 수 없는 완벽한 모습으로 전환시켰다. 인위적으로 아치 모양으로 그린 그녀의 눈썹이 얼마나 그녀의 눈을 확대시키고 있는지, 그리고 립스틱의 교묘한 활용이 얼마나 그녀의 얇은 입술을 훨씬 더 통통하고 관능적으로 보이게 하는지를 눈여겨보라. 자신의 모습을 고통을 이겨내며 스스로 고쳐나가면서, 그녀는 비록 영화보다는 주로 원 우먼 쇼 one-woman-show의 연극무대이긴 했어도 그녀의 일을 70대까지 이어갈 수 있었다. 상당한 거리는 영화의 무자비한 클로즈업보다 훨씬 더 효과적으로 육체적인 아름다움의 환상을 지켜준다.

(Paramount Pictures. Photo: Don English)

가지 부족한 점을 감추거나 보완할 수는 있지만, 크고 반듯한 체형이 역시 유리할 것이다. 이런 까닭에, 연극에서 40세의 배우를 로미오로 캐스팅하는 것이 반드시 잘못된 것만은 아니다. 그 배우의 체격이 아주 훌륭하기만 하다면, 맨 앞좌석 빼고는 그의 나이를 알아볼 사람이 없을 것이기 때문이다. 연극에서는 시각의존도가 낮기 때문에, 목소리와 신체가 배역을 잘 소화할 수만 있다면, 배우들은 자기 나이와 20세 정도 차이가 나도 그 역할을 충분히 해낼 수 있다.

연극배우는 항상 몸 전체가 시각적으로 노출되어 있다. 그렇기 때문에 연극배우는 어느 정도 정확하게 자신의 몸을 통제할 수 있어야 한다. 앉기, 걷기, 서기와 같은 알기 쉬운 동작들도 무대 위에서는 실제생활과 다르게 행해진다. 배우는 보통 춤이나 펜싱도 할 수 있어야 하고, 옛 의상을 입고

6-2b

'슈렉 3 *Shrek The Third*'
(미국, 2007)의 홍보 사진.
출연: 카메론 디아즈 Cameron Diaz,
감독: 크리스 밀러 Chris Miller.

▶ 부분적으로 고예산 애니메이션 영화의 즐거움은 영상 뒤에 숨은 유명인사의 목소리를 알아보는 데 있다. 예를 들면, 이 영화에 나오는 눈에 띄게 토실토실하고, 선명하게 녹색을 띤 피오나 공주의 목소리 주인공은 날씬하고 매력적인 카메론 디아즈이다. 그녀는 이 영화의 고정출연으로 수백만 달러의 수입을 올렸다.
(Dreamworks)

6-3

'미스 리틀 선샤인 *Little Miss Sunshine*'
(미국, 2006).
출연: 앨런 아킨 Alan Arkin, 스티브 카렐 Steve Carell, 폴 다노 Paul Dano, 아비게일 브레스린 Abigail Breslin, 토니 콜렛 Toni Collette, 그렉 키니어 Greg Kinnear,
감독: 조나단 데이턴 Jonathan Dayton,
발레리 페리스 Valerie Faris.

▶ 영화에서는, 특히 미국영화에서는 주연과 조연이 분명하게 구분된다. 하지만 이 가족 코미디의 경우처럼 앙상블 캐스팅은 똑같은 비중을 가진 등장인물들의 집단적인 상호 작용을 강조한다. 앙상블 캐스팅은 연극에서 훨씬 더 흔하다. 왜냐하면 배우들이 동일한 시간에 동일한 공간에 나오기 때문이다. 미국 영화에서 우선적인 한 가지 주제가 있다면, 코미디에서든 드라마에서든 그것은 가족의 신성함이다. 여러 면에서 삐걱거리긴 하지만, 이 가족 구성원들은 어려울 때 가족이 마지막 원조와 결속의 요새가 된다는 것을 깨닫게 된다. *(20th Century Fox. Photo: Eric Lee)*

서도 자연스럽게 운신하는 법도 배워둬야 한다. 또 연극배우는 손의 사용법도 알아야 한다. 언제 손을 가만히 내려야 하는지, 표현력이 풍부한 제스처를 위해서는 언제 손을 사용해야 하는지를 알아야 한다. 그뿐만 아니라 연극배우는 인물이 달라지면 그에 따라 자신의 몸을 맞추어 갈 수 있어야 한다. 17세의 소녀는 30세의 여인과는 몸동작이 다르게 마련이고, 또 나이가 같아도 귀족은 가게점원과는 다르게 행동했을 것이다. 몸은 반드시 다양한 정서를 팬터마임으로 전달할 수 있어야 한다. 행복한 사람은 의기소침하거나 두려워하거나 혹은 지겨워하는 사람과는 서 있는 모습조차 차이가 난다.

　연극연기는 현실적인 시간의 흐름을 그대로 지켜나간다. 배우들은 희곡의 거의 끝부분에 있는 클라이맥스 씬을 향하여-한 씬 한 씬 단계적으로-나아간다. 보통 연극배우는 상대적으로 힘이 덜 드는 수준에서 시작하여 씬이 진행됨에 따라 힘을 증가시키고, 클라이맥스에서 최고 정점에 도달하여, 마침내 연극 말미에 그 힘을 다 소진한다. 한마디로, 배우는 그 자신의 심리적인 에너지로 희곡 자체의 구조에 대응하는 또 하나의 구조를 만들어내고 있는 셈이다. 물론 연극마다 그 구성방식이 다르기 때문에, 모든 씬이 그 앞의 씬보다 자동적으로 강하게 연기되는 것은 아니다. 하지만 이상과 같은 전반적인 구조 내에서 연극배우는 각각의 씬에 나와서 연극을 만들어간다. 한 씬이 계속될 동안 같은 수준의 힘을 유지시키는 것은 연극배우에게 필수적이다. 일단 막이 오르면 연극배우는 무대 위에 혼자 있을 뿐이다. 실수는 고칠 수도 없고 한 씬을 다시 하거나 편집할 수도 없다.

6-4a

'디 아워스 *The Hours*'
(미국, 2002).
출연: 메릴 스트립 Meryl Streep,
감독: 스티븐 달드리 Stephen Daldry.

▶영화의 클로즈업은 영화배우로 하여금 대사가 뒷좌석까지 전달될 수 있을까 하고 신경 쓸 필요 없이 그 순간의 진실에 전적으로 집중할 수 있도록 해준다. 제스처와 얼굴표정은 미묘한 차이를 정교하게 표현할 수 있다. 일반적으로 연극배우는 이러한 뉘앙스를 말로 표현해야만 한다. 헝가리의 영화이론가인 벨라 발라즈 Bla Balzs는 영화에서 클로즈업은 사람의 얼굴을 그 주변환경으로부터 분리시켜 영혼까지 파고들 수 있게 하는 것이라고 믿었다. 발라즈는 "정신적인 경험은 얼굴과 얼굴표정에 나타난다."고 말했다. 연극무대에서 이런 체험을 표현할 수는 없다. 관객과 배우의 거리가 너무 멀기 때문이다. 메릴 스트립은 무려 열 세 번이나 아카데미상 후보에 올랐다. 이는 역사상 전례가 없는 일로서 다른 어떤 배우보다도 많은 숫자이다. *(Paramount Pictures/Miramax. Photo: Clive Coote)*

6-4b

'펀치 드렁크 러브 *Punch-Drunk Love*'
(미국, 2002).
출연: 필립 세이모어 호프만 Phillip Seymour
Hoffman, 각본 및 감독: 폴 토마스 앤더슨 Paul
Thomas Anderson.
*(Ghoulardi/New Line/Revolution. Photo: Bruce
Birmelin)*

▶ 다재다능은 오랫동안 진지한 연기를 측정하는 측도가 되어 왔으며, 그리고 오늘날 필립 세이모어 호프만만큼 다재다능한 배우는 극히 드물다. 그는 연극 감독을 했을 뿐 아니라 브로드웨이에서 재공연한 '트루 웨스트 *True West*'와 '밤으로의 긴 여로 *Long Day's Journey into Night*' 같은 미국의 이름난 연극의 주연을 맡기도 했다. 영화에서 그는 '행복 *Happiness*'에서의 외설적인 전화 발신자, '부기 나이트 *Boogie Nights*'에서의 익살맞은 포르노 영화 그루피(광신적인 팬), 그리고 '플로리스 *Flawless*'에서의 친절한 드래그 퀸(공연을 하기 위해 여장을 한 남자) 등과 같은 다양한 역을 연기했다. 그가 '펀치 드렁크 러브'에서 맡은 지저분한 배불뚝이 마쵸 맨(남자인 척 으스대는 사내)의 역과 그리고 완전히 정반대의 타입, 즉 대표적인 저서인 '인 콜드 블러드 *In Cold Blood*'의 자료를 조사하고 집필하는 유명 작가 트루먼 카포티의 역은 그의 가장 멋진 연기들이다. 호프만은 상당히 크고 뚱뚱하지만, 체구가 아주 작은 카포티의 얌전한 태도와 고상하고 느린 말투를 정확히 포착하는 능력을 갖추고 있었다. 통찰력이 돋보이는 호프만의 연기는 그에게 오스카 남우주연상을 안겨주었다.

6-4c

'카포티 *Capote*' (미국, 2005).
출연: 필립 세이모어 호프만 Phillip Seymour Hoffman,
감독: 베넷 밀러 Bennett Miller.
(Sony Pictures/Infinity. Photo: Attila Dory)

일반적으로 영화배우는 최소한의 연극적인 기교만 있어도 연기를 무척 잘할 수 있다. 영화에서 연기자에게 필수적으로 요구되는 것은 안토니오니 Antonioni가 강조하는, 이른바 "표현력 expressiveness"이다. 다시 말해서 영화배우는 표정을 통해서 흥미를 불러일으킬 수 있어야 한다(6-4a). 아무리 많은 기법을 동원해도 카메라를 안 받는 얼굴을 보완해 줄 길은 없다. 이러한 결함 때문에 많은 연극배우가 영화에서는 제대로 대접을 받지 못했다. 사라 베른하르트 Sarah Bernhardt를 포함한 역사상 가장 유명했던 연극배우들 중 몇몇은 영화에서는 터무니없는 모습으로 나온다. 사라 베른하르트의 기교는 풍자만화처럼 틀에 묶여 있고 연극적이다. 영화에서는 지나친 기교가 실제로 연기의 효력을 약화시킬 수도 있고, 또한 과장되고 진실성이 부족한 것처럼 보이게 할 수도 있다.

영화에서 연기는 거의 전적으로 스토리 소재에 대해 감독이 어떤 방식으로 접근하느냐에 달려 있다. 일반적으로 감독의 테크닉이 사실적일수록 배우의 연기능력에 더 많이 의존할 수밖에 없다. 이런 감독들은 배우의 전신을 프레임 안에 붙잡아 두는 롱 쇼트를 선호하는 편이다. 이는 연극의 프로시니엄 아치에 해당하는 카메라의 거리이다. 또한 사실주의 감독은 롱 테이크를 선호하는 경향이 있는데, 이는 배우들이 비교적 오랜 시간 동안 중단 없이 연기를 계속 이어가도록 하기 위한 것이다. 관객의 입장에서 보면, 사실주의 영화의 연기를 평가하는 것이 훨씬 쉽다. 왜냐하면 감독의 노골적인 간섭이나 방해 없이 한결같이 이어지는 씬을 감상할 수 있기 때문이다. 카메라는 본질적으로 녹화하는 기계에 불과하다.

보다 형식주의적인 감독일수록 배우의 기여도를 낮게 평가할 것이다. 히치콕이 만들어낸 가장 놀라운 영상효과들 가운데 일부는 배우의 연기를 최소화함으로써 이룬 결실이었다. '사보타주 Sabotage'를 제작하는 동안, 히치콕이 주연여배우로 기용한 실비아 시드니 Sylvia Sidney가 울음을 터뜨린 적이 있었는데, 그 이유는 결정적인 씬에서 그녀의 연기를 허용하지 않았기 때문이다. 이 에피소드는 동정을 살 만한 여자주인공이 자신의 어린 남동생을 살해한 잔인한 남편을 보복살해하는 대목을 촬영할 때 일어난 일이다. 물론 연극에서는 여자주인공의 감정과 생각은 과장된 얼굴표정과 말을 통해서 전달될 것이다. 그러나 실제생활에서 사람의 표정이 반드시 그들의 생각이나 느낌을 나타내지는 않는다고 히치콕은 말했다. 그래서 히치콕 감독은 여러 씬을 병치시키는 편집을 통해 이런 생각과 감정을 전달하는 방식을 즐겨 썼다(6-5).

이 씬의 배경은 저녁식탁이다. 여자주인공은 평소처럼 식사하고 있는 남편을 본다. 그 다음 고기와 야채가 담긴 접시와 그 옆에 놓인 나이프와 포크를 클로즈업으로 보여준다. 아내의 손이 접시 너머로 보인다. 이어서 히치콕은 생각에 잠긴 채 고기를 자르고 있는 아내를 미디엄 쇼트로 보여준다. 그 다음에는 죽은 동생이 앉았던 빈 의자를 미디엄 쇼트로 보여준다. 나이프와 포크를 쥐고 있는 아내의 손이 클로즈업된다. 카나리아가 있는 새장이 클로즈업되고, 이것이 아내에게 죽은 동생을 상기시킨다. 생각에 잠긴 아내의 얼굴이 클로즈업된다. 나이프와 쟁반이 클로즈업된다. 갑자기 남편의 의심에 찬 얼굴이 클로즈업된다. 남편이 나이프와 생각에 잠긴 아내의 표정 간에 어떤 연관이 있다는 것을 알아챈다. 카메라가 커트를 사용하지 않고 팬으로 다시 나이프를 보여주기 때문이다. 남편은 자리에서 일어나 아내 쪽으로 간다. 히치콕은 재빨리 커트해서 나이프로 뻗는 아내의 손을 클로즈업한다. 다시 커트하여 남편의 몸으로 칼이 들어가는 것이 익스트림 클로즈업된다. 고통으로 일그러진 남편의 얼굴과 겁에 질린 여자의 얼굴이 재차 커트되어 투 쇼트로 잡힌다. 실비아 시드니는 완

6-5

'사보타주 *Sabotage*' (영국, 1936)의 시퀀스,
주연: 실비아 시드니 Sylvia Sidney,
오스카 호몰카 Oscar Homolka,
감독: 앨프리드 히치콕 Alfred Hitchcock.

▶ 편집기술을 통해서, 즉 배우를 보여주는 쇼트와 사물을 보여주는 쇼트를 병치시킴으로써 정서적 효과가 풍부한 "연기"를 만들어낼 수 있다. 이와 같은 장면에서 배우가 하는 일은 최소화된다. 그 전체적인 효과는 두 개 혹은 그 이상의 쇼트를 연결시킴으로써

이루어진다. 이렇게 연결되는 진행과정은 푸도프킨 Pudovkin의 구성적 편집이
론의 토대가 된다. 이 시퀀스와 그 외 다른 것들이 위대한 두 영화감독의 책 한
권 정도 될 만한 인터뷰내용에 매혹적이고 풍부한 삽화가 곁들여져 있는 다음
의 책에 실려 있다. François Truffaut, *Hitchcock* (New York: Simon and Schuster,
1967). *(Gaumont British(ITV Global))*

6-6a

'비프케이크 *Beefcake*' (캐나다, 1999),
출연: 스타크 Stark,
감독: 톰 피츠제럴드 Thom Fitzgerald.
(AIF/Ch4/Odeon/Telefilm)

▶ 나체와 누드. 수많은 문화학자들이 나체와 누드의 차이를 지적해 왔다. 누드 혹은 반(半)누드(6-6a)는 보여주기 위한 것이고, 찬미하기 위한 것이다. 이를테면, 피츠제럴드의 '비프케이크'에 나오는 '예술적인' 모델들이 그런 것인데, 이 영화는 남성의 섹슈얼리티에 대한 동성애적 탐구로서 부분적으로는 픽션이고 부분적으로는 다큐멘터리이다. 이 영화는 동성애자 팬들이 대단히 많았던 1950년대와 1960년의 소위 머슬 매거진 muscle magazine이라 불리는 잡지들에서 영감을 받았다. 성적 매력은 대부분의 공연예술에서 어쩔 수 없는 유인이며, 이는 먼 옛날까지 거슬러 올라간다.

사실 인간형상의 아름다움—남성과 여성 양쪽 모두—은 영화가 나온 이래 그것이 지닌 가장 지속적인 유혹의 미끼 중 하나였다. 그 매력은 미학적이면서 동시에 세속적이다. 다시 말해서 우리는 잘생긴 신체의 감각적 아름다움에 이끌리고, 또 그것을 만져보고 싶어 하고, 혹시 가능하면 소유하고 싶기도 하다. 이와는 달리, 나체(6-6b)는 창피스럽고 당황스럽게도 옷을 입지 않고 공개적인 모습을 드러내는 것인데, 자칭 간부(姦夫)인 체하는 클리스가 예기치 못한 손님들 때문에 나체로 붙잡히는 경우처럼 나체는 아주 유쾌한 환희의 원천이 된다. 또한 다음을 참조하라. Peter Lehman, ed., *Masculinity: Bodies, Movies, Culture* (New York and London: Routledge, 2001).

6-6b

'완다라는 이름의 물고기 *A Fish Called Wanda*' (영국, 1988),
출연: 존 클리스 John Cleese,
감독: 찰스 크릭튼 Charles Crichton.
(MGM/UA. Photo: David James)

6-7a

'황금광시대 *The Gold Rush*'
(미국, 1925).
출연: 찰리 채플린 Charles Chaplin,
맥 스웨인 Mack Swain,
감독: 찰리 채플린.

▶ 모든 매체(라디오 제외)의 배우는 신체언어에 대해 알고 있어야 하며, 또한 그것이 등장인물에 관하여 무엇을 표현하고 있는지를 알아야 한다. 무성영화의 배우들은 목소리를 이용할 수 없으므로 감정과 생각을 몸짓, 동작, 신체언어 그리고 얼굴표정을 통하여 밖으로 표현했다. 이 모든 것은 대사가 없다는 사실을 보완하기 위하여 강조되고 강화되어야만 했다. 가령 이 쇼트에서 빅 짐 맥케이는 오두막에서 울리는 이상한 소리에 어리둥절해 하고 있으며, 찰리는 팬터마임으로 그 이유가 자신의 속이 메스껍기 때문이라고 설명하고 있다.   *(United Artists)*

6-7b

'세상의 모든 계절 *Another Year*' (영국, 2010).
출연: 피터 와이트 Peter Wight, 레슬리 맨빌 Leslie Manville,
감독: 마이크 리 Mike Leigh.

▶ 등장인물들이 그들의 감정을 드러내놓고 표현할 수 없거나 표현하기를 꺼릴 때, 종종 보디랭귀지를 통해 말없이 감정을 표현할 수 있다. 가령 이 사진에서 보이는 불행히도 이혼한 만취한 두 인물은 말 그대로 손에 닿을 만큼 가까이 앉았음에도 불구하고 서로를 경멸하며 거부하고 있다. 각자가 어떻게 상대방으로부터 그들의 몸을 옆으로 비틀고 있는지 보라. 원경에 있는 빌딩과 정원의 분리된 선에 의해 그들의 불화는 한층 더 강조되고 있다. 이것은 하늘이 맺어준 한 쌍이 아니다. 사실 이것은 아무리 봐도 한 쌍이라고 할 수 없다.   *(Film4)*

성된 작품을 보고 그 결과에 만족했다. 물론 전체적인 씬은 관습적인 의미에서 볼 때 거의 연기가 필요하지 않았다.

영화의 연기를 일반화하기는 어렵다. 영화마다 영화감독의 접근 방식이 다르기 때문이다. 뛰어난 영화감독이자 연극연출가이기도 한 엘리아 카잔 Elia Kazan, 잉마르 베리만 Ingmar Bergman 같은 감독들은 영화의 극적 필요성에 따라 그들이 사용하는 기교는 엄청나게 다양했다. 하나의 씬을 영화로 만드는 어떤 "정확한" 접근방식이란 있을 수 없다.

그러나 감독이 사실주의자이든 형식주의자이든 간에, 영화연기와 연극연기에는 여전히 근본적인 차이가 있다. 예를 들어, 영화배우는 목소리의 조건에 크게 제약받지 않는다. 왜냐하면 소리의 크기는 기계를 이용하여 조절할 수 있기 때문이다. 다소 성량이 부족한 마릴린 먼로 Marilyn Monroe의 작은 목소리는 연극에서라면 객석의 처음 몇 줄까지만 겨우 들리겠지만, 영화에서는 그것이 오히려 어

6-8

'길 *La Strada*' (이탈리아, 1954).
출연: 리처드 베이스하트 Richard Basehart,
줄리에타 마시나 Giulietta Masina,
감독: 페데리코 펠리니 Federico Fellini.

▶사실 이탈리아 영화들은 모든 촬영이 끝난 후에 더빙이 되며, 심지어는 편집이 끝나고 난 후에야 더빙이 되는 경우도 가끔 있다. 펠리니는 얼굴, 체격 또는 개성에 준해서 배우를 선정한다. 이탈리아의 영화감독들이 대부분 그렇듯이, 펠리니는 자주 외국배우를 주연으로 기용한다. 미국인인 리처드 베이스하트는 이 영화를 찍을 때 대사를 영어로 했다. 펠리니는 촬영이 끝나면 극중 인물의 목소리를 더빙하기 위하여, 음성의 특성이 비슷한 이탈리아 배우를 기용하였다. *(Ponti-De Laurentiis)*

6-9

'뉴 월드 *The New World*' (미국, 2005),
출연: 콜린 파렐 Colin Farrell,
코리언카 킬처 Q'orianka Kilcher,
각본 및 감독: 테렌스 맬릭 Terrence Malick.

▶ 영화에서 리얼리즘은 연극에서 리얼리즘보다 훨씬 더 리얼할 수 있다. 왜냐하면 연극배우의 숙련된 기량이나 기술은 언제나 관객이 식별할 수 있도록 노출되어 있기 때문이다. 영화의 리얼리즘은 배우의 기량이나 기교가 부족하기 때문에 한층 더 실감난다. 이 영화는 인디언 포카혼타스와 영국군 존 스미스에 얽힌 전설 같은 이야기와 1607년에 세운 버지니아의 제임스타운 식민지에 기초하고 있다. 맬릭 감독은 다름아닌 포카혼타스의 꾸밈없는 진정성 때문에 이상적인 그녀의 역에 14세의 비직업적인 배우인 킬처를 기용했다. 그녀는 연극조의 매너리즘에서 완전히 탈피해 있으며, 따라서—백인과 유럽인의 정신적 및 육체적인 오염에 물들기 전—에덴 동산의 천진성을 나타내기에는 아주 그럴싸했다. *(New Line)*

린아이와도 같은 연약함을 전달하기에 안성맞춤이었고, 또한 이러한 연약함이 그녀의 연기에 그처럼 시적으로 섬세한 맛을 안겨주었다. 어떤 영화배우들은 목소리의 색다른 매력 때문에 인기를 얻기도 했다. 또한 영화에서의 연기는 목소리의 유연성과는 큰 상관이 없었기 때문에, 많은 배우들이 딱딱하고도 표현력이 부족한 목소리임에도 불구하고 크게 성장했다. 이를테면 게리 쿠퍼 Gary Cooper, 존 웨인 John Wayne, 클린트 이스트우드 Clint Eastwood, 아놀드 슈워제네거 Arnold Schwarzenegger와 같은 배우들이 그런 경우이다.

또 영화배우의 목소리도 기계조작으로 그 음질을 조절할 수 있다. 음악과 음향효과로 한 줄의 대사가 갖는 의미가 완전히 달라질 수 있다. 전자장치로 목소리가 이상하게 들리거나, 크게 울리거나 혹은 힘없이 들리게 만들 수도 있다. 영화에 나오는 대부분의 대사는 더빙한 것이므로 감독은 그것이 완벽하게 될 때까지 녹음작업을 할 수 있다. 때로는 녹음한 것 중에서 한두 단어만을 선택해서 다른 녹음에서 골라낸 다른 단어와 합성하거나 심지어는 제3, 제4의 녹음에서 선택한 단어와 합성하기도 한다. 이러한 합성작업은 한 걸음 더 나아가 심지어 한 배우의 얼굴을 다른 배우의 목소리와 결합시킬 수도 있다(6-8).

마찬가지로 영화배우의 신체적 조건은 연극배우의 신체적 조건과 다르다. 심지어 주연급 배우라 할지라도 키가 꼭 클 필요는 없다. 예컨대, 앨런 래드 Alan Ladd는 키가 아주 작았다. 프레임 안에 그의 키와 비교될 만한 다른 배우가 없을 경우, 오로지 감독은 알랜 래드의 전신이 나오는 것만 피하면 되었다. 알랜 래드는 상자 위에 서서 러브 씬을 연기했고, 그의 몸은 허리 부분에서 잘린다. 로우 앵글 쇼트 역시 그의 키를 더 커보이게 했다. 영화배우의 얼굴은 반드시 클 필요는 없다. 다만 표현력이, 특히 눈과 입의 표정이 풍부하면 된다. 영화배우라고 해서 반드시 매력적이어야 하는 것은 아니다. 예컨대, 험프리 보가트 Humphrey Bogart는 잘 생긴 편은 아니었지만 카메라가 "그를 좋아했다." 다시 말해서, 험프리 보가트의 얼굴은 신비할 정도로 카메라를 잘 받아서, 카메라 앞에 서면 카메라맨이 깜짝 놀랄 지경이었다. 가끔 이렇게 화면에 비친 배우의 모습과 실제 모습 간의 차이가 몹시 성가시고 불편할 수도 있다. 진 아서 Jean Arthur가 불평을 늘어놓았듯이, "스크린에 비치는 모습대로 일상의 삶을 산다는 것은 엄청나게 힘든 일이다."

움직임이 서툴고 어색한 배우라고 해서 영화에서 반드시 불리한 것은 아니다. 감독이 롱 쇼트의 사용을 많이 하지 않음으로써, 또 배우가 동작을 끝내거나 위치를 옮기고 난 다음에 촬영함으로써 문제를 해결할 수 있다. 복잡하고 어려운 동작들은 스턴트맨이나 대역을 기용해 위장할 수도 있다. 이렇게 찍은 쇼트가 근접거리에서 찍은 주연배우의 쇼트 사이사이에 들어가고, 이처럼 양자를 병치하는 편집 때문에 관객에게는 주연배우가 모든 쇼트에서 다 연기하고 있는 것처럼 보이게 된다(4-17a & b). 심지어 클로즈업에서도 특수한 조명이나 특수한 렌즈나 필터를 사용함으로써 영화배우의 모습에 변화를 줄 수도 있다.

영화의 기본적인 구성단위는 쇼트이기 때문에, 배우가 장시간에 걸쳐 계속 연기할 필요는 없다. 심지어 하나의 쇼트가 2~3분 정도 걸리는 사실적인 영화에서도 그렇다. 아주 단편화된 영화—이런 영화에서는 쇼트가 1초도 지속되지 않을 수도 있다—에서는 배우에게 특별히 연기하라고 할 것도 없다. 배우는 그냥 거기에 있으면 된다.

영화촬영 스케줄은 경제적인 고려를 통해서 결정된다. 그러므로 여러 가지 시퀀스의 촬영이 사건의 순서대로 되는 것은 아니다. 필요에 따라 배우에게 클라이맥스 씬을 먼저 연기하라고 요청할 수도 있고, 별로 두드러질 것 없는 상황설명 정도의 쇼트를 나중에 할 수도 있다. 그렇기 때문에 영화배우는 연극배우처럼 서서히 고조시켜 나가면서 감정을 조성할 필요는 없다. 오히려 영화배우는 고도의 집중력을 발휘할 수 있어야 한다. 아주 짧은 시간에 자신의 감정에 불을 붙였다 껐다 해야 하기 때문이다. 전반적으로 배우는 전혀 연기를 하고 있지 않은 것처럼 극히 자연스러워야 한다. 헨리 폰다 Henry Fonda는 "실제생활에서 행동하는 것처럼 연기한다."고 했다(6-10). 분명히 영화배우는 나중에 여러 쇼트들을 하나의 일관성 있는 작품으로 만들어가는 감독의 손에 좌우되며, 이는 거의 언제나 그렇다. 어떤 감독들은 배우를 속여서 원하는 연기를 끌어내기도 한다. 즉, 어떤 연기를 요구하지만, 사실 그것은 다른 것을 얻기 위한 것이다.

영화에서 연기는 시간과 공간의 작은 단편적 조각들로 한정되어 있기 때문에, 영화배우는 다른 연기자나 세트, 의상 등에 친숙해지기 위한 오랜 리허설의 기간을 필요로 하지 않는다. 대체로 감독들은 배우들의 자연발생적인 자발성, 새로운 발견과 경이로움에 대한 그들의 느낌을 흩뜨리거나 가시게 하지 않으려고 오히려 리허설을 최대한 짧게 한다. 연극배우와 달리, 영화배우는 반드시 다른 연기자와 친밀한 관계를 형성할 필요는 없다. 어떤 때는 세트나 야외촬영 장소에 도착해서야 비로소 서로 만나게 되는 경우도 있다. 때때로 배우들은 자신의 대사를 모르는 경우도 있는데, 이런 때는 프롬프터 prompter가 대사를 불러주거나, 배우가 볼 수 있는 프레임 밖의 칠판에 대사를 적어둠으로써 해결한다.

6-10

'스파이더 맨 *Spider-Man 2*'
(미국, 2004),
출연: 토비 맥과이어 Tobey Maguire,
감독: 샘 레이미 Sam Raimi.

▶ 대부분의 배우들은 영화가 연극보다 친숙한 매체라는 데에 의견의 일치를 보인다. 영화배우들은 자신의 목소리를 굳이 다듬고 객관화하지 않아도 된다. 그들은 평상시처럼 말해도 된다. 그들은 그들의 동작을 일상생활보다 더 돋보이게 할 필요 없이, 일상생활에서 하는 그대로 하면 된다. 그들은 눈짓 하나만으로도 서로 통할 수 있다. 카메라는 그들의 친숙함을 수백 배로 확대시킨다. 토비 맥과이어는 아역배우로 출발했으며, 카메라 앞에서 연기하는 것이 거의 제2의 천성이 되어 버렸다. 맥과이어는 영화에 천부적이고, 연기한다기보다는 오히려 일상행동을 하는 것처럼 보이는 재능 있는 숨은 인재이다. 그가 꼭두각시 인형으로 나온 적은 거의 없으며, 속임수로 일부러 대사를 아무렇게나 말하는 소박한 연기를 보여주지만 그 이면에 그의 예술적 재능이 숨어 있다. 그는 이 영화에서-진실하고, 겸손하고, 예의 바른-모든 미국 청년들의 이웃이다. 단지 요즘 그에게 몇 가지 불가사의한 일이 생겨났을 뿐이다. *(Marvel/Sony Pictures. Photo: Melissa Moseley)*

영화배우는 세트 주변에서 수많은 기술자가 작업을 하거나 지켜보고 있는 가운데서도 아주 깊은 관계의 씬을 연기해 주기를 요구받는다(6-1). 조명이 참을 수 없을 정도로 뜨거워도 영화배우는 아주 편안한 것처럼 보여야 하고, 쇼트와 쇼트 중간에 지워진 분장을 고쳐야 한다. 카메라에는 실제 그대로 나오지 않기 때문에, 어떤 씬의 경우는 오히려 배우에게 부자연스럽게 연기하라고 요구하기도 한다. 예를 들어, 포옹할 때 연인들은 실제로 상대방의 눈을 보면 안 된다. 그럴 경우 화면에는 사팔뜨기로 나오기 때문이다. 시점 쇼트에서, 배우는 상대방 배우가 아니라 카메라 쪽으로 방향을 잡아야 한다. 대개의 경우 배우는 촬영을 하면서도 도대체 자신이 지금 무엇을 하는 것인지, 혹은 영화가 완성되었을 때 하나의 쇼트가 영화의 어느 부분에 해당하는지도 모른다. 심지어 그 쇼트가 영화에 나오는지도 모른다. 배우들의 연기 가운데 다수가 편집할 때 잘려나가기 때문이다. 간단히 말해서, 영화에서는 시공간의 불연속성 때문에 연기자는 거의 전적으로 감독의 손에 의해 좌우된다.

미국의 스타시스템

1910년대 중반 이후로 미국 영화산업의 중추역할을 해온 것이 바로 스타시스템이었다. 스타란 대중이 창조한 것이며, 대중을 지배하는 인기인이다. 패션과 가치관 그리고 대중의 행동 영역에서 그들의 영향은 엄청났다. 레이몬드 더그나트 Raymond Durgnat가 지적했듯이, "한 나라의 사회사는 그 나라 영화스타들의 견지에서 쓰일 수도 있다." 스타들은 그들이 출연하는 영화에 대해 즉각적인 결과를 가져온다. 그들의 출연료는 일반사람들이 깜짝 놀랄 정도로 많다. 1920년대에 메리 픽포드 Mary Pickford와 찰리 채플린은 세계에서 가장 돈을 많이 받는 고용인이었다. 줄리아 로버츠 Julia Roberts와 톰 크루즈 Tom Cruise와 같은 오늘날의 스타는 영화 한 편당 수백만 달러의 출연료를 요구하는데, 그들의 인기가 그만큼 대단하기 때문이다. 어떤 스타는 50년 동안이나 인기를 누리기도 한다. 두 사람만 거명한다면, 베티 데이비스 Bette Davis와 존 웨인이 바로 그들이다. 특히, 알렉산더 워커 Alexander Walker의 지적에 따른다면, 스타는 관객의 욕구와 충동, 불안 등을 직·간접적으로 반영하는 것이었다. 스타는 꿈을 키워주는 양식이며, 우리에게 심오한 판타지와 집념을 실감나게 해준다. 마치 고대의 여신이나 신들처럼, 스타들은 사랑과 시기를 한 몸에 받으면서 신화적 우상으로 숭배되어 왔다.

6-11

1952년 경 메트로 골드윈 메이어 Metro Goldwin Mayer
영화사가 찍은 에스더 윌리엄스 Esther Williams의 홍보사진

▶ 훌륭한 외모와 성적 매력은 남성이든 여성이든 대체로 영화스타들의 두드러진 특징이었다. 키가 크고 건강하며 아주 멋진 에스더 윌리엄스는 건강한 체력과 아름다움을 겸비한 최초의 미국 여성스타였다. 1940년대와 1950년대 엠지엠사의 스타인 그녀는 26편의 가벼운 오락영화에 출연했으며, 그녀의 수영과 다이빙 솜씨가 돋보였다. 그녀의 영화들이 건강한 체력을 증진시켰다는 점에 대해 그녀는 긍지를 가졌으며, 이는 지금도 여전하다. "나의 영화들은 건강하면서 동시에 여성적인 것이 바람직하다는 것을 명확히 했다."고 윌리엄스는 말했다. "한 조사에 따르면 나는 직업현장의 여성들보다 10대 소녀들로부터 더 많은 팬레터를 받았다." 가문을 일으킨 후에 윌리엄스는 개인사업을 벌였는데, 성공적인 수영복사업을 위해 그녀의 명성을 이용했다.   (MGM)

1910년 이전에는 배우들의 이름이 영화 크레디트에 거의 오르지 않았다. 그렇게 되면 배우들이 더 많은 출연료를 요구할지도 모른다는 제작자들의 염려 때문이었다. 하지만 대중은 어차피 그들이 좋아하는 배우에게 이름을 붙인다. 예를 들면, 메리 픽포드는 그가 맡았던 극중 인물인 "리틀 메리"라는 이름으로 먼저 알려졌다. 처음부터 대중은 스타가 연기를 통해 보여주는 인물과 스타 개인의 인간됨을 일치시켜 보는 경우가 많았으며, 가끔은 형편없는 인물로 낮추기도 했다. 가령 세상을 떠들썩하게 했던 잉그리드 버그만 Ingrid Bergman과 이탈리아의 로베르토 로셀리니 Roberto Rossellini 감독의 연애사건은 1940년대 후반 미국에서 대단한 염문을 불러일으켰다. 이는 그녀의 정신은 말할 것도 없이, 그녀의 경력과 명예에 치명적인 손실을 가져왔다. 그녀는 그녀 자신의 대중적 이미지의 희생자였으며, 그 이미지는 그녀의 상사이자 영화제작자인 데이비드 셀즈닉 David O. Selznick이 정성들여 쌓아올린 것이었다. 대중의 마음속에 버그만은 건전하고, 거의 성자에 가까운 여인이었다. 그야말로 정숙하고, 소박하며, 행복하고 만족스러운 아내이자 어머니였던 것이다. 그녀가 맡은 좋은 역할들이 이런 이미지를 뒷받침해 주었다. 이를테면 '카사블랑카 Casablanca'에서의 밝고 우아한 일자 Ilsa, '누구를 위해 종은 울리나 For Whom the Bell Tolls'에서의 열렬한 정치적 이상주의자, '성 메리 성당의 종 The Bells of St. Marys'에서의 온화하면서 불굴의 의지를 지닌 수녀원장, '잔다르크 Joan of Arc'에서의 고귀하고 성스러운 전사 등이 바로 그런 역이었다. 버그만은 야심 찬 예술가였으며, 악역도 마다않고 다양한 역을 하고 싶어 했다. 그녀가 로셀리니와 만났을 때, 두 사람은 곧바로 사랑에 빠졌으며, 그녀는 첫 남편과 결혼생활 중이었음에도 로셀리니의 아이를 임신했다. 이런 사실이 대중에게 알려지자, 언론들은 때를 만난 듯 대서특필하는가 하면, 선정적인 추측보도에 열을 올리면서 그녀가 대중의 사랑을 저버렸다고 비난했다. 그녀는 종교단체들로부터도 매도를 당했으며, 심지어 미국 상원으로부터 탄핵을 당하기도 했다. 미국 상원에서는 그녀를 "타락한 할리우드의 사도", "자유연애의 광신자"로 묘사했다. 버그만과 로셀리니는 1950년에 결혼했지만, 둘이서 함께 찍은 영화는 미국에서 보이콧당했으며, 그녀는 몇 년을 해외에 머물렀다. 1956년 그녀는 용서를 받았으며, 이때 그녀는 '아나스타샤 Anastasia'에서의 연기로 두 번째 아카데미 최우수여우주연상을 받았고 흥행에도 대성공을 거두었다.

대중이 스크린에 나오는 인물을 받아들이지 않는다면, 관객들은 다른 사람들이 말하는 그 스타에 대한 견해를 단호히 거부할 수 있다. 가령 제작자인 사무엘 골드윈 Samuel Goldwin은 비용에 신경 쓰지 않고 러시아에서 데려온 안나 스텐 Anna Sten을 엄청나게 광고했다. 그러나 관객은 대부분 그녀의 영화를 외면했다. 결국 골드윈의 기세는 누그러지고, "스타는 신이 만들고, 제작자가 할 수 있는 일은 다만 스타를 찾아내는 것뿐"이라는 결론을 얻게 되었다.

흔히 말하는 스타 시스템의 황금기—대략 1930년대와 1940년대—는 할리우드 스튜디오 시스템의 전성기와 일치한다. 이 시기에 스타들은 대부분 다섯 개의 메이저제작사와 독점계약을 체결하고 있었다. 그 다섯 개의 회사는 엠지엠, 워너브러더즈, 파라마운트, 20세기폭스, 알케이오 등이었으며, 통상적으로 이들을 빅 파이브 Big Five, 혹은 메이저 Majors라 했다. 당시 메이저영화사들은 미국 극영화의 90%가량을 제작했다. 또한 국제시장을 지배한 것도 그들이었다. 두 차례의 세계대전 중에 미국영화는 세계영화의 80%를 차지했으며, 사람들은 자국에서 제작된 몇 편의 영화를 제외하고는 미국영화를 더 좋아했다.

6-12

'택시 드라이버 *Taxi Driver*' (미국, 1976),
출연: 로버트 드 니로 Robert De Niro,
감독: 마틴 스콜세지 Martin Scorsese.

▶ 연기는 헌신과 훈련 그리고 스파르타식 인내를 요구하는 힘든 예술이다. 드 니로는 영화제작에 들어가기 전에 자기가 맡은 역할에 대해 철저하게 연구하면서 치밀하게 준비하는 것으로 유명하다. 그는 한 역할에 몰두하고자 한다. 그는 그의 개인적인 카리스마를 이용한 적이 거의 없으며, 인터뷰를 잘 허락하지도 않지만 어쩌다 인터뷰하는 경우에도 내내 매우 불편해 한다. 드 니로는 언제나 삶이 예술보다 우선이라고 주장해 왔다. 하지만 그가 말하는 삶은 기교를 드러내지 않는 예술이다. 그는 "옛날 영화스타들 가운데 일부는 정말 대단했지만 낭만적이었다. 사람들은 환상을 추구하고, 이러한 환상을 영화가 만들어낸다. 나는 구체적이고 실제적인 것을 만들고 싶고, 저러한 환상을 깨트리고 싶다. 나는 앞으로 사람들이 '드 니로를 기억해 봐, 그는 진짜 그 나름의 스타일을 가지고 있었다'고 말하는 것을 원하지 않는다."라고 얘기했다. 그의 연기가 돋보인 작품들 대부분은 그의 오랜 친구인 마틴 스콜세지 감독과 함께 한 것이었다.   (*Columbia Pictures*)

스튜디오와 계약을 체결한 첫해에 스타들은 최대한 많이 출연했다. 가령 클라크 게이블 Clark Gable은 엠지엠에 들어간 첫해인 1930년에 14편의 영화에 출연했다. 그가 맡은 역할들은 모두 타입이 달랐으며, 대중의 마음에 쏙 드는 역할이 생길 때까지 스튜디오는 게이블의 역을 다양하게 바꾸어나갔다. 특별히 인기를 얻는 연기가 있다면, 스타는 대개 그런 타입의 역할에 고정되는 편이었고, 싫어도 마지못해 그런 역할을 하는 경우도 많았다. 스타에 대한 대중의 요구는 영화를 제작할 때 가장 쉽게 예상할 수 있는 경제적 변수였기 때문에, 스튜디오는 전속스타를 흥행성공의 담보로 이용했다. 간단히 말해서, 전통적으로 상당히 유동적인 영화산업에서 스타는 어느 정도 안전성을 보장하는 척도가 될 수 있었던 것이다. 오늘날까지 스타는 "담보 가능한" 상품으로, 다시 말해서 투자자들에게 큰 이익을 보장하는 보험증서와도 같은 것으로 이야기된다.

메이저영화사들은 전속스타를 가치 있는 투자로 간주했으며, 스튜디오 자체가 많은 시간과 돈과 노력을 기울이며 스타양성을 위한 기법을 개발했다. 장래성이 있는 신인들은 "유망주"로서 양성기간을 거쳤다. 남자 신인들도 같은 대우를 받았지만 유망주라는 말은 여배우들에게만 쓰였다. 신인들에게는 종종 새 이름이 주어지고, 말하는 법과 걷는 법 그리고 옷 입는 법을 가르쳤다. 최대한 언론을 타기 위해 스튜디오의 홍보부서가 그들의 사교일정을 조정하기도 한다. 스튜디오 전성기에 할리우드 지역에 진을 치고 있었던 4백 명이 넘는 기자들과 칼럼니스트들에게 기삿거리를 채워주기 위해 적당한 "로맨스"가 꾸며지기도 했다. 몇몇 열성적인 인물들은 심지어 스튜디오가 선택한 배우자와 결혼하는 것이 그들의 장래경력이나 출세에 도움이 되면 그 뜻에 따르기도 했다.

스튜디오가 스타를 이용하는 경우가 많았지만 어느 정도의 보상은 있었다. 흥행에 대한 배우들의 위력이 증가함에 따라 배우들의 요구도 그만큼 높아갔다. 톱스타들은 자신의 이름을 영화 타이틀 위에 올렸으며, 종종 대본의 수용 여부를 계약서에 명문화하기도 했다. 일부 톱스타들은 감독, 제작자, 공연자 등에 대한 자신의 동의를 주장하기도 했다. 글래머스타들은 그들의 신체적 결함을 감춰주고 장점을 부각시켜 줄 수 있는 전속 촬영기사가 있는 것을 자랑으로 여겼다. 또 그들은 대부분 의상디자이너, 미용사, 화려한 드레스룸 등을 요구했다. 최고의 스타들은 영화를 자신들에게 맞추는가 하면, 최대한 카메라를 잘 받을 수 있도록 요구하여 약속받기도 했다.

사회학자 레오 핸들 Leo Handel이 65%의 팬들은 그들과 같은 성 sex의 스타를 좋아한다고 지적하긴 했지만, 톱스타에 대한 팬의 사랑은 남녀 구분이 없었다. 스튜디오들은 일 년에 3천 2백만 통의 팬레터를 받았는데, 그 중 85%는 젊은 여성들이 보낸 것이었다. 일류스타들은 한 주일에 약 3천 통의 편지를 받았으며, 그들에게 온 편지의 양이 그들의 인기를 가늠하는 지표로 간주되었다. 스튜디오들은 이러한 편지를 처리하는 데 연간 2백만 달러를 들였는데, 그 편지들은 대부분 스타의 사인이 들어 있는 사진을 요구하는 것들이었다. 또한 스타에게 열성적인 팬클럽의 숫자에 따라 흥행의 여부를 판단하기도 했다. 클라크 게이블, 진 할로우 Jean Harlow 그리고 조앤 크로포드 Joan Crawford는 1930년대에 팬클럽이 가장 많은 스타들이었는데, 이들은 모두 "스타들의 고향"인 엠지엠과 계약을 체결하고 있었다. 클라크 게이블 혼자서 70개의 팬클럽을 가지고 있었으며, 이는 그가 그 시절의 남성 톱스타로서 최고의 위치에 있었다는 것을 말해주었다.

스타덤의 신화는 보통 영화스타의 성적 매력을 강조하면서, 그들을 평범하면서도 세속적인 관심사로 이끌고 간다. 비평가 파커 타일러 Parker Tyler가 말했듯이, 스타는 아주 오랜 욕구, 다시 말해서

6-13a

'제리 맥과이어 *Jerry Maguire*'
(미국, 1996),
출연: 톰 크루즈 Tom Cruise,
쿠바 구딩 주니어 Cuba Gooding Jr.,
감독: 카메론 크로 Cameron Crowe.
(*Columbia Pictures*)

▶ 천의 얼굴을 가진 톰 크루즈. 소수의 영화 평론가들이 크루즈를 당대 최고의 배우들 중 하나라고 말하지만, 그들 중 어느 누구도 그가 최고의 스타들 중 하나라는 사실을 부정하는 사람은 없다. 헐리우드닷컴 Hollywood.com의 박스오피스 데이터에 따르면 전 세계에서 벌어들인 그의 수익은 60억 달러에 달했다. 사실 크루즈는 그에 대한 일반적인 평가보다 훨씬 다재다능한 배우이다. 그의 초기 영화들은 대부분 동일한 유전적 패턴을 따랐다. 다시 말해서 그는 건방지게 거들먹거리고 자신만만한 인물로 출발한다. 물론 아주 잘 생긴 사내이다. 하지만 그는 그가 생각하는 것만큼 멋지지는 않으며, 명백한 판단착오 때문에 초라한 신세가 된다. 그러나 그를 사랑하는 젊은 여성의 도움에 힘입어 그는 그의 방식에 잘못이 있다는 것을 알게 되고 오히려 성공가도를 달린다. 성공을 해도 지금은 거들먹거리지는 않는다. '제리 맥과이어'는 전형적으로 이런 타입의 역할이다.

좀 더 성숙한 시기에 크루즈는 막대한 수익을 올린 '미션 임파서블 *Mission Impossible*' 프랜차이즈(6-13b)와 같은 액션 영화에 뛰어난 재능을 보였다. 지금은 50대에 들어섰지만 크루즈는 여전히 사내아이 같은 모습을 유지하고 있는데, 그것은 어느 일면 그가 최고의 신체조건을 갖추고 있기 때문이다. 그가 출연한 대부분의 액션 영화에서, '고스트 프로토콜'에 나오는 두바이에 있는 세계에서 가장 높은 건물을 기어오르는 것(사진)을 비롯해 그는 아슬아슬한 연기를 몸소 한다.

6-13b

'미션 임파서블 : 고스트 프로토콜 *Mission : Impossible-Ghost Protocol*' (미국, 2011),
출연: 톰 크루즈 Tom Cruise, 감독: 브래드 버드 Brad Bird.
(*Paramount Pictures*)

6-13c

'매그놀리아 *Magnolia*' (미국, 1999).
출연: 톰 크루즈 Tom Cruise,
감독: 폴 토마스 앤더슨 Paul Thomas Anderson.
(New Line. Photo: Peter Sorel)

▶ 재치 있는 전문적인 매니저이면서 또한 크루즈는 자신의 한계에 도전하고 싶어 하는 야심 찬 예술가이며, 정반대의 타입을 연기하는 엄청난 모험을 두려워하지 않는다. 그는 '컬러 오브 머니 *The Color of Money*', '7월 4일생 *Born on the Fourth of July*', '콜래트럴 *Collateral*'에서처럼 색다르고 기이한 역으로 연기의 폭을 넓혀 나갔다. '매그놀리아 *Magnolia*'에서 그는 여성혐오자이며, 거드름 부리는 자기강화 self-empowerment 형의 인물로 나오는데, 그 자신의 불가항력적인 힘에 대해 너무나 의기양양하여 그의 호언장담이 허물어지게 되면 마치 김빠진 풍선처럼 무너져버린다. '트로픽 썬더 *Tropic Thunder*'의 아주 우스운 단역에서 그는 엄청나게 시끄럽고 천박한 영화사 거물로 나오는데 크게 눈에 띄지는 않는다. '락 오브 에이지 *Rock of Ages*'에서 그는, 브렛 마이클스 Bret Michaels/액슬 로즈 Axl Rose/포르노 스타를 결합한, 스테이시 잭스 Stacee Jaxx 역을 연기하는데, 그 억지스러운 연극조로 말미암아 수많은 평론가들이 경악을 금치 못했다.

본질적으로는 거의 종교적인 성격의 그런 욕구를 충족시켜 준다. "아무튼 그들의 부, 명예, 아름다움 그리고 겉으로는 끝이 없어 보이는 그들의 세속적인 즐거움—이러한 조건들 때문에 그들은 스스로를 정말 대단한 것처럼 느끼면서, 평소에 그들이 겪는 좌절의 쓰라린 고통에 면역이 되어 간다." 물론 이러한 신화에는 마릴린 먼로와 같은 스타덤의 비극적인 희생자도 포함되어 있다. 그녀는 스타에게 일어날 수 있는 개인적인 비극의 상징이 되다시피 했다. 마릴린 먼로는 정서적으로 불안정한 어머니에게서 사생아로 태어났으며, 그녀의 어머니는 거의 평생을 정신병동에서 보냈다. 어릴 때 노먼 진 베이커 Norman Jean Baker(마릴린 먼로의 본명)는 고아원을 전전하면서 자랐다. 그렇게 지내면서도—특히, 그 무렵에—그녀는 유명한 할리우드 스타가 되는 꿈을 가지고 있었다. 그녀는 여덟 살 때 성폭행을 당했으며, 열여섯 살 때 첫 번째 남편과 결혼했다. 그녀는 (그녀 이전의 많은 여성들이 그랬듯이) 섹스를 스타가 되기 위한 수단으로 이용했다. 1940년대 후반 그녀는 몇 개의 단역을 맡았는데, 대부분 섹시하면서도 좀 모자란 금발미녀 역할이었다. 존 휴스톤 John Huston의 '아스팔트 정글 *The Asphalt Jungle*'(1950)에 출연하기까지만 해도 그녀는 별로 두각을 나타내지 못했다. 같은 해에 조셉 맨케비츠 Joseph mankiewicz는 '이브의 모든 것 *All About Eve*'(1950)에서 그녀를 "코파카바나 연극 예술학교의 졸업생"으로, 그리고 조지 샌더스 George Sanders를 냉담하고 무표정한 인물로 기용한다.

6-14a

'이터널 선샤인 *Eternal Sunshine Of The Spotless Mind*'
(미국, 2004),
출연: 케이트 윈슬렛 Kate Winslet,
감독: 미셸 공드리 Michel Gondry.

▶ 케이트 윈슬렛과 다니엘 데이 루이스 Daniel Day-Lewis는 당대 최고의 영국배우이다. 윈슬렛은 엄청나게 다작하는 배우이며, 주인공과 단역 가리지 않고 다양한 억양으로 미국과 영국 두 나라에서 매년 평균 두세 편의 영화에 출연했다. 또한 그녀는 '햄릿 *Hamlet*', '센스 앤 센서빌리티 *Sense and Sensibility*', '타이타닉 *Titanic*'(이것들은 모두 그녀가 스물두 살 이전에 연기했다.)과 같은 시대극에서나, 그리고 '이터널 선샤인'과 같은 현대물에서나 똑같이 능숙한 연기를 보여주었다. 그녀는 다섯 번이나 아카데미상 후보에 올랐으며, 마침내 '더 리더 *The Reader*'에서의 연기로 아카데미상을 수상했다.
(Focus Features. Photo: Ellen Kuras)

6-14b

'데어 윌 비 블러드 *There Will Be Blood*'
(미국, 2007),
출연: 폴 다노 Paul Dano,
다니엘 데이 루이스 Daniel Day-Lewis,
감독: 폴 토마스 앤더슨 Paul Thomas Anderson.

▶ 데이 루이스도 마찬가지로 다재다능하며, 아일랜드 사람의 역을 맡은 '나의 왼발 *My Left Foot*'과 미국인 역을 맡은 '데어 윌 비 블러드', 그리고 스필버그 감독의 "링컨(Lincoln)"에서 링컨역을 맡음으로서 세 차례 아카데미 남우주연상을 받았다. 그는 드라마든 코미디든, 그리고 시대극이든 현대물이든 두루 연기를 하고, 다양한 사투리를 구사했다. 데이 루이스는 '나의 아름다운 세탁소 *My Beautiful Laundrette*'에서 맡은 런던 토박이 깡패 역에서부터 '전망 좋은 방 *A Room With a View*'에 나오는 상류계급의 부자 멍청이 역, 그리고 '라스트 모히칸 *The Last of the Mohicans*'에 나오는 신세대 남자다운 역에 이르기까지 연기의 폭이 무척 넓다. 대부분의 영국 배우들과는 달리, 윈슬렛과 데이 루이스는 상대적으로 연극이나 텔레비전에는 적게 출연했으며, 그들의 예술가적 재능을 대부분 영화에 바쳤다. *(Paramount Pictures/Vantage)*

(샌더스는 언젠가는 마릴린이 스타가 되리라는 것을 예감하고 있었다고 했다. "왜냐하면 그녀는 필사적으로 스타가 되고 싶어 했기 때문이다.") 20세기폭스는 그녀와 계약을 체결한 후에 그녀를 두고 어떻게 해야 할지를 몰랐다. 그녀가 출연한 것은 스튜디오의 3류 기획시리즈였지만, 그녀의 배역이 평범했음에도 불구하고 대중은 더욱더 마릴린을 요구했다. 그녀는 20세기폭스사가 자신의 진로와 경력을 잘못 관리한다면서 당당하게 따졌다. "오로지 대중만이 스타를 만들 수 있다. 그런데 스튜디오가 스타의 시스템을 만들려고 애쓰고 있다."고 그녀는 신랄하게 불평을 늘어놓았다.

그녀의 인기가 절정일 때, 마릴린은 액터즈 스튜디오 Actors Studio에서 수업하기 위해 정나미 떨어지는 할리우드를 떠났다. 그녀가 할리우드로 다시 돌아왔을 때, 그녀는 더 많은 돈과 더 나은 역할을 함께 요구했다. '버스 정류장 Bus Stop'(1956)에서 그녀를 기용한 조슈아 로건 Joshua Logan은 그녀는 자신이 알고 있는 어떤 배우 못지않은 재능을 지녔다고 말했다. 탁월하게 카메라를 잘 받은 그녀는 연약하면서도 상처받기 쉬운 그녀의 가장 내밀한 부분까지도 카메라가 탐색할 수 있도록 자기 자신을 통째로 카메라에 맡겼다. '왕자와 무희 The Prince and the Show- girl'(1957)에서 이 영화를 감독하고 또 마릴린과 함께 주연을 맡은 로렌스 올리비에 Laurence Olivier는 그녀에게 육체적인 욕구와 순진함이 교묘하게 융합되어 있는 것에 놀랐다. 마치

6-15

'퍼펙트 웨딩 Monster-In-Law'
(미국, 2005),
출연: 제인 폰다 Jane Fonda,
제니퍼 로페즈 Jennifer Lopez,
감독: 로버트 루케틱 Robert Luketic.

▶ "사람들이 야망이라는 말을 마치 나쁜 말인 것처럼 사용하는 것이 너무 재미있다."고 제니퍼 로페즈는 말했다. 그녀는 자신이 아주 야심찬 존재임을 거리낌 없이 인정한다. 그래미상 후보자인 그녀는 연기의 폭이 매우 넓은 배우이면서 동시에 댄서이다. "나는 나 자신이 타율적으로 하나의 카테고리에 틀어박히는 것을 원하지 않기 때문에 언제나 여러 가지 다른 역할들을 선택해 왔다."고 그녀는 말했다. "나는 나 자신이 무엇이든, 어떤 타입의 역할이든 할 수 있고, 또 어떤 감정이든 —연약하거나 강하거나, 박력이 있거나 없거나 무엇이든—연기할 수 있다는 것을 보여주고 싶었다." '셀레나 Selena'와 '마이 패밀리 My Family'에서 그녀는 상냥하고 친절한 라틴아메리카 사람으로 나온다. '블러드 앤 와인 Blood & Wine'과 '유턴 U Turn'에서 그녀는 위험한 요부 역을 연기한다. 평단에서 찬사를 받은 로맨틱코미디인 '조지 클루니의 표적 Out of Sight'에서는 그녀가 재미있고 약아빠지고 매우 섹시한 경찰관으로 나온다. 근면하고 열심히 훈련하는 로페즈는 술과 담배를 하지 않고 마약도 하지 않는다. 그녀는 이렇게 역설했다. "자신의 연기에 어느 정도 책임을 져야 한다고 나는 믿는다." (New Line. Photo: Melissa Moseley)

6-16a

'투 다이 포 *To Die For*' (미국, 1995).
출연: 니콜 키드먼 Nicole Kidman,
감독: 구스 반 산트 Gus Van Sant.

▶ 영화에서 스타로 대접받지 못한 재능 있고 심지어 아주 멋진 배우들도 많이 있다. 그들을 자주 접하는 촬영기사들의 말에 따르면, 그들의 얼굴이 카메라를 잘 받지 못했기 때문이라고 한다. 훌륭한 골격은 도움이 되지만 그것만으로 충분한 것은 아니다. 아름다운 용모와 당당한 풍채가 역시 필요하다. 하지만 얼굴이 카메라를 잘 받는다는 것은 자의식이나 자발성이 없다는 것을 의미했다. 개인적으로 지니고 있는 감정이나 생각의 가장 내밀한 뉘앙스를 카메라에게 맡겨버린다는 것이다. 얼굴이란 이와 같은 것이다. *(Columbia(ITV Global))*

6-16b

'디스터비아 *Disturbia*' (미국, 2007).
출연: 샤이아 라보프 Shia LeBeouf,
캐리 앤 모스 Carrie-Anne Moss,
감독: D.J. 카루소 D. J. Caruso.

▶ 드라마적 모멘트(극적 순간)의 진실에 대한 절대적 집중. 저것은 대부분의 배우들이 요청하는 것이며 예술의 가장 어려운 측면이다. 왜 그럴까? 연기란 어느 정도는 정신분열적인 기교이기 때문이다. 왜냐하면 연기자는 반드시 감정적으로 실감나는 연기를 요구해야 하지만, 다른 한편 여전히 자신이 촬영장에 있고, 카메라가 그를 겨냥하고 있으며, 감독의 존재는 말할 것도 없고 카메라에 촬영 되지 않는 off-camera 많은 기술자들이 지켜보고 있다는 사실을 의식하기 때문이다. 씬이 요구하는 특정한 감정에 충실하기란 그리 쉬운 일이 아니다. 가령 이 쇼트에서 주인공과 그의 어머니는 마구 날뛰는 살인적인 미치광이 때문에 구석으로 몰리고 있다. 이처럼 짧은 거리에서는 어떤 연기의 속임수나 불성실도 쉽게 감지된다. 씬이 작동되는 것은 연기자들이 그것을 실감나게 하기 때문이다. 다시 말해서 등장인물들은 완전히 공포에 질려 있다. 관객은 속수무책으로 절박한 일이 벌어지는 현장을 바라보고만 있다. *(Dreamworks. Photo: Suznne Tenner)*

매춘부의 몸에 어린 소녀의 심성과 영혼이 깃든 것과 같았다. 톱스타의 지위를 누리는 동안에도 그녀의 사생활은 휘청거렸다. 전기작가 모리스 졸로토우 Maurice Zolotow가 말했듯이, "그녀는 대부분의 시간을 약에 취해지내는 불행한 여인이었다." 그녀의 결혼실패와 연애사건들은 줄곧 신문의 헤드라인을 장식했으며, 그럴수록 점점 더 약물과 알코올에 빠져들었다. 그녀는 무책임하기로 악명이 높았는데, 한꺼번에 며칠씩이나 촬영장에 나오지 않아 곤혹을 치르는 경우가 잦았으며, 결과적으로 엄청난 제작비용의 손실을 초래하기도 했다. 마약과 술에 중독되어 있었기 때문에, 심지어 촬영장에 얼굴을 내보이는 날에도 자신이 어디에 있는지는 고사하고 자신이 누구인지 조차 인식하지 못하는 때도 있었다. 술과 신경안정제의 과다복용으로 그녀는 1962년에 세상을 떠났다(6-22b 참조).

스타신화 이면의 현실은 낭만과는 거리가 멀다. 어떤 배우가 스타덤의 정상에 오를 때마다 수천의 배우가 실패와 좌절을 겪으면서 그들의 꿈을 접어야 하며, 스타탄생을 위한 그들의 희생은 가벼운 웃음거리가 되고 만다. 모린 스태이플턴 Maureen Stapleton은 영화와 텔레비전, 연극 등에서 그녀의 뛰어난 연기로 여러 차례 유명한 연기상을 받았지만, 종종 자신들을 운 좋은 얼간이로 간주하는 세상인심을 참고 견뎌야 하는 고충을 이렇게 토로했다.

나는 배우들의 강인함을 믿습니다. 나는 배우들에 대해 내 가족처럼 진정한 자부심을 느낍니다. …… 흔히 배우들을 자기중심적이라고 말합니다. 또 배우들은 어린아이 같다고 생각합니다. 배우들은 무책임하고 어리석고 철이 없다고 생각하는가 하면, 일종의 놀림감으로 여깁니다. 배우들은 자의식이 아주 강한 빅 에고 big ego라고 비난하기도 합니다. 글쎄요, 배우라고 해서 자의식의 크기가 다르지는 않습니다. 작가나 화가나 음악가는 한구석으로 피신하여 자신의 상처를 달랠 수도 있지만 배우는 대중 앞에서 이를 이겨내야 합니다. …… 배우들은 전반적으로 일에 대한 소신이 있어야 하며, 그래야 누군가가 그들에게 형편없다고 말할 때마다 마음의 상처를 받지 않게 됩니다. 배우는 강해야 하며, 얼마나 강해지든 언제나 더 강해질 필요가 있습니다. (*The Player: A Profile of an Art*에서 인용)

슈퍼마켓 선반에 있는 타블로이드판 신문은 영화스타들이 그들의 인생을 어떻게 망쳐놓았는지, 혹은 어떻게 스스로 대중의 웃음거리가 되는지, 혹은 어떻게 욕심 많은 어린애들처럼 구는지에 관한 선정적인 이야기들로 가득 채워져 있다. 이런 유형의 이야기들로 신문은 잘 팔린다. 왜냐하면 이런 이야기들은 대중의 양심과 질투를 자극하기 때문이다.

어떻게 스타들이 파렴치한 기자와 파파라치에게 그들의 사생활을 추적당하는지에 관한 글은 찾아보기 힘들다. 또한 우리는 밥 호프 Bob Hope, 오드리 헵번 Audrey Hepburn, 엘리자베스 테일러 Elizabeth Taylor, 나탈리 포트만 Natalie Portman 같은 스타들이 얼마나 많은 시간을 사회봉사에 헌신하는지에 관한 기사를 읽을 기회도 별로 없다. 혹은 톰 행크스 Tom Hanks, 존 웨인 John Wayne, 마를렌 디트리히 Marlene Dierich와 같은 스타들의 애국활동에 대해서도, 또 셜리 템플 Shirley Temple과 로널드 레이건 Ronald Reagan 같은 스타의 성공적인 정치인생에 대해서도 읽을 기회가 별로 없다. 혹은 말론 브란도 Marlon Brando, 제인 폰다 Jane Fonda, 조지 클루니 George Clooney 같은 수백 명의 스타들의 정치활동에 대해서나 혹은 바브라 스트라이샌드 Barbra Streisand와 폴 뉴먼 Paul Newman 같은 스타들의

6–17a

'엄청나게 시끄럽고 믿을 수 없게 가까운 *Extremely Loud & Incredibly Close*' (미국, 2012).
출연: 톰 행크스 Tom Hanks, 산드라 블록 Sandra Bullock,
감독: 스티븐 달드리 Stephen Daldry.

(Warner Bros. Photo: Suzanne Tenner)

▶ 사랑스럽고 호감이 가는 요인. 어떤 스타들은 대중으로부터 너무나 많은 사랑을 받고 있어서 단지 그들이 영화에 출연하는 것만으로도 종종 흥행의 성공을 가져오기도 한다. 톰 행크스와 산드라 블록은 그와 같은 부류의 배우들이다. 행크스는 대중의 사랑을 받을 뿐 아니라 평론가들로부터도 호평을 받고 있다. 행크스는 두 차례 아카데미 남우주연상을 받았으며, 그 외도 수많은 다른 연기상을 수상했다. 그가 출연한 영화들은 대부분 크게 히트를 했다. 그의 영화들 중 17편 이상이 1억 달러 이상의 수익을 올렸으며, 전체 흥행수익은 35억 달러를 넘어섰다. 2006년에 포브즈 Forbes는 그를 미국의 "가장 신뢰받는 유명인사"로 불렀는데, 부분적으로 이는 나사 NASA 우주프로그램과 미육군, 그리고 동성애자의 권리 및 다른 수많은 진보적 조직들에 대한 그의 적극적인 지지 때문이다. 토크 쇼에서도 행크스는 재미있고 재치가 넘치며 어딘가 바보스럽기도 하다.

산드라 블록이 출연한 많은 영화들에 대해 평론가들은 열광적인 반응은 보이지 않았지만, 그녀 역시 대중의 인기는 대단하다. 예를 들면 영화평론가 마크 켈모드 Mark Kermode는 이렇게 말했다. 즉, "그녀는 재미있고 아주 멋져서 그녀를 좋아하지 않을 수 없다. 하지만 그녀는 연이어 형편없는 영화를 만들고 있다." (그녀 역시 몇 개의 탁월한 영화를 만들었으며, 가장 주목할 만한 것은 '스피드 *Speed*', '당신이 잠든 사이에 *While You Were Sleeping*', '크래쉬 *Crash*', '블라인드 사이드 *The Blind Side*'이다.) 박스오피스모조 닷컴 Boxofficemojo.com의 영화 데이터베이스에 따르면 그녀의 영화들은 30억 달러의 수익을 올렸다. 그녀 또한 토크쇼에서 인기가 있으며, 대체로 아이로니컬하고, 재치가 넘치고, 자기를 낮추는 태도를 보인다. 행크스와 마찬가지로 그녀 역시 관대하기로 유명하며, 적십자와 재해구조기관에 수백만 달러를 기부했다. 행크스와 블록은 둘 다 국보와 같은 존재들이다.

할리우드 영화계는 미국 외 지역에 비해 훨씬 자유롭다는 것은 흔히 인용되는 상투적 표현이다. 이것은 진실이기도 하고 또 진실이 아니기도 하다. 영화의 재정을 관리하는 사람들에 관한 한 그것은 분명히 진실이 아니다. 제작자들―빅 스튜디오 시절의 위력적인 거물들에서부터 오늘날 영화산업에 자금을 지원하는 사람들에 이르기까지―은 정치적으로 보수적인 경향을 띤다. 아마 루이스 B. 메이어 Louis B. Mayer가 가장 대표적인 예일 것이다. 그는 MGM의 전성기(대략 1930년대와 1940년대)에 MGM을 이끌었던 다채롭고 화려한 거물이었다. 메이어는 철저한 공화주의자이고 정치활동가였으며, 보수주의적 가치의 대변자였다. 불가피하게 이러한 가치는 그가 재정지원을 선택한 영화에 스며들게 마련이었다. 하지만 메이어는 또한 쇼맨이자 상황판단이 빠른 사업가였다. 그의 영화들은 대부분 돈을 벌었고, 그의 스튜디오는 그의 오랜 재임 기간 동안 할리우드에서 가장 유명하고 가장 상업적으로 성공했다. 다른 한편, 영화 산업의 창조적 예술가들―배우들, 작가들, 다수의 감독들―은 좌파 성향을 띤다. 조지 클루니 같은 영화스타들은 그들의 명성과 지위를 그들의 자유주의적 가치를 증진시키는 데 활용한다. 예를 들면, '굿 나잇 앤 굿 럭 *Good Nigh, and Good Luck*'은 1950년대의 붉은 광장 Red Square에 관한 것이다. 당시는 CBS 저널리스트 에드워드 R. 머로 Edward R. Murrow(스트라탄)가 미국 정부는 공산주의자들 때문에 벌집이 되고 말았다고 소리 높여 외친 극우주의자 조셉 매카시 Joseph McCarthy 상원의원에게 공개적으로 도전했던 때였다. 이 영화는 세련된 흑백으로 촬영되었기 때문에(로버트 엘스윗 Robert Elswit이 촬영), 매카시의 실제 흑백 텔레비전 필름이 영화의 일부가 되었다. 클루니는 또한 (그랜트 헤슬로브 Grant Heslov와 함께) 영화대본을 공동집필했으며, 머로와 매카시의 실제 연설 중 많은 부분을 대사의 일부로 포함시켰다. 그러므로 픽션과 다큐멘터리의 차이가 의도적으로 희미하게 되어버린다. 이 저예산 영화는 이 영화에 참여한 모든 사람들의 애정어린 노동으로 이루어졌다(크루니의 많은 친구들이 그들의 재능을 싼값으로 기증했다). 이 영화는 클루니가 만들기를 원했기 때문에 만들어졌다. 이것이 바로 스타의 힘이다. 다음을 또한 참조하라. Scott Eyman, *Lion of Hollywood: The Life and Legend of Louis B. Mayer* (New York: Simon and Schuster).

6-17b
'굿나잇 앤 굿럭 *Good Night, And Good Luck*'
(미국, 2005),
출연: 조지 클루니 George Clooney,
데이비드 스트라탄 David Strathairn, 감독: 조지 클루니.
(*Warner Bros. Photo: Melinda Sue Gordon*)

놀라울 정도로 후하고 관대한 마음씨에 대해서도 마찬가지이다. 폴 뉴먼은 여러 자선단체에 3억 3천만 달러를 기부해 왔다. 또한 그는 그의 사후에 자선사업을 이어가기 위해 뉴먼즈오운 Newman's Own 이라는 식품회사를 설립하기도 했다.

오늘날 영화 스타들은 그들의 인도주의적인 일을 홍보하기 위해 오히려 그들의 삶에 대한 대중의 관심을 이용하는 요령을 터득하게 되었다. 조지 클루니는 아프리카 수단의 다푸르 Darfur 지방에서 일어난 대학살을 일반 사람들에게 알리기 위해 끊임없이 애써 왔다. 그는 이렇게 말했다. "당신이 유명해져서 카메라가 줄곧 당신을 따라다닌다면, 당신도 역시 그 카메라가 뭔가 좋은 일을 할 수 있을 곳으로 가야 할 것입니다."

오늘날 영화산업의 영역에서 가장 발빠르게 움직이는 자선가는 아마 안젤리나 졸리 Angelina Jolie 와 그녀의 파트너 브래드 피트일 것이다. 그들이 설립한 졸리-피트 재단은 허리케인 카트리나로 말미암아 완전히 파괴되어 버린 뉴올리언스 시를 재건하는 활동 등에 수백만 달러를 기부해 왔다. 그들은 국경 없는 의사회 Doctors Without Borders와 여러 에이즈 구호 조직과 같은 인도주의적인 단체에 보조금을 제공해 왔다. 그들은 아프리카와 아프카니스탄, 그리고 이라크 등 전쟁에 짓밟힌 지역의 난민 수용소를 찾아다녔다. 그들은 아프리카 전역에서 벌어지고 있는 여성과 어린이 학대와 신체 손상에 관하여 미국 의회에 증언했다. 언론이 어차피 따라다닐 것이라는 것을 알고서 그들은 그들의 갓난 아이의 사진에 대한 독점권을 〈피플 People〉과 같은 잡지사에 1,400만 달러에 팔았으며, 이 돈은 졸리-피트 재단으로 들어갔다. 그 사진들이 〈피플〉지에 게재되었을 때 그 잡지는 매출액이 45퍼센트 올랐다.

스타들은 그들의 부와 명예에 대해 아주 비싼 대가를 치러야 한다. 그들은 가격표가 붙은 상품처럼 취급당해도 예사로 넘겨야 한다. 심지어 스타 시스템의 초창기에도 그들은 숫처녀, 요부, 허풍쟁이, 왈가닥 등의 타입으로 단순화되었다. 해가 갈수록 라틴계통의 연인, 남자다운 남자, 상속녀, 착한 여성, 악한 여성, 냉소적인 기자, 직업여성 등 많은 타입이 등장했다. 물론 스타들이 이처럼 잘 알려진 범주에 해당된다 하더라도, 위대한 스타들은 모두 독특한 면이 있다. 예컨대, 흔하기 짝이 없는 금발미녀는 오랫동안 미국인이 좋아하는 타입이었지만, 매 웨스트와 진 할로우 그리고 마릴린 먼로는 저마다 아주 독특한 개성을 보이고 있다. 성공적인 타입은 언제나 모방이 이루어진다. 이를테면 1920년대 중반 스웨덴 출신의 그레타 가르보 Greta Garbo는 "요부"라는 세련되고 복합적인 타입을 만들어냈다. 가르보는 마를렌 디트리히와 캐롤 롬바드 Carole Lombard와 같은 유명한 스타를 비롯해 많은 모방을 초래했다. 처음에 이들은 다만 유머감각으로 "가르보 타입"이라고 선전되기도 했다. 1950년대에 시드니 포이티어 Sidney Poitier는 흑인집단 외의 사람들로부터 폭넓은 지지를 받은 최초의 아프리카계 미국 흑인스타였다. 포이티어가 길을 열어놓았기 때문에, 그 후로 수많은 흑인배우들이 스타덤에 올랐다. 포이티어는 탁월한 독창성을 지닌 스타였기 때문에 모방할 만한 가치가 있는 인물이었다.

20세기로 넘어올 무렵에 조지 버나드 쇼 George Bernard Shaw는 당시 가장 뛰어난 두 연극 배우였던 엘레오노라 듀스 Eleonora Duse와 사라 베른하르트 Sarah Bernhardt를 비교하는 유명한 논문을 발표했다. 쇼의 이 비교는 다른 여러 유형의 영화스타들을 논의하기 위한 유용한 출발점이 되었다. 쇼의 논문에 따른다면, 베른하르트는 대담하고 화려한 개성을 가졌으며, 그녀는 이러한 개성에 어울리게 여러 가지 배역에 적응해 나갔다. 그녀의 팬들이 기대하고 소망했던 것이 바로 이점이다. 그녀의 인간적인 매력은 실제보다 과장된 면이 있지만, 매혹적이라는 것은 부정할 길이 없다. 여러 해에 걸쳐서 그녀의 연기는 빛나는 성과를 거두었고, 그것은 그녀의 개성과 결부된 것이었다. 반면에 듀스는 한층 차분한 재능을 가졌으며, 대중에 대한 영향력이나 화려함에 흔들리지 않았다. 그녀는 역이 바뀔 때마다 완전히 달라졌으며, 그녀 자신의 개성을 전혀 작품 속의 인물에 개입시키지 않는 것처럼 보였다. 그녀의 기술은 눈에 드러나지 않는 기술이었다. 그녀의 연기는 너무나 실감이 났기 때문에 관객은 그것이 연기라는 것을 잊어버릴 지경이었다. 사실상 쇼가 그의 논문에서 강조하고 있는 것은 성격파 스타 personality star와 연기파 스타 actor star의 주요한 차이다.

성격파 스타는 그의 타입이 아니면 어떤 역할이든 거절한다. 특히, 주연배우일수록 더 그렇다. 가령 톰 행크스 같은 배우들은 결코 잔인하거나 정신병적인 역은 맡지 않을 것이다. 왜냐하면 이런 역할들은 그의 호의적인 이미지와 어울리지 않기 때문이다. 만일 스타가 자신의 타입에 고착되어 버리면, 그와 많이 동떨어진 역할은 인기나 흥행에 큰 손실을 초래할 수 있다. 예컨대, 픽포드가 1920년대에 그녀의 어린 소녀 역할을 그만두려고 했을 때, 그녀의 팬들은 극장에 오지도 않았다. 팬들이 원하는 것은 오로지 리틀 메리뿐이었다. 픽포드는 대부분의 배우들이 그들의 역량을 제대로 발휘하며 최고 전성기를 누리는 40대의 나이에 넌더리가 나서 은퇴하고 말았다.

다른 한편으로 대다수 스타들은 원형을 바꾸지 않은, 이른바 같은 인물 유형의 변화된 연기를 오히려 선호한다. 존 웨인은 영화역사상 가장 인기 있는 스타였다. 1949년부터 1967년까지 무려 28년 동안 그가 인기스타 톱텐에 들지 못한 것은 단지 세 번뿐이었다. 언젠가 그는 이렇게 반문했다. "나는 등장인물에 개의치 않고 어떤 역할에서든 존 웨인으로 연기합니다. 그리고 나는 잘해왔습니다. 그렇지 않습니까?" 대중의 마음속에 있는 존 웨인은 말보다는 액션의 사나이이고 폭력적인 남자이다. 그의 도상 iconography은 교양과 지성을 업신여기는 듯한 인상을 풍긴다. 그의 이름은 사실상 남자다움 혹은 남성성과 동의어이다. 역시 그의 페르소나 persona는 연인보다는 전사를, 여성의 남자라기보다는 남자의 남자, 즉 남자다운 남자를 상징한다. 나이가 들면서 그는 점점 인간적인 면모를 지니게 되었고, 또 그 자신의 남성적인 이미지를 웃음꺼리로 삼으면서 코미디언으로서 상당한 재능을

6-18a

'월드 오브 투모로우 *Sky Captain And The World Of Tomorrow*'(미국, 2004)에 나오는 한 씬을 예행연습하고 있는 기네스 팰트로 Gwyneth Paltrow, 케리 콘란 Carry Conran 감독, 주드 로우 Jude Law의 홍보 사진.
(Paramount Pictures. Photo: Keith Hamshere)

▶ 미래의 모습을 그린 영화나 환상적인 배경의 영화들은 대부분 특수 효과인 블루 스크린(6-18a) 앞쪽의 스튜디오에서 촬영되며, 배우들은 공항 활주로(6-18b)와 같은 야외촬영장에 있는 것처럼 보인다. 가끔 배우들은 블루(때로는 그린) 스크린 연기는 마치 진공 속에 있는 것처럼 느껴진다고, 그리고 구체적인 현장과 실제로 상호 작용하기보다는 오히려 세트의 특수한 질감과 디테일을 상상하지 않으면 안된다고 불평을 늘어놓기도 한다. 배우들이 실제로는 존재하지 않지만 나중에 디지털 방식으로 존재하게 될 어떤 상대와 연기를 해야만 할 때, 문제는 한층 더 미묘해진다. 무대나 혹은 실제 촬영현장에서 배우들 간의 섬세한 상호 작용이 그저 적절한 연기와 훌륭한 연기의 차이가 무엇인가를 보여주는 경우가 자주 있다. 특수 효과 기술자인 틸 티페트 Phil Tippett는 대다수 블루 스크린 연기의 특징이라고 해야 할 자연스러움의 결핍을 지적한 적이 있었다. "일반적인 촬영 무대에는 소도구와 다른 세 개의 벽이 있다. 하지만 블루 스크린 무대에는 100명의 기술자들이 있고, 또 푸른색의 3면이 당신을 둘러싸고 있다. . . . 배우들과 감독은 어떠한 반응도 살펴볼 수가 없다."

6-18a

채도를 암갈색으로 낮춘 필름에 나타나는 것과 같은 장면.
안젤리나 졸리와 로우 그리고 팰트로가 보인다.
(Paramount Pictures)

6-19

▶ 성격파 배우들은 배우들 가운데서도 칭송되지 않는 영웅들이다. 글래머적인 요소가 부족하다는 이유로 그들은 대개 다목적용이나 노인으로 분장하여 조연으로 나온다. 그들은 멋진 외모로 통할 수 없기 때문에 나이가 들어도 연기를 잘 해야 계속할 수 있다. 성격파 배우들은 보통 영화스타로 보이기보다는 일상생활 속의 실제사람들처럼 보인다. 그들은 종종 보통 얼굴이거나 뚱뚱하거나 아니면 무척 평범하다. 하지만 일단 등장인물의 연기에 들어가면 전혀 딴판이다. 그들은 카메라를 자유롭게 지배한다.

6-19a

'더 브레이브 *True Grit*' (미국, 2010).
출연: 제프 브리지스 Jeff Bridges,
각본 및 감독: 코엔 형제(조엘 코엔 Joel Coen,
에단 코엔 Ethan Coen).

▶ 미국에서는 남자 주인공들과 여주인공들이 더 이상 화려한 역을 할 수 없을 때 조용히 은퇴하는 것이 일반적이다. 하지만 젊었을 때도 인물 연기를 즐겼던 제프 브리지스는 아니다. 음악가이기도 한 브리지스는 그의 아버지 로이드 Lloyd와 형 보 Beau를 비롯해 유명한 연기 가문의 출신이다. 영화 '마지막 영화관 *Last Picture Show*'으로 제프가 (지금까지 총 여섯 번 중) 첫 번째 오스카상을 수상했는데, 그 때 그의 나이는 겨우 스물 두 살이었다. 그는 처음 시작할 때부터 평론가들로부터 많은 사랑을 받았다. 영화평론가 폴린 카엘 Pauline Kael은 이렇게 말했다. "그는 지금까지 생존했던 그 어떤 배우보다도 가장 천부적인, 그리고 가장 남의 시선을 의식하지 않는 영화배우일 것이다." 사실 그는 관객이 그의 연기 솜씨를 거의 알아챌 수 없을 정도로 꾸밈이 없는 연기자이다. 심지어 아마도 그의 가장 유명한 배역일수도 있는 '위대한 레보스키 *The Big Lebowski*'(이 것도 코엔 형제의 작품이다)에 나오는 "듀드 The Dude(멋쟁이)"처럼 스타일이 지정된 연기에서조차 그렇다. 물론 "꾸밈이 없는" 연기는 많은 연기기술─스크린에 기술 자체가 드러나지 않게 하는 기술─을 필요로 한다. '더 브레이브'에 나오는 루스터 콕번의 익살스럽고 다정스러운 연기는 칭찬하지 않는 사람이 거의 없을 정도였다. 평론을 다루는 웹사이트, 로튼토마토스 닷컴 Rottentomatoes.com은 이 서부극에 96퍼센트의 플러스 점수를 주었다. 또한 브리지스는 그가 설립에 일조한 인도주의적 기관인 엔드헝거네트워크 End Hunger Network에도 깊이 관여해오고 있다.   *(Skydance)*

6-19b

'더 퀸 *The Queen*' (영국, 2006),
출연: 헬렌 미렌 Helen Mirren,
감독: 스티븐 프리어스 Stephen Frears.

▶ 비할 데 없는 예술적 재능을 가진 여배우, 헬렌 미렌은 아마 그녀가 계산하고 있는 것보다 훨씬 많은 연기상을 받았을 것이다. 이름난 영국 배우들이 대부분 그렇듯이, 그녀는 텔레비전, 영화, 그리고 연극에서 두각을 드러냈다. 텔레비전 시리즈인 '프라임 서스펙트 *Prime Suspect*'에서 알콜 중독에 빠진 형사 제인 테니슨의 역을 맡은 그녀는 대단한 찬사를 받았다. 연극에서 그녀는 체호프 Chekhov, 스트린드베리 Strindberg, 투르게네프 Turgenev, 그리고 다수의 셰익스피어의 작품들—비극, 희극, 사극—을 비롯해 많은 고전극에 출연했다. 그녀는 이 영화에서 여왕 엘리자베스 2세에 대한 섬세한 인물 묘사로 오스카상을 수상했다. 연세가 든 이 군주는 고지식하고, 촌스럽고, 때로는 우스꽝스러울 정도로 융통성이 없지만, 그럼에도 불구하고 애잔할 정도로 핼쑥한 모습이고, 의무 및 책임감과 자기 희생정신에 젖어 있는 품위 있는 여성이다.   *(Pathé)*

6-19c

'헬프 *The Help*' (미국, 2011),
출연: 비올라 데이비스 Viola Davis,
감독: 테이트 테일러 Tate Taylor.

▶ 비올라 데이비스는 그녀 세대의 선두적인 아프리카계 미국인 배우들 중 하나이다. 그녀는 텔레비전과 영화계에서 일했을 뿐 아니라 뉴욕 연극계에서도 활동했으며 두 차례 토니상 Tony Award을 수상했다. 명문 줄리아드 음악학교 Juilliard School를 졸업한 그녀는 '다우트 *Doubt*'(2008)에서의 짧은 특별출연으로 오스카상 후보에 올랐다. 이 '헬프'에서 가정부 에이빌린 클라크 역의 연기로 또 다시 그녀는 아카데미상 여우주연상 후보에 올랐다(여우주연상은 그녀의 절친한 친구인 메릴 스트립 Meryl Streep이 받았다). 오늘날까지도 흑인 배우들에게 주어지는 여러 가지 역할들이 한정되어 있는 편이다. 데이비스가 지적했듯이, "여러분은 줄리아드에서 배운 아일랜드와 스코틀랜드의 억양을 사용하고 있지 않습니다. 현실 세계에서 여러분은 흑인영어 Ebonics와 자마이카 언어를 사용하고 있습니다." 그럼에도 불구하고 이와 같은 제한된 범위에서조차 데이비스는 언제나 품위와 인간미를 보여주려고 안간힘을 다한다.   *(Dreamworks)*

6-19d

'어바웃 슈미트 *About Schmidt*' (미국, 2002),
출연: 캐시 베이츠 Kathy Bates,
감독: 알렉산더 패인 Alexander Payne.

▶ 캐시 베이츠는 영향력 있는 연극배우이고 재미있는 코믹예술가이다. 이 영화에서 볼 수 있듯이, 그녀는 성적인 면에서 공격적이고, 재미있고, 으스대거나 혹은 '미저리 *Misery*'에 나오는 겁 많은 괴짜처럼 억제되고 강박관념에 사로잡힌 연기를 할 수도 있다. 이 영화로 그녀는 오스카상을 탔다. 그녀가 나오는 영화를 보는 것은 사실상 즐거운 시간을 예약한 것이나 다름없다. *(New Line)*

발휘했다. 존 웨인은 가치관을 전달하거나 전파하는 데 있어 한 스타가 미칠 수 있는 막대한 영향력을 잘 알고 있었으며, 많은 영화에서 그는 그 자신을 보수적인 미국인들에게 영웅이 되게 해준 우익 이데올로기를 구체적으로 표현했다. 존 웨인 외에 로널드 레이건, 뉴트 그링리치 Newt Gringrich, 올리버 노스 Oliver North, 팻 부캐넌 Pat Buchanan 등도 보수주의적인 미국인들에게는 영웅들이다.

게리 윌스 Garry Wills가 그의 문화연구서인 『존 웨인의 미국 *John Wayne's America: The Politics of Celebrity*』에서 지적했듯이, 아이러니하게도 존 웨인은 실제로는 말을 좋아하지 않았다. 그런데도 대중은 언제나 그를 말을 타고 있는 전형적인 서부인으로 상상한다(10-3a). 그는 또한 제2차 세계대전 동안에는 군대징집을 고의적으로 기피했지만, '샌드 오브 이오지마 *The Sands of Iwo Jima*'와 같은 인기 있는 영화들에서 그가 맡은 역할들은 확고하게 군인의 모범으로 굳어 있었다. 윌스가 지적하고 있듯이, "앞으로는 제2차 세계대전 때 군대를 기피한 사람이 제2차 세계대전을 승리로 이끈 상징적인 인물이 될 것이다." 한마디로 스타의 도상적 위상은 역사적 진실과 정반대일 수 있다. 1995년 투표에서 (이미 세상을 떠난 지 16년이 지난) 존 웨인이 미국 역사상 가장 좋아하는 스타로 뽑혔다. 2012년 해리스 여론 조사 Harris Poll에 따르면, 존 웨인은 조니 뎁 Johnny Depp과 덴젤 워싱턴 Denzel Washington에 이어 미국인이 좋아하는 스타 3위를 차지했다.

영화이론가 리처드 다이어 Richard Dyer는 스타들은 의미를 만들어내는 존재 signifying entities라고 말했다. 스타가 출연한 영화를 그 영화의 캐스팅의 측면에서 섬세하게 분석하려면 스타의 도상학적인 의미를 고려하지 않을 수 없다. 제인 폰다 같은 스타들은 그들의 정치적 생활양식을 실제로 보여주고, 또 그러한 정치적 신념을 그들의 개성이나 성격적 측면으로 표현하는 것만으로도 복합적인 정치적 연관을 구체적으로 드러내는 셈이다. 존 웨인이나 다른 대부분의 스타들과 마찬가지로, 폰다의 영화는 이상적인 행동방식을 내포하는 하나의 이데올로기를 전달하고 있다. 이처럼 스타들은 가치관의 전달에 엄청난 영향을 미친다. 다이어는 또한 스타의 도상이 어떻게 늘 발전하면서, 그 스타의 이전의 역할들은 물론 스타가 실제생활에서 보여주는 고유한 활동들을 통합하고 있는지를 예시해

주고 있다. 폰다의 생애를 예로 들면 다음 여섯 단계로 나눌 수 있다.

1. **아버지** Father : 제인 폰다가 1960년에 영화계에 쉽게 입문한 것은 아버지 헨리 폰다의 명성 때문이었다. 신체적으로 그녀는 분명히 아버지를 닮았으며, 그는 모든 미국인의 표상으로 너무나 잘 알려져 있었다. 이 시기에 제인의 역할은 매혹적인 요소보다는 말괄량이 색채가 농후한 제멋대로의 도발성을 강조하는 것이었다. 이는 '캣 벌루 *Cat Ballou*'(1965)에서 절정에 달했다.

2. **성** Sex : 이 시기는 폰다의 남편인 프랑스 영화감독 로제 바딤 Roger Vadim이 지배했다. 그는 일련의 에로틱한 영화에서 그녀의 잘 생긴 얼굴과 선정적인 몸매를 이용했는데, 그 중에서도 가장 잘 알려진 영화는 '바바렐라 *Barbarella*'(1968)였다. 비록 이 결혼은 이혼으로 끝났지만, 폰다는 바딤이 그녀를 성적 콤플렉스와 미국적인 순수로부터 해방시켜 주었다고 말했다.

3. **연기** Acting : 그녀는 미국으로 돌아와 뉴욕에 있는 액터즈 스튜디오에서 리 스트라스버그 Lee Strasberg의 지도를 받았다. 그녀의 예술가로서의 깊이와 넓이는 이 시기에 상당히 확장되었으며, 그녀는 '그들은 말을 쏘았다 *They Shoot Horses, Don't They?*'(1969)에서 보인 연기로 아카데미상 후보에 올랐으며, '클루트 *Klute*'(1971)에 나오는 창녀 연기로 아카데미상을 받았다.

4. **정치** Politics : 폰다는 베트남전쟁과 여성운동으로 말미암아 급진주의로 변했다. 그녀는 종종 전쟁과 인종차별 그리고 성차별에 반대하는 의견을 피력했다. 그녀는 또한 '만사형통 *Tout va vien*'(프랑스, 1973)과 '인형의 집 *A Doll's House*'(영국, 1973) 그리고 '줄리아 *Julia*'(1977) 같은 이데올로기적 성격이 뚜렷한 영화들에서 그녀의 연기를 정치화했다. 그녀의 좌파 정치활동은 한동안 그녀의 대중적인 인기에 불리하게 영향을 미쳤지만, 이와 같은 위협에 개의치 않고 중요한 사회적 문제에 대해서는 소신을 굽히지 않았다.

5. **독립** Independence : 폰다 자신이 설립한 영화사가 '귀향 *Coming Home*'(1978)이라는 영화를 제작했다. 그녀는 제작자로서 굉장한 성공을 거두었다. 그녀는 또한 여러 권의 책을 썼으며, 체력단련운동의 지도자 역할도 했다.

6. **노년, 그리고 사생활** Later years and private life : 미디어계의 거물 테드 터너 Ted Turner와 결혼하고 나서 1992년에 폰다는 연기생활에서 은퇴했다. 테드 터너와 이혼 후에 다시 그녀는 연기생활로 복귀하여 상업적으로 성공을 거둔 영화 '퍼펙트 웨딩 *Monster-In-Law*'(6-15)에 출연한다. 2009년 71세의 나이에 그녀는 다시 브로드웨이 무대에 복귀하여 비평가들로부터 대단한 호평을 받았다.

최고의 인기를 누리는 것은 주로 성격파 스타이다. 그들은 어떤 역을 분장하거나 다른 사람의 흉내를 잘 내기 때문에 최고의 자리를 누리는 것이 아니라 자신들의 진면목을 잘 드러냄으로써 최고의 자리를 지켜 나간다. 게이블이 말했듯이, 그가 한 일은 오로지 카메라 앞에서 "자연스럽게 행동한 것"뿐이었다. 이와 마찬가지로 마릴린 먼로는 그녀의 우유부단함과 연약함 그리고 남을 즐겁게 해주려는 애틋한 마음을 이용하는 역할들을 맡았을 때 언제나 최선을 다했다.

반면에 타입에 따른 캐스팅을 거부하고 가능한 한 폭넓은 역할을 해보려는 스타들도 많다. 조니 뎁 Johnny Depp, 리즈 위더스푼 Reese Witherspoon과 같은 배우들은 연기영역을 넓히기 위하여 때로는 전통적인 주연의 역할보다는 오히려 재미도 없고 불쾌한 역할을 맡기도 했다. 왜냐하면 전통적으로 훌륭한 연기를 가늠하는 척도가 바로 연기의 폭과 다양성이었기 때문이다.

스타들은 대부분 어떤 영화에서는 성격파 배우 쪽으로, 또 다른 어떤 영화에서는 비성격파 배우 쪽으로 방향을 바꾸다가 결국은 양극단 중간 어딘가에 자리를 잡는다. 제임스 스튜어트 James Stewart, 캐리 그랜트, 오드리 햅번 Audrey Hepburn 같은 재능 있는 배우들은 특정한 유형의 역할에 대한 다양한 변화를 보여주었다. 그럼에도 불구하고 우리는 오드리 햅번 같은 스타가 개성이 없거나 상스럽거나 어리석은 여자로 나오는 것을 상상하기 힘들다. 그래서 그녀의 이미지는 우아하고 다소 귀족적인 여성으로서 확고하게 자리잡게 된다. 이와 마찬가지로 대부분의 사람들은 "클린트 이스트 우드 타입"이라는 말만 들어도 그것이 어떤 의미인지 잘 안다.

6-20

'우리 동네 이발소에 무슨 일이
Barber Shop' (미국, 2002).
출연: 아이스 큐브 Ice Cube,
감독: 팀 스토리 Tim Story.

▶ 사업가로서의 예술가. 불과 그의 나이 30대에 아이스 큐브는 랩가수, 배우, 제작자, 작가, 작곡가, 감독이었으며, 이러한 일들을 아주 빈틈없이 잘해왔다. 힙합과 랩 레코딩 아티스트로서 그는 백만 장 이상이 팔린 앨범만 해도 여러 장이었다. 하지만 그의 미래를 영화에 두었다. "랩은 젊은이들의 게임이다. 나는 영화로써 좀더 크고 멋진 일을 할 수 있다."고 그는 말했다. 그는 이미 많은 일을 했다. 1998년에 그는 자신의 제작사인 〈큐브 비전 Cube Vision〉을 설립했다. 그는 18편의 영화에서 코믹한 역할과 진지한 역할을 두루 맡았으며, 배우로서 아주 대단한 찬사를 받았다. 그는 16편의 사운드트랙을 작곡했다. 그뿐만 아니라 그는 7편의 영화를 제작했으며, 그 중에서도 '프라이데이 *Friday*'라는 코미디영화는 아주 성공적이었고 1억 달러 이상의 수익을 올렸다. 그는 또한 5편의 시나리오를 썼으며, 한 편의 영화를 감독했다. 그가 "이웃사람들의 이야기를 담은 영화"에 대해 능통하고 남다른 감각을 가지고 있었기 때문에, 엠지엠은 그에게 앙상블 코미디 '우리 동네 이발소에 무슨 일이'의 각본작업과 제작자로서 역할을 해줄 것을 요청했다. 이 영화는 1천2백만 달러의 적은 예산을 들여 7천5백만 달러의 수익을 올렸다. 그의 영화가 대개 그렇듯이, 이 영화는 지역적이고 동료애적인 정취가 강하며, 불손한 유머가 빈번하게 넘쳐나고 풍부한 성격묘사 및 따뜻한 마음이 듬뿍 담겨 있다. 소울(흑인음악)의 정수이다.

(State Street Pictures/Cube Vision. Photo: Tracy Bennett)

6-21

'웨딩 크래셔 The Wedding Crashers'
(미국, 2005),
출연: 빈스 본 Vince Vaughn,
오웬 윌슨 Owen Wilson,
감독: 데이빗 돕킨 David Dobkin.

▶잭 레먼 Jack Lemmon이 언젠가 나이 든 성격파 배우 에드먼드 거윈 Edmund Gween을 방문한 이야기를 한 적이 있었다. 레먼이 정중하게 이렇게 물었다. "죽는다는 일이 참 힘들지요?" 거윈이 대답했다. "예 그렇습니다. 하지만 코미디만큼 힘들지는 않아요." 코미디 배우들은 정통 극영화 배우들만큼 존경도 받지 못하고 또 명성도 없다. (코미디배우들이 큰 연기상을 받은 것이 도대체 몇이나 되는지 헤아려 본 적이 있는가?) 그럼에도 불구하고 배우라면 누구나 코미디 역할이 대체로 극영화의 역할보다 힘들다는 것을 인정한다. '웨딩 크래셔'는 초대받지 않은 결혼식에 참석한 두 사람의 절친한 친구이자 동업자에 관한 것이다. 이들이 초대받지 않은 결혼식에 참석한 까닭은—좋은 음식과 술, 노래와 춤, 파티 분위기 등은 말할 것도 없고—여성들을 쉽게 만날 수 있기 때문이다. "오웬과 빈스는 서로에게 창피주는 일을 곧잘 해서 나로 하여금 애보트 Abbott와 코스텔로 Costello를 상기하도록 만든다."고 돕킨 감독은 말했다. "그들은 대단한 코미디 팀이다. 왜냐하면 오웬은 매우 느리고 꼼꼼한 말투이며 빈스는 기관총처럼 빠르기 때문이다. 그들의 에너지 수준과 타이밍은 언제나 정확하며, 그들은 분명히 오늘날 널리 알려진 최고의 코미디언들이다. (New Line. Photo: Richard Cartwright)

직업적인 배우와 스타 사이의 차이는 연기의 노련함에 기인한 것이 아니라 대중의 인기에 따른 것이다. 정의상으로 스타는 아주 매력적인 용모를 가지고 있어야 하고, 사람들의 이목을 끌만한 두드러진 특징이 있어야 한다. 일류 영화스타들만큼 깊고 폭넓은 사랑을 받는 사회적 저명인사는 거의 없다. 어떤 스타는 꾸밈없이 말하는 것이나 정직과 성실 그리고 이상주의 등과 같은 전통적인 미국적 가치를 구현한다는 이유로 대중의 사랑을 받는다. 게리 쿠퍼와 톰 행크스가 이런 타입의 전형들이다. 반체제적인 이미지로 인식되는 스타들도 있으며, 보기 Bogie와 클린트 이스트우드 그리고 잭 니콜슨 Jack Nicholson처럼 고독한 이미지로 유명한 스타들도 이에 속한다. 캐리 그랜트와 캐롤 롬바드와 같은 배우들은 너무나 매혹적인 멋을 지니고 있어서 그들이 무엇을 하든 보기만 해도 즐겁고 재미있다. 물론 스타들은 대부분 잘 생긴 모습이다. 안젤리나 졸리 Angelina Jolie와 조지 클루니 George Cloony의 이름은 사실상 신적인 아름다움과 거의 동의어이다.

세련된 감독들은 대본에 나오는 역할과 배우의 연기로 표현되는 역할 그리고 감독이 지향하는 역할 사이에 눈에 띄지 않는 긴장상태를 조성함으로써 스타에 대한 대중의 애정을 이용한다. 히치콕은 이렇게 말했다. "스타가 주인공을 맡지 않으면 언제나 영화 전체가 어려워진다. 관객들은 그들이 잘 모르는 배우가 연기하는 인물들에 대해서는 별로 관심을 기울이지 않는다." 일반적인 배우가 아닌 스타가 어떤 역할을 맡게 되면, 그 스타의 캐스팅을 통해서 대체로 그 등장인물의 성격이 정해지는 것이나 다름없다. 하지만 감독과 스타가 대본에 쓰인 역할에 그들 나름대로 뭔가를 선택해서 더할 때 비로소 극의 완전한 의미가 구성되게 된다. 어떤 감독들은, 특히 스튜디오 전성기의 영화감독들은 예술적 효과를 높이기 위해서 스타시스템을 이용해 왔다(6-22a).

스타의 궁극적인 영광은 필시 미국 대중신화의 우상이 되는 일일 것이다. 어떤 스타는 고대의 신이나 여신들처럼 너무나 널리 알려져 있어서, 그 이름만으로도 그 스타의 여러 가지 상징적인 연상들이 떠오른다. 예컨대, 마릴린 먼로 같은 스타가 그런 경우이다. 일반적인 배우들(비록 재능이 있더라도)과는 달리 스타는 무의식적으로 그 자신의 페르소나에 깊이 각인된 생각과 감정을 나타낸다. 이와 같은 잠재적인 성질은 그 스타가 맡은 이전의 역할들을 통해서 결정될 뿐만 아니라, 또한 그 스타의 실제 개성이나 사람됨을 통해서 결정되는 경우도 많다. 여러 해가 경과하면서 자연스럽게 이러한 상징이 대중의 의식에서 사라지기 시작하겠지만, 게리 쿠퍼 같은 위대한 스타의 도상은 완전히 체질화되어 있는 것처럼 보인다. 프랑스의 비평가 에드가 모랭 Edgar Morin이 지적했듯이, 쿠퍼가 어떤 인물을 연기할 때 자신을 그 인물 속으로 불어넣고 또 그 인물을 자신 속으로 불어넣어 그 인물이 "게리 쿠퍼가 되도록" 한다. 관객들은 쿠퍼 및 그가 상징화하는 가치와 깊은 일체감을 느끼기 때문

6-22a

'**현기증** *Vertigo*' (미국, 1958),
출연: **제임스 스튜어트** James Stewart,
킴 노박 Kim Novak,
감독: **앨프리드 히치콕** Alfred Hitchcock.

▶ 어쩌면 히치콕의 가장 뛰어난 천재성은 어떻게 시스템의 의표를 찌르면서도 계속 놀라울 정도로 흥행에 성공할 수 있었느냐 하는 데 있었다. 이를테면 그는 주인공을 맡는 스타가 사실상 그가 만드는 영화의 상업적 성공을 보증한다는 사실을 잘 알고 있었다. 그러나 그는 그가 기용한 스타를 음울한 암흑 쪽으로 밀어 넣는 것을 좋아했다. 그는 신경증 환자를 탐구하기 위해 심지어 종종 그 스타의 기존의 도상과는 완전히 다른 정신병자의 암울한 의식 밑바닥으로 밀어넣기도 했다. 누구나 말수

가 적고 점잖으면서 모든 미국인의 이상형인 지미 스튜어트를 사랑했다. 그의 이런 타입을 가장 전형적으로 표현하고 있는 것이 영화 '멋진 인생 *It's a Wonderful Life*'이었다. 이 영화('현기증')에서 스튜어트가 맡은 역의 인물은 신비로운 여인(노박)에 대한 낭만적인 이상에 젖어 있다. 그는 아이러니컬하게도 그 자신이 허구의 한 여인을 죽도록 사랑하고 있다는 믿음을 가지고 있었다. 형사 스릴러의 일반적인 포맷을 통해서 히치콕은 사람들이 흔히 사랑이라고 말하는 강박관념, 자기기만 그리고 극단적인 탐욕을 다루는 능력을 보이고 있다.   *(Paramount Pictures)*

6-22b

시몬 커티스 Simon Curtis 감독의 '마릴린 먼로와 함께 한 일주일 *My Week With Marilyn*' (미국, 2011)에 나오는 미셸 윌리엄스 Michelle Williams의 홍보사진.

▶ 마릴린 먼로를 주제로 한 글과 책들은 수 천편을 넘어섰으며, 그녀가 세상을 떠난 지 50년이 넘은 오늘날에도 그녀는 여전히 대중을 매혹시키는 대상이자 대중문화의 아이콘으로 남아 있다. 이 영화를 위해 (콜린 클라크 Colin Clark의 회고록을 바탕으로) 그녀가 맡은 배역에 대해 열심히 탐구하고 나서 미셸 윌리엄스는 다음과 같은 결론을 내렸다. 즉, "마릴린 먼로는 그녀가 연기한 인물이었다. 그것은 하나의 독창적인 창작품이었다."《엔터테인먼트 위크리 *Entertainment Weelly*》와의 인터뷰에서 윌리엄스는 다음과 같이 덧붙였다. "많은 사람들이 그녀는 실제로 저런 모습으로 걸었다, 혹은 그녀는 저런 목소리를 가졌다고 말했다. 하지만 그것은 그녀가 갈고 닦고 연구한 것이었다." 또한 윌리엄스는 다음과 같은 사실도 언급했다. 즉, 마릴린은 엉덩이에 딱 들러붙고 무릎이 보이는 드레스를 좋아했기 때문에, 다리가 조여서 걸음걸이가 클 수가 없었다. 따라서 섹시한 걸음걸이가 되었다. 이 영화는 영국에서 '왕자와 쇼걸 *The Prince and the Showgirl*'을 촬영할 당시 그녀의 삶을 이야기하고 있다. 그 영화의 감독은 로렌스 올리비에 Laurence Olivier였으며, 그는 또한 그녀와 함께 연기한 공연자이기도 했다. 올리비에는 전반적으로 호감을 갖지 않았으며, 프로 근성이 없는 마릴린 때문에 넌더리를 냈다. 그녀는 늘 지각을 하고, 촬영장에 나타나지 않는 경우도 많았다. 그녀가 나타나지 않을지라도 출연진과 촬영팀 전원은 그녀가 나타나도록 몇 시간을 기다릴 수밖에 없었다. 사실 그녀는 무대공포증(평생 떠나지 않았던 두려움) 때문에 마비 상태였다. 그녀에게는 출연진에 포함되어 있는 유명한 영국 배우들이 위협적인 존재였던 것이다. 그리고 대사 암기를 자신 있게 하지 못한 것도 평생 그녀를 따라다닌 또 하나의 골칫거리였다. 게다가 극작가 아서 밀러 Arthur Miller와의 결혼생활은 더 나빠지고 있었다. 물론 그녀가 복용하고 있는 약물들이 이런 문제들을 더 악화시켰다. 많은 사람들이 모르고 있었던 것은 흑인의 권리, 가난한 사람들과 시민권을 제대로 행사하지 못하는 사람들의 권리, 한마디로 평등권에 대한 그녀의 신념이 아주 강했다는 사실이다. 언론과의 마지막 인터뷰에서 그녀는 이 문제에 대해 언급했다. 그리고 그녀는 이렇게 말했다. "나의 신념에 대해서는 인터뷰를 끝내십시오. 나를 조롱하지 마시기 바랍니다." *(BBC Film)*

에, 어느 의미에서 보면 관객들은 그들 스스로를 찬양하는 것이거나, 아니면 최소한 그들 자신의 정신적 자아를 찬양하는 셈이 된다. 위대한 독창적 인물들은 한 문화의 원형이며, 그들에 대한 대중적 인기는 그들이 얼마나 한 시대의 열망을 성공적으로 종합했는가를 가늠하는 지표가 된다. 수많은 문화연구가 보여주었듯이, 스타의 도상은 공동의 신화와 아주 복합적인 상징들 그리고 풍부한 정서적 내용들을 담고 있다.

연기스타일

연기스타일은 시대, 장르, 분위기, 국적 그리고 감독이 무엇을 강조하는가에 따라 근본적으로 달라진다. 이러한 고려사항들이 연기스타일을 분류하는 주된 수단이 된다. 그러나 이러한 일반론은 어느 특정한 범주 내에서조차도 기껏해야 대충의 기대나 예상에 들어맞는 정도이지 절대적인 것은 아니다. 가령 이 책에서 분류상 편의를 위해 사용한 사실주의-형식주의의 변증법은 연기의 기법에도 역시 적용될 수 있다. 그러나 연기의 기법에도 여러 가지 변형이 있고 더욱 세분될 수도 있다. 이러한 용어들 역시 각 시대마다 그 해석이 달라질 수밖에 없다. 릴리안 기쉬 Lillian Gish는 무성영화 시대에 위대한 사실주의 여배우로 평가되었지만, 오늘날의 기준으로 보면 기쉬의 연기는 오히려 사실성이 희박한 것으로 보인다. 같은 맥락에서, '아귀레, 신의 분노 *Aguirre, the Wrath of God*'(6-23)와 같은 영화에서 클라우스 킨스키 Klaus Kinski의 연기스타일은 양식화되어 있지만, 극단적인 표현주의 연출 형식, 이를테면 '칼리가리 박사의 밀실 *The Cabinet of Dr. Caligari*'에 나오는 콘라트 바이트 Conrad Veidt의 연기와 비교하면 상대적으로 사실적이다(7-16). 이것은 정도의 문제이다.

또한 연기스타일을 국적에 따라 분류하는 것도 최소한 일본, 미국, 이탈리아처럼 폭넓은 연기스타일을 개발해 온 나라들에 대해서는 적절하지 않을 듯하다. 가령 이탈리아인(그리고 지중해의 다른 나라 사람들)은 민족적인 기질 자체가 연극적이며, 스웨덴이나 여타 북구인의 과묵한 태도와 달리 적극적으로 감정을 잘 드러내는 편이다. 그러나 이탈리아의 영화 그 자체만을 놓고 본다면, 이런 일반적인 견해는 상당한 수정이 불가피하다. 리나 베르트뮐러 Lina Wertmüller의 영화에서 볼 수 있듯이, 남부 이탈리아의 인물들의 연기를 보면 오히려 변덕이 심한 전형적인 라틴 계통과 일치한다(6-24). 반면에 북부 이탈리아인은 대개 안토니오니의 영화가 보여주듯이 훨씬 절제되어 있고 자연스러운 감정표현도 훨씬 덜하다.

영화 장르와 감독이 무엇을 강조하는가에 따라 연기 스타일에 중요한 영향을 미친다. 예컨대, 사무라이영화처럼 양식화된 장르에서, 미후네 도시로 Toshiro Mifune는 대담하고 으스대며 실제보다 과장되어 있다. 구로자와 아키라의 '요짐보 *Yojumbo*'가 바로 그런 경우이다. 그런데 '천국과 지옥 *High and Low*'(역시 구로자와가 감독했다)과 같은 사실적인 현대물에서 미후네의 연기는 전반적으로 섬세하고 절제되어 있다.

무성영화 연기기법은 겨우 15년 정도 지속되었을 뿐이다. 비록 영화가 1895년부터 만들어지기 시작했지만, 대부분의 영화학자는 1915년에 만들어진 그리피스 Griffith의 '국가의 탄생 *The Birth of a Nation*'(1915)을 무성영화 시대 영화다운 영화의 시초로 간주하기 때문이다. 사실상 전반적으로 유성영화로 바뀐 것은 1930년대였다. 그러나 이 짧은 기간 동안에, 에리히 폰 슈트로하임 Erich von Stroheim의 '탐욕 *Greed*'에서 보인 깁슨 골랜드 Gibson Gowland의 세밀하고 절제된 사실주의에서부터 요제프 폰 슈테른베르크 Josef von Sternberg의 '최후의 명령 *The Last Command*'에서 에밀 재닝스 Emil Jannings와 같은 비극배우들이 보여준 웅장하고 무게 있는 스타일에 이르기까지 폭넓은 연기스타일이 개발되었다. 채플린, 키튼 Keaton, 해럴드 로이드 Harold Lloyd, 해리 랭턴 Harry Langdon, 로렐과 하디

6-23

'아귀레, 신의 분노 *Aguirre, The Wrath Of God*'
(서독, 1972),
출연: 클라우스 킨스키 Klaus Kinski,
감독: 베르너 헤르조그 Werner Herzog.

▶ 표현주의적 연기는 일반적으로 독일영화와 관계가 있다. 그것들은 대개 감독의 영화이며, 배우를 위한 영화는 드물다. 개성의 발휘나 개성적 표현의 디테일을 제거하는 이러한 연기스타일은 신빙성 있는 3차원적 특성보다는 상징적인 컨셉을 강조한다. 그것은 묘사적인 것보다는 표현적인 것을, 또 규범보다는 극단의 기교를 강조한다. 인물의 복잡한 심리현상보다는 양식화된 주제상의 본질이 우선시된다. 예를 들어, 킨스키는 스페인의 정복자를 음흉한 독사로 묘사하고 있다. 단테의 작품에나 나올 것 같은 그의 외모는 마치 독을 품고 똬리를 틀고 있는 독사처럼 갑자기 기습할 듯한 모습이다.   *(Werner Herzog Filmproduktion)*

6-24

'미미의 유혹 *The Seduction of Mimi*'
(이탈리아, 1972).
출연: 지안카를로 지아니니 Giancarlo Giannini,
엘레나 피오레 Elena Fiore,
감독: 리나 베르트뮬러 Lina Wertmüller.

▶ 익살맞은 연기는 가장 힘들고도 오해의 소지가 많은 연기스타일 중 하나이다. 이런 연기는 강렬한 희극적 과장을 필요로 하며, 배우가 극중인물의 인간성을 일관되게 지켜나가지 못하면 식상하고 기계적으로 되기 십상이다. 이 영화에서 지아니니는 전형적인 이탈리아인의 민족적 특성을 보여주고 있다. 그가 연기한 역할은 일종의 성적 복수행위로서, 자기 아내와 통정한 남자의 예쁘지도 않은 아내를 유혹하기 위해 싸움을 거는 허울 좋고 눈꺼풀이 무겁게 처진 난봉꾼이다. 지아니니는 베르트뮬러가 가장 좋아하는 배우이며, 베르트뮬러의 여러 작품에 출연했다. 다른 유명한 배우-감독의 콤비를 들자면, 디트리히 Dietrich와 슈테른베르크 Sternberg, 웨인 Wayne과 포드 Ford, 울만 Ullmann과 베리만 Bergman, 보가트 Bogart와 휴스톤 Huston, 미후네와 구로자와, 레오 Léaud와 트뤼포 Truffaut, 드 니로 De Nirod와 스콜세지 Scorsese 등이 있으며, 그 밖에도 많은 예가 있다. *(EIA)*

Laurel & Hardy와 같은 무성영화 시대의 위대한 희극배우들도 또한 그저 피상적으로 볼 때에는 비슷한 것 같지만 아주 개성적인 스타일을 개발했다.

무성영화에 대한 가장 일반적인 오해는 무성영화는 한결같이 "무성영화의 속도"–초당 16프레임의 속도–로 촬영되고 상영되었다고 보는 것이다. 사실 무성영화의 속도는 아주 가변적이고 쉽게 조작이 가능했다. 왜냐하면 카메라가 손으로 크랭크를 돌려서 촬영되었기 때문이다. 심지어 한 영화 안에서도 모든 씬이 반드시 같은 속도로 촬영될 필요가 없었다. 일반적으로 희극적인 씬은 속도를 강조하기 위하여 느린 속도로 촬영되었고, 극적인 씬은 액션의 속도를 늦추기 위해서 보통 초당 30 내지 22프레임 정도로 빨리 촬영되었다. 오늘날 대부분의 영사기는 단지 두 가지 속도, 즉 무성영화는 16프레임, 유성영화는 24프레임으로 상영되기 때문에, 사실 무성영화 원래의 영사리듬과는 어긋나는 셈이다. 바로 이런 이유 때문에 무성영화의 연기자들이 성급하고 조금은 우습게 보일 수도 있다. 코미디에서 이렇게 왜곡된 화면은 유머를 유발하는데, 그 덕분에 무성영화에 나오는 희극배우들의 연기가 원래의 매력을 상당히 유지해 온 것이다. 그러나 코미디 이외의 레퍼토리에서는, 당연히 기술상의 왜곡을 참작해야만 한다.

무성영화 시대에 가장 대중적인 인기를 누리면서 동시에 비평계에서 가장 찬사를 받아 온 연기자는 채플린이었다. 초기 보드빌 vaudeville 시절에 그는 여러 가지 코미디 기교를 개발했으며, 그것이 채플린을 희극배우 중에서도 가장 다재다능한 배우로 성장시켰다. 팬터마임의 영역에서 그 누구도 채플린의 창의성을 따르지 못했다. 비평가들은 발레하는 듯한 우아한 그의 자태를 칭찬했으며, 심지어 니진스키 Nijinsky와 같은 뛰어난 무용가도 채플린이 무용가인 자기 못지않다고 할 정도였다. 코미디를

6-25

'록키 호러 픽처 쇼 The Rocky Horror Picture Show' (영국, 1975),
출연: 팀 커리 Tim Curry, 리처드 오브라이언 Richard O'Brien,
감독: 짐 샤먼 Jim Sharman.

▶영화의 톤은 그 영화의 연기스타일을 규정한다. 톤은 주로 장르, 대사, 극의 소재에 대한 감독의 접근 태도로 결정된다. '록키 호러 픽처 쇼'를 처음 본 관객은 기괴하게 비틀린 위트와 기염을 토하는 조롱에 어리둥절해진다. 조리와 질서의 가치를 숭상하는 세계는 이 영화의 야한 부자연스러움에 의해 무자비하게 기습공격을 받았다. 이 영화는 오랫동안 컬트집단의 애호를 받았으며, 대도시의 대학가를 순회하는 심야영화로 상영되면서 8천만 달러 이상의 돈을 벌어들였다. 대부분의 컬트영화는 우리의 파괴적인 본능과 그리고 전통적인 도덕의 붕괴를 보고 싶어 하는 욕망에 호소한다. *(20th Century Fox)*

연민의 감정과 융합시키는 채플린의 능력은 독특한 것이었다. 당시 생존했던 가장 유명한 극작가인 조지 버나드 쇼는 채플린을 "영화의 영역에서 발굴된 유일한 천재"라고 평가했다. '시티 라이트 *City Lights*'에서 채플린의 감동적이고 우스운 연기를 보고서, 완고한 비평가인 알렉산더 울코트 Alexander Wooolcott도 다른 경우라면 영화에 대해 혐오감을 느꼈겠지만, "대중의 연인인 이 사람이 생존해 있는 가장 뛰어난 예술가라는 주장을 기꺼이 지지하겠다."고 말했다.

그레타 가르보 Greta Garbo는 낭만적인 연기스타일을 완성시켰는데, 그것은 무성영화에 그 뿌리를 두고 있고 1930년대를 풍미했다. 비평가들은 가끔 이런 연기방식을 가리켜 스타의 연기라 했다. "술에 취했을 때 여자들에게서 발견할 수 있는 것을 술에 취하지 않고서도 그레타 가르보에게서는 발견할 수 있다."고 영국의 비평가인 케니스 타이난 Kenneth Tynan은 말한 적이 있었다. 엠지엠사는 언제나 가르보를 신비로운 과거를 지닌 여인의 역할, 이를테면 불변하는 여성의 본질이라고 해야 할 주부, 고급매춘부, '또 다른 애인 *other woman*' 등에 캐스팅했다. 그녀의 얼굴은 놀라울 정도로 아름답다는 것 외에도, 마치 파도가 잔물결을 이루며 얼굴을 스쳐 지나가는 듯이 갈등의 감정을 동시에 숨겼다 나타냈다 할 수 있었다. 키가 크고 날씬해서 우아하게 움직일 수 있었고, 그녀의 처진 어깨는 상처 입은 나비의 지친 모습을 나타내는 듯했다. 또한 가르보는 도발적인 양성(兩性)을 보여주기도 했다. 이를테면 루벤 마물리언 Rouben Mamoulian의 '퀸 크리스티나 *Queen Christina*'가 그런 경우인데, 이 영화에서 보여준 가르보의 의연한 걸음걸이와 남성적인 의복은 그녀의 섬세한 여성미를 돋보이게 하려는 것이었다.

영국의 가장 뛰어난 영화배우들은 대부분 일류 연극배우들이었다. 영국의 레퍼토리 시스템 repertory system은 많은 나라의 부러움을 사고 있다. 실제로 모든 중소도시에 극단이 있고, 그곳에서 배우들은 고전적인 레퍼토리, 특히 셰익스피어 작품의 다양한 역을 맡음으로써 그들의 기량을 키워갈 수 있었다. 그들의 기량이 향상됨에 따라 서열이 올라가게 되고 한층 더 복잡한 역을 맡게 된다. 그들 중에서 최고의 기량을 보인 배우들은 아주 유명한 극단들이 있는 더 큰 도시로 옮겨간다. 대부분의 영국배우들이 이러한 레퍼토리 시스템을 통해 훈련을 받았기 때문에 매우 다양한 연기력을 갖춘 배우가 된다. 그 중 가장 뛰어난 배우들은 런던의 여러 극장의 정식단원이 되는데, 그 곳은 영국 영화제작의 중심지와 인접해 있다. 이렇듯 연극과 영화가 한곳에 모여 있기 때문에, 배우들은 아주 손쉽게 연극에서 영화로 텔레비전으로 옮겨 다닐 수 있다. 비록 공인된 연극학교 drama school에서 연극 연기를 강조하는 것이 오랜 레퍼토리 시스템의 유산을 반영하는 것이긴 하지만, 오늘날 영국 배우들은 이와 같은 교육기관에서 다년간에 걸친 전문적인 훈련을 받는다.

연기를 전문으로 하는 배우에게 있어서 셰익스피어 작품을 연기하는 것은 예술적인 극치라 여긴다. 만일 당신이 셰익스피어 작품을 제대로 소화할 수 있다면, 당신이 할 수 없는 연기는 없다고 해도 과언이 아니다. 왜냐하면 셰익스피어 작품은 배우의 연기기술에 있어서나 예술적 통찰에 있어서 가장 폭넓은 기량을 요구하기 때문이다. 셰익스피어 작품의 언어는 4백년이나 된 고어이기 때문에 수준 높은 교양을 갖춘 사람이라도 대사의 4분의 1 정도는 오독할 가능성이 있다. 작품의 언어를 똑바로 암송하는 것(이 자체만으로도 쉽지 않은 재능이다)은 절대적인 의무이다. 하지만 그것만으로는 충분하지 않다. 대사에는 살아 있는 인간의 감정이 실려야 한다. 이것은 한층 더 힘든 일이다. 2막 끝에 나오는 햄릿의 마지막 말을 보자. 그가 아버지의 살해에 대한 복수를 하지 않고 자기 비하의 감정에 빠지는 장면이다.

> 나란 인간은 얼마나 멍청하고 얼빠진 놈이냐!
> 사랑하는 아버님이 살해당했고
> 천국과 지옥이 함께 나서서 복수하라고 다그치는데도,
> 아들인 나는 창녀처럼 가슴 속 한을 혀끝으로만 나불대고,
> 매춘부처럼 저주의 말만 뇌까리고 있으니,
> 장하기도 하구나! 창녀 같은 잡놈!

이 대사는 운문이기 때문에, 배우는 한편으로 단조로운 말투의 유혹을 반드시 피해야 하며, 혹은 이와 정반대로 대사를 좀더 "사실적으로" 들리게 하기 위해서 음악적인 행을 산문적인 억양으로 전달해서도 안 된다. 언어는 반드시 활기차게 발음되어야 하며, 그렇지 않으면 관객은 "murthered", "drab", "sculion" 같은 기묘한 말들을 결코 이해할 수 없을 것이다. 비록 오늘날 대부분의 관객들이 이런 말들의 정확한 의미를 알지 못할 가능성이 높을지라도, 배우는 이 말들이 함축하고 있는 정서적 내용을 전달할 수 있도록 충분한 훈련을 받아야 한다. 셰익스피어의 시대에는 "Fie"와 "foh"가 불만을 표시하는 일반적인 감탄사였지만, 오늘날에는 물론 아무도 이런 표현을 쓰지 않는다. 햄릿처럼 완고한 역을 제대로 연기하기 위해서는 테크닉과 지적 능력 이상의 것을 요한다. 일종의 천재성을 요하는 것이다(6-26b).

전통적으로 영국의 연기는 세밀한 눈으로 관찰하여 그것을 바탕으로 외면적인 측면을 완전히 숙달하기를 바랐다. 사실상 모든 배우들은 발음, 동작, 분장, 사투리, 펜싱, 춤, 바디 컨트롤 그리고 앙상블 연기 등을 훈련받는다. 이를테면 로렌스 올리비에 Laurence Olivier는 그가 맡은 인물을 늘 바깥

6-26a

'자헤드 *Jarhead*' (미국, 2005),
출연: 제이크 질렌할 Jake Gyllenhaal,
감독: 샘 멘데스 Sam Mendes.

▶ 행동과 연기. 사실주의적인 영화의 연기는 미묘한 차이의 문제, 즉 짧은 순간의 짤막한 묘사인 경우가 더러 있다. 배우는 카메라를 눈치 채지 못하거나, 혹은 그 자신의 사적인 생각도 전혀 의식하지 않는 것처럼 보인다. 이 쇼트와 같이 쇼트 안에서 관객을 의식하면서 명확히 연기할 필요는 없다. 왜냐하면 연기의 진수는 등장인물이 완전히 자기 자신에게만 몰두하는 것이기 때문이다. 다시 말해서 배우는 지켜보는 사람이 아무도 없다고 생각한다.

(*Universal Pictures. Photo: Francois Duhamel*)

6-26b

'햄릿 *Hamlet*' (영국, 1996),
출연: 케네스 브래너 Kenneth Branagh,
감독: 케네스 브래너.

▶ 무엇보다도 영국배우들은 아주 양식화된 대사—셰익스피어, 오스카 와일드, 버나드 쇼의 언어—를 그 언어적 특성의 신빙성을 전혀 해치지 않고 완벽하게 암송하는 기술을 가졌다. 그들의 위대한 문학적 유산 때문에, 영국배우들은 거의 보편적으로 특정 시대 연기 스타일의 탁월한 거장들로 간주되고 있다. 케네스 브래너는 그의 시대에 셰익스피어 작품 주연배우들 중 한 사람이다. 로렌스 올리비에 Laurence Oliver와 오슨 웰즈 Orson Welles의 화려한 전통 속에서, 케네스 브래너 또한 천부적인 연극감독이자 영화감독이었다. 삭제되지 않은 야심적인 '햄릿'의 이 완결판은 너무 길긴 해도 화려한 광채로 가득 차 있다. 이를테면 제2막 끝부분인 이 씬을 보면, 햄릿이 왕실의 타락과 그리고 아버지의 살해에 대해 어떤 형태로든 응징하려던 결심이 흔들리는 것에 대한 울분 때문에 자기혐오상태에 빠져 있다.
(Castle Rock/Turner Pictures)

에서부터 안으로 형성해 들어갔다. 그는 조각가나 화가처럼 그의 외모를 만들어갔다. 그는 이렇게 말했다. "나는 내 안에 있는 기존의 것으로 인물을 탐색하지 않는다. 오히려 나의 내면으로부터 밖으로 나가서 작가가 창조한 것으로 여겨지는 그 퍼스낼리티 personality를 찾아낸다." 그 시절 대부분의 영국배우가 그렇듯이, 올리비에는 디테일에 대해 아주 예리한 기억력을 가졌다. "나는 거리에서나 가게에서 들은 말들을 마음에 담아 둔다. 배우는 끊임없이 관찰해야 한다. 걸음걸이, 절뚝거리는 모습, 달리기 등 또 말을 듣고 있을 때 머리가 얼마나 한쪽으로 기우는지도 눈여겨보아야 한다. 눈썹의 떨림, 아무도 보고 있지 않을 것으로 여기고 무심코 코를 후비는 손, 수염을 쓰다듬는 사람, 상대방을 응시하지 않는 눈, 감기가 나은 한참 후에도 코를 훌쩍거리는 모습도 관찰해야만 한다."

올리비에의 분장은 매혹적이고 신비하다. 그는 턱수염, 가짜 얼굴피부, 가짜 코, 가발 등으로 자신의 실제 모습을 감추는 것을 좋아했다. 그는 "만일 당신이 현명하다면, 항시 당신은 그 현명함을 분장으로 지워버려야 한다."고 경고했다. 또한 그는 지역사투리를 흉내내는 그의 능력에 대해서도 자부심을 가지고 있었다. "텔레비전에 나오는 작은 역할일지라도 언제나 나는 미국식 억양을 배우려고 줄기차게 애를 쓴다. 만일 내가 맡은 인물이 북부 미시간 사람이라면, 나는 북부 미시간 사람이 되기 위해 피나는 노력을 한다."

올리비에는 그의 몸을 최고의 컨디션으로 유지했다. 심지어 노인이 되어서도 그는 달리기와 근력운동을 계속했다. 병으로 이런 운동을 삼가야 할 때는 열심히 수영을 했다. 78세의 나이에도 거의 매일 아침 1km 가까이 수영을 했다. 그는 "몸의 상태를 잘 유지하는 것은 배우들이 가장 우선적으로 해야 할 일 중 하나"라고 했다. "매일 운동하는 것은 아주 중요하다. 몸은 섬세하게 조율하고 가능한 한 자주 연주해야 하는 악기이다. 배우는 머리 꼭대기에서부터 새끼발가락까지 컨트롤할 수 있어야 한다."(*Laurence Olivier on Acting*, New York: Simon & Schuster, 1986에서 인용). 현대 영국의 연기는 이 고전적 스타일을 넘어섰다(6-27).

　　제2차 세계대전이 끝난 다음에는 사실적인 연기스타일을 강조하는 추세였다. 1950년대 초에, 흔히 "메소드 Method" 혹은 "시스템 System"으로 알려진 새로운 내면 연기스타일이 처음으로 미국의 관객들에게 소개되었다. 그것은 대체로 연극연출가 엘리아 카잔 Elia Kazan과 관련이 있었다. 카잔의 '워터프론트 *On the Waterfront*'는 대성공이었고, 이러한 연기스타일의 살아있는 표본이었다. 그 이후로 이 같은 스타일은 연극뿐만 아니라 미국 영화에서 지배적인 연출스타일이 되었다. "메소드"는 원래 배우를 훈련시키고 리허설을 시키던 시스템에서 파생된 것으로서, 모스크바예술학교의 콘스탄틴 스타니슬라프스키 Constantin Stanislavsky가 개발한 것이었다. 스타니슬라프스키의 연출방법은 뉴욕의 연극계에서, 특히 뉴욕의 액터즈 스튜디오 Actors Studio에서 널리 채택되었으며, 1950년대에 액터즈 스튜디오는 커다란 명성을 누렸다. 말론 브란도 Marlon Brando, 제임스 딘 James Dean, 줄리 해리스 Julie Harris, 폴 뉴먼 Paul Newman 등 쟁쟁한 졸업생들을 배출해낸 것이 바로 액터즈 스튜디오였기 때문이다.

　　카잔은 1954년에 그의 예전 스승인 리 스트라스버그 Lee Strasberg에게 인계하기 전까지 액터즈 스튜디오를 공동설립하고 거기서 가르쳤다. 스트라스버그는 짧은 시일 안에 미국에서 가장 존경받는

6-27

'*비밀과 거짓말 Secrets & Lies*' (영국, 1996),
출연: 브렌다 블레신 Brenda Blethyn(맨 오른쪽),
각본 및 감독: 마이크 리 Mike Leigh.

▶ 마이크 리는 마치 영화 레퍼토리 극단처럼 대부분 동일배우들과 함께 일하는 것을 좋아한다. 그들은 광범위하게 예행연습을 하여, 그들의 대사 중 많은 부분을 고치고 또 그들 스스로의 통찰과 발견을 통해서 대본을 수정했다. 이와 같은 예술적 협동작업의 결실이 바로 놀랄 만큼 친밀하고, 자연스럽고, 인간적인 연기스타일이다. 그들의 외모와 말투는 배우 같지 않다. 그들은 실제 고민거리를 안고 있는 실제 보통 사람들처럼 보인다. '비밀과 거짓말'에서 주인공(블레신)은 언제나 그녀 가족을 난처하게 하거나 충격을 안겨줄 수 있는 최악의 순간을 용하게 찾아낸다. 눈물겹고, 자기연민을 느끼고, 우스꽝스러울 정도로 재미있고, 지독하게 궁핍한 상태에서, 그녀는 심지어 우리가 연민을 느끼는 동안에도 우리의 감정에 휩싸이지 않고 잘 버틴다. 이것은 이 영화에 나오는 몇 가지 멋진 연기 중에 하나일 뿐이다. 그 연기는 또한 낭랑한 톤과는 큰 차이가 있으며, 전통적인 영국 연기테크닉의 정확한 어법이다. 마이크 리의 배우들에 대해서, 관객은 테크닉에 주목하지 않고 꾸밈없는 감정을 주목한다. *(Ciby 2000/Channel 4)*

6-28a

'슬럼독 밀리어네어 *Slumdog Millionnaire*' (영국, 2008),
출연: 데브 파텔 Dev Patel, 프리다 핀토 Freda Pinto, 감독: 대니 보일 Danny Boyle.

▶ 말론 브란도 Marlon Brando는 언젠가 연기란 "필사적인 탭댄스"와 같다고 말한 적이 있었다. 배우가 두각을 나타내려면, 그는 반드시 그의 역할로써 독창적이고 주목할 만한 일을 해야만 한다고 블란도는 믿었다. 단순히 눈에 띄고, 용모가 아름답고, 매력적인 것만으로는 충분하지 않다. 그러나 언제나 그런 것은 아니다. 예를 들면, 이 영화의 캐스팅은 실제로 인도 뭄바이의 빈민가에서 뽑은 수많은 비전문적인 배우들이 특징이다. 그리고 주역들의 경우에도 경험이 풍부한 배우들이 몇 명 되지 않는다는 것이 또한 이 영화의 특징이다. 두 연인의 역할은 영국인이지만 인도 혈통인 파텔과 그리고 인도인이지만 전문적인 경력이 주로 모델이었던 핀토가 맡았다. 파텔은 이 역을 맡기 전에 연기를 조금은 해본 적이 있었지만, 핀토는 사실상 연기 경험이 전무했다. 하지만 두 사람의 애정 어린 러브 씬은 감동적이고, 맑고, 달콤하며, 한마디로 정말 그럴싸하다. *(Film 4/Celador Films/Pathé)*

6-28b

'오드리 헵번의 파계 *The Nun's Story*' (미국, 1959),
주연: 피터 핀치 Peter Finch, 오드리 헵번 Audrey Hepburn, 감독: 프레드 진네만 Fred Zinnemann.

▶ 진네만은 하위텍스트의 달인이며, 간호수녀인 루크 수녀(헵번)의 삶을 다룬 이 영화에서는 특히 치밀하다. 아프리카에 근무하는 동안 그녀는 헌신적인 군의관 포추나티(핀치)를 만난다. 그는 신자가 아니지만, 그녀가 존경하고 찬양하는 남성이다. 날이 갈수록 그는 그녀와 사랑에 빠지게 되고, 그녀의 종교적인 헌신과 그리고 "본성을 거역하는" 그녀의 삶에 대해 실망하게 된다. 하지만 그의 사랑은 말로 표현할 수 없는 운명적인 사랑이다. 왜냐하면 그녀는 하느님에게 봉사하며 살기로 언약한 사람이라는 것을 그는 잘 알고 있기 때문이다. 관객은 그들의 복합적인 감정을 이해하기 위해 반드시 대사의 행간의 의미를 잘 읽어야 한다. 그 감정은 텍스트 속에서는 발견될 수 없으며, 오히려 말로 표현할 수 없는 영역이라고 해야 할 하위텍스트 속에 있다. 다음을 참조하라. Arthur Nolletti, Jr., "Spirituality and Style in The Nun's Story," *The Films of Fred Zinnemann*, edited by Nolletti(Albany: State University of New York Press, 1999). *(Warner Bros.)*

연기교사가 되었다. 그가 가르쳤던 학생들은 세계에서 가장 유명한 배우들과 어깨를 나란히 하게 되었으며, 이는 지금도 여전하다.

스타니슬라프스키 시스템의 핵심은 "연기하는 매 순간마다 극중 인물로서의 삶을 살아야 한다."는 것이었다. 스타니슬라프스키는 외면적인 것에 강조를 두는 전통적인 연기를 거부했다. 연기에 있어서 진실은 오로지 극중 인물의 내면적 정신세계를 탐구함으로써만이 성취될 수 있다는 것이 그의 신념이었다. 그리고 이러한 정신세계는 반드시 배우 자신의 개인적 감정과 융합되어야 한다고 믿었다. 스타니슬라프스키가 개발한 가장 중요한 기법 중의 하나는 정서적 상기 emotional recall인데, 작중 인물의 감정과 유사한 감정을 찾아내기 위하여 배우가 자신의 과거 경험 속으로 깊이 파고들어가 보는 것이다. 줄리 해리스는 이렇게 설명했다. "모든 연기는 배우의 과거, 혹은 언젠가 경험한 바 있는 어떤 감정과 연결되어 있다." 스타니슬라프스키의 기법은 정신분석적인 성격이 강하다. 자신의 무의식을 탐색함으로써 배우는 실감나는 감정을 불러일으킬 수 있고, 연기할 때마다 그 감정을 다시 환기시켜 자신이 연기하고 있는 그 극중 인물 속으로 불어넣는다. 스타니슬라프스키는 배우들이 연기의 "세계"—그 구체적인 디테일과 구조—에 집중할 수 있도록 하는 기법도 개발했다. 어떤 형태로 나타나든, 이런 기법은 연기라는 직업 그 자체만큼이나 오래된 것이지만, 스타니슬라프스키는 실습과 분석을 통하여 그것을 체계화한 최초의 인물이었다. 이 때문에 시스템과 메소드라는 용어가 나온 것이다. 스타니슬라프스키가 보기에는 내면적 진실과 정서적인 충실성이 전부는 아니었다. 그는 말하기, 동작, 옷 입는 것 등에서 어느 정도의 스타일이 가미된 방식을 요구하는 고전적 연극을 위해서는 특히 배우가 외적인 것을 익혀 숙달될 필요가 있다고 주장했다.

스타니슬라프스키는 장시간의 리허설로도 이름이 나 있었다. 리허설을 하는 동안 배우들은 스스로 대본과의 공명상태—이는 바로 하위텍스트 subtext로서, 프로이트가 말하는 잠재의식의 개념과 유사하다—를 찾아내기 위하여, 자신의 역을 즉흥적으로 연기해 보는 것을 장려한다. 카잔과 메소드방식을 쓰는 다른 감독들은 영화를 감독할 때 이 개념을 사용하였다. "시나리오의 표면 아래에는 하위텍스트가 있는데, 이것이 의도, 감정, 내면적 사건의 일람표라는 것을 영화감독은 알고 있다. 현재 일어나고 있는 것처럼 보이는 일은 실제로 일어나기 힘든 일이라는 것을 그는 바로 알아챈다. 하위텍스트는 영화감독이 가장 소중하게 다루어야 할 도구들 가운데 하나이다. 다시 말해서 영화감독이 감독하는 것이 바로 그것이다." 메소드 배우에게 입으로 말하는 대사는 부차적이다. 작중 인물의 "내면적 상황"을 포착하기 위하여 배우들은 가끔 대사를 "일부러 아무렇게나 말하거나", 말문이 막히거나, 아니면 심지어 대사를 더듬거리기까지 한다. 1950년대에 말론 브란도나 제임스 딘과 같은 메소드 배우들은 일부러 대사를 더듬거린다고 몇몇 비평가들의 놀림을 받기도 했다.

스타니슬라프스키는 스타시스템과 스타의 개인적 기호를 인정하지 않았다. 자기 작품을 제작할 때 그는 앙상블 연기를 강조했는데, 배우와 작중 인물 사이에는 진정한 상호작용이 이루어져야 한다는 것이었다. 그는 연기자가 스스로 한 씬의 모든 세부사항을 분석해 줄 것을 권장했다. 극중 인물이 진정으로 원하는 것은 무엇인가? 그의 이력이나 혹은 "배경"은 무엇인가? 바로 이전에는 무슨 일이 있었는가? 시간은 하루 중 언제인가? 등등. 배우들이 전혀 경험해 보지 못한 역을 맡게 되었을 때는 그들의 감정은 물론 그들의 정신까지도 제대로 이해할 수 있도록 그 역에 관하여 연구하고 조사하게 했다. 메소드 배우들은 작중 인물의 감정상태를 제대로 표현하는 능력으로도 유명하다. 메소드

6-29a

'양키두들댄디 _Yankee Doodle Dandy_'
(미국, 1942).
출연: 제임스 캐그니 James Cagney,
감독: 마이클 커티즈 Michael Curtiz.

▶ 연기스타일은 연기자의 에너지가 어느 정도이냐에 따라 달라진다. 캐그니와 같이 에너지로 충만한 배우는 대개 대담한 스타일로 관객에게 호소하고 관객의 주의를 끌게 마련이다. 캐그니 스타일의 연기가 관객에게 안겨주는 재미는 대부분 그가 뽐내며 거들먹거리는 모습을 구경하는 데 있다. 그는 매우 동적인 연기자이며, 동작을 통해 등장인물의 감정을 표현한다. 그의 춤은 명랑하고 유쾌하다. 뽐내는 것 같기도 하고 섹시하기도 하고, 또 우스꽝스럽기도 하다. 심지어 드라마틱한 역에서도 그는 거의 쉬는 법이 없다. 손의 제스처는 날카롭고 공기를 가르는 것 같고, 발은 언제나 바닥을 구르고 있다. "절대로 바닥에 양발바닥을 붙이고 있지 말라."는 것이 그의 신조였다. "쉬지 말라, 당신이 쉬면 관객이 쉬게 된다." 해롤드 로이드 Harold Lloyd, 캐서린 헵번 Katharine Hepburn, 베티 데이비스 Bette Davis, 진 켈리 Gene Kelly, 조지 스코트 George C. Scott, 바브라 스트라이샌드 Barbra Streisand, 제임스 우즈 James Woods, 조 페시 Joe Pesci, 짐 캐리 Jim Carrey, 그리고 빈스 본 Vince Vaughn 등도 에너지가 충만한 배우들이다.   _(Warner Bros.)_

6-29b

'세브린느 _Belle De Jour_'
(프랑스/이탈리아, 1967).
출연: 카트린느 드뇌브 Catherine Deneuve (오른쪽), 감독: 루이스 브뉘엘 Luis Buuel.

▶ 드뇌브처럼 조용한 연기를 하는 배우는 "작게" 연기한다거나, "카메라 가까이에서" 연기한다고들 말한다. 이런 연기자는 관객을 향해서 연기를 발산한다기보다는 카메라를 그들의 연기쪽으로 맞추어 다가오게 한다. 그들의 연기는 극적인 효과를 노려서 과장될 때가 거의 없다. 보통 드뇌브의 연기를 본 사람은 정말 그녀가 거의 연기를 하지 않는 것처럼 보인다고 말한다. 그녀의 섬세한 연기는 매우 가까운 거리에서야 확실하게 드러난다. 이러한 연기를 하는 배우로는 해리 랭던 Harry Langdon, 스팬서 트레이시 Spencer Tracy, 헨리 폰다 Henry Fonda, 마릴린 먼로, 몽고메리 클리프트 Montgomery Clift, 캐빈 코스트너, 잭 니콜슨, 위노나 라이더 Winona Ryder, 토비 맥과이어 Tobey Mcguire 등을 들 수 있다. 물론 극적 맥락이 배우의 연기의 강약을 결정짓는 가장 중요한 요소임에 틀림없다.   _(Paris Film/Five Film)_

6-30

'두 여인 *Two Women*' (이탈리아, 1960),
출연: 소피아 로렌 Sophia Loren, 감독: 비토리오 데 시카 Vittorio De Sica.

▶ 즐거움과 같은 고통. 등장인물의 불행이 어떻게 해서든지 설득력 있고, 감동적이고, 또 정신적인 면에서 빛을 던져주는 어떤 것으로 전환되고 변형된다는 것이 예술의 패러독스 가운데 하나이다. 이 영화는 제2차 세계대전 동안 전쟁으로 파괴된 이탈리아를 배경으로 하고 있다. 로렌과 그녀의 13살짜리 딸은 인적이 없는 길에서 폭력적으로 강간을 당한다. 이는 소녀에게는 비참한 성인식이었고, 어머니에게는 비록 주의를 기울인다 할지라도 항상 자식을 보호할 수는 없다는 사실에 대한 비참한 깨달음이다. 위대한 이탈리아 네오리얼리즘 영화가 대개 그렇듯이, '두 여인'은 영화 막바지에 어떤 값싼 위안도 제공하지 않는다. 오로지 깊은 상처를 입은 두 여인과 더불어 느끼는 정신적인 공감뿐이다. 소피아 로렌의 연기는 통렬하고 탁월하다. 그녀는 아카데미 여우주연상을 수상한 것 외에도, 뉴욕비평가협회상과 깐느영화제 최고연기상을 수상했다.   *(CCC/Cocinor/SGC)*

연출방식으로 기울고 있는 감독들은 대체로 연기자들은 그들의 내면에 극중 인물의 경험과 유사한 경험을 지니고 있다고 믿으며, 인물설정을 위해 연기자의 개인적인 삶의 과정을 따져보는 데도 상당한 시간을 소비한다.

1960년대에 프랑스 누벨바그 The French New Wave 감독들—특히, 고다르와 트뤼포—은 촬영 중에 배우들이 즉흥연기를 하도록 하는 기법을 유행시켰다. 그 결과로 사실성이 증가되어 비평가들의 커다란 호평을 받았다. 물론 그 기법 자체에는 새로울 것이 없다. 배우들은 무성영화 시절에 자주 즉흥적인 연기를 했으며, 그것이 무성영화 시대의 희극에서는 기본이었다. 예를 들어, 채플린, 키튼, 로

6-31

'고하야가와가의 가을 The End Of Summer'
(일본, 1961),
감독 : 오즈 야스지로 Yasujiro Ozu.

▶ 심리적 뉘앙스의 대가인 오즈는 연기의 예술에 있어서는 연기를 적게 하는 것이 실은 더욱 많은 연기를 하는 것이라고 믿었다. 그는 멜로드라마의 과장성을 몹시 싫어했으며, 배우들에게 최대한의 사실성을 요구했다. 오즈가 너무 많은 "연기를 한다."고 지적하면 배우들은 종종 화를 내기도 했다. 그는 스타기용을 피했으며, 관객이 극중 인물을 선입관 없이 볼 수 있도록 정반대 타입의 배우를 캐스팅하는 경우도 자주 있었다. 그는 보통 연기력보다는 개성에 따라 배우를 선택했다. 무엇보다도 오즈는 개인적인 소망과 사회적 요구 사이의 갈등을 탐구했다. 그의 씬은 보통 공공 장소에서 연출되었는데, 이런 장소에서는 공손해야 하고 사회적인 예절을 지켜야 하는 이유 때문에 개인적으로 실망하는 일이 있어도 그것을 덮어둘 수밖에 없었다. 오즈는 종종 배우들에게 움직이지 말고 눈으로만 감정을 표현하라고 지시하기도 하였다. 표면적으로는 여전히 경우에 어긋나지 않게 예절을 지키고 있지만, 왼쪽의 두 인물이 어떻게 교묘하게 멀리 떨어져 있는지에 주목해 보라.   (Toho Company)

렐과 하디는 주어진 씬의 서두만 알면 족했다. 그 희극의 세부내용은 즉흥적으로 꾸며졌고, 이후 편집단계에서 세련되게 다듬어졌다. 토키가 등장하자 이런 제작방식은 사라졌다. 메소드 훈련을 받은 배우들은 즉흥연기를 주로 실험적인 리허설의 기법으로 이용하지만, 카메라가 작동하기 시작하면 그들의 연기는 대개 정립되어 있다.

발견과 경이로움에 대한 보다 강한 느낌을 포착하기 위하여, 고다르와 트뤼포는 한 씬이 실제로 촬영되고 있는 도중에 대사를 만들어 보라고 배우에게 이따금 지시하곤 했다. 시네마 베리테 cinéma vérité에 의해 도입된 탄력적인 기법들은 이들에게 비할 바 없는 생생한 느낌을 포착하게 해주었다. 가령 트뤼포의 '400번의 구타 The 400 Blows'에서 13살 난 어린 주인공(장 피에르 레오 Jean-Pierre Léaud)은 교도소의 심리분석가에게서 그의 가족생활과 성적 습성에 관한 질문을 받는다. 그런 질문을 받게 되리라는 것을 사전에 알지 못했던 그는 천진스럽고 솔직하게 대답한다. 트뤼포의 카메라는 소년의 망설임과 당황하는 모습 그리고 매력적인 남성적 허세를 포착할 수 있다. 즉흥연기는 어떤 형식이든 현대 영화에서 중요한 기법이 되었다. 로버트 알트먼 Robert Altman, 라이너 베르너 파스빈더 Rainer Werner Fassbinder, 마틴 스콜세지 Martin Scorsese와 같은 감독들은 이 기법을 사용하여 빛나는 성과를 올렸다.

6-32a

'지지 Gigi' (미국, 1958),
출연: 모리스 슈발리에 Maurice Chevalier,
레슬리 캐론 Leslie Caron, 루이 주르당 Louis
Jourdan, 감독: 빈센트 미넬리 Vincente
Minnelli.

▶ 연기스타일에 있어서 전통적인 구별은 표현적인 것 대 묘사적인 것이다. 표현적인 스타일은 솔직하게 관객을 인정한다. 등장인물은 때로는 우리에게 직접적으로 말을 걸면서, 다른 등장인물들을 제쳐두고 긴밀한 소통을 이룬다. 앨런 러너 Alan Lerner와 프레데릭 로웨 Frederick Loewe가 각색한 이 유명한 뮤지컬에서 슈발리에의 연기는 표현적이다. 어떻게 그가 영화의 세계(파리, 1900)와 관객의 세계를 이어주는 중개인과 같이 보이는가를 주목하라.   (MGM)

6-32b

'노스 컨츄리 North Country' (미국, 2005),
출연: 리차드 젠킨스 Richard Jenkins,
샤를리즈 테론 Charlize Theron, 씨씨 스페이식
Sissy Spacek, 감독: 니키 카로 Niki Caro.

▶ 묘사적 스타일은 일반적으로 사실적이고 자기 충족적이다. 등장인물들은 동떨어진 그들만의 세상에 거주하며, 관객이나 카메라의 존재를 결코 인정하지 않는다. 우리가 훔쳐보고 그들의 대화를 엿듣는 것이 허용되긴 하지만, 언제나 연기자들은 지켜보거나 엿듣는 사람이 아무도 없는 것처럼 연기한다. '노스 컨츄리'에 나오는 이 가족 위기의 쇼트가 말해주듯이, 묘사적 스타일은 개인적인 측면을 파헤치고 침해하는 것처럼 보일 수 있다.
(Warner Bros. Photo: Richard Foreman)

캐스팅

영화에서 캐스팅은 그 자체가 하나의 예술에 가깝다. 캐스팅은 연기자 타입에 대한 예리한 감각이 필요한데, 이는 연극에서 유래한 관습이다. 주연남자배우, 주연여자배우, 조연배우, 청소년, 악한, 가벼운 희극배우, 비극배우, 천진한 아가씨, 노래하는 배우, 춤추는 배우 등 대부분의 영화배우와 연극배우는 역할범주에 따라 분류된다. 타입을 정하는 관습은 좀처럼 어기기 힘들다. 예를 들어, 평범한 사람들도 사랑에 빠지지만, 그런 낭만적인 역할은 언제나 매력적인 배우에게 맡겨진다. 마찬가지로 브루스 윌리스 Bruce Willis처럼 전 미국을 대표하는 우상이 유럽사람의 역할로 캐스팅된다면, 관객에게 별 호소력이 없을 것이다. 실제로 이웃에 클라우스 킨스키처럼 무섭게 생긴 사람이 살지 않는 한, 그를 이웃집 남자처럼 친근하게 여기는 사람은 아무도 없을 것이다. 물론 연기자의 타입을 결정하는 데는 연기자의 연기폭이 가장 중요하다. 니콜 키드먼 Nicole Kidman과 같은 일부 배우들은 매우 넓은 연기폭을 지닌 반면, 동일한 두 가지 타입(코믹한 타입과 위협적인 타입)의 변형된 역할을 벗어나지 못하는 아놀드 슈워제네거 Arnold Schwarzenegger와 같은 배우들도 있다.

타입에 따라 캐스팅하는 것은 무성영화에서는 거의 불변의 철칙이었다. 그 이유 중의 하나는 인물의 독특한 개성이 중시되기보다는 우화적인 allegorical 타입으로 정형화되는 경향이 있었으며, 또 "남편", "아내", "어머니", "요부" 등의 타입을 이름표처럼 달고 있는 경우가 많았기 때문이다. 금발의 여배우는 보통 순결을 강조하는 역에 캐스팅되었고, 세속적인 갈색의 여배우는 에로틱한 역에 캐스팅되었다. 에이젠슈테인은 배우들이 엄격하게 타입에 맞게 캐스팅되어야 한다고 주장했으며, 더 진정성 authenticity이 있다는 이유로 아마추어 연기자를 선호했다. 그래서 그는 이렇게 반문한다. 진짜 공장 노동자를 기용하면 될 것을, 왜 영화감독은 배우를 기용하여 공장 노동자 연기를 하게 만들까?

그러나 노련한 배우들은 한 타입으로 고정되는 것을 싫어하며, 자주 연기영역을 넓히려는 시도를 한다. 이런 시도는 때때로 성공하기도 하지만 그렇지 못할 때도 있다. 험프리 보가트가 대표적이다. 여러 해 동안 그는 거칠고 냉소적인 갱 역할로 고정되어 있었는데, 마침내 존 휴스톤 John Huston 감독과 함께 '말타의 매 *The Maltese Falcon*'에 나오는 냉혹하고 비정한 탐정인 샘 스페이드 역에 캐스팅되었다. 휴스톤은 '시에라 마드레의 황금 *The Treasure of the Sierra Madre*'에서 보가트를 교활한 편집광인 프레드 돕스라는 보물탐사자 역으로 캐스팅했는데, 이는 그의 원래 타입과는 거리가 먼 것이었다. 보가트는 '아프리카의 여왕 *The African Queen*'에서 자신의 이미지를 완전히 바꾸었다. 이 영화에서 그는 애교가 넘치는 우스꽝스러운 주정뱅이 찰리 올너트 역을 맡았는데, 어딘가 약한 구석이 있는 역으로 관객의 사랑을 받았고, 동시에 이 역할로 아카데미 남우주연상을 받았다. 그러나 '비트 더 데블 *Beat the Devil*'에서는 휴스톤의 탁월한 캐스팅 본능이 어디로 가버렸는지 보가트의 능력이 미치지 않는 역할에 캐스팅하였다. 그것은 보잘 것 없는 불한당과 얼간이 무리들과 어울려다니는 약아빠진 모험가 역할이었다. 재치와 놀림조의 대사는 자의식이 강한 보가트의 연기 때문에 완전한 실패작이었다. 캐리 그랜트처럼 세련된 배우라면 그 역할을 훨씬 실감나고 어울리게 해낼 수 있었을 것이다.

6-33a

'자전거 도둑 *The Bicycle Thief*'
(이탈리아, 1948),
출연: 엔조 스타이올라 Enzo Staiola,
람베르토 마지오라니 Lamberto Maggiorani,
감독: 비토리오 데 시카 Vittorio De Sica.

▶ 영화역사상 가장 유명한 캐스팅 가운데 하나가 바로 데 시카 감독이 마지오라니와 스타이올라를 궁핍한 노동자 역과 그를 하늘같이 믿고 따르는 아들 역으로 캐스팅한 것이다. 두 사람 모두 직업적인 전문연기자가 아니었다. 마지오라니는 실제로 노동자였으며, 이 영화를 찍고 난 후에 공장의 일자리를 구하느라 어려움을 겪었다. 데 시카 감독이 이 영화의 제작비를 구하러 다닐 때, 어떤 프로듀서는 캐리 그랜트 Cary Grant가 주인공을 맡는다면 돈을 대주겠다고 하였다. 데 시카는 그랜트같이 우아하고 기품 있는 배우가 이 영화의 주연을 맡는 것은 상상할 수조차 없었으며, 현명하게 다른 곳에서 자금을 조달했다.　*(Produzione De Sica)*

6-33b

'아메리칸 갱스터 *American Gangster*' (미국, 2007),
출연: 덴젤 워싱톤 Denzel Washington,
감독: 리들리 스콧 Ridley Scott.

▶ 주연 남자배우로서 덴젤은 아주 마음에 든다. 그는 품위 있고, 미남이고, 대단히 미국적이다. 하지만 이 영화에서처럼 그가 정반대 타입의 연기를 할 때 가장 좋아 보이는 경우가 더러 있다. 이 영화에서 그는 악명 높은 할렘가 폭력배 프랭크 루카스 Frank Lucas의 역을 맡고 있다. 루카스는 위협적이고, 종잡을 수 없는 인물이며, 그가 원하는 것을 얻기 위해서는 폭력을 마다하지 않는다. 워싱톤의 또 다른 유명한 정반대 타입의 연기로는 '트레이닝 데이 *Training Day*'에서의 사기꾼 경찰관 역–그는 이 역으로 오스카 남우주연상을 받았다.–과 그리고 '플라이트 *Flight*'에서 마약에 중독된 비행기 조종사역이 있다.　*(Universal Pictures/Scott Free. Photo: David Lee)*

6-34a

'로미오와 줄리엣 *Romeo and Juliet*'
(미국, 1936),
출연: 레슬리 하워드 Leslie Howard,
노마 셰아러 Norma Shearer,
감독: 조지 쿠커 George Cukor.

▶ 셰익스피어의 희곡을 영화화한 쿠커의 이 작품은 감독이 원작의 타입에 어긋나는 캐스팅을 할 때 영화에 어떠한 재난이 벌어질 수 있는가를 보여주는 본보기이다. 쿠커의 영화에 나타난 두 연인은 셰익스피어의 원작에서 요구되는 젊은이들과는 큰 차이가 있다. 셰아러는 37세의 실제 나이에도 불구하고 13세의 줄리엣 역을 맡았고, 레슬리 하워드는 44세의 나이로 로미오 역을 맡았다. 존 배리모어 John Barrymore는 성미가 급한 머큐쇼 역으로서는 터무니가 없었다. 중년의 어른들이 나이 어린 아이들처럼 행동하는 광경은 작품의 모든 연기를 우스꽝스럽게 만들었다. *(MGM)*

6-34b

'로미오와 줄리엣 *Romeo and Juiiet*'
(영국/이탈리아, 1968),
출연: 올리비아 핫세 Olivia Hussey,
레너드 화이팅 Leonard Whiting,
감독: 프랑코 제피렐리 Franco Zeffirelli.

▶ 위의 영화에 비하면 제피렐리의 영화는 훨씬 성공적이다. 왜냐하면 그는 원작의 타입에 맞는 두 10대 배우에게 주인공 역할을 맡겼기 때문이다. 분명히 쿠커 영화의 배우들이 대사를 더 잘 구사했으나, 제피렐리의 배우들이 훨씬 진실해 보인다. 영화에서는 배우의 실제 나이와 극중 인물의 나이 차가 연극의 경우보다 훨씬 더 중요하다. 왜냐하면 영화에서 클로즈 쇼트는 배우의 나이를 잔인할 정도로 정확히 드러내기 때문이다.

(Paramount Pictures)

6-35a

'미스언더스탠드 *The Upside Of Anger*'
(미국, 2004),
출연: 조안 알렌 Joan Allen, 케빈 코스트너 Kevin
Costner, 각본 및 감독: 마이크 바인더 Mike
Binder.

▶ 캐스팅할 때 감독과 프로듀서는 주인공들 간의 "화학적 반응(서로 끌리는 감정)"이나 혹은 그것의 결여에 대해 세심하게 신경을 써야만 한다. 만일 배우들이 그저 겉으로 보여주기 위해 행동한다면, 관객은 친밀감이 떨어진다는 느낌을 가질 것이다. 주인공(알렌)은 그녀의 남편으로부터 버림받았으며, 그녀가 부양하는 십대의 네 딸이 있다. 그녀의 이웃집 남자(코스트너)는 약간 평판이 좋지 않은 은퇴한 야구선수이며, 술로 위안을 삼는 그들의 모임에 종종 그녀와 같이 간다. 심지어 이 정지된 사진에서조차도 두 사람 사이의 성적 감정이 섬광처럼 발산되고 있다.

(New Line. Photo: Paul Chedlow)

6-35b

J. C. 챈도르 J. C. Chandor 감독의
'마진 콜: 24시간, 조작된 진실 *Margin Call*'
(미국, 2011)홍보사진.

▶ 영화의 줄거리가 복잡하고 많은 인물이 나올 때는, 때로는 유명한 스타들이 훨씬 작은 배역이나 단역으로 출연하는 경우가 있어서 관객은 당황하지 않고 그 액션을 흥미를 갖고 지켜볼 수 있다. 이 영화는 리먼 브라더스(Lehman Brothers, 글로벌 투자은행)와 같은 한 회사의 2008년 금융위기를 느슨하게 다루고 있다. 그것은 대침체기 Great Recession의 서막이었으며, 이로 인해 순자산의 75퍼센트 이상 손실이 난 수백만의 일반 투자자들은 말할 것도 없고 리만뿐만 아니라 베어스턴스 Bear Sterns 같은 대형 금융사도 파산했다. 사건은 고위 간부가 일반대중이 휴지조각에 불과하다는 것을 알기 전에 수천만 달러의 불량자산을 처분하기로 결정하는 24시간의 기간 동안 벌어진다. 회사의 배부른 자본가들은 막대한 수익을 챙기고 떠나버리고, 일반 주주들은 결국 속아 넘어간다. 현실세계에서는 어느 누구도 그들의 무모한 재정 운용 때문에, 혹은 대중을 속였다는 이유로 고발당한 적이 없었다.

(Before the Door Pictures)

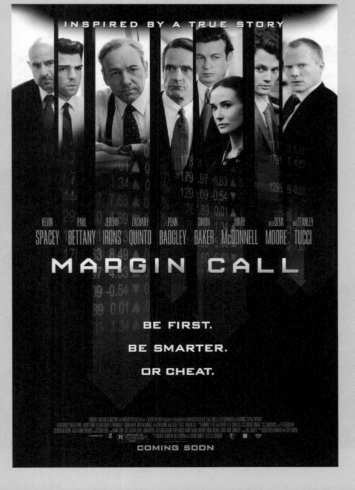

6-36a

'크라잉 게임 *Crying Game*'
(아일랜드/ 영국, 1992),
출연: 제이 데이비슨 Jaye Davidson,
스티븐 리아 Stephen Rea,
감독: 닐 조던 Neil Jordan.

▶관객의 눈에 익지 않은 연기자가 스타들보다 좋을 경우가 있다. 관객은 그 배우가 어떤 유형의 연기자인지 전혀 예측할 수 없기 때문이다. 전문배우가 아니거나 잘 알려져 있지 않은 연기자는 뜻밖의 이야기로 관객을 깜짝 놀라게 할 수가 있다. 이 영화에서는 등장인물의 놀라움이 스토리를 완전히 새로운 방향으로 이끌어 간다. 만약 개성적인 성격파 배우가 이 영화의 주인공을 맡았다면, 관객은 인물이 만들어 가는 사건의 진행방향을 미리 짐작할 수 있었을 것이다. 왜냐하면 보통 스타시스템은 형식적으로 사전에 미리 성격을 설정해 놓은 것이기 때문이다. 그러나 데이비슨이나 리아와 같은 배우가 나올 때는 그들이 그 기괴한 이야기를 풀어가는 것에 따라 등장인물들을 판단할 수밖에 없다. *(Palace Pictures)*

6-36b

'휘파람을 불고 싶다 *If I Want To Whistle I Whistle*'
(루마니아/스웨덴, 2010),
출연: 조지 피스테레아누 George Pistereanu,
감독: 플로린 세르반 Florin Serban.

▶비직업적인 배우를 캐스팅하는 것은 모험일 수 있다. 연기자의 몸이 굳어 있고 음성의 유연성이 결여되어 있다면, 등장인물보다 오히려 배우에게 더 신경이 쓰이고 집중하기 힘들 수 있기 때문이다. 그러나 특히 이 영화처럼 강렬한 감성영화인 경우에는 비직업적인 배우가 훨씬 더 진지할 수 있다는 것은 의심의 여지가 없다. 루마니아의 청소년 범죄자로서 피스테레아누의 연기가 돋보인 것은 무엇보다 그가 기술적인 세련미를 갖지 않았기 때문이며, 사실상 때로는 통제 불능인 것처럼 보인다. 세르반 감독은 이 젊은 배우에게 연기 기술에 대해서는 전혀 신경 쓰지 말고 그가 맡은 인물이 특정 상황에서 어떻게 느꼈을지 실제로 느껴보려고 노력하라고 격려했다. 그 결과 장식과 "예술적 기교 artistry"는 없지만 아주 강렬한 감성적 연기가 이루어졌다. *(Strada Film)*

히치콕은 "캐스팅은 인물설정"임을 강조했다. 일단 배역이 정해지면, 특히 개성 있는 성격파 스타가 캐스팅되면 그가 맡을 극중 인물의 성격은 이미 확정된 것이나 다름없다. 어느 의미에서 본다면, 스타는 다른 인물들에 비해 훨씬 "사실적"이다. 사람들이 대체로 등장인물을 스토리에 나오는 사람의 이름보다는 배우의 이름으로 부르는 이유가 바로 여기에 있다. '스트레인저 *Strangers on a Train*'의 대본을 가지고 히치콕과 함께 작업하고 난 후에, 소설가인 레이몬드 챈들러 Raymond Chandler는 히치콕의 인물설정 방식을 비웃었다. "인물에 대한 히치콕의 생각은 상당히 구식이다."라고 불평했다. 이를테면 "선량한 젊은이", "사교계 아가씨", "겁 많은 여인" 등으로 인물을 설정한다는 것이다. 문학작품의 인물들이 대개 그런 것처럼, 챈들러는 인물의 성격설정은 반드시 언어를 통해 이루어져야 한다고 믿었던 것이다. 챈들러는 영화감독이 활용할 수 있는 다른 옵션들에 대해서는 무감각했다. 예컨대. 히치콕은 스타시스템—이는 언어와는 무관한 테크닉이다—을 교묘하게 이용하였다. 한 예로, 히치콕이 좋아한 주연여배우 타입은 성적 매력은 좀 부족해도 약간은 귀족적이고 숙녀다운 매너를 갖춘 우아한 금발미녀였다. 한마디로 이는 바로 사교계 아가씨형이다. 그러나 히치콕이 기용한 유명한 금발미녀 중에서 단지 셋만 예를 들어도, 조안 폰테인 Joan Fontaine, 잉그리드 버그만 Ingrid Bergman, 그레이스 켈리 Grace Kelly 사이에는 상당한 개인적 차이가 있다.

히치콕의 캐스팅은 속이기 위한 경우도 더러 있다. 그의 작품에 나오는 악한들은 보통 '북북서로 진로를 돌려라 *North by Northwest*'에 나오는 제임스 메이슨 James Mason처럼 인간적으로 아주 매력적인 배우들이다. 히치콕은 이미 자리가 굳어진 기성스타들에 대한 관객들의 호의적인 생각을 감안하여, 자기 영화의 "주인공들"에게 도덕적으로 아주 수상쩍은 행동을 하게 만든다. 이를테면 '이창 *Rear Window*'에서 제임스 스튜어트는 말 그대로 훔쳐보는 취미를 가진 성적 이상자로 나오지만, 관객은 전 미국 남성을 대표하는, 온건한 타입의 지미 스튜어트 Jimmy Stewart를 차마 비난할 수가 없다(4-22). 또한 관객들은 스타는 영화 마지막까지 남아야 하고, 군이 죽어야 한다면 끝에 가서야 죽어야 한다—스타가 영화의 끝에서 죽는 것도 별로 마음 내키는 일이 아니다—고 생각한다. 그러나 '싸이코 *Psycho*'에서 자넷 리 Janet Leigh가 맡은 역은 영화의 처음 3분의 1쯤 되는 곳에서 끔찍하게 살해되고 만다. 이는 관객들에게 자기만족의 감정에서 벗어나 기존의 통념을 깨뜨리는 충격을 안겨준다. 가끔 히치콕은 어딘지 모르게 불안한 분위기를 안겨줄 필요가 있는 역할에 꼿꼿하고 자의식이 강한 배우를 기용했는데, '로프 *Rope*'와 '스트레인저'에 나온 팔리 그레인저 Farley Granger가 바로 그런 경우이다. 이 경우 요구되는 것은 바로 서툰 연기이며, 이것도 성격설정의 한 부분이다.

대개 감독들은 캐스팅이 작중 인물과 밀접하게 관련되어 있다고 믿기 때문에 주연이 정해지기 전까지는 대본을 작성하려고 하지도 않는다. 오즈 야스지로는 이렇게 고백한다. "화가가 자신이 무슨 색을 사용하고 있는지 모르고서 그림을 그릴 수 없는 것처럼, 나도 어떤 배우가 기용될지 모르고서는 더 이상 대본을 쓸 수가 없었다." 빌리 와일더 Billy Wilder는 언제나 배우들의 성격에 맞게 대사를 맞추었다. 와일더는 몽고메리 클리프트가 '선셋 대로 *Sunset Boulevard*'의 주연에서 물러났을 때, 전혀 다른 개성적 뉘앙스를 풍기는 윌리엄 홀덴 William Holden을 기용하면서 그에 맞게 다시 대본을 썼다.

촬영, 미장센, 동작, 편집 그리고 음향처럼 연기도 일종의 언어시스템이다. 영화감독은 배우를 생각과 느낌을 전달하기 위한 수단으로 이용한다. 캐리 그랜트보다 람베르토 마지오라니와 같은 배우를 캐스팅하는 것만으로도 비토리오 데 시카는 '자전거 도둑'의 예술적 효과를 근본적으로 바꾸어 놓

6-37

'에린 브로코비치 *Erin Brockovich*'
(미국, 2000),
출연: 줄리아 로버츠 Julia Roberts, 감독:
스티븐 소더버그 Steven Soderbergh.

▶ 캐서린 헵번 Katharine Hepburn이 언젠가
이런 말을 한 적이 있었다. "개성이 없는
배우를 보여주시오, 그러면 나는 스타가 아
닌 사람을 당신에게 보여주겠소." 이 당대
의 영화에서 줄리아 로버츠는 개성을 발휘
하고 있다. 그녀는 미국의 인기투표에서 줄
기차게 톱10을 유지하는 유일한 여성스타
이다. 빼어난 외모와 매혹적인 미소로 대중
의 사랑을 받고 있는 그녀는 정통적인 극
의 역할들을 통해 연기를 쌓은 배우이다.
하지만 그녀는 코미디에서 진짜로 빛났으
며, 코미디에서 연기가 너무나 자연스러워서 연기로 보기 힘들 정도이다. 토크쇼에는 거의 출연하지 않지만, 그녀
는 재미있고, 세련되고, 매력적이다.　　*(Universal Pictures. Photo: Bob Marshak)*

았다. 마지오라니가 그랜트보다 더 좋은 배우는 아니다. 사실은 그 반대라고 해야 할 것이다. 하지
만 여기서 문제가 되는 것은 연기기술이 아니다. 문제는 매력, 위트, 세련미가 넘쳐나는 그랜트의 도
상과는 정반대라고 해야 할 마지오라니의 그 철저한 진정성이다. 그러므로 그랜트의 도상은 이 역할
에는 완전히 부적절하다. 앞에서 살펴보았듯이, 게리 쿠퍼와 마릴린 먼로처럼 아이콘이 아주 뚜렷한
도상적인 스타들 iconographic stars은 정서적 · 이데올로기적 가치의 복합적인 네트워크를 구축하고 있
으며, 이 가치들은 영화감독이 나타내는 예술적 진술의 일부라고 할 수 있다.
　　영화의 연기를 분석할 때, 우리는 다음 사항들을 눈여겨보아야 한다. 어떤 타입의 배우들이 나오

는가? 또 왜 아마추어, 전문배우, 혹은 인기 있는 스타인가? 감독은 배우들을 어떻게 취급하는가? 카메라 소재인가 아니면 예술적 협력자인가? 편집은 어느 정도로 이루어지는가? 달리 말해서, 커트를 많이 하지 않고 배우들에게 그들의 대사를 구사하도록 하는가? 영화가 스타에 초점을 맞추는가 아니면 감독이 앙상블 연기를 장려하는가? 스타의 도상은 무엇인가? 스타가 특정한 문화적 가치를 구현하는가, 아니면 그 스타가 영화마다 근본적으로 다른 모습이라서 어떤 도상이나 표상도 형성하지 못하고 있는가? 만일 그 스타가 아주 도상적이라면, 그 스타는 어떤 가치를 구현하고 있는가? 이러한 문화정보가 영화의 세계 안에서 어떻게 기능한가? 어떤 연기스타일이 우세한가? 연기스타일이 어떻게 사실적이거나 양식화되는가? 왜 이 배우들이 캐스팅되었는가? 그들은 그들이 맡은 등장인물들을 강화하기 위해 무엇을 끌어들이는가?

▐▶ 참고문헌

Austin, Thomas and Martin Baker, eds., *Contemporary Hollywood Stardom* (London: Arnold, 2003).

Basinger, Jeanine, *The Star Machine* (New York: Alfred A. Knopf, 2007). Star building in the Hollywood big-studio era.

Cardullo, Bert, et al., eds., *Playing to the Camera* (New Haven, CT: Yale University Press, 1998). A collection of articles and interviews.

Dyer, Richard, *Heavenly Bodies: Film Stars and Society*, second edition (New York and London: Routledge, 2004).

Hirsch, Foster, *A Method to Their Madness: A History of the Actors Studio* (New York: Da Capo Press, 2001). Discusses such key personalities as Brando, Pacino, Strasberg, and Stanislavsky.

Luckhurst, Mary, and Chloe Veltman, eds., *On Acting: Interviews with Actors* (London: Faber & Faber, 2001).

Naremore, James, *Acting in the Cinema* (Berkeley: University of California Press, 1988). Comprehensive.

Ross, Lillian, and Helen Ross, *The Player: A Profile of an Art* (New York: Simon & Schuster, 1962). A collection of interviews with actors from stage, screen, and TV.

Tucker, Patrick, *Secrets of Screen Acting*, second edition (New York and London: Routledge, 2003). Includes practical discussions of stage, television, and film acting.

Wojcik, Pamela, *Movie Acting, The Film Reader* (New York and London: Routledge, 2003). A collection of essays.

▶▶▎ 7. 극화 Dramatization

블레이드 러너 Blade Runner (미국, 1982)

(Pathe)

학습 목표(Learning Objectives)

- 연극과 영화를 비교하고 각 매체에서 시간, 공간, 언어가 사용되는 방법을 설명한다.

- 영화의 연극화보다 연극의 영화화가 왜 더 쉬운지를 설명한다.

- 영화와 연극에서 감독의 역할을 설명하고, 무엇이 몇몇 감독을 "작가감독 auteurs"으로 만드는지 확인한다.

- 무대와 영화의 세팅이 어떻게 주제와 인물의 성격 묘사를 상징적으로 확장시키는 역할을 할 수 있는지 설명한다.

- 의상과 분장이 인물의 외모와 주제의 방향을 만들어 가는데 있어서 어떻게 사용되는지, 그리고 선과 색채가 심리적인 특징을 암시하는데 있어서 어떻게 사용되는지 설명한다.

- 할리우드 황금기에 영화 스튜디오에서 사용되었던 몇몇 의상들과 세팅들을 서술한다.

영화의 기능은 연극에서 다루지 않고 남겨둔 어떤 디테일을 드러내고 밝히는 것이다.

– 앙드레 바쟁 André Bazin, 영화비평가

많은 사람들이 연극과 영화가 동일한 예술의 두 양상이라는 소박한 믿음을 견지하고 있다. 다만 연극은 '라이브 live'인 데 반해서 영화는 "기록된 recorded" 것일 뿐이라는 것이다. 물론 두 예술 사이에는 부인하기 힘든 유사성이 있다. 둘 다 연기를 주된 커뮤니케이션의 수단으로 삼고 있다는 점이 가장 뚜렷한 유사성일 것이다. 다시 말해 사람의 행동이 의미전달의 주된 원천이다. 또한 연극과 영화는 공동작업이기 때문에 작가와 감독, 배우 그리고 기술자들의 협력으로 이루어진다. 연극과 영화는 둘 다 많은 사람들 앞에서 공개되는 사회적 예술이며, 개인적으로뿐만 아니라 사회적으로도 경험되는 것이다. 그러나 영화는 단순히 연극을 녹화한 것은 아니다. 각 매체의 언어 시스템은 근본적으로 다르다. 대체로 영화는 그것들의 배치와 배열에 있어서 테크닉의 폭이 훨씬 넓다.

시간, 공간, 언어

연극무대에서 시간은 영화만큼 자유롭지는 못하다. 연극구성의 기초단위는 장 scene이며, 한 장에서 흐르는 전체 극의 시간은 그 공연시간의 길이와 거의 비슷하다. 물론 어떤 연극에서는 여러 해가 지나가기도 하지만, 보통 그것은 "막간에" 흘러가 버린다. 이를테면 관객은 "7년이 지났다"는 것을 무대 지시나 대사를 통해 알게 된다. 영화구성의 기초단위는 쇼트이다. 하나의 쇼트는 평균 8초나 10초 정도밖에 되지 않기 때문에, 영화의 쇼트는 시간을 교묘하게 더 늘리거나 줄일 수 있다. 연극은 영화에 비해 상대적으로 장과 막의 수가 적고, 장과 막간에 많은 시간을 잘라내야 하지만, 영화는 수백 개의 쇼트로 되어 있어 쇼트들 간의 시간을 늘릴 수도 있고 줄일 수도 있다. 연극에서 시간은 보통 연속적이다. 그것은 실제 생활처럼 앞으로 흘러간다. 플래시백 flashback과 같은 시간의 전위(轉位)는 연극에서는 드물지만, 영화에서는 흔한 일이다.

연극에서는 공간 역시 장이라는 기초단위에 의존한다. 연기는 특정한 범위의 단일 장소에서 이루어지며, 그 범위는 보통 프로시니엄 아치 proscenium arch에 의해 결정된다. 그래서 연극은 거의 언제나 닫힌 형태의 형식들을 취급하는 것이 된다. 관객은 연기가 무대 양옆의 빈 곳과 분장실에서 계속되고 있다고 상상하지는 않는다. 영화에서 "프로시니엄 아치"는 프레임이다. 이는 사물과 인물을 그냥 시간적으로만 잠시 분리시키는 일종의 위장장치이다. 영화는 일련의 단편적인 공간의 조각들을 취급한다. 어떤 쇼트의 프레임 뒤편에서는 또 다른 국면의 연기가 촬영을 기다리고 있는 것이다. 가령 한 사물의 클로즈업은 일반적으로 그 클로즈업의 배경과 전후 관계를 제공하는 롱 쇼트의 디테일이다. 연극에서는 어떤 정보를 이런 방식으로 관객에게 제공하지 않고 보류시키기는 힘들다.

연극에서 관객은 정적 위치를 유지한다. 관객과 무대 사이의 거리는 일정하다. 물론 배우가 관객에게 조금 더 가까이 다가갈 수는 있다. 그러나 영화의 유동적인 공간과 비교한다면 연극의 거리변화는 무시해도 좋을 정도이다. 반면 영화관객은 의자에 고정되어 있지 않은 카메라의 렌즈를 자신의 눈과 동일시한다. 이러한 동일시로 말미암아 관객은 어떠한 방향으로도, 또 어떠한 거리라도 움직일

7-1a

'가을 소나타 *Autumn Sonata*'
(스웨덴, 1978),
출연: 잉그리드 버그만 Ingrid Bergman,
리브 울만 Liv Ulmann, 각본 및 감독: 잉마르
베리만 Ingmar Bergman

▶ 의미로서 연기하기. 고대 이후 극의 내러티브는 입으로 표현하는 음성언어로만 하는 것이 아니라 연기와 상호관계의 측면에서 전개되었다. 말은 눈으로 보이지 않지만 연기는 눈으로 볼 수 있다. 예를 들어, 이 시퀀스에서 어머니와 딸 사이의 사랑/증오의 관계는 피아노를 매개로 극화되어 표현되고 있다. 어머니(버그만)는 아름답고, 영리하고, 매력적이다. 또한 그녀는 그녀 일생의 거의 대부분을 순회공연으로 보내는 세계적인 전문 피아니스트이다. 딸—소심하고, 불안정하고, 몹시 궁핍한—은 그녀의 어머니가 듣고 있는 가운데 쇼팽의 소곡을 연주한다. 어머니는 진정으로 딸의 연주를 좋아하고 싶지만, 아마추어를 벗어나지 못하는 딸의 연주로 그 마음을 접게 된다. 엄마가 된 딸은 그녀의 어머니에게 조심스럽게 의견을 묻는다. 어머니는 음악이라는 것이 어떻게 연주되어야 하는가를 직접 보여주면서, 부드럽게 그러면서도 단호하게 객관적인 입장에서, 왜 어떤 부분은 보다 더 섬세하게 연주되어야 하는지를 지적해 주었다. 딸은 어머니의 연주를 듣는 가운데, 그녀의 얼굴은 점점 당황스러운 빛이 역력하게 되어, 드디어 실망하는 모습이 되고, 마침내 비통한 감정으로 가득해진다. 관객은 이를 통해서 적개심이 더 확대되어 가고, 그 감정은 딸의 어린 시절까지 거슬러 올라가고 있음을 짐작할 수 있다. 그들은 그들의 감정에 대해 말로 표현할 필요가 없다. 관객은 이 상징적인 연기를 통해서 둘 사이에 어떤 일이 벌어지고 있는지 잘 알 수 있다.   *(Personafilm/Itc)*

7-1b

'더블 데이트 대소동 *Booty Call*'
(미국, 1997)의 제작장면을 찍은 사진,
출연: (앞에서부터 뒤로) 감독: 제프 폴락 Jeff
Pollack, 배우: 제이미 폭스 Jamie Foxx, 공동제
작자: 존 M. 에커트 John M. Eckert와 존 모리
시 John Morrissey, (서 있는)배우: 토미 데이빗슨
Tommy Davidson

▶ 많은 영화감독들이 실제로 생필름에 장면을 찍기 전에 신속한 점검수단으로 비디오 보조 모니터 사용을 즐겨한다. 생필름은 비용이 많이 들고, 또 거의 직접적으로는 피드백이 되지 않기 때문이다. 장면을 비디오카메라로 촬영함으로써 감독은 연출과 미장센에서 어떤 문제라도 고칠 수 있다. 배우들은 자신들의 연기가 지나치게 위압적인지, 혹은 너무 부자연스러운지, 혹은 어떤 점이든 지나친 게 있는지를 직접 보며 점검할 수 있다. 영화 촬영기사는 조명과 카메라 작동상태를 미리 볼 수 있다. 그리고 제작자는 자신의 돈이 영화에 어떻게 쓰이는지, 낭비는 없는지를 알 수 있다. 모든 사람이 만족스러우면 생필름으로 촬영하는 것을 진행시킬 수 있다. 이러한 비디오 예행연습은 그림을 완성하기 전의 스케치나 혹은 무대에 올리기 전의 의상 리허설과도 같다.   *(Columbia Pictures. Photo: Eric Liebowitz)*

7-2a

'환상의 여행 *Fantastic Voyage*'
(미국, 1966),

미술감독: 잭 마틴 스미스 Jack Martin
Smith, **데일 헤네시** Dale Hennesy,
특수효과: 아트 크뤽셴크 Art Cruickshank,
감독: 리처드 플레이셔 Richard Fleischer

▶ 말 그대로 현미경 촬영을 통하여, 달리 비유적으로 말하자면 특수효과를 통하여, 영화의 화면공간은 미세한 지역까지도 탐구할 수 있다. 이 영화의 주된 배경은 인체의 내부이므로 연극으로 공연할 수는 없을 것이다. 정교한 뇌수술을 하기 위해 몇몇 과학자가 박테리아의 크기로 축소된다. 그들은 소형 잠수함을 타고서 환자의 혈관을 통해 들어간다. 이 사진은 그 과학자 중 생존자들이 시신경 부근에서 떠다니는 모습을 보여주는데, 몸이 정상적인 크기로 되돌아가기 전에 환자의 몸으로부터 탈출하기 위하여 환자의 눈을 정신없이 찾고 있다.

(20th Century Fox)

7-2b

'레릭 *The Relic*' (미국, 1996),
출연: 페넬로프 앤 밀러 Penelope
Ann Miller, **감독: 피터 하이얌스** Peter
Hyams

▶ 연극에서는 이 쇼트가 아주 효과적이지는 않을 것이다. 관객은 불과 몇 인치에 지나지 않는 시각정보를 이해하기에는 너무 멀리 떨어져 있기 때문이다. 영화에서는 이 쇼트는 아주 마음을 졸이게 한다. 왜냐하면 쇼트의 미장센이 정밀한 클로즈업으로 행위작용의 대상을 최전면에 내세우는 프레임에 의해 (순간적으로) 한정되기 때문이다. 연극감독의 공간은 훨씬 제한적이며, 장마다 한결같다. 영화감독은 동일한 조건을 가지고서도 아주 가깝게 하거나 아주 멀게 할 수 있다.   *(Paramount Pictures/Polygram. Photo: Richard Foreman Jr)*

'반지의 제왕: 반지 원정대 *The Lord Of The Rings: The Fellowship Of The Ring*' (미국, 2001),
감독: 피터 잭슨 Peter Jackson

▶ 서사적 스토리들은 연극에서 다루어질 수 있는데, 그럴 경우 그 이야기들은 항상 양식화되고 축소된다. 연극무대의 공간은 현실적인 공연을 하기엔 제약이 너무 많다. 이 말에 탄 전사들의 전율 넘치는 멋진 돌격 장면은 아무리 큰 극장 무대라 하더라도 표현하기가 불가능할 것이다.　　　(New Line/Saul Zaentz/Wing Nut. Photo: Pierre Vinet)

'로미오 머스트 다이 *Romeo Must Die*'
(미국, 2000),
출연: 러셀 웡 Russell Wong, **이연걸** Jet Li,
감독: 안제이 바르코비악 Andrezej Bartkowiak

▶ 이 영화의 장면들을 집에서 따라하면 안 된다. 심지어 무대에서조차 따라하면 안 된다. 두 명의 전사가 활활 타오르는 불 사이를 뚫고 지나가는 스펙터클한 장면연출은 화면 밖에서 배우들의 안전을 책임지는 수백 명의 기술자들이 대기하고 있는 영화 세트장 안으로 최대한 제한되어야 한다.　　　(Warner Bros. Photo: Kharen Hill)

수 있게 된다. 익스트림 클로즈업 extreme close-up을 통해 관객은 속눈썹의 수를 헤아릴 수 있을 정도이다. 또 익스트림 롱 쇼트 extreme long shot는 어느 쪽으로든 몇 킬로미터씩 볼 수 있게 해줄 것이다. 한마디로 영화는 관객에게 이동을 직접 느낄 수 있도록 한다.

이런 공간적 차이 때문에 반드시 한 매체가 다른 매체보다 유리한 것은 아니다. 연극에서 공간은 3차원적이며, 실제 사람과 사물이 그 공간을 차지하고 있기 때문에 그만큼 더 실물과 똑같다. 다시 말해서 연극에서 공간에 대한 우리의 지각은 현실에서 지각하는 것과 본질적으로 같다. 살아 있는 배우가 미묘한 상호작용–다른 배우들과 관객 양쪽 모두와 상호작용한다–을 하면서 눈앞에 실제로 존재하는 것은 영화에서는 따라 하기 힘들다. 영화는 공간과 사물에 대한 2차원적 영상을 관객에게 제공하며, 화면 속의 배우와 관객 사이에는 어떠한 상호작용도 일어나지 않는다. 그렇기 때문에 영화에서 옷을 벗는 것은 연극만큼 큰 물의를 일으키지는 않는다. 왜냐하면 연극에서 벌거벗은 사람은 실제 사람이지만, 영화에서는 "단지 그림일 뿐"이기 때문이다(7–3a).

연극배우는 관객과 상호작용하면서, 서로 다른 각각의 관객들과 미묘하게 교감과 소통이 이루어져야 한다. 이와 달리 영화배우는 꼼짝 없이 필름 속에 고정되어 있다. 영화배우는 관객의 반응에 순응할 수가 없다. 왜냐하면 화면의 세계와 영화관객은 연극처럼 서로 연결될 수도 없고, 또 연속적이지도 않기 때문이다. 영화는 종종 시대에 뒤진 것처럼 보이기도 하는데, 이는 연기스타일이 새로운 관객의 비위를 맞출 수 없기 때문이다. 반면 연극배우는 2,000년이나 묵은 작품을 참신하고 현대감각에 맞게 만들 수 있다. 언어는 같지만, 그에 대한 해석과 전달방법을 동시대의 연기스타일에 맞게 언제나 변화시킬 수 있기 때문이다.

이러한 공간적 차이 때문에 연극과 영화에서 관객의 참여방식은 다를 수밖에 없다. 일반적으로 연극관객은 더 적극적이어야 한다. 주어진 한 공간에 모든 시각적 요소가 주어지므로 관객은 그들 중 어떤 것이 필수적인 것이고 또 어떤 것이 부수적인 것인지를 분류하고 구분해야만 한다. 연극에서 언어의 중요성을 잠시 무시하면, 연극은 시각적 포화도 visual saturation가 무척 낮은 매체이다. 그러므로 시각적 디테일이 없는 곳은 반드시 관객이 스스로 어떤 의미를 채워넣어야 한다. 상대적으로 영화의 관객은 수동적이다. 필요한 디테일 모두가 클로즈업과 편집을 통한 병치로 제공되기 때문에 영화는 시각적인 포화도가 높은 매체이다. 화면은 정보로 세밀하게 가득 채워져 있어서 따로 첨가하거나 더 채울 의미가 거의 없다.

연극과 영화는 둘 다 절충적인 예술이지만, 연극은 입으로 말하는 음성언어의 영역을 벗어날 수 없는 제한적인 매체이다. 연극에서 대부분의 의미는 말을 통해 전달되고, 말은 정보로 가득 차 있다. 일반적으로 연극을 작가의 예술로 간주하는 까닭이 여기에 있다. 텍스트의 지위가 연극을 문학의 특별한 분과로 만드는 것이다. 연극에서 우리는 보기 전에 듣는 경향이 있다. 영화감독 르네 클레르 René Clair는 시각장애인도 연극의 핵심은 대부분 파악할 수 있다고 했다. 이와 달리, 영화는 대체로 시각예술이자 감독의 매체로 간주된다. 왜냐하면 영상을 창조하는 것은 감독이기 때문이다. 클레르는 또한 청각장애인도 영화의 핵심을 대부분 파악할 수 있다고 했다. 그러나 이러한 일반화는 상대적인 것이다. 어떤 영화들–예를 들어, 웰스 Welles의 많은 작품들–은 시각적으로나 청각적으로도 의미가 빽빽하게 가득 채워져 있기 때문이다.

연극은 말의 중요성을 강조하기 때문에, 연극을 영화화할 때 중요한 문제 중의 하나는 영화처럼

7-3a

'**후로아 부인과 두 남편** *Done Flor And Her Two Husbands*' (브라질, 1977),
주연: 호세 윌커 José Wilker, 소냐 브라가 Sonia Braga, 마우로 멘도사 Mauro Mendonca,
감독: 브루노 바레토 Bruno Baretto

▶ 누드는 영화에서는 아주 흔하지만 연극에서는 드물다. 극장에서 배우가 벌거벗을 경우에는 종종 대중의 강력한 항의를 불러일으키게 되지만, 영화에서는 "단지 그림일 뿐"이라는 인식 때문에 매우 금욕적인 사회가 아니라면 별로 물의를 일으킬 만한 일이 못된다. 그 결과 영화는 나체를 일종의 상징적인 코멘트, 보편적인 충동을 탐구하는 한 방편으로 활용할 수 있었다. 예를 들어, 이 영화와 같은 "외설적인" 섹스코미디는 두 남자를 사랑하는 한 여성을 다루고 있는데, 그 중 한 명은 유령이다. 그녀의 첫 번째 남편(윌커)은 매력적이고 재미있지만 책임감이 없다. 그는 온갖 바람을 피우다가 결국 그것 때문에 죽게 되지만, 그 유령-오직 관객과 그의 전처에게만 보인다-은 부부관계를 즐기려고 돌아온다. 도나 후로아의 두 번째 남편은 고상하고 믿음이 가며, 훌륭한 부양인이자 안정감이 있는 사람이다. 또한 엄청나게 둔하다. 완벽한 행복을 위해 도나 후로아에게 두 가지 욕구가 모두 충족되어야 한다. 다시 말해서 침실에서는 정력적이어야 하고, 집 밖에서는 사회적 버팀 목이 되어야 하는 것이다. 유령이기는 하지만, 그녀는 이들 둘과 사이좋게 삼각관계를 유지해 간다. *(Carnaval Unifilm/Coline/CCS)*

7-3b

'**인디아나 존스: 크리스탈 해골의 왕국** *Indiana Jones And Kingdom Of Crystal Skull*' (미국, 2008),
출연: 케이트 블랜쳇 Cate Blanchett, 해리슨 포드 Harrison Ford, 감독: 스티븐 스필버그 Steven Spielberg

▶ 크기의 중요성. 연극감독은 중요한 배역들을 관객과 가까운 무대 앞쪽으로 끌어낼 수 있지만 배역의 크기는 뒤쪽에 있는 배우들과 여전히 크게 다르지 않다. 영화감독들은 이런 점에서 미장센을 아주 미묘하게 조작할 수 있는 더 많은 융통성을 즐긴다. 이 쇼트에서 악당(블랜쳇)을 거의 화면의 절반 정도를 차지하도록 하고, 우리의 체포된 영웅을 상대적으로 하찮게 만들어 버리는 기술을 보라. 그런 이유로 각각의 배우가 차지하는 공간은 그들의 우세함이나 열세함의 상징이 된다. *(Paramount Pictures/Lucasfilm)*

주로 시각적인 예술에서는 얼마만큼 언어가 필요한가를 결정하는 일이다. 조지 쿠커 George Cukor가 만든 셰익스피어의 '로미오와 줄리엣 Romeo and Juliet'(6-34a)은 원작을 보수적으로 각색한 것이다. 사실상 본래의 대사가 전부 그대로 사용되었다. 심지어 특별히 시적인 가치도 없는 인물소개 및 배경설명이나 순전히 기능적인 대사에 불과한 것도 그대로였다. 그 결과 품격은 있지만, 시각적 요소가 단지 대사를 설명하는 것으로만 되어 버려 자주 지루한 느낌을 주는 영화가 되고 말았다. 종종 영상과 대화가 동일한 내용을 담고 있어서, 사실상 연극 특유의 신속한 행동감각과는 정반대로, 오히려 지나치게 정태적인 성격이 되어버린 것이다.

이에 비해 제피렐리 Zeffirelli의 '로미오와 줄리엣'은 훨씬 성공적이었다(6-34b). 말로 된 설명부분은 거의 전부 삭제되고 대신 시각적 설명으로 (정말 효과적으로) 대치했다. 동일한 내용이 영상으로 전달될 수 있는 일부 대사의 경우, 한 줄짜리 대사는 조심스럽게 잘라냈다. 위대한 시구는 대부분 그대로 살렸지만, 그 언어적 효과를 확대시키기 위하여—중복이 아니라—시차가 있는 nonsynchronous 시각적 정보를 사용했다. 셰익스피어의 '로미오와 줄리엣'의 정수는 젊은 주인공의 충동적이고 성급한 행위, 도미노게임처럼 급속히 전개되는 일련의 사건들, 그 전반적인 행위의 폭력성에 있다. 제피렐리 감독은 그 장면들을 대부분 역동적으로 처리함으로써 이러한 특성들을 돋보이게 했다. 이를테면 전투장면들은 베로나 Verona 거리에서 벌이는 무사들의 활극을 그들과 함께 움직이는 핸드헬드 카메라로 찍었다. 비록 기술적으로는 연극대본에 비해 덜 충실하긴 하지만, 제피렐리의 영화는 원본에 충실한 쿠커의 영화보다 사실상 정신적으로는 셰익스피어에 한층 더 가까웠다.

연극과 영화는 둘 다 시청각의 예술이지만, 특정한 관습에 초점을 맞추고 있다는 점에서 차이가 난다. 연극의 경우 정보전달의 주된 두 가지 원천은 연기와 대화이다. 관객은 사람들이 행동하는 것과 말하는 것을 본다. 연극의 연기는 영화적 메타포를 써서 말하자면, 주로 객관적인 롱 쇼트에 한정되어 있다. 햄릿 Hamlet과 레어티즈 Laertes 간의 결투, '유리 동물원 The Glass Menagerie'에서 로라가 옷 입는 것을 도와주는 아만다의 경우처럼 아주 큰 연기만이 효과적이다. 계속해서 영화적 메타포를 쓰자면, 연극에서 극단적인 롱 쇼트의 거리는 양식화될 수밖에 없다. 가령 셰익스피어 사극의 서사적 전투를 사실적으로 무대에 올린다면 우스꽝스러울 것이다. 만일 배우를 통해서 연기가 과장되고 양식화되지 않는다면, 클로즈업 연기는 앞줄에 앉은 관객 말고는 알아보기 힘들 것이다. 관객과 배우가 아주 가까운 연극의 경우를 제외하면, 연극에서 클로즈업 연기는 언어로 표현될 수밖에 없다. 다시 말해서 연극에서 인물의 섬세한 행동과 반응은 시각적인 수단보다는 말로써 전달되어야 한다. 관객은 주로 햄릿의 독백과 대화를 통하여 클로디어스 Claudius에 대한 그의 태도를 알게 된다. 게다가 영화의 클로즈업에 해당하는 연극의 연기가 펼쳐질 때, 흔히 우리가 연극무대에서 보는 것은 배우들이 어떤 행동을 하느냐가 아니라 현재 이루어지고 있거나 혹은 과거에 있었던 행위를 그들이 어떻게 이야기하고 있는가 하는 것이다.

이러한 시각적인 애로점 때문에 대체로 연극에서는 아주 넓은 공간이나 극히 좁은 공간을 요하는 연기는 의식적으로 피한다. 보통 연극에서 연기는 풀 쇼트와 롱 쇼트로 제한된다. 만약 넓은 공간이나 극히 좁은 공간이 필요하면, 연극에서는 비사실적인 관례에 따르는 편이다. 이를테면 익스트림 롱 쇼트 연기는 발레와 양식화된 극적 장면에, 클로즈업 연기는 언어적 표현의 관례에 따른다. 이와 달리, 영화는 이런 거리를 쉽게 움직일 수 있다. 이런 이유 때문에 연극에서는 단지 "막간"에 일어나

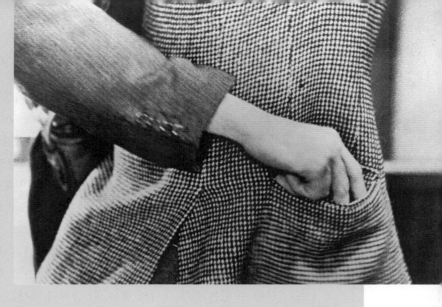

7-4a
'소매치기 *Pickpocket*' (프랑스, 1959),
감독: 로베르 브레송 Robert Bresson

▶ 연극에서 만약 작은 소도구(지갑과 같은)가 중
요하다면 반드시 그것은 뚜렷하게 눈에 띌 정도로
강조되어야 한다. 그러지 않으면 관객은 그것의
중요성은 고사하고 그런 것이 있는지조차도 눈치
채지 못할 것이기 때문이다. 영화에서는 작은 물
건이 주변의 상황이나 흐름에서 분리될 수 있다.
이 사진에서 브레송 감독은 복잡하고 요란한 도로
상에서 행인의 지갑을 빼내는 소매치기의 재빠른 손놀림을 포착하고 있다. 스냅사진과도 같은 이런 특성을 연극에
서 만들어 내기는 힘들다. *(Compagnie Cinématographique de France)*

7-4b & c
**'마틴 로렌스 라이브 *Martin Lawrence Live:
Runteldat*'** (미국, 2002),
감독: 데이빗 레인 David Raynr

▶ 만약 마틴 로렌스의 단독연기 코미디 콘서트를 큰 강
당에서 라이브로 본다면 너무 거리가 멀 것이다 (7-4b).
물론 큰 텔레비전 모니터로는 동작들을 훨씬 더 가깝게
볼 수 있고(7-4c), 그래서 라이브 공연을 직접 보는 것
보다는 그냥 TV를 보는 것이 더 실감이 날 것이다.
(MTV/Paramount Pictures. Photo: Eric Liebowitz)

7-5a

'사랑은 비를 타고 *Singin' In The Rain*' (미국, 1952),
출연: 진 켈리 Gene Kelly, 감독: 스탠리 도넨 Stanley Donen

▶ 수천 편의 연극이 영화로 각색되고 있지만, 반면에 영화들이 연극으로 잘 개작되는 경우는 상대적으로 적다. 연극화된 영화들 중 가장 성공적인 사례는 디즈니의 '라이온 킹 *The Lion King*'과 '미녀와 야수 *The Beauty and the Beast*'와 같은 명작만화 영화들이다. 아마 그 이유는 그 영화를 지루하고 무미건조하게 모방하기보다는 스토리를 연극의 특성에 맞게 완전히 재구성했기 때문이다. 하지만 역사상 가장 위대한 뮤지컬영화 중의 하나로 간주되고 있는 '사랑은 비를 타고'가 연극 뮤지컬로서는 그저 평범한 정도의 성공밖에 거두지 못한 이유는 아마 영화에서는 스타, 안무가, 조감독으로 3중 활약한 진 켈리의 완벽한 역할이 있었기 때문일 것이다. 이런 진 켈리의 역할을 대신했던 연극배우가 그저 애처로울 따름이다. *(MGM)*

7-5b

'이브의 모든 것 *All About Eve*' (미국, 1950),
출연: 베티 데이비스 Bette Davis, 마릴린 먼로 Marilyn Monroe, 조지 샌더스 George Sanders,
각본 및 감독: 조셉 L. 맨케비츠 Joseph L. Mankiewicz

▶ 한편, '이브의 모든 것'은 괜찮은 연극대본으로 아주 잘 각색될 수 있었는데, 부분적으로 그 이유는 그 연기가 대부분 대화로 되어 있기 때문이며, 그리고 사실상 브로드웨이 뮤지컬인 '갈채 *Applause*'는 이 영화를 무대 작품으로 각색한 것이다. 이 영화는 뉴욕연극계의 유명 연예인들과 그들의 다양한 노이로제와 불안감을 다루고 있다. 조셉 L. 맨케비츠는 할리우드 최고의 박식한 작가 겸 감독으로서, 한 비평가로부터 "오랜 친구 조, 이야기꾼 아저씨 Old Joe, the Talk Man"라고 호의적으로 평가받았다. 무엇보다도 특히, 맨케비츠는 말에 관한 최고의 스타일리스트이며, 세련된 위트와 육감적인 재치의 달인이었다. 이 모든 것들은 아주 쉽게 연극무대로 옮겨졌다.
(20th Century Fox)

7-6

'더티 해리 2-이것이 법이다 *Magnum Force*'
(미국, 1973)의 홍보사진, 출연: 클린트 이스트우드 Clint
Eastwood, 아델 요시오카 Adele Yoshioka,
감독: 테드 포스트 Ted Post

▶ 연극에서 배우를 선발할 때는 외모와 재능뿐만 아니라, 그들이 다른 배우들과 무대에서 얼마나 잘 어울리는가를 함께 본다. 연극연출가는 언제나 앙상블효과의 측면에서 자신의 작품을 염두에 두어야 하지만, 영화에서 이러한 문제는 부차적인 것이 된다. 이 영화에서 키 190cm인 클린트 이스트우드는 160cm인 아델 요시오카와 로맨틱한 한 쌍이 된다. 연극무대라면 이러한 신장의 차이는 좀 우스꽝스러워질 수도 있을 것이다. 그러나 영화에서 이러한 문제는 인물의 일부만 포착함으로써 쉽게 해결될 수 있었다.   *(Warner Bros./Malpaso)*

는 행위를 영화는 극으로 구성할 수 있는 것이다.

연극의 미학에서 중심은 인간이다. 다시 말해서 말은 반드시 사람이 해야 하고, 갈등은 배우를 통해 구체적으로 표현될 수밖에 없다. 영화는 이처럼 인간에게 크게 의존하지는 않는다. 영화의 미학은 사진촬영에 바탕을 두고 있으며, 사진으로 촬영될 수 있는 것은 무엇이든 영화의 소재가 될 수 있다. 그렇기 때문에 연극의 영화화는 무척 어려우며, 거의 불가능하다고 할 수 있다. 왜냐하면 연극무대에서 행해질 수 있는 것 중에 대부분이 영화로 복제되기 어렵기 때문이다. 그러나 대부분의 경우, 영화를 무대로 옮기는 것은 훨씬 더 힘들다. 야외 촬영한 영화는 거의 자동적으로 제외될 것이

7-7

'더 클래임 *The Claim*' (영국/캐나다, 2000),
출연: 피터 뮬란 Peter Mullan,
감독: 마이클 윈터바텀 Michael Winterbottom

▶ 실내 세팅이 알맞은 라이브 극장에서는 주제로 거의 선정되지 않고 있는 인간과 자연간의 관계가 영화에서 더 적절하게 다루어질 수 있다. 토마스 하디 Thomas Hardy의 소설, 『캐스터브리지의 시장 *The Mayor of Casterbridge*』을 바탕으로 한 이 영화는 북 캘리포니아의 눈 속에 갇혀 버린 킹덤 컴 마을 The village of Kingdom Come을 배경으로 하고 있다. 시대적 배경으로는 1867년으로 골드 러쉬 gold rush 직후이다. 자연은 광폭한 불과 얼음으로 취약한 인간을 하찮은 존재로 위축시켜 버린다.

(BBC/Canal+/Pathé. Photo: Chris Large)

다. '역마차 *Stagecoach*'와 같은 존 포드 John Ford의 서사적인 서부영화를 어떻게 무대에 올릴 수 있겠는가? 그러나 실내에서 촬영한 영화라고 하더라도 연극적인 말투나 표현으로 옮기기는 아마 불가능할 것이다. 물론 대사를 표현하는 데는 아무 문제가 없고, 또 일부 연기는 연극에 맞게 바꿀 수 있을 것이다. 그러나 리처드 레스터 Richard Lester의 비틀즈 Beatles 영화 '하드 데이즈 나이트 *A Hard Day's Night*'의 시공간적 전위 dislocation를 연극에서 어떻게 다룰 수 있겠는가? 조셉 로지 Joseph Losey의 '하인 *The Servant*'에서 주제와 인물 묘사는 주로 카메라 앵글을 통하여 전달되고 있다ー연극에서 이를 그대로 옮기기란 불가능하다(11-9a). 베리만 Bergman의 '침묵 *The Silence*'은 주로 텅 빈 복도와 문,

'워 호스 *War Horse*' (미국, 2011),
감독: 스티븐 스필버그 Steven Spielberg

▶ '워 호스'는 스토리를 서로 다른 세 개의 매체에 맞춰 각색하는 것의 장점과 한계를 보여주는 교과서적 예라고 할 수 있다. 이 작품은 1982년 영국 작가 마이클 모퍼고 Michael Morpurgo가 집필한 어린이 소설에서 시작되었다. 세계 1차 대전의 공포에 대한 서사 이야기로 집필된 이 이야기는 기병대를 태우기 위해 영국 군대에 팔린 말 조이 Joey의 시점으로 전개되었다. 말할 필요도 없이, 말이 자신의 이야기를 들려주는 것은 무대 장치로는 매우 그럴듯하지 않았다. 그래서 닉 스태포드 Nick Stafford가 2007년에 이 이야기를 연극을 위해 각색했을 때, 그는 이 이야기를 연극적 조건 안에서 새로운 방식으로 생각해봐야만 했다. 그는 핸드스프링 퍼핏 컴퍼니 The Handspring Puppet Company에 (당시 의상을 잘 갖추어 입은 조련사와 함께) 실물 크기의 말 인형 제작을 요청했다. 이 연극은 영국에서 열광적인 평가를 받았으며, 많은 상들을 수상했다. 비평가들은 당시의 많은 포크송과 대중적인 곡들을 포함한 시적 공연에 특별히 감명 받았다. 이 극이 뉴욕으로 옮겨졌을 때(감독은 마리안느 엘리엇 Marianne Elliott과 탐 모리스 Tom Morris로 이전과 같았다), 토니 어워드 Tony Award에서 최우수 작품상과 최우수 감독상을 포함한 많은 상을 석권했다. 한 비평가는 실물 크기의 인형이 마치 진짜 말처럼 숨쉬고, 코를 킁킁거리며, 먹고, 질주하며, 뒷다리로 서는 것에 경탄했다. 스티븐 스필버그가 이 이야기를 영화로 제작하기로 결정했을 때, 그는 영화 시나리오를 쓰기 위해 리차드 커티스 Richard Curtis와 리 홀 Lee Hall을 고용했다. 이 영화는 영국 배우와 함께 거의 영국에서 촬영되었다. 이 영화는 이 이야기를 다룬 다양한 버전 중에서 단연코 가장 사실적이며, 주변에 떨어져서 터진 폭탄 때문에 조이가 놀라 겁에 질려 전장으로 질주해 들어 갈 때 특히 끔찍하다.(사진) 이 이야기에 대한 세 버전은 어떤 이야기의 형식이 필연적으로 그 내용을 어떻게 변화시키는지를 보여주는 강력한 예이다. *(Dreamworks)*

'죽음 *The Dead*' (미국, 1987),
출연: 안젤리카 휴스톤 Anjelica Huston, 도날 맥캔 Donal McCann, 감독: 존 휴스톤 John Huston

▶ 영화는 서사적 사건 못지않게 미묘한 뉘앙스의 매체이다. 제임스 조이스 James Joyce의 유명한 단편소설을 각색해서 만든 이 영화는 거의 전적으로 "사소한 것들"−손의 스침, 부러운 듯한 곁눈질, 은밀한 씁쓸함의 순간−로 구성되어 있다. 연극무대에서라면 이렇듯 사소한 움직임들은 드라마틱한 느낌을 전혀 주지 못한다. 그러나 카메라는 아주 친밀하고 가까운 곳에서 사물과 순간을 포착할 수 있으므로, 이러한 디테일들을 순수하고 섬세한 시적인 짜임새로 구성할 수 있게 된다.
(Vestron-Zenith)

7-9

'투씨 *Tootsie*' (미국, 1982),
출연: 더스틴 호프만 Dustin Hoffman,
감독: 시드니 폴락 Sydney Pollack

▶ 연극에서 배우들은 충분한 시간적 여유가 없다면 정성껏 옷을 바꾸어 입을 수가 없다. 보통 막간의 휴식 시간을 이용한다. 영화에서 의상과 분장을 바꾸는 것은 필요하면 오랜 시간이 걸려도 무방하다. 왜냐하면 그 오랜 준비시간은 편집을 통해 잘려나가기 때문이다. '투씨'의 대부분의 코미디는 까다롭고 망상에 사로잡힌 완벽주의자 마이클 도어시 Michael Dorsey(호프만)라는 배우를 중심으로 전개된다. 결국 어느 누구도 그를 고용하려 하지 않는다. 그와 같이 일하는 것은 정말 짜증나는 일이기 때문이다. 전혀 굽힘이 없이, 그는 도로시 마이클스 Dorothy Michaels라는 이름의 여배우로 위장하여 낮 시간대 연속극에 나오는 쥬시 역을 맡게 된다. 도로시는 아주 인기 있는 텔레비전 등장인물이 되고, 그녀의 사교적이고 협력적인 태도 때문에 대중으로부터 많은 사랑을 받는다. 이 영화의 가장 재미있는 에피소드 가운데 어떤 것은 마이클의 재빠른 변신을 다루고 있는데, 이를테면 그가 작중 인물이 아닌 실제 상황에서 예기치 않게 집 근처에서 어떤 사람을 만날 때마다 재빨리 변신을 해야만 하는 것이다. 실제로 호프만은 분장사나 의상담당자가 그를 도로시로 변신하도록 도와주는 동안 몇 시간이나 앉아 있어야 했다. 배우들의 세계를 탐구한 가장 뛰어난 영화 중 하나인 것 외에도, '투씨'는 또한 페미니스트 영화의 고전이기도 하다. 도로시 역을 연기하는 과정에 마이클은 자기의 가장 멋진 자아를 발견하게 되는데, 영화에서는 나중에 마지못해 인정한다. "나는 내가 남자였을 때보다 내가 여자였을 때 훨씬 더 좋은 사람이었다." 마이클 도어시/도로시 마이클스는 호프만의 가장 멋진 창작물 중 하나이다. 시드니 폴락은 이 영화의 감독을 하고 싶지 않았다고 말한다. 왜냐하면 호프만과 같이 일하는 것은 짜증나는 일이었기 때문이다. *(Columbia Pictures)*

그리고 창문의 영상을 통해서 주제를 전달한다. 이런 기법을 어떻게 연극무대로 옮겨놓을 수 있겠는가?

이상과 같은 사실에 근거해서 연극을 영화화하는 최선의 방법은 그것을 공간적으로 "개방하는 것"—실내를 야외로 대치하는 것—이라고 추정해서는 안 된다. 영화가 언제나 극단적인 롱 쇼트, 스위핑 팬 sweeping pans(매우 빠르게 수평으로 카메라를 돌리는 팬), 플래시 편집만으로 이루어지는 것은 아니다. 히치콕이 말했듯이, 연극을 영화화한 작품들이 대체로 실패한 까닭은 원작의 꽉 짜이고 탄탄한 구조를 영화감독이 부적절한 영화기법으로 "풀어헤칠" 때 바로 그 구조가 상실되고 말았기 때문이다. 특히, 연극이 육체적으로든 혹은 심리적으로든 억압의 의미를 강조할 때, 이를 가장 훌륭하게 영화화하는 감독이라면 원작의 정신을 존중하여 그에 걸맞은 영화적 기법을 찾을 것이다.

감독

    작가주의 이론 auteur theory은 1950년대 중반 프랑스의 정기간행물 『카이에 뒤 시네마 *Cahiers du Cinéma*』를 통해서 널리 퍼졌다. 작가주의 이론이란 영화예술에서 감독의 중요성을 강조하는 관점을 말한다. 이 관점에 따른다면, 미장센 mise en scène—스토리의 매체—을 다루는 사람이 그 영화의 진정한 "작가"이다. 다른 협력자들(시나리오작가, 카메라맨, 배우, 편집자 등)은 단지 감독을 돕는 기술적인 조수일 따름이다. 작자주의 비평가들이 감독의 주도권을 과장한 것임에 틀림없다. 특히, 미국에서는 많은 감독이 할리우드 스튜디오 시스템의 손아귀에 있었으며, 스튜디오 시스템은 감독의 개인적인 표현보다는 공동작업을 강조하는 추세였고, 감독보다는 스타 선전에 주력하였다. 그럼에도 불구하고, 작가주의 비평가들은 예술적인 면에서 가장 유의미하고 중요한 영화들에 관한 한 본질적으로 옳았다.

    심지어 오늘날에도, 가장 높은 평가를 받는 영화들—어느 나라 작품이든—은 대체로 감독이 만든 영화들이다. 한 영화를 두고서 "감독을 빼고는 다 좋다."고 말하는 것은, 연극을 두고서 "대본을 빼고는 다 좋다."고 하는 것만큼이나 모순된 것이다. 물론 서툰 감독의 영화나 형편없는 대본의 연극을

7-10a

'치욕 *Shame*' (스웨덴, 1968).
출연: 리브 울만 Liv Ullmann,
막스 폰 시도 우 Max Von Sydow,
각본, 감독: 잉마르 베리만 Ingmar Bergman

▶ 스웨덴 최고의 영화감독으로 불렸던 만년의 잉마르 베리만은 또한 그 나라의 가장 유명한 연극감독이기도 했다. 그는 오랜 경력을 통하여 비범할 정도로 다수의 작품들 남겼는데, 그렇게 할 수 있었던 이유 중 하나는 영화 레퍼토리 극단 cinematic repertory company(일정수의 프로그램을 번갈아 상연하는 극단: 역자주)처럼 그가 같은 배우들과 작업을 했기 때문이다. 그의 저예산 걸작들은 이 유명한 작가감독과 함께 여러 번 작품을 같이 해서 서로 잘 알고 있는 배우들과 종종 섬에 있는 그의 집에서 홈 무비 home movie의 한 장면처럼 촬영되었다. 따라서 배우들은 시간, 에너지, 예산의 낭비를 최소하면서 감독이 원하는 것을 제공할 수 있었다. 베리만은 세계 영화의 연대기에서 유례없이 독특한 존재이다. *(United Artists)*

7-10b

'작은 여우들 The Little Foxes' (미국, 1941),
출연: 댄 듀리에 Dan Duryea, 칼 벤튼 레이드 Carl Benton Reid, 감독: 윌리엄 와일러 William Wyler

▶ 앙드레 바쟁 André Bazin은 희곡을 영화화할 때 원작의 본질을 상실하지 않고 무대의 인위적 공간을 영화의 사실적 공간으로 전환하는 것이 감독의 최대 임무라고 믿었다. 가령 릴리안 헬먼 Lillan Hellman의 연극에서, 정도를 벗어난 아버지와 그의 기분 나쁜 아들 사이의 이 장면은 대부분의 다른 씬들처럼 동일한 거실의 세트에서 일어난다. 와일러 감독의 묘사는 더 효과적이고 더 사실적이다. 두 인물은 공동 욕실에서 면도를 하고 있는 데, 한 친척을 상대로 사기를 칠 수 있을지 그 가능성을 슬며시 타진하고 있다. 두 사람 중 누구도 자신을 드러내거나 상대를 직접 보려고 하지 않는다. 그 대신에 그들은 각자의 거울을 보면서 등을 돌린 채 서로에게 이야기한다. 바쟁은 다음과 같이 주장했다. '작은 여우들'의 쇼트에는 연극의 원작을 보완하기 위해서 영화가 구사하는 야외의 달리 쇼트 dolly shot, 사실적인 현장, 이국적 지형, 세트의 뒷면을 보여주는 것 등에서 볼 수 있는 것보다 100배로 더 많은 영화적인 것이 들어 있으며, 그것도 더 나은 종류의 영화적인 것들이다." *(RKO Radio Pictures)*

7-10c

'블루 발렌타인 Blue Valentine'
(미국, 2010),
출연: 미셸 윌리엄스 Michelle Williams, 라이언 고슬링 Ryan Gosling, 감독: 데릭 시안프랑스 Derek Cianfrance

▶ 감독들은 때때로 연기 중에 숙련된 즉흥연기를 하도록 그들의 배우들을 속이기도 한다. 예컨대, 시안프랑스 감독과 그 동료들은 몹시 추운 날씨에 맨하탄 다리 위에서 젊은 노동자 계급 부부를 보여주는 장면을 찍고 있었다. 시안프랑스는 미셸 윌리엄스에게 그녀가 남편에게 비밀을 말하지 말아야 한다고 말했다. 그리고 고슬링에게는 그녀에게 비밀을 얘기하도록 만들어야 한다고 말했다. 배우들은 각자 완강하게 싸움을 멈추지 않은 채로 그 씬을 즉흥적으로 연기했다. 제작진이 놀랄만큼 갑자기 실망한 고슬링이 3m정도의 담을 안전망 없이 기어올랐고, 강 아래로 뛰어내릴 것처럼 보였다. 윌리엄스는 이에 대해 "나는 충격에 얼어붙어버렸다."라고 언급했다. 결국 그녀는 그에게 그녀가 아기를 가졌음을 밝혔다. 고슬링은 그 고난도 연기에 대해 "좀 심했다 … 나는 더 높이 올라가지 않을 수 없었고, 그래서 다리 하나를 올리고 밑에 있는 물을 보았고, 그 지점에서 그녀에게 애걸하기 시작했다."고 인정했다. 그녀는 그 상황을 어떻게 그렇게까지 오래 견딜 수 있었을까? 고슬링은 "그녀는 대단하다.", "가학적이지만 대단하다."라고 대답했다. 이 장면은 강렬한 씬들로 가득찬 이 영화에서 가장 눈길을 사로잡는 것 중 하나이다. 또한 이 장면은 윌리엄스와 고슬링이 왜 그 세대 중에 가장 재능 있는 배우로 간주되는지를 보여준다. *(Hunting Lane Films)*

7-11a

'욕망이라는 이름의 전차 *A Streetcar Named Desire*' (미국, 1951).
출연: 비비안 리 Vivien Leigh,
말론 브란도 Marlon Brando,
감독: 엘리아 카잔 Elia Kazan
(Warner Bros.)

▶ 연극을 영화화할 때 그것을 "개방할" 확실하고 신속한 원칙이란 없다. 테네시 윌리엄스 Tennessee Williams의 이 유명한 희곡을 영화화하려고 할 때 엘리아 카잔이 발견했듯이, 어떤 때는 원작을 늘리지 말고 그대로 두는 게 낫다. 본래 카잔은 연약하고 섬세한 주인공 블랑쉬 (비비안 리)를 소개하는 것으로 이야기를 끌어가면서 그 사건을 극적으로 꾸며보려는 의도를 가지고 있었다. 연극에서는 이 사소한 사건은 그저 언급될 뿐 보여 주지는 않는다. 하지만 카잔의 실험은 효과적이지 못했다. 그가 스스로 인정했듯이 얻은 것보다 잃은 것이 더 많았다. "연극의 힘은 정확히 그 압축에서 나온다. 블랑쉬가 간절히 원하면서도 탈출하지 못하고 이 두 개의 작은 방에서 갇혀 있다는 사실이 이를 말해준다." 카잔은 스토리를 거의 전적으로 이 비좁은 두 개의 방 안에서 촬영하기로 결정했다. 이 영화는 대성공이었고, 많은 상을 받았다. 이와는 달리 '드라이빙 미스 데이지'는 연극을 "개방"했기 때문에 성공했다. 알프레드 어리 Alfred Uhry의 연극대본은 세 명의 등장인물이 나오는 간단한 스케치로, 세트도 거의 없고 배우들이 소도구를 이용해 팬터마임으로 연기하는 것이었다. 영화용 각색대본(이 역시 어리가 썼다)에는 새로운 등장인물이 늘어나고 좀더 사실적인 세트가 추가되었다. 비평가들은 거의 예외 없이 연극보다 영화 쪽을 선호하는데, 그것은 영화 버전이 좀더 풍부하게 짜여졌고, 특정한 시간과 공간에 토대를 두고 있기 때문이다. 이 영화는 어리의 각본으로 아카데미 각본상 및 최우수작품상을 수상했다

7-11b

'드라이빙 미스 데이지 *Driving Miss Daisy*' (미국, 1989).
출연: 댄 애크로이드 Dan Aykroyd,
제시카 탠디 Jessica Tandy,
모건 프리먼 Morgan Freeman,
감독: 브루스 베레스포드 Bruce Beresford
(Warner Bros.)

즐길 수도 있겠지만, 관객이 즐거워하는 것은 대개 그 예술작품의 부차적인 요소—감동적인 연기, 놀라운 세트—이다. 멋진 연기와 맵시 있는 카메라 워크가 시시한 소재의 모자라는 부분을 보완하기도 한다. 대체로 이와 같은 즐거움의 요소들은 유력한 예술가들—영화에서는 감독, 연극에서는 작가—의 부족함을 보완해 준 천부적인 예술가들(배우, 세트 디자이너, 카메라맨)의 해석능력이 발휘된 개인적인 성과이다.

게다가 연극에서 연출가는 본질적으로 해석하는 예술가이다. 만약 우리가 감상하는 '리어 왕'의 공연이 형편없다면, 우리가 혹평하는 것은 셰익스피어의 작품이 아니라, 그 작품에 대한 특정한 해석일 뿐이다. 연극에서 연출자는 동작의 패턴, 배우의 적절한 제스처 그리고 여러 가지 공간적 관계를 창조해내지만, 사실 이 모든 시각적 요소는 극작가에 의해 창조되는 대본의 언어에 비하면 2차적인 것이다. 원작과 연출가의 관계는 연극배우와 그 배우가 맡은 역에 대한 관계와 같다. 연출가는 이미 씌어진 것에 많은 것을 더할 수 있지만 그가 공헌하는 것은 보통 원작 그 자체에 대해 2차적인 것이다. 이를테면 작가가 설정해 놓은 범위 안에서 일종의 즉흥극을 하는 셈이다.

연극에서 연출가는 작가와 제작진을 이어주는 일종의 중개인이다. 다시 말해서 연출가는 대본의 전반적인 해석을 책임지며, 보통 배우나 디자이너, 기술자 등 다른 해석자들에게 그 해석의 범위를 정해 준다. 연출가는 또한 모든 제작요소가 전반적인 해석을 따르면서 조화를 잃지 않는지도 살펴야 한다. 연출가의 영향력은 실제 공연보다도 리허설 때 더 강력하다. 일단 막이 오르고 나면, 연출가는 무대에서 일어나는 일을 통제할 길이 없다.

반면에 영화감독은 최종결과에 대해 훨씬 많은 통제력을 행사한다. 영화감독 역시 제작 이전의 활동을 주도하지만, 연극 연출가와는 달리 사실상 완성된 작품의 모든 면을 통제하고 있다. 영화감독이 통제할 수 있는 정확성의 정도를 연극에서 도달하기는 힘들다. 왜냐하면 영화감독은 정확히 그가 원하는 것을 얻을 때까지 사람이나 사물을 반복적으로 찍을 수 있기 때문이다. 앞에서 살펴보았듯이 영화는 주로 움직이는 영상을 통하여 의사전달을 한다. 쇼트의 선택, 앵글, 조명효과, 필터, 렌즈효과, 프레임 구도, 구성, 카메라의 움직임, 편집 등의 시각적인 요소의 대부분을 결정하는 것은 바로 감독이다. 더 나아가 감독은 보통 의상, 세트의 디자인 그리고 배경선택까지도 허용 여부를 결정한다.

영화감독과 연극 연출가는 통제력과 정확성에 있어서 어떤 차이가 있을까? 이는 그들이 미장센을 어떻게 취급하는가를 살펴보면 잘 드러난다. 연극에서 연출가는 훨씬 더 제한적이다. 그들은 한 장면마다 고정된 한 세트에서 작업을 해야 한다. 모든 동작의 패턴은 이 주어진 영역 안에서 일어난다. 그것은 3차원의 공간이므로 작업을 위해 무대의 깊이와 폭을 이용할 수 있는 이점이 있다. 또한 플랫폼을 사용함으로써 무대의 높이도 이용할 수 있다. 연극 연출가들은 최대한의 명확성을 확보하기 위하여 특정한 공간적 관습을 써야만 한다. 그래서 프로시니엄 무대의 경우, 관객은 한쪽 벽이 없는 방안을 엿보는 것이 된다. 당연히 어떠한 가구도 이 벽 쪽으로 배치되지 않으며, 배우들도 장시간 그 가상의 벽쪽으로 등을 돌리지 아니한다. 그렇게 하면 그들의 대화가 들리지 않기 때문이다. 만약 앞으로 튀어나온 돌출무대가 사용된다면, 관객들은 3면에서 무대를 둘러싸는 것이 되며, 공연자들은 동작과 대사를 번갈아 가면서 할 수밖에 없기 때문에 어느 한쪽도 소홀히 할 수가 없다.

영화에서는 감독이 3차원의 공간을 2차원적 공간의 이미지로 바꾼다. 심지어 딥 포커스 사진에서

7–12a

'피와 꿀의 땅에서 *In The Land Of Blood And Honey*' (미국, 2010).
출연: 아나 마르야노비치 Zana Marzanovic,
고란 코스틱 Goran Kostic,
각본 및 감독: 안젤리나 졸리 Angelina Jolie

▶ 기원전 350년 드라마에 대한 최초의 권위 있는 글『시학 *The Poetics*』을 쓴 아리스토텔레스는 '무엇보다도 드라마 Drama는 액션이다'라고 주장했다. 이 원칙은 영화에서 보다 더 중요하다. 실제로 연극은 주로 액션의 결과를 드라마화하여 보여주는 반면에, 1992–1995년 사이에 보스니아 무슬림들이 세르비아 기독교인들에 대항해 일으킨 보스니아 내전에서의 폭력, 강간, 그리고 고문 등에 대해 졸리가 만든 씬들처럼, 영화는 액션 자체에 집중한다. 사람과 물건들을 포함한 엄청난 전쟁 폐허의 U.N. 참관인으로서, 졸리는 그녀의 허구적인 이야기에 사실에 근거한 집단 학살 장면을 많이 포함시켰다. 그녀는 세르비아 침공에서 어떻게 무슬림 여성들이 손쉬운 표적이 되는지, 누가 강간을 전쟁 특전 중 하나로 여기고 일반적인 군사전략으로 사용하는지를 드라마화 했다. 물론 제목은 성서적인 젖과 꿀이 흐르는 땅, 즉 파라다이스에 대한 풍자적인 인유 allusion이다.   *(GK Film. Photo: Ken Regan)*

7–12b

'이키루 *Ikiru*' 혹은 '살기 위하여 *To Live*'로도 알려져 있다 (일본, 1952).
감독: 구로자와 아키라 Akira Kurosawa

▶ 무대에서는 사물의 크기가 일정하지만 영화에서는 상대적이다. 예컨대, 이 딥 포커스 쇼트에서 세 가지 수준의 깊이를 나타내는 소재들이 아이러니컬한 대조를 만들어내는 것과 정확히 일치되어 있다. 주인공(시무라 타카시 Takashi Shimura, 그의 사진이 불교식 제단을 장식하고 있다)은 암으로 죽어가고 있음을 깨달은 후 생애 최후의 몇 달 동안만 정말로 의미 있는 일을 한 하급관리였다. 이 영화의 플래시백 부분에서, 그의 쭈그러진 모자는 그의 겸손함과 완고한 인내를 상징한다. 경야(經夜)(사진의 장면)는 엄격하고도 음울한 행사이며, 고인의 동료관리들이 주로 참가하고 있다. 이 사진에서 카메라의 위치는 공무원들의 고통스런 얼굴과 꾸밈없는 중절모를 격식적(格式的)인 초상화 및 제단과 대조시키고 있다. 연극에서는 관객들이 각자 자기 나름의 시야로 보기 때문에 이런 식의 대조는 드물다. 영화에서는 이런 대조가 흔한데, 이는 카메라가 모든 관객을 위해 하나의 시각을 마련해 주기 때문이다.

(Toho Company)

7-13

'그녀에게 *Talk to Her*' (스페인, 2002)의 리허설 때
찍은 세 장의 사진,
각본 및 감독: 페드로 알모도바르 Pedro Almodóvar

▶ 영화감독이 실제로 얼마나 많은 감독을 하는 가? 이는 감독의 퍼스낼리티에 따라 아주 다양하다. 어떤 감독들은 일단 배우들이 맡은 역할들의 주요 지표에 대해 사전에 의견의 일치를 보이면 배우들에게 거의 말을 하지 않는다. "당신이 할 수 있는 가능성을 나에게 보여주시오."이것이 최소한의 말을 하는 이들의 암묵적인 전제이다. 존 휴스톤 John Huston이 좋은 본보기이다. 언젠가 한 여배우가 그에게 한 씬이 끝날 동안 앉아 있어야 하느냐고 물었을 때, 그는 이렇게 대답했다. "내가 어찌 알아요. 피곤한가요?" 반면에 페드로 알모도바르와 같은 감독들은 그들의 접근방식에 훨씬 많은 관여를 한다. 예를 들면, 7-13(위)에서 알모도바르(검정색 티셔츠)는 결혼하는 남녀를 그냥 쳐다보고 있는 것처럼 보이지만, 그들과 함께 여러 가지 생각에 잠긴다. 이를테면 그 순간 카메라 위치를 어디에 두어야 할까? 왜? 하객들 반대편은 어떨까? 등을 고민하고 있는 것이다. 리허설 동안 그와 그의 디피(D. P.)는 다양한 카메라 위치를 선택해서 배치해 보는데, 종종 그것들은 조명 조절까지도 포함한다. 7-13(중간)에서 알모도바르는 배우 다리오 그랑디네티 Dario Grandinetti가 지켜보는 가운데 배우 하비에르 카마라 Javier Cámara에게 극적인 제스처를 실제로 해보이고 있다. 어떤 배우들은 이와 같은 특수한 지시에 대해 불쾌하게 여기지만, 알모도바르는 스페인에서 가장 상업적으로 성공한 감독일 뿐 아니라, 국제적으로도 높은 평가를 받는 예술가이다. 그는 세계적인 작가주의 감독이다. 그래서 배우들은 그의 요구를 따르는 편이다. 7-13(아래)에서 알 모도바르는 실제로 여배우 로사리오 플로레스 Rosario Flores를 어루만지다시피 하면서 그 특유의 말투로 주어진 순간에 인물의 내면적 심리를 꿰뚫어 보라고 주문하고 있다. 이와 같은 친밀한 유대는 지금 이 순간 그 인물의 감정과 생각에 전적으로 몰입할 수 있도록 도와준다. 알모도바르의 영화의 연기가 대체로 뛰어난 것은 결코 놀라운 일이 아니다.

(El Deseo, S.A./Sony Pictures Classics)

도 "깊이"는 실제의 깊이가 아니다(7–12b). 그러나 평면적인 영상도 장점은 있다. 사실 카메라는 어디에든 설치할 수 있으며, 감독은 일정한 수의 벽을 가진 고정된 세트에 한정되지 않는다. 아이 레벨 롱 쇼트 eye-level long shot는 연극의 프로시니엄 아치와 비슷하다. 그러나 영화에서 클로즈업 역시 주어진 공간을 구성한다. 다시 말해서 영화는 그 나름의 "벽들"(프레임)을 가지고 영화 특유의 "작은 방"을 효과적으로 구성하고 있는 것이다. 그리하여 각 쇼트는 서로 다른(또한 일시적인) 범위를 갖는 새로운 특정 공간을 표현한다. 더 나아가서 감독은 카메라 이동을 통하여 선명도를 해치지 않으면서 최대한의 표현효과를 얻기 위해, 여러 번 이 "벽들"을 재배치할 수도 있다. 그러므로 영화에서는 프레임의 상하좌우는 물론이고 어떠한 앵글에서도 사람이 들어갈 수 있다. 달리 dolly와 크레인 crane을 사용하면, 카메라가 관객을 세트 안으로 데리고 들어가 마치 여러 대상들이 관객 옆을 지나가는 것처럼 보이게 할 수도 있다.

연극 연출가에게는 미장센이 장 scene이라는 단위에 제한되어 있기 때문에, 어느 정도의 절충과 타협은 불가피하다. 연출가는 최대한의 표현을 최대한의 명료성과 결합시킬 수밖에 없다. 그것이 언제나 쉽게 이루어지는 것은 아니다. 영화감독들에게는 이런 식의 절충이나 타협이 거의 없다. 왜냐하면 영화감독들은 훨씬 더 많은 씬을 마음대로 다룰 수 있기 때문이다. 보통 한 영화의 쇼트는 천 개 이상이다. 영화감독은 관객에게 동일한 대상에 대해 여러 개의 쇼트를 보여줄 수도 있는데, 그 중 어떤 것은 명확성을 강조하고, 또 어떤 것은 표현성을 강조한다. 어떤 쇼트는 카메라와 등지고 있는 인물을 보여줄 수도 있으며, 이 경우 사운드 트랙이 인물이 구사하는 대사의 명확성을 보장해 줄 것이다. 장애물─유리창이나 울창한 숲의 나뭇잎 등─을 지나 저편에 있는 인물을 촬영할 수도 있다. 영화에서 쇼트는 오랜 시간을 끌 필요가 없기 때문에, 명확성이 표현성을 위해 잠시 동안 보류될 수도 있는 것이다.

연극을 영화화할 때, 영화감독은 크고 작은 수많은 선택의 기로에 서게 된다. 그의 선택에 따라서는 원작을 쓴 극작가가 상상도 못할 정도로 원작을 바꾸어 놓을 수도 있다. 영화감독은 심지어 고전적인 텍스트를 가지고서도 심리적·사회적 혹은 서사적 요소를 강조할 수도 있다. 왜냐하면 이런 것들은 대부분 영화에서 공간이 어떻게 사용되느냐에 따라 결정되기 때문이다. 영화감독은 연출장소를 스튜디오 세트로 정할 수도 있고 자연을 배경으로 한 세트로 할 수도 있겠지만, 그 선택이 작품의 의미를 아주 다르게 바꾸어놓게 될 것이다.

세팅과 실내 장식

훌륭한 영화와 연극을 보면 세팅은 단지 연기를 위한 배경에 그치는 것이 아니라, 주제와 인물설정의 의미를 상징적으로 넓혀주고 있다. 세팅은 엄청난 양의 정보를 전달할 수 있는데, 특히 영화에서는 그렇다. 일반적으로 연극의 세트는 영화보다 덜 세밀한 편인데, 그 이유는 관객이 갖가지 작은 디테일을 감지하기에는 무대까지의 거리가 너무 멀기 때문이다. 연극에서 연출가는 가급적 적은 수의 세트로 작품을 만들어야 하며, 보통 한 막당 하나의 세트가 쓰인다. 그러므로 연극연출가가 영화감독에 비해 정확성과 다양성에 있어서 더 많은 제약을 받는 것은 불가피한 일이다. 사실상 영화감독은 이러한 제약을 전혀 받지 않는다. 로케이션 촬영을 할 때는 특히 그렇다.

공간적인 면을 고려해 연극 연출가는 세트와 타협하지 않을 도리가 없다. 만일 무대 뒤쪽을 지나치게 많이 사용한다면, 관객은 제대로 볼 수도 또 들을 수도 없을 것이다. 만일 연기자를 부각시키기 위해 높은 단을 사용한다면 그를 신속히 그리고 자연스럽게 원래의 자리로 되돌아오게 해야 하는 애로가 있다. 또한 연극 연출가는 언제나 일정한 크기의 공간을 사용해야만 한다. 세팅은 보통 "롱 쇼트"로 제한되어 있다. 만약 넓은 들판을 나타내고 싶다면 특정한 관습을 따라야 한다. 이를테면 연기가 이루어지고 있는 그 지역은 단지 들판의 작은 한구석에 불과하다는 것을 암시하는 식으로 연출할 수 있는 것이다. 혹은 배경이 광활한 하늘인 것처럼 보이기 위해 원형 파노라마 배경막으로 세트를 꾸밀 수도 있을 것이다. 한정된 지역을 나타내길 원할 경우에 연출가는 짧은 시간 동안만 그렇게 할 수 있다. 배우들이 오랫동안 좁은 곳에 머물면 관객들은 싫증을 내기 때문이다. 연극 연출가는 심리상태를 암시하기 위하여 세트에서 수직선, 수평선 그리고 사선을 활용할 수도 있다. 그러나 그 선(혹은 색이든 사물이든)이 그 장이나 대사에 어울리지 않더라도 영화에서처럼 쉽게 제거할 수가 없다.

영화감독은 세팅 사용이 훨씬 자유롭다. 물론 가장 두드러진 것은 로케이션 촬영을 할 수 있다는 점인데, 이는 영화감독에게 엄청난 이점이다. 그리피스, 에이젠슈테인, 키튼, 구로자와, 안토니오니, 포드, 데 시카, 르누아르 등 많은 위대한 감독들의 대표작들도 이러한 로케이션 촬영의 자유가 없었다면 불가능했을 것이다. 서사영화는 광활한 평원을 익스트림 롱 쇼트로 찍지 않고서는 사실상 불가능할 것이다. 다른 장르들, 특히 뮤지컬이나 공포영화 그리고 여러 시대물과 같이, 어느 정도의 양식화나 고의적인 비사실성을 요구하는 장르는 스튜디오와 무관할 수가 없다. 이런 장르는 마술적이며 독자적인 세계를 강조하는 경우가 많다. 그리고 실생활에서 찍힌 이미지들은 본질적으로 밀실 폐쇄적인 이러한 특성들과는 어울리지 않는 편이다.

그러나 이는 단지 일반론일 뿐이다. 대부분을 실내에서 촬영한 서부극도 있고, 진짜 야외 촬영장에서 찍은 뮤지컬도 있다. 만약 어떤 지역이 엄청나게 아름답다면 낭만적인 뮤지컬영화가 그곳을 배경으로 하지 못할 이유가 없다. 미넬리 Minnelli의 '지지 Gigi'를 파리에서 촬영한 것은, 실제 촬영현장이 뮤지컬과 같이 양식화한 장르를 어떻게 질적 수준을 높여 주는가에 대한 대표적인 본보기이다 (6-32a). 간단히 말해, 이 모든 것은 어떻게 하느냐에 달려 있는 것이다. 프랑스의 영화사가인 조르주 사둘 Georges Sadoul이 지적했듯이, "스튜디오와 길거리를 구분하는 이분법과 뤼미에르 Lumière

7-14a

'언터쳐블 *The Untouchables*'
(미국, 1987),
출연: 찰스 마틴 스미스 Charles Martin
Smith, 케빈 코스트너 Kevin Costner,
숀 코너리 Sean Connery,
앤디 가르시아 Andy Garcia,
감독: 브라이언 드 팔마 Brian De Palma
(Paramount Pictures)

▶ 실재·현지촬영의 매력은 단연 만들어진 세트보다 비용이 훨씬 적게 들어간다는 점이다. 또한 현지촬영은 명백히 영화의 진정성을 더해준다. 시카고를 배경으로 한 이 금주법 시대의 갱스터 영화는 이 도시의 가장 악명 높은 악당 알 카포네 Al Capone의 몰락을 그린 것이다. 드 팔마 영화의 많은 즐거움 중 하나는 '전함 포템킨 *Potemkin*'에 나오는 에이젠슈테인 Eisenstein의 유명한 오데사 계단 Odessa Steps 시퀀스에 대한 훌륭한 오마주 homage의 표시다.

▶ 야외에서 촬영된 이 영화는 블루칼라 공업단지인 메사추세츠의 로웰에 사는 마이키 워드 Micky Ward(월버그)와 그의 이복형제 디키 에크런드 Dicky Eklund (베일), 그리고 그들의 소란스러운 노동 계급 가족의 실화를 바탕으로 하고 있다. 마이키는 복싱 선수가 되려는 포부를 가지고 있다. 그의 신뢰할 수 없는 마약 중독자인 형제는 때로 그의 매니저 역할을 하기는 했지만 거의 얼간이다. 한때 "로웰의 자랑"으로 그 도시에 알려졌던 자칭 전직 복싱 선수 디키와 현재 대규모 실업과 불경기를 겪고 있는 도시 모습이 이 영화에 견실하고 다큐멘터리 같은 진실성을 제공해 주고 있다.
(Mandeville Films. Photo: Jo Jo Whilden)

7-14b

'파이터 *The Fighter*' (미국, 2010),
출연: 크리스찬 베일 Christian Bale,
마크 월버그 Mark Wahlberg,
감독: 데이비드 O. 러셀 David O. Russell

7-14c

'**가위손** *Edward Scissorhands*'
(미국, 1990),
출연: 조니 뎁 Johnny Depp,
감독: 팀 버튼 Tim Burton

▶ 스튜디오 세트의 주된 매력은 일반적으로 '가위손'과 같은 판타지영화가 가장 잘 보여주듯이 현실감을 없앨 수 있다는 점이다. 이러한 스튜디오 세트는 심지어 공중에 떠다니는 안개마저 감독이 원하는 대로 움직이게 할 수 있는 마술적이고 미묘한 세계를 만들어낼 수 있게 해준다. 팀 버튼은 현대 영화의 일급 표현주의자 중 한 사람이며, 색깔과 빛과 신화와 상상의 마법적인 세계를 그려내는 사람이다. 그의 세계는 무미건조한 현실에 결코 오염되지 않은 한정된 스튜디오 안에서 창조된다.   *(20th Century Fox)*

와 멜리에스 Méliès의 안티테제를 통해서 사실성과 인위성의 문제에 대한 해답을 찾으려 할 경우, 그것들은 진정한 의미에서 서로 반대되는 것이 아니다. 계절의 흐름과 전혀 무관한 영화들도 야외에서 촬영되기도 했고, 전적으로 사실주의적인 영화가 실내에서 촬영되기도 했다."

영화의 다른 측면과 마찬가지로 세트 디자인에 있어서 사실주의 및 형식주의라는 용어들은 단지 편리한 비평적 부호일 뿐이다. 대부분의 세트는 어느 한쪽으로 기우는 경향이 있을 뿐이지, 순전히 어느 한쪽인 경우는 거의 없다. 예를 들어, '국가의 탄생 *The Birth of a Nation*'에서 그리피스는 영화에 나오는 많은 씬들이 실제 장소와 사건-이를테면 링컨이 암살당한 포드 극장이나 노예해방조약에 서명하는 것-을 역사적으로 모방한 것이라고 떳떳하게 밝혔다. 이러한 씬들은 그 당시의 실제 사진을 모델로 하여 만든 것이다. 그리피스의 이러한 복제는 스튜디오 안에서 만들어졌다.

이와는 달리, 실제 로케이션 촬영이 어딘가 인위적-형식주의적-인 효과를 자아내기 위하여 사용될 수도 있다. 예를 들어, '세계를 뒤흔든 십일 *Ten Days That Shook the World*'을 촬영할 때, 에이젠슈테인은 제정 러시아 차르 왕조의 겨울 궁전 The Winter Palace을 몇 개월 동안 자기 마음대로 사용하였다. 하지만 이 영화의 이미지는 바로크적이다. 다시 말해서 짜임새가 다양하고 복합적인 형식을 취하고 있다. 에이젠슈테인은 진실성을 높이기 위해 실제 로케이션 촬영을 했지만, 그 현장은 연기를 위한 회화적인 배경만은 결코 아니다. 각 쇼트의 디자인은 세심하다. 그 하나하나마다 세팅의 본질적 형식을 이용해 그 장면의 정서적인 효과를 높여주고 있는 것이다. 그렇다면 이는 사실주의적인가, 형식주의적인가?

(a)

7-15

'샌드 오브 이오지마 *The Sands Of Iwo Jima*' (미국, 1949) 의 제작사진, 출연: 존 웨인 John Wayne (앞의 가운데), 감독: 앨런 드완 Allan Dwan

(b)

▶ 실제 현장보다 스튜디오가 감독에게 더 많은 통제력과 정확도를 허용하기 때문에, 어떤 영화감독은 로케이션 촬영이 필요한 씬에서는 소위 프로세스 쇼트 process shot를 사용한다. 이러한 테크닉은 반투명의 스크린 위에 움직이는 영상을 뒤에서 영사해야 한다. 실제 배우들과 세트의 일부가 이 스크린 앞에 배치되고, 모든 연기와 배경은 뒤의 영사기와 일치하는 카메라로 촬영된다(a). 완성된 필름(b)은 배경이 좀 의심스럽게 씻겨나간듯하고 평평하게 보이는 느낌이 있지만, 상당히 사실적이다. 오늘날 이런 기법은 디지털 컴퓨터기술로 바뀌고 있다. 심지어 하늘이나 대기상태도 전자장치로 변경이 가능하다. *(Republic)*

7-14c

'칼리가리 박사의 밀실 *The Cabinet Of Dr. Caligari*' (독일, 1919).
출연: 콘라트 바이트 Conrad Veidt,
베르너 크라우스 Werner Krauss(모자 쓴 사람),
제작 디자인: 헤르만 바름 Hermann Warm,
발터 뢰리히 Walter Röhrig, **발터 라이만** Walter
Reimann, 감독: 로베르트 비네 Robert Wiene

▶ 제1차 세계대전 이후 독일 표현주의운동은 무엇보다도 시각적 디자인을 강조하였다. 이 운동이 주로 기여한 방면은 연극과 그래픽예술 그리고 영화이다. 그것은 근심과 공포에 젖어 있는 스타일이었다. 세트는 의도적으로 인위적이다. 다시 말해서 세트는 단조롭고 선명하게 페인트로 칠했으며, 원근법과 스케일에 대한 전통적인 관습을 고수하려는 의도는 보이지 않는다. 세트는 한낱 장소가 아니라 꿈결 같은 심리상태를 표현하기 위한 수단이다. 조명과 세트 디자인은 세심한 조화를 이루면서, 조명이 세트에 그림자를 드리우고 있다. 불안정성과 시각적인 고뇌의 느낌을 자아내기 위해 수평선이나 수직선을 피하고 사선을 택하였다. 덜컥거리는 기계적 동작은 비인간화의 본질을 전달하기 위한 것이다. 관객들은 좀비의 세계 Zombieland 속으로 들어가 있다. *(UFA/Decla-Bioscop)*

사실주의란 결코 단순한 개념이 아니다. 영화에서 이 개념은 스타일의 다양성을 나타내기 위해 사용된다. 어떤 비평가들은 더 세밀히 구분하기 위해 "시적 사실주의", "다큐멘터리 사실주의" 그리고 "스튜디오 사실주의"와 같은 수식어구를 사용하기도 한다. 사실주의에서 아름다움의 본질 역시 복잡한 문제이다. 형식의 아름다움은 시적 사실주의의 중요한 요소이다. '카비리아의 밤 *The Nights of Cabiria*'과 같은 펠리니의 초기작품은 훌륭하게 만들어졌으며, 관객의 시각에 호소하기 위하여 약간 스타일이 가미되었다. 이와 비슷하게 존 포드는 그의 서부극 중 여덟 편을 유타 주(州)의 모뉴멘트 벨리 Monument Valley(7-7)에서 찍었는데, 이는 그 멋진 장관 때문이었다. 무엇보다도 포드는 위대한 풍경화가였다. 스튜디오에서 찍는 많은 사실적인 영화들 역시 이러한 "부수적"인 시각적 아름다움을 이용하기 위하여 약간 스타일을 가미한다.

다른 사실주의적 영화에서는 아름다움—전통적인 의미의 아름다움—이 별 역할을 하지 못한다. 폰 테코르보 Pontacorvo의 '알제리 전투 *Battle Of Algiers*'와 같은 영화에서 주된 미적 가치기준은 의도적인 조잡성이었다. 이 이야기는 프랑스의 식민통치에서 벗어나려는 알제리 사람들의 해방투쟁을 다루었다. 촬영은 전부 알제리 거리와 집에서 이루어졌다. 심미적인 아름다움을 나타내기 위한 세팅의 사

`7-17a`

'니벨룽겐의 노래 Siegfried' (독일, 1924),
출연: 폴 리히터 Paul Richter,
감독: 프리츠 랑 Fritz Lang
(UFA/Decla-Bioscop)

▶ 독일 표현주의운동의 전성기는 1920년대였지만, 이 두 장의 사진에서 볼 수 있듯이, 그 영향은 엄청나게 컸다. 미국에서는 특히 그랬다. 위대한 연극감독 막스 라인하르트 Max Reinhardt는 초기에 영향력을 행사한 인물이었다. 디자인에 대한 이론에서 라인하르트는 "영혼이 부여된 풍경"이라는 이상형을 주장했다. 대부분의 독일 표현주의자들이 내세운 목표는 절대적인 추상적 상태를 위하여 자연의 모습을 제거하는 데 있었다. 프리츠 랑의 양식화된 세트는 스튜디오 안에서 만들어진 것인 반면에, 버튼의 것은 야외지만, 둘 다 비틀어진 나무등걸과 잎사귀가 다 떨어진 구부러진 가지들, 표류하는 안개, 공포와 근심에 젖은 환각적인 분위기를 강조한다. 풍부한 예를 들며 분석하고 있는 다음을 참조하라. Lotte Eisner, *The Haunted Screen: Expressionism in the German Cinema and the Influence of Max Reinhardt* (Berkeley: University of California Press, 1973).

`7-17b`

'슬리피 할로우 Sleepy Hollow' (미국, 1999),
출연: 조니 뎁 Johnny Depp, **크리스티나 리치** Christina Ricci,
마크 피커링 Mark Pickering, **감독: 팀 버튼** Tim Burton
(Paramount Pictures. Photo: Clive Coote)

용은 거의 없었다. 사실 폰테코르보가 형식적으로 화면을 조직하지 않고, "스타일"의 문제에서 한 치도 양보하지 않은 것은 예술가로서 그가 지닌 큰 미덕이다(1-27을 보라). 소재의 도덕적인 힘이 형식에 대한 고려보다 우선한다는 것이다. 세팅의 아름다움은 그 진실성에 있다. 더 나아가 이런 영화에서 스타일(이를테면 왜곡)은 야한 치장이나 불성실의 전형으로 간주된다.

공감하지 않는 사람들에게 사실주의에 대한 예찬은 광기에 가깝게 느껴질 것이다. 그러나 그것에도 방법이 있다. 예컨대, 휴스톤이 '아프리카의 여왕 *The African Queen*'을 열대지방에서 촬영한 까닭은 수많은 세부사항들, 이를테면 어떻게 하면 배우들로 하여금 땀을 많이 흘리게 할 수 있을까, 혹은 그들의 옷이 몸에 착 달라붙게 하려면 어떻게 해야 할까 등에 대해 걱정할 필요가 없으리라는 것을 알고 있었기 때문이다.

대체로 스펙터클 영화는 아주 정교한 세트를 필요로 한다. 고대 로마나 이집트의 역사적 건축물을 다시 세우는 데는 엄청난 비용이 들며, 그것들이 이런 장르영화의 성패를 좌우한다. 왜냐하면 이런 장르의 주된 매력이 바로 그러한 구경거리이기 때문이다.

표현주의적인 세트는 보통 현실세계에 오염되지 않은 스튜디오 안에 만든다. 사실주의가 아니라 마술이 그 목표인 것이다. 멜리에스가 그 대표적인 본보기이다. 흔히 그를 두고 "영화의 쥘 베른 Jules Verne"으로 불렀는데, 요술 같은 그의 재주가 사람들을 놀라게 했기 때문이다. 특수효과 마술사

7-18

'바톤 핑크 *Barton Fink*' (미국, 1991), **출연: 존 터투로** John Turturro, **존 폴리토** Jon Polito, **각본 및 감독: 조엘 코엔** Joel Coen, **에단 코엔** Ethan Coen

▶ 이 시기 영화의 수많은 즐거움 가운데 눈부신 아르데코 Art Deco 세트와 실내 장식이 있다. 아르데코는 약 1925년부터 1945년 무렵까지 미국과 유럽을 지배했던 스타일이다. 날씬한 유선형, 아낌없는 장식, 우아한 곡선, 재미있는 지그재그 형태 등을 지향한 아르데코는 모던한 디자인의 첨단으로 간주되었다. 실제로 미국에서 이 스타일은 아르데코의 전성기인 1930년대에 "극단적인 현대풍"으로 지칭되는 경우가 많았다. 그것은 윤기 있고 매끄러웠으며, 종종 현대 산업 소재인 플라스틱(때로는 이를 베이클라이트 Bakelite 혹은 루사이트 Lucite라 불리었다), 알루미늄, 크롬, 유리 블록 등을 사용하기도 했다. 광원은 자주 간접적이었으며, 벽에 있는 촛대에서 흘러나오거나 반투명의 유리벽으로부터 극적 분위기를 연출하며 흘러나온다. 세련된 조각상은 보통 날씬한 여성누드이거나 강인한 근육질의 반라남성이었는데, 이는 무척 전위적이고 대단히 쿨한 글래머의 전형이었다. 또한 1925년부터 1940년대 후반까지의 역사에 대하여 아주 많은 사진이 들어 있는 다음을 참조하라. Howard Mandelbaum and Eric Myers, *Screen Deco* (New York: St Martin's Press, 1985) *(Circle Films/Working Title. Photo: Melinda Sue Gorden)*

7-19a

'라이언 일병 구하기 *Saving Private Ryan*' (미국, 1998),
출연: 톰 행크스 Tom Hanks,
감독: 스티븐 스필버그 Steven Spielberg

▶ 전쟁들마다 색깔이 다르다. 야외촬영장은 영화에서 허용되는 색깔과 깊은 관련이 있다. 여기 소개되는 영화들은 전혀 다른 모습들이며, 그것은 영화의 세팅에 따라 결정된다. '라이언 일병 구하기'는 제2차 세계대전을 다루고 있으며 전쟁의 참화로 물든 유럽을 배경으로 하고 있다. 다큐멘터리 같은 영상은 회색빛으로 물들어 있으며, 마치 자연이 오랫동안 죽음과 파괴로 불모지로 변한 것처럼 황량한 풍경이다.   (Dream Works/Amblin/Universal Pictures. Photo: David James)

7-19b

'플래툰 *Platoon*' (미국, 1998),
출연: 톰 베린저 Tom Berenger,
감독: 올리버 스톤 Oliver Stone

▶ 베트남전에서 전투는 보통 포탄자국으로 얼룩진 열대지역의 정글에서 벌어졌다. 다채로운 빛깔의 무성한 숲이 종종 형언할 수 없는 공포를 숨기고 있으며, 양측 모두 잔학한 행위를 자행한다. 전쟁 중에 자연은 무자비하게 망가지고, 빨강과 노랑과 그을린 흰색을 뿜어내는, 이른바 열기와 불꽃이 타오르는 지옥과도 같다. (Orion)

7-19c

'블랙 호크 다운 Black Hawk Down'
(미국, 2001),

감독: 리들리 스콧 Ridley Scott

▶ 리얼리즘은 보통 스타일이 없는 스타일, 즉 스스로에 대해 주의를 기울이지 않는 연출형태로 여겨진다. 하지만 언제나 그런 것은 아니다. 리들리 스콧은 영화의 위대한 스타일리스트 중 한 사람이며, 그래서 연기 자욱한 "스푸마토 sfumato"분위기를 두고 "리들리 스콧 룩 Ridley Scott look"이라 부른다.' 블랙 호크 다운'은 그 촬영현장이 소말리아사막이라는 점에서 최고의 리얼리즘을 요하는 전쟁영화이다. 하지만 이 사진이 보여주듯이 영상은 정말 사실적이면서 게다가 아주 아름답기까지 하다. *(Columbia Pictures/ Revolution Studios. Photo: Sidney Baldwin)*

계보의 원조격인 멜리에스는 대개 세트를 페인트로 칠했으며, 깊이를 나타내기 위하여 종종 실물과 똑같이 그린 그림 trompe-loeil의 원근법을 쓰기도 했다. 그는 꿈결 같은 분위기를 자아내기 위하여 실제 배우들과 환상적인 세팅을 결합시켰다. 그는 애니메이션, 미니어처 그리고 광범위한 광학적 트릭을 써서 상상의 나래를 펴는 조망으로 관객을 매혹시켰다(4-4b).

표현주의적인 세트는 관객이 놀라기를 바란다. 이탈리아에서 가장 유명한 디자이너인 다닐로 도나티 Danilo Donati의 세트가 좋은 본보기이다. 펠리니의 '사티리콘 Satyricon', '아마코드 Amarcord' 그리고 '카사노바 Casanova'와 같은 영화에서 세트와 의상은 지나칠 정도로 화려하게 꾸며져 있는데, 이는 도나티와 펠리니의 머리에서 나온 순수한 상상의 산물이다. 감독은 종종 디자이너에게 예비 스케치를 제공하며, 그리고 두 예술가는 매 영화마다 시각디자인을 결정할 때는 밀접한 사이가 된다. 그들의 마술적 효과는 재치 있고 아름다울 뿐 아니라 감동적이기도 하다. 예를 들어, '아마코드'는 리미니라는 고향마을에서의 펠리니의 어린 시절에 대한 표현주의적 스타일의 회상이다(로마냐 지방 Romagnan의 방언에서 유래하는 이 영화의 원제 'Amarcord'는 "나는 기억한다"는 뜻이다). 그러나 펠리니는 현장이 아니라 스튜디오 안에서 이 영화를 촬영했다. 그가 포착하고 싶었던 것은 감정이지 사건이 아니었던 것이다. 이 영화에서 마을사람들은 그들의 사회가 지역적으로 고립되어서 숨이 막힐 지경이다. 그들은 외로움에 젖어 있고, 그들의 삶을 전환시킬 뭔가를 갈망하고 있다. 초호화여객선인 "황제 Rex"호가 그 마을 해변에서 몇 킬로미터 떨어진 바다를 지나갈 것이라는 소문이 나돌았을 때, 동경심에 사로잡힌 사람들은 그 배를 환영하러 바다로 노 저어 나가기로 마음을 먹었다. 수백 명의 사람들이 탈 수 있는 보트에 타고서 열정적인 성지 순례자들처럼 줄지어 바다로 나간다. 그리고 여객선을 기다린다. 짙은 안개를 몰고 저녁이 저문다. 계속 그들은 기다린다. 한 보트에서 성적 매력이 넘치는 그라디스카 Gradisca가 자기에게 다소 동정적인 한 친구에게 신세타령을 늘어놓는다.

서른 살인데도 그녀는 여전히 미혼이고 아이도 없고, 이루어놓은 것이라곤 하나도 없다. 그녀의 "마음은 사랑으로 넘쳐흘렀지만", 아직 "진정으로 자신에게 헌신하는 남자"를 찾지 못했다. 어두운 침묵 속에서 그녀는 황량한 앞날을 생각하고는 소리 없이 울고 있다. 자정이 지났는데도 사람들은 여전히 여객선이 오리라 믿으며 기다린다. 대부분의 사람들이 보트에서 자고 있다가, 어떤 소년의 외침에 깨어난다. "배가 왔다!" 마치 우아한 유령선처럼, 갑판에 불을 켠 황제호가 제왕다운 위풍을 자랑하며 지나간다(7-21). 니노 로타 Nino Rota의 황홀한 음악은 마을사람들이 손을 흔들며 외치는 환희의 함성에 맞춰 점점 고조되어 간다. 그라디스카의 눈에서는 흥분과 열망에 겨운 눈물이 흐르고, 눈이 먼 아코디언 주자는 다급하게 그것이 어떻게 생겼는지 말해 달라고 소리친다. 이윽고 그것이 나타났을 때만큼이나 신비롭게, 그 유령과도 같은 배는 안개 속으로 몸을 숨기면서 어둠 속으로 조용히 사라져 간다.

할리우드의 스튜디오 시스템의 황금기에 주요 영화사들은 제각기 독특한 시각 스타일을 가지고 있었는데, 그 스타일은 대체로 각 영화사의 디자이너들이 결정하였다. 어떤 디자이너들은 제작 디자이너 production designer로, 어떤 디자이너들은 미술감독 art director으로 불렸으며, 또 소수이기는 하지만 일부는 그냥 세트 디자이너 set designer로 불리기도 했다. 그들의 소임은 각 영화의 "외관 look"을 결정하는 것이었고, 세트, 실내장식, 의상 그리고 촬영 스타일이 조화롭게 통일적인 효과를 만들어내는가를 확인하기 위하여 제작자 및 감독과 밀접하게 작업하였다. 예를 들어, 엠지엠은 황홀하고 화려하면서 풍부한 제작을 전문으로 했으며, 이 회사의 미술감독인 세드릭 기본스 Cedric Gibbons는 실제로 모든 영화에 "메트로 룩 the Metro look"을 새겨 넣었다(7-20a). 그렇지만 회사마다 가능한 한 다양한 영화를 만들어내려고 애썼기 때문에, 미술감독들로서는 여러 가지 시도를 하지 않을 수 없었다. 예를 들어, 알케이오 RKO의 밴 네스트 폴그래스 Van Nest Polglase는 '킹콩 King Kong', '톱 햇 Top Hat', '밀고자 The Informer' 그리고 '시민 케인'과 같은 다양한 영화에서 디자인을 감독했다. 파라마운트의 한스 드레이어 Hans Dreier는 처음에 독일의 우파 UFA 스튜디오에서 일을 시작했다. 그는 대체로 요제프 폰 슈테른베르크 Josef Von Sternberg의 영화처럼 신비하고 낭만적이며 환상적인 느낌을 창조적으로 이끌어내는 데는 타의 추종을 불허했다. 드레이어는 또한 루비치 Lubitsch의 '트러블 인 파라다이스 Trouble in Paradise'를 위해 멋진 아르데코 Art Deco 세트를 디자인하기도 했다. 워너브러더스의 미술감독인 안톤 그로트 Anton Grot는 초라하고 사실주의적인 세트의 전문가였다(7-20b). 워너브러더스의 홍보광고를 인용하자면, 그들의 영화는 마치 "오늘 신문의 1면 표제에서 뜯어낸" 것과 같다고 했다. 워너브러더스는 노동계층의 삶을 다룬 시사영화를 선호했다. 이를테면 갱영화, 도시의 멜로드라마 그리고 프롤레타리아적인 뮤지컬 등이었다. 그러나 다른 회사의 미술감독들처럼 그로트도 여러 가지 스타일과 장르에서 작업할 수 있었다. 예를 들어, 그는 '한여름 밤의 꿈 A Midsummer Night's Dream'의 매혹적인 세트를 디자인했다. 안타깝게도 이 영화에서 세트 이외에는 별로 매력적인 것이 없었다.

어떤 타입의 촬영현장은 언제나 필요하기 때문에, 영화사는 항구적인 배경 세트용 촬영소 back-lot sets를 지어 두고 사용했다. 이를테면 19세기 말의 거리, 유럽식 광장, 도시의 빈민굴 등이 그런 것들이었다. 물론 사용할 때마다 달리 보이도록 하기 위해 새로운 가구나 비품으로 적당하게 바꾸었다. 비록 워너브러더스, 파라마운트 그리고 20세기폭스도 상당히 많은 촬영소를 과시하고 있었지만,

7-20a

'그랜드 호텔 *Grand Hotel*' (미국, 1932),
출연: 그레타 가르보 Greta Garbo(우측), 미술감독: 세드릭 기본스
Cedric Gibbons, 가운제작: 애드리안 Adrian, 감독: 에드먼드 굴딩
Edmund Goulding

▶ "스튜디오의 티파니"라고 할 수 있는 엠지엠 MGM 영화사는 풍부하고도 화려한 제작진의 진기를 금지로 삼았다. 엠지엠은 1930년대에 할리우드에서 가장 번성한 회사로서, 23개의 사운드 스테이지와 47만 3,000m²의 상설촬영장(여기에는 작은 호수, 항구 그리고 여러 시대의 다양 한 양식의 건물이 늘어선 많은 거리가 있다)을 과시했다. "메트로 룩 Metro look"스타일을 1924년부터 1956년까지 이 회사의 미술감독이었던 기본스가 대부분 결정했다.   *(MGM)*

7-20b

'리틀 시저 *Little Caesar*' (미국, 1930),
출연: 에드워드 로빈슨 Edward G. Robinson (서 있는 사람),
미술감독: 안톤 그로트 Anton Grot, 감독: 머빈 르로이 Mervyn LeRoy

▶ 그로트는 1927년부터 1948년까지 워너브러더스의 미술 감독이었다. 기본스 Gibbons, 드레이어 Dreier 그리고 폴글 라즈 Polglase와 같은 다른 스튜디오의 미술감독과는 달리, 그로트는 회사의 주요 영화의 세트를 구상할 때 능동적이었다. 그의 초기 세트는 어느 정도 독일 표현주의의 전통을 따랐으나, 곧 아주 다양한 영역을 소화하는 예술가 중의 한 사람으로 변하였다. 그는 초현실주의적이며 몽상적인 작품, '1933년의 황금광들 *Gold Diggers of 1933*'과 같은 버스비 버클리 Busby Berkeley의 뮤지컬뿐 만 아니라, '리틀 시저'와 같이 거칠고 사실주의적인 영화의 세트도 디자인하였다.   *(Warner Bros.)*

7-20c

'나의 계곡은 푸르렀다 *How Green Was My Valley*' (미국, 1941),
미술감독: 나단 주란 Nathan Juran, 리처드 데이
Richard Day, 감독: 존 포드 John Ford

▶ 20세기폭스의 미술감독은 이와 같은 20세기 전환기의 웨일즈 탄광촌과 같은 사실주의적인 세트를 전문으로 하였다. 이 탄광촌의 세트는 캘리포니아 계곡에 세워졌으며, 34만 8,000m²에 달했다. 이와 같이 공들인 세트는 영화제작이 끝난 후에도 해체되지 않는 경우가 있다. 적당히 바꾸면 다른 촬영현장으로 전용할 수 있기 때문이 다. 가령 포드가 이 영화를 찍은 2년 후에 이 세트는 '달은 지다 *The moon is Down*'에서 독일에 점령당한 노르웨이 마을로 바뀌었다.   *(20th Century Fox)*

7-21

'아마코드 Amarcord' (이탈리아, 1974),
미술감독·의상: 다닐로 도나티 Danilo
Donati, **촬영: 주세페 로투노** Giuseppe
Rotunno, **감독: 페데리코 펠리니** Federico
Fellini

▶ 사실주의자로서 영화계에 입문한 펠리니에게 스튜디오는 그의
동료인 도나티, 로투노와 함께 마술을 만들어내는 곳이 되었다. "나
에게, 또한 나와 유사한 처지의 감독들에게 영화란 환상과 상상을
통하여 현실을 해석하고 개조하는 한 방법이다. 스튜디오를 사용하
는 것은 우리가 하고 있는 일에 있어서는 필요 불가결한 부분"이라
고 그는 말했다. *(FC Produzioni/PECF)*

7-22

'베오울프 Beowulf' (미국, 2007),
출연: 레이 윈스턴 Ray Winstone(왼쪽, 모
션캡쳐 performance capture에 의해 변
화되었다), **감독: 로버트 저메키스** Robert
Zemeckis

▶ 연극 무대 세트는 비교적 컴퓨터의 도움을 덜 받는 편이지만 영
화에서는 컴퓨터를 이용한 세트가 가면 갈수록 보편적인 것이 되고
있다. 공상과학영화나 애니메이션과 같은 장르에서는 특히 그렇다.
중세시대 영웅전설의 무시무시하고, 비현실적인 세팅은 컴퓨터로
만들어졌다. 영화의 모션캡쳐 기술은 비용과 인력이 많이 들어가지
만, 그래도 모든 촬영 스태프
들과 출연진들을 데리고 현
지촬영하는 것보다 비용이
적게 든다. 이 영화 세팅과
똑같이 완전하고 영묘한 효
과를 내려면 현지촬영은 근
본적인 수정을 필요로 했을
것이다. *(Paramount Pictures/
Shangri-La)*

이런 촬영소를 가장 많이 보유한 회사는 엠지엠이었다. 상설 세트가 모두 영화사에서 가까이 있는 것은 아니었다. 부동산가격이 낮은 로스앤젤레스의 외곽에 짓는 것이 훨씬 경제적이었다. 만약 영화가 거대한 사실주의적 세트를 필요로 하면─마치 '나의 계곡은 푸르렀다'에 나오는 웨일즈 탄광촌처럼─그런 세트는 스튜디오에서 몇 킬로미터 떨어진 곳에 지었다(7-20c). 이와 마찬가지로 대부분의 회사는 로스앤젤레스의 외곽에 있는 서부 변경의 소도시와 방목장 그리고 중서부식 농장을 보유하고 있었다.

세팅에서 가장 중요한 것은 그것이 어떻게 이야기 소재의 핵심을 구체적으로 표현하는가 하는 점이다. 영국의 디자이너인 로버트 말렛 스티븐스 Robert Mallet-Stevens는 이렇게 강조했다. "영화 세트가 좋은 것이 되려면 세트 역시 연기를 해야 한다. 사실적이든 표현적이든, 현대적이든 고전적이든, 세트는 그 나름의 몫을 해야 한다. 세트는 어떤 인물이 등장하기 전에 그 인물을 이미 시사하고 있어야 한다. 세트는 인물의 사회적 지위, 취향, 습관, 생활양식, 개성을 나타내야 한다. 세트는 연기와 밀접한 연관이 있어야 한다."

세팅은 인물들이 성장하고 발전한다는 느낌을 주기 위해 쓰일 수도 있다. 예를 들어, 펠리니의 가장 사실적인 영화 중의 하나인 '길 La Strada'에서 주인공과 그의 백치 조수는 볼품없는 연극공연을 하면서 도시에서 도시로 옮겨 다니지만 무척 행복해 보인다. 그녀를 버린 후 그는 산으로 간다. 서서히 풍경이 바뀐다. 나뭇잎이 떨어지고, 땅은 눈과 진창으로 덮여 있으며, 하늘은 회색빛으로 흐려진다. 변화하는 세팅은 주인공의 정신적인 상태를 반영하고 있는데, 자연도 가련한 백치 조수가 홀로 죽게 되자 슬퍼하는 것처럼 보인다.

연극에서 세팅은 대개 커튼이 열릴 때 잠시 박수를 받지만, 배우들이 주된 관심거리가 되면서 금방 잊혀지고 만다. 영화에서는 감독이 관객에게 세팅의 중요성을 상기시키기 위하여 계속 세팅을 보여주는 커트를 넣을 수 있다. 영화는 주제가 되는 개념이나 심리적인 관념에 대한 절절한 시각적 유추를 찾아내려는 감독의 필요에 따라 어떤 때는 방의 이쪽을, 또 어떤 때는 방의 저쪽을 강조하면서 세트를 일련의 쇼트로 자를 수 있다. 로지 Losey의 '하인 The Servant'을 보면, 계단이 중심적인 영화주제의 상징으로 사용되고 있다. 이 영화는 하인이 주인을 서서히 조종하면서 지배하게 되는 것을 다루고 있다(11-9). 로지는 계단을 일종의 심리적인 싸움터로 이용하는데, 계단 위 두 사람의 상대적 위치는 관객에게 누가 그 전쟁에서 이기고 있는가를 보여준다. 로지는 또한 계단의 난간을 이용해 감옥의 쇠창살을 암시한다. 집주인이 이 난간 뒤편에서 촬영되는 경우가 자주 있다.

심지어 방의 가구가 심리적인 설명이나 주제적인 동기를 위해서 사용될 수도 있다. 에이젠슈테인은 수업시간에 탁자를 세트로 사용하는 것이 얼마나 중요한가를 상세하게 강의한 바 있다. 그 수업시간의 실습은 주로 발자크 Balzac의 소설 『고리오 영감 Pre Goriot』의 각색에 집중한다. 씬은 발자크가 원탁으로 묘사해 놓은 저녁식탁이다. 그러나 에이젠슈테인이 볼 때, 영화에서는 둥근 탁자가 적절하지 못했다. 그의 주장은 설득력이 있었다. 둥근 탁자는 모든 사람을 원으로 둘러싸게 만들어 동등성을 암시하기 때문이었다. 하숙집의 계층적 계급구조를 전달하려면 긴 직사각형의 탁자를 사용해야 한다는 것이 에이젠슈테인의 제안이었다. 이런 탁자가 되어야 거만한 하숙집 여주인을 상석에 앉히고, 그녀가 좋아하는 사람들을 그녀와 가까운 양쪽에 앉히며, 천대받는 고리오 영감을 홀로 탁자 끝에 배치하는 것이 가능하다.

7-23

'노 맨스 랜드 No Man's Land'
(보스니아, 2001).
출연: 브랑코 주리치 Branko Djuric,
레네 비토라야츠 Rene Bitorajac, **각본 및**
감독: 다니스 타노비치 Danis Tanovic

▶ 이 정치적인 블랙 코미디의 상황설정은 부조리 연극의 동료 극작가인 사무엘 베케트 Samuel Beckett의 머리에서 나왔다. 타노비치와 베케트는 둘 다 인간성에 대한 차가운 코믹 버전을 공유하고 있다. 참혹한 보스니아 전쟁 때 전선에서 서로 적군인, 한 사람의 보스니아군과 한 사람의 세르비아군이 하나의 참호에 들어가게 된다. 양쪽 모두 서로에 대한 믿음이라고는 찾아볼 수 없고, 저격하지 않고서는 탈출할 길이 없다. 가까이에 부상당한 병사가 지뢰를 깔고 절망적으로 누워 있는데, 그가 움직이기만 하면 등 밑의 지뢰가 터지게 되어 결국 인근에 있는 모든 사람이 몰살하게 되어 있다. 이렇듯 기괴한 내러티브의 전제로부터 타노비치는 인간의 어리석음이 몰고 온 잔인한 우화를 만들어낼 수 있었다. 하지만 그 어리석음 이면에는 인간성의 번득이는 섬광이 이따금씩 이러한 암울한 인류의 풍경을 밝힌다. 기묘하게도 이 영화는 놀라울 정도로 재미있다.

(Noe Productions. Photo: Dejan Vekic)

세트의 디테일에 대한 이러한 세심한 주의는 종종 영화의 거장이 단순히 일반적인 효과만을 위해 세트 배치를 하는 평범한 감독과 어떤 차이가 있는가를 보여준다. 영화에서 세팅은 작품 자체의 주요 관심사가 될 수도 있다(7-24). '2001 스페이스 오디세이'에서 큐브릭 감독은 우주선의 계기들, 다양한 우주정거장 그리고 광대하게 펼쳐진 외계 그 자체를 성실하게 촬영하는데 대부분의 시간을 보냈다. 이 영화에 나오는 몇 안 되는 인물은 거의 지엽적인 존재처럼 보이며, 실제 주요 관심사인 세트에 비한다면 아무런 관심거리도 되지 못한다. '2001 스페이스 오디세이'는 무대에 올릴 수 없다. 이 영화의 소재는 연극으로 바꾸기 힘들다. 영화의 기능은 "연극이 다루지 못하고 버려둔 어떤 내용을 밝혀 주는 것"이라는 바쟁의 주장을 큐브릭의 영화는 생생하게 구체적으로 보여주고 있다.

세트에 대한 체계적인 분석은 다음과 같은 특징을 고려해야 한다.

1. **실외 혹은 실내**   만일 세트가 실외에 있는 것이라면, 그 특성은 어떻게 분위기, 주제, 혹은 성격 묘사에 대해 상징적인 유추기능을 하게 되는가?

2. **스타일**   세트가 사실적이고 실물과 꼭 같은가? 아니면 스타일이 가미되어 있고 의도적으로 왜곡되어 있는가? 이를테면 식민지시대의 미국이나 아르데코, 빅토리아 풍, 세련된 현대미 등과 같은 어떤 특정한 스타일인가?

3. **스튜디오 혹은 로케이션**   만일 세트가 실제 로케이션이라면, 그것을 선택한 이유가 무엇인가? 그것은 등장인물들에 대해서 무엇을 말해 주는가?

4. **시대**   그 세트는 어떤 시대를 나타내고 있는가?

5. **계급**   거기에 거주하는 사람의 소득수준은 어떤가?

6. **크기**   세트의 크기는 어느 정도인가? 부유한 사람은 가난한 사람보다 훨씬 더 큰 공간을 차지하는 편이고, 가난한 사람은 보통 그들의 주거구역에서 복잡하게 얽혀 산다.

7. **장식**   가구배치는 어떤가? 지위를 상징하거나 취향이 유별스러운 물건 등이 있는가?

8. **상징적 기능**   세트와 가구는 전반적으로 어떤 종류의 이미지를 표현하는가?

7-24

'블레이드 러너 *Blade Runner*' (미국, 1982),
주연: 해리슨 포드 Harrison Ford,
감독: 리들리 스콧 Ridley Scott

▶이 영화는 공상과학, 필름 누아르 film noir, 스릴러 형상물, 서부극의 현상금 사냥꾼이야기, 러브스토리 등을 한데 모아 놓은 혼성물이다. 또한 '블레이드 러너'는 시각스타일에 있어서는 절충적이며, 미술감독 데이비드 스나이더 David Snyder, 프로덕션 디자이너 로렌스 폴 Lawrence G. Paul, 특수시각효과 디자이너 더글라스 트럼블 Douglas Trumbull, 촬영기사 조던 크로넨웨스 Jordan Cronenweth 등의 노력이 한데 어우러져 있다. 스토리의 배경은 서기 2019년의 로스엔젤레스이다. 자연은 광포해져서 사람들이 우글우글한 도시에 끊임없이 비를 퍼붓고 있다. 연기, 안개, 증기가 숨막히는 공기를 더욱 악화시킨다. 이곳은 형광색 네온이 번쩍거리고, 동양풍의 조잡한 광고판과 유혹적인 광고들이 넘쳐나는 끔찍한 밤의 도시이다. 사운드트랙은 소름 끼치는 음향과 반향들, 꽝꽝거리는 피스톤 소리, 독성에 찬 대기를 가르는 비행자동차의 소음 등이 진동한다. 도시 자체의 기술문명으로 숨이 막혀가는 도시의 모습이다. *(Warner Bros.)*

의상과 분장

가장 감각적인 영화와 연극에서 의상과 분장은 환상적인 멋을 고조시키기 위해 첨가된 한낱 장식에 그치는 것이 아니라, 인물의 태도나 주제의 방향을 함께 나타낸다. 의상은 신분, 자아의 이미지는 물론 심지어 심리적인 상태까지도 나타낼 수 있다. 어떤 의상은 그것의 재단, 천, 두께에 따라 감정적 동요, 까다로운 취향, 우아함, 권위 등을 나타낸다. 그렇다면 의상은 하나의 매체인 셈이며, 옷감의 클로즈업이 그 옷을 입고 있는 사람과는 아무 상관이 없는 정보를 나타내는 영화에 있어서는 특히 그러하다.

색채의 상징성은 제피렐리의 '로미오와 줄리엣 *Romeo and Juliet*'에서 잘 활용되고 있다. 줄리엣의 식구들인 캐플렛 Capulets 가문은 갑자기 출세한 의욕적인 벼락부자로 묘사된다. 그들의 색깔은 특이하게 강한 톤의 붉은색, 노란색, 그리고 오렌지색이다. 반면 로미오의 가족은 이에 비해 노후하며, 그리고 좀더 명망 있게 보일지는 모르나 분명히 쇠퇴하고 있다. 그들은 푸른색, 짙은 녹색 그리고 자주색 옷을 입는다. 이러한 두 색의 분류는 두 집안의 하인이 입는 옷에도 반영되고 있는데, 이로 말미암아 관중들은 싸움장면에서 양쪽 가문의 전사들을 쉽게 알아볼 수 있게 된다. 의상의 색깔은 또한 변화나 전환을 암시하기 위해 사용될 수도 있다. 예를 든다면, 줄리엣이 관객에게 처음 모습을 보일 때, 선명한 붉은 옷을 입고 있다. 로미오와 결혼을 한 후 그녀의 옷 색깔은 차가운 푸른색 계통이다. 색깔뿐만 아니라 선도 심리적인 특징을 나타내기 위해 사용할 수 있다. 가령 수직선은 위엄과 품위를 강조하는 편이고(몬테규 부인), 수평선은 세속성과 희극성을 강조하는 경향이 있다(줄리엣의 유모).

영화 역사상 가장 유명한 의상은 찰리 채플린의 떠돌이 의상일 것이다. 채플린을 그토록 매력적이게 만든 것이 바로 그 의상이며, 허영과 위세가 뒤섞인 복잡한 분위기를 연출하면서, 사회적 신분과 개성을 함께 나타내고 있다. 콧수염, 중산모, 지팡이, 이 모든 것은 고집스런 멋쟁이를 암시한다. 지팡이는 냉담한 세상과 맞서 채플린이 자신만만하게 으스대며 걸을 때 자존과 자만의 느낌을 주기 위해 쓰이고 있다. 그러나 지나치게 큰 그의 자루 같은 바지, 너무 큰 신발, 너무 꼭 끼는 코트, 이 모든 것은 찰리가 비천한 신분이며 가난하다는 것을 나타낸다. 채플린이 인간을 보는 시각은 그 의상으로 상징화된다. 그 대표적인 상징이 바로 자기기만, 허영, 부조리 등인데, 이는 결국 살을 에는 듯한 취약성이다.

대부분의 경우, 특히 시대극일 경우에 의상은 그것을 입을 배우에 맞게 디자인된다. 부족한 부분을 보완해 주기 위해 의상을 만드는 사람은 언제나 그 배우의 신체 타입-말랐는지, 뚱뚱한지, 키가 큰지, 작은지-을 잘 알아야 한다. 만일 어떤 배우가 독특한 특징으로 이름이 나 있다면-디트리히의 다리, 마릴린의 가슴, 매튜 맥커너히 Matthew McConaughey의 가슴처럼-의상을 만드는 사람은 그런 매력이 돋보이도록 디자인한 경우가 많다. 심지어 시대극의 경우에도, 의상 디자이너는 선택할 수 있는 갖가지 스타일을 갖추고 있고, 종종 그 스토리의 배경이나 분위기를 벗어나지 않는 범위에서 배우가 가장 멋지게 보이는 것으로 결정한다.

7-25a

'레오파드 *The Leopard*' (이탈리아, 1963),
미술감독: 마리오 가르부글리아 Mario Garbuglia,
의상: 피에로 토시 Piero Tosi, 감독: 루키노 비스콘티
Luchino Visconti

▶ 비스콘티가 마르크시스트이자 동시에 귀족인 것은 특히 유명한 사실이다(그는 모 드로네 공(公)이었다). 시대물의 거장인 그는 의상과 실내장식의 상징적 중요성에 특별히 섬세한 감각을 보여주었다. 그 상징은 비스콘티의 정치적인 의사표시 중의 하나였다. 가령, 이 영화에서 빅토리아 시대 가구들의 혼란스러움, 질감, 화려한 무늬는 자연으로부터 밀폐되어 질식할 것 같은 온실의 인위성을 나타낸다. 그 시대에 정확히 맞춘 의상들은 우아하고 꽉 죄는 것이며 실용성이란 전혀 없다. 의상은 그야말로 의상 그 자체를 위한 것들이다. 일하지 않고 지낼 수 있을 정도의 수입이 있는 한가한 사람들, 즉 타인의 노력을 통해 수입을 얻는 사람은 의복의 실용성에는 거의 관심이 없다. 그것은 신선한 공기를 갈망하는 지나치게 편중되고 차별화된 사회의 초상화이다.

(Titanus/SNPC)

▶ 10세기에 맞춰 설정된 이 호화로운 의상영화는, 밝고 대담한 색의 충만함과 황실 모습의 일별, 그리고 장중한 스타일 grand style의 최고의 전문가들의 훌륭한 서사적 전투로 이루어진 스타일상의 도발적인 시도이다. 시각적인 서정성의 거장인 장예모는 중국 오페라, 일본 사무라이 영화, 셰익스피어의 잔인한 비극들, 그리고 특히 홍콩 액션영화의 전통에서 영감을 받았다. 이 영화는 의상만 구경하더라도 입장료가 아깝지 않을 만한 영화이다. 양식화된 황금 장식의 무사 복장은 전쟁에서는 그다지 현실적이지 않을지 모르지만 그냥 바라보기에는 정말 아름다운 옷임에는 틀림없다. 이 복장에 대해 한 평론가는 "눈이 너무 황홀하다."라고 말하며 경탄했다. 장예모 감독은 중국 정부의 초청을 받아 2008 베이징 올림픽의 장엄한 개막식과 폐막식을 기획하고 감독하였고, 이 장광의 스타일적 기교는 세계적인 극찬을 받았다.

(Beijing New Picture Film Co/Edko Film. Photo: Bai Xiaoyan)

7-25b

'황후花 *Curse Of The Golden Flower*' (중국/홍콩, 2006),
출연: 주윤발 Chow Yun Fat, 감독: 장예모 Zhang Yimou

7-26a

'배트맨 포에버 *Batman Forever*'
(미국, 1995)의 홍보사진,
출연: 발 킬머 Val Kilmer, 크리스 오도넬 Chris O'onnell,
감독: 조엘 슈마허 Joel Schumacher

▶ 의상의 실루엣은 신체가 의복의 외형에 의해 얼마나 많이 드러나거나 혹은 가리느냐에 따라 그 윤곽이 뚜렷하다. 몸에 딱 맞는 실루엣 일수록 보다 더 에로틱한 의상이 된다. 물론 옷을 입는 사람의 체형이 멋질 경우에 한해서 이다. 이 사진의 의상들을 보면, 남성의 근육조직이 고무로 된 옷에 의해 아주 멋지게 잘 드러나고 있다. 이 옷들은 그 무게가 각각 40파운드가 넘고, 스튜디오 조명 아래서는 아주 불편하고 덥다. 킬머와 오도넬의 실제 몸은 훌륭하긴 하지만, 미켈란젤로의 조각처럼 멋진 것은 아니다. 이 옷들은 여기저기 근육이 더 불어나도록 디자인되었으며, 약간 부자연스러울 정도로 근육을 도드라지게 만들었다. 하지만 그 의상들이 두 사나이를 멋진 모습으로 만드는 데는 아무런 문제가 없다. 그들은 정력적이고 섹시하며 연기에 활력이 있어 보인다.
(Warner Bros./DC Comics)

▶ 배트맨 시리즈의 상징적인 캐릭터인 조커 Joker는 대체적으로 우스꽝스러운 만화영화 캐릭터처럼 분장을 해왔다. 그러나 놀란의 어둡고, 더욱이 편집증적인 시각 속에서 조커는 익살맞기보다는 무서운 캐릭터로 변하게 되었는데, 극에서 이 역할을 잘 소화해낸 레저의 열연 덕분에 더 빛을 발하게 되었다. 최근에 작고(作故)한 이 배우는 그의 역할을 위해 직접 메이크업을 고안해 내어 사이코적인 예측 불허한 캐릭터를 더 잘 표현하게 되었다. 그의 입은 핏빛으로 형체를 알아볼 수 없고, 그의 얼굴은 슬픈 광대같이 하얗다. 그의 눈은 어둡고 퀭한 두 검은 구멍 사이로 우리를 노려보고 있다. 이것은 한 미친 남자의 얼굴이다.   *(Warner Bros./DC Comics)*

7-26b

'다크 나이트 *Dark Knight*'
(미국, 2008),
출연: 히스 레저 Heath Ledger,
감독: 크리스토퍼 놀란 Christopher Nolan

7-27

'판의 미로 *Pan's Labyrinth*'
(멕시코, 2007),
출연: 덕 존스 Doug Jones,
각본, 감독: 기예르모 델 토로 Guillermo
del Toro

▶ 한 10살짜리 소녀와 그녀가 싸워야 할 괴물─인간이기도 하고 가공적 인물이기도 한─을 중심으로 한 이 영화는, 프랑코 총통 Generalissimo Franco과 그의 파시스트 일당들이 나라를 점령 한 직후인 1944년의 스페인 시골을 배경으로 한다. 깐느영화제에서 이 영화는 관중들의 22분에 걸친 기립박수를 받은 작품으로도 유명하다. 영화 평론가 리차드 콜리스 Richard Corliss는 델 토로가 현대 영화의 어떤 인물보다도 더 넓은 상상력과 큰 포부를 가지고 있다고 했다. 흥미롭게도 이 영화의 화려한 시각적인 풍성함은 컴퓨터 그래픽 CGI이나 특수효과 기술로 만들어진 것이 아니고, 전통 방식에 따라 인간의 예술적 기교에 의해 만들어졌다. 이 영화는 아카데미 시상식에서 미술상, 촬영상과 분장상을 받았다. *(Tequila Gang/Warner Bros.)*

　　할리우드 스튜디오 시절에 유력한 스타들은 종종 시대에 맞는지에 관계없이, 그들의 천부적인 자질을 돋보이게 하는 의상과 분장을 고집했다. 실은 스튜디오의 제작자들도 이를 부추겼다. 은근히 "현대적인 모습"을 비치면서 스타들이 가능한 한 더 멋지게 보이기를 원했던 것이다. 그 결과는 대개 눈에 거슬리고 어울리지도 않았다. 심지어 존 포드와 같이 이름 있는 감독조차도 이런 허망한 관례에 굴복하고 말았다. 그런 것만 아니었으면 멋진 작품이 되었을 존 포드의 서부영화, '황야의 결투 *My Darling Clementine*'(1946)를 보면, 영화 세트는 거친 서부 개척시대의 작은 마을이었다. 그런데 여배우 린다 다넬 Linda Darnell은 그녀가 연기하는 인물이 싸구려 멕시칸 "술집 여자"─그 시대에 창녀를 완곡하게 표현한 말─임에도 불구하고 1940년대 최신 헤어스타일과 매력적인 스타와 같은 메이크업으로 분장을 했다. 그녀는 마치 극진한 대접을 받고 금방 최고급 살롱을 나선 것처럼 보였다. 그녀는 그녀 자신의 실생활과 거의 같은 몸치장을 했다.

　　사실적인 현대물에서는 의상을 개별적으로 디자인하기보다는 옷장에서 고르는 경우가 많다. 백화점에서 옷을 사서 입는 보통사람들의 이야기를 다룰 때는 특히 그렇다. 등장인물이 하층계급이거나 가난할 때, 의상담당자는 종종 중고의상을 구입하기도 한다. 가령 부두노동자와 그 밖의 노동계급 인물을 다루는 '워터프론트 *On the Waterfront*'에서는 의상이 낡고 찢어져 있다. 의상 담당자 안나 힐 존스톤 Anna Hill Johnstone은 부두 가까이 있는 중고 옷가게에서 그 의상을 샀다.

　　그러므로 의상은 영화에서 또 하나의 언어시스템이며, 영화감독이 사용하는 다른 언어시스템과 마찬가지로 복합적이고 표현적인 커뮤니케이션의 상징적 형태이다. 의상의 체계적인 분석은 다음과 같은 특징을 고려해야 한다.

1. **시대** 의상은 어떤 시대에 해당하는가? 정확한 재구성인가? 아니라면 그 이유가 무엇인가?

2. **계급** 의상을 입고 있는 사람의 소득수준은 어떤가?

3. **성** 여자의 의상은 그녀의 여성성을 강조하는가, 아니면 그것은 중성적이거나 남성적인가? 남자의 의상은 그의 남성다움을 강조하는가, 아니면 지나치게 꾸몄거나 여자처럼 보이는가?

4. **나이** 의상은 등장인물의 나이에 적합한가, 아니면 의도적으로 너무 젊거나, 촌스럽거나 구식인가?

5. **실루엣** 의상이 몸에 꼭 맞는가 아니면 느슨하고 헐렁한가?

6. **옷감** 소재는 거칠고 억세고 무난한가, 아니면 얇고 섬세한가?

7. **액세서리** 의상에는 보석, 모자, 지팡이 그리고 다른 액세서리가 포함되는가? 신발은 어떤 종류인가?

8. **색깔** 색깔의 상징적인 의미는 무엇인가? "따뜻한" 색깔인가, 아니면 "차가운" 색깔인가? 차분한가, 아니면 화사한가? 무늬가 있는가, 없는가?

9. **신체노출** 신체의 노출 정도는 어떠한가? 신체노출이 많을수록 의상은 더 에로틱해진다.

10. **기능** 의상은 외출용인가, 아니면 노동을 위한 것인가? 또 아름답고 화려한가, 아니면 그저 실용적이기만 한가?

11. **몸가짐** 옷을 입고 있는 사람의 자세는 어떤가? 거만하고 키가 큰가, 아니면 조심스럽고 수줍은가?

12. **이미지** 의상이 만들어내는 전체적인 인상은 어떤가? 섹시한가, 쪼이는 것인가, 따분한가, 야한가, 전통적인가, 특이한가, 새침한가, 싸구려로 보이는가, 우아한가?

영화에서 분장은 대체로 연극의 경우보다 더 섬세하다. 연극배우는 주로 멀리서도 잘 보일 수 있도록 자신의 모습을 부각시키기 위해 분장을 이용한다. 이에 비해 영화에서 분장은 좀 덜한 편이다. 영화에서는 아주 섬세한 분장의 변화도 감지될 수 있다. 예를 들어, 영화 '악마의 씨 *Rosemary's Baby*'에 등장하는 미아 패로 Mia Farrow의 연한 녹색의 얼굴은 악마의 아기를 임신한 상태에서 그녀의 몸이 점점 부패되어 가는 것을 암시하기 위하여 사용되었다. 이와 비슷하게, 펠리니의 '사티리콘 *Satyricon*'에 등장하는 배우들이 귀신같이 분장한 것은 타락하여 죽는 것만도 못한 삶을 살아가는 당시 로마인의 삶을 암시한다. '졸업 *The Graduate*'에서 앤 밴크로프트 Anne Bancroft는 그녀의 애인으로부터 배신당하는 장면에서 거의 석회처럼 하얗다.

'톰 존스 *Tom Jones*'에서 리처드슨은 벨라스톤 부인과 같은 도시사람들을 의도적으로 정성들여 분장을 했는데, 이는 그들의 사기성과 퇴폐성을 나타내기 위한 것이었다(18세기의 풍속 희극에서 화장품은 허위와 위선을 나타내기 위한 가공의 소재로 애용되었다.). 반면에 시골사람들, 특히 소피 웨스턴 Sophy Western은 가발이나 분, 그리고 애교점 pathes 등을 사용하지 않고 훨씬 자연스럽게 분장했다.

영화의 분장은 분장 대상자인 연기자의 타입과 밀접한 연관이 있다. 일반적으로 스타들은 자신을 매혹적인 모습으로 분장하는 것을 좋아한다. 먼로 Monroe, 가르보 Garbo 그리고 할로우 Harlow는 신

7-28

'7년만의 외출 *The Seven Year Itch*'
(미국, 1955)에 출연한 마릴린 먼로의 광고사진,
감독: 빌리 와일더 Billy Wilder

▶이 이미지의 변형들이 대중문화의 상징적인 도상이 되었으며, 수백만 장이 복제되고 사실상 지구상의 모든 이에게 알려져 있다. 특히, 이 이미지가 그토록 많은 사람들의 상상력을 사로잡는 까닭이 무엇일까? 아마 그 이유는 의상에 있을 것이다. (1) 이 의상의 시대는 1955년이지만, 오늘날에도 이 의상의 변형들이 옷가게에서 찾아볼 수 있을 정도로 상당히 고상하고 수준급이었다. (2) 이 의상의 계급은 중산층에서 중상층이다. 그것은 날씬하고 격조 높은 파티복이다. (3) 성은 전적으로 여성성이며, 드레스의 목을 판 라인이나 노출된 팔이나 등과 같이 에로틱한 디테일을 강조하고 있다. (4) 나이 수준은 좋은 체형을 가지고 있으면 어떤 성인여성(10대 후반에서 40대 중반까지)에게도 어울릴 것이다. (5) 실루엣은 허리선 위에서 몸에 딱 맞게 되어 있으며, 마릴린의 그 유명한 가슴을 강조하고 있다. 스커트의 가는 주름은 보통 허리 아래 그녀의 몸을 가리지만, 지금은 지하철이 뿜어내는 상승기류 때문에 스커트가 얼굴 쪽으로 치켜올라가 있다. 가랑이 사이에 스커트를 움켜쥐고 있는 그녀의 제스처는 어린이와 같은 천진난만함을 나타낸다. (6) 옷감은 가볍고 여름날 저녁에 어울린다. 아마도 실크/섬유 혼합일 가능성이 높다. (7) 액세서리는 원형 귀걸이가 전부이며(이 사진에는 다른 액세서리가 보이지 않는다), 굽이 높은 샌들을 신고 있다. 신발은 곱고 섹시하지만, 아주 실용적인 것은 아니다. 이런 것들이 그녀를 유혹에 약하고 붙잡기만 하면 쉽게 응해 줄 것처럼 보이게 한다. (8) 드레스의 색깔은 흰색이며, 도시의 때에 오염되지 않은 순수하고 깨끗한 느낌이다. (9) 팔, 어깨, 등, 젖가슴 사이 등 약간의 노출이 있으며, 그리고 최소한 이 장면에서는 허벅지 대부분이 드러나 있다. (10) 드레스의 기능은 작업용이 아니라 외출용이다. 이 옷은 매력적으로 보이기 위한 것이고 입고 즐기기 위한 것이다. (11) 마릴린 먼로의 몸가짐은 어린애 같은 충만함이 가득하다. 그녀는 최소한 그녀의 몸 때문에 부끄러워하거나 난처해하지는 않으며, 자신만하게 옷을 입는다. (12) 일반적인 이미지는 순수성, 여성성, 연약함, 유혹적인 성적 매력 등이다.

(20th Century Fox. Photo: Sam Shaw)

7-29

▶ 할리우드의 대형 스튜디오 시절에는 인기영화들이 패션의 유행을 불러일으키는 경우가 더러 있었다. 어떤 때는 심지어 영감을 주는 특수한 드레스를 의류산업이 모방하기도 했다. 엠지엠 MGM의 애드리안 Adrian이나 파라마운트의 트래비스 밴튼 Travis Banton과 에디스 헤드 Edith Head와 같은 의상디자이너들은 패션산업에 엄청난 영향을 미쳤다. 여성패션 분야에서는 특히 더 그랬다.

7-29a

'트러블 인 파라다이스 Trouble In Paradise'
(미국, 1932)에 나오는 케이 프란시스 Kay Francis의
홍보사진, 가운제작: 트래비스 밴튼 Travis Banton,
감독: 에른스트 루비치 Ernst Lubitsch

▶ 파라마운트의 세련되고 뭔가 유럽풍의 감수성을 유지하면서 트래비스 밴튼의 디자인은 너무나 고전적이고 품위가 있었기 때문에 오늘날에도 사람들은 그가 디자인한 옷을 입고 있으며 여전히 찬탄을 불러일으키고 있다. 이를테면 사진에 나온 모피가공 벨벳가운 같은 것이 그런 경우인데, 날씬한 아르데코 실루엣에다 억제된 에로티즘을 나타내고 있다. *(Paramount Pictures)*

7-29b

'욕망 Desire'
(미국, 1936)에 나오는 마를렌 디트리히 Marlene Dietrich
의 홍보사진, 의상 : 트래비스 밴튼 Travis Banton,
감독 : 프랭크 보제이즈 Frank Borzage

▶ 밴튼은 그의 여성 의상 디자인에 모피 사용하기를 좋아했다. 디트리히가 언제나 그의 의상을 우아하게 소화했기 때문에 밴튼은 디트리히 보다 더 세련된 모델을 찾을 수 없었다. *(Paramount Pictures)*

7-29c

'8시의 저녁식사 *Dinner At Eight*' (미국, 1933)에 나오는
진 할로우 Jean Harlow의 홍보사진, 가운제작: 애드리안 Adrian,
감독: 조지 쿠커 George Cukor

▶ 엠지엠은 위대한 여성스튜디오로 간주되었으며, 성적 매력과 여성성의 전형이라 할 수 있는 여성스타들이 수두룩했다. 길버트 애드리안(그는 그냥 애드리안으로 통했다)은 이 스튜디오 황금기에 스튜디오 전속 의상 디자이너였다. 그는 신체의 결함을 감쪽같이 숨길 정도로 솜씨가 뛰어났다. 어깨나 가슴에 패드를 넣을 때, 어떻게 하면 차림새를 단순하게 유지면서 빼어난 특징을 강조할 수 있을까를 알고 있었다. 또 여성적인 용모의 강점과 타고난 자질을 위해 눈을 어떻게 그려야 하는지를 알고 있었다. 그는 종종 드레스를 비스듬히 잘랐으며, 그럼으로써 옷감이 엉덩이에 에로틱하게 착 달라붙게 했다. 섹시하고, 아주 섹시하다. 의상이 구겨질까봐 염려하여 엠지엠은 배우들이 기댈 수 있는 기묘한 장치(사진)를 만들었으며, 배우들은 촬영 도중에 대사를 외우기 위해 굳이 앉을 필요가 없었다. 다음을 또한 참조하라. Howard Gutner, *Gowns by Adrian: The MGM Years 1928~1941*(New York: Harry N. Abrams, 2002). *(MGM)*

7-29d

'젊은이의 양지 *A Place In The Sun*' (미국, 1951)에 나오는 엘리자베스 테일러 Elizabeth Taylor와 몽고메리 클리프트, 의상: 에디스 헤드, 감독: 조지 스티븐스 George Stevens
(Paramount Pictures)

▶ 사업적 수완이 있는 수수께끼와도 같은 에디스 헤드는 아마 전체 할리우드 의상디자이너 가운데서도 가장 유명한 인물일 것이다. 그녀는 '젊은이의 양지'로 받은 것을 포함해 무려 여덟 차례나 아카데미상을 수상했으며, 이는 전례가 없는 일이다. 그녀는 1938년부터 1966년까지 파라마운트사의 수석디자이너였으며, 그녀가 만든 영화의상은 1,100 작품이 넘었다. 그 가운데는 '내일을 향해 쏴라 *Butch Cassidy and The Sundance Kid*'와 같은 남성주연의 영화들도 많았으며, 이 영화들 역시 그녀에게 오스카상을 안겨주었다. 에디스 헤드는 그녀가 그녀 자신을 볼 때나 아니면 다른 사람들이 그녀를 볼 때나 의상이란 언제나 인물의 상을 객관적으로 그려내는 것이라고 주장했다. '젊은이의 양지'는 테오도르 드라이저 Theodore Dreiser의 유명한 소설 『아메리카의 비극 *An American Tragedy*』을 아주 멋지게 영화화한 작품이다. 찢어질 듯이 가난한 주인공(몽고메리 클리프트 Montgomery Clift)이 엘리자베스 테일러가 맡은 부유하고 너무나도 아름다운 여인이 이 옷을 입고 있는 것을 보았을 때, 그녀는 마치 구름 위를 떠다니는 여신이 무미건조한 속세에 매혹적인 향기를 불어넣기 위해 내려온 것처럼 보였다. 꿈만 같았다. 다음을 참조하라. David Chierichetti, *Edith Head: The Life and Times of Hollywood's Celebrated Costume Designer*, New York: HarperCollins, 2003. *(Paramount Pictures)*

7-29e

'바람과 함께 사라지다 Gone With The Wind'
(미국, 1939)를 위한 플랭컷의 의상을 입은 비비안 리
Vivian Leigh와 월터 플랭컷 Walter Plunckett의
홍보사진. 감독 : 빅터 플레밍 Victeor Fleming.
(Selznick/MGM)

7-29f

'마담 보바리 Madame Bovary' (미국, 1949),
출연: 제니퍼 존스 Jannifer Jones, 의상: 월터 플랭컷
Walter Plunckett, 감독: 빈센트 미넬리 Vincente Minnelli
(MGM)

▶ 월터 플랭컷은 RKO 스튜디오의 의상 숍을 의상산업계
의 최고 중 하나로 성장시킴으로써 명성을 얻었다. 후에
그는 다양한 스튜디오에서 프리랜서로 일했는데, 특별히
MGM에서는 시대 의상을 전문으로 했다. 그는 오스카에
일곱 번 후보로 올랐으며, 오리-캘리 Orry-Kelly 와 아이린
세러프 Irene Sharaff 와 함께 디자인한 '파리의 아메리카인
An American in Paris'로 수상했다.

7-30a & b

'나우 보이저 *Now, Voyager*' (미국, 1942),
출연: 베티 데이비스 Bette Davis,
감독: 어빙 래퍼 Irving Rapper

▶ 다시 태어나라. 미국 문화는 또 한 번의 기회라는 관념에 빠져있다. 이것은 복음주의 기독교의 핵심 개념이다. 이것과 유사하게, 기회의 땅인 미국으로 몰려든 수백만의 이민자들에게 미국은 예나 지금이나 새로운 삶의 기회이다. 특별히 여성들 사이에서 패션산업은 그들 자신을 개조하고 그들을 새롭게 만들 수 있다는 믿음을 불러일으켰다. 게다가 영화에서 옷과 화장을 통한 이미지변신 makeover은 흔히 심리적이고 정신적인 변화도 상징하는데, 그것은 마침내 그들에게 완전히 진짜로 변화된 느낌을 준다. 당당함은 말할 것도 없고, 섹시하고, 호감가는 그들로 말이다. 이미지 변신 영화에서 가장 영향력 있는 여성은, 나우 보이저에서 자신의 가장 훌륭한 연기를 보여준 베티 데이비스이다. 한 정신과 의사의 도움으로 포악한 어머니에게 늘 구박받던 촌스럽고 신경질적인 노처녀(a)가 자신만만하고 매혹적이며 자기 운명을 스스로 개척해 나갈 수 있는 여성(b)으로 그녀 자신을 잘 변화시켰다.
(Warner Bros.)

7-30c

'라스트 홀리데이 *Last Holiday*' (미국, 2006)의
홍보사진, 출연: 퀸 라티파 Queen Latifah,
감독: 웨인 왕 Wayne Wang

▶ 훨씬 최근에, 라스트 홀리데이에서는 이미지변신 모티브와 현재를 즐기기 carpe diem 모티브를 결합하고 있다. 자신이 3주밖에 살날이 남지 않았다고 착각한 한 소심한 사무원(왼쪽)은 그녀의 마지막 남은 일생을 호화로운 유럽여행으로 마무리 짓기로 결심한다. 그녀는 유럽에 있는 동안 위험을 감수하는 것도 인생의 한 부분이라는 것을 깨닫고, 마치 안전하던 고치에서 나와 아름다운 나비가 되듯 그녀는 다시 일어섰다. 그녀의 이 새로운 태도는 그녀가 교제해 오던 사람들도 또한 변화시켰다. 잘 알려진 다음의 연구를 참조하라. Elizabeth A. Ford and Deborah C. Mitchell, *The Makeover in Movies.*(Jefferson, NC, and London: McFarland & Company, 2004)   *(Paramount Pictures)*

7-31a

'매드 맥스 2 *The Road Warrior*'
(호주, 1982),
출연: 버논 웰즈 Vernon Welles,
감독: 조지 밀러 George Miller

▶ 황무지나 지구종말 이후 사막과 같은 풍경을 배경으로 하고 있는 이 SF영화처럼, 어떤 의상들은 다양한 스타일을 혼성 모방한 것이다. 이 황량한 세팅은 전(前)시대 문명의 잔재들과 폐허로 뒤덮여 있다. 검정색은 타락과 사악의 색일 경우가 많지만, 이 영화에서는 그 사악함이 어깨의 깃털과 붉은 색조의 모크족의 머리, 그리고 금속으로 촘촘하게 박아놓은 보호장구와 같은 캠프 camp 기법 때문에 재치 있게 약화되고 있다. 무시무시하고 기묘하게 재미있다. *(Warner Bros.)*

7-31b

'칸다하르 *Kandahar*' (이란, 2001),
각본 및 감독: 모흐센 마흐말바프 Mohsen Makhmalbaf

▶ 아프간 태생 캐나다인 저널리스트가 그녀 여동생의 자살을 막기 위하여 황폐화된 그의 고향으로 돌아온다. 말 그대로 비밀리에 그녀는 용케도 탈레반이 통치하는 아프가니스탄으로 잠입하게 되는데, 탈레반은 병적일 정도로 여성을 억압하는 악명 높은 이슬람 극단주의자들이다. 여성들은 머리에서 발끝까지 가리는 부르카 burqa를 걸치고 있는 등 저널리스트는 도처에서 여성비하 현상을 둘러보게 된다. 책을 검사하는 여인처럼(사진), 아주 사소한 일조차도 끔찍하다. 단테 『신곡』의 지옥 편에 나오는 신음하는 망령처럼 장옷으로 가린 여성들은 익명으로 미끄러지듯이 움직인다. *(Makhmalbaf/BAC Films/Studio Canal)*

7-32a

'007 어나더 데이 *Die Another Day*'
(영국, 2002),
출연: 할리 베리 Halle Berry,
감독: 리 타마호리 Lee Tamahori

▶ 대체로 영화가 등장한 이래 영화 보러 가는 중요한 즐거움 가운데 하나가 아름다운 사람들을 바라보고 또 그들의 멋진 몸매를 황홀하게 감상하는 것이다. 이는 고대 그리스나 로마 사람들이 여신의 상이나 뛰어난 선수의 동상을 바라보며 즐기는 것과는 다르다.
(EON/Danjaq. Photo: Keith Hamshere)

7-32b

'게이샤의 추억 *Memoirs Of A Geisha*' (미국, 2005),
출연: 장쯔이 Ziyi Zhang, 감독: 롭 마셜 Rob Marshall

▶ 일본은 전통적으로 여성이 남성에게 쾌락을 제공하는 나라이고, 게이샤는 아마도 여성 중 표면에 나서지 않는 마지막 영역일 것이다. 통상적인 매춘부도 아니고, 서양적 의미의 연예인도 아닌 게이샤는 그럼에도 불구하고 오직 그녀의 남자 손님에게 쾌락을 주는 목적만을 가진 존재이다. 이 이상적인 여성다움의 상징인 아이보리색 자기(磁器)로 만든 것 같은 얼굴 아래의 어딘가에 은밀하고, 불가해하고, 억제된 진정한 여자의 얼굴이 내재되어 있다.
(Columbia Pictures/Dreamworks/Spyglass)

7-32c

'타이타닉 *Titanic*' (미국, 1997).
출연: 케이트 윈슬렛 Kate Winslet, 레오나르도
디카프리오 Leonardo DiCaprio, 각본 및 감독:
제임스 카메론 James Cameron

▶ "침몰하지 않는 배"라 불리는 대양을 오가는
호화여객선이 싸늘한 대서양의 바닷물 밑으로
잠길 때, 그 씬들은 점점 더 어두워지고, 더 추
워지고, 더 절망에 싸인다. 이전의 씬들에서는
색상이 매우 화려했는데, 물에 잠기면서 그 불
빛이 점점 희미해지기 시작한다. 하지만 젊은
두 연인은 부서진 배가 침몰하는 그 마지막 상
황에서도 마치 희망의 봉화처럼 따뜻한 체온으
로 인간애의 불꽃을 피운다. 그들은 마치 19세
기 낭만주의적 소설의 비극적인 운명의 연인들
과 같다.

(20th Century Fox/Paramount Pictures)

비로운 매력을 지니고 있었다. 마를렌 디트리히 Marlene Dietrich는 당시 어느 스타보다도 분장－글래
머 분장－에 대해 많이 알고 있었을 것이다(6-2a). 정도를 걷는 진지한 배우와 연기파 배우들은 맡
은 역할이 실제로 글래머가 아니라면 글래머 분장에 별로 신경을 쓰지 않는 편이다. 자신들의 개성
을 감추려고 할 때, 종종 그런 연기자들은 분장을 이용하여 널리 알려진 그들의 모습에 변화를 준다.
특히, 브란도 Brando와 올리비에 Olivier는 가짜 코나 가발을 사용하기도 하고, 또 변장하는 화장품을
사용하기도 했다. 오늘날 조니 뎁 Johnny Depp은 자신의 잘생긴 외모를 망가뜨리는 걸 즐긴다. 오슨
웰스 Orson Welles는 주로 강력한 지배자의 역할로 알려져 있기 때문에, 그가 맡은 역할들 간의 차이
를 극대화하는 분장 트릭을 쓰는 경우가 많았다. 비직업적인 연기자들은 그들의 외모 그 자체 때문
에, 혹은 그들의 흥미로운 모습 때문에 선발되었으므로, 십중팔구 분장은 최소한에 그친다.

영화의 극적 측면을 탐구할 때 우리는 시간과 공간 그리고 언어가 어떻게 이용되고 있는가를 물어
야 한다. 만일 그 영화가 연극을 영화화한 것이라면, 그 연극은 개방되어 있는가? 아니면 감독이 연
기를 한정된 연기영역에 제한하고 있는가? 그 이유는 무엇인가? 그 영화는 연극으로 각색될 수 있는
가? 영화 안에 감독의 손길이 얼마나 뚜렷하게 나타나는가? 어떤 세트가 사용되고 있으며, 그 이유
는 무엇인가? 의상은 그것을 입고 있는 사람에 대해 무엇을 말해주고 있는가? 분장이 약하고 사실적
인가, 아니면 화장을 통해 배우의 얼굴이 완전히 바뀌었는가?

▌▶ 참고문헌

Barsacq, Léon, *Caligari's Cabinets and Other Grand Illusions: A History of Film Design* (New York: New American Library, 1978). Copiously illustrated, written by a distinguished Russian-born French designer.

Chierichetti, David, *Hollywood Costume Design* (New York: Harmony Books, 1976). Lavishly illustrated.

Gaines, Jane M., and Charlotte Herzog, *Fabrications: Costume and the Female Body* (New York: Routledge, 1990). Feminist emphasis.

Heisner, Beverly, *Hollywood Art* (Jefferson, NC, and London: McFarland, 1990). Art direction during the big-studio era.

Knopf, Robert, ed., *Theater and Film* (New Haven and London: Yale University Press, 2005). An anthology of scholarly articles covering history, writing, directing, and acting.

LoBrutto, Vincent, ed., *By Design* (New York: Praeger, 1992). Interviews with movie production designers.

McConathy, Dale, and Diana Vreeland, *Hollywood Costume* (Englewood Cliffs, NJ: Prentice-Hall, 1977). Lavishly illustrated, authoritative.

Neumann, Dietrich, ed., *Film Architecture: Set Designs from* Metropolis to Blade Runner (Munich, London, New York: Prestel, 1999). Generously illustrated.

Roach, Mary Ellen, and Joanne Bubolz Eicher, *Dress, Adornment and the Social Order* (New York: John Wiley, 1965). A collection of useful articles.

Street, Sarah, *Costumes and Cinema* (New York: Columbia University Press, 2002). Dress codes in popular film.

▶▶❙ 8. 스토리

라운드 업 The Roundup (프랑스/독일/헝가리, 2010)

(Legende Films)

학습 목표(Learning Objectives)

- 내러톨로지를 정의하고 영화 스타일에 따라 내레이션이 어떻게 달라지는지를 설명한다.

- 영화의 의미를 만드는 공동 창작자로써 관객의 역할을 설명한다.

- "고전적 패러다임"의 도표를 그리고, 이에 대한 예를 영화에서 찾아 제시한다.

- 사실주의적 내러티브의 7가지 특징을 확인하고 예를 제시한다.

- 형식주의적 내러티브의 특성을 소개하고 예를 제시한다.

- 영화를 크게 세 가지로 분류하고, 각각에 주로 사용되는 내러티브 구조를 설명한다.

- 장르영화의 네 가지 주요 주기를 개관하고 영화를 분류하는 수단으로써 영화장르의 장점과 단점을 분석한다.

- 지그문트 프로이트와 칼 융이 장르이론가들에게 미친 영향을 설명한다.

내러티브는 그 일관성을 찾는 사람의 요구를 보상해 주거나, 수정해 주거나, 좌절시키거나 혹은 무효화하기 위해 만든 것이다.

— 데이비드 보드웰 David Bordwell, 영화학자

고대 이후로 줄곧 사람들은 스토리텔링의 유혹적인 힘을 뿌리칠 수가 없었다. 『시학 *The Poetics*』에서 아리스토텔레스는 허구적 내러티브의 두 가지 유형, 즉 미메시스 mimesis(보여주기)와 디제시스 diegesis (이야기하기)를 구분했다. 미메시스는 연극무대의 영역이고, 연극무대에서는 사건이 "스스로를 이야기한다." 문학적인 서사시와 소설의 영역인 디제시스는 내레이터가 이야기하는 스토리이다. 이 내레이터는 때로는 믿을 수 있고, 때로는 그렇지 못하다. 영화는 이러한 두 가지 형식의 스토리텔링을 겸하고 있다. 그러므로 영화는 연극에 비해 더 복잡한 매체이며, 임의로 쓸 수 있는 내러티브 테크놀로지의 범위가 훨씬 넓다(8-1).

내러톨로지

또한 오늘날의 학자들은 문학, 영화 그리고 드라마에 주로 초점을 맞추어 내러티브의 형식들을 연구해 왔다. 내러톨로지는 1980년대에 그 이름이 생긴 새로운 학제적 영역인데, 이는 스토리가 어떻게 짜여 있는지, 우리가 어떻게 내러티브의 소재를 이해할 수 있는지, 일관된 전체를 이루기 위해 우리가 어떻게 그것들을 한데 끼워 맞추어야 하는지 등에 관하여 연구하는 학문이다. 이는 또한 서로 다른 내러티브 구조, 스토리텔링 전략, 미학적 관습, 스토리의 유형(장르) 그리고 그것들의 상징적 함축을 연구하는 학문이기도 하다.

8-1

'선샤인 *Sunshine*' (헝가리/영국/독일/캐나다, 2000), 출연: 제임스 프레인 James Frain, 제니퍼 엘 Jennifer Ehle, 랄프 파인즈 Ralph Fiennes, 감독: 이스트반 자보 Istvan Szabo

▶ 서사적 스토리는 대체로 영웅적인 부분에서 중요한 테마를 다룬다. 주인공은 대개 국가나 종교 혹은 종족 등 한 문화의 이상적 표본이다. 이 서사적 이야기는 "선샤인"으로 번역되는 Sonnenschein 이라는 가족의 이름에서 제목을 따왔다. 그것은 영화에 나오는 수많은 아이러니 가운데 첫 번째일 따름이다. 이 가족은 격동의 세 시대 "오스트리아 헝가리제국 시대, 나치 점령 시대, 무자비한 공산주의 시대"를 거치면서 반유태적인 분위기의 헝가리에서 살아남기 위해 노력하는 유태인 가족이다. 그들은 근면하고 뛰어나다. 그들은 자신의 가족과 조국에 대해 긍지를 가지고 있다. 하지만 그것으로는 충분하지 못했다. 가문은 몰락하고 재산은 몰수당했으며, 그들의 종교적 정체성은 거의 잊히다시피 했다. 성공적인 서사는 대부분 문화의 영감과 가치를 포착하며, 때로는 그 양식이 씁쓸한 아이러니일 경우도 있다. 영화평론가 리차드 쉬켈 Richard Schickel이 '선샤인'에 대해 지적했듯이, "이 영화는 무정하고 잔혹한 역사의 궤멸적인 흐름과 비극을 통렬하게 느끼게 해준다." *(Alliance Atlantis)*

8-2a

'스피드 *Speed*' (미국, 1994),
출연: 키아누 리브스 Keanu Reeves,
산드라 블록 Sandra Bullock,
감독: 얀 드봉 Jan De Bont
(20th Century Fox. Photo: Richard Foreman)

▶ 무성영화 이래 줄곧 비평가들은 "빠른" 미국영화의 움직임을 어떻게 "느린" 유럽의 영화와 "매우 느린" 아시아 영화와 비교할 것인가에 대해 이야기해왔다. 미국영화의 특징은 갑작스러운 출발이 거의 직접적으로 그리고 가차 없이 연기의 절정으로 추동되는 그 내러티브에 있다. 예를 들면, '스피드'는 한 정신질환자를 다루고 있는데, 시속 50마일 이하로 속도가 떨어지면 폭발하도록 버스에 폭탄을 장치해 놓고 모든 승객을 죽이겠다고 위협한다. 버스운전사의 부상으로 러시아워의 시내로 버스를 몰아야 하는 일이 산드라 블록이 맡은 인물에게 떨어지는데, 비록 수완이 뛰어난 경찰간부(리브스)의 인도 하에 그 영웅적인 일이 수행되었지만 그녀로서는 도무지 어울리지 않는 일이었다. 스토리상의 모든 것은 빠른 움직임의 내러티브, 이를테면 영화의 상황설정, 시간제한, 속도제한, 급변하는 도시환경, 영웅과 악당 간의 긴장된 교차편집 등과 맞물려 있다. '가정과 세상'은 인도의 노벨상 수상자인 라빈드라나드 타고르 Rabindranath Tagore의 소설을 각색한 영화이다. 20세기 초를 배경으로 한 이 영화는 삼각관계에 관한 섬세한 심리학적 탐구인데, 그 중 한 사람은 부자이면서 자유주의적이고 또 귀족계급에 속하는 인도인이다. 그는 아내(채테리지)에게 카리스마적인 혁명가인 그의 절친한 친구를 만나기 위해 전통적으로 얼굴과 몸을 가리는 베일인 푸르다 purdah를 벗으라고 말한다. 아이러니하게도 그의 아내는 결국 그 친구와 사랑에 빠지게 된다. 스토리는 이 여성 영웅의 지적 독립을 향한 불안하면서도 긴장된 행보에 초점을 맞추어 느린 속도로 전개된다. 극적인 씬은 거의 없다. 왜냐하면 그녀가 가정을 벗어나 모험을 하는 경우가 드물기 때문이다. 연기는 대개 내면 연기이다. 다시 말해서 육체적이기보다는 심리적이고 정신적이다. 거장 사트야지트 레이와 같은 사실주의 영화예술가들은 대체로 연기가 자연의 리듬에 순응하여 느리게 진행될 때 최선의 경지에 이른다. 이런 스토리는 '스피드'와 같은 영화의 아주 절박한 긴장감보다는 훨씬 더 많은 인내를 요한다. 두 영화는 각각 그 나름의 고유한 행보에서 그 나름대로의 즐거움을 제공해 주고 있다.

8-2b

'가정과 세상 *The Home And The World*'
(인도, 1984),
출연: 빅터 배너지 Victor Bannerjee,
수미트라 채테리지 Soumitra Chatterjee,
감독: 사트야지트 레이 Satyajit Ray
(NFDC)

8-3

'크래쉬 *Crash*' (미국, 2005),
출연: 탠디 뉴튼 Thandie Newton, **맷 딜런** Matt Dillon,
각본: 폴 해기스 Paul Haggis, **바비 모레스코** Bobby Moresco,
감독: 해기스 Haggis

▶ 인물 중심의 이야기들은 등장인물의 복잡한 심리를 탐색하기 위해 내러티브를 경시하는 경향이 있다. 예를 들어 이 앙상블 드라마 ensemble drama에서는 두 개의 다른 상황에 처한 여러 등장인물들을 볼 수 있다. 이 영화는 무질서한 도시인 로스엔젤레스를 배경으로 하는데, 이런 곳에서 짧은 시간 안에 같은 사람을 우연히 두 번이나 마주칠 가능성은 거의 없다. 어떤 의미에서 이 영화의 이중 내러티브 구조는 시각적인 스타일이나 연기, 개별 장면의 사실주의에도 불구하고 의도적으로 인위적이다. 우리는 딜런이 맡은 극중 인물을 영화에서 제일 먼저 만나게 된다. 그는 경찰인데, 그의 병약한 아버지를 위해 도움을 청하려 한 흑인 여자 시청공무원에게서 무심하게 퇴짜를 맞는다. 나중에 그는 한 상류층 흑인 커플(뉴튼과 테렌스 하워드 Terrence Howard)이 타고 있는 차를 세운다. 그 경찰은 의도적으로 그 차에 탄 부인의 몸을 수색한다는 핑계로 아무 손도 쓸 수 없는 그녀의 남편이 보는 앞에서 그들을 모욕한다. 영화의 후반부에서 그 경찰은 사고로 부서진 차 안에 갇혀 있던 예전의 그 흑인 여자를 구하기 위해 오게 된다. 처음 사고현장에서 그녀는 그의 면전에서 구조를 거절하지만, 결국 그녀는 안전한 곳으로 옮기려는 그의 지시를 마지못해 받아들인다. 그는 사실상 그녀의 목숨을 구했다. 그렇다면 그는 진정한 경찰인가, 가학적인 인종차별주의자인가, 아니면 영웅적인 구조자인가? *(Lionsgate Films)*

8-4

'남성/여성 *Masculine-Feminine*' (프랑스, 1966),
출연: 장 피에르 레오 Jean-Pierre Léaud, **샹탈 고야**
Chantal Goya, **감독:** 장 뤽 고다르 Jean-Luc Godard

▶ 고다르는 말했다. "나는 나 자신을 소설형식으로 수필을 쓰거나 혹은 수필형식으로 소설을 쓰는 수필가라고 생각한다. 다만 나는 글로 쓰는 것이 아니라, 영화로 수필을 쓴다." 영화로 쓰는 고다르의 수필은 고전적 영화의 주도권에 대한 정면공격이다. "미국 영화는 스토리텔링에 능숙하지만, 프랑스영화는 그렇지 못하다. 플로베르와 프루스트는 이야기를 풀어가는 능력이 없다. 그들은 다른 능력을 발휘한다. 영화도 마찬가지이다. 나는 태피스트리 tapestry (색실로 짠 주단)장식과 같은 것을 애용한다. 다시 말해서 나의 생각을 수놓을 수 있는 배경을 좋아한다는 말이다." 이 인터뷰 장면에서 보여주듯이, 고다르는 극적인 상황을 설정해 놓고 그의 배우들에게 그들의 대사를 즉흥적으로 해보라고 요구했다. 이는 그가 시네마 베리테 cinéma vérité라 불린 다큐멘터리 운동에서 이끌어낸 기법이다. 고다르는 이와 같은 씬들에 여러 가지 여담이나 의견 그리고 농담과 익살을 수를 놓듯이 여기저기 끼워 넣는다. 무엇보다도 고다르는 그 순간의 자발성을 포착하고 싶어했다. 그리고 그와 그의 배우들이 대본에 의존하지 않고 스스로 꾸려나가야만 그 자발성이 보다 실감나게 발휘된다고 믿었다. "만일 당신이 장차 당신이 할 일을 모조리 알고 있다면, 그것은 할 가치가 없는 일이다."라고 고다르는 주장했다. "만일 보여주는 것이 모두 대본에 씌어 있다면, 그것을 영화로 만들어야 할 이유가 무엇인가? 만약 영화가 문학이 가는 길을 뒤따라가는 것이라면 영화가 무슨 소용이 있는가?" 또한 다음을 참조하라. Louis D. Giannetti, "Godard's *Masculine-Feminine*: The Cinematic Essay", in *Godard and Others: Essays in Film Form*(Cranbury, N. J.: Fairleigh Dickinson Univ. Press, 1975). *(Anouchka/Argos/Sandrews)*

전통적인 관점에서 본다면, 내러톨로지 연구자는 스토리텔링의 "수사법 rhetoric"에 관심을 기울인다. 그리고 스토리텔링의 수사법이란 "메시지 전달자"가 "메시지 수용자"와 의사소통하기 위하여 사용하는 형식들을 말한다. 영화에서 이 3자 간의 커뮤니케이션 모델이 안고 있는 난문제는 누가 전달자인지를 결정하는 일이다. 내포 작가 implied author는 영화감독이다. 그러나 대개 스토리는 한 사람의 스토리텔러에 의해 만들어지는 것은 아니다. 여러 사람이 대본을 쓰는 경우가 일반적이며, 특히 미국에서는 그렇다. 미국에서는 프로듀서, 감독, 작가, 스타가 함께 작업하는 경우도 자주 있다. 그야말로 함께 하는 공동사업인 것이다. 펠리니나 구로자와 그리고 트뤼포처럼 이름난 영화감독들조차도 스토리의 사건들을 만들어낼 때 다른 사람들과 함께 하는 것을 좋아했다.

8-5

'쇼생크 탈출 *The Shawshank Redemption*' (미국, 1994).
출연: 모건 프리먼 Morgan Freeman, **팀 로빈스** Tim Robbins,
감독: 프랭크 다라본트 Frank Darabont

▶누가 스토리를 이야기하며 또 그 이유는 무엇인가? 이것이 모든 관객이 스토리에 대해 던지는 두 가지 질문이다. 이 영화는 주로 앤디(팀 로빈스)라는 인물에 초점을 맞추고 있는데, 그는 아내와 그녀의 애인을 살해한 혐의로 수감되어 있다. 감옥에서 그는 레드(프리먼)를 만나 그와 가장 가까운 친구가 된다. 스토리는 레드를 통해 보이스 오버로 전개된다. 그러나 왜 그를? 결코 우리는 보다 더 보통 사람이고 보다 더 우리와 닮은 레드를 다루는 방식대로 앤디의 내면적 정신세계를 이해할 수는 없다. 우리는 그의 친구의 머릿속에 어떤 일이 벌어지고 있는지를 이해할 길이 없다. 그러므로 (레드와 마찬가지로) 우리가 알 수 있는 것은 제한적이다. 우리는 깜짝 놀랄 만한 급선회로 영화의 결말이 날 때까지는 계속 앤디의 정체에 관해서는 미해결의 모호한 상태가 된다. 만일 앤디가 일인칭의 형식으로 그 자신의 스토리를 늘어놓았다면, 놀라거나 마음 졸일 일이 하나도 없었을 것이다. 왜냐하면 앤디 스스로가 앞으로 일어날 일들을 우리에게 말해 주었을 것이기 때문이다. 이것이 바로 레드가 스토리를 이야기한 이유이다. 또한 미국 극영화의 보이스 오버 내레이션을 분석하고 있는 다음을 참조하라. Sarah Kozloff, *Invisible Storytellers*(Berkeley: University of California Press, 1988). *(Castle Rock Entertainment)*

　　관객이 알아차리기 힘든, 이른바 불투명한 영화작가에 관한 문제는 영화가 보이스 오버 voice-over 내레이션일 때 복잡해진다(8-5). 보통 이 화면 밖의 내레이터는 또한 스토리 속의 인물이기도 하기 때문에, 우리에게 그 사건을 해석하는 데 도움을 줄 수 있는 기득권을 가지고 있다. 영화의 내레이터가 반드시 중립적인 것은 아니다. 또 영화의 내레이터가 반드시 감독의 대변자인 것도 아니다. 가끔 내레이터는―1인칭 소설의 경우처럼―영화의 주인공이기도 하다.(이런 생각에 대한 좀더 충분한 논의를 위해서는 제5장의 "음성언어" 부분과 제9장의 "시점"을 보라.)

　　또한 내레이션은 영화의 스타일에 따라 달라진다. 사실주의적인 영화에서 내포 작가는 사실상 보이지 않는다. 대부분의 연극이 그렇듯이 사건들은 "스스로 말한다". 스토리는 대개 시간적인 순서에 따라 자연스럽게 전개되는 것처럼 보인다.

　　고적적인 내러티브 구조일 경우, 일반적으로 우리는 누가 스토리라인을 만들어 가는지 알 수 있다. 내러티브 내의 느슨한 간격들은 분별 있는 스토리텔러에 의해 삭제되는데, 그는 낮은 자세를 유지하며 당분간은 스토리의 흐름을 따르면서 특정한 방향―스토리의 핵심적인 갈등이 해소되는 방향―으로 나아간다.

　　형식주의적인 내러티브에서는 작가가 조작적임이 공공연하게 드러난다. 이를테면 주제의 이념이나 생각을 강조하기 위하여 때로는 스토리의 연대를 뒤바꾸거나 혹은 사건을 과장하거나 재구성하기도 하는 것이다. 올리버 스톤 Oliver Stone의 문제작 'JFK'(8-20)의 경우처럼, 스토리는 주관적인 관점에서 전개된다.

　　내러톨로지는 그것의 추상적인 언어와 전문용어 때문에 난해할 때가 많고, 이해하기 힘들 경우도 더러 있다. 전통적인 개념을 묘사하기 위하여 종종 색다른 용어들이 사용되기도 한다. 이를테면 스토리와 그 플롯의 차이(내러티브의 내용과 그 형식의 차이)가 아주 유별난 용어로 표현되는 것이 그런 경우이다. 미국의 많은 학자들은 스토리 story 대 담화 discourse라는 용어를 좋아한다. 그 밖의 학자들은 이야기 histoire 대 담화 discourse, 미토스 mythos 대 로고스 logos, 또는 파불라 fabula 대 수제 syuzhet를 선호한다.

　　스토리와 플롯의 차이는 무엇인가? 스토리는 연대기순으로 된 일반적인 주제, 극의 연기를 위한 소재로 정의될 수 있다. 반면에 플롯은 스토리 위에 구조적인 패턴을 포개어 놓는 스토리텔러의 방법에 해당한다.

　　내포 작가는 등장인물에게 동기를 부여하고 사건의 시퀀스에 인과관계의 논리를 설정한다. 피터 브룩스 Peter Brooks는 플롯을 "내러티브의 디자인과 지향성"이라고 정의하는데, 이를테면 "스토리를 만들어 가면서 그 스토리에 특정한 방향이나 유의미한 지향성을 부여한다."는 말이다. 한마디로 플롯은 씬을 미학적 패턴으로 구조화하는 것일 뿐만 아니라 또한 내포 작가의 관점도 포함한다.

관객

내러티브 논리와 역동적으로 상호작용하면서 그 논리에 능동적으로 참여하지 않고서 영화를 이해한다는 것은 불가능하다. 대체로 우리는 무척 오랫동안 영화와 텔레비전을 시청해 왔기 때문에 우리 자신이 매 순간 플롯의 전개에 잘 적응하고 있다는 사실을 거의 깨닫지 못한다. 우리는 믿기 어려울 만큼 빠른 속도로 시각적 및 청각적 자극에 몰입한다. 복잡한 컴퓨터처럼 우리의 두뇌는 사진 같은 것, 공간적인 것, 동적인 것, 음성적인 것, 연극적인 것, 뮤지컬적인 것, 의복에 관한 것 등 수많은 언어체계에 동시적으로 딸깍거리면서 빠르게 작동한다. 그러나 미국영화에서는 특히, 아무도 스토리를 아주 진지하게 받아들이지 않음에도 불구하고, 스토리가 최고 주도권을 잡고 있다(8-7b). 그 밖의 모든 언어시스템은 사실상 모든 미국 극영화와 대다수 외국영화의 구조적인 등뼈라고 해야 할 플롯에 종속되어 있다.

데이비드 보드웰 David Bordwell과 그 외의 학자들은 어떻게 관객이 끊임없이 영화의 내러티브와 상호작용하는지를 탐구해 왔다. 우리는 영화의 세계에 질서와 논리적 일관성에 대한 우리 나름의 의미를 겹쳐서 그려보려고 한다. 대부분의 경우, 우리는 영화를 보기도 전에 그 영화에 대한 일련의 기대를 갖게 된다. 우리가 이미 그 영화의 시대나 장르에 대해서는 알고 있기 때문에 예측가능한 일련의 변수들을 예상하게 되는 것이다. 예를 들면, 대부분의 서부영화는 19세기 후반에 벌어지는 일이며, 그 배경이 미국의 서부개척지이다. 책, 텔레비전 그리고 그 밖의 서부영화 등을 통해서, 우리는 개척시대 사람들이 어떻게 옷을 입고 처신했을지 대충 알고 있다.

내러티브가 전통이나 관습 또는 우리의 역사감각과 일치하지 않을 때, 우리는 불가피하게 그 내러티브에 대한 우리의 인식방법과 태도를 재평가할 수밖에 없다. 우리는 작가의 설명이나 표현에 순응하거나, 아니면 그 작가의 획기적인 시도를 부적절한 것, 조잡한 것, 혹은 제멋대로인 것으로 판단하고 거부하든가 둘 중의 하나이다.

내러티브의 전략은 장르에 의해 결정되는 경우가 많다. 가령 서스펜스로 재미를 보는 타입의 영화들(스릴러, 형사물, 미스터리)에서는 내러티브가 의도적으로 정보를 주지 않고 보류하면서, 우리로 하여금 추측을 통해 그 공백을 메우도록 만든다. 반면에 낭만적인 코미디에서는 대개 그 결말이 미리 알려져 있다. 남자와 여자 중 어느 쪽이 이기느냐 지느냐가 아니라 어떻게 남자가 여자를 이기느냐(혹은 그 반대)가 핵심이다.

우리가 사전에 가지고 있는 영화 스타에 대한 지식 또한 그 내러티브의 매개변수와 한계를 결정한다. 우리는 셰익스피어의 희곡을 각색한 영화에 클린트 이스트우드 Clint Eastwood가 나오리라 기대하지는 않을 것이다. 이스트우드의 전문분야는 액션장르이고, 특히 서부영화와 현대도시의 범죄 이야기들이다. 특히, 성격파 배우들이 나오면 우리는 그 영화 속 내러티브의 핵심적인 성격을 미리 짐작할 수 있다. 그러나 메릴 스트립 Meryl Streep과 같은 스타가 나오는 경우는 우리가 어떻게 예상해야 할지 도무지 확신이 서지 않는다. 왜냐하면 메릴 스트립의 연기범위는 워낙 넓기 때문이다.

관객은 또한 영화제목의 함축적 의미를 통해서도 미리 그 영화를 판단하거나 평가한다. '살인자

8-6a

'슈퍼배드 *Superbad*' (미국, 2007),
출연: 마이클 세라 Michael Cera, 요나 힐 Jonah Hill,
감독: 그렉 모톨라 Greg Motola

▶ 미국에서 10대들은 가장 흔한 영화팬 계층 중의 하나인데, 특히 영화가 그들의 연령대에 맞게 만들어졌을 때 더 그러하다. 슈퍼배드와 같은 18~21세에 맞는 영화들 coming-of-age films은 흔히 동정을 잃고 싶어하는 흥분된 청소년의–이 영화의 경우 두 명의–뜨거운 열정을 중심으로 하고 있다. 이 영화는 선정적이고, 저속하고, 웃기지만 또한 스트레스 속에 살고 있는 10대 남자들의 정서도 더욱 섬세하게 잘 보여준다. 이 영화는 주드 아파토우 Judd Apatow 가 공동제작 했는데, 그는 작가이자 감독이자 제작자로서 열정적인 젊은 미국 남성들의 갈망과 강박관념들을 탐구하는 영화들로 시장을 사실상 거의 독점하고 있다.   *(Columbia Pictures. Photo: Melissa Moseley)*

▶ 크리스튼 위그와 애니 멈몰로 Annie Mumolo가 각본을 쓴 이 영화는 '슈퍼배드'와 반대로 여성에 대해 탐구한다. 흥미롭게도 두 영화는 모두 사실상 할리우드의 코미디의 제왕이며 각본과 감독으로서는 말할 것도 없고 제작자로서도 48번 이상 크레딧에 이름을 올린 주드 아파토우 Judd Apatow 에 의해 제작되었다. 선정적인 남성 코미디로 가장 잘 알려지기는 했지만, 이 작품이 보여주듯이 그는 여성 코미디 부문에도 아주 능숙하다. (그는 HBO 코미디 시리즈 '걸스 Girls'의 프로듀서 중 한 명이기도 하다. 이것은 이 시리즈의 스타이자 재능있는 배우 레나 던햄 Lena Dunham 에 의해 만들어졌다.) '내 여자 친구의 결혼식'은 많은 성적 개그와 시시한 농담, 활기찬 만남, 슬랩스틱 Slapstick 코미디, 그리고 익살맞은 짧은 농담들로 가득해서 '슈퍼배드'와 완벽하게 똑같다. 또한 진짜인 것처럼 보이는 재미있는 설사 장면도 포함하고 있다.
(Universal Picture. Photo: Sunanne Hanover)

8-6b

'내 여자친구의 결혼식 *Bridesmaids*' (미국, 2011),
출연: (앞쪽)로즈 번 Rose Byrne, 멜리사 맥카시 Melissa McCarthy, (뒷줄 왼쪽부터) 웬디 맥클렌돈 코베이 Wendy McLendon-Covey, 크리스튼 위그 Kristen Wigg, 마야 루돌프 Maya Rudolph, 엘리 캠퍼 Ellie Kemper, 감독: 폴 페이그 Paul Feig

8-7a

'한나와 그 자매들 Hannah And Her Sisters' (미국, 1986),
출연: 미아 패로 Mia Farrow, 바바라 허쉬 Barbara Hershey, 다이안 위스트 Dianne Wiest,
각본 및 감독: 우디 앨런 Woody Allen

▶ 수많은 영화가 '그랜드호텔 공식 Grand Hotel formula(한정된 무대를 설정하여 거기서 파생하는 인간생활의 양상을 입체적인 드라마로 엮어가는 기법: 역자주)'을 기초로 하여 만들어진다. 이 공식의 이름은 1932년에 만들어진 여러 부류의 캐릭터가 한 장소에 모이거나 공통의 관심사로 묶이거나 생활방식이 서로 비슷한 영화들이 제작된 이후 나온 것이다. 이 앤솔로지 anthology(작품집) 공식은 어느 한 개의 스토리 라인이 지배적으로 나타나는 것을 배제하고 다중의 내러티브를 채용하고자 할 경우에 아주 이상적이다. 이것은 우디 앨런이 좋아하는 구성방식이며, 여러 차례 이용했다. 현대 코미디양식의 이 영화는 세 자매(사진)의 삶을 다루고 있다. 그랜드 호텔 공식을 사용함으로써 앨런은 십여 명의 재미있는 인물들을 포함시킬 수 있었으며, 이들은 모두 뉴욕에 살면서 이 세 자매와 관련을 맺고 있다.
(Orion. Photo: Brian Hamill)

8-7b

'오션스 트웰브 Ocean's Twelve' (미국, 2004),
출연: 조지 클루니 George Clooney, 맷 데이먼 Matt Damon, 브래드 피트 Brad Pitt,
감독: 스티븐 소더버그 Steven Soderbergh

▶ 허위의 내러티브. 이 영화와 같은 대부분의 가벼운 오락영화 안에서 스토리는 아름답고 멋진 사람들이 아름답고 멋지게 나오는 것을 보기 위한 구실이나 핑계일 뿐이다. 이 영화는 스타 파워 Star power를 제대로 보여주는 영화이다. 여기서 내러티브는 마치 반짝이는 다이아몬드의 배경처럼 빤히 보이는 진열장 구조를 하고 있다. 이 영화의 주된 매력은 반짝이는 보석들이고, 배경은 그저 그 보석들의 받침대에 불과하다.
(Warners Bros. Photo: Ralph Nelson)

매춘부들의 공격 *Attack of the killer Bimbos*'처럼 터무니없는 제목의 영화가 이름 높은 뉴욕영화제 New York Film Festival에서 상영될 가능성은 거의 없다. 반면에 '윈더미어 부인의 부채 *Lady Windermere' Fan*'는 그 제목이 다소 나약하고 귀족적으로 들리기 때문에 시골의 상점가 극장에서는 별로 환영을 받지 못할 것이다. 물론 언제나 예외는 있다. '새미와 로지 잠자리에 들다 *Sammy and Rosie Get Laid*'는 포르노영화처럼 들리지만, 실제로는 높은 평가를 받은(그리고 섹시한) 영국 상류사회의 코미디이다. 그런데 영화제목은 어딘가 모르게 공격적이면서 조금 노골적이다. 이는 다분히 의도적인 것이다.

일단 영화가 시작되면 우리는 그 내러티브의 한계를 정하기 시작한다. 우리가 그 영화의 분위기를 판단할 수 있도록 도와주는 것이 바로 크레디트 credits와 배경음악의 스타일이다. 영화를 시작하는 해설장면들에서 영화감독은 스토리의 한계와 분위기를 설정하고, 앞으로 내러티브가 펼쳐나갈 서두를 정한다. 영화를 시작하는 서두의 장면들은 어떻게 내러티브가 전개되어 갈 것인지 그리고 어디서 끝날 것인지를 암시하고 있다.

해설적 성격의 오프닝 씬은 또한 스토리의 내부 "세계"를 설정하기도 한다. 이를테면 그 세계 안에서 일어날 수 있는 가능성과 개연성, 그리고 그 세계 안에서는 아예 가망이 없는 것 등을 설정하는 것이다. 돌이켜보면, 내포 작가가 전조를 예시해 주기 위해 세심한 장치를 해놓았다면 스토리에는 어떤 느슨한 실마리도 없어야 한다. 예를 들면, '이티 *E.T.*'에서 스필버그 Spielberg는 우리에게 영화의 중간과 후반부에 일어나는 초자연적인 사건에 대한 준비를 미리 하도록 하고 있다. 왜냐하면 (우리에게 E.T.가 어떻게 그의 우주선을 놓치게 되는지를 보여주는) 오프닝 씬이 내러티브의 변수로서 초자연주의를 설정하고 있기 때문이다.

8-8

'8 1/2' (이탈리아, 1963).
출연: 산드라 밀로 Sandra Milo,
감독: 페데리코 펠리니 Federico Fellini

▶ 이 영화는 영화역사상 가장 높은 평가를 받은 영화들 중의 하나이다. 펠리니 감독의 이 걸작은 사악한 요소가 깃들인 잇따르는 단단한 플롯이 특징이다. 대부분의 관객은 한 번 보아서는 그 내용을 모두 이해하지 못한다. 예고 없이 의식의 수준이 끊임없이 바뀌기 때문이다. 판타지가 현실 위로 흐르고, 그것이 기억 위를 물장구 치고, 이것이 꿈과 뒤섞이면서 악몽으로 변하고, 또…… (*Cineriz/Francinex*)

8-9a

'개 같은 내 인생 *My Life As A Dog*'
(스웨덴, 1985),
출연: 안톤 글랜젤리우스 Anton
Glanzelius(가운데),
감독: 라세 할스트롬 Lasse Hallström

▶ 어떤 영화는 너무도 일반적인 모습과는 동떨어져서, 그 플롯이 어디로 가게 될지 예측하기가 사실상 불가능하다. 가령 '개 같은 내 인생'에서, 어린 주인공은 부모와 떨어져 별난 삼촌과 이모와 더불어 한적한 마을로 이사를 간다. 그 마을에서 그의 탈선행위는 이상야릇하고 우스꽝스러우며 전혀 예측할 수가 없다.

(Svensk Filmindustri/Filmteknik)

8-9b

'참을 수 없는 사랑 *Intolerable Cruelty*' (미국, 2003),
출연: 조지 클루니 George Clooney,
캐서린 제타 존스 Catherine Zeta-Jones,
감독: 조엘 코엔 Joel Coen과 에단 코엔 Ethan Coen

▶ 한편, 관객들이 스토리의 결론을 추측할 수 있을 때에는 영화의 서스펜스를 만들어 내기가 매우 힘들다. 대부분의 로맨틱 코미디 영화들과 같이 '참을 수 없는 사랑'도 결국은 소년이 소녀 친구를 쟁취하는 상투적인 결말로 끝난다. 하지만 이 영화를 보는 진짜 즐거움은 무슨 일들이 일어나는가보다는 그 일들이 어떻게 일어나는가에 있다. 이 영화는 꽤 많은 우스꽝스런 재치와 플롯의 전환을 담고 있는데, 이 내러티브의 복잡한 구조를 풀어 나가는 것도 이 영화를 보는 재미의 한 부분일 것이다. 다음을 참조하라. Tamar Jeffers McDonald, *Romantic Comedy: Boy Meets Girl Meets Genre*(New York: Columbia University Press, 2007). *(Imagine Entertainment/Alphaville. Photo: Melinda Sue Gordon)*

어떤 비평가가 급진적인 혁신가인 장 뤽 고다르 Jean-Luc Godard에게 이렇게 물었다. "영화에 처음과 중간과 끝이 꼭 있어야 한다고 생각하느냐?"고. 인습에 얽매이지 않는 영화감독인 그는 "그렇다. 하지만 꼭 순서대로 일정할 필요는 없다."고 대답했다. 대개는 영화의 해설하는 오프닝 씬이 그 스토리의 시간 틀을 설정해 주고 있다. 이를테면 시간 틀이 플래시백으로 전개되는지, 현재로 혹은 그 둘을 겸하는 형태로 전개되는지를 설정하는 것이다. 또한 해설부분은 판타지 씬들, 꿈 그리고 이런 차원의 스토리와 관련되는 스타일 상의 변수들에 대한 기본적인 규칙도 함께 설정해 준다(8-8).

영화의 내러티브와 관객 사이에는 정교한 게임이 벌어지고 있다. 영화를 보는 동안 우리는 사소한 디테일은 가려내고, 가설을 세우고, 우리가 세운 그 가설을 시험하고, 필요하다면 반복하고, 개조하고, 설명을 형식화하는 등의 활동을 해야만 한다. 관객들은 끊임없이 질문을 던지고 있다. 이를테면 왜 여자주인공이 저렇게 행동할까? 왜 그녀의 남자친구는 저런 식으로 반응할까? 그 어머니는 이제 무엇을 하려고 할까? 등등.

플롯이 복합적일수록 우리는 더 영리하고 노련해야 한다. 가려내고, 바꾸고, 새로운 증거를 가늠해 보고, 동기와 설명을 추론하고, 늘 경계와 감시를 늦추는 것에 대해 의심의 눈초리를 가져야 한다. 우리는 특히 스릴러, 탐정영화, 그리고 형사물처럼 속임수가 있는 장르에서는 내러티브의 예기치 못한 반전을 끊임없이 감시하고 체크해야 한다.

간단히 말해서, 영화의 플롯을 대하는 우리의 태도는 결코 수동적이지 않다는 것이다. 심지어 그 스토리가 지루하고 기계적이고, 완전히 파생적일 경우에도 우리는 여전히 그 플롯의 음모에 빠려들 수 있다. 우리는 그 행위가 어디로 나아가고 있는지를 알고 싶어 한다. 그리고 우리가 따라갈 수만 있다면 그곳이 어디인지를 찾아낼 수 있다.

고전적 패러다임

고전적인 패러다임은 1910년 이래 줄곧 극영화 제작을 지배해 온 특정 내러티브의 구조를 묘사하기 위해 학자들이 만든 용어이다. 이는 지금까지 스토리를 구성하는 가장 인기 있는 타입이며, 특히 미국에서는 거의 독보적인 위치를 차지하고 있다. 그 모델이 "고전적"이라 불리는 것은 실제 이루어지고 있는 관례의 전형이기 때문이지, 반드시 높은 수준의 예술적 탁월성 때문은 아니다. 다시 말해서 좋은 영화뿐만 아니라 나쁜 영화도 이런 내러티브의 형식을 이용한다.

연극무대에서 유래한 고전적 패러다임은 규칙이 아니라 일련의 관습이다. 이 내러티브 모델은 행위를 유발하는 주인공과 그에 저항하는 경쟁자 간의 갈등에 바탕을 두고 있다. 이런 형식의 영화는 대부분 암시적이고 극적인 질문으로 시작된다. 관객은 주인공이 엄청난 반대와 방해가 있음에도 불구하고 어떻게 그가 원하는 일을 성취해 나가는지 알고 싶어 한다. 그 다음의 씬들은 상승하는 패턴의 행위를 통하여 이러한 갈등을 한층 더 고조시켜 나간다. 이와 같은 단계적 확대는 인과관계로 다루어지고, 각 씬이 다음 씬과 연결되어 있음을 뜻한다.

갈등은 클라이맥스에서 최고조에 달한다. 여기에서 주인공과 경쟁자는 노골적으로 충돌한다. 한쪽은 이기고 다른 쪽은 진다. 그들이 만나 대결한 이후로 최고조에 달한 그 극적 긴장이 진정 국면을 맞이한 것이다. 스토리는 전통적으로 일종의 형식적인 결말로 마무리된다. 이를테면 전통적으로 코미디에서는 결혼이나 춤으로, 비극에서는 죽음으로, 드라마에서는 재결합이나 정상상태로의 복귀 등과 같은 형식으로 끝이 나는 것이다. 마지막 쇼트는―그 특권적인 위치 때문에―앞의 소재의 중요한 의미의 요약이라고 해야 할, 일종의 철학적인 개관을 담고자 하는 경우가 많다.

고전적 패러다임은 극의 통일성, 그럴듯한 동기화 그리고 그 구성요소들의 일관성을 강조한다. 행위의 흐름을 매끄럽게 하고, 종종 불가피하다는 느낌을 주기 위해서 각 쇼트는 이음매가 없이 한결같이 다음 쇼트로 이어진다. 갈등의 긴장을 고조시키기 위해서 가끔 영화감독은 일종의 데드라인을 설정하는 경우가 있는데, 결과적으로 감정을 증폭시키게 된다. 할리우드 스튜디오 시절에는 고전적인 구조가 종종 이중적인 플롯 라인을 특색으로 삼았는데, 특히 낭만적인 러브스토리가 액션이라는 중심 플롯과 병행되었다. 러브 스토리에서는 종종 코믹한 제2의 커플이 주인공 연인들과 나란히 나왔다.

고전적인 플롯 구조는 직선적이며, 여행이나 추적 혹은 탐색의 형식을 취하는 경우가 많다. 심지어 등장인물의 성격도 주로 그들이 무엇을 하는가에 따라 결정된다. 시나리오에 관한 몇 권의 입

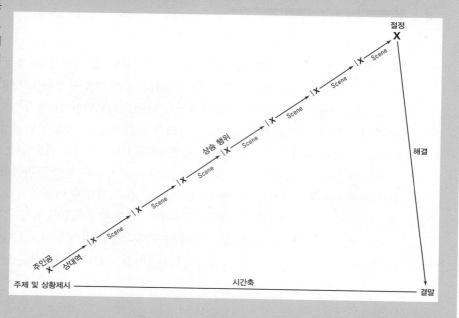

8-10

'고전적 패러다임 *The classical paradigm*'

▶ 아리스토텔레스는 『시학』에서 암암리에 고전적인 드라마의 구조를 제시하고 있었다. 그러나 19세기 말에 비로소 독일학자 구스타프 프레이탁 Gustav Freytag에 의해 역 V자의 구조다이어그램이 그려졌다. 이러한 내러티브 구조의 형태는 명백한 갈등으로 시작하며, 이 갈등은 이어지는 씬들의 상승하는 행동을 통해 점차적으로 고조된다. 이 갈등과 무관한 디테일은 제거되거나 우연적인 것으로 된다. 주인공과 상대역의 투쟁은 클라이맥스에 이르러 최고조에 이른다. 한 사람이 이기고 다른 쪽은 진다. 결말에 이르러 각 스토리의 가닥이 한데 묶이며, 액션의 종결과 더불어 삶은 정상으로 돌아간다.

문서를 집필한 작가 사이드 필드 Syd Field가 주장하듯이, "행위가 곧 인물이다." "사람은 그가 말하는 것으로 드러나는 것이 아니라, 그 사람의 행동이 바로 그 사람의 정체이다." 필드를 비롯한 고전적 패러다임의 옹호자들은 수동적인 인물-어떤 일을 당하는 사람들-에 대해서는 별로 관심이 없었다.(이런 타입의 인물들은 외국영화들에서는 한층 더 일반적이다.) 고전주의자들은 목적지향적인 인물을 좋아하고, 따라서 우리는 그들의 행위와 기획에 호의적인 관심을 갖게 된다.

필드의 개념적 모델은 전통적인 연극용어로 표현된다(8-11a). 영화각본은 3막으로 구성되어 있다. 제1막인 "설정 setup"은 각본의 처음 1/4을 차지한다. 이는 극의 전제를 설정하는 부분이다. 이를테면 주인공의 목표는 무엇이며, 그 목표를 달성하는 과정에 어떤 장애를 만나게 될 것인지가 설정된다. 제2막인 "대립 confrontation"은 스토리 중심부분의 2/4를 차지하며, 중간에 운명의 주요 반전이 이루어진다. 영화각본의 이 부분은 갈등이 복잡해지면서 플롯이 서로 엉키고 위기감이 고조되며, 주인공이 장애와 맞서 싸우는 것을 보여준다. 제3막인 "해결 resolution"은 스토리의 마지막 1/4을 차지한다. 이 부분은 클라이맥스의 대립의 결과로서 일어나는 사건을 극화한다.

영화역사상 가장 훌륭한 플롯들 중 하나를 버스터 키튼 Buster Keaton의 '장군 *The General*'에서 찾아볼 수 있는데, 이는 고전적 패러다임의 교과서라고 해도 과언이 아니다. 이 영화는 필드의 3막극 방식뿐만 아니라 프래이탁 Freytag의 역 V자 구조에도 꼭 맞는다. 다니엘 모우스 Daniel Moews가 지적했듯이, 키튼의 모든 장편코미디는 하나같이 희극의 기본형식을 사용한다. 버스터는 진실하지만 서투른 풋내기로 출발하는데, 그가 두려워하는 사람-대개 예쁜 여자-의 비위를 맞추기 위해 애를 쓰지만 모두 실패한다. 그 날이 끝나갈 즈음, 그는 외롭고 우울하고 풀이 죽은 채로 깊은 잠에 빠진다. 잠에서 깨어나면 그는 새로운 사람이 되어 있다. 대체로 그는 영화의 앞부분에서 보여준 것과 똑같거나 비슷한 행동을 계속한다.

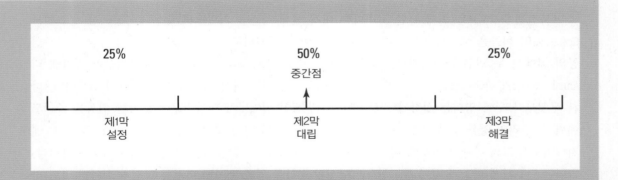

8-11a

▶ 사이드 필드 Syd Field에 따른다면, 영화의 내러티브 구조는 3막으로 나눌 수 있다. 스토리는 열 개에서 스무 개 정도의 "플롯 포인트 plot point", 즉 중요한 급진전 또는 핵심사건으로 되어 있다. 제2막의 중간부분에서는 대개 예견된 큰 반전이 있으며, 이야기가 새로운 방향으로 풀려간다. 이 다이어그램은 사실주의적 내러티브나 형식주의적인 내러티브의 분석에는 대체로 도움이 되지 않겠지만, 고전적인 구조를 사용하는 영화에는 놀라울 정도로 들어맞는다.

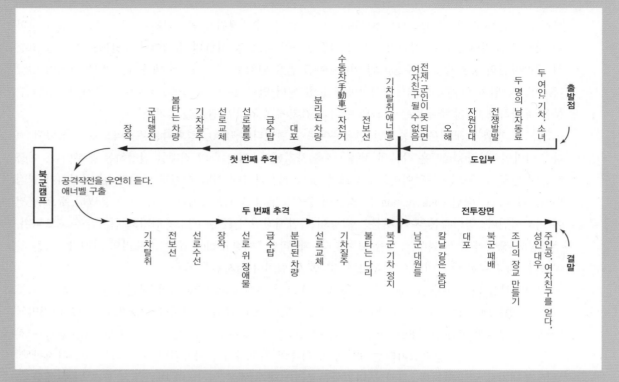

8-11b
'장군 The General'의 플롯 구조 개요

▶ 플롯이 워낙 평탄하게 균형을 이루며 나아가기 때문에, 이전의 개그 에피소드들의 대부분이 성공적으로 반복 되는 두 번째 추격 장면이 나오기 전까지는 이 놀랍도록 대칭적인 모습을 관객들은 거의 알아차리지 못한다.

남북전쟁 Civil War을 소재로 한 코미디는 대개 실제 사건을 기반으로 했는데, '장군'은 콩그리브 Congreve의 희곡을 내러티브적으로 간결하고 우아한 짜임새로 바꾸어 놓은 것이다. 제1막은 주인 공의 삶에서 두 연인을 설정한다. 그의 기차인 "제너럴"과 그의 다소 별난 여자친구인 애너벨 리 Annabelle Lee가 바로 그들이다. 그의 친구들은 아직 사춘기도 되지 않은 두 명의 소년이 전부이다.(다른 무엇보다도 이 영화는 성장기 스토리이다.) 전쟁이 일어나자 여자친구에게 강한 인상을 주려고 애써 온 우리의 영웅 조니 그레이는 입대하려는 마음을 먹는다. 그러나 당국에 의해 거부당한다. 엔 지니어로서 그의 존재가 남부에 더 가치가 있다는 것이었다. 애너벨은 조니를 겁쟁이라고 오해한다. 그녀는 단호하게 다음과 같이 통고한다. "당신이 군복을 입을 때까지 다시는 당신과 한마디 말도 하고 싶지 않아요." 그러면서 제1막이 끝난다.

제2막이 시작될 때는 이야기가 이미 일 년이 흐른 뒤이다.(영화의 나머지는 약 24시간 정도를 다 룬다.) 관객은 북군 장교들이 남군의 기차를 탈취하려는 계획을 알 수 있다. 물론 남군의 보급선을 차단하려는 목적이다. 양키 지도자의 지도에는 주요 정거장과 철도를 따라 강이 나와 있다. 사실상 이 지도는 제2막의 지리적 윤곽을 나타내는 것이다.

탈취사건이 발생하는 그 날, 애너벨 리는 부상당한 아버지를 찾아가기 위해 조니의 기차를 탄다.

그녀는 그녀의 옛 구혼자에게 매정하게 군다. 기차의 탈취로 상승행위가 개시된다. 영화의 두 번째 1/4은 추적 시퀀스이다. 조니는 도둑맞은 "제너럴"(애너벨이 타고 있는 기차)을 추적하고, "제너럴"은 북쪽으로 달린다. 전보선, 선로교체, 급수탑, 대포(8-12) 등과 같은 여러 가지 소품들이 등장할 때마다 일련의 개그가 쏟아진다. 조니는 대개 농담과 조롱의 대상이 된다.

영화의 중간부분에서 우리의 영웅은 혼자 적진으로 살금살금 다가가면서 기진맥진한 상태가 된다. 그럼에도 불구하고 그는 애너벨을 구출해 낸다. 그들은 호우가 쏟아지는·숲 속에서 술에 취한 듯이 거의 파김치가 되어 깊은 잠에 빠진다.

다음 날 두 번째 추적이 시작되고 그 전날의 패턴과는 정반대가 되는데, 이 부분이 플롯의 세 번째 1/4을 차지한다. 이제는 조니와 애너벨이 다시 찾은 "제너럴"을 타고 양키를 쫓아 남쪽으로 달리는 과정에 조크가 더해진다. 쏟아지는 개그들 역시 정반대 방향이다. 그 대부분은 전선, 철도의 통나무, 급수탑, 불타는 다리 등 첫 번째 추적과 대등하다. 겨우 시간에 맞게 조니와 애너벨은 남군 캠프에 도착하고 임박한 북군의 공격을 알린다.

제3막은 대규모 두 군대 간의 전투 시퀀스이다. 조니가 언제나 성공하는 것은 아니지만 인내심이 있는 불굴의 군인임을 스스로 입증하게 된다. 그는 군대에서 장교로 임관되어 그의 영웅적 행위에 대한 보답을 받는다. 그는 또한 연인의 사랑을 되찾는다. 모두가 행복하게 끝난다.

8-12

'장군 The General' (미국, 1927),
출연: 버스터 키튼 Buster keaton,
공동감독: 버스터 키튼, 클라이드 브룩먼
Clyde Bruckman

▶ 무성영화시대의 코미디언들은 단 한 개의 소도구로도 많은 개그를 만들어낼 수 있을 정도로 즉흥 연기의 대가였다. 예를 들어, 이 구식 대포와 관련 된 개그 에피소드들은 해설이 곁들여진 그야말로 완벽한 축소드라마이자 상승행위를 구성하고 있는 테마의 변주이며, 시퀀스의 더 높은 꼭대기로 상승 작용하는 짜릿한 클라이맥스이기도 한 것이다. 더욱 놀라운 것은 키튼과 그의 동료들이 글로 쓰인 영화대본이나 촬영일정표를 전혀 사용하지 않았다는 점이다. 그들은 다만 영화의 전제와 결론만 알고 있었을 뿐이다. 그 나머지는 모두 즉흥적인 것이었다. 그들은 약 8주 동안 촬영을 했으며, 여러 장면들을 찍는 중간중간에 야구경기를 하기도 했다. 나중에 키튼이 촬영된 동영상을 전반적으로 살펴보고, 느슨한 잡동사니들은 잘라내고 편집하여 영화의 내러티브 구조를 만들어냈다. *(United Artists)*

8-13

'모터싸이클 다이어리 *The Motorcycle Diaries*'
(브라질, 2004).
출연: 가엘 가르시아 베르날 Gael Garciá Bernal(앞),
로드리고 드 라 세르나 Rodrigo de la Serna,
감독: 월터 살레스 Walter Salles

▶ 여행이라는 모티프는 적어도 호머의 『오디세이』만큼 오래된 내러티브 구조이다. 이 주제는 『돈 키호테 *Don Quixote*』, 『톰 존스 *Tome Jones*』, 『허클베리 핀 *Huckleberry Finn*』과 같은 많은 다른 고전문학들의 구조적 중추를 형성한다. 운치가 있는 여행은 대개 중심인물이 탁 트인 도로를 여행하며 여러 지역사회를 접하면서 얻는 배움의 경험들과 인간 조건에 대한 통찰력을 제공해 준다. 1950년대를 배경으로 한 '모터싸이클 다이어리'는 젊은 아르헨티나 출신의 의대생인 에르네스토 게바라 Ernesto Guevara(베르날)를 중심으로 하고 있다. 그는 후에 신화와 같은 라틴 아메리카 좌파세계의 상징적인 인물인 "체" 게바라로 알려졌다. 게바라의 실제 일기를 바탕으로 한 이 영화의 여정은 지리학적임과 동시에 정신적이다. 스물세 살 청년이 그의 오토바이로 남미를 횡단하며 본 것은 가난과 착취와 절망이었다. 하지만 그는 화려한 풍경의 색깔과 이국적인 정서, 그리고 사람들의 동지애와 친절도 경험할 수 있었다. 그 여행은 후에 사회주의 혁명 Marxist revolution이라는 게바라의 가치관의 핵심사상을 제공해 주었다.   *(Film 4/South Fork/Senator Film)*

키튼의 내러티브 구조는 정교하게 대칭적 패턴을 따르며 전날의 굴욕이 그 다음 날에는 영광으로 바뀐다. 그러므로 도식화해보면, 키튼의 플롯은 다소 기계적인 것으로 보인다. 그러나 그를 높이 평가한 한 프랑스인이 지적했듯이, 평형적으로 복잡하게 얽혀가면서도 솜씨 있게 그 균형을 잃지 않는 구조적 엄격함은 18세기의 위대한 신고전주의 예술가들의 작품에 비유할 할 만하다.

일반적으로 사람들은 이러한 인위적인 플롯 구조를 형식주의적 내러티브로 생각할지도 모른다. 그러나 각 부분의 제작기법은 엄격하게 사실적이다. 키튼은 그의 온갖 개그연기를(그 중 많은 부분이 위험한 것이다) 대개 첫 번째 테이크에서 보여주었다. 그는 또한 의상, 세트, 심지어 기차까지도 아주 정확하게 역사적으로 그 시대에 맞게 할 것을 고집했다. 이 사실적인 제작기법과 형식적으로 패턴화된 내러티브의 조합은 고전적 영화의 전형이다. 고전주의는 극단적인 두 스타일의 관습을 혼합한 중간 스타일이다.

3막 구성 Three-Act Concept은 놀라우리만큼 많은 스토리 구성 전문가들이 사용하고 있지만, 구체적인 내용은 매우 다양할 수 있다. 예를 들어, 남부 캘리포니아 대학교 University of Southern California,

미국영화연구소 American Film Institute, 콜롬비아 대학교 Columbia University, 프라하 아카데미 Prague Academy의 퍼포밍 아트 Performing Arts, 그리고 모스크바 그라시모프 영화연구소 Moscow's Gerasimov Institute of Cinematography와 같이 세계에서 가장 명망 있는 영화 학교에서 영화 각본을 가르치는 프랭크 다니엘 Frank Daniel은 각각 10분에서 15분정도(이는 초창기 영화의 필름 한 릴의 길이로부터 유래되었다) 되는 8장 구조를 사용한다. 이 여덟 부분 section은 고전적인 3막 구성으로 묶일 수 있다.

1막

1장. 주요 인물들을 소개하며, 주인공에게 문제를 제시하는 지점에서 마무리 한다.

2장. 내러티브의 긴장감은 문제를 해결하려는 주인공의 논리적 시도가 실패로 끝날 때까지, 혹은 그/그녀가 눈앞에 놓인 문제에 마지못해 어쩔 수 없이 직면할 때까지 봉합된다.

2막

3장. 그/그녀가 적대자와 대결하기 위한 준비를 해야 하므로 동료들을 모으는 작업을 주인공이 시작한다.

4장. 주인공은 적대자와 직접 대결하기 위해 움직이며 이야기의 중간 지점에서 1차적으로 실패로 끝난다. 주인공은 실패를 딛고 다시 일어난다.

5장. 긴장이 고조된다. 주된 방향전환, 반전 혹은 배신 등이 일어나며, 그 이전의 모든 것들에 대한 의문을 불러일으킨다.

6장. 주인공은 실패로 인해 실망하고 좌절의 감정을 느끼고 감정적으로 최악의 상태에 빠진다. 긴장이 최고조에 이르는 순간이다.

3막

7장. 주인공은 악당과의 마지막 전투를 위해 스스로를 단단히 준비시킨다. 이는 절정으로, 주인공과 적대자와의 직접적인 대결로 끝난다.

8장. 결말 혹은 대단원 : 주인공은 선을 위해 그 문제를 해결하고 이야기를 마무리한다.

물론 이 8장 구조는 모든 스토리에 맞는 것이 아니며, 미묘한 차이를 무시하고 기계적으로 적용한 것이다. 그러나 많은 각본가들이 고전적인 패러다임의 한계에 빠져서 내러티브를 위해 이와 같은 혹은 이것과 비슷한 접근 방식을 사용한다.

사실주의적 내러티브

전통적으로 비평가들은 사실주의를 "현실"과, 그리고 형식주의를 "패턴"과 연결시켰다. 사실주의가 스타일의 부재로 정의되는 반면에, 스타일은 형식주의자들에게 지대한 관심거리가 된다. 사실주의자들은 물리적 세계를 왜곡 없이, 더욱이 어떤 매개적 수단도 없이 "있는 그대로" 묘사하기 위해 기교를 거부한다. 이와 반대로 형식주의자들은 상상의 세계와 그런 세계의 아름다움을 강조하기 위하여 환상적인 소재나 허황된 주제에 관심을 가진다.

최소한 사실주의의 관심에 국한해서 보더라도 오늘날 이런 견해는 순진한 것으로 여겨진다. 현대 비평가나 학자들은 사실주의도 일종의 스타일로 간주하며, 조금은 덜 노골적이기는 하지만 표현주의자들이 사용한 것 못지않게 인위적이고 정교한 관습들을 가지고 있는 것으로 본다.

사실주의와 형식주의 내러티브는 둘 다 양식화되고 조작되지만, 사실주의적인 스토리텔러는 그 양식을 보이지 않게 하려고 애쓴다. 다시 말해서 표면에 드러나는 "난삽함 clutter"과 극적 사건들의 외관상의 무작위성에 양식을 파묻어 버리려고 한다. 달리 말해서, 사실주의 내러티브는 "조작되지 않은" 척하거나 "실제 삶과 같은" 척하지만, 그것은 곧 위장이고 미학적인 기만이다.

사실주의자들은 느슨하고 산만한 플롯, 다시 말해 처음, 중간, 끝이 분명하지 않은 플롯을 선호한다. 관객들은 임의적인 지점에서 그 스토리에 뛰어든다. 대개 관객들은 고전적인 내러티브의 경우처럼 뚜렷한 갈등을 보지는 못한다. 오히려 갈등은 설명이나 해설 상의 자연스러운 사건들에서 조심스럽게 드러난다. 스토리 그 자체는 깔끔하게 구성된 이야기가 아니라 마치 시적 단편이나 "삶의 편린"처럼 보인다. 사실주의가 깔끔하게 구성되는 경우는 거의 없다. 다시 말해서 사실주의적 예술은 현실을 그대로 따라야 한다. 마지막 릴이 돌아간 다음에도 삶은 계속 이어진다.

사실주의자들은 그들의 구성을 자연의 순환에서 빌려오는 경우가 많다. 가령 오즈 야스지로 Yasujiro Ozu의 영화들은 초여름, 가을햇살, 이른 봄, 고하야가와가의 '가을', '만춘'(8-15) 등과 같이 인생을 상징적으로 비유할 만한 적절한 계절의 제목을 붙인다. 다른 사실주의적인 영화들은 여름방학이나 학교의 한 학기처럼 일정한 시기를 중심으로 구성된다. 가끔 이런 영화들은 출생, 사춘기, 첫사랑, 첫 직장, 결혼, 고통스러운 이별, 죽음과 같은 통과의례에 초점을 맞추기도 한다.

영화가 끝날 때까지도 관객이 내러티브 흐름을 일관하는 그 원리가 무엇인지 가늠하기 힘든 경우가 허다하다. 특히, 많은 사실주의 영화가 그렇듯이 원환적이거나 순환적 구조일 경우에는 더 그렇다. 가령 로버트 알트먼 Robert Altman의 '야전병원 매쉬 M*A*S*H'는 두 군의관 호크아이 피어스와 듀크 포레스트가 처음 부임하면서 영화가 시작된다. 그리고 영화는 그들의 복무기간과 함께 끝난다. 그러나 매쉬 부대는 뛰어난 두 사람의 외과의사가 떠난 후에도 계속 생명을 구할 것이다.

'야전병원 매쉬'의 에피소드 구성은 텔레비전 시리즈에 익숙한 사람들이 호감을 가질 것이다. 사실주의적 영화의 내러티브는 에피소드로 되어 있는 경우가 많고, 거의 상호 교환이 가능한 사건들의 시퀀스이다. 플롯은 집을 짓듯이 가차 없이 "만들어지는" 것이 아니라 놀라운 씬들로 그저 흘러가는 것처럼 보이는데, 그렇다고 해서 그것들이 스토리를 꼭 앞으로 진행시키는 것은 아니다. 이 씬들은

8-14a

'차이나타운 *Chinatown*' (미국, 1974).
출연: 잭 니콜슨 Jack Nicholson,
페이 더너웨이 Faye Dunaway,
감독: 로만 폴란스키 Roman Polanski

▶ 미스터리와 서스펜스의 효과에 의존하는 영화에서는 관객에게 정보를 주지 않고 보류해 두고, 관객이 그 부족한 정보를 메워가면서 미스터리가 해결되는 몇 가지 가능성을 스스로 생각하도록 애타게 만드는 경우가 많다. 그 미스터리는 영화의 마지막이 되어서야 비로소 그 전모를 드러낸다.
(Paramount Pictures)

8-14b

'멀홀랜드 드라이브 *Mulholland Drive*' (미국, 2000),
출연: 로라 엘레나 해링 Laura Elena Harring,
나오미 와츠 Naomi Watts,
각본 및 감독: 데이비드 린치 David Lynch

▶ 어떤 내러티브는 독특하고 특이하며, 한마디로 색다르다. 영화가 시작된 초창기부터 영화감독들과 비평가들은 영화가 꿈과 같다고 지적했다. 예를 들면, 뛰어난 초현실주의 영화예술가인 루이스 브뉘엘 Luis Buñuel 감독은 이렇게 말했다. "자유로운 영혼의 손에 들어가면 영화는 굉장히 멋지면서도 위험한 무기가 된다. 영화는 꿈과 정서, 그리고 본능의 세계를 표현하는 최상의 수단이다. 영화의 이미지를 만들어내는 메커니즘은 우리가 잠든 사이에 마음이 하는 작업과 거의 같다." 아마 이 불합리하고 꿈결 같은 말에 데이비드 린치만큼 공감한 사람도 없을 것이다. 이 영화는 본래 텔레비전 연속극의 시험프로그램으로 구상된 것이었다. 시장에 내놓을 수 없어 린치는 새롭게 마무리를 해서 영화로 상영했다. 영화는 혼란스럽고 어리둥절하지만 따분하지는 않다. 또한 이 영화는 야릇하고, 쇼킹하고, 섹시하다. 마치 꿈과 같다. *(Canal+/Universal Pictures. Photo: Melissa Moseley)*

8-15

'만춘 *Late Spring*' (일본, 1949),
출연: **류 치슈** Chishu Ryu,
하라 세츠코 Setsuko Hara,
감독: **오즈 야스지로** Yasujiro Ozu

▶ 사실주의적 시각에서 본 사랑과 결혼. 일본에서 가장 흔한 영화장르는 홈드라마인데, 이 장르는 오즈가 취급한 유일한 장르였고, 그는 가장 인기 있는 홈드라마 감독 가운데 한 사람이었다. 이런 타입의 영화는 집안에서 매일매일 일어나는 사건을 다룬다. 오즈는 심오한 철학을 가진 예술가이지만 그의 영화는 거의 다 "사소한 일들"로 구성되어 있다. 하지만 그것들은 궁극적으로는 삶을 실망스러운 것으로 여기게 만드는, 이른바 자기부정의 쓰디쓴 약과도 같은 것들이다. 오즈의 영화들은 계절의 이름을 딴 제목들이 많은데, 이는 계절과 인생의 흐름을 상징적으로 대비시킨 것이다. 예를 들어, '만춘'은 착한 홀아비(류)가 외동딸(하라)을 노처녀가 되기 전에 시집 보내려고 애쓰는 모습을 다루고 있다. *(Shochiku Eiga)*

8-16

'씨티 오브 갓 *City Of God*' (브라질, 2003),
출연: **알렉상드르 로 드리게스** Alexandre Rodrigues,
감독: **페르난도 메이렐레스** Fernando Meirelles

▶ 19세기 말, 사실주의가 예술계에서 지배적인 국제적인 스타일이 된 후부터 항상, 사실주의의 "비참하고" "충격적인" 주제는 논쟁을 불러일으켜 왔다. 또한 관습적인 대다수의 사람이 불쾌해 하면서도 흥미로워했던 사실주의의 세세한 것에 대한 몰두도 논쟁거리였다. 이 이야기는 '신의 도시'라는 풍자적인 별명을 가지고 있는 리우 데 자네이로의 타락한 슬럼가를 배경으로 한다. 출연진 중 대부분의 청소년들은 그 지역에 실제로 거주하고 있는 부랑아들이었다. "그들 중에 몇 명은 마약 거래자들과 일한다."라고 메이렐레스 감독이 말했다. "그들은 내가 만들고 있는 영화에 대해서 나보다 훨씬 많은 것들을 알고 있다." 난폭하고, 무자비하며, 피비린내 나는 이 영화는 방황하는 아이들에게 아주 작은 희망밖에 주지 못했다. 그들 중 대다수는 어른이 될 때까지 살아있지 못할 것이다. 관객들은 아마 스스로에게 질문을 던져볼 것이다. "세상이 어떻게 해서 이렇게 되었는가?"라고. *(02 Filmes/Videofilmes)*

그 자체를 위해서, 다시 말해서 "실제로 일어나는" 별다른 사건들의 사례들로서 제시되고 있다.

빠른 속도의 스토리를 좋아하는 관객은 가끔 서서히 진행되기도 하는 사실주의 영화를 참지 못할 경우가 많다. 이것은 초반 씬에서 특히 그런 편인데, 그동안 중요한 내러티브적 요소가 나타날 때까지 기다려야 하기 때문이다. "주제로부터 탈선 digression"은 대체로 플롯의 중심적인 흐름과 같은 방향이었음이 밝혀진다. 그러나 이처럼 같은 방향의 흐름이라는 것은 반드시 추론을 통해 밝혀지는 것이지, 겉으로 명확하게 제시되는 것은 아니다. 사실주의적 내러티브의 다른 특징에는 다음과 같은 것들이 있다.

1. 개입하지 않는다는 것은 객관적으로 "기록하고", 판단하는 것을 피하는 작가를 의미한다.
2. 상투적인 표현, 진부한 관습, 흔해빠진 상황과 인물을 거부하고, 독특하고 구체적이고 특별한 것을 선호한다.
3. "쇼킹하거나" "저속한" 소재로써 폭로하는 것을 좋아하며, 종종 이런 근성과 "나쁜 취향" 때문에 비판을 받기도 한다.
4. 그럴듯하게 꾸민 해피엔딩, 바람직한 생각, 기적적인 치유 그리고 그 외 날조된 낙관주의의 형태들을 거부하는 반감상적인 관점
5. 말을 삼가고 극화하지 않는 것을 좋아하고 멜로드라마와 과장을 피한다.
6. 운명이나 숙명과 같은 낭만적인 개념을 거부하는 인과관계와 동기부여 motivation의 과학적인 관점
7. 평범하고 솔직한 표현을 좋아하고 서정적인 충동은 피한다.

형식주의적 내러티브

형식주의적인 내러티브는 눈에 띌 정도로 현저하게 인위적이다. 주제를 한층 더 효과적으로 강화시키기 위하여 시간이 뒤바뀌면서 재배열되는 경우가 많다. 플롯의 디자인은 은폐되지 않고 오히려 부각된다. 그것이 "쇼"의 일부이다. 형식주의적인 플롯은 폭넓게 구색이 잘 갖추어져 있지만, 보통 영화감독의 주제에 따라 구성된다. 가령 앨프리드 히치콕 Alfred Hitchcock은 "이중성"과 "누명쓴 사람"−발각되지 않은 범인의 범죄혐의를 받는, 법적으로는 결백한 사람−을 다루는 주제에 사로잡혀 있다.

히치콕의 '누명쓴 사나이 *The Wrong Man*'는 이 내러티브 모티프를 가장 분명하게 다룬 영화이다. 전체 플롯은 이중적이고, 두 가지 사건들로 구성되어 있다. 두 번의 투옥, 두 번의 필적 테스트, 부엌에서 두 번의 대화, 두 번의 법률청문회, 두 번의 병원입원, 두 번의 변호사 방문 등이 있다. 주인공은 두 명의 경찰관에 의해 두 번 체포된다. 그는 두 개의 다른 상점에서 두 명의 증인에 의해 (잘못)

8-17

'**트리 오브 라이프 The Tree Of Life**' (미국, 2011),
출연: 제시카 차스틴 Jessica Chastain,
브래드 피트 Brad Pitt,
각본 및 감독: 테렌스 맬릭 Terrence Malick

▶ '트리 오브 라이프'와 같은 전위 Avant-Garde 영화는 아주 개인적이며 인상주의적인 접근을 위해 종종 내러티브 라인을 생략한다. 이 영화는 철학적이고 종교적인 관심사 뿐만 아니라 1950년대 텍사스 와코 Waco에서 자란 맬릭의 어린 시절로부터의 자전적인 요소들도 포함하고 있다. 대화라고는 거의 없으며, 조금 있는 대화도 극적으로 열변을 토했다기보다는 "우연히 들린 것"처럼 보이게 했다. 종종 큐브릭 Kubrick 의 '2001 스페이스 오딧세이 *2001: A Space Odyssey*'와 비교되는 맬릭의 영화는 명시적으로 제시하지는 않지만 시적으로 떠오르는 아이디어들을 탐색하는 범위가 우주적이다. 맬릭의 영화는 큐브릭의 작품보다 무척 따뜻하며, 보다 더 인본주의에 근거하고 있다. 브람스, 바흐, 말러, 그 외의 음악이 사운드트랙에 포함되어 있다. 깐느 영화제 황금 종려상 Palme d'Or 을 수상한 이 영화는 모든 사람을 위한 영화는 아니며, 또한 명백한 줄거리 Clear-cut story line를 선호하는 사람들을 위한 영화도 분명히 아니다. 그러나 비평가 로저 에버트 Roger Ebert가 지적했듯이 이 영화의 거대한 야망과 복잡성이 대부분의 관습적인 영화들을 상대적으로 하찮게 보이게 만든다 : "트리 오브 라이프는 우주의 탄생과 팽창, 현미경 수준에서의 생명의 현상, 그리고 종들의 진화 등을 영상으로 제시함으로써 경외심을 자아내게 한다. 이 과정은 현재의 순간에 이르고, 우리 모두에게 다다른다" *(Cottonwood Pictures)*

확인된다. 범죄혐의로 두 번 이송된다. 주인공(헨리 폰다 Henry Fonda)은 그가 저지르지 않은 죄로 기소되고, 영화의 중간쯤에 정서적으로 불안정한 증세를 보인 그의 아내(베라 마일즈 Vera Miles)는 자신이 죄를 지었다면서 정신병자수용소에 보내달라고 자청한다. 장 뤽 고다르가 말했듯이 "사람들은 히치콕이 전화기를 너무 자주 보여준다고 말한다." "그러나 그가 그 전화기를 보여주기 때문에, 그것들은 더 이상 전화기가 아니다. 그것들은 우리에게 면밀한 음미에도 견딜 수 있는 실로 놀라운 능력을 지닌 건축디자인의 중심이 되는 것 같은 것이다."

　　형식주의적 내러티브는 대개 작가가 개입하고 있으며, 작가의 개성이 쇼의 일부가 된다. 한 예로, 브뉘엘 Buñuel의 영화에서 그의 개성을 무시하는 것은 사실상 불가능하다. 그는 그의 내러티브 사이에 교묘하게 냉소적인 블랙 유머를 끼워 넣는다. 그는 그의 작품에 나오는 등장인물들의 성격들—그들의 거만한 언행, 그들의 자기기만, 그들의 비열하고 쩨쩨한 마음—의 밑을 파헤치는 것을 좋아한다 (8-18). 고다르의 개성 또한 개입적인 성향이 매우 강하며, 특히 그의 비전통적인 내러티브에서 그렇다. 그는 그것을 "영화로 표현되는 에세이 cinematic essays"라고 불렀다.

8-18

'부르조아의 은밀한 매력 *The Discreet Charm Of The Bourgeoisie*' (프랑스, 1972), 감독: 루이스 브뉘엘 Luis Buñuel

▶ 대부분의 브뉘엘의 영화에는 설명이 불가능한 기묘한 장면들이 마치 세상에서 가장 정상적인 것처럼 등장하는 것이 특징이다. 그는 중산층의 위선을 풍자하기를 좋아했고, 경멸의 감정이 뒤섞여 있는 일종의 곤혹스러우면서 애정 어린 것으로 그들을 다루기 좋아했다. 이 영화에서 그는 부유한 반(半) 좀비들의 허무의식을 다루는, 일련의 느슨하게 연결된 에피소드들을 보여주고 있다. 사이사이에 주인공들이 텅 빈 거리를 걷는 장면이 나온다(사진). 아무도 그들에게 왜 거기 있는지 묻지 않는다. 그들이 어디로 가고 있는지 아는 사람은 아무도 없는 듯하다. 브뉘엘은 아무 말도 하지 않는다.   *(Greenwich Film Prods.)*

8-19a

'내 미국 삼촌 *Mon Oncle d'Amerique*' (프랑스, 1980), 출연: 제라르 드파르디유 Gérard Depardieu, 감독: 알랭 레네 Alain Resnais

▶ 드파르디유는 열심히 일하는 이상주의자 역을 맡고 있는데, 그는 자신의 보수적인 가치와 절대자 신에 대한 믿음이 심하게 유혹당하고 있다. 이 제목의 의미는? 그것은 유럽의 대중신화에서 따온 것인데, 그 내용은 모험심 많은 유명한 삼촌이 미국에 가서 돈을 많이 벌고, 언젠가는 돈을 많이 갖고 와서 모든 문제를 해결해 줄 것이라는 것이다. 알랭 레네는 또한 알 수 없는 존재(신?)를 끊임없이 기다리지만 결코 그것이 나타나지는 않는다는 사무엘 베케트 Samuel Beckett의 블랙코미디, '고도를 기다리며 *Waiting for Godot*'를 염두에 두고 있었다.   *(Philippe Dussart/Andrea Films/FT1)*

8-19b

'멜랑콜리아 *Melancholia*'
(덴마크/스웨덴/프랑스/독일, 2011),
출연: 커스틴 던스트 Kirsten Dunst,
각본 및 감독: 라스 폰 트리에 Lars
von Trier

▶폰 트리에의 다른 많은 작품들처럼, 멜랑콜리아는 칭찬뿐만 아니라 빗발치는 비난을 불러 일으켰다. 이 전위 영화는 여성의 고통을 반복적으로 테마로 삼는 덴마크 영화 제작자들을 따라 공상과학적 요소들을 우울증에 대한 심리적 탐사와 결합시켰다. 공상과학적 측면: 악한 행성 멜랑콜리아는 지구로 돌진하여 우리의 행성을 없애겠다고 위협한다. 심리적인 측면은 우울증으로 인한 정신적 고통으로 심지어 그녀의 결혼식 날에 주인공(던스트)을 없애겠다고 마찬가지로 위협하는 것이다. 이 영화의 사운드트랙으로 바그너의 '트리스탄과 이졸데 *Tristan and Isolde*'의 고뇌로 가득 찬 선율이 진동한다. 어떤 평론가들은 이 영화를 걸작으로 단언하지만, 다른 평론가들은 이 영화를 일찍이 제작된 영화들 중 가장 지루하고 우울한 영화 중 하나로 비난한다.   *(Zentropa)*

형식주의 내러티브는 종종 서정적인 에피소드, 이를테면 1930년대의 프레드 아스테어-진저 로저스의 RKO 뮤지컬에 나온 매혹적인 춤곡들과 같은 순수한 스타일의 행위들에 의해 방해받는다. 사실상 뮤지컬, SF, 판타지처럼 양식화된 장르영화는 스타일상의 환희와 화려한 효과를 발휘하기 위한 가장 풍부한 가능성을 제공한다. 이 서정적인 에피소드들은 플롯의 진행 모멘텀 momentum(계기)에 끼어드는데, 이는 어차피 단순한 구실에 지나지 않을 경우가 허다하다.

형식주의적 내러티브의 대표적 예는 알랭 레네 Alain Resnais가 감독하고, 레네와 장 그뤼오 Gean Grualt가 각본을 쓴 '내 미국 삼촌 *Mon Oncle d'Amerique*'(8-19)이다. 이 영화의 구조는 고다르의 에세이 형식에 힘입어, 다큐멘터리와 아방가르드 영화의 요소들을 극영화와 결합시키고 있다. 이 영화의 아이디어는 기초심리학의 소재이다. 레네는 그의 극적 에피소드를 실제 의사이자 행동과학자인 앙리 라보리 박사 Dr. Henri Laborit의 기록화면으로써 조형하고 변화를 주고 있는데, 앙리 라보리 박사는 해부, 분석 그리고 분류에 대한 프랑스의 열광적인 분위기에 빠져 있다. 그는 두뇌의 구조, 의식과 무의식의 환경, 사회적 조건, 신경체계, 동물학 그리고 생물학과 인간행위의 상호관계를 재치 있게 논하고 있다. 그는 스키너 B. F. Skinner의 행동-수정 이론 behavior-modification과 그 외 여러 가지 인간발달이론을 넌지시 비추고 있다.

이 영화에서 극적 에피소드들은 이런 이론들의 구체적인 예시들이다. 등장인물들은 기계적으로 움직이는 좀비 zombies가 아니라 자율적이다. 그런데도 그들은 그들이 이해하기 힘든 어떤 힘의 희생자가 된다. 레네는 흥미를 끄는 세 명의 인물에 초점을 맞춘다. 각각은 독특한 생물학적 구조와 문화적 환경의 산물이다. 그들이 걸어가는 길은 우연히 교차한다. 레네는 이렇게 말한다. "이 사람들은 자신들을 행복하게 만들 수 있는 모든 것을 갖추고 있다. 그런데 그들은 전혀 행복하지 않다. 왜일까?"

그리고 나서 레네는 관객에게 그의 현란한 편집과 중층적 내러티브를 통해서 그 이유를 보여준다. 변화하는 시각의 만화경을 통해, 레네는 각 인물들의 삶, 꿈 그리고 기억의 단편들을 라보리 박사의 추상적인 공식과 통계, 세심한 관찰과 병치시킨다. 세 주인공은 영화광이며, 이야기 도중에 여러 곳에서 레네는 그들의 어린시절의 우상들-장 마레 Jean marais, 다니엘 다리외 Danielle Darrieux, 장 가뱅 Jean Gabin-의 영화들에서 짧게 오려낸 장면들을 화면에 삽입한다. 이 영화에 삽입된 그 장면들 가운데 어떤 것은 등장인물들의 극적 상황과 전혀 부합하지 않는다. 레네는 또한 프랑스영화의 위대한 세 명의 스타에게 경의를 표한다.

넌픽션 내러티브

영화는 크게 세 가지로 분류된다. 극영화, 다큐멘터리 그리고 아방가르드 avant-garde가 그것이다. 다큐멘터리와 아방가르드 영화는 보통 스토리를 말하지 않는다. 최소한 관습적인(즉, 극적인) 의미에서는 그렇다. 물론 다큐멘터리와 아방가르드 영화도 구성되지만, 결코 플롯을 이용하지는 않는다. 차라리 스토리-어떤 스토리가 있다고 하면-는 주제나 논점에 따라 구성되며, 특히 다큐멘터리에서는 그렇다. 아방가르드 영화에서 그 구조는 영화감독의 주관적인 직감이나 재능의 문제인 경우가 많다.

먼저 다큐멘터리를 보자. 대부분의 극영화와는 달리, 다큐멘터리는 사실을 다룬다. 말하자면 창조된 것이 아니라 오히려 실존인물과 장소, 실제사건을 다룬다. 다큐멘터리 감독은 자신들이 하나의 세계를 창조한다기보다는 이미 존재하는 어떤 세계를 보고한다는 믿음을 가지고 있다. 그러나 그들은 외부 현실세계의 단순한 기록자만은 아니다. 왜냐하면 극영화 감독처럼 그들 역시 디테일을 선택함으로써 그들의 원래 소재들을 조형화하기 때문이다. 이러한 디테일들은 일관된 예술적 패턴으로 조직되고 구성된다. 많은 다큐멘터리 감독은 의도적으로 영화구조의 단순함과 자연스러움을 유지한다. 그들은 사실에 대한 그들의 해석이 두서없이 산만한 삶 자체를 있는 그대로 나타내는 것처럼 보이기를 원한다.

많이 들어본 것 같지 않은가? 사실상, 사실주의와 형식주의라는 개념은 극영화뿐만 아니라 다큐멘터리를 논의하는 데도 쓸모가 있다. 그러나 다큐멘터리 감독들 가운데 거의 대부분은 그들의 주된 관심이 스타일보다는 소재에 있다고 주장할 것이다.

사실주의적인 다큐멘터리의 가장 좋은 본보기는 1960년대의 시네마 베리테 cinéma vérité 혹은 다이렉트 시네마 direct cinema 운동이다. 뉴스 스토리를 신속하고도 효과적으로 그리고 최소한의 인원

8-20

'*JFK*' (미국, 1991),
출연: 케빈 코스트너 Kevin Costner(가운데),
각본 및 감독: 올리버 스톤 Oliver Stone

▶ 내러티브로서의 역사. 많은 역사가가 지적해 왔듯이, "역사"는 사실상 여러 단편적인 일들, 제대로 밝혀지지 않은 사실들, 두서없는 사건들 그리고 어느 누구도 설명해야 할 만큼 중요하다고 여기지 않는 디테일들이 무질서하게 섞여 있는 것이다. 이러한 혼돈은 불규칙하게 널려 있는 그 소재들에 내러티브를 부여하는 역사가를 통해 선별적으로 정리된다. 하지만 나폴레옹이 말했듯이 "역사란 사람들이 자기들의 성미에 맞다고 결정한 과거 사건들의 버전이다." 역사가는 어떤 데이터는 버리고, 어떤 데이터는 강조한다. 결과는 원인을 가지고 있고, 개별적으로 고립된 사건은 표면적으로 무관해 보이는 다른 사건들과 연결되어 있다. 간단히 말해서, 많은 현대 역사가들이 주장하듯이, 과거는 한 가지가 아니라 여러 가지 역사로 이루어져 있다. 그 각각의 역사는 사실들을 수집하고 해석하여 내러티브로 만들어낸 사람들의 산물이다. 올리버 스톤 감독은 뉴올리언스의 변호사 짐 개리슨 Jim Garrison(코스트너)의 시각을 빌려 케네디 대통령의 암살사건에 대해 문제를 제기하고 있다. 이 영화는 역사가들이 하는 일을 하고 있다. 많은 미국 대중의 정신 속에서 결코 깨끗하게 규명되지 못한, 잊을 수 없는 국가적 비극에 대해 있을 수 있는 한 가지 설명을 제시해 주고 있는 것이다. '*JFK*'는 수 십 명의 등장인물과 오랜 기간, 수천 마일의 거리 그리고 무수한 역사적 사실들을 빠트리지 않고 잘 아우르는, 화려한 편집의 놀라운 솜씨를 발휘하고 있다. *(Warner Bros.)*

으로 포착할 수 있어야 한다는 그 필요성 때문에, 텔레비전 저널리스트들에게 새로운 테크놀로지의 개발이라는 소임이 주어지게 되었고, 그로 말미암아 다큐멘터리 영화의 진실에 대한 새로운 철학이 생겨나게 했다. 그 테크놀로지는 다음과 같다.

1. 촬영기사가 사실상 어떤 곳이든 쉽게 돌아다닐 수 있게 해주는 가벼운 16mm 핸드헬드 카메라

2. 촬영기사가 한 번의 조절 바 adjusting bar의 작동으로 12mm 광각위치부터 120mm 망원위치까지 이동할 수 있게 해주는 줌 렌즈

3. 조명장치를 설치할 필요 없이 촬영할 수 있는 새로운 고감도필름. 이 필름은 최소한의 조명만으로 야간의 장면까지도 만족스러울 정도로 선명하게 녹화할 수 있을 만큼 빛에 매우 민감하다.

4. 녹음기사가 직접 영상과 음향을 자동으로 동시녹음할 수 있는 이동용 테입 레코더. 이 장비는 사용하기가 너무나 쉽기 때문에 뉴스기사를 제작하는 데에 두 사람—한 사람은 카메라에, 한 사람은 사운드 시스템에—만 있으면 된다.

이러한 하드웨어의 적응력과 탄력성은 다큐멘터리 감독들에게 진정성 authenticity의 개념을 다시 정의하게 만들었다. 이 새로운 미학은 결국 사전기획과 세심하게 세분화된 각본을 거부하는 것과 같다. 각본은 현실에 대한 선입견을 피하기 어렵고, 또 어떤 의미의 자연스러움이나 모호성도 지워버리는 경향이 있다. 다이렉트 시네마는 이와 같은 허구적인 선입견을 거부했다. 현실을 주시하고 관찰하는 것이 아니라 각본대로 현실을 배열하고 각색하기 때문이다. 다큐멘터리 감독은 소재 위에 플롯을 포개놓는다. 어떤 종류의 재창조도 더 이상 필요하지 않다. 제작팀의 구성원들이 사건이 일어나고 있는 현장에 있다면, 그들은 그 사건이 일어나고 있는 동안 그 사건을 직접 포착할 수 있기 때문이다.

현실세계에 대한 간섭을 최소화해야 한다는 생각이 미국과 캐나다 시네마 베리테 학파의 지배적인 선입견이었다. 영화감독은 어떤 식으로도 사건을 관리하고 지배해서는 안 된다는 것이었다. 재창조─심지어 실제인물과 실제장소가 포함되어 있더라도─는 받아들일 수 없는 것이었다. 편집은 최소한도에 그쳤다. 만약 그렇지 않을 경우 편집이 사건의 시퀀스에 대해 잘못된 인상을 불러일으킬 수도 있기 때문이다. 장시간 촬영 lengthy takes을 사용함으로써 가능한 한 언제나 실제시간과 공간이 그대로 유지되고 보존되었다.

8-21a

'라운드 업 *The Roundup*'
(프랑스/독일/헝가리, 2010),

감독: 로즈 보쉬 Rose Bosch

▶ 아마 영화만큼 과거를 생생하게 담아낼 수 있고, 관객들을 수천 개의 역사적으로 정확하게 세부사항들에 몰두하게 할 수 있는 매체는 없을 것이다. 라운드 업은 제 2차 세계대전 중에 프랑스에서 1942년에 일어난 끔찍한 사건을 재현하였다. 13,000명이 넘는 파리에 사는 유태인들이 나치에 협력하는 정부─모두 프랑스인 이었다─에 의해 체포되어 마실 물도, 화장실 시설도 없는 경륜장에 갇혔다. 그 후에 가족들은 가축 운반 열차에 빽빽하게 태워져서 독일의 집단 처형장으로 이송되었다. 이 이야기는 현재 80세이며 나치 집단 수용소로 이송되었던 4,115명의 어린이 중 한명이었던 조셉 바이즈만 Josepph Weismann의 실화를 바탕으로 만들어졌다. 바이즈만은 기적적으로 살아남아 이 이야기를 전해준 백여 명의 생존자 중 한 명이었다.   (*Legende Films*)

8-21b

'웰컴 투 사라예보 *Welcom To Sarajevo*' (미국, 1997),
출연: (왼쪽에서 오른쪽으로) 스티븐 딜란 Stephen Dillane, 우디 해럴슨 Woody Harrelson,
감독: 마이클 윈터바텀 Michael Winterbottom

▶ '웰컴 투 사라예보'는 실제 스토리에 기초하고 있는데, 그것은 몇몇 영국과 미국의 기자들이 한때 아름다운 도시였던 사라예보에서 벌어진 보스니아전쟁을 어떻게 보도했는가를 다룬 스토리이다. 사라예보는 치열한 분열과 투쟁으로 폐허가 된 도시로 평화를 찾기 이전 한때에는 유고슬라비아에 속했다. 이 영화는 연출된 필름 (사진)과 전쟁 동안 촬영된 실제 뉴스릴 필름을 결합시킨 것이다. 이 뉴스릴에 담긴 역사적 사건들은 구역질 난다. 이전에 이웃사촌으로 살던 사람들이 폭력배나 흉악범처럼 서로 살육하고, 아무런 거리낌도 없이 강간하고 약탈한다. 발칸반도의 영화와 문화에 대한 연구서인 다음을 또한 참조하라. Dina Iordanova, *Cinema of Flames*(British Film Institute, distributed by University of California Press, 2001).
(Dragon Pictures/Miramax/Channel 4. Photo: Laurie Sparham)

시네마 베리테는 또한 사운드의 사용도 최소화한다. 시네마 베리테 영화감독들은 전통적인 다큐멘터리가 주로 쓰던 "신의 음성 voice of God"과 같은 해설을 싫어했으며, 이는 지금도 그렇다. 외화면 내레이션 off-screen naration은 관객을 위해 영상을 해석해 주는 경향이 있는데, 이로 말미암아 관객 스스로 분석해야 할 것들이 거의 없어져 버린다. 어떤 다이렉트 시네마의 옹호자는 보이스 오버 내레이션 voice-over narration을 아예 없애버리기도 한다(8-22a).

형식주의적 혹은 주관적인 다큐멘터리의 전통은 소비에트의 영화감독인 지가 베르토프 Dziga-Vertov까지 거슬러 올라갈 수 있다. 대부분의 1920년대 소비에트 예술가들이 그랬듯이 베르토프도 선동가였다. 그는 영화란 혁명의 수단이 되어야 하며, 노동자들에게 어떻게 이데올로기적인 관점에서 사건을 바라볼 수 있는가를 가르치는 한 방편이 되어야 한다는 믿음을 가지고 있었다. 그의 말대로 "예술은 역사적 투쟁을 반영하는 '거울'이 아니라 그 투쟁의 '무기'이다."

8-22a

'법과 질서 *Law And Order*' (미국, 1969),
감독: 프레드릭 와이즈먼 Frederick Wiseman

▶ 시네마 베리테 cinéma vérité 또는 다이렉트 시네마 direct cinema 는 그 객관성과 직설적인 표현을 긍지로 삼았다. 물론 이러한 다큐멘터리 감독들은 완벽한 중립이란 도달할 수 없는 목표라는 것을 잘 알고 있었다. 심지어 다큐멘터리 감독들 중 가장 객관적인 인물에 속하는 와이즈먼도 자신의 영화가 실제사건, 인물, 장소 등에 대한 주관적인 "해석"이라고 주장한다. 그는 화면 밖 off-frame 해설자의 활용을 거부한다. 영화의 주인공들이 직접 이야기하도록 하고, 그 해석은 관객들의 몫으로 넘겨준다. 관객들이 화면에 보이는 소재의 의미를 스스로 분석해야만 하는 것이다. 물론 대부분의 참여자들은 촬영되고 있다는 사실을 알고 있으며, 또 이러한 사실이 분명히 그들의 행동에 영향을 미친다. 바보처럼 카메라에 담기기를 바라는 사람은 아무도 없다. *(The Ford Foundation)*

8-22b

'할란 카운티 *Harlan County, U.S.A*' (미국, 1997),
감독: 바바라 코플 Barbara Kopple

▶ 다이렉트 시네마는 소재 자체가 본래 극적 dramatic인 경우 가장 효과적이다. 이는 곧 갈등이 바야흐로 그 절정에 이르는 위기상황과 같은 것이다. 예를 들어, 석탄 광부들이 근로조건 개선을 요구하며 벌이는 파업을 다루는 이 다큐멘터리를 제작하는 동안, 코플과 제작진은 여러 번 폭력적인 상황에 당면했다. 어떤 시퀀스에서는 그들이 실제로 한 호전적인 사람에게 총격을 받기도 했다. 카메라는 그 모든 것을 기록했다. 다큐멘터리라는 개념이 함축하는 의미는 바로 동사 "to document", 즉 어떤 사건에 대한 반박의 여지가 없는 기록을 제시하는 것이다. *(Cabin Creek)*

8–23

'펭귄–위대한 모험 *March Of The Penguins*'
(프랑스, 2005),
감독: 뤽 자케 Luc Jacquet

▶ 극영화 감독들과 마찬가지로 다큐멘터리 감독들도 자연의 무질서한 혼란에 대해 내러티브 구조를 적용하고 있다. 자케의 아카데미 수상작인 이 다큐멘터리는 지독한 어려움에도 불구하고 영웅적인 인내를 그린 서사적 모험담과 같은 구조로 되어 있다. 배경은 꽁꽁 얼어있는 남극이다. 매년 겨울마다, 수천 마리의 황제 펭귄들은 몹시 추운 지대를 건너는 길고 고된 여행을 하여 그들의 오래된 번식지로 간다. 이 지역은 매년 이맘때가 되면 너무 황량하고 혹독해서 다른 야생동물들은 살지 못한다. 이 결연하고 귀여운 펭귄들은 종의 번식과 생존확보에 대한 강한 생존본능에 사로잡혀, 한 줄로 줄을 지어 눈보라와 거센 바람을 헤치고 전진한다. 자케는 아주 훌륭한 비주얼 스타일리스트 visual stylist이다. 예를 들어, 이 사진은 거의 추상적인 표현주의 그림같이 보일 수도 있는데, 종종 만발한 꽃을 양식화된 이미지로 만든 조지아 오키프 Geogia O'Keeffe의 그림들과 어느 정도 닮았다. 비슷한 방식으로, 두 마리의 꼭 붙어 있는 펭귄들은 대칭되는 조화의 패턴을 만들어 내는데, 이 모습은 그들의 팀워크 안에서 서로에게 보여주는 애정 어린 충성심을 시각적으로 강화해 준다.

(Bonne Pioche/APC/Canal+. Photo: Jerome Maison)

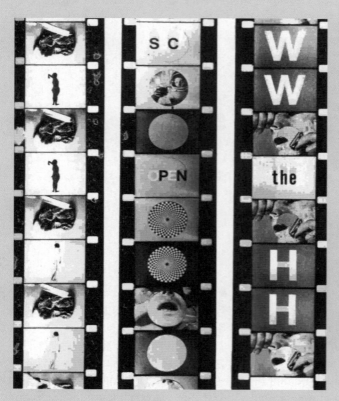

8–24

'면도날 *Razor Blades*' (미국, 1968),
감독: 폴 샤리츠 Paul Sharits

▶ 구조주의 Structuralism는 주제의 영향을 전혀 받지 않는 추상적인 구조를 내세우면서 내러티브를 거부한 아방가르드 운동이었다. 구조주의적 영화에서는 인식의 코드가 완전히 자의적이다. 이 코드들은 반복의 원칙, 변증법적인 극단, 시간과 공간의 증가 등에 따라 구성된다. 이러한 인식코드와 그 상호관계를 해독하는 과정은 곧 영화가 스스로 할 일을 다하고 그 자신의 구조적인 운명을 다하는 것과 유사하다. 샤리츠의 플리커 필름 flicker film(명멸영화)에서는 두 이미지(별도의 스크린과 영사기가 필요하다)가 동시에 병치된다. 각각의 영사 슬라이드는 불규칙하게 반복되는 이미지들로 구성되어 있는데, 두세 개의 프레임이 지속적으로 빈 프레임 또는 색깔이 있는 프레임으로, 또는 색색의 줄무늬나 둥근모양의 무늬처럼 완전히 추상적인 디자인으로 점철되어 나타난다. 빠르게 움직이는 이미지의 깜박거림은 최면적인 섬광효과를 만들어내면서 관객의 심리적·생리적 인내심을 시험하는 듯하다. 영화의 내용은 이미지 그 자체의 주제라기보다는 그 구조적 형식이라고 할 수 있다. *(Paul Sharits)*

이러한 형식주의 전통에서 본다면, 다큐멘터리 감독은 영화를 주제에 따라 집을 짓듯이 쌓아올리는 경향이 있는데, 이를테면 유명한 텔레비전 프로그램 '60분 *60 Minutes*'에 나오는 뉴스 스토리들처럼 논제를 예시하기 위하여 스토리의 소재들을 배열하고 정리하면서 구성해 간다. 대부분의 경우, 쇼트의 시퀀스와 심지어는 씬 전체까지도 비교적 의미나 논리를 잘 살려가면서 배치나 구성을 바꾸어 나간다. 영화의 구조는 연대기나 내러티브의 일관성에 기초하는 것이 아니라, 다큐멘터리 감독의 논점이나 주장에 기초한다.

아방가르드 영화는 너무 다양해서 그 내러티브 구조를 일반화하기가 어렵다. 심지어 대부분의 아방가르드 영화들은 아예 스토리를 말하려는 시도조차도 하지 않는다. 자전적인 요소가 강하다는 공통점이 있다. 많은 아방가르드 예술가들은 주로 그들의 "내면적 충동", 말하자면 인간, 이념, 경험에 대한 그들의 사적이고 주관적인 연관성이나 관계를 전달하는 데 관심을 기울인다. 그렇기 때문에 아방가르드 영화는 가끔 애매모호하고 심지어 이해하기 어려운 경우도 있다. 아방가르드 영화감독들은 대개 그 자신만의 사적인 언어와 상징을 만들어낸다.

아방가르드 영화는 미리 각본이 만들어지지 않는데, 이에는 약간의 예외가 있다. 부분적으로 이것은 동일한 감독이 촬영하고 편집하기 때문에 감독이 영화를 만드는 과정의 모든 단계에서 소재를 통제할 수 있기 때문이다. 아방가르드 영화감독들은 또한 자신들의 영화에서 우연과 자발성을 높이 평가하기 때문에, 이런 요소를 탐색하기 위해서라면 언제라도 각본을 융통성 있게 바꾸어간다.

1940년대 미국의 아방가르드 영화감독인 마야 데런 Maya Deren은 그녀 나름의 영화(그녀가 "사적인" 혹은 "시적인" 영화라고 불렀던)를 주로 구조와 구성의 측면에서 주류 상업영화와 차별화했다. 서정시처럼, 사적인 영화들은 어떤 주제나 상황에 대해 "수직적으로" 탐구한다. 영화감독은 무엇이 일어나고 있는지보다는 어떤 상황이 무엇과 같은 느낌을 주는지, 혹은 무엇을 의미하는지에 더 관심이 많다. 영화예술가는 주어진 순간에 대한 의미의 깊이와 층들을 탐구하는 데 관심을 둔다. 반면에 극영화는 데런에 따르면 소설이나 연극과 같다. 그 전개과정을 보면 본질적으로 "수평적"이다. 내러티브 영화감독들은 상황에서 상황으로, 느낌에서 느낌으로 나아갈 수밖에 없는 직선적 구조를 사용한다. 극영화감독들은 주어진 생각이나 정서의 의미를 탐험할 시간적 여유가 많지 않다. 왜냐하면 그들은 플롯이 "계속 앞으로 나아가도록" 해야 하기 때문이다.

다른 아방가르드 영화감독들은 인지 가능한 소재라면 무엇이든 경멸한다. 한스 리히터 Hans Richter와 유럽의 다른 초기 아방가르드 예술가들은 전반적으로 내러티브를 거부했다. 리히터는 "절대 영화 absolute film"의 대부였는데, 이는 오로지 추상적인 형태와 디자인만으로 영상이 구성된다 (4-7). 영화는 연기, 스토리 혹은 문학적인 주제와는 무관해야 한다고 주장한 리히터는 영화란 음악과 추상화 그림처럼 순수하게 비재현적인 형상에 관심을 기울여야 한다고 믿었다. 대부분의 이런 종류의 영화는 상대적으로 짧아서 좀처럼 한 시간을 넘기지 않는다.

장르와 신화

장르영화는 전쟁영화, 갱영화, 공상과학영화 등 특정한 유형의 영화이다. 장르영화는 말 그대로 수백 가지나 있는데, 사실상 모든 극영화가 장르에 따라 분류될 수 있는 미국과 일본에서는 특히 그렇다. 장르는 스타일, 소재 그리고 가치 등에 담긴 일련의 관습들의 특징들을 통해 구분될 수 있다. 장르는 또한 스토리 소재에 초점을 맞추고 조직하는 편리한 방법이기도 하다.

장르영화는 대체로 특정한 관객을 주목한다. 일반적으로 성장영화 Coming-of-age films는 10대를 겨냥하는 편이다.(8-6을 보라.) 액션모험장르는 남성들만의 세계에 초점을 맞추는 편이다. 여성들은 보통 부수적인 기능으로 분류되거나, 혹은 "로맨틱한 흥밋거리"를 제공하는 정도이다. 미국의 여성영화 woman's picture와 일본의 어머니영화는 가정생활에 초점을 맞춘다. 이 여성지향적인 장르에서는 남성들이 비슷한 방식으로 관습화되어 있는데, 대개 생계를 위해 밥벌이를 하는 사람, 성의 대상, 혹은 "외간 남자"로 등장한다.

언젠가 앙드레 바쟁 André Bazin은 서부영화를 "내용을 추적하는 형식"이라고 했다. 모든 장르영화에 대해 똑같은 말을 할 수 있을 것이다. 그러니까 장르는 일련의 느슨한 기대감이지, 신성한 명령은 아닌 것이다. 다시 말해서 특정한 타입의 스토리에 대한 각각의 예는 그보다 앞선 것들과 관련되어 있지만, 요지부동의 속박은 아니다. 어떤 장르영화는 좋고, 다른 장르영화들은 끔찍하다. 예술적 장점이나 우수성을 결정하는 것은 장르가 아니라 그 예술가가 그 형식의 관습을 얼마나 잘 이용하는가에 따라 좌우된다.

장르영화는 모방하기가 쉽고, 진부한 기계적 반복으로 품격을 떨어뜨려 왔는데, 이것이 바로 장르영화의 최대결점이다. 장르의 관습들이 스타일이나 주제 면에서 유의미한 혁신을 이루지 못한다면, 그것들은 다만 진부한 표현에 불과하다. 물론 이것은 영화뿐 아니라 모든 예술의 진리이다. 아리스토텔레스가 『시학 The Poetics』에서 강조했듯이 장르는 질적으로 중립이다. 다시 말해서 고전적인 비극의 관습들은 그것을 천재가 사용하건 아니면 기억에도 없는 통속예술가가 사용하건 그 근본은 동일하다. 어떤 장르는 그것이 아주 유능한 예술가의 마음에 들었다는 이유로 더 많은 문화적 명성을 누린다. 그렇지 못한 장르들은 본질적으로 예술적이지 못하다는 것이 일반적인 평가이다. 그러나 대부분의 경우, 이와 같은 지위의 몰락은 본래부터 가망이 없었다기보다는 간과하거나 등한시한 소치이다. 예를 들어, 초창기 영화비평가들은-채플린과 키튼 같은 뛰어난 희극예술가들이 이 분야에 발을 들여놓을 때까지는-슬랩스틱 코미디를 유치한 장르로 간주했다. 오늘날에는 어떤 비평가도 이 장르를 나쁘게 말하지 않는다. 왜냐하면 이 장르가 수많은 걸작들을 자랑하고 있기 때문이다.

비평적으로 가장 찬사를 받는 장르영화들은 이미 확립되어 있는 그 형식의 관습들과 예술가 나름의 고유한 역할이 균형을 이루고 있다. 고대 그리스의 예술가들은 일치된 신화체계에 의존해 있었으며, 극작가와 시인들이 같은 이야기로 되돌아가 계속 반복하더라도 그것을 이상하게 생각하는 사람은 아무도 없었다. 무능한 예술가들은 다만 되풀이하는 데 그친다. 진지한 예술가들은 재해석한다. 잘 알려진 이야기나 스토리 양식의 대체적인 윤곽만으로도, 스토리텔러는 그 주인공들을 통해 장르

8-25a

'어느 날 밤에 생긴 일 It Happened One Night'
(미국, 1934).
출연: 클라크 게이블 Clark Gable, 클로데트 콜베르
Claudette Colbert, 각본: 로버트 리스킨 Robert Riskin,
감독: 프랭크 카프라 Frank Capra

▶ 장르는 주제, 스타일, 시대, 국가 등 다양한 기준에 따라 분류될 수 있다. 1930년대에는 새로운 미국식 장르라고 할 수 있는 스크루볼 코미디 screwball comedy가 등장했는데, 그 전성기는 1934년에서 1945년까지였다. 본질적으로는 러브스토리들인 이 영화들은 우스꽝스럽고 어리석지만 외모는 아주 매력적인 연인들이 서로 다른 사회적 신분으로 등장하는 것이 특징이다. 무성영화시대의 슬랩스틱보다 한층 더 사실적이었던 스크루볼 코미디는 또한 훨씬 더 협력적으로 작업이 이루어졌기 때문에, 작가와 배우 그리고 감독의 재능을 세련되게 잘 엮어낼 필요가 있었다. 척척 해내는 대화는 위트와 스피드로 톡톡 튀는 듯한 순발력이 있었다. 또 촉촉하고 감상적인 대사가 속임수인 경우가 자주 있다. 내러티브의 전제들은 엄청나게 황당무계하고, 그리고 터무니 없는 엉킴과 반전으로 복잡하게 얽힌 플롯은 감당하기 힘들 정도로 눈덩이처럼 불어나는 경우가 잦다. 이러한 영화는 외로운 주인공보다는 코믹하고 로맨틱한 커플에 초점을 맞춘다. 종종 이들은 처음에는 적대적인 태도를 취하면서, 서로 잔꾀로 속이고 술책을 부리며 상대의 허를 찌르기도 한다. 대부분의 코미디는 주인공들의 상태가 아주 심각할 때 빚어지는데, 이 주인공들은 지극히 바보 같은 가면극이나 속임수에 빠져 있으면서도 자신들이 이상하고 웃기는 존재라는 것을 알아차리지 못하고 있다. 이따금 이들 중 하나가 성적 매력은 없으면서도 점잔을 빼는 여자나 또는 유머라고는 없는 따분한 남자와 약혼을 한다. 이렇게 되면 아주 천생연분이었던 두 주인공들은 갑작스럽게 더 마음이 끌리는 사이가 된다. 이러한 장르에는 대개 주인공 연인 못지않게 엉뚱하고 별난 조연들이 등장한다. *(Columbia Pictures)*

▶ 1968년, '2001 스페이스 오디세이 *2001: A Space Odyssey*'가 나온 이후로 공상과학영화는 미국에서뿐만 아니라 다른 많은 나라에서도 황금기를 맞았다. 평론가 스테판 홀든 Stephen Holden은 공포물과 공상과학물을 합쳐놓은 '나이트 워치'를 "스타워즈 *Star Wars*와 뱀파이어 *Vampires*가 모스크바에서 만났다"라고 묘사했다. 세르게이 루키아넨코 Sergei Lukyanenko(이 영화의 공동각본가)의 소설을 바탕으로 한 이 영화는 러시아에서 크게 흥행했고, 기획중인 3부작 중의 첫 회분이기도 하다. 이 영화는 뱀파이어들의 주식인 피의 색, 빨간색으로 물들어 있다. 특수효과로는 글자들이 피로 물든 구름으로 변하는 장면, 뱀파이어의 머리에 대한 환영이 고동치는 혈관으로 보이는 장면, 그리고 이 사진처럼 등장인물의 눈에서 뿜어져 나오는 핏빛 증기 등이 있다. 굉장히 흥미진진한 장면들이다.

(Bazelevs/Channel One Russia/Tabbak)

8-25b

'나이트 워치 Night Watch' (러시아, 2006).
출연: 디마 마르티노프 Dima Martynov,
각본 및 감독: 티무어 베크맘베토프 Timur
Bekmamvetov

의 여러 관습과 예술가의 창조 사이에서, 익숙한 것과 참신한 것 사이에서, 일반적인 것과 독특한 것 사이에서 흥미롭고 도발적인 긴장감을 이끌어낼 수 있다. 신화는 한 문명의 공통된 이상과 열망이 구체적으로 표현된 것이다. 그리고 어떤 의미에서 본다면, 함께 공유하고 있는 이러한 이야기로 되돌아감으로써 예술가는 알려진 것과 알려지지 않은 것 사이의 그 깊고 넓은 심연에 다리를 놓는 정신적인 탐험가가 된다. 장르가 가지고 있는 스타일 상의 관습과 원형적인 스토리 패턴은 관객에게 그들 시대의 근본적인 신념, 공포, 불안에 제의적으로 참여하도록 격려하고 조장한다.

영화감독들이 장르영화에 매력을 느끼는 까닭은 장르영화가 자동적으로 방대한 양의 문화적 정보를 종합하고, 그들로 하여금 더 많은 개인적인 관심사를 자유롭게 탐구할 수 있도록 해주기 때문이다. 장르영화가 아닌 경우는 훨씬 더 자제할 수밖에 없다. 예술가는 작품 그 자체를 통해서 사실상 주요한 사상과 정서를 모두 전달해야 하고, 이것이 상영시간의 대부분을 차지하게 된다. 이와 달리, 장르 예술가는 결코 출발선에서 처음부터 시작하지 않는다(8-26). 앞선 사람들의 업적을 토대로 하여, 장르 예술가는 자신의 성향에 따라 그들의 사상을 한층 풍성하게 하거나 혹은 그 사상에 대해 의심하거나 이의를 제기할 수도 있다.

가장 지속적인 장르는 변화하는 사회적인 조건에 대해 적응하는 능력을 가지고 있는 편이다. 그 장르의 대부분은 선 대 악이라는 소박한 알레고리로 시작한다. 세월이 흐름에 따라 그 알레고리는 형식에 있어서나 주제의 범위에서 점점 더 복잡해진다. 그리하여 마침내는 수많은 장르가 원래 지니고 있던 가치와 관습을 무시하면서 아이러니한 양식으로 바뀌어 간다. 어떤 비평가들은 이러한 진화는 불가피한 것이며, 반드시 미학적인 발전을 의미하는 것은 아니라고 주장한다.

영화비평가와 학자들은 장르영화를 네 가지 주요 주기로 분류한다.

1. **초창기** primitive 이 단계는 보통 소박하다. 정서적인 영향력이 강하기는 하지만, 부분적으로는 형식의 참신성 때문이다. 장르의 관습들이 대부분 이 단계에서 수립된다.

2. **고전기** classical 이것은 중간단계로서 균형, 풍요, 안정 같은 고전적인 이상을 구현한다. 장르의 가치들이 확실히 보장되고 그것을 관객과 널리 공유한다.

3. **수정기** revisionist 일반적으로 장르가 더욱더 상징적이고 모호해지고 장르의 가치들은 더 불분명해진다. 이 단계는 스타일의 측면에서는 복합적인 경향을 띠고, 감정보다는 지성에 호소한다. 이미 확립된 장르의 관습들이 대중적인 신념을 의문시하거나 그 토대를 잠식해 들어가기 위해 아이러니한 장식으로 이용되는 경우가 많다.

4. **패러디기** parodic 장르발달의 이 단계는 장르의 관습들을 노골적으로 조롱하거나 무시하면서 그것들을 터무니없이 진부한 것으로 격하시키고 희극적인 방식으로 표현한다.

예를 들면, 서부영화의 초기 단계에 대한 한 예로 최초의 서부영화이자 대중에게 대단한 인기를 얻는 영화인 에드윈 포터 *Edwin S. Porter*의 '대열차 강도 *The Great Train Robbery*'(1903)를 들 수 있다. 이 영화는 수십 년 동안 모방되고 윤색되었다. 서부영화의 고전적 단계는 존 포드 *John Ford*의 많은 작품들이 그 전형이라고 할 수 있는데, 특히 흥행에도 성공하고 또 비평적으로도 널리 인정받은 그 시대의 몇 안 되는 서부영화 중 하나인 '역마차 *Stagecoach*'(1939)가 대표적이다. '하이 눈 *High Noon*'(1952)은 최초의 수정적인 서부영화 가운데 하나인데, 아이러니하게도 그 장르의 고전적인 단

8-26a

'윈드 토커 *Windtalkers*' (미국, 2002),
감독: 오우삼 John Woo
(MGM/Lion Rock Productions)

▶ 장르영화들에 대한 공통된 불평이 그것
들이 한결같이 똑같은 영화라는 것이다. 일
정한 특성이 있는 것이 사실이며, 그 특성은
주어진 장르의 대부분의 사례들에서 전형적
이다. 예를 들면, 전쟁영화는 언제나 전쟁장
면들이 들어 있으며, 그 장면들은 사실상 여성들을 배제한 채 남성배우들이 독점하다시피 하고 있고, 그들은 한결
같이 용기, 동지애, 강건함을 찬양한다. 그러나 장르영화들은 또한 주제에 있어서든 아니면 스타일을 다루는 면에
있어서든 어느 정도의 참신성이 있어야 한다. 그렇지 않으면 새롭게 보여주는 것이 하나도 없는 영화를 볼 이유가
더더욱 없다. 제2차 세계대전 중 사이판 전투에서 벌어진 일을 다루는 '윈드 토커'는 역사적 사건, 즉 미해군 병사
들이 자신들의 무선통신을 적이 감지하는 것을 방지하기 위해 나바호족 Navajo의 언어를 사용한 실제사건을 다루
고 있다. 비록 오우삼 감독이 전쟁영화의 대부분의 관습들을 간취하고 있기는 하지만, 이러한 핵심 내러티브의 전
제는 이 영화만이 가지고 있는 독특한 점이다. 반면에 '쓰리 킹즈'는 대부분의 전형적인 전쟁영화 보다 성격묘사
및 전개에 한층 더 관심을 기울인다. 미군의 제1차 이라크 침공의 혼란기 때, 탈영한 몇몇 미군병사들(사진)이 그들
스스로의 사적 용도를 위해 쿠웨이트 금괴 저장소를 강탈하려고 시도한다. 그들이 사기행각의 완수를 위해 노력하
는 동안, 어쩔 수 없이 그들은 사담 후세인의 독재적 권력으로부터 박해를 받는 순박한 원주민들을 돕는 보호자가
된다. 기술적인 면에서 보면 두 영화는 같은 장르에 속하지만, 그들 사이에는 같은 점보다는 다른 점이 더 많다. 장
르는 다만 보편적인 미학적 경계일 따름이다. 그 경계 안에서 개별적인 각 영화들이 무엇을 하는가에 따라 다른
것과 구분되는 최상의 영화가 탄생한다. 또한 전쟁영화 장르의 역사와 그에 대한 분석은 다음을 참조하라.
Lawrence Suid, *Guts & Glory*(Lexington: University Press of Kentucky, 2d revised edition, 2002).

8-26b

'쓰리 킹즈 *Three Kings*' (미국, 1999),
출연: 조지 클루니 George Clooney,
마크 월버그 Mark Wahlberg,
아이스 큐브 Ice Cube,
스파이크 존즈 Spike Jonze(차량 아래),
각본 및 감독: 데이빗 O. 러셀 David O.
Russel (Warner Bros. 사진 : 머레이 클로스
Murray Close)

8-27a

'용서받지 못한 자 *Unforgiven*' (미국, 1992),
출연: 진 핵크만 Gene Hackman,
클린트 이스트우드 Clint Eastwood,
감독: 클린트 이스트우드
(Warner Bros.)

8-27b

'래리 플린트 *The People VS. Larry Flynt*'
(미국, 1996),
출연: 우디 해럴슨 Woody Harrelson, 커트니 러브
Courtney Love, 감독: 밀로스 포먼 Milos Forman
(Columbia Pictures. Photo: Sidney Baldwin)

▶ 고전적인 시기의 장르들은 선과 악이 아주 뚜렷한 세계를 묘사하는 경향이 있으며, 이 경우에는 영화의 도덕적 가치가 널리 관객과 공유되고, 결국 정의가 악을 이긴다. 오늘날 가장 존경받는 영화감독들은 그러한 가치관이 완전히 허위가 아니라면 현실성이 없거나 순진하다고 생각한다. 현대 영화는 수정적 장르를 선호하는 경향이 있는데, 스스로 인간 조건을 제시하면서 보다 덜 이상적이고 도덕적으로 훨씬 애매모호하다. 예를 들어, '용서받지 못한 자'는 수정 서부극인데, 잔혹한 주인공 윌리엄 머니 William Munny(클린트 이스트우드)는 청부살인자이며, 결국 폭력에서 벗어나지 못하고 그의 영혼을 운명지운다. 젊은 친구가 그들의 범죄는 "당연한 보복이다."라고 말할 때, 머니는 "임마, 우리 모두가 자업자득이야."라고 대응한다. '래리 플린트'는 전기영화인데, 그는 찬양할 만한 모델이나 도덕적 모범이 아니라 악명 높은 포르노제작자이며 그의 아내는 아편중독자이다. 이것은 러브 스토리이다. 이것은 또한 헌법 수정 제1항에 대한 역설적인 방어라고 할 수 있는데, 이는 체코슬로바키아의 공산주의적 경찰국가에서 성장한 한 영화감독에 의해 이루어진다. 그곳에서 래리 플린트는 결코 존재 가능할 수가 없었을 것이다. '파고'는 느슨하게 실제 경찰의 처지에 기초한 수정적 탐정영화이다. 주인공은 임신 중인 미네소타주 브레이너드 경찰서 소장인 마지 군더슨 Marge Gunderson(맥도먼드) 이다. 영화는 자주 웃음을 자아내게 하고, 심리적 동요를 일으키는 잔인하고 폭력적인 장면들이 여기저기 나온다. 결국 서장이 문제를 해결 하긴 하지만, 이 영화의 "해피 엔딩"의 효과는 비애스러운 우리의 종족에 관한 그 슬픔과 염세주의적 톤 때문에 상당히 약화되고 있다.

8-27c

'파고 *Fargo*' (미국, 1996),
출연: 프랜시즈 맥도먼드 Frances McDormand,
각본 및 감독: 조엘 코엔 Joel Coen,
에단 코엔 Ethan Coen
(Workin Title/Polygram)

8-28a

'니콜라스 니클비 *Nicholas Nickleby*'
(영국, 2002),
출연: 제이미 벨 Jamie Bell,
찰리 휴냄 Charlie Hunnam,
각색 및 감독: 더글라스 맥그래스 Douglas
McGrath

▶ 문학작품의 각색은 오랫동안 영국 영화의 전통적 근거지였는데, 특히 찰스 디킨슨 Charles Dicken의 정서적인 면이 강한 작품인 『니콜라스 니클비』와 같이 유명한 영국 소설들이 각색되어져 왔다. 또 이 영화에 출연하는 짐 브로드벤트 Jim Broadbent, 톰 코트네이 Tom Courtenay, 티모시 스폴 Timothy Spall, 앨런 커밍 Alan Cumming, 에드워드 폭스 Edward Fox와 같은 배우들을 위시하여 영국은 세계적으로 인정받는 훌륭한 성격파 배우들을 자랑하고 있다. *(Hart-Sharp Entertainment. Photo: Simon Mein)*

8-28b

'비벌리 힐스 캅 *Beverly Hills Cop*'
(미국, 1984),
출연: 에디 머피 Eddie Murphy,
감독: 마틴 브레스트 Martin Brest

▶ 미국은 약간의 코미디가 감칠맛 나게 가미된 경찰영화나 스릴러, 사설탐정영화들과 같은 폭력적인 장르에 항상 뛰어났다. 이 분야의 전문가인 에디 머피의 능력이 잘 나타나도록 만들어진 이 영화에서 그는 최고의 연기를 보여주었다. 미국 네트워크 텔레비전 American network television도 폭력적인 장르에 뛰어난데, 특히 경찰 이야기들을 잘 만든다. *(Paramount Pictures)*

8-29a

'록키 *Rocky*' (미국, 1976),
주연: 실베스터 스탤론 Sylvester Stallone,
감독: 존 아빌드슨 John Avildsen

▶ 미국에서 가장 인기 있는 스토리 패턴은 호레이쇼 앨저 신화 Horatio Alger myth이다. 이는 곧 사회적으로 보잘것없는 인물이 열심히 노력하고 견디고 모든 역경을 이겨내어, 드디어 자수성가하여 엄청난 성공을 거둔다는 고무적인 이야기이다.   *(United Artists)*

8-29b

'트로픽 썬더 *Tropic Thunder*'
(미국, 2008),
출연: 벤 스틸러 Ben Stiller,
로버트 다우니 주니어 Robert Downey Jr.,
감독: 벤 스틸러 Stiller

▶ 패러디영화들은 통속적인 장르의 주제적, 미학적 관습들을 조롱하기 좋아한다. '트로픽 썬더'는 전쟁영화들의 진부함을 비웃을 뿐만 아니라 배우들의 허영심도 풍자한다. 이 영화의 공동 작가인 저스틴 테로 Justin Theroux가 지적했듯이, 이 영화는 "영화에 대한 아무 사전조사도 하지 않고, 각자의 대사도 겨우 외우고, 영화의 주제보다는 어떻게 결말을 지을 것인지 걱정하는 한 무리의 배우들을 거느리고 있는 할리우드 제작사, 또한 터무니없이 비대하고 관리자도 너무 많은 할리우드 제작사의 이야기이다."

(Dreamworks. Photo: Merie W. Wallace)

계가 지녔던 수많은 대중적인 가치에 대해 이의를 제기하고 있다. 그 후 20년에 걸쳐서 대부분의 서부영화들은 이 회의적인 양식을 벗어나지 않았으며, '와일드 번치 *The Wild Bunch*'(1969)와 '맥케이브와 밀러 부인 *McCabe and Mrs. Miller*'(1971) 같은 주요 작품들이 이에 속한다. 일부 비평가들은 멜 브룩스 Mel Brooks의 패러디 작품인 '불타는 안장 *Blazing Saddles*'(1973)을 그 장르의 치명적인 타격으로 지적했다. 왜냐하면 이 장르의 수많은 관습들이 무자비하게 풍자되었기 때문이다. 그러나 장르는 몇 년 동안의 휴지기를 거친 다음 재도약의 길을 찾게 된다. 가령 케빈 코스트너 Kevin Costner의 '오픈 레인지 *Open Range*'(1985)는 엄연히 고전적이다. 많은 문화이론가들이 주장하듯이, 한 장르의 진화에 있어서 개별적인 가치의 문제는 대개 취향과 유행의 문제이며, 장르의 단계 그 자체가 지닌 고유한 장점은 아니다.

아주 암시적인 성격의 비평적 연구들 가운데 일부는 장르와 그 장르에 영양을 공급한 사회적 상호관계를 탐구해 왔다. 이 사회심리학적 접근방식은 19세기의 프랑스 문예비평가 이폴리트 테느 Hippolyte Taine에 의해 주창되었다. 테느는 어떤 특정한 시대, 특정한 나라의 사회적 및 지적 불안은 그 예술 속에 표현되어 있다고 주장했다. 한 예술가의 암시적 기능은 문화적인 가치와 불일치를 조화롭게 하고 화해시키는 것이다. 예술이란 모름지기 표면적으로 드러나는 그 의미와 숨은 의미 양측면에서 분석되어야 하며, 그 명시적인 내용 아래 보이지 않는 사회적이고 심리적인 정보를 담고 있는 광대한 저수지가 존재한다고 그는 믿었다(8-30).

8-30a

'신체강탈자의 침입 *Invasion Of The Body Snatchers*' (미국, 1956),
감독: 돈 시겔 Don Siegel

▶ 장르영화는 관객의 잠재의식적인 불안에 호소하는 경우가 더러 있다. 많은 문화 비평가들이 1950년대 미국의 공상과학영화의 "편집증적 스타일 paranoid style"에 대해 언급해 왔는데, 1950년대는 "레드 공포 *Red Scare*"가 미국과 구소련 양국 간의 냉전 분위기를 고조시켰던 시기였다. 저예산영화의 고전이라고 할 수 있는 시겔의 이 작품은 어떻게 누에고치처럼 생긴 외계인 몇 명이 능글맞게 사람의 몸 안으로 침입하여, 그 몸의 주인을 아무런 감정도 없는 좀비로 바꾸어 버리는가를 다루고 있다. 이 영화는 수많은 미국 사람들이 혹시 있을지 모르는 구소련의 핵공격으로부터 자신들을 "보호하기"위해 원폭피신처를 건설해야 할지도 모른다고 심각하게 논의하던 시절에 만들어졌다.   *(Allied Artists)*

8-30b

'창가의 여인 *The Woman In The Window*' (미국, 1944),
출연: 에드워드 G. 로빈슨 Edward G. Robinson, 조앤 베넷 Joan Bennett, 감독: 프리츠 랑 Fritz Lang

▶ 주로 느와르 영화 스타일로 찍은, 일명 '치명적인 여인 Deadly Female'이라고 불렸던 영화들은 1940년대에 크게 인기를 끌었다. 문화 해설가들은 이런 영화들이 제2차 세계대전 동안과 전쟁 이후 많은 미국 남성들이 느꼈던 불안감을 반영하고 있다고 지적했다. 여성들은 멀리 전쟁에서 싸우고 있던 그들의 남편, 아버지, 남자친구들로부터 적지 않은 경제적, 사회적 자립을 얻었다. 이 장르의 번성은 이 기간 동안에 급등하던 이혼율과 연관성을 보였다. 이런 유형의 영화는 계획적으로 남자들을 유혹하는 요부의 덫에 걸린 어리석은 남자들을 다룬다. 미국 영화 중 몇몇 훌륭한 작품들이 이 장르에 속해 있는데, 특별히 주목할 만한 작품으로는 '말타의 매 *The Maltese Falcon*', '편지 *The Letter*', '상하이에서 온 여인 *The Lady from Shanghai*', '포스트 맨은 벨을 두 번 울린다 *The Postman Always Rings Twice*', '이중 배상 *Double Indemnity*', '타락천사 *Fallen Angel*', '건 크레이지 *Gun Crazy*', '인간의 욕망 *Human Desire*', '진홍의 거리 *Scarlet Street*', '보디 히트 *Body Heat*'등이 있다.   *(RKO)*

이러한 접근방식은 인기 있는 장르에서 가장 효과적인 편인데, 그것은 대다수 관객들이 공유한 가치와 두려움을 반영하고 있기 때문이다. 이러한 장르는 현대의 신화로 간주될 수도 있고, 일상생활에서 일어나는 사실들에 대해 철학적인 의미를 부여하기도 한다. 사회적 조건이 변하면 장르도 함께 변하는 경우가 많고, 일부 전통적인 풍습과 신념에 도전하면서, 그와 다른 것들을 재확인하기도 한다. 예를 들어, 갱영화들은 미국 자본주의의 숨은 비판자이다. 그것들은 종종 반란의 신화를 탐구하는 수단이 되기도 하며, 사회가 붕괴하거나 몰락해가는 시기에는 특히 인기가 있다. 주인공들—보통 몸집이 작은 사람이 주인공을 맡는다—은 무자비한 사업가에 비유되고, 그들이 권력에 오르는 길은 호레이쇼 앨저 Horatio Alger 신화의 냉소적인 패러디에 비유된다. 재즈 시대 Jazz Age(1920년대: 역자주)에는 '암흑가 *Underworld*'(1927)와 같은 갱영화들이 금주법이 실행된 기간의 폭력과 매혹을 다루었지만 본질적으로는 탈정치적인 방식이었다. 1930년대 초 공황으로 가장 힘들었던 시기에, 이 장르는 파격적으로 이데올로기적인 성격을 띠었다. '리틀 시저 *Little Caesar*'(1930)와 같은 영화들은 권위와 전통적인 사회제도에 대한 신뢰가 무너지는 그런 국가를 반영하는 것이었다. 미국의 대공황

8-31a

'이티 _E.T.: The Extra-Terrestrial_'
(미국, 1982),

출연: 헨리 토마스 Henry Thomas,
이티 E.T., **감독:** 스티븐 스필버그 Steven
Spielberg

▶ 모든 내러티브는 상징적 차원으로 해석될 수 있다. 주어진 스토리가 제아무리 독특하고 이상한 것일지라도 추론될 수 있는 보편성의 원칙은 있게 마련이다. 스필버그의 걸작인 이 영화에서 이티와 그의 친구 엘리엇은 작별을 고하지 않을 수 없다. 그러나 이티는 엘리엇의 마음속에 영원히 살아있을 것이다. 상징적으로 소년은 머지않아 그의 상상 속의 단짝친구와 무섭게 생긴 생물들 그리고 세상에 알려지지 않은 엄청나게 많은 것들에 대한 유년의 세계로부터 벗어나게 될 것이다. 하지만 그는 그 세계의 아름다움과 순수성에 대해서는 결코 잊지 못할 것이다. 스티븐 스필버그는 언제나 '이티'를 그의 개인사적인 면모가 가장 잘 드러난 영화라고 말했다. 그는 이렇게 말했다. "나의 부모님들은 내가 15~16세였을 때 이혼을 했어요. 나는 특별한 친구가 필요했고, 또 멋진 곳으로 날 데려가기 위해서는 상상력이 있어야 했어요. 이것이야말로 나의 부모님이 안고 있는 문제, 함께 살아가는 우리 가정을 끝장내버린 그 문제를 내 자신이 극복할 수 있게 해주었어요." 언젠가 오슨 웰스 Orson Welles는 이렇게 말했다. "영화는 꿈의 리본이다. 카메라는 기록하는 장비 이상의 것이다. 카메라는 우리의 것이 아닌 다른 세계에서 다가오는 메시지를 받아들이는 매체이며, 큰 비밀의 세계 한복판으로 우리를 인도해가는 수단이다. 여기서 마술이 시작된다." _(Universal Studios)_

8-31b

'트랜스포머 _Transformers_' (미국, 1997),
감독: 마이클 베이 Michael Bay

▶ 많은 현대 영화들은 만화책이나 그래픽소설을 바탕으로 하지만, '트랜스포머'는 특이하게도 이야기와 배역들이 하스브로 Hasbro 전투인형을 토대로 인더스트리얼 라이트 앤 매직 Industrial Light & Magic사에 의해 이 영화에서 솜씨 좋게 재창조되었다. 공상 과학물의 오랜 광팬이었던 스티븐 스필버그 감독이 이 영화의 제작책임자 중 한 명이었다. 스필버그는 이 장르가 창조적 잠재력이 가장 풍부한 장르 중 하나라고 지적했다: "내가 공상 과학물을 이처럼 좋아하는 이유는 이 장르가 유일하게 당신이 마음속으로 상상한 것에 한없이 다가가는 것을 허용하기 때문이다." 이 배역들은 대부분의 영화제작자들과 창의적인 스태프들이 친근해할 만한 이미 만들어져 있는 신화들을 가지고 있는데, 그 이유는 그들이 어릴 때에 전투인형을 가지고 놀기를 좋아했기 때문이다. 도시락통, 만화책, 게임, 그리고 풍자만화 시리즈들은 이 상징적인 신화를 더 증대시켰다.

(Dreamworks/Paramount Pictures/ Hasbro)

8-31c

'다크 나이트 라이즈 *The Dark Knight Rises*' (미국/영국, 2012).
출연: 크리스찬 베일 Christian Bale.
감독: 크리스토퍼 놀란 Christopher Nolan

▶ 프랜차이즈 영화 Film Franchise란 같은 주제를 가진 영화 시리즈를 의미하는 산업적인 용어이다. 보통 프랜차이즈는 지적 재산—해리 포터 소설과 같은 책 시리즈, 혹은 '스타 워즈'와 같은 영화 시리즈—의 판권을 수반한다. 배트맨과 같이 몇몇 유명한 만화 책 캐릭터들은 독점적으로 판권이 주어져있지 않으며 따라서 엄밀히 말하자면 프랜차이즈가 아니다. 예를 들어 놀란 감독의 "배트맨 3부작"('배트맨 비긴즈 *Batman Begins*', 2005; '다크 나이트 *The Dark Knight*', 2008; '다크 나이트 라이즈 *The Dark Knight Rises*', 2012)은 모두 크리스찬 베일이 주인공을 맡고, 놀란 감독이 연출하였으며, 테마적 연속성을 가졌다는 점에서 통일성을 가진다. 그러나 배트맨을 주인공으로 하는 많은 다른 영화, 만화, TV 시리즈들이 있지만, 놀란의 3부작과는 많이 다르다 .
(Warner Bros./DC Comics)

8-31d

'해리 포터와 죽음의 성물2 *Harry Potter And The Deathly Hallow: Part 2*' (미국/영국, 2011).
출연: 다니엘 래드클리프 Daniel Radcliffe (앞),
엠마 왓슨 Emma Watson, **루퍼트 그린트** Rupert Grint,
감독: 데이비드 예이츠 David Yates
(Warner Bros.)

▶ 프랜차이즈 영화 해리 포터는 역사상 상업적으로 가장 성공한 시리즈이다. 또한 이 영화가 기반으로 한 조앤 롤링 J. K. Rowling의 7개의 소설은 대략 4억 5천만 부가 판매된 것으로 추정되며 역사상 가장 높은 수익을 올리는 문학작품 중 하나이다. 이 시리즈의 마지막 분책은 93개 나라에 배포되었고, 판매를 시작한지 24시간 만에 천백만부 이상이 팔렸으며, 67개 국어로 번역되었다. 8편으로 구성된 이 프랜차이즈 영화는 전 세계에서 77억 달러가 넘는 수익을 올렸다. 더 넘버스 닷컴 the-numbers.com에 의하면, 전 세계 상영관 수익에서 상위 10위까지 기록한 프랜차이즈 영화들은 다음과 같다.

1. 해리 포터 Harry Potter	$7,709,205,984
2. 007 시리즈 James Bond	$5,089,726,104
3. 스타 워즈 Star Wars	$4,493,985,774
4. 캐리비안의 해적 Pirates of the Caribbean	$3,723,587,403
5. 슈렉 Shrek	$3,504,757,509
6. 반지의 제왕 Lord of the Rings	$2,937,847,917
7. 트랜스포머 Transformers	$2,668,537,919
8. 배트맨 Batman	$2,649,224,759
9. 트와일라잇 Twilight	$2,505,851,689
10. 스파이더맨 Spider-Man	$2,496,145,679

(Warner Bros.)

말기에 나온 '데드 앤드 *Dead End*'(1937)와 같은 갱영화들은 자유로운 개혁을 위한 청원이었고, 범죄는 가정파탄이나 기회의 부족, 가난에 찌든 삶 때문이라고 주장한다. 어느 시대이든 갱들은 무능하여 그와 함께 지내는 여성을 고생시키는 편이었고, 1940년대에 '화이트 히트 *White Heat*'(1949)와 같은 영화들은 노골적으로 성적 노이로제 증상을 보이는 환자를 주인공으로 등장시켰다. 1950년대에 나온 '피닉스 시 이야기 *The Phenix City Story*'(1955)와 같은 갱영화들은 미국의 조직폭력단의 범죄기밀을 폭로하는 형식을 취하기도 했다. 부분적으로 '피닉스 시 이야기'는 널리 알려진 케파우버 Kefauver 상원의원의 범죄조사의 결과를 본딴 것이었다. 프란시스 포드 코폴라 Francis Ford Coppola의 '대부 *The Godfather*'(1972)와 '대부 Ⅱ *The Godfather, Part* Ⅱ'(1974)는 갱영화 장르의 역사를 요약한 것이나 다름없으며, 세 세대에 걸친 인물들을 보여주면서 베트남과 워터게이트 사건으로 인한 심정적-정신적 고통으로 지쳐 있는 미국의 기진맥진한 냉소주의를 반영하는 것이었다. 세르지오 레오네 Sergio Lenoe의 우화 같은 제목이 암시하는 것처럼 '원스 어폰 어 타임 인 아메리카 *Once Upon a Time in America*'(1984)는 아예 노골적으로 신화적임을 표방하면서, 거의 제의적인 방식으로 이 장르의 전통적인 흥망구조를 다룬다. 쿠엔틴 타란티노 Quentin Tarantino의 '펄프 픽션 *Pulp Fiction*'(1994)은 이 장르의 재치 있는 희화화이며, 갱영화 관습들 가운데 많은 것을 패러디한다.

지그문트 프로이트와 칼 융의 사상 또한 많은 장르 이론가들에게 영향을 미쳤다. 테느와 마찬가지로 두 정신병리학자는 예술은 의미의 잠재적 구조를 반영하는 것이며, 예술가와 관객 양자의 내면에 잠재된 특정한 욕구와 필요를 만족시켜 주는 것이라고 믿었다. 프로이트에게 있어서 예술이란 백일몽과 소망성취의 한 형식이었고, 현실에서 충족될 수 없는 절박한 충동과 욕망을 대신 해결해 주는 것이었다. 포르노영화는 어떻게 대리만족의 방식으로 우리의 열망과 열정을 식혀주게 되는지를 보여주는 가장 대표적인 예일 것이다. 사실상 프로이트도 대부분의 신경증이 성적인 것에 바탕을 두고 있다고 믿었다. 본질적으로는 사회적으로 유익한 것일지라도, 예술은 신경증의 부산물임에 틀림없다고 생각했던 것이다. 신경증과 마찬가지로 예술도 반복적인 강박증이 특징인데, 이를테면 어떤 심적 갈등을 재현하고 일시적으로 해결하기 위해 똑같은 이야기와 제의들을 반복할 수밖에 없다는 것이다(8-32).

융은 프로이트의 제자로 출발했지만, 결국에는 프로이트와 결별하고 말았다. 프로이트의 이론이 공동 혹은 공유의 차원을 결여하고 있다고 생각했기 때문이다. 융은 신화, 동화, 민속학에 매혹되어 있었으며, 이들 속에 담긴 상징과 스토리 패턴은 모든 문화, 모든 시대, 모든 개인에게 보편적인 것이라고 믿었다. 융에 따르면 무의식적인 콤플렉스는 본능만큼이나 뿌리가 깊고, 설명이 불가능한 원형적인 상징들로 이루어져 있다. 그는 상징들이 물속 깊숙이 잠겨 있는 이 저수지를 집단 무의식 collective unconscious이라고 불렀으며, 그 토대는 원시시대까지 거슬러 올라갈 정도로 근원적이라고 생각했다. 이 원형적 패턴들 중 대다수가 서로 양극적인 성격을 띠며, 그것들이 종교와 예술 그리고 사회의 기본적인 개념들을 구체화한다. 예컨대, 신과 악마, 능동과 수동, 남성과 여성, 정적인 것과 동적인 것 등이 그런 것들이다. 예술가는 의식적이건 무의식적이건 가공되지 않은 재료라고 해야 할 이 원형들을 끌어내어, 주어진 문화가 선호하는 일반적인 형식들이 되게 해야 한다고 그는 믿었다. 융에게 있어서, 모든 예술작품(그리고 특히, 총칭적인 예술 generic art)은 보편적 경험의 미분적 infinitesimal 탐구이며, 본능적으로 고대의 지혜를 암중모색하는 것이다. 그는 또한 엘리트문화는 복합적인 표면의 디테일 아래로 원형과 신화를 침잠시키는 경향이 있는데 반하여, 대중문화는 원형과 신화에 대해 매우 자유롭고 홀가분한 관점을 제공한다고 믿었다.

프랑스의 문화 인류학자 클로드 레비 스트로스 Claude Levi-Strauss는 신화는 작가도, 기원도, 중심 축도 없기에 다양한 예술 형태 속에 "자유로운 활용"을 가능하게 한다고 지적했다. 월트 디즈니 Walt Dianey의 작품들은 원형적인 요소들이 풍부한 동화, 신화, 민담으로부터 많은 것을 끌어내어 사용하였다. '피노키오 *Pinocchio*'는 이러한 요소들이 외관상의 사실주의 아래 은폐되기 보다는 오히려 어떤 식으로 강조될 수 있는지를 보여주는 좋은 예다. 이 영화의 초반에 소년/인형 피노키오는 "진짜 소년"이 되기 위해 반드시 자기가 "용감하고, 정직하며, 이기적이지 않다"는 것을 보여야만 한다는 말을 듣게 된다. 이 영화의 세 가지 주요 에피소드는 어린이의 도덕적 인내를 시험하는 제의적인 ritualistic 시련을 묘사하고 있다. 씁쓸하게도 첫 번째와 두 번째 에피소드에서 실패하지만, 마지막 고래 에피소드에서 그가 정말로 용기 있고, 정직하며, 이기적이지 않다는 것을 입증함으로써 실패로부터 자신을 구해낸다. 다른 원형적인 요소로는 괴물(몬스트로 Monstro, 고래), 마법으로 변신하기, 아버지가 잃어버린 아들을 찾는 것, 말하는 귀뚜라미(지미니 크리켓 Jiminy Cricket, 피노키오의 "양심")와 같은 초자연적인 존재들, 아들이 감금된 아버지를 찾는 것, 자연의 의인화된 묘사, 그가 책임감 있게 행동하지 못했을 때 그 부주의한 어린 영웅을 구해주는 요정 대모 godmother 등이 포함된다. 이 당시의 디즈니 작품이 대부분 그러하듯 '피노키오'에 담겨있는 가치로는 전통적이고 보수적인 가치, 가족 공동체의 존엄성에 대한 확인, 우리의 운명을 이끌어주는 고차원적인 존재의 중요성, 그리고

▶ 거의 모든 문명이 아버지에게 반항하는 아들을 다루는 신화를 가지고 있는데, 결국 아들과 어머니가 배타적인 사랑 속에서 재결합하는 것으로 결말이 난다. 정신분석학의 아버지라고 해야 할 지그문트 프로이트는 이를 오이디푸스 콤플렉스 Oedipus complex(그리스의 신화적인 영웅의 이름을 따서 지은)의 한 변형으로 보았다. 프로이트는 오이디푸스 콤플렉스를 사춘기 이전의 성의 패러다임이라고 믿었다. 그것의 여성적인 형식은 엘렉트라 콤플렉스 Electra complex로 알려져 있는데, 이것 역시 그리스신화에서 따온 이름이다. 대부분의 경우, 이 내러티브의 모티프는 스토리의 표면적인 디테일 아래 침잠해 있거나, 주로 잠재의식에 호소하기 위해 몰라볼 정도로 잘 위장되어 있다. 사우라의 '달콤한 시간'은 노골적으로 이 모티프를 다룬다. 이 영화는 영화 감독(에이에라)이 여배우(세르나)와 나누는 정사를 다루고 있는데, 그녀는 감독이 그의 어린시절을 소재로 만들고 있는 자서전적인 영화에서 그의 어머니 역할을 맡고 있다.

(Les Productions Jacques Roitfeld)

8-32

'달콤한 시간 *Sweet Hours*' (스페인, 1982),
출연: 이나키 에이에라 Inaki Aierra,
아숨타 세르나 Assumpta Serna,
감독: 카를로스 사우라 Carlos Saura

8-33a

'머니볼 *Moneyball*' (미국, 2011),
출연: 브래드 피트 Brad Pitt, 요나 힐 Jonah Hill, 감독: 베넷 밀러 Bennett Miller

▶ 동일한 제목의 마이클 루이스 Michael Lewis의 베스트셀러 책을 바탕으로 만들어진 '머니볼'은 야구시합 그 자체보다 오히려 야구 관련 사업에 더 초점을 맞췄다는 점에서 특별하다. 피트는 오클랜드 애슬래틱스 Oakland Athletics팀의 단장으로서 적은 예산에도 우승 팀을 구성하려 노력하는 빌리 빈 Billy Beane 역을 연기했다. 그는 예일 Yale에서 교육받은 통계 전문가이며, 주로 가장 값이 비싼 후보자에게 많은 돈을 거는 상투적인 방식보다는 컴퓨터 분석을 통해 선수를 선택하는 방법을 고안한 피터 브랜드 Peter Brand(힐 Hill)의 도움을 받았다. 그 결과로 만들어진 팀은 스무 번의 연속적인 승리를 이어갔다. 이에스피엔닷컴 ESPN.com은 전문가 패널을 대상으로 설문 조사를 실시하여 열편의 불후의 스포츠 영화를 선정했다. 흥미롭게도, 그 중 대부분이 여성이 중요한 역할을 맡고 있다. 1. 후지어 *Hoosiers*, 2. 분노의 주먹 *Raging Bull*, 3. 꿈의 구장 *Field of Dreams*, 4. 열아홉번째 남자 *Bull Durham*, 5. 캐디쉑 *Caddyshack*, 6. 내츄럴 *The Natural*, 7. 불의 전차 *Chariots of Fire*, 8. 제리 맥과이어 *Jerry Maguire*, 9. 씨비스킷 *Seabiscuit*, 10. 리멤버 타이탄 *Remember the Titans*.   (Columbia Pictures/Scott Rudin)

8-33b

'영 어덜트 *Young Adult*' (미국, 2011),
출연: 샤를리즈 테론 Charlize Theron,
감독: 제이슨 라이트먼 Jason Reitman

▶ 디아블로 코디 Diablo Cody (라이트먼 Reitman의 '주노 *Juno*'도 각본을 쓴 여성)가 각본을 쓴 '영 어덜트'는, 이혼당하고 자기 파괴적이며 심각한 과대망상에 시달리는 자기중심적이고 알코올중독자이기도 한 삼류 작가에 대한 무자비한 초상화이다. 작은 미네소타 도시의 고등학교에서 한 때 "잘나가는 여학생"이었던 그녀는 전 남자친구(패트릭 스튜어트 Patrick Stewart)를 "구원해" 주기 위해 그곳으로 돌아온다. 그녀에게는 불행하게도, 그는 어린 딸이 있는 행복한 유부남이었는데, 하지만 너무 공손하고 조심스러워서 구원받기 원치 않는다고 말하지 못한다. 그녀의 굉장한 미모와 대단한 패션 센스에도 불구하고 테론은 이 영화에서와 같이 문자 그대로 (괴물 *Monster*) 혹은 정신적으로 못난 여성처럼 연기하기를 좋아했다. 우리를 당혹스럽게 하는 이러한 자아 도취자 narcissist를 좋아하기 힘들지만, 테론은 거만한 겉모습 뒤에 숨겨진 절망적이고 타락한 여성을 잘 나타낸다. 그녀는 왜 결국 그녀의 인생이 이토록 실망스럽게 되어버렸는지에 대한 어떤 단서도 못가지고 있다.   (Paramount Pictures)

사회적 규범을 준수하는 것의 필요성 등이 있다.

스토리는 많은 것이 될 수 있다. 제작자에게는 그것이 흥행가치를 담고 있는 재산이다. 작가에게 그것은 각본이다. 영화스타에게는 그것이 하나의 수단이다. 감독에게는 그것이 예술적 매체이다. 장르비평가에게 그것은 분류할 수 있는 내러티브 형식이다. 사회학자에게 그것은 대중적 정서의 지표이다. 정신병리학자에게는 그것이 숨겨진 공포나 공동의 이상에 대한 본능적인 탐구이다. 영화를 보러가는 사람에게는 이 모든 것이 될 수도 있고, 그 이상의 것일 수도 있다.

영화의 내러티브 구조를 분석할 때, 우리는 몇 가지 기본적인 질문을 던지게 마련이다. 누가 스토리를 말하고 있는가? 보이스 오버 내레이터는? 왜 그 사람인가? 혹은 대부분의 연극이 그렇듯이, 스토리가 "스스로 말하는가"? 누가 이런 스토리의 내포 작가, 즉 흩어져 있는 여러 갈래의 스토리를 정리하고 조절하는 관리자인가? 내러티브의 공백을 메우기 위해 우리가 제시하는 정보는 무엇인가? 시간은 어떤 방식으로 전개되는가? 연대순인가 아니면 플래시백과 다른 내러티브 장치를 통해 주관적으로 재배치되고 있는가? 내러티브가 사실적인가, 고전적인가 아니면 형식주의적인가? 만일 어떤 장르라면 무슨 장르인가? 장르진화의 단계는 무엇인가? 영화가 사회적 맥락에 대하여, 그리고 그 영화가 만들어진 시대에 대해 무슨 말을 하고 있는가? 내러티브가 신화적 개념이나 혹은 보편적인 인간의 기질이나 특성을 어떻게 구현하고 있는가?

▐▶ 참고문헌

Abbott, H. Porter, *Cambridge Introduction to Narrative*, second edition (Cambridge: Cambridge University Press, 2007). Covers a variety of narrative mediums.

Altman, Rick, *Film/Genre* (Bloomington: Indiana University Press, 1999). The evolution of film genres.

Aufderheide, Patricia, *Documentary Film: A Very Short Introduction* (New York: Oxford University Press, 2007). A useful survey of the genre.

Bordwell, David, *Narration in the Fiction Film* (Madison: University of Wisconsin Press, 1985). The fullest discussion of the role of the spectator.

Field, Syd, *The Screenwriter's Workbook* (New York: Dell, 1984). A practical handbook, emphasizing the classical paradigm.

Martin, Wallace, *Recent Theories of Narrative* (Ithaca, NY: Cornell University Press, 1986). Lucid and helpful, primarily about literature.

McKee, Robert, *Story* (New York: ReganBooks, 1997). On the craft of screenwriting.

Michaels, Lloyd, *The Phantom of the Cinema* (Albany: State University of New York Press, 1998). A study of characterization in modern movies.

Nash, Christopher, ed., *Narrative in Culture* (London and New York: Routledge, 1990). Multidisciplinary essays.

Thompson, Kristin, *Storytelling in the New Hollywood* (Cambridge: Harvard University Press, 1999). Narrative strategies in mainstream American films.

▶▶I 9. 각본

미드나잇 인 파리 Midnight In Paris
(미국/스페인, 2011)

(Gravier Productions).

글쓰기는 마치 변절하기와 같다. 처음에는 글을 사랑하기 때문에 글을 쓰고, 그 다음에는 친구 몇 사람을 위해서 글을 쓰며, 그리고 결국에는 돈을 위해서 글을 쓴다.

– 몰리에르 Moliére, 프랑스 극작가

학습 목표(Learning Objectives)

■ 영화를 만드는 공동 작업 과정에 있어서 각본가의 역할을 분석한다.

■ 영화 대본이 출간된 문학작품과 어떻게 다르며, 영화각본에서 어떤 점이 더 혹은 덜 중요한지 설명한다.

■ 시간과 장르를 넘나드는 영화에서 대사가 어떻게 달라지는지, 그리고 인물의 이데올로기를 발전시키는데 있어 대사가 어떻게 사용되는지 설명한다.

■ '북북서로 진로를 돌려라 North by North-west' 대본읽기 reading Version의 유동성을 평가하고 각본과 출간된 문학작품 사이의 형식주의적인 차이점들을 확인한다.

■ 영화에서 사용되는 가장 일반적인 비유적 기법들을 정의하고, 각각의 기법들이 의미전달에 있어서 어떻게 사용되는지 설명한다.

■ 내레이션의 네 가지 기본적 유형을 나열하고, 각각에 대한 예시 영화를 제시한다.

■ 문학작품의 각색의 세 가지 유형을 설명하고, 각각에 대한 예시 영화를 제시한다.

각본가

　　영화감독과 함께 일하는 다른 어떠한 사람보다도 많은 일을 하는 각본가는 영화의 주요 "작가"로 부각되는 경우가 종종 있었다. 결국 각본가는 전반적으로 대사를 책임지고 있다. 대부분의 행동윤곽(때로는 상세하게)을 정하는 것도 각본가이다. 그리고 각본가가 영화의 주제까지 제시하는 경우도 가끔 있다. 그러나 영화의 제작과정에 있어서 각본가의 공헌을 일반화하기는 어렵다. 왜냐하면 영화에 따라, 또 감독에 따라 각본가의 역할은 크게 달라지기 때문이다(9-1). 우선 촬영대본에 거의 신경을 쓰지 않는 감독들이 있다. 특히, 무성영화 시절에는 대본 없이 하는 즉흥연기가 다반사로 이루어졌다. 또 최소한의 아웃라인 outline(대문, 大文)만을 사용하는 감독도 있다.

　　가장 위대한 감독들 중 많은 사람들이 손수 촬영대본 script을 썼다. 몇 사람만 이름을 들면, 콕토 Cocteau, 에이젠슈테인 Eisenstein, 베리만 Bergman 그리고 헤르조크 Herzog 등이다. 미국의 영화계에도 각본가와 감독을 겸하는 사람들이 많이 있다. 이를테면, 그리피스 Griffith, 채플린 Chaplin, 슈트로하임 Stroheim, 휴스톤 Huston, 웰스 Welles, 맨케비츠 Mankiewicz, 와일더 Wilder, 스터지스 Sturges, 우디 앨런 Woody Allen, 코폴라 Coppola 등은 그 중에서도 이름난 감독들이다. 뛰어난 감독들은 대부분 직접 촬영대본을 쓰지만, 그들의 생각을 넓히기 위하여 다른 각본가들에게 의뢰하기도 한다. 펠리니 Fellini, 트뤼포 Truffaut, 구로자와 Kurosawa는 모두 이런 방식으로 작업했다.

　　미국의 스튜디오 시스템은 촬영대본의 공동집필을 권장하는 경향이 있었다. 종종 각본가들은 대담, 코미디, 구성, 분위기 등 특정한 전문분야를 갖기도 했다. 어떤 각본가들은 신통찮은 촬영대본을 좋게 고치는 데에 뛰어난 능력을 가지고 있었다. 또 아이디어는 좋지만 그것을 글로 옮겨 쓸 능력이 모자라는 사람들도 있었다. 이처럼 협동작업이 이루어지지만, 자막에 나오는 영화의 크레디트가 언제나 영화의 어떤 부분을 누가 맡았는지 정확하게 알려주는 것은 아니다. 히치콕 Hitchcock, 카프라 Capra, 루비치 Lubitsch 등과 같은 많은 감독들은 그들의 촬영대본을 완성하기까지 엄청난 기여를 하지만, 크레디트에 자신의 이름을 올리는 경우는 거의 없다. 공식적인 각본가에게 모든 공을 돌린다.

　　한때 꽤 오랫동안 미국의 비평가들은 예술이 품위가 있고 존경을 받으려면 반드시 장엄하고 엄숙해야 한다고 믿는 경향이 있었다. 물론 엄숙하다고 해서 재미가 없는 것은 아니다. 심지어 할리우드 스튜디오 시스템의 전성기에도 일부 지적인 작가들은 엄청난 명성을 누렸다. 그들의 대본에는 정의와 동포애 그리고 민주주의에 관한 멋진 대사들이 즐비했기 때문이다. 이런 가치들이 중요하지 않다는 말은 아니다. 그러나 예술적으로 효과가 있기 위해서는 그것들이 빈틈없이 성실하게 극화되어야지, 마치 애국자를 기리는 기념식의 거창한 연설처럼 작중 인물에게 아무렇게나 분담되어서는 안 된다. 예를 들어, 소설 『분노의 포도 *The Grapes of Wrath*』에서 존 스타인벡 John Steinbeck은 자주 조드 가족의 강인함을 칭찬한다. 그들은 대공황기에 농장을 버리고 어쩔 수 없이 캘리포니아로 새로운 삶을 찾아 나서는데, 그곳의 상황은 훨씬 더 나쁘다.

　　존 포드의 영화에는 내레이터가 없기 때문에 등장인물들은 스스로 이야기해야 한다. 누널리 존슨 Nunnally Johnson의 각본이 이념을 결여하고 있는 것은 아니지만, 그 이념은 등장인물의 말로 표현된

9-1a

'씬 레드 라인 *The Thin Red Line*'
(미국, 1998), 출연: 닉 놀테 Nick Nolte,
각본 및 감독: 테렌스 맬릭 Terrence Malick

▶ 소설가로 성공한 사람이 훌륭한 각본가가 되는 경우는 드물다. 왜냐하면 소설가들은 언어를 가지고 대부분의 의미를 전달하려는 경향이 있기 때문이다. 하지만 영화는 주로 이미지로 의사를 전달하며, 많은 말들도 역시 시각적인 정보와 뒤섞이게 된다. 제2차 세계대전을 다룬 제임스 존스 James Jones의 유명한 소설 『씬 레드 라인』은 테렌스 맬릭의 간결하면서도 시적인 각본의 단순한 문학적 원작이라기보다는 거의 영감으로서의 역할을 한다. 소설은 전투하는 병사들과 전우애를 강조하지만, 영화는 철학적인 이념에 더 많은 관심을 기울인다. 이를테면 자연의 정교하고 우아한 아름다움과 인간이 그것을 어떻게 파괴하고 있는가에 대한 깊은 성찰을 담고 있다. 맬릭의 다른 영화들과 마찬가지로 이 영화 역시 잃어버린 낙원과 인간의 사악한 본성, 즉 원죄를 다루고 있다. *(20th Century Fox. Photo: Merie W. Wallace)*

9-1b

'리틀 칠드런 *Little Children*' (미국, 2006),
출연: 패트릭 윌슨 Patrick Wilson,
케이트 윈슬렛 Kate Winslet, 감독: 토드 필드 Todd Field

▶ 한편, 몇몇의 소설가들은 영화 각본 작가의 역할에 쉽게 익숙해지기도 하는데, 특히 그들이 토드 필드와 같이 문학적 감각을 가진 감독과 일을 같이 할 때 그렇다. 톰 페로타 Tom Perotta는 이 영화의 배경이 된 호평을 받은 소설을 썼고, 필드와 함께 이 영화의 각본을 공동 집필하기도 했다. 이 영화는 외관상 너무 문학적이지도 않고 지나치게 장황하지도 않은, 재치 있는 각색의 모델이자 영화적으로나 시각적으로 독창적인 작품이다. 또한 잡지 Creative Writing의 웹사이트인 www.creativescreenwrting.com을 보라. 현대 영화각본에 관한 기사들과 인터뷰들이 포함되어 있다. *(New Line)*

9-2a

'하워즈 엔드 Howards End'
(영국, 1992), 출연: 샘 웨스트 Sam
West, 헬레나 본햄 카터 Helena
Bonham—Carter,
감독: 제임스 아이보리 James Ivory

▶ 제임스 아이보리 감독과 작가 루스
프라워 야발라 Ruth Prawer Jhabvala는
30년 넘게 함께 영화를 제작해 오고
있다. 이들이 만든 작품들 가운데 최고
작은 포스터 E. M. Foster의 『전망 좋은
방 A Room With a View』과 헨리 제임스
Herny James의 난해한 작품인 『유럽인
과 보스턴인 The Europeans and The
Bostonians』 같은 유명한 문학작품을
멋지게 각색한 것이다. 야발라는 그 자신의 능력만으로도 존경할 만한 작가이지만, 그녀에게 큰 명성을 안겨준 것
은 그녀의 문학적인 각본이다. 무엇보다도 그녀의 예술적 재능은 포스터의 위대한 소설 『하워즈 엔드 Howards
End』의 섬세한 각색에서 가장 두드러진다. 문학의 걸작을 영화화하는 데 있어서의 문제점은 멋을 내려다가 얼간이
가 되어버리는 경향이 있다는 점이다. 야발라의 각본은 아름다운 문체로 쓰여 있는데다 원전에 충실하고 재미있으
며, 감정적인 유인도 충분하다. *(Merchant Ivory)*

▶ '보랏'은 영국 예술성의 고상한 예는 아니다. 이 영화는 미리 쓰여진 대로 만들어졌다기보다는 오히려 즉석에서
만들어졌다. 미국을 횡단하는 여정을 그린 이 가짜 다큐멘터리 안에서 카자흐스탄에서 온 교양 없고 멍청한 리포
터 역할을 맡은 바론 코헨은 주로 무엇이든 잘 믿는 순수한 사람들에게 일련의 터무니없이 무례한 상황들을 조장
하고는, 그 장면이 소란스런 결말을 맺도록 놓아둔다. 이 영화에서 나오는 농담들은 극도로 상스럽고, 파렴치하며,
정치적으로 정당하지 않다. 그리고 매우 우습기도 하다. *(20th Century Fox)*

9-2b

**'보랏: 카자흐스탄 킹카의 미국문화
빨아드리기 Borat : Cultural
Learnings Of America For Make
Benefit Glorious Nation Of
Kazakhstan'** (영국/미국, 2006),
출연: 사샤 바론 코헨 Sacha Baron Cohen,
감독: 래리 찰스 Larry Charles

9-3a

'구두닦이 *Shoeshine*' (이탈리아, 1946),
출연: 리날도 스모르도니 Rinaldo Smordoni,
프랑코 안테르렝기 Franco Interlenghi,
각본: 세자르 자바티니 Cesare Zavattini,
감독: 비토리오 데 시카 Vittorio De Sica

▶ 자바티니는 이탈리아 영화계에서 가장 유명한 각본가 이며, 이탈리아 영화의 가장 뛰어난 이론가 중 한 사람이다(제2장에 나오는 네오리얼리즘을 참조). 그의 최고 작품은 데 시카 감독과의 협력작업을 통해 이루어졌다. 이를테면 '구두닦이', '자전거 도둑 *Bicycle Thief*', '밀라노의 기적 *Miracle in Milan*', '움베르토 D *Umberto D*', ' 두 여인 *Two Women*', '핀지 콘티니스의 정원 *The Garden of the Finzi-Continis*' 등이 중요 작품들이다. 자바티니와 데 시카는 둘 다 열렬한 인본주의자이며, 자바티니의 관점은 마르크스주의적이며, 데 시카는 기독교적이다. 프랑수아 트뤼포 François Truffaut와 스티븐 스필버그 Steven Spielberg와 마찬가지로 데 시카는 어린이를 다루는 뛰어난 감독이지만, 그의 공감은 주류에서 이탈한 모든 사람에게 뻗어 있다. 그는 이렇게 말했다. "나의 영화는 인간의 부재에 대한 투쟁, 고통받는 사람에 대해 무관심한 사회에 대한 투쟁이다. 나의 영화들은 가난하고 불행한 사람들을 대변한다." (S.C.A.C.)

9-3b

'팅커 테일러 솔저 스파이 *Tinker Tailor Soldier Spy*' (영국, 2011),
출연: 게리 올드만 Gary Oldman, 존 허트 John Hurt,
감독: 토마스 알프레드슨 Tomas Alfredson

▶ 존 르 카레 John Le Carré의 소설을 가지고 만든 이 스파이 스릴러 영화는 1970년대 냉전 시대를 그리고 있다. "스파이 mole"(이중간첩)은 영국 정보기관에 의해 발각된다. 그리고 열두 명 이상의 주요인물로 채워진 이 영화는 최종적으로 누가 소련의 스파이인지를 밝혀낸다. 그러나 영화의 화려한 출연진에도 불구하고, 많은 관객들이 너무 많은 말, 말, 말들 때문에 혼란을 겪었다. 장면들을 극화하는 대신, 이 영화의 각본은 많은 플롯의 전환들을 설명하는데 있어서 대화를 사용했다. 앨프리드 히치콕 감독이 수년 전에 지적했듯이 "많은 영화들 films에서 '영화 cinema'를 찾기 힘들다. 그것들은 거의 다 내가 일명 '사람들의 대화를 찍은 사진'이라고 부르는 것들이다. 우리가 영화에서 이야기를 말 할 때, 오로지 다른 방법으로는 설명할 수 없을 때만 대화에 의지해야 한다. 나는 이야기를 전달할 때 항상 우선적으로 연속적인 숏들 Shots을 통해 영화적인 방법으로 말하려고 한다. 나에게 있어서 각본가가 저지르는 중대한 잘못들 중 하나가, 어려움에 부딪혔을 때 '대화 한 줄로 해결할 수 있다'라고 말하는 것이다". 히치콕 감독에게 이것은 나태한 영화제작 방법이었다. "당신은 왜 어떤 사람이 그 일을 했는지, 왜 어떤 사람이 거기에 갔는지를 보여줄 수 있어야 한다. 사람들에게 말로 하는 것이 아니라 그들이 볼 수 있게 해야 한다." 한 영국 평론가는 이 영화가 보여주는 맥빠지는 장면을 "말도 안하고 움직이지도 않는 불쌍한 두 노인이 있는 또 다른 우울한 방"으로 일축했다.

(Studio Canal/Working Title)

9-3c

'씨민과 나데르의 별거 *A Separation*'
(이란, 2011), 출연: 레일라 하타미 Leila
Hatami, 페이만 모아디 Payman Moadi,
각본 및 감독: 아쉬가르 파라디 Asghar
Farhadi

▶ 이와 반대로, 미국 아카데미 시
상식에서 최우수 외국어 영화상을
수상한 이 영화(이란 영화로서는
첫 수상)에서는 대사가 의미를 전
달하는 주된 수단이다. 훌륭한 교
육을 받은 중산층 부부(사진)인 주
인공들은 결혼생활로 인한 많은
스트레스를 견디고 있다. 주인공
들은 똑똑하고 품위 있다. 양쪽 모
두 강한 도덕적 신념을 바탕으로
하고 있기 때문에, 그들의 융통성
없는 정직함과 합리성이 어느 한
쪽을 편들게 하는 것을 사실상 불
가능하게 한다. 이 영화는 국제적
으로 흥행에 성공했으며, 심지어
이스라엘에서도 높은 평가를 받으
며 인기를 얻었다. 물론, 이 영화
는 훌륭한 대사 외에도 다른 장점들도 가지고 있다. 그 중 하나는 높
은 동정심을 이끌어내는 두 명의 배우이며, 다른 하나는 현대 테헤
란 Tehran의 일상생활이 구체적으로 상세하게 담긴 특정한 시간과
장소에 배우들을 배치함으로써 구현하고 있는 다큐멘터리 같은 화
면 스타일이 그것이다. 실제로 이 영화는 당대 네오리얼리스트
neorealist의 걸작이다.   *(Asghar Farhadi)*

다. 대표적인 예가 바로 영화의 마지막 씬에 나오는 남편에 대한 마 조드의 평이다. 그들은 낡고 더
러운 트럭을 타고 새로운 일자리를 찾아가는 중이다. 그 일자리는 20일 동안 목화를 따는 일이다.
파 조드(러셀 심슨 Russell Simpson)는 아내(제인 다웰 Jane Darwell)에게 잠시 그는 가정이 끝장났다는
생각을 했었다고 말한다. 그녀는 대답한다. "알아요. 그게 우리를 강하게 만들었어요. 부유한 놈들은
태어나서 죽고, 그 자식들도 마찬가지로 죽어요. 하지만 우리는 계속해서 태어나요. 우리가 바로 살
아있는 사람들이에요. 그들은 우리를 없앨 수 없어요. 그들은 우리를 구박할 수 없어요. 우리는 영원
할 거예요, 파. 왜냐하면 우리가 바로 사람이기 때문이죠." (다음에 실려 있는 존슨의 대본에서 인용.
Twenty Best Film Plays, Vol. 1, eds. John Gassner and Dudley Nichols; New York: Garland Publishing, 1977.) 이 영
화의 마지막 영상은 스릴만점의 익스트림 롱 쇼트이다. 허약하기 짝이 없는 조드의 트럭이 다른 헐
어빠진 트럭과 자동차 행렬과 분간할 수 없을 정도로 뒤섞여, 끊이지 않는 교통의 홍수를 이룬다. 이
는 포드가 영상으로 보여주는 인간의 정신적인 용기와 복원능력에 대한 찬사이다.

일반적으로 말하면, 학생이나 예술가 그리고 지성인들은 개별적으로 자의식 없이 이상과 추상에
대한 논의를 무척 좋아한다. 납득이 가게 하기 위해서는 반드시 설득력 있는 말이 극 속에서 그럴듯
해 보여야 한다. 말은 단지 대화라는 옷을 입은 각본가의 설교가 아니라는 믿음을 가져야만 한다.

그러나 언제나 예외는 있다. 예컨대, '카사블랑카 *Casablanca*'는 전통적인 삼각관계의 사랑을 다
루고 있다. 이 영화에서 일자(잉그리드 버그만 Ingrid Bergman)는 두 남자 사이에서 괴로워한다. 한

9-4a

'월레스와 그로밋: 거대토끼의 저주 *Wallace & Gromit: The Curse Of The Were-Rabbit*' (영국, 2005), 각본 및 감독: 닉 파크 Nick Park, 스티브 박스 Steve Box

(Dreamworks/Aardman Animation)

9-4b

'메리에겐 뭔가 특별한 것이 있다 *There's Something About Mary*' (미국, 1998), 출연: 카메론 디아즈 Cameron Diaz, 각본 및 감독: 피터 패럴리 Peter Farrelly, 바비 패럴리 Bobby Farrelly

(20th Century Fox. Photo: Glenn Watson)

▶ 만약 코미디가 우리를 웃게 한다면, 그것은 적어도 그것의 주된 목표를 달성한 것이다. 어떤 코미디는 닉 파크의 클레이메이션 claymation(점토인형을 이용한 애니메이션: 역자주) 영화 '월래스와 그로밋'처럼 어느 정도 교묘하고도 세련되게 우리를 웃게 하고 있다. 다른 코미디들은 패럴리 형제 Farrell brothers의 역겨운 코미디들처럼 천박하고 선정적이다. 파크의 감수성은 캐릭터에 기초를 두고 있고, 이 코미디의 대부분은 재치 있는 영화의 참조에서 기인한다. 감독이 말했듯이, "여러분도 알다시피, '월레스와 그로밋' 시리즈는 항상 다른 영화 장르들을 참조해 왔고, 차용하기에 가장 좋은 장르는 전형적인 유니버셜 공포영화라고 우리는 생각했습니다. 하지만 우리 영화에서는, 즉 '월레스와 그로밋' 세계에서는 영화를 더 우습게 만들기 위해, 늑대인간 대신 토끼인간을, 살과 피를 게걸스럽게 먹는 것 대신 채소를 게걸스럽게 먹는 것으로 바꾸었습니다. 이 토끼는 채소 먹는 괴물로, '토끼인간의 저주'는 사실상 세계 최초의 채식주의 공포영화가 된 것입니다." 패럴리 형제는 농담 위주의 코미디를 선호하며, 역겨울수록 더 낫다고 생각한다. 예를 들면, 인종차별 개그, 학교(주로 고등학교)에서 삐기고 다니는 운동선수들(주로 미식축구 선수들)을 놀리는 농담 anti-jock jokes, 방귀 조크, 개 짖는 개그, 성기 관련 개그, 특히 남자의 성기가 공격당하거나 맞거나 어떤 식으로든 혹사당하는 개그, 장애에 대한 잔인한 개그, 노인이나 뚱뚱한 사람들에 대한 농담, 신체 체액에 관한 농담. 한마디로, 그들의 코미디 양식은 점잖은 시민들을 놀라게 하거나 혐오감을 갖게 하기에 알맞은 모든 주제들에 골몰하고 있다. 또한 그들의 코미디는 보통은 크게 웃음을 터뜨릴 정도로 재미있다. 역겹고 재미있다. 가끔씩은 정말로 역겹다.

9-5a

'20세기 Twentith Century' (미국, 1934),
출연: 존 베리모어 John Barrymore, 캐롤 롬바드 Carole Lombard,
감독: 하워드 혹스 Howard Hawks
(Columbia Pictures)

▶ 할리우드 빅 스튜디오 전성기에는 대부분의 촬영대본들이 한 사람의 작가보다는 여러 사람의 협동으로 만들어졌다. 대체로 이러한 협동작업은 마치 조각조각의 헝겊으로 누비이불을 만드는 것과 같았다. 이를테면 어떤 사람은 숙녀들을 위한 로맨스를, 어떤 사람은 사나이들을 위한 액션을, 또 어떤 사람은 아이들을 위한 코미디부분을 담당하는 것이다. 그럼에도 불구하고 경우에 따라서는 이러한 협동적인 글쓰기가 '20세기'와 '카사블랑카'처럼 아주 멋진 결실을 거두기도 했다. 전설적인 해학가이자 전직 언론인인 벤 헥트 Ben Hecht는 필시 이 시기에 가장 존경받았던 각본가일 것이다. 그의 전문분야는 코미디—난폭하고 엉뚱할수록 더 좋은—였다. '20세기'는 그의 연극대본(찰스 맥아더 Charles McArthur와 공동집필)을 혹스 감독이 좀더 손질하여 각색한 작품이었다. 그는 미국인들의 촌스러운 가치와 전통적인 도덕에 대한 풍자를 좋아했다. 그가 보기에 그것은 따분할 뿐 아니라 위선적인 것이었다. '카사블랑카'의 대본은 필립 엡스타인 Philip Epstein과 줄리어스 엡스타인 Julius Epstein, 그리고 하워드 코츠 Howard Koch 등 워너브러더스의 3대 에이스 각본가들이 공동으로 썼다. 그들은 최종순간까지 영화를 어떻게 결말지을 것인가를 놓고 몹시 고심하다가, 마침내 보가트가 맡은 인물이 그가 사랑하는 여인을 포기하는 것으로 결정했다. 자기들도 모르게 각본가들은 민감한 대중의 신경을 건드렸다. '카사블랑카'는 제2차 세계대전의 암울한 시절에 상연되었는데, 그 당시 미국사람들과 연합국 측에게는 보다 고귀한 목적을 위해 개인적인 희생이 요구되고 있었다. 어떤 비평가가 지적했듯이, 이 영화는 우리의 모습을 그린 것이 아니라 우리가 되고 싶어 하는 모습을 그린 것이었다.

9-5b

'카사블랑카 Casablanca' (미국, 1942),
출연: 험프리 보가트 Humphrey Bogart,
잉그리드 버그만 Ingrid Bergman,
감독: 마이클 커티즈 Michael Curtiz
(Warner Bros.)

남자는 그녀가 깊이 존경하면서 사모하는 레지스탕스 지도자인 그녀의 남편 빅터 라즐로(폴 헨레이드 Paul Henried)이고, 또 한 남자는 그녀가 사랑하고 있고 또 언제나 사랑할 릭 블레인(험프리 보가트 Humphrey Bogart)이다. 영화 속에서 시종일관 릭의 말투는 무뚝뚝하고 냉소적이고 딱딱하다. 그는 말을 잘하는 사람이 아니다. 그러나 영화의 끝부분 공항 씬에서(9-5b), 그가 사랑하는—그리고 포기할 수밖에 없는—여자에게 하는 그의 말은 노골적으로 이데올로기적이다.

> 우리 둘 다 속으로는 당신이 빅터의 사람이라는 것을 알고 있소. 당신은 그의 일, 즉 그를 계속 나아가도록 하는 그 일의 일부이지요. 만일 저 비행기가 떠나고 당신이 그와 함께 있지 않다면 당신은 후회할 것이오. …… 어쩌면 오늘이나 내일이 아닐지 모르지만, 머지않아 그리고 당신의 일생 내내 후회할 것이오. …… 일자, 나는 숭고해지는 것에는 능숙하지 못하지만, 이 미친 세상에서 하찮은 세 사람의 문제는 별로 의미가 없다는 것은 쉽게 알 수 있소. 언젠가 당신도 그걸 이해할 것이오. 이제 당신을 똑바로 보시오.
> (*Casablanca Script and Legend*, script by Julius and Philip Epstein and Howard Koch: Woodstock, N.Y.: The Overlook Press, 1973)

일부 영화감독들은 수다스럽고 대화가 많은 촬영대본에 뛰어나다. 베르트뮐러 Wertmüller, 베리만 그리고 우디 앨런의 가장 잘된 영화들처럼 그 촬영대본이 재치 있는 대사로 넘쳐난다면 말이다. 또한 프랑스와 스웨덴 그리고 영국의 영화는 아주 문학적이다. 조지 버나드 쇼 George Bernard Show, 그레이엄 그린 Graham Greene, 앨런 실리토 Alian Sillitoe, 존 오스본 John Osborne, 해롤드 핀터 Harold Pinter, 데이비드 스토리 David Storey 그리고 하니프 쿠레이쉬 Hanif Kureishi가 영국영화의 시나리오를 써 온 대표적인 각본가들에 해당한다.

유성영화에서는 촬영대본의 역할이 엄청나게 중요함에도 어떤 감독은 각본가가 영화에서 차지하는 비중을 우습게 여긴다. 안토니오니 Antonioni는 언젠가 말하기를 도스토예프스키의 『죄와 벌 *Crime and Punishment*』은 무척 평범한 범죄스릴러 소설이라고 했다. 이 소설의 진수는 주제 그 자체가 아니라 그것이 서술되는 방식에 있다. 훌륭한 영화들 가운데 대다수가 일상적이거나 심지어 평범한 2류 소설을 기초로 하고 있다는 사실은 분명히 이런 견해를 입증하는 것처럼 보인다.

영화의 촬영대본은 재미있게 읽을 만한 것이 별로 없다. 왜냐하면 촬영대본이란 완성된 제품의 청사진과 같기 때문이다. 보통 즐겁게 읽을 수 있는 연극대본과는 달리 각본에는 너무나 많은 것들이 생략되어 있다. 아주 상세한 촬영대본이라고 하더라도 감독 임의의 주된 표현수단 중의 하나인 미장센에 대한 감각을 우리에게 제시해주는 것은 아니다. 앤드류 사리스 Andrew Sarris는 특유의 위트로 어떻게 감독의 쇼트 선택—혹은 연기의 촬영방식—이 영화의 결정적인 요소가 되는지를 지적하였다.

예컨대, 클로즈업과 롱 쇼트 중에 어느 것을 선택하느냐 하는 것이 이야기 줄거리를 짜는 플롯을 능가하는 문제일 경우가 많다. 빨간 망토 소녀 이야기에서 늑대를 클로즈업으로, 소녀를 롱 쇼트로 촬영한다면, 감독은 주로 어린 소녀를 잡아먹으려는 충동에 사로잡힌 늑대의 감정적 문제에 관심을 기울이는 것이 된다. 만약 소녀를 클로즈업으로, 늑대를 롱 쇼트로 찍는다면, 강조점은 사악한 세상에 희미하게나마 남아 있는 순진성에 대한 문제로 옮겨가게 된다. 그러므로 동일한 이야기의 기본소재를 가지고서 전혀 다른 두 가지 이야기가 전개되고 있는 셈이다. 빨간 망토 소녀 이야기에 대한 이 두 가지 버전에서 관건이 되는 것은 인생에 대한 감독의 대조적인 태도이다. 한 감독은 좀더 늑대와 관련을 맺고 있다. 이는 남성적이고 충동적이고 타락한 것이며, 그야말로 악 그 자체이다. 두 번째 감독은 소녀와 관련을 맺고 있다. 이는 순수하고 환상적이고 이상적이며 인류의 희망이다. 감독이 하는 일이 창조적 행위라는 사실을 제대로 이해하지 못한다면, 이런 식의 구분을 애써 하려는 비평가가 거의 없을 것임은 재론의 여지가 없다. ("The Fall And Rise of the Film Director", *Interview with Film Directors*; New York: Avon Books, 1967.)

각본

촬영대본은 그 자체만으로 문학작품이라고 보기는 힘들다. 만약 촬영대본이 완성된 문학작품이라면 지금보다는 훨씬 더 많이 출판물로 나왔을 것이다. 우디 앨런 Woody Allen, 잉마르 베리만 Ingmar Bergman, 페데리코 펠리니 Federico Fellini와 같은 일부 유명한 감독들의 각본 screenplay이 출판되기는 했다. 하지만 그것들도 다만 영화 자체를 대충 언어로 엮어놓은 것에 불과하다. 아마도 영화가 남기는 가장 나쁜 문학적 부산물은 그 영화의 "소설화"―인기 있는 영화를 소설로 쓴 주문소설―인데, 대개 이런 소설들은 그 영화의 흥행을 이용해 돈을 벌 욕심으로 전문작가를 고용하여 소설로 쓰게 한 것들이다.

각본은 종종 등장인물의 연기를 맡은 배우들에 의해 수정되기도 한다. 이것은 개성 있는 성격파 스타를 위해 쓰인 촬영대본에서는 특히 그렇다. 당연히 그들이 맡는 그 역할들은 대개 그 스타의 인기 있는 특성들을 염두에 두기 마련이다. 가령 게리 쿠퍼 Gary Cooper를 겨냥해서 글을 쓴 각본가는 말을 적게 할 때 그가 가장 돋보인다는 것을 잘 알고 있었다. 요즘 클린트 이스트우드 Clint Eastwood는 다음과 같은 무뚝뚝하면서도 짤막한 농담으로 유명하다. "계속해―오늘은 날 위한 날이야." 쿠퍼가 맡은 인물들이 그렇듯이 이스트우드가 맡은 인물들도 대개 말솜씨가 능란한 사람들을 신뢰하지 않는 편이다.

이와는 달리 화술이 좋은 사람은 듣는 즐거움을 준다. 조셉 맨케비츠 Joseph L. Mankiewicz는 할리우드의 빅 스튜디오 시절에 가장 존경받는 각본가―감독 가운데 한 사람이다. 그의 가장 우수한 작품인 '이브의 모든 것 *All about Eve*'(7-5b)은 멋진 대사를 구사하는 여러 명의 인물들이 등장한다. 그 최상의 인물들 중 하나는 입이 사나운 연극비평가 애디슨 드위트 Addison Dewitt인데, 조지 샌더스 George Sanders가 육감적이고 침착한 연기솜씨로 이 역을 맡았다. 영화의 후반부에서, 거짓말과 속임수에 능하고 정상의 자리를 편안하게 지켜가려는 젊은 여배우 이브 해링턴 Eve Harrington(앤 백스터 Anne Baxter)은 현재 동료인 드위트를 무시하며 떼내려고 애를 쓴다. 왜냐하면 그는 더 이상 쓸모가 없어보

9-6a

'베스트 쇼 *Best In Show*' (미국, 2000),
출연: 크리스토퍼 게스트 Christopher Guest와 친구,
감독: 크리스토퍼 게스트

▶ 오늘날에도 역시 공동저작은 흔하다. 비록 이 영화의 시나리오는 공식적으로 게스트와 유진 레비 Eugene Levy가 쓴 것으로 크레디트에 등재되어 있지만, 실제로 이 영화는 게스트와 레비를 좋아하는 그들의 친구들에 의해 즉석에서 쓰였다. 이는 캐서린 오하라 Catherine O'ara, 마이클 맥킨 Michael McKean, 파커 포시 Parker Posey, 프레드 윌러드 Fred Willard 등을 비롯한 영화계 최고 걸물들 사이에서는 흔히 있는 일이었다. 이 영화는 한 무리의 응석받이 개들과 유명한 도그 쇼 dog show에 참가하는 그들의 별난 주인에 관한 이야기를 기록한 "마큐멘터리 mockumentary"(사실보도 속에 픽션요소를 가미한 기록물: 역자주)로 묘사되어왔다. 게스트는 '거프만을 기다리며 *Waiting for Guffman*'과 '마이티 윈드 *A Mighty Wind*'를 비롯한 그의 다른 앙상블 코미디에서도 마찬가지로 그랜드호텔 공식 Grand Hotel formula을 사용했다. *(Castle Rock Entertainment. Photo: Doane Gregory)*

9-6b

'잭애스 *Jackass The Movie*' (미국, 2002),
감독: 제프 트레마인 Jeff Tremaine

▶ MTV 시리즈 프로인 '잭애스'는 모두가 패럴리 브러더스 드라마예술학교 Farrelly Brothers School of Dramatic Art 출신들로 이루어진 남성동아리 구성원들이 직접 썼다기보다는 차라리 작품을 끌어모았다고 해야 할 것이다. 그들은 자신들이 난폭한 스턴트나 아주 위험한 연기를 할 때는 술에 취하거나 마약에 취하거나 아니면 둘 다를 한 상태라는 것을 기꺼이 인정했다. 제프 트레마인 감독은 시나리오의 아이디어들은 적당히 병들고 비비 꼬인 정신의 소유자로부터 나온다고 주장했다. MTV 관계자들을 대상으로 한 완성된 영화시사회를 마치고, 그는 이렇게 중얼거렸다. "우리 모두는 지옥으로 가고 있다." *(Dickhouse/MTV Films/Paramount Picture. Photo: Ben Zo)*

였기 때문이다. 그런데도 드위트는 그녀를 달리 보지 않고, 그녀의 놀림에 대해서도 전혀 개의치 않는다. 그녀는 거만하게 문쪽으로 걸어가 문을 연다. 그는 냉담하게 지켜보며 이렇게 말한다. "당신은 그런 제스처를 하기에는 너무 키가 작아요." "게다가 그 역은 피스크에게로 갔어요." 이어서 그는 그녀의 모든 거짓말을 폭로함으로써 그녀의 자만과 허상을 깨트리게 된다. 그는 이렇게 말을 꺼낸다. "당신의 이름은 이브 해링턴이 아니야. 당신 이름은 거트루드 슬레킨스키란 말이야." "사실 당신 부모님은 가난했지. 그들은 아직도 여전히 그렇게 지내셔. 그리고 당신 부모님은 당신이 어떻게 지내는지, 또 어디에 있는지 알고 싶어 하실 거야. 3년 동안이나 당신 소식을 듣지 못했으니까."

9-7a

'오만과 편견 *Pride & Prejudice*'
(영국, 2005), 출연: 키이라 나이틀리
Keira Knightley, 매튜 맥 파디엔 Matthew
Macfadyen, 감독: 조 라이트 Joe Wright
(Working Title. Photo: Alex Bailey)

▶ 천양지차(天壤之差). 탁월한 이 두 영화의 각본의 장점을 평가하려면 특정한 문학적 유연성이 필요하다. 각각 잘 만들어진 각본이지만, 그 나름의 방식이 있다. 제인 오스틴 Jane Austen의 가장 유명한 소설을 데보라 모가크 Deborah Moggach가 각색을 했는데, 거기에는 그 소설의 1813년의 문학적 스타일이 대부분 보존되어 있다. 현대인의 귀에는 대사들이 너무 정중하고 격식을 차린 것처럼 들릴 수도 있다. 양식화된 시대에 알맞은 대사를 소화하기에는 이 영화의 배우들처럼 언어에다 절제된 열정을 불어넣을 수 있는 최고의 배우들을 필요로 한다. '체이싱 아미'의 각본은 속어와 은어, 갖가지 외설적인 말들로 가득 차 있다. 이 사람들은 말하는 것을 좋아하고, 말하고 또 말한다. 대사는 재미있고 섹시하며, 뜻밖의 일로 채워져 있다. 수정주의적인 로맨틱 코미디인 이 영화의 스토리는 두 사람의 만화작가(사진)와 그들의 기묘한 관계를 다루고 있다. 그녀는 레즈비언이다. 아무튼 남자는 그녀와 사랑에 빠진다. 하지만 놀랍게도 그녀 역시 그와 사랑에 빠진다. 그가 일을 그르칠 때까지…… 영화평론가 스티븐 파버 Stephen Farber는 이렇게 말했다. "알리사가 홀든에게 그녀가 그와 사랑에 빠진 것은 사회적으로 길들여졌기 때문이 아니라 오히려 그녀가 그를 한 개인으로 선택했기 때문이라고 설명하는 이 장면은 여러 영화들이 제시한 적이 있었던 사랑의 미스터리에 대한 가장 감동적인 고백 가운데 하나이다." 두 각본은 모두 아주 "문학적"이다. 그것은 영어의 지적 엄밀성, 위트, 풍요로운 감정적 표현 등을 실제로 증명하는 참된 의미의 즐거움이 있다는 점에서 그렇다. 한쪽은 스타일상으로 복잡하고, 여성적이고 이상주의에 젖어 있다. 다른 한쪽은 외설적이고 유쾌하게 재미있으며, 정서적으로 강렬하다.

9-7b

'체이싱 아미 *Chasing Amy*' (미국, 1997),
출연: 벤 애플랙 Ben Affleck, 조이 로렌 애덤스
Joey Lauren Adams, 각본 및 감독: 케빈 스미스
Kevin Smith *(Miramax)*

이처럼 폐부를 찌르는 듯한 드위트의 통렬한 비난이 끝나자 이브는 맥없이 무너지고 만다. "내가 당신을 원할 수밖에 없다는 생각이 도대체 거짓말처럼 갑자기 떠오르는군. 그것이 아마도 실제 이유겠지. 당신은 특이한 사람이오, 이브. 그리고 나도 그렇소. 우리는 그게 공통점이오. 또한 인간성에 대한 경멸, 제대로 사랑하지도 못하고 사랑받지도 못하는 것, 만족할 줄 모르는 야심 그리고 재능도 역시 공통점이오. 우리는 서로에게 잘 맞는 것 같소." (*More About All About Eve*; New York: Bantam, 1974. 맨케비츠의 촬영대본과 긴 인터뷰도 포함되어 있음.)

'이브의 모든 것'에 나오는 등장인물들은 대부분 교양이 있고 박식하다. 버드 슐버그 Budd Schlberg 가 각본을 쓴 '워터프론트'의 인물들은 노동계급인 부두노동자들이다. 이런 인물들은 보통 사나이라는 허울 아래 그들의 감정을 숨기려고 애쓴다. 그러나 열정적인 감정을 표현하는 씬에서는, 말은 간결하지만 힘이 있다. 널리 알려진 찰리(로드 스타이거 Rod Steiger)와 테리(말론 브란도 Marlon Brando) 형제 사이의 택시 씬이 좋은 예이다. 둘 가운데 나이도 위이고 영리하고 약삭빠르기로도 한수 위인 찰리는 한때 중요한 권투경기에서 동생을 설득하여 일부러 지게 한 적이 있었다. 테리는 더 이상 권투선수가 아니지만, 찰리가 일하는 조니 프렌들리 방계 폭력조직에서 앞잡이 구실을 했다. 찰리는 그 일의 책임을 테리의 매니저에게 씌우려고 했다. 화가 나서 테리가 대답한다.

> 그건 그가 아니었어! 그건 바로 찰리 형이었어. 형이랑 조니 말이야. 그날 밤처럼 둘이
> 탈의실에 와서 늘 이렇게 말하지. "이건 너를 위한 밤이 아니야―우리는 윌슨에게 돈을
> 걸었어."라고. 그건 나를 위한 밤이 아닐 거라고. 나는 그날 밤 윌슨을 혼내 줄 참이었지!
> 나는 준비가 되어 있었어. 기억해 봐. 처음 몇 라운드 동안 그들의 뜻대로 잘 협조해 주
> 었지.
> 그 결과가 무엇이었어. 이 건달자식 윌슨이 타이틀을 거머쥘 한 방을 때린 거지! 경기장
> 바깥에서 말야! 내가 얻은 거라고는 돈 몇 푼과 팔루커빌로 가는 편도 티켓이었지. 그게
> 찰리 형이야. 형은 내 형제야. 형은 날 돌봐야 했잖아. 몇 푼 되지도 않는 돈 때문에 그들
> 과 짜고 마치 내가 녹아웃 당한 것처럼 만들지 말고 말이야. … 나는 충분히 라이벌이 될
> 수 있었어. 나는 일류일 수도 있었고 다른 사람이 될 수도 있었어. 건달 말고 진짜 일류
> 말이야. 현재의 나를 똑바로 봐. 그게 바로 찰리 형이야. (*On the Waterfront: A Screenplay*;
> Carbondale: Southern Illinois University Press, 1980.)

좋은 대사는 종종 좋은 귀를 가진 결과이다.―좋은 귀가 있어야 말의 적당한 리듬, 올바른 단어 선택, 사람들의 문장의 길이, 사람들이 사용하는 사투리와 은어 혹은 욕설 등을 포착할 수 있기 때문이다. 쿠엔틴 타란티노 Quentin Tarantino의 '저수지의 개들 *Reservoir Dogs*'(5-35)에서는 음란하고 추잡한 말들을 쏟아내는데, 이는 폭력을 일삼는 그들의 삶을 언어로 옮겨 놓은 것이다. 이 영화의 이런 흐름에서 본다면, 예의 바르고 깔끔한 산문조의 이야기는 오히려 작품을 망쳐놓을 수 있다.

영화의 중심 주제는 주로 먼저 그 영화의 작가에 의해 명확히 표현되거나, 혹은 '브로크백 마운틴 *Brokeback Mountain*'의 경우처럼 여러 명의 작가들에 의한다. 원래는 미국에서 가장 명망 있는 문예물 출판사인 '더 뉴요커 *The New Yorker*'의 단편 소설로 나왔던 '브로크백 마운틴'은 퓰리처상 수상 작가인 애니 프루 Annie Proulx가 썼다. 이 스토리는 또 다른 퓰리처상 수상자인 래리 맥머트리 Larry

9-8a

'나의 아름다운 세탁소 *My Beautiful Laundrette*'
(영국, 1985), 출연: 고든 웨넥 Gordin Warnecke, **다니엘 데이 루이스**
Daniel Day-Lewis, 각본: **하니프 쿠레이쉬** Hanif Kureishi,
감독: **스티븐 프리어스** Stephen Frears

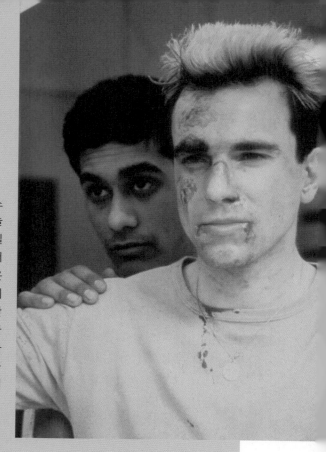

▶ 영국의 아주 솔직하고 노골적인 소장 작가들(각본뿐만 아니라 희곡, 소설, 자서전 등) 가운데 한 사람인 하니프 쿠레이쉬는 안정된 주류문학을 놀라게 하는 것을 즐긴다. 그의 주제는 문화와 인종 그리고 성별 사이에서 일어나는 갈등을 개성적으로 다루고 있다. 그의 인물들은 대부분 영리하면서도 재미있다. 계급과 민족적 배경이 다름에도 이 영화의 두 주인공(사진)은 사업파트너이고 연인 사이이다. 그들은 그들의 성에 관하여 전혀 변명하지 않으며, 그것을 대수롭지 않게 생각한다. 영국계와 파키스탄계의 피를 절반씩 갖고 있는 쿠레이쉬는 소수집단, 즉 이성애자이고 백인이고 남성인 영국 주류에서 벗어나 있는 사람들에게 특히 관심을 가진다. 쿠레이쉬는 다음과 같이 말했다. "게이와 흑인은 역사로부터 배척되어 왔다. 그들은 스스로를 이해하려고 노력하고 있다. 여성들과 마찬가지로, 흑인과 게이들은 사회적으로 무시당해 왔으며, 아무런 힘도 없고 바보취급을 당하고 있다."
(Working Title/Channel 4)

9-8b

'동경이야기 *Tokyo Story*' (일본, 1953), 감독: **오즈 야스지로** Yasujiru Ozu

▶ 오즈의 각본들은 대개 그의 오랜 글쓰기 파트너인 노다 코고 Kogo Noda와 협동작업을 통해 쓰인 것이었는데, 소박하고 간소한 것이 특징이었다. 그의 각본들은 종종 출판되어 나오기도 했으며, 사실주의적 문학으로 평가되었다. 일본인은 세계에서 가장 예의바른 국민에 속한다. 마음을 있는 그대로 표현하는 것은 무례로 간주되기 때문에, 사람들은 그들이 원하는 것을 노골적으로 나타내기보다는 넌지시 내비치면서 간접적으로 전달하는 경우가 많다. 그러므로 대화에 담긴 전체적인 의미는 대체로 말로 표현되지 않고 행간에 남아 있다. 이는 심지어 가족들 사이에

도 마찬가지이다. 서양사람들이 듣기에 이런 대화는 무척 평범하고, 심지어 진부하게 들릴지도 모른다. 그러나 일본문화의 뉘앙스에 민감한 사람들에게 이런 스타일은 말을 삼가는 것이고, 간결하게 말하는 것이며, 감정을 억누르고 있는 것이다. 상대방에게 불편을 느끼게 하거나 이기적인 모습을 보이는 것—이는 일본사회에서는 최고의 사회적 죄악이다—을 꺼리는 오즈의 인물들은 말을 할 때 대체로 직선적인 표현보다는 재치 있게 비껴간다. 말로 표현되지 않고 남겨진 여운이 말로 표현하는 것 못지않게 중요하다.
(Shochiku Eiga)

9-9a

'소셜 네트워크 The Social Network' (미국, 2010),
출연: 앤드류 가필드 Andrew Garfield, **제시 아이센버그**
Jesse Eisenberg, **감독: 데이빗 핀처** Davis Fincher

▶ 진실 혹은 허구? 아론 소킨 Aaron Sorkin이 각색(벤 메 즈리치 Ben Mezrich의 2009년 베스트셀러 "우연한 억만장 자 The Accidental Billionaires"을 각색)을 한 이 영화는 마크 주커버그 Mark Zuckerberg(아이젠버그)의 이야기와 그가 공동 창립한 페이스북 Facebook에 관한 이야기를 담았다 고 한다. 이 영화는 페이스북이 엄청난 재정적 성공을 거두고 난 뒤 부딪히는 많은 법적 문제 제기들을 다루고 있 다. 이 영화가 얼마나 정확한지 주커버그에게 물었을 때 그는 "글쎄요, 티셔츠가 똑 같더군요."라고 대답했다. 사 실 이 영화는 많은 잘못된 사실을 포함하고 있다. "이것은 내 삶인데, 나는 내 삶이 그렇게 드라마틱하지 않음을 알고 있다."라고 주커버그는 항의했다. 소킨의 대본은 주커버그의 창업동기가 "여자를 얻기 위해서"였다고 암시한 다. 그러나 실은 이 젊은 기업가가 이미 훗날 그의 아내가 되는 여성과 유일하게 만나고 있었다. 페이스북 공동 창 업자 왈도 세브린 Eduardo Saverin은 "이 영화는 분명히 재미를 위한 것이지 사실에 기반한 다큐멘터리는 아니다." 라고 지적했다. 소킨은 사실을 제멋대로 바꾸어 자유롭게 끌어들였다. "나는 진실에 충실하고 싶지 않다. 나는 스 토리텔링에 충실하고 싶다."라고 말한다. 비평가들과 대중은 이를 분명히 승인했다. Rottentomatoes.com은 이 영화 가 96퍼센트의 긍정적인 평가를 받았다고 보고했으며, Metacritic.com은 42개의 평가를 바탕으로 이 영화에 95점 을 줌으로써 이 사이트에서 가장 좋은 점수를 얻은 영화 중 한 편으로 기록했다. 이 영화는 8개의 아카데미상 후 보에 올랐으며 소킨은 오스카 최우수 각색상 Best Adapted Screenplay을 수상했다. *(Columbia Pictures/Scott Rudin)*

9-9b

'뜨거운 것이 좋아 Some Like It Hot' (미국, 1959)의 홍보사진,
출연: 잭 레먼 Jack Lemmon,, **토니 커티스** Tony Curtis, **공동각본: 빌리 와일더** Billy Wilder, **다이어몬드** I.A.L. Diamond, **감독: 빌리 와일더**

▶ 빌리 와일더는 제2차 세계대전 이후 가장 존경받는 각본가-감독 중 한 사람이었다. 그는 시나리오 구성의 대가로 평가를 받았다. 디테일들은 하나 하나마다 정확한 연결기능을 가지고 있었다. 그는 이렇게 주장했다. "좋은 촬영대본에는 모든 것이 반드시 있어야 하는 것이다. 만약 그렇지 않다면 그 건 좋은 촬영대본이 아니다." "그리고 만약 하나를 찍었다면 그것을 또 다른 것으로 바꾸어 견주어 보아야 하며, 그렇게 하지 않으면 곤란한 일을 당하게 된다." 그는 복장도착증 transvestism과 같이 전혀 가능성이 없어 보이는 소 재로 코미디를 만들어 내는 능력을 가지고 있었다. 폭력단을 피해 도망하던 중 어쩔 수 없이 여장을 하게 된 이 영화의 음악가 주인공들은 자신들의 존 재를 숨기기 위해 여성만으로 구성된 밴드에 들어가게 된다. 대부분의 개그 는 두 명의 건장한 남자가 여장을 하느라 애를 먹는 어처구니없는 풍경을 둘러싸고 되풀이 된다. 예를 들면, 레먼은 자꾸 자신의 가슴 한쪽이 없어지 는 일을 겪는다. 최근 실시된 미국 최고의 코미디영화를 뽑는 비평가들의 투 표에서 '뜨거운 것이 좋아'가 1위를 차지했다. *(United Artists)*

9-10

'바벨 *Babel*' (멕시코/미국/프랑스, 2006),
출연: 브래드 피트 Brad Pitt, 케이트 블란쳇 Cate Blanchett,
감독: 알레한드로 곤잘레스 이냐리투 Alejandro Gonzáles Iñárritu

▶ 영화 '바벨'의 가장 눈에 띄는 특징은 이 영화의 거대한 야망일 것이다. 제목으로 알 수 있듯이, 이 영화는 의사소통, 더 정확히 말해, 의사소통의 결핍에 대한 영화이다. 장면들은 비선형 구도로, 각기 다른 세 대륙에서 각각 다른 네 그룹이 겪는 삶들을 탐사하는데, 두 모로코 소년에 의한 총격 사건(사진)에 의해 극적인 사건들이 연쇄적으로 일어나서 그들의 삶은 엉망으로 뒤얽혀 버렸다. 이 영화는 여러 나라를 배경으로 하고 있으며, 대사들은 영어, 스페인어, 아랍어, 베르베르어, 일본어, 수화와 불어로 이루어져 있다. 사람들 사이의 의사소통의 불능은 비단 언어적인 면에서만이 아니라, 육체적, 정치적, 감정적인 면들에서도 일어난다. 곤잘레스 이냐리투는 그의 주제에 대해서, "진짜 경계선은 우리 자신 속에 존재하고, 장벽들은 물리적 공간이 아닌 생각의 세계 속에 있는 것이다." 라고 말했다. 곤잘레스 이냐리투 감독의 다른 두 작품, '아모레스 페로스 *Amores Perros*'(대략 "개 같은 사랑"이라는 뜻, 멕시코, 2000), '21그램 *21 Grams*'(미국, 2003)과 마찬가지로 '바벨'은 그의 멕시코인 친구인 기예르모 아리아가 Guillermo Arriaga에 의해 쓰여졌고, 그의 각본들은 모두 비선형 구도와 복합적인 내러티브를 특징으로 하고 있다. '바벨'은 여러 국제적인 상들과 함께 골든 글로브 시상식에서 최우수작품상(드라마부문)을 수상하였다. 또한 www.screenwritersutopia.com을 보라. 거기에는 영화 각본쓰기에 있어서의 실제적이고 이론적인 문제들이 논의되고 있다. *(Anonymous Content/Dune Films)* *(Paramount Vintage)*

McMurtry('마지막 영화관 *The Last Day Picture Show*', '머나먼 대서부 *Lonesome Dove*' 외 다수의 작품의 저자)와 그의 집필 파트너인 다이애나 오사나 Diana Ossana에 의해 영화판권을 얻게 되었다. 그녀는 그 영화의 제작자 중 한 명이기도 했다. 그들은 이 단편극의 쓸쓸하고 절제된 시적 정서를 잃지 않고도 새로운 장면이나 배역을 더함으로 원래의 소재를 확대시켰다.

　이 스토리는 목동(히스 레저 Heath Ledger)과 로데오 선수지망생(제이크 질렌홀 Jake Gyllenhaal)인 두 젊은 서부인들에 대한 이야기이다. 마약에 취해 흥청대는 밤의 열정적인 성적 만남은 곧 1963년 와이오밍 주의 오염되지 않은 외딴 산에서의 은밀한 애정행각으로 이어졌다. 20년이 지난 후, 그들은 여자와 결혼해 아이들의 아버지가 되었지만, 그 두 남자들 간의 애정행각은 이따금씩 급하고 비밀스럽게 계속되었다. 그들의 관계는 그들 문화의 치명적인 동성애 공포증에 의해 결국 망가지고, 스토리는 가슴 저미는 상실, 놓쳐버린 기회들, 그리고 허비되어버린 삶에 대한 기록으로 끝이 난다.

　대부분의 각본은 실제적이고 실천적이다. 왜냐하면 각본은 출판을 위한 것이 아니고, 또 연기의 시퀀스들도 보통 문학적인 수식이 없이 간단하게 묘사되기 때문이다. 그러나 이 규칙에도 몇 가지 예외는 있다. 그 중 하나가 존 오스본 John Osborne이 쓴 '톰 존스 *Tom Jones*'의 세련된 각본인데, 이는 헨리 필딩 Henry Fielding이 쓴 18세기 영국소설을 기반으로 하고 있다. 이 영화에 나오는 여우사냥 장면은 토니 리처드슨 Tony Richardson의 능숙한 연출 덕분에 대단히 효과적이다. 그러나 리처드슨은 분명 오스본의 각본에서 영감을 얻었다.

　　사냥은 아름다운 크리스마스 시즌에 어울리는 행사이기는커녕, 오히려 위험할 정도로 잔인하고 고약한 짓이었고, 이런 일에 모두가 그처럼 심혈을 기울여 참여하는 것은 그들의 삶의 모습과 무척 밀접해 있는 거칠고 난폭한 정력과 체력을 여실히 보여주는 것 같다. 그것은 열정적이고 폭력적이다. 웨스턴의 대지주는 그 진흙탕 위로 그의 말을 채찍질하면서 정신없이 악을 쓰며 소리를 지른다. 목사는 그의 살찐 발뒤꿈치를 헛발질하면서 격정과 쾌락에 못이겨 고함을 질러댄다. 크고, 못생기고, 불쾌감까지 주는 개들이 땅바닥에서 야단법석을 뜬다. 톰은 말 위에서 계속 소리를 지른다. 그의 얼굴은 불그스름하게 물기에 젖어 있고, 욕정과 울부짖음과 질주로 말미암아 그리고 신선한 공기 중의 뜨거운 짐승고기와 사람들의 피와 살, 동물들의 피와 털로 말미암아 거의 인사불성의 상태가 되어 있다. 모두가 피비린내 나는 흥분에 사로잡혀 있다. (*Tom Jones, A Film Script*, by John Osborne: New York: Grove Press, 1964)

'북북서로 진로를 돌려라': 대본 읽기

히치콕 감독의 영화 '북북서로 진로를 돌려라'를 위해 어니스트 레만 Ernest Lehman이 쓴 각본은 한 편의 작품으로서 상당한 유동성을 가지고 있다. 그것의 장점은 연기의 성격과 범위를 분명하게 밝혀 줄 정도의 문학적 탁월함에 있는 것이 아니라, 감독에게 영화의 쇼트를 만들기 위한 원료를 제공한 다는 데 있다. 다음은 각본에서 길게 발췌한 것이다.

히치콕 영화가 대체로 그렇듯이 '북북서로 진로를 돌려라'는 누명을 쓴 남자를 중심으로 전개된 다. 주인공은 죄를 짓지 않았는데도 고발당하고 쫓겨다니는 결백한 남자이다. 이 영화에서, 로저 손 힐(캐리 그랜트 Cary Grant)은 경박하지만 매력적인 광고대행업자였는데 우연히 캐플란이라는 정부요 원으로 오해를 받게 된다. 손힐은 적의 요원들에 의해 유괴당해 거의 살해당할 처지에 놓이게 되고, UN 외교관을 죽였다는 엄청난 혐의를 뒤집어쓴다. 그는 경찰과 적 스파이 양쪽으로부터 추적을 당 하면서, 그의 결백을 입증해 주게 될 진짜 캐플란을 찾으러 시카고로 떠난다. 시카고에 도착하자 그 는 캐플란으로부터 지정된 장소에서 아무도 몰래 만나고 싶다는 전갈을 받는다. 다음은 그 이후에 일어난 일의 줄거리이다.

헬리콥터 쇼트 ─ 야외, 41번 고속도로 ─ 오후

우리는 동쪽으로 시속 112km의 속도로 달리는 그레이하운드 버스와 함께 달리면서, 그 버스 바로 위로 다가가 촬영하기 시작한다. 점차적으로 카메라는 버스에서 떨어져 점점 더 높이 올라가지만 결 코 버스를 시야에서 놓치지는 않는다. 그리고 수킬로미터의 초원을 가로질러 끝없이 이어지는 한적 한 고속도로 위를 달리는 버스가 장난감처럼 보일 때까지 멀어진다. 이제 버스는 속도를 늦춘다. 고 속도로를 가로질러 어딘가로 이어지는 먼지투성이의 작은 길이 만나는 교차점 근처이다. 버스가 선 다. 한 사람이 내린다. 그 사람은 손힐이다. 그러나 우리에게 그는 작은 물체로 보일 뿐이다. 버스는 출발하고 시야에서 사라진다. 그리고 이제 손힐은 길가에 혼자 서 있다. ─인적이 전혀 없다.

평야에서 ─ 손힐 ─ (마스터 씬)

그는 주위를 훑어보며 살피고 있다. 나무 한 그루 없는 평원이다. 심지어 공중에서 보여준 것보다 이 지점에서 보여주는 것이 훨씬 더 황량하다. 여기저기 키작은 농작물의 경작구역이 어느 정도 평 원의 윤곽을 그리고 있을 뿐이다. 뜨거운 태양이 내리쬐고 있다. 오로지 침묵만이 무겁게 허공에 떠 있다. 손힐은 손목시계를 본다. 3시 25분이다.

멀리서 어렴풋이 자동차소리가 들린다. 손힐은 서쪽을 바라본다. 차가 가까워지면서 소리가 점점 커지기 시작한다. 손힐은 고속도로 언저리로 다가선다. 까만 세단이 높은 속력으로 달려온다. 잠시 동안 우리는 차가 손힐에게로 곧장 돌진해 버릴지도 모른다고 생각한다. 그런데 차는 그를 빠르게 지나가 버린다. 차는 저 멀리 작은 점으로 사라지고 정적이 찾아온다.

손힐은 손수건을 꺼내 얼굴을 닦는다. 그는 이제 땀을 흘리기 시작한다. 그것은 뜨거운 날씨 탓도 있지만 초조와 긴장 때문이었다. 또 다른 윙윙거리는 소리가 약하게 동쪽에서 들린다. 그가 그쪽을 바라보자 멀리서 작은 점이 고속으로 달리는 차가 되어 나타난다. 이번에는 지붕을 접을 수 있는 차이다. 다시 손힐의 얼굴에 기대와 희망의 빛이 감돈다. 또한 형용하기 어려운 위험에 대한 막연한 불안이 문득 다가온다. 그 차도 역시 먼지를 일으키며 멀리 사라진다. 차소리가 사라지면서 정적이 찾아온다.

그의 입술은 굳게 닫혀 있다. 그는 다시 시계를 본다. 그는 고속도로 중간으로 걸어 나가 고속도로 한쪽 방향을 바라보다. 그 다음 다른 쪽을 바라본다. 아무것도 보이지 않는다. 그는 넥타이를 풀고 셔츠의 칼라를 열어젖히면서 태양을 본다. 그의 뒤편에서 또 다른 차가 다가오는 소리가 들린다. 그는 몸을 돌려 서쪽을 바라본다. 이번에는 대륙을 횡단하는 화물차가 큰 소음을 내며 빠른 속력으로 그를 향해 달려온다. 순간 두려운 느낌이 들어 그는 재빨리 고속도로 바깥 흙바닥 언저리로 물러나고, 화물차는 천둥치듯이 재빨리 사라진다. 화물차의 소음이 사라지면서 새로운 소리가 들려온다. 오래된 싸구려 소형자동차의 똑딱거리는 소리이다.

손힐은 소리가 다가오는 쪽을 본다. 고속도로와 가로질러 나 있는 먼지길에서 고속도로로 다가오는 소형 자동차가 보인다. 그 차는 고속도로에 이르면서 멈춘다. 운전석에는 중년부인이 앉아 있다. 차에 탄 승객은 별로 특징이 없는 쉰 살쯤 되어 보이는 남자다. 그는 농부임에 틀림없을 것 같다. 그는 차에서 내리고, 차는 유턴해서 왔던 방향으로 되돌아간다. 그 남자는 손힐을 별다른 관심 없이 얼핏 쳐다보고는, 무엇인가를 기다리는 듯이 동쪽방향의 고속도로를 바라보고 있다. 손힐은 그 남자를 눈여겨보면서 이 사람이 혹시 조지 캐플란이 아닐까 하고 생각한다.

그 남자는 고속도로 건너편의 손힐을 멍하니 바라본다. 그의 얼굴은 무표정하다.

손힐은 손수건으로 얼굴을 문지르면서도 고속도로 건너편 남자에게 시선을 떼지 않는다. 멀리서 비행기가 다가오는 소리가 들린다. 소리가 커지자 손힐은 왼쪽에서 복엽 비행기가 낮게 날면서 북서쪽에서 다가오는 것을 본다. 그는 비행기가 자신과 고속도로 건너편의 낯선 남자와 서로 마주보고 있는 지점 바로 위로 오자 유심히 바라본다. 갑자기 비행기가 마치 거대한 새처럼 불과 삼십 미터의 고도에서 그들 위를 날아간다. 손힐은 비행기가 가는 쪽으로 몸을 돌린다. 비행기는 그들을 지나 계속 날아간다.

손힐은 비행기가 고속도로 쪽으로 되돌아오는 것을 지켜본다. 비행기는 고속도로 넘어 수백 미터를 갔다가 땅에서 불과 몇 미터의 높이에서 고속도로와 평행하게 전후로 오가곤 하면서 비행기 아래쪽에서 꼬리모양의 무늬를 만들면서 가루를 뿌린다. 농부라면 누구나 농약살포라는 것을 알아차릴 수 있었을 것이다.

손힐은 고속도로 건너편을 바라본다. 그 낯선 남자는 별 관심 없이 비행기를 쳐다보고 있다. 손힐의 입술은 결심한 듯이 굳어 있다. 손힐은 도로를 지나 그 남자에게로 다가간다.

손힐 : 무더운 날씨입니다.
남자 : 점점 더한 것 같아요.
손힐 : 저 … 혹시 여기서 누구를 만나기로 되어 있습니까?
남자 : (계속 비행기를 바라보며) 버스를 기다리고 있습니다. 곧 올 거예요.

9-11

'북북서로 진로를 돌려라 *North By Northwest*' (미국, 1959), 출연: 캐리 그랜트 Cary Grant, 각본: 어니스트 레만 Ernest Lehman, 감독: 앨프리드 히치콕 Alfred Hitchcock

▶ 이 영화의 성공은 대부분 로저 O. 손힐 Roger. O. Thornhill ("0"는 무(無)를 상징한다) 역으로 나온 그랜트의 훌륭한 연기 덕분이다. 그랜트는 자신의 능력을 믿고 요령을 피우는 법이 없었다. 그랜트 정도의 뛰어난 기량을 가진 배우만이 생지옥에 처한 인간을 실감나게 보여주면서 동시에 그 역할의 코믹한 특성을 제대로 해낼 수 있었다. *(MGM)*

손힐 : 아. 그래요. …

남자 : (별 뜻도 없이) 농약 살포기 조종사들 가운데 몇 사람은 부자가 될 거야. 오래 산다면 말이지. …

손힐 : 그럼 당신 이름은 … 캐플란이 아니군요.

남자 : (손힐을 보며) 그래요. 사실이 아니니깐요. (그 남자는 고속도로를 본다) 아이고, 시간 맞춰 버스가 오는군.

손힐은 동쪽을 쳐다본다. 그레이하운드 버스가 오고 있다.

남자는 다시 비행기를 바라보면서 얼굴을 찡그린다.

남자 : 이상하네요.

손힐 : 뭐가요?

남자 : 농작물은 하나도 없는데 비행기가 농약을 뿌리고 있으니 말이요.

그 낯선 남자가 버스를 세우려고 신호를 보내면서 고속도로에 나설 때, 손힐은 윙윙거리는 비행기를 지켜보면서 점점 더 의심이 커간다. 손힐은 낯선 남자에게 무언가 할 말이 있어 돌아선다. 하지만 너무 늦었다. 남자는 이미 버스에 올랐고 버스 문이 닫히고 있다. 버스는 도망치듯이 쏜살같이 떠나버렸다. 손힐은 다시 홀로 된다.

거의 동시에 그는 비행기의 고속 기어 엔진소리를 듣는다. 그는 비행기를 주시한다. 비행기가 방향을 바꾸어 곧바로 자신을 향해 날아오고 있다. 그는 눈을 크게 뜨고 꼼짝 않고 그 자리에 서 있다. 비행기는 땅에서 불과 몇 미터 위에서 으르렁대고 있다. 비행기 조종석에서 잘 알아볼 수 없는 두 남자가 눈을 부릅뜨고 위협하고 있다. 손힐은 그들에게 큰소리로 말하지만 비행기 소음에 묻히고 만다. 순식간에 비행기가 그에게로 달려들면서 죽이려고 한다. 비행기가 요란한 소리를 내며 그의 머리를 거의 빗질하듯이 지나쳐 갈 때 그는 필사적으로 바싹 땅에 엎드린다.

　손힐은 기어가면서 비행기가 기웃하게 비행하다 우회하는 것을 본다. 그는 미친 듯이 두리번거리다가 전신주를 보고 달려간다. 비행기가 다시 그에게로 돌아온다. 그는 전봇대 뒤에 몸을 숨긴다. 비행기가 그에게로 곧장 오다가 마지막 순간에 오른쪽으로 선회한다. 우리는 비행기 소리와 뒤섞인 날카로운 총소리를 듣는다. 바로 그때 총알 두 개가 바로 손힐의 머리 위 전신주에 박힌다. 손힐은 이 새로운 위험에 대처하면서, 그를 공격하려고 비행기가 기웃거리며 우회하는 것을 본다. 서쪽 고속도로에서 자동차 한 대가 오고 있다. 손힐은 도로로 나가 차를 세우려고 손을 흔들어보지만, 운전사는 그를 못 본체한다. 또 한 번의 사격소리가 들리자 그는 도랑으로 뛰어들며 몸을 굴린다. 총알들이 그가 있었던 곳의 땅속으로 박힌다.

　그는 일어나 두리번거리다 고속도로에서 45미터 정도 떨어진 옥수수밭을 본다. 비행기가 되돌아오는 것을 보고, 높게 자란 옥수수밭에 몸을 숨기기 위해 달려가기로 결심한다.

　땅에서 30미터 상공의 헬리콥터에서 촬영이 이루어지고, 우리는 수수밭으로 달려가는 손힐과 그 뒤를 쫓는 비행기를 본다.

　이제 옥수수밭 안에서 촬영이 이루어지고, 우리는 손힐이 옥수수밭으로 뛰어들어 허둥대다가 땅에 꼼짝도 하지 않고 엎드려 누워 있는 것을 보고, 동시에 비행기가 그를 겨냥해 총을 쏘면서 지나가는 소리를 듣는다. 그러나 손힐로부터는 안전한 거리이다. 손힐은 조심스럽게 고개를 들고 호흡을 조절한다. 이때 다시 그는 방향을 돌려 달려오는 비행기 소리를 듣는다.

　헬리콥터에서 촬영되기 때문에 우리는 비행기가 옥수수밭과 수평으로 비행하면서 옥수수밭을 탐색하고 있다는 것을 알 수 있다. 손힐의 흔적은 보이지 않는다. 비행기가 옥수수 줄기를 스쳐 지나가지만 이제 총을 쏘지는 않는다. 그 대신 농약을 짙게 뿌려 농약이 수수밭에 가라앉는다.

　옥수수밭 안에 손힐은 여전히 바싹 엎드려 있다. 그를 뒤덮는 농약 때문에 숨이 막혀 질식할 것 같다. 눈물이 흘러내리지만 비행기가 옥수수밭으로 다시 돌아오는 소리를 듣고 꼼짝하지 않는다. 비행기가 다시 한 번 농약을 뿌리고 지나갈 때, 손힐은 벌떡 일어나 밖으로 나와서는 반쯤 눈을 뜬 채 숨을 헐떡거린다. 그는 멀리 고속도로 오른쪽에서 거대한 디젤 유조차가 오고 있는 것을 본다. 그는 차를 가로막기 위해 고속도로 쪽으로 달려가기 시작한다.

　헬리콥터에서 촬영되기 때문에, 우리는 고속도로로 달려 나오는 손힐과 그를 다시 공격하기 위해 고속도로와 수평 비행하는 비행기, 그리고 쏜살같이 달려오는 디젤 유조차를 볼 수 있다. 고속도로를 가로질러 촬영되고, 우리는 카메라를 향해 달려오며 비틀거리는 손힐, 그리고 그와 왼쪽에서 달려오는 디젤 유조차 사이로 달려오는 비행기를 볼 수 있다. 그는 고속도로 한복판으로 달려 나가 미친 듯이 팔을 흔든다.

　디젤 유조차는 천둥소리 같은 소음을 내며 손힐을 향해 연신 경적을 울린다. 비행기는 고속도로 가장자리 들판으로부터 손힐을 향해 가차 없이 달려온다.

　손힐은 혼자 속수무책으로 고속도로 한복판에 서서 그의 팔을 흔든다. 비행기가 점점 가까이 다가온다. 유조차는 그를 거의 덮을 태세이다. 전혀 멈출 기미가 보이지 않는다. 그는 길 밖으로 나가라는 경적소리를 듣는다. 그가 할 수 있는 것은 아무것도 없다. 비행기는 이미 그를 포착했다. 유조차는 멈추지 않을 기세이다. 결국 유조차가 멈추었다. 그는 곧장 유조차 쪽 도로 위로 몸을 내던졌다.

9-12

'스트레인저 댄 픽션 *Stranger Than Fiction*'
(미국, 2006), **출연:** 윌 페럴 Will Ferrell, **감독:** 마크
포스터 Marc Forster

▶ 이 영화는 자크 헬름 Zach Helm 각본으로, 진짜
세상과 상상 속의 허구의 세상이 재치 있게 교차되
는 것이 특징이다. 완고한 국세청 감사관인 해롤드
크릭(페럴)은 어느 날 아침 그의 뇌리에 한 여자의
목소리가 마치 그의 인생이 소설인 것처럼 이야기
하는 소리에 잠에서 깨어난다. 그 목소리는 카렌
아이플(엠마 톰슨)의 목소리였으며, 그녀는 슬럼프
에 빠져서 그녀의 소설을 어떻게 결말지어야 할지
몰라 괴로워하는 작가이다. 그녀는 결국 그 소설의
주인공인 해롤드 크릭이 죽는 것으로 결말을 정한다. 진짜 해롤드 크릭은 말할 필요도 없이 그녀의 결정에 기뻐하
지 않는다. 상상 속의 허구 세상과 "진짜" 세상을 뒤섞는 것을 즐겨하던 피란델로 Pirandello의 연극들(피란델로는
"진짜"라는 말에 따옴표를 꼭 붙이라고 주장할 것인데)을 연상시키는 '스트레인저 댄 픽션'은 재미있고, 감동적이
며 동시에 지적으로 자극적이게 잘 만들어졌다.   *(Columbia Pictures/Mandate)*

브레이크의 끽끽거리는 소리와 타이어 미끄러지는 소리, 그리고 비행기 엔진소음이 함께 들린다. 쿵
하고 대포소리를 내면서 트럭은 손힐의 몸에서 불과 몇 인치 앞에 멈추고, 갑자기 유조차가 정지했
기 때문에 비행기는 속수무책으로 유조 탱크와 세차게 충돌하게 된다. 비행기와 유조 탱크가 엄청난
화염을 발산하며 폭발한다.

불과 몇 분 사이에 모든 것이 아수라장이다. 손힐은 부상 없이 유조차 바퀴 밑에서 나온다. 운전
수들은 운전석에서 기어 나와 고속도로에 뛰어내린다. 비행기의 동체가 타오르면서 검은 연기가 치
솟는다. 우리는 비행기 안의 사람들 중에서 불타고 있는 한 사람을 알아볼 수 있다. 그는 본래 손힐
을 유괴하려던 사람들 중의 하나이다. 중고 냉장고를 하나 실은 구형 픽업트럭 한 대가 동쪽에서부
터 다가와 길가에 차를 세운다. 농부인 운전사가 펄쩍 뛰어내려 서둘러 사고현장으로 달려간다.

농부 : 무슨 일이죠? 무슨 일이예요?

디젤 유조차 운전수들은 너무 놀라 대답조차 하지 못했다. 화염 때문에 그들은 뒤로 물러선다. 손
힐은 사람들 몰래 아무도 없는 트럭으로 다가간다. 또 다른 차가 서쪽에서 나타나 정지한다. 그 차
운전자가 사람들에게로 달려간다. 사람들은 끔찍한 장면을 보고 무서워서 몸이 얼어붙었다. 갑자기
그들 뒤에서 픽업트럭의 시동을 거는 소리가 들린다. 트럭 주인인 농부는 돌아서서, 전혀 모르는 사
람이 그의 트럭을 몰고가는 것을 보고 깜짝 놀란다.

농부 : 이봐.

그는 트럭을 쫓는다. 그러나 낯선 사람(손힐)은 더 세게 액셀러레이터를 밟으며 시카고 쪽으로 속
력을 낸다.

이 시퀀스는 히치콕 감독이 이 각본을 어떻게 개별적 쇼트로 분해하는지를 보여주며, 유투브
YouTube에서 찾아볼 수 있다.

비유적 표현의 비교

알렉상드르 아스트뤽 Alexandre Astruc은 "카메라-만년필 *La Caméra-Stylo*"이라는 그의 논문에서 영화가 안고 있는 전통적인 문제점들 가운데 하나가 바로 사상과 이념을 표현할 때 겪는 어려움이었다고 말했다. 물론 유성영화가 발명되면서 영화감독들에게는 엄청나게 유리해졌다. 왜냐하면 감독들은 대사를 통하여 사실상 어떤 종류의 추상적인 생각이라도 표현할 수 있게 되었기 때문이다. 그러나 영화감독들은 더 나아가 이미지를 통해서도 추상적인 생각을 전달할 수 있는 가능성을 모색하고자 했다. 심지어 유성영화가 나오기 이전에도 영화감독들은 말을 사용하지 않는 수많은 비유적인 테크닉을 고안해 냈다.

비유적인 테크닉은 암시적이든 명시적이든 비유를 통해서 추상적인 생각을 나타내는 예술적 장치라고 정의할 수 있다. 문학과 영화에는 이러한 테크닉이 많이 있다. 가장 일반적인 것이 모티프 motifs, 상징 symbols, 그리고 메타포 metaphors이다. 실제로 이러한 용어들 사이에는 상당부분이 겹친다. 하나의 대상이나 사건이 그것의 문자 그대로의 의미를 넘어서는 어떤 것을 의미할 수 있다는 점에서 이것들은 모두 "상징적"이다. 필시 이러한 테크닉을 분류하는 가장 실용적인 방법은 그것들이 눈에 띄는 정도이다. 그러나 우리는 이 용어들을 하나하나 완벽하게 구분을 지을 것이 아니라 그것들을 대체적인 구별로 봐야 한다. 이를테면 모티프는 가장 드러나지 않는 것이며, 메타포는 가장 눈에 띄는 것으로 구별할 수 있다는 것이다. 그리고 각 범주는 이웃하는 것과 어느 정도 중복되어 있다.

모티프는 영화의 사실적인 조직 속에 완전히 통합되어 있기 때문에, 우리는 그것을 잠재적 혹은 비가시적 상징이라 부를 수 있다. 모티프는 하나의 테크닉일 수도 있고, 하나의 대상일 수도 있으며, 영화에서 체계적으로 반복되지만 주의를 끌지 못하는 것일 수도 있다. 심지어 반복적으로 여러 번 보았다고 해서 언제나 모티프가 명백하게 드러난 것은 아니다. 왜냐하면 그것의 상징적 의미가 아예 드러나 보이지 않거나 그 맥락에서 이탈해 있기 때문이다(9-14).

상징은 또한 손으로 만질 수 있는 구체적인 사물일 수도 있지만, 그것들이 함축하고 있는 의미는 특별할 수 있다. 그리고 민감한 관찰자들에게는 이 특별한 의미가 선명하게 드러난다.

한 걸음 더 나아가, 이런 사물들의 상징적 의미는 극의 맥락에 따라 달라진다. 구로자와 감독의 '7인의 사무라이'(9-15) 무삭제판에서 이런 의미변화의 좋은 본보기를 찾아볼 수 있다. 이 영화에서 젊은 사무라이와 농부의 딸은 서로 마음이 끌리지만, 그들의 계급적 차이가 이겨내기 힘든 장애물이 된다. 늦은 밤에 일어나는 한 씬에서 두 사람은 우연히 만난다. 구로자와 감독은 두 사람을 별개의 프레임으로 촬영함으로써 격리된 두 사람의 상황을 강조하는데, 옥외의 모닥불이 일종의 장애물 역할을 하고 있다(a와 b). 그러나 서로에게 이끌리는 마음이 너무나 강해서 마침내 두 사람은 동일한 쇼트에 등장하고, 두 사람 사이에 장애물이라고는 이제 모닥불뿐임을 암시하고 있다. 게다가 이 모닥불은 또한 역설적으로 두 사람이 함께 느끼는 성적 욕망을 암시하기도 한다(c). 그들은 서로를 향해 다가서고, 모닥불이 한편으로 자리잡는데 그 성적 상징성은 탁월하다(d). 그들은 오두막 안으로

9-13

'아메리카의 밤(사랑의 묵시록) *Day For Night*'
(프랑스, 1973), **출연:** 장 피에르 레오 Jean-Pierre
Léaud 프랑수아 트뤼포 François Truffaut, **감독:** 트뤼
포

▶ 영화제목은 아주 신중하게 선택된다. 왜냐하면 보통 제목이 영화 이면에 숨겨진 핵심적인 의미를 구체적으로 표현하고 있기 때문이다. 한마디로 영화제목은 상징적이다. 이 영화의 본래 프랑스어 제목은 '*La Nuit Américaine*' 이다. 이 영화는 미국의 문화, 특히 미국의 영화에 대한 트뤼포의 각별한 애정을 반영하고 있으며, 구식 영화. 즉 1940년대에 할리우드에서 영화를 제작하던 이야기를 다루고 있다. (이 영화에서 트뤼포는 '시민케인' 에 대한 애정어린 존경의 뜻을 표하고 있다.) "라 뉘 아메리켄느 La nuit américaine"란 또한 프랑스인들이 "데이 포 나이트 필터 day-for-night filter"를 부를 때 쓰는 말이기도 하다. 이 필터는 낮의 장면을 밤의 장면으로 바꾼다. 이 필터는 리얼리티를 변화시켜 마술로 만든다. 트뤼포에게 있어서 영화란 곧 마술이다.
(Les Films Du Carosse/PECF/FIC)

9-14a

'란타나 *Lantana*' (호주, 2002), **출연:** 레이첼 블레이크
Rachel Blake, **감독:** 레이 로렌스 Ray Lawrence

▶ 메타포의 힘. 때로는 영화의 주제가 되는 중심개념이 중심적인 메타포의 상징적 표현으로 구체화된다. 예를 들면, 호주에서 란타나는 가시가 돋친 울창한 덤불에 숨어서 다채로운 꽃을 피우는 열대식물이다. 심리학적 스릴러인 이 영화는 빽빽하게 엉켜있는 란타나 위에 누워 있는 시체를 보여주며 시작한다. 이 식물의 메타포 또한 얽히고설킨 어두운 분노의 감정과 원한을 상징한다. 이 영화에서는 네 쌍의 슬픈 커플들이 원한으로 괴로워한다. 이 쇼트에서 볼 수 있듯이, 이 중심적인 메타포는 또한 미장센을 통해 구현되고 있다.
(MBP/Jan Chapman Films/AFFC. Photo: Elise Lockwood)

(a)

9-14b.c.d

'블랙 스완 *Black Swan*' (미국, 2010),
출연: 나탈리 포트만 Natalie Portman,
감독: 대런 애로노프스키 Darren Aronofsky

(b)

(c)

(d)

▶ 대부분의 애로노프스키 영화가 그렇듯이, 블랙 스완 역시 그의 반복적인 테마인 '강박 Obesession'을 잘 다뤘다. 이 영화는 차이코프스키 Tchaikovvsky의 난이도 높은 '백조의 호수 *Swan Lake*'에서 백조 여왕 Swan Queen을 연기하게 된 발레리나 니나 세이어 Nina Sayers(포트만)를 중심으로 하고 있다. 이 역할은 발레리나가 두 캐릭터−순수와 아름다움을 상징하는 백조와 위험과 관능을 상징하는 흑조−를 연기해야하기 때문에 매우 어렵다. 프로이트 용어로는, 백조는 규율적인 초자아 Superego를, 흑조는 무제한 이드 Id를 표상한다. 극중 어머니로부터 최악의 괴롭힘을 당하고, 그녀의 극중 감독으로부터는 전문직을 가진 미혼녀인 것으로 인해 (이때문에 성적인 흑조 연기가 어려웠다) 비웃음 당한 니나는 긴장으로 인해 몸이 상하기 시작했다. 애로노프스키는 거울을 반복되는 모티프로 사용함으로써 그녀의 점점 분열되어 가는 심리를 암시하였다. 또 다른 유명한 발레 영화인 '분홍신 *The Red Shoes*'의 여주인공처럼, 직업에 대한 니나의 강박은 개인 정체성에 대한 감각에 큰 타격을 주고, 그녀는 그녀의 예술의 희생양이 된다.   *(Fox Searchlight)*

들어가고, 밖의 모닥불에서 비치는 불빛은 이 씬의 에로티즘을 강조한다(e). 그들이 오두막의 어두운 구석에서 사랑을 시작할 때, 오두막 안의 갈대에 비치는 모닥불 그림자가 두 사람의 몸에 줄무늬를 수놓는 것처럼 보인다(f). 갑자기 소녀의 아버지가 두 사람을 발견하고, 활활 타오르는 모닥불의 불꽃은 그의 도덕적 분노를 암시한다(g). 그의 분노가 너무나 심해서 사무라이 우두머리가 그를 제지하지 않을 수 없었으며, 시각적으로는 두 사람 모두 마치 맹렬하게 타오르는 모닥불 불빛으로 세수를 한 듯하다(h). 비가 내리기 시작하고 비애에 젖은 젊은 사무라이는 낙담하여 걸어간다(i). 이 시퀀스의 끝에서, 구로자와는 비에 젖어 불길이 꺼져가는 모닥불을 클로즈업으로 보여주고 있다(j).

　"메타포"는 보통 정말로 참이 될 수 없는 어떤 것에 대한 비유로 정의된다. 일반적으로는 전혀 연

9-15

'7인의 사무라이 *The Seven Samurai*' (일본, 1954),
감독: 구로자와 아키라 Akira Kurosawa

▶ 상징성은 한 씬에서 언제나 일정한 것이 아니라, 그의 맥락이 바뀌면 그 의미가 달라질 수 있다. 이 시퀀스에서 모닥불은 강한 성적 의미를 함축하고 있다. 지그문트 프로이트가 지적하였듯이, "모닥불이 발산하는 열기는 성적 흥분상태에게 느끼는 것과 동일한 감정을 불러일으키며, 그 불꽃의 모양과 움직임은 활발하게 움직이는 남근을 암시한다." 물론 극의 맥락이 언제나 상징의 내용을 결정하는 것은 아니다. 사실주의적 영화감독들은 형식주의자들에 비해 상징을 많이 사용하지 않으며, 그들에게 프로이트가 말하는 모닥불은 그냥 실제 그대로의 불일 경우가 많다. *(Toho Company)*

(a)

(c)

(d)

(g)

(h)

관이 없는 두 단어가 쌍을 이루면서 말 그대로 부조화의 의미를 만들어내는 것이다. "독을 품은 시절", "슬픔으로 찢어져", "사랑에 의해 삼켜져 버린" 등은 모두 문자 그대로의 묘사라기보다는 상징적 의미를 담고 있는 언어적 비유이다. 편집은 영화에서 자주 쓰이는 메타포의 원천이다. 왜냐하면 두 개의 쇼트가 함께 결합되어 제3의 쇼트와 제3의 상징 및 아이디어를 만들어낼 수 있기 때문이다. '2001 스페이스 오디세이 *2001: A Space Odyssey*'에서 스탠리 큐브릭 Stanley Kubrick은 수백만 년 떨어져 있는 두 쇼트를 인간지능의 놀라운 메타포를 만들어내기 위해 결합시킨다. "인류의 여명의 시기"를 묘사하는 하나의 시퀀스에서 우리는 유인원 종족들이 다른 종족을 공격하는 모습을 본다. 한 유인원이 허벅다리 뼈를 집어올려 그것을 그의 적을 죽이기 위해 사용한다. 사실상 그것은 원시적인 무기

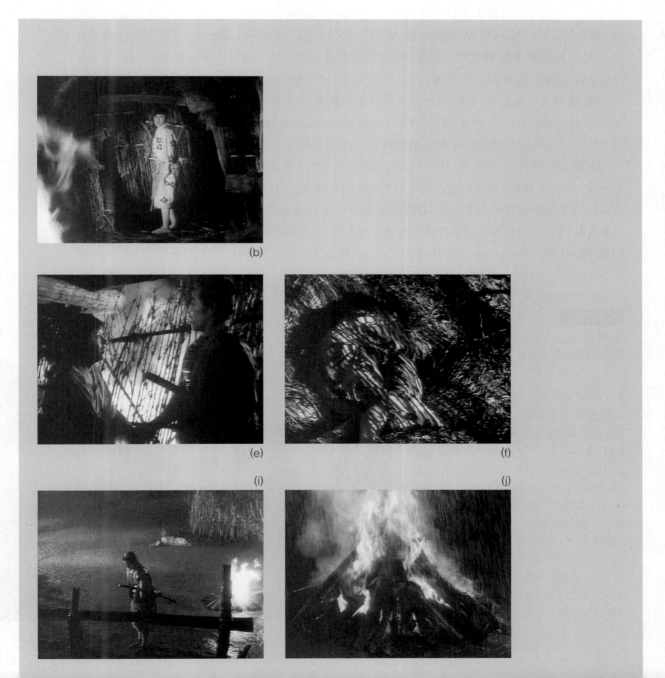

(b)

(e)　　　　　　　(f)

(i)　　　　　　　(j)

이고 일종의 기계이다. 승리한 유인원이 의기양양하면서 하얀 허벅다리 뼈를 공중으로 내던진다. 그 뼈가 천천히 땅에 떨어질 때, 큐브릭은 그 뼈와 같은 모양의 하얀 우주선의 쇼트를 내보인다. 2001년에 이르러 그 우주선은 손쉽게 우주공간을 떠돌아다닌다.

은유적 비유에는 보통 충격의 의미가 담겨 있다. 두 가지 특성이 결합되어 종종 일반적인 의미를 뒤집는다. 예를 들어, '트레인스포팅 *Trainspotting*'(5-29a)은 스코틀랜드의 마약중독자 몇 사람의 절망적인 삶의 양식을 다루고 있는데, 주인공(이완 맥그리거 Ewan McGregor)은 어쩔 수 없이 습관적으로 좌약형태의 마약을 항문으로 주입하는 것을 즐기고 있다. "이 세상에서 가장 불결한 화장실에 앉아 있는 동안" 우연히 그는 그 좌약을 빠트리고 만다. 절망상태에서 그는 말 그대로 변기통으로 뛰어들어가 그의 좌약을 되찾을 동안 미친 듯이 대소변의 오물 속을 헤엄친다. 분명히 이 시퀀스-쇼킹하고, 혐오스러우며, 동시에 재미있다-는 실제로 일어난 일을 뜻하지는 않는다. 그가 악취가 풍기는 그 자신의 배설물 속을 헤엄치는 것은 그의 약물중독을 극적으로 표현하는 메타포이다. 이것은 또한 메타포의 위력을 보여주는 좋은 예시이기도 하다. 이 구역질나는 장면을 보고나면 약물을 사용하려는 마음이 생기지 않을 것이며, 이는 약물의 위험성을 외치는 열 번의 설교보다도 효과적이다. 메타포를 멋지게 활용하는 또 다른 예는 '아메리칸 뷰티 *American Beauty*'에서 찾아볼 수 있는데, 이 영화에서는 주인공의 성적 판타지가 붉은 장미의 꽃잎과 연관되어 있다(1-21a).

영화와 문학에는 또 다른 두 가지 비유적 테크닉이 있다. 풍유 allegory와 인유 allusion가 바로 그것들이다. 풍류는 천진난만하고 단순하기 쉬우므로 영화에서는 거의 사용되지 않는다. 이 테크닉과 관련되는 내용들은 대개 사실주의를 피한다. 한 인물이나 혹은 상황과 상징적인 하나의 개념이나 혹은 복합적인 개념들 사이에는 대응관계가 성립한다(9-17). 풍류의 가장 유명한 예들 중의 하나는 베리만의 '제7의 봉인 *The Seventh Seal*'에 나오는 저승사자를 연기하는 인물이다. 그 인물이 상징하는 것으

9-16

'싸이코 *Psycho*' (미국, 1960),
감독: 앨프리드 히치콕 Alfred Hitchcock

▶ 영화의 메타포는 영화의 마지막 쇼트-늪에서 차를 끌어올리는 장면-인 이 디졸브의 경우처럼 특수효과를 통하여 만들 수도 있다. 다음 세 가지 영상이 디졸브되고 있다. (1) 관객을 정면으로 바라보고 있는 정신병에 걸린 청년(앤소니 퍼킨스 Anthony Perkins)의 쇼트. (2) 겹쳐 나오는 그의 어머니의 해골 쇼트. 아들의 모습 아래에서 잠시 해골이 어른거린다. 아들은 현재 어머니의 인격으로 위장하고 있다. (3) 청년의/그의 어머니의 가슴에 박혀 있는 듯이 보이는 육중한 사슬. 이것은 그녀의 시체가 들어 있는 희생자의 자동차를 끌어당기는 사슬이다. *(Paramount Pictures)*

▶모든 알레고리가 자기의식적으로 상징적인 것은 아니다. 어떤 것들은 간교하다. '딸기와 초콜릿'은 오늘날 쿠바의 수도 아바나의 삶에 대한 사실주의적인 탐구인 것처럼 보이지만, 이 영화는 또한 두텁게 베일에 가려진 정치적 알레고리—유감스럽게도 이는 공산주의 국가와 과거 공산주의였던 국가에서 훌륭한 장르이다—이기도 하다. 이 영화는 디에고(페루고리아)와 데이비드(크루즈) 사이의 있을 법하지 않은 우정을 다룬다. 디에고는 게이이고 예술가이며, 자유사상가인데, 이 모든 것이 카스트로 통치의 쿠바에서는 위험 요소들이다. 데이비드는 정상적이고, 근실하며, 헌신적인 공산주의 열성당원이다. 쿠바의 가장 존경받는 영화감독 중 한 사람인 아레아가 지적했듯이, 이 영화는 진정 억압적인 정부의 통치 하에서 이루어지는 삶에 관한 것이다. 아레아는 이렇게 말했다. "하나의 사회로서 우리가 지난 수년간 저질러온 잘못을 깨닫고 있으며, 이제 변화를 가져와야 할 시점이다." '딸기와 초콜릿'은 쿠바사회가 안고 있는 근본적인 문제—우리 자신과 입장을 달리하는 사람들을 받아들이지 못하는 것—를 지적하고 있다. *(ICAIC/IMCINE/Telemadrid/Miramax)*

9–17

'딸기와 초콜릿 *Strawberry And Chocolate*' (쿠바, 1994),
출연: 호르헤 페루고리아 Jorge Perugorría, **블라디미르 크루즈** Vladimir Cruz,
감독: 토마스 구티에레즈 아레아 Tomás Gutiérrez Alea(**후안 카를로스 타비오** Juan Carlos Tabío와 공동감독)

로 예측되는 바는 별로 애매하지 않다. 풍류적인 내러티브는 독일영화에서 특히 인기가 있다. 예를 들면, 사실상 베르너 헤르조그 Werner Herzog의 모든 작품들이 삶 일반의 개념, 즉 폭넓은 상징적 표현으로 인간조건의 본질을 다루고 있다.

인유는 문학적 유추의 일반적인 양식이다. 그것은 보통 잘 알려진 사건, 사람 혹은 예술 작품을 암시적으로 가리키는 것이다. 혹스 Hawks의 '스카페이스 *Scarface*'의 주인공은 갱이었던 알 카포네 Al Capone(그의 뺨 위에는 십자모양의 유명한 상처가 있었다)를 모델로 한 것이었는데, 이는 당시의 관객들에게 잊혀지지 않는 인유였다. 영화감독은 인유를 위해 종종 종교적인 신화를 활용하기도 한다. 예를 들어, 유태-기독교적인 에덴동산의 신화는 '핀지 콘티니스의 정원 *The Garden of the Finzi-Continis*', '천국의 나날들 *Days of Heaven*', '나의 계곡은 푸르렀다 *How Green Was My Valley*', '나막신 *The Tree of the Wooden Clogs*' 등 각종 작품들에서 사용되고 있다.

영화에서 다른 영화나 감독 혹은 기억에 남는 쇼트를 공공연하게 참조하거나 인유하는 경우가 이따금 있는데, 이는 오마주 homage라 불린다. 영화에 있어서 오마주는 일종의 인용이고, 영화감독이 동료나 유명한 거장에게 바치는 품위 있는 찬사이다(9–18b). 이러한 찬사가 유행한 것은 고다르와 트뤼포 때문인데, 이들의 영화에 이런 존경과 애정의 표시를 많이 담고 있다. 포시의 '로이샤이더의 재즈클럽 *All That Jazz*'은 그의 우상인 펠리니에 대한, 특히 펠리니의 '8 1/2'에 대한 수많은 찬사를 담고 있다. 스티븐 스필버그 Steven Spielberg는 종종 그의 세 우상인 월트 디즈니 Walt Disney와 앨프리드 히치콕 그리고 스탠리 큐브릭에게 존경과 찬사를 바친다.

'못말리는 람보 *Hot Shots! Part Deux*' (미국, 1993),
출연: 찰리 쉰 Charlie Sheen,
발레리아 골리노 Valeria Golino,
감독: 짐 에이브러햄 Jim Abrahams

▶ 인유는 간접적으로 참조하는 것이며, 어떤 예술가나 예술작품에 대해 때로는 존경을 표현하고 또 때로는 경멸한다. 이 영화는 코믹한 영화적 인유로 가득 차 있는데, 그 중 어떤 것들은 탁월한 전문가나 하드코어 영화팬이 아니라면 알아보기 힘든 것들이다. 가령 이 쇼트는 디즈니의 애니메이션 로맨스, '레이디와 트램프 *The Lady and the Tramp*'에서 꿈결 같은 사랑에 빠진 두 마리의 개가 스파게티 한 접시를 나누어 먹는 장면을 장난스럽게 인유하고 있다.   *(20th Century Fox)*

▶ 영화 제작자가 되기 전 쿠엔틴 타란티노는 비디오 가게에서 일하던 젊은 청년이었다. 영화 역사에 대한 그의 지식은 어마어마했다. 그의 영화들 중 대부분은 다른 영화들에 대한 고상한 그리고 (대부분) 저속한 애정 어린 인유들 allusions로 채워졌다. '바스터즈: 거친 녀석들'에는 그런 인용들이 풍부하게 담겨있다. 제목은 엔조 카스텔라리 Enzo Castellari 감독의 이탈리아 전쟁 영화인 '엘리트 특공대 *Inglorious Basterds*'에서 따왔다. 적의 후방에 떨어진 미국 군대에 대한 플롯은 2차 세계대전을 다룬 고전 영화 로버트 알드리치 Robert Aldrich의 '더티 더즌 *The Dirty Dozen*'에서 대부분 빌려왔다. 타란티노의 오프닝 타이틀 "옛날 옛적 나치가 프랑스를 점령했을 때 *Once Upon a Time in Nazi-Occupied France*"는 세르지오 레오네 Sergio Leone의 스파게티 웨스턴 Spaghetti Western, 그 중에서도 특별히 "원스 어폰 어 타임 인 더 웨스트 *Once Upon a Time in The West*"를 오마주 homage한 것이다. 브래드 피트가 연기한 알도 레인 Lt. Aldo Raine은(비록 피트는 그 캐릭터를 남부 엑센트를 써가면서까지 멋진 클라크 게이블 Clark Gable의 느낌으로 연기했지만) 전쟁 후 시대의 미군 역을 여러 번 연기한 알도 레이 Aldo Ray를 인유한다. 다른 대부분의 타란티노 영화들처럼 이 영화도 기발하고 어리석으며 터무니없는 소원성취에 관한 환상을 보여주면서도, 철저하게 웃기는 영화이다.
(Universal Pictures)

'바스터즈: 거친 녀석들 *Inglorious Basterds*' (미국, 2009),
출연: 일라이 로스 Eli Roth, 브래드 피트 Brad Pitt, 각본 및 감독: 쿠엔틴 타란티노 Quentin Tarantino

시점

　소설에서 시점은 일반적으로 내레이터와 관련되어 있으며, 이 내레이터의 말을 통해서 스토리의 사건들이 이해된다. 사상과 사건은 스토리텔러의 의식과 언어를 통해 거르고 선별된다. 스토리텔러는 행동으로 참여할 수도 있고 혹은 참여하지 않을 수도 있으며, 또한 독자가 믿고 따를 만한 안내자일 수도 있고 그렇지 않을 수도 있다. 소설에는 기본적으로 네 가지 유형의 시점이 있다. ① 1인칭 the first person 시점, ② 전지적 the omniscient 시점, ③ 3인칭 the third person 시점, ④ 객관적 the objective 시점이 바로 그것들이다. 영화는 소설의 경우보다 시점이 덜 엄격한 편이다. 왜냐하면 네 가지 기본적인 유형의 내레이션에 해당되는 것이 영화에도 있기는 하지만, 극영화는 자연스럽게 전지적 시점으로 흘러가는 경향이 있기 때문이다.

　1인칭 내레이터는 자기자신의 이야기를 한다. 어떤 경우에는 내레이터가 사건을 정확하게 이야기하는 믿을 만한 객관적 관찰자가 된다. 피츠제럴드 Fitzgerald의 『위대한 개츠비 *The Great Gatsby*』에 나오는 닉 캐러웨이 Nick Carraway는 이와 같은 내레이터의 대표적인 본보기이다. 또 다른 1인칭 내레이터는 작품주제와 주관적인 관계를 맺고 있으며, 전적으로 신뢰할 수는 없다. 이를테면 『호밀밭의 파수꾼 *The Catcher in the Rye*』 속의 미숙한 10대들이 바로 그런 경우이다.

　많은 영화가 1인칭 내러티브 테크닉을 사용하지만, 다만 우발적으로 사용할 따름이다. 영화에서 소설의 내레이터의 "목소리"에 해당하는 것은 카메라의 "눈"이라고 할 수 있는데, 이 차이는 아주 중요하다. 문학에서 내레이터와 독자의 구분은 명확하다. 다시 말해서 문학은 마치 우리가 친구가 들려주는 이야기를 듣는 것과도 같다. 그러나 영화에서 관객은 렌즈와 자신을 동일시하며, 이는 결국 관객이 내레이터와 일체가 되는 것이다. 영화에서 1인칭 내레이션을 만들어 내기 위하여 카메라는 모든 행동을 반드시 등장인물의 눈을 통하여 기록해야 할 것이며, 이는 결국 관객을 주인공으로 만드는 것이 될 것이다.

　전지적 시점은 19세기 소설과 연관되는 경우가 많다. 일반적으로 전지적 내레이터는 스토리에 참여하지는 않지만, 그 스토리를 감상하기 위해 알 필요가 있는 모든 사실들을 독자에게 제공하는 전지적 관찰자이다. 이런 내레이터는 시간과 공간을 넘나들 수 있고, 심지어 수많은 인물들의 의식 속으로 들어가 그들이 느끼고 생각하는 것을 관객에게 이야기해 줄 수 있다. '전쟁과 평화'에서 볼 수 있듯이, 전지적 내레이터는 스토리에서 어느 정도 벗어날 수도 있다. 혹은 '톰 존스'의 경우처럼 전지적 내레이터가 그들 나름의 독특한 개성을 가질 수도 있으며, 이 영화에서 상냥한 스토리텔러는 그의 비딱한 식견과 판단으로 우리를 즐겁게 해주고 있다.

　영화에서는 전지적 내레이션이 불가피하다고 해도 과언이 아니다. 감독이 카메라를 움직이는-한 쇼트 안에서든 아니면 쇼트와 쇼트 사이에서든-매 순간마다 우리에게 새로운 시점이 제공되고 있으며, 우리는 그 새로운 시점에서 씬을 평가하게 된다. 영화감독은 주관적인 시점 쇼트(1인칭)에서 여러 가지 객관적인 쇼트로 쉽게 커트할 수 있다. 감독은 한 가지 반응에 집중할 수도 있고(클로즈업), 여러 인물들의 반응을 동시에 찍을 수도 있다(롱 쇼트). 영화감독은 불과 몇 초 사이의 일을 통해서

9–19a

'**아버지의 깃발** *Flags Of Our Fathers*'
(미국, 2006),
감독: 클린트 이스트우드 Clint Eastwood

▶ 가장 일반적인 의미에서 시점 point of view 은 스토리가 어떤 식으로 주어진 배역이나 배역집단의 가치가 반영되도록 구체화되는 가에 영향을 준다. 예를 들어, 이 영화는 대부분의 미국인들에게 있어서 상징적인 사건(제2차 세계대전에서 그 유명한 이오지마 전투 중 한 언덕 위에 미국 성조기를 세운 사건)을 다루고 있다. 사진작가 조 로젠탈 Joe Rosenthal이 이 장면을 그의 카메라로 담았고, 그 후 이 사진은 수천 개의 신문과 잡지에 실려 세계에서 가장 유명한 사진 중 하나가 되었다. 그러나 일본인들의 관점으로 찍은 이스트우드의 자매 영화, '이오지마에서 온 편지 *Letters from Iwo Jima*'(1–22d를 참조)는 이 사건을 영화에 거의 기록하지 않는다. 섬을 방어하던 비운의 일본 군인들에게 이 사건은 일어났는지도 모를 정도로 무의미하기 때문이다.   *(Dreamworks/Warner Bros.)*

▶ 프랑스 감독 장 르누아르 Jean Renoir는, "예술은 마치 인생과 같다. 한 사람이 어떤 스토리를 즐기는 이유는 그 스토리의 작가와 공감하기 때문이다. 같은 이야기가 다른 사람에 의해 말해진다면 그 사람은 흥미를 잃어버리고 말 것이다."라고 말한 적이 있다. 그런데 항상 그런 것은 아니다. 가끔은 작가가 사악하지만, 너무도 매력적이어서 스토리를 즐기는 사람도 있다. 이 영화는 두 명의 고등학교 선생님의 관계를 탐구하는데, 그 중 한 명은 불륜을 일삼는 아내이자 두 아이의 엄마(블란쳇)이고, 다른 한 명은 신랄한 일기내용으로 스토리의 내레이션(따라서 스토리의 시점)을 제공하는 억압받는 레즈비언(덴치)이다. 이 늙은 여자는 그녀 삶의 외로움과 끝이 보이지 않는 고독을 필사적으로 탈출하고 싶어 한다. 우리는 이 사악한 내레이터가 그녀가 원하는 것을 얻기 위해 얼마나 멀리까지 나아 갈 것인지를 알고 싶기 때문에 스토리에 빠져들게 된다. 결국에는 꽤 멀리 간 것이 밝혀진다. 우리 모두가 졌다.
(Fox Searchlight. Photo: Clive Coote)

9–19b

'**노트 온 스캔들** *Notes On A Scandal*'
(영국/미국, 2006), **출연: 케이트 블란쳇**
Cate Blanchett, **주디 덴치** Judi Dench,
감독: 리처드 아이어 Richard Eyre

9-20

'내쉬빌 *Nashville*' (미국, 1975), **감독: 로버트 알트먼** Robert Altman

▶ 1970년대에 알트먼은 그의 즉흥적인 테크닉으로 영화제작의 혁명을 가져왔다. '내쉬빌'의 각본은 조안 테브케스베리 Joan Tewkesbury가 쓴 것으로 되어 있지만, 사실상 그녀는 관습적인 의미의 촬영대본을 결코 쓰지는 않았다. 그녀가 설명했듯이 "밥(로버트 알트먼)과 같은 감독에게 해주어야 할 일은 그가 작업을 할 수 있는 환경을 만들어주는 것이다." 예를 들어, '내쉬빌'은 모자이크형식으로 구성되어 있으며, 스물네 명의 별난 등장인물들이 컨트리 음악산업의 중심지인 내쉬빌에서 벌이는 5일간의 활동을 추적하고 있다. 어떤 익살꾸러기는 이 영화를 "영화가 찾고 있는 스물네 명의 등장인물"이라고 말했다. 테브케스베리는 수많은 등장인물들을 스케치 형식으로 묘사했으며, 중요한 등장인물이 제각기 주어진 시간에 무엇을 해야 할지 그들의 일정을 입안했다. 여기에 따른 대부분의 대사와 디테일은 배우의 연기를 통해 창조적으로 이루어졌다. 심지어 배우들이 자기 자신의 노래까지도 만들었다. 알트먼은 말한다. "마치 재즈와 같습니다. 영화를 촬영하는 것에 대해 아무것도 계획하고 있지 않습니다. 그냥 있는 그대로 포착해 기록하고 있어요." *(Paramount Pictures)*

9-21a

'내겐 너무 가벼운 그녀 *Shallow Hal*' (미국, 2001), 출연: 기네스 팰트로 Gwyneth Paltrow, 잭 블랙 Jack Black, 감독: 바비 패럴리 Bobby Farrelly, 피터 패럴리 Peter Farrelly

▶ 이전에는 여성들을 오로지 그들의 외모로만 평가했던 한 천박한 바보가 이 (블랙)코미디영화의 어설픈 주인공인데, 그가 최면술에 걸려 한 여인의 실제 육체적인 모습보다는 그녀의 내면적인 아름다움을 보게 된다. 따라서 관객에게는 동시에 두 가지 시점이 제시되고 있는 셈이 된다. 하나는 객관적인 시점이고 다른 하나는 주관적인 시점인데, 이것이 이 영화에 담긴 대부분의 유머의 원천이 된다. 가령 이 쇼트에서 관객은 홀딱 반한 그의 눈을 통해 몸무게가 3백 파운드인 여자 친구를 보지만, 카누가 위험할 정도로 기우는 것이 실제 그녀의 커다란 몸둘레의 물리적 효과로도 볼 수 있다.
(20th Century Fox. Photo: Glenn Watson)

▶ 우디 앨런은 단독 연기 코미디언 Stand-up Comedian이자 음악가이며 배우이자 영화감독이다. 그러나 무엇보다도 그는 작가다. 또한 그는 강박적인 일벌레다. 아카데미 최우수 각본상을 수상한 '미드나잇 인 파리'는 그의 41번째 영화다. 첫 번째 소설 집필을 시도 중인 기진맥진한 할리우드 영화 각본가(윌슨)의 기묘한 판타지인 이 영화는 파리―오늘날의 파리와 1920년대 재즈시대의 파리―를 배경으로 한다. 그 20년대는 창작정신과 아방가르드적 실험, 그리고 무엇보다도 그 시대에 그들의 권위가 절정에 이르렀던 스콧 피츠제럴드 F. Scott Fitzgerald와 어니스트 헤밍웨이 Ernest Hemingway를 포함한 위대한 작가들로 가득 찼던 파리의 황금기였다. 주인공의 재즈 시대로의 환상 여행에 등장하는 또 다른 인물들로는 거트루드 스테인 Gertrude Stein, 살바도르 달리 Salvador Dali, 콜 포터 Cole Porter, 루이스 뷔뉴엘 Luis Buñuel 등이 있다. 또한 주인공은 브라크 Braque, 모딜리아니 Modigliani의 여자였으며 현재는 피카소의 여인인 매력적인 여성(꼬띠아르)을 만난다. 그에게는 오로지 쇼핑에만 열심인 재미없고 성가신 약혼녀가 있음에서 불구하고, 확실히 꼬디아르와 사랑에 빠진다. 우디 앨런은 미국 영화계에서 문학 부문의 대부다. 그는 다양한 장르, 스타일, 시대에 통달했다. 그는 그의 교양 있고 세련된 각본들로 많은 상을 수상했다. 그는 수많은 행사들로 뉴욕 무대 The New York Stage를 장악했으며, 명망 있는 잡지인 뉴요커 New Yorker에 많은 글을 올린 기고자이기도 하다. 글쓰기는 그의 삶이다. 찰스 실렛 Charles L. P. Silet이 편집한 훌륭한 문집인 '우디 앨런의 영화 *The Films of Woody Allen*'(Lanham, MD: The Scarecow Press, 2006)를 보라.
(Gravier Productions)

9-21b

'미드나잇 인 파리 *Midnight In Paris*' (미국/스페인, 2011), 출연: 마리안 꼬띠아르 Marion Cotillard, 오웬 윌슨 Owen Wilson, 각본 및 감독: 우디 앨런 Woody Allen

관객에게 원인과 결과를 보여줄 수 있고, 어떤 행위와 그 반응을 보여줄 수도 있다. 영화감독은 여러 시공간을 거의 동시적으로 연결시킬 수도 있고(평행 편집 parallel editing), 혹은 상이한 여러 시간대를 말 그대로 겹쳐놓을 수도 있다(디졸브 dissolve 혹은 다중노출 multiple exposure). 전지적 카메라는 채플린의 영화들에서 많이 볼 수 있듯이 냉정하고 공평한 관찰자일 수도 있고, 혹은 히치콕이나 루비치의 영화에서 자주 볼 수 있듯이 재치 있는 논평자—사건의 평가자—가 될 수도 있다.

3인칭 시점에서는 스토리에 참여하지 않는 내레이터가 한 인물의 의식을 통해 스토리를 풀어간다. 어떤 소설에서는 이런 내레이터가 한 인물의 마음을 완전히 간파하고 있다. 또 다른 소설에서는, 사실상 이런 식의 간파가 일어나지 않는다. 가령 제인 오스틴 Jane Austen의 『오만과 편견 Pride and Prejudice』을 보면서 관객은 엘리자베스 베넷이 사건에 관해 생각하고 느끼는 것을 알 수 있지만, 그 외 다른 인물들의 의식 속으로는 들어갈 수가 없다. 우리는 다만 엘리자베스의 해석을 통해서 그들의 느낌을 추측할 수 있을 따름인데, 그 추측이 부정확할 때도 많다. 그녀의 해석이 소설독자에게는 직접 1인칭의 형식으로 제공되지만, 영화에서는 내레이터의 중개를 통해 그녀의 반응이 관객에게 전달되고 있다.

영화에서도 어렴풋이 3인칭에 해당되는 것이 있지만, 문학의 경우처럼 엄격하지는 않다. 영화에서 3인칭 내레이션은 대개 익명의 논평자가 중심인물의 배경을 이야기해 주는 다큐멘터리에서 찾아볼 수 있다. 예컨대, 시드니 메이어 Sidney Meyer의 '콰이어트 원 The Quiet One'을 보면, 시각적인 영상들이 가난한 청년 도널드의 삶에서 정신적인 충격을 안겨주었던 사건들을 극적으로 표현하고 있다. 사운드 트랙에서 제임스 애지 James Agee의 논평이 왜 도널드가 지금과 같이 행동하는지 몇 가지 이유를 들려주고, 또 그가 그의 부모, 동료들 그리고 선생님들에 대해 어떤 감정을 가지고 있는지도 말해준다.

객관적 시점 역시 전지적 시점의 변형이다. 객관적 내레이션은 전체 내레이션 가운데 가장 공평하고 초연한 편이다. 이는 어떤 인물의 의식으로도 들어가지 않을 뿐 아니라, 다만 바깥에서 사건을 보고하는 것으로 그친다. 실제로 이런 목소리는 편견 없이 사건을 기록하는 카메라에 비유되어 왔다. 이는 사건을 제시하고 독자에게 그에 대한 해석을 하도록 하는 것이다. 이런 객관적인 목소리는 문학보다는 영화에 더 어울린다. 왜냐하면 영화는 말 그대로 카메라를 사용하기 때문이다.

문학작품의 각색

무척 많은 영화들이 문학작품의 원전을 각색한 것들이다. 어떤 측면에서 본다면, 소설이나 희곡의 각색은 독자적인 각본을 쓰는 것보다 더 많은 기술과 훈련을 요한다. 더욱이 훌륭한 문학작품일수록 각색하기는 더 어렵다. 바로 이러한 이유로 문학작품을 각색한 영화들이 대부분 평범한 원작을 기초로 하고 있다. 왜냐하면 원작 자체가 아주 우수한 작품이 아니라면 영화에서 필요한 만큼 적

9-22a

'그들은 말을 쏘았다 *They Shoot Horses, Don't They?*' (미국, 1969), 출연: 보니 베델리아 Bonnie Bedelia, 브루스 던 Bruce Dern, 제인 폰다 Jane Fonda, 레드 버튼즈 Red Buttons, 감독: 시드니 폴락 Sydney Pollack

▶ 1930년대 마라톤 댄스 콘테스트를 다룬 호레이스 맥코이 Horace Mc-Coy의 역작처럼 복잡한 소설에는 대개 많은 것이 삭제된다. 소설가는 직선적인 시퀀스에서 한꺼번에 몇 가지 디테일에만 초점을 맞출 수 있다. 레오 브라우디 Leo Braudy가 다음과 같이 지적했듯이 영화는 관객에게 수백의 디테일을 동시에 퍼부을 수 있다. "영화에서는 제스처, 메이크업, 억양 그리고 몸의 동작을 말없이 강조하는 것이 가능한데, 이는 소설에서 따로따로 언어로 표현되었다면 주제넘게 끼어드는 것으로 보였을 디테일들로써 등장인물들을 풍요롭게 만들 수 있다." 예를 들면, 이 소설에서 맥코이는 사진에 나오는 사람을 녹초로 만드는 경주에서 어떤 일이 벌어지고 있었는지를 우리에게 말해줄 수 있지만, 그것은 다만 말로 할 수 있는 몇 가지 디테일을 가지고 선별적으로 말해줄 뿐이다. 일부를 슬로우 모션으로 촬영한 이 영화 버전은 경기 참여자들의 괴로워하는 얼굴표정과 몸의 뒤틀림 모두를 우리에게 보여준다. 경기 참여자들이 힘겹게 발걸음을 옮기면서도 주저앉는 동료들을 부축하거나 거의 끌고가듯이 할 때 그들은 거의 마비상태로 지쳐 있는 반면에, 환호하는 관객들은 그들이 좋아하는 선수들을 더 빨리 가라고 재촉한다. 그것은 안무가 곁들여진 신판 지옥이다. *(Paromar/ABC Cinerama)*

▶ 최근 미국영화는 만화를 각색하는 경향이 있다. 이런 영화들 중 대부분은 코미디, 액션영화, 판타지 등이었으며, 주로 청소년관객을 겨냥했다. '로드 투 퍼디션'과 같은 소수영화들은 암울하고, 심지어 철학적이기까지 하다. 이 영화는 1930년대의 대공황이 한창인 시기를 살아가는 아일랜드계 미국인 갱들의 아버지와 아들관계를 다루고 있다. 데이비드 셀프 David Self의 각본은 맥스 앨런 콜린스 Max Allan Collins가 글을 쓰고 리처드 피어스 래이너 Richard Piers Rayner가 작화를 한 "만화소설 *graphic novels*"시리즈를 기초로 하고 있다. 아주 인상적인 한 편의 영상시라고 해야 할 이 영화는 거장 콘래드 홀 Conrad Hall이 촬영을 맡았다. *(20th Century Fox/Dreamworks. Photo: Francois Duhamel)*

9-22b

'로드 투 퍼디션 *Road To Perdition*' (미국, 2002), 출연: 톰 행크스 Tom Hanks, 타일러 후츨린 Tyler Hoechlin, 감독: 샘 멘데스 Sam Mendes

당히 수정해도 원전을 망쳐놓았다고 할 사람이 별로 없을 것이기 때문이다. 원작보다도 더 훌륭하게 각색된 경우도 많다. 예를 들어, '국가의 탄생'은 토머스 딕슨 Thomas Dixon의 신통찮은 소설인 『클랜 스맨 The Klansman』에 기초하고 있는데, 이 소설은 영화보다 훨씬 더 뻔뻔스럽게 인종차별적이다. 일부 논평자들은 어떤 예술작품이 한 가지 형식에서 가장 완전한 예술적 표현에 도달해 있었다면, 그 각색이 원작보다 못한 것은 불가피한 일일 것이라고 생각한다. 이런 논지에 따른다면, 『호밀밭의 파수꾼』을 각색한 영화는 결코 그 원전의 수준에 도달할 수가 없으며, 어떤 소설도 '페르소나 Persona'의 풍부한 맛을 따라잡을 엄두조차 낼 수 없으며, 심지어 상당히 문학적인 성격의 영화라고 할 수 있는 '시민 케인 Citizen Kane'은 더욱 불가능할 것이다. 이렇게 보는 데는 상당히 타당한 점이 있다. 왜냐하면 우리는 문학과 영화가 어떻게 서로 다른 방식으로 문제를 해결하고, 또 각 매체의 참된 내용이 그 나름의 형식을 통해서 얼마나 유기적으로 잘 조절되고 처리되어 왔는가를 보아 왔기 때문이다.

각색하는 사람에게 정말 문제가 되는 것은 문학작품의 내용을 어떻게 재생하는가(이는 불가능하다)가 아니라, 자신이 본래 주제에 담긴 소재에 얼마나 가까이 다가가느냐 하는 것이다. 그 다가가는 충실성의 정도가 세 가지 타입의 각색을 결정한다. 이른바 자유로운 loose 각색, 충실한 faithful 각색, 축자적 literal 각색이 바로 그것이다. 물론 이런 분류는 편리를 위한 것일 뿐이다. 왜냐하면 실제로 대부분의 영화는 이들 가운데 걸쳐져 있기 때문이다.

자유로운 각색은 사실 거의 각색하지 않는 것이다. 일반적으로 원작에서 단 하나의 아이디어, 하나의 상황 혹은 한 인물을 채택하여 원작과는 독립적으로 전개시켜 나간다. 자유로운 각색의 영화는 셰익스피어가 『플루타크 영웅전 Plutarch』이나 『반델로 Bandello』에서 하나의 스토리를 다룬 것에 비유될 수도 있고, 혹은 종종 같은 신화에서 소재를 가져온 고대 그리스 극작가들의 희곡에 비유될 수도 있다. 구로자와의 '란 Ran'이 바로 이런 부류의 영화에 해당하는데, 구로자와가 셰익스피어의 『리어 왕 King Lear』의 플롯 가운데 몇 가지를 그대로 유지시키기는 하지만, 이 영화는 중세일본을 배경으로 원작을 전혀 다른 이야기로 변형시켜 놓고 있다(9-23 참조).

충실한 각색은 말 뜻 그대로 가능한 한 원작의 정신에 가까이 다가가면서 원전의 소재를 영화의 견지에서 재현하려는 것이다(9-24). 앙드레 바쟁 André Bazin은 충실한 각색자를 원작에 상응하는 것을 찾아내려고 애쓰는 번역자에 비유하였다. 물론 바쟁은 두 매체 사이에는 근본적인 차이가 있다는 것을 알고 있었다. 이를테면 road를 strada 혹은 strasse로 바꾸는 번역자의 문제는 언어를 영상으로 바꾸는 영화감독의 문제만큼 심각하고 어려운 것은 아니다. 충실한 각색의 예는 '톰 존스 Tom Jones'이다. 존 오스본 John Osborne의 각본은 소설의 플롯 구조를 대부분 그대로 유지하고 있으며, 주요 사건과 대부분의 중요한 등장인물들도 대부분 그대로이다. 심지어 재치 있는 전지적 내레이터까지도 그대로이다. 그러나 리처드슨의 영화는 다만 소설을 그림으로 보여주는 것만은 아니다. 우선 헨리 필딩 Henry Fielding의 책은 영화로 각색하기에는 너무나 많은 사건들로 가득 차 있다. 예를 들어, 수많은 여인숙 씬들은 중심적인 에피소드인 업톤 여인숙 시퀀스로 축소된다.

축자적 각색은 대개 희곡에 한정된다(9-25). 우리가 이미 살펴보았듯이 드라마의 두 가지 기본적인 양식—행동과 대사—은 영화에서도 역시 발견된다. 연극의 각색이 안고 있는 주요 문제는 언어보다는 시공간의 처리이다. 만약 영화 각색자가 카메라를 롱 쇼트에 두고, 편집을 씬을 바꾸는 것에만 국한시킨다면, 그 결과는 원작과 비슷해질 것이다. 그러나 우리가 잘 알고 있듯이, 단지 연극을 녹화

9-23a

'거미의 성 Throne Of Blood'
(일본, 1957), 원작: 셰익스피어
Shakespeare의 '맥베드 Macbeth',
감독: 구로자와 아키라 Akira Kurosawa

▶ 자유로운 각색은 원작에서 몇 가지 일반적인 아이디어를 채택하여 그 아이디어를 원작과는 독립적으로 전개시켜 나간다. 구로자와의 영화는 셰익스피어 작품을 각색한 가장 훌륭한 작품들 가운데 하나이다. 정확히 그 이유는 구로자와 감독이 원작인 『맥베드』와 구태여 경쟁하려는 마음을 품지 않았기 때문이다. 구로자와의 사무라이 영화는 비교적 언어의 힘에 크게 의존하지 않는 영화적인 걸작이다. 셰익스피어의 『맥베드』와 홀링셰드 Holingshed의 『연대기 Chronicles』(셰익스피어 맥베드의 일차적 원전)가 유사하다고 해서 그것이 예술적으로 큰 의미가 없는 것과 마찬가지로, 이 영화와 셰익스피어 원전의 유사성 역시 피상적일 뿐이다.

(Toha co./Kurosawa Prods.)

9-23b

'신부와 편견 Bride & Prejudice' (미국/영국, 2004),
출연: 아이쉬와라야 라이 Aishwarya Rai,
감독: 거린다 차다 Gurinda Chadha

▶ 오스틴 Jane Austen의 사랑스런 소설 『오만과 편견 Bride and Prejudice』을 현대적으로 자유롭게 각색한 차다 감독의 이 영화는 19세기 영국 고전소설의 플롯과 많은 발리우드 스타일의 노래와 춤을 특징으로 하는 현대 인도의 특색들과의 조화를 시도한 작품이다. 놀랄만큼 아름다운 여주인공 아이쉬와라야 라이는 엘리자베스 베넷 Elizabeth Bennet 역할을 맡았는데, 그녀는 원작의 여주인공과 흡사하게 똑똑하고 재미있으며 독립적인 인물이다.

(Pathé)

9-24

'해리 포터와 마법사의 돌 *Harry Potter And The Sorcerer's Stone*'
(미국/영국, 2001)의 홍보사진. 크리스 콜럼버스 Chris Columbus 감독이
루퍼트 그린트 Rupert Grint(왼쪽)와 대니얼 래드클리프 Daniel Radcliffe와
대화하는 장면

▶ 충실한 각색은 원작의 톤뿐만 아니라 주요 등장인물들과 중요한 장면들을 대부분 보존함으로써 원작의 정신에 충실하려고 노력한다. 롤링 J. K. Rowling의 『해리 포터』원작소설은 60개 언어로 번역되어 2억 5천만 부나 팔려 나갔다. 이 소설은 전 세계 어린이들로부터 사랑을 받았다. 제작자 데이빗 헤이먼 David Heyman은 롤링에게 자신은 원전에 충실할 것이며, 감독도 같은 생각을 하는 인물을 고용하겠다고 약속했다. 크리스 콜럼버스 감독도 원전의 성실성을 지켜나가겠다고 롤링에게 약속했다. "나는 내가 얼마나 어두운 분위기와 물질의 원형을 간직하고 싶어하는지 그녀에게 말해주었다. 나는 믿을 수 없을 만큼 원전에 충실하려는 의지가 확고했다. 그 때문에 영화촬영이 영국에서 이루어졌고, 배역도 모두 영국배우들이었다." 영화를 보기 위해 수백만의 청소년들이 모여들었을 때, 롤링은 그 결과에 아주 만족했다. 또한 밥 맥카브 Bob McCabe의 『해리 포터– 지면에서 화면으로: 완벽한 영화제작 여정 *Harry Potter-Page to Screen: The Complete Filmmaking Journey*(New York: Harper Design, 2011)』을 보라. 상세하게 설명되어 있다. *(Warner Bros.)*

만 하려는 영화감독은 거의 없을 것이다. 그렇게 하면 원작이 주는 흥미로움을 대부분 잃게 될 것이고, 영화라는 매체의 장점을, 특히 시간과 공간을 다루는 영화만의 자유로움을 하나도 살리지 못할 것이기 때문이다.

영화는 연극에 여러 가지 차원을 부가할 수 있다. 특히, 클로즈업과 편집된 병치를 사용함으로써 그렇게 할 수 있다. 이런 기법들은 무대에서는 찾아볼 수 없기 때문에, 심지어 축자적 각색조차도 엄밀하게 원작 그대로일 수는 없다. 말하자면 원작을 보다 섬세하게 수정할 따름이다. 연극대사가 종종 영화각본에 그대로 보존되기도 하지만, 관객에게 미치는 그 효과는 차이가 있다. 연극무대에서 대사의 의미는 등장인물들이 동일한 시간대에 동일한 무대 위에 있고, 동일한 말에 대해 반응한다는 사실에 의해 결정된다. 영화에서 시간과 공간은 개별적인 쇼트에 의해 조각조각 나눠진다. 더욱이 문학적인 영화까지도 주로 시각적이고 언어는 다만 이차적일 뿐이며, 거의 모든 언어가 시각적인 영상을 통해 한정되고 수정된다.

영화에서의 글쓰기에 대한 체계적인 분석은 다음과 같은 물음들을 탐구해야 할 것이다. 영화는 얼

9-25

'밤으로의 긴 여로 Long Day's Journey Into Night' (미국, 1962),
출연: 랄프 리처드슨 Ralph Richardson, 제이슨 로바즈 Jason Robards, 캐서린 헵번 Katharine Hepburn,
감독: 시드니 루멧 Sidney Lumet

▶ 축자적 영화각색은 대체로 연극에 국한되어 있다. 언어와 행동은 둘 다 쉽게 영화 스크린으로 옮겨질 수 있다. 유진 오닐의 희곡 『밤으로의 긴 여로』는 미국 극장에서 정상을 차지한 작품들 중 하나이며, 예술성을 압축하고 있는 대작이다. 그 제목은 상징적이지만 또한 문학적이기도 하다. 액션은 한 곳에서 벌어지고, 하루만에, 즉 아침에 시작해서 깊은 한밤중에 끝난다. 루멧 감독은 연극을 공간적으로 "열어젖히는" 대신에, 모든 대사는 사실상 그대로 유지하고 액션은 파멸한 티론 가(家)의 가정에 국한시켰다. 가족들은 마치 지옥의 죄인들처럼 이 집안에 함께 갇혀 있다. 그것은 오닐 자신의 비극적인 가족을 약간 위장하여 그린 초상화 이다. 몇몇 비평가들은 영화가 그냥 연극을 그대로 촬영한 것에 불과하다고 불평을 늘어놓았다. "그러나 그 비평가들은 가장 복잡한 카메라와 편집기술들 중 하나를 보지 못했으며, 이는 내가 어떤 영화에도 시도하지 않았던 것이다."고 루멧은 말했다. 다음을 참조하라. Frank Cunningham, *Sidney Lumet: Film and Literacy Vision*(Lexington: University Press of Kentucky, 1991). *(Embassy)*

9-26

'사이드 웨이 Sideways' (미국, 2004), 출연: 버지니아 매드슨 Virginia Madson, 폴 지아마티 Paul Giamatti, 토마스 헤이든 처치 Thomas Haden Church, 샌드라 오 Sandra Oh, 감독: 알렉산더 페인 Alexander Payne

▶ 아마도 미국영화계에서 작가들이 요즘만큼 과소평가당한 적은 없었을 것이다. 주류 영화 주인공들의 대부분은 단음절어나 중얼거리듯이 말한다. 대화는 대부분 간결한 대사들로 구성되어 있고, 짧으면 짧을수록 좋다. 아마 액션이 어떤 단어나 심지어 비속어보다 더 크게 메시지를 전달하기 때문일 것이다. 그러나 언제나 예외는 있다. 예컨대 알렉산더 페인과 같은 몇몇의 영화 예술가들은 대단히 문학적이다. '사이드 웨이'는 렉스 피켓 Rex Pickett의 소설을 바탕으로 페인과 그의 오랜 집필 파트너인 짐 테일러 Jim Taylor가 썼다. 이 영화는 로드 무비와 버디 영화 buddy film를 결합한 영화로, 한 실패한 소설가(지아마티)와 그의 대학 시절 룸메이트였던 실패한 배우(처치)를 이야기하고 있다. 그 배우가 결혼을 해서 가정을 이루기 전에 캘리포니아의 와인 마을로 마지막으로 함께 여행을 떠나는 내용을 담고 있다. 그들은 여정 중 두 명의 매혹적인 여자들(사진)을 만나게 되고, 그 후로부터 그들의 삶은 갑자기 아주 복잡해진다. 이 영화는 재미있고, 로맨틱하며, 아주 잘 쓰여 진 영화이다. *(Fox Searchlight. Photo: Merie W. Wallace)*

마나 "문학적"인가? 긴 대사에 대한 강조, 언어로 표현되는 위트나 혹은 재치, 수다스러운 씬 등이 있는가? 등장인물들의 표현은 얼마나 명료한가? 썩 좋지 않다면 그들에게 장애가 되는 것이 무엇인지 우리가 어떻게 알게 되는가? 각본을 위해 누가 어떤 기여를 했는가? (아주 비평적으로 찬사들 받은 영화들을 제외한다면 이것은 쉽게 결정되는 정보가 아니다. 저런 영화들은 신통찮은 일반영화들에 비해 훨씬 속속들이 탐구되어 왔다.) 대사가 양식화되어 있는가, 아니면 일상적인 대화처럼 발음하는 것을 지향하는가? 영화가 어떤 비유적 수사, 즉 모티프, 상징, 메타포 등을 담고 있는가? 이것들이 영화를 어느 정도 깊이 있게 또 풍부하게 하는가? 달리 그것들이 하는 것은? 누구의 시점이 영화를 풀어가는가? 보이스 오버 내레이터가 있는가? 내레이터와 우리가 맺고 있는 관계는 어떤 종류인가? 만일 영화가 문학작품의 각색이라면, 그것은 자유로운가, 충실한가, 혹은 축자적인가?

▶ 참고문헌

Bluestone, George, *Novels into Film* (Baltimore, MD: Johns Hopkins University Press, 1957). Classic study, with a valuable introductory essay.

Brady, John, *The Craft of the Screenwriter* (New York: Touchstone, 1982). Interviews with six American screenwriters, including Chayefsky, Goldman, Lehman, and others.

Creative Screenwriting is the leading American journal devoted to television and movie writing. It features critical articles, script excerpts, and interviews with writers.

Goldman, William, *Adventures in the Screen Trade* (New York: Warner Books, 1983). Personal account by a respected Hollywood screenwriter.

Horton, Andrew, *Writing the Character-Centered Screenplay* (Berkeley: University of California Press, 1994). Practical advice on building characters.

Leitch, Thomas, *Film Adaptation and Its Discontents: From* Gone with the Wind to The Passion of the Christ (Baltimore: the Johns Hopkins University Press, 2007).

Literature/Film Quarterly is the leading scholarly journal devoted to the relationship between these two art forms.

McGilligan, Patrick, ed., *Backstory 4* (Berkeley: University of California Press, 2006). Interviews with screenwriters.

Naremore, James, ed., *Film Adaptation* (New Brunswick: Rutgers University Press, 2000). A collection of scholarly essays.

Seger, Linda, *The Art of Adaptation* (New York: Henry Holt, 1992). Subtitled Turning Fact and Fiction into Film. Practical emphasis.

▶▶▎ 10. 이데올로기

이민자 A Better Life (미국, 2011)

학습 목표(Learning Objectives)

- 이데올로기를 그 명시성의 정도에 따라 크게 세 가지 범주로 나누고, 영화에서 이데올로기가 어떻게 "위장된 언어"로서 역할을 하는지 설명한다.

- 영화의 이데올로기가 어떻게 저널리스트와 정치학자들에 의해 전통적으로 사용되어왔던 모델인 좌파–중도파–우파 모델로 구분되고 분리되는지를 설명한다.

- 이 장에 언급되어 있는 양극단적인 범주들에서 발견되는 이데올로기들을 대조하고, 이들을 좌파–중도파–우파 모델에 위치 지운다.

- 문화와 종교, 민족성이 어떻게 영화의 이데올로기와 가치 재현에 영향을 미치는지 설명한다.

- 스크린과 그 무대 뒤를 포함하여 영화분야에서의 여성 운동 업적들을 요약한다.

- 스크린과 스크린을 벗어난 곳을 포함하여 영화에서 동성애의 역사를 평가하고, 왜 동성애자의 권익의 향상이 다른 집단의 권익의 증진으로부터 벗어났는지를 설명한다.

- 영화에 있어서 톤 tone의 중요성을 설명하고, 그리고 톤을 제공하는데 있어서 장르, 내레이션, 음악과 같은 요소들이 어떻게 기여하는지를 설명한다.

(Depth of Field/Summit Entertainment)

과거와 현재의 모든 인간 사회의 역사는 계급투쟁의 역사였다.

– 칼 마르크스 Karl Marx, 철학자 · 정치경제학자

이데올로기는 보통 개인, 집단, 계급 또는 문화의 사회적인 욕구와 열망을 반영하는 사고 체계로 정의된다. 일반적으로 이 개념은 정치나 정당의 강령과 연관이 있지만, 또한 어떤 사람의 기획–영화 제작을 포함한–에 함축되어 있는 일련의 특정한 가치관을 의미할 수도 있다. 사실상 모든 영화는 우리에게 역할모델, 이상적인 행동방식, 부정적인 특성, 감추어진 도덕성 등을 보여주는데, 이것들은 옳고 그름에 대한 감독의 인식에 바탕을 두고 있다. 한마디로 모든 영화는 편향적이다. 말하자면 특정한 인물, 제도, 행위, 모티프 등에 대해서는 매력적인 것으로서 특권을 부여하고, 이와 반대되는 것들은 불쾌한 것으로 격하시켜 버리는 일정한 이데올로기적 관점을 가지고 있는 것이다.

고대 이래로 비평가들은 예술은 교훈과 쾌락이라는 이중적인 기능을 가지는 것으로 이야기해 왔다. 어떤 영화들은 교훈적이며 교육적인 기능을 강조한다. 어떻게? 가장 분명한 방법은 그냥 관객에게 설교하는 것이다. 이런 영화들은 우리를 설득하려고 애를 쓴다. TV 상업광고나 혹은 '10월 *October*'(10–6)과 '의지의 승리 *Triumph of the Will*'(10–12)와 같은 선전영화가 그런 것들이다. 그 반대편 끝에는 아방가르드 영화라는 추상적인 진영이 자리 잡고 있는데, 이 영화들은 도덕적인 가치가 전혀 없는 것처럼 보인다. 왜냐하면 이 영화들에는 사실상 "순수한" 형식 이외에는 다른 어떤 주제도 없기 때문이다. 그들의 목적은 쾌락을 제공하는 것이다.

고전적 영화의 전통은 교훈주의와 순수추상이라는 극단을 피하기는 하지만, 가벼운 오락영화조차도 가치판단에 사로잡혀 있다. 비평가 다니엘 데이안 Daniel Dayan이 말하듯이, "고전적인 영화는 이데올로기의 복화술사(複話術士)이다." 고전적 영화감독들이 피하고 싶어 하는 질문이 있다. 그것은 곧 "이 영상을 주문하고 있는 사람이 누구이며, 그 목적이 무엇인가?" 하는 것이다. 왜냐하면 그들은 영화가 "스스로 말하기"를 원하기 때문이다. '탈라데가 나이트 *Talladega Nights*'(10–1a)의 경우처럼 관객들은 부지불식간에 이데올로기적인 가치에 동화되어 버릴 수도 있는 것이다.

실제로 영화는 이데올로기적 명시성의 정도에 있어서 무척 다양하다. 편의상 우리는 이를 넓게 다음 세 가지 범주로 나눌 수 있다.

중립적인 영화 Neutral 현실도피적인 영화와 가벼운 오락영화는 스토리를 매끄럽게 만들기 위해 사회적인 환경을 막연히 호의적인 세팅으로 순화시키는 경우가 종종 있다. 또한 배우들의 연기와 관객의 즐거움, 오락의 가치를 강조한다. '베이비 길들이기 *Bringing Up Baby*'(10–33a)의 경우처럼, 옳고 그름의 문제는 피상적으로 다루어지고, 분석은 거의 없는 것이나 다름없다. 이런 범주의 가장 극단적인 예는 '매혹'(1–7)이나 '푸가'(4–7)과 같은 비재현적인 아방가르드 영화들인데, 사실상 이데올로기가 없다. 그들의 가치는 주로 미적인 것–색깔, 모양, 역동적인 움직임–이다.

함축적인 영화 Implicit 주인공과 그 상대역은 갈등하는 가치체계를 드러내지만, 자세히 설명하거나 강조하지는 않는다. 스토리가 전개되는 과정에 등장인물이 상징하는 것이 무엇인지는 관객이 추리해 낼 수밖에 없다. "그 스토리의 도덕성"을 명쾌하게 설명해 주는 사람은 아무도 없다. 소재는 특별한 방향으로 기울지만 '가을 햇살 *Late Autumn*'(10–16a)나 '정사 *L'Avventura*'(4–13)의 경우처럼 분명히 명백한 조작은 없다.

10-1a

'탈라데가 나이트: 리키 바비의 발라드
Talladega Nights: The Ballad of Ricky Bobby' (미국, 2006), 출연: 존 C. 라일리
John C. Reilly, 윌 페렐 Will Ferrell, 감독: 아담
맥케이 Adam McKay

▶ 페렐과 그의 오랜 집필 파트너인 맥케이의 공동 프로젝트인 이런 가벼운 오락 영화에도 이데올로기적 가치가 풍부하게 담겨 있다. 스포츠 영화를 패러디한 이 영화는 테스토스테론 testosterone(남성호르몬의 일종)을 남용하고 있는 미국 개조 자동차 경기연맹 NASCAR 세계를 풍자하고 있다. 더 중요한 것은 이 영화가 스포츠 챔피언들을 파멸시키는, 수단과 방법을 가리지 않고 무조건 이기고 보자는 식의 정신상태를 비판하고 있다는 점이다. 열광적인 스포츠팬인 페렐은 다음과 같이 설명했다. "리키는 스포츠 영화의 전형적인 등장인물이다. 그는 소박한 가정에서 자랐으며, 소년일 때부터 속도감을 즐겼다. 그의 좌우명은 그의 아버지가 어렸을 때부터 그에게 가르쳤던 것처럼, '네가 일등이 아니라면, 너는 꼴찌다.'였다. 그 좌우명은 결국 그를 몰락으로 몰고 간 이기거나 파멸하거나 식의 끝장을 보자는 태도를 의미했다." *(Columbia Pictures. Photo: Suzanne Hanover)*

10-1b

'렌디션 *Rendition'* (미국, 2007), **출연: 이갈 나오르** Igal Noar(정면을 보고 있는 사람),
오마 멧월리 Omar Metwally, **감독: 캐빈 후드** Gavin Hood

▶ 영화는 사람들이 영화의 메시지에 귀 기울일 것이라는 가정하에, 아주 강한 도덕적 설득력을 가질 수 있다. 그러나 가끔은 거부나 부정이 그것보다 더 강력한 힘을 갖는다. 예를 들어, 미국과 이라크 간의 전쟁을 다룬 영화들은 미국에서 흥행에 성공한 적이 없다. 그 전쟁은 미국이 잘못된 구실들(즉, 사담 후세인의 이라크가 테러리즘의 후원자였고, 그 나라가 대량 살상 무기를 보유하고 있다는)을 내세워 그 전쟁을 시작했다고 믿던 대부분의 미국인들에게 평판이 좋지 않았다. 앞의 두 가지 이라크에 관한 혐의도 거짓이었음이 밝혀졌다. 이 영화는 보안상 위험하다고 간주되는 외국인이나 귀화한 미국인들을 납치하고, 심지어 미국에 "우호적인" 정부를 동원해 그들을 고문하기 위해 그들을 외국의 감옥으로 보내는 일마저 정당화한 부시정부의 "특별인도 extraordinary rendition(정보를 캐기 위해, 고문 등을 쓸 수 있는 다른 나라로 테러 용의자를 인도하는 것)" 정책을 다루고 있다. 어릴 때 이집트에서 미국으로 건너 온 이집트 출신 미국인 Egyptian-American인 주인공(멧월리)은 기계적으로 일하는 어떤 정부 공무원에 의해 이슬람교 극단주의자로 오인되었고, 그에 의해 투옥되고 고문을 받았지만, 그 공무원은 국가 안보라는 명목으로 아무 처벌도 받지 않았다.

(New Line. Photo: Sam Emerson)

10-2a

'화씨 9/11 *Fahrenheit 9/11*'
(미국, 2004), 출연: 마이클 무어
Michael Moore(모자 쓴 사람),
감독: 무어

▶ 문화 전쟁. 최근 몇 년 동안 미국의 정치적 양극화–좌파 대 우파, 블루 스테이츠–blue states(민주당 지지 주) 대 레드 스테이츠 red states(공화당 지지 주)–가 영화계에까지 뻗어 나갔다. 조지 W. 부시 대통령과 그의 정책들에 대한 마이클 무어의 좌파적 공격은 국내적으로는 일억 이천삼백만 달러, 세계적으로는 이억 이천만 달러의 놀라운 수입을 창출해냈다. 이 다큐멘터리는 깐느영화제의 영예로운 황금종려상을 비롯해 국제적인 수준의 수많은 상을 수상했다. 무어 감독은 이 영화를 영리하게 2004년 대통령 선거전 중에 개봉하였고, DVD판도 선거 바로 전에 출시함으로써 그의 영화가 선거결과에 영향을 미치기를 내심 기대했다. 논란이 많았던 그의 다른 다큐멘터리들과 마찬가지로, '화씨 9/11'은 명백히 일방적이고, 노골적이며, 이따금씩 조작적이다. 또한 이 영화는 온정적이고, 통찰력이 있으며, 재미있는 영화이다. 위 장면을 예로 들면, 무어는 국회에서 군사적 개입에 대해 찬성하는 표를 던진 한 미국 하원의원을 궁지로 몰아넣고 그에게 그의 아들을 이라크에 파병하라고 몰아세운다. 그 국회의원은 항변하거나 우물쭈물하다 그 자리를 빠져나가 버렸다. 정곡을 찌르는 말 Touché: 다른 사람의 아이들이 전쟁에 나가서 싸우고 있을 때에는 전쟁을 지지하는 표를 쉽게 던질 수 있다. *(Dog Eat Dog/Miramax)*

10-2b

'패션 오브 크라이스트 *The Passion Of The Christ*' (미국, 2004), **출연: 짐 카비젤** Jim Caviezel(앞쪽 중앙), **감독: 멜 깁슨** Mel Gibson

▶ 어떤 할리우드 스튜디오도 멜 깁슨의 이 프로젝트를 흥행에 실패할 것이라고 생각하여 제작하려고 하지 않았다. 사실상 이 영화의 대사들은 거의 라틴어와 아람어(그 당시 이스라엘 사람들이 사용하던 말)로 되어 있어 자막이 필요했고, "깁슨의 어리석은 사업"이라 불리는 이 영화는 가망 없는 비흥행작일 것이라고 산업적으로 일치된 결론을 내

렸다. 고집 세고, 단호한, 그리고 종교적인 열정으로 가득 찬 깁슨은 이 영화의 자금을 자기 돈으로 댔다. 이 영화는 진보파와 유대교도 단체들의 비난을 불러일으켰고, 이 영화의 주된 홍보 대상이었던 보수파와 복음주의 기독교인들에게는 열렬한 지지를 받았다. 결국 이 영화는 세계적으로 육억 칠천오백만 달러의 수입을 올렸고, 역사상 가장 많은 수입을 올린 전무후무한 10개의 영화 중 하나가 되었다. 깁슨은 예수님 생애의 마지막 12시간의 이 피 흘리고 찢긴 이야기에 강렬한 감정적 신념을 불어넣었다.

(Icon Productions. Photo: Phillipe Antonello)

명시적인 영화 Explicit　주제의 방향이 정해진 영화들은 오락적인 면 못지 않게 가르치거나 설득하려는 목적을 가지고 있다. 애국적인 영화들, 수많은 다큐멘터리, 올리버 스톤의 'JFK'(8-20)와 같은 정치영화들, 존 싱글톤의 '보이즈 앤 후드 Boyz N the Hood'(10-20a)처럼 사회학적으로 중요한 의미를 지닌 영화들이 이 범주에 든다. '카사블랑카'(9-5b)의 끝부분에 나오는 보가트의 유명한 연설처럼, 보통 존경받는 인물이 정말로 중요한 가치를 이야기한다. 이 범주의 가장 극단적인 예로는 선전영화가 있는데, 관객에게 공감과 지지를 호소하는 당파적인 관점을 반복적으로 내세운다. 진지한 영화비평가들은 종종 이런 영화들처럼 영화를 통한 끈질긴 설득을 공격하지만, 마이클 무어의 '화씨 9/11 Fahrenheit 9/11'(10-2a)처럼 그 위트나 뽐낼 만한 스타일 때문에 찬사를 받은 영화들도 가끔 있다.

　아마도 가장 유명한 ―혹은 오히려 악명 높은― 명시적인 영화 제작의 예로는 특히 조세프 스탈린 Josef Stalin의 엄혹한 전체주의 정권 시절에 전 소련에 널리 퍼졌던 사회주의 리얼리즘 방식을 들 수 있다. 사회주의 리얼리즘은 매우 선전선동적이었다: 영화, 책, 그리고 다른 매체들은 대중을 "교육"할 것을 법적으로 요구받았다. 창작 예술인들은 그들의 작업에 포함할 수 있는 것과 없는 것에 대하여 엄격하게 제약을 받았다. 예술은 낙관적이고 희망적이어야만 했다. 부정적인 특징―특히 개인주의―은 악당에게 한정시켜야만 했다. 주인공들을 심각한 도덕적 결점이 없는 영웅이어야만 했다. 예

10-3a

'수색자 *The Searchers*' (미국, 1956),
출연: 존 웨인 Jone Wayne,
감독: 존 포드 John Ford

▶ 성격파 스타는 기성품과 같은 이데올로기―이전 영화에서 맡았던 역할들 때문에 그 스타와 연관된 일련의 가치―를 전달하는 경우가 많다. 그들의 페르소나는 종종 그들의 실생활의 요소까지도 포함한다. 가령 존 웨인은 대중의 마음속에 우익 이데올로기를 연상시킨다. 그가 맡은 역할들은 대부분 군대지휘관, 서부의 영웅, 법과 질서를 수호하는 변호사 그리고 권위적인 가부장 등이었기 때문이다. 사생활에서도 그는 노골적인 보수주의자였고, 미국 제일주의의 애국자였으며, 권위와 가정의 가치 그리고 군사적 우위를 주장하고 옹호하는 사람이었다. 심지어 베트남전쟁 중 대부분의 미국사람들이 점점 더 전쟁에 대해 환멸을 느끼게 되었을 때도 존 웨인은 여전히 군인의 투사였으며, 정치적 중도파 및 좌파로부터 엄청난 비난을 받았다. 그는 베트남전쟁에 투입된 미군 특수부대에 대해 국수주의적 경의를 표한 '그린 베레 *The Green Berets*'(1968)를 제작, 감독, 주연을 맡으면서 자신의 생각을 실제 행동으로 보여주려고 했다.　(Warner Bros./Whitney Pictures Inc.)

'알라바마 이야기 *To Kill A Mockingbird*'
(미국, 1962), 출연: 그레고리 펙 Gregory Peck, 메리 배드햄 Mary Badham, 감독: 로버트 멀리 간 Robert Mulligan

▶ 이데올로기 스펙트럼의 반대편 끝에 서 있는 그레고리 펙은 그가 출연한 대부분의 영화에서 좌파 이데올로기를 전달한다. '알라바마 이야기' 에서 그레고리 펙은 남부 작은 시골마을의 변호 사, 애티커스 핀치 Atticus Finch로서 멋진 연기를 보여준다. 야심이 있는 배우들이 대개 그렇듯이, 그레고리 펙은 판에 박힌 배역을 싫어했으며, 이 따금씩 그는 도덕적으로 결함이 있는 인물이나 심지어 지독한 악당연기를 시도하기도 했다. 하 지만 관객들은 그를 더욱더 전형적인 영웅으로 사랑했다. 말하자면 그런 역에 개의치 않고 그를 영웅으로 사랑했다. 동정심, 품위, 관용과 같은 순수한 덕목을 점잔빼는 기색을 내보이지 않으 면서 제대로 구현한다는 것은 힘든 일이지만, 그레고리 펙은 다양한 모습의 아주 관대하고 개방적인 연기를 잘해 냈다. 힘과 관용을, 그리고 원칙과 융통성을 잘 조화시킨 그의 대부분의 연기경력이 이를 말해준다. 실제 삶에 있 어서도 그는 역시 노골적으로 정치활동가와 자유주의적 가치를 표방하는 투사였다. 네 아이의 아버지이기도 한 그 는 연기에 있어서 아버지의 역할도 최선을 다했으며, 그와 영화 속에 나오는 아이들 사이의 강한 정서적 소통과 교감은 바로 그의 실제 삶을 바탕으로 한 것이었다. 그는 언젠가 "사랑과 결혼과 아이들, 이것들이 바로 모든 행복 과 성취의 토대이다."라고 말한 적이 있다. 2003년 미국영화협회에서 실시한 투표에서 애티커스 핀치는 미국 영 화의 가장 존경받는 영웅으로 명명되었다. 퓰리처상 수상작이면서 동시에 이 영화가 각색한 소설 『앵무새 죽이기』 를 쓴 작가 하퍼 리 Harper Lee는 이렇게 말했다. "그레고리 펙은 아름다운 남자였다. 그래서 애티커스 핀치가 그에 게 그 자신을 연기할 기회를 주었다." *(Universal Pictures)*

술가들은 그들의 스타일을 단순하고 꾸미지 않은 것으로 유지해야만 했으며, "퇴폐적인 decadent"실 험은 용인되지 않았다. 내러티브는 개인적인 목표가 아닌 공동체의 진취적인 정신을 중심에 놓아야 했다: 광범위한 사회 복지가 고독한 노력보다 훨씬 더 강조되어야만 했다. 로맨스나 개인적인 감정 이 존재한다면 항상 공공의 선을 산출해내야 했다. 다시 말해서 개인은 경시되었고, 공동체는 특권 을 가졌다. 다행히도 이런 모든 엄격한 요구조건들은, 오늘날의 러시아와 예전의 몇몇 위성 국가들 의 출현을 통해 1989년 공산주의가 붕괴되면서 함께 폐기되었으나, 예술가들은 여전히 그들이 원하 는 주제가 무엇이든 추구할 수 있을 만큼 완전히 자유롭지는 못하다. 그리고 나라를 다스리는 정치 가들을 비판하는 것은 매우 위험하다.

극영화는 거의 대부분 함축적인 범주에 속한다. 달리 말한다면, 등장인물들은 그들의 믿음에 대 해서 상세하게 말하지 않기 때문에, 불가피하게 관객은 스스로 그 이면으로 파고 들어가 그들의 목 적이 무엇인지, 무엇을 당연하게 여기는지, 다른 사람에게 어떻게 행동하는지, 위기에 대처하는 방식이 어떠한지 등을 바탕으로 그들의 가치체계를 구성해야 한다. 영화감독은 이상주의, 용기, 관용, 페어플레이, 친절 그리고 충성심과 같은 특성들을 극화하여 마음에 드는 등장인물을 만들어낸다.

특히, 미국영화에서는 스타 시스템이 종종 가치관의 실마리가 되는데, 더욱이 존 웨인(10-3a)과 같은 개성파 스타가 주인공일 때는 더 그렇다. 연기파 스타는 이데올로기적인 비중이 덜한 것처럼 보인다. 존경받는 인물 못지않게 사악한 인물을 함께 연기해온 다니엘 데이 루이스 Daniel Day-Lewis 가 그 예라고 할 수 있다.

훌륭한 외모와 성적 매력은 주목하지 않을 수 없는 특성이며, 관객을 특정 인물에게 끌리게 한다. 때로는 배우가 너무나 매력적이어서 이데올로기적으로 정반대의 역할을 하면서도 관객을 자기편으로 끌어들이기도 한다. 이를테면 우익지향적인 '탑 건 *Top Gun*'이나 좌익지향적인 '7월 4일생 *Born on the Fourth of July*'에 나오는 톰 크루즈가 그런 경우였다. 이와 비슷하게, '귀여운 여인'에서 줄리아 로버츠의 연기는 너무나 자연스럽고 카리스마적이기 때문에 관객으로 하여금 그녀가 맡은 극중 인물이 남성에 의해 구조될 필요가 있는 곤궁에 처한 신데렐라와 같은 상투적인 성차별주의의 교과서라고 해도 과언이 아니라는 사실을 까마득히 잊어먹게 만들어 버린다.

관객의 공감을 얻기 위한 방법은 여러 가지이다. 희생자는 거의 자동적으로 관객을 그들의 편에 서게 한다. 정서적으로 상처받기 쉬운 인물은 관객의 보호본능에 호소한다. 웃음을 자아내는 인물, 매력적인 인물, 혹은 지적인 인물이 또한 인기가 있다. 사실 이런 특징들은 그렇지 않았더라면 부정적인 인물로 싫어했을 우리의 감정을 크게 순화시켜 줄 수 있다. '양들의 침묵'에서 식인박사 한니발 (앤서니 홉킨스)이라는 인물은 정신병적인 살인자이지만, 또한 재치 있고 상상력이 뛰어나기 때문에 관객은—하다못해 다소 거리를 두면서까지—묘하게도 그에게 끌린다.

부정적으로 그려지는 인물들은 이기심, 야비함, 탐욕, 잔인함, 포악한 행위, 불충실 등과 같은 특징들로 표현된다. 악당이나 그 밖에 혐오감을 주는 인물들은 매력이 없는 외모의 배우들이 맡는 경우가 많다. 이데올로기가 뚜렷하면 할수록 이런 특징들은 가감 없이 그대로 그려진다. 그러나 선악을 흑백논리로 다루는 멜로드라마를 제외하면, 대부분의 영화인물들은 긍정적인 특징과 부정적인 특징을 함께 지니고 있다. '여자 이야기 *Story of Woman*'(10-4)처럼 생생하고 사실적인 영화이기를 열망하는 경우는 특히 더 그렇다.

한 인물의 이데올로기적 가치를 분석하는 것은 쉬운 일이 아니다. 왜냐하면 대다수 인물들은 모순적인 감정들이 용해된 혼합체로 존재하기 때문이다. 문제가 더 복잡해지는 것은, 어떤 인물의 이데올로기적인 가치가 반드시 영화감독의 이데올로기적 가치와 일치하지 않는다는 점이다. 가령 프랑스 영화감독 장 뤽 고다르의 영화들은 다양한 이데올로기의 인물들을 등장시키는 경우가 많으며, 고다르가 그 인물과 이데올로기적으로 일치하는지 혹은 어느 정도 일치하는지 관객으로서는 도무지 확신할 수가 없다.

어떤 영화감독들은 너무나 기술적으로 능숙해서 우리가 실제로 그런 가치관을 갖지 않을 때조차도 어떤 인물의 가치에 이끌려가 버리기도 한다. 예를 들면, 그리피스의 '국가의 탄생'에서 긍정적인 가치들 중 많은 것이 '벤 카메론 the little colonel'—KKK(ku klux Klan)단의 설립자 중 한 사람—이라는 인물을 통해서 구체적으로 표현된다. 관객들 가운데 실제로 KKK단의 인종차별주의적인 가치에 대해 박수를 보낼 사람은 거의 없을 것이다. 그러나 이 영화를 보는 동안만은 주인공과 영화감독의 세계

'여자 이야기 Story Of Women' (프랑스, 1988),
출연: 이자벨 위페르 Isabelle Huppert,
감독: 클로드 샤브롤 Claude Chabrol

▶ 특히 사실주의적 영화에서는 성격화 characterization가 대체로 복잡하고 모호하며, 삶의 모순으로 가득 차 있다. 나치 점령기에 프랑스에서 실제로 일어난 일련의 사건을 소재로 한 '여자 이야기'는 원치 않는 임신을 하여 마치 올가미에 걸린 것처럼 고민하며 자포자기의 상태에 빠져 있는 친구를 돕는 노동자계급의 주부(이자벨 위페르)를 다루고 있다. 이 영화의 주인공은 불법적인 낙태를 해줌으로써 친구를 돕는다. 나중에 그녀는 7년 동안 여섯 명의 아이를 낳은 또 한 명의 여성을 돕게 되는데, 그 여인은 자신이 더 이상 자신의 아이들을 사랑하지 않는다는 죄책감에 시달리고 있었다. 곧바로 그녀는 돈벌이로 낙태수술사업을 시작하지만 문제가 발생한다. 결국 그녀는 체포되어 심문당하고, 모든 것이 남성 중심으로 짜인 정의의 체제 아래 죄인으로 처형된다. 관객의 동정심은 두 갈래로 갈라진다. 한편으로 주인공은 강하고 독립적이고 충직한 친구이며, 강압적으로 여성들을 국가를 위해 애 낳는 기계로 만든 남성중심체제 old-boy network에 대해 날카롭게 비판한다. 또 다른 한편으로 그녀는 자신의 탐욕의 결과로 결혼생활을 망치고 자기 자식들의 삶을 파괴했으며, 그녀의 애인이 되는 나치 협력자와 타락한 협조관계에 빠져 있다.　*(Mk2/Films A2/Films du Camelia)*

관으로 들어가기 위해서 반드시 우리의 개인적인 신념을 잠시 보류해 둘 필요가 있다. 그럴 수 없는 사람들에게는 영화가 지닌 그 양식상의 탁월함에도 불구하고 이 영화는 도덕적으로 실패한 작품일 수밖에 없다.

　한마디로 이데올로기는 영화에 있어서 또 다른 하나의 언어체계이다. 그러나 보통 그것은 코드로 말하는 가장된 언어일 경우가 많다. '모두가 엉망이다'(5-28)와 '트레인스포팅'(5-29)의 경우처럼 관객들은 어떻게 사투리가 이데올로기적일 수 있는지를 볼 수 있었다. 편집 스타일—특히, 소비에트 몽타주처럼 조작된 스타일—은 '전함 포템킨'(4-23)의 오데사 계단 Odessa Steps 시퀀스처럼 이데올로기적인 면에서 심오할 수 있다. '레오파드'(7-25a)와 같은 영화에서 볼 수 있듯이 의상과 장치가 이데올로기적인 관념을 암시할 수도 있다. 심지어 공간조차도 '그리프터스'(2-19b), '헨리 5세 Henry V', '늑대와 춤을 Dances with Wolves'(10-13a와 b)과 같은 영화에서는 이데올로기적인 것이 된다. 달리 말해서, 정치적인 관념은 내용은 물론 형식에서도 발견될 수 있다.

　많은 사람들이 자신들은 정치에 관심이 없다고 주장하지만, 사실상 모든 것은 궁극적으로는 이데올로기적이다. 성, 노동, 권력의 분배, 권위, 가족, 종교 등에 대한 우리의 태도, 이 모든 것이 우리가 그 사실을 의식하든 안 하든 간에 이데올로기적인 전제를 포함하고 있다. 영화에서도 역시 인물들이 정치적인 신념을 명확하게 드러내는 경우는 드물지만, 대부분의 경우 우리는 그들이 정치적인

화제에 관해 무심코 내뱉는 말들을 근거로 하여 그들의 이데올로기적인 가치와 전제를 종합적으로 이어 맞출 수 있다.

주의할 사항은 이데올로기적인 이름표는 그저 이름표일 뿐이라는 점이다. 그것이 복잡하기 짝이 없는 인간의 신념에 근접하는 경우는 드물다. 결국 대부분의 사람들은 어떤 사안에 대해서는 자유주의적이고, 또 다른 사안에 대해서는 보수적이다. 영화와 영화 속의 인물에 대해서도 똑같이 말할 수 있다. 다음의 가치체계는 어떤 영화의 이데올로기를 결정하는 데 도움이 될 수 있는 안내지도에 불과하지만, 감수성과 상식을 가지고 적용하지 않는다면 이 이름표들은 보잘 것 없고 무척 단순한 것이 될 수도 있다.

좌파-중도파-우파 모델

전통적으로 저널리스트와 정치학자들은 정치적 이데올로기를 구분하기 위해 좌파-중도파-우파라는 세 갈래의 모델을 사용해 왔다. 실제로는 그림(10-5)처럼 더 세분될 수도 있다. 극단적인 좌파 입장의 예는 스탈린 치하의 공산주의(10-6)일 것이며, 극단적인 우파는 히틀러 치하의 나치제국(10-12)일 것이다. 물론 극단은 둘 다 전체주의적인 체계이다.

우리는 어떤 핵심적인 제도와 가치에 초점을 맞추고 등장인물이 그것과 어떤 연관이 있는지를 분석함으로써 어떤 영화의 이데올로기를 구별할 수 있다. 이 핵심요소들 중 일부는 다음과 같은 상반되는 범주로 나타낼 수 있다. 좌파도 우파도 반드시 상대에 비해 더 나쁘거나 더 좋은 것은 아니다. 각 진영에는 똑같이 웅변에 뛰어난 지지자들이 있었다. 그러나 전체주의적 극단론이 합리적인 열성분자를 탄생시킨 적은 거의 없었다.

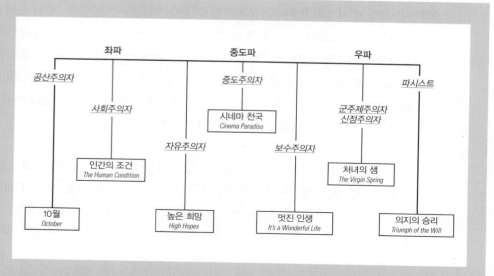

10-5

이데올로기 스펙트럼

민주적 대 계층적 Democratic Versus Hierarchical

　　좌파주의자들은 사람들 사이의 유사점을 강조하는 경향이 있다. 우리는 모두 대략 같은 양의 음식을 먹고, 같은 양의 공기를 숨 쉰다. 이와 마찬가지로 좌파주의자들은 한 사회의 자산은 대체로 평등한 몫으로 분배되어야 한다는 신념을 가지고 있다. '인간의 조건 The Human Condition'(10-7)이나 '피쇼테 Pixote'(10-14) 같은 영화는 바로 이런 의미를 담고 있다. 권력자는 다만 능숙한 매니저일 뿐이며, 그들이 담당하고 있는 사람들보다 선천적으로 뛰어난 것은 없다. 중요한 제도들은 공적 소유가 되어야 한다. 어떤 사회에서는 은행, 공익사업, 건강 그리고 교육과 같은 모든 기간산업은 모든 시민의 평등한 이익을 위해 운영된다. 집단적이고 공동적인 것을 강조한다.

　　우파주의자들은 사람들 사이의 차별을 강조하며, '헨리 5세 Henry V'(10-13a)라는 영화가 말해주듯이 가장 뛰어나고 총명한 사람이 그보다 생산능력이 떨어지는 노동자보다 더 많은 권력을 갖고 경제적으로도 더 많이 분배받아야 한다고 주장한다. 권위는 존중되어야 한다. 사회제도는 강력한 지도자가 이끌어야 하며, 일반서민이나 보통시민이 이끌어서는 안 된다. 대부분의 제도는 사적 소유이어야 하며, 생산성의 주요 유인으로서 이익을 얻어야 한다. 이른바 개인적인 것, 엘리트 관리자계급을 강조한다.

10-6

'10월 October' (소련, 1928),
감독: 세르게이 에이젠슈테인 Sergei Eisenstein

▶ '세계를 뒤흔든 십일 Ten Days That Shook the World'로도 알려져 있는 이 영화는 1917년 러시아혁명을 찬양하고 있다. 노골적으로 선동적인 내용을 담고 있는 이 영화는 미래에 대한 희망과 암흑시대 Dark Age로 묘사되는 과거의 차르 전제정치 시대에 대한 경멸로 가득차 있다. 서사극은 서사적 영웅이 있어야 한다. 이 영화에서는 소비에트혁명의 아버지, 레닌이 바로 그 영웅이다. 그는 여기서 연기와 조명에 의해 극적으로 부각되어, 마치 전장의 포화 속에서 피어오르는 신과 같은 모습이다. 영화의 내용은 노골적으로 이데올로기적 성격을 드러내지만 에이젠슈테인의 변증법적 스타일의 편집에 의해 과감하게 병치된 무척 아름다운 이미지들을 담고 있다.　(Sovkino)

10-7

'인간의 조건 The Human Condition-
No Greater Love' (일본, 1959),
출연: 나카다이 다츠야 Tatsuya Nakadai,
감독: 고바야시 마사키 Masaki Kobayashi

▶ 고바야시 마사키의 '인간의 조건' 3부작 (1959~61)은 제2차 세계대전 때 일본 제국주의 군대가 저지른 잔악한 행위에 대한 통렬한 고발이다. 고문과 박해, 납치된 중국인들이 일본군 전쟁 포로수용소에서 겪는 노예와 다름없는 강제노역 등을 묘사한 이 3부작은 격렬한 논란을 불러일으켰다. 다른 2회분은 각각 '병사의 기도 A Solder's Prayer'와 '영원으로의 길 The Road to Eternity' 이라는 제목이 붙어 있다. 영화는 각각 상영시간 이 세 시간을 넘으며, 소비에트 연방을 인류애가 넘치는 약속의 땅이라고 낭만적으로 생각하는 사회주의자이자 이상주의자인 주인공(나카다이)의 시점에서 이야기가 전개된다. 아이러니하게도 3부작의 마지막 회에서 주인공은 소비에트에 납치되어, 무자비한 전쟁 포로수용소에 갇히게 되고, 결국 그를 체포한 러시아인에게 죽는다. 비평가 존 멜렌 Joan Mellen이 강조했듯이, 주인공은 정치적 횡포─그것이 파시스트든 공산주의든─는 동일한 모습의 얼굴이라는 것을 깨닫게 된다. 그 얼굴 모습은 곧 잔인한 권위적 규범, 극소수의 특권계급을 지향하는 계층구조, 이방인에 대한 멸시, 개인에 대한 깊은 적대감 등이다.

(Shochiku Eiga)

환경 대 유전 Environment Versus Heredity

인간의 행위는 습득되는 것이며 적절한 환경조건이나 유인에 의해 변화될 수 있다는 것이 좌파주의자들의 신념이다. 반사회적인 행위는 '지미 블랙스미스의 노래 The Chant of Jimmie Blacksmith'(10-19)가 말해주듯이 인간의 본성이나 인격의 결핍보다는 가난, 편견, 교육의 결핍 그리고 사회적으로 낮은 지위 때문에 발생한다.

우파주의자들은 성격은 대개 타고나는 것이며 유전적으로 물려받는 것이라고 믿는다. 그러므로 '만춘'(8-15)과 '가을 햇살 Late Autumn'(10-16a)의 경우처럼 대다수 우파주의자들은 혈통과 "좋은 가문"을 강조한다. 특히, 일부 아시아사회에서는 조상숭배가 일반적이다.

상대적 대 절대적 Relative Versus Absolute

좌파 사람들은 우리가 판단할 때 융통성이 있어야 하며, 각 경우의 특수한 사정에 따라 조정이 가능해야 한다고 믿는다. '개 같은 내 인생'(8-9a)의 경우처럼, 아이들은 개성에 따라 개방된 환경에서 양육되어야 하고, 자기표현의 능력을 키워주어야 한다. 도덕적 가치는 그저 사회적인 관습일 뿐, 영원한 진리가 아니다. 옳고 그름의 문제는 우리가 그에 대해 공정하게 판단할 수 있기 이전에 어떤 완충적인 환경을 포함한 사회적 맥락 안에 두어야만 한다.

우파 사람들은 인간의 행위를 판단할 때 훨씬 절대적이다. 아이들은 훈련받고 존경하고 연장자에게 복종하는 것이 바람직하다. '피노키오'(8-33)에서 볼 수 있듯이, 옳고 그름은 엄격한 행위규범에 따라 평가되어야 한다. 도덕의 원리를 위반하는 것은 법과 질서를 유지하기 위해 그리고 다른 사람들에게 본보기를 보여주기 위해 처벌되어야 한다.

세속적 대 종교적 Secular Versus Religious

좌파주의자들은 종교가 섹스처럼 사적인 문제이며 정부가 관여할 문제가 아니라고 생각한다. 아주 유명한 사람 가운데 몇몇은 1960년대의 미국 시민운동의 지도자들처럼 목사인 경우도 있지만, 일부 좌파주의자들은 무신론자 혹은 불가지론자이다. 좌파주의자들은 대부분 휴머니스트이다. 종교적인 회의주의자는 종종 전통적인 종교적 신념을 반박하기 위해 과학의 권위에 의지하거나 호소한다. 또 다른 사람들은 공개적으로 조직화된 종교를 비판하고, '아귀레, 신의 분노'(6-23)가 보여주듯이 그것은 경제적 이익을 도모하는 또 다른 사회제도의 하나일 뿐이라고 본다. 종교가 있는 좌파주의자들은 "진보적인" 종파에 관심을 기울이는 편이며, 이런 종파는 권위주의적이거나 계급적인 성격의 종교보다 훨씬 민주적으로 조직되어 있다.

우파주의자들은 '처녀의 샘 *The Virsin Spring*'(10-11)에서 볼 수 있듯이 종교에 특권적인 지위를 부여한다. 일부 권위주의 사회에서는 그 사회의 모든 시민들에게 공식종교를 포고하고, 비신자들은 가끔 2류 시민으로 취급된다. 목사는 근엄한 지위를 누리고 도덕적 판단을 결정하는 인물로 존경받는다. 경건함을 훌륭한 덕목과 영성의 표시로 여긴다.

10-8

'높은 희망 *High Hopes*' (영국, 1988), 출연: 러스 쉰 Ruth Sheen, 에드나 도레 Edna Doré, 필립 데이비스 Philip Davis, 감독: 마이크 리 Mike Leigh

▶영국사회는 언제나 계급의식이 강한 편이었는데, 1980년대 마가렛 대처 Margaret Thatcher 정권 아래서는 특히 더 그러했다. 그녀는 그녀의 친구이자 보수주의적 동료인 로널드 레이건 Ronald Reagan이 미국의 정치 분위기를 지배한 것과 똑같이 영국을 지배했다. 그 시절 영국의 대다수 자유주의 예술가들이 그랬듯이, 마이크 리는 당시 영국사회에 만연한 물질주의에 넌더리가 났다. 그의 전략적 목표의 범위는 상당히 넓었는데, 그 대상들은 마땅히 그의 공격을 받을 만했다. 오직 괴팍한 히피 커플(쉰과 데이비스)만이 그나마 탐욕과 위선과 몰지각한 소비의 바다에 품위 있는 섬을 마련하고 있을 따름이다. *(Portman/Film 4)*

미래 대 과거 Future Versus Past

일반적으로 좌파주의자들은 과거를 경멸적인 시선으로 바라본다. 그들이 보기에 과거는 주로 무지와 계급갈등 그리고 약자들에 대한 착취로 일관해 왔기 때문이다. 이와 달리 미래는 '높은 희망'(10-8)에서 볼 수 있듯이 희망과 무한한 진보의 약속으로 충만해 있다. 이러한 낙관주의는 좌파주의자들에게는 대체로 일반적인데, 그것은 더 공정하고 평등한 사회를 향한 진보와 진화의 이념에 기초하고 있다.

우파주의자들은 과거에 대해 무척 숭상하는 편이며 고대의 제의에 대해, 특히 전통에 대해서 그렇다. 사실 오즈 야스지로의 모든 영화는 이에 대한 표본이라 해도 과언이 아니다. 우파주의자들은 현재를 경멸하는 경향이 있는데, 존 포드의 '리버티 밸런스를 쏜 사나이 *The Man Who Shot Liberty Valance*' 처럼 현재란 잃어버린 황금시대의 타락상에 지나지 않는다는 것이다. 그들은 미래를 회의적으로 바라보는데, 미래는 더 많은 변화를 가져올 뿐이고 그 변화는 과거의 영광이 파괴되는 것이기 때문이다. 결과적으로 우파주의자들은 인간의 조건에 대해 비관적인 편이고, 현대인의 삶이 보여주는 산산이 무너진 도덕성과 해이해진 사회규범에 대해 역설한다. 잉마르 베리만 Ingmar Bergman의 대부분의 영화가 이 비관적인 관점을 반영하고 있다.

10-9
'시네마 천국 *Cinema Paradiso*'
(이탈리아, 1988),
출연: 필립 누아레 Philippe Noiret,
살바토레 카시오 Salvatore Cascio,
감독: 주세페 토르나토레 Giuseppe Tornatorre

▶ 이 영화는 시실리 마을에서 보낸 자신의 유년기와 청년기를 회상하는 중년의 성공한 영화감독의 시점에서 플래시백 형식으로 서술되고 있다. 플래시백 전략은 그 당시와 지금을 대비시키는 아이러니한 이중 관점을 제공한다. 그가 소년이었을 때(사진), 그에게 조언자이자 아버지 역할까지 했던 누아레는 그를 영화관 영사 보조기사로 고용한다. 그 결과 소년의 삶은 정신적으로 풍요로워지고 공동체적인 성격을 띠게 된다. 왜냐하면 마을사람들에게는 극장이 그 사회의 중심이었기 때문이다. 그러나 이런 보수적 마을에서 살아간다는 것은 곧 계급에 묶이고 지역에 갇혀 있는 것이나 다름없었다. 그래서 소년이 청년이 되었을 때 그의 조언자는 좀 더 좋은 삶을 위해 마을을 떠나라고 충고한다. 영화감독의 현재 삶은 예술적으로 만족스럽고 경제적으로 안락하지만, 예쁜 여인과 잠자리를 같이하면서도 왠지 모르게 그는 외로움을 느낀다. 이 영화는 근본적으로 중립적이다. 토르나토레는 이렇게 말하고 있다. "우리는 과거와 현재, 이성과 감정, 애정 어린 보살핌과 자립심을 조화시킬 필요가 있다."
(Cristaldfilm/Films Ariane/RAI/TF1)

10-10
'멋진 인생 It's A wonderful Life' (미국, 1946),
출연: (왼쪽의 두 사람) 제임스 스튜 어트 James Stewart,
도라 리드 Donna Reed, 감독: 프랭크 카프라 Frank Capra

▶ 카프라는 좋은 이웃, 신에 대한 믿음, 헌신적인 리더십, 가족의 가치 등 아메리카나 Americana의 전통을 강조한 미국 영화계의 보수윤리의 대변인이었다. 그는 근면, 검소, 건전한 경쟁, 관용과 위트 등 중산층의 이상을 옹호했다. 등장인물의 부는 단순히 수입에 의해서가 아니라, 그 인물의 가족이나 친구들의 관점에서 평가되었다. 카프라의 이상은 작은 마을의 로맨틱한 추억과 과거, 기독교적 가치, 굳게 맺어진 가족, 서로 돕고 의지하는 이웃들이었다. (RKO)

협동 대 경쟁 Cooperation Versus Competition

사회적 진보는 '10월'(10-6)에서 볼 수 있듯이 모든 시민이 공동의 목표를 향해 함께 노력하면 가장 잘 성취된다는 것이 좌파주의 사람들의 신념이다. 정부의 역할은 생활에 기본적으로 필요한 것-노동, 건강, 교육 등-을 보장해 주는 것이고, 모두가 공동선에 기여하고 있다고 스스로 느낀다면 이런 사회적 진보는 아주 효과적으로 성취될 수 있다.

우파주의자들은 시장원리와 경쟁의 필요성을 강조하는데, 1920년대 미국식 "성공신화"에 관한 철학의 고전적인 영화 텍스트라고 해야 할 '마침내 안전'(4-28)이 바로 그런 경우이다. '밀드레드 피어스 Mildred Pierce'(11-13a)와 '위다웃 리밋 Without Limits'(3-31a)이 말해 주듯이 사회적 진보는 이기고 지배하고 싶은 야심과 강한 욕망에 의해 촉진되고 가속화된다. 정부의 역할은 개인의 재산을 보호하고, 강한 군대로써 안전을 도모하며, 경제적인 영역에서는 최대한의 자유를 보장하는 것이다.

아웃사이더 대 인사이더 Outsiders Versus Insiders

좌파주의자들은 가난하고 권리를 박탈당한 사람과 자신을 동일시한다. '보니 앤 클라이드 Bonnie and Clyde'(1-12a)와 '로빈 훗 Robin Hood: Prince of Thieves'처럼 그들은 종종 반항아와 아웃사이더를 낭만적으로 그린다. 좌파주의자들은 그들이 민족적 다양성을 존중하고 높이 평가한다는 점에서, 그리고 여성과 소수집단의 빈곤문제에 민감하다는 점에서 다원론자이다. 좌파적인 영화들은 종종 '자전거 도둑'(6-33a)과 '무방비 도시 Open City'(11-2b)와 같은 영화처럼 보통사람들, 특히 노동계급에 속하는 인물, 농민, 노동자가 주연을 맡는 것이 특징이다.

우파주의자들은 기성의 권력조직, 즉 권력 있는 사람들이나 잘나가는 사람들 편에 서는 경향이 있다. 그들은 '람보' 시리즈나 '헨리 5세'(10-13a)의 경우처럼 역사의 중요한 과정을 결정해야 할 때 리더십의 중요성을 강조한다. 우파적 경향의 영화는 '수색자'(10-3a)에서 볼 수 있듯이 권위 있는 인물이나 가장(家長), 군사령관, 기업가 등이 주인공으로 등장하는 편이다.

10-11

'처녀의 샘 The Virgin Spring'
(스웨덴, 1959).
출연: 막스 폰 시도우 Max Von Sydow,
각본 및 감독: 잉마르 베리만 Ingmar Bergman

▶ 이 영화는 중세를 배경으로 하고 있으며, 스토리의 결말인 기적을 가지고 등장인물들의 기독교적 신앙을 실증하고 있다. 그러나 믿음은 쉽게 찾아오는 것이 아니다. 왜냐하면 베리만의 신은 수수께끼와 같은 존재이며, 논리를 초월해 있기 때문이다. 비평가 로이드 로즈 Lloyd Rose가 지적했듯이, "베리만은 진짜 구약성서에 나오는 하느님 아버지 같은 엄격하고 쌀쌀하며, 때로는 몹시 노한 표정의 루터파 목사의 아들이며, 엄격한 교육에 철저하게 동화된 사람이다. 그보다 더한 청교도적 감독은 없다. …… 논리적인(신학적인) 극단까지 이른 청교도주의는 사무엘 베케트 Samuel Beckett의 부조리극에 나오는 것만큼이나 터무니없다. 원인과 결과를 완전히 무시하고 있다. 신은 당신을 구원할 수도 저주할 수도 있지만, 당신의 행동은 그것과 아무런 관련이 없다. 말하자면 당신은 신의 은총에 의지하고 있다. 당신은 죄악에 물든 채 태어났지만, 그 흔적을 지우기 위해 당신이 할 수 있는 일은 아무것도 없으며, 만약 신이 당신으로서는 도무지 이해할 수 없는 성스러운 결정으로 당신을 불태운다면 그것은 불운일 뿐이다." *(Svensk Filmindustri)*

국제적 대 국수적 International Versus Nationalistic

좌파주의자들은 그 시각이 범지구적이고, '하트 앤 마인드 *Hearts and Minds*'(1-3)의 경우처럼 국가와 인종 혹은 문화와 상관없이 인간욕망의 보편성을 강조한다. 그들은 종종 좁은 범위의 핵가족보다는 "인간 가족 the family of man"으로 보는 것이 훨씬 적절한 관점이라고 말한다.

우파주의자들은 애국적인 경향이 강한 편이고, 다른 나라에서 온 사람들을 막연히 열등하게 여기는 경우가 많다. 우파사회에서는 대개 "가족, 국가, 신"이 인기 있는 슬로건이다. 이는 미국의 거장 존 포드 John Ford 감독의 신조에 잘 나타나는데, 그의 작품 중 아주 국수적인 성격의 서사 서부극 셋을 든다면 '웨건 마스터 *Wagon Master*', '황야의 결투 *My Darling Clementine*', '아파치의 요새 *Fort Apache*'이다. 비판이 나라를 더 강하고 더 유연하게 만든다고 믿는 좌파주의자들과 달리 우파주의자들은 비판이 나라를 약화시키고 외부 침공에 더 취약하게 만든다고 생각한다.

성적 자유 대 일부일처제 Sexual Freedom Versus Marital Monogamy

좌파주의자들은 누구와 섹스를 하느냐 하는 것은 어느 누구도 관여할 일이 아니라고 생각한다. 그들은 종종 동성애를 정당한 생활방식으로 받아들인다. 그리고 '일곱 명의 미녀들 *Seven Beauties*'(10-22a)의 경우처럼 좌파주의자들은 합의하에 이루어지는 성인들의 성적 행위에 대한 규제를 거부한다. 출산문제에 있어서도 역시 좌파주의자들은 사생활, 개인적인 선택 그리고 불간섭을 강조한다.

출생률 조절−피임 및 낙태를 포함한−도 기본권으로 간주된다.

우파주의자들은 존 포드의 '분노의 포도 *The Grapes of Wrath*'(10−15)에서 볼 수 있듯이 가족을 신성시하고, 가족을 위협하는 것은 무엇이든 적대적인 것으로 간주한다. 혼전 성관계, 동성애 그리고 혼외정사는 저주의 대상이다. 마찬가지로 우파주의자들은 낙태를 반대하는 경향이 있고, 낙태를 일종의 영아살해로 여긴다. 어떤 사회에서는 섹스가 오로지 출산의 수단으로서만 정당화되고 피임은 금지되고 있다. 1960년대 이전 미국 주류영화가 대개 그렇듯이 결혼이라는 제도 안에서 이성 간에 사랑을 나누는 일부일처제야말로 유일하게 허용되는 성적 표현이었다.

이데올로기적 성격이 명확한 영화조차도 이러한 가치구조를 모두 정확히 표현하는 것은 아니지만, 사실 모든 극영화는 이들 중 몇 가지는 다루고 있다.

10−12

'의지의 승리 *Triumph Of The Will*' (독일, 1935).
감독: 레니 리펜슈탈 Leni Riefenstahl

▶ 히틀러(사진)는 리펜슈탈에게 1934년 누렘베르크에서 열린 나치의 첫 번째 전당대회를 경축하는 이 세 시간짜리 다큐멘터리를 감독하라고 지시했다. 이 행사를 촬영하기 위해 30명의 촬영기사가 배정되었으며, 카메라를 위해 특별히 무대가 만들어졌다. 놀랄 것도 없이 그녀는 히틀러를 거의 신성에 가까운 지배민족의 카리스마 넘치는 지도자로서 표현했다. 리펜슈탈의 스타일상의 탁월한 기량은 놀랍고 미적으로 너무도 강렬해서 연합군은 나치의 패전 이후에도 여러 해 동안 이 영화의 유통을 금지했다. 전후에 리펜슈탈은 나치의 선전기구에 참가했다는 이유로 4년을 복역했다. 그녀는 다만 생계를 위해 노력했을 뿐이라고 주장했다. *(NSDAP/Leni Riefenstahl)*

10-13a

'헨리 5세 *Henry V*' (영국, 1989),
출연: 케네스 브래너 Kenneth Branagh,
감독: 케네스 브래너

▶ 형식은 내용에 형태를 부여하는 것이다. 이 두 장의 사진에서 우리는 어떻게 미장센이 이데올로기를 구체적으로 표현하는가를 볼 수 있다. 셰익스피어의 희곡에 기초한 '헨리 5세'는 원작과 마찬가지로 그 가치의 측면에서는 군주적이다. 영화의 스토리는 일종의 통과의례를 다루고 있다. 말하자면 예전에 늘 소란을 피우던 "헨리" 왕자가 전투과정에서 자신이 위대한 지도자이며 왕의 자격이 있는 사람이라는 것을 입증하고 있는 것이다. 그의 군대는 비록 익명으로 나오진 않을지라도 거의 뒷편으로 밀려나 있다. 전면에 나와 있는 것은 헨리이고, 최전방 가운데서 칼을 높이 들고 카메라를 향해 달려온다. 그의 옆에 두 명의 부사령관은 글로스터와 배드포드 공작으로 그의 형제들이다. 셰익스피어도 고개를 끄떡였을 것이다.   *(Renaissance Films/BBC/Curzon Films)*

10-13b

'늑대와 춤을 *Dance With Wolves*' (미국, 1990),
출연: 캐빈 코스트너 Kevin Costner(왼쪽 끝), 감독: 캐빈 코스트너

▶ '늑대와 춤을'은 가치 면에서 자유주의이다. 스토리는 미국 육군장교(캐빈 코스트너)가 남북전쟁 기간 동안 수우 인디언과 점차 동화되어 가는 과정을 다루고 있다. 이 사진에서 그는 대열의 제일 끝에 있는데, 이는 그가 초대받은 손님이며 그를 초대해준 주인 측을 존경하고 있다는 것을 암시하며, 그리고 수우족이 그 자신의 문화에 비해 도덕적으로 우수한 문화를 갖고 있음을 알게 되면서 그는 점점 더 그 부족을 존경하게 된다.

(Orion. Photo: Ben Glass)

문화, 종교, 민족성

사회의 문화에는 전통, 제도, 예술, 신화, 신념 등이 포함되어 있으며, 이것들은 그 공동체 혹은 그 공동체 사람들의 특징이다. 이스라엘과 미국 같은 이질적인 사회에는 많은 문화집단들이 한 국가의 국경 안에 공존한다. 일본이나 사우디아라비아처럼 동질적인—민족적으로도 단일한—국가에는 한 가지 문화적 헤게모니가 지배적이다.

문화적 일반화—대부분의 일반화가 그렇듯이—는 대개 그 시대의 진리이다. 하지만 많은 예외가 있다. 일반적으로 수용되는 문화적 규범의 견지에서 볼 때 종종 못마땅한 쪽으로 나아가는 예술의 경우는 특히 그렇다. 그러나 이에 대한 지식이 없다면 일부 영화들—특히, 외국영화들—에 대해서는 언급하기 어렵다. 왜냐하면 그들의 문화는 우리 자신의 문화와 근본적으로 다르기 때문이다.

문화적 일반화는 문화의 미묘한 차이를 고려하여 사려 깊게 적용되지 않는다면 상투적인 것으로 변질되기 쉽다. 예를 들어, 일본사회가 전반적으로 그렇듯이 일본영화는 이데올로기적으로 보수적인 경향이 있고, 사회적 일치, 가족제도의 중요성, 가부장제, 합의의 지혜 Wisdom of Consensus와 같은 가치를 강조한다. 일본의 거장 오즈 야스지로의 영화는 이런 가치들을 가장 잘 드러내고 있는데, 그 중에서도 특히 주목할 만한 것은 '만춘 *Late Spring*'(8-15)과 '꽁치의 맛 *An Autumn Afternoon*'(11-21)이다. 일본 사람들은 대개 불일치와 개인주의를 매우 싫어하는 편이며, 자기중심주의와 거만을 우스꽝스러운 태도로 본다. 그러나 고바야시(10-7)와 나루세(10-24a)의 작품들은 일본문화에 의해 억압받는 주인공들 편에 서 있다.

10-14

'**피쇼테 *Pixote***' (브라질, 1981), **출연: 페르난도 라모스 다 실바** Fernando Ramos da Silva, **마릴리아 페라** Marilia Pera, **감독: 헥터 바벤코** Hector Babenco

▶ 신생국가의 영화감독은 그들의 이데올로기적 방향성이 종종 좌파적이고 가난한 사람들, 잊혀진 사람들, 혐오받는 사람들을 위하여 싸운다. 바벤코의 이 영화는 길에 버려진 수백만 개구쟁이 소년들의 전형이라 해야 할 외로운 소년

피쇼테(작은 꼬마 Peewee)의 폭력적인 인생에 초점을 맞추어 빈곤의 문화를 탐구한다. 1억8,400만 인구의 나라에서 95% 이상의 사람들이 절망적인 가난에 찌들려 살고, 그들이 할 수 있는 모든 일을 다 한다 해도 불충분한 생존을 근근이 이어갈 수밖에 없다. 피쇼테 역을 맡은 페르난도 라모스 다 실바는 상파울로의 아귀다툼과 같은 생존 터전에서 성장한 열 명의 어린이들 중 하나였다. 이 영화가 만들어진 지 7년 후, 그는 계획적인 무장강도의 총격으로 사망한다. 그의 나이 불과 열일곱 살이었다. *(HB Filmes/Embrafilme)*

10–15

'분노의 포도 The Grapes Of Wrath'
(미국, 1940), 출연: 제인 다웰 Jane Darwell,
헨리 폰다 Henry Fonda,
감독: 존 포드 John Ford

▶ 영화의 이데올로기적 가치를 도표화하는 것은 미로를 찾는 것과 같다고 할 수 있다. 1930년대의 공황을 다룬 영화들 가운데 가장 위대한 작품으로 널리 알려진 '분노의 포도'는 땅과 집을 빼앗긴 "떠돌이 농부 노동자" 가족이 약속의 땅인 캘리포니아로 가기 위해 가뭄에 찌든 오클라호마의 벌판을 떠나는 긴 여정을 중심으로 전개된다. 포드 감독은 존 스타인벡의 유명한 소설을 각색하여 그 소설에 담긴 마르크시스틱인 분노를 기독교적 휴머니즘의 걸작으로 변형시켜, 조드 가족의 불굴의 정신을 부각시키고 있다. 조드 가족을 결속시키고 있는 것은 역량 있는 여자 가장 마 조드(다웰)이다. 보수주의자들이 대개 그렇듯이, 포드는 사회에서 여성의 역할이 고귀하다고 생각한다. 그것은 곧 가정의 가치를 지키고, 다른 무엇보다도 가족제도를 유지해 가는 역할이다.   (20th Century Fox)

대안적인 문화를 경험해 본 적이 없는 사람들에게는 그 자신들의 규범이 보편적인 것으로 보일 수 있다. 다른 문화에 대한 그들의 지식은 영화에서 얻어진 경우가 많다. 예컨대, 미국영화는 전형적으로 사회보다는 개인을 지지한다. 대부분의 영화들이 패배자, 반항아, 무법자 그리고 이단자를 낭만적으로 그린다. 갱영화, 서부영화, 액션영화와 같은 장르에서는 특히 그렇다. 이런 장르의 영화는 폭력과 극단적인 개성을 강조한다. 미국영화는 또한 대부분의 외국영화에 비해 속도가 빠르고 성적인 색채가 강하다. 그래서 많은 사람들이 미국사람들은 무지막지하고, 성에 집착하고, "빠르다"는 고정관념을 갖고 있다.

이와 마찬가지로 미국관객은 외국영화를 보고 당황스러워하는 경우가 잦다. 왜냐하면 그들은 낯익은(즉, 미국적인) 문화적 길잡이를 찾아보려고 하기 때문이다. 이런 길잡이를 발견하지 못하면, 그들은 그 영화와 무관한 그들의 문화적 전제를 버리는 것이 아니라 오히려 그 영화를 버린다. 예컨대, 일본영화에 나오는 등장인물들은 공개적으로 의견다툼을 하는 경우는 드물다. 이런 행동을 보이면 무례로 간주한다. 그러므로 그들이 정말로 무엇을 생각하고 있는지를 알아내기 위해서는 행간의 의미를 읽어야만 한다(9–8b). 이와 마찬가지로, 일본의 등장인물들은 대화할 때 아주 친한 사이거나 사회적으로 동등한 위치가 아니라면 상대방의 눈을 똑바로 마주보는 경우는 거의 없다. 미국에서는 눈길을 마주치며 바라보는 것을 진지하고 솔직하고 정직한 것으로 여긴다. 그러나 일본에서는 뻔뻔하고 점잖지 못한 태도로 간주한다.

나라마다 삶을 바라보는 독특한 방식, 즉 주어진 문화에 대해 전형적인 일련의 가치들이 있다. 그 나라의 영화에 대해서도 똑같이 말할 수 있다. 예컨대, 영국의 자랑스러운 문학적 유산과 연극에 있어서 세계적인 우수성 때문에 영국영화는 문학적인 성격이 강한 편이고 세련된 각본, 교양 있는 대

10-16a

'**가을 햇살** *Late Autumn*' (일본, 1960),
출연: 하라 세츠코 Setsuko Hara,
감독: 오즈 야스지로 Yasujiro Ozu

▶ 때로는 종교적 가치들이 너무나 미묘하고 은밀하게 표현되어 문외한에게는 불투명한 것처럼 보인다. 오즈 야스지로의 영화 스타일은 전반적으로 간결하고 대사도 적다. 카메라워크는 간소하고 엄격하며, 편집은 깨끗하고 기능적이다. "더 적은 것이 더 많은 얘기를 해준다."는 명제는 그의 예술적인 신조를 잘 말해주고 있다. 비평가 도널드 리치 Donald Richie가 지적했듯이, 오즈의 스타일은 꾸밈없는 단순소박함과 자제, 맑고 고요함이라는 불교적 이상을 구현하고 있다. 그의 영화들은 인상적이고 감동적인 이미지를 함축하는 단지 몇 행만으로 되어 있는 하이쿠 haiku 시, 혹은 펜이나 붓의 몇 번의 터치로 그 주제를 환기시키는 수묵화에 비유할 수 있는 것이었다. 단편의 편린이 전체를 상징하고, 한 낱의 먼지에 우주가 담겨 있다. 오즈의 예술에 대한 탁월한 분석이라고 해야 할 다음을 참조하라. Donald Richie, *Ozu*, Berkeley: University of California Press, 1974. 　*(Shochiku Eiga)*

10-16b

'**데드 맨 워킹** *Dead Man Walking*' (미국, 1995),
출연: 숀 펜 Sean Penn,
수잔 서랜던 Susan Sarandon,
감독: 팀 로빈스 Tim Robbins

▶ 유럽과 미국에서는 로마 가톨릭 교회 Roman Catholic Church를 보수적인 기구로 보는 경향이 있다. 로마 가톨릭 교회에 따르면 여성은 교회가 정책을 결정하는 데 있어서 사소한 역할만을 할 따름이다. 그러나 이런 남성중심의 낡은 관습은 최근 몇 년에 걸쳐 인습타파를 외치는 헬렌 프리진(서랜던)과 같은 수녀들의 도전을 받아왔다. 그리고 '데드 맨 워킹'의 기초가 된 것이 바로 헬렌 수녀의 책이다. 잔혹한 살인자(펜)에게 정신적 위안을 주면서 그녀는 그녀의 (남성) 상급자들이 원하는 것과 반대방향으로 간다. 그들은 그녀의 행동을 보기 흉하고 부적절한 것으로 간주했다. 그녀는 그들에게 별로 신경 쓰지 않고 오히려 그녀의 양심을 따랐다. 후에 크리스토퍼 히친스 Christopher Hitchens는 모든 형태의 조직화된 종교에 대하여 통렬하게 고발하는 '신은 위대하지 않다: 어떻게 종교는 모든 것을 오염시키는가 *God is Not Great: How Religion Poisons Everything*' (New York: Hachette Book Group, 2007)을 집필하였다. 히친스의 주장은 강력하긴 하였으나, 하지만 그의 비판의 중대한 결점은 대부분의 종교들이 궁핍하고, 병들고, 절망적인 사람에게 어떻게 물질적으로 또 영적으로 위로를 주는가를 정당하게 평가하는 것에 실패했다는 점에 있다. 　*(Working Title/Havoc. Photo: Demmie Todd)*

10–17

'시카고 *Chicago*' (미국, 2002)의 홍보사진,
출연: 캐서린 제타 존스 Catherine Zeta-Jones,
리처드 기어 Richard Gere, 르네 젤위거 Renèe Zelweger,
감독: 롭 마셜 Rob Marshall

▶ 섹스와 폭력은 미국영화의 가장 인기 있는 두 가지 주제
이다. 다만 얼마나 노골적으로 드러내는가 하는 것만이 시
대마다 달라질 따름이다. 심지어 무성영화 시절에도 남태평
양 섬 사람들은 미국영화를 키스-키스 Kiss-Kiss 및 뱅-뱅
Bang-Bang이라는 두 장르로 나누었다. 1920년대 재즈 전성
기의 이 자극적인 뮤지컬 무대에서는 섹스와 폭력이 감칠
맛 나는 코미디와 뮤지컬의 명콤비 엡 Fred Ebb과 칸더 John
Kander의 배경음악, 그리고 거장 밥 포시 Bob Fosse의 안무
에 기초한 멋진 춤과 결합되어 있다. 와! 놀랍다. 다음을 참
조하라. *Violence and American Cinema*, edited by J. David
Slocum(London and New York: Routledge, 2000) *(Miramax)*

사, 품위 있는 연기, 화려한 의상과 장치 등을 강조한다. 가장 훌륭한 영국영화들 중 대다수는 문학
적이고, 연극을 각색한 것들이다. 그 중에서도 가장 주목할 만한 것은 셰익스피어 작품들이다(10-
13a).

그러나 언제나 타자가 존재한다. 하나의 문화 속에는 지배적인 흐름으로 간주되는 것과 변증법적
으로 상반되는 반전통 countertradition이 있는 것이다. 영국영화에서 이 반전통은 좌파그룹의 영화제
작이 대표적인데, 이들은 노동계급의 생활, 현대적인 세팅, 지역 사투리, 산만한 각본, 보다 정서적
인 메소드 풍의 연기스타일, 강한 반사회적인 이데올로기 등을 강조한다. '높은 희망'(10-8)과 같은
영화들이 이러한 반전통의 전형이다.

이와 마찬가지로 스웨덴영화는 금욕적인 루터교가 지배적이며, 이는 수많은 스웨덴영화의 정신
적 기반이 되고 있다. 스웨덴의 가장 위대한 영화감독인 잉마르 베리만의 작품들은 특히 그렇다(10-
11). 제3세계 영화들은 신식민주의, 저개발, 여성에 대한 억압 등의 문제에 집중하는 경향이 있고,
특히 빈곤(10-14, 10-25b)의 문제에 몰두하는 편이다.

미국처럼 문화가 다양한 나라에는 수많은 하위문화가 있으며, 문화적 가치를 담고 있는 여러 쌈지
들이 지배적 이데올로기 안에 공존한다. 하위문화를 탐구하는 영화들은 일반적으로 서로 갈등하는

문화적 가치들 간의 깨지기 쉬운 균형을 주목한다. 이를테면 '분노의 포도'(10-15)에서 떠도는 농부 노동자들과 그들이 캘리포니아의 기존 공동체와 통합하려 할 때 그들이 직면하는 적개심이 그런 것이다. 이 밖에 '쓰리 킹즈 *Three Kings*'의 군대대원, '이지 라이더 *Easy Rider*'의 히피들, '드럭스토어 카우보이'의 마약중독자, '오랜 동반자'의 게이친구들처럼 하위문화의 생활방식을 강조하는 미국영화들도 있다.

시대와 역사적 맥락을 포함시키면 이데올로기적인 분석은 더 복잡해진다. 예컨대, 1930년대 대공황기의 미국영화는 루스벨트의 뉴딜정책에 대한 좌파적 관점의 가치들을 반영한다. 불안한 베트남-워터게이트 시대(대략 1965년에서 1975년까지) 동안 미국영화는 점점 더 폭력적이고 대립적이고 반권위주의적인 성격을 띠게 되었다. 1980년대 레이건 시대 동안은 미국사회가 전반적으로 그랬듯이, 미국영화도 우파적 경향으로 바뀌었다. 이 시기에 만들어진 대부분의 영화는 군사적 우월성, 경쟁, 힘 그리고 부를 강조하고 있다.

종교적인 가치들도 이와 같은 복잡성 가운데 많은 부분을 가지고 있다. 심지어 로마 가톨릭처럼 보편적인 종교조차도 나라마다 근본적인 차이를 보인다. 이런 차이가 그들의 영화에 그대로 반영된다. 예컨대, 유럽에서는 교회가 보수주의의 중심세력으로 간주된다. 프랑스 가톨릭은 칼뱅주의나 혹은 스칸디나비아의 루터주의를 닮은 금욕적이고도 준-결정주의적인 종파인 얀센주의 Jansenism의 영향을 강하게 받았다. 로베르 브레송 Robert Bresson의 영화들 중 다수는 이 얀센주의 가치를 반영한다.

다른 한편 이탈리아에서는 가톨릭이 한층 더 연극적이고 미학적인 특징을 보인다. 이를테면 페데리코 펠리니 Federico Fellini의 영화들이 그런 것이다. 예술과 장식 분야에서 이탈리아의 풍요로운 유산은 중세와 르네상스 시기에 주로 교회의 후원을 받은 것이다. 남미국가 중 가톨릭 성향이 있는 대부분의 지역에서 일어난 해방신학운동은 좌파적인 성향이 강하고, 심지어 혁명을 지향하기도 한다.

프로테스탄트주의 역시 종교적인 다양성이 혼합된 사실상의 잡동사니이다. '프리쳐스 와이프 *The Preacher's Wife*'의 유쾌한 흑인근본주의와 '텐더 머시스 *Tender Mercies*'(11-20)의 남부 백인 노동계급의 "컨트리가수"인 주인공의 부활에 대한 완고한 믿음 사이에는 엄청난 차이가 있다. 대부분의 종교는 자유주의와 보수주의로 나누어질 수 있으며, 각각 그 나름의 우선적인 아젠다를 가지고 있다. 근본주의는 가치 면에서 우익적이고, 종교의 실체와 도덕적 신념의 엄격한 일치를 강조하며, 대개 전통적인 경전에 기초하고 있다. 프로테스탄트 근본주의는 종족에 따라 한층 더 분화되어 있다. 백인 근본주의자들은 사실상 모든 일에 대해 아주 보수적이다. 하지만 아프리카계 미국 흑인 종교단체들은 정치적으로 자유주의적인 경향을 띤다. 이들은 1960년대 민권운동 Civil Right Movement 선봉에 서 있었으며, 그 리더는 물론 마틴 루터 킹 목사였다. 하지만 흑인근본주의는 신앙과 도덕의 문제에서는 줄기차게 보수적 색채를 띤다.

가끔 어떤 종파는 그들의 숭배자를 예술적으로 묘사하거나 그리는 것을 무척 싫어한다. 가령 니코스 카잔차키스의 소설에 기초한 마틴 스콜세지의 '예수의 마지막 유혹 *The Last Temptation of Christ*'은 인간적인 관점에서 예수를 그린다. 기독교인은 누구나 예수의 신성을 믿지만, 대부분의 종파는 인간보다는 신을 강조한다. 따라서 예수를 완벽하지 못한, 고뇌하는 모습으로 그린 스콜세지의 영화에 대해 기독교 근본주의는 격렬하게 항의했다. 비평가 스코트 에이맨 Scott Eyman은 이 공격에 대해 이렇게 대답했다.

10–18
민족적 다양성

▶ 미국 문화를 나타내는 판에 박힌 문구는 끓고 있는 냄비에 대한 은유적 비유이다. 이는 다른 민족과 혼인하여 자연도태에 의한 혼혈아를 생산한 개성 없는 외국 태생의 미국시민들의 경향을 가리킨다. 사실상 수많은 민족의 하위문화들이 그들의 독립적인 정체성을 유지해 왔으며, 그 결과 미국에는 다양한 문화가 잡동사니를 이루게 되었고, 이는 상당한 문화적 풍요로움의 원천이 되어 왔다.

10–18a
'오리지널 킹스 오브 코미디 *The Original Kings Of Comedy*'
(미국, 2000)의 홍보사진,
출연: 버니 맥 Bernie Mac, 세드릭 디 엔터테이너 Cedric the Entertainer,
D. L. 휼리 D. L. Hughley, 스티브 하비 Steve Harvey,
감독: 스파이크 리 Spike Lee

▶ 스파이크 리는 거의 아프리카계 미국 흑인의 대부이자 그들의 스토리를 영화로 옮긴 선구자라고 할 수 있다. 그는 특히 유색인종 예술가들에게 탤런트 등용의 문을 활짝 열었다. 할리우드보다는 오히려 뉴욕에서 작업을 한 리의 스타일은 유달리 현실적이고, 단호한 브루클린 취향이다. 그는 특히 미국 흑인문화의 세 가지 전통적인 거점—스포츠, 오락, 정치—을 강하게 부각시키고 있다. 예를 들어, 입담을 주로 하는 이 네 명의 코미디언은 모두 계속적으로 대단한 명성과 성공을 거두었다. 이 영화는 이들을 관객들에게 널리 소개하기 위해 리가 제작한 다큐멘터리이다.
(40 Acres And/Latham/MTV)

10–18b
'해롤드와 쿠마 *Harold & Kumar Go To White Castle*'
(미국/캐나다, 2004), 출연: 존 조 John Cho, 칼 펜 Kal Penn,
감독: 대니 레이너 Danny Leiner

▶ 이 영화의 두 괴짜 영웅들(사진)은 전형적인 미국 게으름뱅이들이다. 진부한 성취욕으로 가득 찬 그들의 아시아인 가족들은 자식들의 완전한 의욕상실에 질색하며 향락주의적인 그들을 몰아내기 바쁜데, 그런 가족들과 그들은 날카롭게 대조를 이루고 있다. 그들은 그저 즐겁게 놀고, 마약에 취하고, 정크 푸드들로 배 채우기를 좋아한다.
(New Line Cinema. Photo: Sophie Giraud)

'**이민자** *A Better Life*' (미국, 2011).
출연: **호세 줄리안** Jose Julian, **데미안 비쉬어**
Demian Bichir, **감독: 크리스 웨이츠** Chris Weitz

▶ 라틴아메리카 사람들은 미국에서 소수 민족 중
가장 큰 민족이지만, 그들의 문화가 미국 영화에
나오는 경우는 거의 없으며, 나와도 종종 부정적으
로 비춰진다. '이민자'는 예외다. 이 영화는 친절한
멕시코계 정원사와 그의 십대 아들(사진)을 호의적
으로 묘사하고 있다. 불법 체류자인 아버지는, 그
들의 주변을 지속적으로 맴도는 이민국 직원에게 말하지 않은 채 그의 아들을 L.A. 동부의 범죄 집단으
로부터 보호하기 위해 애쓴다. *(Depth of Field/Summit Entertainment)*

'**지붕 위의 바이올린** *Fiddler On The Roof*' (미국, 1971).
출연: **토폴** Topol, **감독: 노만 주이슨** Norman Jewison

▶ 유대인은 아마 미국으로 건너온 모든 민족들 가운데 가장 성공적으로 동화한 집단일 것이다. 예술
과 오락분야 에 대한 그들의 공헌은 실로 엄청났다. 브로드웨이 뮤지컬 무대는 거의 유대인의 독무대
이다. 콜 포터 Cole Porter는 미국 뮤지컬작곡가 및 작사자 최상위 서열에 속하는 유일한 이방인이었
다. 몇 사람만 거명한다면, 로저스 Rodgers, 해머스타인 Hammerstein, 스티븐 손드하임 Stephen
Sondheim, 레너드 번스타인 Leonard Bernstein, 러너 Lerner, 로우 Loewe, 컬트 베일 Kurt Weill, 로렌츠
하트 Lorenz Hart, 조지 거쉬인 George Gershwin과 같은 유명 인물들이 저 서열에 들어 있다. 브로드웨
이 최고 히트작을 각색한 일등
급 수준의 이 영화는 숄롬 알
레이켐 Sholem Aleichem의 단
편소설에 기초하고 있는데, 숄
롬 알레이켐은 19세기 말과
20세기 초 제정러시아 시골마
을의 삶을 이디시 말로 기록하
는 연대기 작가이다. 이 뮤지
컬은 극작가이자 가극 작사자
인 조셉 스타인 Joseph Stein과
작사자 쉘든 하닉 Sheldon
Harnick, 작곡가 제리 벅 Jerry
Bock이 만들어낸 창작물이다.
(United Artists)

과감하게 우리에게 피와 살로 된 그리스도를 보여주기 위해 스콜세지는 항의하는 자들이 그렇게 열광적이고 기만적인 확신에 젖어 있는 그들만의 "예수 저작권"을 침범했다. 그러나 그들이 예수를 자신들을 보호해 주는 방패와도 같은 존재로 생각하는 것이 마음 편하고 또 그렇게 설명하는 것 외에 달리 도리가 없다는 단순한 이유만으로 공론의 한계를 그어버릴 수는 없는 것이다.

소수민족들은 큰 문화적 체계 안에 있는 개별적인 사회적 공동체로서 종교, 언어, 조상 그리고 인종과 같은 사항에 따라 어떤 특수한 (대개 열등한) 지위를 가지려고 하거나 그런 지위를 주장하는 집단이다. 한마디로 소수집단이다. 미국에는 아프리카계 미국인, 히스패닉, 아메리카 원주민들이 이에 해당하는데, 물론 외국에서 이민 온 수많은 인종들, 특히 '조이 럭 클럽'의 중국계 미국인들처럼 미국의 주류에 제대로 통합되지 못한 사람들도 마찬가지이다.

10-19

'지미 블랙스미스의 노래 *The Chant Of Jimmie Blacksmith*' (호주, 1978),
출연: 안젤라 펀치 Angela Punch, **토미 루이스** Tommy Lewis,
감독: 프레드 쉐피시 Fred Schepisi

▶ 이 영화는 1900년경에 일어난 일련의 실제 사건들에 기초하고 있다. 지미 블랙스미스(루이스)는 반은 백인이고 반은 호주원주민인데, 코카서스의 선교사 부부가 그를 비극적인 삶에서 구해준다. 그들은 그를 유순하고 품행이 방정하게 교육하고, 백인을 존중하고 흑인은 경멸하게끔 가르친다. 목사 부인은 그 젊은이에게 백인 농장 소녀와 결혼해서 아이를 낳으라고 충고한다. 그러면 "전혀 흑인이 아닌" 아이를 낳게 될 것이기 때문이었다. 쉐피시는 인종주의의 뿌리는 경제적이기도 하고 동시에 성적이라는 것을 잘 보여준다. 백인들은 지미와 다른 원주민들을 값싼 노동력으로 착취하고 또 성적으로 위협한다.   *(Victoria Film/Film House)*

10-20a

'보이즈 앤 후드 *Boyz N The Hood*'
(미국, 1991),
출연: 쿠바 구딩 주니어 Cuba Gooding Jr.,
래리 피쉬번 Larry Fishburne,
아이스 큐브 Ice Cube,
각본 및 감독: 존 싱글톤 John Singleton

▶ 민족적 성향의 영화는 일반적으로 일상생활의 모습을 있는 그대로 그리기 위해 사실주의적인 스타일을 취한다. '보이즈 앤 후드'는 로스엔젤레스의 초라한 흑인 게토 지역을 배경으로한 건강한 성장기 드라마이다. 존 싱글턴 감독은 22세 때 저예산으로 이 데뷔영화를 만들었다. 그는 사상 최연소감독으로 아카데미 감독상 후보에도 올랐다. 다음을 참조하라. Sheril D. Antonio, *Contemporary African American Cinema*, New York: Peter Lang Publishers, 2002.   *(Columbia Pictures. Photo: Darren Stevens)*

▶ 랠프 왈도 에머슨 Ralph Waldo Emerson 이 말했듯이, "미국은 기회의 땅이다." 외국인 탤런트에게 미국 이상으로 극진하고 개방적인 나라는 없었다. 아카데미상이 주어진 첫 해인 1927년 이후 최우수작품상을 수상한 영화의 43%가 외국 태생의 감독들이었다. 프랭크 카프라, 앨프리드 히치콕, 윌리엄 와일러, 마이클 커티스, 빌리 와일더, 엘리아 카잔, 프레드 진네만, 밀로스 포먼, 피터 잭슨, 그리고 이안 등의 미국영화의 쟁쟁한 인물들이 이에 속한다. 인디아나주 블루밍튼을 배경으로 한 성장영화인 '블루밍튼의 여름'은 순수 아메리카나의 한 단편이다. 흥미롭게도 이 영화의 각본은 유고슬라비아에서 이민 온 스티브 테시시 Steve Tesich가 쓰고, 감독은 영국인이 맡았다. 당대의 가장 유명한 이민자인 찰리 채플린 Charles Chaplin은 자신의 귀화국인 미국에 대해 이렇게 말했다. "나는 이 나라에서 외국인들 가운데 한 사람의 외국인으로서 편하게 지낸다." 다음을 참조하라. James Morrison, *Passport to Hollywood: Hollywood Film, European Directors*, Albany: State University of New York Press, 1999. *(20th Century Fox)*

10-20b

'블루밍튼의 여름 *Breaking Away*'
(미국, 1979),
출연: 데니스 크리스토퍼 Dennis Christopher,
감독: 피터 예이츠 Peter Yates

10-21a

'쇼보트 *Showboat*' (미국, 1936), 출연: 하티 맥다니엘 Hattie McDaniel, 폴 로브슨 Paul Robeson, 감독: 제임스 웨일 James Whale *(Universal Pictures)*

▶빅 스튜디오 시절에 아프리카계 미국인 배우들의 역할은 거의 고정적으로 유모, 가정부, 톰 아저씨 그리고 사악한 젊은놈 등이었다. 하티 맥다니엘은 주로 유모로 기용되었지만, 그런 좁은 범위의 역할에서나마 가끔 눈부신 연기를 보여주었는데, 특히 코믹한 역할에서 그랬다. 그녀는 아카데미상–'바람과 함께 사라지다'에서 여우조연상–을 수상한 최초의 흑인 배우였다.

그런데 그녀는 애틀랜타에서 개최된 축제 개막식에는 초대조차 받지 못했다. 왜냐하면 1939년에 '바람과 함께 사라지다'를 쓴 마가렛 미첼 여사의 아파트가 있는 피치트리 스트리트로 가는 시가행진에는 흑인이 참여할 수 없었기 때문이다. 더욱 모욕적인 것은 거기다가 그녀는 수많은 아프리카계 미국 흑인들로부터 종족의 전형을 영구화한다고 비판받았다. 이에 대해 그녀는 이렇게 말했다. "나는 실제로 가정부가 되어 7달러를 버느니 차라리 가정부 역을 맡아 일주일에 700달러를 벌겠다." 실제로 그녀는 70편이 넘는 영화에 출연한 배우가 되기 전에 가정부로 일했다. 폴 로브슨의 전설은 더욱더 보잘것없이 취급되었다. 러트거스대학에서 운동선수로 활약하기도 한 그는 파이 베타 카파 Phi Beta Kappa 클럽에 들 정도로 우등생이었으며, 졸업 후 컬럼비아 법대에서 법학학위를 받았다. 극작가 유진 오닐의 설득으로 '황제 존스 Emperor Jones'를 비롯한 그의 희곡 몇 편에 배우로 출연했다. 그가 주연을 맡은 '황제 존스'는 나중에 대단한 갈채를 받는 영화가 되었다. 로브슨은 또한 천부적인 재능을 가진 가수였으며, 그에게 명사 대우를 해준 구소련을 포함해 미국과 유럽에서 수많은 공연을 가졌다. 뮤지컬 '쇼 보트'에서 부른 유명한 '올 맨 리버 Ol' Man River'는 수십 년 동안 그를 상징하는 대표곡으로 간주되었다. 뉴욕에서의 '오델로 *Othello*' 공연은 비평가들로부터 큰 찬사를 받았다. 셰익스피어 비극의 공연은 흥행에도 성공을 거뒀고, 나중에 전국 순회공연을 했다. 하지만 로브슨은 점차 미국의 인종차별에 대해 비판적인 입장을 취하게 되고, 정치적으로 좌익적 경향을 띠게 되어, 제2차 세계대전 후 '적색공포' 시기에는 문제의 인물로 지목되기도 했다. 연방 당국은 모국의 차별적인 '흑인차별정책'에 대한 비난발언을 이유로 그를 박해했다. 1950년 미 국무성은 그의 여권을 취소하고 해외 공연을 금지했다. 1960년대 흑인민권운동이 일어나기 훨씬 이전에, 폴 로브슨은 흑인 긍지의 상징으로서, 또 극심한 적대적 상황에서도 괄목할 만한 성취를 이룬 상징적 존재로 존경을 받았다. 레나 혼은 블루스와 재즈 가수로 출발했다. 탁월한 미모를 가진 그녀는 정열적인 목소리와 윤기 있는 성적 매력 때문에 할리우드로 진출하여 명성이 높은 MGM과 계약을 체결했다. 하지만 스튜디오는 그녀를 어떻게 해야 할지 몰랐다. 보통 그녀는 주인공 앞에서 노래하는 나이트클럽 가수로서 유명배우의 조연을 맡았다. 이때 주인공은 잠깐 박수갈채를 보내다가 곧장 이야기 줄거리로 되돌아간다. "그들은 나를 가정부로 기용하지는 않았지만, 그 밖에 달리 기용하지도 않았다."고 그녀는 불평을 늘어놓았다. 그녀의 이력에 가장 모욕적인 사건은 MGM이 1951년 제롬 컨 Jerome Kern의 뮤지컬 '쇼보트'를 리메이크하기로 결정한 때였다. 줄리라는 인물은 아름답고 밝은 피부색을 가진 흑백 혼혈아인데, 남북전쟁 이후 이들은 백인으로 통한다. 줄리는 혼에게 이상적인 역이었으며, 그 역에 완벽하게 어울릴 뿐 아니라, 더욱이 뛰어난 가수이고 완숙한 여배우였다. 하지만 MGM이 혼을 캐스팅하는 것은 너무나 모험적이었으며, 결국 그녀 대신 에바 가드너 Ava Gardner를 기용했다. (아이러니컬하게도 혼과 가드너는 친구였다.) 불행하게도 가드너는 노래를 할 수 없었으며, 천부적인 재능에 있어서도 혼에 못 미쳤다. 하지만 그녀는 백인이라는 명백한 이점이 있었다. 그녀의 친구인 폴 로브슨과 마찬가지로, 혼은 1950년대 '적색공포' 시기에 블랙리스트에 올라 있었다. 그 이유는 로브슨과 마찬가지로 미국의 제도적인 인종차별에 비판적인 언동을 했다는 것이었다. 1980년대에 여전히 멋지고 탁월한 목소리도 그대로인 그녀는 1인극, '레나 혼: 그 숙녀와 그녀의 음악 *Lena Horne: The Lady and Her Music*'으로 브로드웨이 무대에 도전했으며, 이로써 그녀는 저명한 토니상을 수상했다. 나중에 그녀는 이 쇼로 전국 순회공연

을 했다. 그녀는 또한 1984년 워싱턴 D.C에 있는 케네디센터의 평생업적상 Lifetime Achievement Award을 수상하는 영광을 안았다. 레나는 결국 대중에게 충분히 이해되고 받아들여졌다. 미국영화에서 유색 예술가들에 대한 처우의 슬픈 역사에 관해서는 다음을 참조하라. Donald Bogle, *Toms, Coons, Mulattoes, Mammies, and Bucks: An Interpretive History of Blacks in American Films*(New York : Continuum, 1989).

10-21b
'구름이 지나갈 때 *Till The Clouds Roll By*' (미국, 1946)에 출연한 레나 혼 Lena Horne의 MGM 홍보사진,
감독: 리처드 워프 Richard Whorf
(MGM)

　　민족적 성향의 영화들은 대개 주류문화와 소수집단 공동체 내부 가치 사이의 긴장을 극화한다. 예를 들면, 호주의 많은 영화가 '지미 블랙스미스의 노래'(10−19)처럼 백인 앵글로−색슨의 권력구조와 오랜 세월에 걸쳐 억압과 착취를 당해 온 유색인 원주민들 간의 충돌을 다루어왔다. 이와 마찬가지로, '폭풍의 나날 *Come See the Paradise*'은 일본계 미국인들이 제2차 세계대전 동안 "강제수용소"로 후송된 사건을 다루고 있다. 미국은 이 시기에 독일과 이탈리아와도 역시 전쟁 중이었지만, 독일과 이탈리아 출신 사람들이 안전에 위협을 받을 것이라고 시사한 사람은 아무도 없다. 독일과 이탈리아인은 코카서스인이다.

　　아프리카계 미국인 영화 역사가들은 미국영화에서 흑인에 대한 슬프고 수치스러운 대우를 상세하게 기록했다. 미국영화는 미국 사회 전반에 걸쳐 흑인에 대해 자행된 야비한 처사를 그대로 반영하고 있다는 것이다. 미국영화에서 처음 50년 동안 흑인 등장인물은 대개 품격이 떨어지는 인물로 고정되어 있었다(10−21).

　　1950년대에 배우 시드니 포이티어 Sidney Poitier는 가수, 댄서 또는 코미디언이 아닌 극영화 주연배우로서 톱텐에 올랐다. 포이티어의 건강하고 멋진 외모와 전형적으로 미국적인 품위와 몸가짐은 백인과 흑인 관객으로부터 똑같이 사랑을 받았다. 포이티어의 대단한 인기는 영화에서 아프리카계 미국 흑인을 다루는 실마리를 마련해 주었다. 흑인의 이미지는 1950년대 이후에 꾸준히 (그러나 천천히) 향상되었다. 그러나 오늘날까지도 미국 영화와 텔레비전에서 인종차별적인 전형은 흔히 보인다.

　　현대 영화에서 스파이크 리 Spike Lee보다 더 논쟁을 불러일으킨 아프리카계 미국인 감독은 없었다(10−18a). 그의 비판은 대부분 자기 인종 사람을 겨냥하고 있었다. '똑바로 살아라'에서 그는 흑인 게토 거주자들과 이웃 도심지역에서 피자가게를 하는 이탈리아계 미국인 가족 사이에 쌓여가는 사무친 긴장을 탐구한다(5−14a). '정글 피버 *Jungle Fever*'에서 리는 인종이 다른 커플의 문제를 극화한

다. 스토리는 연인들이 포기하는 것으로 종결되는데, 그들의 패배는 그들의 개인적인 실패이기도 하지만 또한 그들이 속한 공동체의 편견에 굴복한 것이기도 하다.

민족적 성향의 영화감독은 스타일로서 사실주의를 선호하는 편이다(10-20a). 우선 사실주의는 비용이 덜 든다. 씬을 거리에서 찍을 수도 있으며, 꼭 값비싼 스튜디오 세트가 있어야 하는 것은 아니다. 이런 성향의 감독들은 종종 저예산으로 작업을 할 수밖에 없으며, 어차피 비싼 특수효과나 정교한 장비를 이용하는 경우는 거의 없다. 또한 사실주의는 실제 로케이션을 통해서 현실적인 질감과 사회적인 디테일을 묘사하는 데도 뛰어나다.

페미니즘

1960년대 후반은 미국뿐만 아니라 대부분의 서유럽에서도 격렬한 정치적 혼란기였다. 페미니즘- 이는 또한 여성해방운동, 혹은 단순히 여성운동으로도 알려져 있다-은 이 시기에 나타난 몇 가지 투쟁적인 이데올로기 중 하나였다. 오늘날 대부분의 페미니스트들이 가부장적인 가치에 대한 투쟁을 통해 성취해야 할 일이 아직도 많이 있다고 주장하긴 하지만, 영화분야에서 여성운동이 달성한 성과는 상당한 것이었다(10-22a). '할리우드 리포터'는 최근 할리우드의 영화감독 중 단지 7퍼센트만 여성이라는 점을 지적했다.

빅 할리우드 스튜디오 시대의 절정기-특히, 1930년대에서 1950년대까지-에 영화산업분야에서 여성의 지위는 참담했다. 경영이나 관리를 담당하는 상위계층에는 아예 여성을 찾아볼 수가 없었다. 수천 편의 영화가 스튜디오에서 제작되었지만, 여성이 감독한 영화는 겨우 손꼽을 정도였고, 사실상 여성이 제작한 영화는 전무했다. 조합도 여성을 차별하였으며, 조합에 가입한 여성은 극소수였다.

사실은 각본, 편집, 의상 분야에도 여성이 소수 있었지만, 여성들이 기량을 발휘한 것은 오직 연기분야뿐이었다. 결국 카메라 앞에서만은 여성을 배제하기가 불가능했던 것이다. 오늘날까지도 할리우드에서 유력한 여성들은 대부분 연기자 출신이다.

심지어 여성스타조차도 빅 스튜디오 시절에는 마치 2류 시민인 것처럼 푸대접을 받았다. 남자 주연배우보다 여자 주연배우가 서열이 높은 경우는 거의 없었다. 여성은 대개 남성에 비해 보수도 적었다. 이는 지금도 변함이 없다. 여성은 연기생명도 짧았다. 여성은 일단 마흔이 넘으면 나이가 너무 많아 주연을 맡기기 어렵다고 생각했기 때문이다. 캐리 그랜트 Cary Grant, 게리 쿠퍼 Gary Cooper, 존 웨인 John Wayne은 60대에도 여전히 주연을 맡았다. 그들은 종종 자신보다 20~30년 연하의 여배우와 공연하기도 했다. 마흔을 넘어 주연을 한 여성스타는 극소수였다. 이를테면 조앤 크로포드 Joan Crawford와 베티 데이비스 Bette Davis 같은 여배우는 대개 기이하고 우스꽝스러운 풍자적 인물을 연기하면서 오랜 연기인생의 마지막 20년을 보냈다. 그것이 그들이 얻어낼 수 있는 유일한 일거리였다.

페미니스트적 비평가 아네트 쿤 Annette Kuhn이 지적했듯이, 영화 안에서 여성들은 보통 남성지배적인 세계에서 사회적으로 "타자" 혹은 "아웃사이더"였다. 여성들은 자신들의 이야기를 꺼내지 않는다. 왜냐하면 그 이미지가 남성에 의해 조정되기 때문이다. 일반적으로 여성들은 성적 대상물—주로 외모와 성적 매력에 따라 평가를 받는—로 취급되었을 따름이다. 여성의 중요한 역할은 남자를 도와 보조하는 것이었고, 그들 나름대로 인생을 살아가는 경우는 찾아보기 힘들다. 결혼과 가족이 그들의 통상적인 목적이었으며, 그 외에 의미 있는 일이란 거의 없었다.

　　스튜디오에서 제작된 영화를 보면 대부분 여성인물은 주류에서 벗어나 있으며, 중심에서 행위를 주도하는 경우는 거의 없었다. 여자주인공의 역할은 방관적 입장에서 즐겁게 해주는 것이고, 남자주인공이 배려하여 그녀를 요구할 때까지 수동적으로 기다리는 것이었다. 지성, 야성, 성적 자신감, 독립성, 전문성 등은 본질적으로 남성 전유물이었다. 대체로 이런 특징들은 여성에게는 부적절하고 어울리지 않는다는 것이었다.

　　특정 할리우드 장르에서는 여성들에 대한 대우가 조금은 나았다. 이를테면 러브스토리, 가족드라마, 스크루볼 코미디, 로맨틱코미디, 뮤지컬 등이 그런 것이었다. 그 중에서도 가장 두드러진 장르는 여성영화였는데, 이는 대체로 여성스타를 부각시키면서 여성들의 "전형적인" 관심사에 초점을

10-22a
'일곱 명의 미녀들 Seven Beauties'
(이탈리아, 1976),
출연: 지안카를로 지아니니 Giancarlo Giannini,
엘레나 피오레 Elena Fiore,
감독: 리나 베르트뮐러 Lina Wertmüller

▶베르트뮐러는 여성감독들 가운데 가장 위대한 감독이라고 해도 과언이 아닐 것이지만 일부 페미니스트 영화비평가들로부터는 비판을 받았다. 루벤스와 티치아노의 누드를 한데 모은 것과 같은 모습의 저속하고 수다스러운 여성인물들을 등장시킨다는 것이었다. 실제로 어떤 비평가는 그녀에 대한 논평을 이렇게 시작했다. "리나 베르트뮐러가 사실은 남성감독들 중의 하나가 아닐까?" 베르트뮐러는 아이러니와 역설을 즐긴다. 그녀는 여성을 위해 끊임없이 싸우지만 선동가는 아니었다. 작품 속에 나오는 여성인물들이 아무리 우스울지라도(그리고 남성들도 똑같이 우습다), 베르트뮐러의 여성들은 대개 강한 편이고, 남성들보다 개인적인 정체성이 훨씬 더 뚜렷하다. 아마도 그녀의 가장 위대한 영화인 이 영화에서 그녀는 가부장제, 마피아 그리고 파시즘이라는 제도와 깡패 같은 오빠(사진)를 동일시하면서 사내들이 일컫는 소위 "신사도"를 풍자한다. *(Medusa/Jadran Film)*

'007 옥터퍼시 *Octopussy*' (영국, 1983),
출연: 로저 무어 Roger Moore,
감독: 존 글렌 John Glen

▶ 페미니스트들이라고 해서 여성을 성적인 면에서 매력적으로 묘사하는 것에 반대하는 것은 아니다. 다만 그들은 여성들이 지닌 인간성의 다른 면들도 극화되어야 한다고 주장할 따름이다. 여성을 성적인 대상물로 격하시키는 것만큼 더 분노하게 만드는 것은 없다. 예를 들면, 이 사진에 등장하는 다섯 명의 젊은 여성은 제임스 본드라는 인물의 목둘레에 어울리는 장식물처럼 그를 에워싸는 가슴 큰 매춘부들로 격하되어 있다. 이 영화의 제목은 여성이 스스로 자신을 낮추는 겸손과 성차별적인 풍자적 느낌을 물씬 풍긴다. 페미니스트들은 제임스 본드 시리즈와 같은 인기 있는 오락물은 수백만 명의 민감한 젊은 남성들에게 여성을 그냥 쾌락의 도구로만 보아도 된다고 승인하는 것이나 다름없다고 주장한다. *(ENO/Danjaq)*

'허트 로커 *The Hurt Locker*' (미국, 2009),
출연: 제레미 레너 Jeremy Renner,
감독: 캐서린 비글로우 Kathryn Bigelow

▶ 영화 산업 내에서의 상투적인 금언에 의하면 액션 영화, 모험 스토리, 그리고 모든 남성적 장르는 전적으로 남자 관객을 위한 것인 반면 러브스토리, 가정적인 드라마, 그리고 여성의 모습을 그린 영화는 주로 여성 관객을 위해 만들어진 것이라고 항상 이야기되어 왔다. 그러나 시대가 변했다. 캐서린 비글로우의 영화는 거의 액션장르 영화이며, 그녀의 가장 잘 알려진 작품 '허트 로커'는 거의 남자배우들만 나오는 전쟁영화이다. 이 영화는 이라크 전쟁 동안 바그다드의 폭탄처리반 소속의 (스릴을 즐기는) 아드레날린 중독자(제레미 레너)를 다룬다. 무모하게 위험을 무릅쓰는 허풍에 찬 그의 허장성세는 그의 팀원들이 그가 너무 무모한 짓을 하고 있다고 지적할 만큼 그의 부대원들을 위험에 빠뜨린다. 이 영화로 비글로우는 아카데미상으로 최우수 감독상을 수상했을 뿐만 아니라 또한 최우수 작품상을 수상했다. 둘 다 여성 감독으로써 처음이었다. 흥미롭게도 2010년 수상식에서 그녀는 그녀의 전 남편이자 역시 수상할 가능성이 있었던 '아바타 *Avatar*'의 감독 제임스 카메론 James Cameron과 경쟁해야 했다. 비글로우가 두 개의 최우수상을 수상하자 카메론은 비글로우에게 달려가 축하의 포옹을 하였다. 전투적인 페미니스트가 아님에도 불구하고, 비글로우는 여성 감독들에 대한 영화산업의 편견에 대해 잘 알고 있다: "만약 여성이 만든 영화에 대해 명확한 저항이 있다면 나는 두 가지 이유에서 그 방해물을 무시할 것이다: 나는 나의 젠더를 바꿀 수 없으며, 나는 영화 제작 중단을 거부할 것이다. 이것은 누가 영화를 감독하는지 혹은 무엇을 감독하는지와 하등 상관이 없다. 중요한 것은 당신이 그것에 감응하는가 혹은 감응하지 않는가의 여부다. 여성 감독이 더 많이 있어야만 한다. 다만 그것이 실제로 가능하다는 것에 대한 인식이 없다고 나는 생각한다. 실제로 그렇다." *(Firstlight Productions/Kingsgate Films)*

10-22d

'헝거게임 : 판엠의 불꽃 *The Hunger Games*' (미국, 2012),
출연: 제니퍼 로렌스 Jennifer Lawrence,
감독: 게리 로스 Gary Ross

▶ 액션–모험 영화들의 주인공들은 거의 항상 남자다. 그렇지만 이 영화의 주인공 캣니스 에버딘 Katniss Everdeen(로렌스)은 예외다. 고대 그리스 여신 다이아나 Diana처럼 캣니스는 노련한 궁수이며, 솜씨 좋은 생존주의자다. 이 영화는 수잔 콜린스 Suzzane Collins의 베스트셀러 소설(십대들을 겨냥한 미래지향적 소설 시리즈 중 일부)을 충실하게 각색했다. 또한 콜린스는 빌리 레이 Billy Ray 그리고 로스 감독과 함께 각본을 썼다. 13세 이상 관람가이기 때문에 소설의 사실적인 폭력 장면들은 누그러뜨려졌지만, 그래도 첫 주에 1억5천2백5십만 달러의 경악할만한 총수입을 기록하는 등 이 영화는 여전히 놀라운 성공을 보여주고 있다. 영화관 통계 수치를 집계하는 웹사이트 할리우드 닷컴 Hollywood.com에 따르면 이 영화의 전 세계적인 수입은 6억4천8백만 달러를 넘겼다. 말할 필요도 없이 이 시리즈의 다른 소설을 바탕으로 속편들이 만들어질 것이다. *(Lionsgate)*

맞추는 가족용 멜로드라마였다. 여기서 여성들의 전형적인 관심사란 좋은 남자를 만나서(혹은 남자에게 의지하면서) 아이들을 잘 키우거나, 또는 결혼과 직장의 일을 함께 잘해나가는 것이었다. 여성이 자기 일과 남자 사이에서 갈등을 겪을 때 선택할 수 있는 보다 현명한 길은 언제나 결혼이었다. 다른 쪽을 선택한 여성은 대개 그 어리석음 때문에 고난을 겪는다. '밀드레드 피어스 *Mildred Pierce*'(11–13a)의 여자주인공이 바로 그런 경우이다. 스튜디오 시대에 몇몇 위대한 여배우들이 활약했던 역할이 바로 이런 장르에서의 주인공이었다. 몇 사람만 거명한다면, 베티 데이비스 Bette Davis, 캐서린 헵번 Katharine Hepburn, 클로데트 콜베르 Claudette Colbert, 바바라 스탠윅 Barbara Stanwyck, 캐롤 롬바드 Carole Lombard, 마를렌 디트리히 Marlene Dietrich 그리고 그레타 가르보 Greta Garbo 등이 그들이다.

오늘날에는 약 20여 명의 여성감독들이 주류 할리우드 영화산업에서 일하고 있으며 그들의 위상 또한 달라졌다. 여성의 역할범위가 1960년대 이후로 상당히 넓어졌다.

물론 북미와 유럽 밖에서는 여전히 성차별주의가 지배적이다. 제3세계에서는 특히 그렇다. 제3세계에서 여성에 대한 억압은 영화 안에서나 영화 밖의 현실사회에서나 다같이 가혹하다. 여성이 남성보다 낮게 평가되기 때문에, 제3세계의 여성들은 식생활이나 의료복지에서도 차별을 받는 경우가 허다하다. 남아시아와 사하라 사막 아래쪽 아프리카의 여성들은 성취, 권력, 지위 등 모든 면에서 남성보다 뒤쳐져 있다.

여아 살해는 중국과 인도의 여러 지역에서는 흔히 있는 일이다. 농촌지역에서는 특히 그렇다. 대부분의 아프리카와 중동의 여러 지역에서는 출산에 기여하지 못한다는 이유로 여성 할례를 비롯한 전통적 제의가 시행되고 있다. 아프리카만 보더라도 8,000만 명의 여성들이 할례를 받는다. 거기에는 여성의 클리토리스를 제거하여 성적 쾌락의 주요 원천 중 하나를 없애 버리는 일도 포함된다. 많은 아프리카 문화는 이를 일종의 "정화" 작업으로 간주하고, 성에 대한 여성의 관심을 약화시킨다. 성적 쾌락은 오직 남성에게만 해당되는 것으로 여긴다. 여성은 다만 남성의 성적 대상물에 불과하다는 것인데, 이런 사고방식은 서구에서도 완전히 낯선 것은 아니다(10-22b).

월드워치연구소 Worldwatch Institute에 따르면, 출산이 가임연령 여성의 죽음을 몰고 오는 주된 요인이 되는 것은 제3세계 전반의 문제이다. 최소한 매년 100만 명의 여성이 죽고, 1억 명의 여성이 할례나 불안전한 낙태, 임신합병증, 출산후유증으로 고생한다. 대체로 아프리카에서 에이즈 때문에 목숨을 잃는 여성만 해도 매년 10만 명이 된다. 전 세계의 글을 읽지 못하는 8억5천4백만 명의 성인 가운데 5억4천3백만 명이 여성이다.

전부는 아니지만, 대부분의 이슬람사회에서도 여성의 지위는 비참하다. 사실 두 여성이 지배적인 이슬람국가에서 수상의 지위에 오른 적이 있었지만, 이런 예는 실로 진귀한 사건이었다. 이슬람의

10-23a

'홍등 *Raise The Red Lantern*' (중국/홍콩, 1991),
출연: 공리 Gong Li, 각본, 감독: 장예모 Zhang Yimou

▶ 장예모는 중국 최고의 영화예술가이며, 지금까지 그의 작품들의 대부분은 과거와 현재 중국사회의 여성문제를 다루었다. 아름다운 공리는 그의 많은 영화에서 여자주인공을 맡았다. 두 개의 관련된 문집인 수 톤햄 Sue Thornham에 의해 편집된 *Feminist Film Theory: A Reader*(New York University Press, 1999)와 앤 카플란E. Ann Kaplan에 의해 편집된 *Feminism and Film*(Oxford University Press, 2000)을 보라.
(Era International/Salon Films)

10-23b

'아쉬람 *Water*' (캐나다/인도, 2005),
출연: 사랄라 Sarala Kariyawaham(왼쪽),
감독: 디파 메타 Deepa Mehta

▶ 1938년, 아직 영국의 식민지 통치 아래 있던 인도를 배경으로 한 '아쉬람'은 메타 감독의 삼부작-다른 두 개는 '파이어 *Fire*'(1996)와 '어스 *Earth*'(1998)이다-중 세 번째 작품이다. 당시의 힌두교 전통에 따르면, 아주 어린 소녀들이 나이든 남자와 결혼하는 일이 흔했다. 남편이 죽으면, 젊은 과부는 종종 아쉬람 Ashram이라는 곳에서 강제로 남은 인생을 살도록 되어 있었는데, 그곳은 남편의 죽음의 원인이라고 추정되는 그녀의 전생의 죄를 속죄하도록 하는 곳으로서 가난한 과부를 위한 집이었다. 8살에 과부가 된 쭈이야 Chuyia(사랄라)는 그녀의 죽은 남편에 대한 악업을 속죄하기 위해, 또한 그녀의 가족의 경제적인 부담을 덜어주기 위해 그곳으로 보내졌다. 이것은 폐를 끼치는 여성을 제거해 버리기에 가장 편리한 방법이었다. 디파 메타 감독은 힌두교 전통들을 부정적(만약 그 표현이 정확하다면) 방식으로 묘사했다는 이유로 인도의 우파 언론으로부터 호된 비판을 받았다.
(Echo Lake Productions)

'하얀 풍선 The White Balloon' (이란, 1995).
출연: 아이다 모하마드카니 Aida Mohammadkhani,
감독: 자파르 파나히 Jafar Panahi

▶ 이란의 영화감독들은 어린이들에 대한 그들의 섬세한 묘사로 세계적인 갈채를 받았다. 그들의 성인-특히, 여성-에 관한 영화들은 검열 때문에 너무나 무력해져서, 영화감독들은 노골적으로 바보로 보이지 않고서는 사실상 성인을 주제로 탐구할 길이 없었다. 이란의 이슬람 규범에 따른다면, 여성은 오직 직계가족의 남자와만 친밀하게 지낼 수 있다. 따라서 엄격한 의상관례에 따라 여성이 바깥에 나갈 때는 머리를 감추어야 하며, 그들의 몸매를 가리기 위해 헐렁한 겉옷을 입어야 한다. 여성에 대한 사실적인 묘사가 어려운 것은 말할 필요도 없었다. 남편과 아내 역을 연기하는 배우들도 그들이 실제로 결혼한 사이가 아니라면 어떤 신체적 접촉도 불가능하다. 심지어 그들 가정의 사생활에 있어서도 여성인물의 머리는 가려야만 한다. 왜냐하면 관객들은 그 역을 연기하는 여배우와 친숙하면 안되기 때문이다. 여성인물들이 머리에 수건을 쓴 채로 잠을 자는 씬이나 혹은 머리를 가린 여성이 등장하는 가족의 식사 씬이 혁명 이후 영화에 흔한 이유가 바로 여기에 있다. 심지어 영화 플롯이 1979년 혁명 이전을 배경으로 할 경우에도 여성인물들의 머리는 여전히 가려져 있어야 했다. 이런 제약으로 말미암아 훨씬 자유방임적인 주제와 유혹적인 경향을 지닌 오늘날의 미국이나 유럽의 영화에 대해서는 사실상 수입이 불가능했다. 영화수입은 전적으로 정부의 검열담당자가 통제하고 있기 때문이다.

2010년 파나히를 포함한 다수의 이란 영화제작자들이 영화 산업을 거의 통제하고 있는 종교 검열관들에 의해 시달리고 박해를 받았다. 파나히가 훌륭한 이란 영화에 국제적인 명성을 가져다 준 세계적인 작가감독이라는 사실에도 불구하고, 그에게 이십년 동안 영화 촬영과 각본 집필이 금지되었다. 이란의 문화부는 또한 그 나라의 유일한 독립영화 조직이었던 '시네마 하우스 The House of Cinema'을 해체시켰다. 그들의 죄목은? 영화제작자들은 엄격한 이슬람문화의 가이드라인들과 정부에 의해 인가되고 정치적으로 허용된 주제들을 따르지 않았다는 것이다. 많은 영화들이 같은 이유로 이란에서 금지되었다. 파나히는 2012년 '이것은 영화가 아니다 This is Not a Film'을 제작하는 것으로 그 권위에 저항했다. 가택 연금을 선고받은 파나히는 그의 집에서 아이폰과 밀반입한 디지털 카메라를 가지고 조국의 문화적 비밀경찰 Gestapo에 대한 교묘한 정치적 논평 영화를 만들었다. 이 영화는 케이크 안에 숨겨져서 해외로 밀반출되었다! 영화계의 많은 형제자매들이 그렇듯이 파나히는 보기 드물게 용감하고 참신한 예술가다.

(CMI/Farabi/Ferdos)

종교적 관례에 따른다면, 한 남자가 네 사람의 부인을 가질 수 있지만, 여성이 네 사람의 남편을 갖는 것은 허용되지 않는다. 사실상 법은 네 사람의 여성과 한 사람의 남성이 동등하다는 것을 천명하는 셈이다. 남성가족을 동반하지 않는다면 공개적인 장소에서 걷거나 일하거나 운전하거나 투표할 권리가 없으며, 심지어 대부분의 이슬람사회에서는 기본교육을 받을 권리도 허용되지 않거나 박탈당하고 있다. 요르단이나 이란, 모로코, 터키처럼 좀더 많은 교육이 이루어지는 곳에서는 여성에게 더 많은 권리가 주어지고 있는 편이다.

　여성억압의 가장 극단적인 형태는 악명 높은 근본주의자들인 탈레반의 통치 하에 있는 아프가니스탄이었다. 이들이 정권을 잡기 이전에는 노동력의 40%가 여성이었으며, 여성이 교사와 의사의 절반을 넘었다. 탈레반 정권은 가정 밖에서의 여성의 노동을 모두 금지했다. 여자아이들은 학교에도 다닐 수 없었다.

파키스탄에서 여성들의 상황은 야만적이기 일쑤다. 강간을 당했다고 신고하는 여성들은 그 강간을 목격한 4명의 남자 증인을 댈 수 없을 때에는 결혼 외의 성관계를 인정했기 때문에 간음 혹은 간통죄로 체포될 수 있다. 카라치의 유명한 부인과의사 셰르샤 사이드 Shershah Syed 박사는 뉴욕 타임즈에서 말하길 "저는 강간피해자들에게 경찰서를 가지 말라고 합니다. 왜냐하면 경찰서에 갔을 경우 경찰관들이 그녀를 강간할 수 있기 때문입니다." 파키스탄 인권위원회의 추정에 따르면 1억4천5백만 인구 중 70%에서 90%에 달하는 이 나라 여성들이 남편, 아버지, 그리고 남자형제들로부터 어떤 식으로든 가정폭력을 당하고 있다. 만일 이렇게 고통 받는 여성들이 위험을 무릅쓰고 당국에 고발한다면—실제로 몇몇 여성들은 그렇게 하는데—입 다물고 집에 가서 조용히 있으라는 말을 듣기 일쑤이다.

아프가니스탄의 상황은 더욱 나쁘다. 비영리 여성기구인 메디카 몬디알레 Medica Mondiale에 의하면 어림잡아 60%에서 80% 정도의 아프가니스탄인의 결혼이 강제로 이루어진다. 아프가니스탄 소녀의 절반 이상이 16세를 넘기 전에 결혼하며, 그들 중 많은 이들은 수십 세 이상 나이가 많은 남성과 결혼한다. 범죄, 빚, 가정불화를 해결하기 위해 소녀들을 교환하는 일이 공공연하게 행해지고 있다. 이러한 관행은 여성을 소유물로 여기는 곳에서는 근본적이다.

일본에는 도처에 존재하는 가족체계의 불공평에 대해 특색있게 초점을 맞춘 여성영화의 오랜 전통이 이어져 왔다. 미조구치 겐지와 나루세 미키오(10-24a)와 같은 영화감독은 둘 다 남성이면서 여성장르를 전문으로 다룬다. 여성은 소녀시절에는 아버지에게 순종하고, 성숙하면 남편에게, 늙어서는 아들에게 순종해야 한다는 오래된 공자의 금언이 있다. 이는 일본 역사를 내내 지배해 온 일본인들의 일반적인 생각이었다.

10-24a

'만국 *Late Chrysanthemums*' (일본, 1954),
출연: 스기무라 하루코 Haruko Sugimura, 우에하라 켄 Ken Uehara, 감독: 나루세 미키오 Mikio Naruse

▶ 여성장르에는 일본영화가 많다. 두 명의 위대한 영화감독들이 여성영화에 뛰어난 능력을 보였다. 미조구치 겐지와 나루세가 그들이다. 비평가 오디 벅 Audie Bock이 지적했듯이, "나루세의 여자주인공은 이상과 현실 사이에서 옴짝달싹하지 못하는 모든 사람을 상징한다고 할 수 있다." "독신여성들, 즉 과부, 기생, 술집 호스티스, 결혼할 가망이 별로 없는 가난한 집안 출신의 젊은 여성들 등 전통적인 가족제도에서 혜택을 받지 못하는 모든 이들이 나루세 영화의 핵심소재가 된다." 비교적 일본에는 페미니즘이 거의 영향을 미치지 못했고, 나루세 영화의 여자주인공들은—일반적인 일본여자들과 마찬가지로—그들의 운명에 저항하기 위해 조직적인 활동을 펼치는 경우는 거의 없다. 벅이 지적하듯이, 나루세의 여자주인공들은 "아웃사이더이고, 그들은 추방당한 것과 같은 기분을 강하게 느낀다. 그러나 그들은 일반적으로 그 박탈감 때문에 사회나 체제나 남자를 비난하지는 않는다. 나루세의 여자주인공은 남자들의 착취를 삶의 일부로 받아들인다." 이 씬을 보면, 은퇴한 기생의 오랜 연인이 그녀를 찾아온다. 그가 남부럽지 않은 삶을 위한 그녀의 마지막 기회일지도 모른다. 하지만 그녀는 침착성을 유지하려고 애를 쓴다. 그런데 그는 그녀에게 돈을 빌리러 왔다는 사실이 밝혀진다. *(Toho Co.)*

10-24b
'기품 있는 마리아 *Maria Full Of Grace*'
(콜롬비아, 2004), 출연: 나탈리나 산디노 모레노
Catalina Sandino Moreno, 각본 및 감독: 조슈아 마르
스턴 Joshua Marston

▶ 경제적인 절망감은 남미의 많은 여성들의 숙명이다.
이 영화의 주인공은 건달 같은 남자친구한테 버림받은
17세의 임산부이다. 그녀는 그녀의 가난한 가족을 돕기
에 급급하다. 결국 그녀는 62개의 라텍스에 싸여진 헤
로인 알약을 삼켜서 미국으로 밀수하는 "마약운반인
mule"이 되기로 결심한다. 만약 그 알약들 중 하나라도
그녀의 몸속에서 터진다면, 그녀는 아주 고통스러운 죽음을 맞이하게 될 것이다. 이 영화는 스릴러만큼 팽팽한 긴
장감을 주지만, 마치 다큐멘터리처럼 촬영되고 편집되었다.　*(Fine Line Features)*

　　일본소녀들은 결혼하여 어머니가 되는 것이 인생에서 가장 값진 성취라는 믿음을 갖도록 교육을
받는다. 직업과 경제적인 독립은 별로 중요한 것이 아니다. 전체 대학생 인구 가운데 여성은 겨우
20% 정도밖에 되지 않으며, 아직도 여성들은 직업시장에서 차별당하고 있다. 직업시장에서 여성들
은 심각한 고려대상이 못 된다. 여성들이 상급관리직에 오르는 경우는 거의 없다. 일본의 이혼율은
아직 미국의 1/8에 불과한데, 이는 나이든 여성이 남부럽잖은 벌이를 한다는 것이 사실상 불가능하
다는 데 일부 이유가 있다. 오늘날 일본에서는 여성의 몫이 많이 나아졌지만, 서구의 여성에 비하면
여전히 억압받는 집단이다. 미조구치와 나루세 같은 영화감독들은 이러한 여성의 현실에 공감하는
데, 그 공감은 감상적인 생각에서 나온 것이 아니라 완고한 사회적 현실에 근거를 두고 있다.

　　여성운동에 공감하지 않는 사람들은 여성운동을 브래지어를 불태우는 것과 같은 사소한 일로 격
하시키려고 하는데, 그들의 이런 시도들에도 불구하고 현대 페미니스트들은 동등한 노동에 대한 동
등한 보수, 임신한 여성들에 대한 적절한 보호, 가정폭력, 낙태의 권리, 탁아, 직장에서의 성희롱,
데이트 상대에 대한 성폭행 그리고 여성연대와 같은 기본적인 일들에 전념해 왔다(10-25a).

　　여성 영화감독이라고 해서 모두 페미니스트인 것은 아니다(그리고 페미니스트라고 해서 모두 여
성인 것도 아니다). 리나 베르트뮬러 Lina Wertmüller의 영화에는 보통 남성이 주연을 맡고 있다(10-
22a). 캐서린 비글로우 Kathryn Bigelow의 영화들과 '빅 *Big*', '사랑의 기적 *Awakenings*'과 같은 페니 마
샬 Penny Marshall의 많은 영화는 성에 관해 중립적이다. 그러나 대부분의 여성 감독들은 여성 주인공
을 선호하는 경향을 보인다.

　　페미니스트 영화감독들—남성과 여성 둘 다—은 그들의 영화를 통해 신선한 시각(10-26)을 제시
함으로써 편견을 극복해 보려고 시도하고 있다. 언젠가 프로이트는 "도대체 여성들은 무엇을 원하
는가?" 하고 격한 어조로 물어본 적이 있었다. 영화비평가 몰리 하스켈 Molly Haskell은 간결하게 대답
한다. "영화에서든 영화 밖에서든 우리 여성들은 남성이 지닌 그 광범위하면서도 눈부시게 다채로운
선택권 이외에는 아무것도 원하는 것이 없다."

10-25a

'**델마와 루이스 *Thelma & Louise***'
(미국, 1991), **출연: 수잔 서랜든** Susan
Sarandon, **지나 데이비스** Geena Davis,
감독: 리들리 스콧 Ridley Scott

▶ 페미니즘은 1960년대 미국과 유럽에서 일
어난 수많은 해방운동 중의 하나였다. 사실상
오늘날 할리우드 영화산업에서 영향력을 행
사하고 있는 여성들은 모두 이 운동의 영향을
받았다. 물론 수많은 남성 동조자들이 있었다.
'델마와 루이스'는 잠시 일상을 벗어나려는 주
말의 탈출여행이 어쩌다가 전미 횡단 모험여
행이 되어버린 두 명의 단짝친구(사진) 사이
의 친밀한 관계를 다루고 있다. 이 영화는 결
혼, 일, 자립, 여성의 우정, 남성우월주의 등의 주제를 종종 유머를 곁들여가며 탐구하고 있다. 흥미롭게도 이 영화
의 구조는 두 개의 전통적인 남성적 장르―버디영화 buddy film와 로드무비 road picture―에 기초하고 있다.
(MGM/Pathé)

10-25b

'**천상의 소녀 *Osama***' (아프가니스탄, 2003),
출연: 마리나 골바하리 Marina Golbahari,
각본 및 감독: 세디그 바르막 Siddiq Barmak

▶ 몇십 년에 걸친 잔인한 내전과 부족 간의 전
쟁, 수만 명의 아프간 사람들을 죽인 대규모 기
아사태, 막강했던 소련과의 끝도 없이 길고 격렬
한 유격전, 그리고 빈약한 사회 기반 시설들이
수많은 폭탄들에 의해 산산조각 난 후, 아프가니
스탄과 그 잔해마저 탈레반에게 넘어갔다. 잔인
하고, 엄격하며, 사나운 이 이슬람교 극단주의자
들은 꽉 움켜진 쇠주먹처럼 그 나라를 움켜쥐었
다. 그들은 항상 그들의 제약을 여자들을 "보호 하는" 방법이라고 정당화해왔지만, 여성들은 믿을 수 없을 정도로
잔혹한 대우를 받았다. 9만8천 명이 넘는 전쟁 과부들은 갑자기 그녀들의 가족들을 위해 집 밖에 나가서 일을 할
수 없다는 통보를 받았다. 그들이 가질 수 있는 최선의 희망은 길가에서 구걸이라도 할 수 있게 허용되는 것이었
다. '천상의 소녀'는 남편과 남동생을 전쟁으로 잃은 한 어머니에 대한 이야기이다. 직업을 가지는 것이 금지된 절
망적인 상황에서 그녀는 그녀의 12살 난 딸(골바하리)을 남자아이로 변장시켜 그 아이가 그 두 명의 가족을 부양하
도록 한다. 이 영화는 혹시라도 여자아이라는 것이 들켜서 엄한 처벌을 받을까봐 늘 두려워하는 겁먹은 소녀가 주
는 서스펜스로 가득찬 영화이다. 아름답게 촬영되고 연기되고 편집된 이 영화는 골든 글러브 시상식에서 최우수
외국어영화상을 수상했다.   *(NHK/Barmak Films. Photo: Wahid Ramaq)*

(a)

(b)

10-26a & b

'데저트 플라워 *Desert Flower*' (영국/독일/오스트리아, 2009),
감독: 셰리 호만 Sherry Hormann

▶ 이 영화는 아프리카 소말리아에서 태어나 염소 목동으로 생계를 꾸려가다가(사진a), 유럽의 최고 패션모델(사진b)이 된 와리스 디리 Waris Dirie의 사실일 것 같지 않은 실화를 바탕으로 만들어졌다. 그녀는 세 살 때 여성 할례라고 알려진 성기 절제술을 강제로 받아야만 했다. 13살 때 중매결혼 할 것을 강요받은 그녀는 걸어서 사막을 건너 도망을 쳤다. 마침내 그녀는 런던에 도착게 되었다. 식당 종업원으로 고용되어 있을 때, 그녀는 하이패션 세계에 그녀를 소개해준 사진작가의 눈에 띄었다. 그녀는 샤넬, 로레알 등의 광고 모델로 등장했다. 시간이 지난 후, 그녀는 모델을 그만 두고 UN 대사가 되어 여성 할례의 폐지를 위해 일했다. 그녀의 자서전은 국제적인 베스트셀러가 되었다. 영어, 소말리아어, 불어로 제작된 그녀의 이야기를 각색한 이 영화(놀랄 만큼 아름다운 에티오피아 출신 모델인 리야 케베데 Liya Kebede가 주연을 맡았다)는 단호한 소녀가 어떻게 희생자로 남아있기를 거부하고 그녀 스스로 강하고 똑똑하며 독립적인 여인이 되는지를 보여주는 고무적인 이야기이다.

(Desert Flower Filmproductions)

10-26c

'베니티 페어 *Vanity Fair*' (영국, 2004)에 출연한 리즈 위더스푼 Reese Witherspoon의 홍보사진,
감독: 미라 네어 Mira Nair

▶ 많은 페미니스트 영화 평론가들이 "남성의 시선 the male gaze" 또는 짧게 "시선"에 대해 글을 써왔다. 이 용어는 영화의 관음증적 측면—금지되거나 에로틱한 것을 슬며시 몰래 엿보는 행위—을 가리키는 용어이다. 하지만 대부분의 영화감독들은 남성들이기 때문에, 카메라의 관점도 남성적일 수밖에 없다. 즉, 우리 모두는 남성의 눈을 통해 그 연기를 본다. 그 시선은 여성들에게 그녀들 스스로의 욕구와 그들의 인간성의 모든 영역을 표현하도록 허용하기보다는, 그녀들을 남성의 요구와 환상에 적합한 모습으로 고정시켜 놓는다. 영화감독이 여성인 경우, 그 시선은 종종 여성의 관점에서 에로틱하게 되는데, 그것은 우리에게 남성과 여성 간의 대결에 관한 신선한 통찰을 제공해 준다. 새커리 Thackeray의 19세기 영국 소설 『허영의 시장 *Vanity Fair*』의 여주인공인 베키 샤프 Becky Sharp는 무슨 수를 써서라도 부와 권력의 세계에 들어가기로 결심한 약삭빠르고 능수능란한 출세주의자였다. 이 소설의 영화 버전은 좀 더 동정적이고, 좀 더 페미니스트적이다. 즉, 베키는 남성중심적이고 제국주의적이며 여성에게 적대적인 영국 계급 체계의 교묘한 이용자로 묘사되고 있다. 베키(위더스푼)와 같이 당차고 영리한 여성은 이런 완고하고 타락한 사회제도를 이길 만한 자격이 충분히 있다.

(Focus Features/Mirabai Films)

퀴어 영화

게이해방운동은 1960년대의 다른 혁명단체들, 특히 페미니즘과 흑인해방운동으로부터 많은 감화를 받았다. 그러나 차이가 있었다. 여성과 유색인종은 "다른 성이나 피부색"으로 가장할 수 없었지만, 동성애자들은 대개 이성애자로 통할 수 있었다. 동성애자들에 대한 사회적 편견 때문에 그들은 종종 그렇게 했으며, 지금도 여전히 그렇게 한다. 그래서 "벽장 안 in the closet(소문날까 두려워하는 비밀)"이라는 말이 나왔는데, 이는 동성애자가 바깥 세계로부터 자신의 성적 정체성을 숨기고 이성애자로 통하는 경우를 말한다.

동성애를 초래하는 원인이 무엇인지에 대해서는 성 연구자들 사이에도 의견이 분분하다. 프로이트의 뒤를 이어서, 킨제이 Kinsey와 매스터스 Masters와 존슨 Johnson 같은 연구자들은 모든 성적 행위가 선천적인 것이 아니라 습득된 것으로 간주한다. 프로이트는 리비도-성적 에너지-는 무차별적이고 도덕과 무관하며 사회적 관습으로 전승된다고 믿었다. 한마디로 우리는 무엇이 "정상적인" 성인지를 반드시 배워 익힐 수밖에 없는 것이다. 물론 다른 유전적 특성처럼 동성애도 타고난다고 믿는 연구자들도 있다. 두뇌구조에 대한 최근의 의학적 발견은 동성애에 대한 심리학적 기반을 마련해 주고 있는 편이다.

이처럼 의견이 갈리지만 사람들이 자신의 성에 대한 어떤 의식을 갖기 이전에, 다시 말해서 사춘기 이전에 성의 정체성이 형성된다는 데는 양쪽 모두 의견의 일치를 보인다. 레즈비언과 게이를 "자연스럽지 못한" 것으로 보는 철저한 이성애자들은 이 점을 간과하고 있다고 이 연구자들은 주장한다. 어떤 사람이 동성을 지향하는 성향은 그 자신의 선택이 아니다. 오히려 그런 성향이 그를 선택한 것이다. 그들의 성은 이성애자의 성 못지않게 그들에게는 자연스러운 것이다.

킨제이 성연구소는 동성애가 일반적으로 사람들이 생각하는 것보다 훨씬 더 널리 퍼져 있다는 사실을 발견했다. 과학적으로 다양한 조사통계를 통해서 연구자들은 미국 인구의 약 10%가 동성애자라는 것을 알아냈다. 최소한 한 번의 동성애 경험이 있는 사람의 비율-최고 33%-은 더 높았다. 많은 이론가는 성의 꼬리표는 편리한 허구일 뿐이며, 우리 모두는 남성적인 면과 여성적인 면을 함께 지닌다고 믿고 있다.

"레즈비언과 게이 남자들에 관한 대단한 거짓말은 그들이 존재하지 않는다는 말"이라고 영화 역사가 비토 루소 Vito Russo가 지적했다. 그들의 오랜 처벌의 역사 때문에, 1960년대까지 동성애는 저자세를 유지했다. 100년 전만 해도 영국에서는 동성애자가 사형을 당했다. 많은 사회에서 아직도 동성애는 감옥에 들어갈 만한 범죄이며, 심지어 법적으로 동성애가 허용되는 21세 이상의 성인들 사이에서도 그렇다. 나치는 유태인, 집시, 슬라브인 그리고 그 외 "바람직스럽지 못한 사람들"과 함께 수십만 명의 동성애자를 집단수용소에 감금했다.

동성애는 예술과 연예계에서는 흔해 빠진 일이며, 재능이나 소질과는 무관한 것으로 본다. 양성애는 훨씬 더 흔하다. 그러나 예술과 연예계 바깥 사회에서는 게이들에 대한 적대감이 너무 강하기 때문에 대부분의 예술가들-특히, 배우들-은 상당히 오랫동안 그들의 성 정체성을 감추어 왔

10-27a

'외교 문제 *A Foreign Affair*' (미국, 1948),
출연: 마를렌 디트리히 Marlene Dietrich,
감독: 빌리 와일더 Billy Wilder

▶ 디트리히는 1920년대 초반 당시 유럽에서 가장 섹시하고 성에 대해 관대했던 도시인 베를린에서 성년을 맞이했다. 그녀가 할리우드에 처음 왔을 때, 그녀의 공개적인 양성애는 다소 물의를 불러일으켰지만, 영화감독들은 종종 그녀의 모호한 성을 이용하여 성공을 거두었다. 그녀의 활약은 놀랍게도 60년이나 이어졌다. 그녀가 이 영화를 만들었을 때는 그녀가 48세였으며, 반박의 여지가 없는 증거라고 해야 할 이 사진에서 볼 수 있듯이, 디트리히의 소문난 날씬한 다리는 여전히 선정적으로 보인다.
(Paramount Pictures)

10-27b

'필로우 토크 *Pillow Talk*' (미국, 1959),
출연: 록 허드슨 Rock Hudson, 도리스 데이
Doris Day, 감독: 마이클 고든 Michael Gordon

▶ 오랜 연기생활 동안 대체로 록 허드슨은 액션모험극의 주인공이었고, 로맨틱한 주인공 남성이었으며, 재치 있고 경쾌한 코미디언(사진)이었다. 아주 멋진 외모와 남성적인 매너 때문에 여성과 남성 모두가 그를 좋아했다. 영화계 내부에서는 허드슨이 게이였다는 것은 다 아는 사실이었지만, 그는 할리우드에서 호감을 얻고 있었고, 일반사람들은 대부분 그가 에이즈에 걸릴 때까지는 그의 성적 정체성을 모르고 있었다. 1985년 그의 죽음이 임박해서야 결국 그의 병이 일반사람들에게 알려지게 되고, 이때 그는 미국 내에 동정적인 분위기의 여론을 이끌어냈다. 그리하여 미국인들은 마침내 에이즈를 진지하게 받아들이기 시작했다. 심지어 현재도 많은 배우들이 대중적으로 만연하는 동성애 혐오증 때문에 자신이 동성애자임을 드러내지 못하고 있다. 영국의 연극, 영화, 텔레비전·배우이며 젊었을 때부터 동성애라고 공공연히 알려진 루퍼트 에버렛 Rupert Everett은 최근 "나는 다른 게이 배우들에게 참으로 자신의 출세를 생각한다면 게이임을 공식적으로 밝히라고 충고하고 싶지 않다"라고 말했다. 에버렛은 연극에서는 차별로 인한 고통을 받지 않았지만, 영화에서는 거의 배타적으로 게이 캐릭터만을 연기해야 했다. '오즈의 마법사 *The Wizard of Oz*'부터 '브로크백 마운틴 *Brokeback Mountain*'까지 영화 안에서의 동성애를 심층적으로 들여다본 스티븐 폴 데이비 Steven Paul Davie의 "영화의 외부 *Out at the Movies*" (Harpenden, England: Kamera, 2008)를 보라.
(Universal Pictures)

▶ 퀴어 영화 queer cinema는 (대부분) 1990년대의 게이 gay 영화예술인과 평론가들에 의해 생겨난 신조어이다. 하지만 이런 영화를 감상하기 위해서 당신이 반드시 게이여야 하는 것은 아니다. 예컨대, 이 영화의 모든 주연 배우들은 이성애자들이었고, 그 점에 대해 당당했다. 이 영화가 일부 소수의 비주류 관객에게만 상영된 것도 아니었다. 이 영화는 세계적으로 1억6천5백만 달러의 수입을 올리면서 놀랍게도 주류시장에서 큰 성공을 거두었다. 또한 심야 코미디언들(그들은 이 영화를 "게이 카우보이 영화"라고 부른다)과 문화부 기자들의 수많은 칼럼에 무궁무진한 소재를 제공하는 문화적 현상이 되었다. 이 영화는 동성애를 주제로 다룬 영화 중 비평적으로 그리고 상업적으로 가장 성공한 영화였다. 뿐만 아니라 아카데미 시상식에서 12개 부문에 수상후보로 지명될 정도로 많은 명예를 얻었다. 또한 전 세계적으로 호의적인 논평을 받았으며, 오스카 시상식에서 리 안 감독은 최우수감독상을, 래리 맥머트리 Larry McMurtry와 다이애나 오사나 Diana Ossana는 최우수각본상을 받으며 많은 상을 휩쓸었다. (Focus Features)

10-27c

'브로크백 마운틴 Brokeback Mountain' (미국, 2005), 출연: 제이크 질렌홀 Jake Gyllenhaal, 히스 레저 Heath Ledger, 감독: 리 안 Ang Lee

10-28

'반지의 제왕: 반지원정대 The Lord Of The Rings: The Fellowship Of The Ring' (미국, 2002).
출연: 이안 맥켈런 Ian McKellen, 엘리야 우드 Elijah Wood, 감독: 피터 잭슨 Peter Jackson

▶ 보다 최근에는 많은 배우들이 벽장 안에서 벽장 밖으로 나와 공개적으로 자신의 성 정체성을 밝혔다. 그 중에서도 특히 주목할 만한 인물은 영국의 가장 유명한 셰익스피어 작품 연기자 중의 한 사람인 이안 맥켈런 경 Sir Ian Mckellen이다. 그는 라디오, 텔레비전, 영화, 연극 등 다방면에서 연기생활을 했다. 그는 브로드웨이의 토니상을 수상했으며, 여러 차례 오스카상과 에미상 후보에 올랐었다. 그는 보통 이성애자를 연기했으며, 대개 아주 품위가 있었다. 가장 유명한 역은 아마 '반지의 제왕'3부작에 나오는 마법사 간달프 Gandalf일 것이다. 맥켈렌은 지도적인 게이활동가였으며, 솔직하고 재치가 넘치는 사람이다. 그는 최근에 1988년 커밍아웃 사건에 관해 이렇게 말했다. "나는 게이 아이콘으로서 충분한 시간을 살아왔다. 벽장 밖으로 나온 이래 나는 이런 역할에 혼신의 힘을 다바쳤으며, 나의 일은 끝났다. 나는 조용히 살고 싶다. 나는 벽장 속으로 다시 들어가려고 한다. 하지만 벽장 속으로 다시 돌아갈 수가 없다. 왜냐하면 그 속에는 다른 배우들로 빈틈없이 꽉 들어차 있기 때문이다." (New Line/Saul Zaentz/Wing Nut. Photo: Pierre Vinet)

다. 마를렌 디트리히, 게리 그란트, 에롤 플린 Errol Flynn, 제임스 딘 James Dean 같은 양성애 배우들은 살아생전에는 정상인으로 간주되었다. 쇼 비즈니스의 밖에 있는 사람으로서 몽고메리 클리프트 Montgomery Clift와 록 허드슨(10-27b)이 게이라는 사실을 아는 사람은 거의 없었다. 그것이 일반사람들에게 알려지면 낭만적인 주연배우로서의 믿음과 진실성이 무너진다고 그들은 믿고 있었다.

물론 이처럼 은밀하게 숨기다 보면, 또한 그들은 공갈협박의 대상이 되기 십상이었다. 이것이 바로 투쟁적인 게이들이 그들의 성을 공개적으로 알릴 필요가 있다고 주장하는 중요한 이유 중 하나이다. 흥미롭게도 디트리히, 가르보, 매 웨스트 Mae West 같은 여성스타들의 양성적 용모는 그들을 인기 있게 만든 것처럼 보였지만, 그러나 스크린에서 남성스타에게 어떤 식으로든 성적으로 모호한 표현이 허용된 적은 거의 없었다.

인종주의와 성차별주의와 마찬가지로 동성애 혐오증은 최근까지 영화계에 널리 확산되어 있었다. 게이남자들은 "겁쟁이"나 "여자 같은 사내들"로 이미 그 특성이 판에 박혀 있었다. 레즈비언은 사내와도 같은 "우직한 여자"로 묘사되었다. 그러나 몇몇 예외가 있었으며, 특히 아방가르드 영화와 나치 이전 1920년대의 독일영화에서는 아주 두드러졌다. 1970년대 이후 프랑수아 트뤼포 François Truffaut의 영화에 등장하는 인물들은 우연히 게이가 되지만 그것 때문에 큰 소동을 벌이지는 않는다.

몇 편의 할리우드영화 각본을 쓴 양성애 작가 고어 비달 Gore Vidal은 이렇게 말했다. "1960년대 이전의 영화에서는 노골적인 동성애에 관하여 말할 엄두도 내지 않았고 또 가능하지도 않았지만 …… 이따금 하위 텍스트가 삽입되는 경우는 있었다." 비달이 말하고 있는 영화들은 표면상으로는 이성애적인 것처럼 보이지만 동성애적인 기조가 깔린 영화들이다. '말타의 매 *The Maltese Falcon*'에서 엘리샤 쿡 주니어 Elisha Cook Jr.와 피터 로어 Peter Lorre가 연기한 인물들을 터놓고 게이라고 말하는 사람은 아무도 없겠지만, 영화 속에 그런 인상을 풍기는 대목은 도처에 있다. 이 밖에도 '퀸 크리스티나 *Queen Christina*', '벤허 *Ben-Hur*'(두 버전 모두), '길다 *Gilda*', '무법 *The Outlaw*', '로프 *Rope*', '이유 없는 반항 *Rebel Without a Cause*', '스트레인저 *Strangers on a Train*', '스팔타커스 *Spartacus*', '비열한 거리 *Mean Streets*', '미드나잇 카우보이 *Midnight Cowboy*' 그리고 대부분의 버디영화 buddy films가 게이 하위 텍스트를 포함한 영화들이다.

1960년대 이후, 게이에 관한 주제를 노골적으로 다루는 영화는 점점 더 흔해졌으며, 특히 미국과 유럽에서 그랬다. 부분적으로 이는 할리우드 영화산업의 검열이라고 해야 할 오랜 제작관습이 오늘날의 등급제에 밀려 폐기되었기 때문이었다. 이런 영화들은 대개 게이를 매우 신경증적이고, 자기혐오적이며, 성에 사로잡혀 있는 인물로 묘사했다. 종종 이 영화들은 게이가 자살하는 것으로 끝이 난다. 그럼에도 '뜨거운 오후 *Dog Day Afternoon*', '캬바레 *Cabaret*', '어나더 컨트리 *Another Country*', '사랑의 여로 *Sunday Bloody Sunday*', '나의 아름다운 세탁소 *My Beautiful Laundrette*', '워킹 걸스 *Working Girls*', '퍼포먼스 *Performance*', '새장 속의 광대 *La Cage aux Folles*', '모나리자 *Mona Lisa*', '오랜 친구 *Longtime Companion*', '필라델피아 *Philadelphia*'와 같은 유명한 작품들, 그리고 독일 라이너 베르너 파스빈더 Rainer Werner Fassbinder와 스페인의 페드로 알모도바르 Pedro Almodóvar의 많은 영화들은 다차원적으로 게이 인물을 다루고 있다.

동성애적 감수성 camp Sensibility은 유달리 남성 동성애자의 문화와 관련되어 있지만, 그것이 그들의 독점적인 영역은 아니다. 양성애자인 조니 뎁 Johnny Depp은 특히 '캐리비안의 해적 *Pirates of the*

10-29a

'에브리바디 올라잇 *The Kids Are All Right*'
(미국, 2010), 출연: 아네트 베닝 Annette Bening,
줄리안 무어 Julianne Moore, 조쉬 허처슨 Josh
Hutcherson, 마크 러팔로 Mark Ruffalo, 미아 와시
코브스카 Mia Wasikowska, 감독: 리사 촐로덴코
Lisa Cholodenko

▶ 영화에 등장하는 가장 참신한 동성애 부부 중
하나인 닉(베닝)과 줄스(무어)는 서로에게 그리고
그들의 십대 자녀 둘에게 완전히 헌신하고 있다.
그래, 거의 완전한 헌신이다. 각 여성은 같은 무명
의 정자 제공자─후에 요리사인 폴(러팔로)로 밝혀
진다.─에게 감사하며 그들의 아이들을 한명씩 낳았다. 아이들이 그들의 생물학적 아버지에 대해 알고 싶어 했을
때 그들은 그를 찾았고, 그는 그 가족의 친구가 되었다. 곧 이 파라다이스에 문제가 생겼다. 이 영화는 재미있고,
씁쓸하며, 궁극적으로 재확인하고 있다. 그것은 인간의 성이 "동성애자"와 "이성애자"라고 이름 붙이는 것 이상의
무언가임을 드러낸다.   *(Mandalay)*

10-29b

'내 어머니의 모든 것 *All About My Mother*'
(스페인, 1999)의 페드로 알모도바르 Pedro Almodóvar
감독과 그의 전설적인 아가씨들: (가운데 줄 왼쪽에서
오른쪽으로) 마리사 파레데스 Marisa Paredes, 페넬로페
크루즈 Penélope Cruz, 세실리아 로스 Cecilia Roth, (뒷
줄) 칸델라 페냐 Candela Peña, 로자 마리아 사다 Rosa
Maria Sardá, 안토니아 산 후앙 Antonia San Juan, 각본
및 감독: 알모도바르

▶ 대다수 게이예술가들과 마찬가지로 알모도바르 감독
은 복잡한 여성 심리에 대한 깊은 통찰을 설명해 왔다.
오스카상을 수상한 이 영화에서, 그는 여성에 대해 그들
의 무한히 다양한─열정적인, 강인한, 섹시한, 성실한, 익
살맞은, 연약한, 사랑스러운, 발랄한, 그리고 대체로 신비
로운─면을 보여줄 수 있게 된다. 그는 또한 두 미국인의
예술 작품─조셉 맨케비츠 Joseph Mankiewicz의 영화 '이브의 모든 것 *All about Eve*'과 테네시 윌리엄스 Tennessee
Williams의 드라마 '욕망이라는 이름의 전차 *A Streetcar Named Desire*'─에 대해 경의를 표했다. 둘 다 게이문화에
있어서 아이러니한 작품이다.   *(El Deseo S.A./Renn Productions/France 2 Cinema. Photo: Teresa Isasi)*

▶ 가끔 겉으로는 마치 친구인 것처럼 보이는 동성애적 하위 텍스트가 영화에 나오는 경우도 있다. 초라하고 어울리지 않는 이 영화의 주인공들은 종종 그들의 증오심에 찬 동성애적 적대감을 표출하곤 한다. 하지만 그들의 관계를 진전시키는 일종의 사랑의 끈이라고 할 수 있는 이상야릇한 따뜻한 감정을 느끼고 있다. 물론 육체적 혹은 물리적 암시는 아무것도 없다. 혹시 암시가 있을지도 모른다. 그러나 그것이 전부다.   *(United Artists)*

10-30a

'미드나잇 카우보이 *Midnight Cowboy*' (미국, 1969),
출연: 존 보이트 Jon Voight, **더스틴 호프먼** Dustin Hoffman,
감독: 존 슐레진저 John Schlesinger

10-30b

'프리실라 *The Adventures Of Priscilla, Queen Of The Desert*'
(호주, 1994), **출연: 가이 피어스** Guy Pearce, **휴고 위빙** Hugo Weaving,
각본 및 감독: 스테판 엘리엇 Stephan Eiliott

▶ 세 사람의 립싱크 배우(두 사람의 여장차림의 남성동성애자와 한 사람의 성전환자)를 다루는 아주 감미롭고 멋진 코미디인 이 작품은 동성애적 해학의 전형적인 본보기이다. 다시 말해서 "좋은 맛은 시대를 초월한다."는 유구한 속담을 여실히 입증해 보이고 있는 것이다. 다음을 참조하라. Morris Meyer, *The Politics and Poetics of Camp*, London: Routledge, 1994.   *(Polygram. Photo: Elise Lockwood)*

'신데렐라 맨 *Cinderella Man*'(미국, 2000).
출연: 러셀 크로 Russell Crowe,
감독: 론 하워드 Ron Howard

▶영화에서 가족과 같은 중요한 사회적 제도의 역할을 분석하는 것은 그 영화의 이데올로기적 토대로 들어가는 유용한 통로이다. '신데렐라 맨'은 미국의 1930대 대공황 때 복싱 챔피언이었던 제임스 브래독 Jim Braddock의 실화를 바탕으로 하고 있다. 극심하게 어렵고 가난했던 그 시절, 온화하고 성실했던 그는 가족의 생계를 위해 필사적으로 링에서 싸웠다. 그 과정에서 그는 고난 속의 은총의 상징으로 수백만 명의 사람들에게 사랑받는 국가적 영웅이 되었다. 이 영화는 가족이 힘과 사랑과 평안의 대들보임을 확실히 확인시켜 주고 있다. *(Miramax/Universal Pictures. Photo: George Kraychyk)*

Caribbean' 시리즈에서 그의 연기에 동성애적인 특성을 슬쩍 끼워 넣기를 좋아했다. 매 웨스트, 캐롤 버넷 Carol Burnett 그리고 베트 미들러 Bette Midler 같은 여성 이성애자들은 그들의 작품에서는 동성애적 성격이 강하다. 모든 남성 게이들이 반드시 전형적인 것은 아니다. 가령 에이젠슈테인, 무르나우 Murnau, 장 비고 Jean Vigo 그리고 조지 쿠커 George Cukor는 모두 동성애자였지만, 그들의 영화에 동성애적인 것은 나오지 않는다.(글쎄, 혹시 쿠커의 '여인들 *The Women*'은 어떨지.) 페드로 알모도바르는 '마타도르 *Matador*', '신경쇠약 직전의 여자 *Women on the Verge of a Nervous Breakdown*' 그리고 '내 어머니의 모든 것 *All About My Mother*'(10-29b)과 같은 현대사회 코미디를 통해서 호모적 감수성을 그려내는 탁월한 전문가였다.

코믹한 조롱은 호모적 영화의 일반적인 특성이다. 컬트의 고전이라고 해야 할 '록키 호러 픽쳐 쇼'(6-25)에 나오는 인물들처럼 기이하고 엉뚱한 일에 휘말리게 될 때는 특히 그렇다. 그들은 예술을 넘어서서 가식적이고 저속하고 화려한 것을 즐긴다. '갱들이 모두 여기에 있다 *The Gang's All Here*'에서 동성애의 대표격인 버스비 버클리 Busby Berkeley가 안무를 맡은 카르멘 미란다의 야한 바나나 댄스가 바로 그런 경우이다.

동성애자들은 흔히 연극적 메타포를 사용한다. 이를테면 역할 연기, 연기 과잉, 그리고 '거미 여인의 키스 *Kiss of the Spider Woman*'에서 소냐 브라가 Sonia Braga의 "괴로워하는 여자주인공"처럼 연극과 인생을 비교하는 것 등이 그런 것이다. 아주 화려한 의상과 세트-어느 것이든 정말로 멋이 없다-역시 호모적이다(10-30b). 동성애자들은 특정 여성스타를 컬트적 우상으로 섬기고 좋아한다. 특히, 조앤 크로포드와 라나 터너 Lana Turner처럼 감수성이 예민한 배우를 좋아하는데, 그들의 번지르르한 여성사진들은 원래는 진지한 모습으로 찍히게끔 의도된 것이다. 이 순교자들은 영리하게 사랑하는 것이 아니라 너무나 쉽게 사랑한다. 그들은 괴로워한다. 그들은 살아남는다. 그러나 그들은 대부분 고통을 당한다. 그리고 그들은 화려한 옷을 입고 멋진 집에서 이 모든 것을 겪는다.

톤

영화의 톤 Tone은 그 프리젠테이션의 방식, 다시 말해서 감독이 극적 소재에 대한 그 자신의 태도를 통해서 만들어내는 일반적인 분위기를 가리킨다. 톤은 주어진 일련의 가치에 대한 우리의 반응에 강한 영향을 미친다. 톤은 또한 영화 속에서 잘 잡히지 않을 수도 있다. 그것이 씬에서 씬으로 교묘하게 변화하는 작품 속에서는 특히 그렇다.

10-32a

'오리온 *The Orion*' (이란, 2010),
감독: 자마니 에스마티 Zamani Esmati

▶ 이 영화의 톤은 긴장과 서스펜스가 풍부한데, 그것은 부분적으로는 실시간 촬영을 함으로써 극적인 갈등의 긴박함을 끌어올렸기 때문이다. 이 영화는 또한 영화로 만들어지도록 거의 확실히 허가받을 수 없는 논쟁적인 주제를 가지고 문화계 비밀경찰의 공식적인 승인없이 촬영되었다. 주인공은 그녀의 천문학교수와 관계를 가진 후 임신을 한 여대생이다. 그가 그녀와 결혼하기를 거부했을 때, 그녀는 철저하게 보수적인 무슬림 사회에서 잠재적 배우자감으로 살아남기 위해 절망적인 조치를 택해야만 했다. 그 교수는 그녀의 문제를 해결하기 위해 그녀의 성기를 "다시 꿰매서" 최소한 겉으로는 처녀로 보이게 해줄 뒷골목 의사와의 비밀회진을 잡는다. 이어지는 것은 종교 경찰이 공식적인 도덕 계율을 감히 위반하는 사람의 영혼을 어떻게 파괴하는지에 대한 소름끼치고 무서운 슬픈 예를 보여주고 있다. *(Ali Zamani Esmati Productions)*

10-32b

'어톤먼트 *Atonement*' (영국, 2007),
출연: 제임스 맥카보이 James McAvoy,
키이라 나이틀리 Keira Knightley,
감독: 조 라이트 Joe Wright

▶ 대중계층이나 엘리트 계층을 막론하고 영국 문화는 오랫동안 강한 계급의식을 가지고 있었다. 이언 매큐언 Ian McEwan의 각광받던 베스트셀러 소설을 충실하게 각색한 이 영화는 세련된 부잣집 딸(나이틀리)과 그 집의 가정부의 무일푼인 아들(맥카보이) 간의 불편한 사랑이야기를 다루고 있다. 이 이야기는 제2차 세계대전의 바로 직전에서부터 전쟁 중간 그리고 전쟁 후까지의 기간을 배경으로 하고 있다. 영국은 전쟁기간까지만 해도 세계적으로 막강한 힘을 가지고 있었지만, 전쟁 후에는 국제적인 영향력을 대부분 잃게 된다. 이 불운한 사랑이야기도 전쟁의 잿더미와 함께 사라져간 또 다른 전쟁의 희생물이다. *(Focus Features)*

가령 데이비드 린치 David Lynch의 '블루 벨벳 *Blue Velvet*'과 같은 영화를 보면, 우리는 사건의 소재가 무엇인지 정확하게 알 수가 없다. 왜냐하면 린치의 톤은 때로는 조롱하고, 때로는 기괴하고, 또 가끔은 무서움을 느끼게 하기 때문이다. 어떤 씬에서는 순수한 고등학생 소녀(로라 던 Laura Dern)가 그녀의 남자친구(카일 맥라클란 Kyle MacLachlan)에게 완벽한 세상을 꿈꾸었던 자신의 꿈에 대해 자세하게 이야기해 준다. 그녀의 금발머리가 동그랗게 빛 무리를 이루며 밝게 빛나고 있어서, 그녀는 천사처럼 보인다. 교회에서 흘러나오는 오르간 소리가 배경음악으로 들린다. 음악과 조명이 알게 모르게 그녀의 순진함을 어리석은 언동으로 우롱하고 있다.

영화의 톤은 다양한 방식으로 편성될 수 있다. 연기스타일은 주어진 씬에 대한 우리의 반응에 강한 영향을 미친다. 예를 들면, '오리온 *The Orion*'(10-32a)에서 톤은 객관적이고 사실적이다. 대부분 비직업 배우들이 펼치는 연기스타일은 정직하리만큼 사실적이다. 그들이 처한 상황이 절박하더라도, 그들은 감정적인 열정에 고무되어 그 상황을 과장하지는 않는다.

장르 또한 영화의 톤을 결정하는 데 일조한다. '수색자'(10-3a)나 '10월'(10-6)에서 볼 수 있듯이, 일반적으로 서사영화는 실제보다 훨씬 대단한 것처럼 과장되고 위엄이 있는 것으로 보인다. 최고의 스릴러는 보통 '이중배상'(1-17a)과 '그리프터스'(2-19b)처럼 거칠고, 비열하고, 비정하다. 코미디에서 톤은 일반적으로 재빠르고, 명랑하고, 심지어 천진무구하기도 하다.

보이스 오버 내레이터는 어떤 씬의 객관적인 연출과는 다른 톤을 만들어내는 데 쓸모가 있을 수 있으며, 그 사건에 대한 이중적인 시각을 창출해 낸다. 보이스 오버는 '선셋 대로'(5-30a)의 경우처럼 반어적일 수도 있고, '늑대와 춤을'(10-13b)의 경우처럼 호소적일 수도 있고, '택시 드라이버 *Taxi Driver*'(5-30a)의 경우처럼 편집증적일 수도 있으며, 또 살해범이 내레이터를 맡고 있는 '시계태엽 오렌지 *A Clockwork Orange*'(5-8a)의 경우처럼 냉소적일 수도 있다.

음악은 영화의 톤을 정하는 일반적인 방식이다. 주로 로큰롤로 구성되어 있는 음악 트랙은 모차르트 Mozart나 레이 찰스 Ray Charles의 반주가 들어 있는 영화의 톤과는 아주 차이가 날 것이다. 스파이크 리의 '정글 피버'에서, 이탈리아계 미국인 씬들에서는 프랭크 시나트라 Frank Sinatra의 발라드가 반주로 나오는데, 아프리카계 미국인 씬들에서는 가스펠과 소울음악이 배경음악으로 나온다.

영화의 톤을 고려하지 않고 그 영화의 이데올로기적 가치를 기계론적으로 분석하는 것은 오해의 여지가 있다. 예컨대, 하워드 혹스의 '베이비 길들이기 *Bringing Up Baby*'(10-33a)는 퇴폐적 사회에 대한 좌파적 비판으로 해석될지도 모른다. 대공황기의 마지막 시기를 배경으로 한 이 영화는 헌신적인 과학자(캐리 그랜트)를 유혹하려는 게으른 사교계 여성(캐서린 헵번)의 필사적인 음모와 계략을 다루고 있는데, 그 음모의 핵심은 그가 하는 일에서 손을 떼고 그녀와 사랑놀이를 즐기게 하는 것이었다. 이는 대부분의 좌파들이 박수치며 환호할 만한 목표라고 보기 힘들다. 그들은 이러한 경박한 장난을 오히려 비난하는 경향이 있다.

하지만 이 영화의 톤은 다르다. 우선 그랜트가 맡은 역의 인물은 그의 조수와 결혼하기로 약속한 사이인데, 그녀는 유머라고는 찾아볼 수 없는 새침하고 성적 매력도 없는 여성이다. 그녀는 오로지 그들의 일만 소중하게 여긴다. 심지어 허니문을 떠나는 것이나 아이를 갖는 것도 안중에 없다. 한마디로 그녀는 직업윤리의 화신이다. 헵번이 맡은 인물-변덕스럽고, 아름답고, 부유하다-을 보자. 그녀는 그랜트가 조만간 결혼할 예정이라는 것을 알아차리게 되자마자, 그를 독차지하려는 결심을 하

'베이비 길들이기 *Bringing Up Baby*' (미국, 1938), 출연: 캐리 그랜트 Cary Grant, 캐서린 헵번 Katharine Hepburn, 감독: 하워드 혹스 Howard Hawks

▶ 이 영화의 톤은—스크루볼 코미디가 대체로 그렇듯이—어릿광대 같고, 바보스럽고, 재미있다. 그랜트는 자신의 일에 대한 집착이 너무나도 강해서 인생의 다른 중요한 면—특히, 자극적인 즐거움이나 로맨스—에 대해서는 통 관심이 없는 맹한 타입의 교수 역을 맡고 있다. 이런 점들은 원기왕성하고 명랑한 여자주인공(헵번)을 통해서 부각되고 있는데, 그녀는 자신의 애인을 노예나 다름없는 존재로 깎아내린다. 이해심이 있는 것으로 보이려고 애를 쓰는 공손한 남성의 무력한 분노를 전달하는 그랜트의 모습은 우습기 그지없다. 그가 등장하는 씬들은 갖가지 남성수모의 모습들로 가득한데, 이런 장면들 속에서 그는 사실상(그리고 가끔은 말 그대로) 그의 답답한 정체성을 탈피해 간다. *(RKO)*

'10일 안에 남자 친구에게 차이는 법 *How To Lose A Guy In 10 Days*' (미국, 2003)에 출연한 케이트 허드슨 Kate Hudson과 매튜 맥커너히 Matthew McConaughey의 홍보사진. 감독: 도널드 페트리 Donald Petrie

▶ 영화가 극장에서 상영되기 전, 그 영화의 톤은 홍보의 주안점과 출연배우들과 제목에 의해 주어진다. 이 영화의 재미있고 매력적인 정서적 분위기는 이 포스터의 두 로맨틱한 주연 배우들에 의해 포착된다. 그들은 서로에게 미끈한 몸을 슬쩍 기대서는 심술궂고 미심쩍은 눈빛을 교환한다. 제목은 역설적이고, 구어체적이며, 재미있다. *(Paramount Pictures)*

10-34

'디센던트 *The Descendants*' (미국, 2011), 출연: 조지 클루니 George Clooney,
쉐일린 우들리 Shailene Woodley, 감독: 알렉산더 페인 Alexander Payne

▶ 영화의 톤을 정확하게 지적하기는 항상 쉬운 일이 아니며, 종종 한 영화 내에서도 상당히 변하기도 한다. 예를 들어, '디센던트'의 톤은 이 영화의 주제가 농담하며 웃을 일이 아닌 불륜과 부부간의 배신임에도 불구하고 끊임없이 코미디를 향해 그 방향을 튼다. 클루니는 현실에 대한 환상을 깨지 않고 파토스에서 익살로 그 톤을 바꾸는데 대가다. 극적인 연기자이자 천부적 재능을 가진 코미디언 캐리 그랜트 Cary Grant와 종종 비교되는 클루니는 그의 영화 스타로서의 멋진 외모를 망가뜨리기를 즐겨하며, 카메라 앞에서 스스로를 바보처럼 만드는 것을 더 좋아한다. 자신의 명성을 좀 더 사회적 대의를 위해 빌려주지 않는 그랜트와는 달리, 클루니는 그가 했던 인도주의적인 일들, 특별히 남수단 South Sudanese의 독립을 위해 했던 일들로 유명하다. 주로 기독교인들로 구성된 남수단이 북수단의 이슬람 군대로부터 지속적으로 공격과 약탈을 당해왔다. 클루니는 그의 스타로써의 힘을 사용하여 이 집단 학살의 잔학상을 널리 알렸다. 그는 (때로 그의 운동가 아버지이자 언론인인 닉 클루니 Nick Clooney와 함께) 언론인들을 동반하여 수단을 여행했다. 클루니는 UN 앞에서 남수단 사태의 원인에 대해 투사다운 발언을 하기도 했다. 심지어 그는 UN에 의해 중재된 평화 조약의 준수를 감시하기 위해 개인 위성을 띄우기도 했다. "우리는 대량학살을 촬영하는 놀라운 성공을 거뒀다."고 클루니는 말했다. "우리는 그들이 신속하게 숨기려고 했던 대량의 무덤들을 발견했다. 우리는 틀림없이 동족간의 전투가 있었던 것으로 추정되는 곳에 있던 탱크와 헬리콥터와 비행기들의 사진을 가지고 있다. 우리는 이것들을 UN에 제공할 수 있었다."라고 그가 말했다. 한 수단 난민은 갈라진 국가가 두 지역으로 구분되는 것을 언급하며 "그의 개입 없이는 국민 투표가 불가능했을 것이다. 그는 수백만의 생명을 살렸다"라고 말했다.   *(Ad Hominem/Fox Searchlight)*

고 그를 유혹해서 약혼녀로부터 떼어놓기 위한 일련의 계책을 세운다. 헵번이 맡은 인물은 자극적이고 분통이 터질 노릇이지만 재미는 있다. 그랜트는 다만 그녀의 필사적인 익살에 뒤지지 않기 위해서라도 답답하기 그지없는 그의 태도를 일신시켜야만 했다. 그녀가 그의 구세주임이 밝혀져, 영화의 끝부분에서 두 사람은 결합한다. 분명 그들은 천생연분이다.

간단히 말해서, 혹스의 스크루볼 코미디의 매력은 정확히 비평가 로빈 우드 Robin Wood가 말한 '무책임한 유혹 *the lure of irresponsibility*' 그 자체이다. 중산층의 노동윤리는 즐겁거나 행복하지 않다는 것이다. 다시 말해서 이러한 노동윤리에 그들의 인생을 바친 그랜트와 그의 약혼녀는 화석처럼 건조하다.

이 영화에는 이데올로기가 없는가? 분명히 아니다. 1930년대에 많은 미국영화들이 부유층의 스타일과 매력을 다루었으며, 종종 그들을 별나지만 친절하고 정이 많은 것으로 묘사했다. 혹스의 영화는 이런 전통을 많이 이어받고 있다. 공황의 고충은 이 영화에서는 전혀 내비치지지도 않았고, 영화의 세팅—비싼 나이트클럽, 멋진 아파트, 단아한 시골집—은 바로 그 시절의 관객이 공황을 잊기 위해 무척 갈망했던 것들이다.

그러나 이 영화가 정치적인 것은 결코 아니다. 주연배우들의 카리스마와 그들이 추구하는 무모한 모험을 강조하고 있을 따름이다. 여자주인공의 사치스러운 생활스타일은 그녀의 매력을 돋보이게 하고, 그녀가 직업을 갖고 있지 않다는(직업을 가지고 싶어 하지도 않는 것처럼 보인다) 사실은 전혀 상관이 없다. '베이비 길들이기'는 코미디이고 러브스토리이지, 사회비판은 아니다.

본 장에서 간단하게 살펴본 이데올로기는 주어진 영화가 가치의 관점에서(의식적이거나 무의식적으로) 무엇을 말하는 지를 이해하는 데 도움을 줄 수 있는 개념적인 모델이다. 그러나 그것이 영화에 대한 우리의 정서적인 경험에 상응하지 않는 것으로 여겨진다면, 그것은 그냥 형식이고 상투적인 문구일 따름이다.

영화의 이데올로기를 분석할 때, 우리는 그 명시성의 정도를 규정할 필요가 있다. 만일 가치가 함축적이라면 우리는 좋은 남자와 나쁜 남자를 어떻게 구별할 수 있을까? 스타들이 가치를 구체적으로 표현하고 있는가, 아니면 그들이 기용되는 주된 이유가 그들이 기존의 진부한 도덕적 전제들을 전달하지 않기 때문인가? 영화기술들—미장센, 편집, 의상, 장식, 사투리—은 이데올로기적인 면에서 비중이 있는가? 주인공은 영화감독의 대변인인가? 관객은 다음을 어떻게 알 수 있는가? 주인공은 좌파인가, 중도파인가, 우파인가? 영화에서 구현되고 있는 문화적 가치는 어떤 것인가? 만일 어떤 역할이 있다면, 종교의 역할은 무엇인가? 어떤 민족의 가치가 드러나고 있는가? 성의 정치학에 관해서는 어떤가? 여성은 어떻게 묘사되고 있는가? 어떤 게이인물은? 영화가 장르의 통상적인 관습들에 집착하는가? 아니면 그것들을 뒤집는가? 영화의 톤은 어떤가? 그 톤이 인물들의 가치를 강화하는가 아니면 조롱하는가?

‖▶ 참고문헌

Bogle, Donald, *Bright Boulevards, Bold Dreams: The Story of Black Hollywood* (New York: Ballantine, 2005). A historical study by the preeminent African American film historian.

Cineaste, edited by Gary Crowdus, is America's leading magazine on the art and politics of movies, featuring well-written articles on a wide variety of ideologies, mostly from a leftist perspective.

Dönmez-Colin, Gönül, *Women, Islam, and Cinema* (London: Reaktion Books, distributed in the United States by the University of Chicago Press, 2004). A sophisticated ideological analysis.

Downing, John D. H., ed., *Film and Politics in the Third World* (New York: Praeger, 1988). Collection of scholarly essays.

Gose, Michael D., *Getting Reel* (Youngstown, NY: Cambria Press, 2006). A social science perspective on film.

Griffiths, Robin, *New Queer Cinema*: Beyond the Celluloid Closet (New York: Columbia University Press, 2006).

Nichols, Bill, *Ideology and the Image* (Bloomington: Indiana University Press, 1981). Social representation in movies and other media. Perceptive and copiously illustrated.

Rosenbaum, Jonathan, *Movies as Politics* (Berkeley: University of California Press, 1997).

Russo, Vito, *The Celluloid Closet* (New York: Harper & Row, 1981). Homosexuality in the movies; a well-written survey.

Wheeler, Mark, *Hollywood: Politics and Society* (British Film Institute, distributed by University of California Press, 2008).

►►► 11. 비평

킹콩 King Kong (미국, 2005)

(Gravier Productions).

확실히 엄격한 규칙은 없다.
모든 것은 어떻게 처리하는가에 달려있다.

— 폴린 케일 Pauline Kael, 영화비평가

학습 목표(Learning Objectives)

- 영화를 비평하는 사람들을 세 종류로 분류하고 비평가들과 이론가들이 집중적으로 관심 갖는 세 연구분야를 나열한다.

- 네오리얼리즘 영화스타일에 있어서 다섯 가지 이데올로기적 특성과 여섯 가지 스타일적 특징을 나열한다.

- 형식주의 영화이론들이 영화의 공간, 시간, 그리고 현실에 어떻게 접근하는지 설명한다.

- 무엇이 작가감독을 만드는지, 그리고 작가주의이론이 어떻게 영화비평에 혁명을 일으켰는지 설명한다.

- 절충적 비평의 의미를 확인하고, 영화비평에 있어서 절충적 접근이 갖는 장단점을 설명한다.

- 구조주의와 기호학의 기법을 요약하고, 그들과 다양한 과학적 학문들과의 관계를 설명한다.

- 역사적 방법론을 정의하고 영화 역사의 네 가지 유형의 개요를 서술한다.

이 장에서는 영화비평가들과 이론가들이 영화에 대해 어떻게 반응하는가를 알아보고자 한다. 말하자면 그들은 어떻게 영화를 평가하고 또 광범위한 지적 맥락 속에 그것의 위치를 어떻게 규정하는가? 영화를 비평하는 사람들은 아래와 같이 세 가지로 분류될 수 있다.

1. **영화평론가들** reviewers은 대개 미학적 평가의 지엽적인 강조점만을 가지고 영화의 내용과 일반적인 톤을 기술하는 지역 저널리스트들이다. 종종 이런 필자들은 특정의 영화가 아이들에게 적합한지 아닌지를 지적하기도 한다.

2. **영화비평가들** critics도 역시 대개는 저널리스트들이지만, 이들은 단순한 내용서술보다는 평가에 더 역점을 둔다. 전국적으로 알려진 유명 비평가들은 특정 영화의 성패에 상당한 영향을 미칠 수 있다.

3. **영화이론가들** theorists은 보통 전문연구자들이며, 종종 영화가 보다 철학적인 수준에서 어떻게 연구될 수 있는가에 관한 책의 저자들이기도 하다.

영화이론가들은 대체로 영화매체의 광범위한 맥락—영화매체의 사회적·정치적·철학적 의미—에 관심을 기울인다. 이론가들은 또한 영화의 본질적인 성격—영화가 다른 예술형식과 다른 점이 무

11-1a

'**말타의 매** *The Maltese Falcon*' (미국, 1941), **출연:** 험프리 보가트 Humphrey Bogart, 피터 로어 Peter Lorre, 메리 에스터 Mary Astor, 시드니 그린스트리트 Sydney Greenstreet, **감독:** 존 휴스톤 John Huston

▶ 이론은 예술의 시녀와 같지만 그 역은 성립하지 않는다. 영화는 다양한 이론적 관점으로 탐구될 수 있으며, 그 이론들은 모두 나름대로의 가치와 연구기준을 가지고 있다. 여러분들의 이론적 방향은 대체로 그 이론으로 무엇을 찾고자 하느냐에 달려 있다. 예를 들어, '말타의 매'는 적어도 일곱 가지의 이론적 맥락에서 정리될 수 있다. (1) 작가주의 비평가는 이 영화를 전형적인 휴스톤의 작품으로 평가할 것이다. (2) 이 영화는 또한 스타의 도상 iconography을 탐색하고 확장시켜 나감으로써 보가트라는 스타의 능력이 잘 나타나도록 만들어진 영화 vehicle로 분석될 수도 있다. (3) 영화산업 역사가들은 이 영화의 위치를 상업적 맥락—이 시기의 워너브러더스사 작품의 뛰어난 예—에 둘 것이다. (4) 장르 이론가들이 이 영화에 관심을 기울이는 것은 그것이 탐정 스릴러물의 고전적인 모범이기 때문이며, 또 제2차 세계대전 중에 미국에서 인기가 있었던 이른바 팜므파탈 영화들 가운데서도 첫 번째 영화였기 때문이다. (5) 영화와 문학의 관계에 관심을 갖는 이론가는 대시엘 해미트 Dashiell Hammet의 똑같은 제목의 소설에 근거한 휴스톤의 대본에 관심을 둘 것이다. (6) 스타일의 비평가는 1940년대 미국영화의 주요 스타일이었던 "필름 누아르 film noir"의 관점에서 이 영화를 분석할 것이다. (7) 마르크스주의자는 이 영화를 탐욕에 관한 우화로, 자본주의의 악덕에 대한 비난을 함축하고 있는 것으로 해석할 것이다. 각 이론의 지도는 각기 이 영화의 다른 지형을 그리고 있다. *(Warner Bros.)*

11-1b

'워터프론트 *On The Waterfront*' (미국, 1954),
출연: 말론 브란도 Marlon Brando, 에바 마리 세인트 Eva
Marie Saint, 감독: 엘리아 카잔 Elia kazan

▶ 일부 영화비평가들이 사용하는 "걸작"이라는 개념은 너무 막연하고 느슨하지만, 최고의 가치를 지닌 예술작품을 의미하는 개념으로서는 분명히 쓸모가 있다. 책임이 있는 영화비평가들은 최근 상영된 영화를 걸작이라 칭하기를 꺼린다. 왜냐하면 대체로 어떤 영화가 걸작으로서 자격을 얻기 위해서는 세월이 좀 흘러봐야 하기 때문이다. 예를 들어, 오늘날에도 '워터프론트'는 거의 보편적으로 걸작으로 평가되고 있다. 훌륭한 영화인지 아닌지를 누가 결정하는가? 대개 영향력 있는 영화비평가, 영화제 심사위원들, 주요 영화산업

관계자들, 그 외 그들의 느낌과 판단을 널리 인정받고 있는 전문가들이다. 물론 어느 누구도 그들과 꼭 일치할 필요는 없다. 영화를 걸작으로 만드는 것은 무엇인가? 일반적으로 주제나 스타일, 혹은 그 양측면 모두에 괄목할 만한 혁신이 있는 경우이다. 또한 캐릭터와 스토리에 대한 풍부하면서도 복합적인 처리도 영향을 미친다. 종종 걸작은 우리에게 가치 있는 어떤 통찰이나 인간조건에 대한 계시를 제공하기도 한다. 하지만 결국 "걸작"이란 주관적인 개념이다. 어떤 영화가 걸작이냐 아니냐에 관하여 영화비평가나 영화학자들이 전반적으로 같은 생각을 갖는 경우는 없다. 영화를 평가하는 영화비평가나 영화학자들은 종종 "규범이나 기준"을 이야기한다. 그 기준이란 개별 작품들에 대한 느슨한 합의라고 할 수 있는데, 이를 테면 특별한 명예를 줄 만한 작품, 다른 작품들에 비해 우수하다고 널리 평가될 만한 작품이라는 것이다. 달리 말 하면 걸작이란 선택의 문제이다.   (*Columbia Pictures*)

11-1c

'파리에서의 마지막 탱고 *Last Tango In Paris*' (이탈리아/프랑스, 1972),
출연: 마리아 슈나이더 Maria Schneider, 말론 브란도 Marlon Brando,
감독: 베르나르도 베르톨루치 Bernardo Bertolucci

▶ 사실상 몇몇 영화, 심지어 '파리에서의 마지막 탱고'와 같은 독창적이고 훌륭한 영화마저도 말이 안 되는 장면이나, 양식적으로 또는 기술적으로 부끄러운 실수들이 들어간 장면들은 있기 마련이다. 이 영화에서 중심인물(슈나이더)은 한 젊은 영화감독과 약혼을 한 사이인데, 그 영화감독은 그의 약혼녀가 한 임대아파트에서 이름도 모르면서 격렬한 성관계를 가지는 그녀의 숨겨진 애인(브란도)보다 훨씬 더 보잘것없이 그려진다. 그 영화감독에 대한

부차적 줄거리는 피상적이고 형식적인 반면, 그녀의 숨겨진 애인에 관한 이야기는 흥미진진하다. 주제적으로 풍성하고 복잡한 '파리에서의 마지막 탱고'는 섹스와 사랑, 그리고 그것들 간의 차이점에 대한 영화이다. 베르톨루치는 "나는 에로영화를 만든 것이 아니다. 단지 에로티시즘에 관한 영화를 만들었을 뿐이다."라고 설명했다. 이 영화에서 그의 주된 관심사는 섹스가 어떻게 잠재의식적인 욕구들—그 욕구들은 피상적으로만 섹스와 연관되어 있다—을 만족시키는 데 사용되는가를 보여주는 데 있다. 즉, "상황은 육체관계가 진전되기 전에만 '에로틱'하다. 육체관계에 있어 가장 에로틱한 순간들은 언제나 초기인데, 그것은 육체관계가 동물적 본능에서부터 시작하기 때문이다. 그러나 모든 성적인 관계는 비난을 받는다. 그것은 순수함과 동물적 본성을 상실해서 비난을 받는다. 섹스는 다른 일들을 말하는 도구가 되었다."고 그는 지적했다. 섹스는 훨씬 더 복잡한 사랑으로 변할 수 있다.   (*PEA*)

엇인가, 영화의 근본적 특성은 무엇인가-을 탐구해 왔다. 대체로 영화이론은 유럽인들, 특히 프랑스인과 영국인들이 주도해 왔다. 미국에서 비평의 전통은 이론적이기보다는 실용적이다. 그러나 아직도 실용적 비평 쪽으로 많이 기울어져 있기는 하지만, 최근 들어 미국 영화비평가들은 영화매체의 이론적 의미에 많은 관심을 보이고 있다.

이론이란 영원한 진리라기보다는 일종의 지적 지도이며, 일련의 미적 일반화이다. 어떤 이론은 다른 이론보다 특정한 영화를 이해하는 데 더 쓸모가 있다. 단 하나의 이론이 모든 영화를 설명해 줄 수는 없다. 바로 이러한 이유 때문에, 최근 영화이론분야의 추세는 다양한 이론적 방법을 종합하는 절충적 접근을 강조하는 편이다.

전통적으로 영화비평가와 이론가들은 세 가지 연구분야에 집중적인 관심을 기울여왔다. 즉, (1) 예술작품, (2) 예술가, (3) 관객이다. 예술작품을 중시해 왔던 사람들은 영화의 내적 역학-영화의 커뮤니케이션방식, 영화에 사용되는 언어시스템-을 탐구해 왔다. 영화이론가들은 사실주의자와 형식주의자로 분류될 수 있으며, 영화감독들도 마찬가지로 그 어느 쪽을 선호하는 경향이 있다. 가장 두드러진 예술지향적 접근방식은 작가주의이론인데, 이는 영화예술의 창조자라고 할 수 있는 감독에게 초점을 맞추는 것이 영화를 이해하는 최선의 길이라는 신념을 가지고 있다. 구조주의와 기호학은 1970년대 이후 가장 영향력 있는 이론이었으며, 둘 다 장르, 작가, 스타일, 도상학 iconography, 사회적 맥락 그리고 이데올로기와 같은 관심사를 결합한 종합적 접근을 강조하는 경향이 있다. 역사적 방법론의 분야—영화사의 기초가 되는 이론적 전제들—에서도 최근에는 통합적 접근방식을 강조하는 추세이다.

사실주의이론

대부분의 사실주의이론은 영화예술의 다큐멘터리적인 측면을 강조한다. 우선은 영화가 얼마나 외부 현실의 세계를 정확히 반영했는가에 따라 평가된다. 따라서 카메라는 본질적으로 표현매체로서보다는 기록하는 메커니즘으로 간주된다. 사실주의영화에서는 주제가 최상의 위치를 차지하며, 기교나 기술은 그것을 충실히 뒷바라지하는 시녀이다. 앙드레 바쟁(4장)의 경우를 보았듯이, 사실주의이론의 대부분은 도덕적 및 윤리적 경향성을 가지고 있으며, 종종 이슬람이나 기독교의 종교적 가치나 마르크스주의적인 휴머니즘에 뿌리를 내리기도 한다.

▶ 경찰 이야기, 스릴러, 현대 도시 생활 이야기—이 장르들은 모두 스타일로써 사실주의를 선호하는 경향이 있다. 사실주의는 진실은 삶의 표면에 놓여 있으며 예술가의 역할은 거울이 되어 편견이나 왜곡 없이 이 표면을 정확하게 비춰주는 것이라고 주장한다. 사실주의는 특별히 인간 본성의 어두운 면을 폭로하는 데 효과적이다. 감상적인 것, 희망적인 생각, 그리고 옳고 그름에 대해서 갖는 말뿐인 확신들은 일종의 도덕적 순진함처럼 간주된다. '울부짖는 남자'는 정부와 저항자들의 전쟁으로 내전이 불가피해보이는, 아프리카 국가 차드의 혁명적 변화에 대한 허구적인 이야기이다. 폭력적인 사회적 격변을 엄격하게 사실적으로 그려낸 이 영화는 칸느 영화제에서 심사위원상 Jury Prize을 수상하였다. 하룬은 1980년대 내전 당시 차드를 떠나 프랑스에 자리 잡았다. 이 영화에 담긴 많은 것들은 그 폭력 시대동안 그의 조국에서 겪었던 자신의 경험을 바탕으로 만들어졌다. *(Pili Films)*

11-2a
'울부짖는 남자 *A Screaming Man*'
(프랑스/벨기에/차드, 2010).
각본 및 감독: 마하마트 살레 하룬
Mahamat-Saleh Haroun

11-2b

'무방비 도시 *Open City*' (이탈리아, 1945),
출연: 마르셀로 파글리에로 Marcello Pagliero,
감독: 로베르토 로셀리니 Roberto Rossellini

▶ 이 유명한 레지스탕스영화의 고문장면들은 편집과정에서 몇 장면이 잘려나갈 만큼 너무나 사실적이었다. 이 에피소드에서 나치 친위대 장교는 한 공산당 당원에게 지하조직 동료들의 이름을 밝히라고 강요하면서 그의 몸을 용접용 버너로 고문하고 있다. 등장인물이 신앙을 가진 사람이 아니라고 할지라도 십자가 처형의 암시는 의도적인 것이다. 이는 독일군 사격조에 의해 총살당한 가톨릭 신부인 다른 동지의 죽음과 병치된다. 프랑스비평가 앙드레 바쟁은 이탈리아 네오리얼리즘을 옹호하고 지지했는데, 그가 네오리얼리즘에 대해 박수를 보낸 것은 그 기교를 자제하는 면이라기보다는 오히려 그것이 지향하는 도덕적 열정 때문이었다. 그는 "네오리얼리즘은 일차적으로 일종의 휴머니즘이고 영화제작의 스타일은 이차적인 것 아닌가?"라고 했다. *(Excelsa Films)*

세자르 자바티니 Cesare Zavattini와 지그프리트 크라카우어 Siegfried Kracauer와 같은 사실주의 이론가들은 영화란 본질적으로 사진의 확장이며, 영화나 사진은 다같이 우리를 둘러싼 가시 세계를 기록한다는 점에서는 아주 가까운 사이라고 생각한다(11-2a). 다른 예술형식과는 달리, 사진과 영화는 정도 차이는 있으나 실재 세계의 소재들을 손상시키지 않고 본래 그대로 두는 편이다. 예술가의 역할은 간섭과 조작을 최소화하는 것이다. 왜냐하면 영화는 창조의 예술이라기보다는 오히려 "그곳에 존재하고 있는 것 being there"에 대한 예술이기 때문이다.

대표적인 사실주의영화들 가운데 하나가 바로 이탈리아 네오리얼리즘 neorealism 운동을 창시한 로베르토 로셀리니 Roberto Rossellini의 '무방비 도시 *Open City*'(11-2b)이다. 이 영화는 미군이 로마를 해방시키기 직전 가톨릭과 공산주의자들이 손을 잡고 로마의 나치 점령군과 벌인 투쟁활동을 다룬 것이었다. 기술적인 면에서 이 영화는 다소 미숙했다. 질이 좋은 필름을 구할 수가 없어서 로셀리니는 질이 떨어지는 뉴스영화용 필름을 사용해야만 했다. 그럼에도 기술적인 결함과 그 결과로 생기는 흐릿하고 거친 영상들은 오히려 언론보도의 현장성과 사실성을 전달하는 것 같았다. (많은 네오리얼리스트가 기자로 출발했으며, 로셀리니는 다큐멘터리 감독으로 시작하였다.) 사실상 이 영화는 처음부터 끝까지 실제현장에서 촬영되었다. 그리고 대다수 야외 장면들은 별다른 조명시설 없이 자연 그대로 촬영되었으며, 핵심적인 주인공을 제외한 나머지 배우들은 아마추어였다. 이 영화의 구조는 삽화적인데, 독일점령에 대한 로마시민의 반응을 일련의 삽화로 보여준다.

'무방비 도시'는 가혹할 정도로 정직한 영화이다. 이 영화가 상영된 후로 "이것이 사물이 존재하는 방식이다."라는 말이 로셀리니를 표현하는 표어처럼 되었다. 이 말은 네오리얼리즘운동의 모토 motto였다. 이 영화는 전전(戰前)시기의 강압적인 파시스트 정권에 의해 창조적 재능을 억압당했던 모든 이탈리아 영화감독들에게 활력을 되찾는 계기를 제공해 주었다. 이후 몇 년 안에, 이탈리아영화를 국제영화계의 정상의 수준으로 끌어올리는 일련의 놀라운 영화들이 잇따라 나왔다. 네오리얼리즘운동의 대표적인 영화감독들은 로셀리니, 루치노 비스콘티 Luchino Visconti, 그리고 비토리오 데 시카 Vittorio De Sica와 그의 각본을 자주 썼던 세자르 자바티니였다.

이 사람들 사이에도 상당한 차이점이 있고, 심지어 그들의 초기 작품과 후기 작품 사이에도 많은 차이가 있다. 더욱이 네오리얼리즘은 일종의 스타일을 의미하기도 하고 또 하나의 이데올로기를 의미하기도 했다. 로셀리니는 윤리적 차원을 강조했다. "나에게 네오리얼리즘은 우리가 우러러보는 이 세상의 어떤 도덕적 위치보다도 높은 곳에 있는 것이었다. 나중에 그것이 미학적인 것으로 되었지만, 그 시원은 역시 도덕적인 것이었다." 데 시카, 자바티니 그리고 비스콘티는 또한 네오리얼리즘의 기준은 도덕성임을 역설하기도 했다.

이 운동의 주요 이데올로기적 특성은 다음과 같이 요약될 수 있다. (1) 노동자, 농부, 공장 노동자 같은 보통사람들의 가치를 강조하는 새로운 민주적 정신, (2) 동정적인 관점 그리고 경솔한 도덕적 판단의 거부, (3) 이탈리아 파시스트의 과거와 전쟁참화의 여파, 가난, 실업, 매춘, 암시장에 대한 탐구, (4) 기독교적 휴머니즘과 마르크시스트적인 휴머니즘의 혼합, (5) 추상적인 생각보다 감정의 강조 등이다.

네오리얼리즘 스타일의 특징은 다음과 같다. (1) 인물들의 상황으로부터 유기적으로 전개되는 느슨하고 삽화적인 구조를 만들기 위하여 깔끔한 플롯의 스토리 회피, (2) 다큐멘터리적인 시각스타일, (3) 스튜디오 세트보다는 실제 로케이션을 선호-주로 야외촬영 씬들, (4) 중요한 배역에도 이따금 비직업적인 배우를 기용, (5) 방언을 포함한 일상언어를 강조하기 위해 문학적인 대사의 회피, (6) 소박한 "스타일 없는" 스타일을 위하여 편집, 카메라 워크, 조명 등에서 인위적 기교의 회피이다.

사실주의자들은 깔끔한 구성의 스토리와 플롯에 대해서는 끊임없이 반감을 표명해 왔다. 예를 들면, 세자르 자바티니는 영화의 주된 관심사는 평범하고 일상적인 것이라고 했다. 그는 화려하고 극적인 사건과 특이한 인물은 어떤 일이 있더라도 반드시 피해야 한다는 신념을 갖고 있었다. 그가 말하는 이상적인 영화는 어떤 한 사람의 실제 삶을 90분짜리로 구성하는 것이었다. 현실과 관객 사이에는 아무런 장벽도 없어야 하며, 있는 그대로의 인생을 "변형하기" 위해 감독의 탁월한 기량이 발휘되어서도 안 된다. 예술적 기교는 보이지 않아야 하며, 재료는 조형되고 조작되기보다는 "발견되어야" 한다.

자바티니는 관습적인 플롯구조에 대해 회의적이었고, 그것을 죽은 공식 formulas이라 하여 일축해 버렸다. 그는 평범한 사람들이 체험하는 삶이 극적인 면에서 우수하다고 주장했다. 영화감독은 현실세계의 "발굴"에 관심을 기울여야 한다. 플롯 대신에, 오히려 사실과 사실의 모든 "공명과 반향"에 역점을 두어야 한다. 자바티니에 따른다면, 영화제작이란 실제 삶의 내용에다 뭔가를 첨가하여 "우화를 고안해내고 만들어내는 것"이 아니라 실제 삶의 사실이 지닌 의미를 있는 그대로 밝히려고 탐색하는 것이다. 영화의 목적은 사건의 "일상성"을 탐구하고, 그 일상성의 특정한 디테일을 파헤치는 데 있다. 그런데 그 디테일은 언제나 거기에 있었던 것이지 결코 주목받는 특이한 것이 아니었다.

독일의 이론가 지그프리트 크라카우어도 또한 그의 저서 『영화의 이론: 물질적 리얼리티의 회복 *Theory of film: The Redemption of Physical Reality*』에서 플롯을 사실주의의 당연한 적이라고 공격한다. 크

11-3

데시카 De Sica, 르느와르 Renoir 그리고 레이 Ray는 세계적인 수준의
사실주의적 영화감독들이며, 아래의 세 영화는 그들의 가장 뛰어난 걸작들이다.

11-3a

'**움베르토 D Umberto D**' (이탈리아, 1952),
출연: 카를로 바티스티 Carlo Battisti,
감독: 비토리오 데 시카 Vitorio De Sica

▶ 이 영화의 각본은 세자르 자바티니 Cesare Zavattini가 맡았다. '움베르토 D'는 "작은 주제", 보통 사람들, 일상생활의 디테일 등에 집중적인 관심을 보인다. 이 영화의 스토리는 은퇴한 공무원의 단조로운 실존에 대한 탐구인데, 그는 오른 집세를 마련할 길이 없어 편안하게 거처하던 아파트에서 쫓겨날 판국이다. 그의 유일한 즐거움은 전혀 돈이 되지 않는데도 항상 그와 동행하는 동반자, 즉 그가 애지중지하는 애완강아지뿐이다. *(Rizzoli/De Sica/Amato)*

11-3b

'**게임의 규칙 The Rules Of The Game**' (프랑스, 1939), **감독: 장 르느와르** Jean Renoir

▶ 언젠가 장 르느와르 감독은 그의 영화에 등장하는 인물들에 대해 이렇게 말한 적이 있었다. "누구에게나 그 나름의 이유가 있다." 이와 같은 지혜롭고도 심오한 코미디 양식을 통해서 르느와르는 사람을 좋은 사람과 나쁜 사람으로 나누는 것을 거부한다. 그의 주장에 따르면 대체로 사람들은 그들이 행동하는 그 행위에 대한 논리적 이유를 가지고 있다는 것이다. 어떤 때는 좋은 사람들이 끔찍한 행동을 할 때도 있다. 마치 이 영화에 나오는 성난 노동계급의 남편처럼. 그는 어떤 사내가 자신의 아내를 유혹한다는 생각에 그를 권총으로 쏜다. 어처구니없게도 그는 순박한 구경꾼들로 가득 찬 고급살롱 한복판에서 그런 짓을 한 것이다. *(Nouvelles Éditions de Films)*

11-3c

'길의 노래 Pather Panchali(The Song Of The Road)' (인도, 1955),
출연: 카누 반네르지 Kanu Bannerjee,
감독: 사트야지트 레이 Satyajit Ray

▶그의 우상인 데 시카나 르느와르와 마찬가지로 레이도 폭넓은 정서를 탐구하는 휴머니스트였다. '길의 노래'는 인도의 한 외딴 마을의 뼈에 사무치는 가난을 탐구한 것이다. 영화에는 강력한 정서적 충격이 담겨 있다. 무서운 대참사는 난데없이 나타나고, 엄청난 희생을 초래하면서 사람들을 형언할 수 없는 슬픔에 빠지게 한다. 마치 바람 앞의 촛불처럼, 절멸되기를 거부한 채 이러한 절망으로부터 살아남는 것이 인류의 희망이다. 왜 우리는 이런 우울하고 절망적인 영화들을 보아야 하는가? 쾌락주의자들은 이런 영화들은 관객들을 의기소침하게 만들고, 보는 것이 고통스러운 일종의 마조히즘적 영화라고 불평을 늘어놓을 것이다. 그 물음에 대한 대답은 복합적이다. 이런 영화는 보기에 고통스러울 경우가 더러 있다. 그러나 이런 영화들은 또한 통찰력이 있고, 정말로 절망적인 상황에서 그 장벽을 뛰어넘는 것처럼 극적이기도 하다. 이 영화들은 우리에게 우리 형제자매들의 억센 끈기와 불굴의 힘을 보여주고 있다. 말하자면 인간정신의 숭고함을 깨달을 수 있는 특전을 우리에게 부여하고 있는 것이다.

(Government of West Bengal)

라카우어에 따르면 영화는 자연스럽게 친해지고 공감을 느끼는 것이 특징이다. 첫째로 영화는 "각색되지 않은 현실"을 선호하는 편이다. 말하자면 가장 적절한 주제는 배열이나 배치보다는 오히려 발견되어 왔다는 환상을 안겨준다는 것이다. 둘째로 영화는 무작위적이고 우연적인 것을 강조하는 편이다. 크라카우어가 좋아하는 문구 가운데 "배우의 연기 속에서 포착되는 자연"이라는 말이 있는데, 이는 영화가 삶 속에서 그냥 지나쳐버릴 수도 있는 사건이나 대상을 기록하기에 가장 적합하다는 것을 의미한다. 사실주의영화는 "발견된 순간들"을 그린 영화이고, 인간성을 있는 그대로 드러내는 것이다. 크라카우어가 강조하는 사실주의영화의 세 번째 매력은 불확정성이다. 가장 좋은 영화란 무한하게 열려 있어야 한다. 다시 말해서 영화는 인생의 한 단편, 즉 통일되고 그 자체로 완결된 하나의 전체가 아니라 보다 커다란 현실세계의 한 단면을 의미한다. 영화의 막바지에 모든 것을 느슨한 결말에 송두리째 묶어버리는 것을 거부함으로써 영화감독은 인생 그 자체와 똑같은 개방된 무한성을 제시해 줄 수 있다.

크라카우어는 "형식적인 경향"을 보여주는 영화에 대해 적대적이다. 그는 역사영화와 판타지를 영화매체의 기본 관심과는 거리가 먼 것으로 간주한다. 그는 또한 대부분의 문학 및 희곡의 각색을 배격한다. 그는 영화가 외면적인 현실을 탐구하는 반면, 문학은 궁극적으로 인간이 생각하고 느끼는 "내면적 현실"에 관심을 갖는다고 믿기 때문이다. 그는 양식화된 모든 자의식을 영화와 무관한 "비영화적인 uncinematic" 것으로 간주한다. 왜냐하면 영화감독은 주제를 강조하기보다는 그것이 어떻게 표현되는가에 주목하기 때문이다.

사실주의 영화이론은 형식주의적 영화─에이젠슈테인이나 스필버그의 작품들─의 복합성을 이해

11-4a

'나막신 _The Tree Of The Wooden Clogs_' (이탈리아, 1978),
감독: 에르마노 올미 Ermanno Olmi

▶ 하나의 운동으로서의 이탈리아 네오리얼리즘은 1950년대 중반 대단히 활발했지만, 리얼리티에 대한 하나의 태도와 스타일로서의 그 영향력은 다른 여러나라에 널리 퍼져나갔다. 오늘날 많은 이탈리아 감독들은 네오리얼리즘의 전통을 계승하고 있다. 예를 들면, 올미의 영화는 기독교적 휴머니즘의 가치에 깊이 빠져 있다. 이 영화에서 그는 1900년경의 몇몇 농부가족들의 일상적인 삶을 그렸다. 신은 살아 있는 현존-안내자, 희망, 위안의 원천-이다. 그들의 신앙은 어린아이 같았고, 신앙이 깊어, 마치 아시시의 성 프란체스코 St. Francis of Assisi의 믿음과 같았다. 일련의 다큐멘터리와도 같은 이 삽화적인 작품에서 올미는 그들의 온화한 삶, 인내, 완고한 금욕주의 그리고 품위를 잘 표현했다. 올미에게 그들은 이 세상의 소금이었다.   _(RAI)_

11-4b

'체리 향기 _Taste Of Cherry_' (이란, 1998),
출연: 호마윤 엘샤드 Homayoun Ershadi,
각본 및 감독: 압바스 키아로스타미 Abbas Kiarostami

▶ 깐느영화제 황금종려상을 수상한 '체리 향기'는 이란에 네오리얼리즘이 살아 번성하고 있다는 것을 전 세계에 보여주었다. 비전문적인 출연진으로 실제 장소에서 촬영한 이 영화는 이슬람적 휴머니즘의 관점에서 삶의 신성함을 시적으로 실증하고 있다. 플롯은 삽화적이고 느슨하게 구성되어 있어, 철학적이면서 동시에 종교적이기도 한 주제를 탐색할 수 있는 최대한의 공간을 허용하지만, 그 방식이 단순하고 겸손하다. 이 영화는 상당한 지혜를 담고 있다. 이란영화의 부흥을 다룬 좋은 논문자료집으로는 다음을 참조하라. Richard Tapper, ed., _The New Iranian Cinema: Politics, Representation and Identity_(London and New York: I. B. Tauris Publishers, 2002). _(Abbas Kiarostami Productions)_

하는 데는 별 도움이 되지 않는다. 반면에 비토리오 데 시카가 감독하고 자바티니가 각본을 쓴 '자전거 도둑 *Bicycle Thief*' 같은 뛰어난 사실주의영화의 가공되지 않은 정서의 힘을 설명하는 데는 도움이 된다(6-33a).

'자전거 도둑'은 전체 출연진이 모두 비직업적인 배우들이었으며, 한 노동자(이 역을 맡은 람베르토 마지오라니는 실제로 공장노동자였다.)의 생활주변에서 일어나는 단순한 사건들로 구성되었다. 영화가 개봉된 1948년 당시는 이탈리아 노동인구의 거의 1/4이 실업자였다. 영화의 첫 부분에서 관객에게 주인공이 소개되는데, 그는 부양해야 할 아내와 두 아이가 있는 가장이다. 그는 2년 동안 실업상태였다. 마침내 광고게시판에 구인광고가 나지만, 그 일을 하려면 반드시 자전거가 있어야 했다. 빚지지 않고 자전거를 마련하기 위해서 그와 그의 아내는 이불과 침구를 저당잡힌다. 그는 일하

11-5a

'초급 이태리어 강습 *Italian For Beginners*' (덴마크, 2002).
각본 및 감독: 론 쉐르픽 Lone Scherfig

▶ 무모한 사실주의 kamikaze realism. 유럽의 영화인들은 아주 독단적인 성명을 발표하거나 귀에 거슬리는 선언을 출간하는 오랜 전통을 가지고 있다. 예컨대, "도그마 95"같은 것이 그런 것이다. 이는 그들의 실제 이름이고, 그들이 선택한 이름이다. 1995년 덴마크 영화감독들이 집단적으로 영화제작에 관한 일련의 엄격한 규정을 공포하였다. 여기에 참여한 감독들 중 가장 유명한 인물이 라스 폰 트리에 Lars von Trier, 토마스 빈터베르그 Thomas Vinterberg 그리고 론 쉐르픽이다. 이 규정을 따른다면, 영화는 가짜로 사실적인 것이 아니라 진짜 사실적인 것일 수 있었으며, 누구나 사실적 영화라고 일컬을 것이다. 그 규정들 중 몇 가지를 말한다면 이렇다. 즉, 오로지 실제 장소만이 세트로 사용될 수 있다. 소품이나 소도구들도 또 한 그 촬영현장에 있는 것이어야만 한다. 언제나 사운드는 영상 안에 내재적 원천이 있어야 한다. 화면에 음악을 연주하는 사람들이 없다면, 음악은 없다. 카메라는 반드시 헨드헬드 hand-held이어야 한다. 필름은 반드시 컬러여야 한다. 흑백영화인 것처럼 해서는 안 된다. 유별난 조명을 설치해서는 안 된다. 있는 그대로의 조명이 최선이다. 특수효과는 사실적이지 않기 때문에 없어야 한다. 어떤 필터도 안 된다. 다시 말해서 리얼리티는 변형되거나 멋을 부려서는 안 된다. 멜로드라마적이거나 기이한 사건은 안 된다. 영화는 언제나 현재에 머물러야 한다. 플래시백은 물론이고 꿈이나 판타지 시퀀스도 안 된다. 마지막으로 감독은 반드시 인정을 받아야 한다. 말할 필요도 없이, 이 엄격한 지령을 모두 따를 수 있는 감독은 거의 없다. 이러한 감독들이 만든 작품들 중 상업적으로 성공하거나 평단에서 호평을 받는 작품들은 이상과 같은 규정을 따랐기 때문에 좋은 평가를 받는 것이 아니라 오히려 그 인물들이 정말 존경스럽기 때문이다. 이 영화에서 등장인물들은 모두 하나의 스토리를 가지고 있으며, 그들은 모두 없어서는 안 될 존재들이다. 쉐르픽의 대사는 신선하고 꾸밈이 없으며, 때로는 재미있게 꼬이기도 한다. 그리고 그녀의 캐스팅은 조화로우며 일급이다. 영화에 빠져들게 만드는 것은 그녀의 테크닉이 아니라 사람들의 상호작용이다. *(Danish Film Institute/DR/Zentropa)*

▶ 과도한 사실주의? 흔히 영화에서의 사실주의가 현실과 너무 가까울 때 문제들이 생기게 된다. '자헤드'는 군대의 전투에 관한 영화인데, 주요 등장인물들은 그들의 능력과 기술을 사용할 기회가 전혀 없었던, 잘 훈련된 해병대 저격수들이다. 심지어 그들은 전쟁이라고는 한 번도 경험해 보지 못했다. 이번 경우는 사막의 폭풍 Desert Storm이라 불리는 미국의 제1차 이라크 침략 전쟁이다. 해병대원 앤서니 스워포드 Anthony Swofford의 기억을 바탕으로 한 이 영화는 전투지역으로 들어가기 전에 대기하고 또 대기하면서 거의 모든 시간을 보내고 있다. 그동안, 그들은 훈련받고 술 마시고 담배도 피우다가, 또 다시 훈련받고 웃기는 짓들을 하다가, 그리고 좀 더 기다린다. 그들 모두는 아무데도 가지 않고 사기만 잔뜩 고취시키고 있다. 그들은 그렇게 대기만 하다가 그 전쟁이 끝난다. 결정적 클라이맥스 장면이 없다. 이 영화는 훌륭한 캐스팅에도 불구하고 흥행에 실패한다. 왜일까? 아마도 문화 비평가인 프랭크 리치 Frank Rich가 가장 잘 설명해 줄 수 있을 것이다. 즉, "긴 시간 동안 주의를 지속하는 것이 미국인들의 특성이었던 적이 없었다. 우리는 초반, 중반, 후반으로 진행되는 빠른 내러티브를 좋아한다. 또 우리는 해피엔딩의 결말을 좋아한다." 짧게 말하면, 우리는 너무 생생한 사실주의를 좋아하지 않는다.   *(Universal Pictures)*

11-5b

'자헤드 그들만의 전쟁 *Jarhead*' (미국, 2005).
출연: 제이미 폭스 Jamie Foxx, **감독: 샘 멘데스** Sam Mendes

는 첫 날 자전거를 도둑맞는다. 영화의 나머지는 자전거를 되찾으려고 애쓰는 그의 모습을 다룬다. 그의 추적은 점점 더 광적으로 변해가고, 그를 영웅으로 믿고 있는 그의 아들 브루노와 함께 도시를 종횡무진 쏘다닌다. 도둑추적에 여러 번 실패한 뒤, 마침내 둘은 도둑들 중 하나를 붙잡게 된다. 하지만 주인공은 한 수 위인 그 도둑에게 속아 넘어가는 바람에 아들 앞에서 창피를 당한다. 자전거가 없이는 생계를 유지할 수 없을 것이라는 것을 깨달은 주인공은 견디다 못해—아들을 보낸 뒤에—그 자신이 자전거를 한 대 훔치려고 잔꾀를 부린다. 그러나 아들은 조금 떨어진 곳에서, 뒤쫓는 군중을 피하기 위해 미친 듯이 도망치는 아버지를 지켜본다. 그는 붙잡혀서 군중 앞에서 다시 수모를 당한다. 그 군중 속에는 그에 대한 믿음을 버린 아들도 끼어 있다. 배반의 쓴맛을 맛본 순진한 아들은 갑자기 아버지가 그가 이전에 생각했던 영웅이 아니라 하찮은 유혹에 스스로 무너지고만 보통사람임을 깨닫는다. 대부분의 네오리얼리즘 영화가 그렇듯이, '자전거 도둑'도 깔끔한 결말을 제시하지 않는다. 끝까지 기적적인 개입도 없다. 마지막 씬은 소년이 익명의 군중 속에서 아버지를 따라 걷고 있는 모습을 보여준다. 둘 다 수치심으로 숨이 막혀 말없이 흐느끼고 있다. 거의 눈에 띄지 않을 정도로, 소년의 손이 아버지의 손을 슬며시 더듬으며 그들은 집으로 걸어간다. 서로 공감하고 있다는 것이 그들의 유일한 위안이다.

형식주의 영화이론

　형식주의 영화이론가들은 영화는 일상의 현실과 다르기 때문에 영화의 예술이 가능하다고 믿는다. 영화감독이 매체의 한계—매체의 이차원적 성격, 그것의 한정된 프레임, 그것의 파편화된 시공간적 연속체—를 이리저리 탐색하는 것은 오로지 피상적으로 현실세계와 닮은 세계를 만들어 내기 위한 것이다. 현실세계는 가공되지 않은 소재들의 저장창고와도 같으며, 그 소재들이 예술로서 효과를 지니기 위해서는 그 모양을 조형하고 과장하는 것은 불가피하다. 영화예술은 현실의 재생으로 이루어지는 것이 아니라, 관찰된 특색과 특성을 매체의 형식으로 번역하고 전환시킴으로써 가능해진다.

　게슈탈트 심리학자인 루돌프 아른하임 Rudolf Arnheim은 그의 저서 『예술로서의 영화 *Film as Art*』에서 영화의 형식주의에 관한 중요한 이론을 발표했다. 이 책은 원래 1933년 독일에서 출판되었는데, 주로 경험의 지각에 대해 관심을 기울이고 있다. 그의 이론은 한편으로는 카메라, 다른 한편으로는 인체의 눈이 갖는 지각방식의 차이에 기초하고 있다. 아른하임은 커뮤니케이션 이론의 전문가인 마

▶사실주의적인 비평가와 이론가들은 비사실적 영화에 대한 관객반응의 유연성을 과소평가하는 경향이 있다. 물론 스토리가 일상의 사건들을 다룬다면, 분명히 영화감독은 현실의 환상을 만들어내는 것이 더 쉽다. 왜냐 하면 영화의 세계와 실제의 세계는 본질적으로 똑같기 때문이다. 그 배경이 먼 과거이고 영혼과 악마들을 등장시키는 '우게츠 이야기' 같은 영화는 현실의 외부세계를 잠시 잊고 우리가 들어갈 수 있는 자기충족적인 마법의 세계를 보여준다. 한마디로 관객은 비사실주의적 영화에 반응하는 데 매우 세련되어 있다. 우리는 거의 우리들의 의구심의 전부 또는 일부분을 중지시키거나, 혹은 영화 세계의 미적 요구에 따라서 양극단을 오간다. *(Daiei Studios)*

11-6
'우게츠 이야기 *Ugetsu*' (일본, 1953), **출연:** 모리 마사유키 Masayuki Mori, 쿄오 마치코 Machiko Kyo, **감독:** 미조구치 겐지 Kenji Mizoguchi

11-7a

'오즈의 마법사 *The wizard Of Oz*' (미국, 1939),
출연: 잭 헤일리 Jack Harley, 레이 볼거 Ray Bolger,
주디 갈랜드 Judy Garland, 프랭크 모건 Frank Morgan,
버트 라 Bert Lahr, **감독:** 빅터 플레밍 Victor Fleming

▶ 형식주의는 인위적인 것에 탐닉한다. "나는 우리가 더 이상 캔자스에 있다는 생각이 들지 않아, 토토야." 현실적인 것으로 보이는 것은 하나도 없는 마법의 세계로 날려 갔을 때 도로시가 개에게 한 말이다. MGM 뮤지컬의 경이로운 세계는 기술과 기교의 승리였다. 말하는 (그리고 우는) 사자, 하늘을 날아다니는 짐승들, (아름답게) 춤추는 허수아비, 다이아몬드처럼 반짝이며 몸을 흔드는 들판, 그리고 하버그 E. Y. Harbug와 해럴드 알렌 Harold Arlen의 최고의 음악 등이 그렇다. *(MGM)*

11-7b

'반지의 제왕: 반지 원정대 *The Lord Of The Rings: The Fellowship Of The Ring*'
(미국, 2001), **감독: 피터 잭슨** Peter Jackson

▶ 재능 있는 영화감독은 판타지적 소재를 가지고도 믿을 수 있는 세계를 만들어낸다. 잭슨의 '반지의 제왕 3부작'은 그의 조국 뉴질랜드에서 촬영되었지만, 많은 세트와 야외촬영들이 3부작의 원작 소설가 톨킨 J. R. R. Tolkein의 풍부한 상상을 표현하기 위해 컴퓨터 영상 합성 기술 Computer-generated Imagery에 의해 강화되었다. 잭슨은 톨킨 3부작의 대부분의 그림을 감독한, 톨킨의 삽화가로 유명한 앨런 리 Alan Lee와 존 하우 John Howe를 고용했다. 베타 워크숍 Weta Workshop은 이 영화에서 갑옷과 투구, 무기, 보철, 분장, 상상속의 동물, 소형모형 miniatures 등을 맡았다. 이 시리즈를 위해 그랜트 메이저 Grant Major가 디자인 제작을, 돈 헤나 Don Hennah가 예술 감독을 맡았다. 이 세 편의 영화 모두 시각효과 Visual Effect로 아카데미상을 수상했다. 또한 이 3부작으로 인해 피터 잭슨은 세계적인 작가감독임을 입증했으며, 이들은 역사상 상업적으로 가장 성공한 영화 중 하나가 되었다.

(New Line/Saul Zaentz/Wing Nut. Photo: Pierre Vinet)

11-8a

'에이리언 *Alien*' (미국, 1979),
감독: 리들리 스콧 Ridley Scott

▶ 사실주의가 교훈적인 것, 즉 예술의 교육적 기능을 선호하는 편이라면, 형식주의는 쾌락의 원리를 선호하는 편이다. 형식주의라는 개념에는 삶보다는 패턴이, 말 그대로의 진실보다는 미적 풍요로움이 우위를 차지한다는 의미가 함축되어 있다. 공상과학 영화의 고전인 '에이리언'과 같이 표면상으로 사실주의를 시도한 영화들이라 할지라도, 강조점은 영상의 모양, 질감, 그리고 색깔의 매력 appeal에 있다. 이 영상은 추상화라 해도 괜찮을 것이다. 이 장면은, 불길하게 고동치는 알들의 군락으로 둘러싸인 외계인 우주선 안의 우주 비행사(존 허트 John Hurt)를 하이 앵글 롱 쇼트로 길게 찍은 것이기도 하다.   *(20th Century Fox)*

11-8b

'어댑테이션 *Adaptation*' (미국, 2002),
출연: 니콜라스 케이지 Nicholas Cage(1인 2역),
감독: 스파이크 존스 Spike Jonze

▶ 독립영화감독인 스파이크 존스는 현대영화는 지긋지긋한 현실에 대해 노예가 되어버렸다고 생각한다. 심지어 공상과학영화와 같은 환상적인 장르조차도 다른 영화에 나오는 흔한 인물유형이나 상황을 다룬다. 언제나 특이한 찰리 카우프만 Charlie Kaufman과 그의 동생 도날드 Donald에 의해 쓰여진 '어댑테이션'은 찰리 카우프만과 그의 동생 도날드라고 이름 지어진 시나리오 작가에 관한 이야기이며, 대담하게도 니콜라스 케이지가 극중에서 1인 2역을 맡아 연기했다.("진짜" 도날드 카우프만이 공동 작가로 크레딧에 올려지기는 했지만 사실 그 역시 허구적인 인물이다.) 이 영화는 창작과정에 대한 탐구이며, 그 과정에는 좌절, 탈선, 지극한 행복감이 두루 포함되어 있다. 케이지는 그의 경험에 대해 이렇게 말했다: "'어댑테이션'은 완전히 새로운 유형의 어떤 것을 시도할 수 있는 기회였고, 나 자신을 완전히 개조할 수 있는 기회이기도 했다. 나는 내가 출연하는 영화의 작가와 그의 동생역을 연기했다. 이것은 큐비스트(입체파 Cubist)적인 것으로 매우 흥미로웠다."   *(Columbia Pictures)*

11-9a

'하인 *The Servant*' (영국, 1963),
출연: 더크 보가드 Dirk Bogarde(앞),
감독: 조셉 로지 Joseph Losey

▶ 한 장면을 촬영하는 방식은 그야말로 수백 가지가 있을 수 있다. 그러나 형식주의자들은 카메라의 위치를 상징적이거나 심리적인 함축을 가장 잘 포착할 수 있는 곳으로 선택한다. 가령 이 쇼트에서, 젊은 여인(웬디 크레이그 Wendy Craig)은 문득 하인(보가드)이 그녀의 나약한 약혼자(제임스 폭스 James Fox)에게 엄청난 압력을 행사하고 있다는 것을 깨닫는다. 그녀는 왼편에 격리되어 절반이 어둠 속에 묻혀 있다. 커튼이 쳐있는 현관이 그녀와 연인을 갈라놓고 있다. 연인은 마약에 취해서 무슨 일이 있어나고 있는지는 고사하고 자신이 어디에 있는지조차 알지 못한다. 하인은 냉정하게 그들에게서 등을 돌리고, 카메라의 로우 앵글은 그가 너무나 손쉽게 "주인"을 제압하고 있다는 사실을 강조한다. *(Associated British)*

11-9b

'모나리자 *Mona Lisa*' (영국, 1986), 출연: 캐시 타이슨 Cathy Tyson,
마이클 캐인 Michael Caine, 밥 호스킨스 Bob Hoskins, 감독: 닐 조던 Neil Jordan

▶ 한 장면은 여러 가지 다른 방법의 조명이 사용될 수 있으며 키 라이팅 lighting key은 우리의 감정적 반응에 큰 영향을 줄 수 있다. '모나리자'는 영국의 유명한 촬영감독인 로저 프랫 Roger Pratt이 촬영했다. 그는 영화에 나오는 가족생활의 장면들은 밝은 하이키 조명을 썼지만, 거친 주인공(호스킨스)이 그가 푹 빠져 있는 한 매혹적인 창녀(타이슨)가 있는 지저분한 암흑가로 내려갈 때에는 조명이 양식화되고 암울하고 불길해진다. 그녀의 세상은 무시무시한 밤의 도시로, 아무것도 겉으로 보이는 것과 같지 않은, 그리고 모든 것들이 매매를 위해 존재하는 그런 곳이다.

(Handmade/Palace Production)

11-10a

'해리 포터와 죽음의 성물 2 *Harry Potter And The Deathly Hallows: Part 2*' (미국/영국, 2011),
출연: 대니얼 래드클리프 Daniel Radcliffe, 랄프 파인즈 Ralph Fiennes, 감독: 데이빗 예이츠 David Yates

▶ 형식주의 영화에 대한 일반적인 오해는 그것들이 단지 가벼운 오락물이며, 심각한 관심사들과는 동떨어져있다라고 생각하는 것이다. "비현실적"이라고 널리 생각되고, 따라서 일상생활을 이해하는 데 전혀 도움이 되지 않는다고 여겨지는 초자연적인 요소들을 담은 영화들에 대해서 이러한 믿음은 특히 널리 퍼져있다. 해리 포터 책의 저자인 조앤 롤링 J. K. Rowling은 이 시리즈의 주요 테마가 죽음과 이 죽음이라는 불변의 진리에 대한 다양한 사람들의 적응장치라고 말했다. 그녀는 또한 이 책과 이 책을 충실히 각색한 영화가 "관용에 대한 장기간의 논증이며, 편협의 종결에 대한 장기간의 항변"이라고 주장했다. 물론 이 책과 영화들은 특별히 젊은 사람들 간의 우정과 의리의 가치에 대한 것이기도 하다. 이 시리즈는 분명 권위에 대한 질문의 필요성뿐만 아니라 옳은 것과 용이한 것의 대립을 다룬다. 이런 테마는 거의 "가벼운 오락물"의 관심사라고 보기 어려우며, 특히 이 책과 영화의 주요 독자이자 관객을 구성하고 있는 주로 청소년 독자와 관객에게는 더 그렇다. 또한 밥 맥카브 Bob McCabe의 '해리 포터 – 종이에서 영화로: 완벽한 영화제작 여정 *Harry Potter-Page to Screen: The Complete Filmmaking Journey* (New York: Harper Design, 2011)을 보라. 어떻게 그 책이 영화로 바뀌었는지 기록되어 있다.   *(Warner Bros.)*

▶ 형식주의 영화의 가장 극단적인 갈래는 아방가르드이고, 데이비드 린치는 이 분야의 가장 독창성이 풍부한 예술가들 중 한 명이다. 이 영화에서 그는 기괴한 의식들 rituals과 잠재의식적인 공포, 욕망, 악몽, 그리고 성적인 환상들—인간 정신세계 내의 엄청난 갈망 전체에 대해 프로이드가 이름붙인 그 이드 Id라는 섬뜩하고 절박한 세계—을 탐구한다. 이 영화의 순진한 주인공, 제프리(맥라클란)는 일상현실의 밝고 평범함 아래에서 느껴지는 이상하고 어두운 세계에 의해 관통당하기도 하고 쫓기기도 한다. 그는 그보다 더 순진하고 무식한 그의 여자친구(로라 던 Laura Dern)에게 "나는 항상 숨겨져 있던 그 어떤 것들을 본다."라고 말한다.

(De Laurentiis Entertainment Group)

11-10b

'블루 벨벳 *Blue Velvet*' (미국, 1986),
출연: 카일 맥라클란 Kyle MacLachlan,
이사벨라 로셀리니 Isabella Rossellini,
각본 및 감독: 데이비드 린치 David Lynch

샬 맥루한 Marshall McLuhan의 이론 중 일부를 그에 앞서 예견했다. 한 예로 그는 과일접시에 대한 카메라의 영상과 실제 생활에서 우리가 느끼는 과일접시에 대한 지각은 근본적으로 다르다고 주장했다. 맥루한의 말로 표현하자면, 우리가 각각의 경우에 받아들이는 정보는 그 내용의 형식에 따라 결정된다는 것이다. 형식주의 이론가들은 이런 차이점을 주목하면서, 사진을 통해서 물리적 현실세계를 완벽하게 재생할 수 없는 그 무엇이 바로 영화를 일종의 건식 전자사진복사 xerography가 아닌 예술로 만드는 것이라고 믿게 된다.

형식주의자들은 실재에 대한 카메라의 영상과 사람 눈이 보는 것의 차이를 지적하면서 많은 예를 들고 있다. 이를테면 영화감독은 어떤 장면을 촬영하기 위해 반드시 시점을 선택해야 한다. 그들은 반드시 가장 정확한 시점을 선택하는 것은 아니다. 왜냐하면 그것이 그 장면의 주요 인물이나 그 인물을 통해 표현하고자 하는 핵심을 부각시켜 주지 못하는 경우가 허다하기 때문이다. 생활하면서 우리는 대상들을 심도 있게 지각하는가 하면, 또 대부분의 사물을 둘러싸고 있는 공간을 침투해 들어갈 수 있다. 영화에서 공간이란 일종의 환상이다. 왜냐하면 스크린은 단지 2차원 평면일 뿐이고, 따라서 감독으로 하여금 미장센을 통해 대상과 원근감을 조작할 수 있도록 해주기 때문이다. 이를테면 중요한 대상을 경우에 따라서는 가장 먼저 눈에 띌 만한 곳에 배치할 수도 있는 것이다. 중요하지 않은 대상은 한적한 가장자리나 뒤쪽에 둘 수도 있다.

현실 속에서는 시간과 공간이 연속적으로 체험된다. 영화감독은 편집을 통해 시간과 공간을 잘게 쪼개어 그것을 유의미하게 다시 배열할 수 있다. 다른 예술가들과 마찬가지로, 영화감독은 물리적 현실세계의 무질서한 풍요로부터 특정한 표현의 디테일을 선택한다. 이처럼 시간과 공간의 단편들을 병치시킴으로써 영화감독은 본래의 자연에는 존재하지 않는 연속성을 창조해 낸다. 이것은 물론 소비에트 몽타주 이론가들의 기본입장이었다(4장).

형식주의자들은 언제나 패턴 pattern에 관심을 갖는다. 패턴이란 미학적으로 매력이 있는 디자인을 통해 현실 세계를 재구성하는 방법을 가리킨다. 패턴은 사진과 미장센을 통하여 시각적으로 표현되거나 혹은 양식화된 대사, 상징적인 음향효과, 음악적인 모티프 등을 통해 청각적으로 표현될 수 있다. 카메라 움직임을 통해 종종 시각적인 재료에 동적인 패턴들이 겹쳐지는 경우가 있는데, 이는 그 시각적인 재료를 좀더 부각시키고 강조하기 위한 것이다.

대부분의 형식주의이론이 가지고 있는 문제점은 사실주의이론의 문제점과 같다. 한마디로 예외가 너무 많다는 것이다. 예를 들면, 형식주의이론은 분명히 히치콕의 영화나 팀 버튼 Tim Burton의 영화를 이해하는 데는 쓸모가 있다. 그러나 형식주의이론이 스파이크 리 Spike Lee나 데 시카 De Sica의 영화를 설명하는 데 얼마나 도움이 될까? 우리가 이들의 영화에 감응하는 것은 영화가 물질적 현실세계와 다르지 않고 오히려 유사하기 때문이다. 궁극적으로 이런 것은 당연히 강조의 문제이다. 영화는 하나의 정연한 이론으로 분류하고 정리하기에는 너무나 다원적이기 때문이다.

작가주의이론

1950년대 중반 "카이에 뒤 시네마 Cahiers du Cinéma"는 작가의 정책 la politique des auteurs이라는 개념으로 영화비평에 혁명적인 바람을 불러일으켰다. 이것은 호전적인 성격의 젊은 비평가 프랑수아 트뤼포 François Truffaut가 제창하였다. 이 작가주의이론은 비평적인 논쟁의 초점이 되어 마침내 영국과 미국에까지 건너갔다. 머지않아 이 이론은 특히 젊은 비평가들 사이에 전투적 슬로건으로 떠올랐고, 영국의 『무비 Movies』라든지 미국의 『필름 컬처 Film Culture』, 프랑스어와 영어판 『카이에 뒤 시네마』 같은 잘 나가는 잡지들을 주도했다. 이 이론을 단순하다고 거부하는 필자들도 많이 있긴 했지만, 작가주의 auteurism는 1960년대를 통하여 영화비평계를 지배하게 되었고, 지금도 여전히 비평가들 사이에 탁월한 방법론이 되고 있다.

군이 과거를 되돌아보지 않더라도, 사실상 이 이론의 주된 흐름은 그렇게 터무니없는 것은 아니다. 트뤼포, 고다르, 샤브롤 Chabrol과 그들의 비평동료들은 가장 훌륭한 영화는 감독 개인의 비전에 의해 좌우된다고 주장했다. 영화감독의 "고유한 표시나 기호 signature"는 주제와 스타일의 통일이라는 특징으로 드러나는 그 감독의 전체 작품에 대한 검토를 통해서 비로소 감지되고 인식되는 것이다. 선택된 주제는 예술적인 면에서 중립적이기 때문에 각본가는 감독에 비해 덜 중요하다. 그 주제는 재치 있게 표현되거나 혹은 무능력하게 다루어질 수 있다. 영화는 "무엇 what"이 아닌 "어떻게 how"를 바탕으로 평가되어야 한다. 다른 형식주의자들과 마찬가지로, 작가주의이론의 비평가들은 좋은 영화를 만드는 것은 주제 그 자체가 아니라 스타일 상의 표현방식에 있다고 주장했다. 만약 감독이 강력한 감독이자 작가라면 그는 그 표현방식을 주도적으로 좌우할 것이다.

카이에 Cahiers 비평가들은 또한 세련된 영화장르이론을 전개하기도 했는데, 이는 주로 미국영화의 전통에서 이끌어낸 것이었다. 『카이에 뒤 시네마』의 편집장인 바쟁은 실제로 미국영화의 진면목은 서부극, 공포영화, 뮤지컬, 액션영화, 코미디 등 아주 편리한 형식들이 많이 쌓여 있는 그 보물창고에 있다고 믿었다. 그는 "장르의 전통은 창조적인 자유를 펼치기 위한 토대"라고 말했다. 장르는 전통을 제한하고 억제하는 것이 아니라 오히려 전통을 풍요롭게 만드는 것이다. 작가주의이론가들의 주장에 따르면 가장 좋은 영화는 변증법적이며, 장르의 관습이 예술가의 개성과 더불어 미학적 긴장감 속에 유지되고 있는 영화이다.

카이에 비평가들이 칭찬하는 미국의 영화감독들은, 많은 덜 유명한 감독들의 예술적 열망을 억누르고 위축시켜 온 스튜디오 시스템 내에서 일을 해왔다. 작가주의이론가들이 특히 감탄하는 것은 재능 있는 감독들이 스튜디오의 간섭과 진부하기 짝이 없는 각본들을 어떻게 그들의 기술적 전문성으로 그토록 교묘하게 잘 처리해 나갈 수 있었는가 하는 점이다. 히치콕의 공포영화나 포드의 서부극 주제는 이들 장르의 다른 작품들에 비해 큰 차이가 없다. 그러나 두 작가는 어쨌든 훌륭한 영화를 만들어냈다. 정확히 그 이유는 실제 내용이 미장센, 편집 그리고 다른 모든 형식적 장치를 통해 감독의 재량에 따라 제대로 전달되었기 때문이다.

당시만 해도 영화의 역사에 관한 지식은 일천했다. 그래서 작가주의 비평가들로 하여금 광범위한 다양성을 지닌 감독들의 주요 작품을 재평가할 수 있게 만들었다. 그들에 의해 전시대의 비평적 판단이 완전히 뒤바뀐 경우가 부지기수였다. 머지않아 개성에 대한 숭배가 가장 대중적인 감독들을 중심으로 발전해 나갔다. 대체로 이들은 전 시대의 비평계로부터 사실상 무시당해 왔던 감독들이었다. 히치콕, 포드, 혹스 Hawks, 랑 Lang 그리고 다른 많은 영화감독들이 그들이다. 작가주의 이론가들은 그들이 좋아하는 감독 못지않게 그들이 좋아하지 않는 감독에 대해서도 독단적인 경우가 많았다. 바쟁은 그들의 "부정주의적 태도 negativism"에 우려를 표명했다. 그는 나쁜 영화를 칭찬하는 것도 불행한 일이지만, 좋은 영화를 나쁘게 평가하는 것 역시 심각한 일이라고 생각했다. 특히, 그는 피상적인 선험적 판단을 초래한 그들의 영웅숭배적 경향을 싫어했다. 숭배대상인 감독들의 영화는 마구잡이로 찬양하는 반면, 한물간 감독의 영화는 자동적으로 비난을 받았다. 작가주의이론가들은 감독들

11-11

앙트완 드와넬 Antoine Doinel 역으로 출연한 장 피에르 레오 Jean-Pierre Léaud의 포토 몽타주. (왼쪽에서 오른쪽으로) '사랑의 도피 *Love on the Run*' (1979), '훔친 키스 *Stolen Kisses*' (1968), 앤솔러지 필름 '20살의 사랑 *Love at Twenty*' (1962)에서의 단편 "앙트완과 콜레트 *Antoine et Collette*", 그리고 '400번의 구타 *The 400 blows*' (1959)에서의 드로잉. (드와넬 시리즈 Doinel series에서 빠진 것은 '부부의 거처 *Bed and Board*' (1970)이다.)

▶ 무엇보다도 작가주의자들은 예술가의 개성이 중요한 가치기준임을 강조했다. 프랑수아 트뤼포는 작가주의이론의 핵심인 작가의 정책을 처음으로 정형화한 사람이며, 뉴웨이브영화 중에서도 가장 특징이 두드러진 사적 영화를 계속해서 만들었다. 그의 드와넬 시리즈는 누벨바그의 빛나는 업적 중 하나이다. 이 반자전적인 영화는 호감이 가지만 약간 신경증적인 주인공, 앙트완 드와넬의 모험(대부분은 호색적인)을 추적한다. 트뤼포가 길러낸 레오 Jean-Pierre Léaud는 프랑스 뉴웨이브의 가장 유명한 배우였다. *(Les Films Du Carrosse)*

11-12

영화 '디파디트 *Departed*' (미국, 2006)에서
감독 마틴 스콜세지 Martin Scorsese와 배우
레오나르도 디카프리오 Leonardo DiCaprio와
맷 데이먼 Matt Damon의 홍보사진

▶ 마틴 스콜세지는 오스카 시상식에서 다섯 번이나
최우수감독상 후보로 선정된 적이 있는데, 보스턴 남
쪽의 아일랜드계 미국인 갱들에 대한 이 갱스터 영화
로 마침내 그 상을 탈 수 있게 되었다. 그는 많은 사
랑과 존경을 받는 작가감독임에도 불구하고 아카데
미상 위원들은 스콜세지 영화의 대부분에 포함되어 있는 잔인한 폭력성과 심한 욕설이 최우수작품상 트로피를 받
지 못하게 만들었다고 예전에는 믿어왔다. 아카데미상 위원들은 '디파티드'가 잔인하고 폭력적이며 욕설로 뒤덮여
있음에도 불구하고, 스콜세지가 영화산업의 가장 귀중한 상을 받는 영광을 누리는 것이 너무 지체되었다고 최종
결정을 내린 것으로 보인다. 오스카상은 때때로는 과거에 무시되었거나 낮게 평가당한 예술가들, 또는 세계 일류
적 수준에 미치지 못하는 작품을 만들었더라도 영화산업 내에서 대중적으로 인기가 있는 사람들에게 주어진다. 마
틴 스콜세지가 이 상을 탄 것은 어쩌면 그가 현존하는 최고의 미국 영화 감독이기 때문일 것이다. (이와 비슷한 설
득력 있는 경우로는 스필버그 Spielberg, 우디 앨런 Woody Allen, 프랜시스 코폴라 Francis Copola와 클린트 이스트우
드 Clint Eastwood가 상을 받은 것이다.) 스콜세지의 이름이 호명되던 그 승리의 날 밤, 그는 관중들로부터 큰 환호
소리와 함께 기립박수를 받았다. 그는 '택시 드라이버 *Taxi Driver*', '뉴욕, 뉴욕 *New York, New York*', '분노의 주먹
Raging Bull', '코미디의 왕 *The King of Comedy*', '좋은 친구들 *GoodFellas*', '순수의 시대 *The Age of Innocence*', '카지노
Casino'와 같은 그의 수많은 걸작들로도 이 상을 쉽게 받을 수 있었다. 하지만 평생 못 받는 것보다는 늦게라도 받
는 것이 낫다. 다음의 책을 참고하라. Roger Ebert, *Scorsese*(Chicago: University of Chicago Press, 2008).   *(Warner Bros.)*

을 서열화하기를 좋아했는데, 이 감독들의 서열은 이상했다. 니콜라스 레이 Nicholas Ray처럼 전형적
인 상업주의 감독들이 존 휴스톤 John Huston과 빌리 와일더 Billy Wilder 같은 뛰어난 거장들보다 상위
에 있었다.

미국에서 작가주의이론의 주요 대변인은 『빌리지 보이스 *Village Voice*』의 영향력 있는 평론가인 앤
드류 사리스 Andrew Sarris였다. 그는 스타시스템과 스튜디오시스템의 복잡성에 관해서는 그의 프랑
스 동료들보다 더 많은 지식이 있었지만, 그럼에도 그는 프랑스 동료들의 기본적 주장, 특히 감독의
개인적 상상력과 할리우드 제작자들이 감독들에게 제시한 장르 사이의 긴장이란 원리를 지지하고
변호했다.

정확히 말하면, 이들 비평가들이 주장했던 것은 완전한 예술적 자유가 언제나 미덕인 것은 아니
라는 것이었다. 즉, 많은 예술가들 중에서도 특히 미켈란젤로, 디킨스, 셰익스피어는 의뢰된 테마를
받아들였다. 비록 영화뿐 아니라 다른 예술에서도 이러한 변증법적 긴장의 원리 principle of dialectical
tension가 타당하고 건전한 원리라고 할지라도, 일부 이론가들은 그것을 터무니없이 극단으로 밀고
나갔다. 우선은 그 정도가 문제이다. 베리만과 큐브릭 같은 천재조차도 '애버트와 코스텔로 미이라
를 만나다 *Abbott and Costello Meet the Mummy*'의 촬영대본과 스타만을 가지고 잘 해낼 수 있을지는 의
문이다. 다시 말해서, 감독은 소재를 가지고 싸워볼 기회를 가져야 한다. 주제가 어느 정도의 잠재적
수준 이하로 떨어져 버리면, 그 결과는 긴장이 아니라 오히려 예술적 파멸이다.

▶ 빅 스튜디오 시절의 황금기(대략 1925년에서 1955년)에는 미국의 주류영화들이 대부분 감독보다는 스튜디오에 의해 좌우되었다. 감독은 그 나름의 독자적인 권한을 가진 창조적 예술가라기보다는 사업을 같이 하는 관리자 내지는 동업자로 간주되었던 것이다. '밀 드레드 피어스'는 "워너브러더즈"가 전적으로 각본을 쓴 영화였다. 전형적으로 터프하고 프롤레타리아적인 삶을 강조한 이 영화에서 조앤 크로포드는 한 남자를 살해 한 자수성가한 여자로 나온다. 흔히 이 영화는 MGM 소속 글래머스타로서 다년간 그녀가 다시 복귀할 수 있도록 해준 재기의 작품으로 간주되었다. 이 영화는 제임스 케인 James M. Cain의 하드보일드 소설에 기초하여, 스튜디오 소속 집필가인 라날드 맥도우걸 Ranald MacDougall이 각색했다. 감독은 다재다능하고 속도와 효율성으로 이름난 워너의 에이스 감독, 마이클 커티즈였다. 그는 또한 까다롭고 반항적인 것으로 유명한, 워너의 교만한 스타들을 잘 다스려나가는 능력까지도 갖고 있었다. 심지어 모든 배우들 가운데서도 가장 기세등등한 베티 데이비스 Bette Davis조차도 커티즈한테는 겁을 집어먹었다. 그녀가 점심 먹을 시간도 주지 않는다고 불평하자, 그는 당당하고 위엄 있게 대답했다. "당신이 나를 위해서 일을 할 때는, 점심을 꼭 챙길 필요가 없소. 아스피린이나 한 알 드시지요." *(Warner Bros.)*

▶ 현대 미국영화에 있어서 대부분의 주류영화들은 여전히 감독-심지어 마이크 니콜스 같은 뛰어난 감독조차도-과 함께 하는 일종의 사업이다. 말하자면 감독은 탤런트의 코디네이터로서 역할을 하면서 사업에 참여하고 있다는 것이다. 이 영화는 "익명 *Anonymous*"의 정치소설-실제로는 저널리스트 조우 클라인 Joe Klein에 기초하고 있다. 이 소설은 첫 대통령 예비선거 때 있었던 빌 클린턴 Bill Clinton과 그의 아내 힐러리 Hillary 그리고 그의 정치조직에 관한 이야기를 약간 위장한 것이다. 재치 있고 또 짓궂을 정도로 재미있는 시나리오는 엘렌느 메이 Elaine May가 썼다. 일급 캐스팅의 첫 번째 자리는 존 트라볼타가 차지하는데, 그는 사교적이면서도 카리스마가 있는 클린턴의 인간적인 모습을 거의 그대로 따라한다. 클린턴은 진정한 민주주의자이고 헌신적인 공복이며 동시에 연약한 기회주의자이다. 이 영화의 경이로움은 여러 사람들의 개별적인 기여가 혼연일체가 되어 통일된 예술적 전체를 이루고 있는 짜임새가 아주 멋진 영화라는 점에 있다. 이것은 다름 아닌 마이크 니콜스의 공헌이다.

(Universal Pictures. Photo: Francois Duhamel)

스튜디오 시대의 가장 재능 있는 미국감독은 메이저영화사 스튜디오 안에서 독립적으로 일한 제작자 겸 감독들 producer-directors이었다. 이들이 작가주의이론가들이 감탄을 아끼지 않았던 바로 그 예술가들이었다. 하지만 이 시기에 만들어진 미국 극영화의 가장 큰 몫은 스튜디오영화들이었다. 다시 말해서 감독의 기능은 팀의 한 멤버였고 각본, 배역 또는 편집에 관해서는 언급하지 않는 것이 관례였다. 이런 감독 중 대다수가 유능한 기술자였지만, 본질적으로 그들은 예술가라기보다는 장인이었다.

마이클 커티즈 Michael Curtiz가 대표적인 본보기이다. 그의 감독경력 가운데 대부분은 워너브러더즈사와의 계약감독이었다. 신속성과 능률로 이름난 그는 각양각색의 스타일과 장르에 걸쳐 수십 편의 영화를 만들었다. 그는 종종 한꺼번에 몇 가지 프로젝트를 떠안기도 하였다. 커티즈는 작가주의이론가들이 정의한, 그런 의미의 "개인적인 상상력"을 가지고 있는 것은 아니었다.

그에게는 그냥 해야 할 일이 있었을 따름이다. 그는 종종 그 일을 아주 잘 해냈다. 그러나 '양키두들댄디 *Yankee Doodle Dandy*'와 '카사블랑카 *Casablanca*', 그리고 '밀드레드 피어스 *Mildred Pierce*'(11-13a)는 마이클 커티즈의 작품이라기보다는 워너브러더즈사의 영화라고 이야기하는 편이 낫다. 동일한 원리가 대부분의 다른 할리우드 스튜디오에도 적용된다. 우리 시대에는 그 원리가 감독보다는 프로듀서와 자본가에 의해 좌우되는 영화에 적용된다.

한편, 스타들이 주도한 영화들도 있었다. 매 웨스트 Mae West의 영화를 다른 방면에서 이야기하려고 하는 사람은 아무도 없을 것이다. 그리고 이 말은 필드 W. C. Field의 코미디영화나 로렐과 하디 Laurel & Hardy의 작품에도 그대로 적용된다. 작가로서의 스타에게 있어서 궁극적이고 결정적인 것은 스타의 능력이 잘 나타나도록 만들어진 영화 star vehicle, 특히 스타의 재능을 짜임새 있게 진열해 놓은 영화이다(11-15).

작가주의이론이 어려움을 겪는 것은 이외에도 여러 가지 결점을 지니고 있기 때문이다. 평범한 감독들이 만든 영화 가운데서도 뛰어난 작품들이 더러 있다. 이를테면 조셉 루이스 Joseph H. Lewis의 '건 크레이지 *Gun Crazy*'는 아주 훌륭한 영화였지만 오히려 그의 작품 가운데서는 예외적인 것이다. 거꾸로 말하자면, 거물급 감독들이라고 해서 늘 명작을 만들어내는 것은 아니다. 포드, 고다르, 르누아르 그리고 브뉘엘 같은 일류감독들은 질적인 면에서 전혀 일관성이 없으며, 어떤 경우에는 그 기복이 너무 심하다. 작가주의이론은 역사와 감독의 전체 작품을 강조하는데, 신인감독보다 연륜이 많은 감독을 선호하는 경향을 띠는 이유가 여기에 있다. 일부 예술가는 서로 다른 스타일과 장르를 통해 다양한 주제를 탐구해 왔다. 데이비드 린 David Lean, 시드니 루멧 Sidney Lumet, 리 안 Ang Lee 등이 대표적인 인물들이었다. 또한 감독으로서 기술력이 떨어진 감독 중에도 위대한 감독들이 더러 있다. 예를 들면, 채플린과 헤어조크는 마이클 커티즈 Michael Curtiz나 동시대의 다른 많은 계약직 감독이 발휘한 스타일 상의 유려함에 결코 다가갈 수 없었다. 그러나 채플린이나 헤어조크처럼 독특한 개성의 영화를 만들어낸 예술가는 거의 없다.

이처럼 여러 가지 결점과 지나친 점이 있음에도 불구하고, 작가주의이론은 영화비평에 자유와 해방을 안겨주었으며, 영화산업이 언제나 그런 것은 아닐지라도 최소한 영화예술의 영역에서나마 감독의 위상을 그 중심에 두게 만들었다. 오늘날에는 감독의 지배라는 개념이 최소한 영화가 지닌 고도의 예술적 장점으로 확고하게 자리를 잡았다(11-14).

11-14

▶ 오늘날 "작가"라는 개념은 영화예술가, 즉 그의 개성이 그 자신의 작품에 지울 수 없는 흔적으로 각인되어 있는 한 개인을 가리킨다. 작가는 표현의 주요 양식들—촬영대본, 연기, 제작기법—을 통제한다. 이는 스필버그, 스콜세지, 스파이크 리처럼 상업적인 영화사에서 일하든 아니면 스튜디오시스템 바깥에서 일하든 마찬가지이다. 흔히 스튜디오시스템 밖에서 제작되는 영화를 독립영화라 불러왔다. 미국의 독립영화운동의 연구에 관해서는 다음을 참조하라. Emanuel Levy, *Cinema of Outsiders* (New York University Press, 1999). 인디와이어 닷컴 Indiewire.com은 독립 영화를 위한 웹사이트다. 또한 제프 킹 Geoff King의 '미국 독립 영화: 개론 *American Independent Cinema: An Introduction* (Bloomington: Indiana University Press, 2005)을 보라

11-14a

'하이어 그라운드 *Higher Ground*' (미국, 2001),
출연: 베라 파미가 Vera Farmiga, 감독: 파미가 Farmiga

▶ 독립영화감독들은 대부분의 주류영화감독들에 비해 자신의 영화제작에 보다 많은 감독권을 행사한다. 부분적으로 그 이유는 대체로 독립영화는 적은 예산으로 만들어지기 때문이다. 영화제작에 관여하는 사람들은 대부분 돈을 받지 않고 일하거나, 할리우드 스튜디오에서 일하는 사람들에 비하면 엄청나게 적은 돈을 받고 일을 한다. 이 대안감독들은 또한 유별나거나 유행에 뒤진 주제를 다룬다. 예를 들면, 미국사람들 가운데 40% 이상이 매주 종교행사에 참여한다고 할지라도, 주류영화에서는 이런 사실을 거의 인정하지 않는다. '저 높은 곳을 향하여'는 겸손을 떨지 않고 전형적인 우파 백인들의 모습을 축소시키지도 않으면서, 이 복음주의 기독교인의 믿음과 불신을 심리적으로 복잡한 방식으로 탐구한다는 점에서 희귀하다.
(BCDF Pictures/Sony Pictures Classics)

11-14b

'섹스의 반대말 *The Opposite Of Sex*'
(미국, 1997), 출연: 마틴 도노반 Martin Donovan, 리사 쿠드로 Lisa Kudrow,
각본 및 감독: 돈 루스 Don Roos

▶ 주류영화의 주인공들은 배타적으로 이성애자이고 어떤 성의 문제로 고통을 겪는 경우는 드물다. 독립영화는 한층 더 리얼할 수 있다. 이 영화의 게이 주인공(도노반)은 영악한 16세의 배다른 여동생에게 사랑하는 애인을 빼앗긴다. 그의 가장 절친한 친구(쿠드로)는 성적으로 억압되어 있어 그와 사랑할 수 있는 가망이 없다. 그것이 바로 그들이 안고 있는 문제의 한 측면이다. 주류영화는 섹스라는 주제에 관하여 위트 있고 선정적이고 예리한 경우가 드물다. 주류영화들은 어느모로 보나 남자 못지않게 신경이 과민한 여성에게 결코 이처럼 매력적인 역할을 맡기지는 않는다.   *(Rysher Entertainment. Photo: Meila Penn)*

11-14c

'나폴레옹 다이너마이트 *Napoleon Dynamite*' (미국, 2004), 출연: 존 그리즈 John Gries, 존 헤더 Jon Heder, 아론 러엘 Aaron Ruell, 각본 및 감독: 쟈레드 헤스 Jared Hess

▶ 주류영화들은 전통적인 도덕성을 재확인하는 경향이 있다. 그것들은 또한 예측가능성이 아주 높은 편이다. 전형적인 장르 영화를 첫 10분만 봐도 관객은 그 영화가 어떻게 결말이 날지 예측할 수 있다. 선한 자가 승리할 것이고 품행이 올바른 자는 부흥할 것이다. 시시하기 짝이 없다. 독립영화는 이런 통상적인 틀을 벗어난다. 이 영화의 십대 얼간이들에 대한 무덤덤한 탐구는 큰 흥행을 거두었다. 이 영화는 귀엽고 어리숙한 곱슬머리의 괴짜 고등학생(헤더)과 그와 맞먹을 정도로 얼띤 그의 가족과 친구들을 중심으로 하고 있다. 이 영화는 독립영화를 개봉할 때에 선호되는 곳인 선댄스 영화제 Sundance Film Festival에서 열광적인 환영을 받았다. 이 영화는 컬트영화로 인기를 얻었고 4천4백만 달러의 수입을 올렸다. 이 영화는 짓궂게 웃긴다.

(Access Films/MTV Films. Photo: Aaron Ruell)

11-15

'금발이 너무해 2 *Legally Blonde 2: Red, White & Blonde*' (미국, 2003), 출연: 밥 뉴하트 Bob Newhart, 리즈 위더스푼 Reese Witherspoon, 감독: 찰스 허먼 움펠드 Charles Herman-Wurmfeld

▶ 많은 영화들이 감독이나 스튜디오 혹은 장르에 의해 좌우되기보다는 오히려 스타에 의해 좌우된다. 이 영화는 리즈 위더스푼을 스타덤에 오르게 한 인기코미디 '금발이 너무해 *Legally Blonde*'의 속편이다. 속편인 이 영화에서 그녀는 영화제작 방향에 대한 사실상의 통제권을 확약받고 총괄프로듀서를 맡았다. 그 스토리는 그녀의 탁월한 안목이나 그녀의 희극적 소질과 능력을 펼치기에 안성맞춤이었다. 그녀가 카메라에 잡히지 않는 곳에 있는 경우는 드물며, 그 플롯은 상업적으로 성공한 첫 번째 영화와 별다른 차이가 없다. 이 영화의 감독은 기량면에서 우수하지만, 그 지배적인 개성은 카메라 배후에 은폐되어 있는 것이 아니라 전면에 선명하게 드러나 있다.

(MGM/Type A Films)

절충이론과 종합이론

절충주의 eclecticism는 미국의 많은 영화비평가들이 선호하는 접근방법인데, 그들 중 한 사람인 『뉴요커 *The New Yorker*』지의 선임비평가 폴린 케일 Pauline kael은 이렇게 말했다. "우리의 판단이 다원론적이고 융통성 있고 상대적이라면, 다시 말해서 우리가 절충적이라면, 우리는 (다른 경험에 대해서도 마찬가지지만) 어떤 형식의 예술작업에 대해서도 최대로 또 가장 훌륭하게 대응할 수 있다고 나는 생각한다." 이러한 비평가들은 영화의 위치를 그 문맥 속에 두는데, 다양한 소재나 시스템, 스타일로부터 이끌어내어 가장 적절한 것으로 판단되면 어떤 문맥이든 상관이 없다. 사실 따지고 보면 거의 모든 비평이 어느 정도는 절충적이다. 예를 들어, 앤드류 사리스는 작가주의이론을 표방해왔지만, 그에 못지않게 그 영화의 스타, 시대, 국적 혹은 이데올리기적 맥락의 관점에서도 자연스럽게 접근한다.

11-16a

'마마 고고 *Mamma GóGó*' (아이스랜드, 노르웨이, 스웨덴, 독일, 영국, 2010), **출연: 크리스보그 켈트** Kristbjorg Kjeld, **각본 및 감독: 프리드릭 토르 프리드릭슨** Fridrik Thor Fridriksson *(SVT)*

11-16b

'언더토우 *Undertow*' (페루, 2009), 출연: 마놀로 카르도나 Manolo Cardona, 크리스티안 메르카도 Cristian Mercado, 감독: 하비에르 푸엔테스-레온 Javier Fuentes-León *(Elcavo Films/Dynamo)*

11-16c
'천국에서의 일주일 *Seven Days In Heaven*'
(대만, 2010), 출연: 오붕봉 Pong-Fong Wu,
감독: 왕유린 Yulin Wang, 에세이 리우 Essay Liu.
(Magnifique Creative Media)

▶ 영화 비평의 주요 기능 중 하나는 사실주의나 표현주의 같은 폭넓은 범주를 넘어서 영화의 스타일을 설명하는 것이다. 예를 들어, '마마 고고 *Mama Gógó*'는 마치 한 나이 많은 여성이 자신을 가치 없는 쓰레기처럼 느끼면서 변기 속에 서서 물을 내리려고 하는 것 같은, 비합리적인 배열이나 조합들을 강조하였던 1920년대 전위 예술운동인 초현실주의 surrealism 스타일에 많은 빚을 지고 있다. '언더토우 *Undertow*'는 라틴 아메리카 예술에서 특히 인기 있는 마술적 사실주의 aka magical realism 라고도 불리는 스타일을 사용했다. 마술적 사실주의는 아주 평범한 사건과 사항들을 초자연적 혹은 환상적 것과 결합하는 것을 말한다. 예를 들면 이 영화에서 페루의 외진 동네에 사는 촌뜨기 어부(메르카도 Mercado)가 먼 도시에서 온 예술가인 한 남자(카르나도 Carnado)와 사랑에 빠진다. 주인공은 비판적인 이웃들의 호기심어린 눈초리를 피해 몰래 결혼을 하고 그의 불법적인 사랑을 이어간다. 갑자기 죽게 된 예술가는 그의 슬퍼하는 애인 외에는 그 누구에게도 보이지 않는 유령으로 돌아온다. 마치 햄릿처럼, 유령은 그의 살아있는 애인에게 그 자신의 성 정체성을 공개적으로 인정하지 않는 한 자신의 영혼이 절대 편안히 쉴 수 없을 것이라고 말한다. 이와 비슷한 유령 장치가 브라질의 섹스코미디 '도나의 선택 *Dona Flor and Her Two Husbands*'에서도 사용되었다.

'천국에서의 일주일'은 부조리하고, 웃기고, 그리고 기괴한 것을 강조하는 블랙코미디이다. 한 늙은 대만 남자가 죽고 그의 가족들이 정성들여 장례식 절차를 시작한다. 이 영화는 해리 벨리폰트 Harry Belafonte가 부른 유태인 노래 "*Hava Nagila*"의 음원과 함께 시작한다. 전문적인 대곡(代哭)꾼이 울면서 장례 행렬 뒤에서 땅에 머리가 닿도록 애도하며 간다. 얼마 후 그녀는 음료수를 마시기 위해 휴식을 취하며 "또다시 내가 위해서 울어야 할 사람이 누구시지요?"라고 묻는다. 고인의 아이들은 시체를 둘러쌀만한 아버지가 좋아하시던 물건들로 시신을 둘러싸야 한다는 말을 듣고, 담배와 소프트코어 포르노 잡지들을 찾아 들고 온다. 행진 밴드가 어딘가 이상하게 어울리지 않는 곡을 연주하고, 장식용 깡통 더미들이 뜨거운 태양 아래 갑자기 폭발하기 시작한다. 그 노인은 자신의 장례식을 멋진 배웅쯤으로 여겼을 것임에 틀림없다.

'드라이브'는 고전적인 느와르 영화다. 주로 밤 시간대의 LA를 배경으로 한 어둠, 범죄와 타락의 사악한 분위기, 어두운 과거를 숨기고 있는 소외되고 미스터리한 주인공, 불운한 운명에 대한 느낌, 그리고 절망적이고 출구마저 없는 분위기 등 모든 느와르 영화의 기본적인 요소들을 다 가지고 있다. *(Bold Films)*

11-16d
'드라이브 *Drive*' (미국, 2011),
출연: 라이언 고슬링 Ryan Gosling,
감독: 니콜라스 윈딩 레픈 Nicholas Winding Refn.
(Marc Platt/Odd Lot Productions)

절충주의는 이따금 감수성의 전통이라 불리기도 하는데, 그 이유는 평론가 개인이 지닌 취향과 안목의 미학적 판단능력을 최상의 가치로 두기 때문이다. 이런 비평가들은 종종 세련되고 학력이 높고 다른 예술에도 정통하다. 로저 에버트 Roger Ebert와 데이비드 덴비 David Denby, 프랭크 리치 Frank Rich와 같은 비평가들의 글에는 문화와 관련된 다양한 분야의 참조사항들이 실려 있는데, 그 내용을 보면 문학, 연극, 정치, 시각예술 등을 비롯해 매우 광범위하다. 그들은 프로이트, 마르크스, 다윈, 융과 같이 독창적인 사상가들의 사상을 자주 들먹인다. 또 때로는 몰리 하스켈 Molly Haskell과 루비 리치 B. Ruby Rich의 비평에서 볼 수 있듯이, 실용비평, 사회학, 역사와 이데올로기적 시각-이를테면 페미니즘과 같은-을 결합시키기도 한다. 최고의 절충주의적 비평가들은 천부적인 재능의 작가들이다. 영화비평으로 퓰리처상을 수상한 제임스 애지 James Agee, 폴린 케일, 로저 에버트 등과 같은 탁월한 산문 문장가들도 거기에 포함된다. 잘 다듬어진 글은 그것이 전달해 주는 사상 이외에 문체로서도 가치가 있다.

절충주의 비평가들은 단 하나의 이론이 모든 영화를 설명할 수 있다고 생각하지는 않는다. 절충주의 비평가들이 볼 때, 이런 태도는 그야말로 개성 없이 진부하게 비평에 접근하는 방식이다. 그들은 대부분 영화에 대한 개인적 반응은 매우 사적인 것이라고 주장한다. 비평가가 할 수 있는 최선의 일은 그들의 사적인 반응을 가능한 한 설득력 있게 설명하는 것이라고 하는 이유가 바로 여기에 있다. 그러나 충분히 근거 있고 또 품위 있게 논의되고 있기는 하지만, 이 자체도 하나의 견해일 따름이다. 우리가 비록 그 결론에 전적으로 찬성하지는 않더라도 이런 유형의 최고 비평은 정보를 제공하는 것이다. 절충주의 비평에서는 개인적인 취향이 주된 가치결정의 요소이기 때문에 이 비평가들은 종종 그들의 맹점을 시인한다. 그리고 모든 비평가는 맹점을 갖고 있다. 누구나 걸작으로 요란하게 소문이 난 영화를 아주 썰렁하게 본 경험을 가지고 있다. 우리의 느낌이 대중의 감정과 상당히 상반될지라도, 우리는 우리 자신이 "느끼는" 방식은 어쩔 도리가 없다. 절충주의 비평가들은 대개 영화에 대한 자신의 느낌에서 출발하여 마침내 이런 직감을 구체적인 논의로 객관화시키려는 작업을 한다. 개인적인 버릇이나 편견을 배제하기 위해 그들은 어떤 영화를 은연중에 위대한 걸작들-시대의 표준이 되며, 영화발전의 이정표로 간주되는 작품들-의 전통이라는 큰 흐름 속에 둔다. 이 위대한 전통은 끊임없이 재평가를 받게 된다. 위대한 전통이란 특권적 작품으로 구축된 철의 요새라기보다는 오히려 느슨한 비평적 합의이다.

절충주의는 여러 가지 면에서 과오를 지적받아 왔다. 옛 라틴 속담 중에 "취향에 관해서는 논쟁의 여지가 없다. De Gustibus non est disputandum."라는 말이 있다. 어떤 사람이 한 영화를 다른 것보다 선호할 수 있으나, 종종 이 선택이 취향의 문제이지 절대적인 가치의 문제는 아니다. 만약 우리가 코미디를 보고 싶은 기분이라면, '대부 *The Godfather*'와 같이 어둠과 무거운 걸작조차도 우리를 만족시키지 못할 것이다. 취향은 매우 개인적이며, 탁월하다는 외부의 평가가 아무런 역할도 할 수 없는, 다양한 요인의 영향을 받는 것이다. 그 자체의 극단적인 주관주의적 성격 때문에, 절충주의 접근방식은 보다 엄격한 체계적 이론가들로부터 단순한 인상주의에 지나지 않는다는 비판을 받아 왔다. 엄격한 체계적 이론가들의 주장에 따른다면, 미학적 평가는 비평가의 독특한 감수성보다는 보다 거시적인 이론적 원칙들을 통해서 이루어져야 한다. 절충주의 비평가들은 자체 내에 감시와 균형의 시스템을 갖춘 보다 포괄적인 이론의 틀보다는 그들 자신의 취향에 따라 영화에 반응하기 때문에 서로 의

견이 일치한 적이 거의 없다. 그들이 자랑으로 내세우는 온갖 전문성과 문화적 자부심 때문에 절충주의 비평가는 늘 그랬듯이 작품을 정밀하게 파고들지 못했다. 예를 들면, 1963년 펠리니의 '8 1/2'이 상영되었을 때 미국과 유럽의 대다수 비평가들은 이 영화를 방만하고 무형식일 뿐 아니라, 심지어 통일성마저도 결여되어 있다고 일축했다. 그런데 1972년 실시한 국제 비평가조사에서 '8 1/2'은 그들이 선정한 열 개의 불멸의 영화 중 당당하게 4위에 올랐다. 2012년 조사에서도 아직 톱10에 속해있다. 바꿔 말하면, 훌륭한 비평가조차 한 영화를 즉흥적으로 걸작으로 단언해 왔으며, 그 영화가 오랫동안 잊혀진 후에 차가운 시간의 흐름 속에서 비로소 그들의 성급함을 후회하는 것이다.

11-17a

'인디펜던스 데이 *Independence Day*' (미국, 1996),
감독: 롤랜드 에머리히 Roland Emmerich

▶ 유명한 저널리스트 맨캔 H. L. Mencken은 "일찍이 아무도 미국 국민의 지성을 과소평가하지 못했다"라고 말했다. (이 인용은 또한 연예인 Showman인 바룸 P. T. Barnum 으로부터도 기인한다.) 이 영화는 상업적으로 대성공을 거두었으며, 미국 내에서만도 3억 달러 이상의 수익을 올렸고 해외시장에서도 4억9천만 달러 이상의 계약을 체결했다. 그 외에도 이 영화는 비디오와 텔레비전 방영권을 비롯한, 소위 부대수입도 5억 달러를 벌었다. 20세기폭스는 광고비만 겨우 3천만 달러를 썼지만, 그것은 분명한 투자였다. 이 영화의 특수효과는 흥행을 위한 주된 유인이자 흥미거리였다. 예컨대, 이 시퀀스에서 미국의 백악관은 대규모 외계인군대의 침공을 받는다. 진지한 영화비평가 이 영화를 아예 무시해 버리거나 아니면 시간낭비라고 일축해 버릴 것이다. 그렇다면 누가 옳은가? 대중이 옳은가, 아니면 전문가가 옳은가? 그 해답은 여러분들이 이 영화를 어떻게 보는가에 달려 있다. 대중은 현실도피적 오락을 추구하는 경향이 있다. 영화는 그들의 삶의 고통을 잊게 만드는 한 방편이다. 영화비평가들이 일상적으로 하는 일에 비추어보면, 그들은 불가피하게 이런 영화에 대한 끊임없는 질문공세를 감수해야만 한다. 그들은 요모조모 따져보고 믿을 만한 길을 안전하게 밟아가는 것을 달갑지 않게 여기는 경향이 있다. 그들이 영화에서 추구하는 것은 특이하고 도전적이고 과감한 것이다. '인디펜던스 데이'는 이러한 그들의 기대에 부응하지 않았다.

(20th Century Fox)

11-17b

'오징어와 고래 *The Squid And The Whale*'
(미국, 2005), 출연: 제프 다니엘스 Jeff Daniels,
로라 리니 Laura Linney, 각본 및 감독: 노아 봄바흐
Noah Baumbach

▶ 이 영화와 같은 "작은" 영화들(영화산업계에서는 "전
문영화 specialty pictures"라고 불린다)은 주류업계의 잡
음과 화려함과 떠들썩함에 묻혀 사라져버리기 쉽다. 이
영화의 부적절한 제목과 진지하고 암울한 소재들—결혼
생활의 실패와 이것이 아이들에게 미치는 영향—에도
불구하고, 바로 이와 같은 훌륭한 영화들이야말로 영향
력 있는 영화 평론가들에 의해 대중들의 관심을 불러일
으킬 수 있는 바로 그런 종류의 영화이다.
(Seven Hills Pictures)

11-17c

'브레이킹 던 part 2 *The Twilight Saga:
Breaking Dawn-Part 2*' (미국, 2012),
출연: 로버트 패틴슨 Robert Pattinson,
크리스틴 스튜어트 Kristen Stewart,
감독: 빌 콘돈 Bill Condon

▶ 스테프니 메이어 Stephenie Mayer의 네 개의 트와일
라잇 Twilight 소설들은 동일한 젊고 순진무구한 배역들
이 계속 등장하는, 상업적으로 매우 성공한 다섯 편의
영화로 각색되었다. 이 소설과 영화들은 특별히 젊은 여
성층에게 인기가 있었다. 기본적으로 이 영화는 금지된
사랑, 나쁜 남자들, 질투심 많은 남자친구들, 남성호르
몬 Testosterone의 극단적 상승 등을 포함한 대부분의 하
이 스쿨 드라마 High School Drama의 변형이다. 그러나
유명한 스테픈 손드하임 Stephen Sondheim의 노래가 충
고하듯이 "당신은 관심을 끌만한 장치를 가져야 한다
You gatto have a gimmick." 이 영화에서의 그러한 장치는
이들 고뇌에 찬 젊은 영혼들 중 일부가 뱀파이어라는
것이다. 뱀파이어는 언제나 모든 것을 좀 더 섹시하게
만든다.   *(Summit Entertainment)*

　　절충주의 비평가들은 이러한 문제들을 직업상의 위험부담으로 받아들이면서 이 문제들에 대해 대단히 자제하는 경향을 보인다. 필시 폴린 케일의 다음과 같은 설명은 절충주의를 가장 잘 표현한 말일 것이다.

　　　비평가의 역할은 작품 속에 무엇이 들어 있는가, 작품 속에 들어가서는 안 되는 것이 작품 속에 들어 있는 것은 무엇인가, 작품 속에 있을 수 있는 것 가운데 그 작품 속에는 빠져 있는 것은 무엇인가를 사람들이 보고 알아낼 수 있도록 도와주는 것이다. 사람들이 스스로의 힘으로 볼 수 있는 것보다 더 많은 것을 이해할 수 있게 해준다면 그는 훌륭한 비평가이다. 작품에 대한 그 자신의 이해와 느낌을 통해서, 그 자신의 열정을 통해서, 사람들이 한 작품에서 더 많은 것을 경험할 수 있게 해준다면, 그는 위대한 비평가이다. 비평가가 판단착오를 한다고 해서 항상 나쁜 비평가는 아니다(절대적으로 오류가 없는 취향이란 상상할 수조차 없다. 무엇이 그것을 평가할 수 있겠는가?). 관객의 이해와 호기심과 흥미를 불러일으키지 못한다면 나쁜 비평가이다. 비평가의 예술적 기능은 예술에 대한 자신의 지식과 열정을 다른 사람에게 전달해 주는 것이다 (*I Lost It at the Movies*: New York: Bantam, 1966.)

구조주의와 기호학

　　절충주의 비평가들은 영화비평에서 주관적이고 개인적인 요소를 높이 평가한다. 다른 쪽 비평가들은 오히려 이에 대해 불평했다. 1970년대 초, 서로 관련이 있는 두 개의 영화이론이 부분적으로 개인적 감수성을 통한 비평의 부적절성에 대응하면서 발전하였다. 구조주의와 기호학은 영화비평에 새로운 과학적 엄밀성을 도입하려는 시도였으며, 영화를 더욱 체계적이고 상세하게 분석하고자 했다. 언어학, 인류학, 심리학, 철학 등 다른 여러 학문으로부터 방법론을 빌려 온 이 두 이론은 무엇보다 먼저 더욱더 정밀한 분석적 전문용어를 개발하는 데 온힘을 모았다.

　　구조주의와 기호학은 또한 의도적으로 연구의 원칙적인 영역으로서 미국영화에 초점을 맞추었는데, 거기에는 여러 가지 이유가 있었다. 먼저, 이 이론들은 전통적으로 미국영화의 가장 열렬한 찬양자인 영국인과 프랑스인에 의해 주도되어 왔다. 미국영화는 또한 이들 비평가에게 스타일의 모범-고전적인 패러다임 classical paradigm-을 제공했다. 이 그룹에 속하는 마르크스주의자들은 미국영화의 자본주의적 생산양식의 함축적 의미를 탐구해 왔다. 문화논평가들은 독특한 미국인들의 신화와 장르에 집중했다.

　　기호학 Semiology(또는 Semiotics 라고도 한다.)은 영화가 어떻게 기호화하는가에 대해 연구한다.

정보가 기호화되는 방식은 틀림없이 무엇이 기호화되고 있는가와 관련되어 있다. 프랑스의 이론가 크리스티앙 메츠 Christian Metz는 기호학을 영화분석의 테크닉으로 발전시킨 선구자였다. 구조주의 언어학의 많은 개념과 전문용어를 사용하여, 메츠와 다른 이론가들은 기호 signs와 약호 codes의 개념에 바탕을 둔 영화적 커뮤니케이션 이론을 발전시켰다. 발화적 verbal이든 비발화적 nonverbal이든 모든 유형의 담론이 그렇듯이 영화의 언어도 기본적으로는 상징적이다. 다시 말해서 영화의 언어는 영화를 경험하는 동안에 우리가 본능적으로 판독하는 기호의 복잡한 그물망으로 구성된다(11–18).

영화에 대한 논의에서는 대체로 쇼트를 영화구성의 기본단위로 보는 것이 일반적이었다. 기호학자들은 이를 거부한다. 그들이 보기에 그 단위라는 것이 너무 막연하고 포괄적이었기 때문이다. 그

11–18

'블론드 비너스 *Blonde Venus*'
(미국, 1932), 주연: 마를렌 디트리히 Marlene Dietrich, 감독: 요제프 폰 슈테른베르크 Josef von Sternberg

▶ 기호학자들은 쇼트–영화구성의 전통적 단위–는 너무 일반적이고 포괄적이기 때문에 영화의 체계적 분석에 활용될 만한 것이 못된다고 생각한다. 그들은 상징적 기호가 의미화 혹은 의미작용의 더욱 정밀한 단위라고 주장한다. 영화의 모든 쇼트는 위계적으로 구성되는 수십 개의 의미화 약호 signifying codes로 이루어져 있다. 그들이 말하는 소위 "적절성의 원칙 principle of pertinence"을 사용하는 기호학자들은 먼저 지배적인 기호가 무엇인가를 설정하고, 그 후 부차적인 약호를 분석하는 방식으로 영화의 담론을 해독한다. 이 방법론은 미장센의 디테일 분석과 유사하며, 다만 공간적이고, 조직적이고, 세밀한 약호들만 첨가되었을 뿐인데, 기호학자들은 역시 다른 유관한 기호들–역동적, 언어학적, 음악적, 율동적인 기호들–도 조사할 것이다. 이 쇼트에서 기호학자는 디트리히의 흰 의상과 같은 주요 기호 major signs의 상징적 의미를 조사할 것이다. 왜 남자용 의상인가? 왜 흰색인가? 종이로 만든 용은 무엇을 의미하는가? 세트의 뒤틀린 시각적 선들은? 아치 문 뒤편에 있는 "어두운 그림자의 여인들"은? 무대와 관객의 상징성은? 영상의 빈틈없는 구성과 닫힌 형식은? 주인공의 세속적인 노래는? 기호학자들은 또한 극의 맥락 속에서 편집과 카메라 움직임의 리듬, 배우의 역동적인 동작의 상징성 등을 조사할 것이다. 전통적으로 비평가들은 영화의 쇼트를 단어에, 편집된 일련의 쇼트들을 문장 속의 단어 나열에 비유해 왔다. 기호학자들은 이런 비유를 너무 단세포적이라고 일축해 버릴 것이다. 어쩌면 개별적인 기호는 한 단어에 비유될 수 있을지 모른다. 그러나 하나의 쇼트–심지어 평범한 쇼트조차도–는 여러 페이지의 말은 아닐지라도 제법 많은 구절을 필요로 할 것이다. 복잡한 쇼트는 제각기 그 나름의 정밀한 상징적 의미를 지닌 수백 개의 독립된 기호를 포함할 수도 있다. *(Paramount Pictures)*

래서 그들은 더욱 정밀한 개념을 내세웠다. 결국 그들은 기호가 의미작용 signification의 최소단위로 채택되어야 한다는 의견을 제시했다. 영화의 한 쇼트는 대개 수십 개의 기호로 구성되어 있으며, 균형을 이룬 의미들이 복잡한 층을 이루고 있다. 어떤 의미에서 본다면, 이 책, 그 중에서도 특히 이 책의 앞부분은 기호의 분류로 간주될 수 있을 것이다.

예를 들면, 앞부분의 각 장은 일종의 주요 약호와 관련되어 있으며, 그 약호는 보다 하위의 약호로 나누어질 수 있고, 이들은 다시 훨씬 더 작은 기호들로 환원될 수 있다. 따라서 1장의 주요 약호는 촬영이라고 할 수 있다. 촬영이라는 주요 약호는 쇼트, 앵글, 조명, 색조, 렌즈, 필터, 광학적 효과 등으로 나누어질 수 있다. 이처럼 분류된 하위 약호들도 제각기 세분될 수 있을 것이다. 예컨대, 쇼

11-19a

'트로이 *Troy*' (미국, 2004),
감독: 볼프강 페터슨 Wolfgang Peterson
(Warner Bros.)

▶ 기호학은 평론가들로 하여금 영화에서 기호들을 구분하고 확인하는 데는 도움을 주지만, 영화에서 그것들이 얼마나 솜씨 있게 기능하는지는 보여주지 않는다. 그 이론이 수량화를 강조하기 때문에, 분류될 수 있는 기호들이 많이 들어있는 형식주의 영화들을 분석하는 데에 더 효과적이다. 하지만 여러 다른 종류의 기호들과 부호들은 서로 잘 맞지 않기 때문에 엄격하게 양적인 데이터를 가지고 질적인 판단을 내리기는 어렵다. 예를 들어, 매우 시각적으로 복잡한 이미지로 구성된 '트로이'의 이 쇼트는 여러 다른 기호들을 담고 있다. 『일리아드 *The Illiad*』의 유명한 트로이 목마 에피소드의 이러한 서사적 재창조는 현대 스튜디오가 만들어낸 최고의 기교의 예라고 할 수 있다. 이 사진은 섬세한 시각적 정보로 꽉 차있다. 반면에, 채플린의 미디엄 클로즈 쇼트는 상대적으로 단순하며, 방랑자의 얼굴 표정 이외에 다른 기호들이 거의 없다. (그리고 말로 표현할 수 없는 그 어떤 것을 당신은 계량화할 수 있는가?) 볼프강 페터슨은 상당한 기량을 가진 감독이지만, 그는 채플린의 탁월함에는 못 미친다. 그런데도 이 두 작품의 기호학적 분석은 페터슨이 더 훌륭한 감독이라는 결론에 도달할 것인데, 그것은 그가 그의 영화에 더 많은 기호를 사용했기 때문이다.

11-19b

'은행 *The Bank*' (미국, 1915),
출연: 찰리 채플린 Charles Chaplin,
감독: 찰리 채플린 *(Essanay)*

트는 익스트림 롱 쇼트, 롱 쇼트, 미디엄 쇼트, 클로즈업, 익스트림 클로즈업, 딥 포커스로 분류될 수 있을 것이다. 그리고 다시 이들 각각은 더 세분될 수 있다. 이 동일한 원리가 공간적 약호(미장센), 운동적 약호(움직임) 같은 다른 주요 약호에도 역시 적용될 수 있다. 언어라는 약호는 언어학의 전체 질서 못지않게 복잡하다. 연기라는 약호는 연기자들이 사용하는 의미작용의 다양한 테크닉에 대한 정밀한 세목을 포함하게 될 것이다.

　기호학적 테크닉이 영화를 한층 더 정밀하게 분석하려는 영화비평가와 학자들을 도와줄 수 있는 여지가 있을 것이다. 그러나 이 이론은 몇 가지 결점을 안고 있다. 한 가지 예를 들자면, 기호학적 테크닉은 규범적 분류가 아니라 기술적 분류 descriptive classification에 지나지 않는다. 다시 말해서, 기호학은 비평가로 하여금 기호를 식별할 수 있게 해주지만, 주어진 어떤 기호가 미학적 맥락에서 어느 정도의 효과를 발휘하는가에 대한 평가는 여전히 비평가에게 달린 문제라는 것이다. 형식주의 영화는 사실주의영화보다 기호학적으로 분류하기가 더 쉬울 듯하다. 예컨대, '은행 *The Bank*'에서 채플린이 보여주는 표정의 의미를 분석하는 것보다 '트로이 *Troy*'의 복잡한 미장센을 기술하는 것이 훨씬 더 간단할 것이다(11-19a & b). 이런 기호들은 실제로 비교가능한 것들이 아니다. 그것들은 마치 서로 다른 컴퓨터 언어체계처럼 양립할 수 없는 수준에 있다. 일부 비평가들은 형식주의적 영화의 기호는 양적으로 판단하기가 더 쉽기 때문에, 기호(또는 최소한 분류가능한 대다수의 기호)가 많은 영화가 기호가 적은 영화보다 복잡하며, 따라서 미학적으로 더 우수하다고 판단하는 경향이 있다.

　기호학이론이 안고 있는 또 다른 심각한 문제는 그것의 전문용어이다. 이를테면 그 용어들이 이따금 자기가 한 일에 대해 스스로 패러디하는, 이른바 자기 패러디 self-parody에 가깝다는 것이다. 모든 전문분야-영화를 포함한-에는 어느 정도의 필수적인 기술적 용어가 있게 마련이지만, 기호학은 종종 그들 자신이 "과학적으로" 너무나 장황하게 늘어놓는 바람에 그들 스스로 숨이 막힐 지경이 된다. 그 분야 내부에서조차도 어떤 논평가는 지극히 평범한 현상을 두고 "기표 signifier" 또는 "기의 signified", "통합체 syntagm" 또는 "계열체 paradigm"라 말하는 것은 어느모로 보나 사회적 지식을 향상시키는 것이 아니라고 했다.

　메츠가 지적했듯이, 기호학은 영화에서 사용되는 약호의 유형을 체계적으로 분류하는 것에 관심을 기울인다. 한편, 구조주의는 하나의 영화 안에서, 하나의 구조 내에서 다양한 약호가 어떻게 기능하는가를 연구한다. 구조주의는 매우 절충적인 성격을 띠며, 종종 기호학의 테크닉을 작가주의, 장르연구, 이데올로기, 스타일 분석 등과 같은 다른 이론적 관점과 결합시킨다. 예컨대, 콜린 맥아더 Colin MacArthur의 "지하세계 미국 *Underworld USA*"은 갱영화와 범죄영화 그리고 필름누아르 스타일에 대한 구조주의적 분석이다. 맥아더는 빌리 와일더(1-17a)와 그 밖의 예술가들이 제작한 장르영화의 도상 iconography을 탐구하면서 기호학적인 분류를 활용하고 있는 것이다.

　구조주의자와 기호학자들은 "심층구조 deep structure"라는 개념에 매혹되어 왔는데, 이는 영화의 표면구조와 연관되어 있지만, 또한 동시에 어느 정도는 그것에 의존하고 있는 상징적 의미의 잠재적 그물망이다. 이 심층구조는 프로이트의 정신분석학, 마르크스의 경제학, 융의 집단무의식 개념, 프랑스의 클로드 레비스트로스 Claude Lévi-Strauss에 의해 대중화된 구조주의 인류학이론 등을 비롯한 여러 가지 시각으로 분석될 수 있다.

　레비스트로스의 방법은 지역적 신화에 대한 조사에 기초하고 있다. 그가 볼 때 지역적 신화는 약호의 형식으로 표현된 특정한 사유의 근본적인 구조였다. 이 신화들은 상이한 여러 형식으로 되어 있고, 대개 동일하거나 유사한 이원적 구조–대립적인 것이 쌍을 이루고 있는 것–를 지니고 있다. 신화의 표면적인(내러티브) 구조를 파고들다 보면 그 상징적 모티프들이 더욱 체계적이고 유의미한 방식으로 분석될 수 있다. 이들 신화의 양극성은 보통 변증법적 갈등 속에서 발견된다. 다시 말해서, 이미 분석된 문화에 비추어 보면 이러한 변증법적 갈등의 양극단은 농업적인 것(물과 가뭄), 성적인 것(남과 여), 개념적인 것(익숙한 것과 새로운 것), 세대 간의 것(젊은이와 노인) 등이 될 수 있다. 이런 신화들은 상징적 약호로 표현되어 있기 때문에 종종 그것의 완전한 의미는 그것들을 만들어낸 당사자들에게조차 은폐된다. 레비스트로스는 신화가 지닌 그 함축적 의미가 모두 드러나 버리면 그것은 이제 진부한 것이 되어 버린다고 믿었다.

이 구조주의적인 테크닉은 국가주의적인 영화 national cinema, 장르영화 혹은 특수한 영화를 분석하는 데 활용될 수 있다. 가령 "전통적인" 가치와 "현대적인" 가치의 갈등은 사실상 모든 일본영화에서 볼 수 있고, 일본사회에서도 일반적인 것이다(11-21). 이 갈등의 뿌리는 19세기 후반으로까지 거슬러 올라가고, 그때 일본은 봉건사회에서 서구 산업국가들, 특히 영국과 미국을 본뜬 현대 기술사회로 바뀌어가는 중이었다. 일본인들은 일제히 반발했으며, 양극단으로 갈라졌다.

11-20

'텐더 머시스 *Tender Mercies*' (미국, 1983), 출연: 로버트 듀발 Robert Duvall, 앨런 허버드 Allan Hubbard, 감독: 브루스 베레스포드 Bruce Beresford

▶ 기호학적 방법론의 치명적인 결함은 영화에서 비물질적 가치 nonmaterialistic value를 다룰 수 없다는 점이다. 예를 들면, 이 영화는 술주정뱅이 컨트리음악 스타(듀발)가 사랑하는 여인이 환생하리라는 믿음을 통해서 어떻게 영혼의 갱생을 얻게 되는가를 탐구한다. 이 영화에 대한 엄격한 기호학적 분석은 이러한 영적 가치를 탐구하는 데는 부적절하다는 것을 입증해 줄 것이다. *(EMI/Antron Media)*

전통적 traditional	현대적 modern
일본	서구
봉건적	민주적
과거	미래
사회	개인
계층	평등
자연	기술
의무	취향
자기희생	자기표현
일치	다양성
노령	젊음
권위	자율
보수적	자유적
숙명론	낙관론
복종	독립
형식	내용
안정	불안

11-21

'꽁치의 맛 *An Autumn Afternoon*' (일본, 1962).
출연: 이와시타 시마 Shima Iwashita, 류 치슈 Chishu Ryu(오른쪽),
감독: 오즈 야스지로 Yasujiro Ozu

▶오즈의 영화는 1970년대까지 서구에서는 널리 소개되지 않았다. 그 당시까지만 해도 그의 영화들은 "일본적인 색채가 너무 강해서" 외국관객이 감상하기 어려운 것으로 간주되었다. 그는 전통적 가치, 특히 일본식 제도의 전형이라 할 수 있는 가족제도에 대한 옹호자였기 때문이다. 만일 구로자와가 예술을 통해 현대적 가치와 분노한 개인들을 대변하는 사람이라면, 오즈는 보수적인 대다수, 특히 부모세대를 대변하는 사람이다. 그러나 그의 영화는 가족생활을 아무 생각 없이 감싸기만 하는 것은 아니다. 왜냐하면 오즈는 또한 아이러니스트이기도 했고, 이상과 현실 간의 차이─이것이 그의 아이러니의 주된 원천이었다─를 잘 알고 있었기 때문이다. 예컨대, 이 영화에서 주인공(류)은 결혼하지 않은 딸과 함께 사는 나이든 홀아비이다. 여가시간을 대개 동네술집에서 보내는 술친구 몇몇이 그의 외로움을 달래준다. 친구 딸의 결혼소식을 듣고 나서 이 홀아비는 자기 딸도 시집을 보내야 할 때가 되었다고 마음으로 다짐한다. 그는 친구들이 추천하는 의젓한 청년을 딸에게 소개한다. 이 영화는 아버지가 그의 중매가 성공한 것에 대해 흡족하게 생각할 때 쓴맛과 달콤함이 함께 하는 아이러니한 어조로 끝난다. 그는 또한 몇 년 동안은 그럭저럭 살아갈 것임을 안다. 그리고 그는 홀로 남는다.   *(Shochiku Eiga)*

수많은 구조주의자들이 이와 비슷한 방법으로 장르영화를 탐구해 왔다. 예를 들어, 짐 키츠 Jim Kitses, 피터 웰런 Peter Wollen을 비롯한 여러 구조주의자들은 종종 서부극이 미국문화에서 동부와 서부 사이의 가치충돌을 밝혀주는 수단이 된다는 점을 강조했다. "지배적 이율배반 master antimony"(통제적이고 주도적인 약호)을 둘러싼 주제의 모티프들을 모아보면, 서부극은 장르영화에서 종종 관습화되는(그리고 의미가 축소되는) 플롯보다는 오히려 그것의 심층구조를 통해서 분석할 수 있다. 이런 비평가들은 각 문화의 양극성이 긍정적이면서 또 부정적인 복잡한 특성들을 어떻게 상징하는가를 다음과 같이 예시해 주었다.

서부 West	동부 East
황야	문명
개인주의	공동체
이기주의	사회복지
자유	속박
무정부상태	법과 질서
야만	세련
개인적 명예	제도적 정의
이교신앙	기독교신앙
자연	문화
남성적	여성적
실용주의	이상주의
농업	산업
순수	타락
역동성	정체성
미래	과거
경험	지식
미국적	유럽적

기호학과 구조주의는 영화비평의 범위를 상당히 넓혀 놓았다. 그들의 다원론적인 접근은 비평계에 훨씬 더 많은 유연성과 복합성과 깊이를 인정한다. 그러나 이러한 이론들은 단지 분석의 도구에 지나지 않는다. 그것 자체는 영화에 나오는 기호와 약호의 "가치"에 대해 우리에게 아무것도 말해 줄 수 없다. 그래서 다른 모든 이론처럼 구조주의와 기호학 역시 그 이론을 실제로 운용하는 사람에게 달려 있을 뿐이다. 훌륭한 비평을 생산해 내는 것은 비평가의 지성, 취향, 열정, 지식, 감수성이지, 꼭 그가 채택한 이론적 방법론은 아닌 것이다.

역사적 방법론

   역사적 방법론은 역사이론-역사연구의 가정, 원리, 방법론-을 다룬다. 영화의 역사는 비교적 최근의 연구영역이며, 전통적인 예술의 역사에 비하면 그 100년의 연구기간은 결코 긴 시간이 아니다. 영화사 서술에서 최고의 업적은 대부분 지난 20년 동안에 이루어졌다.

   영화 역사가들은 단 하나의 영화 역사가 있다는 순진한 생각을 비웃는다. 이들의 주장에 따르면, 오히려 영화의 역사는 여러 가지가 있을 수 있고, 그 각각은 역사가의 개별적인 관심, 경향 그리고 편견에 의해 규정된다는 것이다. 이론가들은 영화의 역사를 네 가지 유형으로 구분하는데, 그 각각에는 그들 나름의 철학적 가정과 방법 그리고 근거가 있다. 그 네 가지 유형은 (1) 미학적 영화사-예술로서 영화, (2) 기술적 영화사-발명과 기계로서 활동사진, (3) 경제적 영화사-산업으로서 영화, (4) 사회사적 영화사-관객의 가치, 욕망, 공포의 반영으로서 영화 등이다.

11-22a

'숏 컷 Short Cuts' (미국, 1993).
출연: 릴리 톰린 Lily Tomlin,
톰 웨이츠 Tom Waits,
감독: 로버트 알트먼 Robert Altman

▶영화미학을 다루는 역사가와 엘리트 비평가들은 그 문화적 명성 때문에 '숏 컷'같은 영화에 집중하는 경향이 있다. 로버트 알트먼은 미국영화의 가장 위대한 예술가들 중 한 사람으로 평가되고 있으며, '야전병원 매쉬 *M*A*S*H*', '맥케이브와 밀러 부인 *McCabe and Mrs. Miller*', '내쉬빌 *Nashville*', '플레이어 *The Player*'와 같은 영화를 만든 사람이다. 레이몬드 카버 Raymond Carver의 단편소설에 기초한 '숏 컷'은 원작에 충실하면서, 원작의 냉소주의와 비통한 어조에 주목한다. 이 영화는 캐스팅이 당황스러울 정도로 풍요로운데, 그들 중 다수가 세계 영화계에서 알트먼의 막대한 명성 때문에 무보수로 일을 한 저명한 스타들이다. 비평가들에게는 널리 칭찬받았고, 수많은 영화상 후보에 올랐지만, 이 영화는 일반대중의 관심을 불러일으키는 데는 실패했으며 흥행수익도 적었다.   (Spelling/Fine Line)

'대부 II *The Godfather* II' (미국, 1974), **출연: 구스페 실라토** Giusppe Sillato,
로버트 드 니로 Robert De Niro, **감독: 프란시스 포드 코폴라** Francis Ford Coppola

▶ 영화를 보러가는 대다수 관객들이 가지고 있는 일반적인 오해는 마치 예술과 오락을 동일한 영화 속에서 확실하게 발견할 수 없음에도, 그 둘을 너무 쉽게 구분하는 데 있다. 사실 예술과 오락이 결합되어 있는 경우가 허다하다. 무성영화 시절에 찰리 채플린은 가장 인기 있는 영화감독이었고, 또 동시에 비평가들로부터도 사랑을 받았다. 그는 오늘날에도 여전하다. 영화가 세상에 나오기 훨씬 전에 셰익스피어는 역사상 가장 인기 있는 극작가였다. 그는 지금도 여전하다. '대부' 1편과 2편은 이처럼 예술과 상업이 손을 잡은 훌륭한 본보기이다. 진지한 영화비평가들은 하나같이 이 두 편의 영화를 영화역사상 가장 뛰어난 작품의 반열에 오른 것으로 평가한다. 이 영화들은 또한 전 세계적으로 엄청난 인기를 누렸으며, 관객에 관한 모든 기록을 사실상 갱신했다. 이들은 아직까지도 전대미문의 최고 흥행기록에 올라 있다. 오락인가? 당연히 그렇다. 예술인가? 의문의 여지가 없다. *(Paramount Pictures)*

대부분의 영화 역사가들은 영화는 너무나 광범위하고 복잡하기 때문에 단 하나의 역사로 다룰 수 없다고 생각한다. 그들이 볼 때, 영화의 세계는 조사하고 가려내어 일관성 있게 정리해야 할 광대하고 무한한 자료의 덩어리이다. 각 역사가들은 일정한 유형의 증거에 대해 집중적으로 전념하면서 그 의미를 부각시키는 반면에, "중요하지 않은" 자료는 아예 무시하거나 가볍게 취급해 버린다. 때때로 비평가들은 이처럼 선별하고 강조하는 과정을 "전경화 foregrounding"라고 하는데, 이는 더 세밀한 연구를 위해서 증거가 불충분한 부분들을 분리시키는 것을 말한다. 전경화는 항상 함축적인 가치판단이다. 각 유형의 영화 역사가들은 반드시 이 불충분한 부분들을 그 생태학적인 맥락으로부터 떼어내어서, 결국 우리에게 다소 왜곡된 전체의 모습을 보여주게 된다. 각 유형의 역사가들은 또한 다른 영화, 인성, 사건에 초점을 맞추기 위해서 선택할 것이다.

영화미학을 다루는 역사가들은 걸작과 위대한 영화감독들의 전통에 관심을 기울인다. 끊임없는 재평가를 조건으로, 이 전통은 비평가, 역사가 그리고 학자들의 폭넓은 동의를 얻고 있다. 이는 역사의 엘리트 형식이며, 시간이라는 시험을 견뎌온 상대적으로 소수의 주요 예술작품에 초점을 맞춤

11-23

'미디엄 쿨 *Medium Cool*' (미국, 1969),
출연: 로버트 포스터 Robert Foster(카메라를 들고
있는 사람), 피터 보너즈 Peter Bonurz(사운드),
감독: 하스켈 웩슬러 Haskell Wexler

▶ 영화기술의 역사는 영화의 진보과정에서 기계적 혁신의 중요성을 강조한다. 새로운 기술은 새로운 미학을 만든다. 가령 1950년대 후반, 텔레비전 저널리스트들은 신속하게 뉴스 스토리를 포착하기 위해 간단하고 가벼운 장비를 필요로 했는데, 실제로 그렇게 되었다. 소위 핸드헬드 카메라(보통 삼각대나 어깨장비 위에 놓이는), 포터블 음향장비, 줌 렌즈 그리고 훨씬 빛에 민감한 고감도필름이 바로 그런 것들이다. 1960년대에는 극영화 감독들도 이 새로운 테크놀러지를 이용하게 되었고, 실제 로케이션에서 더욱 자연스럽게 영화촬영을 할 수 있게 됨으로써 훨씬 더 실감나는 스타일의 사실주의를 창조할 수 있게 되었다.   *(Paramount Pictures)*

으로써, 대다수의 영화를 무시한다. 그것들은 우리가 완전히 다른 맥락에서 영화를 봄에도 불구하고 아직도 여전히 위대한 영화들이다. 영화미학을 다루는 역사가들은 작품을 주로 예술적 내용의 풍요로움에서만 평가하고, 그 영화가 상업적으로 성공했는지는 별 관심이 없다. 그래서 대개 영화미학의 역사에서는 '인디펜던스 데이 *Independence Day*'와 같은 굉장한 흥행 성공작이 흥행에서 실패한 '시민 케인'보다 훨씬 논의거리가 적은 편이다. 이런 형식의 역사에 대해 반대하는 쪽은 그것의 "위대한 인물 Great Man"이라는 가정을 비웃는다. 이 가정에 따른다면, 영화의 역사는 대개 몇 명의 재능 있는 개인에 대한 연구이지, 재능이 있건 없건 모든 영화감독에게 불가피하게 끼친 사회적, 산업적, 기술적 영향력의 역동적인 기반 the dynamic matrix에 대한 연구가 아니다.

미국의 학자 레이몬드 필딩 Raymond Fielding은 기술적 역사가의 철학을 다음과 같이 간략하게 요약하고 있다. "영화의 역사—예술형식으로서, 커뮤니케이션의 매체로서, 산업으로서—는 주로 기술의 혁신에 의해 결정되어 왔다." 이런 유형의 역사가들 또한 딕슨 W.K.L. Dickson, 토머스 에디슨 Thomas Edison, 조지 이스트먼 George Eastman, 리 디포레스트 Lee Deforest—예술가나 산업계의 거물보다는 발명가와 과학자들—와 같은 "위대한 인물들"에게 관심을 갖는다. 기술적 역사가들은 포터블 카메라, 동시음향, 컬러, 향상된 영화필름, 3-D, 스테레오 사운드, 스테디캠, computer-generated imagery 등과 같은 기술혁신이 갖는 의미—예술적, 상업적, 이데올로기적 의미—에 대해 관심을 갖는다(11-23).

영화는 역사상 가장 값비싼 예술매체이며, 영화의 발전은 대체로 재정적인 스폰서에 의해 좌우되었다. 경제적인 면에서 영화의 역사를 바라보는 관점의 논제가 바로 이것이다. 이를테면 밴저민 B. 햄튼 Benjamin B. Hampton의 『시작부터 1931년까지 미국 영화산업의 역사 *History of the American Film Industry from Its Beginnings to 1931*』와 토머스 H. 거백 Thomas H. Guback의 『국제 영화산업: 1945년 이후의 서유럽과 미국 *The International Film Industry: Western Europe and America Since 1945*』이 그런 관점

11-24a

'패션 오브 크라이스트 *The Passion Of The Christ*'
(미국, 2004), 출연: 짐 카비젤 Jim Caviezel, 감독: 멜 깁슨 Mel Gibson

▶ 영국계 미국인 시인 엘리엇 T.S. Eliot은 문학비평 분야에서 신앙의 역할에 대해 탐구 해본 적이 있다. 독실한 영국 성공회 신자(개종자)로서 그는 단테 Dante의 『신곡 *Divine Comedy*』이나 밀튼 Milton의 『실락원 *Pardise Lost*』과 같은 기독교 문학 걸작들이 비기독교인보다는 기독교인들에게 더 의미가 있는지를 알고 싶었다. 그는 그 의문에 대해 "그렇다"라고 결론을 내렸는데, 이런 작품들은 사람들이 그 예술가와 동일한 종교적 신념을 공유하고 있을 때에 더 큰 영향력을 발휘하기 때문이다. 하지만 신앙이 없는 사람들도, 저런 사람들과 똑같은 방식은 아닐지라도 이런 작품들에게서 감동을 받을 수 있다. 즉, 요즘에도 아폴로나 아테나 등의 고대 그리스의 신들을 믿는 극소수의 사람들이 있기는 하지만, 우리 모두는 위대한 그리스 거장들의 불후의 예술적인 걸작들을 즐길 수 있다. 이와 마찬가지로, 현대의 관객들은 기독교인이든 아니든 '패션 오브 크라이스트'의 감정적인 힘을 체험할 수 있다. 그러나 신앙인에게는 이 영화가 반드시 더 깊은 감정적 반응을 일으킨다. 이것은 다른 종교들에서도 마찬가지일 것이다. (*Icon Productions*. 사진: 필립 안토넬로 Phillipe Antonello)

11-24b

'슈퍼맨 리턴즈 *Superman Returns*' (미국, 2006),
출연: 브랜든 라우스 Brandon Routh,
감독: 브라이언 싱어 Bryan Singer

▶ '패션 오브 크라이스트'와 '슈퍼맨 리턴즈', 이 두 영화를 다 평가해야 하는 불쌍한 영화평론가에게 동정을 표한다. 분명히 이것은 서로 전혀 다른 두 영화들의 전형적인 경우이다. 하지만 영화평론가들은 늘 이런 식으로 태도를 바꾸어야 한다. 물론 그/그녀는 옛날부터 해오던 둘러대기로 한 영화는 예술로, 또 다른 영화는 오락물로 성의 없이 평가하며 교묘하게 그 딜레마를 빠져나갈 수 있다. 그러나 이것들은 단지 딱지붙이기에 불과할 뿐이다. 확실히 예술의 대부분의 예들은 우리의 감정들과 지성에 호소하고, 우리의 감각을 자극한다는 의미에서 재미있다. 이와 비슷하게 고대 그리스인들이 그들 문화의 신화적인 등장인물들과 사건들을 변화시켜 가며 유용하게 활용했던 것과 마찬가지로, 친근한 신화들과 같은 극적인 소재들을 다룬, 세련되고 매력적인 '슈퍼맨 리턴즈'와 같은 많은 훌륭한 오락물들은 부정할 수 없을 만큼 예술적이다. (*Warner Bros./DC Comics*)

들이다. 대체로 유럽국가들의 경우를 보면, 발전 초기단계의 영화는 교육받은 엘리트의 가치와 취향을 겸비한 예술가의 손에 들어갔다. 구소련과 여타 공산주의 국가들의 영화제작은 정부의 세심한 규제를 받았으며, 이러한 나라에서 제작된 영화는 대부분 정치적 엘리트의 가치를 반영했다.

미국에서 영화산업은 자본주의적 생산체계 내에서 발전했다. 할리우드 스튜디오 시스템은 극영화제작을 독점하여 이익을 극대화하려는 거대기업-MGM, 파라마운트, 워너브러더즈 등등-의 뜻에 따른 것이었다. 약 30여 년 동안-대략 1925년에서 1955년까지-메이저 스튜디오들은 성공을 거두었고, 미국 극영화의 약 90%를 제작했는데, 대개는 그 회사들이 수직적으로 통합되어 있었기 때문이다. 다시 말해서 그들은 영화산업의 세 측면, 즉 (1) 제작-할리우드 스튜디오, (2) 배급-뉴욕에 있는 재정본부, (3) 상영-회사가 소유하고 있는 대도시의 대규모 체인 개봉관 등을 모두 통제하고 있었다.

스튜디오가 지배하는 이 시기에 영화감독들은 누구나 이 경제적 현실을 외면할 길이 없었다. 스튜디오 시스템은 마을의 유일한 활동의 중심과 같은 것이었으며, 메이저 회사들은 이익창출을 위해 사

11-25a

'**콜래트럴 Collateral**' (미국, 2004),
출연: 톰 크루즈 Tom Cruise, **제이미 폭스** Jamie Foxx, **감독: 마이클 만** Michael Mann

▶ 디지털 비디오의 기술력은 중견감독이나 도달 가능한 것들을 야심적인 젊은 영화 감독들도 할 수 있도록 완전히 바꾸어 놓았다. 비싸고 다루기도 힘든 필름으로 촬영하는 기술과는 다르게, 디지털 비디오는 싸고 빠르며 (상대적으로) 쉽게 사용할 수 있다. 심지어 시각적으로 세련된 마이클 만과 같은 전문적인 감독들도 이런 소규모의 제작 방식으로도 일류 영화를 만들 수 있다는 것을 증명하기 위해 디지털 비디오를 사용하여 '콜래트럴'을 찍었다. 이 세련된 스릴러는 암울한 분위기에, 시각적으로도 아주 잘 다듬어져 있다. 과거에는, 영화 예술가가 되기 위해 드는 엄청난 비용과 복잡함 때문에 야심찬 영화감독들이 겁을 먹었다. 요즘은, 훨씬 쉽게 접근할 수 있는 기술 덕분에 얼마나 많은 야심찬 스필버그 Spielberg와 스콜세지 Scorseses들이 그들이 가진 이야기들을 찍기 위해 기다리며 대기하고 있는지 알 수 있다.   (*Dreamworks/Paramount Pictures. Photo: Frank Connor*)

11-25b

'킹콩 King Kong' (미국, 2005),
출연: 나오미 왓츠 Naomi Watts와 그 친구들, **감독: 피터 잭슨** Peter Jackson

▶ 현대의 디지털 기술은 견고하고 무서운 도시 위에 조용하고 마법 같은 교감의 순간을 표현할 수 있는 놀라운 리얼리즘의 신비한 세계들을 영화 예술가들이 만들 수 있도록 해주었다. 사랑에 빠진 유인원은 너무 사람 같아서 우리는 그의 얼굴에 드러난 그의 생각과 두려움까지도 읽을 수 있다–복잡한 감정표현들은 모두 컴퓨터로 제작되었다. 기술력은 인간 상상력의 적이 아니라 도구이며, 영화 예술가들이 배우들의 연기와 마찬가지로 생각과 감정을 전달할 수 있는 또 다른 언어이기도 하다. 이러한 경이로운 일들과 마주한다면 우리도 셰익스피어의 희곡 『템페스트 The Tempest』에 나오는 미란다 Miranda처럼 다음과 같이 외칠 수 있을 것이다. 놀랍다! 여기 얼마나 많은 아름다운 창조물들이 있는가! 인류는 얼마나 아름다운가! 오, 이들을 담고 있는 용감한 새로운 세계여!

(Universal Pictures/Wing Nut)

업을 벌였으며 이익은 많을수록 좋았다. 간단히 말해서, 이익이라는 동기는 미국 영화산업이 진화발전하는 핵심적인 추진력이었고, 영화는 그 스폰서의 이데올로기적인 가치를 재확인시켜 주는 편이었다. 그러나 경제적 역사가조차도 미국 영화제작에는 또 다른 동기–명예욕, 예술의 독자성 등–가 고려되었다는 점을 인정할 것이다. 이와 비슷하게 공산주의 국가에서 제작된 영화에도 그 사회체제를 비판하는 내용이 담기는 경우가 가끔 있었다. 역사–어떤 종류이든–는 모순으로 가득 차 있다.

사회사는 주로 관객에게 관심을 기울인다. 그들은 영화는 일종의 집단경험이고, 그 시대의 대중적 정서의 반영이라는 점을 강조한다. 이 정서는 우리의 잠재적인 욕망에 호소함으로써 표면적으로 명료하게 드러나거나 혹은 잠재의식에 슬며시 스며들 수 있다. 사회사적 역사가들은 종종 그들 주장의 근거로서 통계와 사회학적 데이터에 의지한다. 로버트 스클라 Robert Sklar의 『영화에서 만들어진 미국 Movie-Made America』과 가스 조이트 Garth Jowett의 『영화: 민주적 예술 Film: The Democratic Art』은 관객이 좋아하는 것과 싫어하는 것을 나타내는 통계로 가득 차 있다.

사회적 역사가들은 또한 미국의 스타 시스템에 대단한 주의를 기울였는데, 인기스타가 보통 관객의 가치와 열망을 반영한다고 보았던 것이다. 불행하게도 이런 관심은 수량적인 분석에는 기여하지 못할 뿐 아니라, 또한 때로는 논리적으로 직관적인 비약으로 말미암아 비판을 받기도 한다. 사회적 역사가들은 사회적 관행−영화가 흑인, 여성, 권위 있는 인물 등을 어떻게 그리는지에 대해 관심을 기울인다.

『영화의 역사: 이론과 실천 *Film History: Theory and Practice*』에서 로버트 앨런 Robert C. Allen과 더글라스 고메리 Douglas Gomery는 다양한 유형의 영화사가 지닌 원리적인 장단점을 설명하면서, 보다 통합적인 접근이야말로 역사가들의 왜곡 가능성을 최소화할 것이라고 주장한다. 영화이론의 다른 영역과 마찬가지로, 영화의 역사도 시간이 흐를수록 포괄적인 이해를 위한 다양한 관점으로 연구되어야 하는 단일체의 생태학적 체계 monolithic ecological system로 받아들여지고 있다.

서로 다른 영화평론가들은 서로 다른 유형의 질문을 던진다. 영화라는 매체의 본질적인 특성에 관심이 있는 사람들은 필시 사실주의−형식주의 이분법과 같은 전통적인 관심에 집중할 것이다. 만일 여러분들이 어떻게 특정 영화가 그 영화감독의 주제적 및 스타일적 특성을 상징하거나 대표할 수 있는가에 대해 물음을 던진다면 작가주의이론이 도와줄 것이다. 분명히 이런 접근방식은 '밀드레드 피어스'나 '인디펜던스 데이'와 같은 영화를 탐구하기 위한 아주 효과적인 테크닉은 아니다. 이것들은 이윤을 극대화하기 위하여 만들어진 영화들이다. 절충주의 비평가들은 영화를 보다 잘 이해하고 제대로 감상하려는 사람들에게 도움이 된다고 여겨지는 질문이라면 어떤 것이든 따진다. 이를테면 왜 이 영화를 좋다(혹은 나쁘다 혹은 보통이다)고 하는가? 어떻게 하면 더 좋은 영화가 될까? 무엇이 영화의 질을 떨어뜨리고 있는가? 등등. 구조주의자들은 영화의 기본적인 하부구조를 문제 삼는다. 즉, 영화의 내러티브에서 탐구되고 있는 주제적 모티프가 무엇인가? 영화에서 허구적 요소는 무엇인가? 그 영화에서 즐겨 쓰는 테마와 스타일의 코드는 어떤 종류인가? 그 영화의 장르가 이러한 특수한 영화의 특징에 어떻게 영향을 미치고 있는가? 그것이 장르의 관습을 창안, 강화, 전복 혹은 조롱하는가?

역사가들은 또한 그들의 방향성에 따라 서로 다른 유형의 질문을 던진다. 예술가적 기질의 역사가들은 영화의 미학적 가치와 우리가 왜 주목해야 하는가에 관심을 갖는다. 기술전문가들은 영화의 특수효과, 탁월한 기술적 성취를 문제 삼을 가능성이 높다. 이를테면 제임스 카메론 James Cameron의 '타이타닉 *Titanic*'에서 침몰하는 선박의 확대 및 축적 비율과 같은 경우이다. 산업적 관점의 역사가들은 영화제작의 비용과 영업, 판촉방식, 합작의 종류 등에 관한 질문을 던진다. 사회사적 역사가들은 대개 관객을 문제 삼는다. 대중이 어떤 영화를 좋아하고 다른 영화를 싫어하는 이유가 무엇인가? 영화가 어떤 방식으로 대중의 무의식적 공포와 열망에 호소하는가? 주어진 영화가 그 시대에 대해 무슨 말을 하는가? 그것의 아이콘에 관해서는?

한마디로 영화의 의미에 관하여 말 그대로 수천 가지의 질문이 있을 수 있다. 당신이 무엇을 추구하고 있는가 하는 것이 당신의 물음을 거의 결정하고, 또 어떻게 초점을 맞출 것인가도 대체로 결정할 것이다.

▐▶ 참고문헌

Allen, Robert C., ed., *Channels of Discourse* (Chapel Hill and London: University of North Carolina Press, 1987). An illuminating collection of scholarly essays, primarily about television.

Allen, Robert C., and Douglas Gomery, *Film History: Theory and Practice* (New York: Alfred A. Knopf, 1985). A provocative study of the problems of writing film history.

Andrew, Dudley, *Concepts in Film Theory* (New York: Oxford University Press, 1984). A lucid exploration of the major areas of debate within the field.

——, *The Major Film Theories* (New York: Oxford University Press, 1976). A helpful and clearly written exposition of the theories of such figures as Arnheim, Eisenstein, Kracauer, Bazin, Metz, and others.

Carroll, Noel, *Mystifying Movies: Fads and Fallacies in Contemporary Film Theory* (New York: Columbia University Press, 1988). A skeptical critique of modern film theory.

Carson, Diane, Linda Dittmar, and Janice R. Welsch, eds., *Multiple Voices in Feminist Film Criticism* (Minneapolis: University of Minnesota Press, 1994). An assortment of scholarly essays.

Hill, John, and Pamela Church Gibson, eds., *The Oxford Guide to Film Studies* (Oxford and New York: Oxford University Press, 1998). An excellent anthology.

Horowitz, Josh, ed., *The Mind of the Modern Filmmaker* (New York: Penguin Group, 2006). Twenty conversations with a new generation of film artists.

Lopate, Phillip, ed., *American Movie Critics*, (New York: The Library of America, 2006). An anthology of critics' reviews of movies from The Birth of a Nation to Sideways.

Sarris, Andrew, *The American Cinema* (New York: Dutton, 1968). A basic document of the auteur theory.

Williams, Christopher, ed., *Realism and the Cinema: A Reader* (London: Routledge & Kegan Paul, 1980). A collection of scholarly articles, primarily by British writers.

▶▶▶ 12. 종합편: 시민 케인

시민케인 Citizen Kane (미국, 1941)

학습 목표(Learning Objectives)

- '시민 케인'이 어떻게 촬영에 혁명을 예고했는지, 그리고 각 쇼트에서 웰스가 어떻게 역동적으로 복잡한 연기를 연출했는지를 밝힌다.

- '시민 케인'의 스토리라인을 아름답게 꾸미기 위해 웰스가 어떻게 이동카메라를 사용했는지에 대한 예를 제시한다.

- 풍부하고 상징적인 영화 경험을 만들어내기 위해 웰스가 어떻게 그 영화 속에 편집 기술과 사운드를 조정했는지 서술한다.

- '시민 케인'의 배우들의 재능을 평가하고, 웰스가 연극과 라디오에서의 작업경험으로부터 얻은 미술 감독으로써의 솜씨들을 평가한다.

- '시민 케인'의 플롯 구성을 도식화하고, 감독이 왜 이 영화에서 플래쉬백 구조를 사용하려고 선택했는지 설명한다.

- 이 영화의 스토리텔러, 내러티브 전략, 그리고 상징적 모티프 등을 검토함으로써 '시민 케인' 주제의 복잡성을 설명한다.

- 영화 작가감독으로서의 오손 웰스의 아이디어들을 옹호한다.

(RKO. Photo: Alex Kahle)

영화라는 매체는 표현범위가 아주 넓다.
영화는 이차원의 평면 위에 영사되는 시각적 구성물이라는 점에서는 다른 조형예술과 공통적이다.
동작의 배열을 다룬다는 점에서 영화는 무용과 공통적이고, 사건의 극적 긴장을 창출해낼 수 있다는 점에서 영화는 연극과 공통적이다.
그리고 리듬과 시간의 흐름 속에서 구성하고 노래와 악기를 첨가할 수 있다는 점에서 영화는 음악과 공통적이며, 이미지를 병치할 수 있다는 점에서는 시와 공통적이다. 또 언어로만 가능한 추상적 개념을 사운드 트랙에 담아낼 수 있다는 점에서 영화는 일반문학과 공통적이다.

– 마야 데런 Maya Deren, 영화감독 및 이론가

'시민 케인'은 찰스 포스터 케인 Charles Foster Kane이라는 막강한 언론계 거물의 일생을 다룬 영화인데, 그는 논의의 여지가 많은 모순된 성격의 소유자였다. 이 영화는 무자비한 출판계의 거물 윌리엄 랜돌프 허스트 William Randolph Hrarst(1863~1951)의 전기를 각색한 영화이기도 하다. 사실 영화에 나오는 인물들은 몇몇 유명한 미국 실업계 거물들의 삶을 바탕으로 구성한 것이지만, 그 중에서도 허스트는 가장 두드러졌다. 시나리오의 공동집필을 맡았던 허먼 맨키비츠 Herman Mankiewicz는 허스트와 개인적인 친분이 있었으며, 이 늙은 "선정적 저널리스트"의 정부였던 여배우 마리온 데이비스 Marion Davies의 친구이기도 했다. 데이비스는 당시 영화계에서 가장 선호하던 인물에 속했으며, 술과 그림맞추기 놀이 jigsaw puzzles를 좋아하는 것 빼고는 '시민 케인'의 수잔 알렉산더 Susan Alexander와는 전혀 달랐다.

영화는 주인공의 긴 삶의 주요 사건들을 하나씩 보여준다. 비교적 조용한 시골마을에서 태어난 찰스는 여덟 살 되던 해에 어머니가 요행히 얻은 엄청난 재산의 상속자가 된 후 기숙학교로 보내진다. 청소년시절 케인의 후견인은 과시적이고 떠버리이고 정치적으로는 보수주의적인 은행가 대처 Walter P. Thatcher이다. 경박하고 방탕한 생활을 하다가, 20대 중반에 케인은 신문발행인이 되려는 결심을 한다. 충직한 번스타인 Bernstein, 상냥한 제드 르랜드 Jed Leland 등 가까운 동료들과 더불어 케인은 피지배계층의 권익을 옹호하고 부패한 권력기관을 고발하는 데 헌신적으로 몰두한다. 인생의 절정기에 케인은 미국 대통령의 조카인 품위 있는 에밀리 노튼 Emily Norton과 결혼한다. 그러나 이들의 결혼생활은 시들해지고, 결국 최악의 상태가 된다. 중년에 접어든 케인은 수잔 알렉산더를 은밀히 정부로 삼아 스스로를 달래는데, 그녀는 아름답지만 머리는 텅 비어 있는 점원 출신의 여성이며 가수가 되겠다는 막연한 포부를 가지고 있다.

자신의 명성과 대중적 인기에 힘을 얻은 케인은 뉴욕 주지사에 출마한다. 케인의 경쟁자인 보스 짐 게티스 Boss Jim Gettys는 케인에게 위선적인 결혼생활을 공개하고 수잔과의 밀회를 폭로하겠다며 출마를 포기하라고 협박한다. 화가 난 케인은 스캔들이 공공연하게 그의 아내와 아들 그리고 수잔에게 엄청난 굴욕감을 느끼게 하리라는 것을 알면서도 굴복하지 않는다. 케인은 선거에서 지고 자신의 가장 절친한 친구인 르랜드마저 잃게 된다. 에밀리는 케인과 이혼하고 아들을 데리고 떠난다.

케인은 이제 자신의 젊은 새 아내 수잔 알렉산더의 출세를 위해 자신의 모든 힘과 정열을 쏟는다. 수잔에게 두드러진 재능이 없어 적절하지 못함에도 케인은 그녀를 위대한 오페라 스타로 만들겠다는 결심을 굽히지 않는다. 수잔의 반대의사는 아랑곳없이, 그녀가 세상사람들로부터 당하는 굴욕에도 아무런 관심도 없이, 케인은 재능 없는 수잔을 밀어붙여 결국 자살 직전까지 가게 만든다. 또 다시 좌절을 겪은 케인은 마침내 수잔을 오페라 스타로 만들려는 계획을 포기한다. 그 대신 외딴 곳에 "제나두 Xanadu"라는 궁전 같은 거대한 저택을 지어, 거기서 그와 수잔은 거의 은둔하다시피 세상을 등진다. 이후 몇 년간 케인에게 완전히 복종하며 지낸 수잔은 그에 맞서 대항하다 마침내 그를 등지고 떠나 버린다. 마침내 세상을 저주하며 홀로 남은 늙은 케인은 제나두의 공허한 풍요 속에서 죽음을 맞이한다.

촬영

촬영기사 그레그 톨랜드 Gregg Toland는 '시민 케인'을 자신의 인생에서 최고절정이라 판단했다. 이 베테랑 촬영기사는 주로 라디오와 브로드웨이 연극무대에서 재능을 발휘해 왔던 이 "젊은 천재"에게 무언가 배울 것이 있을 것이라는 생각이 들었다. 웰스는 연극무대에서 그 나름의 조명장치를 사용했으며, 영화감독은 조명에 대해서도 책임을 져야 한다고 생각했다. 요령껏 톨랜드는 대부분의 조명설계를 웰스가 결정하도록 내버려 두면서, 기술적 조정이 필요한 부분은 카메라기사에게 남모르게 지시를 내렸다.

'시민 케인'이 그 당시 대부분의 미국영화와는 다르다는 것을 누구나 한눈에 알아볼 수 있었다. 영화에 나오는 영상은 그저 그렇게 무심코 촬영된 것이 없다. 심지어 해설장면들—일반적으로 적당한 미디엄 투 쇼트로 신속하게 처리된다—까지도 촬영이 무척 돋보였다(12-2). 그 테크닉들이 새로운 것은 아니었다. 딥 포커스, 로우 키 조명, 풍부한 질감묘사, 대담한 구성, 전경과 원경 간의 역동적인 대조, 역광조명, 천장이 있는 세트, 측면조명, 가파른 사각 앵글, 익스트림 클로즈업과 병치된 서사적 롱 쇼트들, 아찔한 크레인 쇼트, 다양한 특수효과들—어느 것도 새로운 것은 없었다. 하지만 비평가 제임스 내러모어 James Naremore가 "일곱 개의 층을 가진 다채로운 케이크"라고 표현한 것처럼, 이전에 이 테크닉들을 이처럼 활용한 사람은 아무도 없었다.

촬영 면에서 '시민 케인'은 혁명적이다. 촬영하고 있다는 사실 자체에 대해 관객의 주의가 쏠리지 않도록 하려는 투명한 스타일의 고전적 이상에 대해 암암리에 도전하고 있는 것이다. '시민 케인'에서는 스타일의 기교와 기량이 표현의 일부이다. 케인의 젊은 시절을 묘사하는 씬과 개혁적인 청년 신문업자로서의 시기를 다루는 씬들에 있어서 영화 속의 조명은 대체로 중간 정도의 하이 키 조명이다. 케인이 나이 들어 점점 냉소적으로 변해갈 때, 조명은 점차 어두워지고 명암대조가 더욱 뚜렷해진다. 케인의 저택인 궁전 같은 제나두도 끝없는 암흑으로 뒤덮여 있는 듯하다. 오직 한 줄기 빛을 내뿜는 스포트라이트만이 숨막힐 듯한 어둠 속을 관통하면서 의자와 소파, 영웅 형상 일부를 드러내고 있을 뿐이다. 그러나 배어드는 분위기는 음산하고 칠흑같다. 그 어둠 속에는 형언하기 어려운 사악함이 깃들어 있다.

스포트라이트는 또한 상징적 효과를 위해 근거리 쇼트에도 사용된다. 케인이 품위와 타락이라는 이중적 성격을 함께 지니고 있다는 것을 암시하기 위해 명암 대조 조명이 사용된다. 종종 케인의 얼굴을 반으로 나누어 한쪽은 밝게 비추고 다른 한쪽은 어둠에 가리는 것은 그 때문이다. 숨겨진 것이 드러나는 것보다 더 중요할 경우가 자주 있다. 가령 이상주의적인 케인과 그의 두 동료 사이를 찍은 초반 씬에서, 주인공은 그의 신문독자들에게 그가 시민과 인간으로서의 권리를 성실하고 줄기차게 지켜나갈 것임을 약속하는 "원칙선언문"을 신문의 1면에 게재하겠다는 뜻을 두 친구 번스타인과 르랜드에게 전한다. 그러나 케인이 서류에 서명하려고 숙일 때 그의 얼굴은 갑자기 어둠—뒷날 케인의 성격에 대한 불길한 징조—에 잠긴다.

그레그 톨랜드는 1930년대에 주로 윌리엄 와일러 William Wyler 감독(1-20b)과 함께 일하면서 종

12-1

'시민 케인 *Citizen Kane*' (미국, 1941)의 제작 중 오슨 웰스 Orson Welles와 **촬영감독 그레그 톨랜드** Gregg Toland의 홍보 사진

▶당대 최고의 촬영감독으로 찬사를 받던 톨랜드가 새파랗게 젊은 감독의 첫 번째 영화의 촬영을 맡겨달라고 웰스에게 자청했다. 그는 웰스의 과감한 연극적 연출에 매혹되어 있었으며, 종종 씬을 촬영하는 보다 효과적인 방식들을 제시하곤 했다. 그들은 영화의 매 쇼트마다 어떤 영상 스타일을 선택할 것인지를 의논했으며, 여러 가지 효과적인 요소를 통합시켜 나갔다. 웰스는 고든 크레이그 Gorden Craig나 아돌프 아피아 Adolphe Appia 같은 무대디자이너의 조명이론과 독일 표현주의운동의 테크닉들 가운데 많은 것에 대해 강한 매력을 느끼고 있었다. 웰스는 또한 존 포드 감독이 '역마차 *Stagecoach*'에서 사용한 무거운 분위기의 로우 키 촬영방식에 영향을 받기도 했다. 웰스는 베테랑 촬영감독 톨랜드에게 무척 고마움을 느꼈고, 그에게 이 시대에 보기 드문 인물이라는 남다른 크레디트 타이틀을 붙여주었다. *(RKO)*

12-2

'시민 케인'

▶'시민 케인'은 미국영화사에 화려한 영상효과의 시대를 알렸다. 이는 비가시적 스타일 invisible style이라는 고전적 이상에 대해 선전포고를 하는 것이나 다름없었다. 조명이 종종 아래에서 혹은 전혀 예측할 수 없는 광원에서 흘러나와, 놀라운 부조화와 추상적 패턴을 만들어내는가 하면, 촬영되는 소재들에 시각적으로 아주 풍부한 느낌을 불어넣었다. 예를 든다면, 이 쇼트의 조명에 관하여 비가시적인 것은 하나도 없다. 대본상으로 이 씬은 단순히 영화의 내러티브적 전제를 설정하는 서설적 해설부분일 뿐이다. 몇 명의 기자들이 시사실에서 이야기를 나누고 있고, 그들이 이야기하는 동안 영사실에서 나온 불빛이 캄캄한 좌석을 적시면서, 물결치는 듯한 빛무리가 실루엣 처리된 등장인물들에게로 쏟아진다. *(RKO)*

종 딥 포커스 촬영을 실험했다. 그러나 '시민 케인'에서 딥 포커스는 와일러 감독이 사용한 딥 포커스 테크닉에 비해 훨씬 더 이채롭고 현란하다(12-3). 딥 포커스 촬영은 사람들 사이의 간격을 과장하는 성향이 있는 광각렌즈 사용을 동반하는데, 이는 고립과 소외 그리고 고독을 다루는 스토리에 적합한 상징적 비유로 쓰인다.

12-3

'시민 케인',
출연: 오슨 웰스,(테이블 끝에서부터) **조셉 코튼** Joseph Cotten, **에버렛 슬론** Everett Sloane

▶웰스의 딥 포커스 촬영은 그것의 기능적 측면뿐만 아니라 그 탁월한 기량 때문에 높이 평가받고 있다. 앙드레 바쟁 André Bazin은 딥 포커스 테크닉에 대한 열렬한 지지자였다. 그는 이 기법을 통해서 편집의 비중을 줄이고, 실제 시공간의 연속성을 유지시킬 수 있다고 믿었다. 씬이 지닌 객관성을 그대로 유지하면서 하나의 테이크 take 안에 다층적 공간 spatial planes을 담을 수 있다는 것이다. 바쟁은 결과적으로 관객이 사람과 사물의 관계를 이해할 때 한층 더 창조적-보다 덜 수동적-인 태도를 취하게 된다고 생각했다. 예컨대, 이 사진에서 우리는 24명이 넘는 등장인물들의 얼굴을 마음대로 바라볼 수 있다. 웰스는 이렇게 말한다. "관객은 한 쇼트 내에서 그들이 보고 싶은 것을 선택해서 볼 수 있다. 나는 관객에게 강요하는 것을 좋아하지 않는다." *(RKO. Photo: Alex Kahle)*

딥 포커스는 또한 관객에게 능동적으로 그 쇼트가 담고 있는 정보를 캐내도록 하는 경향이 있다. 가령 수잔 알렉산더가 자살을 기도하는 씬에서 사건의 인과관계는 오프닝 쇼트에서 제시되고 있다. 수잔이 치사량의 독약을 먹고 반쯤 어둠에 잠긴 그녀의 침대에 혼수상태로 누워있다. 스크린 아랫부분 클로즈업 영역에는 빈 유리잔과 약병이 세워져 있고, 스크린 중간의 미디엄 영역에는 수잔이 가볍게 숨을 헐떡이며 누워 있다. 그리고 스크린 윗부분의 롱 쇼트 영역에는 방문이 있다. 케인이 문을 쾅쾅 두드리는 소리가 들린다. 마침내 그가 억지로 문을 열고 방으로 들어온다. 이 같은 미장센 mise en scène의 계층구조는 다음을 시각적 영상으로 알리는 것이다. 즉, (1) 치사량의 독약이 섭취되었고, (2) 수잔 알렉산더 케인이 먹었으며, (3) 이는 케인의 잔인성 때문이다.

여러 가지 이유로 특수효과가 영화 전편에 걸쳐 사용되었다. 일부 세팅—이를테면 제나두의 외부 쇼트 등—에서는 특수효과가 배경에 다소 환상적인 분위기를 가미한다. 정치집회 같은 씬들에서는 특수효과가 대규모 군중과 대형집회장을 실제 그대로인 것처럼 보여주고 있다(12-4).

1940년대의 미국영화는 주제와 촬영 양측면 모두 점점 더 어두워지는 경향을 보였는데, 이에 대해 '시민 케인'의 막대한 영향이 한 몫을 했다. 그 당시 가장 중요한 스타일은 필름 누아르 Film Noir(말 그대로 "검은 영화 black cinema")였다. 이는 그 시절에 잘 어울리는 스타일이었다. 웰스의 스타일은 누아르의 분위기로 계속 이어지는데, '상하이에서 온 여인 *The Lady from Shanghai*'과 '검은 함정 *Touch of Evil*' 같은 영화에서 특히 그렇다. 1948년 톨랜드는 44세의 나이로 세상을 떠났고, 그의 죽음은 곧 미국 영화계의 돌이킬 수 없는 손실이었다.

12-4

'시민 케인',
출연: 레이 콜린스 Ray Collins

▶ 매우 소문이 자자했던 RKO사의 특수효과분야는 35명으로 구성되어 있었으며, 그들 대부분이 '시민 케인'의 작업을 도왔다. 책임자는 버논 워커 Vernon L. Walker였다. 영화의 80% 이상이 미니어처, 매트 쇼트, 이중노출, 다중노출과 같은 종류의 특수효과를 필요로 했다. 많은 씬을 다시 프린트해야 했다. 다시 말해서 광학적 인화기 optical printer를 사용해서 두 개 이상의 분리된 이미지를 결합시켜야 했던 것이다. 가령 이 사진의 쇼트는 따로 따로 찍은 세 개의 이미지를 결합한 것이었다. 보스 짐 게티스(콜린스)는 발코니에 서서 메디슨 스퀘어 가든을 내려다보고 있고, 케인은 아래쪽에서 대규모 청중을 상대로 유세연설을 하고 있다. 발코니의 프레임이 두 영역을 나누고 있는 경계선을 은폐시켜 주고 있다. 유세장의 영역은 실제 연기(연단)와 매트 프린팅(객석)을 조합한 것이다. 그리고 발코니 세트는 두 개의 벽으로 되어 있다. 결국 웰스는 이처럼 영화에 거대하고 웅장한 규모를 갖게 하면서 제작비는 상대적으로 적게 들이는 능력을 가지고 있었다. 영화의 전체 제작비는 70만 달러를 넘지 않았으며, 이는 1941년의 수준으로 볼 때 많이 쓴 것은 아니었다.   *(RKO)*

미장센

연극계 출신이었던 웰스는 역동적인 연기를 연출하는 전문가였다. 미장센의 예술성에 있어서는 롱 쇼트가 더 효과적인—그리고 더 연극적인—매체이다. 따라서 이 영화에는 비교적 클로즈 쇼트가 적은 편이다. 대부분의 이미지들은 틀에 꽉 짜여 있고 "닫힌 형식 closed from"으로 되어 있다. 또한 이들 이미지의 대부분은 전경, 중경, 원경에 담긴 중요한 정보로써 심도 있게 구성되어 있다. 등장 인물들 사이의 공간적 거리 proxemic ranges는 발레안무처럼 구성되어 있는데, 이는 등장인물들 간에 벌어지는 권력관계의 변화를 나타내기 위한 것이다. 예를 들어, 영화의 초반 씬에 케인과 번스타인, 그리고 르랜드가 인콰이어러 Inquirer 신문사의 사옥을 인수하는 장면을 보여준다. 케인이 이 보수주의 신문을 사들였던 것은 신문사를 해보는 것이 재미있을 것으로 여겨졌기 때문이었다. 일꾼들과 조수들이 프레임 안팎으로 드나들면서 장비나 가구, 기타 개인용품을 옮기는 동안, 케인은 디킨스 애호가이자, 곧 해고될 답답한 편집장인 카터와 함께 우스꽝스러울 정도로 격노하면서 종잡을 수 없는 대화를 계속한다.

12–5

'시민 케인',
출연: 해리 샤논 Harry Shannon,
버디 스완 Buddy Swan(창문안),
조지 쿨로리스 George Coulouris
아그네스 무어헤드 Agnes Moorehead

▶'시민 케인'의 구성은 거의 전부가 복잡하고 호화롭게 짜여 있으며, 때로는 바로크적인 현란함을 보인다. 그러나 이 같은 시각적 복합성이 단지 수사학적 장식에 그치는 것은 아니다. 영상은 최대한의 정보를 보여줄 수 있도록 디자인되고, 종종 아이러니한 방식으로 디자인되기도 한다. 가령 이 씬을 보면, 집 안에서는 자신의 미래가 그의 어머니와 대처에 의해 결정되고 있는데도, 여덟 살 먹은 찰스는 집 밖의 눈밭에서 그의 썰매를 타며 놀고 있다. 소년의 아버지는 반대한다는 뜻을 몇 마디 입안에서 힘없이 중얼거리면서 무기력하게 지켜보고 있다. 미장센은 수직분할선 역할을 하는 벽 때문에 두 영역으로 나누어져 있다. 케인의 아버지와 어린 찰스는 프레임 윗부분의 왼편에 함께 있고, 대처와 엄한 케인 부인은 찰스를 곧 부모로부터 떼어놓게 될 계약서에 서명 할 자세를 취하면서 오른쪽 아래 절반을 차지하고 있다. 아이러니컬하게도 이때 케인 부인에게는 사랑과 자기희생이 동기가 된다. 그녀는 억지로 아들을 웃기다가도 또 종잡을 수 없을 정도로 화풀이를 해대기도 하는 눈꼴사나운 시골뜨기 아버지로부터 보호하기 위하여 찰스를 멀리 보내고 있는 것이다. *(RKO)*

웰스의 복잡한 미장센을 가장 잘 이해할 수 있는 방법은 싱글 쇼트를 분석하는 것이다. (12-5)에 담긴 극적 맥락은 다음과 같이 설명될 수 있다.

1. **지배적 대비** Dominant   찰스의 위치가 프레임의 중앙이고, 검은색 옷과 눈부시게 하얀 눈이 강한 대비를 보이기 때문에, 그가 가장 먼저 우리의 시선을 끄는 편이다. 그는 또한 전경에서 논의되고 있는 문제의 인물이기도 하다.

2. **조명 키** Lighting Key   내부는 중간 정도의 하이키로 촬영된다. 외부-거의 대부분 눈이 부실 정도로 하얀 눈이다-는 익스트림 하이키로 촬영된다.

3. **쇼트와 카메라 공간** Shot and camera proxemics   이것은 딥 포커스 쇼트이며, 전경의 미디엄 쇼트 영역에서부터 원경의 익스트림 롱 쇼트 영역까지 연장된다. 카메라는 대처와 케인의 어머니로부터는 사적인 거리를, 케인의 아버지로부터는 사회적 거리를, 그리고 찰스로부터는 공적인 거리에 위치한다. 소년은 따로 떨어져서 "미국 만세"라고 외치듯이 소리를 지르면서 즐겁게 놀고 있다. 케인의 아버지가 그들의 계획에 거세게 반발하고 있고, 대처와 케인의 어머니는 바깥 날씨보다 더 쌀쌀한 태도로 이야기를 듣는 둥 마는 둥 하고 있다.

4. **앵글** Angle   카메라는 전경의 인물에 맞추고 있는 아이레벨이다.

5. **색상도** Color values   적용되지 않았다. 이 영화는 흑백이다.

6. **렌즈/필터/필름** Lens/filters/stock   시계(視界)의 심도를 포착하기 위하여 광각렌즈가 사용되고 있다. 광각렌즈로 말미암아 인물들 사이의 거리가 강조되고 있다. 어떤 필터인지 분명하지 않다. 필시 빛의 양이 많아야 하는 저감도 필름일 것이다.

7. **보조적 대비** Subsidiary contrasts   우리의 시선은 찰스(지배적인 대비)로부터 케인의 아버지와 대처, 케인의 어머니, 그리고 스포트라이트가 비추고 있는 그들이 서명하기 위해 준비된 서류로 차례로 옮겨간다. 작은 텔레비전 스크린으로 보면, 아마 찰스는 보이지 않고 케인의 아버지가 지배적 대비를 이룰 것이다.

8. **밀도** Density   이 이미지는 정보가 밀도 높게 채워져 있는데, 하이키 조명과 감칠맛 나게 잘 짜인 세트와 의상의 디테일 덕분이다.

9. **구도** Composition   이 영상은 수직으로 양분되어 있으며, 왼쪽의 두 인물과 오른쪽의 두 인물 사이에는 팽팽한 줄다리기가 벌어지고 있다. 이런 구도로 말미암아 등장인물들이 서로 갈라져서 소원한 것처럼 보인다.

10. **형식** Form   이 영상은 닫힌 형식으로 되어 있고, 세심하게 잘 정리된 구성요소들은 프로시니엄 아치에 둘러싸인 연극무대의 자급자족적인 완결성을 연상시킨다.

11. **프레이밍** Framing   쇼트는 꽉 짜여 있으며, 움직임이 있을 여지가 거의 없다. 각 인물들은 각자의 공간에 틀어박혀 있는 것처럼 보인다. 집안으로부터 배제된 찰스는 유리창의 프레임 안에-울타리 안의 울타리에-이중으로 갇혀 있음을 말해준다. 찰스의 자유는 환상이고 착각이다.

12. **심도** Depth   이 영상은 4단계의 심도로 촬영되어 있다. (a) 전경의 테이블과 거기 앉은 사람들, (b) 케인의 아버지, (c) 거실의 뒤쪽부분, (d) 멀리 바깥에서 놀고 있는 찰스.

13. **인물배치** Character placement 찰스와 아버지 케인은 화면 위쪽을 차지하고, 대처와 케인 부인은 아래쪽에 있는데, 그 배치가 참 아이러니하다. 왜냐하면 "열등한" 위치에 있는 사람들이 실제로는 상황을 지배하고 있기 때문이다. 남편과 아내는 반대쪽 끝으로 최대한 떨어져 있게 배치한 상태이고, 찰스는 대처와 함께 중앙에 있다.―두 사람의 친밀한 관계는 후회하게 된다.

14. **연출 위치** Staging positions 아버지 케인은 완전 정면자세로 비교적 친근하게 관객과 마주보고 있다. 대처는 완전히 정면자세이지만 눈을 아래로 내리뜬 채 우리의 시선을 피하고 있다. 케인 부인은 측면자세이고 계약서에 몰두해 있다.

15. **인물의 근접도** Character proxemics 대처와 케인 부인은 친밀하게 근접해 있다. 그들은 아버지 케인으로부터는 무관심한 사회적 거리에 있고, 찰스로부터는 관계가 먼 공적 거리에 있다.

움직임

영화를 처음 시작할 때부터 웰스는 이동카메라 mobile camera의 전문가였다. '시민 케인'에서 카메라의 움직임은 전반적으로 젊은 시절의 그 활력과 에너지를 그대로 유지하고 있다. 반면에 정적인 카메라는 질병과 노년기, 죽음 등을 연상시키는 경향이 있다. 케인의 움직임도 이러한 카메라의 운동원리를 벗어나지 않는다. 젊었을 때, 케인은 그야말로 에너지가 넘쳐난다. 그래서 그는 거의 숨쉴 틈도 없이 떠들어대고 이곳저곳을 마치 바람처럼 옮겨 다니면서 인생을 유희처럼 즐기면서 산다. 하지만 나이가 들자 케인은 한 발자국을 옮기는 데도 끙끙거리며 신음한다. 가만히 있거나 앉아 있는 그의 모습이 자주 나온다. 특히, 제나두에서 수잔과 함께 있는 씬들에서 케인은 지치고 기진맥진하다(12-6).

웰스 만큼 크레인 쇼트를 웅장하고 화려하게 사용한 감독은 없었다. 하지만 결코 기교를 부리기 위해서 기교를 사용한 것은 아니다. 대담하고 화려한 크레인 쇼트들은 중요한 상징적 아이디어들을 구현하고 있다. 가령 케인의 사망소식을 듣고 한 신문기자가 수잔 알렉산더와 인터뷰하고자 한다. 이 시퀀스는 극심한 폭우 속에서 시작된다. 수잔이 나이트클럽 전속가수라는 것을 광고하는 벽보와 사진이 보인다. 사운드트랙에서는 무서운 천둥소리가 들리고, 카메라는 크레인 업되어 빗속을 뚫고 올라가 빌딩 지붕을 넘어서 마침내 "엘 란쵸"라 씌인 화려한 네온사인으로 빠져든다. 그리고 눈부신 번개 빛으로 이동경로가 보이진 않지만 카메라는 천장의 채광창으로 내려와 창문을 통과하여 황량한 나이트클럽을 넓게 비춘다. 거기에는 술이 취한 수잔이 슬픔에 젖어 테이블에 등을 기대고 앉아 있다.(수잔은 이 영화에서 케인의 사망소식을 듣고 망연자실하여 몸져누운 유일한 인물이다.) 카메라와 기자는 양쪽 모두 엄청나게 많은 장애물들을 거쳐야 한다. 관객이 수잔을 보려고 해도 반드시 비, 네온 간판, 건물의 벽을 뚫고 지나가야 하며, 그래도 그녀의 말은 잘 들리지 않는다. 크레인 쇼트는 슬픔에 잠긴 수잔을 그나마 감싸주고 있는 갖가지 울타리들을 여지없이 벗겨내고, 무자비하게 그녀의 프라이버시를 뚫고 들어가 버린다.

수잔이 오페라에 데뷔할 때, 코믹한 효과를 내기 위해 트래블링 쇼트가 사용되는데 아주 예리하고 풍자적이다. 수잔이 첫 아리아를 시작하자 카메라는 마치 천국으로 승천하듯이 떠오르기 시작한다. 수잔이 노래를 이어가는 동안, 카메라도 계속 위로 올라가 무대 위의 모래주머니와 로프, 플랫폼을 거쳐 마침내 두 사람의 무대담당자가 공연을 내려다보며 쉬고 있는 좁은 통로 catwalk까지 이르게 되고, 수잔의 가늘고 약한 목소리는 점점 더 허약해진다. 그들은 잠시 더 듣고 있다가 서로 얼굴을 마주본다. 무대담당자 한 사람이 우스꽝스럽게 코를 문지른다. 마치 "정말로 엉망"이라고 말하는 것처럼 보인다.

12-6

'시민 케인'

출연: (벽난로 왼쪽 아랫부분에 있는) **도로시 커밍고어** Dorothy Cominggore와 웰스.

▶ 늙었을 때의 케인을 묘사하는 씬들에서, 종종 카메라는 케인을 고독해 보이도록 하기 위해 멀리 떨어진다. 이 쇼트의 경우처럼 심지어 그가 렌즈 가까이에 있을 때조차도 딥 포커스 촬영은 그 밖의 세상과 소원한 관계를 유지하면서 그와 다른 사람들 사이에 넓은 빈 공간을 만든다. 종종 우리는 등장인물들의 위치를 알기 위해 미장센을 자세히 살펴보아야 한다. 가령 이 쇼트에서 수잔은 거대한 벽난로와 그녀 뒤에 서 있는 영웅 조각상 때문에 하찮은 존재로 위축되어 있다. 그녀는 그저 보조적 대비 subsidiary contrast로서, 조각상만큼의 중요성도 갖지 못하며, 지배적인 대비를 차지하는 케인에 비해서는 더욱더 보잘것없다. 이와 같은 정적인 쇼트들은 너무나 친밀감이나 자연스러움이 결여되어 있기 때문에, 그들이 그토록 슬픔에 젖어 있지 않았다면 거의 이상할 정도이다.   *(RKO)*

12-7
'시민 케인'

▶ 다방면에서 '시민 케인'은 대단한 수수께끼를 풀어나가는 추리소설처럼 구성되어 있다. 웰스는 바로 오프닝 시퀀스에서부터 일련의 디졸브와 움직이는 쇼트들을 통해 이러한 착상을 넌지시 내비치는 능력을 보인다. 영화는 "출입 금지"라는 간판에서 시작된다. 카메라는 이를 무시하고 그 간판을 지나 철제 담을 넘어간다. 격자모양의 화려한 장식이 디졸브되면서 철제 대문의 대문자 "K"를 보여준다. 배경에는 제나두 Xanadu가 안개에 질식할 듯이 파묻혀 있으며, 오직 하나의 창문에 불이 켜져 있는데 이것이 이 거대한 저택에 누군가가 살고 있다는 유일한 표시이다. 여기에 미스터리가 있으며, 바로 여기서 탐색은 시작된다. *(RKO)*

12-8
'시민 케인',
출연: 에버렛 슬론, 오슨 웰스, 조셉 코튼

▶ 젊었을 때 케인은 그야말로 에너지의 동력 그 자체였으며, 그의 청춘의 높은 뜻은 역동적으로–주인공의 움직임들에 맞춰 활발하게 움직이는 트래블링 쇼트를 통해–전달되는 경우가 많다. 예컨대 이 씬에서 케인은 우스꽝스러울 정도로 앞뒤로 흔들거리며 왔다갔다 반복하는데, 그에 따라 카메라도 역시 뒤로 물러났다 앞으로 나갔다 한다. 아주 초조한 심정으로 조심스럽게 그와 에밀리 노튼과의 약혼사실을 발표하는 장면이다. *(RKO)*

12-9

'시민 케인', 출연: 조지 쿨로리스, 오슨 웰스, 에버렛 슬론

▶ 웰스는 그 나름의 연출방식에서 롱 테이크를 자주 사용했다. 말하자면 일련의 분리된 쇼트들로 커트를 하는 것 보다는 카메라와 등장인물의 움직임들을 극적으로 구성한 것이다. 심지어 이 경우처럼 비교적 정적인 씬에서도, 이같은 롱 테이크들이 세 명의 인물을 여전히 동일공간에 붙잡아 두면서도 미장센에 부드러우면서도 역동적인 변화의 느낌을 불어넣고 있다. 세팅은 1929년의 대형 사무실이다. 대공황이 케인에게 심각한 타격을 안겨주었고, 불가피하게 그의 출판제국에 대한 통제권을 양도할 수밖에 없는 상황이 된다. 이 시퀀스는 번스타인이 그 내용을 읽고 있는 법률서류의 클로즈 쇼트에서 시작한다. 그가 서류를 내려놓음으로써 이제는 노인이 된 대처가 회사를 해체하는 일을 맡고 있음이 드러난다. 카메라가 약간 조정되고, 그때 관객은 우울하게 듣고 있는 케인을 보게 된다. *(RKO. Photo: Alex Kahle)*

　　모든 영화가 그렇듯이―모든 인간사가 그렇듯이―'시민 케인'에도 결점은 있다. 영화에 나오는 수많은 씬들이 다만 적당할 뿐 그 이상은 아니다. 몇몇의 비평가들이 골라낸 것이 곧 영화 뒷부분에 나오는 수잔이 끝내 케인을 영원히 떠나는 씬이다. 화가 난 늙은이는 수잔의 침실 물건들을 내던지고 가구를 부수면서 방안을 난장판으로 만들어놓는다. 웰스는 침실을 부수는 늙은이의 역동적인 에너지를 통해서 그의 분노를 전달하고 싶은 욕심을 가지고 있었음에 틀림없다. 그러나 쇼트들은 너무 긴 편이었으며, 카메라는 액션에서 너무 떨어져 있었다. 만약 웰스가 카메라의 위치를 좀 더 가까이 하여 동작들을 중심으로 보다 더 부각시켰더라면 케인의 분노와 그 폭력성이 더욱 효과적으로 전달되었을 것이다. 또한 생각의 갈피를 못 잡는 케인의 내면적 분열과 혼란을 전달하기 위해서는 좀더 편집을 해야 했다. 연기의 측면에서 이 씬은 부족한 것이 없지만, 다수의 관객들에게는 어딘지 모르게 김이 새는 것처럼 느껴질 것이다. 동적인 에너지는 반드시 주제와 균형을 이루어야 한다. 그러지 못할 경우 그것은 너무 과하거나 지나치게 부족한 것이 되어 버린다.

편집

　'시민 케인'에서 편집은 무심코 며칠, 몇 달, 심지어 몇 년을 예사로 뛰어넘는 묘기를 펼쳐 보일 것임을 미리 계산하고 있다. 존 스폴딩 John Spalding이 지적했듯이, 웰스는 종종 동일한 시퀀스에서 여러 가지 편집스타일을 사용했다. 가령 수잔이 자기의 오페라가수 시절을 회고할 때, 화가 난 발성지도 선생님과 수업하는 성악레슨 장면이 긴 테이크로 촬영된다. 막이 오르기 전 분장실의 혼란스러움이 단편적인 쇼트들로 편집되어 연속적으로 터져나오는데, 이는 그녀가 오페라에 데뷔할 때 그 극심했던 혼란을 강조하기 위한 것이다. 웰스는 평행편집을 이용하여, 청중석에 있는 르랜드의 경멸적이고도 지루한 관람태도와 무대 위에서 두려움에 떨고 있는 수잔을 대비시켰다. 수잔에 대한 악평을 두고 벌이는 그녀와 케인의 언쟁은 고전적인 관습에 따라 편집된다. 주제적 몽타주는 국내 순회공연을 하고 있는 장면을 압축적으로 보여주기 위해 이용된다(12-13). 시퀀스의 마지막 씬은 수잔의 자살기도인데, 케인이 수잔의 호텔방으로 들어가서 그녀가 침대에 혼수상태로 누워 있는 것을 발견할 때는 딥 포커스의 긴 테이크로 시작된다.

　이 영화에서 편집을 분리시키는 것은 어렵다. 왜냐하면 그것이 스토리의 단편화(斷片化)는 말할 것도 없고, 사운드 테크닉과 함께 작동하는 경우가 많기 때문이다. 종종 웰스는 긴 시간을 압축하기 위해 편집을 활용하는데, 사운드를 시간의 흐름을 이어가는 연속성의 장치로 이용한다. 한 예로 케인이 점점 그의 첫 아내 에밀리와 소원해지고 있다는 것을 나타내기 위해, 웰스는 짧은 각 에피소드

12-10
**'시민 케인',
출연: 오슨 웰스와 루스 워릭 Ruth Warrick**

▶웰스는 종종 편집과 다른 테크닉을 결합시켜 이를 결정적인 요소로 활용했다. 가령 케인의 에밀리와의 결혼생활의 붕괴를 묘사하는 유명한 아침식사 몽타주 시퀀스에서, 그는 이 마지막 쇼트로 매듭을 짓는다. 두 사람 사이의 거리가 그 모든 것을 말해준다. 그들은 서로 할 말이 하나도 없다. 천장의 아치들이 어떻게 그들의 갈라진 세계를 효과적으로 강화하고 있는지 주의하라. *(RKO)*

12-11

'시민 케인', 출연: 오슨 웰스

▶ 예산을 고려하여 종종 교묘한 편집전략이 결정되기도 했으며, 그 편집은 로버트 와이즈 Robert Wise가 맡았다. 예를 들면, 선거유세 시퀀스에서 웰스는 연설하는 케인의 롱 쇼트로부터 객석에서 듣고 있는 그의 가족과 동료들의 클로즈 쇼트로 커트하였다. 이렇게 분리된 단편들은 전체 객석의 재설정 쇼트 reestablishing shot(12-4 참조)에 삽입되었다. 거대한 홀과 수천 명의 관중은 실제가 아니었다. 커팅이 연상작용을 통해 마치 실제처럼 보이게 만든 것이다. *(RKO. Photo: Alex Kahle)*

와 몇 마디 대사만 나오는 일련의 아침식사 씬을 선보인다. 몇 마디 신혼의 달콤한 대화에서 시작하지만, 분위기가 갑자기 약간 과민하게 바뀌고, 그 다음 서로 긴장하며 성가시게 되어, 원망과 분노를 느끼고, 마침내 말이 없고 소원한 사이가 된다. 이 시퀀스는 동일한 미디엄 쇼트의 친밀한 사이의 연인들로 시작한다. 결혼생활이 악화되어 가자, 웰스는 각 쇼트를 분리시키기 위해 그들이 같은 탁자에 앉아 있음에도 불구하고 교차편집을 한다. 일분짜리 시퀀스는 긴 탁자의 양끝에 앉아 있는 두 사람이 각각 다른 신문을 읽고 있는 롱 쇼트로 끝난다(12-10).

어떻게 수잔 알렉산더가 마침내 케인의 정부가 되는지를 보여주는 장면에서도 웰스는 비슷한 테크닉을 사용했다. 그가 그녀를 처음 만날 때, 그는 길거리에서 흙탕물이 튀어 더럽혀진 모습이다. 그가 그녀의 작은 아파트로 올라가 물이 필요하다고 할 때 그녀는 그에게 따뜻한 물을 준다. 거기서 그들은 친구가 된다. 그녀가 노래를 조금 한다고 하자 케인은 자기를 위해 노래를 불러달라고 청한다. 그녀가 낡은 피아노로 가서 노래를 부르기 시작하자, 그 영상은 평행 쇼트로 디졸브되어, 이제는 그녀가 크고 훌륭하게 장식된 아파트 안에 있게 되고, 우아한 가운을 입고 훨씬 큰 피아노 앞에서 그 노래를 마무리한다. 이 두 쇼트 "사이에" 무슨 일이 일어났는지 우리에게 보여줄 필요는 없다. 고급스럽게 변한 수잔의 의상과 주거환경을 통해서 우리는 무슨 일이 일어났는지 추리할 수 있다.

사운드

생방송 라디오 드라마계 출신인 웰스는 종종 영화의 다양한 사운드 테크닉을 고안해낸 사람으로 인정을 받았다. 그런데 사실 그가 한 일은 주로 앞선 사람들의 단편적인 업적들을 종합하고 확장시켜 정리한 것이었다. 라디오에서 사운드는 반드시 이미지를 환기시켜야 한다. 예를 들어, 배우가 메아리효과를 내는 반향실에서 말을 하면 마치 대형 강당 같은 시각적 배경을 연상시키게 된다. 멀리서 들리는 기차의 기적 소리는 전망이 트인 풍경을 떠올리게 한다. 웰스는 바로 이와 같은 청각적 원리를 그의 영화 사운드트랙에 접목시켰다. 그의 사운드 기술자 제임스 스튜어트 James G. Stewart의 도움으로, 웰스는 거의 모든 시각적 테크닉에는 그에 상응하는 사운드 테크닉이 있다는 사실을 깨달았다. 이를테면 각 쇼트마다 음량, 명료도, 질감 등을 포함하는 적절한 사운드의 질을 가지고 있다는 것이다. 롱 쇼트나 익스트림 롱 쇼트의 사운드는 흐릿하고 멀리 떨어져 있는 느낌이다. 클로즈업 사운드는 신선하고 명료하며 대체로 소리가 크다. 하이 앵글 쇼트는 음조가 높은 음악과 사운드효과를 동반하는 경우가 많다. 로우 앵글 쇼트는 고요하고 낮은 음조의 사운드를 동반한다. 사운드는 몽타주 시퀀스와 마찬가지로 디졸브될 수도 있고 또 오버랩될 수도 있다.

웰스는 종종 충격적인 사운드의 변화를 주면서 하나의 시간이나 공간에서 다른 시간과 공간으로 커트한다. 예를 들어, 영화의 오프닝 프롤로그는 케인의 죽음으로 끝나는데, 이때 가쁘게 숨을 들이쉬다가 완전히 사라진다. 갑자기 관객들은 마치 신의 목소리처럼 "뉴스의 행진"이라고 외치는 해설자의 소리에 거의 폭력에 가까울 정도의 기습을 당하면서, 뉴스릴 시퀀스가 시작된다. 또 다른 시퀀스에서는 제드 르랜드가 선거유세 연설을 하고 있는데, 그는 케인을 "자유의 투사, 노동자의 친구, 차기 주지사 후보로서 이번 선거에 출마했다."고 소개한다. 매디슨 스퀘어 가든 Madison Square Garden에 있는 케인으로 커트되어, "목적은 하나뿐입니다."라는 말로 연설이 이어진다.

웰스는 종종 대화를 오버랩시키기도 한다. 특히, 여러 사람이 동시에 말을 하려고 하는 희극적인 시퀀스에서 그랬다. 제나두에서는 방이 너무 커서 케인과 수잔은 말이 들리게 하기 위해 서로 고함을 질러야 하는, 그야말로 슬픔과 기쁨이 함께 있는 모순적인 효과를 연출한다(12-6). 매디슨 스퀘어 가든의 장면은 관객들이 엄청난 군중의 외침과 박수소리를 듣기 때문에 자신들이 그 군중을 보고 있는 것처럼 여길 정도로 실감이 난다.

버나드 허만 Bernard Herman의 음악도 이에 못지않게 세련되었다. 몇몇 주요 인물과 사건에는 음악적인 모티프가 지정되어 있다. 그 모티프들 중 많은 것이 뉴스릴 시퀀스에서 소개되며, 이후 영화 속에서 그 씬의 분위기에 따라 종종 단조로 바뀌거나 다른 템포로 연주된다. 예컨대, 가슴에 사무치는 로즈버드라는 모티프가 오프닝 시퀀스에 처음 나오고, 이에 대한 탐색과정이 진행되는 동안에는 음악적 모티프의 변화가 종종 대사를 강조하기도 한다. 마침내 웰스가 관객에게(등장인물들에게는 아니고) 로즈버드의 미스터리를 밝힐 때, 음악적 모티프는 아주 두드러지게 돌출되면서 영화 전체에서 가장 스릴 있는 사건 중의 하나를 폭로하게 된다.

허만의 음악은 종종 웰스의 시각적 영상과 평행을 이룬다. 가령 케인이 그의 첫 아내와 함께 아침 식사를 하는 몽타주 씬을 보면, 결혼생활의 불화와 음악의 변주가 평행을 이루고 있다. 이 시퀀스는 부드럽고 낭만적인 왈츠로 시작하는데, 두 사람이 서로에게 매혹되어 있는 사랑의 감정을 감미롭게 표현해 주고 있다. 이를 이어 약간 코믹한 음악적 변주가 나온다. 관계가 점점 긴장되고 나빠짐에 따라 음악은 점점 거칠어지고 불협화음이 증가한다. 마지막 씬에서는 어느 누구도 더 이상 말을 하려고 하지 않는다. 그들의 침묵과 더불어 오프닝 뮤직 테마에 고요하면서도 과민한 변주가 곁들여져 함께 흐른다.

작곡가 하워드 쇼어 Howard Shore는 허만의 음악이 인물의 심리를 묘사하는데 얼마나 뛰어난지를 지적했다. 음악적 모티프를 어떤 인물이나 주제적 아이디어가 재출현하는 것의 신호로 사용했을 뿐만 아니라 허만은 또한 그의 경력 내내 사용했던 장치인 오스티나토 ostinato 기법—짧고 반복적인 몇 개의 음으로 된 악구—을 사용하기를 좋아했다. 심각하게 건강이 나빴을 때에도 허만은 마틴 스콜세지 Martin Scorsese의 느와르 걸작 영화 '택시 드라이버 *Taxi Driver*'의 분위기 있는 음악을 작곡하기로 하였다. 허만의 음악은 주인공(로버트 드니로 Robert De Niro)이 폭발적인 폭력 속으로 빠져들어 감으로써 서서히 평정심을 잃어가는 그의 심리를 강화하기 위해 약한 트럼펫과 작은 북들을 사용했다. 허만은 곧 사망했으며, 스콜세지는 이 영화를 그에게 헌정했다.

12-12

'시민 케인', 녹음 중인 오슨 웰스와 작곡자 겸 지휘자 버나드 허만 Bernard Herman의 홍보사진

▶ 허만은 머큐리 라디오극장 시절부터 웰스를 위해 일한 작곡가였다. 웰스가 할리우드에 오면서 그는 허만을 데리고 왔다. '시민 케인'이 허만의 첫 번째 영화음악이었다. 두 사람은 가까이서 함께 일했으며, 보통 할리우드의 관례처럼 하기보다는 오히려 반대로 웰스가 허만의 음악에 맞춰 편집하는 경우가 많았다. 허만은 제작의 전 과정을 참관했으며, 이 영화의 음악을 작곡하기 위해 12주가 걸렸는데, 이는 이례적으로 긴 시간이었다. 완고하고 독선적이며 타협을 모르는 완벽주의자였던 허만은 그의 최고의 작품들 중 대부분을 웰스와 앨프리드 히치콕을 위해 만들었다. 그의 대표작은 '위대한 앰버슨가 *The Magnificent Ambersons*', '현기증 *Vertigo*', '북북서로 진로를 돌려라 *North by Northwest*', '싸이코 *Psycho*' 등 다수가 있다. *(RKO)*

12-13

'시민 케인', 출연: 도로시 커밍고어

▶'시민 케인'은 사실상 모든 시각적인 것은 그것이 어떤 종류이든 그에 상응하는 청각적인 요소를 가진다는 것을 실증적으로 보여주었다. 이 몽타주 시퀀스는 비명을 지르는 듯한 수잔 알렉산더의 아리아와 오케스트라의 음악, 플래시 터지는 소리, 신문 윤전기 돌아가는 진동하는 소리들로 강화되고 있다. 이 세찬 소리들은 그녀가 공포와 탈진으로 거의 마비상태가 될 때까지 기계처럼 냉혹하게 그들의 희생적인 제물을 난타한다. *(RKO)*

많은 씬에서 웰스는 사운드를 상징적 목적으로 활용한다. 예를 들어, 비참할 정도로 실패한 수잔의 오페라 순회공연을 보여주기 위해 웰스는 디졸브와 몽타주 시퀀스를 이용했다(12-13). 사운드트랙에서는 그녀의 아리아가 마치 비명소리나 음산한 통곡처럼 변조되어 들린다. 이 시퀀스는 점점 조명이 어두워지면서 끝나는데, 이는 수잔의 절망이 더 커지고 있다는 것을 상징하기 위한 것이다. 여기에 수반되는 사운드트랙에서 관객은 마치 어느 누가 노래 중간에 레코드 플레이어의 전원을 끊기라도 한 것처럼 점점 맥이 풀리고 신음소리에 가까운 수잔의 목소리를 듣게 된다.

연기

　웰스는 라디오와 뉴욕 연극무대에서 함께 일했던 고정된 전속작가, 조감독, 배우들을 보유하고 있었다. 할리우드로 올 때 웰스는 15명의 배우를 비롯해 그와 함께 일했던 사람들을 대부분 데리고 왔다. 웰스를 제외하면 잘 알려진 배우는 아무도 없었고, 심지어 웰스도 주로 라디오 성우로 알려져 있었다.(웰스는 1938년 그의 유명한 라디오방송극 '화성인의 침략 *War of the World*'으로 수많은 미국인들의 정신을 쏙 빼놓았으며, 청취자 대중을 완전히 사로잡았다. 청취자들은 실제로 화성인이 지구를 침략하는 것으로 믿고 대혼란을 일으켰던 것이다. 웰스는 물론 쾌재를 불렀다. 그 덕분에 웰스는 『타임』지 표지인물로 실리게 되었는데, 그의 나이 겨우 22세였다.)

　'시민 케인'은 일급수준의 캐스팅을 자랑한다. 그저 그만한 연기자도 소수 있기는 했지만, 열등한 연기자는 없었다. 몇 사람은 아주 탁월한 배우이고, 웰스, 도로시 커밍고어 Dorothy Comin- gore, 조셉 코튼 Joseph Cotten, 에버렛 슬론 Everett Sloane, 아그네스 무어헤드 Agnes Moorehead와 같은 배우들은 특히 유명하다. 레퍼토리 스타일의 연기(여러 가지 극을 정기적으로 번갈아 상연하는 극단의 연기 스타일: 역자주)에 익숙한 배우들이 대개 그렇듯이, 배역진들은 멋진 조화를 이루었다. 그 전체적인 효과가 바로 매끄럽게 맞물려 가는 극적 씬들이다. 머큐리 극단 연기자들은 노련한 영화배우들처럼 보인다. 물론 그들은 젊은 초심자들은 아니다. 그들 중 대부분의 배우들에게는 이 영화가 처음이지만, 그들은 항상 자연스럽고 진지하고 실감나는 연기를 보여주었다.

12-14

'시민 케인', 출연: 도로시 커밍고어

▶ 수잔 역을 맡은 커밍고어의 멋진 연기는 그녀가 아니었다면 차갑고 지적인 영화가 되었을 이 영화에 상당한 온기를 불어넣었다. 이 영화에 나오는 몇 안 되는 클로즈업 장면들은 관객으로 하여금 수잔의 감정에 몰입하도록 하기 위해 그녀에게 우선적으로 배정되었다. 대부분의 주요 배역들이 그렇듯이, 그녀 역시 모순적인 성격에 대한 탐구이다. 날카롭게 소리를 지르는가 하면 동시에 가엽게 보이기도 한다. 또한 그녀는 아주 우스꽝스럽기도 하다. 그녀는 그녀의 전형적인 어투로 무표정하게 이렇게 푸념을 털어놓는다. "이런 쓰레기 속에서는 누구라도 미치고 말거야. 말할 사람도 없고, 재미있게 놀 사람도 없어. 십구만팔천삼백㎡의 땅에는 풍경과 조각상들 외는 아무것도 없어."
(RKO. Photo: Alex Kahle)

심지어 일부 카메오 cameo까지도 뛰어난 연기를 보여주었다. 이들이 맡은 배역들은 단지 몇 줄의 대사로 국한되어 있기 때문에, 배우들은 잠깐 동안의 연기만으로 등장인물의 복잡하고 때로는 모순적이기까지 한 성격을 전달할 줄 수 있어야 했다. 한 예로, 레이 콜린스 Ray Collins는 약삭빠른 기회주의자 보스 짐 게티스 역을 맡았다. 세상물정에 밝고 냉소적인 그는 모르는 것이 없는 사람이다. 적어도 케인과 맞서기 전까지는 그는 그렇게 생각하고 있었다. 그래서 상류층 경쟁자라 여겼던 케인이 게티스 자신의 사진을 조작하여 "줄무늬 죄수복을 입혀 신문에 실어서 당신 자식들과 혹은 당신 어머니가 보게 하겠다."고 할 정도로 저급한 인간이라는 사실에 게티스는 엄청난 쇼크를 받은 것처럼 보인다. 관객이 볼 때 이런 일이 없었더라면 게티스가 나쁘게 여겨졌을지라도, 지금은 게티스의 분노에 공감하지 않을 수가 없다.

케인의 어머니 역을 맡은 아그네스 무어헤드 Agnes Moorehead는 단 한 씬에 나오지만 잊지 못할 인상을 남긴다.(무어헤드는 웰스의 다음 작품인 '위대한 앰버슨가 The Magnificent Ambersons'에도 계속 출연해서 한층 더 멋지게 연기한다.) 무어헤드가 맡은 케인의 어머니는 거의 호손 Hawthone의 소설에 나오는 인물과 같았는데, 엄격하고 청교도적이며 기뻐할 줄 모른다. 그녀는 자신이 바보와 결혼했다는 사실을 너무 늦게 깨달은 여인이다. 덫에 걸려 굴욕적인 결혼생활을 참고 살지만, 아들에게는 같은 운명을 안겨주지 않으려고 한다. 그것이 그녀가 사랑하는 유일한 사람과 헤어져야 한다는 것을 의미하지만, 마음속으로는 자식에게 더 나은 길이라 여긴다. 케인의 어머니는 말이 별로 없는 여인이지만 그녀의 결심은 그녀의 완고한 금욕주의와 단호한 몸짓, 곧은 등허리를 통해 이미 전달되고 있다. 이런 사람은 쉽게 볼 여인이 아닌 것이다.

번스타인과 르랜드로 나온 에버렛 슬론과 조셉 코튼의 연기는 나무랄 데가 없다. 케인을 무조건 숭배하는 번스타인은 둘 가운데 덜 지적인 인물이다. 그는 르랜드와 달리 원칙보다 우정을 우위에 둔다. 그러나 다정다감한 번스타인은 우스꽝스러울 정도로 순진한 면이 있어서, 케인의 결점은 물론 그의 악한 면까지도 보지 못하는 맹목적인 충성을 하고 있다. 나이가 들었을 때도 번스타인은 여전히 재미있고 성공한 사업가이지만, 천박한 물질주의자는 아니다. 오히려 그는 물질주의를 이렇게 조롱한다. "만약 돈을 버는 것이 당신이 원하는 것의 전부라면, 돈 버는 것이 죄를 짓는 것은 아니겠지요." 그는 케인의 동기가 사업 이상의 심오한 것을 지향한다고 믿는다. 그는 여전히 케인이 지닌 그 내면적 정신의 심오한 깊이에 대해 경외심을 갖고 있다. 어쩌면 자신의 평범한 영혼과 비교하면서 약간의 비애를 느끼고 있는지도 모른다.

케인 역을 맡은 웰스의 연기는 아낌없는 찬사를 받았다. 『뉴스위크』지의 영화비평란에서 존 오하라 John O'Hara는 "오슨 웰스보다 훌륭한 배우는 결코 나온 적이 없었다."고 했다. 또 그리피스 D. W. Griffith는 자신이 본 연기 중 가장 위대한 연기라고 말했다. 케인은 키가 크고 인상적인 용모에 폭넓고 다양한 뉘앙스를 구사할 수 있는 굵고 유연한 목소리까지 겸비한 놀라운 연기력의 소유자였다. 그는 성급하고 건방진 청년일 때나, 엄격하고 독선적인 중년 그리고 힘이 빠져 어슬렁거리는 70대 노인일 때나 한결같이 실감나는 연기를 보여주었다. 25세의 케인은 어떤 형태의 권위에 대해서도 거들떠보지 않는 매력적이고 카리스마가 있는 인물이다. 사실 그는 너무도 매력적이기 때문에, 관객은 모든 것을 자신의 방식대로 고집하는 케인의 행동방식에 문제가 있음에도 그것에 대해서는 거의 관심을 기울이지 않는다. 중년의 케인은 더욱더 불투명한 인물이 된다. 위협적인 요소들이 더욱 뚜렷이 부각된다. 그는 더 이상 목적이 수단을 정당화한다고 강조하지 않는다. 그는 무의식적으로 이를 전제하면서, 다른 사람들이 자신의 생각에 순순히 따르기를 기대한다. 노인이 된 케인은 수없이 싸우고 패배한 한 인간으로서 깊은 상처를 안은 채 걷고 있다.

극화

　연극은 웰스에게 첫사랑과 같은 것이었다. 청소년기에 웰스는 진보적인 성향의 사립학교에 다녔으며, 학교에서 30편이 넘는 연극의 연출과 연기를 맡았다. 그가 좋아한 극작가는 셰익스피어였다. 1930년, 15세 때 웰스는 영영 학교를 떠난다. 유산으로 물려받은 돈으로 유럽여행을 하다가, 자신이 브로드웨이의 이름난 스타라고 속여 용케도 더블린의 게이트 극단에 들어간다. 극단의 매니저들이 그를 믿은 것은 아니었다. 그럼에도 그들에게 깊은 인상을 안겨주어, 그들은 그를 고용했다. 약 1년간 웰스는 주로 엘리자베스 여왕시대의 수많은 고전극에서 연출과 연기를 맡았다.

　1933년에 다시 미국으로 돌아왔을 때, 웰스는 그 당시 일류 연극스타들 중 하나였던 캐서린 코넬 Katharine Cornell의 순회공연에 속임수로 연기하는 일자리를 얻게 된다. 그들은 주로 셰익스피어와 버나드 쇼의 작품을 공연했다. 1935년 뉴욕에서 웰스는 야심적인 연극제작자(나중에는 배우와 연출자로도 활약한) 존 하우스먼 John Houseman과 손을 잡는다.

　1937년에 웰스와 하우스먼은 자신들의 전용극단인 머큐리 극단 Mercury Theatre을 창단했다. 그들이 제작한 작품들 중 몇몇은 그들의 탁월한 재능으로 찬사를 받았다. 특히, 현대적 분장과 반파시즘적인 성격으로 제작한 '줄리어스 시저 *Julius Caesar*'가 두드러졌다. 웰스는 주인공 역과 연출뿐만 아니라 세트와 의상 그리고 조명디자인까지 맡았다. 영향력 있는 연극비평가 존 메이슨 브라운 John Mason Brown은 이 작품을 "천재가 만든 작품"이라고 평가했다. 비평가 앨리엇 노튼 Eliot Norton은 "이 시대의 가장 주목해야 할 셰익스피어 작품"이라고 말했다.

　웰스는 라디오 스타로서 번 돈으로 극단의 자금을 조달했다. 그의 전성기 시절인 1930년대에 웰스는 라디오에서 주당 3,000달러를 벌었고, 그 중 2/3를 머큐리 극단에 지원했다. 하지만 극단의 재정은 언제나 어려웠고, 금방이라도 파산할 것 같은 위태로운 상황이었다. 1939년에 최초의 실패작이 나온 후 머큐리 극단은 쓰러지고 말았다. 본래 웰스가 할리우드에 간 의도는 빨리 돈을 벌면 뉴욕으로 다시 되돌아와 머큐리 극단을 되살릴 수 있을 것으로 보았기 때문이다.

　웰스의 연극무대 경험은 그가 영화제작으로 전향했을 때 소중한 자산이었다. 그는 영화가 다른 문학매체보다 본질적으로는 더 극적이라고 판단했다. 우리가 앞에서 살펴보았듯이 '시민 케인'의 조명스타일은 영화보다는 연극에서 빌려온 것이 더 많으며, 웰스가 장시간 촬영을 사용한 것도 마찬가지로 하나의 통일된 공간에서 연출해야 하는 연극무대의 불가피성에서 따온 것이다.

'시민 케인' 중 제나두의 실내 세트의 실물 묘사

▶ 디자인과 실내장식분야에서 웰스가 RKO 스튜디오를 선택한 것은 행운이었다. RKO의 미술감독 반 네스트 폴글레이즈 Van Nest Polglase는 영화계에서 최고수준이었기 때문이다. 총감독 폴글레이즈 밑에서 실제로 세트 디자인을 맡은 페리 퍼거슨 Perry Ferguson은 그의 상사와 마찬가지로 비정상적인 조명장치와 풍부한 질감의 디테일을 갖춘 기념비적인 세트를 좋아했다. *(RKO)*

12-16

'시민 케인' 중 제나두의 외부 세트

▶ 안개에 쌓인 열대풍의 세트는 여기저기 불규칙적으로 솟아오른 제나두의 무게 때문에 끙끙대며 신음하고 있다. 제나두는 에드가 앨런 포의 소설에 나오는 오래된 무덤처럼 완성도 되지 않은 채 무너지기 시작한다. 야자수나무들이 마치 안개가 줄지어 흘러가듯이 꿈결처럼 흔들리고 있지만, 실제로 이 세트는 단지 수십cm 높이에 지나지 않는 매트 프린팅일 뿐이다. 아주 기묘한 이러한 모양의 낡은 형태의 쇼트와 오늘날의 훨씬 사실적인 특수효과를 비교해 보라. 1941년에 그것들은 실물의 그럴듯한 모사물이었다. *(RKO)*

(a)

(b)

(c)

12-17

찰스 케인의 연령변화에 따른
오슨 웰스의 사진

▶ 스토리가 진행되는 동안 웰스는 거의 50년의 세월을 버텨야 했다. 부분적으로 분장사 모리스 세이더만 Maurice Seiderman의 도움도 컸지만, 웰스는 25세 (a), 45세(b), 75세(c)의 케인 역을 흠잡을 데 없이 실감나게 해냈다. 케인이 늙어감에 따라 그의 머리는 점점 백발이 되어가고 머리숱은 줄어들며, 턱은 더 처지고, 뺨은 부풀고, 눈 밑의 처진 살은 점점 더 두꺼워져 간다. 세이더만은 합성고무로 된 보디수트를 만들어냄으로써 점점 더 탄력이 없어져 가는 노인의 몸을 묘사할 수 있었다. *(RKO/(12-17a)RKO. Photo: Alex Kahle)*

미술감독분야도 역시 마찬가지였다. 웰스는 방 전체를 보여주지 않고 세트의 일부분만 보여줌으로써 수천 달러의 비용을 아낄 수 있었다. 가령 (12-9)의 사무실 세트는 단지 책상 하나와 양쪽 벽이 있을 뿐인데, 관객에게는 크고 화려한 사무실처럼 보인다. 제나두 씬들에서도 비슷하다. 이를테면 웰스는 방의 나머지 부분을 어둡게 처리하고 아주 큰 가구나 조각상, 벽난로 등에만 스포트라이트를 비춘다. 마치 방이 너무 커서 충분히 밝히지 못하는 것 같다.(사실 방에는 일부만 가구가 있다.) 이와 같은 테크닉으로 부족할 때, 웰스는 RKO사의 특수효과 담당부서의 협조로 애니메이션, 매트 쇼트 matte shot, 축소모형과 같은 테크닉을 통해 서사적인 배경을 만들어냈다.

에드워드 스티븐슨 Edward Stevenson의 의상은 각 시대의 실제 스타일에 충실히 따르고 있다. 영화가 거의 70년의 세월을 넘나들며 진행되고, 또 시간적 순서와는 상관없이 사건이 전개되기 때문에, 관객이 각 씬의 시대를 알기 위해서는 의상으로 금방 식별이 가능하도록 해주어야만 했던 것이다. 케인의 어린 시절의 의상은 찰스 디킨스와 마크 트웨인을 섞어놓은 19세기적 취향이다. 전자는 대처씨의 빳빳한 칼라와 실크모자를 통해, 그리고 후자는 케인의 부모가 입고 있는 수수한 개척자시대의 소박한 의상에서 엿볼 수 있다.

의상은 기능적인 것 못지않게 상징적이다. 개혁적인 청년신문업자의 이미지를 위해 케인은 흰색을 좋아한다. 작업 중에는 재킷과 넥타이를 자주 벗는다. 말년에 이르면 그는 거의 언제나 검은색 정장과 넥타이를 착용한다. 에밀리의 의상은 비싸 보이기는 하지만 절제된 우아함이 깃들어 있다. 그녀는 언제나 예의바른 젊은 귀부인의 모습이다. 품위 있고 온화하며 여성적이다. 수잔은 케인을 만나기 전에는 소박한 옷을 좋아한다. 케인을 만난 후로는 대체로 화려한 무늬의 드레스 차림이고, 때로는-마치 돈 자랑하는 나이든 쇼걸처럼-금속장식이 요란하게 번쩍거리는 옷을 걸치기도 한다.

다음은 아이러니와 위트의 성공작이라고 할 수 있는 수잔의 오페라 의상(12–18)에 대한 분석이다.

1. **시대** 실제로는 다양한 시대와 "동양적"인 분위기를 재미 있게 혼성모방한 것이지만, 표면상으로는 19세기
2. **계급** 왕족. 의상은 진주와 귀한 보석, 여왕 같은 장식으로 사치스럽게 꾸몄다.
3. **성** 여성. 곡선, 흔들리는 선, 속살이 드러나게 절개한 스커트를 강조. 부풀린 흰 깃털 장식으로써 묘하게 변용되고 있기는 하지만, 오직 머리의 터번만이 남성적인 분위기를 풍긴다.
4. **연령** 육체적 매력이 최고절정기에 이른 20대 여성을 위해 디자인한 의상
5. **실루엣** 옷을 입은 사람의 곡선미를 노골적으로 강조하면서 몸매에 꼭 맞춘다.
6. **섬유** 보석을 구슬처럼 엮어 장식한 실크
7. **액세서리** 터번, 진주로 엮은 끈, 어울리지 않는 조운 크로포드 Joan Crawford 스타일의 발목 끈 달린 구두
8. **색상** 영화는 흑백이지만, 섬유는 대부분 금속성 광채를 띠면서 황금과 흑단으로 되어 있음을 넌지시 비친다.
9. **신체노출** 젖가슴, 허리, 다리와 같은 에로틱한 부분을 드러내어 부각시킨다.
10. **기능** 이 의상은 전혀 실용성이 없으며, 심지어 입고 걷기조차 힘들다. 일하는 사람을 위한 것이 아니라 과시할 사람을 위해 만든 옷이다.
11. **몸가짐** 키가 훤칠하고 도도하다. 자신의 화려한 보석을 번쩍거리며 자랑하는 라스베가스 쇼걸처럼 머리와 가슴을 높인다.
12. **이미지** 더할 나위 없는 오페라 여왕이다.

12–18

'시민 케인' 중 도로시 커밍고어(수잔 역)의 오페라의상 홍보사진

▶ 버나드 허만은 이 영화의 오페라 '살롬보 Salommbô'를 19세기 프랑스의 "동양적" 오페라스타일로 작곡했다. 에드워드 스티븐슨 Edward Stevenson의 의상도 이와 같은 방식으로 모방한 캠프스타일 campy style이다. 예컨대, 수잔이 입은 화려한 의상은 채워지지 않는 사랑과 고뇌 그리고 절망으로 고통을 겪는 프랑스의 동양적 오페라의 여주인공이 잘 차려 입은 모습을 익살스럽게 흉내 내고 있는 것이다.
(RKO. Photo: Alex Kahle)

스토리

스토리와 플롯의 차이는 재구성된 플롯 시퀀스와 시간순서로 된 내러티브를 비교함으로써 가장 쉽게 설명될 수 있다. 허먼 맨키비츠가 스토리의 아이디어를 가지고 웰스를 찾아왔을 때, 웰스는 그 안에 담긴 소재들이 너무 산만하고 초점이 불투명하다는 점을 주목했다. 스토리의 흐름을 빈틈없이 다듬고 극적 긴장감을 한층 더 불어넣기 위해 웰스는 이렇게 제안했다. 말하자면 스토리를 말하는 사람의 시점에서 각자 서술해 가는 일련의 플래시백 flashback을 통해 사건의 시간적인 전개순서를 뒤섞어 보자는 것이었다. 웰스는 그가 맡은 라디오드라마에서 이와 같은 다중적 플래시백 테크닉을 여러 차례 사용한 적이 있었다.

웰스와 맨키비츠는 또한 처음으로 이 영화에 서스펜스 분위기를 도입했다. 생의 마지막 순간에 케인은 "로즈버드 Rosebud"라는 말을 중얼거린다(12-19). 그것이 무엇을 뜻하는지 아는 사람은 아무도 없는 듯하다. 그 말이 지닌 의미가 신문기자인 톰슨의 호기심을 자극한다. 톰슨 기자가 케인의 옛 동료들을 찾아 이 미스터리에 관하여 탐문하는 것이 이 영화의 나머지 부분이다. 그는 이 미스터리에 케인의 복잡한 성격을 풀 수 있는 실마리가 숨겨져있을 것이라는 기대를 가지고 있다. 웰스의 말에 따르면, 로즈버드라는 모티프는 단순한 플롯 상의 속임수이며, 의도적으로 관객들을 끝이 보이지

12-19
'시민 케인'

▶ 웰스의 다른 많은 영화가 그렇듯이, '시민 케인'은 끝—약 75세에 이른 주인공의 죽음—에서 시작한다. 생의 마지막 순간을 맞이하면서, 그 노인은 흔들면 안에서 인조눈발이 휘날리는 인조모형의 풍경을 담고 있는 유리구슬을 손에 쥐고 있다. 마지막 순간에 그는 "로즈버드"라는 말을 중얼거린다. 이어서 유리구슬이 바닥에 떨어지고 수천 개의 조각으로 부서진다. 영화의 플롯은 이 마지막 중얼거림의 의미를 찾아 탐색해가는 것처럼 구성되어 있다. *(RKO)*

않는 극적인 의문으로 끌어들이기 위한 것이었다. 하지만 이 속임수가 적중한다. 기자가 기대에 부풀었듯이, 관객도 역시 로즈버드가 케인의 모호한 인간성을 밝혀주게 될 것으로 생각한다. 만약 이 속임수가 없었다면, 스토리는 조리도 없고 초점도 불투명하게 되었을 것이다. 로즈버드의 의미에 대한 추적이 우리 모두가 해답을 찾고 싶어 하는 극적인 의문을 품고 앞으로 헤쳐나가는 내러티브를 만들어낼 수 있었다. 다른 나라 비평가들이 웰스를 미국의 스토리텔링의 천재라고 말한 까닭이 바로 여기에 있다.

'시민 케인'의 플래시백 구성을 통해서 웰스는 시간과 공간을 넘나들며 엄격한 시간적 순서에 얽매이지 않고 케인이 살아온 다양한 삶의 시기를 편집할 수 있었다. 관객에게 영화의 대체적인 윤곽을 보여주기 위해, 웰스는 케인의 일생 중 대부분의 주요 사건과 인물들을 영화 앞부분에 나오는 짧은 뉴스릴을 통해 보여준다. 이러한 사건들과 인물들은 이어지는 개별적인 회상을 통해서 한층 더 심도 있게 탐구된다.

많은 비평가들이 마지막 씬이 되기 전에는 풀리지 않는, 마치 서로 맞물리는 조각들로 이루어진 복잡한 그림맞추기 놀이와 같은 이 영화의 구성에 대해 놀라움을 금치 못했다. 아래의 개괄적인 플롯은 이 영화의 주요 구성단위와 그 단위에 해당하는 주요 인물과 사건을 요약한 것이다.

1. **프롤로그** 제나두. 케인의 죽음. "로즈버드"
2. **뉴스릴** 케인의 죽음. 엄청난 부와 퇴폐적인 생활방식. 모순된 정치적 이미지. 에밀리 노튼과 결혼. "스캔들" 폭로. 이혼. "가수" 수잔 알렉산더와 결혼. 선거출마. 오페라 경력. 대공황과 케인의 경제적 몰락. 제나두에서 외롭게 은둔해 있는 노년

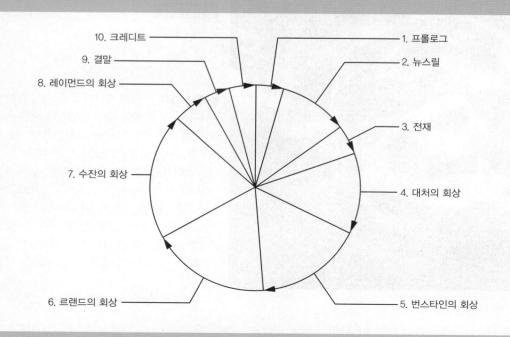

12-20

'시민 케인'에서 각 플롯단위의 대략적 구성비율

- 10. 크레디트
- 9. 결말
- 8. 레이먼드의 회상
- 7. 수잔의 회상
- 6. 르랜드의 회상
- 1. 프롤로그
- 2. 뉴스릴
- 3. 전재
- 4. 대처의 회상
- 5. 번스타인의 회상

3. **전제** 편집국장은 톰슨에게 "로즈버드"에 관한 미스터리를 캐기 위해 케인의 옛 동료들을 만나 탐문해 보라고 지시한다(12-2). "그것은 아마 아주 간단한 일일 것이오." 하지만 편집국장은 잘못 짚었다. 수잔은 톰슨의 면담요청을 거절한다.

4. **회상** 월터 대처의 회고록. 케인의 어린 시절. 대처가 후견인이 된다. 케인의 첫 번째 신문: 인콰이어러. 번스타인과 르랜드 소개. 신문의 개혁운동 시기. 1930년대 케인의 경제적 쇠퇴

5. **회상** 번스타인. 인콰이어러 신문사의 초창기. "원칙선언문". 출판왕국 건설. 에밀리 노튼과 약혼

6. **회상** 제드 르랜드. 에밀리와 결혼생활의 불화. 케인이 수잔을 만남. 1918년 선거출마. 스캔들 폭로. 이혼. 재혼. 수잔의 오페라 경력. 케인과 르랜드의 마지막 결별

7. **회상** 수잔 알렉산더 케인. 오페라 데뷔와 오페라 경력. 자살기도. 제나두에서 케인과 거의 은둔생활에 가깝게 살아온 세월. 수잔이 케인을 떠남.

8. **회상** 제나두의 집사 레이먼드. 케인의 마지막 날들. "로즈버드"

9. **결말** "로즈버드"가 밝혀짐. 오프닝 프롤로그로 되돌아가면서 영화 끝남.

10. **배역진과 스텝 크레디트**

영화의 이 10개의 부분은 각기 길이가 다르다. 각 부분이 차지하는 구성비율은 대략 그림 (12-20)의 도표와 같다.

각본

'시민 케인'은 그 각본의 장점-위트, 팽팽한 구성, 주제의 복합성-때문에 자주 주목을 받아왔다. 촬영대본의 원작자에 관해서는 상당한 논란이 있었다. 이러한 논란은 영화가 개봉된 당시는 물론이고, 후일 1970년대에 비평가 폴린 케일 Pauline Kael이 이 작품을 완성시킨 것은 허먼 맨키비츠이며, 웰스는 단지 거기에다 약간의 손질을 가미했을 뿐이라고 주장했을 때 다시 재연됐다. 맨키비츠는 전형적인 할리우드 작가로서 악명 높은 술꾼이었다. 그는 매력적이고 위트가 있으면서도, 또한 전혀 신뢰하기 힘든 인물이기도 했다. 그가 시나리오 원안 '미국인 *American*'(이 제목은 나중에 '미국 시민 존 *John Citizen, USA*'으로, 그리고 마지막으로 '시민 케인 *Citizen Kane*'으로 불렸다)을 들고 웰스를 찾아왔을 때, 웰스는 자신의 과거 파트너인 존 하우스먼에게 맨키비츠를 도와주도록 부탁했다. 맨키비츠가 갖가지 유혹에서 멀리 떠나 한적한 곳에서 각본집필을 마무리할 수 있도록 해주자는 것이었다.

웰스는 시나리오의 첫 번째 몇몇 초안에 대해서는 많은 수정을 했다. 그 수정이 워낙 심해서 맨키비츠는 자신의 시나리오와는 완전히 빗나가 영 딴판의 영화가 되어버렸다는 이유로 이 영화에 대해 비난을 퍼부었다. 그리고 웰스의 이름이 각본가로 크레디트에 실리는 것이 싫어 작가조합에 진정을

올리기도 했다. 그 당시에는 감독이 시나리오 작업에 50% 이상 기여를 하지 않으면 각본가로 크레디트에 실리는 것이 허용되지 않았다. 작가조합은 타협안으로 맨키비츠를 윗자리에 올린다는 조건으로 두 사람의 이름을 모두 각본가 크레디트에 올리도록 했다.

이러한 논쟁이 1970년대에 다시 표면화되었을 때, 미국의 영화학자 로버트 캐린저 Robert L. Carranger가 이 문제를 단호하게 해결했다. 그는 일곱 개의 각본 주요 초안과 최종본의 수많은 수정메모, 그리고 기타 원안자료들을 면밀히 살펴보았다. 캐린저의 결론은 다음과 같았다. 즉, 맨키비츠의 초고는 "지루하고 느슨한 내용들이 많아 결국에는 폐기처분하거나 아니면 통째로 바꾸어야 했다. 특히, 밝혀두어야 할 것은 이 영화 자체의 가장 매력적인 특징이라고 해야 할 스타일 상의 재치와 유연성이 사실상 초고에는 전혀 없었다는 사실이다." 한마디로 맨키비츠는 기본소재를 제공했고, 웰스는 거기에 천재적인 재능을 가미했다는 것이다.

수많은 평론가들은 웰스가 그에게 내러티브 구조를 제공해 줄 수 있는 누군가와 함께 각본을 쓸 때 항상 최고였다고 언급했다. 때때로 이 구조들은 소설이나 그가 각색했던 연극들―'위대한 앰버슨가 The Magnificent Ambersons'나 '오셀로 Othello'의 경우처럼―에서 제공되기도 했다. '미스터 아카딘 Mr. Akadin'처럼 그가 혼자 각본을 작성했을 때 결과적으로 영화는 장황하고 변덕스럽게 되기 쉬웠다. 웰스는 늘 구속하고 제한하는 것에 대해 반발했다. 그에 대한 최고 전기 작가인 사이먼 캘로우 Simon Callow는 "그에게 있어 어떤 형태의 한계, 의무, 책임, 혹은 강요된 책무도 자신을 폐소공포증 환자로 만들고 파괴적이게 되도록 하는, 참을 수 없는 것들이었다."라고 했다. 그러나 이러한 제약 없이는 웰스의 천재성은 전체적인 일관성을 희생시켜서, (제아무리 뛰어날지라도) 디테일들의 소용돌이 속에서 그 자신을 잃어버리는 경향이 있었다.

촬영대본은 놀라울 정도로 현란하다. 주요 등장인물들은 그 당시 대부분의 영화에 나오는 진부하고 틀에 박힌 유형과는 판이하게 달랐다. 다만 대처만이 1930년대 재벌의 변형된 모습으로서 전통적인 인물로 비칠 뿐이다. 각본에는 종종 짤막한 농담이 들어 있다. 한 예로 케인과 수잔의 요란한 결혼식이 있었을 때 두 사람은 밀려드는 기자들에게 둘러싸여 있다.

기자가 "이제부터 어떤 일을 할 것인가?"라고 묻자, 케인은 "우린 이제 위대한 오페라 스타가 될 거요."라고 대답한다. 수잔이 장단을 맞추어, "찰리는 만약 내가 그렇게 못 되면 나에게 오페라 하우스를 지어 주기로 했어요."라고 말한다. 정중한 케인은 난색을 표하며 "아마 그럴 필요는 없을 거요."라고 말한다. 이어지는 커트에 "케인, 오페라 하우스 건립"이라는 신문의 머릿기사가 나온다.

또한 순수한 시적 모멘트들도 있다. 이를테면 "로즈버드"가 먼 옛날 사랑했던 연인을 가리키는 것일지도 모른다는 번스타인의 말에 톰슨 기자가 코웃음 치자, 번스타인이 놀란 표정으로 대답하는 경우이다. "내 말을 믿으시오."라고 하면서 늙은 하인 번스타인은 설명을 이어간다. "1896년의 어느 날이었소. 그때 나는 배를 타고 저지강을 건너고 있었어요. 우리가 출발할 때 반대편에서는 다른 배가 들어오고 있었는데, 그 배에는 하얀 드레스를 입은 소녀가 배에서 내릴 준비를 하고 있었소. 그녀는 흰 양산을 들고 있었지. 난 그저 그녀를 잠깐 보았을 뿐이었소. 그 소녀는 한 번도 나를 쳐다보지 않았지만, 내가 장담하건대 그 날 이후 그녀를 생각하지 않고 지낸 것은 단 한 달도 되지 않았단 말이오." 웰스는 언제나 이런 대사를 좋아했고, 또 그 자신도 이런 식으로 각본을 쓰려고 했다.

주제 면에서 '시민 케인'은 너무 복잡하기 때문에 지면관계 상 간단한 몇 개의 항목만이 가능할 것

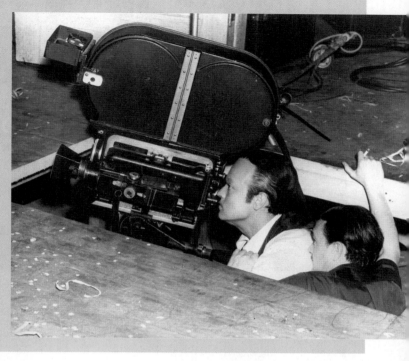

12-21

케인과 제드 르랜드의 선거 이후 씬의 촬영을 준비 중인 오슨 웰스(중년 분장)와 그레그 톨랜드의 제작장면의 사진

▶웰스는 이 영화 전반에 걸쳐 로우 앵글 쇼트를 하나의 모티프로 사용했는데, 특히 주인공의 막강한 권력을 강조할 목적으로 이용했다. 이 씬을 보면, 앵글이 너무 낮아서 카메라 설치를 위해 세트의 마룻바닥을 잘라낼 정도이다. 이와 같은 로우 앵글이 시야를 증폭시키는 광각렌즈와 결합되어, 케인을 자신의 길을 가로막는 것은 무엇이든 깨부술 수 있는 막강한 권력자로 묘사해 준다.

(RKO. Photo: Gaston Longet)

같다. 웰스의 영화가 대부분 그렇듯이, '시민 케인'에도 "권력자의 몰락 *The Arrogance of Power*"이라는 부제를 붙일 수 있을 것이다. 그는 전통적으로 고전비극이나 서사시에 연관된 주제에 매력을 느끼고 있었다. 권력과 부를 가진 자는 부패해 가고, 그 부패가 그들 스스로를 파멸시킨다. 순수한 사람들은 보통 살아남지만, 그들은 심각한 상처와 고통을 겪는다. 웰스는 "내가 맡은 인물들은 모두 다 파우스트에 나오는 다양한 형태의 인물들이었다."고 했다. 그들은 모두 물질을 위해 자기 영혼을 팔고, 잃어버린 자들이다.

악에 대한 웰스의 생각은 신중하고 복합적이며, 관습의 틀에서 벗어나 있었다. 그는 일반심리학이나 상투적인 도덕주의에 안주하지 않고 인간조건의 어두운 측면을 탐구한 그 당시 몇 안 되는 미국감독들 중 하나이다. 그의 세계관은 본질적으로 운명론적이었으나, 거기에는 애매성과 모순 그리고 찰나의 아름다움이 충만해 있다. 웰스는 자신을 도덕주의라고 했지만, 그의 영화는 결코 엄숙하거나 경건한 분위기가 아니다. 단순히 비난하는 것에 그치지 않고 '시민 케인'은 순수성의 상실을 안타까워한다. 웰스는 이렇게 말했다. "이 세상의 심각한 이야기들은 거의 다 그 안에 죽음을 담고 있는 실패의 이야기라고 할 수 있다. 하지만 거기에는 패배보다 더 큰 것을 잃어버린 상실의 이야기, 즉 잃어버린 낙원이 있다. 내가 보기에 서구문화의 중심주제는 바로 잃어버린 낙원, 즉 실낙원 the lost paradise이다."

찰스 포스터 케인을 도덕적으로 분류하기는 어렵다. 그에 대한 우리의 느낌은 언제나 모순적이고, 아주 가끔 동정적이거나 경멸적이다. 웰스는 다음과 같이 지적하면서 그의 주인공을 잘 정돈된 도덕적 범주에 집어넣기를 거부했다. "우리가 알고 있듯이, 케인은 오직 자신의 어머니, 자신의 신문, 자신의 두 번째 아내, 그리고 자기 자신만을 사랑했다. 아마도 그는 이 모든 것들을 사랑했거나 혹은 아무것도 사랑하지 않았을 수도 있다. 이것은 관객들이 판단할 몫이다. 케인은 이기적이기도 하

'시민 케인', 출연: 윌리엄 올랜드 William Alland와 폴 스튜어트 Paul Stewart

▶ 영화가 거의 끝날 무렵 톰슨(올랜드)은 실패를 인정한다. 그는 로즈버드가 무엇을 의미하는지 결코 알아내지 못했으며, 자신의 탐색과정을 "그림 맞추기 놀이"라고 말한다. 톰슨이 말하는 동안 카메라는 크레인으로 후방 위로 올라가고 더욱 더 멀어지면서, 수천 개의 공예품 상자와 기념품, 그리고 서류, 한 개인의 인생을 나타내는 갖가지 유물들을 보여준다. 톰슨은 이렇게 말을 이어간다. "나는 무슨 말이든 말로써 어떤 사람의 인생을 설명할 수 있다고는 생각하지 않습니다. 내가 생각하기에 로즈버드는 그림 맞추기 놀이의 한 조각, 그것도 잃어버린 한 조각일 뿐입니다." *(RKO. Photo: Alex Kahle)*

고 이타적이기도 하며, 이상주의자이기도 하고, 무뢰한이기도 하며, 매우 중요한 사람 혹은 매우 하찮은 사람이기도 하다. 이것은 그에 대해 누가 이야기하는가에 달려있다. 이 영화의 요점은 문제를 해결하는 것 보다는 그것을 제시하는 것에 있다."

스토리가 시간의 순서에 따라 직선적으로 전개되지 않을 경우, 잃어버리는 것이 있고 얻는 것이 있다. 잃어버리는 것은 전통적인 설화의 전개에서 엿볼 수 있는 서스펜스이다. 전통적인 설화에서는 대개 이렇게 묻는다. "주인공이 원하는 것이 무엇이며, 그것을 얻기 위해 주인공은 어떻게 해야 하는가?" '시민 케인'에서는 주인공이 시작할 무렵에 이미 죽어 있다. 관객은 다른 사람들의 여러 시점들을 바탕으로 그의 일생을 한 조각 한 조각 연결시켜 갈 수밖에 없다. 이처럼 복수 multiple 내레이션 테크닉을 사용하면, 관객들은 불가피하게 각 내레이터들이 지닌 편견과 선입견을 스스로 판단하고 평가할 수밖에 없다. '시민 케인'은 또한 그들의 이야기이기도 하다.

각기 다른 다섯 명의 스토리텔러가 있고, 그들은 관객에게 서로 다른 스토리를 들려준다. 심지어 사건들이 오버 랩될 때에도 관객은 그것을 다른 시각에서 바라본다. 예컨대, 수잔의 오페라 데뷔에 대한 르랜드의 평가는 수잔에 대한 그의 경멸적 태도를 달리 표현한 것이다. 수잔의 공연장면이 기본적으로 르랜드가 앉아 있는 객석에서 바라보는 것으로 되어 있는 것이다. 그런데 수잔이 동일한 이 사건을 이야기할 때는 카메라가 주로 무대 위에 있으며, 이 시퀀스의 톤도 더 이상 희극적인 것이 아니라 오히려 고통스러운 것으로 된다.

웰스의 내러티브 전략은 마치 프리즘과 같다. 뉴스릴과 다섯 명의 인터뷰 대상자는 동일한 한 인물을 두고 제각기 독특한 관점을 제시한다. 뉴스릴은 케인의 공적 생활에서 하이라이트를 발빠르게 두루 보여준다. 대처의 설명은 오점투성이 인데, 이는 부유한 자와 권력자는 도덕적으로 우월하다는 그의 확고한 신념 때문이다. 번스타인의 이야기는 젊은 시절 그가 케인에게 느꼈던 감사한 마음과 충성심 때문에 편파적이다. 르랜드가 내놓은 정보는 이들보다는 엄밀하고 정확하다. 그는 케인의 말보다는 케인의 행동을 그에 대한 평가기준으로 삼고 있다. 수잔은 스토리텔러들 가운데 가장 기만적인 인물이다. 하지만 그녀는 또한 누구보다 동정심이 많고 센스가 있다. 하인인 레이먼드는 실제보다 훨씬 더 많은 사실을 아는 체한다. 그의 짧은 회상이 하는 일은 고작 톰슨 기자의 탐색을 완결시키는 것뿐이다.

영화 속에는 말 그대로 수십 개의 상징적 모티프가 들어 있다. 그들 중 일부는 이 영화에 자주 눈에 띄는 로우 카메라 앵글처럼 기술적인 것들이다(12-21). 그 외 다른 것들은 더욱 내용과 관련된 것들이다. 이를테면 관객이 케인을 볼 수 있기까지 카메라가 통과해야만 하는 일련의 장애물들이 바로 그런 것들이다. 또한 영화 속에는 고요, 쇠퇴, 노년, 죽음처럼 계속적인 모티프도 있다. 영화에서 가장 중요한 두 개의 모티프는 바로 로즈버드와 분절의 모티프 fragmentation motif이다.

로즈버드는 케인이 어린 시절 매우 좋아했던 소지품이었음이 밝혀진다. 영화학자들과 비평가들은 로즈버드에 대해 수십 년 동안 논쟁을 벌여 왔다. 웰스 자신은 이를 "프로이트의 달러 북 dollar-book Freud"이라고 불렀다. 다시 말해서 어린 시절의 순수성에 대한 편리한 상징이라는 것이다. 1940년대 미국영화에는 프로이트의 사상, 특히 사춘기 이전의 삶이 그 후의 성격을 결정짓는 핵심적인 요인이 된다는 그의 사상이 널리 통용되고 있었다.

그러나 로즈버드는 또한 상실을 가리키는 훨씬 더 넓은 의미의 상징이기도 하다. 케인은 어린 시절에 부모를 여읜 사람이다. 케인을 키운 것은 은행이었다. 그는 신문업자로서 가졌던 젊은 시절의 이상을 상실했다. 주지사가 될 기회를 잃었다. 첫 아내와 아들을 잃었다. 수잔을 오페라 스타로 만들려는 시도도 허사가 되었다. 수잔을 잃었다. 로즈버드는 단순한 물건 이상의 것이고, 심지어 에덴동산의 순수성에 대한 상징조차도 넘어서는 것이기 때문에, 로즈버드의 정체는 관객에게 엄청난 정서적 충격을 안겨준다.

분절의 모티프는 단 하나의 단어로도 복잡한 인간성을 "설명"할 수 있을 것으로 보는 단순한 발상을 물리치는 역할을 한다. 영화 구석구석에서 관객은 다양성과 반복, 그리고 더 큰 전체의 분절을 암시하는 이미지들과 부딪치게 된다. 이러한 모티프의 예들이 바로 그림 맞추기 놀이, 여러 가지 바구니들과 상자, 공예품들이다. 영화의 구조 자체가 분절되어 있으며, 각 내레이터는 관객에게 제각기 단편적인 그림만을 보여줄 뿐이다. 영화가 끝날 무렵 레이먼드의 회상에서, 늙은 케인은 유리구슬을 보자 "로즈버드"라고 중얼거린다. 멍한 상태에서 그는 유리구슬을 손에 쥐고 복도를 걸어간다. 케인이 연속적으로 이어진 거울 앞을 지나갈 때, 관객은 끝없이 중첩된 케인의 이미지를 본다. 그 이미지가 모두 케인이다.

이데올로기

웰스는 평생 온건좌파의 가치를 굳게 신봉한 자유주의자였다. 1930년대 뉴욕의 극장 씬은 과격하리만치 정치적이고 좌익적이었다. 당시 지식인들이 대부분 그랬듯이 웰스는 루스벨트 신봉자였고, 뉴딜정책에 대해 강한 공감을 가졌다. 사실상 그는 루스벨트 대통령의 유명한 라디오 연설 몇 편의 작성을 돕기도 했다.

이데올로기 면에서 '시민 케인'이 자유주의적 경향이 있는 것으로 분류되는 것은 놀랄 일이 아니다. 하지만 이 영화는 그에 대해 편견이나 선입견을 가지고 맹목적으로 지지를 표명하지는 않는다. 인물들은 너무나 복합적이고, 종종 역설적이기도 하다. 이 영화는 번잡스러운 인생의 모순들로 가득 차 있다.

주인공은 젊은 신문발행인이고 "전투적 자유주의자"이다. 제드 르랜드는 그의 전우이며 그의 양심이다(12-23). 그러나 나이가 들어가면서 케인은 우파쪽으로 더 기울고, 마침내 약자를 괴롭히는 권위주의적인 골목대장으로 마감한다. 케인은 또한 환경이 유전보다 더 강한 힘을 발휘한다는 신념을 갖고 있다. 한 장면에서는, 그가 부유하게 자라지 않았다면 정말 위대한 사람이 되었을 것이라고 말한다.

도덕적인 면에서 케인은 상대주의자이다. 그의 사랑이 이미 그의 아내 에밀리로부터 떠나게 되

12-23

'시민 케인', 출연: 오손 웰스와 조셉 코튼

▶ 제드 르랜드(코튼)는 이 영화의 도덕적 양심과 케인의 또 다른 이상적인 자아를 대변한다. 이런 역할을 잘하기란 쉬운 일이 아니다. 왜냐하면 이런 역은 경건함에 대한 감상적이고 진부한 태도로 전락해 버리기 십상이기 때문이다. 코튼의 연기는 르랜드를 지나치게 마음에 드는 인물로 만들기보다는 단단한 인물로 강화시켜 나간다. 예리한 지적이긴 하지만, 르랜드는 또한 그 자신의 표현대로 점잔 빼는 "뉴잉글랜드 여교사(잔소리가 심하고 엄격한 구식의 선생타입의 여성을 일컫는 말: 역자주)" 같은 사람이기도 하다. 번스타인과 마찬가지로, 그는 그들이 모두 젊고 사회개혁을 다짐할 때는 케인을 사랑하고 그에게 충성한다. 그러나 마침내 케인의 자아가 파괴적인 힘이라는 것을 깨닫고, 제드는 환상에서 깨어나 생각을 바꾼다.
(RKO. Photo: Alex Kahle)

12-24
'시민 케인',
출연: 조셉 코튼과 에버렛 슬론

▶ 물쓰듯 하는 케인의 소비주의는 유럽의 예술품 수집벽에서 가장 잘 드러난다. 그가 예술을 즐기기 때문이 아니라—사실 그는 그것에 대해서 거의 언급한 적이 없다—오히려 그것이 지닌 지위의 상징으로서의 가치 때문이다. 그의 과소비는 열정적인 관심의 표명이라기보다는 습관성이다. 조금만 지나면 그가 구입한 예술품들은 당연한 듯이 나무상자에 차곡차곡 쌓인다. 그것들은 그의 다른 물건들과 별반 차이 없이 그냥 저장될 뿐이다. *(RKO)*

자, 그는 수잔과 불륜의 관계를 맺는다. 그에게 결혼증명서는 한낱 문서일 뿐이며, 그 자신의 감정과는 아무런 관계도 없는 것이다. 영화 속에서 케인이 종교에 대한 관심을 드러낸 곳은 아무데도 없다. 그는 철저한 세속주의자이다.

청년시절에 케인은 눈에 띌 정도로 전통, 과거, 권위 등을 경멸한다. 중년에 접어들면서, 그는 한층 더 미래지향적인 인물이 된다. 이를테면 신문사를 건립하고, 에밀리에게 구애하고, 그의 왕국을 확장하고, 주지사에 출마하고, 수잔을 출세시키려고 노력한다. 오직 노년에 이르러서만 그는 삶을 위한 투쟁의 장에서 물러나 외부세계와 담을 쌓고, 제나두 안에서 "원숭이들에게 군림하는 볼품없는 주인행세를 한다."

또한 청년시절의 케인은 공동사회를 강조한다. 그의 신문은 공동의 성과물이고, 그가 키를 잡고, 충실한 두 부관인 번스타인과 르랜드가 옆에서 돕는다. 나이가 들면서 그는 더 이상 동료들과 의논하지 않는다. 그들에게 명령만 하달하고, 의견의 불일치를 참지 못한다. 젊은 신문발행인이었을 때 그는 함께 일하는 사람들과 자기를 동일시하고, 그들의 대변인이 될 것을 약속한다. 나이가 들었을 때, 그는 사회지도자나 거물급 저명인사들만을 찾아다닌다. 그는 예스맨들에 둘러싸여 있다.

'시민 케인'은 또한 페미니즘에 강한 공감을 나타낸다. 세 명의 주요 여성인물은 모두 희생당한다. 메리 케인은 사랑하지도 않으면서 결혼이라는 덫에 걸려 있고, 난폭한 아버지로부터 아들을 떼어놓기 위해 아들을 곁에 두고 키우지 못하는 희생을 감수해야만 한다고 여긴다.

에밀리 노튼 케인은 전통적인 젊은 여성이기는 하지만 고상하다. 그녀는 독서를 통해 성장했고, 심각하게 아내와 어머니의 역할을 자신의 의무로 받아들인다. 에밀리는 예절의 화신이다. 케인은 에밀리에게 뚜렷한 잘못이 없는데도 그녀의 믿음과 사랑을 배신한다. 그녀에게 싫증이 난 것이다.

수잔 알렉산더 케인은 셋 중에서 가장 동정심이 많은 인물이고 동시에 가장 악용당한 인물이기도 하다. 그녀는 엄청난 고통과 정신적 분노를 모두 사랑의 이름으로 이겨낸다. 그녀는 돈이나 사회적 지위에 대해서는 크게 관심이 없다. 그것들은 그녀의 삶을 혼란시킬 뿐이다. 그녀는 용서할 줄 아는 몇 안 되는 인물 중 하나이다. 톰슨 기자는 굴욕과 고독으로 얼룩진 그녀의 슬픈 이야기를 듣고 나서 이렇게 말한다. "그래도 역시 저는 케인 씨에게 연민을 느낍니다." 눈물을 훔치면서 수잔이 대답한다. "나도 그렇다고 생각하지 않으세요?"

비평

'시민 케인'은 형식주의의 걸작이다. 실은 이 영화에는 사실주의적 요소도 약간 담겨 있다. 사실을 기초로 한 뉴스릴 시퀀스나 딥 포커스 촬영 등이 바로 그런 것들이다. 그래서 앙드레 바쟁 André Bazin 같은 사실주의 비평가에게도 이 영화가 높은 점수를 받았던 것이다. 그러나 전반적으로 볼 때 이 영화에서 가장 인상적인 것은 역시 화려한 기교의 시퀀스들이다. 웰스는 영화의 위대한 서정시인 중 한 사람이었으며, 그의 스타일이 보여주는 황홀함은 장식적인 화면, 현란한 쇼트들, 풍부한 질감의 사운드, 변화무쌍한 편집스타일, 고도로 분절화된 내러티브, 풍부한 상징적 모티프 등을 통해서 가장 잘 드러난다. 이 영화는 그 기법의 대담성 때문에 빛이 난다.

'시민 케인'은 재론의 여지가 없는 작가의 작품이다. 웰스는 이 영화를 제작했을 뿐 아니라, 또한 촬영대본을 공동집필했고, 배역과 스태프를 직접 선택했으며, 주인공 역을 맡았고, 어떤 간섭도 받지 않고 전 제작과정을 감독했다. 이 영화가 웰스 특유의 주제인 그 복합적 구조를 탐구하고 있다는 점에서 보나, 또 웰스라는 작가 자신의 실질적인 서명이나 다름없는 화려한 스타일이 구사되고 있다는 점에서도 역시 전형적인 작가주의 영화에 속한다. 웰스는 언제나 같이 일하는 자신의 동료들, 특히 배우들과 촬영팀에 대해 칭찬을 아끼지 않았다. 하지만 그가 이 영화를 만드는 동안 내내 군대지휘관처럼 지휘하고 통솔했다는 것은 의심의 여지가 없다.

'시민 케인'의 상업적 흥행과 비평의 역사는 그 자체만으로도 흥미로운 이야기이다. 머큐리 극단이 파산한 직후 RKO 영화사는 스물네 살의 웰스에게 전례가 없는 계약조건을 제시했다. 영화 한 편당 15만 달러와 입장수입 총액의 25%를 덤으로 준다는 조건이었다. 어떤 영화든 그는 제작, 감독, 각본 혹은 주연을 맡을 수 있었으며, 그가 원할 경우에는 이 네 가지 역할을 모두 맡을 수도 있었다. 노련한 스튜디오 책임자 조지 쉐퍼 George Schaefer에게만 허용되었던 예술적인 면에 관한 통제권도 전부 그에게 주어졌다.

RKO사는 그 짧은 역사 내내 그랬듯이 재정적으로 어려웠다. 스튜디오는 1928년 은행가 조셉 케네디(케네디 대통령의 아버지), 그리고 RCA사와 NBC방송의 사장이었던 데이비드 사르노프 David Sarnoff

'시민 케인'의 홍보 포스터

▶ 지금처럼 그 당시에도 스튜디오 광고는 영화의 상업적인 매력을 강조했다. 지금처럼 그 당시에도 성과 폭력이 관객을 유혹하는 가장 흔한 책략이었다. '시민 케인'의 홍보캠페인은 보다 더 고급스러웠다. 영화스타로서 웰스 특유의 흥행매력과 이 영화의 개봉을 둘러싼 논쟁을 부각시켰던 것이다. 포스터와 로비의 홍보물은 사랑의 삼각관계를 지나치게 강조하고 있는데, 필시 이는 여성관객에게 호소하기 위한 의도였을 것이다. "난 그가 미워요!" 하고 수잔이 외친다. "나는 그를 사랑해요!" 하고 에밀리가 맞선다(이 영화에는 물론 그런 대사는 없다). 흥미롭게도 이 포스터는 영화 자체에서 발견되는 복합적인 관점들과 거의 같다. *(RKO)*

가 함께 설립하였다. 사르노프는 이 스튜디오가 "영화계의 NBC"가 되어 줄 것으로 기대했다. 케네디는 약 500만 달러의 이익을 얻고는 곧 물러섰다. 전도유망한 출발을 한 뒤 RKO는 곧 난관에 봉착하게 되었는데, 그 주된 원인은 잦은 경영진 교체와 그로 인한 일관성 없는 경영정책 때문이었다. 다른 메이저 영화사들과 달리 RKO에는 지속적인 정체성이나 독특한 스타일이 없었던 것이다.

사르노프와 그의 새 동업자 넬슨 록펠러 Nelson Rockefeller는 RKO가 세련되고 진보적인 영화를 만들어내기를 원했다. 그러나 그들은 예술적인 가치와 흥행적 성공은 쉽게 일치하지 않는다는 사실을 깨달았다. 웰스를 고용하자는 쉐퍼의 아이디어를 사르노프와 록펠러는 흡족해 했다. 왜냐하면 수준 높은 영화이면서 동시에 흥행수익도 올릴 수 있는 영화를 만들어내려면 브로드웨이와 라디오에서 이미 대성공을 거둔 바 있는 젊은 천재 웰스야말로 확실한 인물이라고 판단했기 때문이다.

1939년 웰스가 할리우드에 왔을 때, 그에 대한 적개심은 대단했다. 대부분의 감독들은 나이 서른다섯 살 이전에 A급 영화의 감독을 맡을 수 있으면 행운으로 여겼다. 이런 판국에 이방인인데다 겨우 풋내기에 불과한 웰스에게 첫 작품부터 완전한 자율권이 주어졌던 것이다. "이건 아이들이 가지고 놀았던 제일 큰 전기기차 같구먼." 웰스가 RKO의 제작시설을 둘러보았을 때 빈정된 말이다. 대부분의 영화관계자는 이처럼 대담한 웰스를 두고 예술가인 척하고 시건방지며 오만한 인물로 간주했다. 웰스는 영화계를 공개적으로 경멸함으로써 사태를 더 악화시켰다. 웰스는 재미로 "할리우드는 골퍼나 정원사, 2류 사내들, 자아도취에 빠진 스타 지망생들에게나 어울리는 황금의 도시"라고 떠들고

12-26

'위대한 앰버슨가 *The Magnificent Ambersons*' (미국, 1942), 출연: 돌로레스 코스텔로
Dolores Costello, 아그네스 무어헤드, 조셉 코튼, 레이 콜린스, 감독: 오슨 웰스

▶ 웰스의 영화가 대부분 그렇듯이, 그가 아주 아낀 이 작품은 "잃어버린 낙원"이라는 주제를 다룬다. 그러나 '시민 케인'과는 달리, 따뜻하고 지난날을 그리워하는 듯한 톤이며, 영상은 보다 부드럽고 서정적이다. 웰스는 화면 밖에서 스토리의 내레이터 역할을 하지만, 영화에는 나오지 않는다. 그는 흔들리는 붐 마이크 쇼트로 마무리를 하면서 그의 말로 이런 크레디트를 덧붙인다. "나는 이 영화의 각본을 쓰고 감독을 맡았다. 내 이름은 오슨 웰스이다." *(RKO)*

다녔다. 웰스는 다루기 힘든 수재였다. 젊은 혈기의 경솔한 농담 때문에 그는 값비싼 대가를 치렀다.

거의 시작할 무렵부터 '시민 케인'의 제작은 논란을 불러일으켰다. 홍보전문가였던 웰스는 영화계 전체가 공론으로 떠들썩하게 만들었다. 영화는 "극비"로 촬영되었다. 주인공의 정체에 관한 소문이 무성하게 나돌았다. 그리고 허스트신문그룹의 가십 칼럼니스트 라웰라 파슨스 Louella Parsons가 이 영화가 그룹회장의 사생활을 다룬 것이라는 소문을 들었을 때, 그는 그룹회장과 허스트그룹의 전폭적인 지원 아래 이 영화에 대한 반대캠페인을 벌였다.

영화의 제작이 거의 완성되어 가자 허스트의 캠페인도 격렬해졌다. 영화사를 상대로 개봉 전에 영화필름을 파기하지 않으면 일련의 스캔들과 비리를 폭로하겠다는 협박을 했다. 허스트의 심복이며 영화계에서 가장 막강한 인물인 MGM의 루이스 메이어 Louis B. Mayer는 만약 스튜디오가 영화필름을 파기한다면 RKO의 비용과 약간의 이익금을 합쳐 배상하겠다는 제안을 내놓았다. 허스트는 다른 스튜디오에도 그들 소속의 극장에 영화를 걸지 못하도록 압력을 넣었다. 그의 신문들은 웰스를 공산주의자라고 공격을 퍼부었으며, 징병 기피자로 몰아붙였다(웰스는 신체검사에서 군복무 부적합판정을

받았다.). RKO는 결정을 못 내리고 쓸모없이 시간만 보내고 있었다. 웰스는 영화를 개봉하지 않으면 소송을 제기하겠다고 위협했다. 결국 스튜디오는 모험을 하기로 결심했다.

단지 몇 가지 예외만 제외하고는 '시민 케인'은 아주 대단한 평가를 받았다. 『뉴욕 타임스』의 보슬리 크라우더 Bosley Crowther는 이 영화를 두고 "영화역사상 가장 위대한 영화 중 하나(설령 단 하나는 아닐지라도)"라고 했다. 미국영화의 최고 호시절이었던 1941년에 이 영화는 뉴욕 비평가협회가 수여하는 최우수작품상을 수상했다. 아카데미에서는 아홉 개 부문에 걸쳐 후보로 지명되었다. 그러나 시상식장에서 그의 이름이 거명될 때마다 웰스는 야유를 받았다. 문제는 이 영화가 오직 각본부분에서만 오스카상을 받았다는 사실이다. 폴린 케일이 지적했듯이, 이는 할리우드 정통파인 맨키비츠를 지원하고 남우주연상, 감독상, 최우수작품상을 놓친 웰스의 건방진 태도를 힐책하려는 의도가 깔려 있었다.

도무지 믿기지 않을 정도로 '시민 케인'은 흥행에 실패했다. 이는 곧 할리우드에서 웰스의 시대가 끝나가고 있음을 알리는 것이었다. 그의 두 번째 걸작인 '위대한 앰버슨가 The Magnificent Ambersons'(1942)는 수차례 시사회에서도 관객을 만족시키지 못했으며, RKO는 131분짜리 영화를 88분으로 줄이고 결말을 해피엔딩으로 바꾸었다. 이 영화 역시 흥행에 실패했다. 이내 RKO는 경영진을 교체했으며, 웰스와 쉐퍼는 회사에서 쫓겨났다.

12-27

'오델로 Othello' (모로코, 1951), **출연: 오슨 웰스, 수잔 클루티에** Suzanne Cloutier, **감독: 오슨 웰스**

▶계속되는 흥행실패로 낙심한 웰스는 1948년 유럽과 아프리카로 떠난다. 그는 그곳에서 독립제작자 겸 감독으로 일하기를 희망했다. 그의 첫 영화는 셰익스피어의 희곡을 각색한 이 작품이다. 이 작업은 악몽과 같은 것이었다. 촬영하는 데에 3년이 넘게 걸렸으며, 웰스는 자금이 부족하여 추가로 자금을 구하느라 몇 번이나 제작을 중단해야만 했다. 그 과정에서 여러 명의 배우들이 그를 떠났다. 데스데모나 Desdemonas는 세 명, 이아고 Iago는 네 번이나 배우가 바뀌었다. 여러 시퀀스가 몇 번이나 다시 촬영되었다. 하지만 결국 영화는 완성되었다. 유럽에서 열렬한 찬사를 받았으며, 깐느영화제에서 대상을 수상했다. 그러나 영국과 미국의 비평가들은 이 영화의 미숙한 사운드트랙에 불만을 털어놓았다. 사실상 그가 미국을 떠나 제작한 후속작품들이 모두 이 작품과 같은 패턴이었다.

(Les Films Marceau/Mercury Prods.)

'검은 함정 *Touch Of Evil*' (미국, 1958), 출연: 오손 웰스, 감독: 웰스

▶ 이 고전 누아르 영화의 야하고, 싸구려 술집 같은 배경은 촬영감독인 러셀 메티 Russell Metty가 카메라를 낮게 위치시킴으로써 과장되었다. 웰스가 이후 대부분의 작품들보다 덜 타협한 이 영화는 지금은 결함이 있는 걸작으로 간주된다. 이 영화가 처음에 개봉되었을 때, 깐느영화제에서 그랑프리를 휩쓸면서 관객들과 평론가들에게 센세이션을 불러일으켰다. 사실 웰스는 그의 영화들을 장인의 작품이라고 판에 박힌 찬사를 보냈던 프랑스 비평계로부터 거의 신격화되었다. '검은 함정'은 미국에서는 흥행에 실패했다. 대부분의 미국 평론가들은 이 영화를 싸구려 선정적인 영화 exploitation film로 취급했다.　　*(Universal Pictures)*

　　비평가들은 언제나 웰스에게 호의적이었으며, 특히 프랑스에서 더 그랬다. 1950년대 초부터 그의 대본에서 발췌한 내용들이 『영상과 음향 *Images et Son*』이나 『오늘의 영화 *Cinéma d'Aujourd'hui*』 같은 잡지에 실렸다. 특히, 프랑스의 뉴 웨이브 New Wave를 주도한 『카이에 뒤 시네마 *Cahier du Cinéma*』 지의 비평가들에게 웰스는 영감의 원천으로서 우상과 같은 존재였다. 장 뤽 고다르 Jean-Luc Godard는 "우리 모두는 웰스에게 모든 것을 빚지고 있다."고 했다. 트뤼포 Truffaut가 주장했듯이, '시민 케인'은 영화를 시작하는 수많은 프랑스 감독들에게 영감을 주었으며, 그는 자신의 영화 '아메리카의 밤(사랑의 묵시록) *La Nuit Américaine*'(미국에서는 '*Day for Night*'라는 제목으로 상영되었다.)에 이 유명한 영화에 대한 찬사의 말을 실었다.

　　웰스에 대한 비평계의 명성은 멈출 줄 몰랐다. 웰스가 세상을 떠난 1985년에는 그에 관한 세 권의 책이 나왔다. 영국의 수준 높은 영화잡지 『영상과 음향 *Sight and Sound*』에서 10년마다 실시하는 국제비평가 투표에서 언제나 '시민 케인'은 영화역사상 가장 위대한 영화 베스트 10의 첫머리를 차지해 왔다(2012년에 '시민 케인'은 히치콕의 '현기증 *Vertigo*'에게 1위를 내주고 2위를 기록하였다). 영화역사상 가장 위대한 감독을 뽑는 투표에서도 언제나 가장 많은 표를 얻는 사람은 오손 웰스이다.

12-29
'**카프카의 심판 The Trial**' (프랑스/이탈리아/서독, 1962),
출연: 앤서니 퍼킨스 Anthony Perkins

▶ 웰스는 프란츠 카프카 Franz Kafka의 유명한 소설을 가지고, 우화적 강조와 공포스럽고 편집증적인 분위기를 유지하면서도 그 나름대로 상당히 자유롭게 작품을 만들었다. 이 영화의 눈에 띄는 시각적 스타일은 초현실적이며, 기이한 풍경과 스케일의 기묘한 분리 그리고 풍부한 상징적 구조가 특징이다. 플롯은 가상의 미로처럼 뒤얽혀 있는데, 이 안에서 두려움에 사로잡힌 주인공(퍼킨스)은 익명의 고소인들에 의해 고소당한 알 수 없는 범죄로부터 그의 무죄를 입증하기 위해 한 혼란스러운 장소에서 다른 장소로 비틀거리며 돌아다닌다. 미국에서 이 영화는 사실상 무시되었다. *(Paris Europa/FICIT/Hisa)*

12-30
'**불멸의 이야기 The Immortal Story**' (프랑스, 1968),
출연: 오슨 웰스 Orson Welles

▶ 웰스는 "나는 왕을 연기하는 사람들 중 하나이다."라고 언급한 적이 있다. 장 르느와르 Jean Renoir는 그에 대해 다음과 같이 말했다. "그가 카메라 앞에 설 때, 마치 세계의 나머지는 존재하기를 멈추는 것 같다. 그는 그 화면의 시민이다." 웰스는 스크린에서 매우 강한 풍채를 드러낸다. 즉, 위협적이고, 비웃는 듯하며, 과장 되어 있다. 그는 만약 그의 역할이 비범한 신분이 아닌 경우에서는 좀처럼 최선을 다하지 않는다. 원래 프랑스 텔레비전을 위해 만들어진 이 영화는 그것이 태어난 나라에서는 거의 파문을 일으키지 못했다. 그는 오히려 미국에서 그의 TV 와인 광고로 더 잘 알려졌다.

(ORTF/Albina Prods.)

▐▶ 참고문헌

Callow, Simon, *Orson Welles: The Road to Xanadu* (New York: Penguin, 1996) and *Orson Welles: Hello Americans* (New York: Viking, 2006). The first two volumes of a projected trilogy, written by a distinguished British actor.

Carringer, Robert L., *The Making of Citizen Kane* (Berkeley: University of California Press, 1985). Definitive.

Conrad, Peter, *Orson Welles: The Stories of His Life* (London: Faber and Faber, 2003). An attempt to untangle truth from legend.

Garis, Robert, *The Films of Orson Welles* (New York: Cambridge University Press, 2004). Very strong on Welles's literary sensibility.

Heylin, Clinton, *Despite the System: Orson Welles versus the Hollywood Studios* (Chicago Review Press, 2005). A sad account of repeated studio interference with Welles's work.

Higham, Charles, *The Films of Orson Welles* (Berkeley: University of California Press, 1970). Critical study and psychobiography. Very well illustrated. See also Higham's *Orson Welles: The Rise and Fall of an American Genius* (New York: St. Martin's Press, 1985).

Kael, Pauline, *The Citizen Kane Book* (Boston: Little, Brown, 1971). Reading version and a cutting continuity of *Kane*, prefaced by Kael's controversial essay on the authorship of the script.

Naremore, James, *The Magic World of Orson Welles* (New York: Oxford University Press, 1978). Critical study.

Thompson, David, *Rosebud* (New York: Knopf, 1996). A well-written biography, with sixty-nine photos.

Walsh, John Evangelist, *Walking Shadows: Orson Welles, William Randolph Hearst, and* Citizen Kane (Madison: University of Wisconsin Press, 2004). The story behind the making of the movie.

용어해설

(T). (C). (I). (G).

(T) 기술용어
(C) 비평용어
(I) 산업용어
(G) 일반용어

ㄱ

가편집 first cut, rough cut (I). 영화의 일차 촬영 쇼트들로 이루어진 시퀀스로서, 주로 감독에 의해 구성된다.

간격편집, 인터컷 intercut (T). 교차편집 참조.

고감도필름 fast stock, fast film (T). 빛에 매우 민감하고, 일반적으로 입자가 굵고 거친 이미지를 만들어낸다. 기존 조명만을 사용해 촬영하기를 원하는 다큐멘터리 작품에 자주 쓰인다.

고전 영화, 고전적 패러다임 classical cinema, classical paradigm (C). 대략 1910년대 중반부터 1960년대 후반까지 미국에서 제작된 주류 극영화를 가리키는 용어로서 다소 모호하지만 편리하게 쓰인다. 고전적 패러다임은 고도의 기술적 완성도와 더불어 스토리, 스타, 작품 가치에 비중을 두며, 고전적 편집의 관습에 따라 편집되는 영화를 말한다. 시각 스타일은 기능적이며 액션에서 인물에 집중하는 경우는 드물다. 이런 형식의 영화는 분명하게 설정된 갈등, 클라이맥스를 고조시켜 나가는 복잡성, 공식적인 마무리를 강조하는 결말 등 서술적으로 구성되어 있다.

고전적 편집 classical cutting (C). 그리피스가 개발한 편집 스타일이며, 일련의 쇼트가 물리적인 액션만으로 결정되는 것이 아니라 씬의 극적인 중요성이나 감정적인 강조에 따라 결정된다. 일련의 쇼트는 사건을 논리적 요소뿐만 아니라 심리적 요소로 나누어 보여준다.

공중 쇼트 aerial shot (T). 본래 야외촬영의 한계로 말미암아 크레인 쇼트를 변형시킨 것. 보통 헬리콥터에서 촬영한다.

과다 노출 overexposure (T). 카메라 렌즈의 조리개를 통해 너무 많은 빛이 들어오는 것으로, 영상이 표백된다. 판타지와 악몽 씬들에서 쓰인다.

관습 convention (C). 예술작품에서 인위적인 것을 실제인 것처럼 받아들이는 관객과 예술가 사이의 암묵적인 합의. 영화에서 편집(혹은 쇼트의 병치)은 관객의 현실감각이 단절되지 않고 이어지더라도 "논리적"인 것으로 받아들여진다.

광각 렌즈, 단초점 렌즈 wide angle lens, short lens (T). 표준 렌즈보다 훨씬 넓은 지역을 찍을 수 있는 카메라 렌즈. 원근감을 과장하는 경향이 있는 것이 부작용이다. 또한 딥 포커스 촬영에도 쓰인다.

광학 기기 optical printer (T). 영화에서 특수효과를 만들어내기 위해 사용하는 기기. 오늘날에는 이런 효과들 중 대부분이 디지털 컴퓨터기술로 이루어진다.

교차 편집 cross-cutting (T). 두 시퀀스의 쇼트들을 서로 교차시키는 것으로, 종종 서로 다른 장소에서 그것들이 동시에 일어나고 있다는 것을 나타내기 위해 사용한다.

극소주의 minimalism (T). 엄격과 억제가 특징인 영화 제작 스타일이며, 영화적인 요소들을 최소한의 정보 정도로 줄인다.

기존 조명 available lighting (T). 실제로 로케이션 장소에 있는 자연적인 빛(태양)이나 인위적인 빛(가정의 램프)만을 사용하는 조명. 실내 촬영에서 기존 조명을 사용할 때는 일반적으로 고감도 필름을 사용해야 한다.

ㄴ

네오리얼리즘 neorealism (C). 이탈리아의 영화운동으로 1945년부터 1955년 사이에 이 운동의 최고 작품들이 나왔다. 테크닉에 있어서 사실주의적 성향이 강했던 네오리얼리즘은 영화예술의 다큐멘터리적 측면을 강조했는데, 특히 느슨한 에피소드적 구성, 평범한 사건과 인물, 자연광, 사실적인 세팅, 비전문적인 배우, 빈곤과 사회문제에 대한 적극적인 관심, 휴머니즘과 민주적인 이념 등을 역설했다. 또한 이 용어는 이탈리아 네오리얼리즘의 테크닉 및 스타일의 경향을 반영한 다른 영화를 말할 때도 사용되어 왔다.

뉴 웨이브, 누벨 바그 New wave, nouvelle vague (C). 1950년대 후반기에 두드러진 활약을 보였던 프랑스의 젊은 감독들의 집단. 프랑수아 트뤼포, 장 뤽 고다르, 알랭 레네 등이 가장 널리 알려진 감독들이다.

ㄷ

다중 노출 multiple exposure (T). 여러 가지 이미지나 영상을 겹쳐 인화하여 새 이미지나 영상을 만들어내는 특수효과

단초점 렌즈 short lens. 광각 렌즈 참조

닫힌 형식 closed forms (C). 디자인이 자의식적 성격이 뚜렷한 편이면서도 그 구성이 정교한 조화를 이루고 있는 시각 스타일. 보통 미학적으로 호소하는 방식을 통해서 필요한 시각적 정보를 모두 포괄하는, 일종의 자기 충족적인 세계를 나타내기 위해서 프레임이 이용된다.

달리 쇼트, 트래킹 쇼트, 트러킹 쇼트 dolly shot, tracking shot, trucking shot (T). 움직이는 이동차에서 찍는 쇼트. 본래는 카메라의 움직임을 부드럽게 하기 위하여 세트에 트랙이 설치되는 것을 의미했다.

더빙 dubbing (T). 촬영된 영상에 사운드를 집어넣는 것. 더빙은 영상과 일치될 수도 있고 일치되지 않을 수도 있다. 외국 영화들은 종종 국내 상영을 위해 자국어로 더빙된다.

데이포나이트 촬영 day-for-night shooting (T). 영화영상에 야간배경을 나타내기 위해 특수필터를 이용하여 낮에 촬영되는 씬들.

독립 제작자 independent producer (G). 스튜디오나 대규모 상업적인 회사에 소속되지 않은 제작자. 많은 스타들과 감독들이 자신의 예술적 자율성을 지키기 위해 독립적인 제작자로 활동했다.

동시 음향 synchronous, synchronized sound (T). 동시에 녹음하거나, 완성된 프린트에 동시에 녹음한 것처럼 보이도록 사운드와 영상을 일치시키는 것. 동시 음향은 시각적인 정보에 분명한 출처가 있는 것처럼 보인다.

디졸브, 랩 디졸브 disslove, lap dissolve (T). 보통 중앙의 위치에서 영상의 이중 인화로 한 쇼트가 서서히 페이드 아웃되고 다음 쇼트가 서서히 페이드 인되는 것.

딥 포커스 쇼트 deep-focus shot (T). 클로즈업에서 무한대에 이르기까지 모든 거리에서 명확하게 초점을 맞출 수 있는 촬영 테크닉.

ㄹ

러쉬 rushes, dailies (I). 전날 촬영된 필름 중 선택된 필름 푸티지. 보통 다음 날 촬영을 시작하기 전에 감독과 촬영기사가 판단해 선택함.

러프 커트 rough cut (T). 편집자가 쇼트 사이의 느슨한 부분을 짜임새 있게 연결하기 전에 대충 잘라 놓은 필름조각. 일종의 다듬지 않은 초안.

렌즈 lens (T). 카메라 안에 부착되어 빛을 집중하거나 분산시켜 사진 영상을 만들기 위한 유리 혹은 플라스틱, 기타 투명물질로 둥글게 연마하거나 주형해서 만든 것.

로우 앵글 쇼트 low-angle shot (T). 피사체를 낮은 곳에서 촬영한 쇼트.

로우 키 low key (T). 발산되는 그림자와 짙은 분위기의 광원을 강조하는 조명 스타일. 미스터리와 스릴러에서 자주 쓴다.

롱 쇼트 long shot (G). 대략 연극무대에서 관객의 시점으로 볼 때 프로시니엄 아치 안의 범위와 일치하는 영상영역을 포착한 쇼트.

루즈 프레이밍 Loose framing (C). 보통 롱 쇼트에 사용된다. 프레임 내 이미지의 범위 안에 미장센의 공간적 여유가 아주 많기 때문에 촬영되는 사람들의 움직임이 상당히 자유로운 편이다.

리니어 linear (C). 색상이나 질감보다는 아주 명확한 선을 강조하는 시각 스타일. 딥 포커스 렌즈는 일반적으로 이처럼 윤곽이 뚜렷한 스타일을 만들어내기 위해 사용된다. 이런 스타일은 낭만적인 것을 거부하며 객관적이고 실제적이다.

리프린팅 reprinting (T). 별개의 둘 혹은 그 이상의 영상을 하나의 필름에 다시 촬영하는 특수 효과 테크닉.

ㅁ

마르크스주의자 Marxist (C). 좌익적 가치에 기초하거나, 특히 그런 가치의 극단적 형식을 취하는 사람이나 영화를 일컫는 데 사용하는 이데올로기적 용어이다.

마스킹 masking (T). 영화영상의 일부분을 차단함으로써 일시적으로 스크린의 화면비를 바꾸는 테크닉.

마스터 쇼트 master shot (T). 전체 씬을 담는 연속적인 쇼트로서 주로 롱 쇼트나 풀 쇼트로 찍는다. 마스터 쇼트 촬영 후 근접 쇼트를 찍어, 편집할 때 편집자가 하나의 시퀀스로 편집하거나 다양한 쇼트로 구성할 수 있다.

망원 렌즈 telephoto lens, long lens (T). 먼 거리에 있는 사물의 크기를 확대시키는 일종의 망원경 역할을 하는 렌즈. 원근감을 제대로 살리지 못하는 단점이 있다.

매트 쇼트 matte shot (T). 별개의 두 쇼트를 하나로 인화해 결합시키는 과정. 마치 정상적으로 촬영된 것처럼 보이는 영상을 만들어낸다. 이를테면 사람과 거대한 공룡의 쇼트를 연결시키는 것과 같은 특수효과를 위해 쓰인다.

메뙤르앙셴 metteur en scéne (C). 미장센을 창조하는 예술가나 기술자로서, 한마디로 감독을 가리킨다.

메소드 연기 Method acting (C). 러시아의 연극연출가 스타니슬라프스키에게서 비롯된 연기 스타일로서, 1950년대 이후 미국의 지배적인 연기 스타일이었다. 메소드 연기자들은 기술적인 숙달보다는 심리적인 집중도, 인물탐구를 위한 폭넓은 리허설, 실감나는 감정묘사를 강조하고, 또 어떤 인물의 외면적인 행위를 단순히 흉내내는 데 그치기보다는 내면적으로 그 역할을 진짜 살아 있는 것처럼 연기하는 것을 강조한다.

메이저 majors (I). 특정 시기의 주요 제작 스튜디오들. 미국 할리우드 스튜디오 시스템의 황금기-대략 1930년대와 1940년대-에 MGM, 워너 브라더즈, RKO, 파라마운트, 20세기 폭스 등이 이에 속했다.

모티프 motif (C). 한 영화를 통해 체계적으로 반복되는 정교한 테크닉, 대상, 주제가 되는 아이디어.

몽타주 montage (T). 빠르게 편집된 영상들의 장면전환 시퀀스들로서, 시간의 추이나 사건의 경과를 나타내기 위해 쓰인다. 디졸브나 다중노출을 자주 사용한다. 유럽에서 몽타주는 편집의 예술을 뜻한다.

미니어처, 미니어처 쇼트 miniatures, also model or miniature shots (T). 실물 크기의 대상의 환영을 제시하기 위해 촬영된 축소모델들. 예를 들면 바다에서 배가 침몰하는 것, 거대한 공룡, 비행기 충돌 등.

미디엄 쇼트 medium shot (G). 비교적 근접 쇼트이며, 사람의 무릎 또는 허리 위의 신체를 보여준다.

미술감독 art director (G). 영화 세트의 구조를 디자인하고 감독하며, 때때로 실내장식과 전체적인 시각 스타일까지 책임지는 사람.

미장센 Mise en scéne (C). 주어진 공간 안에서 시각적인 비중과 움직임을 정리하고 배치하는 것. 연극에서 공간은 보통 프로시니엄 아치로 제한된다. 영화에서는 영상을 둘러싸는 프레임으로 한정된다. 영화의 미장센은 액션의 연기범위와 그것의 촬영방법 둘 다를 포함한다.

미적 거리 aesthetic distance (C). 예술적 리얼리티와 외적 리얼리티를 구별하는 관객의 능력—극영화에서 사건들이 어떻게 꾸며지고 있는가를 관객이 알아차리는 것.

미키마우징 mickeymousing (T). 순수하게 설명적인 타입의 음악으로서, 시각적인 동작에 상응하는 음악적 등가물을 만들어내려는 시도. 애니메이션에 자주 사용된다.

믹스 mix, mixer (T). 각각의 음향 트랙에서 따로 녹음된 사운드를 마스터 트랙 위에 결합하는 과정. 이 일을 수행하는 사람을 사운드 믹서라 부른다.

ㅂ

반응 쇼트 reaction shot (T). 어떤 인물의 이전 쇼트의 내용에 대한 반응을 포착한 쇼트로 커팅하는 것

배경 투사, 후면영사 process shot, rear projection (T). 배경 씬이 연기자 뒤에 설치된 반투명 스크린 위에 투사되어 마치 연기자가 그 영상 속의 현장에 있는 것처럼 보이게 하는 테크닉.

백라이팅 backlighting (G). 쇼트의 조명이 세트 뒤쪽에서 나오기 때문에 전경의 형상들이 어둡게 보이거나 윤곽만 보이게 하는 것.

버디 영화 buddy film (G). 남성지향적인 액션 장르로서, 특히 1970년대에 인기가 있었다. 둘 혹은 그 이상의 남자들의 모험을 다루는데, 여성이 주요 역할을 하는 경우는 거의 없다.

버즈아이 뷰 bird's-eye view (G). 카메라가 똑바로 머리 위에서 씬을 찍은 쇼트.

변증법적, 변증법 dialectical, dialectics (C). 헤겔과 마르크스에서 비롯된 분석방법론으로서, 사상의 종합에 도달하기 위해 한 쌍의 대립—테제와 안티테제—을 병치시킨다.

보이스 오버 voice-over (T). 영화에서 영상과 일치하지 않는 설명이나 해설로서, 등장인물의 생각이나 기억을 전달하기 위해 자주 쓰인다.

보조적 대비 subsidiary contrast (C). 영화 이미지의 종속적 요소로서, 지배적 대비를 보완해 주거나 대비시킨다.

본질적 흥미 intrinsic interest (C). 극적인 혹은 문맥상의 중요성 때문이지만 관객의 가장 직접적인 주의를 끌 수밖에 없는 영화영상의 정교한 영역.

붐 boom, mike boom (T). 연기자의 움직임을 전혀 제한하지 않으면서 음향을 동시녹음할 수 있도록 마이크를 매달아 머리 위를 옮겨 다니는 막대.

뷰파인더 viewfinder (T). 연기범위와 동작의 경계 및 윤곽을 명확하게 확인할 수 있는 카메라의 접안 렌즈.

블로킹 blocking (T). 동작선. 일정한 연기영역에서 이루어지는 배우들의 움직임.

블림프 blimp (T). 사운드가 세트에서 잡음 없이 맑게 녹음될 수 있도록 카메라 모터의 소음을 막아주는 카메라 방음장치상자.

B급 영화 B-film (T). 미국의 빅 스튜디오 시절의 보조적 영화라고 할 수 있는 저예산영화. B급 영화에는 유명스타가 거의 나오지 않으며, 스릴러와 서부영화, 공포영화 같은 대중적인 형식의 장르를 다루었다. 메이저 영화사들은 계약을 체결한 풋내기 탤런트의 시험무대로 이용했다.

비동시 음향 nonsynchronous sound (T). 사운드와 영상이 동시에 녹음되지 않거나, 영화영상에서 사운드의 출처로부터 분리된 사운드. 배경의 분위기를 위해 제공되는 음악은 영화에서 대개 비동시 음향이다.

ㅅ

사각 앵글 oblique angle, tilt shot (T). 카메라를 기울여 찍은 쇼트. 영상이 스크린에 투사될 때, 피사체가 대각선 위에 기울어진 것처럼 보인다.

사실주의 realism, realistic (G). 일반적으로 인식되는 객관적인 현실의 모습을 있는 그대로 묘사하려는 영화 제작 스타일로서 야외촬영, 디테일, 롱 쇼트, 장시간 촬영, 사실을 왜곡하는 테크닉의 최소화를 강조한다.

사행적 기법 aleatory techniques (C). 우연적인 요소에 의존하는 영화 테크닉. 영상이 미리 기획되는 것이 아니라 카메라 기사에 의해 즉석에서 구성될 수밖에 없다. 보통 다큐멘터리적 상황에서 사용된다.

삼점 조명 three-point lighting (T). 세 가지 광원으로 씬을 밝히는 조명의 기본 테크닉. 키 라이트는 조명의 주광원으로서 지배적 대비를 만들어내고, 쇼트에서 관객의 눈에 제일 먼저 띈다. 필 라이트는 주광원에 비해 덜 강하고, 일반적으로 그림자 때문에 조명이 희미해진 주광원 반대편에 위치한다. 백라이트는 세팅으로부터 전경을 분리시키기 위해 사용되며 영상의 심도를 강조한다.

상징 symbol, symbolic (C). 사물, 사건 혹은 영화의 테크닉이 그것의 본래 의미 이상의 의미를 가지게 되는 비유의 한 방식. 상징의 표현은 언제나 극의 맥락에 따라 결정된다.

생필름 stock (T). 인화되지 않는 필름. 빛에 매우 민감한 것(고감도 필름)과 비교적 민감하지 않은 것(저감도 필름)을 비롯해 많은 유형의 필름이 있다.

서사극 epic (C). 보통 영웅을 중심으로 이루어지는 용감하고 통쾌한 주제가 특징인 영화 장르. 주인공은 한 문화, 즉 민족적, 종교적, 지역적 문화의 전형적인 이상형이다. 대부분 서사극의 톤은 위엄이 있고 실제보다 과장해서 다룬다. 미국에서 가장 인기 있는 서사극은 서부극이다.

서정적 lyrical (C). 감정이 풍부하고 주관적인 스타일로서, 매체의 감각적 아름다움을 강조하고 열광적인 감정의 발로를 이끌어낸다.

선택적 초점 rack focusing, selective focusing (T). 시퀀스에서 초점면을 흐리게 하는 것으로서, 초점이 선명한 부분의 영상만을 쫓아가도록 관객의 시선을 유도한다.

설정 쇼트, 구축 쇼트 establishing shot (T). 보통 한 씬이 시작될 때 제시되는 익스트림 롱 쇼트나 롱 쇼트이며, 관객에게 다음에 나올 클로즈 쇼트의 흐름을 알려준다.

성격 스타 personality star. 스타 참조.

셀즈 cels, cells (T). 그림에 대한 심도와 양감의 환상을 불러일으키기 위해 애니메이터가 그림을 겹치는 데 사용하는 투명 플라스틱 판지.

소품 prop (T). 테이블, 권총, 책 등과 같이 영화에 필요한 유동적인 물품들.

소프트 포커스, 연초점 soft focus (T). 모든 원하는 범위를 제외한 다른 부분의 초점을 흐리게 하는 것. 또한 선명도를 약화시킴으로써 얼굴의 주름살을 없어 보이게 하는 매력적인 테크닉을 가리키기도 한다.

쇼트 shot (G). 카메라가 찍기 시작한 순간부터 멈출 때까지 연속적으로 기록된 영상. 다시 말해서 편집되지 않은 필름 조각.

수직적 통합 vertical integration (I). 동일 회사가 영화의 제작, 배급, 상영을 일괄적으로 통제하는 시스템. 미국에서는 1940년대 후반 이런 일은 불법이었다.

스위시 팬 swish pan, flash, zip pan (T). 카메라의 수평적 움직임을 빠르게 하기 때문에 촬영된 피사체가 스크린에 희미하게 나타난다.

스크루볼 코미디 screwball comedy (C). 미국에 1930년대에 도입되어 1950년대에 인기가 높았던 영화 장르로서, 종종 사회적 계급이 다른 희극적인 연인들이 특징적이다. 플롯은 종종 엉뚱하게 꾸며져 있고, 느슨한 편이다. 이 영화들은 보통 공격적이고 매력적인 여주인공과 시골풍의 조연들이 잡다하게 모여 있는 슬랩스틱 코미디 slapstick comedy 같은 장면들이 특징이다.

스타 star (G). 매우 인기가 높은 배우. 성격파 스타는 자신의 페르소나로 이미 형성된, 기존의 대중적 이미지에 부합되는 역할만을 맡는 경향이 있다. 연기파 스타는 훨씬 폭넓고 다양한 역할을 맡을 수 있다. 에디 머피 Eddie Murphy는 성격파 스타이고, 니콜 키드먼 Nicole Kidman은 연기파 스타이다.

스타 비히클 star vehicle (G). 특정 배우의 재능과 매력을 보여주기 위해 특별히 기획된 영화.

스타 시스템 star system (G). 영화의 흥행 가치를 높이기 위해 인기배우의 카리스마를 이용하는 테크닉. 스타 시스템은 미국에서 개발되어 1910년대 중반 이후 미국 영화산업의 중추를 이루었다.

스토리보드 storyboard, storyboarding (T). 영화를 제작하기 전에 마치 연재만화처럼 시퀀스에서 미리 쇼트들을 스케치하여 영화감독이 미장센의 개요와 편집의 콘티를 미리 볼 수 있게 하는 테크닉.

스튜디오 studio (G). 파라마운트, 워너 브라더즈 등과 같이 영화제작이라는 특수목적을 위해 설립된 큰 회사, 또는 영화 제작을 위해 마련된 물리적인 시설들.

슬로 모션 slow motion (T). 1초당 24프레임보다 빠른 속도로 촬영된 쇼트로서, 정상속도로 영사될 때 마치 꿈속에서 춤추는 것처럼 느리게 보인다.

시네마 베리테, 다이렉트 시네마 cinéma vérité, direct cinema (C). 실제로 사건이 일어나는 모습 그대로 아무런 간섭 없이 사행적인 방법을 사용하는 다큐멘터리 영화의 제작방식. 이런 영화들은 보통 핸드헬드 카메라와 휴대용 음향장치 등 최소한의 장비로 만들어진다.

시점 쇼트 point-of-view shot, pov shot, first-person camera, subjective camera (T). 영화에 나오는 인물의 시점에서 찍은 쇼트로서, 그 인물이 보는 것을 보여준다.

시퀀스 쇼트 sequence shot, plan-séquence (G). 보통 복잡한 여정이나 카메라 움직임이 포함된, 싱글 테이크로 길게 포착하는 쇼트.

쓰리 쇼트 three-shot (T). 세 연기자가 나오는 미디엄 쇼트.

씬 scene (G). 수많은 유관한 쇼트들로 이루어진 불명확한 영화의 구성단위로서, 보통 주된 관심사—장소, 사건 혹은 이차적인 극의 클라이맥스—에 따라 통합되어 있다.

ㅇ

아웃테이크 outtakes (I). 영화의 최종 편집에 사용되지 않은 쇼트나 쇼트 조각들. 남은 푸티지.

아이 레벨 쇼트 eye-level shot (T). 카메라의 위치가 지면에서 대략 150~180cm 높이이고, 씬에서 관찰자의 키 높이와 일치한다.

아이리스 iris (T). 영상의 일부만 보이게 하고 스크린의 다른 부분은 검게 처리하는 차단장치. 보통 아이리스의 모양은 원형이거나 타원형이며, 구경의 크기를 확장하거나 축소시킬 수 있다.

아이코노그래피, 도상학 iconography (C). 예술적인 표현에서 널리 알려진 하나의 문화적 상징이나 혹은 복합적인 상징을 사용하는 것. 영화에서 도상학은 배우의 개성, 기존의 장르 관습의 사용(이를테면 서부극의 총격전 같은), 원형적인 특성과 상황의 이용 그리고 조명과 세팅, 의상, 소품 등과 같은 스타일의 특징을 포함한다.

알레고리 allegory (C). 양식화된 인물이나 상황을 통해 정의, 죽음, 종교, 사회 등과 같은 관념을 좀 더 명확하게 나타내는 상징의 테크닉.

애니메이션 animation (G). 생명이 없는 사물들이나 혹은 개별적인 그림들을 한 프레임씩 앞의 것과 조금씩 다르게 찍는 독특한 영화제작의 한 형식. 이렇게 촬영된 영상들이 1초당 24프레임의 정상속도로 투사되면 그 사물과 그림이 움직이고 마치 생명이 있는 것처럼 보이게 된다.

앵글 angle (G). 촬영되고 있는 대상과 유관하게 움직이는 카메라 렌즈의 사각(寫角). 하이 앵글 쇼트는 피사체 위에서, 로우 앵글쇼트는 피사체 아래에서 촬영된다.

야외 세트장 back-lot sets (I). 스튜디오 시절에 세기말의 도시 풍경, 개척 도시, 유럽풍의 마을 등과 같이 통속적인 배경을 나타내는 야외 세트를 세우는 것.

A급 영화 A-film (I). 미국 스튜디오 시절의 용어로서, 대개 메이저 영화사들이 유명 스타와 막대한 예산을 들여 제작한 영화를 가리킨다. 두 배 이상의 제작비가 주요 특징이다.

에프 스톱 f-stop (T). 카메라 렌즈가 열리는 구경의 크기 척도로서, 빛을 받아들이는 양을 나타낸다.

에프 엑스 F/X (T). 특수효과를 말하는 영화산업의 속어.

여성 영화 women's pictures (G). 직업 대 가족 사이에서 겪는 갈등과 같은 여성들의 문제에 초점을 맞춘 영화 장르. 이런 영화에는 인기 있는 여성 스타가 주인공으로 나오는 경우가 많다.

역동작 reverse motion (T). 반대로 끼운 필름으로 촬영한 일련의 영상들. 정상적으로 영사하면 뒤로 움직이는 것처럼 보이는 효과가 있다. 예컨대 깨진 계란이 본래대로 되는 것.

역앵글 쇼트 reverse angle shot (T). 이전의 쇼트와 180°정반대의 앵글에서 찍은 쇼트. 말하자면 카메라 위치가 이전의 위치 정반대가 된다.

연기파 스타 actor star. 스타 참조.

연속성 continuity (T). 편집된 쇼트들 사이에 함축된 일종의 논리로서 쇼트들의 일관성의 원리. 연속성에 의한 편집은 쇼트 간의 순조로운 전환을 강조하는데, 이때 시간과 공간은 자연스럽게 압축된다. 이에 비해 좀더 복잡한 고전적 편집은 한 사건의 논리적 및 심리적인 분석에 따라 쇼트를 연결한다. 주제적 편집에서 연속성이란 시공간상의 실제 연관보다는 쇼트 사이의 관념의 상징적 연관에 의해 결정된다.

연속 편집 cutting to continuity (T). 전부를 보여주지 않고도 동작의 흐름을 유지할 수 있도록 쇼트를 배열하는 편집형태. 연속동작의 자연스러운 압축.

열린 형식 open forms (C). 주로 사실주의적 영화감독들이 사용하는 테크닉으로서, 자연스러워 보이고 형식에 구애받지 않는 구성과 뚜렷한 계획이 없는 디자인을 강조한다. 그 프레임은 동작의 일부를 임의로 분할하는 창문과도 같은, 일시적인 마스킹을 제시하기 위해 이용된다.

영화 배급자 distributor (I). 영화산업에서 중개인 역할을 하는 사람들로서, 영화를 예약받아 극장에 공급해 준다.

예상 위치 anticipatory camera, anticipatory setup (C). 액션이 있기 전에 그 움직임을 예고해 주는 카메라 위치. 이런 설정은 종종 운명이나 숙명을 암시한다.

오마쥬 homage (C). 영화 속에서 다른 영화나 영화감독, 다른 영화의 스타일을 직간접적으로 인용하거나 참조하는 것. 존경과 애정의 찬사.

오버 더 숄더 쇼트 over-the-shoulder shot (T).. 보통 두 인물의 미디엄 쇼트로서, 카메라의 위치가 홀로 있는 인물의 바로 등 뒤편에서 상대 배우의 얼굴을 겨냥한다.

와이드스크린, 시네마스코프 widescreen, cinema scope, scope (G). 영화영상의 가로 세로가 대략 5:3의 비율에 가까운 영화. 일부 와이드스크린은 스크린의 가로가 세로의 2.5배가 된다.

와이프 wipe (T). 보통 한 라인이 스크린을 횡단하면서, 한 영상을 밀어내고 다른 영상을 보여주는 편집 방법.

외브르 oeuvre (C). 불어로 "작품"이라는 뜻. 한 예술가의 전체 작품들.

우파주의자, 우익 rightist, right-wing (G). 전형적으로 보수적인 성향을 나타내는 일련의 이데올로기적 가치를 말하는데, 가족의 가치, 가부장제, 유전, 계급제도, 도덕과 윤리의 절대적 기준, 종교, 전통과 과거의 숭상, 미래와 인간의 본성에 대한 비관적인 경향, 경쟁의 필요성, 엘리트 계급이 지도자가 되어야 한다는 입장, 국수주의, 시장개방의 경제원리, 일부일처제 등과 같은 특징을 강조한다.

원형 archetype (C). 비슷하게 모방된 것들의 최초 모델이나 타입. 원형은 널리 알려진 스토리 패턴일 수도 있고, 또 보편적 경험이나 혹은 개성적인 타입일 수도 있다. 신화, 동화, 장르, 문화적 영웅들이 일반적으로 원형적이며, 삶과 자연에서 기본적으로 순환하는 것들이다.

위치설정 setup (T). 특수한 쇼트를 위해 카메라와 조명의 위치설정.

은유 metaphor (C). 닮은 데가 없는 서로 다른 두 요소를 의미상으로 비교하는 것으로서, 말 그대로의 의미보다는 암시적으로 비유하는 것.

음화 negative image (T). 촬영된 피사체의 명암을 반전시키는 것으로서, 검은 부분은 희게 되고 흰 부분은 검게 된다.

이중 노출 double exposure (T). 말 그대로 전혀 무관한 두 영상을 필름 위에 이중인화하는 것. 다중 노출 참조.

익스트림 롱 쇼트 extreme long shot (G). 아주 멀리서, 종종 400미터 정도 떨어진 거리에서 촬영되는 야외촬영의 전경(全景).

익스트림 클로즈업 extreme close-up (G). 사물이나 인물에 대한 아주 세밀한 관점. 배우의 익스트림 클로즈업은 대체로 배우의 눈이나 입 부분을 담는다.

인유 allusion (C). 보통 잘 알려진 사건, 인물, 혹은 예술 작품에 대한 인용이나 참조.

1인칭 시점 first-person point of view. 시점 쇼트 참조.

임의적 각색 loose adaptation (C). 다른 매체 medium에 기초한 영화를 말하는데, 이때 두 매체는 다만 표면적으로만 유사할 따름이다.

ㅈ

작가주의 이론 auteur theory (C). 1950년대 프랑스의 영화 잡지『카이에 뒤 시네마 *Cahiers du Cine?ma*』의 비평가들에 의해 널리 알려진 영화이론. 이 이론은 감독을 영화예술을 창조하는 주된 인물로 강조한다. 감독은 영화소재에 자신의 개인적인 비전, 스타일, 주제 의식 등을 새겨 넣는다.

작품성 story values (I). 채택된 소재의 대중성, 각본의 수준 높은 솜씨, 혹은 이 두 가지 전부에 담긴 영화 내 러티브의 매력.

장르 genre (C). 인지 가능한 영화의 타입으로서, 기존의 관습에 따라 특징지워진다. 미국의 일반적인 장르는 서부극, 스릴러, SF 등이다. 기존의 내러티브 형식.

장시간 촬영, 롱 테이크 lengthy take, long take (C).장시간 촬영한 쇼트.

재설정 쇼트 reestablishing shot (T). 한 씬에서 처음의 설정 쇼트로 되돌아가는 것으로서, 인접 쇼트의 물리적인 전후 관계를 환기시키는 역할을 한다.

저감도 필름 slow stock, slow film (T). 비교적 빛에 민감하지 않은 필름이며 신선한 이미지와 섬세한 디테일을 만들어낸다. 실내 세트에서 사용될 때 저감도 필름은 대체로 상당한 인공조명을 필요로 한다.

저작권 property (I). 영화에서 이윤창출의 가능성을 지닌 것. 일반적으로 각본, 장편소설, 단편소설 등과 같이 일종의 이야기를 표현하기 위해 사용된다.

전경화 foregrounding (C). 비평가들이 한층 더 깊은 차원에서 특성을 분석하기 위해 예술작품의 한 측면을 그것의 전체 맥락으로부터 분리시켜 강조하는 경우를 말한다.

전위, 아방가르드 avant-garde (C). 불어로 '전위 in the front ranks'를 의미함. 작품의 특징이 관습에 얽매이지 않는 대담성, 모호하고 논쟁적이고 극히 개인적인 사상을 나타내는 소수 예술가들.

전지적 시점 omniscient point of view (C). 관객에게 필요한 정보를 전부 제공하는 모든 것을 알고 있는 내레이터.

점프 커트 jump-cut (T). 쇼트들 간의 비약적인 전환으로서, 때로는 의도적으로 시간과 공간의 연속성을 혼란시킨다.

접근 양식 proxemic patterns (C). 미장센 안에서 등장인물들 간의 공간적 관계와 촬영된 피사체로부터 카메라의 가시거리.

정지 화면, 정지 쇼트 freeze frame, freeze shot (T). 필름에 여러 차례 복사되는 단 하나의 프레임으로 구성되는 쇼트. 영사하면 마치 한 장의 스틸 사진과 같은 환영을 안겨주는 쇼트.

제작 가치 production values (I). 세트, 의상, 소품 등 영화에 투입되는 물량에 대한 흥행 가능성.

제작자 producer (G). 영화의 재정과 때로는 영화제작방법까지 관리하는 개인이나 회사를 가리키는 일반적인 용어. 제작자는 독자적으로 사업에 관여할 수도 있고, 또는 (작가, 스타, 감독 등) 일괄하여 구성할 수도 있고, 혹은 제작 중에 발생되는 문제를 순조롭게 풀어가는 사업 촉진자로서 역할을 할 수도 있다.

제작자 겸 감독 producer-director (I). 최대한 창작의 자유를 누리기 위해 독자적으로 기획하고 재정을 조달하는 영화감독.

좌파주의자, 좌익 leftist, left-wing (C). 일련의 이데올로기적인 가치로서, 평등, 인간의 행동을 규정하는 환경의 중요성, 도덕의 상대성 등을 강조하고, 종교보다는 세속, 미래와 인간의 본성에 대한 낙관적인 관점, 진보의 주된 추진력으로서 기술에 대한 신뢰, 경쟁보다는 협동, 가난한 자와 억압받는 자와의 일체감, 세계주의, 성과 출산의 자유 등을 강조한다는 점에서 전형적인 자유주의이다.

주관적 카메라 subjective camera. 시점 쇼트 참조.

주제적 편집 thematic montage (C). 구소련 감독 에이젠슈테인이 주창한 편집의 한 유형으로서, 분리된 쇼트들을 현실 속에서 보여주는 그것들의 실제 연속성보다는 오히려 상징적인 연관성에 따라 결합시킨다. 예를 들어 말 많은 허풍선이에 대한 쇼트는 장난감 공작새의 쇼트와 연결된다. 쇼트들이 감독의 논지에 따라 연결되는 다큐멘터리에 주로 사용된다.

줌 렌즈, 줌 쇼트 zoom lens, zoom shot (T). 다양한 초점 길이를 가진 렌즈로서, 하나의 연속동작으로 광각에서부터 망원 쇼트에 이르기까지 (그리고 그 역으로도) 변화시키면서 촬영할 수 있다. 종종 관객으로 하여금 신속하게 한 씬으로 드나들게 만든다.

중도파 centrist (C). 온건한 이데올로기를 의미하는 정치용어로서, 좌익과 우익 양극단의 중간이다.

지배적 대비 dominant contrast, dominant (C). 주로 두드러진 시각상의 대비로 관객에게 아주 직접적인 반응을 불러일으키는 영화 영상의 영역.

ㅊ

창조적 제작자 creative producer (I). 그 자신이 사실상 예술적인 영화감독이라고 해야 할 정도로 섬세하게 영화제작을 감독하는 제작자. 미국의 스튜디오 시절에 가장 유명한 창조적 제작자는 데이비드 셀즈닉 David O. Selznick과 월트 디즈니 Walt Disney였다.

초점 focus (T). 영화영상의 선명도를 나타나는 정도. '초점 밖 Out of focus'이란 영상의 윤곽이 분명하지 않고 흐리게 나타나는 것을 말한다.

초현실주의 surrealism (C). 프로이드와 마르크스의 사상, 무의식적인 요소, 비합리주의, 관념들의 상징적 연관 등을 강조하는 아방가르드 운동. 초현실주의 영화는 대략 1924년부터 1931년까지 주로 프랑스에서 제작되었다. 아직도 많은 감독의 작품 속에는 여전히 초현실주의적 요소가 남아 있는데, 특히 뮤직 비디오에서 그렇다.

촬영기사, 촬영감독 cinematographer, director of photography, D.P. (G). 한 쇼트의 조명과 사진의 질에 대해 책임지는 예술가 또는 기사.

(촬영)대본 script screenplay, scenario (G). 영화에 나오는 대사와 행동, 때로는 카메라 지시문까지 포함된 글.

촬영대본 shooting script (I). 영화의 스토리를 개별적인 쇼트로 나눈 대본으로서, 종종 기술적인 지시까지 담고 있다. 제작 중에 감독과 스탭이 사용한다.

촬영비율 shooting ratio (I). 영화촬영에 사용된 필름의 양과 완성된 작품에 소요된 필름 양의 비례. 20:1의 촬영비는 마지막 편집에 사용된 1피트당 20피트의 촬영 필름이 소요된 것을 의미한다.

최종편집, 진편집 final cut, release print (I). 관객에게 상연될 영화 속 쇼트들의 시퀀스.

축자적 각색 literal adaptation (C). 희곡에 기초한 영화로서, 대사나 연기는 거의 가감 없이 원전을 고수한다.

충실한 각색 faithful adaptation (C). 문학작품에 기초한 영화로서, 종종 문학의 특수한 테크닉에 상응하는 영화적 테크닉을 사용함으로써 원작의 진수를 포착하기도 한다.

ㅋ

캠프(호모적, 동성애적) camp, campy (C). 전형적으로 익살스러운 조롱이 특징인 예술적 감수성으로서, 특히 정상적인 세상과 관습적인 도덕을 조롱의 대상을 삼는다. 호모적 영화는 종종 익살스럽게 연극적이고, 스타일이 화려하며, 아주 기분 좋게 파괴적이다.

커버 쇼트 coverage, covering shots, cover shots (T). 계획된 편집이 이루어지지 못했을 경우에 중간에 보완하기 위해 쓰일 수 있는 여분의 쇼트. 보통 한 씬의 전체적인 연속성을 유지시켜 주는 롱 쇼트.

크레인 쇼트 crane shot (T). 크레인이라 불리는 특수장치에서 찍은 쇼트. 크레인은 촬영기사와 카메라를 신고 사실상 어느 방향으로든지 움직일 수 있다.

클로즈업, 클로즈 쇼트 closeup, close shot (G). 인물이나 사물의 상세한 모습. 배우의 클로즈업은 일반적으로 그의 머리부분만을 찍는다.

키네틱 kinetic (C). 움직임이나 동작에 수반되는 움직임.

키 라이트 key light (T). 쇼트 조명의 주광원.

ㅌ

타이트 프레이밍 tight framing (C). 일반적으로 클로즈 쇼트. 미장센이 아주 세심하게 균형과 조화를 이루고 있기 때문에 촬영되는 인물이 자유롭게 움직일 여지가 거의 없다.

테이크 take (T). 특정한 쇼트의 다양한 변형. 종종 가능한 여러 가지 테이크 중에 최종 쇼트가 선택된다.

투 쇼트 two-shot (T). 두 인물이 나오는 미디엄 쇼트.

통과 의례 rite of passage (C). 사람의 일생 가운데 주요 국면에 초점을 맞추는 내러티브. 이를테면 한 개인이 사춘기에서 성인으로, 순수에서 체험으로, 중년에서 노년으로 옮겨가는 경우를 말한다.

트래킹 쇼트, 트러킹 쇼트 tracking shot, trucking shot. 달리 쇼트 참조.

특수효과 special effects (G). 주로 컴퓨터와 디지털 기술을 사용하는 기술자들에 의해 만들어지는 초자연적인 세팅, 사건, 영상. 영화산업에서는 에프 엑스 (F/X)로 알려진 특수효과는 비용이 많이 들고 노동 집약적이며, 보기에는 신기하고 놀랍다.

틸트, 틸트 쇼트 tilt, tilt shot (T). 사각 앵글 참조.

ㅍ

패스트 모션 fast motion (T). 1초당 24프레임보다 느린 속도로 촬영된 어떤 피사체의 쇼트가 표준속도로 투사되면 그 동작은 휙 움직이거나 약간 우습게 보인다.

팬, 패닝 쇼트 pan, panning shot (T). 파노라마의 줄임말. 카메라를 수평으로 좌에서 우 또는 우에서 좌로 움직이는 것.

페르소나 persona (C). '가면 mask'이라는 뜻의 라틴어. 이전에 맡았던 역할에서 비롯된 배우의 대중적 이미지로서, 종종 배우의 실제 성격에 부합하는 요소에서 비롯되기도 한다.

페이드 fade (T). 페이드 아웃은 정상적인 밝기로부터 점차 어두워져 영상이 서서히 사라지는 것을 말한다. 페이드 인은 그 반대.

편집 editing (G). 한 쇼트(필름의 조각)와 다른 쇼트를 연결하는 것. 쇼트들은 사건과 사물을 다른 장소에서 다른 시간에 묘사할 수 있다. 유럽에서는 편집을 몽타주라 부른다.

평행편집 parallel editing. 교차 편집 참조.

표현주의 expressionism (C). 극단적인 왜곡과 서정성을 강조하고, 객관성이 훼손되더라도 예술가의 자기 표현성을 강조하는 영화제작 스타일.

푸티지 footage (T). 인화된 필름의 척수(길이).

풀 백 달리 pull-back dolly (T). 앞서 프레임 밖에 있던 사물이나 사람을 보이도록 하기 위해 카메라를 씬에서 뒤로 물리는 것.

풀 쇼트 full shot (T). 롱 쇼트의 한 유형으로서, 프레임의 꼭대기에는 사람의 머리가 나오고 맨 아래는 발이 나오도록 인물 전신을 프레임 안에 담는 것.

프레임 frame (T). 스크린 위 영상의 가장자리와 극장의 어둠 사이의 경계선. 필름 조각에 나오는 한 장의 사진을 가리킬 수도 있다.

플래시백 flashback (G). 과거를 나타내는 하나의 쇼트나 혹은 일련의 쇼트를 사용하여 현재시점의 흐름을 끊어주는 편집 테크닉.

플래시 포워드 flash-forward (G). 미래를 나타내는 하나의 쇼트나 혹은 일련의 쇼트를 사용하여 현재 시점의 흐름을 끊어주는 편집 테크닉.

픽실레이션 pixillation, stop-motion photography (T). 프레임마다 생동하는 연기자의 모습을 촬영하여 담는 애니메이션 테크닉. 이런 시퀀스가 24프레임의 정상속도로 투사되면 연기자는 마치 만화 영화에 나오는 인물들처럼 불쑥불쑥 덜컹거리며 움직이게 된다.

필 라이트, 보조광 fill light (T). 키 라이트—쇼트 조명의 주광원—를 증가시키기 위해 사용되는 이차적 광원 혹은 보조광. 보조광은 주광원의 거슬리는 부분을 부드럽게 해주고 그림자에 가려 흐릿해진 디테일을 드러나게 한다.

필름 규격 gauge (T). 밀리미터로 표시되는 필름의 폭. 폭이 넓을수록 영상의 질은 좋다. 극장용 표준규격은 35mm이다.

필름 누아르 film noir (C). 말 그대로 검은영화라는 뜻의 프랑스 용어로서, 제2차 세계대전 이후 갑자기 부상한 도시풍의 미국 영화 장르의 한 종류를 가리킨다. 비천한 도시의 거리와 고독, 죽음으로부터 탈출구가 없는 운명적이고 절망적인 세계를 강조한다. 스타일로 보면, 누아르는 로우 키 조명과 강한 하이 콘트라스트 조명, 복잡한 구성, 강한 공포와 망상의 분위기 등을 강조한다.

필터 filters (T). 카메라 렌즈 앞에 부착된 유리나 플라스틱 조각으로서, 카메라에 들어오는 빛의 성질을 왜곡시킴으로써 결국 영화영상의 질을 왜곡시키는 것.

ㅎ

하위 텍스트 subtext (C). 연극과 영화에서 사용되는 용어로서, 희곡이나 영화 언어 이면에 함축된 극적인 의미를 나타내기 위한 것이다. 종종 하위 텍스트는 텍스트의 언어와 무관한 생각과 감정을 다루기도 한다.

하이 앵글 쇼트 high angle shot (T). 피사체를 높은 곳에서 촬영한 쇼트.

하이콘트라스트 high contrast (T). 거친 광선과 명암의 극적 대비를 강조하는 조명 스타일. 스릴러와 멜로드라마에서 종종 사용된다.

하이 키 high-key (T). 그림자가 거의 눈에 띄지 않도록 밝고 고른 조명을 강조하는 조명 스타일. 코미디, 뮤지컬, 가벼운 오락영화 등에 주로 사용된다.

핸드헬드 쇼트 handheld shot (G). 움직이는 카메라로 찍은 쇼트로서, 종종 자유로운 세팅에서 다큐멘터리적인 장면을 암시하기 위해 고의적으로 흔들리게 한다.

형식주의자, 형식주의 formalist, formalism (C). 내용과 주제보다는 예술적 형식을 우선시하는 영화제작 스타일. 정상적인 시간과 공간이 종종 왜곡되며, 사물과 사람의 본질적이고 상징적인 특성을 강조할 뿐, 그것들의 피상적인 외양은 강조할 필요가 없다. 형식주의자들은 서정적인 경우가 많으며, 그들 자신의 목적과 가치라고 해야 할 그들의 스타일에 대해 주의를 환기시키기 위해 자의적으로 그들의 스타일을 강조한다.

화면비 aspect ratio (T). 스크린의 가로 세로 비율

회화적 painterly (C). 매끈한 가장자리, 풍부한 색상, 눈부신 조명을 강조하는 시각 스타일로서, 모든 것이 낭만적인 서정성을 창출한다.